Johann Joachim Schwabe

Allgemeine Historie der Reisen zu Wasser und Lande

Johann Joachim Schwabe

Allgemeine Historie der Reisen zu Wasser und Lande

ISBN/EAN: 9783742893468

Hergestellt in Europa, USA, Kanada, Australien, Japan

Cover: Foto ©Andreas Hilbeck / pixelio.de

Manufactured and distributed by brebook publishing software
(www.brebook.com)

Johann Joachim Schwabe

Allgemeine Historie der Reisen zu Wasser und Lande

Allgemeine Historie
der Reisen zu Wasser und zu Lande;
oder
Sammlung
aller
Reisebeschreibungen,

welche bis itzo
in verschiedenen Sprachen von allen Völkern herausgegeben worden,
und einen vollständigen Begriff von der neuern Erdbeschreibung
und Geschichte machen;
Worinnen der wirkliche Zustand aller Nationen vorgestellet, und das
Merkwürdigste, Nützlichste und Wahrhaftigste
in Europa, Asia, Africa und America,
in Ansehung ihrer verschiedenen Reiche und Länder; deren Lage, Größe, Gränzen,
Eintheilungen, Himmelsgegenden, Erdreichs, Früchte, Thiere, Flüsse, Seen, Gebirge,
grossen und kleinen Städte, Häven, Gebäude, u. s. w.
wie auch der Sitten und Gebräuche der Einwohner, ihrer Religion, Regierungsart,
Künste und Wissenschaften, Handlung und Manufacturen,
enthalten ist;
Mit nöthigen Landkarten
nach den neuesten und richtigsten astronomischen Wahrnehmungen und mancherley Abbildungen
der Städte, Küsten, Aussichten, Thiere, Gewächse, Kleidungen,
und anderer dergleichen Merkwürdigkeiten, versehen;
durch eine Gesellschaft gelehrter Männer im Englischen zusammen getragen,
und aus demselben und dem Französischen ins Deutsche übersetzet.

Zwanzigster Band.

Mit Churfürstlich Sächsischer allergnädigster Freyheit.

Leipzig, bey Arkstee und Merkus. 1771.

Verzeichniß

der in diesem XX Bande enthaltenen Reisen und Beschreibungen nebst den darinnen begriffenen merkwürdigsten Sachen.

Historie und Beschreibung von Grönland und dasigen Missionen.

Das I Buch.

Von der Lage und Beschaffenheit des Landes.

Das II Buch.

Von den Thieren, Vögeln und Fischen.

Ungeheure

Das III Buch.

Von den Einwohnern in Grönland.

Charakter

Das IV Buch.

Bürgerliche Geschichte von Grönland.

Versuche

Durch

Geschichte von Kamtschatka.

Das I Buch.

Von dem Lande Kamtschatka.

Das II Buch.

Von den Einwohnern in Kamtschatka.

Das III Buch.

Politische und bürgerliche Geschichte von Kamtschatka.

Das

Das IV Buch.

Von den nahe bey Kamtschatka liegenden Ländern und Völkern.

Auszug aus den Reisen und Entdeckungen längst den Küsten des Eismeeres und auf dem morgenländischen Meere, so wohl gegen Japon als gegen America zu, von dem Herrn Müller.

Nachrichten und geographischkritische Beobachtungen über die Lage der mitternächtlichen Länder von Asien und America .... Nebst einem Versuche über den Weg nach Indien durch Norden vom Herrn Engel.

Auszug

Auszug aus des Herrn Abtes Chappe d' Auteroche Reise nach Sibirien.

Resultat der Reise des Herrn Abtes Chappe.

Mica

Historische Beschreibung des schwedischen Lapplandes von M. Peter Högström.

Ihre

Arwid Ehrenmalms Reise durch Westnordland nach der Lappmark Asele im Brachmonate 1741.

Die

Verzeichniß
der Karten und Kupfer,

nebst einer Anweisung für den Buchbinder, wo er solche hinbringen soll.

Fortsetzung

320
Bay
Napanok
Kookörnen
I. Kellingeil
Lichtenfels
Fischerfiord
Bär Sund
Haven Briel
Sermeliarsok
Desolation
Zongarsuit
330

Fortsetzung der allgemeinen Historie der Reisen.

Historie und Beschreibung von Grönland und dasigen Missionen.

Cranz von Grönland.

Das I Buch.
Von der Lage und Beschaffenheit des Landes.

Das 1 Capitel.
Von dem Lande überhaupt.

Ursprung des Namens Grönland. Dessen Lage. Dessen Ansehen. Dessen Topographie. Forbishers Straße. Bericht davon. Versuche, diese Straße kennen zu lernen. Muthmaßung wegen derselben. Eisblink, Eisberg. Gebirge mit dreyen Zacken. Balsrevier. Merkwürdige Inseln. Diskobay. Warme Wasserquelle. Schneidende Steine. Erste Colonie. Zweyte Colonie. Dritte Colonie. Vierte; fünfte; sechste; siebente; achte; neunte; zehnte; eilfte u. zwölfte.

Ursprung des Namens Grönland.

Grönland, welches vor sieben bis achthundert Jahren von den Norwegern und Isländern im Frühlinge entdecket wurde, hat den Namen grünes Land, den ihm diese Reisenden gaben, von dem Grüne, welches sie an seinen durch die schöne Jahreszeit belebeten Ufern fanden. Indessen ist doch der Winter daselbst wegen derer Eisfelsen, die der Frost auf seinen Gebirgen aufthürmet, gleichsam ewig. Wenn dieses Land keine Insel zwischen Europa und

America ist, so endiget sich doch wenigstens das eine daselbst und das andere fängt an; wofern sich nicht Asien diesen dürren Theil der Erdkugel zueignet. Dem sey wie ihm wolle, Grönland gehöret zu unserer Halbkugel: die Natur aber verschließt daselbst gleichsam durch die Strenge der Himmelsgegend die Gemeinschaft, welche sie zwischen den beyden Welten eröffnet hatte. Hängen sie durch das feste Land an einander? Sind sie nicht durch eine kleine Straße abgesondert? Man weis es jetzt nicht. Man sollte aber, wenn es auch nur geschähe, diese wichtige Frage zu entscheiden, in dem Lande reisen, dessen Geschichte man jetzt herausgiebt. Vielleicht würde es den neuen Weg eröffnen, den man suchet, sich der ganzen Erde desto besser zu bemächtigen.

Dessen Lage.

Zwischen dem Eismeere gegen Osten und der Straße Davis gegen Westen in einem Raume von ungefähr fünf und dreyßig Graden der Länge liegt Grönland und erstrecket sich vom neun und funfzigsten Grade Norder Breite bis zum sieben und achtzigsten. In dieser Nachbarschaft des Poles wenigstens hat sich die Kühnheit der Reisenden aufgehalten. Ohne Zweifel wird sie noch weiter gehen, und der Mensch wird dereinst mit seinen Schritten die Erdkugel messen können, die er bewohnet. Alsdann wird man wissen, ob Grönland an Spitzbergen und Neu-Semlja hängt, ob es die beyden Halbkugeln durch den Pol verknüpfet, ob es an America stößt, und ob sich von da die aus dem Bette des Meeres gestiegene neue Welt mit Wilden aus der alten Welt bevölkert hat; weitläuftiger und mächtiger Gegenstand des menschlichen Geistes, liebliche Anreizung für seine unermüdete Neugier.

Die westliche Küste von Grönland, der einzige Theil dieses Landes, welcher heutiges Tages bekannt ist oder wenigstens besuchet wird, geht von Süden gegen Norden eine Strecke von ungefähr zwanzig Graden. Sie ist von vielen Buchten zerschnitten und gleichsam ausgezacket, die mit einer unzähligen Menge kleiner Inseln besäet sind. Daselbst scheint sich das Meer hingezogen zu haben, nachdem es sich von dem nordlichen America entfernet hat. Man sollte sagen, es lasse daselbst ungern Länder aus seinem Schooße entwischen, welche es ohne Zweifel verschlucket hatte. Denn da Island fruchtbar, angebauet und so gar durch die Beschaffenheit eines bewohnbaren Erdreiches gesittet ist; woher kömmt es doch, daß Grönland unter eben der Polhöhe sich wüste, unfruchtbar befindt, und man mit gleicher Beschwerlichkeit daselbst anländen und wohnen kann? Sollte es nicht daher seyn, weil dieses von Wässern fast gänzlich bedeckte und durchkreuzete Land noch frischere Merkmaale der auf einander folgenden Ueberschwemmungen trägt, womit der Ocean wechselsweise die verschiedenen Länder einer Erdkugel, die ihm zum Spiele zu seyn scheint, zu verheeren und wovon er sie auch wieder zu befreyen beliebet. Bey dem Anblicke der Inseln und Meerbusen, welche sich um Grönland vermehren oder vergrößern, ist es schwer, nicht zu muthmaßen, daß das Meer so zu sagen von den Polen gegen den Aequator zurücktrete; und was diese Muthmaßung bestätigen kann, ist, daß die Fluth, welche an dem Staatenhuk bis auf achtzehn Fuß steigt, sich an der Diskobay, das ist zehn Grad Norderbreite höher, nur auf acht Fuß hoch erhebt.

Dessen Außerhen.

Diese ganze Küste ist mit unzugänglichen Klippen besetzet, die man über zwanzig Meilen weit in dem Meere sehen kann. Das Land ist daselbst unfruchtbar, oder vielmehr der dürre und kahle Felsen entzieht sich da beständig unter dem Eise und Schnee, die sich von Jahre zu Jahre häufen, die Thäler angefüllet und Flächen den Bergen gleich

gleich gemacht haben. Die Felsen, von welchen der Schnee zuweilen verschwindt, sehen in der Ferne dunkelbraun und ganz kahl aus: in der Nähe aber sieht man sie mit vielen Adern von farbichten Steinen durchstreifet, hier und da mit etwas wenig Erde und Torfe und mit kleinem Grase und Heidekraute bedeckt, und in den Thälern, wo auch verschiedene kleine Büsche und Teiche sind, mit niedrigem Gesträuche bewachsen. Wer die norwegischen Küsten gesehen hat, glaubet sie in Grönland wieder zu finden; nur mit dem Unterschiede, daß die Felsen hier nicht mit Bäumen und die Thäler nicht so mit Grase bewachsen sind, und daß die Berge nicht erst in der Weite, sondern gleich bey dem Meere sehr hoch und spitzig zulaufen und daß sie gleichsam mit gefrorenen Teichen und Morästen umgeben sind, welche der Ocean allda bildet, um sie, wie es scheint, doppelt unzugänglich zu machen.

Cranz von Grönland.

Wenn man von Mittage nach Grönland kömmt, so zeiget sich das Cap Farwel. Es ist eine von Staatenhuk oder dem Staatenvorgebirge durch einen so schmalen Strom abgesonderte Insel, daß das Meer, indem es sich wider die Felsen bricht, auch sie bricht und stückweise in seinen Wirbeln fortführet. Diese Straße wird von ungestümen Winden beunruhiget, beynahe wie Magellans Straße, mit welcher sie auch sonst noch wegen ihrer Lage übereinkömmt; denn die eine ist eben so nahe an dem Nordpole, als die andere an dem Südpole seyn kann.

Wenn man gegen Norden hinaufsteigt, so findt man Forbishers Straße, worüber die Schifffahrer oder Reisenden viel gestritten haben, welche noch zweifeln, ob das Meer durch diesen Ausgang vom Morgen gegen Abend Gemeinschaft habe. Man weis so gar nicht einmal, ob Martin Forbisher, dieser von der berühmten Königinn Elisabeth 1576 nach Grönland geschickte Engländer jemals diese Durchfahrt entdecket oder versuchet habe. Herr Egede, welcher unser erster Führer bey der Geschichte dieses sehr wenig bekannten Landes ist, saget, er habe, da er durch diese vorgegebene Straße nach der östlichen Küste von Grönland gehen wollen, nichts davon entdecken können. Herr David Cranz, dessen viel neuere und weitläuftigere Nachrichten dieses Stück der Kenntniß der Erdkugel sehr bereichert haben, behauptet, die Straße sey vorhanden, das Eis aber habe die Durchfahrt derselben versperret. Er giebt uns davon den Bericht eines dänischen Kaufmannes, welchen man nur hören darf, demjenigen Glauben zu geben, was er davon erzählet. Hier ist ein Auszug davon.

Ich habe auf meinen Handelsreisen viele Gelegenheit gehabt, dasige Gegend zu untersuchen. Anfangs konnte ich nicht begreifen, wie doch so eine Menge Eis aus einer am Ende zugeschlossenen, wenn gleich noch so langen Bay, heraus in die See treiben könnte, ohne im geringsten ab zu nehmen. Dieses geschieht vom Heumonate bis in den Windmonat mit dem starken Strome bey stillem Wetter, in einer Zeit von drey bis vier Tagen, in solcher Menge, daß es sich zehn bis funfzehn Meilen lang in die See und zwo bis drey Meilen breit erstrecket, wenn nicht ein starker Wind es weiter ab vom Lande und auseinander treibt. Wenn ich die Grönländer um die Ursache befragete, so bekam ich zur Antwort: „Das Loch ist groß und ohne Ende, und unsere „Vorfahren haben gesaget, man habe da durchfahren können.„

Bericht davon.

Weil mir nun niemand weitern Grund geben konnte, so wagete ich mich, im 1747 Jahre, an einem Orte, wo die Grönländer auf die Rennthierjagd fahren, auf sieben Meilen durch das Eis in die Bucht und bestieg darauf mit einigen Grönländern einen

Versuche, diese Straße kennen zu lernen.

Cranz von Grönland. Berg, um eine Aussicht von der Frobisher Straße zu bekommen. Ich sah aber wenig oder nichts; denn das oberste Land, so weit ich, etwa auf zwanzig Meilen, sehen konnte, war nichts, als Berge und Eis; jedoch war die Gegend, wo die Straße seyn sollte, merklich niedriger, wiewohl ganz mit Eisschollen bedecket, die vielfach über einander lagen. Zu hören war mehr, nämlich ein so entsetzliches Prasseln und Krachen im Eise, als ob viele Canonen auf einmal abgefeuert würden, worauf ein Brausen folgete, wie das Rauschen eines Wasserfalles; welches zusammen so wohl Schrecken als Verwunderung und Vergnügen bey mir verursachete. Ob ich nun gleich das niedrige Eis ganz deutlich sah und das Wasser unter demselben brausen hörete, und also daraus abnehmen konnte, daß da ein starker Durchfluß des Wassers seyn müßte, so konnte ich doch nicht begreifen, wie sich diese Meerenge dermaßen mit Eise habe verstopfen können, und wie sich dennoch alle Jahre in wenig Tagen ein etliche Meilen langes und breites Eisfeld unter demselben hervor und in die See drängen könne.

Im 1751 Jahre bekam ich davon eine weitere Aufklärung, da ich im Herbstmonate mit einigen Grönländern bey der Eisblink eine Reise so hoch auf das Land vornahm, als noch kein Grönländer und Europäer jemals gewesen. Hier fand ich, daß, wo an der Seeseite nichts als festes Land mit überwachsenem Eise erscheint, binnen Landes doch noch offenes Wasser seyn kann; imgleichen, wie die Eisstücke, vermittelst des Stromes unter dem festen Eise, einen Weg in das offene Meer finden. Wenn und wie die Mündung dieser Fiorde oder Bay, welche die Eisblink genannt wird, verstopfet worden, ist unbekannt. Vermuthlich ist mitten im Winter, bey lang anhaltendem stillen Wetter, das Treibeis in der Mündung stehen geblieben, worauf eine starke Kälte und Schnee gefolget, welcher das Eis, da er im Frühjahre am Tage aufgethauet und in der Nacht wieder gefroren ist, dergestalt befestiget hat, daß es in dem folgenden Sommer weder durch der Sonne Wärme, noch durch Strom und Wind hat können aufgelöset werden, und nach so vielen Jahren durch den häufigen zu Eise gewordenen Schnee zu solcher Größe gediehen ist, daß die Oeffnungen oder Wölbungen unter demselben, die wegen ihrer Enge die Macht des Stromes vermehren, an manchen Orten wohl zwanzig Faden hoch sind. Die in die offene Fiorde alle Jahre von den Bergen hinabstürzenden Eisstücke werden durch den Strom an dieses Eisgewölbe angetrieben. Die kleinern gehen hindurch: die größern aber, die zwanzig und mehr Faden hoch sind, werden durch mehrmaliges Anstoßen zerbrochen, bis sie auch hindurch können. Eine solche Beschaffenheit hat es mit der Eisblink. Eben so kann auch das entsetzlich viele Eis unter mehr als einem solchen Eisgewölbe aus dem Meere von der Ostseite durch die nunmehr mit Eise zugelegte Frobisher Straße auf die Westseite treiben; und eben so kann auch diese Meerenge landeinwärts an einigen Orten und an der Ostseite des Landes noch offen seyn. Man merket auch an denen Eisstücken, die da herauskommen, daß sie nicht, wie andere, glatt und ganz, sondern zerbrochen, zerquetschet und ausgelöchert sind; welches anzeiget, daß sie in der Meerenge lange von dem Strome hin und her getrieben und abgerieben worden.

Muthmaßungen wegen eben der Straße. Eben dieser Reisende, welchen die Neugier eben so stark, wo nicht stärker, als das Beste seiner Handlung, an dieses äußerste Ende von Norden geheftet zu haben scheint, hat nicht allein versuchet, die ganze Länge dieser Straße zu entdecken, sondern auch durch zu reisen, damit er sähe, ob es keine Gemeinschaft zwischen der östlichen und

westlichen

westlichen Küste von Grönland gäbe. Er glaubet, daß an der Ostseite, wo die Frobisher Straße seyn soll, nur zween bis drey kleine Hügel sind, welche Land bedeuten können, da hingegen nach Nordost und Nordwest die Felsen deutlich über das Eis hervorragen und einige Spitzen derselben ganz von Schnee entblößet sind. Hieraus schließt er, daß ein Weg, oder vielmehr ein Seestrom, queer durch Grönland gehe; er räth aber niemanden, diesen Weg zu reisen. Gleichwohl saget er, man könne über die Eisfelder gehen, wie er nebst einigen Grönländern mit dem Boote auf dem Kopfe, einer Flinte auf den Schultern, sich etwas zu essen, zu schießen, und einem Stabe in der Hand gethan habe. Sie sind bey weitem nicht so gefährlich, und die Spalten darinnen schienen ihm auch nicht so tief, als man vorgiebt. In einigen derselben kann man gehen, wie in einem Thale; über einige kann man hinüber springen, wie sie oft mit Hülfe ihrer Flinten gethan; und überhaupt hat er sie nicht tiefer, als vier bis fünf Klafter, gefunden. Es ist wohl wahr, daß man hier und da Spalten antrifft, die nach dem Augenscheine grundlos sind: sie sind aber nicht lang und können umgangen werden. Die größten Unbequemlichkeiten sind, daß man nicht so vielen Mundvorrath mit sich führen kann, als zu einer solchen Reise gehöret, und es fast unmöglich ist, daß ein lebendiges Geschöpf in einer solchen unleidlichen Kälte Athem holen kann; zumal da man so viel Nächte hinter einander auf dem Eisfelde bleiben muß. Denn ob wir gleich, saget er, unser Nachtlager auf dem Erdboden nahmen und mit Pelzwerken wohl versehen waren, indem ich zwey warme Unterkleider und einen Rennthierpelz anhatte, auch die Füße in einen Fußsack von Bärenfellen steckete, so war es doch, wenn wir eine Stunde gesessen oder gelegen hatten, als wollten die Glieder erstarren, so daß in allen denen Winternächten, die ich in Grönland auf dem Felde zugebracht habe, die Kälte mir nie so beschwerlich gewesen, als in diesen ersten Septembertagen. Cranz von Grönland.

Ueber dieser Straße erhebt sich die so genannte **Eisblink**, wovon der angeführte Reisende schon geredet hat. Es ist ein großes hohes Eisfeld, dessen Glanz in der Luft, wie der Nordschein, viele Meilen weit in der See gesehen werden kann. Diese Art Leuchtthurm liegt in einer Bay, deren Mündung mit vielen von der Ebbe aus derselben herausgetriebenen großen Stücken Eis dermaßen verstopfet worden, daß es von Lande zu Lande über einige Inseln weg gleichsam eine gewölbte Eisbrücke von vier Meilen lang und einer Meile breit ausmachet. Man könnte durch die Wölbungen oder Oeffnungen, welche man zwanzig bis sechzig Ellen hoch schätzet, hindurch fahren, wenn man sich nicht vor denen öfters herabfallenden Eisstücken fürchten müßte. Die Ebbe treibt durch solche die von den Bergen herabgestürzten Eisstücke in die See. Wenn die Grönländer in die Bay wollen, so tragen sie ihr Fahrzeug auf dem Kopfe übers Land und finden alsdann zehn Meilen lang und etwan eine Meile breit offen Wasser. Man findt Plätze, wo sonst grönländische Häuser gestanden haben, welches anzeiget, daß die Mündung ehedem offen gewesen. Die Landspitzen, die zu beyden Seiten der Eisblink sich ins Meer hinausstrecken, bestehen aus Sandbänken; und der Sand ist so fein und leicht, daß der geringste starke Wind die Luft damit, wie mit einem Nebel, verdunkelt, und den Menschen noch sechs Meilen davon Augen und Mund voll wehet. Eisblink, Eisberg und Brücke.

Gegen den vier und sechzigsten Grad Norderbreite findt man ein Gebirge, welches das höchste vielleicht im ganzen Lande ist. Es hat drey Zacken oder Spitzen. Den obersten davon kann man zwanzig bis dreyzig Meilen weit in der See sehen. Dieser Berg dienet Gebirge mit dreyen Zacken.

Cranz von Grönland.

den Schiffern zum Wegweiser und den Grönländern zum Wetterzeichen; indem bey bevorstehendem Südsturme dessen Spitze mit einer kleinen Nebelwolke umringet wird. Sonst ist sein Gipfel beständig bloß, weil er wegen seiner Steile nur in den Spalten Eis und Schnee hat.

Meerbusen Balsrevier.

Etwas höher, stets gegen Norden, ist der Meerbusen **Bals-Revier** r), welcher sich zwölf bis vierzehn Meilen lang und an manchen Orten zwo Meilen breit nordostwärts in das Land hinein erstrecket. An der Mündung desselben findt man einige hundert Inseln in einem Bezirke von drey Meilen beysammen liegen.

Merkwürdige Inseln.

Nicht weit davon sind die **Napparsok-Inseln**, wo so wohl als auf dem festen Lande gute Grasgänge und Treibholz, wie auch Fische, Vögel und Seehunde, an zu treffen sind. Das Treibeis, das mit dem Strome und einem starken Südwinde von der Ostseite um Statenhuk herum kömmt, geht nur bis hieher, indem der Strom abnimmt und sich weiter nordwärts gar verliert.

Von dem fünf und sechzigsten bis sieben und sechzigsten Grade findt sich nichts, welches die Aufmerksamkeit der Reisenden an sich zieht. Um die Mitte des sechs und sechzigsten Grades fängt sich die Straße Davis an, wo America der westlichen Küste von Grönland gegen über liegt.

Diskobay.

Der beträchtlichste Gegenstand für die Erdbeschreiber und Schiffer, welche Grönland in der Straße Davis befahren, ist die große **Diskobucht**. Sie wird von dem südostwärts in das Land hineindringenden Meere gebildet, welches auch eine Menge kleiner Eylande machet, die sich theils ostwärts bis in die Spiringbay, theils nordwärts bis an Disko-Eyland erstrecken, wovon die Bucht den Namen führet. Es hat etwan achtzig Meilen im Umfange. Das Land ist hoch, oben flach und mit Eise bedecket. Es könnte die Einfahrt in die Bay eröffnen und verschließen, wie die Insel Cuba über den mexicanischen Meerbusen gebiethen könnte. Unten bey der Rheede ist ein flaches ebenes Land. Es finden sich auf derselben viele Rennthiere, die sonst auf keinem Eylande sind. Das Wasser zwischen demselben und dem festen Lande heißt das **Waigat** und ist drey Meilen breit. Die Fischerey in der Bucht ist die beste im ganzen Lande, indem die Grönländer im Winter, da die Bucht zufriert, eine Menge Seehunde auf dem Eise erschlagen, und im Frühjahre kleine, auch mannichmal große Walfische fangen. Die Ufer um die Diskobucht sind am stärksten von den Grönländern bewohnet. Es kommen auch jährlich viele holländische Walfischfänger dahin; daher hier der beste Platz zur Handlung ist.

Ueber dieser Insel und Bay hinaus findt man, am Ende des Waigat, **Noogsoak**, die große Näs, oder das große Vorgebirge, wo sich die dänischen Colonien endigen. Wie das Land weiter gegen Norden aussieht, weis man nicht recht. **Wilhelm Baffin**, welcher 1616 die Durchfahrt durch die Straße Davis gesuchet und das Meer über dem zwey und siebenzigsten Grade bis in den acht und siebenzigsten **Baffins-Bay** genannt hat, fand im vier und siebenzigsten keine Menschen mehr, wohl aber viele Zeltplätze, woraus er schloß, daß zu gewissen Zeiten des Sommers Fischer dahin kämen. Die Grönländer in Disko erzählen, das Land sey noch über hundert Mei-

r) Weder Egede noch Cranz zeigen an diesem Orte einen Fluß an. Die Schriftsteller, welche meynen, Balsrevier bedeute einen Fluß, irren sich vermuthlich. Es soll aber diese Fiorde oder Bucht ihren Namen von einem Seemanne Balthasar erhalten haben.

Meilen und also bis in den acht und siebenzigsten Grad, wiewohl nur von sehr wenigen Menschen, bewohnet. Denn ob es gleich daselbst viele Eidervögel, weisse Bären, Seehunde und Walfische gebe, so habe doch niemand Lust, wegen der betrübten langen Winternächte lange daselbst zu wohnen; es fehle ihnen auch an Holze und Eisen; und das Land bringe nicht so viel Gras hervor, als sie in ihre Schuhe brauchen, daher sie solches kaufen, die Häuser aber statt der Holzsparren und Rasen mit Einhorne, Thone und Seehundefellen decken müssen. Cranz von Grönland.

Dieß ist bis hieher nur das geographische Gemälde von Grönland. Ehe wir aber in dessen Länder hineingehen und die Meere durchstreichen, die es umgeben, hat man den Reisenden eine genaue, und umständliche Beschreibung seiner Häven und gleichsam ein Reisebuch zu danken, welches ihnen in einem Lande zum Wegweiser dienet, das nur gar zu wenig besuchet wird, als daß es bekannt genug seyn könnte. Wir wollen diese Beschreibung in wenig Worten vornehmen.

Die von Grönländern bewohnten Oerter.

Von Cap Farewell bis an Friedrichs Haab sind ungefähr vierzig bis sechzig Meilen an der Küste hin, die man in fünf Tagen thun kann.

Dieses Cap ist gleichsam von zweyen Eylanden besetzet; das eine ist Sermesok, d. i. die Eisinsel; und das andere Nennortalik, d. i. die Bäreninsel. Neben ihnen liegen noch mehr große und kleine Inseln. Zwischen denselben und dem festen Lande ist ein ziemlich breiter Sund, wodurch ein starker Strom geht, und man auf die Ostseite von Grönland fährt.

2. Onartok, d. i. das Warme, ein schönes grünes Eyland in der Mündung einer ebenfalls fruchtbaren Bucht. Es hat den Namen von einem warmen Brunnen, welcher so wohl im Winter als Sommer kochet und so heiß ist, daß ein hineingeworfenes Stück Eis so gleich zerschmilzt. Daselbst ist auch ein guter Angmarsetfang, wozu die Grönländer von der Ostseite fünf Tagereisen weit herkommen. Warme Wasserquelle.

3. Ikkersoak, die große breite Bay. Etwas davon liegt die Bay Igalik, Kochstelle, wo man viele eckichte durchsichtige Steine findt, die so hart sind, daß man Glas damit schneiden kann. Darauf folget Tunnuliarbik, Winkelbay, mit einem guten Haven; imgleichen Kangek und Aglutok. Dieß sind die schönsten Oerter in Grönland, die schon vor Alters bewohnet worden und noch jetzo am häufigsten besuchet werden. Schneidende Steine.

4. Rikkertarsoak, die große Insel, mit einem Haven, worinnen ehedem die holländischen Schiffe gute Handlung getrieben. 1742 wurde eines, das da vor Anker lag, von dem durch einen Südsturm hineingetriebenen Eise zerquetschet: die Mannschaft aber rettete sich noch.

5. Kudnarme, ein volkreicher Ort an einem hohen festen Lande nebst vielen Inseln. Etwas höher hinauf geht ein langer, schmaler, niedriger Erdstrich in die See hinaus. Die Grönländer nennen ihn Itiblik und mögen ihn wegen der wilden See nicht gern umfahren, sondern laden ihre Boote aus und tragen solche über Land.

6. Serme-

Cranz von Grönland.

6. Sermeliarsok, die große Eisbay, wo ein guter Seehund- und Angmarsetfang ist. Die Erdbeschreiber setzen sie ein und sechzig Grad, zwanzig Min. und sie ist vermuthlich die ehemalige Frobisher Straße, die nunmehr ganz mit Eise verstopfet ist.

Alle diese Oerter sind von Grönländern bevölkert oder bewohnet und den Europäern wenig bekannt, die solche nicht sehr besuchen. Wir wollen jetzt von den dänischen Colonien reden, die an der übrigen Küste vom zwey und sechzigsten bis zwey und siebenzigsten Grad angeleget worden.

Dänische Colonien.

Erste Colonie.

Die erste Colonie, welche man antrifft, wenn man von Europa nach Grönland kömmt, ist Friedrichs Haab, Friedrichs Hoffnung, welche 1742 angeleget worden. Sie ist ein sehr guter Handelsplatz und Haven, wo man mit Seehundespecke, Fuchs- und Seehundfellen einen ziemlichen Handel treibt. Im Anfange gieng es mit ihr sehr unglücklich, und die Schiffe konnten einige Male wegen des Treibeises nicht einlaufen, da man denn die Lebensmittel bey Godhaab ausladen und einige dreyßig Meilen weit mit Booten dahin schaffen mußte.

Sechs Meilen davon ist die Eisblink, wovon man schon eine hinlängliche Beschreibung gegeben hat.

Etwan sechzehn Meilen von der Colonie geht eine mit Eise bedeckete Oeffnung in das Land hinein, welche man den Bärsund nennet. Sie soll ehemals eine Durchfahrt auf die Ostseite gewesen seyn, und würde also eine Aehnlichkeit mit Frobishers Straße haben.

Achtzehn Meilen nordwärts von Friedrichs Haab ist eine schmale Bay, fünf Meilen lang. Man nennet sie Fischer Fiorde oder Fischbay, wegen der Menge vielerley Fische darinnen. In der Mündung derselben liegen außer den kleinern zwo große Inseln drey bis vier Meilen im Umfange. Am Ende der südlichen Insel, eine starke Meile von der See, liegt die Fischerloge an einem angenehmen und mit vielem Grase bewachsenen Orte. Dieses Comptor ist 1754 von der allgemeinen grönländischen Handelscompagnie zum Dienste und Nutzen der Colonien angeleget worden: doch ist der Handel daselbst nur mittelmäßig. Eine starke halbe Meile davon auf eben der Insel nach der See zu haben die evangelischen Brüder 1758 eine Mission errichtet, welche Lichtenfels heißt.

Zwo Meilen von der Loge ist Innuksuk, ein grönländischer Wohnplatz, und drey Meilen weiter die Gräder Fiorde, wo auch Grönländer wohnen. So weit erstrecket sich die Handlung der Loge nordwärts, welche nebst der Colonie Friedrichs Haab nur von einem Schiffe besegelt wird.

Zweyte Colonie.

Die zweyte dänische Colonie ist Klingarne oder die Inseln Kellingeit, ungefähr fünf und zwanzig Meilen von der ersten. Es ist ein vortrefflicher und leichter Seehundsfang da, in den engen Wassern zwischen den Inseln.

Vier Meilen davon ist Merkoitsok und dann die Buxefiorde mit dem Holländer Haven, wo zuweilen herumschweifende Grönländer überwintern.

Drey Meilen höher in Kariak, und beym Strom am festen Lande, wohnen auch einige Grönländer.

Eine

Eine Meile davon geht die große zehn Meilen lange und zwo Meilen breite Amaralikfiorde oder Bay nordostwärts in das Land hinein. Man fängt daselbst in der See viel kleine Häringe und Seehunde und auf dem Lande Rennthiere. Es finden sich da noch Ueberbleisel von der alten Norweger Wohnungen nebst vielem Grase und kleinem Gesträuche, wie auch Weichstein und Adern von rothem Granate.

Cranz von Grönland.

Unter dem großen Berge Hiorte-Tak, oder Hirschzacke, eine Meile davon, geht die Kobrfiorde zwo Meilen ins Land hinein, wo eine Lachs-Elve oder ein Bach mit kleinen Teichen und ein guter Rennthierplatz ist.

Dritte Colonie.

Die dritte Colonie ist Godhaab, gute Hoffnung, im vier und sechzigsten Gr. vierzehn Min. achtzehn Meilen von der Fischerloge im Bals Reviere. Unter den vielen Inseln, welche dieser Meerbusen enthält, haben die beträchtlichsten, welche die Einwohner Kittiksut nennen, gegen Norden die Insel Kangek, oder Hoffnungsinsel, welche an Westerland gränzet, das durch einen engen Sund von dem festen Lande abgerissen ist. Man nennet ihn den Nepisetsund; und die Grönländer fangen im Herbste die meisten Seehunde darinnen. Gegen Süden werden die Kittiksut, welche man auch die Kookörnen oder Kookinseln heißt, durch das Südergat von einer Menge großer Inseln abgesondert, zwischen welchen eine Durchfahrt ist, die der Hamburger Sund heißt. Drey Meilen nordostwärts ist die Einfahrt in den Schiffshaven auf einer Halbinsel, wo das Speckhaus steht. Eine Viertheilmeile westwärts um das Land hinum liegt die grönländische Brüdergemeine Neu-Herrnhut, und eben so viel noch weiter nordwärts hinum die jetzige Colonie Godhaab, welche außer dem Hauptgebäude, worinnen der Kaufmann und Missionarius nebst ihren Leuten wohnen, aus einem Proviantshause, einer Schmiede und einem Brauhause besteht. Die Kirche ist nicht weit davon an einem Bache, und die grönländischen Häuser liegen hin und her zerstreut.

Eine Meile weiter um die Wildmannsnäs, wohin sich die Eidervögel im Winter bey Nacht begeben, liegt die Insel Saalberg oder Sattelberg, weil der höchste Gipfel, den man zwanzig Meilen weit sehen kann, einem Sattel gleicht. Nicht weit davon ist die Bärinsel und neben derselben die Insel Aupillartok. Beyde sind vier bis fünf Meilen lang und sehr hoch zwischen zwoen Bayen. Die eine derselben geht gegen Südost nach Pissiksarbik, wo der beste Häringsfang ist, und am Ende geht eine kleinere in das feste Land hinein.

Die andere Bay ist gegen Norden. Sie hat auf der Westseite Kanneisut, ein weites flaches Land, mit kleinen Felshügeln, wo eine gute Lachsfischerey und ein wenigstens vier Meilen langer aber nicht fischreicher See süßes Wassers ist. Diese Bay theilet sich oben abermals in verschiedene Arme, wovon der eine Ujaraksoak heißt, an welchem man den schönsten Weichstein und die meisten Ueberbleisel der alten Normannen antrifft. Der andere aber ist mit Eise bedeckt.

So ist die Colonie Godhaab ungefähr beschaffen, welche anfänglich 1721 auf der Insel Kangek erbauet und darnach 1728 an das feste Land gebracht worden. Dieses ganze Revier hat auf der ganzen Westküste nicht leicht seines Gleichen und ist von einigen tausend Grönländern bewohnt gewesen. Seit einer Blatternkrankheit im 1733 Jahre aber haben sie sehr stark abgenommen. Ein Kaufmann, der viele Jahre im Lande gewesen und von dessen Bevölkerung ziemlich zuverläßige Nachrichten

 eingezogen,

Cranz von Grönland. eingezogen, hat die Anzahl der Einwohner auf der Westseite genau berechnet. Er fand in seinem Handelsbezirke, von etwan zwanzig Meilen, nur neunhundert und sieben und funfzig Seelen. Und dieser war doch noch einer von den volkreichsten, da man sonst wohl zehn Meilen fahren kann, ohne eine Seele an zu treffen, wenn man die Diskobucht und Südseite ausnimmt. Wenn man nun annimmt, daß das Land auf zweyhundert Meilen lang bewohnt ist, und man wollte auf zwanzig Meilen tausend Seelen rechnen, in Betrachtung, daß die Süd- und Nordseite volkreicher sind, so kämen nur zehntausend Seelen heraus. Erstgedachter Kaufmann aber will wegen der vielen öden Plätze nur siebentausend gelten lassen. Er behauptet, daß vor 1730 die grönländische Nation dreyßigtausend und im 1746 J. da er den ersten Ueberschlag gemacht, noch zwanzigtausend stark gewesen. Seitdem aber habe sie fast um zwey Drittheil, wenigstens um die Hälfte, abgenommen.

Vierte Colonie. Die vierte Colonie ist **Zukkertop** im fünf und sechzigsten Gr. acht und vierzig Min. welche auf einer kleinen Insel **Kangak** 1755, acht und zwanzig Meilen von **Godhaab** angeleget worden. Ihren Namen hat sie von drey spitzigen Bergen, die in der Ferne wie ein Zuckerhut aussehen und wornach sich die Schiffer bey dem Einlaufen richten. Der Haven ist einer von den besten und sichersten im Lande und liegt nur eine Viertelmeile von der offnen See zwischen zwo kleinen Inseln. Ausser den vielen Fischen, Seehunden und Vögeln an dieser Küste sieht man zuweilen auch Walfische daselbst: sie werden aber von den Grönländern selten und von den Europäern, aus Mangel genugsamer Fahr- und Werkzeuge, gar nicht gefangen.

Wenn man über **Zukkertop** ein Paar Bayen vorbeygefahren, wovon die eine sechzehn bis achtzehn Meilen lang ist und viel Gras und Buschwerk hat, so kömmt man zehn Meilen weiter zu einer großen Insel mitten unter vielen kleinern, auf welcher gute Lachsfischereyen sind. Man findt daselbst einen weißen wie Silber glänzenden Thon, der im Feuer nicht springt. Unter den Klippen ist eine sehr groß, mit einem tiefen Thale in der Mitten, welches bey hohem Wasser überschwemmet wird, da denn bey stillem Sommerwetter mit der Fluth viele Seehunde hineingehen, welche von den Grönländern, wenn das Wasser gefallen ist, wie in einem Teiche gefangen und getödtet werden.

Etwan zwanzig Meilen von **Zukkertop** ist die **Amarlokbay**, in welcher Gegend man jährlich einige Walfische fängt.

Fünfte. Die fünfte Colonie ist **Holsteinburg**, welche 1759 angeleget worden. Sie ist eine der bequemsten zur Wohnung und Handlung.

Sechste. Die sechste ist die **Südbay** im sieben und sechzigsten Gr. dreyßig Min. Sie ist 1756 errichtet worden. Die holländischen Walfischfänger hatten ehemals ihren besten Haven da. Nachdem aber die vorhergehende Colonie aufgekommen, so hält sich nur ein Mann allda auf, welcher von den wenigen Grönländern den Speck einsammlet.

Siebente. Die siebente Colonie heißt **Egedes Minde**, Egedes Andenken, von dem Hauptmanne **Egede**, der sie 1759 erbauete und das Gedächtniß seines Vaters dadurch erhalten wollte. Diesem klugen und eiferigem Missionar hat Dänemark seine Festsetzung in Grönland, und Europa die richtigsten Begriffe zu danken, die wir von diesem entfernten Lande haben. Der Walfischfang ist in der Gegend der drey letzten Handelsörter manches Jahr sehr ergiebig: es haben sich aber die Grönländer meist weggezogen,

gezogen, ungeachtet es daselbst viel Fische und Vögel giebt. Die Ursache ist, weil Egedes Minde den ganzen Winter eingefroren ist, und erst im May offen wird, wenn der Walfischfang vorbey ist. Daher geht man damit um, diese Colonie weiter nordwärts nach den Dunk-Eylanden zu verlegen. Cranz von Grönland.

Die achte Colonie ist Christians Haab in der Dürebay im neun und sechzigsten Gr. dreyzig Min. oder nach andern im acht und sechzigsten Gr. vier und dreyzig Min. Sie wurde schon 1734 errichtet, 1752 aber vier Meilen weiter nordwärts verleget. Achte.

Zugleich wurde daselbst die Loge Claushaven erbauet, welche man für die neunte Colonie rechnet. Ein Paar Meilen weiter nordwärts liegt die Jsefiorde oder Eisbay, welche ehemals ein offener Sund bis auf die Ostseite des Landes gewesen, nun aber ganz mit Eise verstopfet ist. Es kommen aus derselben alle Jahre viele und die größten Eisberge herausgetrieben. Neunte.

Nicht weit davon ist schon 1741 die zehnte Colonie Jacobshaven in der Makslykuytbay errichtet worden. Alle drey Orte werden von einem Schiffe befahren, welches oft vierhundert Faß Speck und darüber einnimmt. Zehnte.

Von hier fährt man nord- und dann westwärts zwölf Meilen aus der Diskobay hinaus und trifft zwischen dem neun und sechzigsten und siebenzigsten Gr. die eilfte Colonie Rittenbenk an, welche man 1755 angeleget. Man findt da herum feine weisse Wetzsteine, die man sonst Oelsteine nennet. Eilfte.

Die letzte und zwölfte Colonie ist Noogsoak, die große Näs, im ein und siebenzigsten Gr. am Ende des Waigat, welche 1758 errichtet wurde. Beyde werden von einem Schiffe befahren, haben aber bisher noch nicht viel eingetragen. Zwölfte.

Das II Capitel.

Von dem Meere und dem Eise.

Sonderbare Gestalten und Farben des Treibeises. Wie die Eisberge entstehen. Flächen des Treibeises. Untersuchungen und Muthmassungen, wie und wo dieses Eis entsteht. Treibholz. Muthmaßungen, wo solches herkömmt. Von der Ebbe und Fluth. Abweichung der Magnetnadel.

Die Natur hat das Weltgebäude überall mit Gegenständen besäet, die unserer Aufmerksamkeit würdig sind; und wenn sie aufhöret, uns ihre Wohlthaten zu verschwenden, so zieht sie unsere Ehrerbiethung noch durch das Schrecken an sich, welches sie uns beybringt. Unter allem dem Grauen aber, womit sie sich zuweilen umgiebt, und welches in das Vorrathshaus der Schätze kommen muß, die ganze Verfassung aus zu machen, aus welcher das allgemeine Beste entsteht, verdienet nichts die Aufmerksamkeit eines verständigen und neugierigen Wesens mehr, als die ungeheuren Klumpen Eis, womit sie die Pole der Erdkugel bekleidet und die Angel der Erde, so zu sagen, befestiget hat.

Grönland muß gleichsam von Eise versteinert seyn, wenn man die ungeheure Menge ansieht, welche in der Ferne auf der ganzen Fläche des Meeres herumfließt, womit dieses

Cranz von Grönland.

dieses Land umgeben ist. Diese Eisberge sind ein Anblick, der nicht ohne Vergnügen ist. Sie stellen der Einbildungskraft alles dasjenige vor, was das Auge auf der Erde gesehen hat, und wo die Natur sich zu belustigen scheint, die Werke der Kunst wieder hervor zu bringen. Bald ist es eine Kirche mit einem Glockenthurme, was man in der Ferne zu sehen sich vorstellet; bald ein Schloß mit seinen Thürmen und Zinnen; zuweilen ist es ein Schiff, wovon man glaubet, daß es mit vollen Segeln das Meer durchschneidt; und oft geschieht es, daß ein Steuermann, durch die Entfernung und Aehnlichkeit betrogen, sich von seinem Laufe entfernet, und die Arbeit verdoppelt, dieses eingebildete Schiff zu erreichen. Andere sehen wie große Inseln mit Ebenen, Thälern, und großen Bergen aus, die oft über zweyhundert Ellen aus dem Meere hervorragen. Ein glaubwürdiger Missionarius erzählet, daß, nach der Walfischfänger Aussage, in der Diskobucht auf einem dreyhundert Klafter tiefen Grunde, einige solcher Eisberge seit vielen Jahren fest stehen, wovon sie den einen die Stadt Harlem und den andern Amsterdam nennen; und daß sie zuweilen ihre Schiffe daran fest machen und auf dem flachen Eise dabey ihre Speckfässer ausladen.

Sonderbare Gestalten

und Farben des Treibeises.

Dieses Eis ist mehrentheils sehr hart, hell und durchsichtig wie Glas, an Farbe bleichgrün und mannichmal himmelblau. Wenn man es aber schmelzet und wieder frieren läßt, so wird es weiß. Einige Stücke sehen grau und schwarz aus, und sind mit Erde, Steinen und Reisige vermengt, welches der Regen von den Bergen abgespület, da es sich denn dem Eise einverleibet hat, wie der Kalk an einer Mauer.

Diese theils kleinen, theils großen Eisklumpen sieht man häufig in der Straße Davis, vornehmlich im Frühjahre nach einem heftigen Sturme, welcher sie von den benachbarten Ländern losgerissen und stückweise in die Meerenge getrieben hat, wo sie zu zwanzig bis dreyzig hinter einander hinaus und hereintreiben, an den seichten Ufern eine Zeitlang stehen bleiben und theils zerfallen, theils von einer hohen Fluth und einem starken Strome wieder flott gemacht und in die See getrieben werden, wo das beständige Anspühlen der Wellen sie entweder mürbe machet und zerschlägt, oder der Sonnen Wärme sie vollends auflöset.

Es giebt Eisschollen, welche zwischen den Felsen so groß werden, daß sie so gar deren Gipfel übersteigen. Sie sind blau, voller Spalten und Löcher, die der Regen gemacht hat, und oben mit Schnee bedecket, durch dessen Zerschmelzung und Wiedergefrierung sie alle Jahre noch größer werden. Dieß Eis ist viel dichter, als das Treibeis, und machet allerley seltsame und dem Auge angenehme Gestalten. Manche Stücke sehen aus, wie Bäume mit Aesten; und wenn es darauf schneyt, so sind die Schneeflocken gleichsam die Blätter. Einige sind wie eine Kirche oben mit Thürmen, auf den Seiten mit Pfeilern, Fenstern, Gewölbern und Thüren; und die von innen herausstralende blaue Farbe wie eine Glorie.

Wie die Eisberge entstehen.

Es ist schwer, zu erklären, wie diese entsetzlichen Eisberge, die man auf einer unermeßlichen Strecke des Meeres schwimmen sieht, entstehen und woher sie kommen. Einige sagen, sie entstünden aus dem Meere selbst, welches in den Buchten bis auf den Grund zufriert, wo sie im Frühjahre bey dem Austhauen des Schnees, von einer starken Ueberschwemmung losgerissen, durch Nebel und Regen, der so gleich zu Eise wird, vergrößert und endlich von einem starken Winde fortgeführet würden. Allein, zu geschweigen, daß das Meerwasser schwer und auch in den engsten und stillsten

Buchten

Buchten nie bis auf den Grund, sondern nur einige, höchstens sechs, Ellen tief frieret, so beobachtet man auch, daß diese Eisstücke nicht salzig, sondern süß, wie das Flußwasser, sind. Es ist also zu vermuthen, daß sie zum Theile, und zwar die kleinern Stücke, in den Flüssen, zum Theile aber, nämlich die meisten und größten, auf den Bergen und in den großen Klüften der Felsen entstehen. Cranz von Grönland.

Diese Berge sind so hoch, daß der Schnee, besonders an der Nordseite, bey Tage schwerer schmilzt, als in den Thälern, und in der Nacht gleich wieder zu Eise wird. Sie haben auch solche Klüfte, wo die Sonne niemals oder doch sehr wenig hinein scheint. An den steilsten giebt es Absätze, wo sich das Regen- und Schneewasser sammlet und zu Eise wird. Wenn nun von denen noch darüber erhabenen Bergspitzen der Schnee herunter rollet oder durch den Regen herab fließt, auch wohl hier und da kleine Bergwasser über das schon angesetzete Eis herunter stürzen, so friert es nach und nach zu einem Eisklumpen. Dieser kann von der Sonne theils gar nicht aufgelöset werden; theils aber, wenn er auch durch das Dauen etwas abnimmt, so wird er doch durch den jährlichen Zuwachs von Regen und Schnee immer größer. Ein solcher Eisklumpen hängt oft über den Felsen weit hinüber, schmilzt aber nicht auf der Oberfläche, sondern von unten, zerbirst also in viele große und kleine Spalten, aus welchen das geschmolzene Wasser hervor quillt. Dadurch wird er endlich so mürbe, daß er, zugleich von seinem Uebergewichte beschweret, abbricht, mit großem Krachen an dem Felsen herabrollet und, wo er über einen Absturz hängt, in solchen Stücken, als man in den Buchten sieht, mit einem Getöse, wie der Donner, hinein stürzet. Das Wasser wird dergestalt davon bewegt, daß es noch weit davon ein Boot umwerfen kann; da denn mancher Grönländer, der unbesorgt am Lande hinfährt, sein Leben verliert.

Die Spalten, die man in diesen Eisbergen entdecket, sollen durch das von unten aufgedaute Eiswasser entstehen, welches des Nachts wieder friert und viele Luft in sich fasset. Diese eingeschlossene Luft suchet des Morgens, besonders im Sommer, einen größern Raum und zersprenget daher, wie das in einem Gefäße verschlossene Wasser bey der Kälte, die obere Eisdecke mit einem heftigen Knalle und einer Erschütterung, die man ein Eisbeben nennet. Sie ist so stark, daß Menschen, die in der Nähe sind, sich niedersetzen müssen, damit sie nicht umgeschmissen werden. Zu gleicher Zeit werden Erde, Holz und Steine, ja auch Menschen und Vieh, die hinein gefallen, von diesen Eisvulcanen gleichsam ausgeworfen, wenn es erlaubet ist, einerley Namen ähnlichen Wirkungen von so verschiedenen Ursachen, als der Frost und das Feuer sind, zu geben.

Dieß sind übrigens Erscheinungen, welche die Natur in den Schweizergebirgen sehr häufig gemacht hat. Wenn die Alpen und so gar die Cordilleras unter der Linie stets mit Schnee und Eise bedecket sind; muß man sich da verwundern, ewige Eisberge auf den Meeren und in Grönland zehn bis funfzehn Grade von dem Nordpole zu sehen? Indessen muß man nicht glauben, daß die Kälte stets stufenweise nach dem Abstande von dem Aequator zunehme. Denn es wohnen nicht allein Grönländer bis in den fünfundsiebenzigsten Gr. sondern auch Europäer bis in den ein und siebenzigsten. Es giebt Sommertage, wo es auf den Spitzen der höchsten grönländischen Berge nicht allezeit schneyt, sondern mehrentheils regnet, und wenn auch Schnee fällt, derselbe bald wieder vergeht. Diese Berge sind zwar nicht dreytausend zweyhundert Faden hoch, wie der Chimborasso

Cranz von Grönland.

in Peru, noch zweytausend siebenhundert und funfzig Faden, wie der Gotthard, aber doch wenigstens tausend Klafter hoch. Nun weis man, daß in Ansehung der Berge das Drittel der Höhe, was die Kälte anbetrifft, über tausend Meilen Entfernung vom Aequator gleich kömmt.

Es ist gewiß, daß die in den Nordmeeren herumschwimmenden Eisberge die Schiffahrt daselbst beschwerlich und gefährlich machen, aber lange nicht so sehr, als man es sich einbildet. Weil man sie von weitem sieht und sie nur einzeln und mit einem großen Raume zwischen ihnen schwimmen, so kann man ihnen leicht ausweichen, wofern nicht bey dickem Nebel oder heftigem Sturme, oder noch mehr bey einer Windstille, durch den starken Strom, ein Schiff daran stößt. Indessen ist es selten, daß ein Schiff dadurch, auch so gar in der Hudsonsbay, verunglücket. Es müssen aber auch Tag und Nacht ein Paar Mann darnach aussehen und darauf Acht haben. Das flache Treibeis ist weit erschrecklicher. Die Küsten der Davisstraße sind fast immer damit bedecket, und es muß von den Schiffern sorgfältig vermieden und umfahren werden, bis sie eine durch den Strom oder Wind verursachte Oeffnung finden, da sie durchfahren können. Gleichwohl ist noch viel Gefahr dabey; indem oft ein anderer Wind oder ein widriger Strom, die Fluth, wo nicht gar ein Sturm, das Eis wieder zusammentreibt, das Schiff einquetschet und zu Grunde richtet.

Flächen des Treibeises.

Diese, wie Flöße schwimmenden Eisfelder sollen zuweilen hundert Meilen lang, und an manchen Orten zwanzig, dreyzig bis vierzig Meilen breit seyn. Wo der Wind und Strom keine Oeffnung gemacht haben, da folget ein Stück so dicht an dem andern, daß man von einem auf das andere springen und die Fugen, wo sie von einander gebrochen, deutlich sehen kann. Die Dicke dieses Eises ist verschieden, gemeiniglich aber fünf bis sechs Ellen. Es ist salzig, weil es aus Seewasser entstanden: doch sind auch Stücke vom süßen Wasser darunter, die man leicht an ihrer hellen durchsichtigen Farbe erkennen kann. Diese sind von vier bis zehn Klafter dick, nachdem sie aus einzelnen oder über einandergehäuften Schollen bestehen. Sie ragen auch weit mehr aus dem Wasser hervor, und auf denselben steht öfters eine Menge süßes Wassers wie in einem Teiche. Hin und wieder sind kleine und große Eisberge darunter, welche stärker, als das flache Eis, von dem Winde und Strome bewegt, und wo eine Oeffnung entsteht, herausgetrieben werden. Ein solches Eisfeld sieht bey dem ersten Anblicke wie ein Land mit Bergen und Thälern, Städten und Dörfern, sammt ihren Häusern, Kirchen und Thürmen aus. Wenn man sich ihm nähert, so wird die Luft um ein merkliches kälter, und ein dicker und niedriger Nebel begleitet es, welches ein richtiges Merkmaal seyn soll, daß man es bald antreffen werde. Indessen haben doch einige Schiffer in der Davisstraße bemerket, daß sich dieser Nebel verzieht, so bald man nahe zum Eise kömmt; imgleichen, daß je weiter sie gegen Norden gekommen, desto wärmer sie die Luft gefunden und weniger Eis angetroffen haben.

Man kann dieses Treibeis, dessen Ursachen, Wirkungen und was am merkwürdigsten und am wichtigsten von diesem schrecklichen Wunder der Himmelsgegenden und Witterung zu wissen ist, vornehmlich aus den Berichten derjenigen kennen lernen, welche auf den Walfischfang nach Spitzbergen fahren.

Das Eis fängt daselbst im April und May an, auf zu gehen, und kömmt in großer Menge, theils Ost von Neu-Semlja, theils und am meisten West von der Ostseite stere Grönlandes her. Das Westeis kömmt allezeit in großen Stücken oder Feldern, die mit tiefem Schnee bedecket sind. Wenn das Eis schon überall losgebrochen ist, so findt man es in Nord von Spitzbergen noch fest; woraus man schließt, daß gegen den Pol noch mehr Land seyn müsse. Ehe man dieß feste Eis wahrnimmt, verräth es sich durch einen weißen Glanz in der Luft. Es ist nicht glatt und durchsichtig, wie das Süßwassereis, sondern sieht aus wie Zucker. Dabey ist es sehr schwammicht, weil es von unten schmilzt und abnimmt, und hat eine bleichgrüne Farbe, wie Vitriol. Wenn die Walfischfänger sich noch nicht in das kleine Treibeis hinein wagen dürfen, so machen sie das Schiff an dem festen Eise oder an einem losen großen Eisfelde fest. Das ist aber ein gefährliches Lager. Denn wenn das Eis von der Bewegung der Wellen bricht, so machen die vielen hundert Stücke, außer der Erschütterung der See, einen Wirbel und ziehen sich nach dem Mittelpunkte. Fassen sie nun das Schiff in der Mitte, so ist es um dasselbe geschehen. Man hütet sich auch vor diesen kleinen Stücken am meisten, weil sie geschwinder schwimmen und das Schiff einschließen und zerstoßen können, ungeachtet diese Art Schiffe viel stärker gebauet sind, als andere. Wenn es sich eräuget, daß eines also zertrümmert wird, so retten sich die Menschen über das Eis oder in einem Boote, bis ein anderes Schiff sie aufnehmen kann. Indessen müssen doch die Schiffe dem Walfische in das Treibeis folgen, wohin er sich flüchtet, wenn er mit dem Harpune getroffen worden. Die Fischer brauchen alsdann die Vorsicht, daß sie ein Stück Eis hinten an das Schiff anhängen, damit es bey starkem Strome dadurch aufgehalten werde, und nicht von vorn her an das Eis stoße. Die auf den Seiten heran bringenden Stücke suchet man, vermittelst langer mit Eisen beschlagener Stangen, abzuhalten, oder man hängt einen todten Walfisch und auch wohl nur einen Schwanz oder eine Finne desselben an die Seiten des Schiffes, damit man es wider die Gewalt des Eises schütze. Cranz von Grönland.

Herr Cranz, welcher den Ursprung und die Quelle dieses Eises suchet, welches die Durchfahrt durch die Daviesstraße zu versperren scheint, saget, es könne nicht in diesem Canale entstehen, weil die See wegen der unaufhörlichen Bewegung, die durch Ebbe und Fluth und Wind verursachet wird, daselbst nicht gefrieren kann. Das wenige Eis, welches sich zwischen den Inseln und in den kleinen Buchten, ja auch in der großen Diskobucht ansetzet, vergeht bald, und wird durch den Strom auf die americanische Küste getrieben. Das Eis an der Westseite Grönlandes kömmt von der Ostseite. Es scheint also, daß es nur aus dem Eismeere kommen kann, welches sich von den tartarischen Ufern bis an den Pol erstrecket und so lang und breit ist, daß es noch wohl mehr Eis hergeben kann. Allein, saget Herr Cranz, nach dem Herrn von Büffon, wenn unter dem Pole nur ein Meer wäre, so würde es entweder wegen der beständigen Bewegung der durch Wind und Strom verursachten Wellen, oder auch wegen der nicht so starken Kälte in dieser Breite, als man sie vermuthet, nicht gefrieren. Wenn Länder unter dem Pole sind, so würde das Eis deswegen eben nicht die ganze Strecke des Eismeeres bedecken. Es ist also eher zu vermuthen, daß es alles das Eis, welches es giebt, von den Flüssen der großen Tatarey, der Küsten von Neu-Semlja und Spitzbergen, und von der östlichen Küste von Grönland erhalte. Von da wird alles dieses Eis, durch einen großen einförmigen Strom zwischen Island und Grönland um Statenhuk, wohl auch durch die Frobisher Straße unter dem Eise in die Untersuchungen und Muthmaßungen, wie und wo dieß Eis entsteht.

Cranz von Grönland.

die Davisstraße bis auf den fünf und sechzigsten Grade getrieben, wo es ein gegenseitiger Strom weiter vom Lande ab an die americanische Küste und so weiter südwärts treibt.

Die kleinen Buchten, welche die Berge vor den Winden sichern, frieren alle Winter zu und werden mit Eisstücken bedecket, deren einige aus Salzwasser, und andere aus süßem Wasser entstanden sind. Die Sturmwinde aber brechen sie im Frühjahre los und führen sie in die See. Man sieht den linken Arm des Balsreviers, gegen Norden dieser Bay, viele Meilen lang mit diesem Eise beleget. Ich habe es selbst, saget Herr Cranz, auf einer Reise nach Pissiksarbik aufmerksam untersuchet. Ich ließ mich den ersten des Brachmonates bis an das Ende der Bucht führen, die daselbst noch gefroren und nur am Lande offen war. Darauf gieng ich eine halbe Meile das Thal hinauf, einige Ueberbleibsel der alten Norweger an einem Süßwasserteiche zu sehen, sah aber weiter nichts, als einen großen viereckichten mit hohem Grase überwachsenen Steinhaufen. Das Thal schien mir eine gute Meile lang und halb so breit zu seyn. In der Mitte fließt ein kleiner Bach, welcher einige Teiche bildet. Die nächsten Berge erheben sich nicht gleich so steil, als die an der See, und sind mit vielem Grase, Moose und Reisige bewachsen. Die Sonne, die zwischen den Bergen recht brannte, trieb mich bald wieder zurück. Unterdessen daß meine grönländischen Bootsleute sich mit lachsfischen beschäfftigten, gieng ich allein auf einen Hügel, von welchem ich die nordliche Bucht voll Eis erblickete. Die Neugier trieb mich über einen mit vielem Grase bewachsenen Sumpf eine Viertheilmeile breit, über welchen die Grönländer mit ihrem Boote auf dem Kopfe zu der Bucht gehen, auf dem Eise Seehunde zu tödten. Weil ich aber das Eis nicht in seine ganze Länge sehen konnte, so gieng ich noch eben so weit auf eine erhabene Landspitze. Da sah ich mit Verwunderung ein Eisfeld, von etwan sechs Meilen lang und einer halben breit; und doch konnte ich west- oder seewärts, so weit ich zwischen den Bergen sehen konnte, kein offenes Wasser erblicken. Nur verrieth der Wasserdampf, daß die Bucht da offen seyn müßte. Es war eben bey dem Untergehen der Sonne gegen zehn Uhr. Ost- oder landwärts erstreckete sich das Eisfeld von großen Stücken in einer Fläche, die etwan eine halbe Meile lang und halb so breit seyn mochte. Alsdann aber erhub es sich, nach meinem Augenmaße, eines rechten Thurmes hoch, und zeigete sich von einem Berge zum andern wie eine lange Gasse Häuser mit spitzigen Giebeln. Hier vermuthete ich das Ende der Bucht. Denn von da erstrecket sich das Eis über drey Meilen lang zwischen den Bergen stufenweise erhaben, wie die Wasserfälle in einem zwischen den Bergen rauschenden Strome. Ein am Ende queer über stehender Berg, welcher niedrig und mit sehr wenigem Schnee und Eise bedeckt zu seyn schien, machte diesem langen Eisfelde ein Ende: doch schien auf beyden Seiten, so wohl nord- als südwärts, noch eine ziemlich breite Eisstrecke in das Land hinein zu gehen.

Ueberhaupt folget das Eis der Richtung der Ströme oder Winde. Ist der Wind westlich und dabey etwas stürmisch, so treibt es mit der Fluth in alle Buchten hinein. So bald er nord- und ostlich wird, so treibt es mit der Ebbe wieder aus den Buchten heraus, und geht alsdann dem Strome nach, so weit dieser gen Norden geht, treibt hernach auf die americanische Küste und endlich so weit gen Süden, daß es durch der Sonnen Wärme aufgelöset wird. Die Ostseite von Grönland ist also wechselsweise mit

mit Eise bedecket und davon frey, nach dem Einflusse und der Richtung der Ebbe und Fluth, der Winde oder Ströme. Wenn das Eis aus einer gewissen Höhe ist, und zugleich Westwind wehet, so können freylich die Grönländer nicht heraus und die Schiffer nicht hineinfahren, ohne große Gefahr zu laufen. Allein, dieß geschieht selten und dauret kaum vierzehn Tage.

Cranz von Grönland.

Von dem Treibholze.

Außerdem hat die göttliche Vorsehung den Einwohnern in Grönland die Beschwerlichkeiten des Meeres durch große Vortheile vergütet, die ihnen dieses Element bringt. Denn da sie diesem kalten steinichten Lande das Wachsthum des Holzes versaget hat, so hat sie dafür gesorget, daß der Strom des Meeres theils ohne Eis, theils und gemeiniglich mit dem Eise zugleich vieles Holz mit sich führet und zwischen den Inseln sitzen läßt. Wäre das nicht, so hätten die Europäer kein Holz zum Brennen, und die Grönländer keines, ihre Häuser zu decken, ihre Zelte aufzurichten, ihre Boote zu bauen und ihre Pfeile zu verfertigen, womit sie sich Nahrung und Kleidung und Speck zum Leuchten, Wärmen und Kochen verschaffen müssen. Man sieht unter diesem Vorrathe von Holze, den ihnen die Ströme zuführen, große mit der Wurzel ausgerissene Bäume, die durch vieljähriges Herumtreiben, Anstoßen und Reiben am Eise, so wohl von Aesten, als der Rinde, gänzlich entblößt und von großen Holzwürmern durchfressen sind. Etwas weniges von diesem Treibholze sind Waiden, Erlen und Birken, die aus den Buchten in Süden herkommen, desgleichen große Espenstämme, die schon aus weitern Gegenden seyn müssen: das meiste aber ist Kiefern und Tannenholz. Man findt auch vieles von sehr feinen Adern und wenigen Aesten, welches man für Lerchenholz hält, das gern in hohen steinichten Gebirgen wächst; und ein dichtes röthliches Holz von angenehmerm Geruche, als das gemeine Tannenholz, mit kennbaren Queradern.

Muthmaßungen, wo dieses Treibholz herkömmt.

Dieses Holz kömmt ohne Zweifel aus einer zwar fruchtbaren, aber doch kalten bergichten Gegend. Wo aber solche sey, ist schwer zu bestimmen. Aus dem benachbarten America, etwa von Terra Labrador, kann es nicht kommen, weil es gemeiniglich mit dem Eise kömmt, welches nicht von daher, sondern dahin treibt. Wollte man sagen, es komme aus Canada und treibe mit dem Strome Nordostwärts bis es in den von Spitzbergen kommenden Strom fällt, und hieher getrieben wird, so müßte etwas von dasiger Art Holz, als Eichen, darunter seyn, welches sich doch, außer einigen zertrümmerten Schiffbrettern, gar nicht zeiget. Ellis, welcher dieses Treibholz auch in Hudsons Bay gefunden, saget, es leiten einige solches aus Norwegen her: er glaubet aber, die starken nordwestlichen Winde dieser Gegenden würden es hindern, hieher zu kommen, so wie die heftigen Ströme, die aus der Straße Davis und Hudsons Bay südwärts gehen, ihm im Wege seyn müßten, wenn es von der americanischen Küste kommen sollte. Er leitet es darauf selbst aus dem südlichen Theile Grönlands her und gründet sich auf eine misverstandene Nachricht des Herrn Egede. Dieser redet zwar von Birken und Erlen, die eines Schenkels dick sind: das Treibholz aber besteht aus Fichten, dergleichen hier gar nicht wachsen, und ist oft so groß, als ein Mastbaum.

Dieses Holz kömmt mit dem Strome und Eise, das ist ausgemacht; und diese kommen von Osten. Wo sich das Treibholz am häufigsten findt, saget Herr Cranz, da muß es auch herkommen; und je länger man es spühret, desto weiter muß dessen

Cranz von Grönland.

Ursprung gesuchet werden. Nun wird es bey Island viel häufiger, als hier, gefunden; und so viel ich aus einem alten holländischen Seespiegel ersehe, so sind auf der Südostseite von Jan Mayen Eyland im fünf und siebenzigsten Grade zwo Holzbuchten, wo ebenfalls mit dem Eise so viel Holz hineingetrieben wird, daß man ein Schiff damit befrachten könnte. Man muß also dessen Ursprung noch weiter, entweder gegen den Pol oder gegen Osten, suchen. Wenn aber auch Land unter dem Pole wäre, so könnte es da eben so wenig, als in Grönland, wachsen. Es muß also aus Sibirien oder der asiatischen Tatarey kommen, wo es durch die vom Regen stark angeschwollenen wilden Bergwasser, welche ganze Stücke Land und Felsen mit großen Bäumen mit herabschwemmen, von den Bergen abgerissen, in die großen Flüsse gestürzet und ins Meer geführet wird. Hier wird es nebst dem Treibeise von dem östlichen Strome nach dem Pole zu getrieben und dann mit dem Strome, der bey Spitzbergen aus Norden kömmt, zwischen Island und Grönland an der Ostseite hin, um Statenhuk hinum, in die Straße Davis bis auf den fünf und sechzigsten Grad geführet. Da nun dieser Strom daselbst abnimmt, so bringt es nicht weiter gegen Norden; wie man denn bey und über Disko keines findt. Dagegen trifft man es in Kamtschatka an, wohin es, nach Aussage der Einwohner, durch einen Ostwind getrieben wird, und also vermuthlich aus dem gegen über liegenden America kömmt. In diesem Falle könnte man vermuthen, da die natürliche Bewegung des Meeres und folglich auch die meisten und stärksten Ströme von Osten nach Westen gehen, daß ein Theil dieses Holzes zwar aus Sibirien durch den Ob, ein Theil aber von der americanischen Westseite um Kamtschatka herum bis an den Lena komme, da sich denn ein Haufen näher zum Pole zu und so nach Spitzbergen und folgends nach Grönland ziehe.

Ebbe und Fluth.

Nach dem Treibeise und Treibholze auf dem grönländischen Meere ist nichts der Aufmerksamkeit der Beobachter würdiger, als der Lauf der Ebbe und Fluth. Die Fluth, die dem Strome den rechten Schwung giebt, wechselt hier mit der Ebbe alle sechs Stunden eben so ordentlich nach dem Ab- und Zunehmen des Mondes, als in andern Gegenden. Sie geht von Süden nach Norden und steigt in Süden drey, auf dieser Höhe zween, in Disko einen Faden, und nimmt alsdann so ab, daß sie weiter nordwärts nicht viel über einen Fuß anwächst. In der Springzeit aber, d. i. bey dem Neu- und Vollmonde, steigt sie hier über drey Faden hoch. Mit der Fluth nimmt der Wind zu, und drey Tage vor und nach der Springfluth, vornehmlich wenn Tag und Nacht gleich sind, befürchtet man stürmisches Wetter, welches aber doch nicht allezeit eintrifft.

Die Abweichung der Magnetnadel beträgt etwan drittehalb Strich gegen Westen, das ist ungefähr acht und zwanzig Grad. Ganz oben am Ende der Straße in Baffinsbay soll sie fünf Strich oder sechs und funfzig Grad abweichen; welches die größte Abweichung ist, die man irgend bemerket hat.

Die Brunnen und Quellen auf dem Lande nehmen ebenfalls, nach Abwechselung des Mondes und der Ebbe und Fluth, ab und zu. So gar im Winter, da alles mit Eise und Schnee bedecket ist, sieht man an Orten, wo sonst kein Wasser ist, und die weit über die Fläche des Meeres hervorragen, neue ganz unbekannte und starke Wasserquellen entstehen und wieder verschwinden. Ueberhaupt ist Grönland nicht so wasserreich, als die Bergländer in wärmern Gegenden, und die meisten Quellen, die ein

sehr

sehr reines und gesundes Wasser geben, haben keinen weitern Nachsatz, als das geschmolzene und eingesickerte Schneewasser. In den Thälern findt man hier und da schöne große Teiche, die von dem aus den Bergen herabrinnenden Schnee und Eise unterhalten werden. Es können in diesem Lande nicht wohl große Ströme seyn. Die Thäler sind nicht lang, weil die Berge bald Anfangs sehr hoch steigen und mit immerwährendem Eise bedeckt sind, welches wenig oder gar nicht schmilzt und also den Quellen auch nur wenig Nachsatz giebt. Daher trocknen viele Quellen im Sommer aus; und die meisten frieren im Winter ein. Menschen und Vieh müßten also vor Durst sterben, wenn nicht die Vorsehung im Winter oft Regen und Dauwetter schickete, da man denn unter dem Eise das durchgesickerte Schneewasser sammlen kann. Cranz von Grönland.

Das III Capitel.

Von der Luft und den Jahreszeiten.

Kälte. Frostrauch. Grönländischer Sommer. Nebel. Sonderbare Gegensatz unter den grönländischen und europäischen Jahreszeiten. Gesunde Luft. Stets veränderliches Wetter im Winter und beständig schönes im Sommer. Heftige Winde, Stürme, Wirbelwinde. Wenig Donner. Sommer ohne Nacht. Winter ohne Tag. Nordlicht. Verhältniß unter den feuerspeyenden Bergen, dem Eise und Nordlichte. Nebensonnen. Meteorologische Beobachtungen.

Obgleich ein Land, wo Schnee und Eis ihren ewigen Aufenthalt haben, eine übermäßige Kälte erfahren muß, so ist sie dennoch daselbst, auch mitten im Winter, an denen Orten erträglich, wo die Einwohner eine oder ein Paar Stunden des Tages der Sonnenstralen genießen; wiewohl außer der warmen Stube, ja in derselben, die starken Getränke gefrieren. Wo aber die Sonne nicht mehr scheint, da kann bey dem Theetrinken das ausgeleerte Schälchen am Tische anfrieren. Kälte.

„Das Eis und der Reiffrost,“ saget Herr Paul Egede in seinem Tagebuche vom 7ten Jenner 1738, „erstrecken sich durch den Schornstein bis an das Ofenloch, ohne „am Tage von dem Feuer auf zu dauen. Ueber dem Schornsteine ist ein Gewölbe „vom Reiffroste mit kleinen Löchern, wo sich der Rauch durchdrängt. Thüre und Wände sind in der Stube vom Froste wie übertünchet, und zwey Unterbetten sind, wel„ches man kaum glauben wird, oft an der Bettstelle angefroren. Die Wäsche im „Kasten ist gefroren. Vom Athem wird das Oberbett und Kopfkissen ganz steif vom „Reiffroste eines Daumens. Die Fleischfässer muß man in Stücken hauen, wenn „man das Fleisch herausnehmen will und im Schneewasser aufdauen; und wenn man es „über das Feuer setzet, so ist das Aeußerste gahr gekochet, ehe das Innerste sich mit Macht „zerreißen läßt.“

Dieß sind die Wirkungen der Kälte in der Diskobay. Ueberhaupt aber machet diese ungemeine Strenge dem Dauen bald Platz, und das Wetter verändert sich alle

Cranz von Grönland.

vier oder fünf Tage von einem zum andern. Die größte Kälte fängt sich in Grönland erst, wie überall, nach dem neuen Jahre an, und wird im Hornung und März so scharf, daß die Steine springen und die See wie ein Ofen rauchet, vornehmlich wo eine Bucht ist.

Frostrauch.

Man nennet solches einen Frostrauch. Er ist nicht so kalt, als die trockene Luft. Denn wer vom Lande in einen solchen Frostrauch hineinfährt, fühlet die Luft gleich lauer, und nicht mehr so brennend kalt, obgleich Kleider und Haare von Reife und Eise starren. Dieser Frostrauch aber zieht auch eher Blasen, als die trockene Luft, und gefrieret, so bald er von der See in eine kältere Dunstkugel kömmt, zu kleinen Eistheilchen, die der Wind umher treibt, und welche eine so schneidende Kälte verursachen, daß man kaum aus dem Hause gehen kann, ohne Gesicht und Hände zu erfrieren. Wenn man das Wasser kochen will, so sieht man es erst über dem Feuer gefrieren, bis die Hitze die Oberhand bekömmt. Alsdann pflastert das Eis einen Weg über das Meer, zwischen den Inseln und in den kleinen Buchten und Bayen; und da gerathen die Grönländer gemeiniglich in große Hungersnoth, weil sie ihrer Nahrung vor Kälte und Froste nicht nachgehen können.

Sommer in Grönland.

Ein so strenger Winter ist stets sehr lang. Indessen rechnen die Grönländer doch ihren Sommer vom Anfange des Mayes bis zu Ende des Herbstmonates; denn in diesen fünf Monaten liegen sie in ihren Zelten. Der Boden aber dauet nur erst im Brachmonate recht auf, und zwar bloß in der Oberfläche. Es schneyet auch noch bis gegen Sonnenstillstand und fängt schon im August wieder an: jedoch bleibt der Schnee selten vor dem Weinmonate liegen. Indessen soll hier weniger Regen und Schnee fallen, als in Norwegen. Man sieht den Schnee an der Seeseite selten über einen Schuh tief, außer wo ihn der Wind zusammen wehet; und er bleibt auch nicht lange liegen. Er wird entweder bald von der Sonne verzehret, oder vom Winde verwehet; und alsdann entsteht ein so feines Schneegestöber, daß man sich nicht gut aus dem Hause wagen darf. In manchen Jahren bleibt der Schnee vom Herbstmonate bis in den Brachmonat liegen, wehet an einigen Orten viele Klafter hoch zusammen, friert aber bald so hart, daß man mit Schneeschuhen darüber weggehen kann. Alsdann aber muß es auch einige Tage lang regnen, ehe er schmilzt.

Der Sommer in Grönland ist nicht so lang, als an andern Orten; dennoch ist er in den längsten Tagen so heiß, daß man genöthiget wird, die Kleider abzulegen, vornehmlich in den Bayen und Thälern, wo sich die Sonnenstralen concentriren, und die Nebel und Winde von der See nicht hineindringen können. Das bey dem Ablaufe des Meeres auf den Klippen bleibende Seewasser setzet sich auch zu einem schönen weißen Salze an. Ja, auf der See kann es bey stillem Wetter und hellem Sonnenscheine oft so heiß werden, daß das Pech an den Schiffen schmilzt. Man genießt aber der Wärme nie recht, theils wegen der von den Eisfeldern durchdrungenen kalten Luft, die des Abends so empfindlich wird, daß man gern seinen Pelz wieder nimmt und oft zween über einander vertragen kann; theils wegen der vielen Nebel, die an der Seekante fast täglich vom April bis in den August regieren, und oft so dick sind, daß man nicht eine Schiffslänge weit vor sich sehen kann. Mannichmal ist der Nebel so niedrig, daß man ihn kaum von dem Wasser unterscheiden, die Berge und obere Luft hingegen ganz deutlich sehen kann; und ein Reisender, welcher in den Stralen der Sonne athmet, seinen Kopf über den Wolken trägt, unterdessen, daß seine Füße im Finstern wandeln.

Cranz von Grönland.

Ueberhaupt ist der Herbst die schönste Jahreszeit in Grönland: er dauret aber nicht lange, und wird oft durch sehr starke Nachtfröste unterbrochen. Um diese Zeit beynahe geschieht es, daß der Nebel in der kalten Luft zu Reise wird, da man denn die feinen gefrornen Eistheilchen, vornehmlich wenn die Sonnenstralen durch einen Schatten schießen, wie kleine Nadeln und Sonnenstäubchen sehen kann. Sie bedecken das Wasser mit einer Rinde, die wie Spinneweben oder dünnes Eis aussieht.

Nebel, der zu Reife wird.

Man hat mehr als einmal angemerket, daß in Grönland das Wetter und die Witterung dem in Europa entgegen ausfallen; so daß wenn in dem gemäßigten Erdstriche ein sehr kalter Winter ist, er in Grönland ungewöhnlich gelind, und umgekehrt ist. Zu Ende des 1739 Jahres war der Winter, der in ganz Europa damals so streng war, in der Diskobay so gelind, daß die wilden Gänse ihre Zuflucht dahin nahmen, und man bis weit in den März 1740 kein Eis darinnen sah, womit sie doch sonst vom Weinmonate bis May bedecket ist. Man konnte aber die Sonne, die sich doch sonst bald nach dem neuen Jahre daselbst wiederum sehen läßt, bis in den Hornung bey hellem klaren Wetter nicht sehen. Diese beyden sehr sonderbaren Wirkungen schreibt der Beobachter den warmen und dabey unmerklichen Dünsten zu, welche aus den mildern Gegenden durch die strenge Kälte gleichsam hieher getrieben worden.

Sonderbarer Gegensatz unter den grönländischen und europäischen Jahreszeiten.

Eben so war auch der Winter 1763, der fast in ganz Europa außerordentlich kalt war, so gelind in Grönland, daß es oft im Sommer viel kälter ist.

Ueberhaupt ist die Luft in Grönland rein, leicht und sehr gesund. Man kann daselbst lange Zeit in guter Gesundheit leben, wenn man nur bedacht ist, sich warm zu kleiden, mäßig zu essen und zu trinken, und den Leib genugsam zu bewegen. Man höret auch selten etwas von den in Europa gewöhnlichen Krankheiten und andern Beschwerungen, außer dem Scharbocke und einigen Uebeln an den Augen und auf der Brust, welche theils von den grönländischen Speisen, theils von der Kälte und dem Schneeglanze herrühren, jedoch nicht sehr gemein sind. Die ersten deutschen Missionarien, welche der Eifer in diese entferneten Gegenden getrieben, sind über dreyzig Jahr, bey ihrer recht beschwerlichen und sonderlich im Anfange sehr schlechten und kümmerlichen Lebensart, ohne sonderbare Zufälle gesund und munter geblieben. Diese Missionarien gelangeten unter dem Eise des Nordpoles zu dem höchsten Alter, unterdessen daß ihre Brüder auf andern Missionen in wärmern Ländern jung starben. Die Grönländer selbst verwahren sich sehr gut vor der Strenge ihrer Himmelsgegend, und leiden, wenn sie nach Deutschland kommen, von dasiger Sommerhitze und dem neblichten naßkalten Winterwetter mehr, als von der hiesigen anhaltenden klaren Kälte.

Gesunde Luft.

Das Wetter hier ist zwar veränderlich: es fällt aber selten ein lange anhaltender Regen, besonders in Disko, wo es fast den ganzen Sommer schön Wetter seyn soll. Von Platzregen und Hagel weis man hier wenig. Die Winde ändern sich hier eben so oft, als anderwärts. Ob sie gleich meist vom Lande und aus den Gebirgen kommen, so sind sie doch nicht stürmisch, noch so kalt, wie man es vermuthen sollte, indem oft dabey das angenehmste Wetter ist. Büffon, welcher meynet, daß sich die Winde nach den Zonen richten, und vorgiebt, daß so, wie in dem heißen Erdgürtel fast lau-

Stets veränderliches Wetter im Winter und beständig schönes im Sommer.

Cranz von Grönland. ter Ostwinde regieren, auch in dem kalten fast lauter Nordwinde wehen müssen, weis nicht, daß je weiter man nach Norden kömmt, wie Herr Cranz saget, desto mehr die Südwinde wehen, die in dem härtesten Winter Dauwetter machen.

Heftige Winde. Indessen giebt es doch auch so heftige Winde in Grönland, vornehmlich im Herbste, daß die Häuser davon zittern und krachen, die Zelte und leichten Boote in die Luft fliegen und das Seewasser wie ein Schneegestöber weit auf dem Lande herumfährt. Stürme. Ja, die Grönländer sagen, der Sturm reiße oft Steine von einem Paar Pfunden los und führe sie in die Luft. Wer aus dem Hause muß, die Boote in Sicherheit zu bringen, muß sich auf den Bauch legen und fort kriechen, damit ihn der Wind nicht umreiße. Wirbelwinde. Im Sommer entstehen auch Wirbelwinde, die das Wasser aus der See erheben, und die Boote etlichemal umdrehen. Die heftigsten Stürme kommen aus Süden, laufen nach Norden um, legen sich und machen das Wasser rein. Alsdann wird das Eis in den Bayen losgerissen und geht haufenweise in die See hinaus. Diese Stürme werden durch einen Kreis um den Mond und durch Stralen von allerley Farben in der Luft angekündiget.

Wenig Donnern. Zuweilen zieht sich ein Gewitter auf, wobey es blitzet, aber selten donnert; und wenn man solches etwan höret, so kann man es nicht unterscheiden, ob der Schall von einem weit entfernten Donnerwetter oder von dem Krachen der von den Felsen herabstürzenden Steine und Eisstücken entsteht. Man weis auch in Grönland wenig von Erdbeben und feuerspeyenden Bergen, ob es gleich nah an Island liegt, wo sie so gemein sind; wie man denn ebenfalls keinen Schwefel daselbst findt. Auf solche Art hält die Natur mit ihren Geisseln eben so gut Haus, als mit ihren Wohlthaten, und ersparet denen Ländern, die sie der Rauhigkeit des Winters unterworfen hat, die Stürme und Pest des heißen Erdgürtels.

Sommer ohne Nacht. Der Sommer hat bey den Grönländern keine Nacht. Denn über den sechs und sechzigsten Grad hinaus geht die Sonne, wenn sie das Zeichen des Krebses erreichet hat, gar nicht unter. Im vier und sechzigsten Grade geht sie erst um zehn Uhr zehn Minuten unter und um ein Uhr funfzig Minuten schon wieder auf. Weil man aber im Brachmonate ihre Stralen stets an die Spitzen der Berge schießen oder davon zurückprallen sieht, so kann man sagen, daß sie gar nicht abwesend ist, zumal sie in diesem und dem folgenden Monate den Horizont mit einer Demmerung erleuchtet, wodurch man ohne Licht in der Stube die feinste Schrift lesen und schreiben kann. Die Einwohner machen sich dieser langen Tage sehr zu Nutze, indem sie die ganze Nacht durch jagen und fischen; und die Schiffer vermeiden dadurch die Gefahr zwischen dem Eise aus den benachbarten Meeren. Wo die Sonne gar nicht untergeht, da scheint sie des Nachts gleichwohl nicht so hell, als am Mittage, sondern verliert ihre Stralen, und sieht wie ein heller Mond aus, so daß man ohne Blendung hinein sehen kann.

Winter ohne Tag. Aus eben der Ursache, daß Grönland Tage ohne Nacht hat, muß es auch Nächte ganz ohne Tag haben. In der Diffobay sieht man vom 30sten des Windmonates bis den 12ten Jenner die Sonne gar nicht aufgehen. Man genießt alsdann nur einer mäßigen Demmerung, die von dem Wiederscheine der Sonnenstralen an den höchsten Bergspitzen und in den kalten Luftdünsten entsteht. Gleichwohl wird es hier nie so stockfinstere Nacht, als an andern Orten. Denn der Mond und die Sterne geben bey der klaren Luft und dem vielen Schnee und Eise einen so hellen Wiederschein, daß man

man drauffen ohne Laterne fortkommen und so gar eine mittelmäßige Schrift deutlich lesen kann. Zuweilen sieht man in den kürzesten Tagen den Mond gar nicht untergehen; so wie man auch im Sommer wenig von ihm und die Sterne vom May bis in den August gar nicht erblicket. Außer diesem Gestirne der Nacht aber hat man zum Sehen noch ein beständiges Licht, welches in Norden schimmert, und dessen Stralen von verschiedenen Farben und mannichfaltigen Veränderungen eine der merkwürdigsten Lufterscheinungen ausmachen.

Cranz von Grönland.

Nordlicht.

Ich will mich in die Erörterung der Ursachen dieses Nordlichtes nicht einlassen, saget Herr Cranz, sondern nur dieses anmerken, daß weder ich noch die vieljährigen Einwohner dieser Gegend das rechte Nordlicht in Norden oder Nordwesten, außer einem kleinen blauen Glanze an dem Horizonte, welcher wohl noch von dem Wiederscheine der Sonne entstehen könnte, sondern allezeit in Ost und Südosten, haben aufsteigen sehen. Es reichet alsdann oft, wo nicht allezeit, über den ganzen Horizont bis in Nordwest; so wie man es auch mannichmal an allen vier Ecken des Himmels zugleich sehen kann. Seine Stellung ist also derjenigen ganz entgegen, die es in Norwegen, Lappland, Rußland und allen übrigen Gegenden von Europa hat. Weil man nun die meisten Eisberge, welche eben so, wie der Nordschein von Zeit zu Zeit zunehmen, wie auch das schwefelreiche Island mit seinen feuerspeyenden Bergen gegen Ost und Südosten hat, so kann unter diesen sonderbaren Wirkungen der Natur wohl einige Verhältniß und Verbindung seyn, welche uns, wenn sie durch eine Reihe Erfahrungen festgesetzet wären, helfen würden, die Ursache des Nordlichtes zu entdecken.

Verhältniß unter den feuerspeyenden Bergen, dem Eise und Nordlichte.

Besondere Anmerkungen über die Folgen des Nordlichtes, fährt Herr Cranz fort, habe ich nicht vernommen; außer, daß, wenn es still und unbeweglich scheint, darauf gelindes, und wenn es sehr roth aussieht und die Stralen sich heftig bewegen, stürmisches Südwetter erfolget. Diese Beobachtung ist denjenigen gerade entgegen, die wir in den gemäßigten Erdstrichen von eben diesen Erscheinungen machen.

Man sieht auch seit einigen Jahren Feuerballen, die im Winter aus der Luft fallen. Des Regenbogens, der schießenden Sterne und anderer Luftzeichen nicht zu erwähnen, so lassen sich in Grönland mehr, als anderswo, Nebensonnen und Kreise um den Mond sehen, welche von dem Frostrauche entstehen, wenn gleich die Luft ganz klar zu seyn scheint. Ich habe, saget unser Reisende, einen Regenbogen gesehen, welcher anstatt der bunten Farben nur weiß mit einem blaßgrauen Streife zeigete. Es war regenstürmisch Wetter mit Hagel. Nichts aber ist mir wundersamer vorgekommen, und artiger anzusehen gewesen, als wenn die Kookörnen, oder die zwo Meilen von Godhaab gegen Westen liegenden Inseln, bey heitern, warmen und stillen Sommertagen eine ganz andere Gestalt zeigen, als sie natürlicher Weise haben. Man sieht sie nicht nur, als wie durch ein Sehrohr, weit größer, und alle Steine nebst den mit Eise angefüllten Ritzen so deutlich, als ob man nahe dabey stünde; sondern wenn dieses eine Weile gewähret hat, so sehen sie alle wie ein einiges Land aus, und stellen einen Wald oder eine geschorene Baumwand vor. Darauf sieht man sie allerley seltsame Gestalten, als von Schiffen mit Segeln, Wimpeln und Flaggen, von alten Bergschlössern mit verfallenen Thürmen, Storchnestern und hundert dergleichen Dingen annehmen, welche sich in die Höhe oder Weite ziehen und alsdann verschwinden. Die Luft ist alsdann zwar ganz still und klar, aber doch, wie bey sehr heißem Wetter, mit zarten Dünsten

Nebensonnen.

Cranz von Grönland.

Dünsten angefüllet. Wenn sich nun diese zwischen dem Auge und den Inseln in einem gehörigen Abstande befinden, so vergrößern sie, wie ein erhaben geschliffenes Glas, die Gegenstände. Gemeiniglich folget ein Paar Stunden darauf ein sanfter Westwind, mit einem sichtbaren Nebel, da denn dieses Spiel der Natur gleich aus ist.

Herr Cranz schließt dieses Capitel durch einige über die Witterung gemachte Beobachtungen, worinnen er von der Veränderung derselben ein ganzes Jahr lang hindurch Nachricht giebt. Weil aber dergleichen umständliche Anzeigungen nur für eine gewisse Classe Gelehrten und Naturforscher gehören, so machet man einen besondern Artikel daraus, welchen andere Leser übergehen können.

Meteorologische Beobachtungen, welche in Grönland vom August 1761 bis zu eben dem Monate 1762 gemacht worden.

„Der Winter 1761 war außerordentlich gelind und veränderlich gewesen, und „wenig Schnee in demselben gefallen.

„Im August, warmer Sonnenschein mit untermischtem Nebel und Regen aus „Süden. Zu Ende Reif und Eis in süßen Wassern, und warmer Sonnenschein, her„nach Schnee oder kalter Regen.

„Im September, Anfangs Nord-Ost-Wind und warmer Sonnenschein, dabey „fingerdickes Eis, wo die Sonne nicht hin scheinen konnte. Hernach Südwinde mit „ungewöhnlich warmem, beständigem Wetter. Darauf Südwest stürmisch mit vie„lem Regen, und endlich harter Sturm aus Süden und darauf aus Norden. Erde „und Fenster froren, ohne bey Sonnenschein aufzudauen, das Eis im süßen Wasser „zwey bis drey Finger dick.

„Im October, Nordostwind und viel Schnee, der etliche Tage lag. Dann „Nordoststurm und Kälte. Endlich Schnee eine Hand hoch, der liegen blieb, mit „stürmischem Südwetter.

„Im November, Anfangs ungewöhnliche Nordostkälte, so daß alle starke Ge„tränke ausser- und das Wasser in der warmen Stube gefror. Die abgelegenen Buch„ten trieben voll Eisschollen, welche mit dem Seewasser fest froren. Dabey schien „die Sonne am Tage so warm, daß der bisherige Schnee ganz aufgeleckt wurde. „Hernach Südoststurm nnd Schneegestöber. Dann Dauwetter, Regen, Schnee „und zuletzt Südsturm.

„Im December schneyte es ganz zu. Auf ein kleines Wetterleuchten folgte eine „so harte Kälte, als sie jemals erhört ist; wechselte aber bald mit gelindem schönem „Wetter bey Südostwinden ab, womit das Jahr sich endigte.

„Im Januar fand sich die Kälte gleich mit Ernste ein mit Nord- und Nordost„winden, welche viele große Eisstücken am obersten Ende der Fiorde losrissen und her„aus trieben. Dann gelindes Schneewetter mit abwechselnder klarer Kälte, die doch „nur vier bis sechs Tage währte.

„Im Februario, Anfangs eben so. Dann Regen und Glatteis, wie auch helles „gelindes Wetter mit wenig Schnee. Darauf Dau- und Regenwetter mit Ost- und „Südwinden, und endlich Kälte und Regen unter einander.

„Im

„Im Martio, fast beständig schönes warmes Frühlingswetter, besser als es um „die Zeit in Deutschland zu seyn pflegt, mit Süd- und Ost- auch wohl Nordostwinden, „des Tages meist still. Man vermuthet daher einen kalten April, und wegen der „Süd- und Ostwinde viel Treibeis.

Crantz von Grönland.

„Im April, Anfangs sehr kalt mit Nordost, dann leidlich kalt, darauf Regen„wetter mit Südwind. Man konnte es ohne einzuheizen ausstehen. Die Kälte „wurde aber gegen das Ende wieder sehr heftig und anhaltend, und brach sich mit Ost„wind und Dauwetter.

„Im May, Dauwetter mit untermischtem Froste und vielem Schnee, hernach „heiße Tage und kalte Nächte und zuletzt Regen.

„Im Junio, Anfangs warm. Die Erde dauete ziemlich tief auf. Der Gar„ten wurde gesäet. Hernach kaltes Schneewetter mit stürmischen Südwestwinden, „dann angenehmes Sommerwetter mit Nordostwinde, und endlich viel Nebel und Re„gen aus Südwest.

„Im Julio, Anfangs Regenwetter, dann viele Tage schön warm, ja heiß Wetter „mit Süd- und Ostluft, doch meist stille.„

Der Verfasser merket zu Ende dieser Beobachtungen noch an, erstlich, daß in Grönland viel stilles Wetter einfalle, welches immer länger anhalte, je weiter man nach Norden komme.

Zweytens erhellet daraus, daß die Winde in dieser Gegend eben so veränderlich sind, als an andern Orten. Oft wehet am Lande zwischen den Inseln ein heftiger Wind, wenn es draußen in der See ganz still ist; oder umgekehret, es stürmet auf der See, wenn man auf dem Lande keinen Wind spühret. Im Sommer regieren öfters bey gutem Wetter Landwinde, die den Tag über mit Seewinden abwechseln.

Endlich bemerket man, daß im härtesten Winter oft starke Südwinde wehen, welche milde Luft und Regen mit sich bringen. Dieß erfährt man vornehmlich in Disko und weiter nordwärts. Diese Südwinde sind um so viel angenehmer, weil alsdann, zur Erquickung Menschen und Viehes, so viel Eis schmilzt, daß sie Wasser zum Trinken bekommen. Es wächst aber auch das Eis dadurch desto mehr an, weil der Regen und das aufgedauete Schneewasser in den kalten Nächten desto leichter und härter wieder gefrieret, so wie warm gewesenes Wasser. In Disko ist es oft zween bis drey Monate beständig still, so wie auch in Spitzbergen, worauf denn Südwinde folgen. Hieraus ist zu vermuthen, daß es bis zu dem Pole so sey, und keine andere, als Südwinde, daselbst wehen können, welche gelindes Dauwetter mit sich führen, wodurch aber, wenn allda Land ist, das Eis nur desto mehr anwächst.

Cranz von Grönland.

Das IV Capitel.

Von verschiedenen Arten Erden und Steinen.

Thonerden. Torferde. Felsen. Marmor von allerley Farben. Spat. Weichstein oder wiechter Marmor. Amiant und Asbest. Jaspis. Quarz. Granat. Crystalle. Mineralien und Metalle. Wasserbley. Marcasite.

Die Erden verdienen in Grönland um so vielmehr beobachtet zu werden, weil es derselben sehr wenig giebt; da das Meer, welches es umgiebt, fast alle Erde dieses Landes in seinen Busen verschlucket hat, wohinein sich die zerbrochenen Eisstücke und der zerschmolzene Schnee mit allem dem stürzet, was sie von den Felsen losreißen können, welche, so zu sagen, nur die bloßen und von der tragbaren Erde abgefleischeten Knochen sind. Was ihm noch von Marke und Safte übrig bleibt, ist nur eine leichte Schicht Thon, Sand oder Torf. Derjenige Thon, welcher die Gegenden um Godhaab bedecket, ist blaßblau, sehr sandig, unfruchtbar und hält schlecht. Anderswo findt man einen lichtgrauen, seifenartigen Thon, mit Katzensilber vermischet, der im Feuer hält. Von eben der Art trifft man auch einen sehr feinen und leichten Glimmersand an, der sich fettig anfühlet; desgleichen einen ganz feinen weißen Perlsand, der voller schwarzen und rothen durchsichtigen Granaten, und sehr schwer ist. Der meiste Sand hier ist grau oder braun, mit vielen Steinen vermenget, und wird fruchtbar, wenn er gedünget worden.

Thonerden.

Torferde findt sich in allen Sümpfen, mit etwas wenigem schwarzen Muld, Sande und Kiesel vermischet, und tauget nicht zum Brennen. Der rechte Torf ist mit vielen Wurzeln, verwestem Moose und Grase, auch wohl verfaultem Holze und Knochen durchflochten. Man findt ihn auf niedrigem Lande, theils auf Sandboden, theils auf festen Felsen. Dieser Torf enthält auch eine Art Schnecken, die man sonst hier nicht antrifft; woraus man muthmaßen konnte, daß die See daselbst abgenommen. Es ist aber noch wahrscheinlicher, daß solcher Torfgrund durch die Erde und das Gras entstanden, welches der Regen von den nächsten Bergen abgespühlet hat. Diese Muthmaßung wird von einer Ursache aus der Aehnlichkeit unterstützet, nämlich, daß der beste Torf auf den höchsten Gipfeln der kleinen unbewohnten Inseln und kahlen Klippen wächst, auf welchen sich eine Menge Vögel zum Ausruhen in der Nacht, oder zum Eyer legen, setzen. Aus deren Kothe und etwas zusammen geweheter Erde erwächst mit der Zeit Moos und Gras, wozu denn neuer Koth, faulende Fischgräten, Federn, Muscheln und Knochen kommen, die man in der Tiefe noch gar deutlich erkennen kann. Dieses machet eine zähe Torferde, zween bis drey Schuh dick, welche die Gipfel der Felsen überziehet. Man nennet solche Ruptorf und sie ist wegen der vielen Wurzeln schwer durch zu stechen, giebt aber auch eine gute Flamme und Hitze.

Torferde.

Nach der Erde kommen die Felsen. Man kann nicht recht sagen, was sie enthalten, weil man die Berge in Grönland noch nicht eröffnet und durchsuchet hat.

Felsen.

Indessen

Indessen ist es erlaubet, aus deren äußerlichem Ansehen und den abgebrochenen Trümmern solches zu schließen. Wenn die nahe am Pole gelegenen Berge nicht so hoch sind, als die um die Linie herum, so sind sie auch, besonders an der Südseite in Grönland, mit weniger Schnee und Eise bedecket. Sie scheinen alle ein harter Felsstein von lichtgrauer Farbe zu seyn, ohne Schichten und Lagen. Nur haben sie viele tiefe Spalten und Ritzen, die voller Eis sind. Die mittlern Berge, welche einen langen breiten Rücken ausmachen, sind beständig mit Schnee und Eise bedecket. Es fallen von denselben, wie auch von den steilern Gipfeln, große Felstrümmern herab, welche auf ihrem Wege viele kleinere Stücke losreißen, da es denn, am Fuße des Berges, wie eine zerstörete Stadt aussieht. Man könnte daraus den Gehalt der Berge erkennen, wenn es darinnen nicht so beschwerlich zu gehen wäre, daß man auch bey der größten Kälte gleich in starken Schweiß geräth und Hals und Bein brechen könnte, zu geschweigen, daß man keinen Augenblick vor einem neuen Steinsturze sicher ist. Die kleinern Berge oder Felshügel zerfallen noch mehr, und manche sind gleichsam vor Alter so morsch, daß sie in der Luft zu Staube werden. Sie sind meistens von einer dunkelgrauen und braunen Farbe, und aus ihren Trümmern sollte man vermuthen, daß sie allerley Erzt in sich hielten. Die Klippen an der See und die Inseln sind gemeiniglich härter und von dem beständigen Anspühlen und gewaltsamen Schlagen der Wellen entweder so glatt, als Marmor, oder in lange tiefe Spalten ausgehöhlet. Diese Höhlungen oder Spalten, welche man hier mehr, als anderswo, in den Felsen sieht, sind selten breiter, als eine halbe Elle, laufen meist perpendicular, und sind mit Spate, Quarze, Granaten, Marienglase und dergleichen heterogenischen Steinmaterien angefüllet. Nur wenige Felsen liegen in Schichten, wie sonst der Sandstein zu thun pflegt; und diese sind selten horizontal, sondern gemeiniglich schräg. Cranz von Grönland.

Die meisten Felsen bestehen aus einem lichtgrauen, theils kiesichten, theils thonichten harten Felssteine und einigen Sandsteine, dergleichen zum Bauen und zu Mühlsteinen gebrauchet werden. Darunter finden sich einige feine Wetzsteine von rother und gelber Farbe, die man sonst Oelsteine nennet. In einem gröbern schwarzen Wetzsteine mit glimmerartigen Stralen, der in lange Schiefer fällt, stecken kleine viereckige helle Granaten. Die Grönländer bringen aus Süden einen feinen rothen Sandstein mit runden weissen Flecken, den sie zum Wetzsteine brauchen. Er läßt sich wie ein grober Marmor poliren und man nimmt ihn zu Gebäuden.

An der Seeseite findt sich vieler grober Marmor von allerley Farben, meistens aber weißer und schwarzer mit untermengten Adern. Der Strand liegt voller abgebrochnen Stücke rothes Marmors mit weißen, grünen und andern Adern, die durch das öftere Herumrollen und Anspühlen der Wellen einen solchen Glanz erhalten, daß sie dem besten italienischen Marmor nicht viel nachgeben. Marmor von allerley Farben.

Man sieht wenig oder gar keinen eigentlichen Schiefer in Grönland, ob es gleich hier und da große Adern feiner schwarzgrauer Steine giebt, die von dem Schlage oder Anspühlen der See in viereckige Stücke zerfallen. Diese mögen vielleicht Spat seyn; dergleichen man von allerley Farben und zum Theile halb durchsichtig in den meisten Spalten der Felsen antrifft. Die Grönländer bringen als was seltenes von den südlichen Küsten große Stücken eines weißen halbdurchsichtigen Steines mit, der sich wie Spat bricht, mit einem Messer schneiden und von den Zähnen ohne Schaden

Cranz von Grönland. zermalmen läßt. Sie finden daselbst auch weißen Alabaster, der aber nicht glänzet und keine Politur annimmt, sondern beym Schneiden in feines Mehl, wie Haarpuder zerfällt.

Grönland hat viele Arten feuerfester Steine, als Glimmer, Katzensilber und weißes, schwarzes und graues Marienglas, wiewohl nicht in so großen Scheiben, daß man, wie in Rußland, Fenster daraus machen könne.

Weichstein oder unechter Marmor.

Indessen sieht man doch in Grönland nichts von dem eigentlichen Talksteine, und auch keinen Serpentinstein. Dagegen findt man an verschiedenen Orten, sonderlich in Bals Revier, den Weichstein, oder Topfstein, den einige wegen seiner Marmoradern unechten Marmor nennen. Der Gang läuft zwischen den Felsen ziemlich breit und tief. Die äußerste grobe Rinde besteht gemeiniglich aus Grauglimmer und harten glasartigen Amianthstralen. Meistentheils ist er aschgrau, oder gelblich marmoriret und nicht durchsichtig: der beste aber durchsichtig und seegrün, wobey er oft schöne, rothe, gelbe und andre Streifen hat, die selten durchsichtig sind. Er besteht aus der feinsten schleimichten Thonerde, welche beym Verarbeiten wie das feinste weiße Mehl ausfällt, und die Finger fettig machet. Er ist so weich, daß man ihn schneiden, zerreiben und mit den Zähnen zermalmen kann; dabey aber doch sehr schwer und dicht. Weil er nicht schichtweise liegt und auch nicht schiefert, so läßt sich ein großes Stück nicht leicht losmachen, ohne zu zerbröckeln. Man kann ihn so wohl im Schneiden als Drehen leichter, als Holz, bearbeiten. Er fühlet sich weich und fettig an, wie Seife oder Talk. Wenn man ihn mit Oele reibt, so nimmt er eine schöne Marmorglätte an, die er in der Luft nicht verliert; wie er denn auch nicht poröß oder schwammicht, sondern am Feuer fester werden soll. Die Grönländer hauen ihre Kessel und Lampen daraus, die sie in großem Werthe halten. Weil die Speisen in denselben wohlschmeckender und gesunder zubereitet werden können, als in dem Eisen oder Kupfergeschirre, so schicket man einige solche Kessel nach Dännemark an vornehme Herrschaften, wo sie sehr hochgehalten werden. Herr Cranz zweifelt nicht, daß aus diesem Steine nicht viel besseres Geschirr verfertiget werden könne, als das in Italien so beliebte Lavetschgeschirr, welches bey Chiavenna am Comer See verfertiget wird und dem grönländischen gar nicht gleich kömmt.

Amianth und Asbest.

Nichts ist häufiger in verschiedenen grönländischen Bergen, als der Amianth und Asbest, oder Steinflachs. Er sieht wie faules Holz aus, weiß, grau, grünlich oder röthlich, hat lange Fasern, und ungefähr alle Finger lang einen Bruch. An den angebrochnen Enden ist er hart und fein, wie ein Wetzstein. Wird er aber gestoßen oder gerieben, so zerfällt er in feine weiße Flachsfäserchen. Wenn dieser Stein geklopfet, etliche Male in warmem Wasser von seinen kalkichten Theilen, welche die Fasern zu einem Steine verbinden, ausgewässert, auf einem Siebe getrocknet, und mit dichten Tuchmacherkämmen, wie Wolle, gekrempelt worden, so kann man Garn daraus spinnen, und es wie Leinewand weben. Diese wird anstatt der Lauge durch Feuer gereiniget und verbrennet nicht. Die Alten haben ihre Todten in dergleichen unverbrennliche Leinewand eingewickelt, verbrannt oder begraben. In der Tatarey und den pyrenäischen Gebirgen machet man noch jetzo Geldbeutelchen u. d. g. daraus. Man kann auch Papier daraus machen. Die gereinigten Fäden lassen sich sehr gut zu Dochten in den Lampen brauchen. Die Grönländer aber sind so sinnreich nicht, sondern

sondern tunken denselben bloß in Thran ein, und bedienen sich seiner statt eines Hölzchens, Licht an zu zünden; denn er brennet so lange, als er ölicht ist, ohne zu verbrennen. Cranz von Grönland.

Ungeachtet der Armuth, worinnen die Natur diese Leute hat wollen leben lassen, haben sie doch Edelgesteine, die sie ohne Zweifel nicht kennen, oder verachten, unterdessen daß unsere Pracht sie darum beneidet. Mir ist davon, saget Herr Cranz, sonderlich ein gelber figurirter und ein rother Jaspis mit durchscheinenden weißen Adern in die Hände gekommen. Jaspis.

Man findt daselbst auch Quarze und Crystalle in großen Stücken, worunter gelbliche und schwärzliche oder Topase sind, und andere, die, wie ein Opal, eine blaue und gelbe Farbe spielen. Quarz.

Den grönländischen Granat rechnet Herr Cranz ebenfalls unter die Quarze, weil er in den obersten Felsspalten sitzt und in ungleiche Stücke bröckelt. Er ist aber von einer hellen durchsichtigen, blutrothen Farbe, die etwas ins Violett fällt, und dabey so hart, daß ihn die Steinschneider zu den Rubinen zählen. Er ist aber so bröckelicht, daß man selten ein Stück, wie eine kleine Bohne groß, schleifen kann. Granat.

Eben dieser Beobachter saget, er habe einige recht helle sechseckichte Crystalle von Stahlfarbe bekommen, die an einander gebacken, und woraus wieder kleinere erwachsen sind; und auch einen weißen mit feinen rothen Flammen durchstreifet. Desgleichen hat er dünne durchsichtige Steine, wie Porcellanscherben in breiten Scheiben erhalten, deren je zween mit einem röthlichen Schleime an einander gebacken sind. Sie schlagen Feuer, wie die Flintensteine, von welchen letztern aber man hier nichts weis. Crystalle wie Brillanten.

Was die Mineralien und Metalle anbetrifft, so findt man zwar einige Spuren davon: es hat aber noch niemand recht genau darnach suchen können. Wenn man auch dergleichen entdeckete, so würden sie doch wegen des Holzmangels allhier nicht genutzet werden können, und sie aus zu führen, würde die Kosten nicht tragen. Mineralien und Metalle.

An Eisensteine und Erde fehlet es hier nicht. An einigen Orten sind die Felsen blau und grün ausgeschlagen, und da vermuthet man Kupfer. In dem Weichsteine findt man zuweilen Wasserbley, das theils fest ist, theils sich in dünne Blätter zertheilen läßt. Die Grönländer haben hier und da zuweilen einige kleine und große Stücke Erzt gefunden, die sehr schwer sind und glänzen. Man hat sie für wirkliche Erztstufen gehalten, bey der Probe aber gefunden, daß sie nichts anders, als grobes Glockengut, sind; daher man sie für Stücken von den Glocken der alten Normännner allhier hält. Wasserbley.

Man trifft auch Marcasite in Grönland an. Sie sehen wie Messing aus, und sind so hart, daß sie Funken geben, wenn man mit einem Stahle daran schlägt. Gemeiniglich sind sie viereckicht und flach, und es hängen einige Stücke an einander. Einige laufen, wie ein Crystall, mit den vier Seiten oben spitzig zusammen. Marcasite.

Die Grönländer sollen kein Salz, Nitrum, Alaun und Vitriol haben. Jedoch sagen sie, man finde eine grüne Materie von der Art an dem Rande eines warmen Brunnens in Süden, in welchem sie sich von dem Ausschlage und ihr Pelzwerk von den Faulflecken reinigen.

Cranz von Grönland.

Der Bimsstein ist hier selten: doch findt man weißen, grauen, und am meisten schwarzen, welchen vermuthlich die See von Island herführet, woselbst es feuerspeyende Berge giebt, die hier nicht sind.

Das V Capitel.

Von den Erd- und Seegewächsen.

Das Getraide kann nicht reifen. Zweyerley Gras. Vielerley Moos. Gesträuche. Weiden. Birken. Erlen. Vogelbeerholz. Allerley Pflanzen. Engelwurz. Rosmarin. Quendel. Pfaffenröhrlein. Bruchwurz. Seegewächse. Tang oder Meergras.

Was für Gewächse kann man von einem Lande erwarten, wo sich die Natur allen Wünschen und Bemühungen der Menschen versaget, wo die Erde und das Meer die Anländung und Bewohnung zu verbiethen scheinen, wo die Kälte weder Erdboden noch Saft, noch etwas von allem demjenigen läßt, was den Reisenden ich will nicht sagen, einen Aufenthalt, sondern auch nur einen Durchgang anbiethen kann? Denn Grönland ist nicht einmal ein sicherer Weg, nach dem Pole zu gehen, wenn er auch gleich sonst für America offen gewesen. Wie soll man sich in Ländern aufhalten, oder nur durchreisen, wo die Gebirge nichts als Stein und Eis, und die meisten Thäler kaum mit etwas Moose und saurem Moorgrase bedecket sind? Es wachsen zwar auf den niedrigen Klippen, die hin und wieder noch mit einem wenig Sande und Erde bedecket sind, und auf den unbewohnten Inseln, wo die Vögel nisten, und durch ihren Auswurf die Erde düngen, einige Kräuter und Gesträuche: es bleibt aber alles wegen des dürren Bodens und der kalten Luft sehr klein. Jedoch bey den grönländischen Häusern und Zeltplätzen, wo der Boden, wenn er gleich nichts als dürrer Sand gewesen, viele Jahre lang durch das Blut und Fett der Seehunde gedünget worden, wachsen die herrlichsten Kräuter, in ungemeiner Menge und Größe. Gleichwohl werden die wenigsten so stark, als in Europa, gehen auch insgemein einen Monat später auf.

Das Getraide kann nicht reifen.

Die Europäer haben einige Male vergebens versuchet, Gersten und Hafer zu säen. Er wächst so schön und hoch, als bey uns, kömmt aber selten bis zur Aehre, und auch an den wärmsten Orten, wegen der zu frühen Nachtfröste, nicht zur Reife. Aus eben der Ursache kann man wenig Gartengewächse erzielen, weil man erst in der Mitte des Brachmonates säen kann, wo der Boden unten noch gefroren ist, welcher auch im Herbstmonate schon oben wieder zufriert. Alsdann muß man alles aus der Erde nehmen und einschlagen, außer Schnittlauche, welches sich auch den Winter hindurch hält. Salat und Kohl kann man nicht verpflanzen, und bleibt sehr klein. Nur die Rädischen wachsen so gut, als in andern Ländern. Die Rettige bleiben klein, und die weißen Rüben werden selten größer, als ein Taubeney: sie können aber nebst dem Kraute gespeiset werden, und haben einen vortrefflichen Geschmack. Mehr

kann

kann man hier nicht in den Gärten ziehen, die man außerdem noch so anlegen muß, daß sie vor dem Nordwinde und dem Spritzen des Seewassers sicher sind. Cranz von Grönland.

Von den gemeinsten Gewächsen an zu fangen, so hat man in Grönland zweyerley Arten Gras bemerket. Die eine, welche bey den Botanisten gramen arundinaceum majus heißt, ist dem Rohrgrase ähnlich, aber sehr dünn. Es wächst gern zwischen den Felsen, und die Grönländer flechten recht saubere Körbe daraus. Die andere, welche dem Gerstenwalch, (gramen hordeaceum) am nächsten kömmt, wächst bey den grönländischen Wohnplätzen im Sand- und Kiesboden und zwischen den Steinen. Es hat lange breite Blätter, einen anderthalb Ellen langen dicken Halm, wie Weizen, welchem auch die Aehre, die oft sechs Zoll lang wird, am meisten gleicht. Die Körner sollen wie Hafer aussehen, werden aber, wegen Kürze des Sommers, selten reif. Die Grönländer legen dieses Gras wie Stroh in ihre Schuhe und Stiefel, damit sie weich und trocken gehen. Zweyerley Gras.

Das meiste, was in Grönland wächst, ist Moos, und von so vielerley Art, daß Herr Cranz saget, er habe einmal, da er auf einem Felsen gesessen, ihrer bey zwanzig um sich herum zählen können, ohne auf zu stehen. Die eine Art ist wie ein dicker weicher Pelz, womit die Grönländer die Ritzen ihrer Wohnungen verstopfen. Vielerley Moos.

Eine andere Art, deren Fasern oft eine Spanne lang sind, und wie ein Holzschwamm an einander kleben, dienet ihnen statt des Zunders und Dochtes in ihren Lampen. Eine dritte gleicht den zarten Tannensprossen oder dem Lycopodium, trägt aber keine Bluhmen und kein Mehl.

Unter den blätterichten Moosarten ist eine ganz weisse, die den Rennthieren im Winter zur Nahrung dienet, und auch einen Menschen im Nothfalle erhalten könnte. Eine andere dunkelbraune breitblätterichte Art dienet dazu noch besser, wie sie denn in Island, statt des Brodtes, gegessen wird. Sie sieht wie junger Kohl aus, und wird mit Milch, wie Grütze, gekochet. Beyde haben anfangs einen herben Geschmack: wenn man sie aber fein kauet und hinunter schlucket, so schmecken sie süßlich, wie Roggen.

Von Bilzen oder Schwämmen wachsen hier die gelblichen Herrenbilze, wie auch verschiedene rothe und nägelförmige, alle aber sehr klein.

Unter den Gesträuchen giebt es eine Art, die, wie Quendel, ganz niedrig auf dem Boden bleibt, und viele rothe Blühmchen ohne Geruch, aber keine Beeren, trägt. Eine andere Art hat kleine, runde, glatte Blätter, je zwey und zwey neben einander, und dazwischen kleine wollichte Blühmchen, wovon sich die Rennthiere nähren. Gesträuche.

Es giebt viererley Art Gesträuche in Grönland, welche Beeren tragen, und zum Feuer anzünden gesammlet werden. Sie heißen überhaupt Beergras, und sind erstlich die von den Norwegern so genannten Kräckebär, oder Krähbeeren, ein niedriges zähes Kraut, mit kleinen dicken Blättern und weissen Blühmchen, welche schwarze Beeren mit einem rothen süßen Safte hervorbringen. Ein anderes diesem ganz ähnliches Kraut trägt violette Glockenblühmchen, aber keine Beeren. Die zweyte Art sind die schwarzen Heidelbeeren, die dritte die rothen Preisselbeeren, und die vierte Moltebär, Chamaemorus Norwegica, welche aber nicht reif werden. Die Blätter und Frucht, welche brandgelb ist, kommen der Maulbeere am nächsten. Der Stängel ist einen Finger lang, und die Bluhme weiß und vierblättericht. Sie sind ein treffliches

Cranz von Grönland. liches Labsal und eine gute Arzeney wider den Scharbock; daher man sie in kleine Fäßer einmachet und verschicket, weil sie nur in nordlichen Ländern fortkommen.

Alle diese Beeren, besonders die Kräckebeeren, welche auch im Winter unter dem Schnee aushalten, sammlen und essen die Grönländer gern. Aus den Wacholderbeeren hingegen machen sie sich nichts, welche hier weit größer und kräftiger sind, als in Europa, wiewohl der Busch nur auf dem Boden kriecht.

Weiden. Grönland bringt drey Gattungen Weiden hervor, die eine mit blaßgrünen, die zweyte mit hellgrünen spitzigen, und die dritte mit breiten wollichten Blättern. Dieser letztern Samenbehältnisse sind auch voller Wolle. Alle diese Weiden aber kriechen wegen der Kälte nur auf dem Boden.

Birken. Die Birken, welche von den unserigen in etwas unterschieden sind, und kleinere eingekerbete Blätter haben, wachsen auch nicht viel höher. In den Buchten aber, Erlen. wo eine viel stärkere und anhaltende Wärme ist, wachsen dieselben, nebst den Erlen, an den Wasserbächen mannshoch, und werden drey bis vier Zoll dick. Sie sind aber so krumm, daß man wenig in ein Boot laden, und sich also dieses Holzes, so häufig es auch wächst, nicht zur Feurung bedienen kann.

Vogelbeerholz. In dem südlichen Theile des Landes wächst auch viel Vogelbeerholz, dessen Frucht zur Reife kömmt. Desgleichen giebt es daselbst eine Art wilder Erbsen, welche die Grönländer von den Europäern haben kochen und essen lernen. Auch soll da eine Frucht wachsen, welche, nach ihrer Beschreibung, unsern großen Pflaumen nahe kömmt, wiewohl sie solche wohl gar mit den Citronen vergleichen. Wie reich aber die Natur an dergleichen Früchten in Süden auch seyn mag, so wird doch das Land immer kahler, je weiter man gegen Norden kömmt, so daß man endlich nichts, als die bloßen Felsen, antrifft.

Allerley Pflanzen. Nach den großen Gewächsen muß man die Pflanzen hersetzen, welche einige Achtung der Kräuterkenner verdienen, zumal verschiedene darunter sind, die man sonst nirgend antrifft. Herr Cranz hat ein alphabetisches Verzeichniß von denen gegeben, die er gesammlet hat, welche doch die wenigsten sind; und man will solchem hier folgen.

Acetosa arvensis lanceolata, wilder Sauerampf mit spitzigen Blättern, eines Fingers lang und breit, wie ein Spies gestaltet, wächst auf sandigen Flächen.

Acetosa montana rotundifolia. Dieser Sauerampf mit dunkelgrünen runden Blättern, wie des Löffelkrautes seine, der an andern Orten nicht gemein ist, wächst hier häufig. Der Stiel ist eine halbe, und der Samenstängel, der wie die vorhergehende roth blühet, eine ganze Elle lang. Er wächst an den Felstrümmern und an den eingefallenen grönländischen Häusern. Die Grönländer, die sehr wenig Kräuter essen, suchen doch dieses auf, aber nur an Orten, wo kein Mist gewesen.

Acetosella, Sauerklee.

Adiantum aureum, gülden Wiederthon, wächst im Moose.

Alchimilla vulgaris, Löwenfuß, wächst ungemein häufig und groß.

Alsine, Vogelkraut, Hühnerdarm, von verschiedener Gattung.

Angelica, Engelwurz, wächst an feuchten Orten in den engen Thälern, wo es warm ist, sehr häufig, hoch und stark. Die Norweger nennen es Quanne; und da es die Grönländer fast eben so, nämlich Quannek nennen, so glaubet man, daß sie dieses, wie noch einige wenige gleichlautende Worte, von den alten Normännern angenommen

genommen haben. Sie essen das Mark der Stengel und Wurzel dieses Krauts sehr gern. Es schmecket hier auch viel angenehmer, als das in wärmern Ländern wächst; welches wohl bey allen Bergkräutern zutreffen wird. Cranz von Grönland.

Anserina, Gänserich, Silberkraut.

Asperula, Waldmeister.

Bistorta minima, Natterwurz, wächst hier häufig, aber klein. Die Wurzel, die einen zusammenziehenden und mehligen Geschmack hat, essen die Grönländer gern.

Caryophyllus montanus, Bergnäglein, Steinnelken, haben einen angenehmen, aber nicht starken Geruch.

Cochlearia, Löffelkraut, das allerbeste Mittel gegen den Scharbock, wächst hier in unbeschreiblicher Menge, wo nur im Sande etwas Seehundefett und anderer Unrath hinkömmt, oder auf einer Klippe, sonderlich in den unbewohnten Inseln, wo die Vögel nisten, und etwas von ihrem Miste hinfällt. Besonders sind alte verfallene grönländische Häuser ganz damit bewachsen; und da ist der Trieb so stark, daß aus einer Wurzel, die doch nur einen Winter ausdauren kann, zwölf und mehr Zweige wachsen. Es giebt verschiedene Arten. Einige haben runde, andere länglichte eingekerbte Blätter, welche gemeiniglich bräunlich, und dabey dicker, saftiger und schmackhafter sind, als die runden. Der Samen, der sich im Herbste ausgesäet, und wohl auch von den kleinen Landvögeln, die sich um diese Zeit sehen lassen, herum gestreut worden, geht im Frühlinge noch unter dem Schnee auf, unter welchem die vorjährigen Pflanzen grünen, aber sehr klein bleiben. Man sammlet es im Herbste und erhält es den ganzen Winter durch mit Schnee bedeckt, um Kohlsuppen daraus zu kochen, die wenigstens in diesem dürren Lande vortrefflich schmecken und die beste Arzeney gegen allerley Zufälle sind. Man ißt es auch wie Salate, und am liebsten gleich so, wie man es von der Pflanze abbricht; wie es dann auch nicht so herbe, als in unsern Ländern, sondern angenehm bittersüß schmecket. Wenn man aber des Abends viel davon speiset, so kann man nicht gut schlafen; ein Zeichen, daß das dicke, stockende Blut davon wieder flüßig gemacht wird. So oft mich im Winter, bey dem Mangel genugsamer Bewegung, die Vorbothen des Scharbocks, als Trägheit, Gliederdrücken, Hitze, Schwindel, Brustbeschwerung, worauf denn bald einige brennende Geschwüre folgen, überfallen haben, ist eine Handvoll Löffelkraut, und kalt Wasser dazu getrunken, meine beste und geschwindeste Arzney gewesen. Dieses Kraut scheint also recht für die Nordländer, wo es am häufigsten und kräftigsten wächst, geschaffen zu seyn, und könnte ein Universalmittel für alle Krankheiten der Grönländer abgeben, wenn sie nicht so einen unüberwindlichen Abscheu vor allen Kräutern hätten, die auf ihrem eigenen Miste wachsen.

Consolida media, Wundkraut, Güldengünsel.

Equisetum, Roßschwanz, ein Kraut, das man zum Poliren brauchet.

Erysimum, Wegsenf.

Filix petræa minor, Kleinsteinfarnkraut.

Filix ramosa und cornuta, Großfarnkraut. Wer mit seinem Rauchtobacke nicht gut wirthschaftet, bedienet sich endlich desselben aus Noth zum Rauchen.

Gentianella, Kreuzenzian.

Jacobæa maritima, Aschkraut.

Cranz von Grönland.

Levisticum, Liebstöckel, hat nebst der Wurzel einen recht angenehmen Geschmack, fast wie Sellery.

Lysimachia spicata, flore albo, Weiderich.

Morsus Diaboli, foliis hirsutis, Abbißkraut.

Nasturtium pratense, Wiesenkresse; davon habe ich nur an einem Orte sehr wenig gesehen.

Ophrys, Zweyblatt.

Pedicularis, Läusekraut.

Pentaphyllum, Fünffingerkraut.

Polypodium, Engelsüß.

Pyrola spicata florida, Wintergrün.

Ranunculus aquaticus, flore luteo et albo, Hahnenfuß, wächst gern in Mistpfützen, aber sehr klein.

Rosmarinus sylvestris, wilder Rosmarin, Terpentinkraut, nach welchem es sehr stark riecht, wächst an trocknen moosichten Orten sehr häufig, und ist von zweyerley Art, eins mit langen spitzigen und unten gelbwollichten, das andere mit kurzen, unten weissen Blättern.

Sanicula Diapensia, Bergsanikel.

Saxifraga alba, weißer Steinbrech.

Serpillum, Quendel, wilder Thymian, meistens röthlich, von einem starken Geruche, wächst auf den Felsen an sonnenreichen Orten. Man kann ihn statt des Thees brauchen.

Taraxacum, Dens leonis, Pfaffenröhrlein, Priesterkrone, Kuhbluhme, wächst häufig an feuchten Orten. Die Grönländer essen die Wurzel sehr gern, aber roh.

Telephium, Bruchwurz, fette Henne. Die Wurzel dieses Krautes, welches die Grönländer Sortlak nennen, die sonst wie kleine längliche Nüsse aussieht, ist hier lang, ästig, inwendig röthlich, und hat besonders im Frühlinge und Herbste einen starken Rosen- oder Nelkengeruch, welchen sie auch, wenn sie ganz dürr ist, behält. Die Grönländer essen sie, wie auch das Kraut, sehr gern. Es wächst häufig an den Felsen, wie auch im Kupptorfe. Als ich diese Wurzel, nachdem sie Jahr und Tag im Papiere und meist in der warmen Stube gelegen, wieder ansah, so fand ich einige Sprossen an derselben ausgeschlagen, gab sie also einem Medico, der sie Radix Rhodia nannte, zu pflanzen. Sie grünte eine Zeitlang: weil sie aber an einen zu feuchten Ort gekommen war, so verfaulte sie.

Tormentilla, Feigwurz, Blutwurz.

Trifolium fibrinum, Bitterklee.

Veronica flore cœruleo, unechter Ehrenpreis.

Viola alba et cœrulea, weiße und blaue wilde Veilchen ohne Geruch.

Seegewächse.

Hier ist nun der Ort, von den Seegewächsen zu reden, die vieleicht zahlreicher sind, als die Erdgewächse, vornehmlich bey Grönland, wo sich das eine Element täglich auf Kosten des andern bereichert. Denn da der Regen alles, was auf den Gebirgen Keime hat, in das Meer führet, so würde der Grund desselben, wenn er auf einmal aufgedecket würde, an manchen Orten vieleicht nicht so dürr und fürchterlich aussehen,

hen, als die Länder in Grönland. Derjenige tief verborgene Sand, welchen die Ebbe und Fluth ohne Aufhören schlägt und bewegt, sind dem Froste nicht unterworfen, und empfinden ohne Zweifel den Einfluß der feuchten Wachsthumskraft, welche das Meer selbst da zeiget, oder wenigstens durch die Salze nähret, womit es geschwängert ist. Dieses so fürchterliche Element für alle andere lebende Wesen, die es nicht in seinem Schooße fasset, erzeuget und bringt auch seine Gewächse hervor, womit es die meisten Thiere ernähret, welche es bewohnen, weil sie nicht eines von den andern leben. Man hat angemerket, daß die kleinsten zartesten Seekräuter, die nicht weit vom Strande wachsen, mit einer Menge kleiner und den Augen kaum kenntlicher Würmer angefüllet und von denselben durchfressen sind; und daß mannichmal die größern und stärkern Seeblätter, die tief aus der See ausgeworfen werden, auf verschiedene Weise angebissen, und durchlöchert sind.

Cranz von Grönland.

Sind voller kleiner Würmer.

Diejenigen Grotten, und stets grünen Gefilde also, welche uns die Einbildungskraft der Poeten in dem Pallaste der Thetis zeiget, sind keine bloße Dichtung, sondern eine Vergrößerung der Reichthümer, welche die Natur auf dem Boden des Meeres beygeleget hat und verwahret, und welche sie dereinst wieder geben soll. Wer weis so gar, ob es unter dem Treibholze, womit das Eismeer die nordlichen Ufer gegen den Pol zu bedecket, nicht einige Arten giebt, welche in diesem weiten Elemente gewachsen sind; und ob die Zweige, welche die Fischer zuweilen mit vieler Mühe in ihren zerrissenen Netzen herausbringen, nicht Bäumen zugehören, die auf dem Boden des Meeres eingewurzelt sind?

Es sey aber mit diesen Muthmaßungen, wie ihm wolle, so hat das Meer doch seinen Rasen. Man findt dergleichen an den grönländischen Küsten, welche mit einem langen und zweigichten Kraute bedecket sind. Es ist von dunkelgrüner und brauner Farbe, gleicht hier aber wenig dem Grase, das nur in der Tiefe wächst, ob man es gleich Meergras oder Tang nennet. Seine Wurzeln sind zart und dienen ihm mehr zur Befestigung als zur Nahrung, die es überall einziehen kann, da es im Wasser schwimmt. Es klebet damit an den Klippen, losen Steinen, wie auch Muscheln, so fest, daß es schwer abgesondert und nur durch heftige Stürme und Bewegung der Wellen losgerissen und ans Land geworfen wird. Neben dem Lande wachsen die kleinsten Arten solches Kräuterichtes, die von einem Finger bis zu einer halben Elle lang sind. Ich habe derer, saget Herr Cranz, einmal wohl zwanzig gezählet. Je tiefer man in die See kömmt, desto länger und breiter sind sie, und von den näher am Lande befindlichen ganz unterschieden. An den kleinen Arten sind die Samenbehältnisse, wie Erbsen und Bohnen gestaltet, voller kleinen schwarzen Körner, deutlich zu sehen. Man hat aber zu keiner Zeit bemerken können, daß diese Körner zu einiger Festigkeit und Reife gekommen, den Samen zur Fortpflanzung des Krautes ab zu geben. Herr Cranz schließt also, man müsse vielmehr den zähen Schleim, in welchen sie eingewickelt sind, für ihren eigentlichen Samen ansehen.

Tang oder Meergras.

Einige dieser Pflanzen sehen aus wie Eichenlaub, andere wie Erbsenstroh, wie Büschel Haare, wie Pfaufedern und dergleichen. Das lange Seegras aber, welches weiter vom Strande wächst, ist dem auf den Teichen schwimmenden Grase ähnlich. Dieses spinnt sich in der See durch das Rollen der Wellen als ein Tau, oft eines Armes dick und einige Klafter lang, zusammen. Einiges sieht wie ein großes

Cranz von Grönland.

Kalbsgekröse aus. Das größte hat einen hohlen, zwey bis drey Klafter langen Stängel, der unten an der Wurzel dünn, und oben ein bis zween Zoll dick ist. Das Blatt daran ist ebenfalls zween bis drey Klafter lang, und über eine Elle breit. Eine andere lange breite Art hat einen flachen dichten Stängel, der das Blatt in der Mitte theilet. Wenn man diese beyden Arten, vornehmlich die Stängel, im Schatten trocknet, so setzet sich an jenem ein feines Salz in zarten langen Crystallen, an diesem aber ein Zucker an. Dieß kann also wohl die alga saccharifera seyn, welche die Isländer mit Butter essen. Die Schafe fressen es im Winter gern; und die Grönländer, ja auch die Europäer, nehmen damit vorlieb, wenn sie sonst nichts haben können. Gemeiniglich aber essen die Grönländer ein hellrothes und grünes sehr zartes Blatt, zur Erfrischung, wie wir die Salate, welches sie vor dem Scharbocke bewahret.

Dieß sind beynahe alle die Gewächse, welche der Mensch im Grunde eines mit Eise bedeckten Meeres hat entdecken können. In der Geschichte eines so dürren und wüsten Landes, wie Grönland, ist es vornehmlich erlaubet, nichts von dem vorbey zu lassen, was die Natur daselbst dem Ungestüme des Winters entzieht; und wenn man keine Wahl zu treffen hat, so muß man alles sammlen. Der Leser muß sich in die Gegend versetzen, worinnen sich der Reisende befindt, und sich mit der Geduld bewaffnen, womit der Himmel alle Menschen begabet hat, die von einer starken Neugier eingenommen sind. Die Leidenschaft zu sehen und zu lernen, hat die Gränzen der Erde und der menschlichen Kenntnisse erweitert. Man kann zu nichts Großem und Nützlichem gelangen, ohne viel zu leiden; und die Schriftsteller, welche sich verdammen, die Geschichte der Reisen zu machen, verdienen vielleicht eben so viel Mitleiden, als sie Nachsicht erfordern, wenn sie gezwungen sind, die Leser bey ermüdenden umständlichen Erzählungen auf zu halten, die stets verdrüßlicher zu schreiben, als zu lesen sind.

Historie

Historie und Beschreibung von Grönland und dasigen Missionen.

Das II Buch.

Von den Thieren, Vögeln und Fischen.

Das I Capitel.

Von den Landthieren.

Hasen. Rennthiere. Deren Jagd. Füchse. Art der Grönländer, sie zu fangen. Bären. Hunde. Schafe aus Dänemark. Grönland hat wenig Vögel. Das nordische Rebhuhn. Vorurtheil wegen dessen Versicht wird widerleget. Misbrauch des Systemes der Endursachen. Richtigere Anwendung desselben. Schnepfen. Einige Singvögel. Bachstelze. Raubvögel. Adler. Falke. Rabe.

Grönland, dieses stiefmütterliche Land, hat alle seine Einwohner, so zu sagen, zum Kriege bestellet, da es dem Menschen nur das Fleisch und die Haut der Thiere zu seiner Nahrung und Kleidung gegeben. Hier wird er also aus einer unglücklichen Nothwendigkeit fleischfräßig und mörderisch. In dergleichen unbewohnbarsten Gegenden hat die Gesellschaft unter Jägern oder Fischern anfangen müssen, welche gemeinschaftliche Gefährlichkeiten und Bedürfnisse, vornehmlich aber häufige Begegnungen an Oertern, die durch das Eis und Wasser eingeschlossen und abgeschnitten sind, ohne Zweifel bald haben sich vereinigen und von einem Stande überhin gehender Feindseligkeiten zur Stetigkeit eines Friedens kommen lassen, welchen eine arbeitsame, beschwerliche und elende Lebensart erfordert. Obgleich die Grönländer stets bewaffnet sind, so sind sie doch nicht unmenschlich und blutgierig. Diese verhaßte Gemüthsart gehöret nur unsern gesitteten Gesellschaften zu, wo man das Blut der Menschen ohne die geringste von denen dringenden äußersten Nöthen und denen unversehenen und unvermeidlichen Gefährlichkeiten vergießt, worein uns die Natur wider unsern Willen stürzet. Der Grönländer ist ein Fischer, weil ihm die Erde Korn und Früchte versaget; er ist ein Jäger, weil ihn der Hunger mit den Bären handgemein machet, die ihn oft angreifen, oder ihm die Rennthiere streitig machen; denn das sind beynahe die Thiere, die man in den Eisländern am häufigsten findt.

Indessen sieht man doch auch eine grosse Menge Hasen in Grönland. Sie sind Hasen.
so wohl im Sommer, als Winter, weiß, und können also wohl von den norwegischen unterschieden seyn, die des Sommers grau sind. Sie sind ziemlich groß und zwischen

Cranz von Grönland. Felle und Fleische mit etwas Fette versehen, ob sie gleich nur von Gräse und weissem Moose leben, welches vieleicht etwas zu der Farbe der Thiere beytragen kann, die davon leben. Ohne Zweifel aber giebt es ihnen auch keinen guten Geschmack; denn die Grönländer achten die Hasen nicht.

Rennthier. Das Rennthier ist der nordische Hirsch, in beyden Halbkugeln. Es ist hier wild, flüchtig, und läßt sich wegen seines scharfen Geruchs schwer erschleichen, wenn der Wind von dem Jäger auf dasselbe zuwehet. Die größten sind wie ein zweyjähriges Rind von brauner oder greuer Farbe mit weissen Bäuchen. Ihr Geweih, welches sie jährlich abwerfen, ist von der Hirsche ihrem darinnen unterschieden, daß es glatt, grau, und oben eine Hand breit ist. So lange das neugewachsene Horn noch weich ist, so ist es mit einer wollichten Haut überwachsen, welche das Thier hernach abreibt. Im Frühjahre bekömmt es neue Haare, die sehr kurz sind; und alsdann ist auch das Thier mager, das Fell dünn und nicht viel werth. Im Herbste hingegen ist es dickhäutig und härig, und dabey mit zwey bis drey Finger dickem Fette zwischen dem Felle und Fleische versehen, und voller Blut. Es kann also, wie Anderson in seiner Nachricht von Grönland von allen Thieren in den Nordländern anmerket, im Sommer die Wärme, und im Winter die Kälte desto besser ausstehen. Sonst sind die Rennthiere sehr reinlich und genügsam, und ihr Fleisch ist zart und wohlschmeckend. Im Sommer weiden sie in den Thälern auf dem zarten kleinen Grase, und im Winter suchen sie zwischen den Felsen das weisse Moos unter dem Schnee hervor.

Deren Jagd. Ehedem sind in Bals Reviere viele Rennthiere gewesen, und die Grönländer haben sie auf einer Art von Klopfjagd gefangen. Weiber und Kinder umringeten eine gewisse Gegend, und wo es an Menschen gebrach, stelleten sie Stecken mit Erde bedecket auf. Sie scheucheten die Rennthiere darauf, bis sie durch einen engen Weg dem Jäger in den Schuß kamen; oder die Weibesleute jageten sie neben einer Seebucht zusammen und ins Wasser, da sie von den Männern mit Harpunen und Pfeilen durchstochen wurden. Nachdem aber die Grönländer Pulver und Bley bekommen, so haben sie die Rennthiere sehr dünn gemacht. Viele versäumen noch jetzo den besten Fisch- und Seehundefang wegen dieser Jagd, auf welcher sie die ersten Sommermonate zubringen, damit sie nur ein Paar Felle zum Staate haben.

Füchse. Die Füchse sind hier kleiner und etwas anders gestaltet, als in den südlichen Ländern. Sie kommen an Kopfe und Füßen den Hunden sehr gleich, wie sie denn auch fast wie die Hunde bellen. Die meisten sind blau oder grau, einige weiß, und im Winter sehr dickhärig. Sie verändern ihre Farbe nicht; nur werden die blauen, wenn sie haaren, etwas fahl und gelten alsdann nichts. Ihre Nahrung sind Vögel und deren Eyer; und wenn sie die nicht haben können, Krähebeeren, Muscheln, Krabben und was die See auswirft. Sie plantschern mit den Pfoten im Wasser, wodurch sie einige Fische herbeylocken, welche zusehen wollen, was vorgehet, und dadurch erhaschet werden. Die Grönländerinnen haben dieses Kunststück von ihnen erlernet, und bedienen sich desselben bey ihrem Fischfange. Diese Thiere haben ihre Löcher zwischen den Steintrümmern. Die Grönländer fangen sie auf mancherley Art. Sie machen Fallen, die wie ein Häuschen von Steinen aufgebauet sind, worinnen ein Stück Fleisch an einem Stecken hängt, welcher vermittelst eines Riemen, so bald der Fuchs daran rühret, einen breiten Stein vor dem Eingange niederfallen läßt. Andere

dere machen Schlingen von Fischbeine, die sie über ein mit Häringe angefülltes Loch im Schnee legen und in einer Hütte von Schnee sitzend zuziehen. Man fängt sie auch nur in einer Art von Wolfsgruben, die in den Schnee gegraben, rings herum platt gemacht und oben mit Häringen bestreuet sind. Die Grönländer finden einen doppelten Gewinn bey dem Füchsefangen. Denn sie verkaufen die Felle, vornehmlich wenn es blaue sind, sehr theuer, und essen das Fleisch lieber, als die Hasen. Cranz von Grönland.

Alle diese Thiere sind dem Menschen nützlich. Es giebt aber überall einige, welche ihm, wo nicht die Herrschaft der Erde, wenigstens das ausschließende Recht, sie zu verheeren, streitig machen, da sie eben solche Verwüster und so gefräßig sind, wie er. In Grönland sind es die Bären, welche wild und boshaft sind. Sie haben einen langen schmalen Kopf, wie ein Hund, und sollen auch fast so bellen. Ihre Haare sind lang und weich, wie Wolle. Sie sind viel größer, als die schwarzen, und oft vier bis sechs Ellen lang. Das Fleisch ist weiß und fett, und soll wie Schöpsenfleisch schmecken. Die Grönländer essen es gern. Aus ihrem Fette läßt sich guter Thran brennen, und das aus den Pfoten brauchet man in den Apotheken. Diese Thiere gehen auf dem Eise den todten Walfischen und Seehunden nach. Sie packen auch wohl das Walroß an, welches sich aber mit seinen Zähnen tapfer wehret, und oft deren Meister wird. Sie schwimmen von einer Eisscholle auf die andere; und wenn sie angegriffen werden, so vertheidigen sie sich, und greifen eine Schaluppe voll Menschen tapfer an, bringen auch manchen ums Leben. Wenn sie verfolget werden, so tauchen sie unter das Wasser und schwimmen so fort. Auf dem Lande leben sie von Vögeln und Eyern, fressen auch wohl, wenn sie hungerig sind, Menschen und die todten Leichname aus den Gräbern. Im Winter vergraben sie sich in einem Loche zwischen den Felsen, oder im Schnee, bis die Sonne wieder hervorkömmt. Alsdann suchen sie die grönländischen Häuser auf, wo sie Seehundefleisch riechen, reissen dieselben ein und rauben. Die Grönländer hetzen und umringen sie mit ihren Hunden, und tödten sie mit ihren Lanzen und Harpunen, büßen aber selbst zuweilen das Leben dabey ein. Weiße Bären.

Diese Leute wollen auch schwarze Bären gesehen haben, und ihre Furcht oder Einbildung machet sie sechs Klafter lang. Viele reden von einer Art Tyger, die sie Amarok nennen, aber noch kein Europäer gesehen hat. Sie sollen so groß wie ein Kalb und weiß und schwarz gefleckt seyn. Vielleicht sind es die gefleckten Bären, welche auf dem Eise aus Grönland nach Island kommen.

Die Grönländer haben keine andere zahme Thiere, als Hunde von mittelmäßiger Größe, die den Wölfen sehr ähnlich sind. Die meisten sind weiß: doch giebt es auch welche mit dicken schwarzen Haaren. Sie bellen nicht, sondern gnurren nur und heulen desto mehr. Man kann sie wegen ihrer Dummheit nicht weiter zur Jagd brauchen, als daß sie den Bär in die Enge treiben. Dafür bedienet man sich ihrer statt der Pferde, indem man vier bis zehn Hunde vor einen Schlitten spannet und in diesem Aufzuge einander besuchet, oder die Seehunde von dem Eise nach Hause führet. Einige essen solche, ohne daß sie der Hunger dazu treibt. Ihre Felle brauchet man zu Bettdecken, und die Kleider damit zu besäumen. Hunde.

Es giebt kein Wollenvieh in Grönland. Im 1759 Jahre brachte ein Missionarius drey Stück Schafe aus Dänemark mit nach Neu-Herrnhut. Diese ben haben Schafe aus Dänemark.

Franz von Grönland. haben sich so vermehret, indem einige zwey andere drey Lämmer bringen, daß man seitdem etliche Stücke nach Lichtenfels zur Fortpflanzung hat abgeben können. Dieß sind zwey Missionshäuser der mährischen Brüder. Sie haben jährlich etliche Stücke geschlachtet und zuletzt zehn Stücke ausgewintert. Die Lämmer sind, wenn ihrer gleich drey von einer Mutter kommen, wegen des süßen und kräftigen Grases daselbst, im Herbste schon größer, als in Deutschland ein jähriges Schaf, und man bekömmt von einem Bocke oft mehr als zwanzig Pfund Talg und siebenzig Pfund Fleisch. An dem Fleische ist wenig mageres, das Fett aber ist so weich und zart, daß man es ohne Schaden essen kann. Diese kleine Viehzucht kömmt gedachten Brüdern sehr wohl zu Statten, vornehmlich nachdem die Rennthiere so selten geworden. Sie könnten auf der kleinen Fläche um Neu-Herrnhut den Sommer über, der aber nur vier Monate währet, wohl zweyhundert Schafe halten, wenn sie nicht für den so langen Winter das wenige Gras von den verfallenen grönländischen Wohnplätzen mit vieler Mühe über dem Wasser zusammen suchen müßten, daß sie also schwerlich mehr, als zehn Stück, werden auswintern können.

Ehedem hat man in der Colonie Godhaab auch Rindvieh gehalten, wegen der zu großen Kosten und Mühe aber vorlängst schon wieder eingehen lassen. Man könnte hier mit weniger Mühe Ziegen und Schweine halten. Weil aber diese Thiere der Grönländer Zelte von Fellen und ihre Lebensmittel, die oft auf freyem Felde liegen, nicht verschonen würden, so unterläßt man es lieber.

Von Vögeln giebt es hier keine große Verschiedenheit und Menge. Kann es derselben auch wohl viele in einem Lande ohne Gewächse geben? Die Erde muß ihre Einwohner überall ernähren; und sie ist nach Verhältniß ihrer Fruchtbarkeit bevölkert.

Das nordische Rebhuhn. Der gemeinste Vogel, den man in Grönland findt, ist eine Art großer Rebhühner, die sich nur in kalten Ländern und in den Alpen aufhalten. Man nennet sie in Norwegen Rypen, und in der Schweiz Schneehühner. Sie sind im Sommer grau, und im Winter weiß, nicht weil sie die Farbe verändern, sondern alle Frühlinge und Herbst die Federn verlieren, und neue bekommen. Nur der Schnabel und die äußersten Spitzen der Schwanzfedern bleiben grau. Im Sommer halten sie sich zwischen den Bergen auf, wo sie am meisten Krähebeeren finden, welche nebst dem Kraute ihre Nahrung sind: sie entfernen sich aber nicht weit vom Schnee, weil sie die Kühlung lieben. Nur erst im Winter, wenn solcher allzu häufig fällt, werden sie genöthiget, sich näher an die See zu begeben, wo der Wind den Schnee von den Bergen wegwehet, daß sie ihr Futter suchen können, und zugleich den Menschen näher kommen müssen, denen sie eine gesunde und schmackhafte Speise sind.

Vorurtheil wegen dessen Vorsichtigkeit wird widerleget. Man erzählet Wunderdinge von ihrer Vorsichtigkeit, unter andern, daß sie neben ihren Nestern, welche sie in den höchsten Klippen bauen sollen, einen Vorrath von Beeren sammlen, damit sie auf den langen Winter Futter haben. Sie sollen auch gegen den Winter ihren Kropf sehr voll stopfen, sich so dann in den Schnee eingraben, und den Winter hindurch davon zehren. Wenn dieß aber wäre, so würde man sie nicht diese ganze Zeit über haufenweise auf den Felsen herumfliegen und ihre Nahrung suchen sehen. Sie sind so dumm, daß sie den Zaun von Reisige oder Steinen, woran man die Schlingen befestiget, nicht überschreiten, sondern von selbst hinein fallen. Man hat überdieß beobachtet, daß, wenn sie einen Menschen sehen, sie den Hals zwischen den Steinen hervorrecken, und sich durch ihr Kurren selbst verrathen, unbesorgt stehen bleiben, wenn man auf sie zielet, und wenn man sie auch gleich mit einem Steine aufjaget, sich doch gleich wieder setzen und ihren Feind angaffen. Nur im Winter bücken sie sich auf den Schnee nieder, sich zu verbergen, als ob sie bey der Kälte gleichsam mehr Verstand hätten, als bey der Wärme. Dieß würde übrigens nicht die einzige Art von Geschöpfen seyn, bey welcher man mehr Witz in der Kälte, als in der großen Hitze, sieht. Wie viele Schriftsteller schreiben hitzige Blätter in eiskalten Zeiten, und trockene und kalte Redensarten in der Hundestagshitze? Was den nordischen Vogel anbetrifft, dessen ganzer Naturtrieb nur die Frucht seiner Bedürfniß ist, so glaubet Herr Cranz, als ein frommer Missionar, die Vorsehung habe eine merkliche Sorge getragen, diese dumme Art Vögel zu erhalten. „Es zeiget „sich solche, saget er, in der Veränderung der Farben dieses Vogels, daß er im „Sommer grau wie die Felsen, und im Winter weiß wie der Schnee, aussehen muß, „darum ihn die Raubvögel nicht so leicht von dem Boden, worauf er sitzt, unterscheiden mögen." Heißt das aber nicht, das Vertrauen selbst, welches man der göttlichen Vorsehung schuldig ist, so zu sagen, misbrauchen, wenn man das System oder die Sucht der Endursachen so weit treibt? Wenn die Natur und deren Urheber gewollt haben, daß die Menschen, die Ungeheuer und die fleischfressenden Thiere leben und sich fortpflanzen sollten, so ist ihrem mörderischen Hunger ohne Zweifel mehr als ein Raub angewiesen worden. Es kömmt uns nicht zu, die wir alles zerstören, und die Tyrannen der Erde sind, der Gottheit Absichten der Wohlthätigkeit zu leihen, welche wir unaufhörlich durch unsere Grausamkeiten widerlegen, wofern wir nicht das Rebhuhn dem Auge des Raubvogels entziehen wollen, damit wir es, ohne Theilung, unserer Gefräßigkeit vorbehalten.

Cranz von Grönland.

Misbrauch des Systems der Endursachen.

Indessen hat doch Herr Cranz, dessen Eifer überall Spuren des unsterblichen Geistes und Erhalters suchet, welcher über die vergänglichen Wesen wachet, vielleicht Ursache gehabt, diese allgemeine Wachsamkeit in der Bildung desjenigen Vogels zu erkennen, dessen Geschichte er uns giebt. Wenn man also wahrnimmt, daß bey diesem nordischen Rebhuhne die Zehen an seinen Füßen mit dicken Ballen versehen und mit kleinen Federn wie mit Wolle bewachsen sind, so hat man Recht, zu vermuthen, daß solches eine Art von Pelzwerke ist, ihn desto besser wider die Kälte zu verwahren. Wenn man sieht, daß diese Zehen nicht durchaus gespalten noch des Häutchens beraubet sind, welches die Wasservögel bezeichnet, so kann man sich einbilden, er habe solches, desto leichter zu schwimmen, wenn er sich etwan über ein zu breites Wasser waget, und aus Mattigkeit hinein fällt. Diese Art gehöret also zu dreyerley Elementen so zu sagen; weil sie bald geht, bald fliegt, bald schwimmt. Dieß scheint das Mittel zu seyn, desto freyer zu bleiben, wenn sie nicht überall Feinde fände. Es treibt aber dieser Vogel die Liebe zur Freyheit, welche bey den Einwohnern der Luft so lebhaft und so natürlich zu seyn scheint, so weit, daß er nicht frißt, wenn er gefangen worden, und aus Grame nicht leicht über eine Stunde lebendig bleibt. Die Wilden und Insulaner sind nicht eifersüchtiger über ihre Unabhängigkeit. Es ist also vergebens, daß man versuchen würde, sich alles zu unterwerfen, was der Sclaverey den Tod vorzieht.

Richtigere Anwendung desselben.

Cranz von Grönland.

Schnepfen. Grönland hat Schnepfen, welche von kleinen Muscheln und Schnecken am Seestrande leben. Sie sind gut zu essen, aber sehr klein. Dieß Land wird auch im Sommer, wenn die Samen der Kräuter, sonderlich des Löffelkrautes, reif werden, von einigen Arten kleiner Singvögel besuchet. Einige Singvögel. Die eine ist etwas größer und bunter, als ein Sperling, dem sie sonst sehr gleicht, und hat einen angenehmen Gesang. Eine andere gleicht dem Hänflinge, und heißt bey den Norwegern Irisk. Sie ist gar klein, hat einen blutrothen Fleck auf dem Kopfe, und singt recht lieblich. Beyde lassen sich zahm machen, und mit Heidegrütze füttern, überleben aber wegen der Wärme der Stuben selten den Winter. Sie werden zuweilen von einem Sturme auf das Schiff verschlagen, wenn man vierzig bis funfzig Meilen vom Lande ist. Bachstelze. Eine dritte Art gleicht den Bachstelzen und wird in Norwegen Steensquette genennet. Sie lebet von Würmern. Sonst hat man noch bey den Wasserfällen zwischen den unbewohnten Felsen einen kleinen Singvogel mit einem grauen Rücken und weißen Bauche bemerket, welcher vielleicht der Fossefald oder Schneevogel ist. Diese Vögel sollen sich, wie die Grönländer sagen, den Winter in Steinklüften aufhalten. Es ist aber wahrscheinlich, daß sie als getreue Bothen der Sonne, in Norden noch mehr, als in unsern gemäßigten Himmelsgegenden, vor derselben im Frühlinge hergehen, und im Herbste ihr folgen, daß sie stets das Grüne suchen, welches unter ihnen wächst.

Von ausländischem Federviehe hat man Hühner und Tauben nach Grönland gebracht: sie sind aber gar zu kostbar zu erhalten. Die zahmen Enten wären leichter durch zu bringen: man ist aber, weil sie sich zu weit auf das Wasser wagen, nie sicher, daß sie nicht bey einem Sturme von den Wellen fortgerissen werden.

Raubvögel. Ob gleich in diesen unfruchtbaren und eisichten Himmelsgegenden das Geflügel selten und nicht sehr zahlreich ist, so sieht man dennoch Raubvögel daselbst. Sie leben aber nicht nur von Landvögeln, sondern auch von Seevögeln. Es giebt also große Adler. schwarzbraune Adler, die nach ausgestreckten Flügeln wohl acht Schuh lang sind. Dieser König der Luft lauret vom Lande aus auf den höchsten Felsen, und so bald er einen Raub auf der Erde oder dem Wasser aufsteigen sieht, so schießt er hinab und erhaschet ihn. Zuweilen zieht er auch wohl einen jungen Seehund mit den Klauen aus dem Wasser. Der Adler theilet seine Herrschaft mit den grauen und sprenglichten Falken. Neben diesen sieht man auch Eulen, welche weiß sind. Dieser Raubvögel giebt es nicht viel, und sie bleiben meistens in den Gebirgen. Dagegen halten sich Raben. die Raben, die viel größer sind, als die unserigen, in großer Menge bey den Häusern auf, helfen den Grönländern das Ihrige verzehren, und zerhacken oft aus Hunger ihre ledernen Boote. Meistentheils aber leben sie von Seeinsecten, Muscheln, Sternfischen und dergleichen, die sie hoch aus der Luft auf eine Klippe fallen lassen, damit sie zerbrechen; da sie denn, wenn sie recht hungerig sind, die Schalen mit verschlingen. Doch fressen sie auch Krähenbeeren. Sie sind schwer zu schießen: daher fangen die Grönländer sie in Schlingen, und brauchen ihre Federn bey dem Mangel des Fischbeines zu Fischschnüren. Wenn sie sehr unruhig in der Luft herumfahren und schreyen, so ist solches eine Anzeige, daß bald ein starker Südwind und Sturm kommen werde.

Das II Capitel.

Von den Seevögeln.

Menge und Verschiedenheit derselben. Erste Classe. Wilde Gänse und Enten. Angeltasche. Tornaurolarsuk. Eidervogel. Mitek. Kingalik. Zweyte Classe. Tuglek. Seemmer. Scharf. Lumm. Alk. Teist. Lund. Kallingak. Akpalliarsuk. Seeschnepfe. Dritte Classe. Verschiedene Arten Möven. Mallemukke. Jo-Dieb. Tatarek. Tärn oder Seeschwalbe. Nahrung der Seevögel, und wie sie dieselbe suchen. Eyer und Junge derselben.

So arm das Land an Geschöpfen ist, so reich ist im Gegentheile die See um Grönland, so wohl in Verschiedenheit, als Menge. Was das Geflügel anbetrifft, so haben alle Seevögel Gänsefüße, oder Zähen, die durch eine Haut mit einander verbunden sind. Ihre Füße stehen gemeiniglich sehr weit hinten und sind hinterwärts gebogen, welches sie zum Gehen ungeschickt, zum Schwimmen und Tauchen aber desto tüchtiger machet. Sie sind alle, besonders die, welche tief tauchen müssen, mit dicken dichten Federn, und häufig mit welchen Pflaumfedern darunter, versehen, welche ihnen, nebst dem Fette und der Vollblütigkeit, die sie haben, zur Wärme und zu desto bequemerm Schwimmen dienen; denn sie erhalten dadurch nach Verhältniß eine größere Masse, als Schwere. Einige fliegen und schwimmen bey starkem Winde allezeit gegen denselben, damit ihre Federn nicht in Unordnung kommen; und man muß sie von hinten schießen, weil der Schrot die dichten Federn von vorn und auf der Seite nicht leicht durchdringt. Verschiedene haben nur drey Zähen an den Füßen, und andere hintenaus noch die vierte, die aber sehr kurz ist. Es giebt einige, deren kurze Flügel sie geschickter zum Tauchen, als Fliegen, machen; daher sie auch mehrentheils auf dem Wasser schwimmen. *Menge und Verschiedenheit der Seevögel.*

Die meisten Seevögel werden nach den Schnäbeln unterschieden und in Classen vertheilet. Einige haben breite und eingekerbte Schnäbel, mit kurzen Flügeln, als die Enten; andere runde und spitzige, als die Alken; und noch andere lange und etwas eingekrümmte, wobey sie mit langen Flügeln versehen sind, als die Möwen. Man machet daher drey Classen, und ordnet sie alle unter die Enten- Alken- und Möwengattung, obgleich einige, wegen anderer Unterscheidungszeichen, füglicher zu einem andern Geschlechte könnten gerechnet werden. *Classen derselben.*

Unter die erste Classe gehören die wilden oder grauen Gänse, die in den wärmern Ländern bekannter sind, als hier. Sie kommen indessen doch zu Anfange des Sommers, vermuthlich aus dem benachbarten America in diese Gegend, ihre Jungen zu hecken, und kehren gegen den Winter wieder zurück. *Erste Classe. Wilde Gänse*

Von den wilden Enten, die sich so wohl im süßen, als im Seewasser aufhalten, hat man hier zwo Arten; eine mit einem breiten Schnabel, und den zahmen Enten fast in allem gleich. Grönländisch heißt sie **Kerrlutok**. Die andere Art, **Pekfok**, hat *und Enten.*

Cranz von Grönland.

hat einen langen spitzigen Schnabel und einen Zopf auf dem Kopfe. Sie brüten ihre Jungen bey den süßen Wasserteichen aus. Man will noch von einer dritten Art wissen, die in Norwegen Stockente, und sonst schottische Gans, genannt wird, aschgrau und an der Brust schwarz ist. Vordem glaubete man, daß solche keine Eyer legeten, noch sich, wie andere Thiere, fortpflanzeten, sondern von dem Seeschleime erzeuget würden, der sich an das in der See treibende alte Holz ansetzete. Aus diesem Schleime sollte zuerst eine Muschel, Concha anatifera, und in derselben ein Wurm entstehen, der mit der Zeit Flügel bekäme, und dann, wie ein Küchlein aus dem Eye, in die See kröche und zu einer vollkommenen Ente würde. Aus dieser ungereimten Meynung entstund der Ausspruch einer berühmten hohen Schule, daß man sie als eine Fischart, ohne Verletzung des Gewissens, in der Fasten essen könne. Es ist aber schon vorlängst dargethan, daß die Stockente, wie ein anderer Vogel, Eyer lege und ausbrüte, und daß die concha anatifera oder Angeltasche, die sich an das faule Holz ansetzet, eine eigene Art Muscheln oder Polypen sey.

Angeltasche.

Eine andere Art Angeltaschen, bey den Grönländern Aglek, ist ein hieher gehöriger Seevogel, etwas kleiner, als die Ente, oben grau und unten weiß.

Tornauviarsuk.

Der Tornauviarsuk ist ein schöner schwarzer Vogel, wie eine kleine Ente groß, mit weissen Flecken auf dem Leibe, und rothen Streifen auf dem Kopfe.

Der Eidervogel, anas plumis mollissimis, ist die schönste und nutzbarste Ente, so wohl wegen ihres Fleisches, welches hier statt anderer frischen Speisen am meisten genossen wird, als besonders wegen ihres Felles, aus welchen die schönsten und wärmsten Unterkleider gemacht werden. Im Brach- und Heumonate sammlet und speiset man auch ihre Eyer in großer Menge. Am meisten aber ist dieser Vogel wegen der kostbaren Eiderdunen bekannt, welches Pflaumfedern sind, die man ihm in Menge abrupfen kann, wenn die groben Federn abgerupfet worden. Allein, dieß ist nicht die rechte Art, welche man hochschätzet, weil sie sich nicht gut ausdehnen und bald entzünden; daher sie todte Dunen heißen. Die besten findt man in den Nestern, wo sie der Vogel fallen läßt, oder sich selbst ausrupfet, seinen Jungen ein weiches und warmes Nest zu machen [a]). Weil sie nun hier mit allerley Unrathe vermenget sind, so reiniget man sie auf einer Art von Harfe, deren Saiten mit einem Stecken überfahren werden. Der Unrath fällt alsdann durch, und die Dunen bleiben an den Saiten hängen.

Es giebt aber zwo Arten Eidervögel. Die eine und gemeinste heißt bey den Grönländern Mittek. Sie hat gelbliche Federn mit einer schwarzen Einfassung, und sieht also von fern ganz grau aus. Das Männchen ist unten schwarz und oben weiß, und hat einen violetten Kopf und weissen Hals. Die andere Art heißt Kingalik, die Nasichte, weil sie ein großes orangefarbenes Gewächs, wie eine Nase oder einen Kamm, zwischen den Naselöchern auf dem Schnabel hat. Sie unterscheidet sich auch durch eine bräunlichere Farbe; und das Männchen ist ganz schwarz mit weissen Flecken auf dem Rücken und weissen Flügeln. Beyde sind größer, als eine gemeine Ente: doch giebt es von der erstern Art am meisten. Im Sommer, so lange sie nisten, sieht man

a) Man sehe hierbey den XIX Band der allgem. Reisebeschr. auf der 22 und folgenden Seite nach.

man sie wenig: im Winter aber fliegen sie, in großen Haufen, des Morgens aus den Buchten in die Inseln, ihre Nahrung zu suchen, welche meist in Muscheln besteht. Des Abends kehren sie in die stillen Buchten zurück. Sie fliegen nie übers Land, sondern folgen dem Wasser nach allen seinen Krümmen. Jedoch halten sie sich nahe unter dem Lande, wenn ein starker Wind, sonderlich aus Norden wehet. Alsdann werden sie auf einer Landspitze geschossen und von den Grönländern aus dem Wasser in ihren Booten herausgeholet. Diejenigen, welche nicht gleich getödtet, sondern nur verwundet worden, tauchen unter, beissen sich in das Seegras ein, und kommen selten wieder hervor. Cranz von Grönland.

Die zweyte Classe unterscheidet sich durch einen runden zugespitzten Schnabel und noch kürzere Flügel. Es ist darinnen eine noch größere Verschiedenheit, sowohl an Gestalt, als Größe, wiewohl sie fast alle schwarz und weiß aussehen, nur mit verschiedener Mischung. Es gehöret darunter: Zweyte Classe.

Der Tuglek, welcher an Gestalt einem Staare ähnlich, und ungefähr so groß, als ein wälsches Huhn, ist. Er hat unten weiße und oben schwarze Federn mit weißen Flecken, einen grünen Hals mit einem weiß gestreiften Ringel, einen geraden spitzigen Schnabel, vier Zoll lang und einen Zoll dick. Er selbst ist vom Kopfe bis auf den Schwanz zwey gute Schuh lang, und über die Flügel, die nach seiner Größe sehr klein und schmal sind, über fünf Schuh breit. Er hat sehr lange und stark hinterwärts gebogene Gänsefüße, mit einer ganz kleinen Hinterzehe. Tuglek.

Der Seeemmer, grönländisch Esarokitsok, (klein geflügelt,) ist von den vorigen wenig unterschieden, außer daß seine Flügel kaum eine Spanne lang und so schlecht befiedert sind, daß er gar nicht fliegen kann. Die Füße stehen so weit zurück und hinterwärts gebogen, daß es fast nicht zu begreifen ist, wie er stehen kann. Er soll nicht mehr als zwey Eyer legen, und sie nicht am Lande, wo man ihn fast niemals sieht, sondern zwischen seinen Flügeln und dem Rumpfe ausbrüten. Seeemmer.

Der Scharf, Okeitsok, (kleinzüngig,) weil er fast gar keine Zunge hat, und daher auch keinen Laut von sich giebt. Man könnte ihn wegen seines langen Schnabels und seiner Füße den Seestorch nennen; sonst ist er außer den Flügeln fast wie die vorigen gestaltet. Er ist so gefräßig, daß er eine fast unglaubliche Menge Fische, die er wohl zwanzig bis dreyßig Klafter tief heraufholet, wenn sie auch gleich eine halbe Elle lang sind, ja auch Butten, einer halben Elle breit, ganz hinunter schlucket. Man kann ihn nur schießen, wenn er mit solchem Würgen beschäfftiget ist. Denn sonst ist er sehr schlau, und kann sich mit seinen weit aus dem Kopfe herausstehenden großen feurigen Augen, die mit einem gelb und rothen Ringe umgeben sind, sehr wohl umsehen. Scharf.

Diese drey Arten können in die Classe der Cormorane gesetzet werden. Derjenige Vogel, welcher dem Scharf am nächsten kömmt, ist der Lumm, lateinisch colymbus, welcher unter den kurzgeflügelten die längsten Flügel hat; daher er auch sehr hoch fliegt. Er hat einen dunkelgrauen Kopf, lichtgrauen Rücken, und weißen Bauch. Seine Eyer brütet er nahe an den Süßwasserteichen aus, und bleibt auf denselben sitzen, auch wenn sie überschwemmet werden. Man nennet ihn den Sommervogel, weil man sich nicht eher anhaltendes Thauwetter versprechen kann, als bis er kömmt. Vermuthlich hält er also, wie viele andere Seevögel, die man nur im Lumm.

Cranz von Grönland.

Sommer hier sieht, sein Winterlager in wärmern Ländern. Sein Geschrey ist der Ente ihrem fast ähnlich, und er heißt davon bey den Grönländern Karsaak. Man hält es für einen Vorbothen des Regens, oder des darauf folgenden schönen Wetters, nachdem er es entweder kurz ausstößt, oder fröhlich lang ausdehnet.

Alk.

Der **Alk**, lat. alca, grönländisch **Akpa**, hat einen pechschwarzen Rücken und weißen Bauch, und ist so groß, als eine gemeine Ente. Sie halten sich schaarenweise sehr weit in der See auf, und kommen erst mit der strengsten Kälte dem Lande nahe; und alsdann oft in solcher Menge, daß das Wasser zwischen den Inseln wie mit einem schwarzen Tuche überdecket ist. Die Grönländer tödten sie da, nicht nur mit Wurfpfeilen, sondern jagen sie auch haufenweise ans Land, wo sie mit den Händen gegriffen werden, weil sie wenig laufen können. Ihr Fleisch ist unter allen Seevögeln das zarteste und saftigste; und man nähret sich im Hornunge und Märze am meisten davon, wenigstens in der Oeffnung des Bals Reviers. Man machet sich auch von ihren Fellen die meisten Unterkleider: sie lassen sich aber nicht überall sehen.

Teist.

Der **Teist**, grönländisch **Serbak**, (Stromvogel,) weil er seine Nahrung da suchet, wo der Strom am stärksten ist. Seine Gestalt gleicht in allem fast dem Alke, nur daß er kleiner ist, und schöne zinnoberrothe Füße und dergleichen Schnabel hat, die im Winter, so wie der Leib, grau werden.

Lund.

Der **Lund**, oder nordische Seepapagey [a]), hat einen zollbreiten, dünnen mit gelben und rothen Strichen gezierten krummen und so spitzigen Schnabel, und Klauen, daß er damit den Raben, seinen Feind, bemeistern und mit sich unter das Wasser ziehen kann. Er ist etwas kleiner, als der Alk, dem er sonst gleich sieht.

Kallingak.

Eine andere Art Seepapageye heißt bey den Grönländern **Kallingak**. Sie ist durchaus schwarz, und so groß, wie eine Taube.

Akpalliarsuk.

Der **Akpalliarsuk**, oder Seesperling, welchem er dem Schnabel nach gleicht, ist wie der Alk gestaltet, aber nur so groß, wie ein kleiner Krametsvogel.

Seeschnepfe.

Der kleinste unter allen ist die Seeschnepfe, welche wie die Landschnepfe von den kleinen weißen Muscheln lebet, und zweylebig heißen könnte, weil sie so wohl auf dem Wasser, als Lande, fortkommen kann. Sie hat hierzu an ihren Füßen zween Zehe mit einer Gänsefußhaut verbunden, da der dritte, wie bey den Landvögeln, frey steht.

Dritte Classe. Möwen.

Die dritte Classe enthält die mit langen Flügeln und Schnäbeln. An der Spitze derselben ist die **Möwe**, larus, grönländisch **Navia**, welche sich wieder in verschiedene Arten theilet. Die erste nennen die Holländer **Bürgermeister**, so wie die zweyte **Rathsherren**, und die Norweger von ihrem schwarzen Rücken **Schwartbacker**. Beyde sind so groß wie eine Ente. Zwo andere Arten unterscheiden sich von diesen theils in der Größe, so daß die kleinste nur wie eine Taube groß ist; theils in der Farbe, indem einige grau, andere bläulich, und manche fast weiß sind. Sie haben alle einen langen schmalen vorn an der Spitze eingekrümmten Schnabel mit einem Knollen zu mehrer Festigkeit und den Raub besser zu halten. Die Naselöcher sitzen dicht am Kopfe und sind länglicht und weit. Sie halten sich mit ihren sehr langen Flügeln schwebend

a) Man sehe die Beschreibung von Spitzbergen in dem XVII Bande der allgemeinen Hist. der Reisen, auf der 281 u. f. S. wo man viele Vögel angeführet, und beschrieben findet, die mit den grönländischen fast einerley seyn müssen.

schwebend in der Luft und schießen, so bald sie einen Raub gewahr werden, wie ein Habicht herunter. Am meisten schweben sie über den blinden Klippen, und suchen, die Fische auf zu schnappen, die von den Wellen auf das Trockene gespühlt werden. Ob sie gleich etwas tauchen können, so halten sie sich doch selten auf dem Wasser auf, außer wenn sie aus Mangel eines Stück Eises oder Holzes ausruhen wollen. Cranz von Grönland.

Die fünfte Art der Möwen wird von den Holländern Mallemucke, dumme Fliege, genannt, weil sie so unverschämt wie die Fliegen auf einen todten Walfisch fallen und sich da todtschlagen lassen. Die Norweger nennen diesen Vogel Havhest, Meerpferd. Er nähert sich selten dem Lande, schwärmet aber mit andern desto häufiger über vierzig Meilen in der See um die Schiffe herum, das ausgeworfene Fleisch auf zu fangen. Wenn er zu viel gefressen hat, so speyt er, und frißt es wieder, bis er es müde ist. Mallemucke.

Die sechste Art nennen die Norweger Jo-Dieb, und die Holländer Strunt-jager, weil er die andern Möwen verfolget, bis sie, wie man saget, aus Angst ihren Koth fallen lassen, den er im Fluge aufschnappet, und damit seinen Durst löschen soll, wenn er von dem Walfischspecke erhitzet worden. Eigentlich suchet er nur den Möwen, die geschicktere Fischfänger sind, als er, ihren Raub ab zu jagen. Denn so bald sie zu schreyen anfangen, müssen sie solchen fallen lassen. Er selbst aber kann nur auf Holze oder Seegrase und nicht auf dem Wasser sitzen. Man giebt ihm daher mit Rechte den Namen eines Seeräubers. Jo-Dieb oder Strunt-jager.

Der Tattaret, von den Grönländern wegen seines Geschreyes so genannt, ist vermuthlich der Norweger Krykie. Sie sind die schönsten und kleinsten unter den Möwen, ganz weiß und auf dem Rücken himmelblau. Sie gehören unter die Zugvögel und lassen sich hier am frühesten sehen. Ihre Gestalt ist den Tauben am ähnlichsten. Sie haben einen kurzen eingebogenen gelben Schnabel und nur drey Zehe an den Füßen. Da sie dem Zuge der kleinen Häringe folgen, so wissen die grönländischen Knaben, sie in einer an einem Bunde Reisig befestigten Schlinge, woran ein Fischchen hängt, sehr geschickt zu fangen. Sie nisten haufenweise beysammen an den steilsten Felswänden, und wenn man daneben wegfährt, so fliegen sie alle auf und machen ein fürchterliches Geschrey, einen ab zu schrecken. Tattaret.

Der kleinste Vogel mit langen Flügeln ist der Tärn, hirundo marina, grönländisch, Imerkoteilak, Taucher. Er kömmt einer Schwalbe an Größe, Kopfe und besonders dem langen gespaltenen Schwanze sehr ähnlich. Seine Farbe ist weißlich, nur hat er einen schwarzen Fleck auf dem Kopfe, wie ein Plattmützchen. Er hat nach Verhältniß seiner Größe einen überaus langen spitzigen Schnabel, und ist ebenfalls ein Zugvogel. Martens nennet ihn Kirrmöve [a]). Tärn.

Es giebt so wohl süd- als nordwärts noch andere Arten Vögel, die nicht in allen Gegenden von Grönland an zu treffen sind. So findet sich weiter nordwärts eine Art Alken, die durchaus weiß und viel kleiner, als die schwarzen, sind. Die Grönländer aus dem äußersten Norden erzählen, es kämen im Sommer kleine Vögel wie Tauben übers Wasser, vermuthlich aus America, in solcher Menge, daß sie die süßen Wasser ganz unrein machen. Man nennet sie Akpallit; und sie sollen so zahm seyn, daß sie Akpallit.

a) Siehe allgemeine Reisebeschr. am ang. O. a. d. 283 S.

Cranz von Grönland.

sie in die Zelte hinein gehen. Die Grönländer aber fürchten sich, sie an zu rühren, weil sie es für ein Anzeigen halten, daß jemand in dem Zelte sterben werde, wenn ein Vogel hineinkömmt. Sie reden auch von einer Art Seeemmer in Norden, die so beißig seyn soll, daß sie die Grönländer in ihren Booten anfallen.

Nahrung der Seevögel

Wie sorget doch die Natur für den Unterhalt dieser verschiedenen Classen Seevögel? Ohne Zweifel ernähret das Meer sie alle. Wenn sie nicht verbunden wären, daselbst ihre Nahrung zu suchen, so würde man sie nicht auf einem Elemente leben sehen, wo sie nicht geboren sind. Diese zweylebigen und mittlern Gattungen haben so zu sagen die Gemeinschaft errichtet, welche zwischen der Erde und dem Meere ist, und die Menschen vielleicht aus dem einen die Nahrungsmittel holen gelehret, die ihnen das andere versaget. Daher ist ohne Zweifel die Schiffahrt entstanden; denn fast alle dem menschlichen Geschlechte gemeinschaftliche Künste sind von der Härte der Natur hervorgebracht worden, und man empfindt noch aus denen Beschwerden, die sie begleiten, daß sie ihren Ursprung von denen Plagen oder denen Trübsalen haben, die von der physikalischen Einrichtung der Welt unzertrennlich sind. Die Erfindung, diese Art der Schöpfung, trägt also das Gepräge der Zerstörung; und das Uebel hat in der Natur des Guten selbst seine Wurzel.

und wie sie dieselbe suchen.

Daher haben denn wahrscheinlicher Weise die meisten Vögel, welche in den nordischen Ländern erzeuget worden, der strengen Kälte die Nothwendigkeit zu zu schreiben, worinnen sie sind, auf dem Meere zu leben. Sie nähren sich aber nicht alle von einerley Mitteln; wie denn die Entenart meistens Seegras, Muscheln, Schnecken u. d. g. dazu wählet, welche zu fressen ihr breiter stumpfer Schnabel auch am fähigsten ist. Die zweyte Art, als die Alken, leben wohl meist von kleinen Fischen, die sie mit ihrem spitzigen Schnabel gleich durchstoßen und ganz hinabschlingen. Beyde Arten haben kurze Flügel und Schwänze, damit sie ihnen im Tauchen nicht hindern; wie man denn angemerket hat, daß sie wohl über zwanzig Klafter tief tauchen. Die Möwen hingegen sind wegen ihrer langen Flügel und Schwänze mehr zum Fliegen geschickt und können nicht wohl untertauchen. Indessen nähren sie sich doch auch von kleinen Fischen, die sie in der Luft schwebend auf der Oberfläche des Wassers und sonderlich auf den seichten Klippen erblicken. Sie erhaschen solche mit ihren langen Schnäbeln, wobey sie sich mit den Flügeln auf das Wasser stemmen, damit sie den Kopf desto leichter eintauchen können. Doch tauchen einige auch auf kurze Zeit ganz unter, und andere sollen mit Zusammenschlagung ihrer Flügel ihren Raub im Wasser einklemmen, und so empor bringen. Am meisten aber leben sie von todten Walfischen und Seehunden; daher ihre Schnäbel nicht nur lang und spitzig, sondern auch vorn eingebogen, und mit einem Knollen versehen sind. Doch giebt es unter der ganzen Menge keine, die, nach Art der Raubvögel, die kleinern Seevögel verfolgeten und fräßen. Und vor den Raubvögeln und Thieren auf dem Lande sind sie, vermöge ihres Elementes, ziemlich sicher.

Eyer und Junge derselben.

Was ihre Eyer und Jungen anbetrifft, so machet Anderson artige Anmerkungen, wie sie solche vor der Gefräßigkeit der Menschen und Thiere in Sicherheit bringen. Die meisten legen ihre Eyer in die Spalten und Ritzen der steilesten Klippen, wo ihnen weder Füchse, noch Bäre, noch Menschen nachklettern können. Weil sie daselbst in großer Menge nisten, so wehren sie sich gegen die Raubvögel tapfer. Sie verbergen

gen ihre noch zarten, ungeübten Jungen, theils unter die hohl liegenden Felstrümmern, theils nehmen sie solche auf den Rücken und führen sie ins Meer. Wenn sie aber alle so vorsichtig wären, so bekämen die Grönländer, die nicht so geschickt sind, als die Norweger, sich neben den steilen Felsen an Seilen hinunter zu lassen, keine Eyer zu essen. Viele begnügen sich also nur, ihre Nester auf den kleinen Inseln und Klippen zu machen, wo keine Füchse hinkommen; und der Eidervogel leget seine Eyer so gar auf das platte Land. Ehedem hat man in den Inseln des Balsreviers in kurzer Zeit ein Boot voll solcher Eyer sammlen können, ja, man hat oft nicht gewußt, wo man den Fuß hinsetzen soll, damit man sie nicht zertrete. Es scheint aber, daß sie immer mehr abnehmen: doch ist ihrer noch eine erstaunliche Menge.

Cranz von Grönland.

Die Eyer der meisten Seevögel sind grün, einige aber gelb oder grau mit schwarzen und braunen Flecken, und alle nach Verhältniß des Vogels weit größer, als die Eyer der Landvögel von eben der Größe. Die Schale, und besonders die Haut, ist auch viel stärker, der Dotter röthlich und in den Möweneyern ganz roth, welche außerdem ungemein viel Weisses haben, und auch weit größer sind, als der andern Vögel ihre. Je röther der Dotter ist, desto fetter, aber auch widriger schmecken die Eyer, und werden bald faul; wie man sie denn selten vier Wochen lang aufheben kann. Dafür werden sie auch in weniger Zeit, und oft in acht Tagen, ausgebrütet.

Das III Capitel.

Von den Fischen.

Betrachtung über die Menge und Verschiedenheit der Fische. Nutzen von dem Häringe und Stockfische. Ungeheure Menge des Häringes. Einflußfische. Lachse und Forellen. Kleine Häringe. Ulken. Dorsche. Rothfisch. Nepiset. Steinbeisser. Butten. Heilflynder. Krabben. Garneelen. Seeigel. Sternfische. Muscheln. Schnecken und Seeicheln. Seewanze. Walfischlaus. Tintenfisch. Walfischfraß. Seenessel. Thierartige Seegewächse. Hayfisch. Roche.

Die Naturgeschichte von Grönland ist vielmehr ein Theil von der Geschichte des Meeres, als der Geschichte der Erde. Die Bayen, die Seen, die Inseln und Moräste, woraus dieses nordliche Land gebildet, und womit es bedecket und umgeben ist, machen, so zu sagen, nur ein abhängiges Gebieth von der Oberherrschaft des Meeres. Es sind gewisser Maßen nur an den Ocean stoßende Länder, und da ist der Herr des Meeres auch Herr des Landes. Wenn das Vaterland da ist, wo man lebet, so würden die Grönländer mehr dem Elemente zugehören, welches sie ernähret, als dem, welches sie zur Welt kommen sieht: weil sie ohne den Beystand des Meeres ihr Grab, so gar in ihrer Wiege, finden würden. Durch die Fischerey also, welche an den grönländischen Küsten geschieht, wird der Einwohner dieses Landes fast dem ganzen Europa nützlich, welchem er einen ansehnlichen Zweig der Handlung verschaffet.

Betrachtung über die Menge und Verschiedenheit der Fische.

Cranz von Grönland.

Auf solche Art giebt uns, durch einen wunderlichen besondern Umstand, ein Land, dem es an dem Nothwendigen fehlet, doch das Ueberflüßige. Der Nord ist zugleich der Sammelplatz der meisten und seltensten, der kleinsten und größten Fische. Denn findet man wohl einen mehr in die Augen fallenden Gegensatz unter zwoen Arten, es sey nun was die Größe oder die Anzahl betrifft, als den man zwischen den Häringen und dem Walfische sieht? So ist aber in diesem Stücke die Weisheit und Haushaltung der Natur in der Ausspendung ihrer Reichthümer beschaffen, daß sie vieleicht weder mehr noch weniger Materie bey der einen dieser Arten, als bey der andern, angewandt hat; so, daß, wenn der Schöpfer mit der einen Hand die Masse der Walfische, und mit der andern die Anzahl der Häringe wöge, so würde das Gewicht in seiner Wagschale gleich stehen. Man darf sich darüber nicht sehr verwundern, wenn es wahr ist, daß sich die Häringe, so zu sagen, in Walfisch verwandeln, weil dieser König des Meeres eine so ungeheure Menge dieses kleinen Fischvolkts zu seinem Unterhalte verzehret. Indessen giebt doch die Natur, als wenn sie nur ungern eine Art der andern aufopferte, den Häringen den Trieb ein, sich den Verfolgungen des Walfisches unter dem Eise zu entziehen. Kaum hat sich dieß zahlreichste Fischgeschlecht in seinem Zufluchtsorte gemästet und wieder bevölkert, so bricht es, bey dem Aufgehen des Eises, und der ersten Wärme der Sonnenstralen in unzählbaren Heerden, wie die Bienenschwärme, hervor, in wärmern Gegenden zu laichen, oder eine andere Speise zu suchen. Sie werden aber bald von den Dorschen, Makreelen und andern Raubfischen verfolget, und diese wiederum nebst jenen von den Walfischen und Seehunden so geängstiget und gejaget, daß die kleinern eßbaren Fische genöthiget sind, sich auf die seichtesten Sandbänke und in die Buchten und Bayen des Landes, theils zum Laichen, theils vor dem Walfische, der sich nicht an solche seichte Oerter wagen darf, in Sicherheit zu begeben. Dadurch aber laufen sie den Menschen in die Hände, welche sie nicht nur zur Speise brauchen, sondern sich auch einen Vorrath davon anschaffen, durch dessen Verkauf sie sich in den Stand setzen, dasjenige zu bekommen, was ihnen abgeht.

Der Einwohner der gemäßigten Himmelsgegenden zeiget einen der Natur ganz entgegen gesetzeten Fleiß, wie es scheint, und geht in ein Eismeer, den Grönländern die Güter, deren man am ersten bedarf, zu bringen, und von ihnen dagegen andere zu holen, die ohne Zweifel nützlich, aber gewisser Maßen in Ansehung der Fruchtbarkeit derer Länder, die er bewohnet, oder womit er umgeben ist, überflüßig sind. Auf solche Art ist oftmals ein Ueberfluß an Getraide in einem Lande, wo man weder säet, noch ärndet, unterdessen daß selbst das fruchtbarste Land seine Einwohner aus Mangel an solchen Gütern umkommen sieht, die es ihnen gegeben hat. Wie viele in unsern Häven geborene Leute, welche Dünen und Sandhügel, die uns das Meer gelassen hat, urbar machen und anbauen könnten, gehen nach den grönländischen Küsten, dem Treibeise zu trotzen, und sich einem tausendfachen Tode aus zu setzen, damit sie daselbst Häringe und Walfische fangen!

Nutzen von dem Häringe und Stockfische.

Man muß gleichwohl gestehen, daß dieser Fischfang ein Geschenk des Himmels für die nordischen Völker ist, welche nicht allein davon leben können, sondern auch noch beträchtliche Summen davon einziehen. Man weis den unermeßlichen Gewinn, welchen Holland von dem Härings- und Stockfischfange hat. Norwegen, ein sehr armes Land, welches bey weitem keinen so großen Handel in dieser Gattung treibt, als die

Holländer,

Holländer, ungeachtet es nahe an den Meeren liegt, wo diese Fische überflüßig sind, ladt doch manches Jahr in dem einzigen Haven zu Bergen auf zwölftausend Zentner an gesalzenen Dorschen und Stockfischen, und führet über sechzehn Schiffsladungen bloßen Dorschrogen aus, ohne von den Breislingen und Sardellen etwas zu gedenken. Der Bischof zu Bergen, Pontoppidan, schreibt [1]), daß man in der Weite von einer Meile zwey bis dreyhundert Fischerboote gezählet, und daß oft mit einem einzigen Auswurfsnetze so viel Häringe gefangen werden, daß man hundert, einige sagen, hundert und funfzig Jachten, jede Jacht zu hundert Tonnen gerechnet, und also zusammen zehntausend Tonnen anfüllen können. Cranz von Grönland.

Sollte man indessen wohl glauben, daß dieses in Vergleichung der Menge, welche der Wallfisch, und die andern großen Fische davon verschlingen, noch nichts sey? Zum Glücke hat die Natur für diese ungeheure Aufzehrung gesorget, indem sie den Verlust überreichlich ersetzet, den sie leidet. Sie befördert die Erzeugung und Fortpflanzung dieser eßbaren Arten dergestalt, daß in einem einzigen Häringe ein Rogen von zehntausend Eyern soll gefunden werden. Man versichert, der grönländische Häring werfe seinen Laich nicht in die See, sondern dränge sich viele Klafter hoch über einander an die Felsen an, wo er seinen Rogen sicher vor seinen Feinden an die Steine und das Seegras ansetzen könne, an welchem er fest klebet, und durch eine gemäßigte Sonnenwärme und sanftes Anspühlen der Wellen ausgebrütet wird. Durch dieses Hineindringen in die Buchten biethen sie sich dem Menschen gleichsam selbst vor seiner Thüre zur Speise an. Sie sind auch zu der Zeit so unbesorgt für ihre Sicherheit, daß die Lücke, die man unter ihnen machet, den Augenblick wieder angefüllet wird. Da die Fische nicht alle zu einer Zeit laichen, sondern ihre gewisse Monate halten, und fast keiner im Jahre ist, worinnen solches nicht geschieht, so hat man stets einen Ueberfluß an leicht zu fangenden Fischen. Hieraus, saget Herr Cranz, kann man die gütige Vorsorge des Schöpfers für seine nothdürftigen Menschen gleichsam mit Händen greifen, die desto größer ist, je weniger sie überdacht, erkannt und mit Dankbarkeit genossen wird. Ungeheure Menge Häringe.

In Norden vornehmlich kann man in der weisen Vertheilung der Reichthümer der Natur bewundern, wie sehr dem Menschen die Unfruchtbarkeit des Landes durch die Fruchtbarkeit des Meeres vergütet worden. Da sollte ein Naturforscher die Ichthyologie studieren. Die beste hohe Schule für diese Wissenschaft ist in den Eismeeren. Was für ein weitläuftiges Feld für ein neugieriges Gemüth, nicht allein die Gestalten und Arten, welche die Fische in unzählige Heerden unterscheiden, sondern auch die Natur und Eigenschaften, den Trieb und Endzweck dieser dummen und stummen Thiere kennen zu lernen! Was für Materie zu tiefem Nachdenken würde nicht der unvermerkte Fortgang der Organisirung und des Lebens seyn, welcher sich bey den Einwohnern des weiten Oceans von dem Insecte an, das den Augen nicht sichtbar ist, bis zu dem ungeheuren Wallfische erstrecket und entwickelt! Und wenn man die Leiter der Dinge herabsteigen will, wie viel Sprossen hat man da nicht von den fast fabelhaft scheinenden großen Seeungeheuren bis zu den eben so unbegreiflichen Zoophyten, oder halblebenden Seegewächsen.

1) Natürliche Historie von Norwegen, II Th. 6 Cap. 277 S.

Cranz von Grönland. Allein, saget Herr Cranz, wer die Wissenschaft von den Fischen recht studieren wollte, der müßte sich an den Ufern der Nordländer vielleicht seine ganze Lebenszeit aufhalten. Von einem Missionar, der weder Zeit noch Neigung hat, sich darauf zu legen, darf man keine genaue noch vollständige Ichthyologie erwarten. Ueber dieses so ist bey Grönland, wenn man es gegen andere nordliche Länder auf gleicher Höhe hält, keine so große Verschiedenheit der Fischarten an zu treffen. Denn da hier keine große Flüsse, wenigstens dieselben wegen des in den Buchten zwischen den Bergen liegenden Eises noch nicht weit entdecket sind, und die Teiche bis auf den Grund ausfrieren, so weis man hier von keinen andern Flußfischen, als den Lachsforellen, die sich häufig in den Bächen aufhalten und ziemlich groß und fett sind. Es giebt auch an einigen Orten Lachse, die aber schon seltener vorkommen. Die Grönländer fangen diese Fische unter den Steinen, mit den Händen; oder stechen sie mit einer Stange, woran zwo beinerne oder eiserne Spitzen sind. Wenn die Lachse aus der See in die Flüsse steigen, so bauen die Grönländer zur Zeit der Ebbe eine Steinwehr vor den Fluß, da denn die Lachse mit der Fluth herüber gehen und bey gefallenem Wasser auf dem Trocknen liegen bleiben. Die Europäer fangen sie mehrentheils in den Teichen mit Netzen, müssen aber stets einen Grönländer in seinem Boote bey sich haben, der das Netz zwischen den Steinen aufhebt.

Flußfische. Lachsforellen. Lachse.

Ohne Zweifel muß eine erstaunliche Mannichfaltigkeit von Fischen in der See seyn, weil eine große Menge derselben zur Ernährung der Walfische und Seehunde erfordert wird. Eben diese ihre Feinde aber machen, daß die Menschen nicht so vielerley zu sehen bekommen, weil sich einige verlieren, wo viele Seehunde hinkommen, und andere sich weit von Lande in der Tiefe des Meeres aufhalten, wo der Seehund, der oft Luft schöpfen muß, sie nicht füglich verfolgen kann. Ungeachtet die grönländischen Küsten noch überaus fischreich sind, so kann doch der Mangel an seichten Seegründen und Sandbänken, vieleicht auch an verschiedenen Seekräutern die Ursache seyn, daß man viele in Norwegen sehr bekannte Fische hier gar nicht antrifft.

Kleine Häringe. Der häufigste und gemeinste Fisch, welchen das Meer den Grönländern giebt, ist der Angmarser, eine Art Lodden oder Stinte, eine Vierthel Elle lang. Man nennet sie kleine Häringe, weil sie ihnen der Gestalt nach ähnlich sehen, und ebenfalls in solcher Menge in die Buchten hineinströmen, ihren Laich an die Klippen zu setzen, daß die See davon ganz schwarz aussieht. Sie sind auf dem Rücken, welcher breit und deswegen mit zarten Queergräten versehen ist, dunkelgrün und am Bauche selber weiß, haben aber keine fühlbare Schuppen. Man sieht sie zuerst im März und April und die Tattarete sind ihre Verräther. In den beyden folgenden Monaten laichen sie; da denn die Grönländer, mit einem von Schnee geknötelten Ketscher oder runden Siebe, in wenig Stunden ganze Boote voll schöpfen, solche auf den Klippen in der Luft trocknen und dann in großen ledernen Säcken und abgelegten Kleidern gegen den Winter aufheben, da sie ihnen zu ihrem täglichen Brodte oder Zugemüse dienen.

Von großen Häringen fängt man einige wenige an der Südseite von Grönland. Sie sind vermuthlich von dem großen Heerzuge, der aus dem Eismeere bey Island vorbey nach America streicht. Weil diese unzählbaren Fische in abgetheilten Schaaren und Colonnenweise, einige zur linken nach den nordischen Küsten von Europa, die andern

dern zur rechten zwischen Island und Grönland nach den americanischen Küsten [a]), ziehet: so ist es nicht möglich, daß sich nicht einige von diesen letztern in den Busen und Bayen um Statenhuk verirren sollten; und dieß sind eben die großen Häringe. Cranz von Grönland.

Nach dem Angmarset oder kleinen Häringe, essen die Grönländer den Ulken, scorpius marinus, am meisten. Er ist gemeiniglich eine halbe Elle lang und voller Gräten. Seine Haut ist ganz glatt, und so gelb, grün, roth und schwarzfleckicht, wie eine Eydechse. Er hat einen großen, dicken, runden Kopf, weiten Rachen und breite stachellichte Floßfedern, sonderlich auf dem Rücken. Dieser Fisch hält sich zu allen Jahreszeiten in den großen und kleinen Buchten am Lande auf, aber in der Tiefe und wird, besonders im Winter, von armen Weibern und Kindern gefangen. Sie brauchen dazu eine Schnur von Fischbeine oder Vogelfedern, dreyzig bis vierzig Klafter lang, an deren Ende ein länglichter blauer Stein zum Senken und daran statt des Köders weiße Bein- oder Glasperlen, oder auch wohl rothe Tuchfleckchen über der Angel befestiget sind. So häßlich dieser Fisch auch aussieht, so wohlschmeckend und gesund ist doch so wohl das Fleisch, als die Brühe davon; daher ihn auch Kranke essen können. Ulken.

Es giebt hier auch viel Dorsche: sie sind aber meistens klein und mager. Grönland hat keinen andern Schuppenfisch, als den Lachs, und Rothfisch. Dieser hat den Namen von seinen rothen Schuppen. Sonst ist er den Karpfen ähnlich, nur daß er große und stachelichte Floßfedern hat. Er ist fett und wohlschmeckend, aber schwer zu fangen. Dorsche. Rothfische.

Im April und May kommen die Nepiset, welche bey den Dänen, wegen ihres häufigen Rogens, Rogenkall, und Seekatzen heißen, an die Küste, zu laichen; und werden wie die Lachse häufig mit Stangen gespießet. Sie lassen sich sonst gar nicht sehen, sondern halten sich im Seegrase in der Tiefe auf. Dieser Fisch ist ungefähr eine halbe Elle lang, sehr breit und dick. Er hat keine Fischhaut, sondern eine dicke, zähe, knorpelichte Schwarte mit scharfen Körnern besetzet. Das Fleisch scheint durch eine dunkelgraue Haut röthlich, und wenn es recht fett ist, grünlich durch. Er hat fünf Reihen hornartiger Buckeln auf dem Rücken, an beyden Seiten und am Bauche, einen breiten Kopf und sieht einer Katze oder Eule, wegen seiner großen Augen, nicht unähnlich. Gleich unter dem Kopfe an der Brust hat er einen fleischichten weichen Fleck, wie einen Thaler groß, vermittelst dessen er sich an einen Stein so fest ansauget, daß man ihn nur mit Mühe abreissen kann. Das Fleisch ist weiß, aber so weich und fett, daß man es bald überdrüßig wird: doch kann man es in der Luft getrocknet besser vertragen. Nepiset.

Der Steinbeisser, ein ungewöhnlicher Fisch, fast einer Elle lang, wird von den Grönländern Kigutilik, der gezahnete, genannt; weil er nicht nur in den Kiefern, sondern in dem ganzen Rachen oben und unten viele lange scharfe Zähne hat, die mehr den Hundeszähnen als Fischzähnen gleichen, und womit er alles zerquetschet, was er anpacket. Horrebow nennet ihn lupus marinus, andere Seeschlange. Er hat einen runden häßlichen Kopf, läuft hinten, wie der Aal, spitzig zu, ist eben so grau und schlüpfrig, Steinbeisser.

[a]) Man sehe die besondere Geschichte von Island in dem XIX Bande der allgemeinen Hist. der Reisen a. d. 27 u. 28 S.

Cranz von Grönland. schlüpfrig und hat oben und unten, fast den ganzen Leib lang, nur eine Reihe Floßfedern. Er lebet von Muscheln, Seeigeln und Krebsen. Sein Fleisch ist wie Speck, und man ißt es nie frisch, sondern windtrocken.

Butten. Es giebt hier auch kleine und große Butten oder Flünder: sie werden aber selten gefangen. Hilbutten. Dagegen fängt man zu gewissen Jahreszeiten eine Menge Heelflünder oder Hilbutten, Hippoglossus, mit großen Angeln an einem Fischbein- oder Seehundriemen von hundert bis hundert und funfzig Klaftern. Die größten sind zwo bis drey Ellen lang, etwan halb so breit und eine gute Spanne dick. Sie wiegen hundert bis zwey hundert Pfund und mehr. Ihre Haut ist glatt, unten weiß, und oben dunkelgrau mit Flecken. Auf der obern Seite haben sie beyde Augen, größer als Ochsenaugen mit einer Haut umgeben, die sie wie ein Augenlied darüber ziehen. In dem Maule, welches nicht groß ist, sitzt oben und unten eine doppelte Reihe scharfer einwärts gebogener Zähne, und am Schlunde zween Zapfen mit Spitzen, dergleichen sich auch im Rachen an den dreyfachen Kieferdeckeln finden. Gleich am Kopfe sitzt oben und unten eine kleine Floßfeder, und auf beyden Seiten der Breite geht eine andere vom Kopfe bis zum Schwanze. Sie leben meist von Seekrabben und halten sich daher gemeiniglich in der Tiefe des Meeres auf. Man sollte meynen, dieser schwere Fisch könnte wegen seiner breiten platten Gestalt und so wenigen Floßfedern nicht stark schwimmen, sondern müsse sich immer im Grunde aufhalten: die Fischer versichern aber, er fahre von selbst, so bald er angebissen, geschwinder herauf, als sie mit der Schnur ziehen können, und schieße so häufig auf der Seite fort, daß ihnen die Schnur Wunden in die Hände reibt. Er hat ein weißes wohlschmeckendes, wiewohl grobes mageres Fleisch, mit vielem süßen Fette an der Haut, besonders unter den Floßfedern. Aus dieser schneidet man den in den Nordländern bekannten Raf, welcher geräuchert wird, und aus dem magern Fleische lange Streifen, die an der Luft getrocknet, und roh gespeiset werden, welche man Rekel nennet. Das Uebrige wird eingesalzen, und zur Winterkost aufgehoben. Vermuthlich sind Heelflünder Zugfische, die von einem Orte zum andern ihrer Nahrung nachziehen. Denn an einigen Orten, als in der Fischerbay, findt man sie gar nicht. Bey Godhaab fängt man sie im May, gemeiniglich aber, und die meisten im Heumonate und August; jedoch nie zwischen dem Lande und in der offenen See. Weiter nordwärts bey Zuckertopp werden sie erst im August und Herbstmonate gefangen. Daselbst findt man auch eine kleinere Art Heelflünder, die nur halb so groß ist.

Wir wollen nun auf die Fische kommen, die kein Blut haben. Unter denen, welche die Natur in harte Schalen eingeschlossen hat, findt man viele runde Krabben Krabben. oder Taschenkrebse, pagurus, wie Spinnen gestaltet, mit acht langen Füßen, und zwoen Scheeren. Die Augen, welche wie Horn fest und durchsichtig sind, stehen weit aus dem Kopfe heraus. Statt der Zähne haben sie zween breite weiße Knochen, womit sie ihre Nahrung, wie mit einer Scheere entzwey schneiden. Sie haben keinen Schwanz. Ihr Fleisch schmecket etwas faul, und man glaubet, daß sie meist von todtem Aase leben. Gemeine Flußkrebse mit Schwänzen, wie auch Hummern, oder Lobster giebt es hier nicht.

Kleine Squillen oder Räger, Garnälen sind hier die Menge im Seegrase. Sobald sie aber groß werden, gehen sie vom Lande in die Tiefe, und dienen den Seehunden zur Speise. Cranz von Grönland. Garnälen.

Man sieht hier auch den See-Igel oder Seeapfel, echinus marinus, überall mit spitzigen Stacheln versehen, und Sternfische, theils mit fünf, theils mit sechs Spitzen. Beyde haben das Maul unten und den Hintern oben, und die letztern sind unten mit unzähligen kleinen Fühlhörnern versehen, dergleichen die Schnecken haben. Seeigel. Sternfisch.

Zwischen den Klippen, wo viel Seegras ist, hängt es voller blauen Muscheln, die ziemlich groß und gut zu essen sind. In denselben findt man auch Perlen, wie ein Hirsekorn groß.

Grönland hat keine gute Austern. Die beyden Arten, die man allda kennet, sind nicht zu genießen. Dafür findt man einige Harfenmuscheln, pectines, deren Fleisch weiß und wohlschmeckend ist; lange eyrunde Muscheln von der Größe eines Enteneyes, die an einem Ende abgestutzet sind; eine Art weißer Muscheln, wie eine Saubohne; Ritzmuscheln, dactylos, wie ein Finger gestaltet; Topaustern oder Bocksaugen, patellas, die nur aus einer schön marmorirten Schale bestehen, welche an den Felsen klebet und wegen ihrer Fühlhörner zu den Schnecken gezählet werden kann; und endlich eine ganz kleine blaue in die Länge und Queere gerippte Muschel wie eine Caffeebohne groß. Harfenmuscheln.

Es giebt hier eine Menge Schnecken, worunter eine ganz kleine, wie eine Erbse groß, von allerley Farben ist. Sie kleben an den Felsen in der See, und haben einen Deckel, den sie vorziehen, wenn sie ins Wasser fallen oder aufgehoben werden. Am häufigsten trifft man die Seeeichel (balanus marinus) an, die da, wo sie sich ansetzet, es mögen Klippen, Seegras, Muscheln, Krabben, oder wohl gar der Walfisch seyn, so fest klebet, daß man sie eher zerbricht, als abreißt. Sie ist weiß, glänzend, und nach der Länge gestreifet, insgemein, wie eine wälsche Nuß groß und oben offen, unter der Oeffnung aber mit zweenen beweglichen Deckeln verschlossen, durch deren Schlitz das Thierchen, welches ein gelber körnichter Schleim ist, das Seewasser, als seine einzige Nahrung einsauget. Wenn es außer dem Wasser in der Sonne liegt, so stecket es zwey mit unzähligen Federchen versehene krumme Hörner hervor. Es setzet sich häufig an den Kiel der Schiffe an; daher meynen einige, welche ihr Vaterland nicht kennen, es entstünden die Holzwürmer daraus, welche die Schiffe durchfressen. Sonderbare Schnecken.

Ich habe auch, saget Herr Cranz, an einer alten blauen Muschel eine Menge kleiner Schnecken, wie Ammonshörner gestaltet, von einem Senfkorne bis zu einer Linse groß gefunden; und da ich ein Vergrößerungsglas dazu nahm, so fand sichs, daß die auf der Muschel klebenden Unreinigkeiten ebenfalls unzählbare Schneckchen waren, dergleichen sich so gar auf den kleinen Ammonshörnern festgesetzet hatten.

Es ist unbegreiflich, wie die Muscheln entstehen, die sich oft so fest anspinnen, daß man einen großen Stein mit ihnen zugleich aufheben kann. Man sieht zuweilen im Frühlinge und Herbste auf dem Wasser eine Materie, wie Sand, fliessen, der sich an die Felsen ansetzet. Diese hält man für den Rogen, woraus die Muscheln entstehen [3]).

Die

3) Kalms Reise nach Nord-Amerika auf der 111 S.

Cranz von Grönland.

Seewanze. Die Insecten sind vieleicht diejenige Art, welche uns am überflüssigsten in der lebenden Natur zu seyn scheint. Das Meer hat, auch selbst unter den Schnecken, seine Legionen derselben. Es hat eine Art Wanze mit sieben gelbmarmorirten Schaalen, an deren jeder ein Fuß ist. Der Schwanz besteht aus sechs kleinern Schaalen, worunter sie zwo kleine Scheeren zum Festhalten hat. Ihr Kopf gleicht einem Käfer. Sie ist eines Fingers Glied lang und breit. Dieses Ungeziefer soll den Walfisch dergestalt plagen, daß er wie unsinnig über das Wasser aufspringt.

Walfischlaus. Noch ärger machet es die Walfischlaus, welche dreyeckicht ist, sechs Schaalen und sichelförmige Füsse nebst vier Hörnern am Maule hat. Sie haket sich damit in die Haut der Walfische, sonderlich unter den Finnen und an den Lefzen, fest ein, und reißt solche Stücke heraus, daß das Fell, wie von Vögeln zerpicket, aussieht.

Tintenfisch. „Von ganz nackenden, weichen, schleimichten See-Insecten habe ich nur ein„mal, saget Herr Cranz, die Sepia oder den Tintenfisch gesehen, und denselben auch „bald wegen seiner garstigen Gestalt weggeworfen. Er ist etwa eine Spanne lang „und zwey Finger dick. Der Leib sieht aus, wie ein offener Geldbeutel, in den er „vermuthlich seinen Kopf hineinziehen und verbergen kann; welcher das wunderbarste „an diesem Fische ist. Denn außer den zweyen großen Augen hat er ein Maul, wie „der Schnabel eines Vogels, neben demselben stehen acht lange krumme Hörner, da„von die zwey mittelsten über einen Finger lang, die andren aber nur halb so lang „und alle mit Zacken oder kleinen Kugeln besetzt sind. Dieselben sind, wie der Leib, „nur ein schleimichtes Wesen; von aschgrauer halbdurchsichtiger Farbe. Nur am „Bauche scheint der kohlschwarze Saft durch, wie Tinte, von dem er auch den Namen „hat, und der zu seiner Rettung dienen soll, wenn er von den Raubfischen, die sehr „begierig nach ihm sind, verfolgt wird. Denn wenn er diesen Saft, der auf der „Hand eines Menschen wie Feuer brennet, aussprützet; so wird dadurch das Wasser so „trübe, daß ihn die Fische nicht weiter sehen und verfolgen können. Vermuthlich kann „sich dieser Fisch, vermöge seiner schleimichten Art, mancherley Gestalten geben: wie „ich denn im Frühjahre an einer Menge solcher Thierchen, die die Ebbe auf einem „lehmichten Seestrande hatte sitzen lassen, und die ich für die junge Brut der Sepia „hielt, angemerket, daß sie bald rund, bald länglicht waren, und erst, wenn sie ins „Wasser kamen, ihre Hörner herausstreckten; da ich denn auch neben dem Kopfe auf „jeder Seite die Floßfedern, wie Füße, und einen langen Schwanz sehr geschwind „bewegen sehen konnte, die sie sogleich wieder einzogen, als sie aufs Trockne kamen."

Walfischfraß. Man sieht oft einen weissen Schleim in der See schwimmen, der bald rund, bald lang, bald wie eine Schlange aussieht. Man nennet solchen Walfischfraß, und glaubet, daß sich der grönländische Walfisch nur davon, und von einigen kleinen weichen Würmern, wie Fliegen und Schnecken, nähre.

Seenessel. Die Seenessel, Mänate oder Seelunge, ein giftiges Wesen, das wie Feuer brennet, ist von eben der Art, nur größer, wie ein kleiner Teller. Diese schleimichten Wesen sind ebenfalls lebendige Geschöpfe, die sich von der See nähren und in mancherley Gestalten bewegen. „Eins von der Art, saget Herr Cranz, das ich näher be„trachtete, war im Wasser so groß, wie ein englischer Schilling, weiß und durchsich„tig. Auf der Hand zerfloß es, wie ein weicher Brey, und da sah man acht hellro„the Streifen aus dem Mittelpunkte nach allen Seiten herausgehen; und wenn

„man

„man es aufhob, so stellete es eine runde hohle Mütze vor, deren Nähte mit rothem „Bande eingefasset sind.“ Cranz von Grönland.

Alle diese Arten werden unter die Zoophyten oder thierartige Seegewächse gerechnet, welche halb wie eine Pflanze wachsen, und halb wie ein Thier sich nähren. Diese schwimmen aber eigentlich nicht, sondern sitzen an den Steinen oder dem Seegrase fest. Es giebt dergleichen in den grönländischen Meeren; einige sehen wie ein ungemein zartes myrten- oder tannenförmiges Gewächs mit sehr vielen unter einander geflochtenen Zweigen aus. Andere sind wie Tannzapfen eines Nagels lang gestaltet, und wie indianische Feigen, eines aus dem andern gewachsen, beyde so weiß, wie der Schnee. Man würde sie für ein bloßes Gewächs halten, wenn man nicht bey dem Zerdrücken die thierischen Eingeweide sähe. Thierartige Seegewächse.

Das Meer wirft bey stürmischem Wetter eine Art Nest aus, wie ein Apfel groß, welches am Seegrase klebet, und aus einer Menge weißgelber halbdurchsichtiger Insecten besteht. Diese sehen wie eine zusammen gelegete Perlenschnur, oder wie die Körner des türkischen Kornes Mahis, aus.

So geht in der Natur alles stufenweise, in dem Oceane, wie auf der Erde, von dem unendlich kleinen bis zu dem übermäßig großen. Wer weis, ob alle die Thiere, welche ein Theil von einander zu seyn scheinen, nicht zusammen ein Theil von der Erde sind, aus welcher sie heraus gehen, um wieder hinein zu gehen? Ob die Erde nicht ein lebender und beseelter Theil der Sonne ist, die selbst nur ein Stral der Welt ist? Dieß ist der große Abgrund, worinnen sich der menschliche Geist verliert, welchen zu ergründen keinem Sterblichen erlaubet ist, und auf welchen etwas zu bauen, verwegen und gefährlich ist. Das Weltgebäude, dieser Grund unserer Lehrverfassungen, bleibt auf seinem Fuße. Unsere Gedanken aber, mit welchen wir auf diesen Grund bauen wollen, sind nur Sand, den wir in die Luft streuen, und der uns stets wieder in die Augen fällt, uns mehr und mehr zu verblenden.

Herr Cranz endiget dieses Capitel von den grönländischen Fischen mit der Beschreibung eines Haa oder Hayfisches, (canis marinus, canis carcharias) den man eigentlich einen Seehund nennen sollte, und welchen er bey dem Häringsfange, nahe am Lande, mit einer Harpune spießen gesehen. Hayfisch.

Man weis, daß diese Thiere von einer Elle bis zu acht, auch wohl zehn Klafter lang sind, und zehn bis vierzig Zentner wiegen. Derjenige, der hier beschrieben wird, war zwo bis drey Klafter lang, hatte auf dem Rücken zwo, und am Bauche sechs Floßfedern, oder vielmehr Finnen. Der Schwanz war gespalten und an dem einen Ende länger, als an dem andern. Seine Farbe war grau, wenn man ihn aber im Wasser sah, silberweiß. Die Haut war voller scharfen Spitzchen, wie grobe Sandkörner, und konnte zum Raspeln gebrauchet werden. „An seinem Kopfe, heißt es in der Beschreibung weiter, „der eine Elle lang und vorn stumpf zugespitzt ist, merket „man erstlich unterwärts zwey große Nasenlöcher. Das Maul, welches eine halbe „Elle breit ist, sitzt nicht, wie bey andern Fischen, vorn an der Schnauze, sondern eine „gute Spanne davon unter dem Kopfe, in der Quere, und ein wenig gekrümmt. Dieses hindert diesen sonst so gefräßigen Fisch an seinem Fange, weil indessen, daß er „sich aufwärts richten muß, die Fische Zeit zum Entfliehen gewinnen. In dem Obergaumen sind vier bis sechs Reihen kleiner, runder, spitziger Zähne, wie Hechtzähne,

Cranz von Grönland. „und im Zahnfleische findt man den Nachwachs von mehreren. Im Untergaumen „sind zwo Reihen breiter, ein wenig eingebogener zugespitzter Zähne, deren zwey und „funfzig sind, davon die eine Hälfte links, die andere rechts eingebogen ist. Sie glei„chen also einer Säge, die auf beyden Seiten Zähne hat. Diese zwo Sägen kann „man von einander lösen, und die Grönländer haben sich derselben ehedem statt der ei„sernen Sägen bedienet. Die Augen sind grösser, als Ochsenaugen, und hinter den„selben sitzen die Ohren, aber ohne Ohrlappen. Dieser Fisch hat nicht das geringste „von Gräten oder Knochen. Der Rückgrad und Hirnschädel bestehen nur aus einem „weichen Knorpel, den man mit dem Nagel zwischen den Fingern zermalmen kann, und „der keine Gelenke, sondern große Höhlen hat, die mit vielem flüßigen Fette angefüllet „sind. Er hat zweyerley Fleisch, ein weisses Fischfleisch, das aber auch so weich ist, „daß man es in der Hand, wie Seife, zerreiben und zu Schaume machen kann; und „auf beyden Seiten einige schmale Striemen rothes Thierfleisch. Die Schwarte aber „unter der Haut ist sehr zähe und einen Finger dick. In Norwegen und Island wird „das Fleisch in Striemen geschnitten, an der Luft getrocknet und gespeiset: die Grön„länder aber achten es nicht sonderlich, und essen es erst, wenn es dürr und halb faul, „oder wie sie es nennen, Mickiak ist. Von seinem Eingeweide habe ich (weil die „Grönländer gar zu geschwind mit dem Zerschneiden fertig sind,) nur die Leber bemer„ken können, die wie zween Spannenbreite Riemen durch den ganzen Bauch liegt, „und fast lauter Thran ist. Mit derselben soll man, nach dem der Fisch groß ist, zwo „Tonnen anfüllen können. Er bringt gemeiniglich vier Junge zugleich zur Welt. „Wenn er auf ein Schiff aufgezogen wird, schlägt er so heftig mit dem Schwanze, daß „man Schaden befürchtet, und ihn bald tödten muß. Die zerschnittenen Stücke leben „noch einige Stunden; und wenn man nach dreyen Tagen darauf schlägt oder tritt, „merket man noch eine Bewegung. Er muß an einer eisernen Kette geangelt werden, „die er nicht durchbeissen kann. Die Grönländer werfen ihn mit der Harpune. Er „hängt sich gern an einen todten Walfisch, und sauget ihm das Fett aus, da ihn dann „die Walfischfänger mit einem krummen Messer an einer Stange befestigt, durch„schneiden und die Leber herausreissen. Nach Menschenfleische soll er sehr begierig „seyn und den Schiffen folgen, in Hoffnung, einen todten Leichnam auf zu fangen."

Roche. Eine andere Art, welche, wie der Hay, lebendige Junge hervorbringt, heißt bey den Grönländern Tackalickisak, und mag wohl die auch anderwärts bekannte **Roche**, Raja, seyn. Dieser Fisch ist fast wie der Heelflünder gestaltet, zwo Ellen lang, anderthalb Ellen breit, und hat einen schmalen Schwanz anderthalb Ellen lang. An demselben sitzen ganz unten zwo kleine Floßfedern, welche die einzigen an seinem Leibe sind. Er ist obenher mit vielen scharfen Tüpfelchen versehen und von Farbe grau, unten aber weiß und glatt. Das Maul sitzt ihm, wie bey dem Haye, eine Spanne unterwärts in der Queere und über demselben die Augen, die er herum und hineinwärts drehen kann, so daß er alsdann durch die Oeffnung des Mundes hindurch sieht, was unter ihm auf dem Boden vorgeht. Er hat weder Knochen noch Gräten; und der Rückgrad, welcher eine halbe Elle breit ist, besteht aus Knorpel. An demselben sind auf beyden Seiten drey Viertheil Ellen lang knorpelichte Federn, mit vielen Gelenken befestiget, und stark mit Fleische bewachsen. Mit denselben schlägt er im

Schwimmen

Schwimmen auf und nieder, wie ein Vogel mit seinen Flügeln. Das Fleisch soll gut schmecken. Dieß sind die gemeinsten Fische in Grönland. Cranz von Grönland.

Das IV Capitel.

Von außerordentlichen Seethieren.

Walfisch. Fang desselben von den Europäern; von den Grönländern. Seehund. Verschiedene Arten desselben. Kassigiak. Attarsoak. Neitsek. Neitsersoak. Ursuk. Auak oder Walroß. Beschreibung desselben. Periodische Reise der Seehunde. Die Grönländer nutzen sie am besten.

An der Spitze aller Fische und vielleicht auch aller Thiere muß der Walfisch stehen. Wenn man seine Größe betrachtet, so nimmt sie nach Verhältniß eben so vielen Raum in der See ein, als der Elephant auf der Erde; und seine Masse übertrifft des vierfüßigen Thieres seine so weit, als das eine der beyden Elemente das andere in der Strecke übertrifft. Wie also das Meer zwey Drittheile der Erdkugel bedecket, so ist der Walfisch auch zweymal größer, als der Elephant. Seine Stärke ist seiner Größe gemäß, weil er mit einem Schlage seines Schwanzes Fahrzeuge versenket oder zerschmettert; und sein Schnauben, gleich den heftigsten Winden, das Wasser wie Staub in die Luft wirft. Wenn er sich bewegt und auf dem Meere hüpfet, so würde man es für ein Ungewitter halten, dessen Bewegung sich über eine Meile weit spühren läßt, und dessen Geräusch so weit geht, als eine Stückkugel. Durch eine Folge dieser wundersamen Thätigkeit und durch ein Ueberbleibsel desjenigen mächtigen Lebens, welches die Natur in seinem ganzen Körper verbreitet hat, durchschneidet er das Wasser, wenn er sich verwundet fühlet, mit einer Schnelligkeit, welche dem Fluge des Adlers zuvor kömmt. Daher rühret die Federkraft der Nerven des Walfisches, und die Triebfeder so vieler mechanischen Bewegungen; welche Triebfeder nichts zerbricht noch verändert, und welche sich in den geringsten Fasern der Materie ausbreitet, worein die Natur sie verstecket hat. Man kann sich also nicht enthalten, von diesem Ungeheuer des thierischen Geschlechtes überall zu reden, wo man es antrifft; und ungeachtet der Beschreibung, die man schon in diesem Werke davon antrifft, muß man doch noch neue besondere Umstände von ihm sammlen, welche uns Grönland darbiethet. Walfisch.

Die Wässer um dieses Land hegen vielerley Arten Walfische, wovon die vornehmste sich nach der Diskobay begiebt, oder da aufhält. Daselbst fangen die europäischen Schiffe solche im April oder folgen ihnen auch nach den americanischen Küsten, wo sie sich in der Hudsonsbay aufhalten. So bald man einen Walfisch siehet oder höret, so rudert gleich eine mit sechs Mann besetzete Schaluppe, deren fünf bis sieben stets bereit sind, auf ihn zu, und suchet ihm von vorn her auf der Seite zu begegnen. Wenn der Fisch nun herauffährt, Athem zu schöpfen, so fährt die Schaluppe Fang desselben von den Europäern.

Cranz von Grönland. ihm zur Seite auf den Leib, und der Harpunier sticht ihn in die Seite, etwan bey den Finnen. Die Schaluppe rudert geschwind zurück, ehe der Fisch noch den Stich empfindt, damit er sie nicht durch sein heftiges Schlagen mit dem Schwanze oder der Finne, umwerfe oder zerschmeisse. So bald er solchen nun fühlet, so eilet er mit einer unglaublichen Geschwindigkeit zu Grunde, und schießt zuweilen wohl eine Stunde lang fort, da er denn ein Paar tausend Klafter von der Leine, die an den Harpunenschaft gebunden ist, nach sich zieht, indem die andern Schaluppen gleich herbey eilen und immer frische Leinen anknüpfen. Fährt er unter das Treibeis, so rudert man ihm doch nach. Geht er aber unter ein großes Eisfeld, so muß man seiner entsagen, die Harpune mit aller Macht aus seinem Leibe herausziehen, oder die Leine abhauen; und da sind wenigstens tausend Reichsthaler verloren; denn so hoch wird ein mittelmäßiger Fisch geschätzet. Kömmt er lebendig wieder herauf, so wirft man ihn noch mit einem Paar Harpunen und bringet ihn vollends mit Lanzen um das Leben. So bald er todt ist, so kömmt er in die Höhe und kehret sich um, daß der Bauch oben ist. Indessen kömmt das Schiff, welches die Schaluppen abgeschicket hat, denselben entgegen, so gut es kann. Sie befestigen den Fisch mit einem Taue daran; und die erste Arbeit, die man vornimmt, ist, daß man mit einem langen biegsamen Messer sehr vorsichtig die Barden aus dem Gaumen schneidt, und mit Stricken in das Schiff zieht. Man nimmt nur die größten davon, deren etwan fünfhundert seyn mögen, und die sind so viel werth, als der ganze Fisch. Darauf machet man den Speck von der Zunge los und schneidet ihn hernach von dem Leibe, wobey man vom Kopfe und Schwanze zugleich anfängt, und in der Mitte endiget. Die Leute, die solches thun, stehen auf dem Fische und haben Stacheln in den Schuhen, damit sie nicht herabglitschen. Die Finnen und der Schwanz werden ganz abgelöset, in kleinere Stücke zerschnitten und zum Leimkochen besonders aufgehoben. Vierzig bis funfzig Mann können einen Fisch in vier bis fünf Stunden ganz abflenzen, oder ihn seines Speckes berauben. Wenn man endlich das Stück Speck in der Mitte, das wie ein Ring um den Fisch herum bis zuletzt geblieben, und durch dessen immer weitere Ablösung vom Fleische und Fortrückung des darunter befestigten Taues, der Fisch sich von selbst herumdrehet, auch abgelöset hat: so fährt der Rumpf unter allgemeinem Jubelgeschreye in die Tiefe. Er kömmt aber in etlichen Tagen, nachdem er geborsten ist, wieder herauf, und reichet sein Fleisch den Fischen, Vögeln und Bären zur Speise.

Wenn die Wallfischfänger mit dieser ersten Arbeit fertig sind, so fahren sie in einen Haven, oder an ein großes Stück Eis. Hier ziehen sie die großen viereckichten Speckschnitte aus der Hohle des Schiffes herauf, nehmen die Schwarte davon ab, und werfen sie in die See, wo die Grönländer solche zum Essen auffangen. Den Speck zerschneiden sie in kleine längliche Stücke, die sie durch einen Schlauch in eine Gelte lassen, woraus sie ein Faß nach dem andern, vermittelst eines Trichters, damit anfüllen. Bey dieser Arbeit schwimmt der Thran auf dem Schiffe, bis über die Schuhe. Man schöpfet ihn auf oder fängt ihn an den Wasserrinnen des Schiffes in Eimern auf, und gießt ihn mit zu dem Specke in die Fässer. Was aus denselben herauströpfelt ist der feinste und beste oder so genannte klare Thran: was aber aus dem übrigen gekochet wird, ist der braune Thran. Der Grieven davon wird sehr wenig,

nig, indem man aus hundert Tonnen Speck wohl sechs und neunzig Tonnen Thran bekömmt.

Cranz von Grönland.

Walfischfang der Grönländer.

So geht es bey dem Walfischfange der Europäer zu. Die Grönländer aber fangen den Walfisch nach ihrer Art. „Sie putzen sich dazu auf das Beste, saget Herr „Cranz; denn wenn jemand unreine Kleider, besonders in welchen er einen Todten „berührt hat, anhätte: so würde der Walfisch, nach der Zauberer Vorgeben, entfliehen; „oder, wenn er auch schon todt ist, sinken. Die Weibesleute müssen auch mit, theils „zum Rudern, theils der Männer ihre Seekleider und die Boote, wofern sie verletzt „werden, gleich zu flicken. Sie fahren in Männer- und Weiberbooten beherzt auf „den Fisch los, schießen ihn mit etlichen Harpunen, an welchen eine Blase von einem „großen Seehundsfelle hängt; deren etliche den Fisch so stark aufhalten, daß er nicht „tief sinken kann. Wenn er matt ist, tödten sie ihn vollends mit ihren kleinen Lan„zen. Die Männer kriechen alsdann in ihre aus Seehundsfellen bereitete Wasser„oder Springpelze, die Schuh, Strümpfe, Handschuh und Mütze in einem Stücke „haben und um den Kopf fest zugeschnürt werden. In denselben springen sie auf den „Fisch und in die See, (indem der Pelz durch die Bewegung im Wasser so aufbläset, „daß sie nicht sinken, sondern gleichsam im Wasser stehen) schneiden den Speck ab und „wissen auch mit ihren schlechten Messern die Barden geschickt genug heraus zu neh„men. Beym Speckschneiden geht es sehr unordentlich zu. Männer, Weiber, Kin„der, alles lauft mit spitzigen, scharfen Messern unter und übereinander weg, indem „ein jeder, der auch nur zugesehen, an dem Raube Theil hat. Man muß sich wun„dern, wie sie sich doch dabey so zu hüten wissen, daß niemand zu sonderlichem Scha„den kömmt; wiewohl es ohne Blut nie abgeht.„

Seehund.

Wir wollen nun von den vierfüßigen Thieren reden, die das Meer in seinem Schooße nähret. Man begreift sie unter den allgemeinen Namen der Seehunde; grönländisch, Pua, franz. *Loup marin*, und latein. Phoca. Sie kommen alle darinnen überein, daß sie eine feste, zähe, haarichte Haut wie die Landthiere haben, nur daß die Haare dicht, kurz und glatt sind, als wenn sie mit Oele bestrichen wären. Sie haben vorn zween kurze unterwärts stehende Füße zum Rudern und hinten zu beyden Seiten eines kurzen Schwanzes zween gleich ausstehende Füße zum Steuren. Die fünf Zehen an den Füßen, deren jeder aus vier Gelenken besteht, sind mit langen spitzigen Nägeln oder Klauen versehen, womit sie auf die Klippen oder das Eis klettern. An den Hinterfüßen sind solche mit einer dünnen Gänsehaut zusammen gehängt, so daß sie beym Schwimmen wie ein Fächer ausgebreitet werden. Ob sie gleich zweylebige Thiere sind, so ist ihr Element doch das Wasser, und die Fische ihre Nahrung. Indessen liegen sie oft auf dem Lande oder dem Eise, in der Sonne, und schlafen schnarchend so fest, daß man sie leicht überraschen kann. Sie haben zwar einen lahmen Gang, können aber mit ihren Vorderfüßen ziemlich geschwind fortkriechen, und thun mit den Hinterfüßen so große Sprünge, daß sie nicht leicht ein zu holen sind. Ihr Kopf ist einem Hundeskopfe mit abgeschnittenen Ohren sehr ähnlich; das Maul mit scharfen Zähnen, und die Lefzen mit starken Barthaaren wie Borsten versehen. Sie haben zwey Luftlöcher in der Nase, und müssen wenigstens alle Viertelstunde einmal herauf kommen, und Athem holen. Ihre Augen sind groß und feurig, mit Augenliedern und Brauen. Für die Ohren zeiget sich eine kleine Oeffnung ohne

Ohrlappen. Ihr Leib geht vorn und hinten spitzig zu, und ist in der Mitte breit, damit sie desto leichter durch das Wasser dringen können.

Verschiedene Arten desselben.

1. Kassigiak.

Die Grönländer kennen fünf bis sechs Arten derselben, die in der Größe, am Kopfe und an den Haaren verschieden sind. Die erste findt sich das ganze Jahr durch in Balsrevier. Aus den Fellen der Jungen machet man die besten Kleider; und wenn sie auf dem Rücken schwarz und am Bauche ganz weiß sind, so stehen sie so prächtig wie Sammet. Die Felle der Alten sind wie Tigerfelle geflecket, und werden zu Pferdedecken gebrauchet. Man nennet diese Art Kassigiak, und sie ist nach ihrem völligen Wuchse etwan drey Ellen lang.

2. Attarsoak.

Die zweyte Art wird wohl vier Ellen lang, wenn sie ausgewachsen ist, und hat einen spitzigern Kopf und dickern Leib. Bis dahin verändert sie unter allen Seehunden am stärksten jährlich ihre Farbe, und bekömmt daher auch nach dem Unterschiede ihres Alters besondere Namen. Das junge neugeborne Thier, welches ganz weiß und wollicht zur Welt kömmt, heißt Iblau. Im ersten Jahre, da es fahlweiß ist, nennet man es Attarak; im zweyten, da es grau wird, Arteitsiak; im dritten, Aglektok, das bemalte; im vierten, Milektok, das gefleckte; und im fünften, da es ganz ausgewachsen ist, Attarsoak. Es ist alsdann meist ganz weißgrau, mit einem schwarzen Schilde auf dem Rücken, wie zween halbe Monde, die mit den Spitzen gegen einander aufgerichtet sind: doch giebt es auch einige ganz schwärzliche. Ihre Haut ist steif und fest, und man brauchet sie, die Kuffer zu beschlagen, oder auch zu Zeltfellen, sehr selten aber und nur im Nothfalle zu Kleidern. Man gerbet die Haare ab, und läßt ein wenig Speck an der Haut, damit sie im Gerben desto dicker werde, wenn man die Boote damit überziehen will. Dieser Seehund giebt den meisten und besten Speck; und der Thran davon ist nicht viel dicker und übelriechender, als altes Baumöl; dabey giebt er so wenig Grieven, daß man aus einer Tonne desselben noch ein Paar Kannen mehr Thran bekömmt, wenn solcher nicht ausläket.

3. Neitsek.

Der Neitsek ist von diesem an Größe und Farbe nicht sehr verschieden; nur daß die Haare etwas bräunlicher und fahlweiß sind und nicht glatt anliegen, sondern wie Schweinsborsten rauch und unter einander stehen. Wenn man Kleider daraus machet, so kehret man das Rauche gemeiniglich inwendig.

4. Neitersoak.

Die vierte Art, welche man den großen Neitsek, Neitsersoak, nennet, hat unter seinen weißen Haaren eine kurze, dichte, schwarze Wolle, welche der Haut eine schöne graue Farbe giebt. Außerdem ist die Stirne mit einem dicken runzelichten Felle versehen, welches das Thier wie eine Mütze über die Augen ziehen kann, damit dieselben bey großen Stürmen vor den anrollenden spitzigen Steinen und Sande sicher seyn. Man nennet es davon Klappmütze, und es wird nur in Süden gefangen.

5. Ukjuk.

Die größte Seehundart, welche man auch nur daselbst fängt, heißt Ukjuk. Sie ist etwan fünf Ellen lang, hat schwärzliche Haare, und eine dicke Haut, woraus die Grönländer die Riemen oder Seile zum Seehundfange, etwan einen kleinen Finger dick, schneiden.

6. Auak oder Walroß.

Zu der sechsten Art, welche die Grönländer Auak nennen, machet man das Walroß, Rosmarus, englisch *Seakow*, französisch *Vache marine*. Es ist zwar an der Gestalt des Leibes dem Seehunde ähnlich, am Kopfe aber von ihm ganz unterschieden. Nach demselben, weil er breit und stumpf, nicht aber spitzig ist, könnte es eher

Seeochs

Seeochs oder Löwe, und wegen der zween langen Zähne Elephant genannt werden. Herr Cranz giebt eine ausführlichere Beschreibung desselben, so gut er sie bey dem übereilten Zerschneiden dieses Thieres von den Grönländern hat machen können. Cranz von Grönland.

„Das ganze Thier, saget er, mochte wohl acht bis neun Ellen lang, und im Umfange bey der Brust eben so dick seyn. Die Haut, die am ganzen Leibe nicht glatt, „sondern überall, besonders am Halse, sehr geschrumpft und mit wenig Haaren bewachsen ist, ist einen Finger und am Halse noch einmal so dick und knorpeliche; daher „sie die Grönländer gern roh essen. Sie kann vierhundert und mehr Pfund wiegen. „Der Speck ist weiß und derb, wie Schweinspeck, etwa eine Hand hoch, giebt aber „wegen seiner zähen Grieven bey weitem nicht so vielen und guten Thran, als der Seehundspeck. Die Vorder- und Hinterfüße sind länger und plumper, als des Seehunds, „und die Zehen, deren Gelenke zum Theil eine Spanne lang sind, haben keine so lange „und spitzige Nägel. Der Kopf ist länglicht rund. Das Maul ist so klein, daß man „die Faust nicht ganz hinein stecken kann. Die Unterlefze, die wie ein Dreyeck spitzig zugeht, raget ein wenig zwischen den langen Zähnen hervor. An derselben, wie „auch an der Oberlefze und an beyden Seiten der Nase stecken in einer handbreiten „schwammichten Haut eine Menge Borsthaare, die eine gute Spanne lang, einen „Strohhalm dick, und wie ein Bindfaden dreyfach gewunden und durchsichtig sind, „und dem Thiere ein prächtiges, fürchterliches Ansehen geben. Die Nase ist gar wenig erhaben, die Augen sind größer, als beym Ochsen. Augenlieder habe ich nicht „bemerken können: hingegen, da ich die Augen suchte und nicht finden konnte, drückte „ein grönländischer Junge an der Haut, bis sie aus dem Kopfe hervor sprangen, da ich „sie denn Fingers tief hinein und wieder heraus drücken konnte; woraus ich schließen „mußte, daß dieses Thier bey Sturmwetter seine Augen zur Sicherheit hineinziehen „und verschließen kann. Die Ohren sitzen weit hinterwärts im Nacken; wie denn auch „die Ohrgänge im Hirnschädel ganz hinten am Kopfe sind; und haben keine Ohrlappen, so daß man die kleine Oeffnung kaum finden kann. Im Maule hat es keine spitzige Hundszähne, und vorn gar keine, sondern nur auf jeder Seite vier und in dem „Unterkiefer zur rechten drey länglich breite ein wenig ausgehöhlte Mahlzähne eines „Daumens groß. Daher es nicht wohl, wie der Seehund, Fische fangen und fressen „kann, woran ihm besonders die zween langen bey der Nase aus der Stirne herunterhangenden Zähne oder Hörner, die ihm das Maul fast gar verdecken, mehr hinderlich als „förderlich zu seyn scheinen. Diese langen Zähne sind inwendig dichter und feiner, als „Elfenbein, auch recht weiß; nur ist das innerste etwas bräunlich, wie ein polirtes Maserholz. Am Ende, wo sie im Hirnschädel stecken, sind sie ein wenig ausgehöhlt, dabey „nicht ganz rund, sondern etwas breit, und bey den meisten Walrossen voller Kerben; „wie dann auch selten eines mit zween ganzen, gesunden Zähnen gefunden werden soll. „Der rechte Zahn ist etwa einen Zoll länger, als der linke, in allem sieben und zwanzig „Zoll lang, (davon sieben Zoll im Hirnschädel fest stecken,) und im Umfange acht Zoll „dick. Sie stehen oben am Kopfe vierthalb und unten an den Spitzen zehntehalb Zoll „aus einander und sind unterwärts ein wenig eingebogen. Ein Zahn wiegt fünftehalb „und die ganze Hirnschaale vier und zwanzig Pfund. Dieser Zähne bedienet sich das „Walroß, theils seine Speise zu suchen, indem es mit denselben die Muscheln, die Beschreibung desselben.

„nebst

Cranz von Grönland.

„nebst dem Seekraute seine einige Speise zu seyn scheinen, aus dem Schlamme und „zwischen den Klippen herauszieht: theils zum Gehen, da es sich in die Eisschollen „und Klippen einhauet und seinen schweren unbehülflichen Rumpf nachschleppet; theils „zur Wehr, sowohl auf dem Lande und Eise gegen den weißen Bär, als im Wasser „gegen die Schwertfische und dergleichen behendere und grimmige Seethiere. Daß „es von Seegrase lebe, schließt Martens daraus, weil dessen Koth wie Pferdemist „aussieht. Er meynet aber, es fresse auch Fleisch, weil es die Haut der Walfische, die „man über Bord wirft, auffängt, unters Wasser zieht und wieder in die Höhe wirft. „Allein, die Grönländer haben eben das angemerkt, daß es die Seevögel zum Spiele „mit seinen langen Zähnen unters Wasser zieht und dann in die Höhe wirft, aber „niemals frißt.„

Periodische Reise der Seehunde.

Wieder auf die eigentlichen Seehunde zu kommen, so findt man die beyden ersten Arten in der Straße Davis am häufigsten. Die Kassigiaten sind das ganze Jahr durch daselbst, wiewohl nicht stets in gleicher Menge, und können wegen ihrer Vorsichtigkeit von einzelnen Grönländern nicht gefangen werden, außer wenn sie trächtig und unbehülflich sind. Die Attarsoaken ziehen zweymal des Jahres von da weg, nämlich im Heumonate, da sie im Herbstmonate sehr fett zurück kommen; und im März, ihre Jungen zu werfen, mit denen sie im Anfange des Brachmonates heerdenweise wieder erscheinen; wiewohl alsdann sehr mager. Bey diesem letzten Zuge scheinen sie, wie die Zugvögel, eine festgesetzte Zeit und einen gewissen Weg zu beobachten, der vom Eise frey ist, daher ihnen die Schiffe sicher folgen können. Man weis, daß sie sich zuerst in Süden, und zwanzig Tage darnach, vierzig bis funfzig Meilen weiter in Norden, und so ferner je nordlicher, desto später, verlieren. Man kann auch mit ziemlicher Gewißheit den Tag angeben, wenn sie sich zu Ende des Mayes bey Friedrichshaab, und zu Anfange des Brachmonates bey Godhaab, und so weiter gegen Norden wiederum werden sehen lassen. Einige bleiben daselbst, andere ziehen noch weiter: aber wohin? Das kann man nicht mit Gewißheit bestimmen. In dem Grunde des Meeres können sie nicht bestehen; denn sie müssen Athem holen. Nach America gehen sie nicht; denn sie ziehen nicht west- sondern nordwärts; und kein Schiffer hat sie um die Zeit weit in der freyen See erblicket. In Norden, wo sie Eis und unbewohnte Klippen finden würden, ihre Jungen zu werfen, bleiben sie auch nicht; denn man sieht sie niemals von Norden, sondern stets von Süden zurück kommen. Sie müssen also entweder durch einen engen Sund, dergleichen in der jetzt mit Eise bedecketen Jsfiord in der Diskobay im neun und sechzigsten Grade, und in Thomas Smith-Sund im acht und siebenzigsten Grade vermuthet wird; oder durch eine noch höher unter dem Pole offene See um Grönland herum auf die Ostseite des Landes ziehen. Denn sie kommen allezeit zwischen Jsland und um Staatenhuk herum wieder zurück in die Bay, wo sie ausgezogen sind.

Niemand kann die Seehunde besser nutzen und weniger entbehren, als die Grönländer, deren Acker das Meer, und der Seehundefang die reichste Aernde ist. Sie sind ihnen nöthiger, als den Europäern die Schafe, und den Indianern die Cocosbäume. Denn diese Thiere dienen ihnen zur Speise und Kleidung, ihre Zelte zu bedecken, worinnen sie wohnen, und ihre Boote zu überziehen, worinnen sie schiffen. Man setze hinzu, daß sie den Speck theils in ihren Lampen zum Leuchten, Wärmen und Kochen,

Kochen, theils ihre trockenen Speisen, als die Fische, damit zu schmelzen, theils sich allerhand Nothwendigkeiten dagegen ein zu tauschen brauchen. Mit den Sehnen können sie besser nehen, als mit Zwirne und Seide. Aus den Gedärmen machen sie ihre Fenster, Vorhänge vor den Zelten, und so gar Hemden; aus den Mägen aber Thranschläuche, so wie sie der Blasen bey ihren Pfeifen nöthig haben. Vordem dieneten ihnen die Knochen statt des Eisens zu allerley Werkzeugen. Das Blut selbst wird nicht verschüttet, sondern nebst andern Zuthaten als Suppe gekocht und gegessen. Kurz, bey den Seehunden können die Grönländer alles andere entbehren; und ohne sie würde ihnen alles abgehen. Ein rechtschaffener Grönländer muß also Seehunde fangen können. Dieß ist die einzige Kunst, wozu sie von Kindesbeinen an erzogen werden; eine gewiß schwere und gefährliche Kunst, wodurch sie sich aber ernähren, andern angenehm und dem gemeinen Wesen nützlich machen. Daher geht denn alle ihr Dichten und Trachten darauf. Cranz von Grönland.

Historie und Beschreibung von Grönland und dasigen Missionen.

Das III Buch.

Von den Einwohnern in Grönland.

Das I Capitel.

Von der Gestalt, der Gemüths- und Lebensart der Grönländer.

Ihr Namen; ihre Größe; Gesichtsbildung; Farbe; woher sie olivenfarblicht aussehen; ihre übrige Gestalt; ihre Geschicklichkeit und Stärke; ihre Gemüthsart.

Die Grönländer nennen sich selbst schlechtweg Innuit, d. i. Menschen oder Einwohner, um sich von den andern Nationen zu unterscheiden, deren Laster sie oftmals nur kennen. Von den Isländern, welche ihr Land vordem entdecketen, wurden sie aus Verachtung Skrällinker genannt, welches kleine, schlechte, untaugliche Leute bedeuten soll. Sie sind auch von Statur sehr klein, und wenige über fünf Schuh hoch, die meisten aber darunter, wobey sie sehr schwach zu seyn scheinen. Sie haben jedoch wohlgebildete und proportionirte Gliedmaßen. Ihr Namen. Ihre Größe.

Cranz von Grönland.

Gesichtsbildung. Farbe.

Ihr Gesicht ist gemeiniglich breit und platt, mit erhabenen wohl ausgestopften runden Backen. Die Augen sind klein, schwarz, aber ohne Feuer; die Nase klein und ein wenig erhaben, wiewohl nicht eingedrückt; der Mund gemeiniglich auch klein und rund; und die Unterlippe etwas dicker, als die obere. Ihre Farbe ist dunkelgrau, im Gesichte aber sehen sie braun aus, auf welchem doch bey vielen ein lebhaftes Roth durchschimmert. Sie sind aber nicht von Natur so; denn die Kinder werden so weiß geboren, wie andere. Vermuthlich kömmt also diese Farbe von ihrer Unreinlichkeit her, da sie beständig mit Specke umgehen, bey den dampfenden Oellampen sitzen und sich selten waschen. Doch kann auch wohl die im Sommer auf eine brennende Sonnenhitze schleunig erfolgende kalte und rauhe Luft, die uns ebenfalls etwas braun machet, vieles dazu beytragen, daß diese Farbe ihnen endlich eigenthümlich wird. Am wahrscheinlichsten aber ist es wohl, daß solches die vielen thranichten Speisen verursachen, wovon ihr Blut so dick, hitzig und fett wird, daß ihr Schweiß, wie Thran, riecht, und ihre Hände so klebericht, wie Speck, an zu fühlen sind. Indessen giebt es doch Grönländer, die ziemlich weiß sind, rothe Backen und ein länglichtes Gesicht haben, so daß man sie leicht für Europäer, und sonderlich unter gewissen Einwohnern in der Schweiz für keine Fremde, halten würde.

Woher sie olivenfarbicht aussehen.

Ihre übrige Gestalt.

Die Grönländer haben pechschwarzes, starres, starkes und langes Haar auf dem Kopfe, aber selten einen Bart, weil sie sich die Haare da sorgfältig ausrupfen. Füße und Hände sind klein und zart; der Kopf und die andern Glieder ziemlich groß; die Brust hoch, die Schultern breit, vornehmlich bey den Frauenspersonen, die von Jugend auf große Lasten tragen müssen. Ihr ganzer Leib ist sehr fleischig, insgemein fett und blutreich; daher sie in sehr leichter Kleidung, mit bloßem Kopfe und Halse, die Kälte ganz gut ausstehen können. Sie sitzen auch in ihren Häusern mehrentheils bis auf die Beinkleider nackend, und machen einen Europäer, der bey ihnen sitzt, durch ihre heißen Ausdünstungen so warm, daß er es nicht lange aushalten kann. Die dänischen Missionarien erfuhren es, daß sie im Winter in der Kirche so viele Wärme ausdünsteten, oder vielmehr von sich bliesen, daß sie sich gar bald den Schweiß abwischen mußten, und vor Dampfe kaum Athem holen konnten.

Ihre Geschicklichkeit und Stärke.

Sie sind sehr leicht und behend auf den Füßen, und können sich mit den Armen geschickt bewegen. Es giebt wenig gebrechliche Leute und noch seltener Misgeburten unter ihnen. An Leibesgeschicklichkeit und Stärke fehlet es ihnen nicht, nur wissen sie solche bey einer ungewohnten Arbeit nicht an zu wenden; dagegen übertreffen sie uns in ihrer Arbeit. So kann ein Mann, der in dreyen Tagen nichts, oder doch nur Seegras, gegessen, sein Boot in den größten Wellen regieren. Die Weibespersonen tragen ein ganzes Rennthier zwo Meilen weit, und ein Stück Holz oder einen Stein auf ihrem Rücken, wenn ein Europäer eine noch nicht halb so schwere Last kaum aufheben kann.

Gemüthsart der Grönländer.

Der Charakter der grönländischen Nation hat nichts kenntliches genug, daß man ihn recht angeben könnte. Doch scheint das Temperament der Grönländer hauptsächlich sanguinisch und dabey phlegmatisch zu seyn; wiewohl es auch hitzige und melancholische Leute unter ihnen giebt. Sie sind zwar nicht sehr lebhaft, noch weniger ausschweifend lustig, aber doch aufgeräumt, freundlich und leutselig. Um das Künftige bekümmern sie sich nicht sehr, sparen daher auch nicht sonderlich, theilen aber nicht gern etwas mit. Man kann ihnen zwar keinen sonderbaren Hochmuth zuschreiben, jedoch setzen sehen sie sich weit über die Europäer und spotten ihrer wohl heimlich. Indessen gestehen sie ihnen doch vorzügliche Geschicklichkeit an Verstande und in Arbeiten zu. Sie achten solche aber nicht viel. Denn wozu brauchet man das alles, wenn man nur Seehunde fangen kann? Dieß ist ihr Vernunftschluß; und sie denken über weiter nichts, als was unzertrennlich damit, und mit ihren andern Geschäfften, verbunden ist. Man kann ihnen also eine Einfalt ohne Dummheit, und eine Klugheit ohne Vernünfteley zuschreiben. Sie halten sich allein für sittsame und gesittete Menschen, weil sie bey den Fremden viel Unanständiges sehen, wovon sie nichts wissen. Wenn sie daher einen stillen eingezogenen Ausländer sehen, so sagen sie: „Er ist fast so sittsam, als wir;“ oder: „Er fängt an, ein Mensch zu werden“ d. i. ein Grönländer. Sie sind geduldig und weichen aus, wenn man ihnen zu nahe kömmt. Treibt man sie aber so weit, daß sie nicht weiter können, so werden sie so verzweifelt, daß sie weder Feuer, noch Wasser, scheuen. Sie wissen ihre Leidenschaften dergestalt zu verbergen, daß man sie für Stoiker halten sollte. Bey Unglücksfällen thun sie sehr gelassen, und sind nicht leicht zum Zorne zu bewegen; oder sie können ihren Unmuth gut verbeissen. In solchem Falle aber sind sie stockstumm und mürrisch, und vergessen nicht, sich zu gelegener Zeit zu rächen. Sie sind eben nicht faul, sondern immer mit etwas beschäfftiget, aber sehr veränderlich, und können leicht eine Sache anfangen und wieder liegen lassen, wenn sich unversehene Schwierigkeiten äußern. Des Sommers schlafen sie fünf bis sechs, und des Winters acht Stunden. Haben sie aber stark gearbeitet, und die Nacht hindurch gewacht, so schlafen sie den ganzen Tag. Des Morgens begeben sie sich auf eine Höhe, und sehen mit einem melancholischen Stillschweigen das Meer und den Himmel an; wobey sie gemeiniglich tiefsinnig und unmuthig sind, weil ihnen des Tages Last und Gefahr bevorsteht. Haben sie aber nichts zu verrichten, oder kommen sie glücklich von einem Fange zurück, so sind sie aufgeräumt und gesprächig.

Cranz von Grönland.

Der II Abschnitt.

Speisen und Getränke der Grönländer.

Allgemeine Betrachtung über der Menschen Nahrung. Grönländer essen nichts roh. Ihre Speisen und deren Aufbewahrung. Ihre Leckerbissen. Ihr Getränk. Ihre Unreinlichkeit. Männer und Weiber speisen nicht zusammen. Sie schmausen stark und hungern wieder; lieben ausländische Speisen und Getränke; bedienen sich des Tabackes.

Man hat mehr, als einmal, gefraget, wie sich doch der Gebrauch des Fleisches und Blutes der Thiere bey dem menschlichen Geschlechte habe ausbreiten können. Man frage die Grönländer; ihr Zustand wird für sie antworten. Sie werden alle zu Jägern oder Fischern geboren. Wovon wollten sie leben; womit wollten sie sich kleiden, wenn sie die Rennthiere, Vögel und Seehunde nicht hätten? In den Gegenden von Indien und Asien, wo stets blühende Wiesen die Milch der Heerden ohne Unterbrechung unterhalten; wo es den beständig grünen Bäumen nie an Früchten fehlet; wo die Gesträuche selbst den Einwohner, der sich unter große Schatten leget, ernähren;

Allgemeine Betrachtung über der Menschen Nahrung.

Cranz von Grönland. wo die Sonne nicht allein die Kleider entbehrlich machet, sondern auch deren Last untersaget; da würde man ohne Zweifel die Natur beleidigen, wenn man die Thiere erwürgete. Vielleicht müßte man auch alle die Arten ausrotten, mit denen man nicht in Frieden, noch in Gesellschaft leben konnte. Von der Fruchtbarkeit dieser glücklichen Länder mußte in dem Gehirne witziger Köpfe die Allegorie von dem goldenen Zeitalter und die Einrichtung der pythagorischen Lebensart erzeuget werden. Das eiserne Zeitalter aber und der Gebrauch des Blutes sind Grönlande natürlich, und der Krieg wird daselbst mit dem Menschen geboren, welchen die Erde allda zwingt, vom Morden zu leben oder Hungers zu sterben. Man hat schon gesehen, daß sie daselbst im Sommer nichts giebt, was der Winter nicht den Augenblick wieder nimmt; das heißt, einige Kräuter, welche vielmehr zu Arzneymitteln, als zu Lebensmitteln, dienen, gehen in der Sonne kaum auf, so werden sie bald wieder mit Eise bedecket. Die Grönländer finden sich also genöthiget, den Rennthieren nach zu laufen. Weil aber diese Art Thiere in den gar zu übermäßigkalten Ländern selten ist, so wird sie auf der Jagd selbst schon verzehret und man kann sich keinen Vorrath davon anschaffen.

Grönländer essen nichts roh. Es essen aber die Grönländer das Fleisch nicht roh, wie man glaubet, und noch weniger die Fische. Zwar essen sie, so bald sie ein Thier gefangen haben, ein kleines Stück roh Fleisch oder Speck und trinken auch wohl von dem noch warmen Blute. Allein, dieß geschieht vielleicht mehr aus Aberglauben, als aus Hunger und Gefräßigkeit. Denn woher würde es sonst kommen, daß eine Frau, wenn sie einen Seehund abziehet, einer jeden Weibesperson, die zusieht, ein Paar Bissen Speck zu essen giebt, den Mannspersonen aber nicht, welche es für eine Schande halten würden.

Ihre Speisen und deren Aufbewahrung. Aus Mangel der Pflanzen und Gewächse und bey dem Abgange der Landthiere lebet dieses Fischervolk von den Seethieren und Fischen, und hauptsächlich von Seehunden. Man verwahret den Kopf und die Schenkel derselben im Sommer unter dem Grase, und im Winter einen ganzen Seehund unter dem Schnee. Sie essen dieses halb durchfrorene und halb verfaulete Fleisch mit eben dem Appetite, als einige bey uns das Wildpret. Die Rippen werden an der Luft getrocknet und aufgehoben. Dieß thut man auch mit den Heilbuttern, Kabbelauen, Lachsen und andern, welche in breite Riemen zerschnitten und windtrocken gegessen werden. Das übrige Fleisch von Thieren und Vögeln, besonders die Fische, werden allezeit wohl, doch ohne Salz, nur mit etwas Seewasser gekochet, oder gestoset. Wenn man einen Seehund gefangen, so wird die Wunde gleich mit einem Pfropfe verstopfet, damit das Blut darinnen bleibe, welches sie als Klöße geballet aufheben, und Suppe daraus kochen. Die Gedärme von kleinern Thieren werden gegessen, nachdem sie bloß zwischen den Fingern ausgedrücket worden. Leckerbissen. Aus dem, was sich noch in den Mägen der Rennthiere befindet, und **Nerukak**, das Eßbare, heißt, wovon nur den besten Freunden etwas geschickt wird, und aus dem Eingeweide der Ryper mit frischem Thrane und Beeren vermengt, machen sich die Grönländer einen so schmackhaften Leckerbissen, als andere aus den Krammetsvögeln und Schnepfen.

Frische, faule und halb ausgebrütete Eyer, Krähbeeren und Angelica heben sie zusammen in einem Sacke von Seehundsfellen, mit Thrane angefüllet, zur Erfrischung auf den Winter auf. Aus den Fellen der Seevögel saugen sie das Fett mit den Zähnen ab; und den Speck, der von den Seehundsfellen bey dem Abziehen nicht ganz abgeflenzet gefirnzet werden kann, schaben sie bey dem Gerben mit dem Messer ab, und machen eine Art Pfannkuchen daraus, die sie sehr gern speisen.

Cranz von Grönland.

Ihr Getränk.

Sie trinken keinen Thran, wie einige vorgeben, sondern brauchen ihn in ihren Lampen, oder verkaufen ihn. Doch essen sie gern zu den trockenen Häringen ein Paar Bissen Speck, schmelzen auch die Fische damit, wobey sie ihn wohl zerkauen und in den Kessel spucken. Ihr Trank ist klares Wasser, welches sie in einem großen kupfernen Gefäße oder in einer von ihnen selbst recht sauber ausgearbeiteten und mit beinernen Tüpfelchen und Reifen ausgezierten hölzernen Gelte mit einer blechernen Schöpfkelle im Hause stehen haben. Sie tragen täglich in einem aus starken Seehundsleder dicht geneheten Eimer, der wie halbgares Sohlleder riecht, frisches Wasser herzu. Damit es desto frischer bleibe, so werfen sie gern ein Stück Eis oder Schnee hinein.

Ihre Unreinlichkeit.

Diese Leute sind in Zubereitung ihrer Speisen, wie in allen andern Sachen, sehr unreinlich. Selten wird ein Kessel ausgewaschen, und oft nur von den Hunden rein gelecket. Doch halten sie ihre Weichsteingefäße gern sauber. Das Gekochte legen sie auf hölzerne Schüsseln, nachdem sie die Suppe getrunken oder mit hölzernen und beinernen Löffeln gegessen haben: das Rohe aber auf den bloßen Boden oder auf ein altes Fell, welches nicht viel reiner ist. Die Fische nehmen sie mit der Hand aus der Schüssel, die Vögel zerreissen sie mit den Fingern oder Zähnen. Mit diesen letztern halten sie auch ein ganzes Stück Fleisch und schneiden sich einen Bissen davon vor dem Munde ab. Statt der Servierte streichen sie mit dem Messer das Fett von dem Munde und lecken es, wie auch das Fett von den Fingern, auf. Eben so streichen sie auch, wenn sie schwitzen, den Schweiß in den Mund. Wollen sie einen Europäer recht höflich bewirthen, so lecken sie erst das Stück Fleisch von dem Blute, und der Unreinigkeit, die sich in dem Kessel daran gesetzet haben, mit der Zunge rein; und wer solches nicht annehmen wollte, würde für einen groben Menschen gehalten werden, der ihre Gutthätigkeit beschimpfete.

Männer und Weiber speisen nicht zusammen.

Die Grönländer essen, wenn sie hungert. Ihre Hauptmahlzeit aber geschieht des Abends, wenn sie von der See zurück kommen. Sie bitten die andern im Hause, die nichts gefangen haben, gern zu Gaste, oder theilen ihnen etwas mit. Die Mannsleute speisen für sich allein zuerst: die Weibespersonen aber vergessen sich darum nicht. Da sie alles, was der Mann bringt, unter Händen haben, so schmausen sie mit andern in der Männer Abwesenheit oft zu deren Schaden. Ihre größte Freude alsdann ist, wenn sie den Kindern den Wanst so voll stopfen, daß sie sich auf der Bank wälzen, damit bald wieder etwas hineingehe.

Sie schmausen stark und hungern wieder.

Ist dieses Volk glücklich oder unglücklich? Es sorget nicht für den andern Morgen. Wenn es vollauf hat, so ist des Schmausens kein Ende, worauf gern ein Tanz folget, in der Hoffnung, es werde ihnen jeder Tag etwas zur See geben. Wenn aber schlecht Wetter einfällt, oder die Seehunde gegen den Frühling auf zween bis drey Monate wegziehen, oder sonst die strenge Jahreszeit sie nichts finden läßt: so können sie auch wohl etliche Tage hungern. Sie sind alsdann oft genöthiget, mit Muscheln und Seegrase, ja mit alten Zeltfellen und Schusohlen ihr Leben hin zu halten, wofern sie nur noch Thran genug zum Kochen haben. Indessen stirbt doch mancher in diesem Elende.

Cranz von Grönland.

Lieben ausländische Speisen

Ausländische Speisen essen sie gar gern, vornehmlich Brodt, Erbsen, Grütze und Stockfisch; und viele haben sich schon zu sehr daran gewöhnet. Vor dem Schweinefleische aber haben sie den größten Abscheu, weil sie gesehen, daß dieses Thier alles frißt. Es ist ganz sonderbar, daß das Schweinefleisch zu allen Zeiten den unreinlichsten Völkern misfallen hat; und noch jetzt von den allerreinlichsten gesuchet wird.

und Getränke.

Sonst verabscheueten die Grönländer starkes Getränk und nannten es Tollwasser. Diejenigen aber, welche mit den Europäern handeln, mögen es gern trinken, wenn sie es nur bezahlen könnten. Sie stellen sich zuweilen krank, damit sie nur einen Schluck Branntewein bekommen, der ihnen auch oft das Leben rettet, wenn sie sich überfressen haben.

bedienen sich des Tabacks.

Sie würden auch gern Taback rauchen, wenn sie solchen nur kaufen könnten. Dafür dörren sie die Blätter auf einer heißen Platte und mahlen sie in einem hölzernen Mörser zum Schnupfen. Sie sind von Kindheit auf schon daran gewöhnet, daß sie denselben nicht lassen können, auch wegen ihrer flüßigen Augen nicht wohl lassen dürfen.

Der III Abschnitt.

Von der Kleidung der Grönländer.

Kleidung der Mannspersonen. Ihr Seekleid. Kleidung der Frauenspersonen. Ihr Haarputz. Ihre Schminke.

Kleidung der Mannspersonen.

Die Grönländer sind nach Verhältniß von der Natur besser in Ansehung der Kleidung, als Nahrung, versorget; und die Haut der Thiere fehlet ihnen weniger, als das Fleisch. Sie haben Pelzwerk von allerhand Art. Ihr Oberkleid ist wie eine Mönchskutte auf allen Seiten zugenehet, so daß sie zuerst die Aerme hineinstecken, und dann den Rock wie ein Hemd über den Kopf herabziehen müssen. Er ist vorn nicht offen, sondern bis an das Kinn zu und oben mit einer Kappe versehen, die man bey kaltem und nassem Wetter über den Kopf zieht. Dieser Rock geht den Mannspersonen nur bis auf den halben Schenkel und liegt nicht fest an, läßt aber, weil er vorn zu ist, keine Luft durch. Statt der Hemden haben sie Vogelpelze mit den Federn einwärts gekehret. Sie tragen auch wohl Rennthierpelze, über die sie noch einen andern von dünnhärigen Rennthieren ziehen. Es sind aber solche jetzt schon so selten, daß nur die reichsten Frauenspersonen damit prangen können. Die Seehundpelze sind die gemeinsten. Das Rauhe ist an denselben meistentheils auswärts gekehret. Der Saum und die Naht sind mit zarten Streifen von rothem Leder und weißen Hundefellen zierlich besetzet. Doch tragen die meisten wohlhabenden Mannspersonen jetzt Oberkleider von Tuche, blaugestreifter Leinwand oder Cattune, wiewohl nach grönländischer Mode gemacht. Ihre Beinkleider sind von Seehunde oder dünnhärigen Rennthierfellen und oben und unten sehr kurz. Ihre Strümpfe sind von den Fellen ungeborener Seehunde und die Schuhe von schwarzgegerbtem glatten Seehundleder. Sie werden oben mit einem durch die Sohlen gezogenen Riemen zugeschnüret. Die Sohlen stehen hinten und vorn zween Finger breit herauf und sind mit vielem Fleiße gefaltet, aber ohne

Absätze;

XX. Band. Nº 2.

Kleidung der Groenlænder.

Absätze; und so sind auch ihre Stiefeln. Wohlhabende Leute tragen nun auch wollene Mützen, Hosen und Strümpfe.

Cranz von Grönland.

Ihr Seekleid.

Wenn sie zur See fahren, so ziehen sie über ihre Kleider einen Tuelik, oder schwarzen glatten Seehundpelz, der das Wasser abhält, und darunter noch wohl ein Hemde von Därmen, damit sie die natürliche Wärme desto besser bey sich, und die Nässe mehr abhalten. „Dieses Meerwammes ist eine Art von Jacke, woran das „Leibkleid, die Hosen, Strümpfe und Schuhe nur ein Stück ausmachen. Es ist von „glattem Seehundfelle ohne Haare und so dicht genehet, daß das Wasser nicht durch„dringen kann. Vor der Brust ist ein kleines Loch, wodurch sie so viel Luft einblasen, „als sie für dienlich erachten, sich über dem Wasser zu erhalten, daß sie nicht sinken, „und sie stopfen es mit einem Pfropfe zu. So wie sie nun die Luft in diesem Kleide „vermehren oder vermindern, so senken sie sich auch und kommen wieder herauf, wie „es ihnen gut dünket. Es sind wirkliche Ballonen, die auf den Wasser laufen, ohne „unter zu sinken.[r])„

Kleidung der Frauenspersonen.

Die Kleidung der Frauenspersonen ist sehr wenig von der Mannspersonen ihrer unterschieden. Die Achseln und Kappen daran sind nur etwas höher, und sie ist unten nicht abgestutzet, sondern hinten und vorn von den Hüften an mit einem langen runden Zipfel versehen, der bis über die Knie hängt und mit rothem Tuche bebrämet ist. Sie tragen ebenfalls Beinkleider mit einem Gurte darunter; und machen ihre Schuhe und Stiefeln gern von rothem oder weißem Leder, deren Naht, welche vorn ist, sie sauber ausnehen und bebrämen. Die Mütter und Kinderwärterinnen ziehen einen Pelz an, der auf dem Rücken so weit ist, daß sie das Kind darinnen tragen, welches gemeiniglich ganz nackend darinnen stecket, und keine andere Windeln noch sonst eine Wiege hat. Damit es aber unten nicht durchfalle, so binden sie dieß Kleid über die Hüften um den Leib mit einem Gurte fest, der vorn zugeschnallet oder zugeknöpfet wird. Ihre Alltagskleider sind voller Fett und Läuse, welche sie mit ihren Zähnen zerknicken: doch halten sie ihre neuen und Staatskleider sehr sauber.

Ihr Haarputz.

Die Mannspersonen tragen ihre Haare kurz, von der Scheitel auf allen Seiten herabhängend. An der Stirne aber sind sie abgeschnitten und wohl bis an die Scheitel abgeschoren, damit sie ihnen bey der Arbeit nicht hinderlich fallen. Bey den Weibern würde es eine Schande seyn, die Haare ab zu schneiden, welches sie nur in der Trauer thun, oder wenn sie nicht heurathen wollen. Sie binden dieselben zweymal über dem Kopfe zusammen, so daß über der Scheitel ein langer breiter Zopf und darüber noch ein kleiner steht. Diese werden mit einem schönen Bande abgebunden, welches zuweilen mit Glasperlen geschmücket ist. Dergleichen tragen sie auch in den Ohren, um den Hals und die Arme; wie nicht weniger auf dem Saume der Kleider und Schuhe. Sie fangen auch an, ein und anderes in ihrer Tracht zu ändern. Die Reichsten binden ein buntes seidenes oder leinenes Tuch um die Stirne, doch so, daß der Haarzopf dadurch nicht verdeckt werde, welchen sie für die größte Zierde halten. Diejenigen, welche recht schön seyn sollen, müssen am Kinne, auch wohl an den Backen, an Händen und Füßen mit einem von Ruße geschwärzten Faden durchnehet seyn, wovon die Haut so schwarz bleibt, als ob sie einen Bart hätten, wenn der Faden her-

ausge-

r) Voyageur françois, T. VIII. p. 250.

Cranz von Grönland. ausgezogen worden. Die Mütter nehmen diese schmerzliche Verrichtung bey ihren Töchtern schon in der Kindheit vor, aus Furcht, sie möchten sonst keinen Mann bekommen. Herr Cranz saget, die getauften Grönländer hätten diese Gewohnheit als eine alberne, aber doch zur sündlichen Reizung abgesehene Eitelkeit längst verlassen. Vielleicht sollten die Frauenspersonen anderswo diese Mode als ein Verwahrungsmittel wider die Versuchungen annehmen.

Ihre Reinlichkeit und Schminke. Endlich so ist die Reinlichkeit in Grönland diese. Die Mannspersonen waschen sich niemals. Wenn sie indessen aus der See zurück kommen, so lecken sie die Finger und streichen solche, wie die Katzen, über die Augen, damit sie durch ihren Speichel die Schärfe des Seesalzes mildern oder verbessern. Die Frauenspersonen waschen sich zwar, aber in ihrem Harne, entweder damit ihre Haare besser wachsen, oder damit sie einen lieblichern, wenigstens nicht so starken Geruch haben, als die Fische. Dieß ist ihr wohlriechendes Schminkwasser, das sie sehr lieben. Wenn sich ein junges Mägdchen damit parfumiret hat, so saget man von ihm, niviarsiarsuarnerks, es riecht jungferhaft.

Der IV Abschnitt.

Wohnung der Grönländer.

Häuser oder Hütten für den Winter. Heerd und Lampen. Sommerwohnung.

Häuser oder Hütten für den Winter. Die Grönländer wohnen des Sommers in Zelten und des Winters in Häusern. Diese sind zwo Klafter breit und vier bis zwölf Klafter lang, und so hoch, daß man eben aufgerichtet darinnen stehen kann. Sie sind nicht, wie man insgemein glaubet, unter der Erde gebauet, sondern an einem erhabenen Orte und am liebsten auf einem steilen Felsen, damit das zerschmolzene Schneewasser desto besser ablaufe. Sie bauen nie weit vom Wasser, weil sie von der Fischerey leben müssen; und der Eingang ist gegen die Seeseite. Die Mauer machen sie von großen Steinen, die sie eine Klafter breit auf einander und Erde und Rasen dazwischen legen. Auf diese Mauer legen sie nach der Länge des Hauses einen Balken, und wenn derselbe nicht zureichet, so binden sie zween, drey, auch wohl vier mit Riemen zusammen, und stützen sie mit Pfosten. Darüber legen sie Queerbalken und kleines Holz dazwischen, welches sie mit Heidekraute und dann mit Rasen bedecken, worauf sie feine Erde schütten, welches das Dach machet.

So lange es friert, hält solches: im Sommer aber fällt es durch den Regen meist ein, und muß nebst der Mauer im Herbste ausgebessert werden. Das Haus hat weder Rauchfang, noch Thüre, sondern in der Mitte ist ein von Steine und Erde zween bis drey Klaftern lang gewölbter, aber so niedriger Gang, daß man, besonders vorn und hinten, wo man von oben hinein steigt, mehr auf allen Vieren kriechen, als gebückt, durchgehen muß. Dieser lange Gang hält Wind und Kälte sehr gut ab, und durch denselben zieht auch die dicke Luft hinaus; denn Rauch ist nicht im Hause. Die Wände sind inwendig mit abgenutzten Zelt- und Bootfellen behangen, und mit Nägeln von Seehunderippen befestiget, die Feuchtigkeit abzuhalten; und damit ist auch von außen das Dach bedecket.

Von

XX. Band. Nº 3.

Durchschnitt nach der Længe eines grönlændischen Winterhauses.

Cranz von Grönland

Zimmer darinnen.

Von der Mitte des Hauses bis an die Wand ist nach der länge eine halbe Elle hoch über dem Boden eine Pritsche von Brettern und mit Fellen bedecket. Diese ist durch die Pfosten, welche das Dach stützen, und mit Fellen, die bis an die Wand gespannet sind, abgetheilet, wie etwan die Abtheilungen eines Pferdestalles, welche so viel Zimmer vorstellen. Eine jede Familie, derer von vier bis zehn in einem Hause wohnen, besitzt eine solche Abtheilung. Auf der Pritsche schlafen sie auf Pelzwerken, und sitzen auch den Tag über darauf, der Mann mit herunterhängenden, die Frau aber gemeiniglich hinter ihm mit untergeschlagenen Beinen, wie die Türken. Sie kochet und nehet dabey: der Mann aber schnitzet an seinen Werkzeugen. An der andern länge des Hauses, wo der Eingang ist, sind etliche viereckige Fenster, einer guten Elle groß, von Seehundedärmen und Heilbuttermagen so sauber und dicht genehet, daß kein Wind und Schnee durchdringen kann, das licht aber ziemlich gut hindurch fällt. Unter denselben steht, so lang das Haus ist, inwendig eine Bank, worauf die Fremden sitzen und schlafen.

Heerd und Lampen.

Eine jede Haushaltung hat ihre Feuerstelle, die an der Pfoste ist. Man leget einen Kloß von Holze auf den Boden und bedecket ihn mit flachen Steinen. Auf denselben steht ein dreyfüßiger niedriger Schemel, welcher die von Weichsteine einen Schuh lang ausgehauene, und fast wie einen halben Mond gestaltete lampe trägt, worunter ein eyrundes hölzernes Geschirr steht, den überlaufenden Thran auf zu fangen. In diese lampe leget man, statt des Dochtes, an die gerade Seite etwas klein geriebenes Moos, welches so hell brennet, daß das Haus von so vielen lampen nicht nur erleuchtet, sondern auch erwärmet wird. Ueber einer solchen lampe hängt ein aus Weichsteine gehauener Kessel, wie eine längliche Schachtel gestaltet, eine halbe Elle lang und ein Viertheil breit, mit vier Schnüren am Dache. Darinnen kochen sie alle ihre Speisen, und über demselben ist ein von hölzernen Stäben gemachter Rost, worauf sie ihre nassen Kleider und Stiefel trocknen.

Da so viele Feuerstellen, als Familien, in einem Hause sind, und auf einer jeden oft mehr als eine lampe, Tag und Nacht brennet, so sind ihre Häuser anhaltend wärmer, und doch nie so heiß, als unsere Stuben. Dabey ist kein merklicher Dampf, noch weniger ein Rauch zu spühren, und vor Feuersgefahr sind sie völlig sicher. Auf der andern Seite ist der Geruch von so vielen Thranlampen, über welchen noch dazu so vieles und oft halb verfaultes Fleisch gekocht wird, und vornehmlich von denen im Hause stehenden Uringefäßen, worein sie die Felle zum Gerben tunken, einem Fremden, der nicht dazu gewöhnet ist, sehr unangenehm. Man kann es aber doch bey ihnen ausstehen; und der übelste Geruch ist nicht allezeit der ungesundeste. Die Grönländer leben auch in diesen engen Hütten ziemlich lange, wo man nicht nur ihre Ordnung und Stille, sondern auch ihre wohlausgesonnene Haushaltung und ihre Genügsamkeit bey der Armuth bewundern muß, in der sie doch gleichwohl reicher zu seyn glauben, als wir.

Vorrathshäuser.

Außer dem Hause haben sie ihre kleinen Vorrathshäuser, wie ein Backofen von Steinen gebauet, worinnen sie Fleisch, Speck und gedörrete Häringe aufheben. Was sie aber den Winter über fangen, wird unter dem Schnee, und der Thran in den Mägen der Seehunde, oder in Schläuchen von ihren Fellen aufgehoben. Daneben legen sie

Cranz von Grönland. sie ihre Fahrzeuge umgestürzt auf erhabene Pfähle, woran sie unter denselben ihr Jagdgeräth und Pelzwerk aufhängen.

Zu Ende des Herbstmonates müssen die Weibesleute diese Häuser bauen oder ausbessern; denn keine Mannsperson rühret, außer dem Holzwerke, einige Landarbeit an. Nach Michaelis ziehen sie ein, und im März, April oder May, nachdem der Schnee früher oder später schmilzt, und ihnen die Dächer durch zu weichen drohet, ziehen sie mit großen Freuden wieder aus, und wohnen in Zelten.

Sommerwohnung. Zu denselben legen sie den Grund mit kleinen flachen Steinen, in Gestalt eines langen Viereckes, und stellen zehn bis vierzig Stangen dazwischen, die oben auf einem Mannshohen Gestelle oder einer Thürpfoste aufliegen, und in einer Spitze zusammen laufen. Diese behängen sie mit einer doppelten Decke von Seehundsfellen, und die Reichen legen Rennthierfelle darunter, das Rauhe einwärts gekehret. Der untere Rand der Decke wird auf dem Grunde mit Moose verstopfet, und mit Steinen beschweret, damit der Wind das Zelt nicht aufhebe. Vor den Eingang hängen sie einen Vorhang von den zärtesten Seehundsdärmen, die recht sauber zusammen genehet und am Rande umher mit rothem oder blauem Tuche und mit weissem Bande bebrämet sind. Dieser Vorhang hält die Kälte und Luft ab, und läßt doch Licht genug durchschimmern. Die Felle hängen oben und auf beyden Seiten noch ein gutes Stück hervor; welches gleichsam ihr Vorhaus ist, worinnen sie ihren Vorrath und die übel riechenden Gefäße aufheben. Sie kochen nicht leicht in dem Zelte, sondern unter freyem Himmel mit Holze in einem messingenen Kessel. In den Winkeln des Zeltes hebt die Wirthinn, die nur im Sommer allen ihren Putz zeiget, ihren Hausrath auf, und hängt eine mit allerley Figuren ausgenehete weisse lederne Decke davor, woran sie ihren Spiegel, ihr Nadelküssen und ihre Bänder heftet.

Eine jede Familie hat ihr eigenes Zelt: doch nehmen sie zuweilen ihre Verwandten, oder ein Paar arme Familien, mit ein, so daß oft zwanzig Personen in einem wohnen. Lager und Feuerstelle sind wie in den Winterhäusern, nur ist alles viel reinlicher, ordentlicher, und für Europäer, so wohl wegen des Geruchs, als der Wärme, erträglicher. Der Sommer muß schon den Grönländern die Strenge des Winters ein wenig vergüten; und eine jede Himmelsgegend, wo nicht ihre Lieblichkeiten, doch ihre Annehmlichkeiten wenigstens haben. Vielleicht leidet man nicht so viel in den nordischen Höhlen, als, ich will nicht sagen, auf Libyens brennenden Felsen, sondern in Asiens schönen Himmelsgegenden. Wenn, auf der einen Seite, die durch ein ewiges Eis verhärteten Eingeweide der Erde, keine zahlreiche Menge von Leuten hervorbringen: so mähet auf der andern die Hitze, durch die Pest, die Hälfte der Einwohner hinweg, welche sie gebiert. Da sind wenig von denen Vergnügungen, deren Rausch selbst schmerzhaft ist; hier weit weniger Genuß, als Sättigung; dort sind Arbeiten, welche durch ein dringendes Bedürfniß eingegeben, und durch einen schleunigen Lohn, der es stillet, bezahlet werden; hier sind Künste der Einbildungskraft, welche denen Leidenschaften und Begierden, die sie erregen, niemals ein Genügen thun. Kurz, die Grönländer haben wenig: sie genießen aber dessen alle; und wir kommen in dem Ueberflusse aller Güter, einige aus wirklichem Hunger, und andere aus Gefräßigkeit, um.

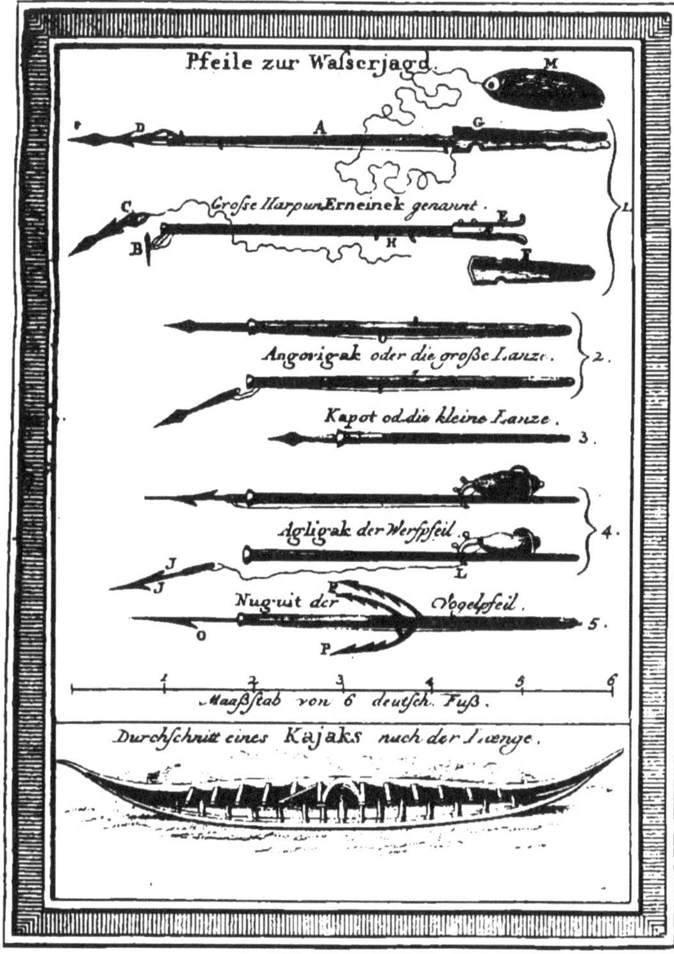

Pfeile zur Wasserjagd.
M
D
A
G
Grosse Harpun Erneinek genannt.
C
E
B
H
I
1.
Angovigak oder die große Lanze.
2.
Kapot od. die kleine Lanze.
3.
Agligak der Werfspfeil.
4.
J
J
L
Nug-uit der Vogelpfeil.
P
O
P
5.
1
2
3
4
5
6
Maaßstab von 6 deutsch. Fuß.
Durchschnitt eines Kajaks nach der Laenge.

ium. Wenn keiner von unsern Weichlingen nach Grönlands Schnee wollte versetzet werden; wie viele von unsern Handwerksleuten, unsern Soldaten, und unsern Bauern sollten vielleicht wohl nicht wünschen, daselbst geboren zu seyn! Cranz von Grönland.

Der V Abschnitt.

Geräth, Gewehr, Werkzeuge und Fahrzeuge der Grönländer.

Ihre ersten Waffen. Geräth zur Wasserjagd. Harpunpfeil; die große Lanze; die kleine; der Werfpfeil; der Vogelpfeil. Beschreibung der Frauenboote; der Mannsboote. Uebungen der Grönländer zur Wasserfahrt. Ihr Seehundsfang. Ihre Zubereitung der Felle.

Die Bedürfnisse, sich zu ernähren, zu kleiden, und zu wohnen, haben die ersten Künste erfunden; und diese bleiben in der Kindheit, oder haben einen Fortgang nach Verhältniß der Leichtigkeiten oder Hindernisse, die sie in der Natur finden. Wenn solche gar zu fruchtbar ist, so überläßt sie den Menschen dem Triebe seiner Trägheit: ist sie aber gar zu geizig, so verzögert oder fesselt sie seinen Fleiß und seine Geschicklichkeit. Die Africaner und Grönländer sind aus einer Ursache, die von den äußersten Himmelsgegenden hergenommen ist, durch einerley Wirkung der beyden entgegen gesetzten Uebermaße der Hitze und Kälte, bey den ersten Anfängen der Erfindung geblieben. Die ersten haben es nicht nöthig genug, zu arbeiten; und die andern haben gar zu viel Mühe, aus ihrer Unwissenheit und der Unvollkommenheit ihres gesellschaftlichen Zustandes zu gehen. Es ist also nicht zu verwundern, daß die einfachsten Künste bey den Grönländern noch in der Kindheit sind.

Das erste Werkzeug, welches die Hand des Menschen daselbst gemacht hat, ist ohne Zweifel der Bogen. Dieses Gewehr war anfänglich von zartem Tannenholze, eine Klafter lang, und mit Fischbeine oder Sehnen umwunden, ihn desto steifer zu machen. Die Schnur war von Sehnen, und der Pfeil von Holze, vorn mit einer Spitze von Widerhaken, und hinten mit zwoen Rabenfedern versehen. Seitdem aber die Europäer den Grönländern Flinten verkaufet, so haben sie den Bogen und die Pfeile auf der Jagd hindangesetzet. Ihre ersten Waffen.

Diese Leute haben fünferley Gewehr, oder Werkzeuge zur Wasserjagd. Das erste ist der Harpunpfeil, 1) welchen sie Erneinek nennen. Der Schaft ist eine Klafter lang und anderthalb Zoll dick. A. Vorn stecket ein beweglicher beinerner Stift einer Spanne lang, darinnen. B. Auf demselben befindt sich die knöcherne Harpun, C. die eine gute halbe Spanne lang mit Widerhaken D. und vorn mit einer Zoll breiten eisernen Spitze versehen ist. Am hintern Ende des Schaftes sind zwo Federn von Walfischknochen E, einer Spanne lang und zween Finger breit, wie ein Weberschiff gestaltet, damit der Wurf desto gerader und sicherer gehe. Zwischen denselben wird das Werfbrett F. einer Elle lang, unten einen und oben vier Daumen breit befestiget, an beyden Seiten mit einer Kerbe G, damit man es mit dem Daumen und Vörderfinger fest umfasse. An der Harpune hängt ein Riem, ungefähr acht Klaftern lang, welcher erst, vermittelst eines beinernen Ringes, an einem Stifte in der Mitte des Schafts H befestiget wird, und dann vorn auf dem Boote in einem beinernen Ringe aufge- Geräth zur Wasserjagd. Harpunpfeil.

Cranz von Grönland. aufgerollet liegt, endlich aber an die hinter dem Grönländer liegende Blase oder aufgeblasenen Seehundschlauch angemacht ist. „Dieser Pfeil, saget Herr Cranz, kann „nicht wohl beschrieben werden. Er muß nicht aus einem Stücke bestehen; sonst „würde er von dem Seehunde gleich zerschlagen. Die Harpune muß also von dem „Schafte abfahren können; und damit dieses desto leichter und ohne Zerbrechen vor „sich gehe, so muß der beinerne Stift, auf welchem sie stecket und der mit zweenen „Riemen zu beyden Seiten an dem Schafte befestiget ist, zugleich mit aus dem „Schafte fahren, welcher auf dem Wasser liegen bleibt, indem der Seehund mit der „Harpune und Blase unter das Wasser geht. Das Wersbrett, welches oben und un„ten mit einem beinernen Stiftchen an dem Schafte fest gemacht wird, und das der „Grönländer bey dem Werfen in der Hand behält, muß dem Wurfe einen desto grö„ßern Nachdruck geben.„

Die große Lanze. Die zweyte Art des Gewehres ist der Angovigak (2) oder die große Lanze, welche fast wie die Harpune gemacht ist, nur daß der bewegliche Stift mit dem spitzigen Eisen ohne Widerhaken ist, damit er gleich aus der Haut des Seehundes wieder herausfahre. Er ist drittehalb Ellen lang.

Die kleine. Das dritte Werkzeug ist der Kapot, (3) oder die kleine Lanze, die mit einer befestigten langen Degenspitze versehen ist.

Der Wurfpfeil. Das vierte ist der Agligak (4) oder Werfpfeil, drittehalb Ellen lang, vorn mit einem runden Eisen, welches einen Schuh lang, einen Finger dick und statt der Widerhaken zweymal gehäkelt ist. I. Es fährt ebenfalls aus dem Schafte heraus, bleibt aber vermittelst eines Riemes L an der Mitte desselben hängen. Hinterwärts ist eine Blase M mit einer beinernen Röhre und einem Stöpsel darauf N, damit sie dieselbe nach Belieben aufblasen, oder schlaff machen können.

Vogelpfeil. Zum Vogelfange brauchen sie noch den Vogelpfeil, Nuguit (5) einer Klafter lang, vorn mit einem runden, stumpfen und nur einmal eingezackten Eisen, einen Schuh lang, O, versehen, welches in dem Holze fest stecket. Weil aber der Seevogel, durch Untertauchen oder in die Höhe und auf die Seite fahren, dem Wurfe ausweichen kann, so sind in der Mitte des Schafts drey, auch wohl vier Beinfedern einer Spanne lang und dreymal als Widerhaken eingeschnitten, P. damit der Vogel von einem derselben gespießet werde, wenn er ausweicht. Zu diesem und dem vorigen brauchen einige auch ein Werfbrett, damit sie desto stärker werfen können.

Wir wollen jetzt auf die Beschreibung der Fahrzeuge kommen, die ebenfalls zur Fischerey und Wasserjagd der Grönländer dienen. Sie haben deren vornehmlich zwey, ein großes und kleines, deren jenes für die Weiber, dieses für die Männer ist.

Beschreibung der Frauenboote. Das große, welches sie Umiak nennen, ist gemeiniglich sechs auch wohl acht Klafter lang, etwan vier bis fünf Schuh weit und drey tief, vorn und hinten zugespitzt, und unten platt. Es wird von leichten Latten, die etwa drey Finger breit sind, zusammen gesetzt, mit Fischbeine verbunden und mit Seehundleder überzogen. Mit dem Kiele laufen zu beyden Seiten eine Rippe vorn und hinten in eines zusammen. Ueber diese drey Hölzer sind dünne Querbalken in Fugen gelegt. Auf den untern Ribben sind auf beyden Seiten Pfosten aufgerichtet, auf welchen der Rand des Bootes ruhet. Die Pfosten werden von den Ruderbänken, derer zehn bis zwölf sind, hinauswärts gedruckt, und diese ruhen an jeder Seite auf einer Rippe; damit sie aber auch nicht

zu

UMIAK, oder Weiberboot.
2. KAJAK, oder Mansboot fur eine einzige Person.

zu stark ausgetrieben werden, so sind sie von aussen noch mit einer Rippe versehen. Diese vier Rippen sind am Vorder- und Hinterstäven befestigt. Die Balken, Pfosten und Bänke sind nicht mit eisernen Nägeln, welche leicht rosten und Löcher ins Fell scheuern könnten, sondern zum Theile mit hölzernen Nägeln befestigt, und überall mit Fischbeine verbunden. Zu dieser Arbeit, welche gewiß künstlich und dabey recht sauber ist, brauchet der Grönländer weder Schnur, noch Winkelmaaß; und doch weis er die gehörige Proportion mit den Augen zu treffen. Sein ganzes Werkzeug, das er hiezu und zu aller seiner Arbeit brauchet, besteht aus einer kleinen Stichsäge, einem Meissel, der an ein hölzernes Heft gebunden, ihm statt des Beiles dienet, einem kleinen Bohrer und einem spitzgeschliffenen Taschenmesser. Wenn er mit dem hölzernen Gerippe fertig ist, so überzieht es die Frau mit frischgegerbtem und noch weichem dickem Seehundsleder, und verpicht die Nähte mit altem Specke, so daß diese Boote weit weniger Wasser ziehen, als die hölzernen, weil die Nähte im Wasser aufquellen. Und fahren sie sich auf einem spitzigen Steine ein Loch, so wird es gleich zugenäht. Sie müssen aber auch fast alle Jahre von neuem überzogen werden. Diese Boote werden von den Weibesleuten gerudert, deren gemeiniglich viere sind, und eine steuret es hinten mit einem Ruder. Für die Männer wäre solches eine Schande, es sey dann, daß sie in der größten Noth zuzugreifen genöthiget werden. Die Ruder sind kurz und vorn breit, fast wie ein Grabscheid und sind mit einem Riemen von Seehundleder auf dem Rande befestigt. Vorn richten sie an einer Stange ein von Därmen genähtes Segel, einer Klafter hoch und anderthalb Klafter breit auf. Reiche Grönländer machen es von feiner weisser Leinewand mit rothen Streifen. Sie können aber damit nur vor den Wind segeln, und doch nicht einem europäischen Segelboote gleich kommen. Hingegen haben sie den Vortheil, daß sie bey widrigem Winde oder Stille viel geschwinder fortrudern können. In diesen Booten fahren sie mit ihren Zelten, allem Hausgeräthe und Gütern, und oft noch dazu mit zehn bis zwanzig Menschen beladen, von einem Orte zum andern hundert bis zweyhundert Meilen weit nach Norden und Süden. Die Männer aber fahren nebenher im Kajake, mit welchem sie das Boot vor den großen Wellen schützen, und im Nothfalle mit Anfassung des Randes aufrecht erhalten. Gemeiniglich fahren sie mit diesem Boote sechs Meilen in einem Tage. Bey jedem Nachtlager laden sie aus, schlagen ihr Zelt auf, ziehen das Boot ans Land, stürzen es um, und beschweren die Vorn- und Hinterstäven mit Steinen, damit es der Wind nicht wegführe; und wenn sie nicht weiter können, so tragen es ihrer sechs bis acht auf den Köpfen über Land in ein besser Fahrwasser.

Cranz von Grönland.

Das kleine oder das Mannsboot heißt Kajak, ist nur drey Klaftern lang, vorn und hinten spitzig, wie ein Weberschiff, in der Mitte nicht anderthalb Schuh breit und kaum einen Schuh hoch. Es ist von langen schmalen Latten und Querreifen, die mit Fischbeine verbunden sind, gebauet und mit eben so gegerbtem Seehundsleder, wie das Weiberboot, aber auf allen Seiten, oben und unten, überzogen. Die beyden spitzigen Enden sind unten mit einer beinernen Leisten und oben mit einem Knopfe versehen, damit sie sich auf den Steinen nicht so leicht abreiben. In der Mitte des Kajaks ist ein rundes Loch mit einem zwey Finger breiten Rande von Holze oder Beine. Durch dasselbe schlupfet der Grönländer mit den Füßen hinein und setzt sich auf die mit einem weichen Felle bedeckten Latten, so daß ihm der Rand nur bis über die

Der Mannsboote.

 Hüften

Cranz von Grönland.

Hüften reichet, über welchen er den untern Saum des Wasserpelzes, der am Gesicht und an den Händen ebenfalls mit beinernen Knöpfen und Ringen zugeschnürt ist, so fest anzieht, daß nirgends Wasser eindringen kann. Zur Seiten stecket er seine erst beschriebenen Pfeile zwischen die über den Kajak gespannten Riemen. Vor ihm liegt die Leine, auf dem ein wenig erhabenen runden Gerüste aufgerollt. Hinter sich hat er die von einem kleinen Seehundsfelle gemachte Blase. Sein Pautik oder Ruder von festem rothem Firnholze, an beyden Enden mit einem drey Finger breiten dünnen Blatte, und zur Festigkeit an den Seiten mit Beine eingefaßt, ergreift er in der Mitte mit beyden Händen, und schlägt damit geschwind und gleichsam nach dem Tacte zu beyden Seiten ins Wasser. Also ausgerüstet fährt er auf den Seehund- und Vogelfang, und dünket sich nichts geringer zu seyn, als ein Capitän auf seinem Schiffe. Und in der That kann man den Grönländer in diesem Aufzuge nicht anders als mit Bewunderung und Vergnügen betrachten, und seine schwarzen mit vielen weissen beinernen Knöpfen befestigten Seekleider geben ihm ein prächtiges Ansehen. Sie können damit sehr geschwind fortrudern, und wenn sie von einer Colonie zur andern Briefe bringen, zehn bis zwölf Meilen in einem Tage fahren. Sie fürchten sich darinn vor keinem Sturme. So lange ein Schiff bey stürmischem Wetter das Marssegel führen kann, ist ihnen vor den großen Wellen nicht bange, weil sie wie ein Vogel leicht darüber wegschwimmen, und wenn auch eine ganz über sie hinschlägt, kommen sie doch wieder hervor. Will sie eine Welle umwerfen, so halten sie sich mit dem Ruder auf dem Wasser aufrecht. Werden sie doch umgeschlagen, so thun sie unter dem Wasser mit dem Ruder einen Schwung, und so richten sie sich wieder auf. Verlieren sie aber das Ruder, so sind sie gemeiniglich verloren, wenn nicht jemand in der Nähe ist, der sie aufrichtet. Es würde sich kein Europäer bey dem geringsten Winde auf einem Kajak in die See wagen. Man kann also nicht anders, als mit einem furchtvollen Vergnügen die Kühnheit und Geschicklichkeit dieser unerschrockenen Grönländer bewundern, welche das Meer und dessen Ungeheuer bezähmen. Weil sie aber zu diesem Grade der Herzhaftigkeit und Geschicklichkeit nur durch beständige und wiederholete Versuche gelangen können, so wird man nicht ungern vernehmen, durch wie viele und mannichfaltige Uebungen sie sich von Kindheit an gewöhnen, so viele Gefährlichkeiten und Hindernisse zu überstehen, welche die Natur auf dem fürchterlichsten Elemente um sie herum gehäufet und vervielfältiget hat.

Uebungen der Grönländer zur Wasserfahrt.

Die Kinder lernen anfänglich bald auf der einen, bald auf der andern Seite mit dem Leibe auf dem Wasser liegen, wobey sie eine Weile mit dem Ruder in der Hand das Gleichgewicht halten, damit sie nicht ganz umschlagen, und richten sich so dann wieder auf. Schlagen sie ganz um, so daß sie mit dem Kopfe senkrecht hinunter hängen, so thun sie mit dem Ruder einen Schwung unter dem Wasser, und können auf einer Seite so gut, als auf der andern, wieder in die Höhe kommen. Diese ersten Uebungen gewöhnen sie zu den gewöhnlichsten Gefährlichkeiten bey Stürmen und großen Wellen. Bey dem Seehundsfange aber kann es sich eräugen, daß man mit dem Riemen verwickelt wird, und das Ruder nicht recht brauchen kann, oder es wohl gar verliert.

Damit man sich nun in diesen Zufällen zu helfen wisse, so stecken die jungen Leute das Ruder unter einen Querriemen am Boote, kantern oder schlagen um und stehen vermit-

vermittelst der Bewegung des einen Endes des Ruders wiederum auf. Sie fassen auch wohl das eine Ende mit dem Munde und bewegen das andere mit der Hand und richten sich also auf. Zuweilen halten sie das Ruder mit beyden Händen im Nacken oder hinter dem Rücken fest, kantern, schwingen es hinterwärts mit beyden Händen, ohne es hervor zu nehmen und kommen also herauf. Zu anderer Zeit legen sie es über eine Achsel, fassen es mit einer Hand hinter und mit der andern vor sich und helfen sich also wieder auf. Cranz von Grönland.

Zu denen Fällen aber, wo sie das Ruder verlieren können, bereiten sie sich dadurch, daß sie solches unter dem Boote durch das Wasser stecken, es auf beyden Seiten fest halten, so daß sie mit dem Gesichte auf dem Boote liegen. Sie schlagen um, bewegen das Ruder von unten auf über dem Wasser und stehen also auf. Ein ander Mal lassen sie das Ruder fahren, kantern und suchen es mit der Hand über dem Wasser, ziehen es zu sich hinunter und helfen sich so auf. Können sie es aber nicht mehr erreichen, so nehmen sie das Werfbrett von dem Harpunpfeile oder ein Messer und suchen sich so durch Bewegung desselben, ja auch wohl nur mit dem Platschern der bloßen Hand, in die Höhe zu schwingen; wiewohl dieses nur sehr wenigen gelingt.

Die jungen Leute üben sich auch am Lande oder zwischen den blinden Klippen, wo sich die Wellen sehr thürmen und man von einer Welle vor und hinter sich oder auf beyden Seiten fortgerissen und auf eine Klippe geworfen oder etliche Male herumgedrehet und ganz überdecket wird. In diesem Falle müssen sie sich durch geschicktes Hin- und Herwiegen im Gleichgewichte und immer aufrecht zu erhalten suchen, damit sie im größten Sturme widerstehen und bey allem Toben der Wellen an das Land steigen lernen.

Wenn sie aber umschlagen und sich nicht mehr helfen können, so pflegen sie auch wohl unter dem Wasser aus dem Boote heraus zu kriechen und um Hülfe zu rufen. Können sie niemand errufen, so halten sie sich an dem Boote oder binden sich daran fest, damit man ihren Leib wieder finden und begraben möge.

Wenn die Grönländer zu dem Alter gekommen sind, daß sie das Seekleid tragen können, d. i. wenn sie Stärke, Behendigkeit und Geschicklichkeit genug haben, die Verrichtung ihres ganzen Lebens an zu fangen, so gehen sie auf den Seehundesfang, der auf dreyerley Art geschieht, entweder einzeln in einem Boote mit der Blase; oder zusammen auf einer Klopfjagd; oder des Winters auf dem Eise. Die erste Art ist die vornehmste und gemeinste. So bald der Grönländer, mit allem seinen Geräthe ausgerüstet, in seinem Boote einen Seehund erblicket, so suchet er denselben unter dem Winde und zwischen der Sonne zu überraschen, daß er von demselben weder gehöret und gesehen, noch gewittert werde. Er suchet sich durch Bücken hinter einer Welle zu verstecken, fährt ihm geschwind, aber leise, auf vier bis sechs Klaftern nahe, und sieht indessen wohl zu, daß Harpune, Riem und Blase in gehöriger Ordnung liegen. Alsdann behält er das Ruder in der linken, und den Harpunpfeil ergreift er beym Werfbrette mit der rechten Hand, und wirft denselben auf den Seehund, so daß er das Werfbrett, welches dem Pfeile seinen rechten Schwung geben muß, in der Hand behält. Trifft die Harpune bis über die Widerhaken, so fährt sie gleich von dem beinernen Stifte, und dieser auch aus dem Schafte heraus, und wickelt den Riemen von dem Gestelle auf dem Kajak ab. Der Grönländer aber muß in dem Augenblicke, da Seehundesfang.

der

Cranz von Grönland.

der Seehund getroffen wird, die an dem Ende des Riemens befestigte Blase hinter sich auf dieselbe Seite ins Wasser stoßen, wo der Seehund, der wie ein Pfeil zu Grunde fährt, seinen Lauf hinnimmt. Dann leget der Grönländer den auf dem Wasser schwimmenden Schaft wieder an seinen Ort. Die Blase, welche einen bis anderthalb Zentner tragen kann, zieht der Seehund manchmal mit unters Wasser, mattet sich aber an derselben so ab, daß er etwa in einer Viertelstunde wieder herauf kommen muß, Athem zu holen. Wo der Grönländer die Blase wieder herauf kommen sieht, da fährt er darauf zu, und wirft dem Seehunde, sobald er herauf kömmt, die große Lanze, die allemal wieder losgeht, so oft in den Leib, als er wieder aufkömmt und noch nicht ganz ermattet ist. Alsdann sticht er ihn mit der kleinen Lanze vollends todt, stopfet alle Wunden sorgfältig zu, um das Blut zu behalten, und bindet ihn an der linken Seite des Kajaks fest, nachdem er ihn zwischen Felle und Fleische aufgeblasen, damit er ihn desto leichter schwimmend fortbringen möge.

Bey diesem Fange ist der Grönländer den meisten und größten Lebensgefahren unterworfen; daher sie vermuthlich diesen Fang **Kamavok**, d. i. das Auslöschen, nämlich des Lebens, genannt haben. Denn wenn der Riemen, wie es bey dem schnellen Ablaufen gar leicht geschieht, sich verwickelt oder am Kajak hängen bleibt, oder sich um das Ruder, oder gar um die Hand, ja auch wohl, bey starkem Winde, um den Hals schlingt, oder, wenn der Seehund sich plötzlich auf die andere Seite des Kajaks wendet: so kann es nicht anders seyn, als daß der Kajak durch den Riemen umgerissen und unterm Wasser mit fortgeschleppet wird. Und da hat ein Grönländer alle seine Kunst nöthig, sich unterm Wasser los zu wickeln, und wohl etlichemal nach einander aufzurichten, indem er so oft wieder umgerissen wird, als er sich noch nicht gänzlich von dem Riemen entwickelt hat. Ja, wenn er denket, außer aller Gefahr zu seyn, und dem schon halb todten Seehunde zu nahe kömmt, so kann ihn derselbe noch ins Gesicht und in die Arme beissen; wie dann ein Seehund, der Junge hat, mannichmal anstatt zu fliehen, ganz wüthend auf den Grönländer los eilet, und ein Loch in den Kajak reißt, daß er sinken muß.

Bey diesem Fange, wo ein Mann nur allein mit dem Ungeheuer zu thun hat, kann er nur die dümmste Art von Seehunden erwischen. Den andern müssen ihrer etliche zusammen nachstellen, und sie in ziemlicher Anzahl umringen und erlegen. Man erwartet sie im Herbste im Bals Reviere in dem Nepisetsunde, zwischen dem festen Lande und der Insel **Kangek**. Hier verlaufen ihnen die Grönländer den Paß, scheuchen sie durch Schreyen, Klopfen und Steineschleudern unters Wasser, damit sie, weil sie nicht lange ohne Athemholen dauren können, desto eher ermatten und endlich so lange oben bleiben mögen, bis sie dieselben umringen und mit dem vierten Pfeile werfen können. Bey dieser Jagd hat man recht Gelegenheit, der Grönländer Behendigkeit zu sehen. Denn wenn der Seehund aufkömmt, so fahren sie alle, wie die Vögel, mit großem Geschreye auf ihn zu; und da er gleich wieder untertauchet, so zerstreuen sie sich in einem Augenblicke, und ein jeder giebt auf seinem Posten Achtung, wo er sich wieder sehen lassen wird; welches sie nicht wissen können, und gemeiniglich eine halbe Viertelmeile von dem vorigen Platze geschieht. So können sie einen Seehund, wo er ein breites Wasser hat, auf zwo Meilen lang und breit, ein Paar Stunden lang verfolgen, ehe sie ihn so müde machen, daß sie ihn einschliessen und tödten können.

Wenn

Wenn sich die Seehunde in der Angst ans Land begeben wollen, so werden sie von den Weibern und Kindern mit Steinen und Stecken empfangen, und hintenzu von den Männern erstochen. Dieses ist den Grönländern eine sehr lustige und einträgliche Jagd, da ein Mann in einem Tage, (es müssen aber immer einige beysammen seyn,) wohl acht bis zehn Stück auf seinen Antheil bekommen kann.

Crantz von Grönland.

Die Winterjagd geschieht in der Diskobay, wo die Buchten zufrieren, auf mancherley Art. Ein Grönländer setzet sich neben einem Loche, das der Seehund zum Luftschöpfen selbst gemacht hat, auf einen Schemel mit einem Beine, und stellet die Füße, um sie nicht zu erkälten, auf einen dreybeinigen Fußschemel. Wenn nun der Seehund die Nase an das Loch hält, so stößt er mit der Harpune darein, machet gleich ein größeres Loch, zieht ihn heraus und schlägt ihn vollends todt. Oder es leget sich einer auf einem Schlitten neben dem Loche, wo der Seehund gewohnt ist heraus zu kommen, und sich auf dem Eise an der Sonne zu wärmen, auf den Bauch nieder. Neben dem großen Loche machet man ein kleineres, in dasselbe stecket ein anderer Grönländer eine Harpune an einer sehr langen Stange. Der auf dem Eise liegt, schauet durch das große Loch, bis ein Seehund unter der Harpune, welche er mit einer Hand richtet, hinfährt; dann giebt er dem andern ein Zeichen, welcher mit Macht den Seehund durchspießt.

Liegt ein Seehund neben seinem Loche auf dem Eise, so rutschet der Grönländer auf dem Bauche ihm entgegen, wackelt mit dem Kopfe und knurret wie ein Seehund, der den Grönländer für seines gleichen ansieht, ganz nahe an sich kommen läßt, und so gespießet wird.

Wenn im Frühjahre der Strom ein großes Loch ins Eis machet, umgeben die Grönländer dasselbe und passen auf, bis die Seehunde in Menge unter dem Eise hervor an den Rand kommen, Luft zu schöpfen, da sie dieselben mit Harpunen empfangen. Viele werden auch auf dem Eise, wo sie in der Sonne schlafen und schnarchen, erschlagen.

Ihre Zubereitung der Felle.

Hier ist der Ort, den Gebrauch an zu zeigen, wozu die Grönländer die Felle der Thiere anwenden, die sie fangen; oder vielmehr, wie sie diese Häute zu Kleidern, Schuhen und den Booten zubereiten; welches der Weiber Hauptgeschäffte ist. Zu den härichen Seehundskleidern schaben sie anfänglich die Haut dünn, legen sie vier und zwanzig Stunden lang in Urin, den Speck aus zu ziehen, und dehnen sie hernach auf einem grünen Platze zum Trocknen aus, wo sie mit Seehundsrippen angepflöcket werden. Wenn sie solche darauf verarbeiten wollen, so wird sie mit Harne eingesprenget, mit Bimssteine zwischen den Händen gerieben und geschmeidig gemacht.

Das Sohlleder wird anfänglich zween bis drey Tage in Urin geleget, und nachdem die losgeweichten Haare mit einem Messer oder den Zähnen abgeschabet worden, drey Tage lang in süßes Wasser geleget und alsdann ausgedehnet und getrocknet.

Fast auf eben die Art bereitet man das Leder, welches sie zu den Schäften der Stiefel und Schuhe bestimmen, nur daß es vorher ganz dünne geschabet wird, damit es geschmeidiger werde. Man machet auch die Seewämser daraus, welche die Feuchtigkeit abhalten. Es zieht sich zwar das See- und Regenwasser hinein: sie lassen aber keine Nässe auf die Unterkleider kommen; und daher werden sie auch von den europäischen Schiffleuten gebrauchet.

Cranz von Grönland.

Eben so wird das Leder zu ihren glatten schwarzen Landpelzen bereitet, nur daß sie es beym Verarbeiten mit den Händen reiben, daher es nicht so steif ist, wie das vorige, aber auch nicht Wasser hält.

Zu den Bootfellen werden die stärksten Häute der Seehunde genommen, wovon der Speck nicht ganz abgelöset worden. Man rollet sie zusammen und läßt sie etliche Wochen lang in der Wärme unter der Pritsche oder in der Sonne mit Grase bedeckt liegen, bis die Haare abgehen. Darauf legen sie dieselben etliche Tage in Seewasser, sie wieder zu erweichen, und ziehen sie dann über die Boote. Der Rand der Häute wird mit den Zähnen angezogen und zusammen genehet, die Naht aber statt des Peches mit altem Seehundesspecke bestrichen, damit kein Wasser durchdringe: man giebt aber wohl Acht, daß die Narbe nicht abgehe, weil sonst das scharfe Seewasser das Leder leicht durchfressen würde.

Das Uebrige von allen diesen Arten Leder schaben sie dünne, legen es auf den Schnee, oder hängen es in die Luft, damit es weiß bleiche; und wenn sie es roth färben wollen, so kauen sie die wenige Rinde, die sie an den Wurzeln des in der See aufgefischten Tannenholzes finden, mit den Zähnen in das Leder ein.

Die Vogelfelle ziehen sie ganz ab, bis auf den Kopf, um welchen sie solche ablösen. Das Fett schaben sie mit einer Muschelschale ab. Darauf reichet man diese Felle den Mannsleuten, und sonderlich den Gästen, ehrenhalber zwischen den Mahlzeiten zum Auskauen, welches statt des Confectes dienet. Alsdann werden sie in Urine gebeizet, und nachdem sie ein wenig in der Luft getrocknet mit den Zähnen vollends ausgearbeitet.

Das II Capitel.

Die Sitten der Grönländer in dem häuslichen Leben.

Ihre Heyrathen. Ihre Vielweiberey. Ursache derselben. Die erlaubte Verstoßung der Weiber. Die Grönländer sind zum Kinderzeugen nicht sehr tüchtig und ihre Weiber nicht fruchtbar. Das Sonderbare und Ekele der Grönländer in ihren Namen. Die Erziehung ihrer Kinder. Der unglückliche Zustand ihrer Weiber.

Wir haben (Herr Cranz, ein Missionarius, redet) niemals eine ungeziemende Handlung oder ein unanständiges Wort bey den Grönländern gesehen oder gehöret. Selten gebähren ihre Weiber uneheliche Kinder, und noch viel weniger verbergen sie dieselben. Dieses kann nur einer verstoßenen Frau oder einer jungen Witwe begegnen. Eine solche Person suchet alsdenn, ob sie gleich verachtet ist, ihren Kindern das Unrecht und die Schande, welche sie ihnen angethan hat, dadurch gut zu machen, daß sie dieselben an einen Mann verkaufet, der keine Kinder hat, oder wenigstens sich mit ihnen in die Familie eines Mannes an Kindesstatt aufnehmen läßt, der sie nicht heurathen würde. In einem Lande, dessen Clima nicht zur Ausgelassengelassenheit verführet, findt man doch eine solche Zurückhaltung des schwächern Geschlechtes, daß niemals eine Frauensperson genauen Umgang mit einer Mannsperson hat, und daß ein Mägdchen es für die gröste Beleidigung halten würde, wenn ein junger Mensch ihm eine Prise Toback anböthe.

Crantz von Grönland.

Die Heurathen der Grönländer.

Wenn ein junger Mensch sich verheurathen will, welches niemals vor dem zwanzigsten Jahre geschieht, so erwählet er sich ein Mägdchen seines Alters, und zeiget seiner Familie den Gegenstand dieser Wahl an, ohne zu befürchten, daß man ihm eine Gattinn geben werde, die er nicht lieben würde. Er erwartet und suchet kein großes Heurathsgut. Da er nichts als seine Kleider, sein Messer, seine Lampe, und höchstens einen steinernen Topf seiner Frau zubringt, so erwartet er von ihr auch nichts, als die Geschicklichkeit, diese kleine Haushaltung in Ordnung zu erhalten. Sie von ihrer Seite verlanget von ihrem Manne nichts, als daß er ein guter Jäger sey. Die beyderseitigen Aeltern willigen gern in den Willen ihrer Kinder; denn sie haben weder Nutzen noch Lust, sie zu zwingen. Zwo alte Frauen bekommen den Auftrag, diese Heurath bey den Aeltern des Mägdchens zu betreiben; und sie machen so gleich mit dem Lobe des jungen Menschen den Anfang dazu. Bey dem Namen der Heurath entfernet sich das Mägdchen; es will nichts davon hören, und reißt ihren Haarzopf aus einander. Denn dieses Geschlecht spielet allenthalben die Rolle, daß es nach dem hergebrachten Wohlstande erröthet und widersteht; wenn man auch schon vorher versichert ist, es werde sich ergeben. Indessen ist diese Weigerung doch nicht allezeit Verstellung, sondern oft die Wirkung eines Widerstandes, der zuweilen ein Mägdchen zu so heftigen Ausschweifungen bringt, daß es in Ohnmacht fällt, auf die wüstesten Berge flüchtet, oder sich die Haare abschneidet. Dieses ist die letzte Handlung ihrer Verzweiflung, nach der es nicht mehr erlaubet ist, bey ihr um die Heurath anzuhalten. Vielleicht kömmt dieser Abscheu von der Verstoßung der Weiber, wovon die Beyspiele in Grönland sehr häufig sind, oder von der Freyheit her, welche sich die Männer vorbehalten, noch eine zweyte Frau in ihr Bette einzuführen. Doch die Ursache dieser Entfernung von der Heurath mag seyn, welche sie will, so geben doch die Aeltern niemals wider den Willen ihrer Tochter ihre Einwilligung, sondern sie lassen sie für sich handeln. Die Weiber, welche zum Besten des jungen Menschen arbeiten, suchen alsdann seine Geliebte auf, und führen sie freywillig oder mit Gewalt zu ihm. Hernach bringt sie einige Tage sehr niedergeschlagen zu, läßt die Haare zerstreuet hangen, und will nichts zu sich nehmen. Wenn sie beständig den Bitten der Ueberredung widersteht, so wendet man Gewalt und so gar Schläge an, wenn es seyn muß, sie unter das Joch der Ehe zu bringen. Wenn sie zum andern Male entwischet, so bringt man sie wieder zurück, um sie durch solche Bande zu verknüpfen, welche sie nicht wieder zerreißen wird. In der That, obgleich nichts sonderbarer, ungerechter und der Liebe mehr zuwider zu seyn scheint, als dieser Zwang bey einer Handlung, die ihrer Natur nach die freyste und willkührlichste seyn sollte, so ist doch vieleicht keine Gewaltthätigkeit und Ungerechtigkeit mehr zu entschuldigen, und wird auch eher vergeben, als diese; denn man sieht nie eine Grönländerinn aus dem Ehebette entfliehen, wenn sie es erst einmal bestiegen hat.

Zuweilen kommen die Aeltern durch einen wechselseitigen Vergleich der Neigung ihrer Kinder zuvor, aber ohne sie zu zwingen; und diese bestätigen, so bald die Pfän-

Cranz von Grönland.

der gegen einander gegeben worden, diese Art von Heurathsvertrage ohne alle andere Ceremonie, als die Beywohnung. Selten sieht man eine Heurath zwischen Verwandten oder auch nur solchen Leuten, die mit einander auferzogen sind; ihre Verwandschaft mag nun von der Natur oder der Annehmung an Kindesstatt herrühren. Doch heurathet zuweilen wohl jemand zwo Schwestern zugleich, oder Mutter und Tochter. Doch sind dergleichen Beyspiele selten und verhaßt.

Die Vielweiberey ist in Grönland gebräuchlich.

Die Vielweiberey wird in Grönland zwar geduldet: aber sie ist nicht sehr gemein. Unter zwanzig ist kaum einer, der mehr als eine Frau hätte. Doch sind mehrere Weiber einem Manne kein Verbrechen, sondern es gereichet ihm vielmehr zur Ehre, daß er mehr als eine Frau ernähren kann. Da es einem zur Schande gereichet, wenn er keine Kinder hat, und besonders keinen Sohn zur Stütze seines Alters; so hat jedermann ein Recht zu einer größern Anzahl Weiber, wenn er reich genug ist, sie zu ernähren. Aber der Tadel würde ihn nicht verschonen, wenn er aus Unenthaltsamkeit sich einer Freyheit überließe, die nur auf die bloße Begierde nach einer Nachkommenschaft eingeschränket ist. Daher wird es für einen Misbrauch der Vielweiberey gehalten, wenn jemand drey oder vier Weiber hat, oder eine Frau zween Männer. „Vor der Ankunft der Missionarien, saget Herr Egede, [r]) kannten die Weiber gar „keine Eifersucht; sie lebten mit einander in Friede: aber nachdem sie wissen, das „Christenthum verbiethe die Vielweiberey, so können sie nicht mehr so geduldig diese „Untreue ihrer Männer erdulden." Uebrigens erfährt die eheliche Treue wenig Brüche, oder wenigstens Aergerniß bey diesem einfältigen und geduldigen Volke. Selten entstehen lärmende Zänkereyen in dem Hauswesen, oder verdrüßliche Uneinigkeiten, die bis zu Schlägen kommen; nicht, weil die Sitten die Unordnung der Weiber, sondern die Verstoßung derselben erlauben. Man kennet hier in der Ehe keinen Eyd, besonders einen unwiederruflichen.

Die Gründe dieses Gebrauchs.

Die erlaubte Verstoßung.

Wenn ein Mann keine Kinder hat, oder mit seiner Frau misvergnügt ist, so giebt er ihr einen finstern Blick, geht aus dem Hause, und läßt sich in einigen Tagen nicht sehen. Die Frau weis, was dieses bedeutet, packet ihre Kleider in ein Bündel, und entfernet sich zu ihren Freunden, wo sie eine weise und vorsichtige Aufführung beobachtet, damit sie ihren Mann, der sie verstoßen hat, wegen seiner Begegnung verhaßt mache.

Zuweilen zerreißt eine Frau von selbst das eheliche Band, wenn sie sich mit den übrigen Weibern des Hauses, welches sie betreten hat, nicht vertragen kann. Dieß geschieht gemeiniglich am leichtesten, wenn die Schwiegermütter sich ihrer Obergewalt so sehr bedienen, daß sie die Schwiegertöchter wie Sklavinnen halten. In diesem Falle bleiben die Söhne bey der Mutter, und kehren auch nach ihrem Tode nicht zum Vater zurück, die Stütze seiner alten Tage zu seyn. Gewiß, eine vortreffliche Einrichtung der Polizey, die einem jeden Ehegatten die lebhaftesten Bewegungsgründe giebt, stets gut miteinander zu leben. Man sieht daher auch sehr wenige Ehescheidungen. Oft wird der Mann, der seine Frau verlassen hat, verzweifelt, vergräbt sich in eine Wüste, die Gesellschaft der Menschen zu fliehen, entfernet sich in eine Höhle, und lebet von der Jagd, oder plündert und beraubet die Vorbeyreisenden. Aber diese wilden Flüchtlinge sind gemeiniglich junge Leute, die ohne Klugheit geheurathet haben, und

r) Mercure Danois Nov. 1755 p. 312.

und denen bald ihre übereilte Wahl gereuet. Je älter die eheliche Verbindung wird, desto mehr wächst die Liebe der Verehlichten.

Crantz von Grönland.

Sobald ein Mann verwitwet ist, so sucht er seinen Verlust zu ersetzen, und wenige Tage nach dem Tode seiner Frau kramet er alle seine schönsten Sachen aus; seine Person, seine Kinder, sein Haus, sein Fischer- und Jagdgeräthe; und weit davon entfernet, daß er eine Trauer zeigen sollte, so scheint vielmehr alles zur andern Hochzeit bey ihm einzuladen. Unterdessen schreitet er nicht eher dazu, als bis er ein Jahr ein Witwer gewesen, wofern er nicht kleine Kinder und niemand in der Familie hat, für die zu sorgen. Wenn ein Mann, der mehrere Weiber hat, verwitwet wird, so tritt die zweyte Frau an die Stelle der erstern mit allen Zeichen einer Betrübniß, die gewiß nicht aufrichtig seyn kann. Sie führet die Leichenbegleitung ihrer Nebenbuhlerinn und vergießt dabey ihre Thränen mit desto mehrer Verstellung, je weniger sie Ursache dazu hat. Sie liebkoset den Kindern ihres Mannes erster Ehe mehr, als ihren eigenen, und beklaget sie, daß sie von ihrer Mutter vernachläßiget worden, und verspricht ihnen weit mehr Sorgfalt und Annehmlichkeiten, als sie je erfahren haben. Man sollte sich nicht einbilden, wie weit die List dieser wilden Weiber gehen könnte, wenn man nicht wüßte, daß sie in der Natur des schönen Geschlechtes gegründet wäre.

Die Grönländer sind zum Kinderzeugen wenig tüchtig und ihre Weiber nicht fruchtbar.

Das Blut der Grönländer ist zum Kinderzeugen nicht sehr tüchtig. Eine Frau hat gemeiniglich nicht mehr als drey oder vier, höchstens sechs Kinder, und zwischen einer jeden Schwangerschaft verfließen zwey oder drey Jahre. Wenn die Weiber von der Fruchtbarkeit derer in andern Ländern hören, so vergleichen sie dieselben mit Verachtung ihren Hunden. Selten haben sie Zwillinge; noch seltener sieht man sie im Wochenbette sterben. Sie arbeiten unmittelbar vor und nach der Geburt; und es ist für sie nur die Arbeit eines einzigen Tages, wenn sie sich eines Kindes entledigen.

Das Sonderbare und Edle der Grönländer in ihren Namen.

Sie geben dem Neugebornen den Namen seines Großvaters oder seiner Großmutter, oder des zuletzt verstorbenen Anverwandten; und dieser Namen ist gemeiniglich von Thieren, Jagdwerkzeugen oder gewissen Theilen des menschlichen Körpers entlehnet. Deßwegen würden sie zuweilen sehr unanständige Namen haben, wenn ihre Sprache oder ihre einfältigen Sitten irgend einen Begriff des Bösen mit dem, was die Natur zum Guten hervorgebracht hat, verbinden könnten. Sie geben ihren Kindern den Namen eines verstorbenen Anverwandten, um dessen Gedächtniß zu erhalten. Wenn aber sein Tod von einem kläglichen Zufalle herrührete, so lassen sie seinen Namen vergessen werden, aus Furcht, den Schmerz über seinen Verlust wieder zu erwecken. So auch, wenn ein Mensch zufälliger Weise den Namen eines Freundes hat, der eben gestorben ist, so geben sie ihm auf einige Zeit einen andern Namen, seinen Schmerz dadurch zu vermindern. Die Grönländer können also zuweilen mehrere Namen haben; einen zum Zeichen des Verdienstes einer guten Handlung wegen; einen andern zum Spotte wegen irgend eines Fehlers. Daher sieht man sie zuweilen in Verwirrung, wenn sie einem Fremden ihre Namen sagen sollen, weil sie, entweder aus Bescheidenheit oder Schame, darüber erröthen müssen.

Ihre Kinder lieben sie heftig. Die Mütter tragen sie allenthalben mit sich herum, wo sie gehen und was sie auch thun mögen. Sie nehmen diese süße Last auf ihre Schultern auf eine solche Art, die der Mutter und dem Kinde am wenigsten beschwerlich ist. In Grönland saugen die Kinder bis ins dritte oder vierte Jahr, weil die-

Cranz von Grönland.

ses Land fast gar keine Nahrungsmittel hervorbringt, die sich für das erste Alter schicken. Ein Kind schwebet also in großer Gefahr, wenn man es zu früh entwöhnen muß, um einem noch kleineren die Milch zu geben, oder wenn die Mutter stirbt, ehe es stark genug ist, die harten und groben Speisen des gemeinen Lebens zu ertragen.

Die Erziehung der Kinder.

Die Kinder werden ohne Gewalt und ohne Strafe erzogen. Die Strenge ist bey ihnen nicht nöthig, weil sie sanft und verträglich sind, wie die Schafe; sie würde über dieses unnütz seyn; denn man würde sie eher tödten, als daß man es dahin brächte, daß sie auf etwas merketen oder etwas thäten, wozu man sie durch Gründe und Liebkosungen nicht hätte überreden können. Die grönländischen Ammen haben von diesen Kindern kein Geschrey oder Unruhe zu erdulden, als etwa von dem ersten Jahre bis ans Ende des zweyten. Wenn aber die Mutter ihre Kinder aus Ungeduld oder Härte schlagen wollte, so würde sie sich dem Zorne des Vaters aussetzen; besonders wenn es den Sohn beträfe, den der Vater gleich von seiner Geburt an, in Ehren gehalten wissen will, so wie es bey den gesitteten Völkern der Erbe eines Königreiches ist. Nach dem Maaße, wie die Kinder zu dem Alter der Vernunft kommen, und diese durch nützliche und ernsthafte Geschäffte mehr ausgebildet wird, lassen sie sich auch besser regieren. Man bemerket bey ihnen selten eine böse Gemüthsart, lasterhafte Neigungen oder besonders Falschheit. Sie gehorchen vielmehr aus Neigung, und weil ihre Aeltern freundschaftlich mit ihnen umgehen. Wenn sie keine Lust haben, das, was ihnen befohlen wird, zu thun, so sagen sie ohne Umschweife: ich will nicht. Die Aeltern vergessen diese Weigerung, bis die Kinder von selbst ihr Unrecht erkennen. Zur Belohnung so vieler Sanftmuth erfährt ein Vater im Alter nie Undankbarkeit von seinen Kindern. Die Sitten dieses Volkes tadeln also in dieser Betrachtung die unserigen, oder wenigstens stechen sie sehr gegen dieselben ab. Bey Völkern, wo man nur aus Furcht gesittet ist; wo die ersten Uebungen der Vernunft derselben widersprechen; wo man alles lernet, ohne das geringste zu verstehen; wo der Körper der Kleidung, und diese der Mode unterworfen ist; wo man damit anfängt, daß die Kinder alles das hassen müssen, was sie lieben sollten; wo alles Gute der Natur gleichsam untersaget, und alles Böse derselben durch die Erziehung verdoppelt wird; bey diesen Völkern, sage ich, ist es kein Wunder, wenn gelehrige, biegsame und gutartige Kinder durch Gewalt oder Furcht stolze, ausgelassene, verschwenderische und undankbare Menschen werden; und ihnen dasjenige gute Gemüth fehlet, welches die Erziehung in ihren Seelen zerstöret hat.

Sobald bey den Grönländern ein Knabe seine Hände und Füße gebrauchen kann, so giebt ihm sein Vater einen Bogen und Pfeil, damit er sich übe, nach der Scheibe zu schießen. Er lehret ihn nach einem am Meere aufgerichteten Ziele Steine werfen; er schenket ihm ein Messer, welches anfänglich zu seiner Belustigung dienet. Im zehnten Jahre versieht er ihn mit einem Kajak, wo er sich mit Rudern, Jagen und Fischen vergnügen und die Gefahren und Arbeiten des Meeres versuchen kann. Im funfzehnten oder sechszehnten Jahre begleitet er seinen Vater auf den Fang der Seehunde. Das erste dieser Unthiere, welches er gefangen hat, dienet zu einem Schmause für die ganze Familie und Nachbarschaft. Während dieses Gastmahles erzählet der junge Mensch seine Unternehmung, und wie er sich seiner Beute bemächtigt habe. Jedermann bewundert und lobet seine Geschicklichkeit, und rühmet den vortrefflichen Geschmack

Geschmack des Thieres, welches er getödtet hat, und von diesem rühmlichen und sieg-reichen Tage an denken die Weiber darauf, für den Ueberwinder des Ungeheuers eine Gattinn zu finden. Hätte aber der junge Mensch nichts gefangen, oder gar keine Probe seiner Geschicklichkeit abgelegt, so würde er von jedermann verachtet, und gezwungen seyn, sich von demjenigen Fischfange zu nähren, der eigentlich nur für die Weiber gehöret, d. i. von Muscheln, Schnecken und trocknen Häringen. Es giebt einige junge Leute, die das Verdienst der großen Fischerey niemals erlangen; und diese sind zuweilen verbunden, bey den andern Mägdedienste zu verrichten. Im zwanzigsten Jahre machet der Grönländer seinen eigenen Kajak und das dazu gehörige Geräth, und fährt mit seinen eignen Rudern. Alsdann schiebt er seine Verheurathung nicht auf: er bleibt aber noch immer bey seinen Aeltern, und die Mutter führet vornehmlich die Haushaltung.

Cranz von Grönland.

Die Mägdchen thun bis ins vierzehnte Jahr nichts als schwatzen, singen und tanzen; sie möchten denn etwa noch Wasser schöpfen. Im funfzehnten müssen sie schon ein Kind warten, kochen und Felle bereiten lernen, und so gar, nachdem ihr Alter zunimmt, auf den Fahrzeugen rudern, und die Häuser bauen.

In einer Haushaltung geht der Mann aufs Meer, zu jagen und zu fischen. Sobald er auf dem Lande ist, bekümmert er sich um nichts mehr, da er es sogar unter seiner Würde hält, das Thier, welches er gefangen hat, ans Land zu ziehen. Die Weiber thun alles übrige, von den Verrichtungen des Fleischers an bis zu des Gerbers seinen. Sie haben zu allerley Werken nur ein Messer, welches wie ein halber Mond gemacht ist; wie unsere Hackemesser in der Küche; ein Polierzeug von Knochen oder Elfenbeine; einen Fingerhuth, und zwo oder drey Nadeln. Bey dem Baue ihrer Hütten verrichten sie alle Mäurerarbeit, und die Männer die Zimmerarbeit. Diese sehen übrigens ihre Weiber ganz kaltsinnig mit schweren Steinen auf dem Rücken gehen. Dagegen überlassen sie ihnen auch alles, was sie haben oder sich erwerben, ausser dem Fischthrane, den die Männer verkaufen. Wenn nichts mehr im Hause ist, und alle Lebensmittel verzehret sind, so giebt man sich in Geduld; Mann und Frau vertragen sich wohl und sterben zusammen vor Hunger, oder essen ihre alten Schuhe, wenn sie noch übrig sind. Nichts scheint sie sehr zu rühren, als ihrer Kinder Leiden. Wenn eine Familie ohne Kinder ist, so nimmt der Mann einen oder zween Waisen an; die Frau ein älternloses Mägdchen, oder eine Witwe. Diese an Kindesstatt aufgenommenen Personen müssen in dem Hause dienen: sie behalten aber die Freyheit, wenn sie wollen, wieder zurück zu gehen. Ein Herr schlägt niemals seine Bedienten, besonders vom männlichen Geschlechte: schlüge er aber ein Mägdchen, so würde es ihm ein Schimpf seyn.

Der unglückliche Zustand der Weibespersonen.

Ueberhaupt sind die Grönländerinnen nicht glücklich, es wäre denn in ihrer ersten Kindheit, oder wenn sie in ihres Vaters Hause bleiben, wo sie sehr gelinde behandelt werden. Aber sonst ist ihr Leben vom zwanzigsten Jahre bis an den Tod nichts als eine Kette von Mühe, Mangel und Elende. Wenn ihr Vater stirbt, so sind sie ohne alle Hülfe und müssen dienen, damit sie ihr Leben durchbringen. Wenn sie einen Herrn haben, so wird es ihnen zwar nicht an Nahrung mangeln, aber sie haben noch nichts zur Kleidung. Haben sie nicht etwas Angenehmes in der Gestalt, oder sind zur Arbeit geschickt, so bleiben sie unverheurathet. Wenn sie sich aber verheurathen,

so

Cranz von Grönland. so geschieht es selten nach ihrem Sinne. Das ganze erste Jahr fürchten sie sich, verstoßen zu werden, wenn sie keine Kinder bekommen; würden sie wegen ihrer Unfruchtbarkeit abgedankt, so ist es um ihren guten Namen geschehen, sie haben nichts mehr übrig, als daß sie dienen oder sich schänden lassen, damit sie ihren Lebensunterhalt gewinnen. Behält sie der Mann, so müssen sie seine üble Laune und das Schmälen und Keifen der Stiefmutter ertragen, und gut aufnehmen. Wenn der Mann stirbt, so hat sie kein andres Witwengut, als dasjenige Geräth, welches sie ins Haus gebracht hat. Wenn sie Kinder zu ernähren hat, so muß sie sich in Dienste begeben, wenigstens wenn sie keinen Sohn hat; denn in dem Falle ist ihr Zustand als Witwe besser, als der Zustand der Ehefrau. Wenn eine Frau alt wird, ohne Kinder zu haben, die ihr Achtung zuziehen können, so ist ihr einziges Hülfsmittel das Zauberhandwerk, wobey sie etwas Gewinn haben kann, aber nicht ohne Gefahr, bey dem geringsten Argwohne, daß sie jemand bezaubert habe, gesteiniget oder ins Meer geworfen, oder erstochen und in Stücken zerrissen zu werden. Entgeht sie allen diesen Gefahren, so wird sie, weil sie nur sich und andern zur Last ist, lebendig begraben, oder aus Mitleiden ersäuft. Was für Vergnügen bleibt wohl solchen Leuten übrig, deren Weiber so unglücklich sind?

Ungeachtet aller dieser Mühseligkeiten aber, die mit ihrem Stande verknüpfet sind, leben die Weiber doch gemeiniglich weit länger, als die Mannspersonen. Diese bringen den größten Theil ihres Lebens auf dem Meere mitten unter Wasser und Eise bey Schnee und Regen, in beständigen Arbeiten und Gefahren zu, wobey sie von dem äußersten Hunger zu der äußersten Unmäßigkeit getrieben werden, da sie nur einmal des Tages, aber alsdenn auch mit einer desto größern Gefräßigkeit essen. Selten bringen sie es daher bis zum funfzigsten Jahre, und ihrer sind bey weitem nicht so viel, als der Weiber; welches ohne Zweifel die Vielweiberey veranlasset, und auch einiger Maßen rechtfertiget. Die Weiber aber bringen es bis auf siebenzig, achtzig Jahre und noch höher. Allein, dieses Uebrige ihres Lebens wird theuer genug erkauft durch die thörichte und abscheuliche Ausübung ihres Aberglaubens, woraus sie sich eine einträgliche Kunst machen. Denn bey allen ungebildeten Völkern haben die alten Weiber das Vorrecht, die Kinder in Furcht zu jagen; und ist die Unwissenheit nicht eine Kindheit in jedem Alter? Die grönländische Lebensart hat gewiß für einen Europäer nichts verführerisches. Sobald man durch das Wetter genug herumgeworfen ist, so muß man eine elende Hütte für den angenehmsten Haven ansehen; und in einem Lande, wo alle Elemente sich gegen das menschliche Geschlecht zu verschwören scheinen, wird, wenn man einige Tage den schrecklichsten Hunger gelitten hat, die elendeste Mahlzeit dieser armen Wilden ein königliches Mahl. Man kann aber alsdann nicht umhin, die gute Ordnung und sogar einige Nettigkeit, die ihnen eigen ist, in ihren Häusern zu bewundern. Denn bey ihren beständig schmutzigen Händen, ihrem ölichten Gesichte, und dem stärksten Fischgeruche, verwahren sie doch ihre Festkleider, sorgfältig zusammen gelegt, in einer Art von ledernen und mit der Nadel gestickten Mantelsacke. Ob sie gleich lederne Eimer haben, die nicht gut riechen, so ist doch alles ihr Schöpfwasser in sehr saubern und mit Kupfer und glänzenden Knochen versehenen hölzernen Ständern verwahret. Kurz, wenn man von einem Volke, welches beständig im Fette und Blute der Seehunde und Walfische schwimmt, nicht einmal ein so erträgliches

ches äußeres Ansehen erwarten kann, wie bey unsern Handwerkern und Bauern: so herrschet doch in Grönland mehr Einigkeit und Zufriedenheit in einer Hütte, die mehr Familien aus verschiedenen Stämmen in sich fasset, als man bey uns in einem Hause findt, das aus einigen Personen einerley Geblütes besteht. Wenn ein Grönländer glaubet, daß ihn die Leute in der Hütte, worinnen er wohnet, nicht gern sehen, so suchet er sich ohne Murren und Klagen eine andere Wohnung. Sie sind allezeit bereit, einander gegenseitig beyzustehen; und niemand gründet seine Trägheit auf die Arbeitsamkeit eines andern. Sie bemühen sich so sehr, einem von ihren Fischen etwas anzubiethen, daß man nicht einmal darum bitten darf; und die Gastfreyheit kömmt in diesem armen Lande dem Betteln zuvor. Ohne diese gegenseitige Freygebigkeit, da man allezeit seine Nahrung auf einige Meilen weit von Hause suchen muß, würde man oft in Gefahr seyn, auf der Reise Hungers zu sterben. Cranz von Grönland.

Das III Capitel.

Von der Aufführung und dem Charakter der Grönländer in dem bürgerlichen Leben.

Besuch der Grönländer unter einander. Ihre Gerichte und Schüsseln. Ihre Festtage. Sie sind Gaukler. Ihre Art zu erzählen. Wie man ihnen durch Vergleichung anzeiget, was sie noch nicht gesehen haben. Ihr Handel. Ihre Jahrmärkte. Ihre Waaren. Ihr Handel geschieht durch Vertauschen. Materie des Tausches, welche sie suchen. Lustbarkeiten der Grönländer. Fest der Sonne. Beschreibung der grönländischen Trummeln. Gewöhnliche Spiele zur Uebung des Leibes. Art von Policey, oder die Versammlung der Gerechtigkeit.

Die natürliche Beschaffenheit der Himmelsgegend und des Erdbodens hat einen so großen Einfluß auf die Sitten und den Charakter aller Völker überhaupt, als besonders der wilden Völker, daß ein Weltweiser alles, was sie thun, oder sagen, errathen müßte, wenn er ihre Handlungen und Gespräche, nach den Bedürfnissen und Hülfsmitteln der natürlichen Beschaffenheit des Landes, welches sie bewohnen, muthmaßete. Die Beschäfftigungen der Menschen gehen nur auf das, was ihr Land hervorbringt; alle ihre Verhältnisse des Handels und des gesellschaftlichen Lebens beruhen auf ihren Beschäfftigungen. Man sieht auf das, was man einsammelt; man redet von dem, was man sieht; es ist daher nicht schwer, nach dem Gemälde, welches man von Grönland machen will, über das gesellige Leben seiner Bewohner, über ihre Art und Weise Handlung zu treiben, und alles gemeinschaftlich ab zu handeln, über ihre Besuche, Mahlzeiten, ihren Umgang, ihre Feyertage, Spiele, und über alle Lustbarkeiten, die sie anstellen, zu urtheilen. Aber wie Reisebeschreibungen nicht einzig und allein für Weltweise geschrieben werden, obgleich diese den größesten Nutzen daraus ziehen, so kann man der Neugierde der meisten Leser eine umständliche Erzählung

Cranz von Grönland.

zählung von solchen Gegenständen nicht versagen, die dem schönen Geiste zwar zu gering oder nichts bedeutend scheinen, welche aber dennoch in den Augen tiefsinniger Beobachter wichtig werden. Wir wollen noch einmal den Herrn Cranz hören, diesen natürlichen und treuen Geschichtschreiber eines Volkes, das unglücklich ist, ohne boshaft zu seyn.

Die Grönländer, saget er, sind nicht sowohl eifersüchtig, unter sich zu schimmern, oder sich ein gewisses Ansehen zu geben, als besorgt, alles das zu vermeiden, was sie lächerlich, oder ihnen einen bösen Namen machen könnte. Sie verstehen gar nicht die Kunst der Complimente, oder der Verbeugungen, und sie können sich des Lachens nicht enthalten, wenn sie einen Europäer aufrecht und mit entblößtem Kopfe vor jemanden stehen sehen, den er, sie wissen nicht warum, seinen Obern nennet. Sie entrüsten sich besonders über diese Oberherrschaft, wenn sie so weit geht, daß ein Mensch den andern ungestraft schlagen kann. Sie bemühen sich weniger zu gefallen, als nicht zu misfallen, dadurch, daß sie vielmehr Geduld, als Höflichkeit, verlangen; und sie sind geneigter, gar nicht zu beleidigen, als sich zu rächen. Sie würden um so viel verlegener seyn, einander zu schimpfen, und sich mit einander zu zanken, weil sie keine Schimpfwörter in ihrer Sprache haben; wenigstens wissen sie nichts von denen Flüchen und Schwüren, die unter uns so gemein sind. Sie erröthen gar nicht über dasjenige, was nichts strafbares oder beleidigendes an sich hat; sie erlauben sich gewisse Freyheiten, welche ihnen die Natur als Wirkungen der Verdauung befiehlt; und ob sie gleich über Reden, welche die Höflichkeit für schmutzig oder unanständig hält, nicht böse werden, so sind sie dennoch so behutsam, daß sie sich in Gegenwart der Europäer diese Freyheiten versagen, wenn sie sehen, daß sie verdrüßlich darüber werden, oder ein Misfallen daran haben.

Alle diese Sachen werden Lesern von einem gewissen Range kindisch scheinen: allein, der Herr von Montagne würde es nicht für unanständig gehalten haben, sie zu sammlen. Indessen würde doch dieser Weltweise, so bald er nur auf der Karte die Breite und die Lage von Grönland, mit der Aussicht auf die Berge und Wasser, welche dieses Eisland durchschneiden, gesehen hätte, so gleich bemerket haben, ohne dieß zu lesen, daß es trocken, wenig bebauet und bewohnet seyn müsse; daß die Leute daselbst hart, und so kalt wie der Boden seyn; daß, weil sie nur von thranichten Fischen leben, welche sie fangen, abziehen und zubereiten, sie nicht anders als schmutzig und unangenehm seyn können; und daß, weil sie sich bey ihrem wenigen Vorrathe von Holze und eisernen Werkzeugen, aus Mangel der Bergwerke und Hölzer, sie schlecht und armselig wohnen, allezeit zusammen und friedfertig bleiben müssen, und, da sie das halbe Jahr hindurch, entweder auf der Jagd, oder bey dem Fischfange beschäfftiget sind, mit dem stürmenden Meere, den mit Eise bedeckten Bergen, und mit ungeheuren Seethieren um ihr Leben zu kämpfen, sie keine Zeit übrig behalten, die Künste, welche die Nothwendigkeit zuerst erfunden, zur Vollkommenheit zu bringen, noch auf Pracht und Annehmlichkeiten des Lebens zu denken; daß folglich ihr Leben elend, ihr Charakter traurig, ernsthaft und zurückhaltend sey, und daß ihre ganze Gesellschaft etwas von der feuchten Finsterniß und von demjenigen traurigen Horizonte empfinden müsse, welcher kaum der Sonne in der langen Nacht, worinn die Grönländer verhüllet sind, einige Monate zu regieren überläßt. Obgleich der Weltweise alle diese Schlüsse vorher gesehen hat, so würde er doch gern den Beweis und die Entwickelung

in

in Thaten gelesen haben, die sie bekräftigen. Die Geschichte eines Volkes, das noch nie jemanden böses gethan hat, würde den Vertheidiger der Sitten der Cannibalen eingenommen haben. Sie wird ohne Zweifel eben die Reizungen für diejenigen haben, welche nicht ohne Betrübniß die Geschichte der mittäglichen Völker lesen können, die entweder Ueberwinder oder Ueberwundene sind. Sie mögen ihre Augen von diesem blutigen Lande wegwenden, und sie auf ein Gemälde, zwar grober, aber doch unschuldiger Sitten werfen.

Cranz von Grönland.

Wenn sich die Grönländer besuchen, um die leeren Winterstunden auszufüllen, so bringen sie einander Geschenke mit. Sie empfangen sich mit fröhlichen Gesängen; man bemühet sich, die Fahrzeuge der Fremden aus zu laden, und an das Land zu bringen. Die Geschenke bestehen in eßbaren Leckerbissen, oder im Schmucke aus Pelzwerken; das heißt in Thierfleische und einer Seehundeshaut. Um diesen Preis bemühet sich ein jeder, damit er Leute zu sich ziehe, sie nach Würden wohl auf zu nehmen. Aber auf beyden Seiten schweigt man Anfangs stille. Hernach nöthiget der Hauswirth den Fremden, den Reiserock ab zu legen, und ihn auf dem Roste über der Lampe zu trocknen. Er biethet ihm an, seine Kleidung und Felle zu verändern, und bittet ihn, sich auf die Bank zu setzen. Diesen Ehrenplatz verbitten die Europäer gemeiniglich, ohne Zweifel, weil er der unbequemste ist; denn alle diese Ehrenbezeugungen werden fast immer auf Kosten des Vergnügens gemacht. Hernach redet man sehr ernsthaft vom Wetter, Fischfange und von der Jagd. Die ganze Unterredung, wobey die Leute versammlet sind, geschieht an dem schönsten Orte des Zimmers, welches alle Gemächer ausmacht und das, so zu sagen, zu allen Bedürfnissen und Bequemlichkeiten des Lebens dienet. Die Weiber reden in ihrem Winkel unter einander, mit kläglichem Geheule von ihren verstorbenen Aeltern, worauf oft genug lustige Histörchen zum Lachen folgen. Die Tabacksdose geht geschwind herum, und ein jeder zieht den Taback aus derselben mit der Nase heraus; vielleicht ist diese Gewohnheit den Grönländern nicht so unanständig, als diejenige ist, ihn mit beschmutzten und von Fette oder Oele sehr stark stinkenden Fingern zu nehmen. Die Dose ist aus Hirschhorne gemacht, mit Zinn oder mit Messing gezieret oder gefüttert. Unterdessen bereitet und trägt man das Essen auf. Die Fremden lassen sich von ihrem Wirthe mehr als einmal nöthigen, und stellen sich sehr gleichgültig dabey an, aus Furcht, sie möchten für arm oder hungerig angesehen werden. Der Tisch ist insgemein mit drey oder vier Schüsseln besetzt; an großen Festtagen aber mit einer größern Anzahl. Ein Kaufmann von der dänischen Colonie zählte bey einer großen Gasterey, wozu er mit einigen Grönländern eingeladen war, bis auf zehn Schüsseln in folgender Ordnung: gedörrte Häringe; getrocknetes Fleisch von einem Seehunde; eine andere Schüssel mit gekochtem Seehunde; Mikiak, das ist, halb verfaultes Seehundsfleisch, welches man ein wenig wildartig nennet; gekochte Alken; ein Stück von dem Schwanze eines Walfisches, das sehr geräuchert war; dieses ist eigentlich das Gericht, worauf die Gäste eingeladen werden; gedörrten Lachs; Rennthierfleisch, anstatt Vögel oder Wildpret; Confect von wilden Maulbeeren mit einer Brühe aus dem Magen eines Rennthieres gemacht; dieser Magensaft ist nicht ganz weiß, und man erräth leicht, was es ist; eine andere Schüssel mit eben derselben Frucht, die aber mit Thrane zubereitet war, um hiermit die letzte Tracht zu beschließen und zu krönen. Die Mahlzeit wird durch ihre Gespräche verlängert; das heißt, dadurch,

Besuch der Grönländer unter einander.

Gerichte und Schüsseln bey einem großen Feste.

durch,

Cranz von Grönland. durch, daß sie vom Seehundesfange reden. Ein jeder kann seine Geschichte von dieser Materie so weit ausdehnen, bis seine Zuhörer gähnen und einschlafen. Denn diese Mahlzeit ist ein Abendessen.

Die Grönländer machen viele Gebährden. Dieses kalte Volk machet viele Gebährden; weil diese die erste Sprache des Menschen sind, und weil diese Sprache um so viel mehr in der Mittheilung der Begriffe herrschet, je weniger sie durch eine nothdürftige Sprache ersetzet wird, wie dieses bey wilden Völkern ist. Uebrigens ist es den Menschen, die mehr Bewegung machen, als sie reden, sehr natürlich, ihre eigenen Handlungen, die sie erzählen, durch nachahmende Gebährden vorzustellen, die sie vielleicht besser in der Hand haben, als in Worten. Ja, wenn ein Grönländer auch den Nachbarn, die rings um seine Lampe versammlet sind, seine Geschichte bey der Nachtzeit erzählet, und wenn er die Versammlung mit dem Fange eines Seehundes unterhalten will, so stellet er mit seiner linken Hand das Ungeheuer vor, und mit seiner rechten den Ueberwinder oder sich selbst. Der Seehund erscheint, dieß ist der linke Arm; der Mensch nahet herbey, dieß ist der rechte; er ergreift die Harpune, er hebt sie leise in die Höhe, er neiget, er richtet sie, er wirft sie fort und stößt sie mit aller nur ersinnlichen Stärke. Das Thier (dieß ist die linke Hand) hüpfet und springt unter dem Wurfspieße, es tauchet ins Wasser, es kömmt wieder herauf, es sieht den Fischer (dieß ist die rechte Hand, welche sich aus Furcht zurück zieht); das Ungeheuer schwimmt gegen den Kajak, ihn um zu werfen; und der rechte Arm sich um zu wenden, herum zu drehen, oben zu schwimmen, und umzuwerfen; er erhebt sich wieder, und schüttelt sich ab; er nimmt einen Wurfspieß und stößt mit doppelten Kräften in den Leib des Ungeheuers. Es ist ein Vergnügen, zu sehen, wie der Grönländer seine beyden Hände mit einander kämpfen läßt, so daß sie einander angreifen, zurücktreiben und wechselsweise zu Boden werfen, bis die rechte endlich den Sieg behält. Aber nichts ist kurzweiliger, als die Aufmerksamkeit der Kinder auf diese Erzählung zu beobachten, welche sie stets in ein furchtsames Schrecken oder in eine gewaltige Freude versetzt; und alle Bewegungen des Redners wechselsweise in ihre Augen und auf ihr Gesicht bringt, der auch eben so plump und so schwer ist, als der Walfisch oder das Ungeheuer, dessen Streit und Ueberwindung er beschreibt.

Ihre Art zu erzählen.

Wie man ihnen durch Vergleichungen anzeiget, was sie noch nicht gesehen haben. Wenn ein Fremder mit den Grönländern von dem, was ihr Land hervorbringet, oder von den europäischen Gebräuchen redet, so muß er ihre Sprache gebrauchen, das heißt, er muß ihnen die Sachen, die ihnen unbekannt sind, durch Vergleichung mit Gegenständen erklären, die ihnen bekannt sind; die Vergleichungen bestehen so zu reden in dem Gewerbe der Begriffe, die das sind, was Maaß und Gewicht in der Handelschaft mit Lebensmitteln sind. Wenn die Unterredung eine sehr bevölkerte Stadt betrifft, so drücket man die Anzahl ihrer Bewohner den Grönländern dadurch aus, daß man ihnen saget, wie viele Walfische man haben müsse, um alle Leute dieser Stadt einen Tag zu ernähren. Aber weil sie keine Walfische haben (der Europäer redet) so müssen sie Brodt essen, welches wie Gras aus der Erde wächst, und Fleisch von verschiedenen Thieren, wovon einige Hörner haben. Die Leute daselbst (fährt der Europäer in der Erzählung fort) lassen sich von einem Orte zum andern, auf den Rücken großer ausserordentlich starken Thiere, oder auch wohl auf fortrollenden Maschinen, tragen, welche diese Thiere ziehen. Die Grönländer nennen

alsdenn

Cranz von Grönland.

alsdenn unser Brodt Rasen, die Ochsen Rennthiere, und die Pferde große Hunde. Sie bewundern alles, was man ihnen von Europa erzählet, und sie bezeigen anfänglich ein großes Verlangen, in einem so fruchtbaren und wohl gesitteten Lande zu wohnen. Wenn man ihnen aber saget, daß der Donner daselbst zuweilen große Verheerungen anrichte, und daß keine Seehunde da seyn, so haben sie keine Lust mehr, in diese Länder zu kommen, die von dem Himmel und Meere verwünschet sind. Sie hören gern von göttlichen Dingen reden, wenn man ihnen nichts saget, das ihrem Aberglauben zuwider ist. Muß man sich nicht wundern, daß dieß Volk, welches nur so zu reden seine Vorurtheile hat, auch eben so eifersüchtig ist, sie zu behalten, als so viele andere Nationen seyn können, die Ihrigen aus zu breiten?

Handel der Grönländer.

Der Handel der Grönländer ist sehr einfach, und sie vertauschen ihr Ueberflüßiges für das, was ihnen mangelt. In dieser Absicht aber handeln sie auch oft so eigensinnig, als die Kinder, weil sie den Preis der Sachen nicht besser kennen. Weil sie neugierig auf alles das sind, was sie Neues sehen, so werden sie zwanzig Täusche treffen, und doch allezeit an einer jeden Waare verlieren, die sie umsetzen. Sie geben ein nützliches Hausgeräth für ein Spielwerk, welches ihnen die Zeit vertreibt; sie ziehen eine Tändeley Geschirren vor, und alles das, was ihnen gefällt, demjenigen, welches ihnen könnte nützlich seyn. Diese groben Wilden gleichen bisweilen unserm vornehmen Frauenzimmer, nur daß sie zufrieden sind, Fremde zu betriegen, und weder das Spiel noch den Handel kennen, wobey man es für erlaubt hält, sich unter einander zu bestehlen.

Ihre Jahrmärkte.

Das Tauschen der Grönländer geschieht an einem Orte, nach Art eines Marktes, worauf das Volk insgesammt zusammen kömmt. Dieser wird aller Jahre im Winter am Sonnenfeste gehalten; man wird es bald kennen lernen. Die Grönländer gehen auf diesen Jahrmarkt, gleich wie auf eine Pilgrimschaft; sie legen daselbst ihre Waaren aus und fordern diejenigen dafür, welche sie haben wollen. Die Einwohner in Süden haben keine Walfische, und die in Norden kein Holz. Es gehen also aus Süden, ja selbst von der Ostseite des Landes, Schiffe ab, welche an die drey oder vierhundert Meilen weit nach der Diskobay fahren. Daselbst vertauschen sie Holz und Gefäße von unechtem Marmor gegen Hörner und Fischzähne, Walfischbarden, Rippen, Knochen und Schwänze. So geschieht der Handel unter den Leuten dieses Volkes.

Auf diesen Reisen oder Walfahrten zur See schleppen sie ihre ganze Familie, Habe und Gut mit sich. Sie sind dergestalt gewohnt, entweder aus Unbeständigkeit oder Neugierde, oder auch aus Gleichgültigkeit gegen eben so unbewohnbare als unbequeme Oerter, ein herumirrendes Leben zu führen, daß, wenn sie nicht bald an einem Orte fertig werden, sie ihre Waaren an einen andern bringen. Oefters vergehen Jahre, ehe sie wieder in ihr Vaterland zurück kehren. Denn wenn sie der Winter an einem Orte überfällt, so setzen sie sich daselbst fest und bauen eine Hütte, um den Winter da aus zu halten; aber vorzüglich in der Nähe einer dänischen Colonie. Das Land und die See stehen ihnen überall offen, und weil diese herumirrenden Familien sich bald hier, bald da aufhalten, so sind sie versichert, daß sie allenthalben Freunde und Bekannte finden.

Cranz von Grönland.

Ihr Handel geschieht durch Tauschen.

Materie des Tausches, welche sie suchen.

Der Handel der Völker des Landes mit den Fremden geschieht in Fuchs- Hands- oder Seehundsfellen, besonders aber mit Fischthrane; und um dessentwillen haben auch die Europäer hier Comptore errichtet. Die Grönländer bekommen niemals Geld zur Bezahlung; denn Geld gilt bey ihnen nicht, und dessen Materie hat keinen Werth. Es ist ihnen gleich viel, ob sie eine goldene Halsschnur oder eine messingene, Ohrringe von Glasperlen oder von Diamanten haben. Sie achten nur die europäischen Galanteriewaaren, weil sie glänzen; und sie sehen nicht so genau auf die Gründlichkeit dieses Glanzes. Mehr als einmal haben sie eine Guinee, oder einen spanischen Piaster, welche sie einigen fremden Schiffern entwendet hatten, für ein Paar Pfund Schießpulver oder eine Unze Tabak hingegeben. Sie fragen nicht so viel nach dem Golde, als sie nach Eisen begierig sind, und suchen daher zum Vertauschen erstlich Harpunenspitzen, Messer, Scheeren, Bohrer, Sägen und Meisel; hernach leinene Tücher, oder Cattunen Zeug, starkes Tuch, Mützen und wollene Strümpfe, Schnupftücher, Schachteln, hölzerne Löffel, zinnerne Schüsseln, kupferne Kessel, Kämme, Band und Spielzeug für Kinder. Dieß ist ihr ganzer Pracht. Sie kaufen sich auch gern Flinten, Pulver und Bley: dieser Gegenstand des Tausches aber bringt ihnen nicht viel Nutzen; und sie verlieren dabey allezeit sehr viel. Der Schnupftaback dienet ihnen anstatt der Scheidemünze, das heißt, sie thun und geben sehr viele Sachen für einige Prisen Taback. Die Schneider und Schuster begnügen sich mit diesem Gelde; man wird einem für ein wenig Taback Hände voll Eiderdunen, Eyer, Vögel, und eine Schüssel mit Fischen bringen; öfters wird ein Grönländer eher die Kleider vom Leibe verkaufen, und mit seiner Familie Hungers sterben, als seiner Nase diesen unglücklichen Staub versagen, welcher den wilden Völkern eben so schädlich ist, als den Europäern der Goldstaub. Dieser Taback richtet beynahe unter den Grönländern eben so viel Unheil an, als die starken Getränke in andern Ländern. Zum guten Glücke kosten diese unter einer so armen Himmelsgegend gar zu viel, als daß sie den Einwohnern schädlich seyn könnten.

Lustbarkeiten der Grönländer.

Fest der Sonne.

Die traurigen Grönländer haben dem ungeachtet Tänze. Sie haben auch ihre Festtage. Das Sonnenfest halten sie zur Zeit der Sonnenwende im Winter, um die Zurückkehr dieses Gestirnes zu feyern, welches, wiewohl mit langsamen Schritten, die Jahreszeit zurückführet, in welcher man jaget, und auf den Fischfang ausgeht. Es ist sonderbar, daß man die Sonne zu der Zeit verehret, da die längsten und kältesten Nächte sind, worinnen man nicht den geringsten Strahl vom Tage, so zu reden, sieht; kurz, worinnen die Natur nichts als Trauren, Betrübniß, Stillschweigen und Schrecken des Todes darbietet. Indessen erwachet doch mitten in der Finsterniß, und in diesem Nichts, eine Art von Freude bey dem größesten Theile der Bewohner des Landes, in welchem die Menschen mehr nichts, als nur einen schwachen Glanz von Lichte und Hoffnung, haben. Man bemerket, daß alle Völker zu Ende oder vielmehr zu Anfange des Jahres Festtage gehabt und noch haben, und daß diese Feste gemeiniglich eine Geburt anzeigen. Bey den Morgenländern war es der Aufgang der Sonne, wenn sie wieder an den Himmel kömmt. In Persien, zu Rom war vornehmlich die Wiederkunft des Winters feyerlich. Man müßte wissen, ob die Hottentotten, die Leute in Chili, und alle Bewohner des südlichen gemäßigten Erdgürtels eben dergleichen Feste zu der Zeit haben, wenn unser Sommer wieder zurück kehret. Man würde alsdann

dann sehen, daß die Sonne allenthalben ein und eben dieselben Eindrücke auf den Geist der Menschen gemacht hat. Allein, wenn die Feste der Grönländer, bey der Zurückkehr dieses Gestirnes, kein Ueberbleibsel des alten Aberglaubens sind, welcher sich nach den Polen wird begeben haben; müssen sie da nicht eine natürliche Wirkung der Unthätigkeit seyn, worinnen sich die Menschen während der Ruhe des Jahres befinden? Wenn sie die Kälte und die Nacht rings um ihre Feuerheerde versammelt; sind sie da nicht aus Mangel der Arbeiten, welche Wärme und Bewegungen unterhalten müssen, alsdann verbunden, auf Spiele, Leibesübungen, Feste und Tänze, kurz, auf Mittel zu denken, wodurch das Blut bis auf das Aeußerste ihres Leibes in ihren Adern kann zum Umlaufe gebracht werden? Es ist ohne Zweifel eine Folge dieser Nothwendigkeit, daß sich die Grönländer auf allen Seiten versammlen und einander einladen, das Beste, was sie haben, essen, wechselsweise von einer Hütte in die andere gehen, und das Wohlleben in Erwartung der Mühseligkeit suchen. Wenn sie nicht, wie wir, das barbarische und alberne Vergnügen haben, sich zu betrinken, so essen sie dagegen um desto mehr, weil sie nur Wasser trinken. Cranz von Grönland.

Wenn sie sich so satt gegessen haben, daß sie bersten möchten, so heben sie die Tafel auf, um nach dem Schalle der Trummel zu tanzen. Dieses Instrument ist aus einem zwey Finger breiten Reife vom Walfischbeine oder Holze gemacht, ovalrund gebogen, woran man ein sehr starkes, obwohl dünnes Fell gespannet hat. Dieses Fell ist von der Haut einer Walfischzunge gezogen, und die Ellipse, welche es auf der Trummel macht, ist ein und einen halben Fuß lang. Diese Trummel, welche nach der Gestalt einer Raquette gemacht ist, wird mit der linken Hand durch einen Griff gehalten, und sie schlagen darauf mit einem Stöckchen, welches sie in der rechten haben. Bey jedem Schlage, den der Trummelschläger thut, machet er einen Sprung mit Bewegung des Kopfes und des ganzen Leibes, ohne von seiner Stelle zu gehen. Der Tact ist richtig, und die Zeiten werden nach dem Werthe einer geschwänzten Note mit zweenen Schlägen bemerket. Der Trummelschläger begleitet seine Musik und seinen Tanz mit einem Gesange von Seehundesfange, von denen Thaten, die das Volk zur See verrichtet hat, von den rühmlichen Thaten ihrer Vorfahren und von der Zurückkehr der Sonne an den Horizont von Grönland. Die Versammlung beantwortet den Gesang mit Springen und Freudengeschreye, indem sie die Verse seines Liedes mit dieser Zeile, welche man in einem Chor wiederholet, unterbricht: Amna ajah ah ah! Beschreibung der grönländischen Trummel.

Wenn der Sänger auf diese Weise einen Auftritt oder vielmehr einen Aufzug gespielet hat, welcher eine Viertheilstunde währet, so begiebt er sich ganz ausser Athem weg, vom Schweiße benetzt und beynahe vom Gesange, vom Schreyen vom Tanzen, von der Verstellung des Gesichtes erschöpfet, womit er die Versammlung vergnüget hat. Ein anderer ergreift sogleich seinen Platz und seine Rolle. Das Spiel währet so die ganze Nacht durch. Man schläft den folgenden Tag bis auf den Abend, an welchem das Fest durch ein Abendessen wieder anfängt, worauf ein Ball folget. Auf diese Weise vergehen viele Tage, so lange bis man keinen Mundvorrath mehr zum Schauspiele hat, oder bis die Schauspieler ihre Stärke und Stimme gänzlich verloren haben.

Sie haben auch ihr Ballspiel, welches sie beym hellen Mondscheine spielen. Man theilet sich in zwo Partheyen; einer von den Spielern wirft den Ball einem von Gewöhnliche Spiele zur Uebung des Leibes.

seinen

Cranz von Grönland.

seiner Partey zu, und die von den andern Parteyen bemühen sich, ihn zu ertappen und ihn unter sich herum zu schicken und zu werfen; oder man treibt auch wohl den Ball bis an ein gewisses Ziel fort, das sehr weit entfernet ist, und der geschwindeste von der Partey muß ihn einholen.

Unter denen Arten des Ringens, welche dienen, sie zu dem mühseligen Zustande abzuhärten, zu welchem die Natur sie verdammet hat, haben sie eine, welche darinnen besteht, daß sie sich derbe Stöße mit der Faust auf den Rücken geben: derjenige von den beyden Kämpfern, welcher diesen Angriff am besten aushält, ist der Sieger, und er muß die andern zum Streite herausfordern, bis er mit denen Stößen, die er bekommen hat, zufrieden ist, und sich in Tapferkeit zurück ziehet. Sie üben sich auf gleiche Weise in verschiedenen Arten von Tanzen auf einem Seile, und hierinnen scheinen sie nicht ungeschickt zu seyn.

In diesen Versammlungen aber, die verschiedene Male des Jahres wiederholet werden, so lange als man einen Ueberfluß an Mundvorrathe hat, und die Jahreszeit ihnen nicht erlauben will, das Meer zu besuchen und sie zu handeln einladet, giebt es Herausforderungen, worinnen man seine Streitsachen durch Tanzen und Singen beyleget; und diese Spiele nennen sie den Sängerstreit. Ein Grönländer, der sich von einem andern geschimpfet zu seyn glaubet, bezeuget darüber weder Zorn noch Empfindlichkeit, sondern verwahret seine Rache und läßt alle seine Galle in einer Satyre aus, welche er im Tanzen und Singen vor seiner Familie wiederholet und besonders in Gegenwart der Frauenspersonen, bis er sie recht auswendig weis. Alsdann fordert er seinen Gegner zu einem Zweykampfe, sich nicht auf den Degen, sondern durch die Stimme mit ihm zu schlagen. Dieser nimmt die Herausforderung an, und stellet sich in einer Art von Rennkreise auf den Schauplatz, welcher nur eine Bank ist. Der Angreifer fängt an, seine Verse nach dem Klange der Trummel anzustimmen, und diejenigen, welche auf seiner Seite sind, unterlassen nicht, nach einem jeden Verse, welchen sie in einem Chore wiederholen, das: Amna ajah zu singen, so lange bis die Versammlung allen den bösen Reden, welche der Ankläger wider seinen Gegner ausstößt, durch lautes Lachen Beyfall giebt. Dieser erscheint nun seiner Seits auf dem Schauplatze, und antwortet der Satyre durch beißende Scherzreden, welche von dem Beyfalle seiner Partey unterstützet werden; und die Lacher gehen oft auf seine Seite. Der Urheber der Herausforderung kömmt wieder an die Reihe, und treibt das Lächerliche auf seinen Feind zurück. Dieser Streit währet so einige Zeit, und derjenige trägt den Sieg davon, welcher den letzten Angriff thut. Er hat seinen Proceß gewonnen; die Zuschauer, welche Richter sind, fällen das Urtheil, und sie geben demjenigen den Sieg, welcher das Schlachtfeld behält. Diese Zweykämpfe endigen sich allezeit durch die Versöhnung und Freundschaft der Streitenden. Selten entstehen in diesen Versammlungen Geräusche, Aergernisse, oder verdrüßliches Lärmen: es sey denn, daß ein Mann, dem von seinen Verwandten oder Freunden geholfen wird, mit Gewalt ein Mägdchen wegführe, welches er heurathen will. Diese Arten von Entführungen gleichen dem Sabinerinnenraube, und sie können auch verziehen werden. Allein, an statt daß sie die Gewalthätigkeiten und Ausschweifungen wider die gesellschaftliche Ordnung berechtigen sollten, so nutzet man die Zeit dieser Versammlungen vielmehr, die gute Moral einzupflanzen, und die Satyren der Privatpersonen werden eine Unterweisung

für

für alle. Man lernet daselbst einem jeden dasjenige wieder geben, was er recht hat zu fordern, die Lügen und die Verleumdungen vermeiden; man tadelt den Betrug und die Ungerechtigkeit, vornehmlich den Ehebruch, welcher eines und das andere einschließt. Man tadelt die Laster und die schädlichsten Verbrechen in der Gesellschaft: und die Furcht vor der Entehrung ist der größeste Zügel, welcher die Grönländer zurück hält. Diese Art öffentlicher Rache beuget der sonderbaren Rache, der Verrätherey, und dem Todschlage vor. Indessen kann man überhaupt sagen, daß dergleichen Spiele und satyrische Streite viel geschickter sind, die Zunge und die Bosheit der Tadler zu üben, als die Sitten lasterhafter Leute zu verbessern. Diese Ballversammlungen der Grönländer dienen ihnen zugleich anstatt der olympischen Spiele, des Areopagus, der Schaubühne, der Academie, des Jahrmarktes, des Gerichtshofes, und des Rathhauses. Alle diese Geschäffte verrichten sie mitten unter den Lustbarkeiten, die dem Betruge und der Bosheit wenig Zugang lassen. Wenn die Zänkereyen daselbst schnell sind, so werden sie doch noch schneller erstickt, und man hat niemals vorher darauf gedacht. Dieß ist der Sammelplatz der Gleichheit und der Freyheit; ein jeder Vater hat daselbst die Regierung über seine Familie, niemand aber über die ganze Versammlung. Der öffentliche Geist, welcher auf diesen Märkten regieret, verträgt sich mit dem besondern Geiste, welcher im Innersten der Häuser herrschet. Ein jedes derselben schließt viele Haushaltungen in sich, aber alle sind sie eine von der andern unabhängig: kein Oberhaupt herrschet daselbst. Keiner maßet sich daselbst eine Obergewalt an, als durch die Achtung, die mit dem Alter, der gesunden Vernunft, der Erfahrung, dem bey dem Fischfange erworbenen Ruhme, und mit der Kenntniß der zu dieser Beschäfftigung bequemen Zeiten und Oerter verbunden ist. Ein Mensch, der dieses Verdienst hat, empfängt die freywillige Huldigung des ganzen Hauses, oder des Kreises, ohne sie zu fordern, oder zu suchen, welcher ihm seine Wohnung gegen Norden der Hütte anweist, ohne Zweifel, weil sie von dieser kältesten Seite her nicht offen ist; man trägt ihm die Aufsicht über die gute Ordnung und die Sauberkeit der Wohnung auf. Wenn jemand seinem Gutachten nicht folgen will, so hat der Aufseher nicht nöthig, Befehl zu geben, noch Mühe, über ihn zu urtheilen; sondern die ganze Hütte beschließt gemeinschaftlich, den folgenden Winter nicht mehr bey diesem Ungehorsamen zu wohnen, und es soll von dieser Ungelehrigkeit in den Liedern der nächsten Versammlung Meldung gethan werden, wenn sein Fehler diese öffentliche Bestrafung verdienet.

Cranz von Grönland.

Die Grönländer haben nur Sitten und keine Gesetze. Hier ist ein kurzer Begriff ihrer Sitten, oder vielmehr ihrer bürgerlichen Gewohnheiten, so wie ihn uns Herr Cranz, nach der Erzählung des Herrn Dalagers, Factors der dänischen Colonie in Grönland, machet. Ein jeder geht, wohin er will, und wohin es ihm gefällt. Wenn er an demjenigen Orte, an welchem er sich niederlassen will, Leute findt, so setzet er sich da nicht fest, es sey denn, daß er dazu eingeladen werde. Der Fischfang und die Jagd sind frey; man nimmt, was man findt, so gar ein Stück Wildprät oder einen Fisch, welcher in dem Netze eines andern seyn würde, wenn es nur einen Ueberfluß davon giebt, und wenn man nur nicht die Spur und den Gang der Thiere und der Jäger störet. Da sind keine Gehäge, keine vorbehaltene Oerter, wovon andere ausgeschlossen sind, auch selbst für Fremde nicht. Wenn aber diese ungewöhnliche Ansprüche machen und sich ungebührlich der Rechte und der Freyheiten, nach Art des

Art von Policey oder Handhabung der Gerechtigkeit unter den Grönländern.

Cranz von Grönland.

handelnden Europa, anmaßen wollten: so würden ihnen die natürlichen Einwohner des Landes viel lieber das Land und das Meer einräumen, als Streitigkeiten und Zank mit ihnen haben; und sie würden, wie es die Wilden in Canada machen, fremde Nationen um ein Land sich zanken und es mit ihrem Blute benetzen lassen, welches niemanden zugehöret, und niemals der Ungerechtigkeiten und Grausamkeiten werth ist, wodurch man es erkaufet. Derjenige, welcher Treibholz, oder Häute von Thieren, und Trümmern von einem Schiffbruche, an der Küste gefunden hat, bemächtiget sich dessen, wie sein eigen Gut, ob er gleich nicht an diesem Ufer wohnet. Er zieht aber diese Beute ans Land, und leget einen Stein auf den Haufen, welchen er davon gemacht hat. Dieß ist das Zeichen und Siegel seines Eigenthums; niemand rühret es an. Wenn dem Fischer eine Beute mit dem Wurfspieße entgeht, welchen er dem Fische in den Rücken geworfen hat, und wenn ein anderer Mensch das flüchtige und verwundete Ungeheuer tödtet, so gehöret mit Rechte die Beute dem ersten Stoße, und nicht dem letzten. Aber wenn der Seehund den Strick und die Leine zerreißt, woran die Harpune fest gemacht ist, welche er in dem Rücken hat, so verliert derjenige, welcher die Harpune auf das Thier geworfen hat, sein Recht, und derjenige, welcher den Seehund noch lebendig ergreift, oder todt findt, behält ihn, wenn er dem Fischer, welcher ihn geworfen hat, die Harpune wieder erstattet. Wenn man eins von diesen Ungeheuren herauf zieht, es ab zu fleischen, so muß derjenige, der zu erst das Messer in dasselbe hinein stecket, den Kopf und den Schwanz wegtragen, und von dem übrigen nimmt ein jeder weg, was er kann. Was den Leib des Walfisches anbetrifft, so hat der Zuschauer daran eben so viel Recht, als der Harpunier; und weil diese das meiste würden nehmen können, so sieht man wenigstens hundert Menschen sich mit dem Messer in der Hand auf den Leib des Walfisches werfen, ohne daß sich davon viele Zufälle eräugen, und die Schnitte des Messers auf die rechte und linke Seite, auf die Finger so vieler Leute fallen, die nach der Beute begierig sind. Dabey aber ist weder Bosheit, noch Beleidigung; niemand beklaget sich darüber. Wenn verschiedene Pfeile auf ein Rennthier treffen, so gehöret es der Hand, dessen Pfeil zunächst ans Herz getroffen hat; wenn nur allen Jägern ein Theil von der Beute überbleibt. Allein, seit dem die Grönländer Flinten gehabt haben, da niemand seine Kugel kennet, so giebt es öfters Streitigkeiten zwischen den Jägern, des Rechts und der Theilung der Beute wegen; und dieses wird ohne Zweifel nicht der größeste Schade seyn, welchen die Feuergewehre diesem wilden Volke verursachen können. Wenn jemand eine Fuchsfalle gemacht hat, und ist nachläßig, sie auf zu stellen, so erhält derjenige, welcher sie nach einer gewissen Zeit wird aufgestellt haben, das Thier, welches er in der Schlinge gefangen findt. Wenn einer jemanden sein Boot oder einige Geräthschaft leiht, so hat der Eigenthümer kein Recht, die Ausbesserung zu verlangen, wenn es etwa Schaden erlitten hat. Auch leihen sie nicht gern das, welches abgenutzt werden kann. Wenn einer einen Tausch macht, und nicht mit den Waaren, welche man ihm im Tausche giebt, zufrieden ist, so kann er den Kauf brechen, und das, was er geliefert hat, wieder nehmen. Derjenige Käufer, welcher nicht gleich bezahlet, kann auf Credit nehmen: wenn er aber vor Bezahlung seiner Schuld stirbt, so wird der Gläubiger des Verstorbenen Anverwandten kein Betrübniß dadurch zu fügen, daß er sein Recht fordert. Nach einer gewissen Zeit aber, kann er mit der Familie des Schuldners reden, und seine Waaren

wieder

wieder nehmen, wo sie nicht durch die Unordnung und das Plündern verloren gegangen sind, welches allezeit in dem Hause, worinnen ein Grönländer stirbt, zu geschehen pflegt. Ja, wenn einer eine auf Credit genommene Sache verderbet oder zerbricht, so kann niemand die Bezahlung dafür verlangen. Cranz von Grönland.

Dieß ist die Policey einer, ohne Zweifel, zwar unvollkommenen Gesellschaft; worinnen man aber noch weniger Ungerechtigkeiten begeht, als in den gesittetsten Staaten; weil sich daselbst nicht so viele Gelegenheiten, noch Versuchungen, zum Verbrechen finden. Uebrigens, wenn man etwa mit den Grönländern über das Fehlerhafte oder Unvernünftige in ihren Gewohnheiten redet, so antworten sie, wie die manierlichsten Völker von der Welt, es ist nun einmal so die Gewohnheit.

Das IV Capitel.

Moralischer Charakter, oder Laster und Tugenden der Grönländer.

In welchem Verstande die Grönländer ein wildes Volk sind. Sie sind wenig zum Lügen geneigt. Sie leugnen ihre Fehler, um ihre Ehre zu erhalten. Aber sie erdenken keine Falschheit, um zu betriegen. Scheinbarer Widerspruch in dem Gemälde, welches man von diesem Volke machet. Meuchelmord und Zauberey werden mit dem Tode bestrafet, aber aus Rache, und nicht nach den Gesetzen.

Kann man sagen, daß ein Volk, welches weder Religion, noch Regierung, weder göttliche, noch menschliche Gesetze hat, eigentlich Tugend habe? Diese Frage thut Herr Cranz bey dem Eingange dieses wichtigen Capitels. Er scheint sie aber zu entscheiden, wenn er uns in dem Charakter der Grönländer Eigenschaften erzählet, die lobenswürdig genug sind, selbst die Christen zu beschämen. Ich weis, saget er, daß man diesem dummen Volke abscheuliche Laster vorgeworfen hat, und daß die Reisebeschreiber das häßlichste Bild von ihnen gemacht haben: allein, so wie ein jeder Gegenstand zwo Seiten hat, so habe ich das Glück gehabt, mehr von dem vortheilhaftesten Anblicke der Sitten dieser Nation gerühret zu werden, als von ihrer allerschlimmsten Seite. Indessen werde ich das Gute und Böse mit der Treue anführen, welche einem jeden Maler zukömmt, der sein Gemälde nur ähnlich machen will. Dieß ist der Zweck und die Schuldigkeit eines Menschen, der öffentlich seine Reisen erzählet.

Man saget, die Grönländer seyn ein wildes Volk: man würde sich aber einen falschen Begriff von diesem Worte machen, wenn man es von einer ausschweifenden Lebensart, und von der Grausamkeit verstehen wollte. Sie sind in Ansehung unserer nur dasjenige, was bey den Griechen und Römern diejenigen Nationen waren, welche sie Barbarn hießen, obgleich einige von dieser Anzahl waren, die vieleicht bessere Gewohnheiten und Sitten hatten, wenigstens zur Glückseligkeit, als die römischen und griechi- In welchem Verstande die Grönländer ein wildes Volk sind.

Cranz von Grönland.

griechischen Gesetze. Denn die Sitten sind die Nahrung der bürgerlichen Gesellschaft, bey der die meisten Gesetze nur Hülfsmittel sind. Die Schiffer haben allezeit diejenigen Völker wild genannt, welche keine festgesetzte Wohnung haben, sondern haufenweise in Hölzern zerstreuet herumirren, wie gewisse Arten Thiere. So hat man die Heyden Götzendiener genannt, welche keinen Tempel in den Städten, sondern in den Dörfern hatten. Die Grönländer, saget Herr Cranz, sind kein wildes barbarisches und unfreundliches, sondern vielmehr ein sanftmüthiges Volk, von gutem Naturelle und ein Volk, das zu allen bürgerlichen Künsten geschickt ist, welche Geduld und einen starken Körper erfordern. Sie leben in dem Stande der Natur, oder wenigstens genießen sie die Freyheit, welche daraus entsteht: sie leben nicht in einer Gemeine, sondern in Gesellschaft. Sie sind durch die strenge Himmelsgegend vereiniget, welche sie nahe zusammen bringt und gleich macht, ohne daß sie durch Verträge eingeschränkt werden, welche aus dem Eigenthume der Felder entstehen. Ihre besondere Lebensart haben sie der Unfruchtbarkeit eines Landes selbst zu danken, welches sie viel eher durchstreifen, als sie es bewohnen. Seit mehr als tausend Jahren vielleicht sind sie in einer freyen und freywilligen Völkerschaft, ohne die Einrichtung nöthig zu haben, welche Athen und Lacedämon ersonnen, um das Joch ihrer eigenen Tyrannen oder der benachbarten Völker abzuschütteln. Kurz, die Grönländer, welche ohne Zweifel sehr schlecht von der Nation behandelt worden, haben keinen Herrn, und nicht zu befürchten, daß jemand möchte gereizet werden, sie diesem Joche zu entziehen und ihnen ein härteres auf zu legen, unter dem Vorwande, ihr Leben zu versüßen.

Sie leben gewiß in der größesten Armuth, wenn dieses Wort sich nicht vielmehr für die Classe der Unglücklichen schicket, welchen das Nothdürftige in den reichen und gesittetsten Staaten mangelt, als für ein Volk, worunter ein jeder für sich auf gleiche Weise und ohne Unterschied die gemeinschaftlichen Güter genießt, welche für die dringenden Bedürfnisse des Lebens hinreichend sind. Nichts lehret sie ihren Mangel oder erinnert sie daran; auch nicht einmal der Hunger, den sie ausstehen; weil man gewohnt ist, alles, was von der Natur kömmt, für gerecht oder nothwendig zu halten. Die Unabhängigkeit und die gegenseitige Sicherheit machen alle Glückseligkeit der Grönländer aus; sie kennen keine andere, und stellen sich auch keine auf der Erde vor. Sicher vor Privatrache oder öffentlicher Unterdrückung, vor Ränken und vornehmlich vor dem Kriege, welcher alles Böse der Natur in sich begreift, welches mit der menschlichen Gesellschaft vereiniget ist, schlafen sie, saget Herr Cranz, so ruhig in ihren geringen Hütten, als ein König in seinem befestigten Pallaste. Allein, wie es nur Localfarben und rohe und grobe Züge sind, welche man in der natürlichen Geschichte der wilden Völker suchet, so wird man dasjenige studierte Gemälde nur obenhin berühren, welches uns die europäischen Reisebeschreiber davon machen, um nur wenig Thaten zu sammlen, die zu wissen der Mühe werth sind, da wir den Sittenlehrern und Naturforschern die Mühe überlassen, die Schlüsse daraus zu ziehen, welche zu dem besondern Endzwecke gehören, den sie sich vorsetzen. Man muß sich erinnern, daß diese Sammlung von Reisebeschreibungen ein Magazin von allen Arten Kenntnissen ist, welches Lesern von allen Ständen offen steht, und daß man nicht der Begierde einiger ein Genügen leisten könne, ohne die Neugierde aller andern zu hintergehen. Ein Schriftsteller ist sogar verpflichtet, seinen Geschmack diesem Hauptnutzen auf zu opfern, welcher einen jeden Menschen zu dem führet, was sich für ihn schicket. Wenn man also wird gesaget haben, daß die Grönländer kein eigenthümliches Land, noch Güter, die ihnen einen beständigen Unterhalt versichern, noch Speisen oder Getränke, welche sie zur Unmäßigkeit anreizen, noch sinnreiche Künste, welche die Eitelkeit erfunden, oder vermehren, noch das durch die Hitze des warmen Weltgürtels erhitzte Blut, welches die Liebe, die Eifersucht, Beleidigung und Rache anzündet, besitzen: so wird man alsobald sehen, daß dieß Volk, welches so kalt ist, wie das Clima, welches es bewohnet, auch der Nothzüchtigung, dem Ehebruche, der Empfindlichkeit und dem Zorne wenig unterworfen, und zu betriegen oder zu beleidigen, selten fähig seyn muß; daß es nicht begierig und geizig seyn muß, indem es nichts hat, wornach es sehen oder sich gelüsten lassen könne; daß es noch weniger fähig zum Ekel als zur Gleichgültigkeit gegen Menschen und andere Sachen; wenig geneigt zur Zänkerey, und niemals zum Streite ist, ob es gleich nur von der Jagd und von Seethieren lebet. Sie erstaunen auch über gewisse schändliche und ärgerliche Laster, welche sie bey der kleinen Anzahl Europäer beobachten, die mitten unter ihnen leben; und wenn sie sehen, daß sie sich gewissen Ausschweifungen überlassen, als dem Schelten und Schlagen, so schreiben sie alle diese Unordnung dem starken Getränke zu: „Diese armen Leute, sagen sie, haben den Verstand verloren, „das Tollwasser hat sie zu Narren gemacht.„ So ist das kalte Blut und die Aufführung der Grönländer beschaffen; daß man in allen ihren Versammlungen, ja selbst bey ihren Lustbarkeiten glauben würde, wenn man nicht den Schall der Trummel hörete, oder die Verdrehung der Tänzer sähe, sie wären in einem Tempel versammlet, den Gottesdienst zu halten; da sie die Tempel und die heiligen Feyerlichkeiten gewisser europäischer Völker für Schauplätze der Auszierung und der Tonkunst ansehen könnten. Cranz von Grönland.

Sie sagen nicht leicht wissentlich eine Lüge, das heißt, ihre Unwissenheit und Einfalt der Sitten macht sie vielweniger zum Lügen geneigt, je mehr sie dem Irrthume unterworfen sind. Sie werden niemals einen Reisenden betriegen, welcher sie nach dem Wege eines Ortes fraget. Sie werden viel eher mit ihm auf den Weg gehen, als ihn auf dem Wege verirren lassen. Wenn man sie aber auf der andern Seite einer schändlichen Sache wegen anklaget, so kann man nicht von ihnen heraus bringen, ob sie Schuld daran sind. So sehr fürchten sie sich vor der Schande. Sie sind Kinder; sie müssen glauben, die Lügen wären schimpflicher, als das Verbrechen, damit sie sowohl das eine, als das andere, verabscheuen. Man würde sie betriegen, wenn man ihnen diesen Begriff beylegete. Die Lügen sind schädlicher, als die Rache, weil es leicht ist, sich ihnen ungestraft zu ergeben; aber an sich selbst sind sie weniger verhaßt, und der Nutzen, welchen der Hof und die Welt von ihnen zu ziehen glauben, erlaubet wenigen Leuten, sich eines Lasters zu enthalten, welches zu einer Tugend der Gesellschaft und der Regierungskunst geworden ist. Man bedienet sich der Lügen eben so, wie eines Degens; die Großen und Bösen gebrauchen sie beyde, sich auf Kosten eines andern in die Höhe zu schwingen, und immer an Ehre zu zu nehmen. Bescheidene und Kluge bedienen sich ihrer, sich gegen Mächtige und Ehrgeizige zu vertheidigen: aber Erleuchtete und Tugendhafte sollten diesen Waffen der Ungerechtigkeit und Schwachheit entsagen.

Die Grönländer sind wenig geneigt zu lügen.

Sie verleugnen ihre Fehler, um ihre Ehre zu erhalten: allein sie denken auf keine Falschheit zu betriegen.

Cranz von Grönland.

Die Grönländer haben sich zur Lebensregel gemacht, das Anscheinen zu erhalten, und Aergerniß zu vermeiden. Dieß ist viel für ein ungesittetes Volk. Herr Cranz, verweist ihnen diese Moral der Weisen der Welt, als ein frommer Missionarius, und endiget die Lobreden, welche er diesem noch rohen und ohne Gottesdienst lebenden Volke hält, damit, daß er ihm nur die Befreyung vom Laster zur Tugend machet. Alles wird bey ihnen, saget er, den Menschen aus einer eigenen natürlichen Liebe zugeschrieben. Wenn sie Gastfreundschaft halten, so geschieht dieß nur um dergleichen bey Fremden wieder zu finden. Wenn sie älternlose Töchter an Kindesstatt annehmen, so gebrauchen sie dieselben statt Mägde; sie haben kein Mitleiden mit einem Menschen, der vor Kälte oder Hunger stirbt; ohne Zweifel sind sie selbst gar zu unglücklich, als daß sie dasjenige Mitleiden jemanden bezeigen könnten, welches ein Ueberfluß der Empfindungen und Hülfsmittel ist, die man sich selbst schuldig ist: dieser Ueberfluß aber ist in einem Stande der armen Natur unbekannt, worinnen kaum ein jeder für sich die Sorge für seine Erhaltung hinlänglich tragen kann. Herr Cranz erzählet hier Dinge, die nicht neben einander bestehen können, und seinen eigenen Erzählungen zu widersprechen scheinen. Er saget, wenn die Grönländer einen Kajak auf dem Meere mit dem Steuermanne herumtreiben sehen, welcher sich daran hält und mit dem Tode ringt, so werden sie ihn, wenn dieser Mensch nicht wenigstens von ihrer kleinen Familie oder kleinen Flotte ist, viel lieber ersaufen lassen, als daß sie sich von ihrem Fischfange aufhalten sollten, ihn zu retten. Wenn bey dem Fischfange ihre Weiber oder Kinder sie mit ihrem Geschreye beunruhigten, so würden sie dieselben ins Meer werfen. Aber wenn sie in Gesellschaft ausgehen, so helfen sie einander in ihren Arbeiten, Bedürfnissen und wechselseitigen Nutzen treulich, welches bis auf beyderseitiges Mitleiden geht. So ist der Mensch, er sey wild oder gesittet. Die Kinder, saget er noch, haben kein Mitleiden mit den Vögeln, noch die Männer mit den Frauenspersonen; und das ganze weiche und zärtliche Geschlecht hat weder Recht noch Herrschaft über diese durch die Schrecken der Natur verhärteten und erfrorenen Herzen. Eben dieser Missionarius versichert uns auf der andern Seite, daß die Liebe zwischen Aeltern und Kindern bey diesem Volke viel stärker sey, als bey andern Nationen. Eine Mutter kann ihren Sohn nicht aus dem Gesichte verlieren, und wenn er ersäuft; so ersäufet sie sich auch. Aber um ihnen von diesem Lobe etwas zu entziehen, saget man, es sey bey dieser Neigung nichts, worinnen ihnen die Thiere nicht gleich handelten, oder sie gar überträfen. Man schließt daher, daß die Grönländer durch diesen Trieb und diejenige Empfindung, welche die Menschen mit den Thieren gemein haben, hingerissen werden, und daß sie also nicht nach den Einsichten der Vernunft handeln. Sie sind unbedachtsame Wesen, welche alles verzehren, was sie haben, ohne auf das zu denken, was ihnen würde mangeln können. Alles, was sie neues sehen, gefällt ihnen, ohne daß sie vorher wissen, wozu sie es gebrauchen können. Endlich beschreibt man sie als Undankbare gegen die Europäer, und überhaupt als sehr halsstarrig. Dieses soll den Missionarien viele Mühe verursachen, welche sie zu nichts durch Vernunftschlüsse und sanfte Mittel bereden, noch die geringste Gewalt über ihren Verstand und Willen erlangen können.

Scheinbarer Widerspruch in dem Gemälde, welches man von diesem Volke macht.

Indessen muß man doch gestehen, daß diese Eigenschaften, welche den Nationalcharakter der Grönländer ausmachen, nicht ohne Ausnahme sind; und daß alle einzelne

zelne Personen nicht gleichen Theil daran haben. Bey diesen Ausnahmen aber findt man mehr Beyspiele von Bösen, als Guten, entweder weil das Elend und Laster allenthalben viel größer sind, als die Glückseligkeit und Tugend; oder weil die Natur diejenigen dem Verbrechen überläßt, welche sie der Gefahr ausgesetzt hat, Hungers zu sterben; denn eine natürliche Unordnung zieht beynahe allezeit eine moralische nach sich. Die Witwen und Waisen erfahren daselbst alles das Unglück, welches mit der Schwäche ihres Geschlechtes und Alters verknüpfet ist. Wenn ein Mann stirbt, so muß sein ältester Sohn alle väterliche Güter erben, welche hauptsächlich in einem Gezelte und Schiffe bestehen. Er ist aber verpflichtet, seine Mutter und die übrigen Kinder zu unterstützen, die das Hausgeräth und die Kleider unter sich theilen. Wenn er keinen erwachsenen Sohn hinterläßt, so soll der nächste Verwandte des Vaters sein Erbe werden; mit der Bedingung, daß er seine Witwe und Kinder ernähre. Wenn er aber selbst ein Vermögen hat, das heißt, Zelt und Schiff, welche das Erbgut eines Grönländers ausmachen, so muß dieser des Verstorbenen seines nebst der Beschwerung einem Fremden übermachen, weil niemand zwey Zelte und Schiffe besitzen kann. Wenn die Kinder groß geworden sind, so haben sie nicht das Recht, ihr väterliches Erbgut wieder zu fordern, wofern nicht der Fremde, der sie an Kindesstatt angenommen hat, selbst ohne Kinder stirbt, oder junge Waisen hinterläßt; denn in diesem letzten Falle bekommen die an Kindesstatt angenommenen Kinder die Erbschaft der wahren Kinder, mit der Vormundschaft oder Sorgfalt, sie zu ernähren. So weit geht alles ordentlich zu: aber hier, saget man, kommen die Fehler der Gewohnheit in Ermangelung der Gesetzgebung. So bald die Kinder groß sind, und den Rang als Fischer bekommen haben, so kann die Witwe, welche sie ernähret hat, nach Belieben mit allem, was sie gewonnen, schalten und walten; und wenn sie diese Kinder ohne Hülfe verlassen hätte, so würde man sie nicht haben zwingen können, sie zu ernähren: auch sind viele Witwen und Kinder der Gefahr ausgesetzt, Hungers zu sterben. Wenn ihr Zustand der Aufmerksamkeit derjenigen, die für sie Sorge tragen könnten, keinen wirklichen oder nahen Nutzen anbeut. Cranz von Grönland.

Unterdessen daß eine arme Witwe, ohne Anverwandte, den Verlust ihres Mannes beweinet und mit ihren Kindern auf der Erde liegt, ermangeln diejenigen, welche sie zu trösten kommen, sehr selten, das Geräth des Mannes heimlich zu entführen. Ihre ganze Zuflucht alsdann ist, daß sie den Tröster gewinnt, welcher den größten Theil an der Plünderung hat. Dieser wird sie einige Zeitlang behalten, und darnach wird sie doch die Gewogenheit eines andern Mannes suchen müssen. Endlich aber wird sie mit ihren Kindern ihrem grausamen Schicksale überlassen; d. i. sie ist verbunden, so lange von Grase und Muscheln zu leben, bis Kälte und Hunger sie von einem so traurigen Schicksale befreyen. Dieß ist ohne Zweifel die Hauptursache, saget Herr Cranz, welche die grönländische Nation von Jahre zu Jahre abnehmen läßt, vornehmlich seit dem sie ihre Bedürfnisse über ihre Mittel vermehret zu haben scheinen.

Kein Verbrechen wird mit dem Tode bestrafet, außer dem Morde und der Zauberey, deren Kunst zuweilen mörderisch ist. Ein Mensch, welcher die Geschicklichkeit und das Glück eines andern viel reichern Fischers beneidet, als er ist, wird sein Vermögen nicht antasten, sondern hingehen und ihn auf dem Meere angreifen, seinen Mord und Hexerey werden mit dem Tode bestrafet; aber nur aus Rache.

Kajak

Cranz von Grönland. Kajak umwerfen, damit er ersaufe, oder ihm eine Harpune in den Rücken schießen, und ihn so in den Fluthen umkommen lassen. Die Freunde des Todten werden sich bis auf einen günstigen Augenblick zur Rache verstellen, sollten sie solche auch dreyzig Jahre lang hegen. Wenn sie aber den Mörder von ungefähr zu Lande antreffen, der sich gemeiniglich auf seiner Hut hält, so werden sie ihn seines Verbrechens mit kurzen Worten erinnern, und ihn steinigen oder von einem Gebirge hinunter, und darauf ins Meer stürzen; oder wenn der Grimm sie bis zur Ausschweifung treibt, so werden sie ihn in Stücke zerreissen, und das Herz oder die Leber von ihm essen, damit sie seinen Anverwandten, wie sie sagen, den Muth benehmen, seinen Tod an ihnen zu rächen. Denn diese Rache ist beständig erblich und wird unter den Familien, ja so gar unter Nachbarn immer fortgepflanzet, wofern nicht der erste Urheber des Verbrechens ein von seiner Familie nicht erkannter Bösewicht ist.

Mit den vermeynten Zauberern machen sie noch kürzere Ceremonien. Wenn eine Weibesperson, die weiter nichts, als Marktschreyerey und List, besitzt; für eine Hexe gehalten wird, ob sie sich gleich dawider vertheidiget; wenn ein Mann seinen Sohn verloren, oder auf der Jagd nichts gefangen hat: so wirft der Gaukler, den man deswegen befraget, die Schuld auf die arme Frau; und wenn sie nicht irgend einen braven Mann in ihrer Familie hat, der sich ihrer annimmt, so vereiniget sich die ganze Nachbarschaft, sie zu steinigen, in das Meer zu stürzen, oder in Stücke zu zerhacken. Die Furcht und das Grauen vor den Zauberern sind zuweilen so grimmig, daß ein Mensch seine Mutter oder seine Schwester erstechen wird, wenn er sie der Hexerey ergeben zu seyn glaubet; und niemand wird ihm diese gräuliche That verweisen. Wenn aber die unglücklichen Schlachtopfer ihrer Betrügerey dem Tode nicht mehr entgehen können, so stürzen sie sich oft selbst ins Meer, damit sie sich den Lanzen entziehen, welche sie verfolgen, und nicht den hungrigen Raben zur Beute werden.

Nachdem Herr Cranz also das sittliche Gemälde der Grönländer unter einem Gesichtspunkte vorgestellet hat, wo ihre Eigenschaften einander am besten die Wage halten, so gesteht er, daß diese Helden in vieler Absicht den Vorzug vor den verderbten Christen verdienen, welche gleichwohl die größte Anzahl der Europäer ausmachen. Es ist wahr, saget er, daß es viele Laster giebt, die sie nicht haben; das kömmt aber bloß aus dem Mangel der Gelegenheit oder des Beyspieles, oder weil die menschliche Ehrerbiethung sie zurück hält. Es ist aber für uns allezeit schimpflich, setzet dieser fromme Sittenlehrer hinzu, wenn wir sehen, daß wilde Menschen dem ungewissen Lichte einer kaum angefangenen Vernunft besser gehorchen, und sich weislicher aufführen, als Christen, welche durch das Licht des Evangelii erleuchtet worden. Die Natur ist ihnen genug, Tugenden zu haben, die einem Menschen anständig sind, und gewisse ärgerliche und beschimpfende Laster zu fliehen. Wir wollen aber lieber sagen, die Natur selbst mache ihre Tugenden und Laster durch die arbeitsame und elende Lebensart, wozu sie solche verdammet hat; oder wenigstens, ihre Tugenden und Laster stehen nicht in ihrer Wahl, weil es ihnen an Gegenständen fehlet, woran sie ihre Leidenschaften und ihre Freyheit ausüben könnten.

Das

Cranz von Grönland.

Das V Capitel.

Von der Religion oder dem Aberglauben der Grönländer.

Die Grönländer haben keinen Gottesdienst. Sie glauben die Geistigkeit der Seele nicht. Falsche Meynung derselben von der Natur der Seele. Sie glauben die Seelenwanderung. Elysium der Grönländer. Einige setzen es in das Meer, oder in die Hölen der Erde; andere in den Himmel. Noch andere sagen, sie wüßten nicht, wo der Ort des Paradieses und der Hölle wäre. Mährchen der Grönländer von der Schöpfung; von der Sündfluth; von dem Ende der Welt und ihrer Wiedergeburt. Obere und untere Geister. Torngarsuk oder das gute Grundwesen. Böses Grundwesen. Charakter des bösen Grundwesens; des weiblichen Geistes ohne Namen. Die Elemente sind von unsichtbaren Geistern bevölkert. Angekoken, Wahrsager, Hexenmeister und Aerzte der Grönländer. Wie sie eingeweihet werden. Wie sie die Geister beschwören oder um Rath fragen. Charakter dieser Angekoken. Betrüger oder Schwärmer. Deren Zauberey und Heilung. Vorschriften der Gaukler. Anhängsel.

Ein Volk, welches unwissend ist und nicht denket, frey in allen seinen Handlungen und Meynungen ist, muß alle Arten von Irrthümer in Absicht auf die Religion glauben, oder es muß gar nichts glauben. So sind die Grönländer beschaffen; sie haben weder Glaubenslehren, noch Gottesdienst von irgend einer Art. Leute an der See, die fast eben so roh waren, als sie, haben sich eingebildet, sie betheten die Sonne an, und brächten dem Teufel Opfer. Dieser Irrthum aber kam daher, weil sie sahen, daß sie gleich des Morgens die Sonne und den Horizont auf den hohen Bergen beobachteten, um von dem Wetter zu urtheilen; und weil man viereckichte, mit Steinen bedeckte Plätze, und Ueberbleibsel von Kohlen und Knochen, für Spuren von Altären und Opfern angenommen hat: da dieses doch nur die Baustelle der Gezelte war, worinnen dieses Volk den Sommer über wohnet, um daselbst zu schlafen, und sein Essen zu kochen. Sie haben gar keine Ceremonien und heilige Uebungen. Der Begriff von Gott schien von ihrem Geiste sehr weit entfernt zu seyn, als die ersten dänischen Missionarien mit ihnen von dem höchsten Wesen reden wollten. Sie hatten nicht einmal den Namen der Gottheit in ihrer Sprache. Fragete man sie, wer den Himmel und die Erde gemacht hätte, so antworteten sie, wir wissen es nicht, oder wir kennen denselben nicht; oder das wird ohne Zweifel ein geschicktes und mächtiges Wesen seyn. Oder sie sageten auch wohl, die Sachen sind allezeit so gewesen, wie sie jetzt sind, und werden auch wohl so bleiben. Indessen denken doch die Missionarien, daß dieses Volk, im Grunde seiner Seele, einen dunkeln, falschen, irrigen und lächerlichen Begriff von der Gottheit habe, welches aber allezeit beweise, sagen sie, daß es einen wahren Begriff davon geben müsse.

Die Grönländer haben keinen Gottesdienst.

Was die Seele anbetriffe, fährt Herr Cranz fort, so giebt es Grönländer, welche glauben, die Menschen haben keine andere Seele, als die Thiere, und daß sie

Sie glauben nicht die Geistigkeit der unsern Seele.

Cranz von Grönland.

unsern Körper belebe. Diejenigen aber, setzet er hinzu, welche so denken, sind viehische und dumme Leute, über welche sich die andern aufhalten, oder boshafte Freygeister, welche ihren Nutzen aus dieser Lehre zu ziehen suchen. Doch sieht man nicht, was sie bey einem Volke damit gewinnen können, welches weder reich, noch groß, oder von denen Tyrannen ist, welchen daran liegt, die Gewissensbisse zu verachten. Andere glauben, die Seele sey ein zweytes Wesen bey den Menschen; aber materiel wie der Leib, zertheilbar, fähig zu erwerben, zu verlieren, und wieder zu erlangen. Sie bilden sich so gar ein, sie verlasse den Leib und lebe allein; und diesen Begriff haben sie ohne Zweifel daher bekommen, weil sie an ihren Geburtsort denken, wenn sie weit davon entfernet sind; denn sonsten müßte, nach ihrer Meynung, die Seele an denen Oertern seyn, an welchen sie beschäfftiget ist, und der Leib an denen, welche er bewohnet. Andere Materialisten geben dem Menschen zwo Seelen; den Schatten und den Athem einer jeden einzelnen Person. In der Nacht verläßt der Schatten den Leib, und geht auf die Jagd, zum Tanze, und machet sich lustig. Sie betrachten also die Träume, gleichsam als eine Abwesenheit der flüchtigen Seele, welche geht, wohin es ihr gefällt, es sey während des Schlafes, oder der Krankheiten. Diese Meynung wird von den Wahrsagern oder Zauberern unterhalten, welche sich die Macht zueignen, eine Seele, welche das Fieber, oder die Narrheit von dem Körper entfernet hält, zurück zu rufen, und die Seele eines kranken Menschen mit einer Hasen- Rennthier- Vogel- und Kinder-Seele zu verwechseln. Sie ersetzen also den Verlust und die Krankheiten der Seele durch diese Verwechselung oder Hinüberwanderung. Denn die Grönländer haben auch die Lehre von der Seelenwanderung. Diese Meynung mag alt oder neu bey ihnen seyn, so hat man doch bemerket, daß sie für unglückliche nützlich sey. Die armen Witwen bedienen sich ihrer vornehmlich, ihren verlassenen Kindern Hülfe zu verschaffen. Wenn ein Vater seinen Sohn verloren hat, so beredet ihn eine Witwe, daß die Seele dieses Sohnes, in eines ihrer Kinder übergegangen sey, welches sie ohne Zweifel nach dem Tode desjenigen bekommen hat, das man ersetzen soll, und alsdann hält es der betrübte Vater für seine Schuldigkeit, diesen Fremden an Kindesstatt anzunehmen, und nimmt das Kind und die Mutter in sein Haus, mit denen er durch die Wanderung verwandt zu seyn glaubet. Unter allen von den Menschen erfundenen Glaubenslehren ist keine sinnreicher, keine tröstlicher, keine der Gesellschaft günstiger, als diese Seelenwanderung. Glücklich sind noch die Völker, welche, wenn sie nicht das Licht der Offenbarung gesehen haben, zu diesem süßen Irrthume Zuversicht haben!

Sie glauben die Seelenwanderung.

Die vernünftigsten Grönländer, saget man, welche aber nicht die größte Anzahl ausmachen, glauben eine geistige Seele, welche sich nicht von derselben Nahrung erhält, die der Körper brauchet, und welche das Verderben dieser gebrechlichen Forme wieder auflebet; die sich aber ernähret, man weis nicht, wie. Aus diesem Begriffe von der Unsterblichkeit entsteht die Meynung eines zukünftigen Lebens, welches niemals aufhören wird; und an dieser Art des ewigen Lebens üben sich die wunderlichen Grillen und die Freyheit der Meynungen.

Elysium der Grönländer.

Weil die Grönländer den größten Theil ihrer Nahrung aus dem Meere ziehen, so setzen sie ihr Elysium auf den Grund des Meeres, oder in das Innerste der Erde, unter diejenigen Gewölber und Felsen, welche anstatt der Dämme und Stützen gegen das Wasser dienen. Es ist daselbst, sagen sie, ein ewiger Sommer; (denn sie kennen keinen Frühling) die Sonne verstattet nicht, daß es Nacht werde; das Wasser ist allezeit daselbst hell; alle Güter sind daselbst im Ueberflusse; das heißt, Rennthiere, Wasserhühner, und Fische: vornehmlich aber fangen sie daselbst Hunde und Seehunde ohne einige Mühe, und es fallen alle lebendig in Kessel, die allezeit kochen. Wer aber zu diesen glückseligen Wohnungen gelangen will, der muß sie erst durch Geschicklichkeit und beständige Arbeit verdienet haben; denn dieß ist die vornehmste Tugend der Grönländer: er muß durch große Thaten berühmt seyn, die er auf dem Fischfange verrichtet hat; er muß Walfische und Ungeheuer, die im Meere sich aufhalten, bezwungen haben; er muß große Uebel erduldet haben; er muß in dem Meere, (denn dieß ist das Ehrenfeld,) oder in Kindesnöthen umgekommen seyn. Die Seelen kommen nicht tanzend in diese elysäischen Felder, sondern sie müssen fünf Tage lang an einem steilen Felsen dahin glitschen, der ganz rauh von Stacheln und mit Blute bedeckt ist. Man zweifelt, ob diese Meynung den Grönländern nicht von einem Begriffe des Fegefeuers übrig geblieben sey, welchen die Europäer daselbst im neunten oder zehnten Jahrhunderte hingebracht haben. Die Seelen, welche das Elysium durch eine so harte Reise mitten im Winter erkaufen müssen, werden auf den Flügeln des Ungewitters getragen, welches sie herabstürzet; sie sind in Gefahr, auf dem Wege einen zweyten Tod zu empfinden, auf welchen die Zernichtung folgen werde: dieß ist es eben, was die Grönländer am meisten befürchten. Auch bringet das Mitleiden für diese leidenden Seelen zuwege, daß die Anverwandten eines Verstorbenen verpflichtet sind, fünf Tage lang, sich gewisser Nahrungsmittel zu enthalten, (vermuthlich nach Art eines Fasttages,) und auch aller Arbeit, die Geräusch machet, wenn dieses nicht nothwendig der Fischfang erfordert, aus Furcht, es möchte die Seele, die auf dem Wege nach dem Elysium ist, beunruhigt und ermüdet werden, oder wohl gar umkommen.

Cranz von Grönland.

Einige setzen es in das Meer oder in die Hölen der Erde.

Andere setzen ihr Paradies in den Himmel über die Wolken. Es ist der Seele so leicht, an die Sterne zu fliegen, daß sie schon am ersten Abende ihrer Reise in den Mond anlanget, wo sie mit andern Seelen tanzet und Ball spielet. Denn die Nordlichter sind, nach der Meynung der Grönländer, nichts anders, als Tänze der Seelen. Sie haben ihre Zelte neben einer großen See, worinnen ein Ueberfluß an Fischen und Wasserhühnern ist. Wenn dieser See überläuft, so regnet es auf Erden, und wenn er seinen Damm zerreißt, so wird es eine allgemeine Sündfluth geben. Man sieht, daß alle unwissende und wilde Völker von einem unglücklichen Ende der Welt einerley gedacht haben. Jedennoch ist Herr Cranz geneigt, zu glauben, daß diese Fabeln nur ein verunstaltetes Ueberbleibsel der jüdischen Religion seyn, welche die mündliche Sage bis an die Pole hat herumlaufen und reisen lassen.

Einige setzen es in den Himmel.

Die Anhänger des unterirdischen Elysiums sagen, das himmlische Paradies sey für die Bösen und Hexenmeister gemacht, deren Seelen vor Hunger in dem leeren Raume der Luft mager würden oder stürben. Oder sie würden daselbst beständig von den Raben angefallen und behacket werden, oder sie würden allda weder Frieden noch Ruhe haben, und gleichsam, als durch die Flügel einer Windmühle, in den Himmel gerissen werden. Die Anhänger des Paradieses geben vor, sie würden daselbst niemals

Cranz von Grönland.

einen Mangel an Lebensmitteln haben, weil man daselbst die Köpfe der Seehunde äße, welche ohne Zweifel von der Verdauung wieder entstehen; denn sie werden nicht aufgezehret. Die Weisen von Grönland halten sich über beyde Sekten auf, und sagen nur, sie wüßten nicht, was die Seelen nach diesem Leben für Nahrung oder Beschäfftigung haben würden: sie würden aber gewiß eine Wohnung des Friedens bewohnen. Diejenigen unter ihnen, welche eine Hölle glauben, setzen sie in die dunkeln Oerter der Erde, worinnen niemals Licht und Wärme hineinkömmt; in einen Aufenthalt, welcher der Qual und Unruhe ergeben ist. Diejenigen, welche durch die Furcht vor dieser Pein zurück gehalten werden, führen ein ordentliches und untadelhaftes Leben.

Andere sagen, sie wüßten nicht den Aufenthalt des Paradieses und der Hölle.

Dieß sind fast eben diejenigen Begriffe von der Religion, welche die americanischen Völker und die asiatischen Tatarn haben. Die Grönländer gleichen ihnen in Ansehung der Sitten, Gebräuche und Meynungen. Dieß würde beweisen, daß dieß Volk sehr alt sey, und von einer Horde oder einem herumirrenden Haufen zwoer andern Nationen abstamme. Man bemerket aber, daß, je mehr man sich nach Norden nähere, desto mehr sich ihre Begriffe, und auch ihre Gesichtszüge verändern, und desto mehr sie sich von ihrem ersten Ursprunge entfernen. Man glaubet auch einige Spuren der europäischen Religion in den Begriffen der Grönländer von der Schöpfung, und dem Ende der Welt, und von der Sündfluth an zu treffen. Es ist wahrscheinlich, daß sie solche von den Norwegern erhalten haben. Der erste Mann, sagen sie, entstund aus der Erde; die erste Frau aus dem Daumen des Mannes; und von diesen beyden ist das ganze menschliche Geschlecht entstanden. Der Mann brachte alle andere Dinge in die Welt, und die Frau den Tod, indem sie zu allen ihren Kindern sagete: sie müssen sterben, damit sie ihrer Nachkommenschaft Platz machen. Ein Grönländer nahm Späne von einem Baume, warf sie unter dem Beine hin ins Meer, und das Meer wurde voll Fische.

Fabel der Grönländer von der Schöpfung.

Von der Sündfluth.

In der Folge der Zeit wurde die Welt von der Sündfluth überschwemmt; ein einiger Mann, der im Wasser erhalten wurde, schlug die Erde mit seinem Stabe; es gieng eine Frau heraus, und so wurde die Welt wieder bevölkert. Ein Beweis von der allgemeinen Sündfluth sey, wie die Grönländer sagen, daß man noch Ueberbleibsel von Muscheln und Fischen weit oben im Lande finde, wo niemals ein Mensch gewohnet habe, auch hätten sie auf den höchsten Bergen Walfischknochen gefunden. Wenn Herr Cranz hier seine eigenen Begriffe den Grönländern nicht beyleget, so muß dieß Volk, welches, so zu reden, nichts als Meer sieht, welches nur auf diesem Elemente, und von dem, was das Meer hervorbringet, lebet, welches niemals ein anderes Land gekannt hat, als das seinige; dessen Gränzen es leicht entdeckete, ein solches Volk muß glauben, daß das Meer die ganze Erde bedecket habe.

Von dem Ende der Welt und der Auferstehung.

Nach einem langen Umlaufe vieler Jahrhunderte wird das menschliche Geschlecht aus dem Gesichte der Welt verschwinden, die Erdkugel wird aufgelöset und in Stücke zerbrochen, aber endlich durch eine große Ueberschwemmung von dem Blute der Todten gereiniget werden. Ein Wind wird diesen wohl abgewaschenen Staub trocknen, die Luft sammlen, und in eine schönere Gestalt bringen, als vorher. Da wird man nicht mehr kahle und magere Klippen sehen, und die ganze Erde wird eine lächelnde Ebene seyn, die allezeit grün und annehmlich bewachsen seyn wird. Die Thiere werden wieder gebohren werden, die Felder zu bevölkern. Was die Menschen anbetrifft, so wird das Wesen droben sie anblasen, und sie werden wieder leben. Was dieses Wesen droben aber ist: davon wissen sie nichts. Allein, dieses Volk, welches glaubet, es sey zuerst aus der Erde geboren, saget, die Europäer wären von kleinen Hunden entsprungen, welche eine Grönländerinn geboren, und in einem Schuhe mitten in die Wellen geworfen habe. Wenn man dieß dumme Volk höret, saget Herr Egede, so ist dieß die Ursache, weswegen wir die Schifffahrt so sehr liebeten, und unsern Schiffen die Gestalt eines Schuhes gäben.

Cranz von Grönland.

Obgleich die Fabeln der Nationen überhaupt sehr abgeschmackt sind, und für die meisten Leute nur die Narrheit, oder die Thorheit des menschlichen Geistes beweisen, so ist es doch nützlich, diese Irrthümer in der Geschichte des Menschen zu erzählen, welche sehr kurz seyn würde, wenn man das Verzeichniß seiner Ausschweifungen davon wegnähme. Die Träume des Aberglaubens, welche denenjenigen lächerlich, oder wohl gar verdrüßlich vorkommen, die sie zerstreuet und ohne Ordnung betrachten, werden für einen erleuchteten Menschen eine Quelle des Unterrichtes; denn, wenn er sie vergleicht und überdenket, so findt er darinnen eine Aehnlichkeit, und so rührende Verhältnisse, daß er nicht ermangeln kann, den Ursprung davon zu entdecken, und tausend Irrthümer aus einem einzigen entstehen zu sehen, der alle die Modificirungen in sich fasset, welche die Mannichfaltigkeit der Himmelsgegend, und die Folge der Zeiten und Begebenheiten, dazu bringen müssen.

Obere und untere Geister.

Die Grönländer glauben obere und untere Geister, die den Göttern der ersten und zweyten Classe gleichen, welche von den weisen Völkern des Alterthums angebethet wurden. Unter den obern Geistern sind zween, welche in der Welt regieren, ein guter und ein böser; das gute Wesen nennen sie Torngarsuk. Dieses ist derjenige, welchen die Angekoken oder die Wahrsager in Grönland, wie sie sagen, in seinem unterirdischen Reiche wegen der Beschaffenheit des künftigen Wetters befragen. Seine Gestalt ist ungewiß; einige sagen, er habe keine Gestalt, andere, er habe eine Gestalt wie ein großer Bär; einige geben ihm die Gestalt eines Menschen mit einem einzigen Arme; andere aber machen ihn so klein, als einen Finger. Er ist unsterblich, aber er kann getödtet werden, wenn jemand einen Wind in dem Hause streichen läßt, worinnen der Zauberer ihn beschwört. Will dieß sagen, es sey genug, sich über die Hexenmeister auf zu halten, um die Geister zu verjagen?

Torngarsuk oder das gute Wesen.

Das böse Wesen ist ein weiblicher Geist, aber unbekannt. Die nordischen Grönländer sagen, es sey die Tochter eines mächtigen Angekoken, der das Eyland Disko von dem festen Lande abgesondert, womit es bey Balsrevier verbunden war, und es zwey hundert Meilen weiter gegen den Pol fortgetrieben habe. Diese Proserpina wohnet unter dem Meere in einem großen Pallaste, worinnen ihre magische Kraft alle Thiere des Oceans gefangen hält. In der Thranbutte, welche ihre Lampe unterhält, schwimmen alle Seevögel herum. Die Thore ihres Pallastes werden von schrecklichen Seehunden bewahret, welche an dem Eingange kriechen: aber die Thürschwelle wird über dieß noch von einer Art des Cerberus vertheidigt, welcher nur einen Augenblick schläft, und nicht kann überraschet werden. Wenn die Grönländer Hungersnoth auf dem Meere empfinden, so schicken sie bezahlen sie einen Angekoken, daß er die weibliche Bosheit besänftige. Sein Schutzgeist führet ihn mitten durchs Meer, und durch die Erde. Er geht durch die Landschaft der glücklichen Seelen, die in Ehre und

Charakter des bösen Wesens.

Cranz von Grönland. Vergnügen leben. Endlich langet er bey dem Ufer eines großen Abgrundes an, bey dessen Eingange ein kleines Rad ist, das so glatt ist, wie Eis und mit einer unglaublichen Geschwindigkeit umgedrehet wird. Alsdenn nimmt der Schutzgeist den Propheten bey der Hand und glitschet mit ihm an einem lang aufgehangenen Stricke in den Abgrund; so gehen sie mitten durch Seehunde in den Pallast der Furie hinein. So bald sie diese eingedrungenen Gäste erblicket, so wird sie unruhig, schäumet und tobet vor Zorne. Sie leget Feuer an die Flügel einiger Seevögel. Der Geruch des Rauchs erstickt den Angekoken und seine Begleiter, welche sich der Gottheit zu Gefangenen ergeben. Allein, diese Helden überfallen sie bald, ehe sie noch allen Gift ihrer Wuth ausgespyen hat, halten sie bey den Haaren und reißen ihr alle magische Charaktere ab, wodurch sie die Bewohner des Meeres auf dem Boden ihres Abgrundes zurück hält. So bald diese Bezauberung zerrissen ist, so steigen die Gefangenen wieder auf die Oberfläche des Meeres, und der Held kehret ohne Mühe und Gefahr zurück, gegen die Flotte der Fischer, die ihn abgeschickt haben.

Die Grönländer lieben den weiblichen Geist nicht, weil er ihnen mehr Uebels, als Gutes thut; sie fürchten ihn nicht, weil sie ihn nicht für böse genug halten, sich ein Vergnügen daraus zu machen, daß er die Menschen beunruhige; aber, sagen sie, es gefalle ihm die Einöde in seinem Pallaste des Vergnügens, und es umgeben ihn Gefährlichkeiten, welche verhindern sollen, daß man nicht dahin komme, ihn zu beunruhigen. Dieser weibliche Geist ist nur ein melancholischer Geist, welcher die Menschen flieht, anstatt daß sie der böse Geist verfolget.

Das gute Wesen vertheidiget sie nicht allezeit: indessen lieben doch die Grönländer ihres; und wenn die Europäer von Gott mit ihnen reden, so glauben die Wilden, dieß sey ihr Torngarsuk, ob sie gleich diesem nicht die Schöpfung, und die Herrschaft über alle Dinge zuschreiben. Uebrigens erzeugen sie ihm weder Ehre noch bethen sie ihn an, indem sie denken, es sey ohnedieß gütig genug, als daß es erst die Wünsche und Opfer erwarte. Sie haben aber durch einen Widerspruch, welchen Herr Cranz nicht erkläret, auf ihrer Jagd oder ihrem Fischfange die Gewohnheit, ein Stück Speck, oder das Fell des Thieres, welches sie fangen, und vornehmlich die Haut des ersten Rennthieres, welches sie getödtet haben, auf einen großen Stein zu legen; und wenn man sie nach der Ursache dieser Gewohnheit fraget, so antworten sie: sie hätten dieses von ihren Vätern, welche es ausübeten, um in ihren Unternehmungen glücklich zu seyn.

Elemente, welche der unsichtbare Geist bewohnet. Die Grönländer werden von dieser Schwachheit hingerissen, welche Menschen natürlich zu seyn scheint, die unsichtbaren Wesen zu vervielfältigen, und haben alle Elemente mit Geistern bevölkert. Sie haben einige in der Luft, welche die Seelen auf ihrer Reise beobachten, um ihnen das Eingeweide heraus zu reißen, und sie auf zu fressen: aber diese Geister sind mager, traurig, schwarz, und so finster, wie der Saturn der Griechen. Sie haben einige in dem Meere, welche die Füchse tödten und fressen, wenn sie den Fisch an dem Ufer des Meeres ertappen wollen. Sie haben feurige Geister, welche sie in den Nordlichtern oder Irrwischen fliegen sehen. Diese Geister bewohnten den Erdboden vor der Sündfluth, und nachdem dieser untergegangen, so verwandelten sie sich in Flammen, und begaben sich in die Kluft der Felsen. Man beschuldiget sie, daß sie diejenigen, welche ihre Cameraden aufsuchen wollen, von dem rechten Wege bringen, und irre führen. Dem ungeachtet aber sind diese Geister nicht böse. Es giebt Schutzgeister für die Berge; einige sind Riesen zwölf Fuß lang; andere sind Pygmäen, die nur einen Fuß hoch sind, aber sehr witzig, sagen die Grönländer; denn sie haben die Europäer alle Künste gelehret, welche sie wissen. Sie haben Geister über das süße Wasser. Wenn also die Grönländer bey einer Quelle oder einem unbekannten Springbrunnen vorbeygehen, so muß ein Angekok, oder wenn der abwesend ist, der älteste des Haufens, zuerst von diesem neuen Wasser trinken, um es von den bösen Geistern zu befreyen. Diese Brut ist allenthalben ausgebreitet: wenn Frauensleute, welche keine Kinder haben, oder in der Trauer sind, müde dahinfallen, nachdem sie gewisse schädliche Speisen gegessen haben, so messen sie die Schuld den Geistern über die eßbaren Sachen bey, welche sie angetrieben haben, die Gränzen, oder Regeln der Enthaltsamkeit zu überschreiten. Die Grönländer erkennen eine Art des Mars. Er hat die Kriegesgeister zur Begleitung, welche Feinde des menschlichen Geschlechtes sind, und welche die Morgenseite ihres landes bewohnen. Dieß ist die Ursache, weswegen die Norweger an der morgenländischen Seite von Grönland anlanden. Dieses land hat seinen Aeolus, (oder Gott des Windes), welcher über das Eis herrschet, und über das schöne Wetter gebeut. Die Sonne und der Mond haben auch ihre Schutzgeister, die ehemals Menschen gewesen sind, wenn man der Eitelkeit des grönländischen Volkes, oder vielmehr dem Geschwätze ihrer Wahrsager glaubet. Diese machen tausend Erzählungen von Gespenstern und Erscheinungen, welche sie scheinen geschmiedet zu haben, um den Menschen zu schaden, wenn sie die Vögel und Fische erschrecken. Nur die Angekoken sehen sie, und um sie desto besser zu sehen, gehen sie mit verbundenen Augen auf die Jagd, fangen diese Gespenster, zerstücken sie oder essen sie. So errichtet sich der Betrug ein phantastisches Reich in der furchtsamen Einbildungskraft der Menschen, um daselbst nach Willkühr des Eigennutzes, des Vaters der Verbrechen und Lügen, Wesen zu erschaffen, und zu zerstören.

Cranz von Grönland.

Die Schwarzkünstler in Grönland schicken sich durch Prüfungen zur Einweihung; das heißt, mit einem von den Geistern um zu gehen, welche die Elemente bewohnen. Denn man muß nothwendig einen zu seinem Gebothe haben, wenn man ein Angekok oder berufener Schwarzkünstler seyn will. Sie begeben sich also weit von dem Umgange der Menschen in eine Einsiedeley oder Einsamkeit, sind mit tiefen Betrachtungen beschäfftiget, und bitten den Torngarsuk, daß er ihnen einen von diesen untern Geistern schicke. Durch vieles Fasten, Kasteyen und Betrachten bringt es endlich der Candidat dahin, daß er sich den Verstand dergestalt verrücket, daß er Hirngespinste und wunderliche Ungeheuer sieht, welche ihm erscheinen. Er glaubet, seine Träumereyen seyn die Geister, die er suchet; und in der Aufwallung seiner Einbildungskraft wird sein Körper erschüttert und zu Verzuckungen erreget, die er liebet, und mehr und mehr zu unterhalten sich bestrebet. Diejenigen, welche sich der Verzuckungskunst gleich von ihrer Jugend an unter der Anführung eines in diesem einträglichen Handwerke vollkommenen Meisters ergeben, werden mit wenigen Kosten und ohne Mühe eingeweihet. Wenn man den Torngarsuk anrufen will, so muß man auf einem Steine sitzen, und sein Gebeth an ihn richten. Bey seiner Erscheinung fällt der erschrockene Jünger als todt hin, und bleibt drey Tage in diesem Zustande. Alsdann

Angekoken, Wahrsager, Zauberer und Aerzte in Grönland.

Wie sie eingeweihet werden.

Cranz von Grönland.

dann erwecket ihn der große Geist und giebt ihm einen Schutzgeist, der ihn in der zu seinem Handwerke nützlichen Wissenschaft und Weisheit unterrichtet, und in sehr kurzer Zeit in den Himmel und in die Hölle führet.

Wie sie die Geister bannen oder um Rath fragen.

Diese Reise aber kann vor dem Herbste nicht geschehen. Dieß ist die günstigste Jahreszeit, nach dem Himmel; weil man alsdann durch die Bequemlichkeit der Regenbogen hinauf steigen kann. Auf der andern Seite würden die Winternächte und ihre langen Finsternisse recht dienlich zu dieser Wallfahrt zu seyn scheinen, um so vielmehr, weil die Gegend der Wolken, welche man für den ersten Himmel hält, alsdann der Erde sehr nahe ist. Es sey aber damit wie ihm wolle, der neue Angekok fängt an, die Trummel zu rühren, machet allerhand Verdrehungen und Gebährdungen, damit er durch die Erschöpfung seiner Kräfte zu der Begeisterung gelange. Darauf nähert er sich der Thüre eines Hauses, bittet jemand, daß er ihm mit einem Stricke den Kopf zwischen die Füße und die Hände auf den Rücken binde. Er befiehlt, daß alle Lampen im Hause ausgelöschet, und alle Fenster zugemacht werden. Denn des Menschen Auge darf von seiner Zusammenkunft mit dem Geiste kein Zeuge seyn. Niemand darf sich bewegen, oder auch nur in den Kopf kratzen, aus Furcht, der Geist möchte dadurch gestöret, d. i. die Betrügerey entdecket werden. Nachdem der Begeisterte angefangen hat, zu singen, wobey er von den Stimmen der Versammlung in einem Chore begleitet wird, so seufzet, keuchet, schäumet er mit großem Geräusche und Aechzen, beschwört seinen Geist, herab oder zu ihm zu kommen. Wenn der Geist auf sein Geschrey taub ist und nicht kömmt, so suchet ihn die Seele des Begeisterten. Unterdessen daß sie entfliegt, ist der Mensch einige Zeit lang ruhig. Darauf wird er beseelet, und läßt sich unvermerkt bis zu Ausbrüchen der Freude aus, welches er gemeiniglich mit einem gewissen Pfeifen begleitet, welches nach dem Zeugnisse eines Augenzeugen, wie Cranz saget, dem Gezwitscher der Vögel gleich ist, die haufenweise auf ein Dach und von da in das Haus fliegen wollen. Wenn sich aber der Geist auf den Wunsch des Begeisterten einstellet, so hält er sich an der Thürschwelle auf. Der Angekok unterhält sich mit ihm von allem, was die Grönländer wissen wollen. Man höret die beyden Stimmen der Unterredenden deutlich, die eine draussen, und die andere inwendig im Hause. Die Antwort des Geistes ist allezeit dunkel. Die Zuhörer bemühen sich, sie aus zu legen, und wenn sie damit nicht zu Stande kommen können, so bitten sie den Geist, seinem Diener eine deutlichere Erklärung zu geben. Zuweilen mischet sich ein anderer Geist mit ein, das Orakel zu verwirren; so daß weder der Angekok, noch seine Zuhörer das geringste davon verstehen. Die Auflösung oder der Sinn des Räthsels aber ist alsdann so zweydeutig, daß die Ehre des Begeisterten stets in Sicherheit bleibt, wenn die Weissagung nicht erfüllet wird.

Wenn die Sendung von einer gewissen Wichtigkeit ist, so fliegt er mit seinem Geiste in das Reich der Seelen, wo ihm zugelassen wird, sich mit einem berühmten Weisen zu unterreden, damit er vernehme, was für ein Schicksal der Kranke haben werde, der ihn schicket, eine neue Seele, oder die Gesundheit zu suchen. Zuweilen steigt der Begeisterte zu der Gottheit der Hölle hinab, wo er die von der Zauberkraft dieser Circe bezauberten Thiere in Freyheit setzet. Er kömmt aber bald mit einem erschrecklichen Geschreye und Rührung der Trummel wieder herauf; denn er hat das

Mittel

Mittel gefunden, sich von ihren Banden wieder los zu machen. Alsdann nimmt er das Ansehen eines von seiner Reise ermüdeten Mannes an, und bringt eine lange Geschichte von allem dem vor, was er gesehen und gehöret hat. Darauf endiget er mit einem Liede, geht in der Versammlung herum, und giebt mit einem Sprengwedel seinen Segen. Dieß ist das Ende des Geheimnisses. Man zündet die Lampen wieder an, und sieht den **Angekoken** auf der Erde liegen, und so abgemattet, daß er nicht mehr reden kann. Cranz von Grönland.

Uebrigens glücket es nicht allen Grönländern bey dieser göttlichen Kunst der Eingebungen. Wenn ein Mensch seinen Geist unter Rührung der Trummel zehnmal gerufen hat, und er kömmt nicht, so muß er dem Prophetenamte entsagen. Gelinget es ihm eine gewisse Zeitlang hinter einander, so kann er nach dem ersten Range in dieser Art des Priesterthumes streben. Alsdann darf er nur in einem dunkeln Zimmer prophezeyen, ohne sich den Hals oder die Füße binden zu lassen. Er richtet seine Wünsche an den Geist durch Lieder und Trummelschläge. Wenn der Geist ihn würdig schätzet, erhöret zu werden, welches nicht immer geschieht, so kömmt ein weisser Bär, welcher den Begeisterten bey den Füßen in das Meer schleppet, wo dieser Glückselige von einem andern Bäre und Seelöwen verschlungen wird. Nicht lange darnach aber speyen diese Ungeheuer ihn in seiner dunkeln Kammer wiederum aus, und der Geist kömmt aus dem Schooße der Erde, den Leib des Begeisterten wieder zu erwecken. Dieser Mensch ist alsdann ein Erzzauberer.

Eine so grobe List verräth sich von selbst. Die christlichen Missionarien sehen den Betrug gar zu offenbar, als daß sie muthmaßen sollten, der Teufel könnte einigen Antheil daran haben. Diese Wahrsager sind auch nicht bloße Gaukler; sie sind entweder Leute von einer gewissen Geschicklichkeit, oder Enthusiasten, die von ihrer Einbildungskraft hintergangen werden, oder unverschämte Betrüger. Unter diesen Angekoken giebt es Arten von Weisen, die einige Kenntniß der Natur, entweder aus den Lehren ihrer Vorgänger, oder aus ihrem eigenen Nachdenken haben. Sie urtheilen ziemlich sicher von dem zum Fischfange günstigen oder widrigen Wetter, und wissen dem Volke das Glück oder Unglück vorher zu sagen, welches ihm aus den Umständen des Ortes und der Zeit seiner Unternehmungen entstehen kann. Bey den Kranken haben sie eine ziemlich sichere Gewohnheit oder die Kunst, ihnen zu schmeicheln und sie durch leere Worte auf zu halten, oder auch durch Arzneymittel, bey denen ein wenig Marktschreyerey das erste Ingredienz ist. So lange sie ihn zu curiren hoffen, verfahren sie durch eine vorgeschriebene Lebensordnung oder Diät, die nicht durchaus lächerlich ist. Wenn die Vernunft und Ausübung ihnen ein gewisses Ansehen gegeben haben, so folget man ihren Rathschlägen blindlings. Mit einem Worte, die **Angekoken** sind die witzigen Köpfe, die Aerzte, die Casuisten, die Philosophen und Theologen in Grönland; welche Titel in vielen andern Ländern nicht wohl beysammen stehen können. Charakter dieser Angekoken, Betrüger oder Schwärmer.

Wenn sich ein Europäer mit dergleichen Wahrsagern ernsthaft in eine Unterredung einläßt, so gestehen sie, daß sie keine Erscheinungen, noch Unterredung mit den Geistern gehabt haben, und rühmen sich nicht, daß sie Wunder thun können. Sie führen aber, zum Behufe ihres Gewerbes, die Sage ihrer Väter an, welche gewiß, sagen sie, Offenbarungen gehabt, außerordentliche Curen verrichtet und wunderbare

Cranz von Grönland.

Sachen gethan haben. Was uns anbetrifft, so müssen wir zu Gesichtern und Verzuckungen unsere Zuflucht nehmen, damit wir unsern Reden einen Nachdruck geben und unsere Curen unter dem einfältigen und groben Volke in den Schwang bringen.

Indessen giebt es doch einige unter diesen Wahrsagern, welche auch, nachdem sie das Christenthum angenommen, versichert haben, sie wären aufrichtig auf diese Betrugsprofession gefallen, da sie von falschen Erscheinungen verführet worden, welche die Hitze des Blutes und des Gehirnes ihnen als Offenbarungen vorstellete, und wovon ihr Geist eben so gerühret herauskam, als von einem gewaltsamen Traume. Man weis, daß die Stärke der Einbildungskraft dergleichen Blendwerke hervorbringen kann; und daß die unwissenden Völker sehr lebhaft von Träumen eingenommen werden, denen sie über dieses sehr unterworfen sind. Denn der Aberglauben zeuget Träume, welche ihren Vater ernähren. Die neugetauften Grönländer, welche man lehret, daß der Teufel seine Macht bis auf Erden erstrecke und daselbst ausübe, sagen zwar, er könne sich in die Verrichtungen ihrer Wahrsager mit mengen: überhaupt aber sey mehr Betrügerey als Hexerey dabey.

Hexereyen und Curen.

Diese vermeynten Schwarzkünstler ermangeln nicht, den Leuten weiß zu machen, sie können Krankheiten heben oder da lassen, die Pfeile der Jäger bezaubern und entzaubern, die wohlthätigen Geister hervorrufen und die Gespenster verjagen. Auf solche Art lassen sie sich, wegen des Guten und Bösen, welches sie, ihrem Vorgeben nach, den Menschen zu zu ziehen fähig sind, fürchten, in Ehren halten, und bezahlen. Wenn sie sich einem Kranken nähern und er die Geduld hat, sie an zu hören, so murmeln sie ihm einige Worte zu, oder blasen ihn in das Gesicht, ihn zu curiren, oder ihm eine Seele in Gesundheit zu geben. Damit sie erfahren, ob er von seiner Krankheit aufkommen oder daran sterben soll, so binden sie ihm einen Strick um den Kopf, durch welchen sie einen Stock queer durchstecken. Darauf heben sie ihm den Kopf und lassen solchen wieder fallen. Wenn sie ihn leicht finden, so wird der Kranke genesen, schwer, so wird er sterben. Wollen sie errathen, ob ein Mensch, der zu Schiffe gegangen, und zu der Zeit, da man ihn wieder erwartete, in seinem Hause nicht zurück gekommen, todt oder lebendig ist, so heben sie auf eben die Art den Kopf seines nächsten Verwandten in die Höhe, und setzen ein Gefäß mit Wasser unter ihn. Sie sehen in einen Spiegel und weissagen, ob der abwesende Mann mit seinem Kajake untergegangen, oder ob er ruhig darinnen sitzt, und ohne Gefahr rudert. Eben so beschwören sie die Seele eines Menschen, den sie mit einer Hexerey martern wollen, vor ihnen in einer schwarzen Kammer zu erscheinen. Sie durchstechen sie mit einem Spieße, und der Mensch muß eines langsamen Todes sterben. Diese Böses wirkenden Hexereyen aber gehören vorzüglich für die alten Weiber, die kein anderes Mittel zu leben haben. Eine Art ihrer lügnerischen Kunst ist, daß sie vorgeben, sie könnten die Geschwülste heben und diejenigen heilen, welche bezaubert sind, indem sie aus ihren aufgeschwollenen Beinen Stücke Fleisch oder Leder ziehen, welche sie in ihrem Munde sorgfältig verborgen hielten, ehe sie die Wunde oder Geschwulst aussogen.

Diese bösen Gaukler haben endlich ihre Kunst verschryen gemacht, vornehmlich seitdem die Missionarien den groben Kunstgriff entdecket haben; und einige Grönländer selbst haben sich dergestalt aus ihrem Irrthume geholfen, daß so gar einer unter ihnen

ihnen einmal einen Angekoken während seiner vorgegebenen Reise nach der Hölle genommen und in sein Haus getragen hat, wie eine gestohlene Katze. Ungeachtet dessen bleibt doch das Volk, welches glaubet, die Erfüllung vieler Prophezeyungen und die Heilung vieler Kranken durch Vermittelung der Angekoken beobachtet zu haben, stets hartnäckig dabey, ihre Kunst sey für göttlich und übernatürlich zu halten. Was aber die meisten in dieser thörichten Einbildung verhärtet, ist der Muth dieser Wahrsager, welche lieber als Märtyrer der Eingebung und himmlischen Wahrheiten, wie sie sagen, haben sterben, als gestehen wollen, daß sie sich oder andere betrogen haben. Ueber dieses unterlassen diejenigen Grönländer, welche über das Vertrauen des Volkes zu diesen Verblendungen lachen, doch selbst nicht, den lächerlichen Verordnungen dieser betrügerischen Aerzte zu folgen, unter dem Vorwande, wenn sie nichts helfen, so schadeten sie doch auch nichts; welche Ursache der Leichtgläubigkeit zu allen Zeiten den thörigsten Irrthümern ein Ansehen gegeben. Cranz von Grönland.

Diese Verordnungen bestehen nur in gleichgültigen Vorschriften eines Verhaltens im Essen und Trinken, oder einer Diät, oder auch in Anhängseln. Das Verhalten im Essen und Trinken wird so wohl den Gesunden, als Kranken, vorgeschrieben. Wenn ein Mensch stirbt, so müssen sich diejenigen, welche sich wohl befinden, gewisser Speisen und Arbeiten enthalten. Wenn sie den Todten angerühret haben, so müssen sie die Kleider wegwerfen, die sie damals angehabt. Die Weiber in den Wochen dürfen nicht in freyer Luft essen, wenn man den Wahrsagern glauben will. Niemand darf aus ihrer Schale trinken, noch den Docht ihrer Lampe anzünden, und sie selbst dürfen nichts kochen lassen. Sie müssen anfänglich Fisch und hernach Fleisch essen, aber nichts anders, als was ihr Mann auf der Jagd oder bey dem Fischen gefangen hat. Dieser darf einige Wochen lang nichts thun oder arbeiten, es wäre denn, daß es die höchste Noth erforderte, aus Furcht, das Kind möchte sterben. Man giebt vor, diese Verordnungen seyn nützliche Vorsichtigkeiten für die Gesundheit der Mutter und des Kindes. Die Sitten und das Temperament der Grönländer aber erlauben nicht sehr, alle diese Verfügungen zu ersinnen, wofern man sie nicht für nöthig erachtet hat, die Bevölkerung zu befördern oder zu erhalten, welche von der Himmelsgegend wenig unterstützet wird.

Anhängsel. Was die Anhängsel anbetrifft, so sind deren eine so große Anzahl, daß sich ein jeder über des andern seine aufhält. Es ist gemeiniglich ein Stück Holz, ein Stein oder ein Knochen, ein Schnabel, oder eine Klaue von einem Vogel, welches man sich an den Hals hängt, oder auch wohl ein Stückchen Leder, welches man sich um die Stirne, um den Arm, oder um die Brust bindt. Diese Heiligthümer sollen vor den Geistern, den Krankheiten oder dem Tode bewahren, oder die Kinder vor der Furcht sichern, welches Uebel sie bekommen würden, wenn sie es noch nicht hätten. Die Grönländer geben auch noch vor, diese Anhängsel brächten Glück; und wenn sie ihren Kindern Geschicklichkeiten und Fleiß zu Wege bringen wollen, so bitten sie einen Europäer, daß er den Geist seines Landes auf sie blase oder erlaube, daß sie diesen kleinen Geschöpfen ein Stück von seinen Kleidern oder seinen alten Schuhen anhängen. Wenn man sich zum Walfischfange einschiffet, so muß man nicht allein alle Lampen in den Zelten auslöschen, aus Furcht, sie möchten dem feinen und zarten Geruche des Walfisches

Cranz von Grönland. zuwider seyn, sondern die Kajake sind auch mit Anhängseln beladen, wie die Fischer, damit sie vor dem Schiffbruche bewahret werden. Indessen sind sie demselben durch das thörichte Vertrauen und die Verwegenheit, welche diese eiteln Schutzbriefe dem Menschen beybringen, doch nur desto mehr ausgesetzet. Allein, saget Herr Cranz am Ende dieses Capitels, haben wir Europäer nicht auch unsere Anhängsel? Haben wir nichts, was dem Grönländer ähnlich ist?

Das VI Capitel.

Von den Wissenschaften der Grönländer.

Von der Sprache. Vielsylbige und verworrene Wörter. Die Grönländer haben den Buchstaben R nicht, noch gewisse Consonanten, die mit den Lippen oder Zähnen ausgesprochen werden. Wie sie das Ja und Nein ausdrücken. Sie haben drey Numeri. Präpositionen. Beyspiel der Zusammensetzung ihrer Wörter. Ihre Dichtkunst. Rechenkunst. Ihr Geschlechtsregister. Ihre Unwissenheit in Schreiben. Ihre Zeitrechnung oder ihr Maaß und Berechnung der Zeiten. Ihre Astronomie oder ihr Himmelssystem. Warum die Grönländer, während der Sonnenfinsterniß, ihre Hunde bey den Ohren fassen. Wie sie die Ursachen des Donners und des Blitzes erklären. Sie haben keine Sterndeuterey. Krankheiten und Arzneymittel. Krankheit an den Augen. Cur des Augenstaars. Wie die Grönländer das Nasenbluten stillen. Ansteckende Krätze, die dem Gebrauche der Fische zugeschrieben wird. Arzeneyverschreiber. Leichenbegängniß.

Ohne Zweifel erwartet man kein Capitel von den Wissenschaften in der Geschichte eines Volkes, welches das unwissendste auf unserer Halbkugel seyn muß. Das Wort Wissen setzet Studieren, Betrachtungen, Lehrarten, kurz, vernünftig beurtheilete Kenntnisse voraus. Wenn in unsern gesittetsten Staaten von Europa der meiste Theil der Menschen, die eine Erziehung gehabt haben, wir wollen sagen, selbst der Großen, und bisweilen der Minister und Prinzen, in einer Art der Unwissenheit in allen Dingen bleiben, in welchen man sie unterrichtet hat, wovon sie sich selbst aber keine Rechenschaft geben können; wie würde man von den Wissenschaften eines Volkes reden, welches weder den Gebrauch noch einigen Begriff von dem Schreiben hat? Seine ganze Wissenschaft ist eine Sprache, die es ohne Studieren und ohne Betrachtungen redet, so wie sie gemacht ist, und wie alle Sprachen gewesen sind, ehe sie Schriftsteller, Dichter, und Redner gehabt haben, welche sie durch ihre Bearbeitung fein machen. So unvollkommen und wild aber diese Sprache auch seyn mag, so verdienet sie doch die Aufmerksamkeit der geschicktesten Classe von Lesern. Sie werden vielleicht einige eigene Begriffe darinnen finden, die allgemeinen Grundsätze der Sprachkunst zu befestigen oder zu entwickeln. Diese Materie ist heute zu Tage so gut untersucht worden, daß alles, was sich auf sie bezieht, eine neue Klarheit in dem Kreise der menschlichen Wissenschaft bekömmt und zurück wirft.

Die

Cranz von Grönland.

Von der Sprache.

Die grönländische Sprache hat, wie man saget, mit andern nördlichen Sprachen keine Verwandtschaft, es mag mit der tatarischen oder americanischen seyn; wenn man davon die Sprache der Eskimos ausnimmt, welche von eben dem Stamme, als die Grönländer, zu seyn scheinen. Diese Sprache ist beynahe ganz aus vielsylbigen Wörtern zusammen gesetzt, welches sie schwer macht aus zu sprechen, so daß derjenige, welcher sie lesen kann, nur den halben Gebrauch davon haben würde. Weil sie noch weniger geschrieben als geredet worden, so weis man nichts davon, wenn man sich bloß begnüget, sie in den Büchern zu verstehen, so wie die Europäer sie mit Charakteren schreiben können, die ihnen fremd sind; denn man glaubet sehr wohl, daß ein Volk, welches niemals gelesen hat, keine Bücher schreibe. Die Grönländer haben eine reiche Sprache, welche die Armuth der Begriffe zeiget; sie gebrauchen ein Wort nicht nur für einen jeden Gegenstand, sondern auch zu einer jeden Veränderung eben desselben Gegenstandes. Auch haben sie keine Wörter, alle abstracte oder moralische Begriffe der Religion, der Wissenschaft oder der Gesellschaft aus zu drücken. Wenn sie eben so viele Begriffe hätten, als wir, so sieht man wohl, wie viel eine Sprache, die diese Begriffe durch eben so viele unterschiedene Ausdrücke gäbe, dem Fortgange des menschlichen Verstandes schaden würde, indem man das Gedächtniß, auf Kosten anderer Kräfte des Verstandes, belästigte. Dasjenige aber, was auf einer andern Seite den Mangel der Wörter in der grönländischen Sprache beweist, ist, daß man vorgiebt, sie drücken viele Sachen in wenig Worten aus. Dieses kann nicht anders geschehen, als daß man die Zeichen gewisser Mittelbegriffe einer Unterredung unterdrücket. Die wilden Völker sind dieser Art der Abkürzung um so viel mehr gewohnt, weil die Gebährden bey ihnen die Hälfte der Sprache vertreten, und sie sonst nichts in denen Begriffen, welche sie einander mittheilen, zu beschreiben haben, als Erzählungen und empfindliche Umstände. Wenn man also saget, daß sie alle die Veränderungen eines Gegenstandes durch eben so viele Worte vorstellen, so redet man ohne Zweifel nur von physischen Gegenständen, und von ihren rührendsten und festgesetztesten Eigenschaften. Es ist in der That sehr schwer, eine reiche Sprache in einem armen Lande zu schaffen, und die Farben und Züge einer einförmigen Aussicht zu verändern. Uebrigens ist es vielleicht zweifelhaft, ob die einzelnen Personen der Gesellschaften, in der Kindheit der Sprache, nicht alle verschiedene Gegenstände durch verschiedene Wörter erhalten, oder ob sie nicht in einem Worte alle Wesen vermischen, die sich ähnlich sind; man kann daher nicht schließen, daß eine wilde Sprache reich sey, wenn sie viele Wörter hat, wenig Sachen aus zu drücken, noch daß sie nachdrücklich und kurz sey, weil sie viele Sachen mit sehr wenig Wörtern ausdrücket.

Weitläufige und verworrene Wörter.

Der Gebrauch, verschiedene Wörter mit einander zu verbinden, oder eins aus vielen zusammen zu setzen, welcher zuweilen die gelehrten Sprachen bereichert, und in gewissen Fällen der Rede mehr Nachdruck giebt, kann nur eine Verwirrung in einer wachsenden und wilden Sprache verursachen, indem er die Begriffe unter einander verwickelt, welche eher mußten abgesondert als verbunden werden. Denn diese Zusammenfügungen der Wörter, welche ein rohes Volk aus einem ungefähren Zufalle und aus Unwissenheit gemacht hat, um daraus eine Sprache zu bilden, muß nicht der Analysis und der Harmonie gleichen, welche beredte Leute und zärtliche Ohren in der Verschönerung und Vollkommenheit einer schön gebildeten Sprache leiten. Die Probe davon

Cranz von Grönland.

von ist, daß die grönländische Sprache, durch die Menge der vielsylbigen Wörter so schwer aus zu sprechen wird, daß viele Jahre verstreichen, ehe die Fremden sie verstehen, und sie können es niemals dahin bringen, daß sie solche hurtig reden. Es ist wahr, daß sie vielleicht keine Gliedmaßen haben, die hart genug sind, noch die eiserne Stimme, welche die Natur den Menschen gegeben hat, die zwischen Felsen und Eise gebohren werden. Indessen haben doch diese nördlichen Völker, so wie die in Asien, durch eine wunderliche, aber sehr ordentliche Seltenheit, den rauhesten Buchstaben nicht, welcher die angenehmen und polirten Sprachen zu charakterisiren scheint. Das ist der Buchstab R, welchen man den hündischen nennet, ohne Zweifel, weil er in dem Ohre das Geräusch eines Hundes machet, welcher gnurret, und die Zähne zum Beißen weist. Dieser Buchstab oder Ton, welcher nothwendig zu seyn scheint, alle Begriffe vom Knirschen, vom Zerreißen, von der Zernichtung, die mit einem Geräusche begleitet ist, welches die Sprachwerkzeuge abraspelt oder abschabet, aus zu drucken; dieser Ton, welcher die Sylben, die er von einander absondert, sehr stark unterscheidet und ausspricht; dieser Ton, welcher bey uns auf eine merkliche Weise die Zurückstoßung der durch die Zähne gestoßenen Luft anzeiget, geht bey den Grönländern nicht nur aus der Kehle, sondern hält sich auch in dem Halse auf, und verliert sich da. Ihre Sprache wird beynahe ganz mit der Kehle ausgesprochen; auch findt man in ihr keine Consonanten, die mit den Lippen oder mit den Zähnen ausgesprochen werden, wenigstens fangen sie niemals ein Wort mit den Buchstaben B. D. F. G. L. R. Z. an; daher sprechen sie Eppeta anstatt Jephta. Eben so stützen sie, wie die Kinder, einen jeden Consonant auf einen Vocal, und sprechen Peterusse für Petrus, indem sie sich nicht gewöhnen können, verschiedene Consonanten hinter einander zu verbinden. Sie wechseln oft die Töne, des Wohlklanges wegen, ab; und die Frauenzimmer haben vornehmlich eine besondere Annehmlichkeit, den durch die Nase ausgesprochenen Ton des ng, welches sich in verschiedenen Wörtern ihrer Sprache findt, gelinde zu machen. Sie haben auch noch die Kunst, den Sinn der Wörter durch den Accent, Ton, die Mienen, und das Winken mit den Augen an zu zeigen, und der Sprache dadurch einen bedeutenden Ausdruck zu geben, welcher ihr fehlet. Man muß einen Grönländer reden sehen, und nicht bloß hören: denn er redet mehr zu dem Auge, als zu dem Ohre, und seine Gebährden sind beredter, als seine Sprache. Um die Einstimmung und den Beyfall aus zu drucken, schöpfen sie Luft mit einem gewissen Geräusche aus dem Innersten des Halses; um die Misbilligung und das Nein an zu zeigen, runzeln sie die Nase, und begleiten diese Gebährde mit einem starken Schnauben.

Die Grönländer haben nicht den Buchstaben R, noch gewisse Consonanten, die mit den Lippen oder Zähnen ausgesprochen werden.

Wie sie das Ja und Nein ausdrücken.

Sie haben wenig Beywörter, und davon sind noch die meisten Participia, die allezeit nach den Substantiven, welche die Redensart anfangen, gesetzet werden. Sie haben weder Genera, noch Artikel. Ihre Nennwörter haben so, wie ihre Zeitwörter, außer der einzeln und mehrern Zahl, auch den Dualem; welchen Unterschied die Griechen noch von der Kindheit der Sprachen beybehalten haben, welcher aber vielleicht die Sprache mehr beschweret, als ihr aufhilft und sie verschönert.

Sie haben drey Numeri.

In den Declinationen haben sie nichts besonders, als den Genitiv, welcher durch Hinzuthuung eines B am Ende eines Wortes, oder eines M gemacht wird, wenn auf dieses Wort ein anderes folgen muß, das mit einem Vocal anfängt. Alle andere Casus werden ein jeder durch eine Präposition unterschieden. Alle Nomina haben ihre Diminutiva

Diminutiva und Augmentativa, welchen man zuweilen unterschiedene Sylben beyfüget, um das Gute und Böse der Gegenstände aus zu drücken, welche diese Wörter vorstellen. Iglo bedeutet ein Haus, Iglupiluk ein schlechtes Haus; Iglopilurksoak, ein groß häßliches Haus.

Cranz von Grönland.

Die grönländische Sprache hat nur fünf oder sechs Präpositionen; Mik, mit; mit, von; mut, zu; me, in oder auf; kut und agut, durch und um. Diese Präpositionen werden nicht vor, sondern nach den Nennwörtern gesetzet. Ueberhaupt verbinden sie die Nennwörter mit den Präpositionen, und selbst mit den Fürwörtern, so daß sie nur ein zusammengesetztes Wort aus diesen dreyen durch einander modificirten und veränderten Sachen machen. So bedeutet Nuna, die Erde; aga, mein; Nunaga, mein Land; und Nunaunit, meines Landes. „Die Pronomina possessiva, „saget der Herr Egede, werden ihren Substantiven angehängt, wie die Suffixa der „Hebräer; und die Grönländer haben nicht nur Suffixa der Nennwörter, sondern auch „der Zeitwörter." Sie mögen auch gern Nebenwörter den Hauptwörtern beyfügen, und verschiedene Wörter in eins zusammen schmelzen, daß sie die Sprache durch eine Folge einzelner und abgesonderter Wörter verlängern. Daher bringen sie das verneinde ng mitten in die Nennwörter und Zeitwörter hinein, worinnen sie es nöthig haben aus zu drücken. Ermik heißt waschen; Ermikpok, er wäscht sich; Erminngilak, er wäscht sich nicht; diese Endigung ngilak muß in alle Tempora und Modos kommen, worinnen man das Verneinende setzen will. Durch die Mannichfaltigkeit der Beugungen und Endigungen kann man unterschiedene Begriffe mit einem Worte ausdrücken. Ein jedes Wort, es sey von der Zeit oder Personen, welche zusammen kommen, ihm eine unterschiedene Form zu geben, wird auf hundert und achtzig Beugungen haben, um verschiedene Verhältnisse aus zu drücken. In einem einzigen Worte drücket man auf einmal das Verbum, das Pronomen personale, welches ihm anstatt des Nominativs dienet, denjenigen, welcher statt dieses Casus mit der Präposition dienet, welche diesen Casum anzeiget, den Numerum Singularem, Dualem oder Pluralem, den Nominativum, den Casum, und die Zeit aus, welche vor der Handlung hergeht, sie begleitet, oder ihr folget, die durch das Wort bezeichnet wird.

Präpositionen.

Beyspiel der Zusammensetzung ihrer Worte.

Diejenigen, welche die grönländische Sprache mit der größten Sorgfalt studieret haben, haben hunderterley Arten, ein Wort mit zwey, drey, vier, fünf oder sechs andern Wörtern zusammen zu setzen, entdeckt, welche nur ein einziges machen würden. Man will ein Beyspiel dieser Zusammensetzungen, vielmehr für die Neugierde der Leser, als zur Unterweisung der Gelehrten, hersetzen.

Agleckpok, er schreibt.

Agleg-iartor-pok, er wird unverzüglich schreiben.

Agleg-iartor-asuar-pok, er wird sich geschwind setzen zu schreiben.

Agleg-kig-iartor-asuar-pok, er wird sich noch eiliger setzen zu schreiben.

Agleg-kig-iartor-asuar-niar-pok, er wird sich von neuem eilig setzen, und er ist schon da zu schreiben.

Die Grönländer beschneiden und bilden ihre Wörter, wie man einen rohen Stein schneidet. Allein, die Materialien ihrer Sprache sind so hart, und so uneben, daß das Gebäude, welches sie davon bauen, allezeit ungestaltet, und übel zusammen hängend ist. Ihre Reden gleichen also ihren Hütten, und so wie sonst die Sprache

eine

Cranz von Grönland.

eine Abbildung der Sitten ist, so hat dieß Volk nichts zierliches. Die Syntax der Grönländer ist einfach und natürlich. Das Wort, welches den vornehmsten Gegenstand anzeiget, steht im Anfange der Redensart, und die andern Wörter werden hinter einander fortgesetzet, ein jedes nach dem Grade der Wichtigkeit, welchen es in der Ordnung der Begriffe hat. Ob ihre Begriffe gleich nicht sehr erhaben noch abstract sind, so muß doch ihre Art, ein Wort mit andern, die sich darauf beziehen, zu construiren, zuweilen Verwirrungen in ihre Redensarten bringen: sie glauben aber der Deutlichkeit der Begriffe durch die Wiederholung der Wörter zu Hülfe zu kommen. Ihr Ausdruck hat weder etwas Uebertriebenes, noch Nachdrückliches, wie der Morgenländer und auch selbst der nördlichen Americaner ihrer. Indessen lieben sie doch Gleichnisse und Allegorien, vornehmlich, seit dem sie das Evangelium kennen. Sie haben auch figürliche Wendungen und Sprüchwörter: aber diese Sprache haben nur die Wahrsager für sich, die zuweilen Ausdrücke in einem Sinne gebrauchen, welcher der empfangenen Bedeutung zuwider ist. Diese Kunst giebt ihnen ein gelehrtes Ansehen, und dienet ihnen die Orakel zu erklären.

Dichtkunst.

Ihre Dichtkunst hat weder Reim noch Sylbenmaaß: sie besteht aber aus kurzen Sätzen oder Redensarten, die nach dem Tacte können abgesungen werden.

Rechenkunst.

Ihre Rechenkunst ist sehr eingeschränkt; denn ob sie gleich bis auf zwanzig, nach der Anzahl der Finger ihrer Hände und ihrer Füße, zählen können, so verschaffet ihnen doch ihre Sprache nur Rechennamen bis auf die Zahl fünfe. Daher sie diese Benennungen viermal wiederholen, um zu der Zahl zwanzig zu gelangen. Jedennoch haben sie besondre Wörter, um sechs, eilf und sechzehn aus zu drücken. Weil sie aber wissen, daß jeder Menschen zehn Finger und zehn Zehe hat, so sagen sie fünf Menschen, wenn sie die Zahl hundert ausdrücken wollen. Ueberhaupt ist die ganze Menge über zwanzig für einen Grönländer unzählbar, welcher sich nicht für einen Rechenmeister hält.

Ihr Geschlechtsregister.

Dasjenige, was sie am besten verstehen, ist ihr Geschlechtsregister. Sie können bis auf zehn ihrer Vorfahren mit ihren Nebenlinien hinter einander wegzählen; sie vernachläßigen diese Wissenschaft nicht, weil sie ihnen nützlich ist. Einem armen Grönländer wird das Nothdürftige nicht fehlen, wenn er beweisen kann, daß er ein Anverwandter eines reichen Menschen sey: denn bey diesem Volke schämet sich niemand, arme Anverwandten zu haben, auch weigert er sich nicht, sie aus ihrer Armuth zu reißen, wenn er nur kann.

Die höchste Tugend unter den Grönländern ist die Kunst und die Mühe, sein Glück zu machen, das heißt, für die vornehmsten Bedürfnisse der Natur zu sorgen. Ihr Adel, glauben sie, sey erblich und nicht ohne Grund; der Sohn eines berühmten Fischers folget gemeiniglich der Geschicklichkeit und der Ehre seines Vaters; wenn er ihn auch gleich in seiner Kindheit sollte verlohren haben, und nicht durch die väterliche Hand wäre geleitet worden.

Ihre Unwissenheit in dem Schreiben.

Sie hatten so wenigen Begriff von dem Schreiben, daß sie im Anfange ihres Handels mit den Europäern erschreckt wurden, das Papier reden zu sehen, wie sie sagten. Sie unterstunden sich nicht, einen Brief eines Menschen zu einem andern zu bringen, noch ein Buch an zu rühren, weil sie sich einbildeten, es wäre Zauberey, die Gedanken und Worte eines Menschen mit schwarzen Charakteren auf weiß Papier zu malen.

len. Wenn ein lutherischer Prediger ihnen die Gebothe Gottes vorlas, so glaubten sie wirklich, es müsse eine Stimme außer dem Buche geben, welche sie ihm zubliese. Aber heute zu Tage beschweren sie sich gern mit Briefen, welche man ihnen an die dänische Colonie giebt, weil sie für ihre Mühe gut bezahlet werden. Es ist so gar, nach ihrer Meynung, eine Ehre, die Worte eines Menschen an verschiedene entfernte Oerter zu tragen. Einige unter ihnen haben die Kunst zu schreiben so weit getrieben, daß sie ihr Verlangen und Versprechen den fremden Factoren, mit einer Kohle auf ein Stück Fell oder Pergament geschrieben, zuschicken, wobey sie die Menge der Kaufmannswaaren, welche sie im Tausche haben und dagegen geben wollen, nebst der Zahl der Tage, welche bis zur Bezahlung verfließen sollen, durch so viel Striche oder Zeilen anzeigen. Sie wundern sich aber sehr, daß die Europäer, welche so klug sind, die Hieroglyphen der Grönländer nicht eben so gut verstehen können, als die viel schwerern Charaktere unserer Schrift.

Cranz von Grönland.

Zeitrechnung oder das Maaß und die Berechnung der Zeiten.

Ihre Zeitrechnung ist an Sachen so geringe, daß sie selbst ihr Alter nicht wissen. Sie zählen die Jahre nach Wintern, und die Tage nach Nächten; weil in der That die Nacht zwey Drittheile ihres Lebens in sich fasset. Wenn sie gesagt haben, daß eine Person zwanzig Winter gelebt habe, so sind sie am Ende ihrer Rechnung. Indessen haben sie sich doch seit einer gewissen Zeit Epochen gemacht, als wenn eher sich eine Colonie niedergelassen habe, oder ein Missionarius angekommen sey. Von diesen großen Begebenheiten rechnet ein jeder die Geschichte seines Lebens. Sie haben ihre Weise, das Jahr in gewisse Zeiten ein zu theilen. Dieß geschieht nicht nach den Zeiten, da Tag und Nacht gleich sind, welches sie noch nicht gelernet haben zu bestimmen, sondern sie errathen den kürzesten Tag des Winters einige Tage vorher, wenigstens gegen Mittag von Grönland, durch die Ueberbleibsel der Sonnenstralen, welche sie einen Augenblick auf dem Gipfel der Felsen glänzen sehen; und alsdann feyern sie die Erneurung des Jahres. Von dieser Epoche zählen sie drey Monate bis an den Frühling, in welchem sie sich bereiten, ihre Hütten in Zelte zu verändern. Der vierte Monat, das ist der April, wird ihnen durch die Erscheinung kleiner Vögel, und durch das Eyerlegen der Raben, verkündigt. Im fünften bekommen sie den ersten Besuch der Seehunde, welche mit den Jungen eines neuen Geschlechtes ankommen, das ihre Küsten bereichert und fröhlich machet. Der Brachmonat wird durch die Geburt der Eidervögel bemerket. Aber alsdann verlieren sie das Mondlicht, wovon die Sonne das Licht in den immerwährenden Schein einiger Tage ohne Nacht wegnimmt. In Ermangelung des Mondscheins richten sich die Grönländer im Sommer nach dem Schatten der Felsen, deren Gipfel ihnen zur Sonnenuhr oder zum Weiser dienet, nicht um die Stunden, sondern die Tage zu bemerken. Ohne Zweifel zählen sie in der Zeit, worinnen die Sonne ihren Horizont nicht verläßt, einen jeden Tag nach der längsten Werfung der Schatten von denen Bergen, die gegen Morgen liegen. Nach dieser Richtung und Fortgehung der Schatten verkündigen sie die Zurückkunft der Seehunde, die Ankunft oder Abreise gewisser Haufen Fische oder Vögel; endlich die Zeit, ihre Zelte auf zu schlagen, und ihre Häuser wieder auf zu bauen.

Den Tag theilen sie nach der Ebbe und Fluth ein, deren Abwechselungen sie den Veränderungen des Mondes, so lange sie dieses Gestirn gewahr werden, unterordnen.

Cranz von Grönland.

Astronomie oder das Himmelssystem.

ordnen. Die Nacht ist für sie, durch das Aufgehen und Untergehen gewisser Gestirne, noch leichter ein zu theilen.

Dieß ist alles, was sie von der Zeitkenntniß wissen. Was die Welt überhaupt anbetrifft, so glauben sie, die Erde sey unbeweglich auf ihren Angeln, ihre Haken aber wären vor Alter so abgenutzet, daß sie öfters zerbrochen werden, und die Erdkugel seit langer Zeit in Stücken gegangen seyn würde, wenn die Angekoken nicht allezeit beschäfftiget wären, diesen Verfall wieder aus zu bessern. Diese Betrüger erhalten sie in dieser groben Verblendung, indem sie dem Volke zuweilen Stücken von zerbrochenem Holze bringen, welches man für Trümmern der großen Maschine hält. Der Himmel oder das Firmament hat seine Achse, die sich auf den Gipfel eines großen Berges stützet, der nach Norden zu liegt; und er beweget sich um seinen Mittelpunkt. Ihre Astronomie besteht nur aus Fabeln. Sie sagen, alle himmlische Körper wären Grönländer, oder Seelen, die durch ein besonderes Schicksal an dieses Firmament wären versetzt worden; und folglich nach der Verschiedenheit ihrer Speise bleich oder roth wären. Die vereinigten Planeten sind zwey Weiber, welche einander besuchen, oder mit einander zanken. Die herabfallenden Sterne sind Seelen, die eine Reise hinunter nach der Hölle thun wollen, um zu sehen, was daselbst vorgeht. Das Gestirn des großen Bäres nennen sie das Rennthier, die sieben Sterne dieses Gestirnes sind eben so viel Hunde, die einen Bären jagen, und dieses Gestirn dienet den Grönländern, die Zurückkehr der Nacht in dem Winter zu erkennen. Die Zwillinge nennen sie die Brustbeine des Himmels; und das Wehrgehäng des Orions stellet ihnen Menschen vor, die ihren Weg von dem Seehundefange nicht zurück finden konnten, und also an den Himmel versetzet wurden.

Die Sonne und der Mond sind Bruder und Schwester gewesen. Sie spielten einsmals mit andern Kindern im Dunkeln, als **Malina**, die über die Verfolgung ihres Bruder **Anninga** verdrüßlich war, ihre Hände an dem Schmutze der Lampe rieb, und das Gesicht desjenigen, welcher sie verfolgete, beschmierte, damit sie ihn am hellen Tage erkennete; und daher kommen die Flecken des Mondes. **Malina** wollte entrinnen: aber ihr Bruder verfolgete sie, bis sie ihren Flug in den Himmel nahm. Daselbst ward sie in die Sonne verwandelt, und ihr Bruder, der auf dem Wege zurück blieb, in den Mond, welcher noch die Sonne verfolget, und sich um sie drehet, als wenn er sie erhaschen wollte. Wenn er vor Müdigkeit und Hunger entkräftet ist, (welches im letzten Viertheile geschieht,) so leget er seine Jagd- und Fischfangsgeräthschaften auf einen Schlitten, der von vier großen Hunden gezogen wird, und ruhet einige Tage, um sich wieder zu erquicken und fett zu werden, welches den vollen Mond hervor bringt. Dieses Gestirn freuet sich über den Tod der Weiber, und die Sonne über den Tod der Männer; daher verschließen einige ihre Thüre vor der Sonnenfinsterniß, andere vor der Mondsfinsterniß. Denn Anninga läuft alsdann rings um die Häuser herum, Fleisch und Felle zu rauben, und diejenigen zu tödten, welche nicht getreulich die Enthaltsamkeit oder die heilige Diät beobachtet haben, welche ohne Zweifel die Wahrsager vorgeschrieben haben. Auch verbirgt man alsdann seinen Mundvorrath, und die Menschen, welche ihre Eßwaaren und Kessel oben auf das Dach des Hauses tragen, reden alle zusammen, wobey sie auf diesen Hausrath stoßen, um den Mond in Furcht zu setzen und um ihn zu zwingen, daß er an seinen Platz zurück kehre.

Bey

Bey den Sonnenfinsternissen kneipen die Weiber die Hunde in die Ohren; wenn sie schreyen, so ist es ein gewisses Zeichen, daß das Ende der Welt noch nicht nahe sey; denn die Hunde, welche eher gewesen sind, müssen eine zuverläßigere Ahndung von dem Zukünftigen haben: wenn sie aber nicht schreyen, so ist es ein Unglück, welchem man durch das Uebel zuvor zu kommen sich bemühet, welches man ihnen thut; es würde alles verloren seyn, das ganze Weltgebäude einfallen, und kein Grönländer aufbehalten werden.

Cranz von Grönland.

Warum die Grönländer während der Sonnenfinsterniß ihre Hunde in die Ohren kneipen?

Wenn es ungefähr donnert, so sind es zwey alte Weiber, welche in der Luft in einem kleinen Hause wohnen, und sich um eine wohl ausgedehnte Seehundeshaut schlagen. Während des Streites fällt das Haus ein, die Lampen werden zerbrochen, und das Feuer fliegt in die Luft. Dieß sind die Ursachen des Donners und des Blitzes. Mit dergleichen Fabeln unterhalten die Einwohner von Grönland ihre Kinder, leichtgläubige Leute und Fremde, welche ihnen zuhören wollen. Uebrigens, wenn sie wenig Astronomie verstehen, so sind sie doch von der Sterndeuterey befreyet und beunruhigen sich nicht, am Himmel oder in dem Fluge oder Gesange der Vögel das zu suchen, was auf dem Lande geschehen soll. Sie begnügen sich, die Veränderungen des Wetters in der Beschaffenheit der Luft und in dem Anschauen des neblichten oder heitern Horizontes zu studieren und vorher zu sehen.

Wie sie die Ursache des Donners und des Blitzes erklären.

Sie haben keine Sterndeuterey.

Arzeneykunst der Grönländer.

Krankheiten und Arzeneymittel.

Die Arzeneykunst hat keinen größern Fortgang in Grönland gehabt, als die andern Wissenschaften. Hier ist eine kurze Geschichte der Krankheiten und der Arzeneymittel, die in diesem Lande bekannt sind.

Im May und Brachmonate haben die Grönländer rothe und thränende Augen, welches von den großen Winden und dem Wiederscheine der Sonnenstralen kömmt, die vom Schnee und Eise zurück geworfen werden. Sie suchen sich vor diesem blendenden Scheine mit einer Art eines Lichtschirmes zu beschützen; dieß ist ein Stück dünnes und drey Finger breites Holz, welches sie an die Stirne legen, und welches die Wirkung einer engländischen Postillionsmütze thut. Andere tragen vor den Augen ein Stück Holz, worinn sie Ritzen machen, um hindurch sehen zu können, ohne von dem Glanze des Schnees verletzt zu werden. Wenn das Uebel an den Augen fortfährt, so schneiden sie ein Loch an der Stirne, damit die Feuchtigkeit durch diese Oeffnung herausfließe. Wenn sie den Augenstaar haben, so löset ihnen eine gute Frau denselben rings herum mit einer krummen Nadel los, und ziehe ihn mit einem Messer so geschickt in die Höhe, daß es ihr selten in dieser Cur fehl schlägt. Seit dem aber die Grönländer Toback brauchen, sind sie dem Uebel der Augen weniger unterworfen. Dieses beweist, daß dieser Staub ihnen vielleicht nützlicher ist, als vielen andern Ländern, worinnen er eine neue Quelle der Bedürfnisse, des Aufwandes, der Plackereyen, der Verbrechen und Beschwernisse geworden ist.

Krankheit am Augen.

Cur des Augenstaars.

Den Grönländern blutet öfters die Nase, wegen des allzu großen Ueberflusses des dichten Blutes, welches Fischspeck und Fleisch ihnen verursachen. Wenn dieses zu lange währet, so bitten sie jemand, daß er ihnen in dem Nacken sauge; oder sie binden sich auch sehr stark die beyden Goldfinger zusammen; oder sie nehmen ein Stück

Wie die Grönländer das Nasenbluten stillen.

Cranz von Grönland.

Eis in ihren Mund, und hauchen das Seewasser durch die Nase, und das Bluten höret auf.

Sie empfinden auch Kopf- und Zahnweh, Schwindel, Ohnmachten, lähmende Gicht, Wassersucht, hinfallende Sucht, und Anfälle von der Raserey. Allein, diese Krankheiten sind allzu selten, als daß sie ein Gegenmittel dafür haben sollten; welches denn auch nichts beyträgt, sie zu vervielfältigen.

Ansteckende Krätze, die dem Gebrauch der Fische zugeschrieben wird.

Sie sind zwoen Arten von Ausschlage unterworfen. Die eine ist eine Art von Krätze, oder Grind, die mit kleinen Beulen begleitet ist, welche den ganzen Leib bedecken, ausgenommen die Hände: aber diese Krankheit der Haut ist weder dauerhaft, noch ansteckend. Die andere ist gleichsam ein Aussatz, der ihren ganzen Leib mit stinkender Krätze plaget. Diese Krankheit verfolget sie bis an den Tod, und ist ansteckend. Dergleichen Aussätzige aber leben abgesondert, und haben keine Linderung, als die Leichtigkeit, sich zu kratzen, und mit Falkenfedern diejenigen Schuppen und den Grind ab zu streichen, welche, wie man saget, von der Menge der Fische kommen sollen, wovon sie sich ernähren, gleich als wenn das Fleisch der Thiere sich nicht in unser Wesen verkehren könnte, ohne daß wir ihnen auf einige Weise gleichen müßten.

Blattern.

Die Blattern waren den Grönländern eine unbekannte Sache, als im Jahre 1733 ein junger Mensch, der sie aus Koppenhagen mitbrachte, ihnen überhaupt einen Verlust von drey tausend Einwohnern verursachte, welche an dieser schrecklichen Landplage starben.

Dieses harte Volk wird zuweilen von Blutgeschwüren oder Beulen geplaget, die sich wie einer von ihren Tellern groß ausbreiten, deren Materie etwas beytragen soll, ihnen dergleichen Uebel zu zu ziehen. Sie heilen sich davon aber durch einen großen Einschnitt bey der Beule, und binden einen hohlen Deckel von Strohe oder dünnem Holze darüber, damit das Reißen der Kleider die Haut nicht verschlimmere; und sie gehen wieder an ihre Arbeit ohne Aufhören.

Wenn sie sich verletzen, es sey an dem Fuße oder an der Hand, so stecken sie solche in Urin, um das Blut zu stillen. Alsdenn legen sie das Schmeer von Fischen, oder stark in Thran getauchten Mooß, welcher ihnen anstatt des Zunders dienet, darauf, und verbinden die Wunde mit einem Stücke Leder und Riemen. Wenn aber die Verletzung groß ist, so nehen sie solche erst zu, ehe sie dieselbe verbinden.

Wenn sie einen Arm oder ein Bein zerbrechen, so ziehen sie das Glied, woran der Bruch ist, so lange, bis es sich wieder an den Ort setzet, wo es gewesen ist, nachdem sie es vorher mit einer sehr dicken Binde von Sohlleder verbunden haben. Man muß sich verwundern, wenn man sieht, in wie kurzer Zeit sich die zerbrochenen Knochen wieder vereinigen, wenn auch selbst bey dem Bruche die Splitter heraus gestanden hätten.

Die Grönländer haben nur Mittel für äußere Schäden, und sie heilen sehr geschwind: aber für innerliche Krankheiten haben sie keine, und für deren Heilung müssen sie die Natur sorgen lassen. Dergleichen Krankheiten sind gewöhnlich Auszehrung, Blutspeyen, welches sie sich bemühen, dadurch zu stillen, daß sie eine Art schwarzen Mooß essen, der auf den Bergen wächst. Ueberdieß haben sie auch Durchfälle, welche sie vornehmlich im Frühlinge von dem Gebrauche der Fische, und besonders von den Beeren bekommen, die sie ganz unreif essen. Dieses Volk ist auch den Mattigkeiten

tigkeiten des Leibes und den Brustkrankheiten unterworfen, die sich mit Flüssen endigen, wovon sie erstickt werden. Cranz von Grönland.

Sie kennen keine Fieber, wenn sie aber von einem Seitenstechen angegriffen werden, eine Krankheit, die vom versessenen Schleime herrühret, so werden sie hieran durch ein Schaudern erinnert, worauf ein wenig Hitze folget, die mit gewaltiger Bewegung der Brust anhält. Dieses ist die gemeinste und häufigste Krankheit, und die viel eher durch Gegenmittel oder durch den Tod geheilet wird. Ihr einziges Mittel ist ein Amiantstein, welchen sie an die Stelle legen, wo sie den Schmerz empfinden, welcher die Feuchtigkeit zieht oder heraus bringt, ohne Zweifel so wie er die Geschwulst vertheilet. Seitdem die Europäer dahin gekommen sind, lassen sie sich bey solchen Fällen zur Ader, und zuweilen thun sie es auch zur Vorsichtigkeit, damit es sie vor ungefähren Zufällen und Krankheiten bewahre.

Die meisten dieser Krankheiten kommen von der unordentlichen Lebensart dieses Volkes, welche die geizige Natur sie zu führen zwingt. Denn im Winter geht ein Mensch, der von der Kälte dergestalt erstarrt ist, daß er weder seine Hände noch sein Gesicht fühlet, in eine Badstube. Hernach, wenn er schwitzt, läuft er aus der Wärme heraus in die Kälte fast halb nackend. Wenn er nichts zu essen hat, so bleibt er zween oder drey Tage nüchtern, und wenn er überflüßigen Mundvorrath hat, so kann er sich nicht sättigen. Wenn er warm und durstig ist, so ist niemals das Wasser kalt genug für ihn, sondern er leget noch ein Stück Eis hinein, und weil er nicht anders trinkt, als wenn er ausserordentlich durstig ist, so stürzet er sich auf einmal eine ganze Menge Wassers in den Leib hinein. Der meiste Theil der Krankheiten, vornehmlich die Seitenstiche, befallen sie auch nicht eher, als mitten im Winter, wenn sie ihres Lebens Unterhaltes beraubet sind. Man kann sie bey diesen Arten von Flüssen niemals zum Schwitzen bringen; hingegen bemühen sie sich, diese Hitze dadurch zu dämpfen, daß sie Eiswasser trinken; daher sie diese Krankheit schleunig dahin gerissen hat.

Cranz setzet die Leichenbegängnisse nach der Arzeney. Wenn dieses gleich nicht die Ordnung der Materien ist, so ist es doch wenigstens die Ordnung der Sachen. Wenn ein Grönländer, saget er, mit dem Tode ringt, so leget man ihm seine schönsten Kleider und seine Stiefeln an, und man biegt ihm die Beine unter die Lenden, ohne Zweifel, damit sie das Grab desto kürzer machen können. Sobald er todt ist, wirft man alles dasjenige, was seiner Person angehörte, weg, aus Furcht, es möchte eine ansteckende Krankheit sich daraus zusammen ziehen. Alle Leute desselben Hauses müssen auch alle ihre Sachen hinaus legen, bis auf den Abend, wo alsdenn der Todtengeruch heraus gezogen seyn wird. Alsdann beweinet man den Todten stillschweigend eine Stunde hindurch, und man bereitet ihm sein Grab. Man bringt den Körper niemals durch die Thüre des Hauses hinaus, sondern durch das Fenster; und wenn dieses in einem Gezelte geschieht, so bringt man ihn durch eine Oeffnung heraus, welche man hinten machet, indem man eine von denen Häuten wegzieht, welche den Umfang des Zeltes verschließen. Eine Frau geht mit einem angezündeten Stücke Holzes um die Wohnung herum und saget: Pikserrukpok, d. i. hier ist nichts mehr für dich zu thun. Indessen wird das Grab, welches gemeiniglich von Steinen ist, in der Ferne und auf einem erhabenen Orte gemacht. Man leget unten auf den Boden der Grube ein wenig Moos auf die Erde, und breitet eine Haut über das Leichenbegängniß.

Cranz von Grönland. Moos. Der in den schönsten Pelz des verstorbenen verhüllete und eingenehete Leichnam wird von seinem nächsten Verwandten getragen, der ihn auf den Rücken nimmt, oder an der Erde fortschleppet. Man läßt ihn in das Grab hinunter; darauf bedecket man ihn mit einer Haut, nebst einem wenig grünen Rasen, und darüber thürmet man große breite Steine, den Leichnam vor den Vögeln und Füchsen zu bewahren. Man leget an die Seite seines Grabes seinen Kajak, seine Pfeile und sein Geräth; oder wenn es eine Frau ist, so läßt man ihr ihr Messer und ihre Nadeln. Denn die Todten würden sich sehr bekümmern, wenn sie dieser Sachen beraubet wären; und der Kummer thut ihren Seelen Schaden. Ueber dieses denken viele, man brauche diese Hülfsmittel, in der andern Welt zu leben. Diese Leute setzen einen Hundekopf auf das Grab eines Kindes; denn die Seele eines Hundes, sagen sie, weis ihren Weg überall zu finden, und wird nicht ermangeln, dem armen Kinde, welches nichts weis, den Weg der Seelen zu zeigen. Seit dem man aber wahrgenommen hat, daß die Sachen, welche man auf die Gräber setzete, ohne Furcht vor den Gespenstern oder den Seelen der Todten gestohlen worden, so haben einige Grönländer dergleichen Geschenke oder Opfer unterlassen. Indessen bedienen sie sich doch dieser Sachen nicht, sondern verkaufen sie andern, die sich kein Bedenken bey diesem Kaufe machen.

Ein Kind an der Brust, welches noch nichts anders, als Milch verdauen und keine Amme finden kann, wird mit seiner todten Mutter, oder nicht lange darnach, begraben, wenn der Vater kein Mittel hat, es zu erhalten, noch das Herz, es länger leiden zu sehen. Was für eine Marter und was für ein schreckliches Amt, seinen eigenen Sohn so ganz lebendig zu begraben! Man muß aber einen Sohn gehabt, man muß ihn verloren haben, wenn man diesen abscheulichen Zustand empfinden will. Eine schon alte betrübte und kranke Witwe ohne Kinder und Anverwandte, die im Stande sind, sie zu erhalten, wird lebendig begraben; und man saget, es geschähe aus Mitleiden, damit man diesem unglücklichen Geschöpfe den Schmerz erspare, in einem Bette zu siechen, wovon sie auf zu kommen keine Hoffnung hat; damit man auch ihrer Familie eine Last abnähme, welche der zärtlichen Liebe selbst zu schwer fällt. Es ist aber, saget Herr Cranz, vielmehr der Geiz, die Unempfindlichkeit. Denn man begräbt einen unnützen Greis so nicht; es wäre denn, daß er keine Anverwandten mehr hätte; und dennoch führet man ihn alsdann lieber in eine wüste Insel, wo man ihn seinem grausamen Schicksale überläßt. Trauriger und unglücklicher Zustand des wilden Lebens, wo die Natur das Mitleiden so gar zwingt, wild zu werden!

Nach dem Begräbnisse gehen diejenigen, welche mit zur Leiche gegangen sind, in das Trauerhaus zurück. Die Mannspersonen sitzen daselbst in einem finstern Stillschweigen mit den auf ihre Knie gestützten Ellbogen und dem auf ihre Hände gelegten Kopfe. Die Weiber liegen mit ihrem Gesichte auf der Erde, weinen und schluchzen mit kleinem Geräusche. Der nächste Anverwandte des Verstorbenen hält seine Leichenrede oder saget ein Klaggedicht her, welches die guten Eigenschaften desjenigen enthält, den man bedauret. Bey einer jeden Periode oder Strophe seines Liedes unterbricht ihn die Versammlung durch lautes Weinen und Wehklagen, welches am Ende des Lobspruches verdoppelt wird. Das Aechzen der Weiber vornehmlich hat einen wahrhaftig kläglichen und rührenden Ton. Eine Weinerinn führet dieses Trauerconcert, welches sie von Zeit zu Zeit mit einigen dem Schmerze entfahrenen

Worten ausdrücket. Die Männer aber lassen sich nur durch Schluchzen hören. Endlich wird das Uebrige von dem eßbaren Vorrathe, welchen der Verstorbene hinterlassen hat, auf den Boden gesetzet, und die Trauerleute schmausen davon. Sie wiederholen ihre Beyleidsbesuche eine Woche oder vierzehn Tage lang, so lange Lebensmittel bey dem Verstorbenen vorhanden sind. Seine Witwe muß stets ihre ältesten, zerrissenen und schmutzigsten Kleider tragen. Sie wäscht sich nicht; sie schneidet sich die Haare ab, oder erscheint nur in verwirrten Haaren; und wenn sie ausgeht, so trägt sie stets eine Trauerkappe. Die Hausfrau, welche die Besuche annimmt, saget zu denen, welche hinein kommen: **Der, den ihr suchet, ist nicht mehr da: ach leider! er ist gar zu weit weggegangen;** und das Weinen fängt wieder an. Diese Wehklagen werden täglich eine halbe Stunde, ganze Wochen, und zuweilen ein ganzes Jahr lang, nach dem Alter des Verstorbenen, oder nach der Wichtigkeit für seine Familie, erneuret. Zuweilen geht man hin und beweinet ihn auf seinem Grabe; und vornehmlich mögen die Weibespersonen diese traurige Pflicht gern wiederholen. Die nicht so empfindsamen Männer tragen keine andere Merkmaale der Trauer, als die Narben derer Wunden, die sie sich zuweilen in den ersten Regungen des Schmerzes, als einen Beweis ihrer tiefen Betrübniß, machen, welche Seele und Leib zugleich durchdringt. Cranz von Grönland.

Nichts schicket sich besser an das Ende dieses Artikels von den Leichenbegängnissen, als ein Trauerlied, welches von dem Herren Dallager angeführet und von einem Vater vorgebracht worden, welcher den Tod seines Sohnes beweinete. Glücklich sind noch die Väter, welche in dergleichen Betrübnissen reden können.

„Weh mir, daß ich deinen Sitz ansehen soll, der nun leer ist! Deine Mutter bemühet sich vergebens, dir die Kleider zu trocknen. Sieh, meine Freude ist in das Finstere gegangen und in den Berg verkrochen. Ehedem gieng ich des Abends aus und freuete mich; ich streckete meine Augen aus und wartete auf dein Kommen. Sieh, du kamst; du kamst muthig angerudert mit Jungen und Alten. Du kamst nie leer von der See; dein Kajak war stets mit Seehunden oder Vögeln beladen. Deine Mutter machete Feuer und kochete. Von dem Gekochten, das du erworben hattest, ließ deine Mutter den übrigen Leuten vorlegen; und ich nahm mir auch ein Stück. Du sahst der Schaluppe rothen Wimpel von weitem und riefest: da kömmt Lars[1]). Du liefst an den Strand, und hieltest der Schaluppe Vorderstäven. Dann brachtest du deine Seehunde hervor, von welchen deine Mutter den Speck abflenzete; und dafür bekamst du Hemden und Pfeileisen. Aber das ist nun aus. Wenn ich an dich denke, so brauset mein Eingeweide. Ach! daß ich weinen könnte, wie ihr andern! so könnte ich doch meinen Schmerz lindern. Was soll ich mir wünschen? Der Tod ist mir nun annehmlich geworden. Doch wer soll meine Frau und übrigen kleinen Kinder versorgen? Ich will noch eine Zeitlang leben: aber meine Freude soll in beständiger Enthaltung von allem bestehen, was den Menschen sonst lieb ist.“ rc.

1) So hieß der dänische Factor.

Historie

Cranz von Grönland.

Historie und Beschreibung von Grönland und dasigen Missionen.

Das IV Buch.

Bürgerliche Geschichte von Grönland.

Das I Capitel.

Geschichte von dem alten Grönland.

Derselben Ungewißheit. Entdeckung von Grönland durch die Norweger. Verfall der norwegischen Colonien in Grönland. Beschreibung der östlichen Küste von Grönland. Ursprung der Skrällinger.

Ungewißheit derselben.

Was kann man von der Geschichte eines Landes wissen, worinnen man nicht die geringste mündliche Sage oder Schrift, noch irgend ein Denkmaal findt, welches uns die Begebenheiten bezeuget, die darinnen vorgegangen sind? Wenn auch ein Volk, das so wild ist, als die Grönländer, einiges Andenken der längst vergangenen Zeiten erhalten hätte; dürfte man sich darauf verlassen, bey den Fabeln und groben Irrthümern, welche den Ursprung der gesittetsten Nationen verbergen und deren Kindheit anzeigen? Wenn aber die Einwohner eines Landes selbst ihre eigene Geschichte nicht wissen; kann man da wohl demjenigen Gehör geben, was Ausländer davon vorbringen, welche sich durch Eroberung darinnen festgesetzet haben, und welche gewiß in den finstern und kriegerischen Jahrhunderten weder Muße noch den Einfall gehabt haben, Begebenheiten für die Nachwelt zu sammlen. Wenn Europa, vornehmlich Norwegen, uns nur falsche Wunderwerke von seinem Anfange dar zu biethen hat; darf man ihnen mehr glauben, wenn sie von einer Zeit und von einem Lande reden, die noch mehr zum Vergessen gemacht sind? Indessen, wie es gewiß ist, daß man in Grönland Ueberbleibsel und Spuren von alten Wohnungen findt, deren Errichtung und Verfall keine gewisse Denkzeit in der Geschichte haben; und weil es nöthig ist, diesen Denkmaalen einigen Ursprung zu geben: so muß man stets einen muthmaßlichen oder vergeblichen davon zulassen, ehe man den wahren findt.

Man kann also, was die Geschichte von Grönland anbetrifft, demjenigen folgen, was Herr Mallet in seiner Einleitung zu der Geschichte von Dänemark davon erzählet. Er ist ein scharfsinniger Schriftsteller, nach welchem man sich nicht schämen darf, in der Unwissenheit zu gehen, so lange bis die Zeit Mittel an die Hand gegeben, dasjenige

auf

auf zu klären, was uns auf Treu und Glauben der besten Führer in den nordischen Alterthümern überbracht worden. Man wird es sich also erlauben, diesen Geschichtschreiber allhier ab zu schreiben, nach der Gewohnheit und Freyheit der ersten Urheber der Sammlung der Reisen, welche viel lieber die Worte verständiger Reisenden, oder guter Schriftsteller, die sie anführeten, bloß hinsetzen, als das Zeugniß durch Veränderung des Textes verdächtig machen wollten.

Cranz von Grönland.

Entdeckung von Grönland durch die Norweger.

¹) „Hundert Jahre ungefähr nach Entdeckung von Island, begab sich ein norwegischer Herr, Namens **Torwald**, welcher aus seinem Lande verbannet worden, weil er jemand im Zweykampfe erleget hatte, mit seinem Sohne **Erich** mit dem Zunamen **Raudes**, oder der **Rothe**, nach Island. Als Torwald in dieser Insel gestorben war, so sah sich sein Sohn bald genöthiget, aus eben einer solchen Ursache, als seinen Vater aus Norwegen verbannet hatte, daraus weg zu gehen. Da er also nicht wußte, wo er hin flüchten sollte, so bewog ihn die Nothwendigkeit endlich, die Entdeckung einer Küste zu versuchen, welche ein anderer norwegischer Schiffer gegen Norden von Island wahrgenommen hatte. Dieser Versuch war glücklich. Er entdeckete das Land bald, welches er suchete, und ländete im 982 Jahre daselbst an. Er ließ sich anfänglich in einer kleinen Insel nieder, welche eine Meerenge machete, die er nach seinem Namen **Erichssund** nannte, und brachte daselbst den Winter zu. Im Frühjahre besah er das feste Land; und da er es mit einem angenehmen Grüne bedecket fand, so gab er ihm den Namen **Grönland**, den es noch jetzo führet. Nach einem Aufenthalte von einigen Jahren gieng er wieder nach Island, wo er viele Personen beredete, sich in dem Lande nieder zu lassen, welches er entdecket hatte. Er redete mit ihnen davon, als von einem Lande, das viele vortreffliche Weiden, fischreiche Küsten und überflüssiges Pelzwerk und Wildprät hätte. Bey der Zurückkunft mit seinen Isländern befliß er sich, diese noch schwache und anfangende Colonie blühend zu machen.

„Einige Jahre darnach that **Leif**, **Erichs Sohn**, eine Reise nach Norwegen, und wurde daselbst von dem Könige **Olaus Tryggueson** wohl aufgenommen, welchem er Grönland mit den vortheilhaftesten Farben abmalete. **Olaus** war ein Christ geworden, und von dem brünstigsten Eifer beseelet, die Religion, die er angenommen hatte, in Norden aus zu breiten. Er behielt **Leifen** den Winter über an seinem Hofe, und beredete ihn, daß er sich taufen ließ. Im Frühlinge schickete er ihn wieder nach Grönland, nebst einem Priester, der ihn in dem Glauben befestigen, und sich bemühen sollte, solchen die neue Nation annehmen zu lassen. **Erich** war anfangs sehr böse darüber, daß sein Sohn den Gottesdienst seiner Väter abgeschworen hatte. Er besänftigte sich aber endlich, und der Missionar säumete mit **Leifs** Hülfe nicht, ihn nebst der ganzen Colonie zu der Kenntniß des wahren Gottes zu führen. Vor dem Ende des zehnten Jahrhundertes waren schon Kirchen in Grönland. Man errichtete so gar ein Bisthum in der neuen Stadt **Garde**, der Hauptstadt des Landes, wohin die Norweger lange Zeit Handlung trieben. Nicht lange darnach, da sich die Grönländer vermehreten, legete man eine andere kleine Stadt an, „Namens

¹) Histoire de Dannemark, T. I. ch. XI.

Cranz von Grönland.

„Namens Albe, und stiftete ein Kloster zur Ehre des h. Thomas. — — Die Grönländer erkannten die Könige von Norwegen für ihre Oberherren, und bezahleten ihnen einen jährlichen Tribut, wovon sie sich 1261 vergebens losmachen wollten. Diese Colonie blieb in diesem Zustande, bis um das 1348 Jahr, eine Denkzeit, die wegen einer grimmigen Seuche, unter dem Namen des schwarzen Todes, bekannt ist, „welche große Verheerungen in ganz Norden anrichtete. Von dieser Zeit an, sind die „Colonien Garde, Albe, und alle Niederlassungen der Norweger auf der östlichen „Küste dergestalt vergessen und vernachläßiget worden, daß man das wirkliche Schicksal derselben gar nicht weiß. Alle Bemühungen, die man angewandt hat, sie wieder „zu finden, sind auf nichts weiter hinausgelaufen, als die Entdeckung der westlichen „Küste, wo die Dänen in diesem Jahrhunderte vier neue Colonien angeleget haben. „Die isländischen Chroniken bezeugen einhällig, daß die alten Norweger auch auf dieser westlichen Küste Colonien angeleget gehabt. Weil man sie aber nicht wiederfand, „so schien ihr Zeugniß vielen Leuten verdächtig. — — Endlich hat man ihnen alle „Glaubwürdigkeit, die man ihnen nehmen wollte, geben und die Aufrichtigkeit und Genauigkeit ihrer Schriftsteller zugestehen müssen. Es ist nicht lange, daß die dänischen Missionarien längst dieser Küste Ueberbleibsel von großen steinernen Häusern, „von Kirchen, die in Gestalt eines Kreuzes gebauet gewesen, Stücke von zerbrochenen Glocken wieder gefunden haben. Sie haben entdecket, daß die Wilden dieses „Landes noch ein sehr deutliches Andenken von diesen alten Norwegern, von denen Oertern, wo sie gewohnet, von ihren Gewohnheiten, von den Streitigkeiten ihrer Vorfahren mit ihnen, von dem Kriege, den sie mit ihnen geführet, und der sich nur mit „der Ausrottung dieser Fremden geendiget, behalten haben."

Weil Herr Mallet hier auf des Herrn Egede Bericht, als den glaubwürdigsten, den wir seit einer gewissen Zeit von Grönland erhalten haben, verweist, so ist es billig, den Spuren dieses Führers zu folgen, damit wir die Denkmaale von der Entdeckung und der Niederlassung der Norweger erkennen. — — Kurz nach ihrer Ankunft, saget uns dieser Missionar, fanden sie wilde Völker auf der westlichen Küste von Grönland, welche ohne Zweifel ihren Ursprung von den Americanern haben, wie man aus der Beschaffenheit, Handthierung und Kleidung derer Völker schließt, welche gegen Norden der Hudsonsbay wohnen. Man vermuthet, daß diese, welche in nichts von den Grönländern unterschieden sind, von Norden weiter gegen Süden werden gerücket seyn, wo sie die Norweger haben antreffen müssen. Grönland würde also hinter einander von den Americanern und Europäern seyn bevölkert worden. Es sey aber damit, wie ihm wolle, so weis man den Untergang der norwegischen Colonien doch nicht. Man will, die Schifffahrt zwischen Norwegen und Grönland sey durch die Gefährlichkeiten und Hindernisse unterbrochen worden, womit das Meer den Raum erfüllet hat, welcher diese Länder von einander absondert. Man setzet hinzu, es habe Margaretha, welche zugleich Königinn von Dänemark und Norwegen gewesen, um das 1389 Jahr anfänglich der grönländischen Handlung Zwang angeleget. Da sie den Tribut nicht erhielt, den sie davon erwartete, so hemmete sie die Schifffahrt nach Grönland durch scharfe Strafen wider diejenigen, welche solche ohne ihre Erlaubniß unternähmen; und endlich höreten alle Reisen nach diesem Lande, welches aus vielen Ursachen verbannet war, wegen der Kriege zwischen Dänemark und Schweden, die sich zu Ende

des

des vierzehnten Jahrhundertes entspannen, unvermerkt gar auf. In dem funfzehnten verheereten die Skrällinger, oder Wilden in Grönland, die westliche Colonie der Norweger, welche vier Kirchen, wie man saget, und über hundert Dörfer oder Wohnplätze enthielt. Als die von der ostlichen Colonie kamen, die Wilden zu vertreiben, so fanden sie das Land vom Volke entblößet, aber Vieh genug, das ist, Ochsen und Schafe, welche als wild im Felde umher liefen, wofern es wahr ist, daß diese Thiere in einem Lande haben leben können, wohin man jetzo einige zu bringen sich nicht getrauet. Was ist aber aus der ostlichen Colonie geworden, wo man bis auf zwölf Pfarrkirchen und hundert und neunzig Wohnplätze oder Dörfer zählete? Vielleicht wird das Meer auf einmal diese Gebäude und Pflanzstädte überschwemmet haben, oder da es den Eisgang zwischen Spitzbergen und Grönland gegen diese Küste getrieben, so wird es dieses Land von Osten unzugänglich gemacht haben. Es ist wahrscheinlich, daß die Natur selbst allda eine Veränderung gemacht, welche alle Bande und die politischen Mittel der Gemeinschaft unter diesen Colonien und ihrer Hauptstadt wird zerrissen haben. Hier ist alles, was von dieser ostlichen Colonie berichtet wird. Cranz von Grönland.

Ein isländischer Bischof, welcher ungefähr in der Mitte des sechzehnten Jahrhunderts durch einen Sturm an die Ostküste von Grönland getrieben worden, soll daselbst Leute gesehen haben, welche am Ufer ihre Schafe und Lämmer gehütet. Weil es aber Abend war und der Wind ihn gleich wieder nach seiner Insel zurück trieb, so kann man sich auf dieses Zeugniß gar nicht steifen. Ein hamburgischer Kaufmann, welcher der Grönländer genennet wurde, weil er dreymal an die grönländischen Küsten verschlagen worden, saget, als er eines Males unter einer unbewohnten Insel geankert, so habe er bald gemerket, daß da in der Nähe viele bewohnte Inseln wären, denen er sich nicht nähern dürfte. Gleichwohl gieng er mit seinem Boote nach einer und verfügete sich zu der nächsten Wohnung, wo er allerhand Schiffsgeräth und einen todten Menschen auf seinem Gesichte an der Erde liegen fand, welcher eine zusammen genehete Kappe auf dem Kopfe hatte und zum Theile mit grobem Tuche, zum Theile mit Seehundefellen bekleidet war. Neben ihm lag ein altes abgenutztes Messer, welches er mit sich nach Grönland nahm.

Wir wollen diesen Nachrichten dasjenige beyfügen, was Herr Cranz aus den besten Schriftstellern gesammlet hat, welche von Grönland geredet haben. Einer, der am meisten zu Rathe gezogen worden, ist Torfäus, des Königes in Dänemark Historiographus. Er ist ein geborener Isländer, und hat ein Werk geschrieben, welches Groenlandia antiqua, das alte Grönland, betitelt ist. Ob er gleich nur lauter ungewisses von der ostlichen Küste von Grönland anführet, so muß man es doch so lange behalten, bis es durch bewährtere Beobachtungen der Reisenden widerleget oder bestätiget wird. Dieser Geschichtschreiber ist in der Beschreibung dieser unbekannten Küste hauptsächlich Ivar Beern gefolget, welcher im vierzehnten Jahrhunderte des grönländischen Bischofes Haushofmeister und Landrichter gewesen. Dieser Schriftsteller theilet das alte Grönland oder die Ostseite, durch das Vorgebirge, Herjolfs-Näs, in zween Theile. Er setzet dieß Vorgebirge in den drey und sechzigsten Grad, die Karte des Herrn Cranz aber setzet es in den fünf und sechzigsten. Thorlak, Bischof in Island im vorigen Jahrhunderte saget, man finde unter diesem Vorgebirge gegen Norden die Skagafiord und vor der Mündung dieses Meerbusens eine lange Sandbank, Beschreibung der ostlichen Küste von Grönland.

Crantz von Grönland. bank, daher die grossen Schiffe nur bey hohem Wasser einlaufen können, mit welchem auch viele Walfische hinein gehen. Weiter gegen Nordost sehet man die Bay Ollum lengri, welche so lang ist, daß man deren Ende nicht weis; daher man muthmaßet, sie könne wohl eine Straße seyn, welche in die Diskobucht gehe. In Ollum lengri sind viele kleine Inseln und ebene Flächen mit grossem Grase bewachsen. Torfäus saget, sie liege im sechs und sechzigsten Grade. Weiter hinauf sind wüste Oerter, welche man Obygdr nennet, vor welchen gegen Süden eine Bucht, Funkabudr, angemerket ist. Hinter dieser sind zween Eisberge, deren einer von dem blauen Eise Blaaserken, Blauhemd, und der andere von dem weissen Schnee Hvitserken, Weißhemd, genannt wird. Wenn man von dem westlichsten Vorgebirge in Island Snäfelsnäs den halben Weg nach Herjolfsnäs, welches ungefähr sechzig Meilen davon liegt, zurück geleget hat, so kann man zu gleicher Zeit die Eisberge in beyden Eylanden sehen.

Zwischen Herjolfsnäs und Statenhuk sollen viel Buchten bewohnt gewesen seyn. Die merkwürdigsten darunter sind Ketilsfiord, worinnen zwey Kirchspiele und ein Mönchskloster des h. Olaus und Augustins gewesen seyn sollen; ferner die Rabenfiorde, an deren Ende ein Nonnenkloster des h. Olaus gestanden. Tiefer gegen Süden geht man vor der Insel Rinsey vorbey, wo viele Rennthiere sind und auch der beste Weichstein gefunden wird, woraus die Grönländer Krüge und Gefäße von zehen bis zwölf Tonnen groß verfertigen, welche so fest sind, daß sie alles Feuer aushalten. Aus dieser unförmlichen und ungewissen geographischen Beschreibung, die unter denen Schriftstellern, welche von dem alten Grönlande handeln, sehr bestritten worden, erhellet, daß sich die Wohnplätze oder Colonien der Norweger bis zu dem fünf und sechzigsten Grade der Breite, es sey nun gegen Osten oder gegen Westen erstrecketen.

Torfäus saget, nach einem alten isländischen Buche aus dem zwölften Jahrhunderte, die Luft sey in Grönland stiller und beständiger und die Kälte nicht so heftig, als in Island und Norwegen: die Stürme aber toben viel heftiger, doch halten sie nicht lange an und kommen selten. Indessen führet doch Peyrere, Secretär des französischen Gesandten an den nordischen Höfen, in seinem Berichte von Grönland an den Herrn de la Motte le Vayer 1645, aus einer dänischen Chronicke an, daß im 1308 Jahre ein entsetzliches Gewitter in Grönland gewesen, wodurch eine Kirche abgebrannt, und worauf ein erschrecklicher Sturm gefolget, welcher die Spitzen von vielen Felsen herunter geworfen, so daß der Staub von den zerschmetterten Steinen wie ein Regen herum geflogen. Darauf soll ein so harter Winter gefolget seyn, dergleichen man noch nie gehabt hat, so daß auch das Eis ein ganzes Jahr lang nicht geschmolzen.

Uebrigens ist man in denen Beschreibungen, die man uns von der Fruchtbarkeit des alten Grönlandes und dem, was es hervor gebracht, wie auch in der Verbindung und Folge derer Begebenheiten, welche die Geschichte der in diesem Lande errichteten norwegischen Colonien ausmachen, nicht einstimmig. Man sieht darinnen, daß die christliche Religion schon in dem zwölften Jahrhunderte daselbst einen Bischof gehabt, und daß dieser Bischof, wegen zeitlicher Gerechtsamen, den Mord eines gewissen Herrn veranlasset, der von einem andern auf dem Kirchhofe erschlagen worden. Die Sache verhält sich kurz so. Ein angesehener Norweger, Namens Arnbiörn, begleitete den ersten Bischof, welcher von Norwegen nach Grönland geschicket wurde, und ward mit

zweyen

zweyen Schiffen im Sturme an die wüste Nordseite von Grönland verschlagen, und kam nicht wieder zum Vorscheine. Nach einiger Zeit fand ein Grönländer auf seiner Fischerey daselbst ein zerscheitertes und ein noch brauchbares Schiff mit vielen Waaren, und daneben ein Haus mit todten Menschen, die er begraben ließ. Das Schiff mit den Waaren brachte er dem Bischofe, welcher ihm die Waaren ließ, das Schiff aber der Kirche zueignete. Nach einiger Zeit kam des verunglückten Arnbiörns Schwestersohn, Aussur, nach Grönland, und forderte seines Oheimes Verlassenschaft. Einar, Leifs Urenkel, dessen Urgroßvater, Erich, Grönland entdecket hatte, sprach ihm solche in einer Versammlung des Volkes ab, weil er geschworen hatte, die Kirchengüter zu schützen. Aus Verdrusse darüber machete Aussur das der Kirche zugesprochene Schiff ingeheim untauglich. Der Bischof verwies es Einarn, daß er seinem Eide zuwider die Kirchengüter so beschädigen ließe. Dieser wurde dadurch aufgebracht, daß er Aussurn hinterlistiger Weise, als sie beyde von dem Gottesdienste kamen, auf dem Kirchhofe mit einer Axt erschlug. Aussurs Freunde wollten diesen Mord rächen, und tödteten deswegen Einarn. Hierüber gerieth man in ein Handgemenge, wobey viele blieben. Endlich verglich man sich dahin, daß Einars Vater, Sok, für denjenigen, der von Aussurs Partey mehr, als von Einars seiner, geblieben war, etwas Geld geben, und diese so gleich aus dem Lande gehen, und niemals wiederkommen sollten.

Torfäus, welcher diese Begebenheit erzählet, giebt darauf ein Verzeichniß von zehen Bischöfen in Grönland, welche von 1121 bis auf das 1343 Jahr, auf einander gefolget sind. Der Baron von Holberg setzet in seiner Geschichte von Dänemark, seit dieser letztern Denkzeit noch sieben bis auf das 1408 Jahr hinzu.

Cranz von Grönland.

Ursprung der Skrällinger oder wirklichen Einwohner von Grönland.

Herr Cranz verläßt hier den unförmlichen Haufen der Geschichtschreiber von Grönland, den Ursprung der wirklichen Einwohner dieses Landes auf zu suchen. Man will solche aus Weinland holen, welches von den Norwegern beynahe zu einerley Zeit mit Grönland entdecket worden. Dieses Weinland, meynet er, könne nur die Küste Labrador, oder die Insel Neuland in America seyn. Von daher oder aus Canada sind wahrscheinlicher Weise die Skrällinger, oder der Stamm der wirklichen Wilden, um das vierzehnte Jahrhundert nach Grönland gekommen. Denn diese Wilden konnten nicht aus Europa kommen, wofern es nicht durch Neu Semlja oder Spitzbergen geschehen. Seit denen Entdeckungen aber, die man auf dem Eismeere gemacht hat, weis man, daß diese Länder nicht mit Grönland zusammen hängen. Man hätte also, wenn man von Semlja oder von Spitzbergen nach der ostlichen Küste von Grönland kommen wollen, über eine große Strecke des Eismeeres auf kleinen Kähnen gehen, oder zu Fuße diesen langen Weg auf dem Eise thun müssen. Ueber dieses so ist nicht so viel Aehnlichkeit unter den Grönländern und Samojeden oder Ostiaken, welche die nordlichen und nordostlichen Küsten des Eismeeres bewohnen, als man unter eben diesem Volke und den Kalmucken, den Tongusen und Kamtschadalen findt, welche gegen Nordost der Tatarey wohnen. Wahrscheinlicher Weise werden aus diesen letzten Ländern die Völker, von denen die Grönländer herstammen, nach America gegangen seyn, da sie eines von den andern fortgestoßen worden. Denn America liegt so nahe an Kamtschatka, daß man gegen den sechs und sechzigsten Grad nur eine sehr kleine Meerenge hat, von einem nach dem andern zu kommen. In America werden diese

Cranz von Grönland. Tatarn von Insel zu Insel bis an die Straße Davis gelaufen seyn, von da sie ein ungefährer Zufall nach Grönland wird gebracht haben.

Herr Cranz führet, zur Unterstützung dieser Muthmaßung, das Zeugniß eines Missionars von der Gemeine der mährischen Brüder an, welcher die grönländische Sprache gut verstund. Dieser Mann that mit Genehmhaltung und Förderung des Statthalters von Neuland, Herrn Hugh Pallisers, im 1764 Jahre eine Reise nach Labrador, wo er den vierten des Herbstmonates auf die zweyhundert Wilde antraf. Der erste, dem er von ferne zurief, that zwar im Anfange sehr wild und scheu. Als er ihn aber nach seiner Art gekleidet sah und seine eigene Sprache erkannte, so rief er mit großem Freudengeschreye: Unser Freund ist gekommen! die andern herbey. Sie führeten ihn aufs Land in ihre Hütten und zu ihren Familien, und erwiesen ihm alle ersinnliche Freundschaft, da sonst kein Europäer geglaubet, bey ihnen allein des Lebens sicher zu seyn. Das folgende Jahr gieng dieser Missionar mit dem Herrn Drachart, einem seiner Mitbrüder, welcher die grönländische Sprache noch besser verstund, als er, wieder zu ihnen. Diese beyden Europäer bestätigen, daß diese Sprache nicht mehr von der americanischen unterschieden sey, als der südlichen Grönländer ihre von der nordlichen, oder als Hochdeutsch vom Plattdeutschen.

Herr Cranz verhehlet es nicht, daß man starke Einwendungen wider die Meynung habe, welche annimmt, die Norweger wären von den wilden Skrällingern aus Grönland verjaget worden; gleich als wenn dieses kleine schwache und furchtsame Volk, nachdem es vor allen seinen Feinden aus America geflohen, die Norweger, diese tapfern Kinder der Eroberer von ganz Europa hätte überwinden können. Er antwortet aber, es würden die aus Norwegen in Grönland errichteten Colonien nicht so wohl durch die Anfälle der Wilden aus Norden, als vielmehr durch den erschrecklichen schwarzen Tod seyn entvölkert worden, welcher 1350 ganz Europa verheerete und welchen die Norweger selbst mit nach ihrer grönländischen Colonie brachten. Diese Pest griff nicht nur die Menschen und das Vieh an, sondern auch die Wurzeln der Bäume, der Kräuter und des Grases. Indessen muß man sich in Acht nehmen, daß man die Verheerung dieser Pest nicht mit dem rauhen Winter von 1309 vermenge, wovon wir weiter oben, nach dem Berichte des la Peyrere, geredet haben, und welcher alle Bäume hat verderben müssen. Es mag aber mit den Folgen dieser beyden Landplagen seyn, wie ihm wolle, so verminderte doch das Sterben die Bevölkerung der norwegischen Colonien sehr, und schwächete sie ohne Zweifel dergestalt, daß die wenigen Leute, die ihnen noch übrig blieben, genöthiget waren, sich von den westlichen Küsten nach den ostlichen zu begeben. Denn Ivar Beern, welcher im vierzehnten Jahrhunderte schrieb, schließt seinen Bericht von Grönland mit diesen Worten: „Jetzo „aber besitzen die Skrällinger die ganze Westseite.„ Auf solche Art wurden die norwegischen Colonien, welche über dieses von ihrer Hauptstadt verlassen waren, durch Hunger und die Wilden aufgerieben oder dahin gebracht, daß sie sich denen aus America entsprossenen oder gekommenen Landeseinwohnern einverleibeten. Vieleicht flüchteten sie auch in die Gebirge und Inseln, um daselbst wieder von dem gesellschaftlichen Zustande gesitteter Völker zu dem Elende und der Unabhängigkeit eines wilden Lebens zu kommen.

Die

Die Geschichte kann den Spuren dieser verlorenen oder zerstreueten Colonien nicht anders folgen, als bey dem schwachen Lichte, welches man mit Mühe aus den Streifereyen und Erzählungen der Wilden selbst ziehet. Herr Cranz hat einige von ihren Berichten gesammlet, welche den Geist der Muthmaßung in Ermangelung bewährterer Materialien üben können. Cranz von Grönland.

Ein Grönländer, Namens Kojake, welcher auf dreyzig Meilen von dem Statenhuk an der Ostseite wohnete, kam 1752, einige seiner Verwandten zu besuchen, welche sich zu Neu-Herrnhut, einer Colonie der mährischen Brüder in Balsreviere, niedergelassen hatten. Dieser Mann erzählete, er hätte im vorigen Winter zween Männer beherberget, die mit einem dritten eine dreyjährige Reise auf der Ostseite gethan. Sie wären so weit gekommen, daß sie die Sonne im Sommer nicht mehr ganz untergehen, sondern um Mitternacht noch die Berge bescheinen sehen; welches den sechs und sechzigsten Grad der Breite anzeiget. Unterwegens hätten sie zuweilen ihr Zelt und Boot auf einen Schlitten laden, und von den Hunden über das Eis ziehen lassen müssen. Sie wären immer am Lande hin gefahren, weil das Eis daselbst eher, als in der See, durch die Sonne und den Strom könne aufgelöset werden. Die Menschen auf der Ostseite sollen größer, als die auf der Westseite seyn, schwarze Haare und große Bärte haben, und braun aussehen, wie die andern Grönländer, deren Sprache sie auch reden, nur daß sie einen singenden Ton haben. Dieses Volk hätten sie sehr zahlreich und freundlich im Umgange beschrieben. Gleichwohl hätten sie sich nicht getrauet, in eine sehr schöne Bucht hinein zu fahren, aus Furcht vor den Menschenfressern, die in derselben Gegend wohnen sollen. Alle Grönländer fürchten sich von Alters her vor denselben. Nach dieser Reisenden Meynung sollen sie im Anfange aus Noth Menschen gegessen haben, weil sie einmal bey großer Hungersnoth im Winter nichts anders gehabt. Da es ihnen nun geschmeckt, so pflegten sie jetzt das Menschenfleisch eben so, wie das Seehundesfleisch, auf zu heben, und so dann roh und halb verfaulet oder gefroren zu essen. Leute von mittlerm Alter schlachteten sie indessen zur Zeit der Noth nicht leicht, sondern nur alte Leute und verlassene Kinder; da sie denn lieber ihrer Hunde schoneten, die sie noch brauchen könnten. Ihre Kleidung sollen wie der andern Grönländer ihre, aber nur grob zusammen gestochen seyn, weil sie keine Nehnadeln und kein Eisen haben; daher sie sich sehr freuen, wenn sie einen Nagel in dem Holze finden, das die See herbey treibt. Sie hätten niemals Schiffe gesehen, und hätten auch selbst keine Segelboote.

Ein Kaufmann aus den dänischen Colonien hat mir, saget Herr Cranz; von der Beschaffenheit der Ostseite unter andern folgendes gemeldet. „Im Jahre 1757 überwinterte hier bey der Colonie ein Süderländer, und erzählete, wie er von einigen Grönländern, die von der Ostseite gekommen, vernommen habe, daß dort in einer Fiorde „zwischen den Bergen Menschen wohnen, die fast alle Jahre im Frühlinge in einer „ziemlichen Anzahl herunter an die Seekante kommen. Die Grönländer fliehen als„dann aus Furcht vor diesen Menschen, die sie sehr grausam und zugleich fabelhaft be„schreiben, so geschwind sie können, in ihren Booten auf die Inseln, wohin ihnen diese „Menschen aus Mangel der Fahrzeuge nicht folgen können, und nur mit ihren Pfei„len nachschießen, die sie in einem Köcher auf dem Rücken tragen. Alsdann verder„ben

Cranz von Grönland. „hen sie ihre Wohnungen, nehmen daraus mit, was sie brauchen können, und begeben „sich wieder in ihre Berge.„

Wenn man diesen Erzählungen einigen Glauben beymessen könnte, welche durch die pöbelhafte Furcht, die dem menschlichen Geiste so natürlich ist, augenscheinlich übertrieben sind: so würde man Ursache haben, zu muthmaßen, daß alle die Wilden, welche man an der Ostseite von Grönland will gefunden haben, von den Ueberbleibseln der norwegischen Colonien herstammen, welche einen Erbhaß wider die Eingebornen behalten haben.

„Ein anderer Kaufmann, der sich viel Mühe giebt, saget Herr Cranz, fremde „Grönländer über die Beschaffenheit ihres Landes aus zu fragen, und ihre unbestimmten „und oft streitigen Aussagen nach der Wahrscheinlichkeit zu bestimmen, hat mir folgende „Gedanken darüber mitgetheilt. Von der Westseite haben die Grönländer in ihren „Booten vier bis sechs Tagereisen, ehe ihnen die Sonne aus dem Meere auf zu gehen „scheint, das ist, bis sie Statenhuk vorbey, und also auf der Ostseite des Landes sind. „Alsdann können sie noch einige Tagereisen weit fahren, bis an einen großen Eis„schlund, den sie sich, wegen des heftigen Stromes und des Eises, das sich weit in die „See erstrecket, nicht vorbey zu fahren getrauen. Ich habe viele Ursachen, zu glauben, „daß dieser Eisschlund die Frobisherstraße ist, die, nach meinen vorhin geäußerten „Gedanken, ehemals fahrbar gewesen, seit undenklichen Zeiten aber mit dem Treib„eise verstopft worden. So weit ich der Grönländer Tagereisen nachrechnen kann, „muß es von der Westseite bis an den Eisschlund funfzig bis sechzig Meilen seyn.„

Darüber ist das alte oder verlorene Grönland, welches vieleicht nicht der Mühe werth ist, es wieder zu finden. Im 1751 Jahre kamen zween Grönländer über den Eisschlund, und giengen wieder hinüber. In den Jahren 1756, 58, 60 und 61 kamen abermals einige Grönländer von der Ostseite nach Statenhuk, mit denen an der Westseite zu handeln. Sie langeten nach einer dreymonatlichen Reise daselbst an, und fuhren einige Tage darauf, nachdem sie das Nöthige eingekaufet hatten, wieder zurück. Die Grönländer von Statenhuk sagen, es kämen diese Fremden sehr weit von Nordosten, und sie nennen sie **Nordländer** zum Unterschiede von ihres gleichen, welche sie **Südländer** heissen. Sie sind einfältige, furchtsame, und wenig gesittete Leute, gegen welche sich die Westgrönländer für ein gesittetes Volk halten. Von den alten Normännern und ihren Kirchen wissen sie nichts; weil sie nur in den Inseln wohnen, da die Buchten des festen Landes mit Eise verstopfet sind. Die letzten drey bis vier Jahre haben sie gar keinen Eisgang gehabt, worüber sie sich eben so gewundert, als die Missionarien, welche von 1756 bis 1762 damit verschonet geblieben. Dafür hat ihnen die See in der Zeit ungewöhnlich viel Holz zugeführet. Es fehlet ihnen hauptsächlich an Eisen und Beine. Das zu erhalten, haben sie erst seit kurzem angefangen, solche gefährliche Reisen zu unternehmen. Sie bringen Fuchs- und Seehundfelle, Riemen und Weichsteinkessel, legen ihre Waaren hin und sind zufrieden, wie viel schlechte Nadeln oder stumpfe Messer man ihnen dafür wieder hinleget. Ueber Leinen und Wollenzeug und dergleichen ausländische Waaren wundern sie sich sehr, bezeugen aber kein Verlangen darnach.

Das ist es alles, was man gewisses und am wenigsten fabelhaftes von der Ostseite von Grönland hat sammlen können. Was hat man nicht gethan, es wieder zu finden?

den? Friedrich II, König in Dänemark, schickete, nachdem alle Art von Handlung oder Reisen nach Grönland hundert Jahre lang unterbrochen gewesen, 1578 den berühmten Seemann, Magnus Henningsen, dahin. Er war auch nach vieler Gefahr so glücklich, das Land zu sehen, mußte aber wieder umkehren, weil das Schiff, nach seiner Aussage, bey dem besten Winde und einer unergründlichen Tiefe auf einmal still gestanden und nicht weiter zu bringen gewesen. Er schreibt solches einer verborgenen magnetischen Klippe zu: andere aber meynen, es habe ein Heminfisch, Remora, das Schiff mit seinen Zähnen gehalten; wiewohl nur die Furcht vor dem Eise oder ein Magnet in seinem Vaterlande die wahre Ursache gewesen seyn mögen. Cranz von Grönland.

Martin Frobisher, welcher im 1578 Jahre zum zweyten Male nach Grönland gieng, soll die Straße nicht haben wieder finden können, die er zwey Jahre vorher entdecket hatte, und welche seinen Namen führete. Indessen entdeckete er dafür eine andere. Ist aber diese neue Straße in der Hudsonsbay, oder zwischen der Insel Neuland und dem festen Lande Labrador, oder in Grönland? Das kann man aus der Karte seines Weges nicht entscheiden, wo die Breiten sehr verwirrt bemerket sind. Seine Berichte enthalten über dieses Begebenheiten, die so wenig bey einander bestehen können und so schlecht verbunden sind, daß sie alle Augenblick den Leser weit von Grönland führen, wo sie ihn doch fest halten wollen.

Unter Christian des IV, Königes in Dänemark, Regierung, hat man bis auf fünf Reisen nach Grönland versuchet. Da der dänische Admiral Lindenow nach diesem verlorenen Lande gesegelt war, so ankerte er anfänglich an der Ostseite, von da er zween Männer an seinem Borde wegführete. Der englische Seemann, Johann Knight, welcher auf einem dänischen Schiffe abgefahren war, gieng bis an die Straße Davis hinauf, wo er die Menschen viel wilder fand, als die in Osten. Er ließ vier von den am besten gebildeten wegnehmen, wovon sie einen umbringen mußten, damit sie den andern eine Furcht einjageten, welche ganz unbändig geworden waren. Das Jahr darauf gieng Lindenow aus Dänemark wieder nach der Straße Davis mit denen drey Wilden, welche Johann Knight entführet hatte. An dem ersten Orte, wo er anländete, getraueten sich die Einwohner nicht, zu den Leuten von seinem Schiffe zu kommen. An dem zweyten Orte schienen sie so gar, sich wehren zu wollen. Er gieng noch nach einem dritten Orte, wo einer von seinen Leuten an das Land stieg, und sie durch allerley Geschenke herbey locken wollte. Sie griffen ihn aber, ehe man ihm zu Hülfe kommen konnte, schnitten ihn mit ihren beinernen Messern in Stücke, und rächeten also die im vorigen Jahre an ihnen verübete Gewaltthätigkeit.

Die auf den 1605 ausgeschickten zweyen dänischen Schiffen nach Kopenhagen gebrachten sechs Grönländer hatten das kläglichste Schicksal. Zween von ihnen starben vor Betrübniß, nachdem sie auf ihren Booten nach ihrem Lande zu entfliehen gesuchet, wohin sie oft mit betrübten Blicken und jämmerlichem Seufzen sahen. Von den andern entflohen noch zween, wovon man nur einen wieder bekam, der, so oft er ein Kind auf der Mutter Arme sah, bitterlich weinete; woraus man schloß, daß er selbst Frau und Kinder haben müßte. Die beyden letzten lebeten zehn bis zwölf Jahre in Dänemark, wo sie zum Perlenfischen in Jütland gebrauchet wurden. Einer starb darüber

Cranz von Grönland. vor Kälte, und der andere vor Betrübniß, nachdem er ebenfalls entflohen und wieder ergriffen war.

Im 1636 Jahre rüstete eine Gesellschaft Kaufleute in Kopenhagen zwey Schiffe nach Grönland aus, welche auch zween Wilden von da entführeten. Als man auf offener See war, so ließ man sie auf dem Verdecke herum gehen; da sich denn diese Unglückseligen in das Meer stürzeten und vermuthlich ertrunken sind, indem sie die Ufer ihres Vaterlandes wieder erreichen wollten. Eben diese Schiffe kamen mit einem Sande beladen wieder, welchen man der Farbe und dem Gewichte nach für Gold gehalten hatte. Er wurde aber, nachdem ihn die Goldschmiede zu Kopenhagen in den Tiegel geworfen, und zu nichts tauglich befunden hatten, in die See geschmissen; und der Schiffer, welcher die Schiffe damit hatte beladen lassen, gerieth bey dem Kanzler des Königreiches, welcher dieses Unternehmen befördert hatte, in Ungnade, und starb aus Verdrusse. Nach neun oder zehn Reisen, welche seit dem Anfange des siebenzehnten Jahrhundertes bis 1674 gethan worden, Grönland entweder ganz, oder zum Theile zu entdecken, und sich daselbst nieder zu lassen, wurden die Dänen so vieler unnützen Versuche überdrüßig und dachten nicht weiter an dieses undankbare Land, welches sich ihren Nachforschungen zu entziehen schien.

Endlich brachte Hans Egede, Prediger bey der Gemeine zu Wogen, der durch einen viel stärkern und mächtigern Religionseifer, als die Habsucht, getrieben wurde, die Absichten der Regierung wieder auf dieses Land, welches der Krone einen Zweig der Handlung zu errichten und dem Missionar Seelen zu erobern versprach. Man muß diesen frommen Prediger selbst reden hören, um desto besser von den Verdiensten seiner Unternehmung aus den Bewegungsgründen, den Hindernissen und Mitteln zu urtheilen, welche den Werth und die Wichtigkeit derselben zu erhöhen dienen.

Das II Capitel.

Geschichte der ersten dänischen Niederlassungen in Grönland.

Egedens Versuche, nach Grönland zu gehen. Dessen innerer Kampf. Handlungsgesellschaft nach Grönland zu Bergen errichtet. Egedens Abreise. Ankunft in Grönland. Handlung der Deutschen nach Grönland. Wie Egeden sich unterrichtet und mit den Grönländern bekannt machet. Ruinen der norwegischen Colonien in Grönland. Ankunft dreyer Schiffe von der Gesellschaft. Ruinen einer alten Kirche. Versuch einen Weg nach Nordamerica zu entdecken. Hindernisse bey der Predigt des Evangelii. Ankunft zweyer Schiffe. Dänemark will eine Colonie da anlegen. Schlechter Erfolg dieses Unternehmens. Der dänische Hof verläßt die grönländischen Colonien. Man nimmt den Handel nach Grönland wieder vor. Versuche, die Ostseite von Grönland zu erforschen. Mittel, in diesem Anschlage gut fort zu kommen.

Egedens Versuche, nach Grönland zu gehen.

Ich schrieb, saget Herr Egede[1]), im 1709 Jahre an einen meiner Verwandten in Bergen, welcher oft nach Grönland gereiset war, daß er mir einige Nachricht von diesem Lande geben möchte. Er antwortete mir: „In Grönland unter Süden, welches auf sechzig Grad anfängt, und bis siebenzig Grad unter dem Namen Straße David bekannt ist, gäbe es wilde Leute. Grönland nach Osten zu aber, wo ehedem nordische Leute sollen gewohnt haben, könnte jetzo wegen des treibenden Eises, welches sich allda aus Land setzete, nicht mehr erkannt werden."

Diese Antwort rührete mich. Auf der einen Seite sah ich Wilde zu erleuchten, Norweger, so wohl dem Christenthume, als der Krone zu erhalten; und auf der andern war ich nicht allein mit der Sorge für eine Gemeine beladen, sondern hatte auch Weib und Kind. Ich wußte nicht, wozu ich mich entschließen sollte. Die große Begierde, dieser armen Menschen Seligkeit zu befördern, hielt mich auf der einen Seite fest: auf der andern aber wurde ich aus Furcht vor der daraus entstehenden Gefahr und Beschwerlichkeit wieder abgeschrecket. In solcher Verlegenheit blieb ich bis 1710, da ich mich entschloß, einen Vorschlag zur Bekehrung und Unterweisung der Grönländer zu thun. Ich schickete ihn in einem Memoriale an den Bischof zu Bergen; weil von diesem Haven aus die Fahrt nach Grönland gieng.

Dieser achtzigjährige Prälat antwortete mir, er hätte mein Memorial nach Hofe geschickt. Uebrigens lobete er meinen Eifer und sagete darauf: „Da er sich selber „erbiethet, seine Gemeine und sein Amt in Norwegen zu verlassen und hin zu reisen, „diese blinden Leute in der christlichen Religion zu unterrichten, so weis ich nicht, wie „solches wird angehen können, weil diese Barbarn eine sehr fremde Sprache haben, „welche

1) Sieh dessen Nachricht vom Anfange und Fortgange der grönländischen Mission, 4. Hamb. 1740 a. der 1 und folg. Seite.

Cranz von Grönland.

„welche weder verstehen, was wir reden, noch wir, was sie reden; da doch überaus „nöthig ist, daß diejenigen, welche solche Menschen in Dingen der Seligkeit unter„weisen sollen, mit ihnen so reden, daß sie alles verstehen und begreifen können. „Christus sandte seine Apostel nicht eher aus, noch ließ er sie in alle Welt gehen, alle „Menschen zu lehren, als bis er seinen heiligen Geist über sie ausgegossen hatte, daß „sie in allen Sprachen reden konnten.“

Der Bischof zu Drontheim, welchem ich meinen Vorschlag auch überschicket hatte, weil er mein Bischof war, antwortete mir im 1711 Jahre.

„Es sind ehemals Bischöfe in Grönland gewesen, welche hier ordiniret worden „und von Drontheim abgehangen haben. — — Wenn nur ein Gottesmann die Be„schaffenheit des Landes und das Naturell der Einwohner untersuchen wollte, so ist „nicht zu zweifeln, daß unser allergnädigster König, welcher vor einigen Monaten die „Posteinkünfte zu Liebeswerken (ad pias causas) bestimmet hat, auch denjenigen beleh„nen würde, welcher ein so christliches Werk fortsetzete, vornehmlich, wenn der Han„del dabey wachsen könnte. Grönland ist unfehlbar ein Stück von America, und kann „unmöglich weit von Cuba in Hispaniola abliegen, wo der große Ueberfluß von Golde „gefunden worden. — — Niemand aber in der Welt ist geschickter, die verborge„nen Schätze dieses Landes auf zu suchen, als die bergischen Schiffer. — — Der „allerneueste, der mir vorgekommen, daß er dieses Land durchsuchet, ist **Ludwig** „**Hennepin**, ein französischer Missionarius und Recollect, welcher lange Zeit in solchen „Ländern herumgereiset, die keine andere, als das alte Grönland, seyn können, und in „seiner Karte Nova Dania heissen.“ — —

Egedens innerlicher Kampf.

Man sieht aus dieser Antwort, daß der gute Bischof zu Drontheim Grönlands Lage nicht recht gekannt hat; und sein Irrthum scheint um so viel mehr zu entschuldigen, weil dieses Land noch nicht recht entdecket war. Wurde aber Herr **Egede** von den Prälaten aufgemuntert, so hatte er seine Anverwandten und Freunde zu bestreiten, welche insgesammt seinen Entschluß tadelten. Vornehmlich macheten das Bitten und Weinen seiner Frau einen so starken Eindruck bey ihm, daß ihm sein Anschlag thöricht vorkam, und er bey seiner Pfarre zu bleiben versprach. Er war ruhig, als wenn er von einer Art der Versuchung befreyet worden. Es währete aber nicht lange, daß er diesen ruhigen Sinn behielt. „Es kamen mir, saget er, die Worte Christi oftmals „vor: **Wer seinen Vater, Mutter, Frau, Kinder, Brüder und Schwester mehr** „**liebet, als mich, der ist mein nicht werth.** Hier wurde mir so bange, als wenn „die Seele von mir gehen wollte. Ich hatte keine Ruhe, weder Tag noch Nacht, und „konnte vor Bekümmerniß und tiefen Gedanken nichts vornehmen. Mein liebes Ehe„weib, welche mein heimliches Anliegen merkete, that ihr Bestes, mich zu trösten und „zufrieden zu stellen. Da solches aber vergebens war, so sagete sie eines Tages zu mir: „Ich bin doch recht unglücklich, daß ich mein Herz und meine Person einem Manne „gegeben habe, der sich und mich zugleich so vermessentlich ins Unglück stürzen will.“

Diese Reden brachten mich zur Verzweifelung; und wenn dieser Zustand angehalten hätte, so würde ich davon gestorben seyn, glaube ich. Endlich bewogen die Zeit und einige Verdrüßlichkeiten, die mir durch Haß und Verleumdung erreget worden, meine Frau, nebst mir einen Aufenthalt, der uns unangenehm war, zu verlassen, und nach Grönland zu gehen. So bald ich ihrer Einwilligung versichert war, so verdoppelte ich meine Bemühungen und mein Ansuchen bey denjenigen, welche meinen Anschlag unterstützen oder befördern konnten. Mein guter Vorsatz aber wurde nicht allein von Jahre zu Jahre verzögert und aufgeschoben, sondern es fanden sich noch über dieses neue Verhinderungen, sowohl von Freunden und Feinden ein, welche doch gleichwohl nicht vermochten, mich von meinem Vorsatze ab zu halten. Ich gab also 1715 eine Schutzschrift heraus, worinnen ich auf alle die Einwürfe antwortete, die man mir machete. Es waren aber folgende: erstlich Grönlands harte und kalte Himmelsgegend; zweytens die beschwerliche und sehr gefährliche Schiffahrt dahin, und nach der Ankunft daselbst die vielen andern Gefährlichkeiten und Mühseligkeiten; drittens meine Gemeine und mein Vaterland, welche bey einem gewissen Amte und Auskommen gegen etwas ungewisses zu verlassen, mir für die größte Thorheit ausgeleget wurde; viertens die Vermuthung fleischlicher Ursachen, als Unvergnüglichkeit und Misvergnügen, daß es nicht in allem nach meinem Kopfe gienge, ja auch Ehrbegierde, da ich mir gern einen großen Namen in der Welt machen wollte, u. d. g. welche mich mehr dazu antrieben, als ein rechtschaffener Eifer für die Ehre Gottes; daher es denn besser wäre, der Leute Reden wegen dieses Vorhaben zu unterlassen. Der fünfte und wichtigste Einwurf betraf meine Frau und Kinder, deren Zustand ich allzu leichtsinnig hindansetzete und mich mit ihnen in augenscheinliche Gefahr stürzen wollte, welches ich nimmer vor Gotte verantworten könnte, u. s. w. Ueber jeden von diesen Einwürfen gab ich meine gegründete Erklärung, welche aber hier an zu führen allzu weitläuftig fällt [a]). Seine Aufrichtigkeit und der gute Erfolg überhoben ihn auch aller andern Rechtfertigung. Cranz von Grönland.

Unterdessen daß ich mich bemühete, fährt er fort, alle diese Hindernisse zu übersteigen, breitete sich ein Gerücht aus, daß ein bergisches nach Grönland segelndes Kauffahrdeyschiff in dem Eise daselbst gescheitert, und die Schiffleute, welche sich ans Land gerettet, von den wilden Einwohnern erschlagen und gefressen worden. Die Unwahrheit dieser Zeitung aber wurde bald entdecket, und vertrieb das flüchtige Schrecken, welches sich meiner Familie bemächtiget hatte. Indessen verlief die Zeit und der Krieg daurete in Dänemark fort. Niemand dachte mehr an Grönland; ich war der einzige, der es nicht vergessen konnte. Ich schrieb also 1717 an den Bischof zu Drontheim und gab meine Pfarre auf, wozu er bald wieder einen andern ernannte. Nun aber gieng erst mein größter Schmerz an, da ich meine Pfarrkinder und Freunde verlassen sollte. Die Vernunft, Fleisch und Blut wollten Meister spielen, und mir alles auf das Erschrecklichste vorstellen. Allein, hier ließ meine Frau eine Probe ihrer Treue und Beständigkeit blicken, indem sie mir vorhielt, daß es nun zu spät wäre, das Geschehene zu bereuen; ich hätte Zeit genug gehabt, solches voraus zu bedenken. Hätte ich mein Werk mit Gott angefangen, und in Versicherung des Glaubens auf seinen Beystand mich dazu entschlossen; warum ich nun verzweifeln und kleinmüthig werden wollte, da es auf die Ausführung ankäme? Ich vollendete also das, was ich angefangen hatte. Nachdem ich also von meinen lieben Zuhörern, meiner Mutter und meinen Geschwistern und von andern guten Freunden zärtlichen und schmerzlichen Abschied genommen, so begab ich mich im Brachmonate 1718 mit meiner Frau und

a) Am angef. Orte a. d. 8 S.

Cranz von Grönland. vier Kindern, wovon das jüngste noch nicht ein Jahr alt war, auf die Reise, und kam nach einigen Wochen zu Bergen an.

So bald man von dem Bewegungsgrunde meiner Reise daselbst unterrichtet war, so redete ein jeder verschiedentlich davon. Einige hielten mich für einen Träumer; andere für einen Narren; und verschiedene billigten auch meinen Eifer, dessen Früchte dem Staate nützlich werden könnten.

Meine erste Sorge war, daß ich Leute suchete, welche vermögend wären, die Handlung und Schifffahrt nach Grönland zu unternehmen. Ich fand einige, welche Schiffe dahin geschickt hatten, es aber überdrüßig geworden waren, weil die Holländer ihren Handel in diesem Lande jährlich verstärketen, und der Norweger ihren verderbten. Indessen versprachen doch einige, sie wollten, wenn es Friede würde und der König sie beschützen und ihnen unter die Arme greifen wollte, eine Schiffladung nach Grönland ausrüsten. Ich erwartete also das Ende des Krieges, welchen der Tod des Königes in Schweden, Karls XII, 1719 auf einmal auslöschete. Gleich im Frühlinge dieses Jahres begab ich mich nach Kopenhagen, wo ich bis zu der Rückkunft des Königes wartete, welcher noch in Norwegen war. Bey seiner Ankunft überreichete man ihm mein Memorial und ich hatte die Ehre, Gehör bey ihm zu erhalten. Er billigte mein Vorhaben und schien mir die besten Gesinnungen wegen der Mittel zu hegen, den Grönländern das Evangelium zu predigen. Ich vernahm bald darnach, daß er dem Magistrate zu Bergen einen Befehl zuschickete, den Kaufleuten dieser Stadt den Handel und die Schifffahrt nach Grönland vor zu schlagen, wobey er ihnen alle Freyheiten ertheilen und allen Beystand leisten wollte. Ich gieng also nach Bergen zurück. Alle Schiffer und Steuerleute, welche nach Grönland oder der Straße Davis gefahren, wurden auf das Rathhaus gefordert, ihre Erklärung von der Beschaffenheit des Landes zu geben. Allein, diese Seeleute, welche befürchteten, man möchte sie zwingen, nach Grönland zu gehen, oder wohl gar eine Zeitlang da zu bleiben, antworteten, es wäre das schlechteste Land auf dem Erdboden, und wegen der Gefährlichkeiten der Schifffahrt schwerlich daselbst an zu länden. Ich würde für einen Betrüger seyn gehalten worden, wenn ich nicht zur Rechtfertigung meines Memorials, von einem dieser Seeleute einen Brief gehabt hätte, worinnen er sehr vortheilhaft von dem grönländischen Handel redete.

Dieser Schritt des Hofes aber brachte eben so wenig Wirkung hervor, als mein inständiges Anhalten bey vielen Kaufleuten der Stadt, das Werk zu unternehmen, und sich den Antrag des Schutzes des Königes zu Nutze zu machen. Ich brachte den ganzen Winter 1720 ohne Hoffnung eines Beystandes oder guten Erfolges zu, und war so gar den Spöttereyen vieler Leute ausgesetzet, welche meiner Frau riethen, sie möchte mich meiner Unternehmung entsagen lassen. Weil sie aber eben so viel Entschlossenheit zeigete, als ich hatte, so sagete man uns gerade heraus, wir wären Narren.

Handlungsgesellschaft nach Grönland wird errichtet. Endlich erhielt ich durch vieles Ansuchen von einigen Kaufleuten, daß sie mit mir zusammen kamen, sich wegen der Mittel zu berathschlagen, wie man eine Handlungsgesellschaft für dieses so gefürchtete Land und eine Schifffahrt dahin errichten könnte. Sie nahmen den Anschlag zu Herzen und macheten sich anheischig, mir bey zu stehen, wenn man nur eine hinlängliche Anzahl fände, die an dieser Sache Theil näh-

men,

men. Wir fiengen eine Unterzeichnung an. Ich schrieb mich zum ersten Einschusse mit dreyhundert Reichsthalern ein, andere mit wenigerm. Ich gieng mit dem Originale der Unterzeichnung zu dem Bischofe und den vornehmsten Geistlichen dieser Stadt, welche alle dem Werke des Himmels beytreten wollten. Die Kaufleute unterzeichneten bald nach dem Beyspiele der Prediger, und ich war nun eines Capitals auf zehntausend Reichsthaler versichert. Cranz von Grönland.

Obgleich diese Summe nicht hinlänglich war, das Unternehmen zu vollenden, so fieng man doch damit an und kaufete ein Schiff, die Hoffnung genannt, welches uns nach Grönland überführen, und auch den Winter daselbst bleiben sollte. Die Gesellschaft rüstete noch zwey Fahrzeuge aus; eines zum Walfischfange und das andere, uns zu folgen, und von unserer Ankunft Zeitung nach Bergen zu bringen.

Zu eben der Zeit schrieb man aus Kopenhagen an mich, den 15ten März 1721, der König wollte mich zu seinem Missionarius nach Grönland mit einem Gehalte von dreyhundert Reichsthalern ernennen, außer zweyhundert Thalern zu meiner Ausrüstung. Nachdem alles zur Abreise veranstaltet war, so begab man sich den zweyten May darauf an Bord des Schiffes die Hoffnung, und gieng den andern Morgen, an der Zahl sechs und vierzig Personen, meine Familie mit eingeschlossen, unter Segel. Kaum waren wir aus dem Haven gelaufen, so zwang uns ein widriger Wind, bis den zwölften des Monates vor Anker zu liegen, da wir gutes Wetter bekamen. Es hielt bis den vierten des Brachmonates an, wo wir Statenhuk gewahr wurden. Das Land war noch mit Eise und Schnee bedecket. Der Sturm und die Eisschollen, welche zehn bis zwölf Meilen von den Küsten trieben, stießen uns stets von den südlichen Ufern zurück, wo wir anländen wollten. Wenn der Wind und das Meer es erlaubeten, so segelten wir längst dem Eise hin und sucheten eine Durchfahrt, das Land zu gewinnen. Es war aber so dicht an einander und gleichsam zusammen geheftet, daß wir versucheten, uns davon zu entfernen, und gegen Westen in die offene See zu gehen. Alles trieb uns aber wieder an diese schwimmenden Klippen, die wir vermeiden wollten. Darauf redeten die Schiffer von der Zurückkehrung nach Bergen, gleich als wenn man keine Hoffnung gehabt, an Grönland an zu länden. Ich bestund hart wider diese Partey, welche von der Kleinmüthigkeit eingegeben worden. Egedens Abreise.

Indessen liefen wir doch die größte Gefahr. Eines Tages, da wir in den Eisschollen ganz eingeschlossen waren, zwischen welchen kein Raum über zwey Büchsenschuß weit frey war, gerieth das Schiffsvolk in die äußerste Unruhe. Sie verdoppelte sich bald, als man aus einer Losung sah, welche uns die Galiotte gab, die uns von Bergen her beständig gefolget war, daß sie wider das Eis gestoßen, welches sie durchbohret hatte. Indessen wurde der Schaden wieder ausgebessert: unser Schiffshauptmann aber hatte zu meiner Frau und meinen Kindern gesaget, man müßte sich zum Tode bereiten. Die Gefahr war groß, der Wind heftig; ein dicker Nebel bedeckete die Luft bis um Mitternacht: wir fanden uns aber unvermerkt mehr im Freyen. Der Wind legete sich, der Nebel verschwand, und wir sahen, daß wir ganz vom Eise los waren. Die übrige Reise geschah fröhlich und den dritten des Heumonates kamen wir endlich an das Land, nach dem wir so sehr gewünschet hatten.

Herr Egede stieg in Balsreviere aus, saget Herr Cranz, welcher die Geschichte dieses eifrigen Missionars nach dem Tagebuche fortsetzet oder wiederholet, welches er selbst Ankunft in Grönland.

Cranz von Grönland. selbst von seinen Arbeiten gemacht hat. Es enthält eine Zeit von funfzehn Jahren, und ist 1738 gedruckt worden.

So bald das Schiff angekommen war, bauete sich das Schiffvolk ein Haus von Erde und Steinen, und umgab es mit Brettern. Dieß geschah auf einer Insel, die von dem Namen des Schiffes, die Insel der Hoffnung genannt wurde. Das Haus wurde am letzten August bezogen.

Die Grönländer sahen im Anfange ihre neuen Gäste mit ziemlich guten Augen an, wiewohl mit einiger Unruhe, deswegen, daß sie mit Frau und Kindern gekommen waren. Das Erstaunen machte der Furcht Platz, da sie sahen, daß man ein Haus bauete; und sie erkannten, daß dieses nicht um eines Handels von einem Paar Monaten willen geschähe, sondern sich in dem Lande fest zu setzen. Und von der Zeit an wollten sie die Fremden nicht mehr in ihre Zelte und Hütten einnehmen. Unterdessen gewannen wir die Wilden doch durch Geschenke und Gefälligkeiten, daß sie nicht mehr so scheu thaten, und sie ließen sich auch sehen, aber anfangs nicht in ihren Häusern, sondern in einem Hause, das frey stund, welches sie mit Vorbedachte ausräumeten, und wo sie einen Kundschafter hinschickten, daselbst die ganze Nacht zu wachen. Zuletzt wurden sie so vertraut, daß sie den Besuch der Europäer annahmen, und sie in alle ihre Wohnungen ließen.

Herr **Egede** versäumete keine Gelegenheit, ihre Sprache zu erlernen, und so bald er wußte, daß ihr Wort **Kina**, was ist das? hieß: so bedienete er sich dessen, sie um den Namen aller der Dinge zu fragen, die ihm in die Sinne fielen, und er schrieb alle diese Wörter so auf, wie sie ihm dieselben aussprachen. Da er merkete, daß ein Grönländer, der **Arock** hieß, zu einem Europäer, der **Aaron** hieß, eine Zuneigung gefaßt hatte, die nur die bloße Aehnlichkeit der Namen Leuten eingeben konnte, die gar keine andere Verbindung unter sich kannten, so vermochte er diesen, sich bey diesem Volke beliebt zu machen, und sich zu bemühen, ihre Sprache und die besondern Sitten des Landes zu erlernen. Einige Zeit hernach ließ er ihn unter ihnen; und da sie alsbald kamen, und ihm zu verstehen gaben, daß er einen von seinen Leuten vergessen hätte, so stellete er sich, als verstünde er sie nicht. Sie kamen aber bald wieder und sagten, Aaron wäre ja bey ihnen, und er möchte ihn rufen, weil die Grönländer ungern bey Fremden wären.

Man zerstreuete ihr Mistrauen durch neue Geschenke; und sie waren willig, den **Aaron** den ganzen Winter zu behalten. Er fand eben nicht viele Vortheile dabey. Man quälte ihn; man nahm ihm bald dieses, bald jenes; und als man einstens im übermäßigen Zorne zum Handgemenge kam, so wurde er bis aufs Blut geschlagen. Indessen bemüheten sich doch die Wilden, nachdem sie ihm seine Flinte genommen, aus Furcht, er möchte sich rächen, ihn durch eine gute Begegnung wieder zu besänftigen, und bathen ihn auch, er möchte sich nicht gegen den Prediger beklagen, der sie sonst strafen könnte. Herr **Egede** stellete sich auch, als wüßte er ihre Aufführung gegen den **Aaron** nicht, und als er sie wieder besuchete, ließ er noch einige von den Seinigen da.

Indessen fürchteten sich die Grönländer so sehr vor diesem Prediger, daß sie ihren Angekoken auftrugen, ihn und seine Leute als eine Landplage zu beschwören, von der man die Nation nicht bald genug befreyen könnte. Als diese Zauberer leiche sahen,

hen, daß sie nichts ausrichten würden, so überredeten sie die Wilden, daß er selbst ein mächtiger Angekok wäre, aber von einer guten Art oder von denen, die kein Leid zufügeten. Die Furcht veränderte sich darauf in eine Verehrung für eine Person, die von seiner eigenen Nation so hoch geschätzt wurde. Herr Egede, welcher ungemein begierig war, den Grönländern die Geheimnisse bekannt zu machen, welche er den Dänen predigte, legte den Wilden einige Gemälde von den vornehmsten biblischen Geschichten vor, die sein ältester Sohn gemalet hatte. Diese Gemälde gaben ihnen Gelegenheit, ihn zu befragen, und er lernete unvermerkt ihre Sprache, und zu gleicher Zeit bereitete er sie zu denen Lehren, worinnen er sie unterrichten wollte. Bey Gelegenheit der Auferstehung eines Todten, welche er ihnen unter den Bildern oder Gemälden der Wunder Christi zeigete, bathen die Grönländer den Herrn Egede, er sollte nach seinem Amte, als ein Abgesandter seines Gottes, ihre Kranken anblasen, damit er sie heilete, wie ihre Angekoken thäten. Der dänische Prediger war genöthiget, um das Herz dieses Volkes zu gewinnen, sich zu ihrem Bitten zu bequemen. Er rühmet sich aber nicht, alle ihre Wünsche erhöret, noch ihr Zutrauen durch die Heilung verdienet zu haben. In diesem Stücke war er viel bescheidener, als die meisten Missionarien. Cranz von Grönland.

Der Handel hatte im Anfange keinen bessern Fortgang, als die Religion. Die Grönländer waren arm, und das wenige, was ihnen am Ende des Winters noch übrig war, behielten sie für die Holländer auf, die seit vielen Jahren gewohnt waren, mit diesem Volke zu handeln. Die Dänen sahen also im Frühlinge des Jahres 1722 mit vielem Kummer eine kleine holländische Flotte in Grönland landen, die in einer halben Stunde mehr Waaren einkaufte, als sie den ganzen Winter hatten thun können. Handel der Holländer in Grönland.

Ihr Vorrath wollte schon abnehmen; denn da sie sich den Fischfang und die Jagd in Grönland reichlicher eingebildet hatten, als sie wirklich waren, so hatten sie wenig Fleisch und Fisch eingeschiffet. Weil sie das Land nicht kannten, und also nicht wußten, daß die Rennthiere und Hasen äußerst selten wären, und daß das Fischen mit den Netzen ihnen gar nichts geben würde: so äußerte sich der Mangel noch vor Ende des Jahres, und die meisten unter ihnen wurden vom Scharbocke befallen. Nunmehr fieng man an, wider den Prediger, der die Ursache dieser unglücklichen Reise war, zu murren. Und da die Galliote, die wiederum Vorrath mitbringen sollte, länger ausblieb, als man hoffete, so entschloß sich das Schiffvolk, mit dem Schiffe, welches in Grönland überwintert hatte, zurück zu kehren. Herr Egede war in der größten Verlegenheit, da er theils seine Mission nicht verlassen, theils aber auch nicht allein mit seiner Frau und vier Kindern da bleiben, und sie in ihrem Elende umkommen sehen wollte. Er erhielt, daß man bis auf den Brachmonat die Galliotte erwarten wollte, mit der Bedingung, wenn sie nicht vor dem Ende dieses Monates zurück gekehret wäre, so wollte man sich einschiffen und ihm einigen Vorrath da lassen. Er hatte sechs Leute überredet, mit ihm da zu bleiben. Da aber diese sahen, daß der wenige Vorrath, den man ihnen anboth, kaum auf einen Monat zureichen würde, so sagten sie ihm, sie würden, im Falle, daß sich ein Mangel eräugen würde, auf ein holländisches Schiff gehen, und nach Europa zurück kehren. Der Prediger entschloß sich also, dem großen Haufen zu folgen, und sich mit ein zu schiffen. Seine Frau aber verwies ihm seine Kleinmuth, und sagete zu denen, die schon anfiengen, das Haus ab zu brechen, man müßte kein solches Mis-

 trauen

Cranz von Grönland.

trauen auf die göttliche Vorsehung setzen, und sie hätte eine gewisse Hoffnung, daß die Galliotte unterwegens wäre und bald ankommen würde. Und in der That, unterdessen daß man diese neue Prophetinn auslachte, sah man den 27ten des Brachmonates das Schiff, welches man erwartete. Herr Egede erhielt zu gleicher Zeit sehr erfreuliche Nachrichten von Seiten der bergischen Kaufleute, welche ihm versprachen, den Handel, ungeachtet des Schadens, fort zu setzen, den sie im Anfange davon hatten. Auf einer andern Seite vernahm er, daß der König die Mission aus allen Kräften unterstützen wollte, und schon zu dem Ende eine Lotterie angelegt hätte; und da diese nicht zu Stande gekommen wäre, so hätte er eine leidliche Steuer in seinen Königreichen Dänemark und Norwegen, unter dem Namen der grönländischen Schatzung, angeleget.

Wie Egede sich unterrichtet und mit den Grönländern bekannt machet.

Der Missionarius, bey dem sich Hoffnung und Eifer verdoppelt hatten, fieng das Werk mit erneuerten Kräften an. Er nahm zwey seiner Kinder mit sich, um den Winter über bey den Grönländern zu bleiben, indem er entschlossen war, sich nach dem Zustande des Landes selbst zu erkundigen, unterdessen daß seine Kinder die Sprache lerneten, wenn sie sich unter die Eingebornenen des Landes mischeten. Dieses ist vielleicht das beste Mittel, Pflanzstädte und Missionen unter den Wilden zu befestigen, aber auch das einzige, das die Regierung und der Religionseifer in den katholischen Staaten vernachläßiget haben.

Er überredete außerdem durch Schmeicheleyen und Geschenke zwey kleine verlassene Waisen, bey ihm zu leben. Dieses Beyspiel der Gutthätigkeit machte eine Familie von sechs Personen so beherzt, daß sie ihn bath, sie in sein Haus auf zu nehmen. Er sah aber wohl, daß dieses bloß aus Mangel an Lebensmitteln geschah, und damit sie nur auf seine Unkosten leben könnte. Denn so bald als der Frühling das Meer den Fischern wieder eröffnete, so verließen ihn alle die, welche er den Winter über beherbergt und genähret hatte, ohne ein Wort zu sagen; auch so gar die beyden Kinder, von denen er doch glaubete, daß sie sich ihm auf ewig ergeben hätten, machten sich eins nach dem andern davon. Er hatte im Anfange von ihnen erhalten, daß sie dem herumschweifenden Leben entsageten, und lesen und schreiben lerneten: er sah sich aber nachher gezwungen, sie an das Meer gehen und die Wilden sehen zu lassen, so oft es ihnen einfiel. Was ihren Unterricht anbetraf, so war der Anfang so lange glücklich, als er ihnen eine Angel, oder ein ander Hausgeräth für jeden Buchstaben geben konnte, den sie kennen lerneten. Aber sie wurden bald von dieser Arbeit abgeschreckt, und sagten ihm, sie sähen nicht ein, wozu es dienen sollte, daß man sich einen ganzen Tag lang beschäfftigte, ein Papier anzusehen, und A. B. C. zu schreyen; der Factor und er wären nur Müßiggänger, die ihr ganzes Leben zubrächten, die Augen auf ein Buch zu heften, und das Papier mit einer Feder zu verderben, unterdessen die Grönländer Fische und Vögel fiengen, welches eine Uebung für tapfere und arbeitsame Leute wäre, die in ihren Vergnügungen Nutzen fänden. Er wollte ihnen den Nutzen, lesen und schreiben zu können, zeigen, indem man dadurch die Gedanken eines abwesenden Freundes erfahren, und den Willen Gottes aus seinem Buche lernen könnte: sie räumeten diese Vortheile zwar ein, sie glaubeten aber, die Kunst sey wichtiger, die ihnen zu leben verschaffet; und wenn man diese Wissenschaft recht gefaßt hätte, so brauchete man anderer Einsichten eben nicht sehr.

Im

Im Jahre 1723 gieng Herr Egede zweymal nach dem Meerbusen Amaralik oder Balsrevier, daselbst ein Denkmaal der alten Pflanzstädte der Norweger zu sehen. Er fand in einem schönen Thale die Ueberbleibsel eines viereckichten, von Feldsteinen aufgeführten Gebäudes, welches ungefähr achtzehn Fuß lang, eben so breit, und zwölf Fuß hoch war, nebst dem Orte zu einer Thüre. Er glaubte, es müsse dieses der Glockenthurm einer Kirche gewesen seyn; und das um so viel mehr, weil er nicht weit davon einen verfallenen Steinhaufen, sechs und neunzig Fuß lang, und zwey und siebenzig breit, antraf, die aber nicht höher, als zwey Fuß hoch, über die Erde waren; übrigens glich dieses Werk im geringsten nicht der Bauart oder dem Mauerwerke der Grönländer.

Cranz von Grönland.

Verfall der norwegischen Colonien in Grönland.

In eben dem Jahre kamen drey Schiffe von der in Dänemark befindlichen grönländischen Gesellschaft an. Das erste brachte Nahrungsmittel für die Pflanzstadt mit. Das zweyte war zum Walfischfange bestimmet; es kehrte das Jahr darauf mit hundert und zwanzig Tonnen Thran, und einer Schiffsladung, die zweytausend und sieben hundert Reichsthaler werth war, nach Bergen zurück. Das dritte Schiff sollte die Straßen erforschen, oder neue entdecken. Herr Egede bekam bey dieser Gelegenheit Befehl, geschickte Schiffer, welche geborne Grönländer wären, zu erlesen, und sie aus zu schicken, die ostlichen Küsten des Landes zu entdecken. Um sich von der Treue zu versichern, die man bey diesem Auftrage anwenden mußte, entschloß er sich, ihn selbst zu unternehmen, und begab sich, obgleich der Sommer schon beynahe vorbey war, mit zwo Schaluppen auf die Reise, in der Hoffnung, durch Frobishers Straße sich einen kürzern Weg zu denen Ländern, die man suchte, zu eröffnen. Nachdem er vier Meilen in der Straße gefahren war, so sah er sich auf einmal in dem Eise eingeschlossen, welches der Nordwind dahin trieb. Er glaubete, sie würden daselbst warten müssen, bis es in das Meer hinausgegangen und ihm wieder eine freye Straße eröffnete. Als ihm aber die Grönländer zu verstehen gegeben, daß, anstatt von Osten durch die Straße zu kommen, das Abendmeer sie vielmehr an das Land triebe, so zweifelte er, eine Gemeinschaft zwischen beyden Meeren zu finden. Er wollte sich nach der Ostküste durch die Straße des Vorgebirges Farewel begeben, als ihm die Grönländer vorstelleten, der Weg wäre lang, die Durchfahrt stürmisch, die Fluth sehr stark, und nichts wäre so grausam, als die Einwohner derer Küsten, wohin er sie zu führen gedächte. Er hatte überdieß gar keinen Vorrath auf den Winter mitgenommen. Er war also gezwungen, um zu kehren, und in neunzehn Tagen eine Reise zurück zu thun, die er vorher in funfzehn gethan hatte. Inzwischen war seine Zeit nicht übel angewandt; denn er bemerkete auf dieser Reise viele Inseln, wo Spuren und Denkmaale von dem Aufenthalte der Norweger waren. Er bemerkete insbesondere an einem Orte, der Kakortok hieß, zwischen dem sechzigsten und ein und sechzigsten Grade der Breite, die Ueberbleibsel einer Kirche, die funfzig Fuß lang und zwanzig breit war, zwischen dicken Mauern von sechs Fuß hoch, nebst zweyen Thüren gegen Mittag und einer etwas größern gegen Westen. Man sah daselbst ein einziges Fenster gegen Norden, und vier andere waren gegen Mittag offen. Die Mauern waren, was die Bauart anbetrifft, ziemlich gut gemacht, aber ohne einige Bilder oder andere Zierrathen. Die Mauern des Kirchhofes stunden auch noch. Nahe dabey sah man ein großes Haus und viele kleinere. Herr Egede nahm ein Stück vom Schutte der Kirche, in Hoff-

Ankunft dreyer Schiffe von der Gesellschaft.

Ueberbleibsel einer alten Kirche.

Cranz von Grönland.

nung, daselbst einige norwegische Alterthümer zu entdecken. Im Anfange wollten die Grönländer nicht darein willigen, aus Furcht, die Seelen der Ausländer, die man daselbst begraben hatte, möchten sich an denen rächen, die die Asche der Verstorbenen beunruhigten. Aber der Mangel an Geräthschaft war Ursache, daß der dänische Prediger nichts, als einige Kohlen, Todtengebeine und Scherben von zerbrochenen irdenen Todtenkrügen, mit sich hinweg nehmen konnte.

Versuch, eine Straße nach dem mitternächtlichen America zu entdecken.

In eben diesem Jahre landeten zwey norwegische Schiffe in Grönland. Das eine war bis an den Meerbusen Disko gekommen, daselbst zu handeln: es hatte aber nur an zweenen Orten und ohne großen Nutzen vor Anker gelegen; denn die holländischen Schiffe waren ihm zuvor gekommen. Das andere sollte die Küsten von America zwischen dem sechs und sechzigsten und sieben und sechzigsten Grade, wo die Straße Davis am schmalesten ist, befahren, und von da mit Holze zurück kommen, eine andere Colonie in Grönland zu errichten. Es kehrte aber im Heumonate zurück, indem es vor dem Eise nicht hatte landen können. Bey seiner Rückkehr schiffte es zwanzig Personen nebst einem Missionar, einem grönländischen Kinde und Waaren ein, die es nach Nepisene überbrachte. Es war dieß die zweyte Niederlassung der bergischen Gesellschaft.

Wenn man Herrn **Egede** an der Spitze aller der Unternehmungen sieht, welche diese Gesellschaft Kaufleute in Grönland versuchete, so muß man bemerken, daß er, bey seiner Abreise von Bergen, die Aufsicht über die Angelegenheiten der Gesellschaft übernommen hatte: denn er hatte die Kaufleute für das Beste der Religion, welche sein einziger Endzweck war, nicht aufmerksam machen können, ohne zugleich sich in ihre zeitlichen Absichten ein zu lassen; es sey nun, daß die nordischen Christen überhaupt weniger Neigung haben, ihre Religion fort zu pflanzen, als die gegen Mittag, oder daß die protestantischen Geistlichen weder so viel Ansehen noch Zutritt bey den Höfen haben, als bis jetzt die katholischen Missionarien in Portugall und Spanien gehabt haben. Man muß aber gestehen, daß, wenn gleich diese im Anfange weniger Eigennutz zeigten, sie doch nach der Zeit von dem glücklichen Erfolge ihres Eifers in America vielen Nutzen gezogen, ihr Ansehen in der ganzen Welt zu befördern, da im Gegentheile Herr **Egede** den Fortgang des Handels seiner Nation in Grönland sich aus keiner Absicht so sehr angelegen seyn ließ, als nur, um seiner Religion daselbst festen Fuß zu verschaffen.

Hinderniß der Predigt des Evangeliums.

Als er nun die Grönländer durch den Reiz einiges Gewinnstes an sich gelocket hatte, so glaubte er, verbunden zu seyn, sie nach dem Beyspiele der Apostel in seinem Netze zu fangen, und mit der Predigt des Evangelii bekannter zu machen. Sie hörten ihn im Anfange geduldig an: als er es ihnen aber zu oft machte, und sie über das Singen der Lieder die Zeit zu Fischen versäumten, so wollten sie ihn nicht länger mehr hören. Vornehmlich sah man, so bald sich ein Angekok mit seinen Beschwörungen hören ließ, den Hörsaal des Missionars verlassen; und fuhr er fort zu predigen, so spottete man seiner und machte seine Gebärden durch Nachäffen nach. Man gieng so weit, daß man ihn für einen Lügner hielt, indem die Angekoken, die in dem Himmel gewesen zu seyn vorgaben, versicherten, sie hätten den Sohn Gottes, von dem er spräche, nicht daselbst gesehen: es wäre auch der Himmel nicht so zerbrechlich, daß er bey dem Ende der Welt, womit er sie bedrohete, einmal zerfallen und zu Staube werden sollte.

Endlich

Cranz von Grönland.

Endlich trieben die Grönländer ihren Spott und Uebermuth so weit, daß die Dänen gezwungen wurden, ihnen zu sagen, sie würden ihre Angekoken mit ihren Flinten todt schießen, wenn sie nicht schweigen würden.

Unterdessen kam man halb durch Schmeicheln und halb durch Drohungen so weit, daß die Wilden im Anfange den Missionar reden ließen, ohne seiner zu spotten, oder ihn durch das Geräusch ihrer Trummel zu unterbrechen; nachher überredete man sie so gar, ihn geduldig an zu hören, und bald darauf war es so weit gekommen, daß die Gesellschaften nicht aus einander giengen, in t· er kam, wenn er sie nur in ihrem Zeitvertreibe nicht störete; nach und nach fieng man an, ihn mit einer Art von Neugierde und Wohlgefallen zu hören, und er hatte sich unvermerkt eine Herrschaft über die Gemüther erworben. Eines Tages kam ein Angekok zu ihm, und bath ihn, für seinen kranken Sohn zu Gotte zu flehen. Der Missionar verwies ihm das betrügerische Handwerk, das er triebe, und sagete zu ihm, sein Kind würde zwar sterben, weil es in den letzten Zügen läge, aber es würde in den Himmel kommen, wenn er sich entschlösse, es taufen zu lassen. Der Vater willigte darein; das Kind empfieng die Taufe und starb. Nachdem der erste Schmerz vorbey war, so kamen alle Anverwandten des verstorbenen Kindes zum Prediger, und sageten, er müßte den Leichnam begraben: sie wären aber versichert, daß dessen Seele glücklich wäre, und verlangten also inständig, getaufet zu werden. Den Missionarius flammte dieses fromme Verlangen durch eine weisliche Verweigerung noch mehr an. Er sagete, die Erwachsenen müßten sich erst in den Lehren der Religion unterrichten lassen, ehe sie zu ihr eingeweihet würden.

Unter denen Lehren, durch welche Herr **Egede** die Gemüther für die christliche Religion ein zu nehmen suchete, machte die von der Auferstehung der Todten den meisten Eindruck bey ihnen. Sie schienen der Ueberredung recht entgegen zu laufen, daß ein Zustand seyn könnte, wo der Körper keinen Schmerzen und Krankheiten mehr unterworfen wäre, und wo Verwandte und Freunde einander wieder fänden, um sich in alle Ewigkeit nicht wieder zu verlassen. Allein, obschon das menschliche Herz gewöhnlich geneigter ist, sich der Furcht, als der Hoffnung, zu überlassen, so wollten sie doch niemals etwas von ewigen Strafen hören. **Wenn nun ja so viel Feuer in der Hölle ist,** sagte einsmals ein Grönländer, **ist denn in dem Meere nicht Wasser genug, es auslöschen zu können? Oder noch besser, wenn es an diesem Orte so sehr heiß ist, so werden wir denn für die Kälte schadlos gehalten werden, die wir hier ausstehen müssen. Uebrigens würden unsere Angekoken, die überall hinkommen, diese Hölle doch wohl auch gesehen haben.** Wenn ihnen Herr **Egede** antwortete, ihre Angekoken wären Betrüger, die nichts von dem, womit sie prahleten, gesehen hätten: so sageten sie, **aber habet ihr denn den Gott gesehen, wovon ihr so viel redet?** „Es ist sehr schwer, saget Herr **Cranz** (nach Herrn **Egede** selbst) „dieses Volk von seinen Vorurtheilen zu befreyen, und zu verhindern, daß es nicht „von jeder Wahrheit, die es höret, einen übeln Gebrauch machet: es will z. B. nicht „glauben, daß Gott sollte so allgegenwärtig, oder allmächtig oder so wohlthätig seyn, „daß er Vergnügen daran fände, denjenigen zu helfen, die ihn in ihren Bekümmernissen und Nöthen anrufen.„ Sie scheinen vielmehr, geneigt zu seyn, ihm alle Unglücksfälle, die sie betreffen, zu zu schreiben. Denn wenn sie bey ihrer Fischerey übel Wetter hatten, so beschwerten sie sich über die Gebethe und Predigten des Missionars, und

Cranz von Grönland.

und sageten, die Luft wäre zornig, über das thörichte Zutrauen, das sie auf diesen Ausländer setzeten, über den sie ihre eigenen Angekoken vergäßen. Wollte er über diese Wahrsager in den Gemüthern der Grönländer siegen, so hätte er ihnen mehr Fische, mehr Vögel und schön Wetter verschaffen müssen. „Wenn ihnen nun Herr Egede „sagete, sie sollten bethen, so antworteten sie: wir bethen, aber es hilft zu nichts. „Sagte er nun, sie müßten Gott nur um geistliche Güter und eine ewig glückliche Zu„kunft anrufen, so versetzeten sie: wir begreifen sie nicht, wir verlangen sie auch „nicht, und wir haben nichts nöthig, als Gesundheit des Körpers, und See„hunde zu essen.„

Diese einzelnen Umstände beweisen, wie schwer wilde Völker zu bekehren sind. Herr Egede beklaget sich in seiner Nachricht sehr oft darüber. Er saget, wenn er grönländische Geschlechter umsonst hätte beherbergen und ernähren, ihre Töchter verheurathen, oder ausstatten, oder ihnen Hochzeitsgeschenke hätte machen wollen, so würde es ihm nicht an Leuten zu taufen gefehlet haben: aber die Erfahrungen, die er gemacht hatte, wiederriethen es ihm; die Taufe hatte seine Neubekehrten nicht geändert, und sie blieben in der unempfindlichen Härte, die ihnen natürlich ist. Er hatte zwey Kinder der Wilden nach Kopenhagen geschickt, damit sie bey ihrer Zurückkunft ihren Landesleuten einen hohen Begriff von Dänemark beybringen könnten; und er hoffte, dadurch die Gemüther, zum Vortheile der Religion, die man daselbst lehrte, einzunehmen. Im Jahre 1725 kam das eine dieser Kinder, welches Poek hieß, allein wieder nach Grönland, das andere war zu Bergen gestorben. Es zeigte die Geschenke, die es daselbst bekommen hatte, und die man ihm sonder Zweifel gegeben, um bey mehrern von seinen Landesleuten die Neigung zu erwecken, nach Dänemark zu reisen. Es redete ihnen viel von der Pracht vor, die in diesem Königreiche herrschte, wie schön der Hof wäre, wo es wäre vorgestellt worden, und wie ansehnlich die Gebäude und insbesondere die Kirchen der Hauptstadt wären. Dieses Volk konnte gar nicht mit Fragen aufhören, und es bewunderte das, was man ihm von der Kriegsmacht des Königes erzählte. Denn sie hatten geglaubt, er wäre nur ein etwas reicherer Herr, als andere Menschen, weil er mehr Seehunde fange. Diese Gelegenheit ergriff Herr Egede, ihnen zu sagen, Gott wäre ein König aller dieser Könige, weil sie ihm gehorcheten, und, damit sie seinen Willen erkenneten, die Stimme der Prediger höreten, die doch nur ihre Unterthanen wären. Die Wilden bekamen dadurch ein sehr großes aber schreckliches Bild von Gott; denn sie konnten sich die königliche Würde, die man ihnen als ein schwaches Bild der göttlichen Allmacht vormalte, nicht ohne die Begleitung von Waffen vorstellen.

Indessen, ungeachtet aller dieser Pracht und aller Schmeicheleyen und Geschenke des Hofes, war Poek doch nicht von Europa so bezaubert, daß er nicht sein wildes Leben wieder ergreifen, und mit einem Mägdchen von der dänischen Colonie nach den mittäglichen Küsten von Grönland gehen wollte. Endlich ließ man ihn eine Grönländerinn heurathen, die sich sehr weigerte, einen Mann zu nehmen, der sich durch eine den Sitten seines Landes fremde Lebensart verächtlich gemacht hatte.

So waren die Hindernisse beschaffen, die Herr Egede bey seiner Mission antraf, und die Mittel, die er anwandte, den Glauben bey den Grönländern auszubreiten. Nachdem er sich viele Mühe gegeben hatte, ihre Sprache zu erlernen, so war er er genöthiget, mit neuen Unkosten sich um den Sinn der Redensarten zu erkundigen, die er eine Woche zuvor gut zu verstehen glaubte. Glücklicher Weise konnten seine Kinder seinen Mangel ersetzen; sie lerneten die Sprache des Landes und ihre Art sie aus zu sprechen, so gut, daß sie ihm halfen, eine grönländische Grammatik zu verfertigen, und einige Sonntagsevangelien zu übersetzen, und mit Fragen und Erklärungen darüber zu begleiten.

Cranz von Grönland.

Das Jahr 1725 brachte der Colonie gute Neuigkeiten. Zwey Schiffe, die von Bergen kamen, verbreiteten daselbst überall die Freude; denn sie brachten die Zeitung mit, daß die Schatzung schon eine Summe von funfzigtausend Reichsthalern zum Behuf der neuen Stiftungen in Grönland eingebracht hätte. Allein, dieses Vergnügen ward bald darauf gestöret, als im Brachmonate eines von diesen Schiffen mit allen Colonisten von Nepisene zurück kam. Es hatte sie an Bord nehmen müssen, weil sie nicht Lebensmittel genug hatten, ein ganzes Jahr lang die Rückkehr eines andern Zufuhrschiffes zu erwarten. Sie hatten also mit vielem Kummer ihre neuaufgebaueten Häuser verlassen, und man erfuhr nicht lange darauf, daß sie von ausländischen Schiffern abgebrannt worden waren.

Ankunft zweyer Schiffe.

Dieß war das Unglück nicht alle; ein Angekok, der ohne Zweifel befürchtete, die Mission möchte seinem Handwerke Schaden bringen, entschloß sich, die Zauberey anzuwenden, sich des Factors der Gesellschaft und seiner Leute zu entledigen. Der Däne war so unvorsichtig, daß er den Angekoken, indem er seine Beschwörung vornahm, ins Gesicht schlug. Der Wilde lief nach seinem Bogen, und der Däne nach seiner Flinte, und zum Glücke verhinderten noch die erschrockenen Grönländer den Wahrsager, seinen Pfeil ab zu drücken. Er war ein Priester des Teufels; er verbarg seinen Unwillen, aber nur so lange, bis er eine Gelegenheit ersah, sich zu rächen. Einige Zeit nachher sagete der Angekok zu seinen Grönländern, die Einwohner der südlichen Küsten hätten sich entschlossen, den Buchhalter des Factors heimlich um zu bringen, wenn er in ihre Gegenden kommen würde, daselbst Handel zu treiben. Der Factor selbst, fuhr er fort, ist mit den meisten Europäern, seinem Handel nach, in die nördlichen Theile unserer Insel gegangen; es ist die beste Zeit, den Prediger mit denen wenigen Leuten, die er bey sich hat, zu überfallen; kömmt alsdann der Factor wieder, so tödten wir ihn auch und theilen alle Kaufmannsgüter der Colonie unter uns. Diese Zusammenverschwörung ward Herr Egeden durch ein grönländisches Kind entdecket, welches ihm entlaufen war, aus Furcht aber, es möchte bestrafet werden, wenn man es anträfe, sich wieder bey ihm eingefunden hatte. Der Missionar ließ so lange, bis der Factor wieder kam, gute Wache halten, und bey seiner Ankunft gieng er selbst zu den Verschwornen, und ließ den Urheber der Verschwörung greifen: jedoch, zufrieden ihn aufs künftige furchtsam gemacht zu haben, ließ er ihm, auf Anhalten aller Grönländer, Gnade wiederfahren.

Auf diese Furcht folgete eine Gefahr, welche die Colonie in die äußerste Bestürzung setzete. Es war im Anfange des Brachmonats 1726, als ein Eisberg, der durch die Fluth nach der Küste zu getrieben ward, im Angesichte der Colonie ein Schiff zerscheiterte. Man zweifelte nicht, es müsse das seyn, welches man aus Norwegen erwartet hatte, und für dieses Jahr Lebensmittel hatte mitbringen sollen. Herr Egede entschloß sich, um dem drohenden Mangel vorzubeugen, mit zwoen Schaluppen nach

Cranz von Grönland. dem südlichen Meerbusen zu schiffen, wo sich die holländischen Walfischfänger befanden, und von diesem Volke die Lebensmittel zu kaufen, die den Dänen fehleten. Es waren funfzig Meilen bis dahin; und weil er befürchtete, er möchte zu spät kommen, so setzete er seine Reise Tag und Nacht so unermüdet fort, daß er in fünf Tagen ankam. Allein, er konnte nur sehr wenig einkaufen; denn die Schiffe sollten vor ihrer Rückkehr nach Hause, auch noch erst nach den americanischen Küsten auf den Walfischfang gehen. Inzwischen erhielt er, daß eines dieser Schiffe den Factor und neun andere Personen an Bord nahmen, um der Colonie eine Erleichterung zu verschaffen. Derjenige, der es führete, versprach, bey seiner Zurückkunft vom Walfischfange bey der Colonie an zu sprechen, und Waaren von ihr zu nehmen. Der Missionar sparete indessen die Lebensmittel, so viel ihm nur möglich war; denn er hatte, um ein und zwanzig Personen auf ein ganzes Jahr lang zu ernähren, nichts, als drey Tonnen Erbsen, und eben so viel Habergrütze, eilf Säcke Malz und siebenzehnhundert Zwieback an Brode, das mit eingeschlossen, was man von den Holländern gekaufet hatte. Man hatte weder Pulver, noch Bley; also konnte man nicht auf die Jagd gehen, und der Fischfang war nicht glücklich. Man versuchete, von den Grönländern Seehunde zu kaufen, und sie mit Walrahte, in Ermangelung der Butter, zu essen: allein, je mehr man in Noth war, desto mehr Schwierigkeiten machten diese, etwas von ihrem Vorrathe zu verkaufen. Man ward also gezwungen, dasjenige, was sonst einer bekam, unter achten zu vertheilen. Die Angst nahm zu, als die Grönländer von einem Schiffe Nachricht gaben, das sie auf dem Eise hätten scheitern sehen, und von welchem nach ihrer Erzählung das Schiffvolk, das bis an die Knie ins Wasser gekommen wäre, den Namen des Missionars mit großem Geschreye wiederholet, als wollten sie ihn um kleine Nachen bitten, die er ihnen zu Hülfe schicken sollte, das aber endlich durch die Fluth wäre weggeschwemmet worden. Diese Nachricht beunruhigte sie um so viel mehr, da das holländische Schiff zu der Zeit, als man es von America zurück erwartete, nicht ankam. Das Schrecken vollkommen zu machen, sah man nicht lange nachher den Factor und die andern, welche sich mit ihm eingeschiffet hatten, in einem kleinen Nachen allein ankommen: allein, wie groß war nicht ihr Vergnügen, als sie von eben diesen Leuten vernahmen, daß sie auf ihrer Fahrt das norwegische Vorrathsschiff angetroffen hätten; sie wären mit ihm hergefahren, und hätten es nur fünf Meilen von da verlassen, wo es durch das Eis an seinem Laufe wäre gehindert worden. Zum Glücke lief es vier Tage nachher in den Haven ein, und befreyete Herr Egeden und seine Leute von der Gefahr eines bevorstehenden Hungers, aber doch nicht ganz von aller Furcht; denn man erfuhr zu gleicher Zeit, daß das andere Vorrathsschiff, welches im Frühlinge abgesegelt war, Schiffbruch gelitten hatte; und dieses, welches jetzt angelandet war, konnte wegen des Eises im August nicht wieder auslaufen, sondern mußte den Winter über bey der Colonie bleiben, welches denn die Handelsgesellschaft zu Bergen sehr kleinmüthig machete.

In der That brachten die zwey Schiffe, welche im Jahre 1727 anlandeten, die Nachricht mit, daß sich diese Gesellschaft gänzlich zerschlagen hätte, und sich den Beschwerlichkeiten eines Handels, der gar nichts einbrächte, nicht unterziehen wollte, ob sie schon der König aus Eifer für die Mission beständig unterstützet, ja, so zu sagen, sich anheischig gemacht hätte, sich ihrer, ungeachtet des so unglücklichen Anfanges,

allein

allein zu unterziehen. Herr Egede seiner Seits, der seinen Anschlag der Bekehrung nicht fahren lassen wollte, bemühete sich aus allen Kräften, den guten Willen des Monarchen zu unterstützen, indem er auf Mittel bedacht war, diesen Handel, der so wenig einbrachte, einträglich zu machen. Er saget uns selbst, daß er in dieser Absicht verschiedene, aber mislungene, chymische Versuche angestellet hätte. Der Chymist und der Missionar suchten zu sehr entgegen stehende Dinge, als daß er sie auf einerley Wege hätte antreffen können. Herr Egede überließ also der Zeit und den Menschen die irdischen Vortheile, und begnügte sich allein, die Unternehmung fort zu setzen, wovon der glückliche Erfolg dem Himmel zugehörte; und das war die Bekehrung der Grönländer. Er arbeitete fünf ganzer Jahre daran, obschon mit sehr schlechtem Erfolge, welcher aber die Standhaftigkeit desto verdienstlicher machet, und der Beharrlichkeit unerschrockener Menschen allen Ruhm vorbehält, wenn er den Muth schwacher Seelen ermüdet.

Crantz von Grönland.

Endlich sollte das 1728 Jahr ihn für seine überstandenen Arbeiten belohnen. Grönland sah fünf dänische Schiffe ankommen, unter denen eins ein Kriegesschiff war. Sie brachten Baugeräthschaft, Canonen und andere Nothwendigkeiten mit, um eine Festung in einer neuen Colonie an zu legen, in welche eine Besatzung unter einem Befehlshaber und Statthalter eingelegt werden sollte, um den Handel der Dänen zu schützen und die Grönländer gegen die Einfälle gewisser Seeräuber zu vertheidigen, die ihnen den Thran und das Fischbein wegnahmen. Man schickte von Kopenhagen viele Verheurathete und ledige Leute, Manns- und Frauenspersonen, Maurer, Wagener, und kurz, Handwerker und Künstler von allerley Art, dahin, deren einige freywillig mit gegangen und andere aus den Gefängnissen genommen waren, damit die Colonie eingerichtet, bevölkert und angebauet würde. Man hatte auch Pferde mit eingeschiffet, die über die Berge gehen sollten, unbekannte Länder zu entdecken oder verlohrne wieder zu finden. Letzlich hatte eins dieser Schiffe Befehl, an der Ostseite zu landen, wenn es möglich wäre.

1728. Dänemarks Unternehmung auf Grönland.

Alle diese Veranstaltungen aber wurden durch eine Seuche, die unter den neuen Einwohnern einriß, wie es denn fast immer bey solchen Versetzungen zu geschehen pflegt, zur Hälfte zernichtet. Herr Egede schreibt diese Seuche, die er vom Scharboke unterschieden zu seyn glaubet, dem Mangel an Bewegung und der neuen Lebensart zu, an die sich diese Leute gewöhnen mußten; denn er bemerkete, daß die Matrosen und die erstern Einwohner, die beständig arbeiteten, nicht davon angegriffen wurden. Inzwischen starben die Künstler und andere nützliche Mitglieder hinweg, und alle Pferde fielen, aus Mangel der Wartung und des für sie schicklichen Futters, ebenfalls um. Sie würden zwar von keinem Nutzen gewesen seyn, um Reisen über die Berge zu thun, wozu sie bestimmt waren: man hätte sich ihrer aber sehr wohl bedienen können, das Land an zu bauen. Das Verdrüßlichste von allem war, daß diese Leute, die größtentheils ein übeles Leben geführet hatten, so bald sie sahen, daß Grönland kein gelobtes Land war, und daß sie daselbst das Glück gar nicht antrafen, womit man vielleicht ihrer Hoffnung geschmeichelt hatte, gar bald zu klagen und zu murren anfiengen. Das Misvergnügen brachte bey den Soldaten einen so gewaltsamen Aufstand hervor, daß das Leben der Officier, und insbesondere der Missionarien, auf welche die Meutemacher alle Schuld ihrer Ausführung aus Dänemark und ihres gegenwärtigen Elendes

Uebeler Fortgang dieser Unternehmung.

 schoben,

Cranz von Grönland.

schoben, in Gefahr waren. Ein jeder war gezwungen, wohl auf seiner Hut zu seyn; und Herr Egede, der mitten unter den Wilden hatte sicher schlafen können, wie er saget, war genöthigt, neben seinem Bette Waffen zu haben, um sich gegen seine Landesleute und Christen zu vertheidigen.

Der Verlust dieser Aufrührer also, welche durch die Seuche hinweg geraffet wurden, war ein wahrer Vortheil, so wohl für die Dänen, als Grönländer, die sich dadurch von Leuten befreyet sahen, deren Sitten und Aufführung so beschaffen waren, daß sie eine jede Gesellschaft, sie mochte wild oder gesittet seyn, beunruhigen mußte. Es war aber dieses nichts desto weniger ein großer Fehler der Regierung, daß sie so übele Maaßregeln ergriffen, und eine so große Anzahl Unglücklicher, dem traurigen Ehrgeize, Pflanzstädte an zu legen, aufgeopfert hatte. Es scheint, daß dieses eine Art von Staatsraserey sey, wovon Europa, ungeachtet derer Entvölkerungen, noch nicht geheilet zu seyn scheint, welche die Veränderung der Himmelsgegend niemals zu verursachen ermangelt, der sinnlichen Veränderung nicht zu gedenken, die unter den Menschen verursacht wird, wenn sich Geschlechter vermischen, die doch die Natur durch unübersteigliche Schwierigkeiten von einander getrennt zu haben schien.

Dieses Sterben unter den Dänen in Grönland daurete bis zum Frühlinge 1729, wo die Ueberbleibsel der Kranken sich zu den Eingebohrnen des Landes begaben, die einigen von ihnen durch den Gebrauch des Löffelkrautes, das nunmehr unter dem Schnee wieder hervor zu grünen anfieng, das Leben erretteten. Indessen sah doch dieses Volk nicht gern so viele Ausländer an seinen Küsten landen, und insbesondere fürchtete es sich vor den vielen Soldaten. Ob man schon die Seuche, die sie aufgerieben hatte, dem Zorne der Luftgeister zuschrieb, so begaben sich doch die Grönländer, als sie sahen, daß noch einige dieser gefährlichen Gäste und unter ihnen der Missionar, den sie als das Oberhaupt und den Angekoken der Europäer ansahen, am Leben waren, unvermerkt immer weiter nach Norden bis zur Diskobay. Dieß war die erste Frucht der Soldaten, die man dahin geschickt, und der Festung, die man angelegt hatte; die übrigens nicht im geringsten weder die Mission noch den Handel beförderten.

Herr Egede, der also wohl sah, daß er über die Gemüther der Erwachsenen nichts vermögen würde, und daß aller Unterricht, nach den Geschenken, aus ihnen dennoch nichts, als so grobe Heuchler, machen würde, die nicht einmal die Maske des Christenthums würden tragen können, unterredete sich mit zweenen seiner erst kürzlich angekommenen Mitarbeiter, und schlug ihnen vor, ob es nicht besser seyn möchte, die Kinder zu taufen, und sie alsdann so viel möglich zu der Religion zu gewöhnen, wozu ihnen durch die Taufe die Thüre geöffnet würde. Sein Anschlag wurde dem Missionscollegio nach Kopenhagen geschickt. Diese Gesellschaft billigte ihn unter Bedingungen, die er selbst schon vorher gesehen hatte. Sie wollte, man sollte die Taufe den Kindern bloß mit Einwilligung ihrer Aeltern ertheilen, wenn nur diese solche nicht als ein Verwahrungsmittel gegen den Tod ansähen. Man sollte sich versichern, daß die Täuflinge sich bey erwachsenem Alter würden unterrichten lassen; auch sollte man niemand, durch irgend eine Art von Verführung, am wenigsten aber mit Gewalt, dazu zwingen. Der Hof und die Geistlichkeit in Dänemark dachten also damals ganz anders, als jener König, der alle Dänen bey Lebensstrafe zu taufen geboth, und als die ersten Eroberer von Mexico, welche Scheiterhaufen anzündeten, die mit nichts als Taufwasser gelöscht werden

werden konnten. Die grausame Lehre von dem unbedingten Rathschlusse hat in den Herzen der lutherischen Prediger doch nicht den Geist der christlichen Duldung ersticken können; sie glauben nicht, verbunden zu seyn, diejenigen an das Joch der Religion zu schmieden, welche die siegreiche Gnade nicht dazu berufen hat. Cranz von Grönland.

Herr Egede taufte also, zu Folge dieser Grundsätze, die mit den Entscheidungen seiner Mitarbeiter übereinstimmend waren, vom Hornung 1729 an, sechzehn Kinder, deren Aeltern diese Gunst von freyen Stücken begehret hatten. Er bereitete auch die Erwachsenen durch Poeks Unterricht dazu, der unter dem Namen Friedrich Christian getaufet worden war, um die christliche Lehre in den Inseln und Wohnplätzen von Grönland aus zu breiten.

Allein, der Himmel zwang die Natur nicht, welche immer die Menschen beherrschet. Der Walfischfang wollte den Dänen gar nicht glücken; sie erhielten beynahe nichts von den Grönländern, die ihre Kaufmannswaaren verbargen, um sie an die Holländer mit mehrerm Vortheile zu verkaufen. Die Vorrathsschiffe kamen niemals eher an, als bis der Sommer bald vorbey war, und konnten alsdann nicht eher, als nach zurück gelegtem Winter, wieder nach Bergen abgehen; es gieng also allemal ein Jahr über einer Reise hin, so daß ein Schiff nicht öfter, als alle zwey Jahr, zu der Colonie kommen konnte. Die Sache wurde um ein merkliches verschlimmert, als Friedrich der IV starb. Da Christian der VI, sein Nachfolger, sah, daß die großen Summen, welche die grönländischen Anstalten schon gekostet hatten, gar nichts wieder einbrachten, und daß die christliche Religion seit beynahe zehn Jahren keinen bessern Fortgang daselbst als der Handel hatte, so befahl er endlich 1731, die Anstalten ganz liegen zu lassen, und die Colonie nach Dänemark zurück zu führen. Man ließ dem Herrn Egede die Wahl, entweder mit den übrigen zurück zu kommen, oder mit denen, die ihn nicht verlassen wollten, da zu bleiben; im letztern Falle ward ihm erlaubt, Lebensmittel auf ein Jahr lang da zu behalten: aber alsdann konnte er auch versichert seyn, daß er fernerhin nicht die geringste Hülfe weiter von Dänemark aus erhalten würde.

Man urtheilet leicht, daß die meisten lieber gehen, als da bleiben wollten. Die Soldaten, die man ihm da zu lassen sich erboth, konnten ihm nur zur Last seyn, und die Matrosen hatten keine Lust, bey ihm zu bleiben. Welch ein Verdruß für diesen so eifrigen Mann, nach so vieler Mühe und Arbeit eine Anstalt zu verlassen, die er so zu sagen, selbst erschaffen hatte, und ungefähr hundert und funfzig Kinder, die er selbst mit eigenen Händen getauft, ohne weitern Unterricht im Christenthume zu verlassen. Glücklicher Weise war das Schiff, welches beyde Colonien weg bringen sollte, zu klein, sie alle mit ihrem Gepäcke einschiffen zu können. Damit nun die Häuser und das Hausgeräth nicht die Beute der Wilden oder ausländischer Schiffe werden möchten, so erhielt endlich Herr Egede, auf sein inständiges Anhalten, daß man ihm zehn Matrosen nebst hinlänglichen Lebensmitteln, sie auf ein Jahr lang zu unterhalten, da ließ. Er blieb von der Mission allein da, und seine zween Mitarbeiter giengen mit dem Statthalter, den Officieren, den Soldaten, dem größten Theile der Colonisten und sechs Grönländern ab, die ihnen folgen wollten. Der dänische Hof läßt die grönländischen Anstalten liegen.

Bey dieser grausamen Verlassung mußte er noch erfahren, daß die Pflanzstadt von Nepisene schon zum andern Male durch ausländische Schiffer zerstört worden, die daselbst allen Hausrath und alles Baugeräth verbrannt hatten. Mit welchem

Cranz von Grönland.

Schmerze sah er nicht, nachdem er alles für die Religion unternommen hatte, sie so zu sagen in ihrem ersten Aufkeimen in einem Lande wieder untergehen, wo die Armuth der Einwohner die Sitten der ersten Jahrhunderte des Christenthums an zu kündigen schienen. Es ist aber vielleicht schwerer, Leuten, die noch gar keinen Begriff vom Gottesdienste haben, einen bey zu bringen, als solche, die schon einmal gewisse Religionssätze angenommen haben, zu vermögen, dieselben mit andern zu vertauschen. Herr Egede wurde also durch die unübersteiglichen Hindernisse abgeschreckt, welche zusammen kamen, sich der Bekehrung der Grönländer zu widersetzen. Er hörte auf, ferner ihre Kinder zu taufen, aus Furcht, er möchte in ihren Seelen die Keime der Gnade untergehen lassen. Er merkete auch überdem gar bald, wie sehr die Abreise der Dänen das Ansehen der Mission bey den Landeseinwohnern geschwächt hatte. Diese konnten es nicht begreifen, wie ein so reicher Herr, als der König von Dänemark seyn sollte, seine Unterthanen in einem entfernten Lande ohne Unterstützung lassen könnte. Sie glaubeten also, ungeachtet alles dessen, was man ihnen auf ihre Einwürfe antworten konnte, dem Missionar nicht mehr; und wenn er zu ihnen kam, so verbargen sie ihre Kinder, um sie seiner Unterweisung zu entziehen, aus der sie sich gar nichts mehr machten. Herr Egede, der durch Arbeiten, Verdruß und die Vorwürfe, die er hatte ausstehen müssen, ausgezehrt war, bekam eine Brustbeschwerung, die ihn hinderte, seine Reisen ferner ab zu warten. Er war also gezwungen, seinem Sohne die Missionsgeschäffte zu überlassen.

Ob man gleich der Colonie keine Unterstützung versprochen hatte, so schickte doch der König, von den Bitten des Missionars gerührt, noch das kommende Jahr ihm einige Hülfe zu, aber immer mit dem Andeuten, daß dieses die letzte seyn sollte. Zum Glücke war der Walfischfang dieses Jahr einträglicher, als die andern Jahre. Der Vortheil daraus würde auch den Vorschuß hinlänglich wieder ersetzt haben, wenn man nicht eben zu der Zeit, da der Handel in seinem völligen Gange war, zwey der größten Schiffe durch ein stürmisches Wetter verloren hätte. Dieß machte, daß man gezwungen war, die Waaren den Ausländern zu verkaufen, anstatt sie zu der gewöhnlichen Niederlage der Colonie zu bringen.

Der grönländische Handel wird wieder angefangen.

Zwey Jahre waren nunmehr zwischen Furcht und Hoffnung verschwunden, als den 20ten May 1733 Herr Egede ein dänisches Schiff ankommen sah, welches bey ihm wieder Muth und Freude erweckte. Es brachte die Zeitung mit, daß man die Handlung und das Missionsgeschäfft von Grönland mit größerm Eifer, als jemals, fortsetzen wollte; und daß der König, die angefangenen Anstalten zu unterstützen, jedes Jahr dazu ein freywilliges Geschenk von zweytausend Reichsthalern machen wollte.

Herr Egede bekam durch eben das Schiff eine Verstärkung von drey andern Missionarien. Es waren dieses Mitglieder der mährischen Brüder, die von dem Grafen von Zinzendorf gestiftet worden. Von diesem Zeitpunkte an verläßt Herr Cranz die Geschichte des Handels und der Mission der Dänen in Grönland, und hält sich einzig und allein an die Mission der Herrnhuter oder mährischen Brüder. Da aber die Geschichte der Reisen eigentlich nicht die Geschichte der auswärtigen Missionen ist, so müssen wir dem Herrn Cranz seinen Eifer in Beschreibung der apostolischen Arbeiten seiner Missionarien überlassen, und aus allen andern Reisebeschreibern

lles

alles das sammlen, was unsern Lesern noch zur völligen Kenntniß von Grönland mangelt.

Cranz von Grönland.

Ehe wir weiter gehen, muß der Leser hier wieder an den Verfolg der Versuche denken, die man machte, die östlichen Küsten dieses Landes und alle Ueberbleibsel der norwegischen Colonien zu entdecken. Es ist noch Herr Egede, der sie uns mit wenig Worten erzählen wird.

Da die Frobisherstraße nicht zum östlichen Theile von Grönland führete, oder wenn ja diese Straße der nächste Weg von Westen nach Osten ist, dennoch unschiffbar war: so entschloß man sich 1723, das Vorgebirge Farewell vorbey zu schiffen, um von Abend nach Morgen zu gehen. Es war aber zu spät, saget der Prediger, und die Gewalt der Winterwinde nöthigten mich, gegen das Ende des Herbstmonates wieder zurück zu gehen.

1724 ließen die Directoren der bergischen Gesellschaft, auf Befehl des Königes von Dänemark ein Schiff auslaufen, welches nur allein die Entdeckung der östlichen Küsten zum Endzwecke hatte. Es nahm den alten Weg nach Grönland über Island. Das häufige Eis zwischen diesen beyden Ländern aber verhinderte es, den Endzweck seiner Reisen aus zu führen; und es gieng zurück, ohne etwas ausgerichtet zu haben.

Versuche von 1723 an Grönlandes östliche Küsten zu entdecken.

1728 schickete der König, außer denen andern außerordentlichen Ausgaben, die er für Grönland machte, auch Pferde hinüber, welche dienen sollten, die östlichen Küsten vom Lande aus zu entdecken. Allein, nichts war übler ausgesonnen, als dieser Anschlag. Denn Grönland ist ein Land, das mit Felsen von unübersteiglicher Höhe, die mit Schnee und Eise bedecket sind, angefüllet ist, so daß die Pferde niemals festen Fuß fassen können.

1729 bekam Herr Richard, Befehlshaber des Schiffes, das bey der Colonie überwintert hatte, Befehl, bey seiner Zurückkunft zu versuchen, ob er nicht an dem Theile von Grönland, der Island gegen über liegt, anlanden könnte. Eis und andere Gefährlichkeiten aber macheten es ihm unmöglich, den erhaltenen Befehl aus zu führen.

Der sicherste Weg, zu diesen so gewünschten Küsten zu kommen, die man nun schon so oft vergebens gesuchet hat, wäre wohl, wenn man um das Statenhuk hinum führe. Dieser Anschlag kömmt mit den Erzählungen der Grönländer überein, die, wie sie sagen, auf diesem Wege sehr weit nach Morgen zu gekommen. Obgleich das spitzbergische Eis diese ganze Gegend von Statenhuk an erfüllet, und den Schiffen die Straße verschließt, wo ehemals der größeste Theil der norwegischen Colonien war: so findt man doch immer zwischen diesen schwimmenden Eisbergen und der Küste Oeffnungen, wo Barken mit Sicherheit schiffen könnten. Denn die Ströme stoßen das Eis von dem Meerbusen weit gegen Südwest weg, und halten sich immer in einer gewissen Entfernung von dem Lande, wo die Grönländer mit ihren großen Kähnen oder Umiaken ohne Furcht schiffen.

Mittel, diesen Anschlag glücklich aus zu führen.

Die Holländer, saget Herr Egede, die nach Grönland schiffen, haben mich versichert, daß ihre Schiffe diese Ostküste zuweilen bis an den zwey und sechzigsten Grad ganz frey von Eise gefunden haben; sie haben in noch weiter entlegenen Meerbusen gelandet und einen beträchtlichen Handel mit den Wilden daselbst geführet.

Cranz von Grönland.

Ich glaube dieser Erzählung um so viel mehr, weil ich selbst im Jahre 1736, als ich von Grönland nach Dänemark zurück gieng, und schon das Statenhuk und das Vorgebirge Farewell zurückgeleget hatte, nicht das mindeste Eis gewahr ward, ob ich schon dem Lande sehr nahe war. Weil ich dieß aber für einen Zufall halte, worauf man sich nicht verlassen kann, so ist es weit klüger und nicht so gefährlich, diese Anländung mehr mit Nachen, als mit Schiffen, zu versuchen. Man müßte also eine Loge oder Factorey zwischen dem sechzigsten und ein und sechzigsten Grade anlegen, und wenn es möglich wäre, eine andere in eben der Höhe an der Ostküste bauen, damit man die Gefahr nebst der Länge der Ueberfahrt verminderte.

Wenn man den Nachrichten der ältesten Schriftsteller, die von Grönland reden, Glauben beymißt, so war nicht mehr als zwölf norwegische Meilen unbewohntes Land zwischen den ostlichen und westlichen Pflanzstädten; oder zum allerhöchsten, nach andern, sechs Tagereisen zu Schiffe. Um sich aber von der Vereinigung zu versichern, welche die Natur zwischen diesen beyden einander gegen überliegenden Küsten von Grönland gemachet hat, wäre kein besser Mittel, als daß man auf der südlichen Spitze, die diese Gegenden verbindet und trennet, einen Handelsplatz erbauete; und hätte man denn die ostlichen Küsten entdecket, so müßte man die Gemeinschaftsposten daselbst vermehren, damit sie nahe genug wären, sich selbst unter einander zu helfen, wenn nicht alle Jahre die Schiffe auf der ostlichen Seite landen könnten.

Das III Capitel.

Geschichte der grönländischen Niederlassungen von 1733 bis 1740.

Die mährischen Brüder schicken eine Mission nach Grönland. Ankunft der drey mährischen Brüder. Sterben daselbst durch die aus Dänemark dahin gebrachten Kinderblattern. Schilderung der Grönländer, wie wenig sie sich zur Bekehrung schicken. Erste Arbeiten der mährischen Brüder in Grönland. Egede geht nach Dänemark zurück. Leiden der mährischen Brüder. Einwürfe der Grönländer gegen die Lehren der Missionarien. Erste Früchte der mährischen Brüdermission. Der Frost erwecket eine Hungersnoth.

Wenn die Habsucht des Menschen bis in die Eingeweide der Erde gedrungen ist, daselbst Schätze zu suchen, so muß man im Gegentheile gestehen, daß wir die Kenntniß, die wir von der Oberfläche der Erdkugel haben, größtentheils dem Religionseifer schuldig sind. Die Begierde, seiner Religion Anhänger zu verschaffen, hat sich in Gegenden ausgebreitet, die dem Geize unzugänglich waren. Das Gold hat die Schiffe der Könige und der Kaufleute in allen Gegenden der neuen Welt an sich gezogen, wo die Sonne unter ihren Schritten kostbares Metall und Diamanten aufkeimen läßt: aber nur das Christenthum hat die Europäer in die Wildnisse von Canada

nada geführet. Die Handlung der Engländer erstrecket sich längst den Küsten des Meeres hin, welches das mitternächtliche America bewässert: die katholischen Missionarien aber haben die beyden Ufer des Lorenzoflusses beynahe bis an seine Quelle durchlaufen und Seen und Länder besuchet, die von Wilden nicht so wohl bewohnet, als verwüstet wurden. Jesuiten Missionarien haben Californien entdecket und Paraguay urbar gemachet; und endlich haben lutherische Missionarien den verlorenen Weg nach Grönland wieder gefunden, und die daselbst verloschenen alten Pflanzstädte durch neue ersetzet, welche von größerm Nutzen und auch von größerer Dauer seyn werden. Diejenigen, die sich gegenwärtig daselbst niedergelassen, sind von der besondern Gesellschaft Leute aus allen Ständen, meistens Layen und Ungelehrte, die sich unter der Aufsicht des Grafen von Zinzendorf zu einer eigenen Religionsgemeine gemacht haben. Dieser deutsche Herr, dem seine Begeisterung einen ausgebreiteten, aber zweydeutigen Ruhm gemachet hat, ward in seiner Jugend durch das Lesen der Bibel, und insbesondere der Propheten, so erhitzt, daß er auch andern seinen Geist theilhaft machete; er bekam Anhänger, und diesen bauete er 1722 ein Haus zu Bertholsdorf in der Oberlaußnitz. Weil dieser Ort Herrnhut hieß, und weil die ersten, die sich dahin begaben, Mähren waren, so nennete man sie Herrnhuter oder mährische Brüder [1]). Diese frommen Unwissenden haben immer vor Eifer gebrannt, die Abgötter zu bekehren, und sich begnügt, um in ihrer Sprache zu reden, nichts als Jesum zu wissen und zu lehren. Diese neue Gesellschaft Jesu, die der ersten sehr ähnlich ist, schicket ihre Schüler in die unbekanntesten Theile der Welt aus; sie fasset heimlich in Pflanzstädten Wurzel, und verbirgt ihre Grundfesten in unbekannten Ländern. Diese Gesellschaft, die sich übrigens rühmet, die Unwissenheit und die Einfalt der Apostel der ersten Zeiten zu haben, folget in vielen Stücken den Grundsätzen der Jesuiten. Sie fängt, wie sie, mit Missionen und Kinderunterrichten an, aber anstatt, wie jene, durch ihre Talente blenden zu wollen, läßt sie vielmehr die Welt ihren großen und so bewundernswürdig schleunigen Fortgang bewundern, den sie, wie es scheint, nur allein schlechten und geringen Mitteln schuldig ist. Diese Gesellschaft Jesu weihete die ersten Arbeiten ihres Apostelamtes den Negern von St. Thomas, einer von den caraibischen Inseln, die der Krone Dänemark gehören. Einer von diesen Negern, der unter dem Namen Anton getaufet worden, hatte sich mit den Bedienten des Grafen von Zinzendorf verbunden, der 1731 bey der Krönung Königs Christian des VI zu Kopenhagen war, und folgete dem Grafen nach Herrnhut. Er gab der Gemeine zu verstehen, daß die Negern gar zu sehr mit Arbeit überhäufet wären, als daß sie die Unterweisungen eines Predigers ruhig anhören könnten; und daß kein Lehrer sich jemals Hoffnung machen dürfte, sie zu bekehren, wofern er nicht selbst ein Sclav wäre, und indem er die Arbeit mit ihnen theilte, sich diese Stunden zu Nutze machete, und sich mit ihnen von der Religion unterhielte. Es währete nicht lange, so schrieben zween mährische Brüder an die Gemeine, sie wollten sich, wenn es zur Erlösung der Seelen der Negern nöthig wäre, selbst zu Sclaven verkaufen. Allein, diese Wünsche eines Eifers, der vieleicht die menschlichen Kräfte überstieg, wurden nicht eher erhöret, als bis sie durch die Zeit geprüft waren.

Cranz von Grönland.

Die Herrnhuter oder mährischen Brüder schicken eine Mission nach Grönland.

In

1) Man sehe in der Encyclopedie den Artikel *Hernutisme*.

Cranz von Grönland.

In diesen Umständen sprach man zu Kopenhagen sehr viel von dem übeln Fortgange des Handels und der Mission in Grönland. Der Gräf von Zinzendorf hatte in dieser Hauptstadt zween getaufte Grönländer gesehen. 1732 hatte er einige seiner Gehülfen nach Africa geschicket; drey andere erbothen sich, Herr Egeden zu unterstützen, der den Vorsatz, Grönland zu bekehren, den er zuerst gefasset und angefangen hatte, auch ganz allein gegen alle vereinte Hindernisse der Natur und des Glückes durch zu setzen fortfuhr.

Die Herrnhuter waren arme Flüchtlinge, die aus Mähren nach der Laußnitz mit allem ihrem Vermögen auf dem Rücken, das heißt, mit nichts als ihren Kleidern, gezogen waren. Nicht anders schifften sich die drey nach Grönland bestimmten Missionarien im Januar 1733 nach Grönland ein, und hier vereinigten sich alle Hindernisse, die sie verhindern konnten, weiter zu gehen. Sie meldeten sich bey dem Herrn von Pleß, welcher Ober-Kammerherr am dänischen Hofe war, und einen Kaufmann vermocht hatte, ein Schiff nach der Diskobay zu senden: allein, dieser Herr nahm Leute, die weder den Charakter noch die zum Apostelamte erforderlichen Wissenschaften hatten, und sich doch in eine Mission einlassen wollten, wo bisher die Geschicklichkeit und die Arbeiten des unermüdeten Herrn Egede beynahe unter gelegen hatten, sehr übel auf. Da er sich aber endlich überzeugt hatte, daß der Glauben allein hinreichend sey, den Glauben fort zu pflanzen, so bath er endlich selbst den König, diesen neuen Missionarien die Reise nach Grönland zu erlauben. Der Monarch schrieb auch mit eigener Hand an Herrn Egede, sie gut auf zu nehmen, und den Bemühungen ihres Eifers in Bekehrung der Ungläubigen alle Unterstützung zu leisten.

Der Herr von Pleß fragete sie inzwischen doch, wovon sie denn in Grönland zu leben gedächten? Von unserer Hände Arbeit, sageten sie, und dem Segen des Himmels; wir wollen den Acker bestellen und uns ein Haus bauen, damit wir niemanden beschwerlich seyn. Aber, sagte der Herr von Pleß, es ist kein Holz in dem Lande. Das thut nichts, sageten sie, wir wollen uns Höhlen graben und darinnen wohnen. Nein, gab der Kammerherr zur Antwort, hier sind funfzig Thaler, diese möget ihr zum Anfange brauchen, euch Baumaterialien und das nöthigste Hausgeräth zu kaufen. Dem Beyspiele dieses Herrn folgeten noch verschiedene andere Große des Hofes; und unsere Missionarien bekamen gar bald ein kleines Capital, wovon sie zwey Schock Bretter, und Latten, sechs und vierzig Balken, Samen und Wurzeln, Netze und andere zur Jägerey und zum Fischfange nöthige Werkzeuge, auch endlich das allernothwendigste von Vorrathe an Nahrung und Kleidern ankauften. Niemals sind Missionarien des Schutzes der Herrschaft würdiger gewesen, als diese, die sich in Baurenkleidern einschiffeten, und ihre Mission mit Ackerbau und Handel anfangen wollten; denn dieses ist doch immer der erste Endzweck bey neu angelegten Pflanzstädten. Vieleicht ist es noch einer der zeitlichen Vortheile, den die lutherische Geistlichkeit vor der katholischen hat, daß sie ihren Mitgliedern alle Begriffe der häuslichen Wirthschaft, in so fern sie das Wohl der Geschlechter und folglich auch die allgemeine Polizey zum Endzwecke hat, beybringt, da ihnen die Heurath nicht untersagt ist.

Ankunft der drey mährischen Brüder in Grönland.

Die drey Brüder, welche den zehnten April 1733 von Kopenhagen abgiengen, kamen den zwanzigsten des folgenden Monates in Grönland an. Ihre erste Bemühung war, sich auf der Küste einen bequemen Ort zu suchen, wo sie sich ein Haus bauen konnten.

konnten. Sie legten so gleich Hand ans Werk; sie häufeten Steine über Steine und legeten Mooß dazwischen; und so errichteten sie in der Geschwindigkeit einen Schutzort gegen Schnee und Regen. Lebensmittel verschaffeten sie sich durch einen alten Nachen, den sie sich von dem dänischen Officier gekauft hatten, der sie hergebracht. Sie begaben sich in diese Hütte, die auf grönländische Manier erbauet war, aus einem Zelte, wo sie vor Froste bald umkamen, und vom funfzehnten des Brachmonates fiengen sie an, ein Haus nach dänischer Bauart auf zu führen, welches sie in fünf Wochen schon bewohnen konnten. Cranz von Grönland.

So bald es fertig war, so dachten sie daran, Mundvorrath für den Winter zusammen zu bringen. Allein, Jagd und Fischerey geriethen ihnen im Anfange sehr schlecht; denn sie waren zu diesen Uebungen nicht gewöhnet, und insbesondere nicht geübt, einen Kajak zu führen. Wenn sie schwimmend Holz zwischen den Inseln zusammen lasen, und von einen Ungewitter überfallen wurden, so konnten sie selbst kaum mit genauer Noth das Land wieder erreichen. Der Wind zerstreuete in der Nacht das gesammelte Holz wieder, und führete ihren Nachen hinweg, den ihnen einige Tage nachher die Grönländer ganz zerbrochen zurück brachten. Wenn ihnen aber alles fehlete, so nahmen sie ihre Zuflucht zu der Vorsehung; und wenn sie nichts anders zu thun hatten, so spannen sie, um ihren Lebensunterhalt zu finden, nach dem Beyspiele ihrer andern Brüder in Mähren und der Lausitz.

Alle diese Hindernisse waren gleichwohl nichts gegen die, welche sie zu übersteigen hatten, wenn sie den Pflichten ihrer Mission ein Genügen leisten wollten. Denn sie verstunden nicht einmal die dänische Sprache, die sie doch nöthig hatten, die grönländische zu erlernen; denn es waren keine andere da, als Dänen, die ihnen die Anfangsgründe dieser Sprache hätten beybringen können. Zu desto größerer Verlegenheit stahl man ihnen, so wie sie ihren Unterricht aufschrieben, alle ihre Papiere und Bücher, so daß es schien, sagen diese guten Brüder, als hätte der Teufel ihnen alle Mittel entziehen wollen, die Anzahl seiner Unterthanen zu verringern. Die Natur aber that alles, sie ihm zu erhalten. Die Grönländer, die mit ihren Nahrungssorgen gar zu beschäfftiget waren, hatten keine Zeit, bey dem Religionsunterrichte gegenwärtig zu seyn. Es waren zwar um Balsrevier herum ungefähr zwey hundert Familien, die etwa zwey tausend Seelen ausmachen mochten: allein, der größte Theil dieser Einwohner war in den Inseln und Bergen zerstreut, Seehunde zu fangen und Rennthiere zu jagen; und wenn der Winter herankam, so zerstreueten sie sich auf zwey hundert Meilen weit, nach Mitternacht und Mittage Reisen zu thun. Es war kein Mittel, sie zu vereinigen, um ihnen Unterricht zu ertheilen, und die Prediger, die ihren Zuhörern in ihrem Herumlaufen nicht folgen konnten, mußten sich begnügen, nur immer von Zeit zu Zeit einigen Samen des göttlichen Wortes aus zu streuen, wenn die Neugierde einige Grönländer ungefähr zu ihnen führte, die im Vorbeygehen ihr Haus besahen, oder von ihnen Nägel, Angeln oder Messer bitten wollten, die sie, im Falle man sie ihnen abschlug, auch wohl zu stehlen pflegten. Es war vergebene Mühe, von einer Insel zur andern zu reisen, und sich Zuhörer zu suchen, die man nicht einmal für Geld haben konnte. Denn so bald man mit ihnen von der Religion zu reden anfieng, so sageten sie zu den Missionarien: Wollet ihr denn nicht bald wieder nach Hause reisen?

Cranz von Grönland.

Was aber alle Hoffnung nieder zu schlagen schien, war eine Seuche, welche die Bevölkerung von Grönland auf immer zu verhindern schien. Von sechs Grönländern, die man zwey Jahr zuvor nach Dänemark geschickt hatte, war jetzt keiner mehr, als ein Knabe und ein Mägdchen, am Leben. Da die ausländische Witterung ihnen entgegen war, so wollte man sie in ihr Vaterland zurück schicken. Das Mägdchen starb unterwegens: der Knabe aber kam wenigstens dem Anscheine nach in vollkommener Gesundheit an. Allein, er brachte aus Europa ein heimliches Gift in seinen Adern mit, welches sich nicht lange darauf durch einen Ausschlag an der Haut offenbarete, der im Anfange nichts weniger als gefährlich zu seyn schien; er fuhr fort, mit seinen Spielgesellen während seines Ausschlages herum zu laufen und zu spielen, und steckte sie mit seiner Seuche an. Er starb zuerst daran im Herbstmonate 1733. Der nächste, der ihm folgete, war der junge Friedrich Christian, den Herr Egede zu einem vortrefflichen Katecheten zubereitet hatte, und den er als einen Menschen sehr bedaurete, welcher der Mission dereinst nützlich hätte werden können. Endlich entdeckte man durch einen Kranken aus der Colonie, daß diese Pest nichts anders, als die Kinderblattern, wäre. So gleich schickete Herr Egede einen Bothen im ganzen Lande herum, der die Grönländer warnen mußte, weder aus ihren Häusern zu gehen, noch irgend einen Fremden hinein zu lassen, wenn sie nicht von der Pest der Europäer angesteckt seyn wollten. Diese Warnung aber war in einem freyen und offenen Lande unnütz, wo man niemanden verwehren kann, nach seinem Wohlgefallen zu gehen und zu kommen.

Sterben in Grönland durch die Kinderblattern, die aus Dänemark dahin gebracht worden.

Die Seuche griff mit erstaunlicher Geschwindigkeit um sich, und sie war um so viel heftiger, da die Kälte der Gegend und die wenige Vorsicht der Einwohner den Ausbruch des Giftes so schwer machten. Die Kranken mußten unglaubliche Schmerzen ausstehen, und ihr natürlich warmes Temperament, wozu noch der brennende Durst kam, den sie mit nichts als Stücken Eis löschen konnten, raffete sie in drey Tagen weg. In den übermäßigen Schmerzen giengen einige so weit, daß sie sich selbst erstachen, oder sich ins Meer stürzeten, um nur von dieser Qual entlediget zu werden. Ein Mann, dessen Sohn an dieser schrecklichen Seuche gestorben war, brachte seine Schwägerinn ums Leben, weil er glaubte, dieses unglückliche Kind sey von ihr bezaubert worden. Die Dänen befürchteten mit Rechte einen allgemeinen Aufstand des Landes wider sich, weil sich das Gerücht überall ausgebreitet hatte, sie hätten diese Pest mitgebracht. Das Schrecken selbst half die Seuche weiter ausbreiten, und sie gefährlicher machen; an statt sich um Gegenmittel zu bekümmern, schien es, als ob man ihr willig entgegen eilete; die Kranken blieben ohne Hülfe, und die Todten ohne Begräbniß. Einige riefen im Anfange den Gott an, dessen Namen zu preisen die Europäer sie gelehret hatten: aber wenn sie auf ihre Bitten nicht Linderung ihrer Schmerzen empfanden, so lästerten sie ihn mit den schrecklichsten Flüchen, und wollten das Daseyn einer Gottheit nicht glauben, die, nach ihrer Meynung, entweder ohnmächtig, oder ungerecht seyn müßte.

Herr Egede befand sich in der schmerzhaftesten Bekümmerniß. Er gieng von Hause zu Hause, bald mit seinem Sohne, und bald mit den mährischen Brüdern, die Kranken zu trösten, oder sie zum Tode zu bereiten. Ueberall fand er nichts, als das Bild der Verwüstung. Verlassene oder mit Wehklagen und Trauergeschreye angefüllte

Hütten,

Hütten, Leichen, die auf den Thürschwellen ausgestrecket lagen, oder die nur zur Hälfte unter einem Haufen Schnee und Steinen begraben waren. Auf einer ganzen Insel sahen sie nur ein einzig armes Mägdchen, mit ihren drey kleinen Brüdern an ihrem ganzen Leibe voller Pockenblasen. Ihr Vater hatte sich, nachdem er alle Einwohner der Insel begraben, mit seinem jüngsten auch schon von der Seuche befallenen Kinde, selbst in ein Grab gelegt, und seiner Tochter den Befehl gegeben, die Gruft mit Steinen und Fellen zu zu decken, um seinen todten Körper vor den Raben und Füchsen zu sichern. Der Ueberrest dieser unglücklichen Familie lebete nur noch von einem kleinen Vorrathe gedörrter Häringe und Seehunde, so lange bis der Hunger oder die Seuche ihrem traurigen Leben ein Ende machte, welches für sie schmerzhafter zu behalten, als zu verlieren, seyn mußte. Mitten unter dem schrecklichen Fortgange eines Elendes, das die Einwohner aufrieb, gieng Herr **Egede** überall herum, herbergete einige, und suchte andere auf, um sie nach allem seinem Vermögen mit Lebensmitteln oder Troste zu unterstützen. Seine Liebeswerke machten die Gemüther der Einwohner geneigter, die Religion, die er ihnen predigte, an zu nehmen, als es seine zehnjährigen Reden hatten thun können. Die Menschen sind so geneigt, sich eine wohlthätige Gottheit zu denken, daß ihre Apostel sie ihnen allemal werden angenehm machen können, wenn sie selbst das Beyspiel der Tugenden abgeben, die sie predigen.

Cranz von Grönland.

Die Seuche daurete beynahe ein ganzes Jahr in aller ihrer Wuth fort, und breitete sich zwanzig Meilen gegen Norden, und wenigstens eben so weit gegen Süden aus. Als die dänischen Factoren nachher auf diesen Küsten ankamen, so fanden sie über funfzehn Meilen weit alle Häuser verlassen und wüste. In den Gegenden um die Colonie herum, ungefähr vier Meilen im Umfange, starben in einer Zeit von drey Monaten an die fünf hundert Personen. Man kann sich daraus einen Begriff von der Anzahl der Einwohner machen, die durch die Blattern hingerissen wurden. Herr **Egede** berechnet sie auf drey tausend Seelen; denn es kamen sehr wenige davon, und in dem einzigen Bezirke Balsrevier, welcher der bevölkertste unter allen war, wurden nicht mehr als ihre acht oder neun erhalten.

Die Europäer fiengen endlich selbst an, wo nicht die Angriffe, doch die Folgen dieser Seuche zu fühlen. Vielleicht war die Mühwaltung daran Schuld, die sie mit den grönländischen Kranken gehabt hatten; vielleicht auch die Luft, die durch die vielen Leichen vergiftet worden war; vielleicht auch die Lebensart, die sie zu führen genöthiget waren, da sie immer aus einer warmen Stube in die ausserordentlich kalte Luft gehen mußten. Das Uebel mochte indessen herkommen, wo es wollte, Herr **Egede** verlor dadurch seine Frau. Sie starb, nachdem sie alles angewandt, was in ihrem Vermögen war, die Kranken zu unterstützen, denen sie allemal die Herzstärkungen und Arzeneymittel, die sie hatte, zuschickete. Die Missionarien ihrer Seits wurden vom Scharbocke angegriffen, einer Krankheit, die diesem Lande eigenthümlich ist, und die, wie man glaubet, durch den beständigen Wechsel zwischen der äußersten Hitze und Kälte und zwischen einer stillen müßigen Lebensart und dem beständigen Laufen und Anhalten der Arbeiten verursachet wird.

Inzwischen stelleten sie sich im Frühlinge durch den Gebrauch des Löffelkrautes wieder her, und fiengen wiederum an, Besuche in den Wohnplätzen ab zu legen, welche die Wuth der Blattern zu Gräbern gemachet hatte. Sie trösteten die Kranken, aber

 ohne

Cranz von Grönland.

ohne Hoffnung, daß ihre Seelen bekehret wären. Christian David, dieser Mann, der aus einem Zimmermanne einer der vornehmsten Stützen der herrnhutischen Lehre geworden war; der bey dem Ursprunge dieser Gesellschaft 1722 gleichsam durch einen prophetischen Geist den Entwurf zu einer Stadt angegeben hatte, wo man zehn Jahr nachher sechshundert Einwohner zählete; dieser besondere Mann ward von dem Grafen von Zinzendorf nach Grönland geschicket, um der Führer der daselbst befindlichen mährischen Brüder zu seyn. Sein Alter und seine Erfahrungen machten ihn zu diesem Amte geschickt. Er traf die Grönländer so, wie sie uns Herr Egede schildert, und er spricht mit einer Freymüthigkeit, die seinen Nachrichten, da sie nicht allemal erbaulich sind, eine desto größere Glaubwürdigkeit verschaffet.

Schilderung der Grönländer, und wie wenig sie sich zur Bekehrung schicken.

„Die Lebensart dieses Volkes, saget er, ist englisch, wenn man sie mit unserer „europäischen Christen ihrer vergleicht. Inzwischen leben sie, ohne die Gottheit zu „kennen, und machen alles das, was man ihnen davon saget, lächerlich. Es ist ihnen einerley, man mag von der Religion mit ihnen reden, oder nicht; sie hören einen Gesang, wie ein Liedchen an; sie sind gar zu wenig zum Nachdenken gemacht, „als daß sie sich nur einen Begriff von der Religion machen könnten. Sie scheinen „so unempfindlich zu seyn, daß man in Versuchung geräth, zu glauben, sie hätten gar „keine Leidenschaften. Sie denken an nichts, als aus Essen, und übrigens sind sie „gerade so dumm, als das Vieh, womit sie sich nähren. Sie sind aber, wie das Vieh, „sehr begierig, ihr Geschlecht fort zu pflanzen, ohne sich übrigens um die Erziehung „ihrer Kinder zu bekümmern. Ob sie fähig seyn mögen, Glauben zu haben, ist Gott „allein bekannt.“

So ist es auch immer nur ihr eigener Nutzen, der fähig ist, sie zu den Missionarien zu bringen, zu denen sie kommen, oder die sie anhören, wenn sie etwas von ihnen zu erlangen hoffen. So bath sie zum Beyspiele ein junger Mensch, ihm bey zu stehen, damit er seine Frau wieder habhaft werden könnte, die ihm auf diese Weise war geraubet worden. Ein Hausvater hatte sich mit einer Witwe verheurathet, und dem Sohne dieser Witwe seine Tochter zu geben versprochen, die er doch schon mit einem andern verheurathet hatte. Als nun der neue Ehemann sechs Monat mit seiner Frau zusammen gelebet hatte, so fand der erste Mann Gelegenheit, seine Frau durch List und Gewalt wieder zu bekommen, und nun kam der andere Mann und bath die Europäer, ihm bey zu stehen, daß er sie dem ersten Manne wieder entführen könnte. Dieses sind die Sitten dieses Volkes, das ohne Policey und Gesetze lebet; übrigens haben sie eine gewisse Kunst und einschmeichelnde Manieren, die Europäer zur Freygebigkeit zu reizen; denn sie würden es sich für eine Schande halten, wenn sie auf ihre Bitten nichts bekämen. So bald man aber mit ihnen von Bekehrung spricht, so schlafen sie ein, oder gehen mit einem höhnischen Lächeln fort. Eines Tages erzählete ihnen ein dänischer Missionar die Geschichte von der Schöpfung an bis auf die Zeiten Abrahams. Sie sageten zu ihm, sie glaubeten das alles. Darauf fiengen auch sie ihrer Seits an, dem Missionar alle Träumereyen und Mährchen ihrer Angekoken zu erzählen, und frageten ihn, ob er das nicht auch glaubete? Und da der Däne nun mit Nein antwortete, so versetzten sie ihm: „Da du uns nicht auf unser Wort glaubest; wie kannst du „denn verlangen, daß wir auf dein bloßes Zeugniß das glauben sollen, was wir nicht „begreifen können?“

Ungeachtet

Cranz von Grönland.

Ungeachtet die Unternehmung, die Grönländer zu bekehren, eben von keinem guten Fortgange war, und die Missionarien nicht sonderlich beschäfftigte, so bekamen sie doch noch aus Dänemark zween ihrer Brüder zu Mitarbeitern. Da sie aber nicht von der Art der müßigen Prediger waren, die nichts als die Gabe oder die Sucht zu reden besitzen, so konnten sie in einem Lande, das eben so wohl Bauren, als geistliche Arbeiter, erforderte, gar nicht in zu großer Anzahl ankommen. Man schickete also von Dänemark drey Schiffe, von denen eines in Godhaab einlief, und die andern an der Insel Disko, mit Baumaterialien und Vorrathe, um daselbst eine Colonie an zu legen, landeten. Christian David schiffte sich auf dem ersten von diesen dreyen Schiffen ein, welches ihn von Godhaab nach Disko herüber brachte, wo er bey der neuen Stiftung wiederum als Zimmermann arbeiten wollte. Er war ein vortrefflicher Mann, so wohl was seine Rathschläge, als seine Arbeiten, anbetraf; und da er schon zu alt war, die Sprache der Grönländer zu lernen, so bekümmerte er sich lieber um die zeitlichen Angelegenheiten der Mission, als um die Bekehrung der Seelen. 1734. Erste Arbeiten der mährischen Brüder in Grönland

Das ganze 1735 Jahr ward beynahe unter lauter Zubereitungen zu dem großen Werke des Heils bey den Grönländern zugebracht. Man mußte überdem erst ihre Familien wieder anwachsen lassen, die durch die Blatterplage waren weggerissen worden. Die Missionarien widmeten also ihre Zeit der Erlernung der Sprache und kleinen Reisen, die sie anstelleten, um sich immer mehr und mehr Kenntniß des Landes und der Sitten seiner Einwohner zu verschaffen. Aber eben da sie ihre apostolischen Reisen antreten wollten, ward der große Nachen, dessen sie sich dazu bedienten, durch einen großen Sturm vom Lande weggerissen, der ihn erst einige hundert Schritte weit in der Luft weg geschleudert, und darauf endlich an einem Felsen zerbrach. Herr Egede hatte die Gütigkeit, und gab ihnen einen alten europäischen Nachen, nebst Materialien, ihn aus zu bessern. 1735.

Zween von diesen Missionarien, Matthäus und Christian Stach, die durch doppelte Bande, so wohl der Religion, als der Natur, Brüder waren, giengen in Gesellschaft einiger Kaufleute, einer gegen Süden und der andere gegen Norden auf Reisen. Sie waren ihnen in den Gefährlichkeiten und dem schlimmen Wetter, das sie ausstehen mußten, sehr nützlich; denn sie fanden auf beyden Seiten nichts, als leere Häuser, deren Besitzer gestorben waren, und einige Hunde, die, trotz aller übeln Witterung, nun schon seit zwey Jahren von Muscheln und alten Fellen, womit die Gezelte bedeckt waren, gelebt hatten. Die Grönländer machten sich im Anfange nicht viel aus den mährischen Brüdern. Weil sie dieselben überall selbst Hand anlegen sahen, so hielten sie solche für Bedienten des Factors; nicht als ob bey ihnen die Art von Leuten, die wir Bedienten nennen, verachtet wäre, denn bey ihnen sind alle außer den Hausvätern Bediente; sondern da sie bey den Ausländern diesen Unterschied fanden, so waren sie gewohnet, sich nur um den Herrn zu bekümmern, und auf die andern kaum einen Seitenblick zu werfen. Die Herrnhuter, welche befürchteten, sie möchten die Verachtung ihrer Personen auch auf ihr Amt zurückfallen sehen, antworteten denen Grönländern, die sie frageten, wo der Herr wäre: Unter uns ist weder Herr noch Knecht, sondern wir sind alle Brüder. Man unterschied sie auch wirklich von den andern Europäern, durch denjenigen Geist der Eintracht und der Sanftmuth, welcher der unterscheidende Charakter der ersten Christen und ihrer neuaufgerichteten Religion war.

Cranz von Grönland.

Diese Aufführung zog ihnen nach und nach die Achtung und das Zutrauen der Grönländer zu, die mit diesen Ausländern so bekannt wurden, daß sie auch oft die Nacht bey ihnen zubrachten, wenn solche sie unter Weges überfiel, oder sie sonst das übele Wetter an der Fortsetzung ihrer Reisen hinderte. Sie waren so sehr an die Gastfreyheit dieser Brüder gewöhnet, oder Lebensmittel und Geschenke von ihnen zu empfangen, daß sie es ihnen frey heraus sagten: Wir werden nicht kommen, eure Predigten zu hören, wenn ihr uns nichts schenket. So fest glaubeten diese Leute, ein Prediger müsse seine Zuhörer bezahlen.

Diese guten mährischen Brüder konnten auch wirklich die armen Wilden, die gewöhnlich durch den Hunger zu ihren Predigten gezogen wurden, nicht von sich lassen, ohne ihnen zu essen zu geben, vornehmlich im Winter, wo die heftige Kälte ihnen keine andere Quelle übrig ließ, sich Lebensunterhalt zu verschaffen. Wenn aber der Sommer ihnen wiederum im Ueberflusse Vorrath verschaffete, so hatten sie diese Unbequemlichkeiten nicht weiter aus zu stehen. Und die Grönländer kamen nicht zur Mission, als wenn sie etwa eine ganze Nacht durch getanzet hatten, gerade als wenn die Stunde, in der sie unterwiesen werden sollten, ihnen die bequemste aus zu schlafen geschienen hätte. So lange sie indessen noch wachend blieben, höreten sie das Morgengebeth, ungeachtet es in deutscher Sprache geschah, wovon sie nichts verstunden, mit vieler Ehrbarkeit an. Es macheten aber einige biblische Sprüche einen größern Eindruck bey ihnen, wenn man sie ihnen erklärete; und dahin gehörte insbesondere die Stelle beym Ezechiel, wo der Prophet zu den Juden saget: **Die Ungläubigen, die um euch her wohnen, werden erfahren, daß ich der Herr bin, ich, der ich die abgebrochenen Häuser wieder aufrichte, und das verwüstete Land wieder fruchtbar mache, ich habe es versprochen und werde es halten.** Dieser Spruch ließ die Grönländer hoffen, daß der Gott der Ausländer die Wuth der Pest, welche ihre Hütten verwüstet hatte, wieder gut machen würde. So weis sich die Religion den Weg auch zu den Herzen derer zu bahnen, die am wenigsten geneigt sind, sie an zu nehmen.

Nichts aber ließ sie über die rebellischen Gemüther mehr siegen, als die Hindernisse, die sie mit so vieler Beständigkeit überwanden. Die mährischen Brüder, die sich bis dahin durch die Wohlthaten ihres Vaterlandes und des dänischen Hofes unterstützet in einem unbewohnten Lande erhalten hatten, wurden auf einmal vergessen, und der Unterstützung, die sie erwarteten, beraubet. Diese Verlassung versetzete sie in den äußersten Mangel. Ihr Vorrath auf ein ganzes Jahr bestund in anderthalb Tonnen Habergrütze, wovon sie noch einen Theil gegen Malz eingetauscht hatten; außer diesem wenigen Vorrathe hatten sie nichts als eine halbe Tonne Erbsen, und nur sehr wenig Schiffszwieback. Von diesem wenigen Vorrathe mußten sie noch einen Theil an **Christian David** abgeben, der in Angelegenheiten der Mission nach Kopenhagen zurück gieng. Der Schiffshauptmann wollte ihn unter keiner andern Bedingung an Bord nehmen. Jagd und Fischerey, wozu sie nicht einmal recht geschickt waren, hatte jetzt weniger eingebracht, als jemals; denn es war ein ausserordentlicher Mangel an Fischen und Wildprete. Es war ihnen also nichts übrig, als daß sie sich zu ihrem Lebensunterhalte von den Grönländern Seehunde kauften. Die Missionarien aber klagen sehr über die Undankbarkeit und das harte Herz der Wilden, indem nunmehr diejenigen,

diejenigen, denen sie am meisten Gutes erwiesen, ihnen nichts verkaufen wollten, wenn man ihnen auch noch so viel dafür both. Cranz von Grönland.

Man mußte die inständigsten Bitten anwenden, damit man nur von Zeit zu Zeit ein Viertheil Seehund erhielte, welches man noch dazu sehr theuer bezahlen mußte; und war dieser Vorrath aufgezehret, so wurden sie gezwungen, von Muscheln oder Meergrase zu leben, welches sie lieber roh, als gekocht, aßen. Endlich, sagen sie, erweckete Gott, der den Prophet Elias durch Raben speisen ließ, einen Grönländer Ippegau, der zwanzig Meilen südwärts herkam und sich erboth, den Missionarien alles zu verkaufen, was er von seinem Vorrathe entbehren könnte. Dieser Mensch hatte Neigung zu ihnen gefaßt, als sie ungefähr einmal, da sie sich vom Wege verirret hatten, in seine Hütte gekommen waren. Es war das schon länger, als ein Jahr, und sie hatten seiner gänzlich vergessen, als er sich eben zu der Zeit, da ihre Noth am größesten war, ihnen darstellete. Er hatte Mitleiden mit ihren elenden Umständen, und nahm es über sich, in diesem kritischen Zeitpunkte für ihren Unterhalt zu sorgen. Sie gewöhnten sich also, Fische mit Habergrütze, mit Seehundesfette zugerichtet, zu essen. Dieß war ohne Zweifel ein widriges Essen, aber doch immer sehr schmackhaft gegen die alten Talchlichter, mit denen sie ihre Gerichte oft hatten würzen müssen.

Der Mangel ward ihnen durch die Gefahren noch empfindlicher, worein sie sich begeben mußten; denn um sich Lebensmittel zu holen, mußten sie sich oft auf einen elenden Nachen dem Spiele der Winde und der Wellen überlassen. Einmal wurden sie weit von der Küste weggeführet, und durch die Brandungen hin und her getrieben, welche sie darauf an eine Insel warfen, wo sie drey oder vier Tage zur Zeit der allerheftigsten Kälte mit ihren nassen Kleidern unter freyem Himmel zubringen mußten. Ein ander Mal, als sie den ganzen Tag mit Rudern zugebracht hatten, befanden sie sich des Nachts über an einem abgelegenen Orte, wo sie, aus Mangel eines Gezeltes, sich eine Lagerstatt im Schnee aushöhlen mußten, so lange bis sie, aus Furcht vor Froste um zu kommen, und unter denen neuen Flocken, die immer auf sie herabfielen, begraben zu werden, diese übele Herberge verließen, und sich durch heftiges Laufen erwärmeten. Unter diesen Widerwärtigkeiten aller Art vergieng das dritte Jahr ihrer Mission.

Gleiche Arbeiten und eben so wenig Frucht war im folgenden Jahre. Immer ein stets anhaltender Mangel, dem man doch endlich vorbeugete. Die Schiffer entschlossen sich, auf Herrn Egedens Zureden, alle Wochen etwas von ihrer Mundportion ab zu brechen, und es den Brüdern zu verkaufen. Die dänischen Missionarien verschaffeten ihnen auch einige Lebensmittel, wofür sie ihnen schreiben mußten. Da sie aber gar bald selbst in Noth kamen, so wurden sie gezwungen, im Monate May nach dem Meerbusen Disko zu schicken, um sich neuen Vorrath zu holen. Ippegau, der Freund der Brüder, befand sich gar oft selbst im Mangel, und die andern Grönländer behielten ihren Vorrath selbst, um ihn auf ihren Festen verschmausen zu können, und die Herrnhuter hatten den Schmerz, selbst mit an zu sehen, daß sie in einem einzigen Schmause, der die ganze Nacht durch daurete, eilf Seehunde auffraßen, ohne ihnen den geringsten Theil davon für Geld zukommen zu lassen. 1736.

Inzwischen befanden sich diese Ausländer den Winter über bey ziemlich guter Gesundheit. Als sie aber im Frühlinge ihre Zuflucht wieder zum Meergrase nehmen

mußten;

Cranz von Grönland. mußten, so nahmen ihre Kräfte so sehr ab, daß sie nicht mehr im Stande waren, ihren Kahn zu führen, und ihn zum Spiele der Winde und der Wellen überlassen mußten. Einer von ihnen wäre auch gewiß ertrunken, wenn nicht zween Grönländer, die sich gerade nicht weit von ihm befanden, ihn erhalten und an das Land gebracht hätten, indem sie seinen Kahn unter ihre Kajake in Sicherheit brachten. Diese Unglücksfälle wurden zum Glücke durch einige Gunst der Vorsehung versüßet. Einmal fand man einen todten Walfisch, wovon man ihnen so viel mittheilete, daß sie davon zwo Mahlzeiten halten konnten. Ein andermal, als sie schon fünf Tage lang von nichts, als Muscheln, gelebet hatten, brachte ihnen ein Grönländer ein Meerschwein, welches aus dem Bauche der Mutter genommen war, wovon sie aber nicht mehr, als einmal, essen konnten. Als sie ein andermal von widrigem Winde gezwungen waren, in einer wüsten Insel zu landen, da sie eben auf den Fischfang ausgegangen waren, aber nichts gefangen hatten, so sahen sie einen Adler auf seinem Neste, den sie mit einer Flinte todt schossen. Nachdem sie nicht ohne große Mühe zu dem Neste hinangeklettert waren, so fanden sie daselbst zwey große Eyer und den todten Vogel, der zwölf Pfund wog. Seine Fittige gaben ihnen acht und achtzig Schreibfedern, welches für sie eine Art von großem Glücke war.

Endlich kam ein Grönländer in die Colonie, der die Nachricht mit brachte, es wäre funfzehn Seemeilen gegen Süden ein holländisches Schiff angekommen, dessen Hauptmann Briefe für die Europäer mitgebracht hätte. Es kam auch in der That nicht lange nachher eine Schaluppe, die eine Tonne voll Lebensmittel und einen Brief von Amsterdam mit brachte. Er war von einem mährischen Bruder, der sich in Holland niedergelassen hatte, und ihnen diesen Vorrath nach Grönland überschickete, wobey er zugleich bath, ihm Nachricht von dem Fortgange ihrer Mission zu geben, und zu melden, ob sie diese Tonne erhalten, und ob der Weg, den er eingeschlagen hätte, geschickt wäre, eine Correspondenz zwischen ihnen zu errichten. Sie antworteten durch eben den Hauptmann, zu dem sie mit ihrem Fahrzeuge giengen, daß ihnen das Ueberschickte wohl zu Handen gekommen wäre, und daß sie, durch die holländischen Schiffe, alle Lebensmittel, die man ihnen übersenden wollte, bekommen könnten, und dieselben mit Dankbarkeit annehmen würden; und daß sie in Ermangelung der Lebensmittel nur bäthen, ihnen einen guten Nachen zu verschaffen, damit sie sich durch ihren Fleiß selbst welche verschaffen könnten.

Auf der andern Seite hingegen bekamen diese Kinder der Vorsehung, die oft einen Gefallen daran hatte, sie in Aengsten zu setzen, nicht alle die Unterstützung, die sie durch die Schiffe von Dänemark erwarteten. Ihre Hoffnung auf dieser Seite schlug um so vielmehr fehl, da man ihnen nur die Hälfte der versprochenen Lebensmittel, und dabey noch vier Personen mehr überschickte. Dieser Zuwachs ihrer Familie war des Matthäus Stach Mutter, eine Witwe von fünf und vierzig Jahren, mit ihren beyden Töchtern, wovon die älteste zwey und zwanzig und die andere zwölf Jahr alt war. Sie kamen unter der Aufsicht Georg Wiesners, welcher die Wahl hatte, ob er in Grönland bleiben, oder zurück kehren wollte; da er denn das folgende Jahr das letztere erwählete.

Herr Egede geht nach Dänemark zurück. Diese Leute wurden den Brüdern zur Unterstützung geschickt; denn sie sollten ihnen in allen Verrichtungen der Mission, sowohl zeitlichen, als geistlichen, an die Hand

Hand gehen. Ein großer Verlust aber, den sie um diese Zeit erlitten, hielt dieser Hülfe das Gegengewicht. Eben das Schiff, welches diese drey Frauenspersonen nach Grönland gebracht hatte, führete Herrn Egede nach Dänemark zurück. Dieser durch seinen Eifer, seinen Muth, seine Arbeiten und seine überstandenen Unglücksfälle, ehrwürdige Mann hatte allein in Grönland, beynahe von einem jeden verlassen, und allen Gefährlichkeiten und Unglücksfällen der Natur ausgesetzt, zuletzt noch den Schmerz gehabt, alle Früchte seines Apostelamtes durch die Seuche 1733 hinweggerissen zu sehen. Alle Kinder, die er getaufet hatte, waren gestorben. Seine Frau, die sein einziger Trost und seine einzige Zufriedenheit mitten unter den Bekümmernissen einer unfruchtbaren Mission war, hatte er verloren. Seine Kinder erwuchsen, ohne daß er ihnen in Grönland diejenige Erziehung, zu der sie geboren waren, geben konnte. Alles verschlimmerte sich vor seinen Augen: er selbst war durch die Beschwerlichkeiten und Krankheiten, die er hatte ausstehen müssen, an Leib und Seele überaus geschwächt worden; endlich bekam er den Scharbock. Ein Jahr nachher, als er um die Erlaubniß, nach Dänemark zurück zu kehren, angehalten hatte, bekam er sie, und gieng den neunten August 1736 mit seinem jüngsten Sohne, zwoen Töchtern, und dem Leichname seiner verstorbenen Frau, den er in Dänemark begraben lassen wollte, nach Kopenhagen zurück, und langete im folgenden Monate den vier und zwanzigsten glücklich daselbst an. Das erste, was er vornahm, war, daß er dem Könige, bey dem er Audienz hatte, den Zustand, in welchem er die Missionsangelegenheiten in Grönland verlassen hatte, vorstellete, und Mittel an die Hand gab, wie man sie wiederum aufs neue beleben und blühend machen könnte. Er wurde darauf zum Superintendenten der dänischen Mission, nebst einem jährlichen Gehalte von fünfhundert Reichsthalern ernennet. Zu gleicher Zeit wurde ihm aufgetragen, ein Seminarium von jungen Waisen zu errichten, die man in der grönländischen Sprache und den gehörigen Wissenschaften unterrichten wollte, um sie dereinst als Missionarien und Katecheten in diesem von Religionsbegriffen so wohl, als allen Gütern der Erde, entblößten Lande gebrauchen zu können. Er stund lange Zeit den Angelegenheiten der Mission vor, und begab sich kurze Zeit vor dem Ende seines Lebens, mit einer von seinen Töchtern nach der Insel Falster, woselbst er den fünften des Windmonates 1758 in einem Alter von drey und sechzig Jahren starb.

Crantz von Grönland.

Die mährischen Brüder, die nun allein mit der Bürde, die Grönländer zu bekehren, beladen waren, arbeiteten, dieses verlassene und unfruchtbare Feld urbar zu machen. Es waren ihrer sieben Personen, die zusammen nur eine Familie, oder wenn man das nicht will, doch nur eine Haushaltung ausmachten. Die Frauenspersonen sorgeten für das Hauswesen, ohne indessen den geistlichen Verrichtungen zu entsagen, und die beyden Schwestern des Matthäus Stach lerneten die Sprache des Landes, damit sie die Grönländerinnen unterrichten könnten. Allein, die Einwohner hatten weder Zeit, noch Lust, ihren Unterricht an zu hören; und wenn man ihnen nichts neues vorsagete, so gaben sie zu verstehen, daß ihnen wohl andere Leute, als die guten Brüder wären, von Wunderwerken genug vorgeredet hätten, und daß sie überdrüßig wären, fernerhin dergleichen Sachen an zu hören und zu glauben. Anstatt, daß sie sich in den Lustbarkeitsversammlungen, wo man ihnen das Evangelium predigete, bekehren ließen, bemüheten sie sich vielmehr, die Prediger selbst zu vermögen, daß sie sich mit ihnen lustig macheten. Wollten diese nun den Anstand und die Würde ihres

Leiden der mährischen Brüder.

Cranz von Grönland. Amtes behalten, so machet man ihre Gesänge, ihre Vorlesungen und ihre Predigten nach, und insbesondere verspottete man sie wegen ihrer Armuth. Wenn die Missionarien sageten, sie wären nicht nach Grönland des Wohllebens, sondern des Heiles der Seelen wegen, gekommen, so antwortete man ihnen: Ach, sehet uns doch die schönen Prediger! als wenn wir nicht wüßten, daß ihr Ungelehrte wäret, die besser thäten, wenn sie lerneten, als andere lehreten. Da sie alle diese Verspottungen, ohne sich zu entrüsten, geduldig ertrugen, so misbrauchten die Wilden ihre Langmuth so sehr, und trieben die Beschimpfung und Verhöhnung so weit, daß sie sie mit Steinwürfen verfolgeten, ihnen auf die Schultern sprangen, alle ihre Habseligkeiten in Stücken zerrissen, und ihren Kahn entweder ihnen wegnahmen, oder in das Wasser stiessen. Einstens höreten die Brüder in der Nacht ein Geräusch um ihr Zelt herum; sie giengen hinaus und fanden Leute mit Messern in der Hand, die schon angefangen hatten, das Pelzwerk, womit es behangen war, ab zu schneiden; und diese Räuber wollten so gar nicht einmal weggehen, bis die guten Brüder sie mit ihren Flinten zu erschießen droheten.

1737. Bis hierher ist die Geschichte der Mission in Grönland nichts anders, als die Geschichte ihres Elendes. Das Jahr 1737 war inzwischen etwas weniger mangelhaft, als die vorhergehenden. Denn obschon die Brüder mehr Leute zu ernähren hatten, und ihr Kahn nicht mehr in das Meer gehen konnte, so aßen sie dennoch am Osterfeste noch Brod, und jeder ein Rebhuhn. Sie vertauscheten ihr Malz gegen Erbsen, und tranken Wasser. Zuweilen kam ein Grönländer, der ihnen Brod verkaufte, das er in der Colonie bekommen hatte, und zu anderer Zeit brachte man ihnen Eyer. Als sie eines Tages einen Seehund mit der Harpune in der Seite fanden, so versprach ihnen der Fischer, der ihn getödtet hatte, und der seine Harpune gern wieder haben wollte, einen andern dafür. Sie verdieneten auch diese Sorge der Vorsehung durch ihren Fleiß. Sie waren gezwungen worden, den ganzen Winter durch Schnee und Eis zu schmelzen, um den Winter über trinken zu können; sie versuchten, einen Brunnen zu graben, und fanden eine reiche Quelle, die sie niemals Mangel an Wasser leiden ließ.

Christian Stach kam wieder zu ihnen. Er war das Jahr vorher mit Herr Egeden weggegangen, und beyde Missionarien hatten auf ihrer Reise nach Dänemark viele Stürme ausgestanden. Einer unter andern überfiel sie auf der Küste von Norwegen, mitten in einem starken Nebel, der sie, so kurz er auch währete, beynahe ohne Hülfe versenket hätte. Er kam nach Grönland mit zween andern seiner Glaubensgenossen zurück. Diese Brüder, die sich doch schon den eilften May zu Kopenhagen eingeschiffet hatten, landeten nicht eher, als den fünften des Heumonates in einem grönländischen Haven, der vier Meilen von der Colonie entfernet war. Im Vorbeygehen gesagt, dieß beweist, daß die Fahrt dahin zuweilen sehr stürmisch ist. Sie brachten ihren Mitbrüdern Briefe von Holland mit, von da aus sie erst nach Dänemark übergegangen waren. Die Brüder zu Amsterdam hatten denen in Grönland gewiß versprochen, so bald als es seyn könnte, ihnen einen neuen Nachen durch die Schiffe zu schicken, die von da aus auf den Walfischfang giengen. Die Missionarien giengen also zweymal zu sehen, ob keines ankäme; und es war ihnen auch gewiß nöthig: denn sie hatten ihren alten Kahn so oft geflickt, daß sie ihn gar nicht mehr brauchen konnten. Da sie aber das Schiff nicht ankommen sahen, so hielten sie es für verloren, und ihre

Furcht

Furcht war um so viel gegründeter, da die Witterung außerordentlich kalt war. Mitten im May fror ihnen noch das starke Getränk in den warmen Stuben, und sie selbst hatten die Gesichter noch ganz erfroren. Die Sturmwinde waren so häufig, daß der Hauptmann, welcher den Missionarien die erste Nachricht von Holland mitgebracht hatte, ein Schiff in einem Haven verloren hatte, der sechzig Meilen südwärts von der Colonie lag. Zum Glücke rettete sich das Schiffvolk noch mit einigen Lebensmitteln auf zweyen Booten: aber es war doch gezwungen, hundert Meilen nordwärts zu gehen, und daselbst ein holländisches Schiff auf zu suchen. Cranz von Grönland.

Das übele Wetter hatte sich mit dem Eintritte des Winters, der dem jetzigen Frühlinge vorher gegangen war, eingestellet, und die Schiffer der Colonie hatten dabey schon mehr als einmal leiden müssen. Besonders aber überfiel sie im Christmonate, als sie von ihren Handlungsgeschäfften zurück giengen, ein Paar Meilen von Hause ein Orcan, der sie auf einmal mitten unter die Eisschollen verschlug, unter welchen sie vier Tage von den Wellen herum getrieben wurden. Endlich gewannen sie wieder Land, aber das war vierzehn Meilen von dem Haven; und kaum waren sie daselbst ausgestiegen, so zerbrach der Sturm ihren Nachen und trieb die Stücken weit in das Meer hinweg. Zum Glücke nahm sie noch ein Grönländer einige Tage lang in sein Haus auf, und brachte sie nachher den halben Weg zur Colonie auf seinem eigenen Nachen. Sie mußten den Ueberrest des Weges zu Fuße thun, und das bey einer außerordentlich heftigen Kälte, und in einem wilden, ihnen unbekannten Lande, wo sie verloren gewesen seyn würden, wenn sie nicht Wegweiser gefunden, die sie nach ihrer Behausung geführet hätten.

Nichts ist ohne Zweifel so widrig, als die einförmige Geschichte eines Landes, das nichts hervorbringt, und beynahe keine Einwohner hat, wohin die angestellten Reisen ohne Frucht, die Colonien ohne Fortgang, und die Arbeiten ohne Nutzen sind. Aber es ist doch vielleicht der Neugierde der menschlichen Seele nicht gleichgültig, die aufrichtige und natürliche Erzählung derjenigen Hindernisse zum ersten Male zu lesen, die eine neue Religion bey Seelen findet, welche ohne Vorurtheile und Wissenschaft erst aus den Händen der Natur hervorkommen; und so sieht ungefähr das Bild aus, das uns Herr Cranz von der Mission der mährischen Brüder machet.

Es waren nun fünf Jahre, daß diese lutherischen Apostel hingegangen, das Evangelium in Grönland zu verkündigen. Was werden aber dergleichen unwissende Leute, sagte man zu Kopenhagen, wohl über die Gemüther der Wilden vermögen? Man wollte ihnen weder Lebensmittel, noch Geld weiter schicken. Man spottete über den Eifer dieser Einfältigen, auf die man nur der Anzahl und der Unkosten wegen zu sehen hätte, und von deren Gottesfurcht ohne Einsicht man sich nicht das geringste versprechen könnte. Allein, der Graf von Zinzendorf, welcher außerdem durch die Vorwürfe, die man seinen Schülern machete, sehr gedemüthiget war, hörete doch nicht auf, sich das von ihrer Beständigkeit zu versprechen, was er sich von ihrer Geschicklichkeit nicht versprechen durfte. Auf der andern Seite unterließen auch die Grönländer nicht, ihren Unterricht zu verwerfen; nicht, als ob sie nicht mit einigen Vergnügen die Erzählung der Wunderwerke des alten und neuen Testamentes angehöret hätten; sondern wenn ihnen die Missionarien von dem Wesen und Eigenschaften Gottes, von dem Falle der Menschen und desselben Versöhnung, und von der Gnade und Heiligung Einwürfe der Grönländer gegen die Lehrsätze der Missionarien.

Cranz von Grönland. der Seelen predigten, so schliefen sie darüber ein, oder sagten immer, ja, um nur nicht in Streit zu kommen, und schlichen sich wieder fort. Diese waren noch die geduldigsten und höflichsten; andere gaben ihr Misfallen öffentlich zu erkennen, widerlegten die Lehre der Prediger, und sageten: „Zeiget uns den Gott, den ihr prediget, und „wir wollen an ihn glauben. Ihr schildert ihn als ein höchst erhabenes Wesen: wenn „dem so ist; wie können wir uns mit ihm vereinigen, oder wie kann er sich bis zu uns „herablassen? Er bekümmert sich um gar nichts; wir haben ihn angerufen, wenn wir „krank waren, oder nichts zu essen hatten: aber da thut er, als ob er uns nicht ver„standen hätte. Wir glauben, daß alles, was ihr von ihm saget, erlogen sey; wenn „ihr ihn besser kennet, als wir, so erhaltet doch durch euer Bitten von ihm, daß er „uns zu essen, einen gesunden Leib, gut Wetter, und was uns sonst noch fehlet, gebe. „Unsere Seele ist nicht krank; ihr seyd ungleich unvernünftiger und verderbter, als „wir, und daher kann es wohl seyn, daß es in eurem Lande kranke Seelen giebt, die „einen Arzt und Heiland derselben bedürfen; und wir sehen das täglich an denen Eu„ropäern, die zu uns kommen. Euer Paradies und eure himmlischen Freuden rühren „uns nicht; und sollten wir sie dereinst genießen, so würden sie uns nur beschwerlich „fallen. Vögel und Fische müssen wir haben; und wenn uns die fehlen, so kann un„sere Seele so wenig, als unser Körper, bestehen: und da nun vollends keine See„hunde in eurem Paradiese sind, so überlassen wir es euch: wir aber werden in den „Pallast des Torngarsuk gehen, wo wir alles das, was uns nöthig ist, im Ueberflus„se finden werden.“

Auf diese Weise, saget Herr Cranz, warfen sie alle geistliche Begriffe von sich, die das Heil ihrer Seele angiengen. „Aber, fährt er fort, ich kann hier un„möglich die unverschämten Spöttereyen wiederholen, die sie ausstießen, so bald sie „nur das Geheimniß der heiligen Dreyeinigkeit nennen hörten. Wenn sie bey guter „Laune waren, und man ihnen kein Stillschweigen verbiethen konnte, so war keine „Wahrheit so heilig, die sie nicht zum Spiele ihres Witzes und des Gelächters ma„cheten; denn auch die dümmsten Grönländer können ihre Vernunft misbrauchen.„

Diese Nachricht stimmet mit dem Zeugnisse aller andern grönländischen Missionarien überein, und Matthäus Stach insbesondere geht in das Kleine, um zu zeigen, wie weit die Grönländer gegangen sind, sich in ihrem Unglauben zu verhärten. Eines Tages, erzählet er, als es sehr stark regnete, bathen sie mich, den Sohn Gottes um gut Wetter an zu rufen, damit der Regen nicht durch das Dach in ihre Häuser bringen möchte. "Ich sagte ihnen, wenn sie gute Felle hätten, so könnten sie dem Regen verwehren ein zu dringen, und brauchten nicht deshalb Gott an zu rufen, der nur um das Heil der Seelen gebethen seyn wollte. Darüber verspotteten sie mich, und sagten, das wäre eine Sprache, von der sie nichts verstünden. — Ich ward zuweilen unwillig, wenn ich ihre Lästerungen gegen den Gott, den ich ihnen predigte, hören mußte. Zuweilen hörten mir die Kinder zu, die ich durch meine Liebkosungen an mich zog: allein, so bald als sie eine Sache hörten oder sahen, die ihnen angenehmer war, so liefen sie hurtig weg, und vergaßen aller meiner Reden. Als ich ihnen eines Tages von himmlischen Sachen, dem ewigen Leben, dem jüngsten Tage, der Freuden des Paradieses, und den Strafen der Hölle etwas sagen wollte, so sagte mir ein Grönländer: „Wenn euer Sohn Gottes so schrecklich ist, so will ich nicht mit ihm in den Himmel

„Himmel gehen. Ihr wollet also in die Hölle gehen? versetzete ich. Keines von bey- „den, antwortete er, sondern ich will auf der Erde bleiben. Als ich nun sagete, er müßte doch „einmal sterben, und dann käme er nach seinem Tode an einen Ort der Strafen oder der „Belohnung, so stund er einen Augenblick an; darauf antwortete er mir, er verstünde „davon nichts, und bekümmerte sich auch nicht darum, etwas mehr davon zu wissen; „er setzete einen Augenblick darnach hinzu, er müßte auf die Fischerey gehen, seine „Frau hätte nichts mehr zu essen, und er hätte keine Ohren, unbegreifliche Dinge „an zu hören.„

Cranz von Grönland.

1738. Erste Früchte der mährischen Brüdermission.

Bis 1738 also empfanden die mährischen Brüder nur die Beschwerlichkeiten und Verdrüßlichkeiten ihres apostolischen Dienstes. Nach sechs unfruchtbaren Jahren endlich ward ihre Beständigkeit mit einigem Erfolge belohnet. Ein junger Grönländer, der Mangek hieß, both sich an, bey ihnen zu bleiben, wenn sie die Sorge für seine Unterhaltung über sich nehmen wollten, unter der Bedingung, daß er ihnen alles überliefern wollte, was er auf der Jagd oder mit der Fischerey gewinnen würde. Sie glaubeten zwar, diese Verbindung würde auf seiner Seite nicht länger dauren, als bis zu der schönen Jahreszeit: allein, er hielt Wort und wollte sie nicht verlassen, ungeachtet die Wilden alles versuchten, entweder ihn zu bewegen, die Mission zu verlassen, oder zu machen, daß ihn die Missionarien wegjagen sollten. Sie gaben ihn zu dem Ende immer als einen Dieb an, welches er doch nicht war. Dem Beyspiele dieses jungen Menschen folgete gar bald ein Hausvater, welcher Kajarnak hieß, und aus einem Schüler der Brüder endlich ein Apostel seiner Landesleute wurde. Auf seine Ueberredung schlug seine ganze Familie, die aus neun Personen bestund, ihre Wohnung nahe bey den Missionarien auf. Diesen folgten bald darauf noch andere. Es blieben auch noch mehr Grönländer den Winter über bey Kajarnaken: im Frühlinge aber giengen sie wieder auf die Rennthierjagd, und versprachen, den kommenden Winter wieder zu kommen. Sie kamen auch, aber so wild als die Thiere, die sie verfolget hatten, beständig fertig, wieder weg zu laufen. Kajarnak blieb den guten Brüdern allein getreu, da er selbst von seinen Verwandten verlassen war. Da diese sahen, daß er ihnen nicht mehr folgen wollte, so nahmen sie das Gezelt und den Nachen der Familie mit sich hinweg. Er ließ sich aber lieber dreymal durch die Wilden aller seiner Habseligkeiten berauben, als daß er zu ihnen umgekehret wäre. Nachdem er lange genug Verfolgung, Spott und Verachtung, ausgestanden hatte, so machete er seiner Seits Neubekehrte, und einige seiner Anverwandten und Freunde bathen die Brüder, ihnen einen Platz in der Nachbarschaft ein zu räumen, und daselbst ein Haus bauen zu helfen.

Beym Anfange des Weinmonates, da der Schnee und die Kälte die Grönländer von ihren beweglichen Gezelten in ihre feste Winterwohnung führete, begaben sich ungefähr zwanzig Personen in zwey Häuser, die nicht weit von der Mission erbauet waren. Damals fiengen die Brüder an, für fünf Kinder, welche sie nicht ohne große Mühe lesen lehreten, eine kleine Katechismusschule zu errichten. Sie warfen sich darauf zu Aerzten dieser Familie auf; und ungeachtet ihrer Unwissenheit in dieser Kunst, gelang es ihnen zuweilen, die Kranken zu heilen: aber das geschah, sagen sie, weil sie ihnen ein Vertrauen auf Gott, den sie anriefen, einflößten, so daß wenn ihre Arzeneyen auch dem Körper unnützlich waren, sie es doch nicht für die Seelen waren.

 Inzwischen

Cranz von Grönland. Inzwischen fiel es sehr schwer, die Bekehrung ohne Heilung zu verrichten. Weil die Missionarien die Kranken zum Gebethe ermahneten, so frageten zween Grönländer, die nicht wußten, was sie dem lieben Gotte sagen sollten, wie sie es anfangen müßten, wenn sie den lieben Gott um Hülfe anrufen sollten. So gleich ließen die Brüder die Kinder der Kranken kommen, und sagten zu ihnen, sie sollten ihre Väter um etwas ansprechen. Diese hatten also kein anders Muster des Gebethes nöthig, sich an den Vater der Menschen zu wenden, der alle Sprachen und insbesondere die Stimmen der Bedrängten, versteht.

Als die Missionarien diese kleine Heerde Neubekehrten in Ordnung gebracht hatten, so ließen sie ihre lieben Schafe nicht aus dem Gesichte, und folgeten ihnen überall, aus Furcht, man möchte sie ihnen aus ihrem Stalle rauben; sie begleiteten sie so wohl zum Handel, als auf den Fischfang, und bedienten sich dieser Reisen, andere Grönländer an sich zu ziehen. Nach und nach nahm ihre Heerde so zu, daß die vier Hirten, die zugegen waren, nicht mehr hinreichten, sie zu führen; sie nahmen also noch zween deutsche Brüder zu Mitarbeitern an, so wohl in denen Arbeiten, die nur Stärke des Armes erforderten, als auch in den geistlichen Verrichtungen ihres evangelischen Amtes.

1739. Der Frost erwecket eine Hungersnoth. Das 1739 Jahr ward durch Proben merkwürdig, welche die Herzen zur Religion vorbereiten. Bey dem Eintritte des Winters war der Frost so heftig, und das Eis hatte die südlichen Meerbusen dergestalt verschlossen, daß die Grönländer nicht ausgehen konnten, sich Vorrath zu suchen. Viele von ihnen starben vor Hunger und Froste, weil es ihnen an Lebensmitteln und an Thrane fehlete, ihre Lampen zu unterhalten, die ihnen zu gleicher Zeit zur Wärme und für die Küche dienten. In dieser doppelten Noth nahmen die Grönländer, wie gewöhnlich, ihre Zuflucht zu den Europäern. Einige wurden gezwungen, drey Meilen über das Eis zu gehen, und andere ganze Tage lang ihren Kajak auf dem Kopfe zu tragen, ehe sie Wasser fanden, wo sie wieder rudern konnten. Sie bathen die Missionarien, ihnen eine Freystatt zu verstatten, und ihre Weiber und Kinder auf zu nehmen, die sie weit hinter sich mitten im Eise zurück gelassen hatten. Die Brüder ließen ihnen alle Beyhülfe, welche die Menschlichkeit erforderte, angedeihen, und man schickte von der Colonie ein Schiff ab, diese herumirrenden Familien zu erhalten. Da aber das Eis nicht zuließ, an der Insel zu landen, wo diese Unglücklichen aufgehalten wurden, so war man gezwungen, sie eine ganze Woche lang dem äußersten Elende zu überlassen, so lange bis das warme Wetter das Meer wieder eröffnete, und man sie überfahren konnte. Diese armen Leute waren zehn Tage mitten im Schnee gewesen, und hatten nichts, sich zu unterhalten, als die alten Felle von ihren Gezelten, ihre Schuhsohlen und Meergras. Indessen war doch ein Grönländer, der glücklicher oder verwegener, als die andern, war, in die Insel gedrungen, und hatte seine Frau und Kinder in zween Kajaken gerettet; in den einen setzete er die Mutter, die ihren jüngsten Sohn auf dem Rücken trug; das andere Kind nahm er selbst auf die Schultern; er befestigte den einen Kajak an den andern, und führete sie bald durch das Wasser, und bald über das Eis, indem er wechselsweise bald ruderte, und bald zog.

Mit allen diesen Leuten hatten die Brüder ihre beyden Häuser so angefüllt, daß ihnen kaum eine kleine Kammer zu ihrer Bequemlichkeit übrig blieb. Dieß war für die

die Mission ein günstiger Augenblick; denn die Gutthätigkeit hat dem Glauben stets den Weg gebahnet. Indessen will doch Herr Cranz nicht, daß man sich einbilde, seine Mitbrüder hätten die zeitlichen Mittel der Wohlthätigkeit als eine Art von Lockspeise gebrauchet, die Grönländer zu dem Christenthume zu ziehen. Es ist was anders, saget er, Neubekehrte durch Geschenke zu machen, und dem menschlichen Elende hülfreiche Hand zu biethen, ohne dabey auf etwas anders, als ihre Nothdurft zu sehen, und andere Absichten zu haben, als die, sie zu unterstützen. Die Brüder trieben auch ihre Uneigennützigkeit so weit, daß sie das Heil der Seelen nicht durch die Nahrungsmittel kaufen wollten, die sie den Ungläubigen reichten. Einer von diesen Flüchtlingen ließ seine Frau in Geburtsnöthen, und wollte bey den Missionarien wohnen: sie gaben ihm aber Lebensmittel und schickten ihn wieder weg, indem sie zu ihm sageten, wenn sein Vorgeben, sich zu bekehren, gegründet wäre, so könnte er mit seiner Frau wieder kommen: er kam aber nicht. Als nun die rauhe Witterung aufhörete, so begehreten die Flüchtlinge, man möchte sie wieder nach Hause führen. Die Missionarien gewähreten sie ihrer Wünsche, und waren sehr zufrieden, daß sie eine dieser Familien bey sich behielten, und die meisten dieser Wilden versprachen, den kommenden Winter wieder bey ihnen zu zu bringen, und sich in dem Worte Gottes unterrichten zu lassen. Cranz von Grönland.

Als nun aber die Zeit der Fischerey die Grönländer wieder zerstreuete, so macheten sich die Brüder der guten Jahreszeit zu Nutze, ihre apostolischen Reisen wieder vor zu nehmen. Sie fiengen sie in diesem Jahre mit dem Hornunge wieder an, und trugen ihre Schiffe über das Eis. Johann Beck, einer von den vereinigten Brüdern, begab sich nach Kangek, wohin der Mangel viele Familien geführet hatte. Mangek und Kajarnak begleiteten ihn, und halfen ihm ihre Landesleute unterweisen: es glückete ihnen aber nicht so sehr, daß sie nicht hätten wünschen sollen, nach Neuherrnhut zurück zu kehren, wo der eigentliche Wohnplatz der Brüder war.

Die dänischen Missionarien wollten auch auf ihre Seite ihrer jährlichen Besuche fortsetzen: sie konnten aber sehr oft nicht, weil es ihnen an Schiffen und Matrosen fehlete. Die Brüder macheten sich also eine Pflicht daraus, sie selbst zu führen und ihnen einen Theil derer Dienste zu vergelten, die sie von dem Herrn Egede und seinen Mitgenossen empfangen hatten. Herr Cranz, der ein Herrnhuter ist, berichtet, daß seine Mitbrüder zuweilen besser von den Wilden aufgenommen wären, als die dänischen Prediger, weil sie sich mit ihnen gemeiner machten, und ihre Ausdrücke mehr nach den Begriffen dieses einfältigen Volkes eingerichtet waren. Inzwischen machete ihr Unterricht doch eben keinen schnellen Fortgang. Die Grönlander konnten ihre Vernunft nicht höher, als zum Begriffe einer Gottheit, erheben. Ihr Verstand war zu schwach, die Geheimnisse der Erbsünde und der Erlösung zu fassen. Wenn man davon mit ihnen sprach, so gaben sie immer zur Antwort, das glauben wir alles; und diese Antwort bedeutete, man sollte nicht mehr davon mit ihnen reden. „Einer „von ihnen aber, der seine Verstandeskräfte mehr anstrengete, sagete eines Tages zu „den Katecheten: Hörete es denn Gott nicht, da die Schlange durch ihre Reden Even „verführete; und wenn er es hörte, warum gab er denn der Frau nicht Nachricht von „ihrer List; er hätte ja auf die Weise den Fall der Menschen verhindern können.„

Auf

Cranz von Grönland.

Auf diese Weise verhinderten die Dummheit der einen und das Vernünfteln der andern die Früchte der Predigt des Evangeliums.

Die Sitten der Grönländer waren noch lange das nicht, was die Herrnhuter das Himmelreich nennen. Einstens war eine alte Frau in der Nacht gestorben, wenigstens schien es so, als wäre sie todt; ihr Sohn wickelte sie gleich in ein Fell, sie zu begraben. Eine Stunde nachher aber, fieng sie ein erbärmliches Geschrey an. Ein Missionar erhielt von dem Sohne, daß er das Gesicht seiner Mutter wieder aufdeckete, um zu sehen, ob sie noch Zeichen des Lebens an sich hätte. Als sie aber nicht redete, so wickelte man sie wieder in ihr Todtenkleid. Es währete nicht lange, so hörete man sie von neuem seufzen. Der Sohn deckete sie wieder auf und stopfete ihr etwas Fischspeck in den Mund, welches sie verschlang, aber ohne zu reden. Man deckete sie wieder zu, endlich erwachte sie zum dritten Male, und antwortete auf einige Fragen. Der Missionarius bath also den Sohn, für seine Mutter Sorge zu tragen. Sobald sich dieser Unglückliche aber allein sah, so wickelte er sie von neuem ein, ließ sie durch ein Fenster des Hauses in das Meer, und aus Furcht, man möchte ihm noch einmal sein Vorhaben rückgängig machen, begrub er sie lebendig in einer benachbarten Insel. Inzwischen erfuhr man, was er gethan hatte; und wenn man ihm diese böse That vorwarf, so sagete er zu seiner Vertheidigung, seine Mutter hätte in denen Tagen, die sie ohne Nahrung zu sich zu nehmen gelebet hatte, den Gebrauch ihrer Vernunft und ihrer Sinne verloren, und er hätte geglaubt, eine Handlung der kindlichen Liebe zu thun, wenn er ihrer Qual ein Ende machte.

Erste Früchte der herrnhutischen Mission.

Indessen verlangeten die beyden Wilden, die sich so besonders an die Mission gehalten hatten, die Taufe, die man sie zu wünschen gelehret hatte. Es sey nun aber, daß man in dem Charakter des einen, und das war **Mangek**, Unbeständigkeit bemerket hatte, oder daß er ihnen noch nicht unterrichtet genug zu seyn schien, so schlug man es ihm ab: dieser abgewiesener Proselyt verließ also die Mission, und gieng wieder zu den Wilden. Die Brüder wendeten nun allen ihren Fleiß auf **Kajarnak** und seine Familie, die denn auch nach hinlänglichem Unterrichte an dem ersten Ostertage getauft wurden. Es waren ihrer viere, der Mann, seine Frau, ein Sohn und die Tochter.

Sie hatten aber noch nicht einen Monat die Taufe empfangen, so kam eine Mörderbande aus Norden, und tödtete **Kajarnaks** Schwager unter dem Vorwande, er hätte durch seine Hexereyen den Sohn des Hauptes dieser Bande getödtet. Anfänglich hatten sie ihn nach Kangek gezogen, und mit einer Harpune grausam durchstoßen. Er hatte noch das Glück, das Eisen aus seinem Leibe zu reissen, und aus ihren Händen zu entrinnen. Sie ertappeten ihn aber wieder; und nachdem sie ihm dreyzehn Stiche mit dem Messer gegeben, so stürzeten sie ihn von einem Felsen hinunter, woselbst er nach vielem Suchen entdecket wurde. Die Mörder droheten auch, noch den Kajarnak selbst und seinen andern Schwager, den Europäern und den Südleuten zu Trotze, um zu bringen. So nannten sie die Grönländer, welche bey der dänischen Colonie und der Mission wohneten, oder mit ihnen handelten. Diese wurden darüber unruhig und wollten fliehen: man sprach ihnen aber wiederum Muth ein. Die Beamten der Colonie ließen das Haupt der Mörder und einige von seiner Bande greifen. Sie wurden in Gegenwart vieler hundert Grönländer gefangen eingeführet. Das

Haupt

Haupt gestund bey der Befragung, daß er noch drey Mordthaten begangen, und in dreyen andern die Hand mit gehabt hätte. Da er den menschlichen Gesetzen nicht unterworfen war, saget Herr Cranz, weil er die göttlichen selbst nicht einmal wußte, so las man ihm die zehn Gebothe vor, und bedrohete ihn mit den schärfsten Strafen, wenn er wieder einen Todtschlag beginge; darauf wurde er losgelassen. Zween von seinen Mithaften aber, welche von dem Gesetze Gottes unterrichtet waren, ehe sie solches übertreten hatten, wurden mit dem Staupbesen bestrafet. So gerecht auch dieser Unterschied der Begegnung seyn mochte, so war er doch vielleicht nicht recht geschickt, die Fortpflanzung des Christenthums zu befördern. Er zeigete aber von Seiten der Richter und Christen eine Unparteylichkeit, welche ihrer Religion Ehre machet. Indessen war Kajarnak über diese Angriffe, ungeachtet der Züchtigung der beyden Strafbaren, grausam erschrocken und wollte sich der Gefahr in irgend einem den Feinden seiner Familie und seines Lebens unbekannten Aufenthalte entziehen. Man suchete vergebens, seine Unruhe zu stillen; vergebens erinnerte man ihn des Versprechens, das er bey seiner Taufe gethan hatte, die Missionarien nicht zu verlassen. Er wurde über alle ihre Vorstellungen bis zu den Thränen gerühret: er konnte sich aber doch nicht entschließen, bey ihnen zu bleiben. Den Augenblick war die Mission bis auf zwey Zelte verlassen. Alle Hoffnung der Brüder wegen Grönlands Bekehrung verschwand, und es blieb ihnen nur die Beschämung, Heiden getaufet zu haben, ohne Christen zu machen. Dieser Vorwurf aber, den man zu ihrer Trübsal noch hinzu fügete, war nicht gegründet, noch von Dauer. Denn vor dem Ende des Jahres sahen sie ein und zwanzig Fahrzeuge mit Grönländern ankommen, unter welchen einige Freunde des Simek, eines von denjenigen Wilden, waren, welche den Kajarnak bey seinem Wegzuge begleitet hatten. Simek kam selbst mit seiner Familie wieder; so daß die Brüder den folgenden Winter neun Familien in ihrer Nachbarschaft hatten. Die Wegläufer kamen also, nachdem sie überall neue angeworben, unvermerkt wieder zu den Fahnen des Glaubens, und führeten mehr Neubekehrte herbey, als weggelaufen waren.

Cranz von Grönland.

Bis hieher ist man nur einen Theil der Nachricht des Herrn Cranz von Grönland durchgegangen. Es ist noch ein zweyter viel größerer Theil übrig, welcher aber ganz von dem Fortgange der christlichen Religion und der Mission der mährischen Brüder bey einem, dem Ansehen nach, von Himmel und Erde verlassenen Volke handelt. Dieses Werk, welches lange nicht so merkwürdig, noch so einnehmend ist, als die erbaulichen Briefe der katholischen Missionarien, zeiget einen gewissen Fanatismus, welchen alle Religionen auf gleiche Art vermeiden sollten. Es herrschet eine eigene Sprache der Frömmigkeit darinnen, die mit so vielem Mystischen aufgestützet ist, daß man sie den Augen der Welt nicht wohl vorlegen kann, ohne die Ehrerbiethung in Gefahr zu setzen, welche man der Religion schuldig ist. Indessen kann doch die Geschichte eines jeden bekehrten Volkes zeigen, durch was für Mittel man eine Religion in ein Land einführet, wo solche noch nicht geprediget worden. Wenn dieses Gemälde allein durch sich selbst eine große Anzahl Leser einnimmt, so wird ein kurzer Begriff der apostolischen Arbeiten, welchen sich die mährischen Brüder in einem Zeitraume von zwanzig Jahren ergeben haben, etwas neues, lehrreiches und anziehendes zugleich haben. Man wird sich wenigstens dabey einen richtigen Begriff von dem Gange machen, den eine Religion gehen muß, wenn man sie durch den sanften und langen Weg der Ueber-

Cranz von Grönland.

redung in die Gemüther bringen will. Denn man wird hier nicht, was das Christenthum verabscheuet, das Kreuz die Galgen vermehren, die Fackel des Evangelii Scheiterhaufen anzünden, abgöttische Fürsten von Christen auf glühende Roste geleget, und Waffen und Fesseln den Missionarien einen Weg voller Blut und Zähren bähnen sehen. Die Dänen sind den Grönländern nicht so begegnet, wie die Russen den Kamtschadalen und andern abgöttischen Völkern begegnen. Kurz, sie haben erst vorher bekehren, als unterwerfen, und nicht erst vorher erobern, als bekehren wollen.

Das IV Capitel.

Geschichte der grönländischen Missionen von 1740 bis 1760.

Einstimmung der mährischen Brüder mit den dänischen Missionarien in Grönland. Todter Walfisch. Zufälle derer, die davon gegessen. Wirkungen der Träume. Mittel zur Heidenbekehrung. Singeschule. Beredsamkeit der Thränen. Vergleichung der mährischen Brüder mit den Jesuiten. Enthusiasterey und Nichtduldung. Die Missionarien folgen den Grönländern auf die Jagd und zum Fischen. Tagebuch einer Reise zum Fischen; einer andern zur Jagd. Man bauet eine Kirche. Fortgang der Mission im 1748 J. 1749. Sonderbarer Proceß. Verrichtungen im 1750 J. im 1751 und 1752. Herr von Watteville besuchet die Missionen in Grönland. Tagebuch seiner Reise. Harter Winter 1752. Verrichtungen im 1753 und 1754 J. Schädliche Ankunft der Holländer für die Grönländer. Misbrauch der heiligen Schrift. Die Grönländerinnen wollen nur ihre eigenen Kinder säugen. Verrichtungen im 1755 Jahre. 1756. Rührendes Beyspiel einer strengen Hungersnoth. 1757. Außerordentliche Hungersnoth. Das Lesen unterhält den Eifer der bekehrten Grönländer. Geschichte von 1758. Niederlassung der mährischen Brüder zu Lichtenfels. Geschichte von 1759. Außerordentliche Lufterscheinung. Geschichte von 1760. Cranzens Reise nach Grönland. Vergrößerung des Hauses zu Lichtenfels. Mondfinsterniß. Klage der Missionarien über die geistliche Verhärtung der südlichen Grönländer. Unbequemlichkeit der zweydeutigen Wörter. Nutzen der Lieder bey den Missionen. Ausbesserungen zu Lichtenfels.

Einmüthigkeit der mährischen Brüder und dänischen Missionarien in Grönland.

Die mährischen Brüder, Leute ohne Studien und ohne Fähigkeiten, hatten keinen andern Beruf und keine andere Gaben zu ihrem Apostelamte, als ihren guten Willen. Sie glaubeten, es wäre ihnen eingegeben; dieß war ihr einziges Mittel zu bekehren. Die Zeit und die Umstände thaten das Uebrige. Man muß aber gestehen, daß sie alle natürliche Mittel anwandten, welche die sittliche Tugend und menschliche Klugheit nur eingeben können. Sie lebeten anfänglich in gutem Vernehmen mit den noch übrigen dänischen Missionarien, welche sich mit ihnen zu einerley Religion bekannten, mehr Einsichten hatten, und die Wissenschaft mit dem Eifer verbanden. Diese Uebereinstimmung verhütete die Spaltungen, die Streitigkeiten und das Aergerniß, welche mehr als einmal den Fortgang des Evangelii in China und Indien haben fehlschlagen lassen. Wenn auf der einen Seite die Stiftungen des Mönch-

Mönchsstandes denjenigen Ordensgeist weit lebhafter eingeben, welcher die Hitze des Religionseifers vermehret, und den Arbeiten des Apostelamtes mehr Thätigkeit, Stärke und Erfolg giebt: so ist eben dieser Ordensgeist auf der andern Seite ein Keim des Unkrautes und der Zwietracht, welcher das zerstöret, was er aufbauet; indem er durch klägliche Mitbewerbung und Eifersucht, diejenigen theilet, welche für einerley Religion, unter den Fahnen von verschiedenen Farben streiten. Wie vielmal hat man nicht diese Legionen um Eroberungen kommen, oder sie wieder verlieren sehen, wovon sich eine jede den ganzen Ruhm zueignen wollte, ohne des Nutzens zu gedenken? Zum Glücke both Grönland keine Schätze noch Macht an, die unter den lutherischen Priestern aus Dänemark und den mährischen Brüdern zu theilen gewesen. Sie erwiesen einander auch alle gegenseitige Dienste der christlichen Liebe; und diese Zusammenstimmung der Absichten und guten Dienste beförderte die Bekehrung der Wilden, oder bereitete sie doch dazu vor. Ueber dieses so versäumete man nichts von dem, was einen heilsamen Eindruck bey diesen einfältigen Gemüthern machen konnte. Sie wurden vornehmlich von der Aufmerksamkeit gerühret und erbauet, welche die Brüder hatten, alle Todten zu begraben; da die Grönländer, welche diese letzte Pflicht nur ihren nächsten Anverwandten erwiesen, die andern Todten ohne Begräbniß liegen ließen. Alle Begebenheiten trugen zu dem Werke des Heils etwas bey. Ein Grönländer, welcher mit seinem Boote umschlug und zu ersaufen dachte, rief: O du, der du dort oben bist, nimm meine Seele zu dir! Alsbald kamen zween Grönländer, die ihn erretteten; und er bekehrete sich. Ein anderer Grönländer, welcher die Brüder oftmals predigen gehöret hatte, ohne sich zu bekehren, fiel und starb plötzlich bey dem Ballspiele. Sein Tod konnte natürlich seyn, sagen die Missionarien: sie nahmen aber daher Gelegenheit, die Christen zu ermahnen, sich nicht unter die Heyden zu mengen, vornehmlich bey den Spielen und Lustbarkeiten.

Cranz von Grönland.

In den Kookörnen trieb ein todter Walfisch ans Land. So gleich stelleten die Grönländer eine große Gasterey an, welche sich mit einem Tanze endigte. Zween Christen warneten sie, keinen solchen Lärm dabey zu machen, sondern Gotte für das Geschenk zu danken. Die Wilden aber verlacheten sie nur. Mitten in dem Lärmen fällt einer um und ist todt, bald darauf sterben wieder zween, und des folgenden Tages noch mehrere. Alle, die von dem Fische gegessen hatten, waren krank. Die mährischen Brüder sprangen ihnen bey, und gaben ihnen Gifttropfen ein. Man hatte ihnen gesaget, der Fisch wäre auf der Seite, wo er mit der Harpune geworfen worden, grün und blau gewesen. Sie schlossen daraus, solche müßte vergiftet gewesen seyn. Den Kranken erstarreten auch wirklich zuerst die Augen; die Zunge ward weiß; dann vergiengen ihnen die Sinne, die Glieder wurden fühllos, schwollen sehr auf, und so starben sie ohne Empfindung einiges Schmerzens. Diejenigen aber, welche acht und vierzig Stunden leben und sich erbrechen konnten, kamen davon. Wer von dem grünlichten Fleische gegessen hatte, mußte sterben: die übrigen konnten noch mit Arzeneyen durch die Missionarien gerettet werden. Auf solche Art arbeiteten sie an ihrem großen Gegenstande der Bekehrung der Seelen.

Todter Walfisch.

Zufälle derer, die davon gegessen.

Herr Cranz denket, diejenigen, welche diesen Walfisch mit einem vergifteten Eisen verwundet hätten, wären Spanier gewesen, von denen dieses Jahr zwey Schiffe auf den Fischfang dahin gekommen. Eines davon, saget er, strandete zwanzig Meilen nordwärts

1743.

Cranz von Grönland.

nordwärts von Godhaab; und als sich die Schiffleute mit dem Boote an das Land retten wollten, so wurden sie, wie man dafür hält, von den Grönländern mit Pfeilen erschossen; wiewohl diese vorgaben, daß sie solche auf dem Lande vor Hunger und Kälte verschmachtet gefunden, und sich nur des Ihrigen bemächtiget hätten. Uebrigens hat die Habsucht der Europäer an allen Küsten der drey andern Welttheile so viel Lärmen und Unruhe gemacht, daß sie erwarten müssen, überall Feindseligkeiten und Verrätherenen zu erfahren, wohin sie eine Geräthschaft von Kriege, Gewaltthätigkeit, Geiz und Herrschaft bringen. Es ist noch eine Art von Glückseligkeit für sie, daß eben die Religion, welche, anstatt ihre Ungerechtigkeit zu unterdrücken, das Feuer ihrer Begierde durch einen Hauch eines oft falschen und stets übermäßigen Eifers an zu fachen scheint, mitleidigen und tugendhaften Seelen die Werke der christlichen Liebe eingegeben hat, welche gewinnen und überreden können. Wenn es Dänemark mit der Zeit dahin bringt, daß es Grönland gesittet machet, so wird es ohne Zweifel einen Theil seiner Niederlassungen in diesem wilden Lande, der Geduld der mährischen Brüder zu danken haben, welche bis hieher nur Sitten und Frömmigkeit gehabt haben, ihren Bekehrungseifer zu unterstützen.

Wirkungen der Träume.

Das gute Beyspiel giebt dem Worte so viel Gewalt, daß denjenigen alles gelingt, welche eine Sittenlehre predigen, die sie ausüben. Die Träume so gar wirketen mit an dem guten Erfolge der Missionarien. Ein Angekok sah im Traume ein Kind, welches ihm anfangs einen sehr angenehmen Ort und hernach einen sehr finstern gewiesen. Dieser Mensch bekehrete sich. Herr Cranz gesteht, er hätte diesen Traum davon bekommen können, daß er von dem Jesuskinde, dem Paradiese und der Hölle reden gehöret. „Allein, saget er, ob sich Gott gleich mancher besondern Gelegenheiten „und also auch der Träume bedienen kann, die Menschen um zu kehren: so habe ich „doch angemerket, daß dergleichen Leute selten zu einem rechtschaffenen und zuverläßi„gen Wesen in Christo gelanget sind; wie ich denn obberührten Grönländer selbst noch „gesehen und angemerket habe, daß er zwar einen stillen und unsträflichen Wandel „geführet, aber zu der wahren Seelenspeise, die einen besser machet, noch nicht ge„langen können.“

Die Grönländer, welche die Predigten anhöreten, waren den Träumen von Religionssachen sehr unterworfen. Weil sie derselben misbraucheten, so verbothen ihnen die Missionarien, solche einander zu erzählen. Ueberhaupt bewegen die erschrecklichen Geschichte, sie mögen nun wahr oder falsch seyn, die Einbildungskraft im Schlafe, und die Träumereyen der Nacht beunruhigen die Vernunft der Kinder den Tag über. Was für einen Vorsprung hat man doch, wenn man die Gemüther, unter dem Vorwande, sie zu unterrichten, also erschrecket? Man ist andächtig, so lange man Furcht heget; und wenn das Alter der Leidenschaften den Muth giebt, so bleibt man ohne Religion und Sittenlehre.

Indessen stießen die Missionarien die Seelen doch nicht zurück, welche das Christenthum suchten, der Bewegungsgrund mochte seyn welcher er wollte, der sie dazu führete. Einem Angekoken träumete, er wäre in der Hölle. Da er von diesem Traume aufwachete, so weinete er zween Tage und bekehrete sich. Dieß war immer ein Triumph für die mährischen Brüder. Ob es gleich selten ist, einen Diener des Aberglaubens demselben entsagen zu sehen; weil die Bewegungsgründe, welche ihn

an

an seine Lehrsätze heften, oder die Gründe, die ihn aus dem Irrthume derselben gebracht haben, auf gleiche Art wider die meisten andern Glaubensmeynungen einnehmen müssen: so wird er doch, wenn er Neigung zu der Religion hat, solche um so viel leichter verändern; weil er nur die Misbräuche derjenigen, die er verläßt, und das Wunderbare derjenigen, die man ihm vorträgt, sieht. Dieß ist wenigstens die Schwachheit aller der hitzigen und unbeständigen Gemüthsarten, wenn sie nicht Muth oder Einsichten genug haben, die Wahrheit ein zu sehen, und den Irrthum zu ändern. Cranz von Grönland.

Die Missionarien gestehen auf allen Seiten die Hindernisse, welche sie fanden, sich fest zu setzen. Unter denen Gründen, welche die Angekoken von dem Christenthume abwendig macheten, war die Liebe zu ihren Anverwandten und Kindern, wie einer von ihnen bekannte, der zuweilen einen Trieb, sich zu bekehren, in seiner Seele fühlete. Denn, sagete er, wenn er in den Himmel käme, und diese in der Hölle wären, so könnte er doch keine Freude haben. Dieser Einwurf, welcher allen christlichen Missionarien in allen Theilen der Welt gemachet worden, verdienete, wie es scheint, eine Antwort. Die mährischen Brüder aber, welche sich nicht rühmen, Theologen zu seyn, hatten ohne Zweifel keine Waffen zur Vertheidigung wider einen so fürchterlichen Angriff.

Ein noch größeres Aergerniß, als die Vernünfteley dieses Angekoken, war der Widerwillen eines Mannes gegen ihre Unterredungen. Er sagete ihnen gerade heraus, „er wolle und könne nichts von allem dem glauben, was er hier von Gott höre; „es sey kein Gott, sondern alles sey von sich selber entstanden, und werde immer so „bleiben.„ Wenn ihn die Missionarien deswegen bestrafeten, und ihm den gefährlichen Zustand seiner Seele vorstelleten, so gab er keine weitere Antwort, als er würde seinen einmal gefaßten Sinn nicht ändern, sondern wollte seinen Vätern nachfahren. Diese tollen Erklärungen, saget man, rühreten aus der Unruhe seines Herzens her, da er die Arbeit der Gnade unterdrücken wollte, und doch nicht konnte, welches nothwendig einen Kampf verursachen mußte. Man erkannte solches deutlich, als er einmal ungefähr zu einer Rede über die Worte: der Tod ist der Sünden Sold, kam. Ihm wurde dabey so angst, daß er sich von einer Seite auf die andere wendete, und endlich davon lief.

Eines von denen Mitteln zur Heidenbekehrung, welche die Herrnhuter zur Ersetzung der Wissenschaft ersonnen haben, ist das Singen. Die Lacedämonier bedieneten sich der Musik in den Treffen als eines Werkzeuges des Sieges. Die Hebräer giengen mit Absingung geweiheter Verse zur Eroberung des gelobten Landes, und die Lutheraner bedienen sich noch der Lieder zur Aufrechthaltung und Fortpflanzung der Religion. Die mährischen Brüder aber haben in Grönland Singeschulen, sonderlich für die Kinder und jungen Mägdchen, angeleget. Die Mannspersonen, welche nicht Zeit haben, den Unterweisungen bey zu wohnen, erlernen das Evangelium durch die Lieder, die man in ihren Hütten singt. Die Kinder haben ein leichtes Gedächtniß, und die Mägdchen eine liebliche Stimme. „Den Heiden selber, saget Herr „Cranz, war das Singen unserer Grönländer, die man gleich vom Anfange angewöhnt hatte, nicht aus vollem Halse zu schreyen, sondern sanft, langsam und deutlich zu singen, etwas angenehmes, und gab manchem eine Gelegenheit, auch eine „Rede, oder einen Unterricht oder ein Capitel, aus der Bibel mit an zu hören.„ Mittel zur Heidenbekehrung. Singeschule.

 Wenn

Cranz von Grönland.

Wenn die Lieder die Herzen zur Erweichung vorbereitet haben, so machet sich der Redner dieser glücklichen Augenblicke zu Nutze, wo die Zuhörer sich viel leichter überreden, als überführen lassen. Alsdann höret man mit Begierde die traurigen und rührenden Geschichte, welche die christliche Religion bey allen einfältigen Völkern hat siegen lassen, welche durch die Ungunst der Natur und die Widerwärtigkeiten des Glückes geneigt gemacht worden, diejenige Lehre eifrigst an zu nehmen, welche am fähigsten ist, Unglückliche zu trösten. Der Namen des leidenden Jesus, des Freundes der Armen, des Feindes der Reichen, des Helfers in Nöthen und des Schlachtopfers seiner Tugenden machet bey den Grönländern eben den Eindruck, den man bey den Schottländern fand, welche Karln den I. bekriegeten und ihn Cromweln überlieferten oder verkaufeten. Der Redner, welcher niemals redet, ohne zu glauben, daß er Eingebung habe, saget mit Zuversicht viel eher alles, was ihm in den Mund kömmt, als in seine Seele; und wenn es ihm an Worten fehlet, so nimmt er zu den Thränen seine Zuflucht, welche so viel Einfluß in die am wenigsten sinnlichen Seelen haben. Diese Thränen sind beredter, als die Rede; und da ist der Missionarius der Wilden über den Redner der Könige. Diese Kraft der Worte und der Thränen über die Sinne und das Herz versammelter Menschen, hat ohne Zweifel den Fortgang des Evangelii bey den herumschweifenden Völkerschaften in America so schnell ausgebreitet, die Einwohner in Paraguai gesittet gemacht, sie unter das Joch einer Gesellschaft gebracht, welche gar zu sehr ausgebreitet und gar zu mächtig ist, als daß sie nicht einige Kunstgriffe unter große Tugenden sollte gemenget haben.

Beredsamkeit der Thränen.

Vergleichung der mährischen Brüder mit den Jesuiten.

Die mährischen Brüder scheinen die Geschichte und den Gang der Jesuiten in ihrer Niederlassung erlernet zu haben. Sie sind in einer größern Dunkelheit entstanden und haben sich in eben so weniger Zeit vervielfältiget. Es ist bey ihnen eben der Enthusiasmus, eben der Eifer, eben der Geist der Vereinigung und Brüderschaft. Wenn diese unwissendern Missionarien nicht das Ohr der Könige gewonnen, und sich besonders einem Hofe ergeben haben, um sich bey allen andern ein zu dringen, so fangen sie mit einer noch heimlichern Geschicklichkeit an, sich in alle Arten der Stände ein zu schleichen, sich zu Handelsleuten, Handwerksleuten und Ackersleuten zu machen. Unter der Anleitung einiger Großen, welche Schlösser, anstatt Klöster, stiften, bilden sie Wohnplätze, Colonien und Städte, deren Apostel, Väter und Fortpflanzer durch alle Mittel und Wege der Natur und Kunst sie zugleich sind, indem sie die Süßigkeiten des Ehestandes mit dem Troste der Frömmigkeit verbinden und mit allen Hebzeugen der Religion das Gebäude einer großen Gesellschaft errichten. Die natürlichen Ergebenheiten und häuslichen Sorgen, welche von dem ehelichen Leben unzertrennlich sind, machen zwar diejenigen gemachten Bande etwas schlaff, welche die ehelosen und Mönchsgesellschaften verbinden und ausmachen. Allein, was man an dem Geiste der Gährung und Munterkeit verliert, welcher auf einmal ein großes Aufsehen machet und einem Religionskörper allen Ruf und berühmten Namen giebt, das ersetzet man durch die Art, die Anzahl und Gründlichkeit der Niederlassungen, welche ein auserlesenes Volk, das sich in alle andere menget, mit der Zeit errichten kann. Vieleicht werden die mährischen Brüder in der lutherischen Religion das seyn, was die Quaker in der englischen Kirche gewesen. Wenigstens werden sie, da sie mehr Bürger und mehr Patrioten, als die Jesuiten, sind, als Kinder der Hauptstadt und Väter der Colonie

lonie, durch die Bande des G. blütes und das gesellschaftliche Beste mehr mit dem gemeinschaftlichen Vaterlande verbunden seyn. Wir wollen aber sehen, mit was für Fleiße sie im Voraus den Samen zu ihrer Vergrößerung und derjenigen Glückseligkeit ausstreuen, welche alle Menschen sich auf Erden zu verschaffen, das Recht haben und so gar verbunden sind. Wenn ihr Enthusiasmus dieses Gute, ohne irgend eine Unruhe, wirken wird, so wird er stets nützlich seyn. Der Enthusiasmus aber zieht oft die Nichtduldung nach sich. Die Missionarien selbst beklagen sich darüber.

Cranz von Grönland.

Ein bekehrter Grönländer mußte einmal in einem Hause übernachten, wo über hundert Menschen zum Tanze versammelt waren. Er wußte nicht, was er thun sollte, den Versuchungen und dem Lärmen zu entgehen, fiel derohalben auf die Knie und bath, daß ihm Gott beystehen möchte. Darauf gieng er getrost in das Haus und geboth den Heiden, still zu seyn, er habe ihnen etwas bessers zu sagen; und wenn sie es nicht thäten, so würde er ihnen die Trummel nehmen, und mit Füßen zertreten. Ja, eine Frauensperson, Sara genannt, ließ es nicht bey den Drohungen bewenden, sondern nahm ihnen einmal die Trummel und zerbrach sie. Wir erinnerten sie aber, sagen die Missionarien, sie sollte sich in der Heiden Lustbarkeiten nicht mengen, sondern sich still halten, und nur mit denjenigen reden, die sie hören wollten. Wir haben auch seit dem angemerket, daß unsere Sara leichtsinnig, widersetzlich und mit hohen Gedanken von sich eingenommen war. Dieses rührete von ihrem Fleiße und Segen bey den Heiden her. Sie erkannte aber ihren Fehler und ihre Schwachheit, und besserte sich. Ueberhaupt haben sie wahrgenommen, daß, so bald ein Grönländer ein Christ geworden, er auch ein Apostel seyn wollte. Indessen segnen sie doch die glücklichen Früchte dieses Eifers und bemühen sich, ihn aus zu breiten, wiewohl sie ihm dabey die Gränzen der Klugheit setzen.

Enthusiasterey und Nichtduldung.

Der Winter war die gute Jahreszeit für die Missionarien. Da wurden sie mit Muße Menschenfischer. Weil aber die Zeit der eigentlichen Fischerey die Grönländer weit herum zerstreuete, und sie im Sommer das vergaßen, was sie im Winter von der Religion gelernet hatten, so richtete man es so ein, daß die Weiber und Waisenkinder in den Zelten bey der Mission, unter der Anführung eines Christen, blieben, welchem man die Mittel gab, für ihren Unterhalt zu sorgen, und auftrug, sie zu unterweisen. Indessen beklagete sich doch eine Christinn, welche nicht verheurathet war, aber gar zu fleischliche Verbindungen mit einem unbekehrten Grönländer hatte, über diese Neuerung der Missionarien, als über einen den Gewissen aufgelegten Zwang, und eine der Freyheit angethane Gewaltthätigkeit. Ihr Murren konnte das Misvergnügen und das Weglaufen von dem Schafstalle erregen. Man half demselben dadurch ab, daß man die murrende Neubekehrte so lange von der Gemeinschaft der Gläubigen absonderte, bis sie wieder zu ihrer Pflicht gekommen.

Außer der Sorgfalt aber, welche man für diese kleine Heerde trug, folgete einer von den Missionarien den Mannspersonen auf den Fischfang und die Jagd; und er verlor dabey seine Zeit nicht. Des Gebethes nicht zu gedenken, welches er des Morgens und Abends mit seinen Schülern hielt, fieng er auch viele Rebhühner, und bekam große Säcke voll kleiner Häringe, da er ein Beyspiel von der Arbeit gab, und zu gleicher Zeit etwas gewann, den Dürftigen aus zu helfen. Dieß war ein neues Mittel, Neubekehrte zu machen. Man kann nicht ohne Theilnehmung gewisse Stellen

Die Missionarien folgen den Grönländern auf die Jagd und zum Fischen.

Cranz von Grönland.

des Tagebuches lesen, welches diese Missionarien von denen Reisen geben, die sie mit den Fischern und Jägern thun. Wir wollen einen Augenblick Friedrich Böhnischen hören. Er ist einer von den drey ersten mährischen Brüdern, die nach Grönland giengen. Er verheurathete sich daselbst 1740 mit seines Mitbruders, Matthäus Stachs Tochter. Vier Jahre darnach that er eine Reise nach Deutschland, wo er zu Herrnhut und auf dem Synodus zu Marienborn von der Mission Bericht abstattete. Unterwegens wurde er von den (vermuthlich preussischen) Soldaten angehalten, welche ihn mit Gewalt anwerben wollten, und von einem Orte zum andern schicketen. Er ließ sich aber nicht dazu bewegen, und wurde endlich durch Vermittelung eines lutherischen Abtes frey gelassen. Seine Frau, welche Kränklichkeit halber nicht gleich mit ihm reisen können, folgete ihm, und brachte ihre beyden Kinder in die Unitätsanstalten zu Marienborn, daselbst erzogen zu werden. Den Tag vor seiner Rückreise nach Grönland wurde er zur Fortsetzung seines Berufes oder Apostelamtes ordiniret. Man sehe, was für Nachricht er von einer Reise giebt, die er im Monate May 1746 mit auf den Häringsfang gethan hat.

„Den 19ten, saget er, traten wir mit denen, die wir zurück ließen, am Strande „zusammen, empfohlen sie dem mächtigen Schutze unsers lieben Vaters, sangen ein „Lied zum Abschiede, und fuhren also in vierzehn Booten und vielen Kajaken ab. „Wir „kamen nur zwo Meilen weit. Abends hielt ich Singestunde. Hernach besucheten „mich noch einige Grönländer in meinem Zelte. Wir kamen nach und nach auf eine „gar selige Betrachtung, wie uns doch wohl zu Muthe seyn würde, wenn wir unsern „Heiland dort oben von Angesichte zu Angesichte schaueten. Ich kann diese gottse„lige Unterredung und das himmlische Gefühl, welches wir dabey hatten, nicht voll„kommen ausdrücken.

„Den 20sten hielt unser Katechet die Frühstunde. Darauf setzeten wir unsere „Reise fort, auf welcher die Grönländer beständig sangen. „Abends kamen wir nach „Pissiksarbik. Es stunden sechs Zelte von Wilden da. Wir nahmen also einen an„dern Platz ein.

„Den 21sten giengen unsere Mannsleute auf den Seehundefang, und brachten „mir einige Stücke Seehundefleisch, wovon ich mit eben so vielem Vergnügen aß, „als sie darüber hatten, daß es mir schmeckete.

„Den 22sten, als den Sonntag, hielt ich Vormittages die Chorversammlung. „Den Nachmittag besuchete ich die Wilden, welche ich von vielen Jahren her kannte. „Abends hielt der Katechet die Singestunde, und ich der Getauften Versammlung.

„Den 23, 24, und 25sten schöpfeten unsere Leute Angmarset oder kleine Härin„ge, und ich auch. Es war so warm Wetter, daß man es auf dem Lande in den Klei„dern kaum aushalten konnte. Den 26, 27 und 28sten aber schneyete es sehr viel, „und war so kalt, daß ich kaum schreiben konnte.

„Den 29sten hielt ich unter freyem Himmel die Pfingstpredigt.

„Den 1sten des Brachmonates gieng ich auf die Jagd, und bekam ein großes „Rennthier, wovon ich unsern Grönländern den 2ten eine Mahlzeit gab. In meiner „Abwesenheit

1) Herr Cranz erkläret solches nicht, und saget nur, man müsse das Liebesmahl nicht mit dem Nachtmahle oder dem Abendmahle des Herrn vermengen.

„Abwesenheit hatte der Feind gleich etwas unter ihnen an zu richten gesuchet, welches „ihm aber nicht völlig gelungen ist. Hernach schickete ich zwey Kajake mit Briefen „und etwas frischem Fleische nach Neu-Herrnhut, und bald darauf bekam ich Briefe „von daher, die mir viel Vergnügen macheten. Nachts um zwölf Uhr, denn jetzt „ist es die ganze Nacht hell, fuhr ich mit etlichen an einen andern Ort, Häringe „zu schöpfen.

„Den 3ten nach der Frühstunde redete ich mit zwoen ledigen Frauenspersonen, „die ohne mein Wissen mit andern, als ihren Hauswirthen, auf die Jagd gefahren. „Sie gestunden sogleich ihr Versehen, und versprachen, sich zu bessern. Nachmitta„ges hielt ich mit zwey und zwanzig Kindern ein Liebesmahl [1]) und Katechismuslehre. „Hernach sprach ich mit einem noch ungetauften Witwer, der sich nach heidnischer Art „wieder verheurathen wollte. Sein Herz wurde bald weich; und ich rieth ihm, der „Versuchung aus dem Wege zu gehen, und lieber nach Hause zu fahren; wozu er auch „gleich willig war.

„Den 4ten hielt der Katechet die Frühstunde, und ich den 5ten die Sonntags„predigt vor vielem Volke.

„Den 6ten war ich wieder auf der Jagd. Simon, ein getaufter Grönländer, „bekam ein Rennthier, wovon er den Grönländern eine Mahlzeit gab. Bey dersel„ben sagete er unter andern: Ich schäme mich nicht mehr, zu sagen, daß ich mich von „meinen Lehrern wie ein kleines Kind will leiten und führen lassen. Ich erfahre es, „daß die Gemeinschaft der Gläubigen etwas sehr gutes ist, und daß es unsere Lehrer „redlich mit uns meynen, und nicht über uns zu herrschen suchen; wie wohl einige un„ter euch meynen und vorgeben.

„Den 9ten packeten sie alle wieder auf, bis auf zwo Familien, die noch nicht fer„tig waren, und fuhren gegen Mittag unter Lobgesange nach Hause."

Bey dieser Gelegenheit theilet uns Herr Cranz noch ein anderes Tagebuch von einer Jagdreise mit. Es hat solches Matthäus Stach aufgesetzet.

„Den 3ten des Herbstmonates, saget er, giengen einige Grönländer auf die „Rennthierjagd; und weil wir sie nicht gern allein lassen wollten, so fuhr ich mit ihnen. „Wir bekamen in der Bay eine heftige Südboye [a]), die uns von einander trennete. „Ich war genöthiget, vor den Wind gerade in die Bay zu halten; weil das nächste „Land voller steilen Klippen war. Wir wurden endlich doch ganz nahe an das hohe „Ufer getrieben. Der Strom war stark und die Wellen, die sehr hochgiengen, war„fen sich so unter einander, daß man nicht anders dachte, als daß wir umschlagen müß„ten. Das Weiberboot krümmete sich in den Wellen, wie ein Wurm. Ich bethete „bey mir den Vers: Lamm, du hast die Welt gemacht; wir sind deine Creatür„lein rc. In einer Viertheilstunde wurde es ganz still, daß wir noch eine Meile fort„rudern konnten. In Okeitsuk schlugen wir unser Zelt auf, um die andern zwey „Boote zu erwarten, welche der Sturm von uns entfernet hatte. Sie konnten aber „erst in zweenen Tagen wieder zu uns kommen, und waren in großer Gefahr gewesen; „besonders ein junger Mensch, der mit seinem Kajake den andern nicht nachkommen „können.

a) So nennet man einen plötzlichen, durch eine Regenwolke verursachten Sturm, der zwar bald vorüber geht, aber desto gefährlicher ist, weil er unversehens kömmt.

Cranz von Grönland.

„können. Die Wellen hatten ihm die Seehundblase weggespühlet, und indem er solche wieder aufhob, so entfuhr ihm das Ruder, da er sich denn mit bloßen Händen zurück rudern müssen, bis er es wieder erwischete. Das übele Wetter verhinderte uns, „sechs bis sieben Tage lang zu jagen.

„Den 12ten giengen wir auf die Jagd. Ich bekam zwey Rennthiere, die Grönländer aber nichts. Ich gab ihnen eins ab.

„Den 13ten bekam ich wieder eins. Nach der Frühbethstunde klagete mir einer „von meinen Jagdgefährten, seine Frau wollte ihm zuweilen nicht gehorchen; es wäre „ihm also eingefallen, er sollte sich eine große Ruthe machen, und sie einmal recht auspeitschen. Ich sagete zu ihm, das gienge bey Kindern wohl an, aber nicht bey großen Leuten. Ich will mit ihr reden; sie wird sich schon bessern. — Nun, sagete „er, so will ich es nicht thun, sondern es dir sagen, wenn sie es wieder nicht recht machet."

Dieß ist genug, den Entwurf der geistlichen Führung zu erkennen zu geben, welchem die mährischen Brüder bey den Grönländern folgen. Man sieht in diesem kurzen Auszuge ihre Sprache, ihre Lebensart, den Muth, welchen sie besitzen, und die Herrschaft, welche sie mit der Zeit über diese einfältigen und aufrichtigen Leute bekommen werden. Eben die Art, eben der Geist findt sich in der ganzen Missionsgeschichte von zwanzig Jahren. Alle menschliche Mittel, aber die sanftesten, sind in ihren Händen Werkzeuge zur Heidenbekehrung gewesen; und die Heidenbekehrung wird ihrer Seits, vielleicht eines Tages für sie, ein Werkzeug der Macht werden. Man sehe nur, durch was für Mittel es die mährischen Brüder so weit gebracht, daß sie in Grönland zween ziemlich ansehnliche Wohnplätze von halbgesitteten Menschen unter dem Namen der Christen haben anlegen können.

Herr Cranz saget anfänglich[3]), man habe viele Jahre hingehen lassen, ehe man das Sacrament des heiligen Abendmahls auch selbst den getauferen Grönländern mitgetheilet. Die mährischen Brüder trugen ein Bedenken, ihnen dieses große und unbeschreibliche Geheimniß zu offenbaren, und sie desselben theilhaftig zu machen; weil sie ein heimliches Mistrauen hegeten, ob solche recht bekehret wären. „Ich will hier „nicht untersuchen, ob ihr Mistrauen gegründet oder ungegründet gewesen. So viel „ist gewiß, daß sie ihre besten Getauften nicht eher für fähig hielten, dieses hohe „Gut zu genießen, als bis dieselben wußten, daß sie wahrhaftig arme Sünder waren.„

Es setzet auch dieser Missionarius die Gemeine oder die Kirche in Grönland nicht eher, als in das 1747 Jahr, da man eine Kapelle bauen konnte. Vorher, saget er, hatte man die Grönländer unter freyem Himmel den Katechismus gelehret; welches für Lehrer und Zuhörer sehr beschwerlich war. Seit dreyen Jahren predigte man ihnen indessen doch schon in einem Hause. Dieß wurde aber auch gar bald zu enge. Die Missionarien in Grönland führeten bey ihrer Gemeine in Europa häufige Klagen darüber. Dieß wirkete bey dem zu Zeyst gehaltenen Synodus so viel, daß einige vermögende Glieder willig waren, in Holland ein großes Haus, nach Anweisung des daselbst gegenwärtigen Missionars, **Johann Bek**, bauen zu lassen, und mit einem dazu befrachteten Schiffe dahin zu schicken. **Christian David**, der alte unermüdete Zimmermann,

3) Grönländ. Hist. VII B. auf der 637 Seite.

mermann, welcher die erste Hütte in Grönland für die Herrnhuter und ein Schulhäuschen für die Grönländer gebauet hatte, gieng zugleich wieder mit, nun auch die Kirche auf zu führen. Cranz von Grönland.

Sie wurde den 5ten des Heumonates angefangen; und ungeachtet es bis in diesen Sommermonat geschnyen hatte, und im August schon wieder anfieng, so brachte man es doch so weit unter Dach, daß man den 16ten des Herbstmonates die Communion in einem Zimmer halten konnte. Einen Monat darnach wurde die neue Kirche eingeweihet. Die Grönländer hatten eine ungemeine Freude, daß sie ein Bethhaus bekamen; und der Ruf davon zog viele Wilden herbey, solches zu sehen. Es entstund bald eine Art von Burg um sie her, welche sechs große Häuser ausmacheten, worinnen über hundert und achtzig Seelen wohneten; so daß, wenn die aus der benachbarten Colonie dazu kamen, gemeiniglich bey dreyhundert Seelen auf dem Saale waren. 1747. Man bauet eine Kirche.

Die Gemeine zu Neu-Herrnhut, so hieß dieser neue Wohnplatz der mährischen Brüder, wurde in dreyzig Gesellschaften eingetheilet, und ihnen bey dem männlichen Geschlechte neun, und bey dem weiblichen funfzehn Gesellschaftshalter vorgestellet. Darauf errichtete man eine Singeschule. Zween Brüder, die etwas Musik verstunden, waren dadurch behülflich, den Gesang der Grönländer in Ordnung zu bringen, und es fanden sich auch einige Knaben, welche die Melodien, die sie auswendig gelernet hatten, nach dem bloßen Gehöre spielen lerneten, und dadurch das Singen der Gemeine angenehmer macheten.

Als man eine Kirche hatte, so feyerte man Festtage, unter andern den Gemeintag, welcher alle vier Wochen gehalten wurde. Man taufete an demselben; man predigte; man gieng mit den Getaufeten zum Anbethen; man las Briefe von einigen Arbeitern in Europa an einzelne Grönländer, oder an das ganze Häuflein, wie auch von den Kindern aus den Unitätsanstalten an die hiesigen Kinder vor. Zwischen jedem Briefe wurden ein Paar Verse von dem Blute des Lammes (ein oft wiederholetes mystisches Wort) gesungen, welches häufig Thränen auspressete. Alle diese gottseligen Erfindungen zogen unvermerkt viele zu der neuen Kirche, und die Gemeine, welche in diesem 1747 Jahre mit zwey und funfzig Personen, nach einer langen Vorbereitung, durch die Taufe vermehret worden, zählete am Ende desselben hundert und vier und dreyzig Getaufte, wovon aber doch schon achte gestorben waren.

Nunmehr fieng man an, in der Kirche Trauungen, Leichenbegängnisse und alle Ceremonien zu halten, welche die feyerlichsten Handlungen und Verbindungen des menschlichen Lebens durch das Siegel der Religion weihen, und dem öffentlichen Gottesdienste Bestand, Ansehen und darauf dessen Dienern Macht und Reichthum geben. Es ist aber eine sonderbare Anmerkung, die Herr Cranz machet, wenn er saget, daß sich seitdem, daß man die Kirche gebauet, keine ausserordentliche Wirkungen der Gnade, oder wie er sich ausdrücket, „keine so gar starke Zeugentriebe mehr, wie in den „ersten Jahren, bey den Grönländern geäußert haben. Ich habe dieses, fährt er „fort, anfänglich für einen Mangel gehalten, bey genauerer Zusammenhaltung aller „Umstände aber gefunden, daß dieses nicht mehr nöthig und vieleicht schädlich gewe„sen wäre. Es war nicht mehr nöthig, einzelne Zeugen auf zu stellen, weil der Leuch„ter, ich meyne eine lebendige Gemeine, eine Stadt auf dem Berge dahin gestellet „war, und allen leuchtete, die in der Nähe und Ferne wohneten. Eine ganze Wolke

Cranz von Grönland. „Zeugen mußte es freylich heller machen, als einzelne Lichtlein, die oft mehr glimm„ten, als brannten und leuchteten.„

Mit dieser mystischen Sprache, und diesen gütigen Auslegungen glauben die mährischen Brüder überall den Finger Gottes in ihren eigenen Werken zu sehen und zu zeigen. Wenn der Hunger die Grönländer heimsuchet, so ist es eine Züchtigung des Himmels wider diese Ungläubigen. Wenn der Mangel sie zu der Gemeine zieht, wo die Mildthätigkeit durch einen umsonst ertheilten Beystand einige an die neue Kirche verknüpfet und bey ihr behält, so ist es die Gnade, welche sie ruft, sie rühret und bekehret. Wenn die Hirten und ihre Heerde der Getauseten den Gefährlichkeiten des Meeres, dem Treibeise entgehen, welches ihre Fahrzeuge zerstreuet, sie verschlägt und ganze Monate bald unter dem Wasser, bald über demselben herum treibt, da sie sich endlich mit Schwimmen und Rudern retten, so danken sie dem Lamme wegen dieses Wunders. Wenn sie in dem rauhen Christmonate, da ihnen alles abgeht, einen todten Walfisch von neun Klaftern lang, am Ufer finden, von welchem bey dreyhundert Menschen den Speck und das Fleisch kaum in dreyen Tagen abflenzen können, welches ihnen eine schmackhafte Speise und einen guten Vorrath an Thrane giebt, so sehen sie solches als eine glückliche Schickung, und eine Gabe des Himmels an. Sie sehen sich stets auf den Flügeln der göttlichen Liebe getragen, und unter einem lieblichen Wehen des Geistes beseliget. Sie halten sich für unüberwindlich und fest, daß sie nicht verwundet werden können, so lange sie in dem Blute schwimmen, welches aus den Wunden des Lammes fließt. Indessen mischen sie doch oft unter den Beystand von oben Waffen und Mittel, welche gar zu viel von der menschlichen Schwachheit an sich haben, als daß sie nicht verdächtig seyn sollten.

Eines Tages, nachdem sie neunzehn Grönländer zum Abendmahle des Herrn zugelassen, taufeten sie sieben Kinder von der Heerde, worunter sich eine Jungfrau befand, welcher einige Wochen vorher ein besonderer Zufall begegnet war. Sie hatte sich mit ihrem Hauswirthe nach Kangek begeben, wo sie von einem Wilden weggenommen wurde, der sie mit Gewalt, nach grönländischer Art, zu seiner Frau zwingen wollte. Ihr Hauswirth konnte sie ihm nicht wieder wegnehmen; weil viele Heiden da waren, welche sich sehr vermaßen, daß sie mit den getauften Grönländerinnen nach Landesgebrauche verfahren wollten, und sich deswegen vor keinem Europäer fürchteten. Er mußte sie also zurück lassen, und konnte erst drey Tage darnach den Missionarien Nachricht davon geben. Diese eileten der bedrängten Person so gleich zu Hülfe, und kamen noch in eben der Nacht dahin. Der eine lief gleich in das Haus, wo sie gefangen war, und fragete sie: „Was machest du hier?„ — „Der Mann da, gab „sie zur Antwort, wobey sie auf ihren Räuber wies, hat mich angehalten.„ — „Willst „du denn diesen Mann haben?„ — „Nein: aber er hat mich bey den Haaren hie„her geschleppet.„ — So nimm deine Sachen, und folge uns; denn wir sind her„gekommen, dich ab zu holen.„ Indessen trat jemand mit einer Flinte in das Haus. Die Wilden erschracken darüber, und sageten zu dem Mägdchen: „Mache, daß du „fortkömmst, damit sie uns nicht erschießen.„ Man war damit zufrieden, bedrohete sie aber, sie sollten sich nicht weiter unterstehen, eine Person von der Gemeine an zu tasten; denn man würde sie deswegen schon finden, so weit sie auch wegführen. Sie waren still und bathen nur, daß man bald wieder gienge. Auf solche Art kam dieses

Mägdchen

Mägdchen noch dieselbe Nacht in Sicherheit, nachdem es weiter nichts erlitten, als daß es, wie bey solchen Fällen gewöhnlich ist, von den alten Weibern einige Male geschlagen worden, ihr Jawort zu erzwingen. Cranz von Grönland.

So unterstützeten die Brüder zuweilen die Antreibungen der Gnade. Sie hatten in diesem 1748 Jahre fünf und dreyzig Taufen und acht Begräbnisse in ihrer Kirche, die sich zu gleicher Zeit an Todten und Lebenden bevölkerte und vergrößerte. Alles glückete ihnen also, und ihre geistlichen Arbeiten wurden auch mit zeitlichem Segen belohnet. Denn das Meer brachte ihnen fast vor ihre Thüre Treibholz genug, nicht nur zum Brennen, sondern auch noch einen Flügel an ihr Haus zu fügen, und einen Schulsaal zu erbauen. 1748.

Das folgende Jahr bauete die Schwester **Judith** eine Art von Kloster, oder wie es die Brüder nennen, Chorhaus der ledigen Schwestern. Diese Grönländerinn war mit vier andern Personen ihres Landes, unter der Anführung des Missionarius **Matthäus Stachs**, vor zweyen Jahren nach Deutschland gegangen. Zwey von dem Haufen, Mann und Frau, starben in dem Hause zu Herrnhut in der Lausitz. Die drey andern folgeten dem Bruder Stach nach Holland, wo der Hauptmann Gerrisson, welcher sie auf dem Schiffe Irene aus Grönland gebracht hatte, sie wieder an Bord nahm, um nach London zu gehen. Die beyden jungen Grönländer waren zu Fuße durch Deutschland gereiset, ohne sich zu erkennen zu geben. Sie hielten sich eben so unbekannter Weise in England auf, aus Furcht, sie möchten eine Neugier erregen, die ihnen nur beschwerlich fallen dürfte. Indessen wurden sie doch dem Könige und dem Hofe vorgestellet, deren Blicke mit einer Wohlthätigkeit konnten begleitet werden, die der Mission nützlich wäre.

Von London reiseten sie auf der Irene nach Pensylvanien, wo sie die Gemeinen zu **Bethlehem** und **Nazareth** besucheten, welches herrnhutische Niederlassungen sind. Sie fanden daselbst bekehrte Americaner, welche ihnen erbauliche Briefe an ihre grönländischen Brüder mitgaben. **Christian David**, welchen sie in Deutschland zu sich genommen hatten, versah sich mit einem guten Vorrathe von Cedernlatten und Bauholze, ein Provianthaus zu bauen; und die Gemeine in Pensylvanien schickete der grönländischen dieses Geschenk zum Zeichen der geistlichen Vereinigung und Verbindung.

Die **Irene** gieng von Neu-York nach Neu-Herrnhut mit den beyden Missionarien und den dreyen Grönländern, in drey Wochen. „Ein jeder, saget Herr „**Cranz**,[4]) der die einfältige Heidenschaft und die verderbte Christenheit kennet, hat „sich darüber wundern müssen; daß sie von ihrer Reise und den dabey unvermeidlichen „mancherley Gegenständen keinen Schaden gehabt. Die wenigen unnützen Bilder, „die sich ihnen von ungefähr eingepräget, verloren sich bald wieder aus ihrem Ge„müthe, und man hat sie, als die verständigsten und zuverläßigsten Arbeiter unter ih„rer Nation brauchen können.„

Insbesondere machete sich die Schwester **Judith** alles das zu Nutze, was sie zu Herrnhut in der Lausitz gesehen hatte, auch in Grönland nützliche Stiftungen für ihr Geschlecht zu machen. Sie that allen erwachsenen Mägdchen, und den unverheuratheten Mägden den Vorschlag, bey ihr in einem besondern Hause zu wohnen, oder

4) Im VII B. a. d. 676 S.

Cranz von Grönland. wenigstens nach der in den Familien verrichteten Arbeit daselbst zusammen zu kommen, und die Nacht in einem gemeinschaftlichen Schlafsaale beysammen zu schlafen. Diese Absonderung setzet sie in Sicherheit, daß sie nicht Dinge sehen und hören, welche in so gebaueten und eingerichteten Häusern, wie die grönländischen, Begierden und Handlungen veranlassen können, die der christlichen Sittenlehre und vornehmlich der herrnhutischen Regelmäßigkeit nicht sehr gemäß sind.

Auf solche Art wuchsen und blüheten der Baum und Absenker, durch alle Mittel, welche ein thätiger und arbeitsamer Eifer an die Hand giebt. Bald verheurathete man einen Missionar mit einer herrnhutischen Schwester, damit sie zusammen durch die Wege der Natur und Religion an der Fortpflanzung der Christen arbeiteten. Bald besoldete man einen Deutschen, welcher Grönländisch gelernet hatte, damit er ein Katechet und Schulmeister würde. Bald lehrete man grönländische Kinder deutsch, damit sie in den beyden Sprachen, der Missionarien und der Neubekehrten ihrer, schreiben, reden und singen könnten. Gleichwohl saget Herr Cranz, man lehre jetzo keine Grönländer mehr Deutsch, weil sie keine Zeit dazu haben, und es ihnen und der Mission nicht sonderlich nütze.

Wenn diese einige gute Wirkungen hervorbringt, so ist es nicht ohne Unkraut, dessen Samen sie gleichsam unter die getauften Einwohner und unbekehrten Heiden ausgestreuet hat. In der That fand man, unter den Christen, daß die Gemeine in diesem Jahre einen Menschen verlor, der von einem Wilden wegen eines Unrechtes ermordet worden, welches er von einem Christen erhalten zu haben vorgab. Es scheint, daß die Grönländer an die Missionarien wollen, weil sie diejenigen Personen, welche ihre Familien verlassen, und bey diesen Fremden leben, so ansehen, als wenn sie ihrer Nation gleichsam entführet wären. Man beklaget sich schon in Grönland, daß das Christenthum den Vater mit seinem Sohne und den Bruder mit seiner Schwester uneinig mache. Die Herrnhuter mögen diesen Vorwurf beantworten.

Sonderbarer Proceß. Auf einer andern Seite wird die Policey dieses Volkes in ihrer Gesellschaft vollkommener. Bey dem Absterben einer christlichen Frau blieb ein Kind, welches sie hinterließ, dem Manne, bey welchem sie gewohnet hatte. Ein Wilder von Kangek machete Anspruch auf dieses Kind, weil es bey ihm geboren wäre, und er es unter dem Namen eines Sohnes angenommen hätte, welcher ihm gestorben wäre. Weil aber der andere Grönländer das Kind und die Mutter seit dem unterhalten hatte, so wurde der Proceß für den Christen, bey dem die Mutter gestorben war, wider den Wilden, bey dem das Kind geboren war, entschieden. Dieses Urtheil würde vieler Revision der Acten und Appellationen bey der Rechtsgelahrheit unserer Gerichtsstühle fähig gewesen seyn, wo man bald allerhand Schriften, widersprechende Gutachten, Bescheide und Urtheile über diese schöne Frage würde haben hervorkommen sehen.

1750. Der Winter des 1750 Jahres war rauher, als man ihn noch gesehen hatte. Der Haven zu Neu-Herrnhut, dessen geringste Breite über eine Meile ist, war selbst im Aprilmonate so sehr mit Eise bedecket, daß man kein Wasser darinnen, ungeachtet der reißenden Ströme, und der Fluth zur Zeit der Tag- und Nachtgleiche, haben konnte. Die Hungersnoth war allgemein in Grönland. Doch empfand man sie in der Mission weniger, als anderswo, wo man die Gläubigen nicht allein bethen, sondern auch arbeiten, sich Vorrath sammeln, und sparsam leben gelehret hatte. Die Unbekehrten

kamen

kamen und suchten hier Hülfe. Man machete sich ihre Noth zu Nutze, ihnen das Evangelium zu predigen; aber ohne Frucht. Sie bewunderten die gute Ordnung und den Ueberfluß, die zu Neu-Herrnhut regierten: allein, wenn man sie fragte, ob sie nicht auch dem Beyspiele ihrer Landesleute folgen wollten, denen es, an einem Orte, die nicht die beste Lage in Grönland hätte, an nichts fehlete, so antworteten sie: „Saniets-„segalloar pogun, kissien ajornakau,„ d. i. „wir wollten uns gern bekehren, wenn „es nur nicht so schwer wäre.„ Wenn man nun endlich anfieng, von der Religion mit ihnen zu reden, so liefen sie davon, als wenn es eine Zauberey oder ansteckende Krankheit wäre. Cranz von Grönland.

Es scheint, daß es die Grönländer vornehmlich verdroß, daß sie ihren Sitten durch diese fremden Missionarien zuwider gehandelt sahen, deren Lebensart und Regierung sie als einen Eingriff in ihre Freyheit ansahen. Einer von diesen Unbekehrten kam zur Mission, und drohete den Brüdern, sie wollten ihr Haus verbrennen, wenn sie ihnen nicht eine Weibesperson wiedergäben, die sie in ihren Schutz genommen hatten, nachdem sie ihnen, um sich der Heurath zu entziehen, entwischet war. Man war gegen seine Drohungen auf der Hut: weil er aber in der Absicht, sie zu entführen, beständig herum streifte, so gab man sie ihm wieder zurück, da sie noch nicht unter den Katechumenen war, und bath ihn nur, sie nicht mit Gewalt zu heurathen. Hernach erfuhr man, daß sie ganz einig mit einander wären. Die Mission mischete sich also nicht weiter in diese Hausstreitigkeit.

Der Eifer dieser Prediger störete zuweilen die Ruhe der Familien. Eine Grönländerinn hatte sich zu den Christen geflüchtet, um die Taufe zu empfangen. Ihre Brüder wollten sie wieder zurück führen: weil sie aber nicht zurück kehren wollte, und sich unter eines Missionars Schutz begeben hatte, so entführeten sie dieselbe, in der Absicht, sie zu tödten. Damit sie nun ihr Leben erhielt, so trat sie in ein Boot, und willigte ein, mit den Wilden zu gehen. Der Missionar schrieb an die Colonie der guten Hoffnung, daß sie die Räuber anhalten und das getaufete Mägdchen befreyen möchten. Man passete ihnen zu Kangek auf, wo sie vorbey mußten, weil sie nach Süden fuhren. Allein, sie fanden das Mägdchen nicht, weil ihre Brüder sie genöthiget hatten, sich unter den Fellen im Schiffe zu verbergen, und ihr drohten, sie um zu bringen, wenn sie sich rührete oder zeigete. Sieben Meilen weiter bath sie ihre Brüder, sie einen Augenblick ans Land zu setzen, damit sie sich Beeren oder andre wilde Früchte sammeln könnte. Sobald sie ausgesetzt war, verbarg sie sich zwischen den Felsen, wo man sie zween Tage suchte, aber nicht fand. Da sich endlich die Wilden wieder eingeschiffet hatten, so gieng sie viele Meilen weit zu Fuße über die Berge, bis sie einen Grönländer antraf, der sie in sein Boot nahm, und wieder zur Colonie zurück brachte. Es scheint, daß man hier die Aufführung der Missionarien nicht entschuldigen könne, die in der Absicht, Seelen zu retten, eine Trennung unter den Grönländern verursachen, und geistliche Familien auf Kosten derer errichten, welche die Natur gebildet hat. Eine jede Religion, die den Aeltern Sohn und Tochter nimmt, unter dem Vorwande, sie Gotte wieder zu geben, ist eine Religion der Zwietracht, der Verfolgung, eine Feindinn des Friedens der Staaten und der Glückseligkeit der allgemeinen Gesellschaft. Die Bekehrung wird alsdenn Verführung oder Gewaltthätigkeit. Nichts kann diesen Fehler, welcher der Bekehrungssucht anhängt, wieder gut machen. Wenn es aber erlaubet wäre,

Cranz von Grönland. wilde Völker zu bezwingen und zu unterdrücken, so sind vielleicht die einschmeichelnden Wege, welche das Christenthum den Missionarien eingiebt, die menschlichsten, welche man gebrauchen könnte, die Herrschaft der europäischen Fürsten zu erweitern.

Die mährischen Brüder haben in Grönland alle Vorsicht gebrauchet, ihre Christen glücklich zu machen. Sie haben Einrichtungen der äußern Polizey gemacht, die zur guten Ordnung, zum häuslichen Frieden und zum Wohl des Körpers dienen, das, wie Herr Cranz saget, so genau mit dem Wohl der Seele verbunden ist, mit einem Worte Einrichtungen, welche dahin abzielen, ein Volk von ordentlichen und gesellschaftlichen Sitten zu bilden, welches Gotte und Menschen gleich angenehm ist. Wenn jemand gegen diese Gesetze handelt, so führet man ihn zuerst durch geheime, hernach öffentliche Ermahnungen, durch Bestrafungen der brüderlichen Liebe; oder durch die Strafgesetze der Religion wieder zurück, wovon das strengste der Bann ist, der aber allemal nur eine kurze Zeit währet. Dieses Gesetz schicket sich vielleicht für die Zeiten des Eifers, und ist heilsam, so lange es verehret wird: aber in diesen Zeiten, da die verdorbenen Sitten bis ins Heiligthum gedrungen sind, die Lehren wankend gemacht, und die Gründe der Religion durch das Aergerniß ihrer Lehrer untergraben haben, wird der Bann unnütz gegen Privatpersonen, verwegen gegen Fürsten, und wenn er nicht aufrührisch ist, doch lächerlich. Die lutherische Geistlichkeit, welche allezeit der Gewalt des Staates unterworfen ist, waget auch solche schwache Waffen nie, als in einem Lande, wo ihre Neuheit ihre Stärke ausmachet. Sie leihe diesem geistlichen Schwerte keine schneidende Macht, und zufrieden, dasjenige Vertrauen erlanget zu haben, welches die Tugend dem Priesterthume allezeit verschaffete, setzet sie nicht unvorsichtiger Weise, das Ansehen der Meynung mit demjenigen, welches aus natürlichen Gesetzen entspringt, in Gefahr.

Durch solche sanfte Mittel regierten die grönländischen Missionarien ihre geliebte christliche Heerde. Sie verglichen sie mit wohlgezogenen Kindern, deren gutes Beyspiel, welches Nacheiferung einflößet, weit mehr Einfluß hat, zum Guten anzureizen, und dem Bösen vorzubeugen, als die Befehle und Strafen eines strengen Lehrers. Den Grönländern fehlete es unter der Aufsicht der Missionarien an nichts; und dieses war ein guter Grund, dessen sich diese zum Besten ihrer Lehre bedienten. An einem Orte, sagten sie zu ihren Neubekehrten, wo sich kaum zwo Familien erhalten könnten, leben ihrer an die die dreyhundert Personen; und wenn man selbst an denen Oertern, wo der Ueberfluß regieret, Hungers stirbt, so könnet ihr noch von eurem Ueberflusse den Dürftigen mittheilen. Ihr sehet also, daß der Gott, welchen man euch prediget, wirklich euer Vater oder Erwerber ist. Mit diesem letztern Namen unterscheidet man in Grönland einen Vater oder Ehemann. Dieser Ueberfluß, fährt Herr Cranz fort, fiel also beynahe immer zum Vortheile des Evangelii aus.

1751. Im Winter 1751 waren die umliegenden Inseln so sehr mit wilden Enten bedecket, daß man sie nur an die Küste jagen durfte, um sie mit der Hand zu fangen. Diese Enten thaten die Wirkung des Manna in der Wüsten. Eines Sonnabends Abends kamen die Jäger zurück, und hatten ihre Kajake, ein jeder mit vierzig bis funfzig Stück dieses Vogelwildpräts, angefüllt. Einige giengen den folgenden Tag, anstatt dem Gottesdienste beyzuwohnen, wieder auf die Jagd, kamen aber mit leeren Händen und müdem Leibe wieder zurück. Die Missionarien sagten ihnen darauf, ihre Jagd wäre

wäre am Sonnabende deswegen so glücklich gewesen, damit sie den Sonntag heiligen könnten. Cranz von Grönland.

Diese frommen Trugschlüsse wurden durch Werke der Liebe, die noch mehr überredeten, unterstützet. Ein Katechet von der Mission traf einmal auf der Jagd einen Grönländer an, der seine Frau verloren hatte, und mit ihr seine Tochter von sechs Monaten begraben wollte, weil er sie nicht ernähren konnte. Er schickete alsobald einen Christen an ihn ab, sich seine Tochter aus zu bitten. Er brachte sie mit sich, ließ sie taufen, und von einer Grönländerinn erziehen. So triumphiren Religion und Menschlichkeit!

1752. Der Herr von Watteville, herrnhutischer Bischof, besucht die Missionen in Grönland.

Das Jahr 1752 ist in der grönländischen Geschichte wegen des Besuches eines Bischofs merkwürdig. Es war dieses der Herr von Watteville, Eydam des Grafen von Zinzendorf. Da er in die Familie und die Gemeine des Grafen getreten war, so wurde er zu dem Bischofthume in der lutherischen Kirche, und dem Titel eines allgemeinen Aufsehers der herrnhutischen Missionen erhoben. Die Reise, welche er nach Grönland that, ist so unterrichtend, und kurz genug, daß man sie in der Geschichte der Reisen nicht vorbey lassen darf. Hier ist der kurze Inhalt desjenigen Berichtes von seiner apostolischen Reise, den er an seinen Schwiegervater und Vorsteher abließ. Den ersten May sahen wir mit uns zugleich eine Flotte von vier und sechzig Schiffen von Helsingör auslaufen. Wir segelten um die schwedischen Küsten, und kamen den zweyten aus dem Cattegat in die Nordsee. Wir sahen sie ganz von Häringen bedeckt, die sich wie kleine Wellen erhuben. Den vierten sahen wir die Küste von Norwegen, welche sich den sechsten wieder verlor, und den neunten kamen wir bey den hitländischen Inseln vorbey, um in die Westsee zu gehen. In diesen dreyen letzten Tagen legten wir durch Hülfe eines günstigen Ostwindes auf hundert Meilen zurück. Den vierzehnten nöthigte uns ein Sturm vier und zwanzig Stunden das Ruder bey zu legen, und uns vom Wetter herumtreiben zu lassen. Hernach gieng alles gut bis zum ein und zwanzigsten, da wir die drey Pfingstfeyertage hindurch einen großen Sturm ausstunden, doch kamen wir dabey weiter fort. Den 23ten holeten wir zwey nach der Diskobucht bestimmte Schiffe ein, welche acht Tage vor uns abgereiset waren. Man unterredete sich mit ihnen, und die Nacht trennte uns wieder. Den 24sten giengen wir das Vorgebirge Farewell vorbey, und kamen in die Straße Davis. Den 25sten schifften wir zuerst zwischen Eise. Den 27ten wendete sich der bisherige günstige Wind gegen uns; ein beständiger Nebel verhüllete uns alles, selbst unsern Weg, bis den 1sten des Brachmonates. Als er sich zerstreuete, sahen wir so gleich eine große Insel Treibeis, daß wir wieder umkehren mußten. Den 3ten war man auf dreyen Seiten so sehr mit Eise belagert, daß man nur durch den Südwind gegen das Hintertheil des Schiffes offene See hatte. Den folgenden Tag waren wir ganz mit Eise umgeben, und lavirten bis Mittag darinnen herum. Vom 4ten bis zum 10ten waren wir beständig unter Bergen und schwimmenden Ebenen von Eise. Den 12ten entdeckten wir durch den Gipfel der mit Schnee bedeckten Berge ein Land, das aber noch an die zwölf Meilen entfernet war. Um zehn Uhr des Morgens zeigete der Himmel unsern Blicken drey Nebensonnen, deren jede mit zwoen Lichtkreisen umgeben war. Keiner von den Schiffern hatte jemals dergleichen gesehen. Diese Lufterscheinung war mit einem sanften Westwinde verbunden, an dessen Stelle aber bald ein günstiger Südwind kam. Weil er uns zu weit nordlich trieb, so mußten wir den 13ten des Morgens laviren. Um acht Uhr kamen wir dem

Cranz von Grönland.

Lande näher, und der Strom war uns so günstig, daß wir um zehn Uhr bey den uns am nächsten gelegenen Inseln landeten. Hier sah ich zum ersten Male zween Grönländer, die mit ihren Kajaken, wie die Enten, schwammen; und ungeachtet der Wellen und des Sturmes doch immer vor unserm Schiffe und oft unter dem Wasser waren. Wir fuhren zwischen Kangek und Kookörnen durch, in die südliche Straße des Balsreviers. Der Wind wurde immer frischer, bis endlich zu einem Sturme, der uns nöthigte, ein Segel nach dem andern ein zu nehmen; und doch fuhren wir mit einem halben Segel vor den Inseln, wie ein Pfeil, weg. Endlich sah ich Neu-Herrnhut, und eine Stunde nach Mittage ankerten wir. Ich wußte noch nicht, ob ich auf dem Lande oder der See war, als ich den Bruder Bek in meinen Armen fühlete, der mich mit seinen Thränen benetzete. Seine Freude war so lebhaft, daß er sich von einem Anfalle des Fiebers sogleich befreyet fand.

Der strenge Winter 1752.

Herr Cranz unterbricht hier das Tagebuch des frommen Bischofes, um uns den rauhen Winter, welchen man dieß Jahr in Grönland erfahren hatte, zu beschreiben. Vom Hornung an bis Ostern war die Kälte so heftig, daß kein Kajak Wasser fand, zu schiffen. Ein junger Grönländer, welcher seinen Kajak unter die Eisstücke hatte wagen können, wurde durch die Wellen weggeführet, und drey Monate nachher in seinem Nachen, halb zernagt von Raben und Füchsen, wiedergefunden. Niemand konnte aus seiner Hütte gehen, ohne mit erfrornem Gesichte und Händen wieder zurück zu kommen. Ein Sturm, der mit Blitzen vermischet war, erschütterte das Haus und die Capelle zu Neu-Herrnhut, wie ein Schiff im Schiffbruche, und hätte es beynahe ganz weggenommen oder umgestürzet. Da die Missionarien nicht im Stande waren, die christlichen Flecken zu besuchen, so nahmen sie alle die Grönländer auf, welche haufenweise zu ihnen kamen, und Schutz wider Frost und Hunger sucheten. Alle Lebensmittel ihres Hauses und der wohlhabenden Hütten wurden unter die hungerigsten Armen ausgetheilet, ohne an den andern Morgen zu denken. Im März öffnete sich endlich hin und wieder ein Weg zwischen dem Eise; man zerstreuete sich in die Buchten, an die Küsten und zwischen die Inseln, um etwa einige Vögel, kleine Fische oder einen Seehund zu fangen. Allein, einige kamen, ohne etwas zu fangen, zurück, da sie das Wetter hin und wieder trieb; andere wurden durch das Eis und Wetter auf die Inseln eingeschlossen.

Aus diesem Zustande kamen die Grönländer eben heraus, als Herr von Watteville bey ihnen anlangete. Dieser Prälat, der die Gemeinen in Pensylvanien besuchet hatte, fand viel Aehnliches zwischen den Grönländern und den Einwohnern des nordlichen America. „Sie sind von einerley Farbe mit ihnen, saget er, und können „wohl nirgend anders, als von der nordamericanischen Küste nach Grönland gekommen „seyn. Der Natur, Eigenschaft und Lebensart nach sind sie von den Irokesen in Ca„nada sehr verschieden; und darinnen kommen ihnen die Hudsonsbay-Wilden vermuth„lich näher. Die Grönländer sind phlegmatischsanguinisch, die Irokesen aber melan„cholischcholerisch, gesetzter, und nicht so kindisch, als die meisten Grönländer.„

Den 14ten des Brachmonates, fährt der Bischof fort, besah ich die Gegend von Neu-Herrnhut. Nichts ist wilder, als dieselbe bey dem ersten Anblicke; jähe und zerbrochene Felsen, die selten durch einige Schichten oder Adern einer Erde, die nichts als Sand ist, unterbrochen worden. Mitten unter dieser schrecklichen Aussicht erhebt sich ein bequemes und anmuthiges Haus, das mit einem Garten gezieret und umher angebauet ist. Wo ehedem kein Gräschen gewachsen, steht nun das schönste Gras im Sande und zwischen den Steinen. „Dieß ist des Herrn Garten, gepflanzt in der Wüsten.„

Cranz von Grönland.

Den 22ten sah ich die Uebung mit den Kajaken, wie die grönländische Jugend auf das geschwindeste unter Wasser fährt, und zu rechter Zeit wieder hervorkömmt; dieses Spiel lernen sie von Kindheit an. Die Missionarien tragen Sorge, ihre jungen Neubekehrten zu üben, einen Kajak zu regieren, das Ruder zu führen, und dergleichen, damit sie gute Fischer werden. In eben der Absicht bringen sie sie von der Rennthierjagd ab, und ermuntern sie zum Seehundefange, welcher der Nation weit nützlicher ist.

In einem langen Tagebuche aller Verrichtungen eines geistlichen Besuchs sieht man den Herrn von Watteville predigen, katechisiren, alle Pflichten seines Amtes in deutscher Sprache verrichten, wobey ihm ein Missionarius beysteht, der alles, was der Prälat saget, auf grönländisch erkläret.

Den 27ten, saget der lutherische Bischof, that ich einen Spaziergang auf den Rebhühnerberg, wo unsere Brüder im Winter eine Jagd anstellen, die ihnen zuviel Mühe machet, als daß sie durch eine andere Ursache, denn die Nothwendigkeit, sollten dazu gereizet werden.

Den 28ten fiengen sie an, Torf zu stechen. Im Sommer ist es ihre vornehmste Beschäfftigung, sich Holz und Torf zu verschaffen. In den erstern Jahren fanden sie ihn rund um ihr Haus herum: jetzt aber sind sie genöthiget, ihn auf eine oder mehr Meilen weit zu suchen. Ich gieng mit ihnen.

Den 30ten kehreten sie wieder mit eilf grönländischen Booten dahin zurück, ihren Torf ab zu holen. Sie kaufeten auch Holz und Vogeleyer. Diese Eyer sind im Sommer ihre vornehmste Nahrung.

Den 3ten des Heumonates wurde man mit dem Vorrathe des Torfes fertig. Es ist eine ermüdende und oft gefährliche Arbeit, die Schiffe zu laden und aus zu laden, und diese Erde längst den Felsen weg zu tragen, wo man zuweilen von geschmolzenen Schneebächen, die beständig größer werden, überfallen wird. Die Brüder hatten zwanzig Schiffe mit Torfe kommen lassen. Sie mußten ihn hernach auf dem Felsen ausbreiten, um ihn zu trocknen.

Den 4ten besuchete ich aus Neugier die wilden Grönländer, um mich durch meine eigenen Augen von ihren Sitten zu unterrichten. Wir brachten die Nacht in einem von ihren Zelten zu. Sie sind weit besser eingerichtet, und bequemer, als die in den pensylvanischen Wäldern.

Den 11ten gieng ich nach Kanmeisut, an der andern Seite von Balsrevier, das ist, auf die nordlichste Küste dieses Meerbusens. Diese Erdzunge ist mit felsichten Hügeln umgeben, an deren Fuße große Ebenen sich befinden, die mit Bächen und Teichen durchschnitten und mit Rasen besetzt sind. Es ist dieß eine so reizende Aussicht, daß es im Sommer einen angenehmen Aufenthalt geben würde, wenn alle diese Gewässer nicht Schwärme von Moskiten oder Mücken hervorbrächten, die weit unerträglicher sind, als die auf der St. Thomasinsel in Africa, oder an dem Flusse Delaware in Neu-Yersey. Es war dieses ehedem eine vortreffliche Gegend zur Rennthierjagd, aber seitdem die Flinten unter den Grönländern so gemein geworden

 sind

Cranz von Grönland.

sind, ist ein Rennthier hier eine Seltenheit. Der Lachsfang ersetzet diesen Mangel reichlich; und die Brüder haben wohl eher vierhundert, oder sechshundert Lachsforellen in einem Netzzuge gefangen.

Den 18ten that ich eine andere kleine Reise, das Land zu besehen. Wir giengen nach **Kangek**, wo die südlichen Grönländer bey hunderten überwintern; welches für die Mission zu Neu-Herrnhut sehr bequem ist, die nur zwo Meilen davon liegt. Ich zählete an diesem Orte vierzehn große Wohnungen oder Winterhäuser. Von da giengen wir durch den Nepisetsund zurück. Dieß ist eine enge Durchfahrt zwischen dem festen Lande und den Inseln. Der Strom und die Fluth treiben hier eine große Menge Seehunde an, welche desto leichter zu fangen sind, da das Wasser nicht tief ist. Dieser Ort wird im Sommer und Herbste häufig besuchet; der Zulauf der Grönländer und die Fischerey tragen viel dazu bey, diese Gegend angenehm und blühend zu machen. Der Herr von **Watteville** redet hierauf von Taufen, Heurathen und Beerdigungen, welche Ceremonien er durch sein Amt und seine Gegenwart noch feyerlicher machte. Er hielt öftere Unterredungen mit den Grönländern, den Gehülfen der Missionarien, deren an der Zahl eilf Brüder, und zwölf Schwestern waren. Bald predigte er in den Versammlungen; bald gab er besonderes Gehör. Er gieng von einem Schlafsaale zu dem andern, zu den Knaben, den Mägdchen, den Verheuratheten, den Witwen. Alle diese Stände machen abgesonderte Quartiere aus. Der eheliche Stand bestund aus acht und vierzig Haushaltungen. Man fand nur zween Witwer, aber vierzig Witwen. Die meisten sind artig genug, saget der Prälat, ob sie gleich eine gewisse rauhe Wildheit an sich haben. Die Mägdchen, deren vierzig waren, haben etwas männliches und hartes, ohne Zweifel wegen ihrer Arbeiten, die sich mehr für das männliche, als weibliche Geschlecht schicken. Sie haben übrigens die Gabe, Neubekehrte zu machen, so daß fast keine Frau ist, die nicht ihren Mann zu einem Christen machen sollte.

Den 30ten, fährt Herr von **Watteville** fort, verhinderte uns der Regen, die Chorversammlung zu halten, d. i. die Classen in der Kirche zu versammeln. Ich begnügete mich, in meinem Zimmer eine Rede von den verschiedenen Pflichten jeder Classe der Versammlung zu halten. Ich zeigete, wie jede dieser Classen die verschiedenen Namen auf sich anwenden könnte, die dem Heylande in der Schrift beygelegt werden; dergleichen die süßen Namen eines Bruders, Freundes, Vielgeliebten, Bräutigams und Ehemannes sind [5]).

Den 7ten August fieng man an, den Gottesacker in bessere Ordnung zu bringen, daß er sich für die andächtigen Begriffe schickete, die das Christenthum mit der natürlichen Ehrfurcht der Menschen für die Asche der Todten verbindet. Die Gräber wurden mit Erde und Rasen bedecket. Ich sah mit Vergnügen den Eifer und die Geschäfftigkeit, womit die Grönländerinnen sich zu dieser Arbeit drängeten; denn die Männer verrichten niemals Landarbeit, und haben dazu auch gar keine Geschicklichkeit. Der Gegenstand ihrer Arbeit führete sie auf eine Unteredung von dem Geheimnisse der Auferstehung, welches machet, daß die Grönländer den Tod mit wenigerm Schrecken ansehen, als sie sonst gemeiniglich

5) Dieß sind die Einweihungsnamen der Herrnhuter, und mit diesen Worten machen sie ihre Proselyten.

gemeiniglich vor diesem letzten Augenblicke haben. Es giebt vielleicht kein Volk auf der Erde, dessen Leben härter wäre, und welches sich doch vor dem Tode mehr fürchtete, als sie. Cranz von Grönland.

Nachdem der Prälat die Colonie besuchet und die Brüder den dänischen Missionarien und dem Factor empfohlen hatte, so verrichtete er noch einige Pflichten seines Amtes. Er sah das Kirchenbuch durch, worinnen die Liturgie und die Gesänge stunden, nahm Abschied von den christlichen Familien in Grönland, und setzete sich vor, nach einem zweymonatlichen Aufenthalte ab zu reisen. Allein, den 11ten August war die Bucht von Balsrevier mit Eise überzogen, und von den Einwohnern der benachbarten Inseln erfuhr man, daß das ganze Meer damit bedecket wäre. Wenn der Südwind, der es herbrachte, einige Tage länger angehalten hätte, so hätte man sich noch nicht so bald einschiffen können: er wandte sich aber noch denselben Tag nach Westen, und Abends nach Norden, welches die Bay reinigte. Weil der Wind also zur Abreise günstig geworden, so hielt der Herr von Watteville den Abend die Abschiedsrede.

Den 12ten, fährt unser Geistliche fort, früh um fünf Uhr, giengen wir an den Bord des Schiffes. Auf meinem Wege dahin fand ich die Felsen ganz mit Weibern und Kindern bedecket, unterdessen, daß die Männer uns mit ihren Kajaken begleiteten. Um acht Uhr liefen wir aus dem Haven aus, und um zehn Uhr nahmen die Brüder und Grönländer zu Rangek von uns Abschied. Die Anzahl der getauften Einwohner belief sich bey meiner Abreise auf dreyhundert Personen. Seit Anfange der Mission waren drey und funfzig Christen gestorben. Dieß war die Frucht von zwanzig Jahren. Aber der Samen des göttlichen Wortes giebt noch zu einer viel reichern Aernde Hoffnung. Mit diesem Troste verließ ich Grönland.

Ein ziemlich starker Wind führete uns geschwind in die offne See: aber wir trafen auch bald Eis an, welches uns nöthigte, die ganze Nacht zwischen den schwimmenden Eisklippen und dem Lande zu laviren. Den 13ten Morgens trafen wir eine Oeffnung gegen Südwesten an, wo wir durchgiengen, und das Land aus dem Gesichte verloren, aber doch noch immer große Eisberge zur Seite hatten. Bis den 21ten fiel nichts verdrüßliches vor. Aber vom 22ten bis 27sten war Tag und Nacht ein beständiger Sturm, der uns auf siebenzig Meilen weit gegen America trieb, wobey es nicht möglich war, das Schiff zu wenden, ohne Gefahr, von den Wellen verschlungen zu werden. Man mußte sich also dem Willen der Fluthen und des Sturmes überlassen, und war in Gefahr, auf irgend eine unbekannte Küste von America verschlagen zu werden. Endlich ließ das Wetter den 27ten etwas nach; den 28ten legte es sich völlig, und wir sahen einen schönen Regenbogen. Den 29ten fanden wir uns unter der Breite des fünf und funfzigsten Grades drey und funfzig Minuten, und also sechzig Meilen weiter südlich, als wir hätten seyn sollen. Den 4ten des Herbstmonates trafen wir ein Schiff an, welches aus der nordlichen Colonie, oder der Bucht von Disko, kam. Den 8ten erschien noch ein anderes Schiff; wir erfuhren durch diese Zusammenkunft, daß der Winter dieses Jahres große Verwüstungen in der nordlichen Colonie angerichtet hätte, und daß viele Grönländer Hungers gestorben, Europäer aber am Scharbocke krank gewesen wären. Den 15ten trennte uns ein Sturm, auf welchen den folgenden Tag eine plötzliche Stille folgete, wobey aber die See sehr unruhig war, und dem Schiffe mehr Gefahr drohete, als ein Sturm. Endlich ankerten wir den 2ten des Weinmonates zu Helsingör, wo wir den folgenden Tag hundert

Cranz von Grönland.

Schiffe aus dem Sunde absegeln sahen, und den 4ten kamen wir glücklich zu Kopenhagen an.

Herr Cranz füget diesem Tagebuche noch eine kurze Nachricht von dem bey, was sich in dem übrigem Theile des Jahres zutrug. So gleich nach Abgange des Schiffes, welches den Besucher der Missionen aus Grönland nach Dänemark brachte, wurde das Land durch eine epidemische Krankheit verwüstet. Es war eine Art von Seitenstechen und Kopfwehe. Die Bekehrten wurden besonders stark davon angegriffen. Dreyzig Getaufte starben daran. Die meisten Sterbefälle aber geschahen von der Mitte des Augustes bis in die Mitte des Weinmonates. Die Brüder hatten bey ihrer Arbeit gar keine Erholung, da sie die Pflichten des Arztes und Predigers zugleich verrichten mußten. Einige von ihnen wurden auch krank.

Die Unbekehrten bemerketen sehr wohl, daß das Uebel vornehmlich die Christen befiele. Die Nookleten d. i. die Leute auf der Spitze, (denn die Colonie Neu-Herrnhut ist auf einer Erdzunge,) sageten, sie lieben den Heyland zu sehr; sie sterben aus Liebe. Wir sehen nun wohl, sagete ein boshaftes Weib, daß diese Leute ein Opfer ihres lieben Lämmchens sind. Herr Cranz bemerket, daß der Geist des Spottes sich leicht der Grönländer bemächtige, welche dem h. Geiste widerstreben, und lieber vernünfteln, als glauben wollen. Indessen kam auch an sie die Reihe, und die Seuche schonte der Ungläubigen nicht mehr, als der Gläubigen: aber sie war vieleicht deswegen in der Mission merklicher, weil daselbst mehr Menschen versammlet waren. Unterdessen hielt dieses wohlgesinnte Gemüther nicht ab, dahin zu kommen, und selbst bey den Brüdern zu bleiben, obgleich sonst die Grönländer jeden Ort, wie die Pest, fliehen, wo nur zwo oder drey Personen gestorben sind.

Unter denen zwölf Christen, welche durch diese Seuche hingerissen wurden, und welche Herr Cranz in eine Art von Märtyrerverzeichniß eingerücket hat, findt sich einer, dessen Krankheit durch eine Raserey bezeichnet wird, welche sehr wohl anzeiget, was für einen Enthusiasmus und was für Schwärmerey die mährischen Brüder den Grönländern beybringen. Dieser Kranke phantasirte einst von einer Menge kleiner Fische, welche sich vor den Raubfischen unter dem Ufer zu verbergen suchten, und doch noch immer Platz genug für mehrere übrig ließen. Als man ihm solches nachher wieder erzählete, so deutete er solches auf die Zuflucht der armen Sünder in die heilige Seite Jesu. Die Herrnhuter reden mit diesem Volke beständig von den Wunden des Lammes. Der Eindruck, den eine solche Sprache auf die Einbildungskraft der neuen Christen machet, giebt ihnen Freude im Leben, Geduld im Unglücke und Muth zu sterben, welches die Anzahl der Neubekehrten noch zu vermehren scheint. Man könnte sagen, daß jedes Begräbniß zwo Taufen hervorbringe, und daß der Tod selbst neue Christen mache. Dieß beweise wohl, saget Herr Cranz, die Wahrheit dieser Zeilen aus einem Liede: **Daß Jesu Reich nicht Phantasey, Noch leerer Traum gewesen sey, Wie sie es sonst zu lästern wissen.** Wer sind diese Lästerer? Engländer oder Schweizer? Aber die Grönländer selbst haben oft, wie sich ein altes deutsches Kirchenlied ausdrücket, eine **Vernunft, die dem Glauben widersteht.** „Wenn ich „mit ihnen, saget ein Missionär, von einem Schöpfer redete, der Mensch geworden „wäre, um die Seelen zu erlösen, so hielten sie meine Reden für ein Mährchen.„ Aber wenn ich ihnen sagete, sie möchten in sich selbst hineingehen, so bekannten sie die

Wahrheit,

Wahrheit, und ihr Herz ergab sich, ungeachtet des Aufruhres ihrer Vernunft. So mußten wohl die Liebe der mährischen Brüder, ihre Einigkeit, die Salbung ihrer Reden, und besonders die Gabe zu weinen, welche bey ihnen die Gabe der Beredsamkeit vertrat, einen Eindruck auf so einfältige Seelen machen, welche ausserdem den Predigern nicht den ärgerlichen Widerspruch eines bequemen Lebens und eines verwegenen Stolzes mit der Lehre des Evangelii von der Armuth und Niedrigkeit vorwerfen konnten. Cranz von Grönland.

Herr Cranz führet uns in dem Verfolge der Geschichte der apostolischen Eroberungen seiner Brüder auf das Jahr 1753. Im Monate Januar, saget er, sah man bey der Mission einen Wilden mit seiner ganzen Familie ankommen. Der Anblick dieser Reisenden hatte etwas fürchterliches. Sie waren, durch den gefrornen Nebel, den sie mitten im Meere durchwandert waren, gleichsam mit Eise, so zu reden, bepanzert. Man würde es ein Panzerhemd von dem feinsten Stahle genannt haben. Dieser Wilde hieß Kainäk, und war ein Vornehmer des Landes, d. i. er stammete von einem Vater, Groß- und Aeltervater, die wegen der Seehundejagd berühmt waren. Die Missionarien hatten ihn im Jahre 1739 kennen gelernet, und ihre Lehre hatte sein Herz gerühret. Der Namen seiner Vorfahren und der Glanz seines Ruhms widersetzeten sich seiner Bekehrung; er fürchtete, sagen die Brüder, die Verspottung, welche man doch bey den Grönländern, wie bey andern Nationen, in der Nachfolge des Kreuzes nicht achten soll. Um den Verfolgungen der Gnade zu entgehen, that er zwo Reisen, die eine nach Süden, und die andere nach Norden. Allein, seine Unruhen vermehrten sich, so wie er sich von der Mission entfernete. Derselbe Mann, der gedrohet hatte, das Haus der Brüder zu verbrennen, um eine Frau wieder zu haben, die sich dahin geflüchtet hatte, wurde durch eben diese Frau bekehret, die man ihm wiedergegeben hatte. Sie wurden beyde zugleich getauft, und ließen sich von dem Augenblicke an, mit ihrer ganzen Familie von zwanzig Personen, die alle eine nach der andern die Taufe empfiengen, zu Neu-Herrnhut nieder. Diese Bekehrung machte viel Aufsehens in Grönland, und vermehrte den Zulauf der Zuhörer bey der Mission; das Herumstreifen der Getauften, die Besuche der Unbekehrten, der Handel und Fleiß, die zu Neu-Herrnhut mit der Bevölkerung zunahmen, der Ueberfluß bey den einen, und der Mangel bey den andern, das Gute und Böse alles dieses trug etwas bey, das Christenthum zu befördern. Die Herrnhuter nutzeten alle Vorfälle, und ermangelten nicht, den Lauf der Natur den Absichten und Nutzen ihres Eifers zu untergeben. Wenn irgend ein Christ bey dem Fischfange umkam oder erhalten wurde, so hatte ihn der Himmel zum Besten seiner Seele hingenommen, oder da gelassen. Die Missionarien hatten einmal eine Seefahrt angestellet, Nahrungsmittel zu holen. Kaum hatten sie ihren Fuß an das Ufer gesetzt, so borst das Schiff unter der Last der Seehunde, mit denen es beladen war, von einander. Jedermann wurde hierdurch überzeugt, daß der Engel des Herrn über die Gläubigen gewacht habe. Man wird in dem Verfolge dieser Geschichte sehen, wie die Herrnhuter die Kunst besitzen, auch diejenigen Dinge, welche dem Fortgang ihrer Predigt am meisten zuwider sind, zu ihrem Vortheile aus zu legen. 1753.

Ein gewisser getaufter Grönländer, Jakob, war bey der Colonie Friedrichshaab in Händel verwickelt, und hatte sich entschlossen, zu den Unbekehrten nach Norden

Cranz von Grönland.

den zu flüchten. Allein, da er sich eben anschickete, diesen Anschlag, den ihm sein Misvergnügen eingab, aus zu führen, so überredeten ihn die Leute eines holländischen Schiffes, mit ihnen nach Europa zu gehen. Er ließ sich diesen Vorschlag gefallen, und trug jemanden auf, den Missionarien zu empfehlen, daß sie während seiner Abwesenheit für seine Frau und Kinder sorgen möchten. Man schickete eiligst nach dem Schiffe zurück, die Abreise dieses Menschen zu verhindern: allein, es war schon zu spät. Dieser unglückliche Wilde wurde darauf nach Holland geführt. Als man ihn daselbst vor Geld sehen ließ, so bemerkete man an gewissen Zeichen, daß er ein Christ wäre, und muthmaßete, man hätte ihn durch List oder Gewalt zur Taufe gebracht. Man wiederholete ihm anfangs die Namen der Familien von den mährischen Brüdern, welche in Grönland waren. Da er diese aber nur unter ihren Taufnamen kannte, so begriff er nichts von ihren Reden. Man sang ihm endlich einige Verse eines Gesanges vor, und er fieng so gleich an zu singen. Um zu erfahren, ob er von der Mission der Dänen oder der deutschen Herrnhuter wäre, fieng man einige Reden in einem Tone an, der nicht nach der gewöhnlichen Liturgie war. Er fuhr in eben diesem Tone fort. Da sich endlich die Leute sehr um ihn versammelten, so nannte er oft den Namen Jesus. Darauf sah er mit einer verächtlichen Miene auf die Geräthe seines Zimmers, schlug sich auf die Brust, und fiel auf die Knie. Man begriff bald, daß er von der Verachtung der Welt reden, und die Liebe zu Jesu predigen wollte, da er sich einbildete, er habe einen Haufen Heiden vor sich, die er bekehren wollte. Diese sonderbare Aufführung machte in Amsterdam viel Aufsehens, wo dieser Wilde schon die Neugier des Volkes auf sich gezogen hatte. Die Matrosen fürchteten, die Obrigkeit möchte wegen der Entführung dieses Wilden nachforschen, und führeten ihn wieder an den Bord ihres Schiffes zurück. **Matthäus Stach**, der damals zu Herrnhut war, erhielt von dieser Begebenheit Nachricht, und schickete sich hurtig an, nach Amsterdam zu reisen, um diesen Wilden von der erbärmlichen Rolle zu befreyen, welche ihn der christliche Geiz spielen ließ. Allein, der Unglückliche starb unterdessen, da der Missionarius noch auf der Reise war. Der Bruder Stach tröstete sich durch die Ueberredung, daß es ein größeres Glück für ihn wäre, auf einem christlichen Kirchhofe begraben zu werden, als wenn er wieder bey den nordlichen Wilden gelebt hätte, wie es seine Familie that, die heimlich von der Mission weggieng, und die Sitten und Irrthümer ihrer Nation wieder annahm.

Dieser Verlust, fährt unser Geschichtschreiber fort, wurde bald wieder durch den Zulauf von sieben und sechzig Personen ersetzet, die sich mit den Einwohnern von Neu-Herrnhut vereinigten. Dieß waren eben so viel neue Candidaten zur Taufe. Man theilete alle Einwohner in zwey und funfzig Classen, deren ein und dreyzig aus demjenigen Geschlechte bestunden, das am meisten zur Liebe Jesu geneigt ist. Ein Katechet stund dem Unterrichte der Knaben vor, und versah einen jeden mit einem zum Fischfange eingerichteten Kajak, auf Kosten des Waisenmagazins. Da die Versammlungen Morgens und Abends bey Lichte gehalten wurden, damit man den sehr kurzen Tag für die zum Lebensunterhalte nöthige Arbeit behielte, so stellete man den Wilden vor, es sey nothwendig, daß sie etwas zur Unterhaltung der Lampen beytrügen, da bisher das Oel auf Kosten der mährischen Brüder angeschaffet worden. Jedermann war willig zu dieser Collecte, die so reichlich ausfiel, daß man von dem übergebliebnen Oele noch denen, die keines hatten, mittheilen konnte. Auf diese Art hatte die Religion von einem Jahre zum andern einen unmerklichen Zuwachs.

Cranz von Grönland. 1754.

Im 1754 Jahre zählete man seit 1739 vierhundert getaufte Grönländer, gestorben aber waren, innerhalb dieser funfzehn Jahre, hundert. Die ausserordentliche Kälte dieses Jahres führete eine Hungersnoth herbey, da sie die Erde mit Schnee und das Meer mit Eise bedeckte. Man gieng von Balsrevier und den benachbarten Inseln zu Fuße auf drey Meilen übers Meer. Sobald die Gemeinschaft zu Wasser wieder offen war, so kamen die Unbekehrten von allen Seiten, durch den Hunger angereizt, zur Mission. Die Christen theileten ihre Lebensmittel mit ihnen, so lange noch etwas davon übrig war. Ungeachtet dieser Freygebigkeit der christlichen Liebe, mangelte es ihnen an nichts, bis auf den Monat April, da das Eis aufgieng. Die Erde warf im Frühlinge dasselbe ins Meer, wie dieses jene im Winter damit belagert hatte. So schienen diese beyden Elemente einen beständigen Krieg mit diesem Eise zu haben, womit sie sich bedecken, und es einander wechselsweise zuschicken. Die Missionarien bedienten sich dieser offnen Wege, ihre Besuche und Reisen bey den Unbekehrten ab zu statten. Man empfieng sie mit einiger Freundschaft, aber ohne viele Aufmerksamkeit auf ihre Predigten. Die jungen Leute, und diejenigen, welche sie noch nie hatten predigen hören, wurden weit mehr von ihrer Lehre gerührt, sagen sie, als diejenigen, die sie schon lange kannten.

Sie feyerten dieses Jahr verschiedene christliche Feste, die in Grönland neu waren; unter andern das Fest der Erscheinung, der Reinigung und Verkündigung: aber alle unter dem Namen Jesu, und nicht der heiligen Jungfrau; daher nennen sie das zweyte dieser Feste die Vorstellung, und das dritte die Menschwerdung Jesu. Wenige Tage darauf feyerten sie die Marterwoche, und alle andere Geheimnisse mit einem Theile derjenigen rührenden Ceremonien, welche die lutherische Geistlichkeit von der römischen Kirche beybehalten hat. Sie machten vielen Eindruck auf die Grönländer, sowohl die Getauften und Katechumenen, als auch selbst die Unbekehrten. Die Thränen der Christen locketen auch der Heyden ihre hervor. Der Gesang und die Rede von dem Leiden Christi machten, daß der Redner, die Helfer und die Gemeine auf gleiche Weise weinten. So groß ist die Kraft der Harmonie, der Beredsamkeit, der Vorstellungen und alles dessen, was auf die Sinne wirket; wenn man nicht lieber die Bekehrung abgöttischer Leute zur lutherischen Religion der Gnade zuschreiben will.

Die für die Grönländer traurige Ankunft der Holländer.

Alle diese frommen Eindrücke wurden selbst durch Christen wieder zerstöret, oder erschüttert; es waren holländische Matrosen zur Predigt gekommen. Ob diese gleich sehr erbauet wurden, daß sie eine so zahlreiche Versammlung von Grönländern sahen, so gaben sie ihnen doch keine Ursache, sich über ihre Ankunft glücklich zu schätzen. Es waren diese Europäer von dem Volke einer Flotte von vierzehn Schiffen, die auf den Walfischfang ausgeschickt war. Sechse dieser Schiffe waren, um dem Eise zu entgehen, genöthigt worden, in die Bucht von Balsrevier ein zu laufen, und daselbst ein Paar Wochen lang eine Meile von der dänischen Colonie vor Anker zu liegen. Die übrigen acht Schiffe saßen im Eise gleichsam gefangen. Dieser Zufall war für die Grönländer sehr traurig. Der Vorrath an Lebensmitteln der Holländer lockete sie an; und sie verbanden sich mit ihnen, verzehrten alles, was sie am Borde ihrer Schiffe fanden, mit einer Gefräßig-

 keit,

Cranz von Grönland. keit, die durch die Neuheit der Gerichte, und einen Hunger von etlichen Monaten gereizet seyn konnte. Ausser der Zerrüttung in der Aufführung, den Zänkereyen und Unordnungen, welche diese Ausschweifungen im Essen unter den Grönländern hervorbrachten, welche durch das Beyspiel und die Einladung der Matrosen zur Unmäßigkeit angereizt waren, zogen sie sich noch eine Art der Seuche zu, welche im Lande große Verwüstungen anrichtete. Diese ansteckende Krankheit war in den Schiffen, welches man bey der Leiche merkete, welche die Holländer ans Land brachten, und auf dem Gottesacker zu Neu-Herrnhut begraben ließen. Sie breitete sich darauf bald in der Gegend auf sieben Meilen aus, und viele Christen starben daran.

Als die Wilden, welche gewöhnlich alle Jahre zur Mission kamen, sahen, daß die Krankheit mit Husten, Ohrenschmerzen und Seitenstechen sich zeigete, und jeder Tag einen Christen zu Grabe brachte, so flohen sie voller Schrecken vor dem Tode davon, und unterstunden sich nicht, sich wieder sehen zu lassen. Diejenigen Unbekehrten aber, welche den Winter und Frühling zu Neu-Herrnhut zugebracht hatten, blieben ruhig der Gefahr ausgesetzet. Die Seuche schien nur die Getauften zu treffen, und die Helfer der Mission waren darunter die ersten Opfer. Die Freude, welche die Christen bezeugten, zu sterben, hielt dem Kummer über ihren Verlust das Gegengewicht. Allein, der Tod der besten Hausväter vermehrete die Anzahl der Witwen und Waisen, und machete eine Leere, die schwer und in langer Zeit erst ersetzet werden konnte. Auf dieses Unglück folgete noch eine Art von Anarchie und Ausgelassenheit, welche gemeiniglich dergleichen Landplagen einem neugebildeten Staate zu zu ziehen pflegen. Daher, saget Herr Cranz, wußten auch die Missionarien nicht, ob sie bey dem großen Risse unter dem Volke, zu ihren Leichenpredigten den Text: **Seine Seele gefiel Gott wohl, darum eilet er mit ihm** ꝛc. oder: **Es ist Zeit, daß das Gerichte an dem Hause Gottes anfahe**, wählen sollten. Die Priester zogen den letztern vor, um, wie sie sageten, eine heilsame Unruhe in den Herzen hervor zu bringen; und sie sahen auch ihre Gläubigen in den Empfindungen der Verleugnung sterben. Diese frommen Lutheraner hören nicht auf, die Texte zu bewundern, welche sie auf den Tag fanden, an dem sie jemanden zu begraben hatten. Eines Tages waren es die Worte des heil. Johannis: **Ueber ein kleines, so werdet ihr mich sehen.** Einen andern Tag fiel man durch eine sehr glückliche Anspielung auf den Vers des Hohenliedes: **Da der König sich herwandte, gab meine Narde seinen Geruch:** Welch ein Misbrauch der heil. Schrift, wohlriechende Gerüche, mit denen sich die Braut des Salomo beräucherte, mit dem Geruche eines Leichnames zu vergleichen? Heißt dieß die Religion predigen und die Seelen bekehren? Wie? Hat der Herr der Welt deswegen die Menschen geschaffen, die Könige gesetzet, seinen Willen geoffenbaret, seine Diener unterrichtet, daß man ihn eine solche Sprache reden lasse? Wir wollen einmal die Sprache der grönländischen Christen selbst hören. Eine Frau hatte ihren Mann verloren. Dieser Mensch war ein Orakel und ein Muster für die Grönländer. Sein Beyspiel dienete ihnen zu einer Vorschrift, und sein Tadel zu einem Zaume. Tag und Nacht redete er mit ihnen von dem Leiden Jesu; und dieß gieng von einem Herzen zum andern. Wie er gestorben war, so schrieb seine Frau: „Der Heiland ist mein Mann, und mich „verlanget so nach ihm, als es mich oft nach meinem Peter verlanget hat, wenn er zu „lange auf der See blieb. Ich liebe meinen Heiland, weil er mich zuerst geliebet hat.

„Ich

„Ich habe ihn beständig vor Augen und kann ihn nicht vergessen. Meine Fehler sind „ohne Zahl, aber ich verkriche mich täglich in seine Wunden. Mein Herz gehöret „dem Lamme, damit er es mit seinem Blute fülle. Wie die Kinder in dem Schooße „ihrer Mutter wachsen, so will ich in dem Blute des Lammes wachsen. Ich schreibe „diese Worte für alle Brüder und Schwestern in der Gemeine." Dieß ist die Sprache, welche die Herrnhuter gegen die Wilden führen. Cranz von Grönland.

Sie rechtfertigen sich ohne Zweifel damit, daß sie denken, sie könnten bey dem großen Sterben, womit beynahe alle Jahre die Hungersnoth im Winter Grönland heimsuchet, nur durch diese glücklichen Deutungen die Sterbenden trösten. In der That, die Anzahl der Todten im Jahre 1754 war so groß, daß man genöthiget war, einen neuen Gottesacker zu Pissiksarbik ein zu weihen, und den 12ten des Brachmonates begrub man daselbst drey Leichen auf einmal. Pissiksarbik ist ein bequemer Ort, der wegen des Häringsfanges besuchet wird. Die meisten Grönländer aber, welche dieses Jahr dahin gekommen waren, ihrer Nahrung nach zu gehen, fanden daselbst den Tod. Fast jedermann war krank, unter andern auch der Missionär Bek: allein sein Bruder Matthäus Stach unterstützete ihn in seinem Uebel, und versah seine Verrichtungen. Es kam derselbe aus Mähren, und war vorher zu Labrador in America gewesen. Man sieht, daß die langwierigsten und gefährlichsten Reisen diesen feurigen Leuten gar keine Mühe kosten. Sie trotzen allem Eise der nordlichen Meere und Länder. So sehr, sagen sie, ist ihr Herz durch das Blut des Lammes erhitzet. Sie leben ohne Furcht, mitten unter dem Schrecken des Hungers und der Seuchen. In diesem Jahre begruben sie in drey Monaten sieben und dreyzig Personen, bey einem Volke, das kaum zwey oder dreyhundert stark ist, und unter dieser Anzahl der Opfer waren kaum zwey Kinder. Dieß war in der herrnhutischen Heerde ein großer Riß.

Der Häringsfang war nicht sehr reichlich. Man bekam auch nur sehr wenig Schollen, welche man im Monate August zu Rookörnen fängt. Die Missionarien kaufeten dieselben, um sie zu trocknen und ein zu salzen; und dieß machete ungefähr den dritten Theil des Wintervorrathes aus. Der Lachsfang, welcher im Herbstmonate geschieht, warf gar nichts ab; allein, dieses wurde durch die Seehunde wieder eingebracht, welche das stürmische Wetter in erstaunlicher Menge an die Küsten der Inseln trieb. Man fieng derselben viel, und man vergaß nicht, sich mit einem starken Vorrathe zur Ernährung der Witwen und Waisen, welche das Sterben in diesem Jahre ohne Hülfe und Schutz gelassen hatte, zu versehen. Daher konnte man an den Factor der Colonie nicht mehr als sechs und dreyzig Fässer verkaufen, welches kaum die Hälfte des gewöhnlichen Verkaufes ist.

Im Weinmonate bezog man wieder die Hütte oder Winterwohnung, und die erste Sorge der Missionarien war, der Unordnung vor zu bauen, welche die Seuche unter dem Volke zu Neu-Herrnhut verursachet hatte. Man dachte zuerst auf diejenigen Familien, welche ihr Haupt verloren hatten. Die Erwachsenen, welche im Stande waren, zu arbeiten, mußten ihre Mütter, Brüder und Schwestern ernähren. Die jungen Kinder, welche ohne Vormund waren, wurden in verschiedene Familien vertheilet, um daselbst in der einzigen Handthierung des Landes erzogen zu werden, oder um daselbst solche häusliche Dienste zu verrichten, welche man von ihren Kräften er-

Cranz von Grönland. warten konnte. Diejenigen, welche noch gar zu jung waren, blieben bey ihrer Mutter: wenn sie aber keine mehr hatten, so wurden sie andern Grönländerinnen zur Erziehung gegeben, so wie sie sich auch eine nach der andern der Säuglinge annehmen mußten. Dieses ist ein großes Opfer bey den Grönländerinnen. Sie sind sehr eifersüchtig darauf, nur ihre eigenen Kinder zu säugen. Ehe sie ihrem Sohne, sagen sie, einen fremden Mitbuhler geben wollten, der den Saft ihrer Brüste mit ihm theilete, würden sie lieber einen Waisen ohne das geringste Mitleiden umkommen lassen. Das Christenthum hat dieses Vorurtheil der mütterlichen Liebe verbessert. Diese Weiber thun jetzt aus Liebe, was sie ehemals aus Menschlichkeit nicht thaten. Aber man sieht sie auch nicht dasjenige um eines geringen Nutzens willen thun, was sie dem natürlichen Erbarmen versageten; man sieht sie nicht ihren eigenen Sohn ihrer Brust entreissen, um an seine Stelle den Sohn eines Reichen zu setzen; ihre Milch zur Nahrung eines Fremden theuer verkaufen, und für einen geringen Preis eine fremde Brust für das Kind ihres Herzens wieder kaufen. Unmenschliche und schändliche Gewinnsucht, welche eine ausgeartete Gesellschaft verräth, wo die Mütter auf ewig alle Bande der Natur von dem Augenblicke an zu zerreißen scheinen, da die Schnur zerreißt, die sie mit ihren Kindern vereinigte! O zarte Empfindung der mütterlichen Zärtlichkeit! durch wie viele Laster oder vielmehr Verbrechen wird man deine Annehmlichkeiten und deinen Trost ersetzen müssen!

Die grönländischen Weiber wollen nur ihre eigenen Kinder säugen.

Die grönländischen Wilden sind noch glücklich, mitten unter ihrem Froste, wenn man ihr Leben mit der Pein vergleicht, welche uns unsere Schwelgerey verursachet. Der Hunger bringt ihnen nur den Tod, unser Ueberfluß aber tausend Krankheiten. Man kann wenigstens ihrem Mangel noch abhelfen. Wenn man dem Herrn Cranz glaubet, so geht alle Aufmerksamkeit der Missionarien dahin, sie in der Noth zu unterstützen, welche ein Fehler ihrer Himmelsgegend ist. Indem man aber ihre verlassenen Kinder ernähret, so lehret man sie zu gleicher Zeit sich selber ernähren. „Denn „unsere Brüder, saget er, sind weder Willens, noch im Stande, einen Haufen Arme, „die man in ihrer Jugend zur Arbeit auf zu ziehen versäumet hat, auf Kosten guter „Freunde zu ernähren; sondern sie wollen lieber bey Zeiten so viel an sie wenden, daß sie „einmal mit ihren eigenen Händen arbeiten, und sich und andere versorgen können.“

Man beschloß dieses Jahr, wie gewöhnlich, mit dem Feste der Sonnen Rückkehr. Die mährischen Brüder erlaubeten, daß man diesen heidnischen Lustbarkeiten nachahmete, und gaben deswegen in vier Häusern besondere Feste. Sie hatten aber nach dem Beyspiele der ersten Kirche diese heidnische Feyerlichkeit durch eine Art von christlichem Liebesmahle gereiniget, wo die Gäste eine unschuldige Freude mit derjenigen Anständigkeit verbinden, welche die Religion eingiebt. Wenn die Unbekehrten einen Gläubigen zu ihren Festen einladen, so antwortet dieser: „Ihr wisset wohl, daß wir ein „ganz ander Vergnügen haben, nämlich den Heiland und seine Marter; die gefällt uns, „aber euch nicht. Solche Dinge schicken sich wohl noch für euch, aber nicht mehr für „uns.„ So ist schon die allgemeine Gesellschaft unter den Grönländern durch die besondere Gesellschaft zerrissen, welche die mährischen Brüder daselbst eingeführet haben.

1755. Das Jahr 1755 hatte für Grönland nichts merkwürdiges, außer für die Meteorologisten, oder die Beobachter der Veränderung des Wetters. Der Winter war sehr gelinde, und der Regen im Januar nicht kälter, als er im Sommer ist. Eine so gelinde

gelinde Witterung war den Seevögeln nicht günstig; denn sie suchten die Kälte zwischen den Inseln. Sie zog aber von einer andern Seite eine Menge Seehunde an, welche in dieser Jahreszeit sehr selten sind. Diese so gelinde Witterung währete bis in den Monat März, wo sie durch heftige Stürme unterbrochen wurde, welche das Meer ganz unschiffbar machten, und die Wellen so hoch trieben, daß sie beynahe die Schiffe vom Ufer rissen, welche daselbst vor Anker lagen, oder fest gemachet waren. Im Monate April fiel eine Menge Schnee, der mit so vielem Regen vermischet war, daß die neue Kirche der Colonie beynahe wäre weggeführet worden. Die Ströme stürzeten sich mit einem solchen Ungestüme herunter, daß nichts als die Mauren das Gebäude schützeten. Zum Glücke sind in Grönland die Kirchen nicht sehr reich; auch ist die Frömmigkeit daselbst viel reiner, und Gott wird dadurch nur desto mehr angebethet. Unschuldige Seelen sind daselbst ihre einzige Zierde; die Geistlichen üben daselbst die Pflichten aus, die sie predigen. Eine Geistlichkeit, welche über dieß nicht zahlreich ist, thut hier nicht das Gelübde eines ehelosen Lebens, welches sie nicht halten kann.

Cranz von Grönland.

Es kam dieses Jahr ein Herrnhuter aus Mähren an, welcher zu gleicher Zeit eine Frau und das Diakonat mitbrachte. Die Sacramente des Priesterstandes und der Ehe können bey den Lutheranern gar wohl neben einander stehen. Die Hirten und die Schafe leben daselbst ganz verträglich. Bey den Herrnhutern nimmt die Frau eines Priesters, welche eine Schwester der vereinigten Gemeine geworden ist, einiger Maßen Theil an den Verrichtungen des Priesterstandes; sie sorget für die Erziehung, oder wenigstens den Unterricht der Mägdchen. Es ist eine Aehnlichkeit zwischen den Pflichten und Beschäfftigungen der beyden Ehegatten. Die innere Beschaffenheit ihres häuslichen Lebens, und die öffentliche ihrer Verrichtungen sind einander nicht entgegen gesetzet, oder von einander getrennt. Dieß ist vielleicht ein großes politisches Gut, und wenn die Religion es zuläßt, so ist es eine weise Einrichtung der Kirchenzucht. Uebrigens sind die Pflichten des Priesterstandes bey den Herrnhutern desto leichter zu erfüllen, da sie es den einfältigen Gläubigen gern überlassen, in der Gemeine zu unterrichten, und zu reden. Jeder redet, was ihm der Geist der Andacht eingiebt. Die Grönländer selbst predigen, ohne Katecheten zu seyn, in den Versammlungen, und werden oft lieber von ihren Landesleuten gehört, als die fremden Missionarien. Dieß kömmt daher, saget Herr Cranz, daß sie offenherzig und mehr von ihren eigenen Schwachheiten, als von den Fehlern anderer, reden. Sie bitten für die Gläubigen, und eifern nicht wider die Ungläubigen. Sie verstehen die Kunst nicht, den Sinn der Schrift durch gezwungene Erklärungen, oder oft kühne und lächerliche Anspielungen, welcher sich die Herrnhuter oft selbst bedienen, zu entstellen. Ohne eine ausstudierte Arbeit, ohne Nachjagen nach Witze, ohne die Miene der Selbstzufriedenheit und Fähigkeit, machen sie weit mehr Eindruck auf die Seelen, als wenn sie ihnen Laster und Aergerniß vorwürfen, welche eine gerechte Gegenbeschuldigung oft von den Zuhörern auf den Prediger zurück weist. Man muß doch gestehen, daß die Sprache dieser grönländischen Prediger nicht allezeit der Gottheit anständig ist, von der sie sich begeistert zu seyn vorgeben: aber sie schicket sich für die Fähigkeiten der Grönländer, und ist ihrem Verstande angemessen. Gleich allen einfältigen und originalen Nationen bedienen sie sich gern Figuren der Sprache und der Gleichnisse: aber

Cranz von Grönland. man muß diese Bilder in der Natur, und die Sitten ihres Landes kennen. „Ihr „wisset, saget einer von diesen getauften Wilden, was für ein Grauen wir vor dem „Blute der Erschlagenen haben; und wenn etwas davon auf unsere Kleider sprützen „sollte, so würden wir sie sehr waschen oder gar wegwerfen. Aber mit dem Blute „des Lammes ist es ganz anders. Damit wollen wir gern prangen, wenn wir nur fein „viel davon bekommen könnten. Ach wenn wir dieses kostbare Blut nur erst einmal „gekostet haben, so schmecket es uns so gut, daß wir uns nicht satt daran laben „können.„

Derselbe wilde Redner schreibt in einem andern Briefe: „Wenn wir uns elend „fühlen, so lassen unsere Augen Thränen fließen: aber wenn wir uns den Heiland am „Kreuze vorstellen, so kleben wir an seiner Seite, wie der Nepisetfisch am Steine.„

Diese durch Schwärmerey erhitzten Völker brennen vor Durste nach dem Blute des Lammes. Sie sind, sagen sie, so begierig darnach, wie die im Sommer durch die lange Sonnenhitze ausgelockerte Erde den Regen wieder verlanget; wie die Fliegen und Mücken, welche das Blut des Menschen trinken, wie die Kinder nach der Brust, welche so gleich bey ihrem Erwachen nach der Milch schreyen.

Die mährischen Brüder wünschen sich Glück, daß sie ein eben so heftiges Verlangen nach dem Wasser der Taufe durch junge Leute erwecken, welche die Gesänge der Missionen singen können. Dieses Verlangen geht oft von den Kindern zu den Alten über. Eine Witwe, sagen sie, die schon sehr alt war, kam nach Neu-Herrnhut, und gab uns durch Gebärden, die leicht zu verstehen, und sonderbar waren, zu erkennen, daß sie zween Tage eingegraben gewesen wäre, hernach hätte sie ihre Sinne wieder bekommen und genugsame Stärke gehabt, wieder aus dem Grabe heraus zu gehen. Die Missionarien redeten bey dieser Gelegenheit mit ihr von dem guten Hirten, der sich selbst in den Tod gegeben, seine Schafe aus den Klauen desselben zu entreissen. Sie hörte mit Erstaunen, daß Gott die Menschen so sehr liebte, und versprach, wieder zu kommen, oder wenigstens ihre Kinder zur Unterweisung zu schicken.

Dergleichen Reden, die durch alle Mittel der Bekehrung, welche entweder von der Religion oder ihren Dienern herkommen, unterstützet waren, machten es, daß die Herrnhuter in sehr kurzer Zeit acht und zwanzig Katechumenen tauften, ohne noch eilf Kinder zu rechnen. Dieses Jahr war auch sehr fruchtbar. Die Grönländer hatten so viel Lebensmittel, daß ihnen ihr Ueberfluß fast zur Last ward. Die Glückseligkeit zog eine große Menge nach der Mission, und es starben daselbst nur dreyzehn Getaufte.

1756. Aber der Tod entschädigte sich auf eine sehr grausame Art in dem Frühlinge des folgenden Jahres. Herr Dalager, dänischer Factor, hatte sich nach Kellingeit um des Fischthranhandels willen begeben, und brachte von da die traurigsten Nachrichten zurück. Die Hungersnoth war daselbst ausserordentlich. Hiervon war ein junges Mägdchen, das er mit zurück brachte, ein Beweis. Da ihre Aeltern sie nicht mehr ernähren konnten, so hinterließen sie dieselbe in einer ganz wüsten Hütte, um sich den Schmerz zu ersparen, sie vor Hunger sterben zu sehen. Zween Tage hernach fanden sie dieselbe noch beym Leben, und warfen sie ganz nackend ins Meer. Sie konnte nicht ersaufen, und ein Wilder, der sie am Ufer fand, hatte Mitleiden mit ihr. Da er ihr aber nichts geben konnte, so brachte er sie in ein Magazin, welches gleichwohl schon von

Ein rührendes Beyspiel einer strengen Hungersnoth.

von Lebensmitteln leer war. In diesen Umständen kam der Factor nach Kellingeit. Gerührt vom Mitleiden, nahm er sich dieses Kindes an, welches nichts mehr als ein von Froste und Hunger abgezehrtes Gerippe war. Er hob es auf, kleidete es, und erwärmete es mit seinen eigenen Händen. Nachdem er es nach und nach zum Leben gebracht hatte, so schickete er es in einem Sacke von Pelzwerke den Brüdern zu Neu-Herrnhut, mit dem Erbiethen, daß er eine arme Witwe versorgen wollte, die dieses Kind in die Pflege nehmen wollte. Dieses Mägdchen lebet noch zum Ruhme und zur Freude seines Wohlthäters. Möchte doch der Segen derjenigen, die er erhalten hat, die Glückseligkeit über die Tage dieses empfindsamen Menschen ausbreiten! dieß ist der Wunsch, womit Herr Cranz seine Erzählung schließt. Cranz von Grönland.

Dergleichen Gemälde beleben die Reisegeschichte, welche oft eine so traurige und dürre Wüste ist, daß der Schriftsteller und Leser mitten auf ihrem Wege sich würden abschrecken lassen, wenn das Herz nicht zuweilen dergleichen ruhige Augenblicke fände, die ihm erlauben, sich zu erweitern, zu erholen und zur Aufmerksamkeit zu erwecken. Ihr trägen und kalten Seelen aber, für die dergleichen Zwischenerzählungen nichts rührendes haben, ihr werdet schon bald wieder in euer Gebieth kommen. Grönland ist euer Vaterland; ihr findet die Natur daselbst eben so geizig und unempfindlich, als ihr selbst seyd.

Die strenge Jahreszeit, sagen die Missionarien, verschloß hieselbst in diesem Jahre aller Herzen vor der Gnade. Der Hunger machte die Gemüther taub gegen die Predigt; man kam gar nicht. Es fanden sich nur zwo Familien, die in Kangek überwintern wollten, obgleich dieser Ort sonst sehr besucht wird. Unterdessen führte die Kälte doch viele Wasserhühner herbey; denn es scheint, daß die Natur in allen ihren Abwechselungen der Strenge oder der Wohlthätigkeit gewisse Wiedervergeltungen beobachtet, oder eins durch das andere gleich machet. Die Kälte verjaget die Seehunde vom Meere, locket aber die Vögel an; eine gelinde Witterung ist kein Reiz für die Wasservögel, aber sie treibet die Seehunde in die Buchten. Allein, so streng auch die Jahreszeit war, so mußte man doch im Monate März die Hütten verlassen, um von Orte zu Orte einiges Mittel wider den Hunger zu suchen. Mit diesem Elende des Winters vereinigte sich der Anfall eines Seeräubers, der von den americanischen Küsten kam, und die grönländischen unter dem Vorwande, daß ihn das Eis dahin getrieben hätte, anfiel. Eben dieser Seeräuber hatte vor zehn Jahren die armen Grönländer beraubet: aber dießmal war eine Uneinigkeit zwischen dem Hauptmanne und dem Schiffsvolke. Indessen war man an der Küste auf seiner Hut, weil er seine Kanonen geladen hatte. Da er aber einen Grönländer am Borde seines Schiffes entführet hatte, so ließ der Factor der Colonie einige Leute von dem Schiffsvolke, die ans Land gekommen waren, anhalten, und behielt sie so lange, bis der Grönländer wieder zurück geschickt worden.

Der Frühling brachte von ungefähr einige Walfische an die Küste von Balsrevier, aber die Einwohner dieser Bucht waren nicht in dem Fange dieses Fisches geübt, und fiengen keinen. Der Sommer lieferte ihnen einen todten Walfisch, und der Herbst ließ ihnen eine Art Schwertfisch, der unter dem Namen Ardluit bekannt ist, und mit den Seehunden Krieg führet, um sich davon zu nähren, in die Hände fallen. Dieser ungeheure Feind ist so furchtbar, daß bey seiner Ankunft alle Seehunde verschwinden. Er hat so viel Stärke und Geschicklichkeit, daß er von ihnen auf einmal vier

Cranz von Grönland.

vier oder fünfe fängt; den einen bey dem Rachen, zween bey den Flossfedern, und einen unter dem Schwanze. Der Mensch aber greift diesen gefräßigen Fisch wieder an, fängt und verzehret ihn.

Die Mission beut dieses Jahr nichts besonders dar, wenn es nicht einige sonderbare Bewegungen der Grönländer, so wohl der Bekehrten als Unbekehrten, sind. Einer von denselben drücket sich über das Christenthum so aus. „Ich habe zween Willen, der eine giebt nach, der andere widersteht. Sie sind oft im Streite, aber der „letztere sieget beständig.„ Dieß war der Willen des Fleisches, saget Herr Cranz, der zu allen Zeiten ein Feind des Evangelii gewesen ist. Indessen bewundert er doch die Lebhaftigkeit des Glaubens bey den Grönländern; ein solcher Glauben ist nicht mehr in Israel, das heißt, in Europa. Es scheint, daß er sich nach Norden flüchtet, zu barbarischen und wilden Völkern. Der einfache Charakter derselben schicket sich ohne Zweifel weit besser für das Evangelium. Man weis, daß es in Asien und Aegypten entstund, und da es ins römische Reich kam, seine ersten Wurzeln in dem Geiste der barbarischen Nationen fassete, welche Europa eroberten. Nach dem Untergange Roms bemächtigten sich die schönen Geister im Morgenlande und Africa, erhitzt durch ihre Wissenschaft, oder durch ihre Gelehrsamkeit, die ein Ueberbleibsel des Geschmackes der griechischen und lateinischen Litteratur waren, der Religion, wie ihres Eigenthums, und ließen sie durch ihre Schriften, mitten unter der Unwissenheit, welche die Einfälle der Gothen, Franken und Deutschen, zugleich mit dem Blutvergießen, dem Untergange der Städte und der Sclaverey der gesitteten Nationen ausgebreitet hatte, wachsen und blühen. Aber so wie heute zu Tage waren auch damals die Prediger des Heidenthums die letzten, welche sich ergaben. Es mag nun entweder der Geist des Eigennutzes, oder die Härte ihres Herzens Schuld seyn, so wollen sie doch niemals die Offenbarung des Evangelii erkennen. Die grönländischen haben beständig Einwürfe wider die Lehre desselben zu machen. Ein Angekok sagete eines Tages einem Grönländer, der ihn ermahnte, sich zu bekehren: „Ich sehe nicht, was für einen Vortheil die Gläubigen „vor den Ungläubigen voraus haben; denn ich will euch nur aufrichtig bekennen, daß „ich mich nicht rühmen kann, wie meine Brüder, die Angekoken, in einer andern Welt „herum zu reisen, und daselbst den Zustand der abgeschiedenen Seelen zu erfahren.„ Der Christ antwortete: „Wir werden an einen sehr herrlichen Ort kommen, den wir „nicht beschreiben können, weil wir ihn noch nicht gesehen haben. Die größte Herr„lichkeit aber wird darinnen bestehen, daß wir den Heiland, an den wir glauben, „mit unsern Augen sehen werden. Allein, an den Ort kann niemand kommen, als „wer aus Wasser und Geiste geboren ist; und über das muß er erst seinen Leib able„gen; der muß zur Erde werden. Daraus wird der Heiland einen neuen Leib ma„chen, an dem nichts fehlen wird; und mit diesem Leibe werden die Gläubigen an den „schönen herrlichen Ort kommen, und bey ihrem Heilande ewiglich leben.„

Obgleich Herr Cranz durch diese christliche Erklärung sehr erbaut zu seyn scheint, so kann man doch zweifeln, ob dieselbe rechtgläubig genug sey, um denjenigen Christen, die nicht von seiner Gemeine sind, ein Genügen zu leisten. Aber ein Grönländer ist ohne Zweifel nicht gehalten, mehr als man ihn gelehret hat, von einer Lehre zu wissen, die eine ausdrückliche Offenbarung, und einen sehr lebhaften Glauben nöthig hat, um sich die Vernunft zu unterwerfen. Ein Beweis, daß der Glauben selbst allein die

Wirkung

Wirkung des Glaubens wirke, ist dieses: daß eine Grönländerinn, welche die Taufe noch nicht empfangen hatte, die sie aber schon längst verlangete, sich darüber, daß man sie nach geendigter Predigt beständig mit den Worten der Liturgie, ite, missa est, zurück schickete, dergestalt ärgerte, daß sie gar nicht wieder unter die Katechumenen zurück kehrte. Für dieses eine verlorne Schaf aber blieben über sechzig in dem Schafstalle, von denen sechs und dreyzig die heilige Taufe empfiengen. Cranz von Grönland.

Das folgende Jahr empfand die geistliche Aernde den Mangel des Winters und den Raub der Hungersnoth. Die Europäer hatten noch keine so grausame Noth gesehen. Der Kampf der stürmischen Winde und des Schnees, der mit dem gefrorenen Nebel, welcher in der Luft zu verfliegen schien, wie eine Atmosphäre von Eise verbunden war; dieser Frost und diese verbundenen Gefahren verschlossen alle Gemeinschaft der Inseln so wohl unter sich selbst, als auch mit dem festen Lande. Es war bis auf den März nicht möglich, Lebensmittel zu verschaffen. Die Kinder starben auf der einen Seite, ohne begraben zu werden; auf der andern begrub man sie noch bey ihrem Leben. Das Schicksal dieser Schlachtopfer rührte täglich die Missionarien. Endlich wagten sie es bey dem ersten Nachlasse der Kälte, dieses Elend auf zu halten, oder zu verringern. Zween dieser mitleidigen Brüder reiseten nach Kangek. 1757. Eine außerordentliche Hungersnoth.

„Den 23ten März, sagen sie in ihrem Tagebuche, machten wir uns auf die „Reise. Der Nebel auf dem Meere war noch sehr gefroren: aber wir kamen doch bey „günstigem Winde bald nach Kangek. Da wir die Insel durchreiseten, so kamen wir „an ein Haus, welches man aus Mangel des Brennöls zum Heizen verlassen hatte. „Nahe dabey fanden wir funfzehn Personen, die vor Hunger halb todt waren, in ei„ner Art von Magazine, das in die Erde gegraben und so niedrig war, daß wir auf dem „Bauche hinein kriechen mußten, und nicht aufrecht darinnen stehen konnten. Diese „Unglücklichen lagen die Kreuz und die Queere über einander, um sich gegenseitig zu „erwärmen; es war weder Feuer noch sonst irgend etwas da; vor Mattigkeit konnten „sie weder reden, noch sich bewegen. Einer von unsern Leuten fieng ihnen ein Paar „Fische aus dem Meere. Ein kleines Mägdchen, welches ein Bild des gefräßigen „Todes war, zerriß ihn ganz roh mit den Zähnen, und verschlang ihn, ohne zu kauen. „Vier Kinder dieser Familie waren schon gestorben. Wir theileten diesen verhunger„ten und elenden Leuten einen Theil von unserm Vorrathe mit, und ermahneten sie, zur „Mission zu kommen, wozu sie aber aus Abneigung gegen das Evangelium und die „Christen keine Lust bezeugten.

„Den 26sten kehreten wir nach Neu-Herrnhut zurück. Allein, da uns Wind, Meer „und See zuwider waren, so mußten wir an einem Orte anlegen, wo wir abermals „Leute antrafen, die nichts zu essen hatten. Die Kinder schryen vor Hunger; wir ga„ben ihnen ein wenig Grütze, die sie kalt und roh verzehreten. Endlich kamen wir „am Abende glücklich zu Hause an.„

Diesen beyden Geistlichen folgete bald die Familie nach, welche sie vom Tode errettet hatten. Man vertheilete diese elenden Geschöpfe in die Häuser der Grönländer. Anfangs fanden sie wenig Unterstützung: sie sucheten aber auf den Kerichtstellen ausgetrocknete und ausgekauete Fischgräten, oder alte Schuhflecken zusammen. Man unterstützete sie endlich, so viel es der Mangel an Lebensmitteln zu Hause, die meistentheils vergebens angestellte Jagd, und die Unmöglichkeit, bey dem bösen Wetter zu fi-

Cranz von Grönland.

schen, zuließen. Man fieng unterdessen, ungeachtet der strengen Jahreszeit, ein Paar Seehunde, und auf der Insel tödtete man einen großen weissen Bär, welcher in diesen Gegenden ein sehr seltenes Thier ist.

Mit diesen geringen Nahrungsmitteln mußte man sich bis Ostern behelfen, da der Häringsfang angieng, welcher bis Pfingsten währete. Hierauf folgete die Rennthierjagd, und auf diese der Seehundesfang. Man fieng derselben in einem Tage an die hundert Stück, und war im Stande, für die Handlung hundert und sechzig Tonnen Thran heraus zu ziehen. So ersetzete die gute Jahreszeit die Verwüstung des Winters!

Die Mission zog dieses Jahr gar keinen Vortheil von der Hungersnoth. Das Unglück selbst, welches zur Religion zurück leitet, schien die Grönländer von ihr zu entfernen. Nicht allein diejenigen, welche die Liebe der Brüder angeflehet hatten, mit einer anscheinenden Begierde, oder dem Vorwande, sich zu bekehren, giengen davon, als sie keine Hülfe mehr nöthig hatten; sondern einige bezeugeten auch einen großen Widerwillen, von den Händen der Christen Hülfe an zu nehmen, gleichsam als wenn sie die Bekehrung der andern für einen Meyneid gegen ihr Vaterland ansähen. Diese Gesinnungen, saget Herr Cranz, beweisen, daß die Bekehrung nur ein Werk der Gnade ist. Weder die Plagen des Himmels, noch die Stürme des Meeres konnten den Unglauben der Grönländer überwinden, bis der heilige Geist ihr Herz rührete. Man hat so gar einige gesehen, die, ungeachtet ihrer innern Ueberzeugung, sich wider die Anfälle des Mangels verhärtet hatten, und sich bey gutem Wohlstande den sanften Reizungen des göttlichen Wortes, welches sie zum Christenthume einlud, ergaben. Da in andern Wintern die Einwohner zu Neu-Herrnhut sich auf dreyzig bis sechzig Personen vermehrete, so kamen dieses Jahr nur sieben hinzu. Dem ungeachtet war die Anzahl der Einwohner am Ende des Herbstes auf zwey und neunzig gestiegen.

Alles war daselbst in dem besten Zustande. Der Ueberfluß brachte Freude und Gesundheit wieder zurück. Man verlor keinen Menschen bey dem Fischfange. Jedoch fehlete es nicht an besondern Zufällen. Ein Fischer wurde vom Eise eingeschlossen, und mußte sich auf einem Stücke Eis retten, wobey er seinen Kajak, worinnen ein Seehund war, wohl eine halbe Meile weit hinter sich herschleppete, und oft bis unter die Arme in das Eis einbrach. Es war auch einer der Missionarien in Gefahr, in einem Weiberboote, in welches Wasser gedrungen war, zu ersaufen. Es wurde aber noch durch ein anderes Schiff zurück geholet; und da man fand, daß das Boot unten ein Loch hatte, so nehete man ein Stück Leder darüber, und die Weiber ruderten weiter.

Durch welche Bücher die Herrnhuter den Eifer der Grönländer unterhalten.

Die kleine Kirche zu Neu-Herrnhut wurde durch einige Aergernisse beunruhiget. Das Reisen hatte unter diesen Haufen die Zerstreuung gebracht. Man mußte sechs Christen in den Bann thun, welche, wie Herr Cranz sich ausdrücket, die Schlange verführet hatte. Diese verjageten Lämmer giengen ganz verloren. Sie wurden fern von dem Schafstalle vom Unglücke betroffen; und dieses, welches auf ihre Strafe folgete, trug vieles dazu bey, die Gläubigen im Gehorsame zu erhalten. Aber die Wege der Religion müssen sanft und überredend seyn. Wenn man die Herzen gewinnen will, so muß man sie rühren. Nichts machte mehr Eindruck bey den Grönländern, als diejenigen Bücher, mit deren Lesung man sie in den Versammlungen unterhielte. Die lange Nacht der Wintertage wurde mit lesen erbaulicher Schriften zugebracht;

bald

bald lasen sie den Lebenslauf einiger herrnhutischen Kinder, die in Europa mit solchen Empfindungen gestorben waren, womit man so leicht, aber auch mit so vieler Gefahr, der Vernunft in den ersten Jahren zuvor kommen kann; bald eine Schilderung des elenden Zustandes der Negersclaven, welche durch ihre Geburt, ihre Schwachheit oder auch durch ihre Wildheit in einer ewigen Sclaverey zu leben, verdammet sind. Man stellete ihnen vor, wie diese Unglücklichen an die unbarmherzigsten Herren durch europäische und africanische Räuber verkaufet werden, welche diese Negern eben so verfolgen, wie die Negern die Tiger jagen. Die Grönländer zitterten vor Wuth bey dieser Erzählung, und priesen sich wegen ihrer unfreundlichen Himmelsgegend glücklich, welche sie vor der Unmäßigkeit der geizigen Europäer schützete. Denn alles Uebel der Natur empöret das menschliche Herz nicht so sehr, als die Ungerechtigkeit der Menschen. Diese Wilden, die glücklich unter dem freywilligen Joche der Religion waren, hielten Stürme, Kälte, Mangel und Hungersnoth für sanft und leicht, gegen die persönliche Sclaverey, die gezwungenen Arbeiten und die Beschimpfungen des ganzen menschlichen Geschlechtes, womit das Geschlecht der weissen Menschen die Schwarzen unterdrücket hat. Aus Africa leitete man die Aufmerksamkeit dieser neuen Christen nach America, wo die Herrnhuter auch schon ihre Brüder und Schwestern hatten. Als man den Grönländern die Zerstörung der Gemeine zu Gnadenhütte in Pensylvanien vorlas, so wurden sie davon bis zum Weinen gerühret. Bey diesem traurigen Zufalle hatten einige europäische Herrnhuter beyderley Geschlechtes durch das Feuer ihr Leben verloren: die wilden Americaner aber verloren nur ihre Sachen, indem sie zeitig genug nach Bethlehem flüchteten, wo ihnen das Mitleiden einige Unterstützung zu ihrer Kleidung und Nahrung anwies. Die Religion, welche, in den Zeiten ihrer Wärme, die Bande der Menschheit erweitert und verstärket, hatte denselben Eindruck der christlichen Liebe auf die Grönländer, wie auf die Pensylvanier. Sie wollten alle zur Unterstützung ihrer americanischen Brüder etwas beytragen. Der eine sagete: Ich habe ein schönes Rennthierfell, das will ich geben; der andere, ich habe ein Paar neue Stiefeln, die will ich ihnen schicken; der dritte, ich muß einen Seehund hergeben, damit diese armen Leute zu essen und zu brennen haben. Diese Anerbiethungen, welche mit Freudenthränen, den süßen Ergießungen eines hülfreichen Mitleidens, begleitet waren, wurden nicht verworfen; und obgleich der Werth dieses Beytrages geringe war, so verwandelte man ihn doch in Geld, welches man den Herrnhutern nach Europa schickete, um es nach America zu befördern. Cranz von Grönland.

Dieser einzige Zug hält uns für die Unfruchtbarkeiten der Begebenheiten schadlos, welche die Neugierde bey den grönländischen Tagebüchern ganz matt werden läßt. Die Missionarien erfüllen dieses Leere mit Stücken von Unterredungen, die, wenn man will, erbaulich, aber so abgerissen sind, wie sie die Einbildungskraft der wilden Schwärmer in ihren Anfällen von Andacht ihnen eingiebt. Da kommen Vergleichungen zwischen dem Nebel des Winters und den Finsternissen des Unglaubens, zwischen dem reissenden Strome der Fluth, welche das Seekraut an das Ufer wirft und dem Blute des Lammes vor, worinnen die christlichen Seelen schwimmen, welche durch die Ströme der Gnade bis zu den Thoren des Heils geführet werden. Endlich folget das Sterberegister dieses Jahres. Man findt auch in demselben den Tod eines Kindes von neun Jahren, welches ein großes Gedächtniß, und besonders eine große Fröm-

 migkeit

Cranz von Grönland. migkeit hatte. Man lobet seinen Fleiß in der Schule, seine Neigung zum Singen und selbst zu der Dichtkunst, die mit einer Lebhaftigkeit des Geistes verbunden war, welche sich zuweilen durch eine kleine Thorheit zeigete.

1758. Alle diese Empfindungen waren so viele Schritte und Vorbereitungen zu der Bekehrung von Grönland. Das Jahr 1758 machet einen neuen Zeitpunkt in den Jahrbüchern der herrnhutischen Lehre, durch die Errichtung der zweyten Kirche zu Lichtenfels. Diese Begebenheit fordert eine vorläufige Erzählung, die ich von dem Herrn Cranz entlehnen will.

Die grönländische Gemeine, saget er, war bis zu der Zahl von vierhundert Getauften und Bekehrten angewachsen, ohne noch zweyhundert zu rechnen, die schon zu dem Range der Erwählten in der Ewigkeit aufgenommen waren. Dieß war in der That für ein so schlecht bewohntes Land in zwanzig Jahren sehr viel gethan. Die neuherrnhutische Mission hatte beynahe gar nicht mehr nöthig, ihre Aufmerksamkeit auf die nordlichen Gegenden zu wenden, weil die dänische Colonie, die sich unter dieser Zeit festgesetzet hatte, selbst einen Missionär aus der Hauptstadt hatte. Sie konnte also nur von der südlichen Seite Seelen hoffen, wo Dänemark noch keine Colonien hatte.

Die Bucht von Balsreviere, die Inseln Kangek und Kookörnen verschaffeten ihnen Leute zur neuen Bevölkerung, weil sie denen einen Ruheplatz darbothen, welche im Winter von Norden und Süden reiseten, um mit einander zu handeln. Dahin thaten die Missionarien ihre Reisen, und stelleten ihre apostolischen Werbungen an; aber auf eine Art, die nicht hinter einander fortdaurete, und gleichsam nur bittweise war, wie bey Reisenden, die daselbst keinen festen Sitz hatten. So vortheilhaft auch die Lage von Balsreviere seyn mag, die vielleicht die beste in ganz Grönland ist, so setzeten sich die Grönländer doch daselbst nicht fest: die Ursache davon mag nun entweder die Neigung für ihren Geburtsort seyn, und daß die Einwohner der Insel nicht auf dem festen Lande, und die vom Lande nicht auf den Inseln wohnen können; oder daß der Seehundefang an denen Orten, welche diese Thiere suchen, sehr verschieden ist, daß man also im ersten oder zweyten Jahre in Gefahr wäre, Hungers zu sterben, ehe man sich an die neue Art dieses Fanges gewöhnen könnte. Ueberdieß hatte man nur die Herrschaft der Religion über die Gemüther, welche diese fremde Wilden an den Aufenthalt zu Neu-Herrnhut gewöhnen konnte, da es zwey bis drey Meilen von der offenen See ist. Auf der andern Seite wünscheten die Missionarien nicht, daß sich ihr Wohnplatz über gewisse Gränzen vermehren möchte. Die Einrichtungen ihrer Stiftung gehen nicht auf das bloße Predigen, und die bloß geistlichen Verrichtungen ihres Religionseifers, sondern sie fassen die Erziehung und die Regierung der Menschen von ihrer Geburt bis in ihr höchstes Alter unter sich. Ein Haus zum Säugen der Kinder, die Schulen, die Versammlungsplätze zur Berathschlagung und zum Unterrichte von aller Art, fordern einen solchen Platz und Unterhalt, welche keine gar zu zahlreiche Bevölkerung leiden. Grönland ist nicht so beschaffen, wie gewisse andere unbekannte Länder, welche nur Bearbeitungen verlangen, um eine Menge Menschen zu ernähren. Der Boden und die Himmelsluft sind den Menschen hier selbst zuwider. Die Felsen sind hier nicht wie die Steine des Deucalions und der Pyrrha, welche sie nur unter

ihren

ihren Beinen und über ihren Kopf zu werfen hatten, um das menschliche Geschlecht wieder zu bevölkern. Cranz von Grönland.

Daher berathschlagten sich die Herrnhuter schon im Jahre 1752, ob sie nicht zu Kangek oder Kariak, welches drey Meilen von Neu-Herrnhut liegt, zur Unterstützung dieser Gemeinde eine Hülfskirche anlegen könnten. Ihre Berathschlagung aber hatte keine Folgen. Zwey Jahre nachher hatte Dänemark in der Fischerbay ein Comtor angelegt, und die Grönländer, welche während des Sommers nach Balsreviere kamen, kehrten daselbst ein. Einige von ihnen, welche sich zu Neu-Herrnhut fest gesetzet hatten, sagten zu den Brüdern, daß sie hier nicht bleiben könnten; und wenn man sie bekehren wolle, so müsse man mit ihnen an einen südlichern Aufenthalt ziehen. Zween Herrnhuter, welche diese Oerter kannten, unterrichteten die Versammlung von dem Zustande der Sache und von dem Vergnügen, welches die Grönländer in der Fischersbay bezeugten. Man übergab dem Grafen von Berkentin, der damals Präsident der Kammer des grönländischen Handels war, ein Memorial. Die apostolische Gesellschaft that hierinnen der Kaufmannsgesellschaft den Antrag, sich bey diesem Comtor fest zu setzen, wenn dieses dem Handel nützlich seyn möchte. Dieser Vorschlag war angenehm: aber dessen Ausführung wurde noch verschoben.

Endlich kam im 1758 Jahre die Zeit, Hand ans Werk zu legen. Matthäus Stach, welcher beständig eine große Begierde bezeiget hatte, das Evangelium in den Südländern aus zu breiten, erhielt hierzu die Erlaubniß zu Herrnhut, wo er sich damals aufhielt, und reisete mit zweenen Brüdern, die er zu seinen Gehülfen angenommen hatte, von da ab. Sie nahmen ihren Weg mitten durch den Schauplatz des Krieges in Deutschland, und begaben sich über Hamburg nach Kopenhagen. Hier schifften sie sich den vierten May ein. Auf ihrer Seereise erfuhren sie weder Sturm noch das geringste schlimme Wetter. Dieses besondere Glück war auch noch mit einer bessern Begegnung von dem Schiffsvolke begleitet. Der Zustand der mährischen Brüder hatte sich seit zwanzig Jahren sehr geändert. Auf den ersten Reisen, welche sie nach Grönland thaten, sah man sie als grobe Leute von geringem Herkommen, ohne Vermögen und Erziehung an, welche vom Hofe nur aus Gnaden eine Stelle auf dem Kaufmannsschiffe erhalten hatten, ohne zu wissen, mit welchem Titel oder zu welchen Absichten; und man sah diese Bettler mit weniger Achtung, und vieler Verachtung an. Man zog sie auf, man verspottete sie, und die Verhöhnungen, sagen sie, fielen von den Predigern der Religion auf diese selbst zurück. Als aber 1750 der grönländische Handel einer königlichen Gesellschaft gegeben wurde, so wurde in Absicht der Missionarien verordnet, daß sie anstatt der bisher genossenen Freyheit eine mäßige Bezahlung für die Ueberfahrt entrichten sollten. Auf diese Bedingungen suchten die Seeleute Passagier, deren apostolisches Amt ihnen gar nicht zur Last fiel, sondern vielmehr den Handel in einem Lande befördern konnte, wo sie so vielen Einfluß in die Gemüther der Einwohner hatten. Daher erwiesen ihnen so wohl die Officier, als Matrosen des Schiffs, auf welchem sie zu der Mission zu Neu-Herrnhut reiseten, alle mögliche Zeichen von Gefälligkeiten und Achtung. Kaum waren sie den 27sten des Brachmonates angekommen, so reiseten sie schon den folgenden 19ten des Heumonates mit vier grönländischen Familien, an der Zahl ungefähr sechs und dreyzig Personen, ab, in der Fischerfiorde nahe bey dem dänischen Comtor, eine neue Gemeine an zu legen. Ihr Führer, der

Cranz von Grönland.

aus dieser Gegend gebürtig war, führete sie auf eine große Insel. Nachdem sie dieselbe durchgelaufen waren, trafen sie daselbst einen Ort an, der Akonamiok hieß, eine kleine halbe Meile von der offenen See. Dieser Ort hatte die Unbequemlichkeit, daß er gegen Mittag durch einen hohen Berg eingeschlossen war, der ihm drey Monate des Jahrs die in Grönland so seltenen und angenehmen Sonnenstralen benahm. Allein, man fand hier frisches Wasser, das auch im Winter nicht friert, einen sichern Haven für die Fahrzeuge, einen Weg, der von der Seeseite trocken ist; dieses waren Vortheile genug, die Grönländer zu der Mission zu ziehen. Man errichtete also an diesem Orte Zelte, wo man noch ein altes Landhaus fand.

Niederlassung der mährischen Brüder zu Lichtenfels.

Die erste Sorge war, mehr dergleichen von Steinen und Rasen zu bauen. Da ein jeder für sich arbeitete, so erhielten die Missionarien von den Grönländern nicht viele Hülfe, und kamen in dem Baue ihres Hauses nicht weit fort. Einer von ihnen mußte die Küche besorgen, und sie hatten sich überdieß weder von Kopenhagen noch Neu-Herrnhut genug Werkzeuge oder Hausgeräth anschaffen können. Die Steine mußten sie mit den Armen fortwälzen, die Erde in Säcken tragen, und den Rasen zu Wasser holen. Zum Dache hatten sie nichts, als einige Latten ohne Balken. Kaum hatten sie ihre Mauer geendiget, so warf die Fluth zum guten Glücke zween große Stücke Bauholz an die Ufer ihrer Insel. Sie nahmen solche als ein Geschenk des Himmels an, welches ihnen durch die Engel zugeführet war.

Ihr Haus bestund aus einem Zimmer von funfzehn Fuß ins Gevierte, und einem andern Platze, der zum Vorrathshause und zur Küche diente. Das Dach war sechs Fuß hoch, flach und ohne Balken, und stützete sich auf zwo Säulen. Die Latten wurden mit einer doppelten Lage von Rasen bekleidet, und das ganze Dach mit alten Fellen bedecket, womit auch inwendig die Wände tapeziret waren.

Die Grönländer baueten für sich ein Haus, welches sie den 14ten des Weinmonates bezogen. Die Lebensmittel aber fiengen an, ihnen zu mangeln, als sie nahe bey ihrem Aufenthalte eine kleine Bucht entdeckten, wo die Seehunde einliefen. Nachdem sie dieselben eingeschlossen hatten, so tödteten sie derselben so viel, daß sie dem Factor der benachbarten Colonie drey bis vier Tonnen Speck überlassen konnten. Weil die Eingebornen des Landes an diesen Orten dieses Thier nicht gesehen hatten, so ermangelte man nicht, diese Wirkung, des Zufalls einer wunderbaren Vorsehung zu zu schreiben.

Man kam bald von allen Seiten zu den Missionarien; einige, sie nur zu sehen, andere aber sie zu hören. Das dänische Comtor war durch einen Weg von einer starken Meile über Felsen und Thäler von der Mission getrennt. Die Mannspersonen kamen zu Wasser, die Weiber zu Lande. Die Missionarien besuchten auch ihrer Seits die Unbekehrten: allein, der Weg war so gefährlich, daß einer unter ihnen ausglitschte und sich würde den Kopf zerschmettert haben, wenn er nicht glücklicher Weise in einen Abgrund von Schnee gefallen wäre. Dieß war der Anfang dieser neuen Stiftung. Man führete hier eben die Ordnung bey den Uebungen der Mission ein, welche zu Neu-Herrnhut war. Sie wurde von den Weibern sehr häufig, wenig aber von den Männern besuchet. Diese, saget Herr Cranz, vergaßen im folgenden Jahre die Prediger gänzlich, und entsageten dem unschätzbaren Vorrechte, die Erstlinge dieser neuen Pflanzung des Glaubens zu seyn.

Cranz von Grönland.

Eben dieselbe Gemüthsfassung herrschete bey den Wilden, welche Neu-Herrnhut besucheten. Einige derselben legten einen Besuch bey den Ihrigen ab. Aber mit der Vorsicht, nicht zu sehr auf die Prediger zu hören. Denn, sageten sie, sie hätten bemerket, daß die meisten ihrer Nation, und besonders junge Leute, so bald sie nur ein oder zweymal von dem Tode und Kreuze Jesu hätten reden hören, so sehr davon angesteckt, oder vielmehr bezaubert worden, daß sie nicht eher Ruhe gehabt, als bis sie zum großen Verdrusse ihrer Aeltern und Freunde bey den Gläubigen hätten leben können. Ist es wohl sehr zu verwundern, setzet Herr Cranz bey dem Worte bezaubert hinzu, daß Heiden das Christenthum für eine Zauberey halten, wenn selbst erleuchtete Christen natürliche Wirkungen, die sie weder leugnen noch begreifen können, einer geheimen Magie zuschreiben?

Dieser Missionär saget beym Anfange der Geschichte dieses Jahres, es wäre in Betrachtung der Himmelsgegend sehr gelinde, und beynahe ganz ohne Winter gewesen. Der Januar hatte mehr Regen, als Schnee: aber im April schneyte es so stark und so lange, daß man bis ans Ende des Mayes in Schären, oder Schneeschuhen, gehen mußte. Der Fischfang war sehr reichlich, und das Meer, welches beständig offen war, schien mit Häringen ganz angefüllet zu seyn. In dem Todtenregister, welches das Jahrbuch von 1758 schließt, redet man von einer Christinn, deren Leben viel sonderbares hat. Sie wurde in ihrem zwölften Jahre von ihren Aeltern zur Taufe gebracht; einige Zeit hernach wollten sie dieselbe wieder nach ihrem Aufenthalte unter die unbekehrten Wilden zurück bringen. Sie flehete die Herrnhuter um Hülfe an, und diese behielten sie wider Willen ihrer Aeltern bey der Mission. Zwey Jahre hernach kam ihr Vater und ihre Schwester wieder, sie zu entführen: allein sie wurde von ihrer Verfolgung durch den Tod derselben, der gleich nach ihrer Ankunft erfolgete, befreyet. Doch versuchte es noch einer von ihren Anverwandten, sie an ihren Geburtsort wieder zurück zu bringen: allein, auch vergeblich. Die Christinn war unbeweglich. Drey Jahre hernach zerbrach sie sich ein Bein, wurde dadurch lahm und fiel in die Auszehrung, woran sie nach einem Jahre mit Gelassenheit starb.

Die Mission verlor noch ein Kind von vier Jahren, welches durch einen Windsturm gegen einen Felsen gestoßen wurde, woran es das Rückbein zerbrach. Während seiner Krankheit sagte es: Ich will fortgehen. Wohin, mein liebes Kind? sagte sein Vater? Zu dem lieben Lämmlein, sagte es; und so redete es immer von dem Blute und Wunden des Lammes.

Nach diesem Kinde starb eben dieselbe Judith, von der wir schon geredet haben. Sie war anfangs in der tiefsten Dummheit. Seitdem sie aber eine Christinn geworden, und mit den mährischen Brüdern nach Deutschland gereiset war, so hatte sie einen solchen Fortgang im Glauben, daß man sie an die Spitze des Schoßfalles der grönländischen Schwestern setzete. Sie katechisirte, sie predigte und unterrichtete. Sie schrieb viele Briefe, von denen Herr Cranz einen kurzen Auszug machet. Unter andern dictirte sie vor ihrem Tode folgende Worte, für eine ihrer geistlichen Schwestern, mit der sie sich zu Herrnhut genau verbunden hatte: „Meine liebe Schwester, „nun schicke ich dir den letzten Kuß aus meinem Herzen zu. Meine Hütte*) zerfälle „schon

*) Ein jeder Herrnhuter oder Schüler und Proselyt von ihnen, betrachtet seinen Körper als die Hütte des Lammes.

Cranz von Grönland. „schon vor Schwachheit. — Aber ich werde bald die Wunden des Lammes sehen. — „Ich grüße noch einmal die Schwestern, die bey dir sind. Ich bin zu matt, mehrers „zu reden. Deine liebe Judith.„ So sterben diese begeisterten Grönländer mit den Worten der ersten christlichen Apostel; sie wiederholen in ihren Briefen die Episteln des heil. Paulus, und glauben eben so, wie er, mit den Gaben des heiligen Geistes erfüllt zu seyn. Sie leben im Irrthume: aber sie sterben vergnügt.

1759. Der Verfolg des grönländischen Tagebuchs ist dem Anfange desselben ähnlich. Man findet beständig die erleuchteten Prediger, welche durch unverständliche Reden die dummen Wilden zu Ceremonien verleiten, die ohne Zweifel lächerlich sind, weil sie den Sinn derselben nicht recht verstehen. Man verschonet den Leser mit denjenigen Stoßgebethen, womit Herr Cranz drey Viertheile seines weitläuftigen Buchs anfüllet. Wir wollen nur aus den Tagebüchern der mährischen Missionen das sammlen, was den menschlichen Geist unterrichten, oder der Neugierde werth seyn kann.

Man hatte hier dieses Jahr ein erstaunlich großes Schrecken, welches durch einen Grönländer von der Bucht Disko erregt wurde. Dieser hatte mit einem Walfischfänger eine Reise nach Holland gethan. Als er wieder in sein Vaterland zurück kam, streuete er daselbst das Gerücht aus, daß im künftigen Frühjahre eine Flotte kommen würde, die Europäer und die Eingebornen des Landes, die mit ihnen vermischt wären, aus zu rotten. Dieses falsche Gerücht machte, daß sich die Grönländer von der Mission entfernten. Zwanzig Boote voll südlicher Einwohner kehreten so gleich nach ihrer Küste mit allen den Fischern zurück, welche sich zu Kangek niedergelassen hatten. Also war dieses Volk ein Spiel aller derer Irrthümer, die man ihm vorbrachte.

Die Angekoken bedienten sich dieser Absonderung, ihr Reich wieder her zu stellen. Als sie aber die Gemüther nicht von der Verblendung der herrnhutischen Lehren reinigen konnten, so wollten sie auch diese Kunst der Verführung lernen, um ihre Kunstgriffe dadurch zu verstärken. Ein Angekok (jede Völkerschaft hat ihren eigenen; und diejenige, welche nicht zahlreich genug ist, einen solchen Heiligen zu unterhalten, wird von allen andern verachtet,) kam nach Lichtenfels, und sagte, er wolle sich bekehren. Aber er hatte die Absicht, saget man, Verbindungen mit den Christen zu treffen, und sich gegen seine Feinde zu schützen, die ihn eines Mordes wegen verfolgeten; als ob das Christenthum eine Zuflucht vor der Strafe eines Mörders seyn könnte. Diese Betrüger hatten auch noch eine andere Absicht, nämlich durch ihren Umgang mit den Missionarien, eine neue Kraft zu bekommen, die Leichtgläubigkeit dieses groben Volkes zu betriegen. Die Verbindung der gesunden Begriffe der Religion mit ihren Betrügereyen ist eine sehr starke Anreizung, welche mehr dazu dienet, ihre Gewalt und ihr Ansehen zu befestigen. Deswegen reden auch die grönländischen Gehülfen der Mission nicht gern von dem Evangelio mit den Angekoken; weil sie diesen Gegengift mit ihrem Gifte vermischen, durch welche Betrügerey sie die List nach denselben zu vermehren hoffen. Endlich wenn sie nicht die Fähigkeit haben, die Anzahl ihrer Betrügereyen zu vermehren, so suchen sie doch wenigstens, die Christen zu verführen. Das Sonderbarste hiebey ist dieses, daß die Weiber allezeit sich in das Verderben, so wie in die Bekehrung der Menschen, mischen. Zwo oder drey Familien entwischten der Mission zu Neu-Herrnhut, auf Anreizung oder durch die Halsstarrigkeit

keit böser Weiber, welche, wie Herr Cranz saget, ihrer bösen Unenthaltsamkeit, von der sie gequälet werden, kein Genügen leisten konnten. Cranz von Grönland.

Dieses Jahr liefert nichts merkwürdiges mehr zur Geschichte, wenn es nicht einige Wirkungen des bösen Wetters sind. Zween Grönländer waren nach der Colonie Friedrichshaab geschicket, Briefe hin zu bringen. Sie wurden auf ihrer Rückreise vom Eise aufgehalten, und ihre Kajake zween ganze Tage festgesetzt. Bey der Arbeit, welche sie sich machten, los zu kommen, wurde der Schweiß, der aus ihren Körpern drang, auf ihren Kleidern zu Eise. Einem von ihnen war die Hand erfroren. Sie würden alle beyde vor Durst gestorben seyn, wenn sie nicht in der dritten Nacht zu ihrer Hütte gekommen wären, wo sie endlich Wasser fanden.

Im Herbstmonate litt das neue Haus Lichtenfels eine Erschütterung, wie von einem Erdbeben, ob es gleich sehr niedrig und seine Mauern nur vier Fuß dick waren. Rings herum wurden die Dächer auf den Häusern gespaltet, die Schiffe durch den Sturm auf das Trockene gebracht, und acht Menschen ersoffen im Meere. Dieser Sturm wurde sehr weit empfunden. Denn zu eben der Zeit giengen im baltischen Meere und Kattegat viele Schiffe unter. Vor und nach diesem Sturme sah man Feuerwellen in der Luft. Eines von diesen Luftzeichen fiel nahe bey einem Hause nieder, wo es sich entzündete, aber bald gelöschet wurde. Eben eine solche Erscheinung geschah an Weihnachten zu Mittage. So außerordentlich auch diese Wirkungen der Natur scheinen mögen, so redet Herr Cranz doch noch von einem Ungewitter, das zwey Jahre vorher sich eräugete. Es brach den 22sten des Herbstmonates 1757 bey einem Südwinde aus, welchen Regen und Schnee begleiteten. Man sah so starke Blitze, dergleichen in Grönland unerhört und in Europa selten sind: es entstund aber kein Feuer dadurch, und man hörete nicht das geringste Geräusch vom Donner. Man glaubete zu gleicher Zeit ein Erdbeben zu empfinden. Außerordentliche Erscheinungen.

Das 1760 Jahr war eben so unfruchtbar an Begebenheiten, als an Lebensmitteln. Der Winter stürzete Grönland in die tiefste Trägheit. Die außerordentliche Kälte machete, daß man den Mangel daselbst sehr zeitig empfand. Das Eis bedeckete hier alles in so großer Menge bis an das Ende des Mayes, daß man selbst um Ostern von den Gipfeln der höchsten Berge keinen offenen Platz zur Schifffahrt in einem großen Striche der See entdecken konnte. Indessen gieng doch nicht die Härte der Natur bis zu einer Hungersnoth; und wenn die Liebe sich der Mittel zu helfen beraubet sah, so war auch die Noth des Mangels nicht bis auf den höchsten Grad gestiegen. 1760.

Die Mission aber empfand diese allgemeine Erstarrung, und der Eifer der Christen schien dadurch gleichsam erfroren zu seyn. Es traf hier das deutsche Sprüchwort ein: Je näher der Kirche, je später darein; das heißt, diejenigen Wilden, welche fern herkamen, zeigeten weit mehr Eifer für das göttliche Wort, als diejenigen, welche in der Nachbarschaft der Christen, und besonders der Europäer, lebeten. „Man kann, saget Herr Cranz, diejenigen, welche in der Wildheit geboren sind, mit einem wilden „Acker vergleichen, auf dem gar nichts wächst, der aber, so bald er nur gebrochen und „besäet worden, in weniger Zeit viel Frucht hervor bringet; und diejenigen Grönländer, welche viele Jahre mit den Europäern umgegangen sind, mit einem Acker, der „schon voller Disteln und Dornen steht, und daher desto schwerer umgearbeitet „und

Cranz von Grönland. „und gebauet werden kann.“ Ueberhaupt werden die Europäer weit mehr durch die Andacht der Grönländer erbauet, als diese durch das Christenthum der Europäer. Die Lehre ist reiner in Europa, die Sittlichkeit in Grönland. Dieses kömmt daher, weil es viel leichter ist, Meynungen ein zu führen, als gute Sitten. Diese beziehen sich auf Bedürfnisse, welche nicht so sehr von dem Gesetze, als von der Natur, herkommen; jene hangen sehr von der Unwissenheit des menschlichen Verstandes ab, welcher in seiner Ungewißheit gleichgültig alle Irrthümer oder Wahrheiten annimmt, die man ihr vorleget. Selbst Könige können nicht allemal unter ihrem Volke die Sitten ausbreiten: ein jeder fähige Kopf aber, wenn er beredt ist, kann seinen Zeitgenossen gewisse Meynungen beybringen. Oft ist die Enthusiasterey bey Unwissenden schon hinlänglich, ihre Begriffe aus zu breiten; man sieht dieses aus dem guten Fortgange, welchen die herrnhutische Lehre in Grönland gehabt hat.

Die kleine Gemeine zu Lichtenfels vermehrete sich dieses Jahr auf einmal mit neun Familien, welche aus fünf und funfzig Personen bestunden. Es war eine große Freude, saget Herr Cranz, alle diese braunen Schafe oder Wilden in den Schafstall eingehen zu sehen. Es war im August; und da schon die Winterzeit heran nahete, so mußte man die gute Zeit in Acht nehmen, und dieser kleinen Heerde eine Wohnung bauen. Die Grönländer erweiterten ihre Wohnung auf fünf und sechzig Fuß in die Länge und funfzehn in die Breite. Die Mägdchen und Witwen bekamen zwo abgesonderte Wohnungen. In dem großen Hause aber wohneten vier und sechzig Personen; und man hielt auch die gottesdienstlichen Versammlungen in demselben. Hier fand man in dem Frieden und der Einigkeit der Familien den Geist des Evangelii wieder; aber nicht in den Reden dieser Neubekehrten, welche von der Vernunft zu weit entfernet sind, als daß sie die Sprache der Wahrheit seyn könnten.

„Wie Eva aus Adams Seite erbauet worden, sagete einer dieser Wilden, so sind „die Gläubigen aus Jesu Seite geboren, Fleisch von seinem Fleische, und Bein von „seinem Beine.“

„Ihr wisset, sagete ein anderer, wie es die Mücken machen, wenn es sehr warm „ist. Wir leiden sie wohl nicht, und jagen sie hinweg: aber der Heiland ist gar anders „gegen uns gesinnet. Er sieht es mit Vergnügen, wenn wir uns recht fest an seine „Wunden anhängen, und unser Verlangen an seinem Blute stillen.“

Dieses sind die Vergleichungen, mit denen man vieleicht die Grönländer oder mährischen Brüder erbauet, wahre Christen aber, die sich an den erhabenen Wahrheiten des Evangelii, und nicht an Anspielungen, oder Gleichnissen, vergnügen, ärgert. Schändlicher Misbrauch, unanständige Spiele des menschlichen Witzes! Wir wollen eilen, diese Kindereyen zu verlassen.

1761. Reise des Herrn Cranz nach Grönland. Im folgenden Jahre schiffte sich Herr Cranz zu seiner Reise nach Grönland ein, in der Absicht, das Land selbst zu sehen, und daselbst genaue Nachrichten ein zu sammlen, um daraus eine getreue Geschichte zu verfertigen. Ich reisete, saget er, den 17 May von Kopenhagen ab, und ich konnte keine bessere Behandlung von den Menschen, aber auch keine schlimmere von dem Wetter, erwarten. Die Leute auf dem Schiffe überhäufeten mich mit ihren Gefälligkeiten. Außerdem aber, daß wir in der Gegend vom versunkenen Lande von Bus in drey Wochen kaum drey Meilen zurück legeten, hatte ich noch fünf Stürme aus zu stehen, von denen der letzte der gefährlichste war, mich

mich aber an die Spitze von Grönland trieb. Indessen hatten der Nord- und Ostwind, welche uns aufhielten, das Treibeis verjaget, so daß wir außer einigen großen Eisbergen, denen wir nicht nahe kamen, die Einfahrt in Balsrevier offen fanden. Ehe wir aber noch einliefen, entstund eine plötzliche Seestille, welche uns dem reissenden Strome überließ, und unser Schiff in die Gefahr setzete, an den Felsen bey Rookörnen zu stranden. Glücklicher Weise trieb uns ein Wind, da wir nur zween Flintenschüsse weit von diesen Klippen entfernet waren, an die andere Seite, und brachte uns in die offene See. Endlich langeten wir zu Neu-Herrnhut, eilf Wochen nach unserer Abreise von Kopenhagen, an.

Cranz von Grönland.

Seit dem 3ten und 4ten August sahen wir viele Südländer bey der Mission ankommen. Sie hatten aber gar keine Begriffe von der Religion. Sie kamen in unsere Zimmer, um mit uns von der Schönheit ihres Landes zu reden, und uns ein zu laden, ihnen dahin zu folgen. Wenn wir sie von dem Glücke der Gläubigen unterhalten wollten, so antworteten sie, daß sie nichts von den Reden der Europäer verstünden, und daß Unsterblichkeit der Seele, die Namen eines Schöpfers und Erlösers, für sie unbegreifliche Wörter wären. Endlich riefen wir einen Grönländer, der ihnen eine sehr deutliche Erklärung dieser Lehre gab, wovon sie gerühret und beweget wurden.

Dieses war die erste Wirkung der Predigt, daß sie die Seelen der Wilden in Unruhe setzete. Sie wünscheten, daß die christliche Lehre wahr seyn möchte; sie hoffeten, sie fürchteten, sie zweifelten. Diese Unruhe verfolgete sie beständig, bis sie alle Verbindungen zerbrachen, und ein ewiges Bündniß mit den Christen machten. Die Jugend aber übergab sich gemeiniglich ohne Widerstand. Ein Mägdchen entriß sich seiner Familie, und ließ sich bey der Mission nieder. Sein Vater und Mutter sucheten es wieder auf; es weinete, und wünschete, sich zu bekehren; nichts konnte es wieder in die väterliche Hütte zurück bringen, weder die Versprechung seines Vaters, daß er es im Frühjahre wieder zurück bringen wollte, noch die Versuchung schöner Kleider, welche ihm seine Brüder versprachen. Endlich zerbrach sein Herz in dem Kampfe der Bewegung der Natur und den Antrieben der Gnade. Es fiel in eine Art von Verzuckung, welche dergleichen Kämpfe gemeiniglich bey der Empfindlichkeit des weiblichen Geschlechtes, und einem Alter, das so leicht zu erweichen ist, hervor bringen. Dieses Schauspiel erfüllete des Vaters Herz mit Unruhe und Schmerzen. Er konnte seine Tochter nicht verlassen, sondern blieb zu Neu-Herrnhut, unterdessen daß seine trostlosen Söhne wieder nach Kangek zu ihrem ältern Bruder giengen. Die Gnade ist nur zur Hälfte siegreich. Die Natur leidet, eine Familie wird zerstümmelt, und die zerrissenen Glieder zittern in ihren Aengsten. Es ist daher nicht zu verwundern, daß ein Grönländer, welchen man fragete, warum er nicht der Predigt der mährischen Brüder beywohnete, antwortete: Ich will nicht hinein gehen, denn sie machet mich krank. Herr Cranz saget, diese Worte bedeuteten, die Predigt machete ihn mit sich selbst unzufrieden. Man könnte aber wohl glauben, daß ein Grönländer diese Worte nach den Buchstaben nehme, wenn man wirklich sieht, daß die Mission vornehmlich von Schwachen, Gichtbrüchigen und Gelähmten besuchet wird. Unter andern war ein Mensch, der sich seine Füße, welche ihm erfroren waren, abhauen lassen; und doch regierte dieser Christ, ob er gleich verstümmelt war, einen Kajak mit so vieler Geschicklichkeit, daß kein grönländischer Fischer von seiner Arbeit bequemer lebete.

Cranz von Grönland.

Uebrigens vermehrete sich die Gemeine zu Neu-Herrnhut dieses Jahr mit fünf und zwanzig Getauften, unter denen funfzehn Kinder waren. An der andern Seite verlor sie aber wiederum sechzehn Bekehrte, welche eines natürlichen Todes starben; nur ein einziger starb durch einen besondern Zufall. Dieses, saget Herr Cranz, war der kleine Jonas, ein Kind von dreyen Jahren, welches die Missionarien durch seinen Gesang sehr oft erfreuete. Er saß in der Sonne, um eine angenehme Wärme zu genießen, und unterdessen, daß seine Mutter ihm zu trinken holete, fiel ein Stück aufgedauetes Eis auf seinen Körper und zerschmetterte denselben. So ist das grönländische Leben beschaffen. Das Ausdauen des Frühlinges ist eben so gefährlich, wie das Eis des Winters. Da das Evangelium vornehmlich für die Unglücklichen eingerichtet ist, so wird es hier niemals an Schülern desselben fehlen; denn man wird hier allezeit Gegenstände finden, die des Trostes bedürfen. In Europa werden diese durch die Gesellschaft hervor gebracht, bey den Grönländern durch die Natur. Einer von ihnen sagete zu einer alten Frau, welche die Annäherung des Todes mit Schrecken empfand: „Wir fürchten eben so, wie du, die Todespein: aber seit dem wir hoffen, mit „dem Heilande zu leben, hat sich diese Furcht verloren.“ — „Ach, sagete die Sterbende, wie glücklich seyd ihr!„

In diesen Augenblicken, wo der Mensch nach der Unsterblichkeit seufzet, erfüllet ihn die Religion mit ihren Schrecken oder Hoffnungen. Alsdann aber hat der Gerechte nichts zu fürchten.

Die kleine Heerde zu Lichtenfels vermehrete sich in einem Jahre mit dreyzig Katechumenen. Die Missionarien hatten Gehülfen nöthig, aber sie hatten keine Wohnung für dieselben. Ihr größtes Haus war viel zu klein, und überdieß sehr baufällig. Ein Stück Mauer war zweymal eingefallen; die Raben hatten die Bedeckung mit Häuten durchgenaget; und der Regen fiel allenthalben durch das Dach. Endlich hatte sich hieselbst so vieler Schnee gehäufet, daß man über das Haus gehen konnte, ohne es wahr zu nehmen. Die Mission erwartete Bauholz aus Europa. Aber die Jahreszeit war schon verflossen, das alte Haus aus zu bessern, als man den 8ten des Heumonates erfuhr, daß zu Friedrichshaab ein Schiff angekommen, welches mit allen Arten von Zimmerwerke beladen wäre, ein vollständiges Haus zu errichten.

Welche Freude, aber auch welche Verlegenheit! Man hatte nur drey Baumeister, von denen einer krank war. Die übrige Zeit des Sommers reichte nicht hin, das Gebäude an zu fangen. Man war selbst wegen des Platzes unentschlossen. Endlich aber brachte ein Text der Schrift, den man bey dem Gottesdienste fand, die Brüder dahin, daß sie Hand ans Werk legeten; denn es ist eine Art von Loosen, welches sie leitet, wenn sie unentschlossen sind. Eine Anspielung, oder eine Aehnlichkeit dessen, was sie lesen, mit ihrem Zustande, ist für sie eine Eingebung. Es scheint, daß der heilige Geist weniger mit den Juden, als mit den Herrnhutern, geredet hat, oder daß diese die einzigen Erben des neuen und alten Bundes sind.

Vergrößerung des Hauses zu Lichtenfels.

Durch eine vergrößerte Aufmerksamkeit der Vorsehung über sie, kamen fünf Brüder von Neu-Herrnhut nach Lichtenfels. Alle wurden Mäurer oder Zimmerleute. Allein, das Werk gieng, wegen des abhängigen Bodens, langsam von statten; denn sie baueten auf der Spitze eines Hügels. Sie mußten daher eine Mauer von zehn Fuß hoch an der einen Seite errichten, damit sie den Boden des Hauses gleich macheten.

Diese

Diese Arbeit kostete so wenigen Bauleuten viele Zeit. Endlich bekamen sie Hülfe. Da der Häringsfang vorbey war, so trugen ihnen die Grönländer die Steine auf ihren Rücken, und die Erde in ihren alten Kleidern anstatt der Säcke zu. Selbst der Schiffshauptmann unterstützete die Bedürfniß der Brüder dadurch, daß er das Bauholz nahe bey ihrer Wohnung, und nicht auf dem Comtor der Colonie, welche eine starke halbe Meile weit entfernet war, abladen ließ. Diese Achtung und der gute Willen der Schiffsleute, der Eifer der Grönländer, trug alles bey, das Werk zu beschleunigen, so daß ungeachtet des schlimmen Wetters in dreyen Wochen das Haus fertig war. Cranz von Grönland.

Mit eben der Geschäfftigkeit besorgete man das Innere desselben. Gleich im Anfange des Weinmonates waren schon zwo Stuben im Stande, bewohnt zu werden. Alle diese Arbeiten wurden mit Gebethe angefangen, und mit solchen Reden begleitet, die sich zu dem Zwecke dieser heiligen Stiftung schickten; und der Eifer der Andacht erhitzte nur den Eifer zu arbeiten.

Indessen war die Jahreszeit sehr strenge. Der ewige Feind dieser unbewohnbaren Himmelsgegend hatte die Grönländer bis ans Ende des Mays ganz ausgehungert. Nachdem sie alle ihre Lebensmittel verzehret hatten, so hielten die mit Schnee bedeckte Erde, und das mit Eise angefüllte Meer sie eingeschlossen. Man hatte besonders viel an den südlichen Küsten gelitten. Ob diese gleich der Sonne am nächsten sind, so sind sie doch am meisten dem Treibeise ausgesetzt, welches der Nordwind aus dem östlichen Meere hieher treibt. So bald diese Hindernisse aufgehoben waren, verbreitete man sich in der Bucht Fischerfiorde, um Fische zu fangen. Ein Windsturm aber trieb diese Fischer so weit, daß sie kaum das Land wieder gewinnen konnten. Ohne Dach und Schutz waren diese Unglücklichen, welche dem Schiffbruche entronnen waren, zween Tage und Nächte aller Strenge eines neblichten Himmels ausgesetzt, dessen Thau aus Eise besteht. Einige von ihnen hatten ganz erfrorene Glieder, und sie mußten sich nur dadurch, daß sie einander schlugen, und mit sich fortzogen, (wie es bey großer Kälte in Grönland gewöhnlich ist,) vor der Gefahr auf dem Eise um zu kommen, retten.

Zu Lichtenfels war der Anfang des Winters so gelinde, daß man oft in einem Tage an die zehn Seehunde fangen konnte: aber im Frühjahre erschienen Eis und Schnee wieder. Das Meer war ganz unzugänglich. Zum Glücke konnten die Seehühner nicht unter dem Eise leben, und kamen ans Land, wo man sie, weil ihre Augen von dem Schnee verblendet waren, leicht lebendig mit der Hand greifen konnte. Auf solche Art gab das Eis, welches den Fischfang versaget, doch das Hülfsmittel der Jagd.

„Ich gieng einesmals des Abends, saget ein Missionarius in seinem Tagebuche, „es war der 8te April, um die Zeit des Abendessens, in ein Haus. Ich sah zwo „Witwen mit ihren Kindern, welche Seegras in der Hand hielten, es vor dem Schlafengehen zu essen. Dieses war ihre gewöhnliche Nahrung, mit der sie noch wohl einige Muscheln verbanden, wenn sie dieselben auf dem Sande bey einer Ebbe fanden. „Unterdessen waren sie zufrieden, und beklageten sich niemals. Es ist wahr, es herrschet unter den Unglücklichen eine gegenseitige Gefälligkeit. Wenn man einen Seehund fieng, so hatte das ganze Haus Theil daran. Aber wenn man ihn unter sechs

Cranz von „zig Personen vertheilen mußte, so wurden die Portionen sehr klein; und dieses desto-
Grönland. „mehr, da man in dieser Jahreszeit gemeiniglich nur junge Seehunde fieng. Den „folgenden Tag vertheilten wir unter die Dürftigen den kleinen Vorrath von Härin- „gen, den man noch von dem Fange des Sommers für die Bedürfniß des Winters „aufbehalten hatte. Man konnte keinen großen Vorrath sammlen, weil die Nässe ihn „verderbete, und man zu Lichtenfels kein Magazin hatte.„

Uebrigens war die gute Jahreszeit für den Fischfang sehr glücklich. Der Factor der benachbarten Colonie brachte den ganzen Winter damit zu, daß er denjenigen Speck wegführen und einpacken ließ, welchen er im Herbste gekaufet hatte. Seitdem die Herrnhuter sich in Grönland fest gesetzt hatten, war der Handel von einem Jahre zum andern so angewachsen, daß diese kleinen Völkerschaften ihm jetzt eben so viel Schiffsladung einbrachten, als er ehemals aus dem ganzen Lande erhielt. Diese belief sich auf hundert und funfzig Tonnen.

Unter den Merkwürdigkeiten dieses Jahres bemerket Herr Cranz eine Wirkung, entweder des Zufalls oder der Einbildung in einer sehr strengen Krankheit. Ein Grönländer war vom Podagra so gequält, daß er sich den Fuß, woran er litt, aufschneiden wollte. Seine Frau kam zu den Missionarien, und bath um Hülfe. Sie gaben ihr das erste Glas mit Tropfen, welches ihnen in die Hände fiel. Der Kranke fassete Zutrauen zu denselben, und war bald darauf nicht allein von dem Schmerze befreyet, sondern auch von der Geschwulst des Podagras geheilet. Die geringste Veränderung in der Speise oder Lebensart ist fähig, einen kranken Grönländer wieder her zu stellen. Ein Stück schwarzes Brodes, ein Teller voll Habergrütze ist für diese Wilden, wenn sie eine starke Begierde darnach haben, eine Arzeney. Denn neue Eindrücke wirken auf sie desto stärker, je weniger sie vertheilt oder bekämpfet werden.

Das Zutrauen der Kranken machet die Kraft der Arzeney aus.

Noch eine Lufterscheinung trug sich zu, welche nichts besonders hatte, als daß man sie in Grönland mit philosophischen Augen betrachtete. Es war dieses eine völlige Mondfinsterniß, welche den 12ten des Windmonates Morgens um sieben und ein halb Uhr erschien. Der kopenhagische Kalender hatte derselben gar nicht erwähnt, aber der berlinische thut derselben als eine unsichtbare Erwähnung, und setzet sie ungefähr um ein und ein halb Uhr Nachmittags, an. Man kann aus dieser Verschiedenheit von der Entfernung des berlinischen Meridians, und des grönländischen zu Balsrviere urtheilen.

Eine Mondfinsterniß.

1762. Klagen der Missionarien über die geistliche Verhärtung der südlichen Grönländer.

Herr Cranz, dessen Jahrbücher sich mit dem 1762 Jahre endigen, fängt seine Missionsgeschichte dieses Jahres mit langen Klagen über die wenige Lust an, welche die südlichen Grönländer bezeugen, sich zu bekehren. Ihre Herzen, saget er, sind so undurchdringlich, wie ihre Felsen. Wenn man mit ihnen von dem Schöpfer oder Heilande redet, so antworten sie, daß sie diese Sprache nicht verstünden; das heißt, daß sie dieselben nicht verstehen wollen. Sie haben allezeit Gründe, warum sie nicht auf die Katecheten oder Prediger hören; der eine holet sich Pulver und Bley, um die Rennthiere zu jagen; der andere ißt von einem Bären; ein anderer bauet einen Kahn. Endlich, fahren die Missionarien fort, sehen wir viele dieser Südländer nach Norden gehen, und von da wieder zurück kommen: allein, der Handel, den sie mit den Europäern treiben, macht sie zu gleicher Zeit gesitteter, da er sie gegen das Christenthum einnimmt. Zu allen Zeiten haben es die Missionarien in der neuen Welt gestanden,

daß

daß der Besuch der europäischen Schiffer und Handelsleute alle Früchte der Predigt des Evangelii bey den Indianern ausrottete. Daher kömmt es ohne Zweifel, daß die Jesuiten in Paraguai die Freyheit erhalten haben, daß keine spanische und portugiesische Schiffe in denen Haven, welche zunächst bey ihren Völkerschaften liegen, sich aufhalten dürfen. Man saget aber, daß unter diesem Vorwande der Religion ein Entwurf ihres Ehrgeizes verborgen wäre. Nichts auf der Erde ist rein, und selbst der Namen des Himmels wird in dem Munde des Menschen verderbet; einige predigen eine Religion des Gehorsams, und wollen herrschen; andere bekennen sich zu einer heiligen Sittenlehre, und leben ausschweifend. Die Wilden, welche die Werke sehen und die Reden nicht hören, verachten diese und folgen dem Beyspiele. Diese Aufführung, welche große Folgen hat, beschleuniget den Fortgang des Christenthums in Grönland nicht. Man beklaget sich, daß die südlichen Einwohner gemeiniglich eben so frey sind, wie die Europäer, mit dem Unterschiede, daß jene die Pflichten der Sittenlehre und Religion nicht kennen, welche diese entweder für natürlich, oder für den Menschen geoffenbart halten. Man sah die Herrnhuter mit einem Grönländer im Streite, welcher eine von ihren heiligen Jungfrauen zu seiner Beyschläferinn machen wollte. Er verfolgete sie, jene verbargen sie; er berief sich auf die Rechte seines Vaterlandes, welche eine Frau demjenigen bestimmen, der sie entführen kann: die mährischen Brüder aber bedeckten ihre Schamhaftigkeit mit dem Mantel der Religion. Es scheint, sagen sie, daß der Satan in diese Gegenden den Schaum seiner Unterthanen ausgesandt hat; so sehr machen sie sich eine Ehre daraus, Tag und Nacht zu seinem Dienste in Festen, Tänzen, Gaukeleyen, Ausschweifungen und Zaubereyen zu zu bringen. Dieß ist ein Strom, der auch die empfindlichsten Ungläubigen mit sich fortreißt. Indessen wünschet sich doch der Urheber dieser Klagen deswegen Glück, daß der kleine christliche Haufen noch nicht von dieser Seuche angesteckt ist. Selbst wenn die Kinder von ferne das Geräusch eines Tanzes der Wilden hören, so fliehen sie davon, und machen Lärm, wie die Posten eines Kriegesheeres, wenn sich der Feind nähert. *Cranz von Grönland.*

Man wird sich weniger verwundern, daß es den Herrnhutern nicht leicht wird, die Zahl der Christen zu vermehren, wenn man bedenket, daß selbst die Unwissenheit dieser Wilden eine große Hinderniß ihrer Bekehrung ist. Das Zweydeutige der Sprachen ist schon genug, die Früchte der Predigt auf zu halten. Wenn im Anfange die Dänen von dem Daseyn Gottes redeten, so verwirrete ihr Wort Gud die Grönländer, indem sie den Sinn mit dem Schalle vermischten, und sich einbildeten, man wolle mit ihnen von einem Flusse reden; denn das Wort Gud, welches bey den Dänen Gott heißt, bedeutet bey den Grönländern einen Fluß. Ey, sageten sie, wer zweifelt daran, daß der Fluß da ist? wie sollte ich nicht an Gud glauben; höre ich nicht seine Stimme? Sie wollten hierdurch das Geräusch des Flusses anzeigen. Die erhabenen und unerhörten Sachen, die man ihnen von Gott erzählte, näherten ihre groben Seelen nicht der Wahrheit. Die Verständigsten unter ihnen gaben es zu, daß Gott hätte den Menschen erschaffen können. Aber daß der Schöpfer Mensch geworden sey, und daß der Urheber des Lebens und des Daseyns hätte sterben können, dieses konnten sie nicht glauben. Man mußte also die theologischen Vernunftgründe, welche nur auf den Verstand herrschen, durch solche Mittel ersetzen, welche auf die Sinne wirken. Der Gesang war also die Zuflucht der Missionarien. *Unbequemlichkeit der zweydeutigen Wörter.*

Das

Das Hülfsmittel der Lieder oder Gesänge bey den Missionen.

Das Singen der Lieder, sagen sie, wenn es sanft, melodisch und mit der Salbung des Herzens begleitet ist, ist nicht der geringste Theil des Gottesdienstes. Diese Art der Theologie hat beständig eine gute Wirkung. Die Gesänge werden leicht auswendig gelernt, und die Kinder singen sie mit einer durchdringenden Stimme. Die tiefsten Wahrheiten schmeicheln sich durch den Reiz der Harmonie ein, und graben unauslöschliche Eindrücke in die Seele. In den Singeschulen sitzen diejenigen, welche nicht lesen können, auf einer Bank, und lernen einer von dem andern singen. Die Schwestern, welche beynahe alle lesen, singen noch weit besser. Sie haben sonst nichts zu thun; dahingegen die Männer den ganzen Tag mit dem Fischfange und der Jagd zubringen, und des Abends ermüdet zurück kommen, und keine Lust haben, als zu essen und zu schlafen. Aber Gott ersetzet zu ihrem Besten dieses Mittel des Unterrichtes. Bald sendet er ihnen Krankheiten, bald Gesichte. So nennen die Herrnhuter wenigstens die Wege Gottes, wenn sie sich in ihrem apostolischen Amte ein Ansehen geben wollen. In allem, was sie sagen oder thun, in allen Begebenheiten, von denen sie Zeugen sind, sehen sie eine Absicht der Gnade, ein göttliches Mittel, die Bekehrung der Grönländer zu wirken. Wir wollen aber jetzt die geistlichen Uebungen der Herrnhuter vorbey lassen, und einen Blick auf diejenigen Arbeiten werfen, welche mehr mit der Geschichte der Reisen in Verbindung stehen.

Die Bemühung, Lichtenfels wieder her zu stellen und zu verschönern.

Kaum hatten die Missionarien den Bau des Hauses zu Lichtenfels geendiget, so mußten sie es schon wieder ausbessern. Sie mußten einen durch die Kälte eingefallenen Weg wieder herstellen, das Dach mit Moose ausstopfen, die Wände theeren und mit vier Dutzend Dielen, die sie von Godhaab hatten kommen lassen, den Saal belegen. Endlich baueten sie auch einen Thurm für eine ihnen von Kopenhagen geschickte Glocke. Darauf besserten sie auch ihr altes Schiff aus, gruben einen Brunnen, legten in einem morastigen Erdreiche einen Garten an, und umgaben ihn mit einer Mauer von zehn Fuß hoch. Alle diese Arbeiten erforderten viele Reisen. Man mußte von den Inseln Moos, aus dem Meere schwimmendes Holz, und aus den Thälern kleine Bäume und Schlagholz holen. Es geschah dieses nicht ohne Gefahr, ob es gleich Sommer war. Schnee und Eis hielten sie sehr oft auf, oder verzögerten wenigstens das Fortbringen dieser Materialien. Außerdem findet man in dieser Gegend weniger Hülfsmittel zur Feurung und Nahrung, als zu Balsrevier. Die Rennthiere und die Eiderhühner sind hier selten. Es fehlet hier an verschiedenen Arten von Fischen. Auch die Grönländer hatten dieses Jahr nicht so viel Lebensmittel, als das vorhergehende, und sie konnten dem däuischen Factor nur halb so viel Speck liefern, als er sonst gewöhnlich von ihnen erhielt.

Herr Cranz wiederholet noch die Klagen über die unbekehrten Grönländer. Diejenigen, welche von Norden oder Süden kommen, und sich zu Kangek aufhalten, wollen die Predigt gar nicht hören, weil sie sich vor ihrer Gewissensangst fürchten. Sie haben jetzt beynahe alle einen Begriff von Gott: aber sie bestehen darauf, daß sie ihre Sitten nicht verändern wollen. Die Vergleichung, welche sie zwischen ihrem eigenen Leben und dem Leben der andern Menschen anstellen, machet sie ruhig. Sie hören die Sittenlehren des Evangelii mit Gleichgültigkeit predigen; wenn man aber mit ihnen von Jesu und seinen Verdiensten redet, so fliehen sie als wenn sie Feuer verfolgete. Die Kinder sind weit empfindlicher. Selten unterhält man sie von dem Leiden des Heilandes, ohne

ohne ihnen Seufzer, und oft Thränen ab zu locken. Die Alten im Gegentheil werden bey diesen Reden unruhig. Ich habe einige gesehen, saget Herr Cranz, welche so gerührt waren, daß sie zitterten und bebten, wie ein geängstet Wild, Verzückungen hatten, mit dem Fuße stampfeten, ihre Kleider zerrissen, mit allen Zeichen der Ungeduld zuhörten, und endlich, wenn die Predigt geendiget war, eilfertig davon liefen, aus Furcht, das göttliche Wort möchte sich ihrer Seele bemächtigen. Daher blieben auch von drenzig Schiffen, welche nach Neu-Herrnhut kamen, nur zwey junge Mägdchen bey der Mission.

Cranz von Grönland.

Der Missionarius aber tröstet sich wegen dieses wenigen Erfolges bey den Ungläubigen, mit dem Wohlergehen des kleinen Schafstalles der Christen. Auf den Reisen und bey den Arbeiten in der schönen Jahreszeit gieng keiner verloren. Man fieng viel Wasserhühner und Seehunde; und zu Anfange des Aprils ein Walroß, welches in dieser Gegend etwas sehr seltenes ist, und in dreyzig Jahren das zweyte war. Das Jahr war auch reich im Fischfange: es endigte sich aber mit einer Art epidemischer Krankheit, welche gleichwohl nur neunzehn Christen hinnahm.

Herr Cranz endiget dieses Capitel mit einer kurzen Vorstellung des Lebens dieser Gerechten. Sie ist ohne Zweifel für die Gemeine der Herrnhuter erbaulich. Diese frommen Geschichte ermangeln niemals, den brennenden Eifer bey einigen, und die christliche Liebe bey andern zu erregen, und durch diese glücklichen Eindrücke den Fortgang der Missionen in Grönland zu beschleunigen. Sie müssen aber allen Christen, die nicht von seiner Gemeine sind, wenigstens gleichgültig seyn, und können allen vernünftigen Menschen nur eine Art von Mitleiden gegen diese armen Seelen eingeben, oder auch eine Bewunderung der geheimen Wege Gottes bey Führung der Menschen erwecken. Wenn die Lehren der mährischen Brüder einige sterbende Wilde trösten, so sieht man auch, daß die grobe Vernunft dieses dummen Volkes sich oft daran ärgert, und ihrer spottet.

Das V Capitel.

Von dem bürgerlichen und kirchlichen Zustande der Missionen in Grönland.

Beschreibung des Gebäudes Neu-Herrnhut. Beschreibung von Lichtenfels. Sitten der grönländischen Christen. Kirchenzucht der grönländischen Missionen. Eifer der Herrnhuter für die ausländischen Missionen. Neue Methode der Herrnhuter zur Fortpflanzung der Religion. Misbrauch dieser Methode. Einführung der Chorabtheilungen in Grönland. Zusammengefaßte Wiederholung.

Herr Cranz hat geglaubet, er müsse zu Ende seiner Geschichte von Grönland eine kurze Beschreibung der Niederlassungen geben, welche seine Gemeine daselbst hat. Man wird darinnen die umständliche Nachricht von dem ökonomischen Zustande der bürgerlichen Policey und der Kirchenzucht der Mission der Herrnhuter antreffen.

Cranz von Grönland.

treffen. Ob er gleich sein Werk nur für seine Mitbrüder gemacht zu haben scheint, so wird es doch auch selbst den Gelehrten, wegen der Kenntniß von Grönland, nothwendig. Die Religion machet daselbst die erste Anlage zur Polizey eines wilden Volkes. Die Herrnhuter legen daselbst den Grund zur bürgerlichen Gesellschaft. Die erste Kirche daselbst machet den ersten Flecken. Es ist ein besonderer Anblick, wenn man sieht, wie Ausländer ohne Wissenschaft und Reichthum es dahin bringen, daß sie ein Land wohnbar machen, wo die Eingeborenen nur stets herum zu irren gewußt, und unaufhörlich zwischen dem Meere und dem Lande geschwebet haben, welche sie wechselsweise zurück stoßen, und sich ein Spiel aus den Menschen zu machen scheinen. Das Werk des Herrn Cranz, welches bey dem ersten Anblicke verdrüßlich durch zu lesen scheint, zieht an sich, je weiter man darinnen kömmt. Gleich denen sandigen Wüsten, wo man gezwungen ist, wenn man einige Zeit darinnen gegangen, seinen Weg zu vollenden, aus Furcht, man möchte seine Beschwerlichkeiten verlieren, ohne sie ab zu kürzen, wenn man zurück gienge; schrecket diese trockene und so fürchterliche Geschichte, als das Land selbst, dessen Abschilderung sie ist, anfänglich ab, oder läßt die Aufmerksamkeit und Neugier des Lesers matt werden. Wenn man aber einmal das Eis gebrochen hat, so ist es traurig, daß man eine so lange Reise gethan, ohne etwas gesehen zu haben, und nicht wenigstens einige Kiesel von einem unbebauten Ufer mit zu bringen. Man muß also den kurzen Begriff, den man lesen wird, als eine Sammlung alles dessen annehmen, was sich merkwürdiges in einem Lande findt, wo die Natur erstorben ist. Die Menschen, welche sie wieder zu beseelen suchen, werden wichtig. Zween in Grönland von sechs unbekannten Leuten errichtete Wohnplätze trösten die Seele auf einen Augenblick, die von der Verwüstung zweyer Reiche niedergeschlagen ist, welche in America von zwoen christlichen Nationen zu Grunde gerichtet worden. Die Menschlichkeit und Tugend sind im Grunde aller Herzen noch nicht gänzlich erloschen.

Beschreibung des Gebäudes Neu-Herrnhut.

An der südwestlichen Seite einer Halbinsel in Balsreviere, steht zwischen der Colonie Godhaab und dem Schiffshaven, drey Meilen von der offenen See, der grönländische Gemeinort **Neu-Herrnhut**. Der äußerste Rand dieses Landes bildet drey große Strande, zwischen denen die Klippen und Felsen in die See hinaus gehen. Der Strand besteht aus runden Steinen, welche die See wie einen Damm aufgeworfen hat, und geht allmählig zwischen den Felsen in einem Thal hinauf, das ein kleines Bächlein hat, welches aber im Winter zufriert. Auf dem mittelsten Strande liegt, einen Steinwurf vom Wasser, das Gemeinhaus, welches mit seinen zweenen Flügeln und dem Hofe, wenigstens in Grönland, wie ein kleiner Pallast aussieht, ob es gleich nur einen Stock hoch, von Holze aufgeblockt, mit Brettern beschlagen, überall verpicht und mit Rohre gedeckt ist. In der Mitte des Dachs steht ein Thürmchen mit einer Glocke. Das Haus ist ungefähr siebenzig Fuß lang und dreyßig breit. Neben dem Saale, welcher der Grönländer ihre Kirche ist, sind vier Wohnstuben und zwey Vorzimmer, das eine zum Speisen, das andere zur Schule für die Mägdchen. In dem nordlichen Flügel ist erst ein Vorhaus, dann die Schulstube der Knaben und endlich des Katecheten Wohnung. Darunter ist in der Erde, welche die Anhöhe bildet, die Küche, Backstube und das Gewölbe, und in der Küche ein Ziehbrunnen, der eine große Wohlthat für das Haus ist, weil man ehedem, um im Winter Wasser zu haben, Eis und Schnee

hat

XX. Band No. 6.

AUSSICHT VON NEU-HERRNHUTH
in Grönland.
1. Kirche und Missionshaus
2. Garten
3. Grönlendische Heuser
4. Europaeisches Boothaus
5. Proviant haus
6. Gottesacker.

hat in der Stube schmelzen müssen. Der südliche Flügel ist ein Provianthaus und Holzmagazin. Daneben steht nun auch ein Schafstall, auf grönländische Art gemauret. Vor dem Hause liegt der Garten, worinnen aber nichts anders wachsen kann, als Salat, Radischen, weiße Rüben, Kohl und Schnittlauch. An demselben geht ein Steig hin bis an den Strand, bey welchem ein auf grönländisch gemauertes Boothaus steht, um zwey große Boote, nebst Bauholze, vor Sturm und Schnee zu bergen. Cranz von Grönland.

Zu beyden Seiten des Gemeinhauses stehen, auf den erhabenen Klippen bis ans Wasser, die grönländischen Winterhäuser, und hinter denselben haben sie kleine Provianthäuschen, ihr Seehundefleisch und ihren Speck zu bergen. Ihre Häringe aber, welche gleichsam ihr tägliches Brod sind, verwahren sie nebst den Zeltfellen und anderm Hausrathe, in einem großen Provianthause, welches mit Cedernschindeln bedeckt ist. Dieses Haus steht auf einer Klippe, und zeiget sich beym Einlaufen aus der See wegen seiner weißen Gestalt am ersten. Ueber demselben ist der Heuboden für die Schafe, so wie auf dem großen Hause der Torfboden.

Die Zelte, darinnen die Grönländer im Sommer wohnen, schlagen sie auf dem weiten Platze zwischen den zwo langen Reihen von Häusern auf, und stehen also gleichsam in der Aufsicht des Gemeinhauses, worinnen die Missionarien wohnen. Die aber keinen Platz da haben, campiren an den beyden, zu jeder Seite des Hauses liegenden Stranden. Im Winter sind auf dem Platze die Weiberboote umgekehrt auf Pfählen aufgestützt, und unter denselben heben sie ihre Kajake, Zeltstangen, und übriges zur Fischerey gehöriges Geräth im Trocknen auf. Hinter den Häusern auf der Nordseite ist der Gottesacker für die Getauften, und neben demselben der Begräbnißplatz für die Ungetauften. Die Gräber werden auf der Klippe von Steinen aufgesetzet, und mit Rasen bedecket, die so schön grünen, daß der Gottesacker in diesem wüsten Lande nicht anders aussieht, als ein Garten mit kleinen Beeten.

So rauh und kahl das ganze Land aussieht, so angenehm und grün sieht dieses grönländische Städtchen aus: denn die grönländischen Häuser sind oben und auf allen Seiten mit Löffelkraute und Grase bewachsen; auf dem Platze, der sonst aus bloßem Sande besteht, ja auf den Klippen, wächst nunmehr das schönste Gras, nachdem sie so viele Jahre mit dem Blute und Specke der Seehunde gedünget worden: und wenn die Grönländer in ihren Winterhäusern wohnen, so kann man alle Abende, und die ganze Nacht durch, eine Illumination sehen, die desto schöner ist, da die Häuser in zwo meist gleichen Reihen, alle gleich hoch gebauet und alle Fenster erleuchtet sind.

Lichtenfels, der andere grönländische Gemeinort, liegt achtzehn Meilen weiter gegen Süden, in der Fischerfiorde. An dem äußersten südlichen Lande derselben, welches ein Eyland von vier Meilen im Umkreise ist, geht unweit der See eine kleine enge Bucht in das Land hinein, mit kahlen Felsen umgeben. Diesen für die Europäer sonst sehr unangenehmen Ort hat Matthäus Stach im Jahre 1758 hauptsächlich darum zu einer neuen Mission erwählet, weil er der offenen See eine gute halbe Meile näher, als die Loge, ist. Das Versammlungshaus, welches im Jahre 1761 daselbst erbauet worden, ist zwar nur ein Stockwerk hoch, hat aber zween Eingänge, und der Kirchensaal keine Säulen, und ist in allem viel schöner, dauerhafter, auch etwas größer, als der zu Neu-Herrnhut; obgleich das Haus in einem Winkel steht, wo man keine Menschen suchen würde. Es sind daneben drey Wohnzimmer, zwo Beschreibung von Lichtenfels.

 Kammern,

Cranz von Grönland.

Kammern und eine Küche. Hinter diesem Hause haben die Brüder einen morastigen Platz erhöhet, und einen Garten angeleget, auch einen Theil ihres ehemaligen grönländischen Hauses zum Schafstalle zurechte gemachet, und auf der Seite ein Proviant-haus von Brettern aufgeschlagen. Vor demselben stehen auf einem, wiewohl engem Platze, dermalen nur erst vier grönländische Häuser, und auf der andern Seite der Bucht, über welche man bey niedrigem Wasser trockenes Fußes gehen kann, ist Platz zu mehreren Wohnungen. Der Gottesacker ist nicht weit davon.

Neu Herrnhut hat sechzehn Häuser. Dreye davon sind Chorhäuser, oder Arten von Klöstern und Schlafsälen für besondere Gattungen von Leuten. In dem ersten wohnen fünf und funfzig ledige Mannspersonen und Knaben; in dem zweyten acht und siebenzig ledige Frauenspersonen und Mägdchen, und zu dem dritten gehören zwey und sechzig Witwen. Die meisten davon wohnen beysammen, die andern aber, welche kleine Kinder haben, halten sich bey Familien auf.

Dreyzehn Häuser enthalten vier und sechzig Familien, wovon wenigstens zwo und höchstens sieben unter einem Dache wohnen. Es geschieht nicht so wohl aus Noth, oder aus Wirthschaft, daß ihrer viele so beysammen leben, als vielmehr einander durch die Beysammenwohnung desto besser zu erwärmen. Eine jede Familie besteht aus acht bis zehn Personen. Einige sind schwächer, andere aber auch stärker, und bestehen wohl aus siebenzehn Personen. Sie haben jede ihre Lampe oder Feuerstäte im Winter, so wie ihr Zelt im Sommer. Eine jede sollte auch ihr Umiak oder Weiberboot haben: allein, es haben ihrer nur zwey und dreyzig dergleichen. Uebrigens hat jede Mannsperson ihr Kajak, damit sie sich von Vögel- und Fischfangen erhalten könne, wenn sie noch keine Seehunde jagen kann.

Sitten der Christen in Grönland.

Die Christen haben in diesem Stücke mit den Wilden einerley Einrichtung, nur daß sie nicht des Unterhaltes wegen so herum schweifen, und sich von einander zerstreuen dürfen. Man sollte anfänglich glauben, dieser Zwang schade dem Ueberflusse an Lebensmitteln und der Ausbreitung des Evangelii. Die Erfahrung aber, saget Herr Cranz, hat bewiesen, daß, wenn auf der einen Seite die Zerstreuung, in Ansehung des Fischfanges und der Jagd, mehr Vortheil giebt, auf der andern doch die Ordnung und gute Wirthschaft bey der Vertheilung der Lebensmittel, und bey der Sorgfalt für deren Erhaltung, die Oberhand über die Leichtigkeit behält, sich solche zu verschaffen. Es fehlet den Wilden, welche überall fischen, oft an Unterhalte, unterdessen daß die Christen, welche nur an gewissen Küsten fischen dürfen, einen Ueberfluß haben, welcher dem Mangel der andern abhilft. Was die Ausbreitung des Evangelii betrifft, so würde solche nicht geschehen können, wenn man die getauften Grönländer hinziehen ließe, wohin sie wollten. Der schwache Funken des Glaubens würde bald erlöschen, wenn er nicht täglich Nahrung bekäme; und das nur erst erleuchtete Gemüth würde, bey dem Mangel des gänzlichen Unterrichtes, bald wieder verfinstert werden. Man würde mehr Neubekehrte in den Aberglauben zurück fallen, als Wilde zu dem wahren Lichte kommen sehen.

Ungeachtet dieser Gränzen, welche man dem Herumziehen der Christen setzet, steht es doch einem jeden Hausvater frey, sein Zelt auf zu schlagen, wo er will. Nur meldet er, vor seinem Weggehen, den Ort, den er erwählet hat, damit die Missionarien, oder deren Mitarbeiter, ihn finden können, wenn sie ihn besuchen wollen. Man

XX Band № 7.

AUSSICHT VON LICHTENFELS
in Grönland.
1. Kirche und
Missionshaus
2. Garten
3. Winterhæuser
4. Somerzelte
5. Fanal.
5

hat über dieses Acht, daß die Neubekehrten nicht vor Ostern wegziehen, damit sie dieses heilige Fest nicht versäumen. Damit sie aber nicht durch Mangel an Lebensmitteln genöthiget werden, vor der Zeit sich zu entfernen, so hat man ein wachsames Auge darauf, daß sie bey aller ihrer Freyheit, mit dem Ihrigen zu wirthschaften, wie sie wollen, nichts unnützer Weise verthun. Zu dem Ende hat man ein großes Proviant-haus gebauet, wo ein jeder seine getrockneten Häringe, Fische und Fleisch aufheben, und zwey bis dreymal in der Woche so viel holen kann, als er zum Unterhalte brauchet. Cranz von Grönland.

Im Monate May sehen die Brüder darauf, daß man bey Zeiten auf die Seehundejagd fahre, damit die Weiberboote für diejenigen, die keine haben, zurück kommen, und sie auf solche vertheilet werden können, sich auch das Nöthige an zu schaffen. Es fährt allezeit ein Missionarius mit jeder Gesellschaft auf den Fischfang, dessen verschiedene Arten alle ihre gewissen Zeiten haben. Der Häringsfang dauret einen Monat. In dieser Zeit geht es bey den Heiden am unordentlichsten zu; und der Hirt muß alsdann auf seine Heerde am meisten Achtung geben. Er sorget dafür, daß kein Schaf ohne Noth zurückbleibe, oder sich verirre. Die Grönländer haben stets die lebhafteste Neigung zur Rennthierjagd behalten; und weil es schwer ist, ihnen bey derselben zu folgen, so suchen die Missionarien, sie davon ab zu ziehen. Man bringet auf derselben ganze Monate zu, in welchen aller Unterricht und Zuspruch von Gottes Worte versäumet wird. Eine ganze Familie schwärmet in den Wüsten herum, da denn ein und anderer gar leicht allerhand Versuchungen ausgesetzet wird. Die Rennthiere haben auch schon so abgenommen, daß es kaum noch der Mühe werth ist, ihnen um ein Paar schöner Felle willen nach zu gehen; denn von Fleische bringen sie wenig nach Hause. Der Seehund ist es eigentlich, wovon die Grönländer ihre Nahrung, Kleidung, Zelte, Boote und Wärme haben, und wofür sie sich die übrigen Nothwendigkeiten verschaffen können. Wer also dessen Fang versäumet und dafür den Rennthieren nachläuft, der kann nicht anders, als in Armuth gerathen, und den andern zur Last fallen; folglich auch der Handlung schädlich werden; indem die Fleißigen so viel weniger Speck verkaufen können, als sie diesen Jägern überlassen müssen. Dieß sind die Gründe, welche die Missionarien für den Fischfang wider die Jagd anwenden.

Weil kein Grönländer so reich ist, daß er nicht von einem Jahre auf das andere Hungers sterben könne; und weil sonderlich die Witwen und Waisen solcher Gefahr ausgesetzet sind: so ist die besondere Sorgfalt, welche die Mission für dieselben trägt, ohne der andern Dürftigen zu gedenken, einer von den anziehendsten Bewegungsgründen zur Bekehrung. Daß keinem Manne erlaubet wird, mehr als eine Frau zu nehmen, daß er sie nicht verstoßen darf, und daß sie sich einen Mann wählen kann, machet auch viele Neubekehrte unter den Frauenspersonen. Auf der andern Seite verachten die Wilden diejenigen Neubekehrten sehr, welche sie von der öffentlichen Mildthätigkeit ernähret werden sehen. Es haben sich aber der Fleiß und die Arbeitsamkeit bey den Getauften gar nicht vermindert, sondern vielmehr durch den gegenseitigen Beystand unter ihnen zugenommen, und die christlichen Gemeinen sind daher in großer Hochachtung.

Wenn sich eine nothleidende Familie bey der Gemeine angiebt, so berathschlaget man sich in der Sacristey wegen der Mittel, sie am schicklichsten unter zu bringen. Gemeiniglich biethet sich einer oder der andere von selbst an, dergleichen arme Leute

Cranz von Grönland. auf zu nehmen, und ihnen fort zu helfen. Die verlassenen Kinder finden einen Vater, der sie annimmt, oder eine Säugemutter, die sie mit zu ihrer Familie rechnet. Die Getauften sorgen für ihren Unterhalt, die Missionarien aber für das Uebrige, als Kleider, und einen Kajak für die Knaben.

Die Alten und Kranken von beyderley Geschlechte haben einen offenen Zufluchtsort in Neu-Herrnhut. Bey der Hungersnoth 1752 bestund diese Gemeine so zu sagen nur aus Armen, welche das allgemeine Elend von allen Seiten dahin flüchten ließ. Seitdem hat man auf die Erziehung der Kinder ein solch wachsames Auge gehabt, daß sie im Stande sind, nicht allein ihren Unterhalt zu gewinnen, sondern auch denen bey zu springen, welche in Dürftigkeit gerathen, woraus die Mildthätigkeit sie selbst gezogen hat. Die Wirthinnen eifern einander in der Gutthätigkeit, den Dürftigen und Kranken bey zu stehen, ingeheim und ohne Aufsehen nach, so daß keine von der andern etwas weis. Nur zu Ende des Winters, wenn man bey den Armen nachfraget, wie sie sich durchgebracht haben, erfährt man erst, wer ihnen großmüthig beygestanden hat. Ein Diaconus der Gemeine muß sich nach den geheimen Bedürfnissen armer untüchtiger Leute erkundigen, und diejenigen unter die wohlhabendsten Familien unter zu bringen suchen, welche sonst keine Zuflucht haben. Die mährischen Brüder suchen also, außer der sorgfältigen Verhütung aller Unordnungen und sündlichen Gewohnheiten, wie Herr Cranz saget, in den Landesgebräuchen nicht viel zu ändern oder zu verbessern, da sie nicht als Herren oder neue Gesetzgeber, sondern als Diener und Bothschafter gesandt sind, ihnen das Evangelium zu predigen. Können sie dieselben zu ihrem eigenen Besten und zu mehrerm Vortheile ihrer Obern in eine bessere äusserliche Ordnung bringen, so thun sie es gern. Dieß geschieht aber nicht befehls- sondern nur bitt- und ermahnungsweise, damit man den Verdacht der Heiden, als suche man sie durch das Christenthum nur ihrer Freyheit zu berauben, nicht bestärke, und die Ausbreitung des Evangelii dadurch hindere.

Kirchenzucht der grönländischen Missionen. Von der bürgerlichen und häuslichen Polizey kömmt Herr Cranz auf die kirchliche Regierung. Gemeiniglich, saget er, ist an einem Orte ein Missionarius mit zweenen Diaconen, die alle drey verheurathet sind. Ihre Weiber besorgen die Wirthschaft, und haben die Aufsicht über die Neubekehrten ihres Geschlechtes, damit sie den Lehrern die Arbeit erleichtern, und Verdacht und üble Nachrede ersparen, wozu die Grönländer vor andern geneigt sind. Hernach sind noch zween ledige Gehülfen, nämlich ein Katechet, welcher den Knaben Schule hält, und die Aufsicht über sie hat, und ein Missionsassistent, der die äußerliche Wirthschaft besorget, und also mit allerley Holz- Eisen- und Mauerarbeit muß umgehen, und zur Noth einen Bau führen können.

Es sind also vier bis fünf Mannspersonen bey einer jeden Mission. Die Reisen, die sie im Sommer thun müssen, die Arbeiten bey dem Fischfange und der Jagd, welche keine Zeitvertreibe sind, die Beschwerlichkeiten der Seelsorge, die Nothwendigkeit, sich ihren Lebensunterhalt in einem Lande zu verschaffen, wo die Geistlichen noch keine Besoldung haben, erfordern stets eine hinlängliche Anzahl Mannspersonen.

Ueber dieses haben die Missionarien Zeit gebrauchet, die grönländische Sprache zu lernen. Wer es in dreyen Jahren dahin bringt, daß er die Grönländer verstehen und sich ihnen verständlich machen kann, muß eine vorzügliche Geschicklichkeit besitzen. Man kann sich also leicht vorstellen, wie schwer es den ersten dreyen mährischen Brüdern gefallen

gefallen seyn müsse, die vorher keine Grammatik gesehen hatten, und also erst die lateinischen grammatikalischen Kunstwörter lernen mußten, die man ihnen aber auch nicht anders, als im Dänischen, erklären konnte, welches sie nur aus dessen Aehnlichkeit mit dem Deutschen etwas verstunden. Aus der Uebung konnten sie die Sprache nicht lernen, weil sie in den ersten sechs Jahren keine Grönländer um sich hatten. Indessen haben es doch diese unstudierten Leute mit vielem Fleiße dahin gebracht, daß sie in der grönländischen Sprache fertig predigen können, und viele schwere Lieder und biblische Stücke in solche übersetzet haben. Der Leser begreift leicht, was aus einem an sich sehr dunkeln Sinne wird, wenn er durch den Canal dieser unwissenden Brüder in eine Sprache gebracht wird, welcher alle Begriffe von der Religion, der Geschichte und den asiatischen Sitten fremd sind. Wie unwillig würde Moses seyn, wenn er mit Enoch wieder auf die Welt käme und sähe, wie seine heiligen Bücher fast in allen Uebersetzungen verstümmelt, verstellet und verkleidet wären! Wenn dieß das Schicksal göttlicher Dinge ist, wie muß der menschlichen ihres seyn!

Cranz von Grönland.

Ungeachtet der Beschwerlichkeiten von allerhand Art, welche die mährischen Brüder in Grönland haben ausstehen müssen, ist es doch etwas sehr sonderbares, daß nicht ein einziger davon in einer Zeit von beynahe dreyzig Jahren gestorben ist. Sie sind so gar nicht einmal recht krank gewesen, ob sie gleich beständig wider Hunger und Durst, Frost und Kälte, rauhe Witterung auf so vielen gefährlichen Reisen zu Wasser und Lande zu kämpfen gehabt. Das Erstaunen vermehret sich, wenn man vernimmt, daß in ihren andern Missionen, und vornehmlich auf den caraibischen Inseln, eine Menge derselben aus der Welt gegangen. Herr Cranz will nicht, daß man dieses bloß der reinen, gesunden Luft der kalten Nordländer zuschreibe, weil in denselben der Scharbock und andere Ungemächlichkeiten desto betrübtere Wirkungen verursachen; wie denn auch in Grönland zuweilen ansteckende Seuchen herumgehen; sondern er danket wegen dieses sichtbaren Schutzes der göttlichen Vorsehung, welche die mährischen Brüder durch wunderbare Wege erhält; gleich als wenn sich die Wunderwerke nach Verhältniß der Unwissenheit und Schwachheit der Menschen vermehreten.

Eifer der Herrnhuter für die auswärtigen Missionen.

Indessen sind die Missionarien bedacht, die Absichten ihres Berufes durch Reisen zu unterstützen, die sie einer um den andern etwan alle sechs Jahre einmal nach Deutschland thun, ihre Gesundheit zu erhalten, oder wieder her zu stellen. Man sorget für deren Erhaltung so wohl in Grönland, als Europa. Der Diaconus der ausländischen Mission schicket das Verzeichniß von dem, was ihm zur Unterhaltung der Brüder abgeht, jährlich nach Herrnhut. Man kaufet es und schicket es nach Kopenhagen. Einer hat es so gut wie der andere, keiner eine Besoldung, und keiner erhält einige Geschenke oder Nebengaben. Bey der äußerlichen Arbeit greift ein jeder zu, und thut was er kann; und was einer erwirbt, wird gemeinschaftlich angewandt. Ihre Reisekosten werden von der Gemeine bezahlet, die ihnen auch jährlich einen ansehnlichen Zuschuß an allerley Lebensmitteln und Kleidung, ja auch die benöthigten Fahrzeuge und Wohnungen zuschicken muß. Ihre Kinder werden in den Unitätsanstalten ohne Entgeld sorgfältig erzogen, und nachdem sie fähig sind, zum Studieren oder zu Künsten und Handwerken angehalten.

Zur Bestreitung aller dieser Unkosten hat die Unität kein anderes Capital, als in ihren Brüdern. Die Arbeit der einen und die Mildthätigkeit der andern hilft den Bedürf-

Cranz von Grönland.

Bedürfnissen aller ab. Die Seligmachung der Heiden kostet den Christen viel. Ein jeder Bruder aber trägt von seinem Vermögen etwas dazu bey. Die Kinder selbst sind eifrig, der Fortpflanzung des Glaubens durch die Arbeit ihrer Hände bey zu treten. Die ärmsten Tagelöhner wollen sich lieber etwas an ihrem Munde abbrechen, als nicht mit an dem Werke Gottes bey den Heiden arbeiten. Was auf diese Weise einkömmt, wird von einigen unbesoldeten Diaconen berechnet, und zu den Ausgaben aller Missionen ohne Unterschied angewandt. Herr Cranz preist auch Gott, den Geber alles Guten, daß er ihre Brüder und Freunde willig gemacht, diesem gesegneten Werke die Hände zu biethen. Auf solche Art erhält und stiftet unterdessen, da die americanischen Missionen den Untergang einer geistlichen Gesellschaft beschleuniget haben, eine neue christliche Gesellschaft Missionen in Grönland. Es scheint, daß die mährischen Brüder die Jesuiten in der Fortpflanzung des Glaubens gern ersetzen möchten.

Die grönländischen Missionarien haben einige zwanzig Mitgehülfen beyderley Geschlechtes aus den Grönländern selbst angenommen. Sie halten mit diesen Mitarbeitern wöchentlich zweymal eine Unterredung von dem geistlichen und leiblichen Zustande der Neubekehrten. Aus diesen Helfern werden bey jedem Geschlechte einige zu Dienern gesetzet, die den Kirchensaal in gehöriger Ordnung und Reinlichkeit erhalten, die Bänke stellen, die Lampen besorgen, das Taufwasser hereinbringen, und das thun, was an andern Orten sonst den Küstern oder Glöcknern zukömmt. Es hat aber niemand deswegen einen besondern Titel, Rang, Vorzug oder Gehalt. „Dadurch, „saget Herr Cranz, [*]) würden sie nur des eigentlichen Zweckes, nämlich der Besse-„rung des Volkes, verfehlen und zu mancherley Schaden Anlaß geben.„

Man versammlet sich alle Tage früh um sechs Uhr zum Morgensegen. Er ist kurz und nur für die Getauften. Um acht Uhr ist die Frühstunde für alles Volk, worinnen allemal über einen biblischen Spruch geredet wird, aber nur kurz, daß es nebst dem Gesange nicht über eine halbe Stunde währet. Darauf gehen die Mannspersonen ihren Geschäfften nach zur See. Gleich darnach ist die Kinderstunde oder Kinderlehre, und die Mägdchen gehen so dann zu einem verheuratheten Missionar oder Diaconus, und die Knaben zu den Katecheten in die Schule, wo sie lesen und schreiben lernen. Abends, wenn die Mannspersonen aus der See zurück kommen, ist die Singstunde, welcher jedermann beywohnet. Wenn man darauf gegessen hat, so ist der Abendsegen.

Des Sonntages werden nach dem Morgensegen die Chorversammlungen gehalten, da man an eine jede nach ihrem Geschlechte, Alter und Stande abgetheilete Classe eine für sie gehörige kurze Ermahnung thut. Wenn es sehr schlecht Wetter ist, oder im Sommer, wenn nicht viele zu Hause sind, wird dafür eine allgemeine Rede gehalten. Die ordentliche Predigt über das Evangelium oder sonst einen Text ist des Nachmittages, und währet ungefähr eine Stunde. Der Prediger steht hinter einem Tische; denn er hat keine Kanzel; damit man ihn über den ganzen Saal, der alsdann ganz voll zu seyn pflegt, und auch im Vorhause und den Nebenzimmern deutlich verstehen möge. Den Abend wird mit den Getauften und den schon aufgenommenen Kate-

chumenen

[*]) Im X Buche 17 §. a. d. 1059 Seite.

chumenen die Litaney mit untermengten Choralen gebethet. Diese ist nächst dem heiligen Abendmahle und einer feyerlichen Taufhandlung die wichtigste Versammlung bey den Grönländern; daher sie auch nicht leicht versäumet wird, und die Kinder selbst, welche ihr wegen Mangel des Platzes nicht beywohnen können, gebethen haben, daß man sie den folgenden Tag mit ihnen wiederhole. Gleich nach derselben haben alle Eheleute zusammen auf dem Saale und die ledigen in ihren Chorhäusern den Abendsegen. Cranz von Grönland.

Herr Cranz giebt darauf eine Beschreibung von der Feyer hoher Festtage. Man darf hier dasjenige nicht übergehen, was er an einem andern Orte von der Feyerung der Geburt Christi anführet. „Am 24sten December Abends nach einer Rede von „der Geburt Christi, heißt es, [2]) besangen wir diese Materie mit alten und neuen, „deutschen und grönländischen Weihnachtsversen, und mit den Getauften bethten wir, „unter einem lieblichen Wehen des Geistes, das Jesuskindlein an. Sie waren so „voller Freude, daß viele die ganze Nacht aufblieben, und in ihren Häusern Weih-„nachtslieder sangen. Wir riefen sie also den 25sten früh um halb vier Uhr mit den „Trompeten wieder zusammen auf den Saal. Da wurden ihnen, nach einer Rede „von der Erniedrigung unsers Schöpfers, einige von den Kindern aus Deutschland über-„sandte Geschenke, als Messer, Nadeln ꝛc. ausgetheilt, die sie mit Danksagung und „Freuden über das Andenken der Gläubigen in Europa empfiengen. Dann giengen „wir mit den meisten Erwachsenen auf die Colonie, weckten die dasigen Einwohner „mit Musik und Gesange, und hielten zusammen in ihrer Kirchstube eine Weihnachts-„singstunde. Als wir wieder nach Hause giengen, folgeten sie alle mit. Unterdessen „hatten die zu Hause gebliebenen den Saal und alle Fenster einfältig aber gar schön „mit brennenden Muschelschaalen, statt der Kerzen, illuminirt. Da wurde dann die „Weihnachtspredigt gehalten über die Worte: Siehe, ich verkündige euch große „Freude ꝛc. Am zweyten Feyertage wohnten wir nebst so vielen Grönländern als „Platz haben konnten, dem Gottesdienste und einer Taufe auf der Colonie bey. Den „dritten Feyertag machten wir Europäer uns besonders zu Nutze. Den 28sten als „am unschuldigen Kindertage, hielten wir mit den Kindern ein Liebesmahl, sprachen „sie hernach einzeln, und fanden sie alle in einer hoffnungsvollen Herzensstellung. — „Wir müssen bezeugen, „ setzet der Verfasser dieser Erzählung hinzu, „daß wir schon „viele Segenstage gehabt, aber noch nie eine solche Bewegung unter so häufigen Thrä-„nen erlebet haben, als dießmal in diesem Gemeinlein, das sich das Lamm aus den „dummen und unempfindlichen Wilden am Nordpole gesammlet, und mit seinem „Schweisse und Blute bedauet hat, wahrnahmen.„

Herr Cranz höret nicht auf, über das Singen der Grönländer entzückt zu seyn. „Ich muß sagen, schreibt er, [3]) gleichwie Fremde den ordentlichen und lieblichen Kir-„chengesang in den Brüdergemeinen mit Vergnügen anhören und bewundern: also hat „mir der Gesang der grönländischen Gemeine so wohl gefallen, daß ich ihn manchem „unserer europäischen Brüdergemeinen vorziehen kann. Zwar haben die meisten „Mannsleute eine etwas rauhe Stimme, und lassen sich deswegen nicht sehr hören; „dagegen haben die Frauensleute eine recht helle und sanfte Stimme, und singen alle „so

2) Im VII Buche 10 §. a. d. 648 Seite. 3) Im X Buche 22 §. a. d. 1065 Seite.

Cranz von Grönland.

„so ordentlich und harmonisch, daß es von weitem klingt, als ob man nur eine Stimme „hörte. Und unter denselben thun sich die kleinen Mägdchen wegen der Helle und „Munterkeit des Gesanges besonders hervor.

„Der einige Fehler ist, daß sie in einer langen Melodie ihre Stimme etwas her„unter sinken lassen, welchem Uebelstande man durch die Musik glücklich vorgebeuget. „Dieselbe ist aber gar einfach, so wie es ein so geringes Dörfchen vermag, und besteht „aus zwoen bis dreyen Violinen, und einem Paar Flöten, und allenfalls kann man auch ein „Paar Cithern dazu bringen. Es haben einige Grönländer auf diesen Instrumenten „alle ihnen bekannte geistliche Melodien in der ersten und andern Stimme, ziemlich „rein und fertig spielen gelernt, und könnten es darinnen vielleicht weiter bringen, (denn „die meisten haben Lust zur Musik) wenns nöthig und nützlich erachtet würde. Ei„nige haben auch die Trompete und das Waldhorn blasen gelernt, welche aber nicht „beym Gesange, sondern nur die Getauften oder Communicanten zu ihren Versamm„lungen zusammen zu rufen, gebraucht werden.„

Neue Methode der Herrnhuter zur Fortpflanzung der Religion.

Was den Unterricht anbetrifft, der nicht so gut von Statten geht, als das Singen, so hält sich Herr Cranz mit Gefälligkeit bey einer neuen Methode auf, welche seine Brüder fleißig beobachten. „Sie haben es erfahren, saget er [4]), wie wenig „man ausrichtet, wenn man die dummen Wilden erst zu vernünftigen Menschen ma„chen, von dem Daseyn Gottes und dessen Eigenschaften, nebst den daraus gefolger„ten Pflichten, aus allerley Gründen überzeugen, und dadurch auf die Lehre von der „Versöhnung, und deren Nothwendigkeit, zubereiten will. Sie haben nach sechsjäh„riger vergeblicher Arbeit gesehen, daß die bloße, aber mit Gefühle des Herzens be„gleitete Vorhaltung des Leidens Jesu und dessen Ursache und selige Folgen, die beste „Vorbereitung ist, und am zuverläßigsten den Eingang in die finstern und verwilder„ten Gemüther der Heiden bahnet, um sie hernach von Schritt zu Schritt in alle „Wahrheit zu leiten. Und ich habe mit größter Verwunderung gesehen, was das „Wort vom Kreuze für eine hinreißende Kraft hat, bey noch ganz unwissenden und ro„hen Heiden, die ich, nach dem ersten Ansehen, noch lange nicht für tüchtig gehalten „hätte, dieses große Geheimniß der Gottseligkeit zu fassen.“

Sie sind durch das Beyspiel ihrer Mitarbeiter unter andern heidnischen Völkern in dieser Lehrart bestätiget worden. „Die Katecheten,„ saget ein lutherischer Missionarius in Ostindien [5]), „müssen es vielfältig erfahren, wie wenig mit allen morali„schen Vorstellungen von den herrlichen Eigenschaften Gottes und allerhand Tugend„pflichten bey diesen Heiden aus zu richten sey.„ Ein schottländischer Presbyterianer, welcher lange unter den Indianern in der Provinz Neu-Jersey und Pensylvanien gelebet hat, saget, er habe viele Jahre zugebracht, ehe er den americanischen Wilden die einfachsten Begriffe von Gott beybringen können: so bald er aber, nach dem Beyspiele seiner Nachbarn, es gewaget, ihnen einfältig und gleich zu Anfange den Heiland und seine Liebe bis zum Tode am Kreuze zu predigen, so habe er eine so große und schleunige Erweckung verspüret, daß er und andere darüber erstaunen müssen. „Es wurde „aber doch diese große Erweckung und bewundernswürdige Bekümmerniß der Seelen „niemals

4) Ebend. im 23 §. a. d. 1067. S.
5) Joh. Luc. Niekamps kurzgefaßte ostindische Missionsgeschichte, auf der 140 S.

„niemals durch einige Schreckpredigten zuwege gebracht, sondern es war vielmehr „recht merkwürdig, daß, wenn ich in meinen Reden mit der beweglichen Vorstellung „eines am Kreuze gestorbenen Heilandes stark anhielt, und wie er sich dabey verhal„ten, wie auch von den überreichen Heilsgütern des Evangelii, und wie freundlich „und aus freyer unverdienter Barmherzigkeit die göttliche Gnade dieselben allen noth„dürftigen, betrübten und bekümmerten Sündern anbiethe; so offenbarete sich so bald „bey den Zuhörern eine außerordentliche Bewegung und Erweckung, u. s. w." Cranz von Grönland.

Herr Cranz saget, er habe eben die Wirkungen bey den Grönländern beobachtet. Die großen Fragen der Vernunft ließen das Herz leer, und erfülleten den Geist mit einer oft schädlichen Neugier. Man läßt sich so gar nicht einmal einkommen, die Grönländer den Katechismus auswendig lernen zu lassen; weil der Widerwillen, den sie gegen alle gezwungene Anstrengung des Gedächtnisses haben, sie von der Wahrheit entfernen würde. Die Nacheiferung des Wissens, auch in Religionssachen, hat die Unwissenheit und die natürliche Unneugierigkeit dieses Volkes noch nicht gestöret, oder rege gemacht. Nur die Kinder, welche lesen lernen, wissen vieles auswendig. Die Erwachsenen aber begnügen sich mit glauben, ohne zu grübeln. Das Gefühl dienet ihnen statt der Erkenntniß. Durch das Herz lebet der Glauben in ihnen. Derjenige, welcher sein Elend beweinet, welcher nach der Gnade seufzet, wird vor demjenigen zur Taufe zugelassen, welcher die Wahrheiten der Religion weis, aber nicht fühlet.

Misbrauch dieser Methode.

Heißt das aber nicht zugleich der Offenbarung und der Vernunft misbrauchen, wenn man die eine, ohne Vorwissen der andern, so in das menschliche Gemüth bringt? Der Enthusiasmus, welcher durch die Verführung der Sinne eingegeben wird, hat nur einen Augenblick; die innerliche Ueberzeugung ist auf alle Zeiten. Hundert Redner von allen Secten in der Welt, die in einem und eben demselben Hörsaale auf einander folgeten, würden es Reihe herum, ein jeder für seine, wider alle andere, aufwiegeln. Ein wildes Volk würde sein Blut für Amida, oder der andern ihres für Muhamed vergießen, wenn man ihm mörderische Waffen oder Werkzeuge der Kasteyung in die Hände gegeben hätte. Gott will durch die Vernunft herrschen. Er hat sie dem Menschen zu seiner Glückseligkeit gegeben. Sie muß ihn durch dieses Leben zu dem andern führen. Das höchste Wesen hat sich anfänglich den Sinnen durch die Natur und durch die Sinne der Vernunft geoffenbaret. Die Himmel sind seine Zeugen; dieß ist seine große Offenbarung. Die Gnade selbst kömmt durch den Weg der Sinne in die Seele. Der Glauben kömmt durch das Gehör: das Zeugniß des Gehöres aber ist dem Urtheile der andern Sinne untergeben. Wer nur ein einziges ergreift, wird über kurz oder lang das Gegentheil davon erfahren. Ist es nicht eine Entheiligung der heiligen Wahrheiten, eine Umkehrung des menschlichen Geistes, wenn man von den Wunderwerken eines Wesens redet, dessen Daseyn man ungewiß seyn läßt? So verfährt man in den Schulen einer rechtgläubigen Gottesgelahrtheit nicht. Die Philosophie selbst redet von Gott allein, ehe sie sein Wesen eintheilet. Beyde setzen nichts voraus, sie beweisen: die eine aber setzet das anfänglich in Zweifel, was die andere behaupten muß. Man kann also Christen, welche nicht einmal wissen, ob ein Gott ist, als Unbekehrte ansehen. Wenn Grönland jemals in andere Hände fiele, als der Dänen; wie viel Irrthümer würde der Religionseifer nicht aus zu rotten haben, ehe er die erste Wahrheit festsetzete! Wäre es nicht besser, daß man die Grönländer in

Cranz von Grönland.

der Finsterniß und der Betäubung einer allgemeinen Unwissenheit ließe, als daß man sie mit dem Feuer der Herrnhuter erweckete, welches brennet, aber nicht erleuchtet? Nein, das Wasser der Taufe, welches die mährischen Brüder ertheilen, ist nicht tüchtig, das Feuer des Fanatismus aus zu löschen, welches sie in den Seelen an zu zünden scheinen. Ihre Taufe! Wenn sie solche nicht zur Seligkeit wesentlich nöthig halten; warum bringen sie solche zu allen Heiden der vier Theile der Welt? Oder wenn sie solche für unumgänglich nöthig erachten; warum taufen sie nicht die Kinder der Unbekehrten? Dieß ist indessen doch ihre Methode. Sie fordern die Einwilligung der Aeltern zu dem Taufen eines Kindes. Was thut aber das Versprechen oder die Weigerung eines Vaters, sein Kind in den Lehren der Herrnhuter zu erziehen? Giebt das eine, oder nimmt die andere die Gnade, welche heiliget? Dieß sind die Widersprüche einer blinden, irrigen Heidenbekehrung ohne Einsicht und Wissenschaft, welche den Beruf zum Apostelamte entweder aus dem Ekel an einem geringen Handwerke, oder aus der Begierde zu reisen, oder aus der hohen Einbildung von sich, andere lehren zu können, oder aus dem Ehrgeize über die Seelen zu herrschen, und ein Gerede und Aufsehen in der Ferne zu machen, hernimmt. In der That, ein Zimmermann, welcher grönländische Fischer bekehren will, kann nur von einer dieser Leidenschaften oder geheimen Unruhen des menschlichen Herzens beseelet seyn. Diese Leidenschaften aber werden vielleicht dem Anscheinen nach können entschuldiget werden, wenn man betrachtet, daß die Mühseligkeit und die Erniedrigung, wozu der größte Haufen durch die Gesetze unserer Gesellschaft verdammet ist, alle starke Seelen erregen können, eine Ungerechtigkeit ab zu schütteln, die sie lebhaft empfinden, und zuweilen bey denen Wilden, denen von der Natur am übelsten begegnet ist, eine Gleichheit oder eine Unabhängigkeit zu suchen, welche das Glück in der Policey unserer Himmelsgegenden versaget. Nun reizet nichts mehr zu dieser natürlichen Unabhängigkeit, als die übertriebene Empfindung des Religionseifers. Ein solcher Mensch ist ein Christ, damit er nicht gehorche; und ein solcher Mensch machet sich zum Apostel, damit er befehle.

Es ist sonderbar bey den mährischen Brüdern, daß eben die Heidenbothen, welche den Kindern die Taufe nicht ohne eine förmliche Einwilligung, die doch zu der Kraft des Sacramentes sehr unnütz ist, ertheilen wollen, die Erwachsenen auf ihr Verlangen, nach einem geringen Unterrichte, dazu lassen. „Man suchet ihnen nur,“ saget Herr Cranz [6]), „einen deutlichen Begriff von den Hauptwahrheiten der christlichen „Lehre bey zu bringen, und vornehmlich auf die innere Arbeit des Geistes Gottes an „ihrem Herzen zu achten. Zwar machet man auch Anstalt, daß sie einige Hauptstücke christlicher Lehre, besonders das apostolische Glaubensbekenntniß nebst Lutheri Erklärung, mit dem Gedächtnisse fassen, fordert es aber nicht als etwas nothwendiges, „sonderlich bey alten Leuten, daß sie dieselben auswendig herbethen können, sondern „läßt sich damit begnügen, daß sie auf eine freye katechetische Weise von ihrem Begriffe der Wahrheit, und dem Grunde der Hoffnung, die in ihnen ist, Antwort geben können, wobey man mehr auf das Verlangen und die Aufrichtigkeit ihres Herzens, als auf die Fähigkeit ihres Verstandes und Gedächtnisses, oder gar nur auf die „Fertigkeit des Mundes sieht.“ Die Ursache der Missionarien, warum sie nicht auf das

6) Im X B. §. 26. auf der 1074 S.

das Auswendigwissen dieser Formulare dringen, kömmt vielleicht daher, saget unser Geschichtschreiber, „weil sie mit Betrübniß angemerket haben, wie wenig, mitten in „der Christenheit, das mühsame und so vieljährige Auswendiglernen und fertige Her„sagen kleiner und großer Lehrbegriffe, zur Aufklärung des Verstandes, geschweige zur „Aenderung des Herzens, und zu einem thätigen Christenthume bey zu tragen pfleget. „Und dieses werden alle redliche Seelsorger, sonderlich in den Dörfern, am besten wis„sen und mit Seufzen zugestehen.“ Nach diesen vorläufigen Unterweisungen, da man nicht viel Wissenschaft, sondern ein einfältiges und herzliches Erkenntniß und Geständniß seines unseligen Zustandes, und ein wahres Verlangen nach den Heilsgütern erfordert, kann mancher in vier Wochen, mancher aber, bey dem sich solches nicht recht äußert, wohl erst in Jahr und Tag zur Taufe gelangen. Cranz von Grönland.

Man taufet solche Erwachsene nicht einzeln, sondern allemal etliche zusammen an einem Feyertage. Sie werden von dem Missionarius unter Auflegung der Hände mit einem Gebethe von der Macht der Finsterniß losgesprochen und dem Herrn Christo zugeeignet. Darauf singt man einige Verse, und alsdann kniet ein Täufling nach dem andern hin, und wird von einem Missionar aus einer Schale, unter der gewöhnlichen Taufformel, dreymal reichlich übergossen.

Mit der Zulassung zu dem heil. Abendmahle geht es viel langsamer zu. „Man „fordert, saget der Verfasser, dazu wohl auch nicht viel Wissen, aber doch lebendige „Erkenntniß und vor allen Dingen, außer einem christlichen Wandel, ein wahres Ge„fühl der Armuth des Geistes und ein inniges Verlangen nach den Gütern des Hau„ses Gottes.“ Wenn den Candidaten ein einfältiger Begriff von diesem hohen Geheimnisse beygebracht worden, so läßt man sie das erste Mal mit zusehen, wie die Handlung dabey geschieht. Denn bisher haben sie nichts davon gesehen, damit man ihnen alle unnütze und oft schädliche Grübeleyen in einer so wichtigen Sache erspare. Zu Ende dieser Handlung treten sie hervor, und werden von ihren Arbeitern durch den Friedenskuß, der nächsten Anwartschaft versichert. Einen oder ein Paar Tage vor jeder Communion, welche gemeiniglich alle vier Wochen gehalten wird, melden sich die Communicanten, und werden einzeln vorgenommen: doch genießen sie das heil. Abendmahl alle zugleich, nachdem sie vorher eine öffentliche Beichte auf den Knien gethan haben und von den Sünden losgesprochen worden. Zum Schlusse ertheilet einer dem andern den Friedenskuß.

Für das beste Mittel, die Grönländer im Guten zu erhalten, hat man die Einführung der in den ordentlichsten Brüdergemeinen beliebten Chorabtheilungen, oder Absonderung der erwachsenen ledigen Geschlechter in verschiedene Classen gehalten. „Die „höchstbetrübte Erfahrung des allgemeinen Verderbens unter allen Nationen, saget „Herr Cranz, sie mögen nun unter einer heißen oder kalten Himmelsgegend wohnen, „polirt oder grob, frey oder sclavisch seyn, hat die Wächter in der Brüdergemeine ge„nöthiget, auf eine zeitige Absonderung der Geschlechter zu denken. — Sie haben „die Grönländer in Ansehung dieses Verderbens, ungeachtet ihrer äußerlichen schein„baren Züchtigkeit, nichts besser gefunden, und sind also darauf bedacht gewesen, dem„selben durch eine christliche Ordnung zu steuren, die man anfänglich fast für unmög„lich hielt.“ Nachdem aber die Mägdchen den Anfang gemacht, in einem besondern Einführung der Chorabtheilungen.

 Hause

Hause zu wohnen, so sind ihnen die Witwen und hernach die Jünglinge bald gefolget, und haben besondere Chorhäuser für sich gebauet. Die Religion steht allen denselben vor. Sie ertheilet ihnen daselbst Unterricht, und eine jede Classe bekömmt ihren eigenen. Die Chorversammlungen werden des Sonntages gehalten, und sind von den jüngsten bis zu den ältesten folgender Maßen beschaffen. Die Säuglinge werden von ihren Müttern auf dem Arme auf den Saal gebracht, wo der Missionarius einige Verse mit ihnen singt, und den Müttern nützliche Erinnerungen zu einer christlichen Kinderzucht giebt.

Wenn sie über das vierte Jahr sind, so kommen sie unter die Kinder, welche alle Morgen ihre Katechisinuslehre zusammen, sonst aber jedes Geschlecht für sich ihre besondere Ermahnung und Schule haben, wo sie lesen und die größern auch schreiben lernen. Ihre Bücher sind ein grönländisches Abc- und Lesebüchlein mit einigen erbaulichen Beyspielen kleiner Kinder. Wenn sie weiter kommen, so giebt man ihnen Luthers Katechismus und die vier Evangelia nebst der Apostelgeschichte nach Paul Egedens Uebersetzung, und außerdem ein von den Brüdern übersetztes Gesangbüchlein nebst der Leidensgeschichte in den letzten Reden unsers Heilandes nach der Harmonie der vier Evangelisten. Weil die Grönländer selbst keine Schrift haben, so hat man die lateinischen Lettern eingeführet. Die Schule wird nur des Morgens gehalten; des Nachmittages gehen die Kinder den Aeltern mit allerhand Hausarbeit zur Hand, und die Knaben üben sich im Kajakfahren, Pfeilwerfen und dergleichen. Im Sommer wird wegen des Fischfanges und der Jagd gar keine Schule gehalten. Dessen ungeachtet lernen die grönländischen Kinder doch ziemlich geschwind, und viele in einem Winter lesen. Andere wissen alle Hauptstücke der christlichen Religion durch bloßes Vorsagen auswendig, und einige haben den größten Artikel des christlichen Glaubens, nämlich den zweyten, in einem Tage gefaßt. Es muß aber alles ohne Zwang geschehen, und sie können durch nichts, als freundliches Zureden, zum Lernen ermuntert werden.

Wenn sie zwölf Jahr alt sind, so werden sie in einer Chorversammlung unter die großen Knaben oder Mägdchen aufgenommen, wohnen auch von da an meistentheils in dem Chorhause der ledigen Brüder oder Schwestern; und in ihrem zwanzigsten Jahre kommen sie unter eines von diesen Chören. Die Knaben essen bey ihren Aeltern oder Anverwandten, die Mägdchen aber holen sich ihr Essen bey den Ihrigen, und bereiten es in ihrem Hause. Dienen sie hingegen in einer Familie oder haben Kinder zu warten, so bleiben sie des Tages bey denselben.

Im zwanzigsten Jahre denket man auf ihre Verheurathung. Einem jeden steht frey, sich eine Frau zu wählen. Wenn ein junger Mensch aber keine Wahl getroffen zu haben scheint, so schlagen ihm seine Aeltern, oder wenn er keine hat, seine Lehrer eine Partey vor. Man hat, sagen sie, das Vertrauen zu deren Eifer für ihr Bestes, daß man gern ein Gemahl von ihren Händen annimmt. Sie reden also mit ihm von der Veränderung seines Standes und fragen, ob er sich schon ein Mägdchen ausersehen habe. Man billiget seine Wahl, wenn sie nicht seiner geistlichen und leiblichen Wohlfahrt zuwider ist. Sollte aber die Religion darunter leiden, so würden ihn die Missionarien nicht trauen. Hat er sich nun noch keine erwählet, so saget man ihm von einer, die er gleichwohl mit aller Freyheit ausschlagen kann. Nimmt er den Vorschlag

schlag an, so trägt man es der Frauensperson vor. Sie schlägt es anfänglich aus, aber mit wenigerm Geziere, als die alte Landesgewohnheit erfordert. Ist die Abweisung indessen ernstlich, so besteht man nicht weiter auf dem Antrage, und alles Zureden würde auch vergebens seyn. Man erlaubet die Heurath unter Heiden und Christen nicht, auch nicht in der Hoffnung einen andächtigen Christen aus einem zärtlichen Liebhaber zu machen; worinnen man sich oft betrogen hat. Die Vielweiberey ist verbothen, und die Verstoßung nicht erlaubet. Man nimmt so gar nicht einmal einen Grönländer bey der Gemeine an, welcher seine Frau, unter dem Vorwande sich zu bekehren, verlassen hat. Es könnte ihn vielleicht eine heimliche Liebe zu einem christlichen Mägdchen bewogen haben, seine Frau zu verlassen. Eben so wenig nimmt man eine Frau ohne ihres Mannes Willen an, es wäre denn, daß er sie verstoßen hätte. „Dergleichen Mittel, den christlichen Haufen zu vermehren, saget Herr Cranz, und „dergleichen aus fleischlichen Absichten gemachte Proselyten werden von den Brüdern „verabscheuet.„ Cranz von Grönland.

Wenn die mährischen Brüder auf solche Art für die Seelen in Grönland sorgen, so haben sie nicht weniger Aufmerksamkeit auf die Gesundheit des Leibes. So bald einer krank wird, so müssen sie ihm zu helfen suchen. Sie thun solches entweder mit einem zeitigen Aderlassen, welches sie bey deren von der Vollblütigkeit und öftern Erkältung herrührenden hitzigen Krankheiten von guter Wirkung befunden haben; oder mit andern für sie übersandten Arzneymitteln. Daneben besuchen sie dieselben fleissig, und sorgen für deren Wartung. Wenn es zum Ende geht, so segnen sie dieselben ein, welche denn nach ihrem Abschiede auf grönländische Weise angekleidet, und statt des Sarges in ein Fell genehet werden. Man leget diese Leiche auf eine Bahre, welche mit einem weissen Tuche bedeckt wird, worauf ein grönländischer Reimspruch mit rothem Bande gesticket ist. Die Leichenbegängnisse geschehen nicht mehr mit so vielem Heulen und Wehklagen, seitdem sie die Auferstehung des Fleisches und ein ewiges Leben glauben.

Endlich wird Herrn Cranzens Werk durch eine Wiederholung beschlossen, wovon dieß der Inhalt ist. Seit 1739 bis gegen den Herbst 1762 sind von den mährischen Brüdern etwas über siebenhundert Grönländer in Neu-Herrnhut getaufet worden. Von denselben sind zweyhundert und funfzig gestorben. Es bestund also die Gemeine daselbst, nachdem sie im Anfange einige nach Lichtenfels abgegeben, noch aus vierhundert und ein und zwanzig Getauften, wovon hundert und vier und zwanzig Communicanten waren. Außer denen waren noch ein und dreyzig Katechumeni und eilf ganz neue Leute da. In Lichtenfels befanden sich hundert Getaufte, und außer denen acht und dreyzig Katechumeni und dreyzig neue Leute. „Dieß ist freylich, saget „Herr Cranz, ein geringes Häuflein, nicht so wohl in Ansehung der grönländischen „Nation, die kaum zehntausend Seelen betragen mag, als vielmehr in Ansehung der „erstaunlichen Menge heidnischer und ungläubiger Völker. Wenn man aber die Gna„de erwägt, die sich an diesem Volke äußert, so erstaunet man über dieses Wunder un„serer Zeit, und lernet von der Wirkung auf die Ursache schliessen.“ Er gesteht, daß man die Bekehrung einiger dummen Wilden, die kaum einen Schimmer von Vernunft haben, und nichts von demjenigen verstehen, was man ihnen prediget, eben nicht Zusammengefaßte Wiederholung.

für

Cranz von Grönland. für einen Erwerb des Christenthums ansehe. Das Wunder aber ist deswegen nur desto größer, wenn man betrachtet, daß diese Art Geschöpfe, welche sich dem Joche des Evangelii unterwerfen, so harte und eigensinnige Wilde sind, daß sie sich eher todtschlagen, als ihren Willen brechen ließen; wie denn einige sich viel lieber todt gehungert oder sonst entleibet, als nach einem andern bequemet haben. Wie muß man nicht erstaunen, „wenn man an den Getauften ein weiches, gelehriges und biegsames We„sen erblicket, das sich von Ausländern, die bey ihnen, eben wie bey andern Völkern, „für Barbarn angesehen werden, mit einer gesetzten Sanftmuth und Liebe leicht lenken „läßt!“ Ist das nicht ein augenscheinliches Wunder der Gnade? Ja, es ist die Kraft des Wortes vom Kreuze, das Felsen zerschlägt und zugleich das Herz erfreuet.

Herr Cranz endiget sein Buch, wie viele christliche Redner ihre Predigt anfangen. Er wendet auf die mährischen Brüder einen Spruch an, welchen die Jesuiten hundertmal an die Spitze der Lobrede auf den Apostel in Indien und Japon gesetzet haben. **Solches ist vom Herrn geschehen, und ist ein Wunder vor unsern Augen.**

Ende der Geschichte von Grönland.

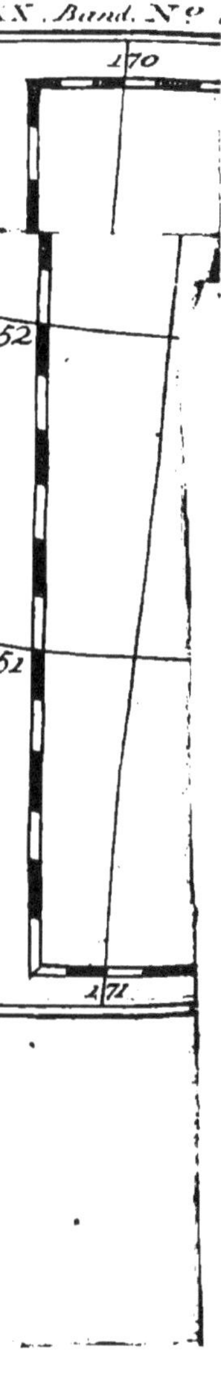
XX. Band. No.
170
52
51
171.

Land Kamtschatka.

Geschichte von Kamtschatka.

Das I Buch.

Von dem Lande Kamtschatka.

Das I Capitel.

Erd- und Ortbeschreibung von Kamtschatka.

Breite von Kamtschatka. Dessen Länge. Westliche Küste. Östliche Küste. Flüsse. Sonderbare Merkwürdigkeiten widerlegt. Von dem Innern des Landes. Wege von Bolscheretzkoi nach Kamtschatka.

Das Land Kamtschatka scheint den europäischen Nationen in Norden den Weg nach beyden Indien zu eröffnen, und ihnen von weitem den Handel mit den beyden reichsten Theilen der Welt an zu zeigen. Dieß ist genug, den Ehrgeiz der Fürsten, die Habsucht der Schiffer und die Neugier aller Menschen zu reizen, welche gern die Erdkugel kennen und einen Blick auf die ganze Oberfläche der Erde werfen wollen, ehe sie solche verlassen und in ihren Schooß wieder zurück kehren.

Breite von Kamtschatka.

Kamtschatka, welches an dem ostlichsten Ende unserer Halbkugel liegt, ist eine große Halbinsel, welche an Asien gegen Nordosten stößt, und sich in einer ungleichen Breite von höchstens fünf Grad, ungefähr von dem ein und funfzigsten Grade Norderbreite an bis auf den zwey und sechzigsten Grad verlängert. Dieses Land hat, da es von Norden gegen Süden läuft, zu seiner Rechten einen langen Meerbusen, welchen man das penschinische Meer nennet, und zu seiner Linken das Ostmeer, welches Asien von America trennet. Die Erdenge fängt gegen den sechzigsten Grad Norderbreite an, sich von dem festen Lande zwischen den beyden Flüssen Pustaia, der sich in den westlichen Meerbusen stürzet, und Anapkoi, welcher in das Ostmeer fällt, zu entfernen. Von dem Gipfel der Berge, die sich in der Mitte der Landenge, gegen die Quelle dieser beyden Flüsse erheben, wo Kamtschatka eigentlich anfängt, entdecket man

Land Kamtschatka. man bey heiterm Wetter beyde Meere; welches anzeiget, wie schmal die Halbinsel ist.

Ihre Länge. Sie verlängert sich schief von Nordosten gen Südwesten, und ihre Breite ist zwischen dem hundert und siebzigsten und hundert und achtzigsten Grade der Länge. Sie ist, wie die meisten Halbinseln groß oder klein, ihrer ganzen Länge nach, durch eine Kette von Bergen, welche in der Mitte queer durchgehen und von Süden gen Norden laufen, getheilet. Diese Kette hat zur Rechten und Linken Aerme, welche nach dem Meere zu gehen, nebst Flüssen, welche sich da hinein ergiessen. Von diesen Felsenärmen werden hier und da Vorgebirge gebildet, die durch eben so viele Baye von einander abgesondert sind. Diese ganze Erdzunge wird durch Flüsse und Seen zerschnitten, welche sie wegen der großen Menge und der Beschaffenheit ihres Wassers nicht sehr fruchtbar noch sehr wohnbar machen.

Westliche Küste. Die Westküste von Kamtschatka, an welcher allein man von unserm festen Lande anländet, bildet eine elliptische, unordentliche Krümme, die selbst aus unendlich vielen Krümmen besteht, so wie alle Küsten. Sie erstrecket sich von der Mündung des Flusses **Penschina**, welcher seinen Namen dem Arme des Meeres giebt, worein er fällt, bis an die Spitze **Lopatka**, welche die Halbinsel gegen Mittag endiget. Diese ganze Küste, welche einen Raum von ungefähr zwölf Graden begreift, läßt vier und dreyzig Flüsse aus, wovon dreyzig in den zwey Dritteln dieses Raumes enthalten sind, da es in der übrigen Küste, die sich nach Norden gegen das Land zu vertiefet, nur drey giebt. Die Ursache dieses merkwürdigen Unterschiedes kömmt ohne Zweifel daher, daß sich die Anzahl der Berge nach dem festen Lande zu vermindert, und nach Verhältniß vermehret, wie sich diese Erdzunge zwischen zweyen Meeren verlängert. Die Halbinsel scheint also durch Berge dem Meere zu zu gehören, und sich durch Ebenen an das feste Land zu heften. Wenn aber das Meer die Berge gebildet hat, so geben diese dem Oceane dafür zur Vergütung Flüsse. Einer von den schönsten ist der **Bolschaia Reka**, oder der große Fluß. Durch seine Mündung laufen die russischen Schiffe, welche von **Ochozkoi** abgegangen sind, in Kamtschatka ein. Sie gehen mit der hohen Fluth hinein, welche auf vier russische Ruthen [1]) hoch steigt. Er ist im Frühlinge schiffbar: wegen seines schnellen Laufes und seiner vielen Inseln aber schwer hinauf zu fahren.

Von der Mündung des großen Flusses im drey und funfzigsten Grade bis an des **Pustasa** seine im sechzigsten Grade ist die Küste niedrig und morastig, ohne Gefahr für die Schiffe, welche daselbst angeworfen werden, aber nicht anländen können. Allda fängt sie an, sich zu erheben, und wird wegen derer Felsen unzugänglich, welche das Meer daselbst bedecket. Diese lange Küste, welche dem festen Lande des russischen Gebiethes gegen über liegt, beut ihnen nichts anziehendes noch sonderbares an. Kamtschatka kann ihnen nur, wie es scheint, die Versuchung geben, weiter zu gehen. Wenn sie den Weg nach Indien oder nach America recht genommen haben, so wird es für die Schiffahrt ein Ruheplatz, oder für die Handlung eine Niederlage seyn, die um so viel bequemer ist, weil man daselbst eine Gemeinschaft zwischen den beyden festen Ländern in Asia und America durch diejenige errichten kann, welche sich schon zwischen der westlichen Küste von Kamtschatka und dessen östlichen Küste gleichsam eröffnet findt.

Diese

1) Die russische Ruthe ist zwey Fuß, drey Zoll, französisches Maaßes.

AWATSCHA-BAY.

Land Kamtschatka.
Oestliche Küste.

Diese, welche eben so hohlrund, als die andere erhabenrund ist, hat weniger Breite und mehr Unregelmäßiges in seiner Krümmung. Das Meer, welches es ausspühlet, machet daselbst große Bayen, Vorgebirge, Eylande, Halbinseln und Lachen, kurz, diejenigen Einschnitte, und Verheerungen, welche seinen Hang oder seine Bewegung von Osten nach Westen beweisen. Eine ganz besondere Merkwürdigkeit sind vier Vorgebirge, welche durch beynahe gleiche Weiten von einander abgesondert sind, und wovon sich drey fast in eben dem Grade der Länge endigen, gleich als wenn der Ocean einförmig an diese Küste schlüge. Hier ist eigentlich die Küste von Kamtschatka, weil sie gegen die Mitte ihrer Länge den Fluß Kamtschatka ausläßt, welcher der ganzen Halbinsel den Namen giebt. Sie hat einen sehr langen Klumpen von steilen Felsen, welcher dem Meere keine Flüsse giebt; so nahe ist es ihm. Wenn aber diese Felsen kein Wasser geben, so haben sie Feuerquellen.

An der Mündung des Awatscha ist der Sanct Peters und Pauls Meerbusen, welcher durch das Meer rund ausgehöhlet und mit hohen Gebirgen gekrönet ist, nebst einem sehr engen, aber ziemlich tiefen Eingange, die größten Schiffe auf zu nehmen. Dieser Meerbusen hat drey Häven, wovon der erste, vordem Niakina, jetzt Sanct Peter und Paul genannt, zwanzig Schiffe halten kann. Der zweyte, welchen man wegen der Krebse, die man darinnen findt, Rakova nennet, soll vierzig Schiffe von der Linie halten können; und der dritte, Tareina genannt, ist größer, als die beyden andern. Der Fluß Awatscha wird auf der einen Seite durch das Fort Karimtschin vertheidiget, welches die Russen daselbst erbauet haben, und auf der andern von zweenen Bergen, deren einer beständig Rauch, und zuweilen Flammen, ausspeyt. Von diesem Orte an zeiget die Küste nichts merkwürdiges, bis an den Fluß Jupanova. Seine Anfuhrt ist wegen der Menge Klippen oder Felsen, womit das Meer daselbst besäet ist, sehr gefährlich: zum Glücke aber ragen ihre Spitzen über dem Wasser hervor. Ehe man von Süden her an diesen Fluß kömmt, trifft man die Bay Nuttrenoi an, wo steile Gebirge vor dem Winde sichern. Höher hinauf ist der Fluß Krodakirsche, welcher aus dem See Kronozkoe, der selbst von vielen Flüssen gebildet wird, heraus stürzet, und den Augen des Reisenden einen schönen Wasserfall zeiget, unter welchem man weggeht, ohne naß zu werden. Von dem See und der Bay Kronozkoe geht man gegen Norden und findt den Kamtschatka, den schönsten Fluß des ganzen Landes, weil die kleinen Schiffe ihn bis auf zweyhundert Werste [2]) über seine Mündung hinauf fahren.

Flüsse.

Von dem Kamtschatka bis an das Meer Olutorskoe, welches seinen Namen von dem Flusse Olutora hat, an dessen Mündung sich gegen Norden die östliche Küste endiget, findt man zwölf Flüsse. Der Unakig ist wegen dreyer Felsensäulen merkwürdig, wovon die höchste nicht weniger als vierzehn Saschen [3]) hoch ist. Sie sind von einem Erdbeben oder von Ueberschwemmungen des Meeres entstanden. Dieß Element bildet täglich Inseln an diesen Küsten, denen es beständig drohet. Bey

 großen

2) Die Werst ist dreytausend fünfhundert und sechzig Fuß und die französische Seemeile zweytausend vierhundert Toisen oder vierzehntausend und vierhundert Fuß. Die Werst machet also nicht ganz eine Viertheilmeile.

3) Die Saschen hält sechs Fuß, sieben Zoll, sechs und neun Zehntheil Linie.

Land Kamtschatka. großen Ergießungen fällt das Wasser des Unakig in den Kamtschatka, vermöge des Abhanges des Bodens, obgleich die Betten dieser beyden Flüsse auf zehn Wersten weit von einander sind. Man vermuthet, daß dieser Lauf der Ueberschwemmungen endlich noch das Vorgebirge Kamtschatkoe von dem festen Lande abreißen werde, eine Insel daraus zu machen. Der Fluß Ningin ergießt sich in eine Bay, wo die Einwohner auf einem Hügel gegen Norden eine Art Festung erbauet haben, um sich entweder wider die Tschuktschi, welche von dem festen Lande kommen, oder wider die Russen, die zu Wasser und Lande kommen, zu vertheidigen.

Besondere Merkwürdigkeiten widerlegt. Der Karaga ist ein anderer merkwürdiger Fluß. Er hat zween Seen in seiner Nachbarschaft. Der eine hat in der Einbildungskraft der Cosaken ein wunderbares Ansehen angenommen. Herr Steller hat, auf ihren Bericht, gesaget, das Wasser dieses Sees falle und steige mit der Ebbe und Fluth, ob er gleich mit dem Meere keine Gemeinschaft habe; er hege Fische, die man niemals in den Flüssen finde, und das Meer bedecke im Heumonate seine Ufer viele Fuß hoch; kurz, es gäbe in diesem See Muscheln, Perlen und weisse Glaskörner, wovon diejenigen Nagelgeschwüre an den Fingern bekämen, welche sie sammelten. Herr Krascheninnikow aber saget, diese beyden Seen wären nur einer, und zwar ein sehr kleiner, er hienge mit dem Meere durch den Fluß Karaga zusammen; es könnten sich wohl Perlen darinnen finden, weil es deren in vielen kamtschatkaischen Flüssen giebt; was man aber für Perlen und auch wohl für Muscheln gehalten habe, könne nichts anders als Glastropfen seyn, deren grüne Farbe den Perlen nicht zukomme, und sich nicht in den Muscheln finde. Der Karagafluß ist auch noch durch eine Insel merkwürdig, welche seinen Namen führet, und die das Meer von der Küste abgerissen hat, wo dieser Fluß ausfließt. Die Einwohner dieser Insel sollen so dumm seyn, daß die Wilden des benachbarten festen Landes sie Kamtscharen, d. i. Hundegeschlecht, nennen, und vorgeben, der kamtschatkische Gott habe keine Menschen auf diesem Eylande erschaffen. Sie kommen auch den Korjäken eben so barbarisch vor, als die Korjäken den Russen. Ihre Art zu leben, saget Herr Krascheninnikow, kömmt der Thiere ihrer nahe. „Diese Eyländer sind hundert und „drüber an der Zahl: es bezahlen ihrer aber nur dreyzig Tribut; die andern fliehen da„von, und verstecken sich in die Gebirge, wenn man kömmt und die Auflagen einheben „will.“ Man muß in der That gestehen, daß diese Eyländer sehr barbarisch sind.

Nach dem Karagaflusse findt man eine Kette von Bergen, welche die Nordküste schliessen, wie die Gebirge Awatscha sie besetzen und gegen Mittag endigen. Ueberhaupt sind die meisten Flüsse in Kamtschatka, welche zwischen Gebirgen fließen, mit steilen Felsen auf beyden Seiten besetzet. Wie hoch aber die beyden Ufer auch seyn mögen, so hat das eine doch stets mehr Hang. Steller und Krascheninnikow haben in den Thälern zwischen den Gebirgen die Uebereinstimmung der Winkel beobachtet, welche Bourguet in den Alpen bemerket hat. Was auch nur immer die Folgen seyn mögen, die man aus dieser Beobachtung ziehen kann, so ist es augenscheinlich, daß die Wasser allein, welche von dem Schmelzen des Schnees und Eises kommen, die Gebirge verunstalten, und diejenigen schmalen und krummen Thäler graben können, welche an dem Fuße dieser hohen Spitzen sich herum schlängeln.

Die Reisenden, welche über die großen Ketten von Bergen gehen, sind verbunden, überall dem Wege der Ströme zu folgen. Bald muß man bis zu ihrer Quelle hinauf klettern,

klettern, und bald bis in die Tiefe des Abgrundes hinunter steigen, mitten durch welche sie sich einen Weg in die Ebenen machen. Es scheint anfänglich, daß, ohne Mitwirkung des Meeres, zur Bildung der Gebirge schon hinlänglich wäre, daß ein Boden im Ursprunge beträchtlich erhaben gewesen; weil die Wasser vom Regen und Schnee mit dem Laufe der Jahrhunderte, das Erdreich, welches sie eingesogen, haben ausfurchen, durchbohren, aushöhlen, und in Pyramiden, in Gräber, und in tausenderley unregelmäßige Gestalten aushauen können, woraus das ungeheure Ansehen besteht, welches die großen Gebirge heutiges Tages haben. Die großen Ebenen aber, wovon sie umringt sind, beweisen stets eine erstaunliche Veränderung, die nicht anders, als durch einen beträchtlichen Abhang, hat geschehen können, welchen das Meer hat bilden und vergrößern müssen, da es sich von denen Oertern, wo die Berge sind, in das Bette, welches es einnimmt, zurück gezogen hat. Kamtschatka ist ein neues Denkmaal von dieser Theorie. Die östliche Küste, wo die Wirkung der Wasser sinnlicher und unmittelbarer ist, zeiget eine viel runzelichtere, viel drohendere Stirne, als die westliche Küste. Wenn man in das Innere des Landes weiter hinein geht, so merket man stets die Nachbarschaft und die Spuren des Oceans, welcher es ohne Zweifel verschlucket, wieder ausgespyen, gebildet, zerstöret oder verunstaltet hat, so wie es jetzt ist. Land Kamtschatka.

Die mittäglichste Spitze von Kamtschatka, welche die beyden Meere trennet, womit diese Halbinsel umgeben ist, heißt das Vorgebirge Lopatka, weil es dem Schulterblatte, oder nach andern, einer Schaufel, ähnlich ist. Dieses Ufer ist nur um zehn Faden höher, als das Meer. Es ist den Ueberschwemmungen unterworfen, die es nur erst auf zwanzig Werste vom Meere bewohnen lassen. Es wächst nur Moos daselbst. Es hat Seen und Teiche, aber keine Bäche und Flüsse. Das Erdreich besteht aus zwoen Lagen, deren oberste ein schwammichter Torf ohne Saft ist, welcher nichts hervorbringt.

Die eilf Berge, worüber man muß, wenn man von dieser Spitze nach Awatscha geht, sind so steil, daß man verbunden ist, sich zum Theile an Stricken hinunter zu lassen. Die Küste nach der Linken zu, ist bis nach Kambalino sehr niedrig; sie steigt hernach aber ansehnlich; darauf bildet sie eine weitläuftige Ebene bis an den großen Fluß. Wenn man sich von da zu Lande nach Kamtschatka begeben will, so geht man über viele kleine Flüsse, welche von einer Kette Berge herab fallen, über die man gehen muß. Man kann es nur bey heiterm Wetter thun, worauf man zuweilen zehn Tage warten muß. Wenn man keine Wolke auf den Gebirgen sieht, so waget man sich hinauf. Hat sich aber der Himmel nicht ganz aufgekläret, so wird man von einem Sturme befallen, welcher einen verhindert, den Weg zu sehen und in Abgründe fallen läßt, woraus man niemals kömmt. Die Gefahr ist am größten auf dem Gebirge, welches die Cosaken Greben d. i. Kamin, nennen. Es gleicht einem umgekehrten Schiffe, und sein dreyzig Klaftern breiter Gipfel ist mit Eise bedecket. Es sind auch diejenigen, welche darüber gehen, sorgfältig bedacht, ihre Schuhe mit zweenen Nägeln zu versehen. Diese Vorsichtigkeit aber kann sie weder vor dem Winde, der sie fortführet, sie zerschmettert, oder an die Felsen schmeißt, noch vor dem Schnee bewahren, welcher von den Gipfeln senkrecht herunter fällt und die Reisenden begräbt, vornehmlich, wenn sie sich in engen und tiefen Thälern befinden. Man besteigt den Greben zu Fuße; denn die Hunde selbst, welche in Kamtschatka die Schlitten ziehen, kön- Das Innere des Landes.

 nen

Land Kamtschatka.

nen nicht hinauf klettern. Wenn man aber herunter steigt, so ist ein einziger Hund vor dem Schlitten schon genug. So beschwerlich dieser Weg auch ist, so nehmen ihn doch die Russen, wenn sie von dem großen Flusse nach dem Kamtschatka gehen. Ohne Zweifel würde es gefährlicher seyn, um das Vorgebirge hinum zu fahren, wenn man von einem Meere nach dem andern geht. Wenn man an die Gebirge Stanovoi, durch eine Wüste von hundert und zehn Wersten, kömmt, so findt man eine unbebauete Ebene von fünf und sechzig Wersten, von dieser Kette nach Kamtschatkoi-Ostrog an der Quelle des Flusses Kamtschatka zu kommen. Es ist ein morastiger Boden, wodurch dieser Fluß fünfhundert fünf und zwanzig Werste in der Weite von vier Graden läuft, ehe er sich in das Meer stürzet, da er unterwegens zehn bis zwölf Flüsse oder Bäche aufnimmt.

Wege von Bolscheretzkoi nach Kamtschatka.

Es giebt drey Wege, von Bolscheretzkoi nach Kamtschatkoi-Ostrog zu gehen. Auf dem ersten geht man gegen Nordost über einen Fluß, der nach einer Kette von Bergen führet, von da man an einen andern Fluß kömmt, der sich in den Kamtschatka ergießt, welchen man bis an das obere Fort dieses Namens, Werchnei Kamtschatkoi Ostrog hinauf fährt.

Auf dem andern geht man an dem großen Flusse längst hin bis an das Fort Naschikin, wo man über die Gebirge geht, an deren Fuße man den Awatscha findt, welchen man bis an den Sanct Peter und Pauls Haven hinauf fährt. Von da suchet man an der Küste den Jupanowafluß zu gewinnen, welchen man bis an seine Quelle hinauf steigt. Da geht man über eine Kette von Gebirgen und trifft den Fluß Powitscha an, welchen man bis an seine Mündung, dem Fort gegen über, das man suchet, hinunter fährt. Diese beyden Wege nimmt man am meisten, und sie sind gut bemerket worden.

Der dritte, welchen man im Sommer zu Fuße thut, führet längst dem großen Flusse nach dem Fort Opaschin; von da durch die Ebene nach Bistroi, einem Flusse, welchen die Felsen und Wasserfälle sehr reissend machen. Man steigt ihn indessen bis an seine Quelle hinauf; von da man sich nach Kamtschatka, dem verlangeten Ziele, begiebt. Der erste Weg ist von vierhundert sechs und achtzig Wersten, die beyden andern sind ungefähr zweyhundert und zwey und vierzig Werste: der letzte aber ist nicht so gut bekannt, noch mit solcher Genauigkeit umständlich beschrieben.

Das II Capitel.

Von Feuer speyenden Bergen und heißen Quellen.

Feuerspeyender Berg Awatscha; Tolbatschik; und noch ein dritter. Stellers Beobachtungen von diesen Feuerspeyenden Bergen. Heisse Waßer. Sonderbare Brunnen.

Die Feuer speyenden Berge sind in den gemäßigten und kalten Erdstrichen eben so häufig, als zwischen den beyden Wendekreisen. Wenn die Sonne den Einwohnern des heißen Erdgürtels die Kunst des Feuers gegeben, welche sie doch eben nicht äußerst nöthig hatten, so kann man glauben, daß die nordlichen Völker diesen so nöthigen Beystand, ohne welchen sie gleich von der Geburt an hätten umkommen müssen, nur von den Feuer speyenden Bergen haben erhalten können. Aber wie ist dieses natürliche Feuer in den kalten Himmelsgegenden unter den Polen so gemein, wo es nicht scheint, daß die Mäßigung der Luft die Erde erhitzen sollte? Ist es eine Wirkung der innern und Centralwärme der Erdkugel, die sich inwendig vermehret und nähret, nach Verhältniß des wenigen Ausganges, den sie hat, sich aus zu dünsten? Oder muß man nicht der Nachbarschaft des Meeres die Gährung zuschreiben, welche diese heftigen Ausbrüche der entzündeten Materie hervorbringt? Obgleich die meisten Feuer speyenden Berge aus einer Kette von Gebirgen kommen, welche der Heerd dieser ewigen Feuer zu seyn scheinen: so kann indessen doch wohl, da die Ketten beständig nahe am Meere liegen, da die Zeugemütter der Vulcane nicht weit davon entfernet sind, und da es so gar einzelnstehende Berge giebt, welche entweder aus dem Schooße der Inseln oder an den Ufern des festen Landes, so zu sagen, in das Meer Feuer speyen: so kann wohl, sage ich, eine Verwandtschaft zwischen dem Meere und den Vulcanen seyn, als ob das Wasser, welches das meiste Mal das Feuer auslöschet, solches in diesen großen Oeffen der Erde entzünden und anfachen sollte.

Feuerspeyender Berg Awatscha.

Von was für Ursachen aber auch die Feuer speyenden Berge entstehen, so giebt es deren drey in Kamtschatka. Der erste ist der Awatsha gegen Norden von der Bay dieses Namens. Es ist gleichsam ein einzelnstehender Haufen von Gebirgen, dessen mit Gehölzen bedeckter Fuß sich bis an den Meerbusen erstrecket. Die Mitte bildet eine Art vom Amphitheater und die Spitze zeiget ein dürres und kahles Haupt. Diese Gebirge stoßen Rauch, aber selten Feuer aus. Indessen geschah doch im Sommer des 1737 Jahres ein Ausbruch, welcher nur einen Tag dauerte, und bloß Asche auswarf. Allein, dieß war der Vorläufer eines Erdbebens, welches den 6ten des folgenden Weinmonates in einer Viertheilstunde alle Hütten und Zelte der Kamtschadalen umwarf. Diese Bewegung war mit einer sehr sonderbaren Ebbe und Fluth begleitet. Denn das Wasser stieg anfänglich auf zwanzig Fuß hoch, lief weiter zurück, als der Ort, wo es hergekommen war, stieg zum andern Male viel höher an, als das erste Mal, und zog sich so weit zurück, daß man es aus dem Gesichte verlor. Nach Verlaufe einer Viertheilstunde fieng das Erdbeben an; das Meer erhob sich auf zweyhundert

Land Kamtschatka. hundert Fuß hoch, überschwemmete die Küste und zog sich wieder zurück. Die Einwohner verloren dabey ihre Güter und viele ihr Leben. Felder wurden in Salzwasserseen verwandelt.

Vulcan bey Tolbatschik. Der zweyte Vulcan kömmt aus einem oder zweyen Gebirgen, die zwischen dem Flusse Kamtschatka und Tolbatschik liegen. Diese Gebirge hatten bisher nur gerauchet, als sie im 1739 Jahre einen Wirbel von Flammen ausspyen, welcher die Wälder verzehrete. Aus diesem Wirbel gieng eine dicke Wolke, welche in einem Raume von funfzig Wersten den Schnee mit Asche bedeckete. Man mußte warten, bis auf diese Asche wieder Schnee fiel, saget Kraschenninikow, ehe man im Felde gehen konnte.

Der dritte Vulcan. Der dritte Vulcan ist das höchste Gebirge in Kamtschatka an den Ufern des Flusses dieses Namens, welches mit einem Amphitheater von Gebirgen auf zwey Drittel von seiner Höhe umgeben ist. Seine steile und auf allen Seiten in lange Ritzen gespaltene Spitze erweitert sich unvermerkt in Gestalt eines Trichters und erhebt sich dergestalt, daß man ihn auf dreyhundert Werste weit entdecket. Wenn ein Sturm herankömmt, so bedecket sich diese Spitze mit drey Gürteln, wovon der breiteste den vierten Theil der Höhe des Berges hat. Er speyet einen dicken Rauch und zuweilen Asche in einem Umfange von dreyhundert Wersten aus. Er hat von 1727 bis 1731 gebrannt: sein größter Ausbruch aber war 1737 den 25sten des Herbstmonates und daurete eine ganze Woche lang. Die Augen, oder die Einbildung der wilden Völker umher, sahen aus diesem entzündeten Felsen ganze Feuerflüsse gleichsam; es waren lodernde Flammen. Man hörete in den Seiten des Berges ein Donnern, ein Pfeifen, ein Brüllen der Winde, welche diese höllische Schmiedösse anbliesen und entzündeten; oder man glaubete, solches zu hören. Es gieng ein Wirbel von glühenden Kolen und rauchender Asche heraus, welche der Wind in das Meer trieb, ohne daß das Feld etwas davon empfand. Auf diese fürchterliche Erscheinung erfolgete ein Erdbeben, dessen ununterbrochene Stöße vom Weinmonate bis in den Frühling des 1738 Jahres dauerten, und sehr große Verheerungen anrichteten.

Stellers Beobachtungen wegen dieser Berge. Herr Steller beobachtet wegen dieser Vulcane, daß die Berge, welche dieses Feuer speyen, fast allezeit einzeln stehen, daß sie beynahe einerley Rinde oder Oberfläche haben, und einerley Materien in sich enthalten müssen; daß man stets Seen auf dem Gipfel und heiße Wasser an dem Fuße derer Berge finde, die aufgehöret haben, Feuer aus zu werfen. Dieß ist ein neuer Beweis von der Uebereinstimmung, welche die Natur zwischen dem Meere, den Bergen, den Vulcanen und den heissen Wassern gesetzet hat; als wenn diese ursprünglich von diesen Feuerquellen kämen.

Heisse Wasser. Man findt von der mittäglichen Spitze von Kamtschatka an heisse Wasser. Sie fliessen fast alle längst dem Flusse Ozernaya, welcher aus dem See Kurilskoi kömmt, und stürzen sich endlich alle zusammen in diesen Fluß: sie haben aber keinen grossen Grad der Wärme.

Vier Werste von diesen ist ein Gebirge, welches gegen Osten eines Flusses liegt, den man Paudja nennet. Auf der Spitze dieses Berges ist eine Ebene dreyhundert und funfzig Saschen lang und dreyhundert breit. Von da fällt eine Menge heisser Quellen, die man mit einem großen Geräusche hervorquellen und auf einen Fuß oder achtzehn Zoll hoch springen sieht. Einige bilden Seen oder Teiche, die sich in

Bäche

FEUERSPEYENDER BERG BEY
KAMTSCHATKOI.

Bäche vertheilen, welche sich in den Paudsa stürzen, nachdem sie die Ebene in eine unendliche Menge Eylande zerschnitten haben. Das Gebirge, aus welchem diese Wasser fliessen, besteht aus Steinen, die von aussen trocken, inwendig aber so weich sind, daß man sie zwischen den Fingern wie Thon kneten kann; und diese Quellen führen einen buntfärbichten Lehm, welcher nichts anders ist, als eben dieser von der Hitze und Feuchtigkeit erweichte Stein. Wenn man diesen Lehm zerbricht, so sieht man darinnen einen Anschuß von vielfärbichter, blauer, gelber, rother, weisser und schwarzer Alaun, welche Farben alle sehr lebhaft aussehen, so lange der Lehm feucht ist. Land Kamtschatka.

Der Fluß Baaniu nimmt auch an seinen beyden Ufern gegen Norden und Süden eine Menge heisser Quellen auf. Unter denen, die man an dem mittäglichen Ufer findt, ist eine, deren Wasser mit großem Geräusche ungefähr fünf Fuß hoch an einem Orte voller Spalten und Oeffnungen von verschiedener Weite aufspringt.

„Das Thermometer, saget Herr Krascheninnikow, welches in freyer Luft hundert und fünf und achtzig Grad war, stieg auf funfzehn Grad, als es in diese Quellen „gethan wurde.

„Die Quellen des Flusses Baaniu bilden einen sehr beträchtlichen Bach, welcher in einem sehr schmalen Thale zwischen zwoen Reihen Berge läuft. — Seine „Ufer sind sumpfig. Der Grund desselben ist steinicht und mit Mooße bedecket. Da „das (delislische) Thermometer dicht an seine Quelle gesetzet wurde, so stieg der Mercur bis auf drey und zwanzig und einen halben Grad. Von da nimmt die Wärme „nach seiner Mündung zu nach und nach ab; so daß der Mercur an dem Orte selbst, „wo der Baaniu in den Bolschaia Reka fällt, nur hundert und funfzehn Grad war. „In freyer Luft war die Höhe des Mercurs hundert und fünf und siebenzig Grad.„

Bey dem Flusse Schemetsch sieht man eine Quelle heisses Wassers laufen und in das Ostmeer fallen, welche drey Werste lang sich bis auf drey Saschen an ihrer Mündung verbreitet. Sie fließt zwischen zweenen Felsen in einem zuweilen vier Fuß tiefen Bette, auf einem harten mit einem Mooße bedeckten Steine, welches Mooß an gewissen Orten, wo das Wasser stiller wird, sich erhebt, und auf der Oberfläche des Baches schwimmt. Die Wirkung ihrer Wärme ist, daß sie ihre Ufer mit grünen und blühenden Pflanzen schon im Monate März bedecket, wenn die Natur in den Gegenden umher noch erstorben ist. Wenn man von dieser Art Flusses zu einer andern Quelle gehen will, die sich in den Schemetsch ergießt, so muß man über eine Kette von Bergen gehen, deren Spitze gegen Osten zu eine mit graulichten Kieseln bedeckte Ebene ohne die geringste Pflanze zeiget. Man sieht da einen dicken Rauch aufsteigen mit einem Geräusche wie Wasser, das auf dem Feuer kochet. Indessen findt man doch unter einer Lage weicher Erde nur ein Bette von Steinen, das unmöglich durch zu graben ist. Der Verfasser muthmaßet, diese Steine bedecken und verbergen die Quelle dieser warmen Wasserbäche. Diejenige von den beyden, welche in den Schemetsch fällt, geht durch einen engen Weg von Höhen, welche Rauch ausdampfen und ihr Grund ist voller Quellen, die sich nach anderthalb Wersten vereinigen.

Eben der Grund hat zween Brunnen, wovon der eine fünf Saschen im Durchschnitte hat, und zehn Fuß tief ist; der andere aber drey Saschen im Durchschnitte und eine Saschen Tiefe hat. Zwischen diesen beyden Brunnen oder Schlünden sind nur drey Saschen morastiger und beweglicher Boden. Das Wasser, welches in die- Sonderbare Brunnen.

 sen

Land Kamtschatka.

sen Quellen kochet, machet ein solches Geräusch, daß man sein eigenes Wort nicht hören kann, wenn man auch noch so stark redet. Es bedecket sich daselbst mit einem so dicken Dunste, daß man einen Menschen in der Ferne von sieben Saschen nicht sehen kann. Indessen muß man sich doch an die Erde niederlegen, wenn man das Kochen des Wassers hören will: es bleibt aber noch die Frage übrig, ob man in dieser Stellung mit dem einen auf die Erde gelegeten Ohre, leicht ein anderes Geräusch hören könne, als dasjenige, wovon dieses Ohr gerühret wird; oder ob man zwey verschiedene Geräusche auf einmal hören könne.

Das Wasser aller dieser Quellen ist wegen eines Ueberzuges von einer schwarzen Materie merkwürdig, welche die Finger schwärzet, wie die Tusche. Etwas noch beobachtenswürdigeres ist, daß diese Quellen kochendes Wassers zwischen der Mündung des Kamtschatka an der Ostküste, und des Osernaya an der Westküste begriffen sind. In diesem Raume finden sich die ansehnlichsten Seen und Vulcane der ganzen Halbinsel. Die Gebirge sind da am ungestaltetsten, durch die Wasser, Feuer und Erdbeben zerbrochen und zerschnitten; kurz, die Nachbarschaft des Meeres übet da am meisten Verheerungen aus. Alles übrige Land ist voller Feuersteine, Schwefel, mit Alaune und Vitriolsalze vermengeten Steine, ja so gar Stücken von Eisenadern. Indessen findt man doch kein Eisen daselbst, noch warme Wasser. Herr Kraschenninnikow denket, es müssen an denen Orten, wo diese entzündbaren Materien Ausbrüche und Erdbeben hervorbringen, diese Zufälle von einer durch das Seewasser verursachten Gährung herkommen, welches sich einen Weg in den Höhlungen öffnet, wovon ganz Kamtschatka untergraben ist. Denn man beobachtet, daß die Erdbeben bey den Tag und Nachtgleichen sonderlich im Frühlinge, wo die Fluth am stärksten ist, auch am heftigsten sind.

Ungeachtet der Gemeinschaft des Meeres mit diesen innerlichen Höhlen in Kamtschatka, hat man daselbst doch noch keine Salzbrunnen angetroffen. Uebrigens verhindern die gedachten Quellen und unzählige andere fliessende Wasser, welche in die Flüsse fallen, daß diese bey der größten Kälte nicht ganz zufrieren, noch im Sommer austrocknen. Diejenigen von diesen Quellen, welche zusammen vereiniget den kleinen Fluß Kliutschwka ausmachen, haben den doppelten Vortheil, daß sie frische Fische geben, und ungeachtet ihrer Kühle sehr gesund zu trinken sind. An allen andern Orten verursachet das kalte Wasser, welches die Kamtschadalen trinken, da sie ihren brennenden und sehr öhlichten Fisch essen, ihnen den Durchlauf.

Land Kamtschatka.

Das III Capitel.

Von dem Erdreiche.

Beschaffenheit desselben. Gartengewächse. Kräuterwerk. Beschaffenheit des Bodens. Warum er nicht recht zum Getraide tauget. Wenig Holz an den Küsten. Sehr sonderbare physische Wirkung. Holzung an der Ostküste.

Die Fruchtbarkeit des Erdreiches hängt von der Mischung der Himmelsluft, von andern zufälligen Umständen des Bodens, von seiner Lage in Ansehung des Poles und der See ab. Die Oerter, welche der Kamtschatka benetzet, empfinden den Ueberfluß, den die schönen Flüsse überall ausbreiten. Seine Ufer sind mit Wurzeln und Beeren bedecket, welche statt unsers eßbaren Kornes zu dienen scheinen. Die Natur treibt daselbst Holz, welches so wohl zum Haus- als Schiffbaue gleich tüchtig ist. Die Pflanzen, welche einen warmen Boden verlangen, wachsen daselbst viel besser, vornehmlich an der Quelle des Kamtschatka, wo die Halbinsel am breitesten, am weitesten vom Meere entfernet und den Nebeln in den ziemlich nahe gegen Mittag liegenden Gegenden am wenigsten unterworfen ist. Zwischen seiner Quelle und Mündung hat man Gersten und Haber mit gutem Erfolge gesäet. Es steht aber noch zu versuchen, ob das vor dem Winter gesäete Korn eine ziemlich gute Aernde wird geben können. Herr Steller zweifelt nicht daran. *Beschaffenheit desselben.*

Die Gartengewächse, welche Wärme nöthig haben, kommen in Kamtschatka nicht gut fort. Dergleichen sind der Lattich und Kohl, die sich niemals schliessen und einen Kopf machen; so wie die Erbsen, die nur blühen. Diejenigen aber, welche nur Feuchtigkeit erfordern, als die Steckrüben, Rettiche oder Meerrettich, und die rothen Rüben kommen überall viel überflüßiger, viel stärker und von besserer Beschaffenheit, längst dem Flusse Kamtschatka. *Gartengewächse.*

Das ganze Land ist viel fruchtbarer an Kräutern und Gräsern, als irgend ein Ort in Rußland. An den Ufern der Flüsse, in den Morästen und Gehölzen wachsen sie über Mannshoch, und können dreymal im Sommer gemähet werden. Man muß den Regen im Frühlinge und der Feuchtigkeit des Bodens diese Art der Fruchtbarkeit zuschreiben, welche das Grummet sehr weit im Herbste gut erhält, und ihm so gar im Winter Saft und Kraft giebt. Das Vieh ist daselbst auch von einer ungeheuren Größe, stets fett und giebt zu allen Jahreszeiten Milch. *Kräuterwerk und Gras.*

Indessen sind doch die Seeufer überhaupt gar zu steinig, gar zu sandig oder morastig, als daß sie zur Weide oder zum Kornbaue tüchtig wären. An der Ostseite von dem penschinischen Meere an aber findt man, wenn man in das Land hinauf geht, niedrige Oerter, die von dem Sande gebildet zu seyn scheinen, welchen das Meer dahin geführet hat. Die Erde friert daselbst nur einen Fuß tief. Darunter ist eine weichliche Erde bis auf anderthalb Arschinen tief; noch tiefer eine Schicht sehr hartes und schwer zu zerbrechendes Eises, darauf ein zergangener und flüssiger Schlamm; endlich der *Beschaffenheit des Bodens.*

 Felsen,

Land Kamtschatka.

Felsen, welcher sich von den Gebirgen bis an das Meer erstrecket. Diese Erde ist wie ein vollgesogener Schwamm, der nicht Festigkeit genug hat, daß einmal Holz darauf wachsen kann.

Das Meer hat vordem das Land Kamtschatka bedecket. Nichts bestätiget diese Muthmaßung mehr, als die Ufer des Bolschaia Reka, wo man unter vielen Schichten Lehm, Sand, Koth und Schlamm, sechs Fuß tief Bäume von einer in Kamtschatka unbekannten Art findt.

Warum er nicht zum Getraide tauget.

Wenn die am Meere gelegenen Gegenden gemeiniglich unfruchtbar sind: so bedecken sich die erhabenen Oerter und die Hügel, die sich davon entfernen, mit Gehölzen und demjenigen frischen und lebhaften Wesen, welches zum Kornbaue ein zu laden scheint. Der Schnee aber, welcher vor dem Froste in den ersten Tagen des Herbstes vorher geht, widersetzet sich dem Säen des Getraides; es geschehe entweder vor dem Winter, weil er bey dem Zerschmelzen die Saat mit fortführet oder verderbet; oder auch im Frühlinge, weil er da bis in den May liegen bleibt, auf welche Zeit bald die Regen folgen, die bis im August anhalten. Was man gesäet hat, wächst mitten in diesem Wasser gleichwohl ziemlich geschwind. Weil aber die Sommerszeit sehr kurz ist, und sie zuweilen in vierzehn Tagen keine Sonne hat, so kömmt das Getraide nicht zur Reife, und der Frost überfällt es in der Blüthe.

Wenig Holz an den Küsten.

Die Küsten haben wenig Holz, und die Ufer der Flüsse nur Weiden und Geröhrig auf dreyzig Wersten von der See. Dieser der Kochkunst so schädliche Mangel thut den Einwohnern viel Zwang an, die sich im Sommer, der Bequemlichkeit des Fischfanges halber, an dem Gestade des Meeres niederlassen. Man ist verbunden, sehr weit nach Holze zu gehen, und es mit vieler Mühe und sehr wenigem Vortheile zu holen. Der schnelle Strom der Flüsse, die Sandbänke, womit sie angefüllet sind, machen, daß man, anstatt es mit dem Wasser hinab fliessen zu lassen, gezwungen ist, lange Bündel desselben an beyde Seiten eines kleinen Fischerkahnes an zu binden. So wenig beträchtlich die Ladung oder das Geschleppe auch seyn möchte, so würde es doch den Kahn nicht recht fortgehen lassen, ihn umwerfen oder an den Felsen, Spitzen und Erdbänken scheitern lassen. Dieser Unbequemlichkeit hilft das Meer durch die Bäume ab, welche es an seine Küsten hin und wieder ausschmeißt. Sie sind aber selten; und dieses nasse, verfaulte, wurmstichige Holz schadet dem Gesichte mehr durch den Rauch, als es durch das Feuer nützet. Die benachbarten Berge biethen mehr Beystand dar, vornehmlich an denen Orten, wo die nicht weit vom Meere entfernten Flüsse schiffbar sind.

Sehr sonderbare physische Wirkung.

Das beste Holz ist das birkene an den Ufern des Bistraja, der in den großen Fluß fällt. Die Birken wachsen daselbst so groß, daß Herr Spanberg ein ziemlich großes Fahrzeug zu langen Reisen davon bauen ließ. Dieses leere Fahrzeug gieng anfänglich eben so tief im Wasser, als wenn es beladen gewesen wäre. Die Ladung aber that, wie es schien, nichts zu seiner Schwere hinzu. Es gieng nicht tiefer in das Wasser, als vorher, und segelte nicht weniger gut. Diese Sache ist gar zu sonderbar, oder gar zu schlecht vorgestellet, als daß sie nicht einen Leser irre machen sollte, er mag nun in der Naturlehre geübt seyn oder nicht. Man hat neue Schiffe gesehen, die anfänglich in dem Augenblicke, da sie in das Wasser gelassen werden, sehr tief eingesunken, einige Zeit darnach aber nicht mehr so tief hineingegangen. Ohne Zweifel kann

das

das Wasser, wenn die Luftlöcher sich verstopfet und das Holz sich vollgezogen haben, nicht mehr hinein dringen; und nachdem man das ausgeleeret hat, was in das Schiff gegangen und es hatte einsinken lassen, so steigt es viel weiter in die Höhe. Es kann wohl seyn, daß alsdann die ganze Ladung, welche sein Raum ihm erlaubet ein zu nehmen, es nicht tiefer ins Wasser gehen läßt, als es anfänglich gezogen hat. Diese Erscheinung aus der Hydrostatik aber muß erst durch die Erfahrung für recht wahr befunden werden, ehe man sie zu erklären suchet. Land Kamtschatka.

So unfruchtbar auch die Küsten von Kamtschatka seyn mögen, so ist doch die östliche weniger von Holze entblößet, vermuthlich weil die Gebirge sehr nahe am Meere sind. Die Ebenen selbst aber geben sehr schönes Holz, vornehmlich über dem Flusse Jupanowa gegen den drey und funfzigsten Grad dreyzig Minuten Norderbreite. Man findt daselbst Wälder von Lerchenbäumen, die sich längst den Gebirgen erstrecken, von welchen der Kamtschatka herab fällt. Dieser Fluß hat selbst seine Ufer bis an die Mündung des Elowka damit bekleidet, welcher sich auch mit diesen Bäumen bis an seine Quelle in den Gebirgen bekränzet. Die Bäume suchen also die Gebirge und die Flüsse, wie die Flüsse und Gebirge das Meer suchen. Holzung an der Ostküste.

Das IV Capitel.

Von der Luft und der Witterung.

Witterung. Augenschmerzen. Mittel, das Gesicht zu erhalten, wie auch gegen die Augenschmerzen.

Die Wärme oder Kälte eines Landes hängt nicht allein von der Entfernung von der Linie ab, sondern auch vom Meere, wovon die Winde kommen, und von der Erde selbst, die ihnen mehr oder weniger Zutritt verstattet. Auf einer Seite verursachen die Berge Kälte, und auf der andern verhüten sie solche. Hier unterhält das Meer durch dicke schwere Nebel die Hitze, indessen es sie anderswo durch kühlende Winde, die zu gewissen Jahreszeiten wehen, mäßiget. Bald bringt ein wässeriges und morastiges Land wechselsweise Eis und brennende Dünste hervor; und bald setzet ein trockenes und felsichtes Land seine Einwohner aller Strenge der Hitze sowohl, als der Kälte, aus, die beyde gleich beschwerlich sind. Es ist zwar wahr, die Entfernung vom Pole oder von der Linie bestimmet beständig die Beschaffenheit der Jahreszeiten in einer jeden Himmelsgegend, aber doch hat der Boden selbst nicht weniger Einfluß, als der Himmel, auf die Luft, welche die Bewohner der verschiedenen Erdgürtel einathmen. Sie leben in der Athmosphäre, und diese wird immer von den Ausdünstungen der Erde gebildet. Die Richtung der Winde verdicket oder verdünnet diese Dünste, vereinet oder zerstreuet die Wolken, und löset sie in Schnee oder Regen auf, und läßt den Schnee schmelzen oder gefrieren. Daher kömmt diejenige Ungleichheit, die oft Ursache ist, daß die mitternächtlichsten Länder lange nicht so kalt sind, als einige, die ihnen weit gegen Süden liegen. Eben so ist es mit Kamtschatka; der Winter

Land Kamtschatka.

Witterung.

daselbst ist lange nicht so strenge, als man aus seiner geographischen Lage vermuthen sollte; er ist sich auch in eben der Breite nicht überall an Strenge gleich. Wenn er aber gemäßigt ist, so ist er lang und anhaltend. Das Quecksilber des delislischen Thermometers hält sich gewöhnlich zwischen dem hundert und sechzigsten und achtzigsten Grade, außer in dem Januar, als dem kältesten Monate, wo es vom hundert fünf und siebenzigsten bis zum zweyhundertsten fällt. Der Frühling ist kurz, und ob er gleich regenhaft ist, hat er doch viele schöne Tage. Der Sommer ist nicht länger, aber noch unbeständiger, noch wunderlicher, und nach Verhältniß kälter, als er. Die Nähe des Meeres und das Schmelzen des Schnees umziehen den Himmel täglich mit einem Schleyer von Dünsten, welche die Sonne nicht eher, als gegen Mittag, zerstreuet. Man kann nur sehr selten der Pelze daselbst entbehren. Inzwischen ist in denen Gegenden, die etwas weiter vom Meere entfernet liegen, vom April an bis zur Mitte des Brachmonates die Witterung allemal heiter. Man sieht also auf dem Lande das Thermometer vom hundert sechs und vierzigsten bis zum hundert und dreyzigsten Grade sich verändern; im Heumonate aber steigt es zuweilen bis zum hundert und achtzehnten Grade. Der Sommer hat in Kamtschatka nichts strenges. Der Regen ist selten, der Hagel ist klein, der Donner dumpficht, der Bliß schwach. Die Gewitter sind selten, und man weis sich nicht zu erinnern, daß jemals einer dadurch umgekommen wäre.

Die schönste Jahreszeit ist der Herbst, der während des Herbstmonates sehr angenehme Tage hervorbringt, die aber zuletzt durch Sturmwinde gestöret werden, die den kommenden Winter ankündigen. Vom Anfange des Windmonates an sind die Flüsse mit Eise belegt, und in diesem und den beyden folgenden Monaten genießt man selten heiterer Tage. Im Herbstmonate, Weinmonate, Hornunge und Märze kann man mit der meisten Sicherheit reisen und handeln.

Die Winde gebiethen über die Jahreszeiten in Kamtschatka. Ueber das Abendmeer herrschet im Frühlinge der Südwind, der sich bald nach Osten, und bald ein wenig nach Westen drehet; im Sommer der Abendwind; im Herbste der Nord, der aber oft gegen Osten abweicht; im Winter der Ostwind, der nach Süden umläuft. Es wehet alsdenn oft ein sehr gewaltsamer Wind, der oft wiederkömmt, und gemeiniglich drey ganzer Tage anhält. Er ist so stark, daß er Menschen häufig zur Erde wirft und die Meerbiber über die schwimmenden Eisschollen an das Vorgebirge Lopatka treibt. In jeder Jahreszeit giebt der Nordwind das schönste Wetter, der Südwind bringt im Sommer Regen, und im Winter Schnee. Da diese Winde größtentheils vom Meere her wehen, so darf man sich nicht verwundern, daß sie über eine Erdzunge herrschen, die zwischen zweyen Meeren liegt, und daß daselbst ein Element etwas von den Einflüssen des andern annimmt. Man bemerket so gar, daß die Erde daselbst die Abwechselungen des Meeres erfährt, so wie sie in dasselbe hineingeht. Gegen Norden ist die Witterung viel gelinder, und das Land viel fruchtbarer, als gegen Süden. Nahe bey dem großen Flusse ist die Witterung angenehm und heiter; da an der mittäglichen Spitze, wo alle Winde sich brechen und stoßen, die Einwohner sich nicht getrauen, aus ihren Hütten zu gehen. Je mehr man sich diesem Vorgebirge nähert, desto mehr Nebel findt man im Sommer; und desto mehr Orcane steht man im Winter aus. Hingegen je weiter man gegen Norden kömmt, desto weniger hat man im Sommer

Regen und im Winter Kälte zu befürchten. Eben diese Verschiedenheit, die man zwischen den nördlichen und südlichen Gränzen von Kamtschatka spüret, trifft man auch ungefähr zwischen den östlichen und westlichen an. Wenn an den Ufern des Meeres Penschina die Luft trübe, finster und neblicht ist, so ist der Himmel an den östlichen Ufern heiter und klar, so daß es, ob sie gleich unter einem Grade der Breite liegen, ein ganz anderer Himmel zu seyn scheint. Der Schnee, der auf dem Vorgebirge Lopatka auf zwölf Fuß hoch liegt, nimmt ab, je weiter man gegen Norden zu kömmt, und an den Ufern des Tigil trifft man ihn kaum anderthalb Fuß hoch an.

Land Kamtschatka.

Indessen soll doch eben dieser Schnee die Gesichter der Einwohner sehr schwarz machen, und ihnen bey noch frühen Jahren das Gesicht verderben. Weil ihn Kälte und Winde sehr dicht machen, so verbrennen die Sonnenstrahlen, die von dieser harten und glänzenden Oberfläche zurückprallen, die Haut und greifen das Gesicht an. Ich weis nicht, ob das erste Uebel, welches man dem Schnee beyleget, wirklich wahr seyn mag. Aber das andere ist mehr als zu gewiß. Die Einwohner tragen auch deshalb, um ihr Gesicht zu schonen, Netze, die von schwarzen Haaren gewebet sind, oder auch Birkenrinde, die hie und da mit kleinen Löchern durchbohret ist. Aber alle diese Vorsorge kann doch nicht verhindern, daß nicht die Augenkrankheiten sehr häufig in Kamtschatka seyn sollten. Herr Steller fand ein Mittel, welches in sechs Stunden die Röthe der Entzündung vertrieb, und den Schmerz des Uebels heilete. Es bestund darinnen, daß man eine Art von Pflaster auf das Auge legete, welches aus dem Weißen eines Eyes bestund, das man mit Kampfer und Zucker so lange geschlagen, bis es zu lauter Schaume geworden war.

Augenschmerzen.

Mittel, das Gesicht zu erhalten.

Einfaches Mittel gegen die Augenschmerzen.

Der Schnee, der in dieser Halbinsel zwischen dem zwey und funfzigsten und fünf und funfzigsten Grade fällt, ist so häufig, daß, wenn er im Frühlinge schmilzt, das ganze Land durch Austretung der Flüsse überschwemmet wird. Was aber den Aufenthalt daselbst noch unbequemer machet, sind die häufigen Winde und Orcane; diejenigen, welche sich gegen Osten erheben, kommen aus Mittage. Herr Kraschenninikow will daraus schließen, daß sie nicht so wohl vom Meere kämen, als vielmehr von den Feuer speyenden Bergen und Ausdünstungen der Erde zwischen dem Vorgebirge Lopatka und der Mündung des Kamtschatka-Flusses; werden aber nicht eben diese Ausdünstungen und Feuer, die der Ursprung der Orcane sind, selbst durch die Gährung verursacht, die das Meer mitten in der Erde durch die Höhlen und Löcher hervorbringet, mit denen der Ocean die Erde durchlöchert hat?

Das

Land Kamtschatka.

Das V Capitel.

Von den Metallen, Mineralien, Bäumen und Pflanzen.

Es giebt so wenig Metalle und Mineralien in Kamtschatka, daß man nicht nöthig hat, einen besondern Artikel daraus in der Geschichte dieses Landes zu machen. Vieleicht ist die Erde daselbst immer zu unbeständig, als daß sie Erzadern hervorbringen könnte; wenn es wahr ist, daß der Urstoff, woraus die Metalle zusammen gesetzet werden, Zeit und Ruhe nöthig hat, sich in den unterirdischen Zeughäusern zu sammlen, und zu paaren, wo unter unsern Füßen so der Beystand unserer Schwachheit, als die Werkzeuge unseres Verderbens, bereitet werden.

Wenig Erzadern. Inzwischen da man beynahe in allen großen Reihen von Gebirgen Erzadern findet, so ist es nicht unwahrscheinlich, daß auch in Kamtschatka einige seyn mögen. Allein, das wenige Bedürfniß der Russen, in einem Lande, wo sie Metalle verkaufen, selbst welche auf zu suchen; die Ungeschicklichkeit der Einwohner, Erzadern zu entdecken, und die Schwierigkeiten, zu denselben in einem ganz unzugänglichen Lande zu gelangen, und ausser aller Unterstützung an Lebensmitteln, die sich jeder Arbeiter auf seinem Rücken selbst hintragen muß, in der kalten Witterung aus zu dauren: alles dieses vereiniget sich, uns in der Unwissenheit zu erhalten, ob Kamtschatka dergleichen nützliche Reichthümer in seinem Schooße verschließe. Gleichwohl hat man doch zwischen dem See Kuril und dem Girowaja-Flusse eine Kupferader gefunden. Der Sand an den Ufern der kleinen Flüsse ist mit Eisenstaube vermischet. Wenn man aus der Beschaffenheit der Erde und der Steine Erzadern muthmaßen und vorher merken kann, so findt man um den See Kuril herum weiße Kreide; bey den warmen Quellen eine purpurrothe Erde; und an den Ufern des großen Flusses rothen Oker und Polierkreide; und bey dem Meere Penschina in großer Menge gelben Bernstein. Steine. Die Berge bringen eine Art von kirschrothem Krystalle, aber sehr wenig, und er wird nur in kleinen Stücken gefunden; grüner wird in größern Stücken bey dem Flusse Chariuschowa gefunden, der sich unter dem sechs und funfzigsten Grade der Breite in das Meer Penschina ergießt. Die Kamtschadalen machten sonst alle ihre Waffen und ihr schneidendes Hausgeräth daraus. Es findt sich auch daselbst ein leichter und weißer Stein, woraus sie Mörsel und Lampen machen. Ueberall finden sich bey den Quellen der Flüsse durchsichtige Steine, die ihnen zu Feuersteinen dienen; einige von ihnen sind weiß, wie Milch, welche die Russen für Carniole ansehen, andere sind schwarzgelb und werden für Hyacinthe gehalten: wahre Edelsteine aber sind noch nicht gefunden worden.

An den Seeküsten findet man einen Stein, der feuerfarbicht aussieht; er ist locker wie ein Schwamm, und wird im Feuer roth. An dem Meere von Penschina und an den Seen Kuril und Olioutbor findet sich eine weiche Erde, die herbe schmecket und von den Kamtschadalen, die sich ihrer gegen die Dissenterie bedienen, Bolus genennt wird. Wir wollen aber zu den wahren Reichthümern des Landes kommen, welche die Gewächse sind. Land Kamtschatka.

Die vornehmsten Bäume in Kamtschatka sind der Larix oder Lerchenbaum, die weiße Pappel, die Weide, die Eller, die Birke und die kleine Ceder. Bäume.

Die beyden erstern dienen zur Erbauung der Wohnungen auf dem Lande, und der Fahrzeuge auf der See. Herr Steller saget, der weiße Pappelbaum habe es dem salzigen Meerwasser zu danken, daß er so locker und leicht wäre; er saget ferner, seine Asche, wenn sie der Luft ausgesetzt würde, verwandelte sich in einen rothen Stein, der immer schwerer würde, je länger er stünde, und daß, wenn man einen solchen Stein nach vielen Jahren zerbräche, man darinnen eisenhafte Stückchen anträfe.

Die Menschen bedienen sich der Rinde des Weidenbaums zu ihrer Nahrung, und die Rinde der Ellern, ihre Felle zu färben.

Die Birken sind in Kamtschatka von denen in Europa unterschieden; sie sind viel dunkelgrauer, sehr rauh und voller großer Knoten. Ihr Holz ist so hart, daß man Schüsseln daraus machet, und die Rinde so zart, daß man sie in diesen Schüsseln zu speisen aufträgt. Wenn man sie aber zubereiten will, so muß man sie, wenn sie noch grün ist, abschälen, und wie die italienischen Nudeln in kleine Stücke hacken; man läßt sie in dem Safte der Birke aufgähren, und speiset sie mit trockenem Caviar. Auf diese Weise giebt dieser unfruchtbare Baum die Gerichte, die Brühe dazu, das Geschirr, worinnen man sie aufträgt, und zuweilen auch wohl den Tisch, wenn man ihn zu solchen Mahlzeiten nöthig hat. Besonderer Gebrauch der Birke.

Die kleine Ceder ist von der großen sehr unterschieden. Denn anstatt sich gleich diesem majestätischen Baume zu erheben, sieht man sie krumm und kriechend auf den Bergen oder in den moosichten Ebenen, wo sie allemal sehr schwach und mit Mühe wächst. Es scheint, als ob sie den Großen gliche, die so oft an dem Hofe von dem Geblüte und den Tugenden ihrer Voraltern ausarten. Die Früchte, die sie trägt, gleichen dem Stamme und den Zweigen; es sind kleine Nüsse, die kleine Mandeln bedecken. Die Kamtschadalen essen sie auch, ohne sie von der Schale zu entledigen. Diese anziehende Frucht verursachet dem, der sie genießt, Stuhlzwang. Aber die äussersten Spitzen der Zweige, wenn man sie gleich dem Thee in warmes Wasser thut, heilen den Scharbock. Kleine Cedern.

Man findt in Kamtschatka zweyerley Arten von Weißdornen; eine davon trägt schwarze, die andere rothe Beeren, die man für den Winter aufhebt. Viele Sorben- oder Quitschenbäume, deren Früchte man einmachet; viele Wacholdern, deren Beeren aber nicht geachtet werden; wenig rothe Kräuselbeeren und Himbeeren, die man sich aber nicht die Mühe giebt, weit von den Wohnungen ein zu sammlen. Dafür aber giebt es daselbst dreyerley Arten von Heidelbeeren, (*vaccinia,*) deren man sich bedienet, daraus Confituren und Branntewein zu machen. Eine Frucht dieser Art, welche die Eingeborenen des Landes Wodianitsa, und die Naturkündiger Empetrum nennen, dienet, alte und schon verblichene seidene Zeuge kirschroth wieder auf zu färben; man

Land Kamtschatka. bedienet sich ihrer auch, wenn sie mit Alaune und Fischfette versetzet ist, die Seebiberfelle und die schlechten Zobel damit zu schwärzen. Diese Mischung giebt ihnen ein so angenehmes Schwarz, daß die Käufer dadurch betrogen werden; denn die Russen haben mit dem Handel zugleich die Betrügereyen in Kamtschatka eingeführet.

Pflanzen. Mit diesen Früchten vereinigen sich die Pflanzen, um die Einwohner ihres Kornmangels wegen schadlos zu halten. Die vornehmste unter diesen Pflanzen, deren sie sich statt des Mehles und der Grütze bedienen, ist die Sarana, die man sonsten nirgend, als in Kamtschatka, findt; ich füge hier ihre Beschreibung bey, so wie sie der Abt Chappe nach dem russischen Texte des Herrn Kraschenninnikows heraus gegeben hat.

Die Sarana. „Diese Pflanze wächst ungefähr anderthalb Fuß in die Höhe; ihr Halm ist etwas dicker, als der Kiel einer Schwanenfeder. Nach ihrer Wurzel zu fällt ihre „Farbe ins Röthliche, und gegen die Spitze ist sie grün. Sie hat längst dem Stiele „zwo Reihen von Blättern. Der untere ist aus dreyen Blättern zusammen gesetzt, und „der obere aus vieren, die übers Kreuz gestellet sind: ihre Gestalt ist eyförmig. Unter der zweyten Reihe findt sich zuweilen ein Blatt unmittelbar unter der Bluhme. „Oben an dem Stiele ist eine kirschrothe Bluhme; selten findt man ihrer zwo. Sie „gleicht den gelben Lilien [1]), nur daß sie etwas kleiner ist, und sich in sechs gleiche „Theile theilet. In dem Mittelpunkte dieser Bluhme ist ein dreyeckichter Griffel, oben „etwas stumpf, wie in allen andern Lilien. In dem Innern dieses Griffels finden sich „drey Zellen, worinnen die Samenkörner sind, die platt sind und roth aussehen. Dieser Griffel ist mit sechs weißen Fäden umgeben, deren äußerste Enden ins Gelbe fallen. Die Wurzel dieser Pflanze, die man nur eigentlich Sarana nennet, ist ungefähr so groß, als die Hülse vom Knoblauche, und aus vielen kleinern Hülsen, die „ins Runde fallen, zusammen gesetzt; sie blühet in der Mitte des Heumonates, und „wird während dieser Zeit in so großem Ueberflusse gefunden, daß alle Felder damit „besäet zu seyn scheinen.“

Die Sarana wird mit der Morocha, (welche Ray Chamómorus nennet) und mit andern Beeren gestoßen, und nachher gebacken. Dieß ist ein so angenehmes und nahrhaftes Gerichte, daß man das Brod dabey wohl vergessen kann. Herr Steller erzählet fünferley Arten der Sarana, die alle zum Essen taugen.

Süßes Kraut. Die fünfte Art derselben ist das süße Kraut, (Matreit oder *sphondilium*) wovon die Kamtschadalen Brühen und Confituren, die Russen aber Branntewein machen. Sie ist völlig unsern Pastinaken [2]) gleich. Ihre Wurzel, die von aussen gelb, inwendig weiß ist, hat einen bittern, scharfen und starken Geschmack, fast wie der Pfeffer. Ihr Stängel ist hohl, und wächst ungefähr Mannslänge hoch; seine Farbe ist grün und roth, mit kleinen kurzen und weißen Zäserchen, um drey oder vier Knoten herum, die er bey seiner Länge hat. Aus jedem Knoten wachsen wieder kleine Stängel hervor, welche Bluhmen tragen, die der Fenchelblüthe ähnlich sind. Jede Bluhme hat fünf Blätter und zween Eyerstöcke, die mit fünf weißen und schwarzen Fäden umgeben sind. So sonderbar diese Pflanze auch aussieht, so ist der Gebrauch, zu dem sie dient, noch weit sonderbarer.

Man

1) Herr Gmelin bezeichnet sie mit dem Namen *lilium flore atro rubente*.
2) *Pastinaca foliis simpliciter pinnatis foliolis pinnatifidis*. Gmelin.

Man schneidet die Stängel, die aus den Knoten wachsen, ganz dicht bey der Wurzel ab; denn der Hauptstängel ist nicht zu gebrauchen. Man schabet nachher mit einer Muschel die Rinde von den Stängeln ab, setzet sie einige Zeit der Sonne aus; darauf bindet man sie in Bündel, jeden von zehn Stängeln. Wenn sie nun anfangen zu trocknen, so leget man sie in Säcke, die aus Strohe geflochten sind, wo sie mit einem süßen Staube überzogen werden, der beynahe wie Süßholz schmecket. Sechs und dreyzig Pfund von dieser Pflanze geben nicht mehr, als ein viertheil Pfund solches Staubes. Der Saft, aus dem dieser Staub kömmt, ist so wirkend und so giftig, daß er überall Entzündungen und Blasen auf der Haut verursachet, wo er nur hinfällt. Es haben auch deshalb die Weiber, welche mit dieser Pflanze handthieren und sie zu Rechte machen, Handschuhe an, und diejenigen, welche sie im Frühlinge grün essen, zerbeißen sie, ohne sie mit den Lippen zu berühren. Man sehe, wie man daraus Branntewein brennet.

Land Kamtschatka.

Man läßt sie untermischt mit Gimolost-Beeren[3]) in einem kleinen Gefäße bündelweise ausgähren. Man hält dieses Gefäß an einem warmen Orte bedeckt; wenn es nicht recht zugestopfet ist, so wird der Saft sauer, brauset mit großem Geräusche und giehrt so stark, daß selbst das Gefäß davon beweget wird. Diese erstere Gährung bringet einen Saft hervor, den man Prigolovok nennet. Wenn man daraus die Braga, ein viel stärkeres Getränk, machen will, so gießt man es in ein Gefäß mit Wasser, wo es noch mit eben dem süßen Kraute versetzet wird. Diese Mischung muß vier und zwanzig Stunden gähren, und wenn es nachher aufhöret, so hat man die Braga. Mit dieser Braga wird der Branntewein gemacht. Man wirft sie, nebst noch andern Kräutern, die man zum Distilliren bestimmet, in einen großen Kessel; dieser Kessel wird mit einem hölzernen Deckel verwahret, an dem man den Lauf einer Flinte befestiget, der zur Handhabe dienen muß. Aus diesem ersten Abziehen bekömmt man einen gemeinen Branntewein, der Raka heißt. Die reichen Leute trinken aber nur den von dem zweyten Abziehen, welches ihn so stark machet, daß er vermögend ist, das Eisen zu zerfressen. Er würde sich zwar freylich am besten für die harten Eingeweide dieser Leute schicken, welche eine arbeitsame und rauhe Lebensart abgehärtet hat: aber er ist für ihre Armuth zu theuer. Die Träber, die im Kessel bleiben, werden gebraucht, Braga für das gemeine Volk daraus zu brauen; und dessen, was nachher davon übrig bleibt, bedienet man sich, das Vieh damit zu mästen, welches es mit großer Begierde verzehret.

Wie man daraus Branntewein brennet.

Zuweilen ersparet man sich die Mühe, die Rinde von der Pflanze ab zu schälen, ehe man sie distilliret. Allein, der Branntewein, den man aus unabgeschälten Stängeln bekömmt, hat die gefährlichsten Wirkungen. Er machet das Blut stockend, verursachet gewaltiges Herzklopfen, berauschet sehr leicht und so stark, daß es einem Menschen die Empfindung benimmt. Glaubet man die Trunkenheit durch ein Glas kaltes Wassers zu vermindern, so kömmt sie gar bald wieder; und wenn sie auch den Menschen nicht aller seiner Sinne beraubt, so entzieht sie ihm doch wenigstens den Gebrauch der Füße. Man mag von diesem Brannteweine so wenig trinken, als man will, so

Uebele Wirkungen dieses Branntewein.

3) Die Botaniker mögen die Beschreibung nachlesen, die Herr Gmelin davon giebt: Lonicera pedunculis bifloris, floribus infundibili formibus, bacca solitaria, oblonga, angulosa.

Land Kamtschatka.

so machet er, daß man im Schlafe von den schrecklichsten Träumen beunruhiget wird, die bey den Abergläubischen zuweilen alle Gewissensvorwürfe wieder aufwecken, und ihnen in dem Wahnsinne das Geständniß ihrer verborgenen Missethaten entreissen können. Der alte de la Montagne, der die Kühnheit des Fanatismus durch eine angenehme Trunkenheit ein zu flößen wußte, würde durch dieses Getränk die Schrecken des Aberglaubens eingedrücket haben.

Viele Kamtschadalen getrauen sich nicht, von diesem süßen Kraute zu essen, aus Furcht, es möchte der Zeugungskraft schaden; dagegen bedienen sie sich desselben, das Ungeziefer zu tödten, indem sie sich mit dem Safte, den sie im Frühlinge daraus ziehen, das Haar reiben.

Man bekömmt den Branntewein noch reichlicher und besser, wenn man sich statt des Wassers, worinnen man das süße Kraut abzieht, des Kiprei bedienet. Diese Pflanze ist des Linnäus *Epilobium*, welches man in Europa so gut, als in Asien, findt. Das Mark in seinen Stängeln schmecket sehr angenehm, und gleicht den getrockneten Gürkchen der Calmucken. Seine grünen Blätter und seine zerriebene Rinde werden in Wasser gethan, und als grüner Thee, dem sie auch sehr ähnlich schmecken, getrunken. Man machet aus dem Kiprei auch Essig. Die Mütter kauen dieses Kraut, und legen es auf den Nabel ihrer Kinder, wenn sie ihnen die Nabelschnur abgenommen haben.

Das Tscheremscha oder der wilde Knoblauch wird in einer Art von Gerichten gebrauchet, die sie Schami nennen. Es ist dieß ein kaltes Ragu, welches aus Kohl, Zwiebeln, Gürkchen, und zuweilen auch aus Fischen und Schweinefüßen zubereitet wird. Der wilde Knoblauch, den man darunter mischet, ist ein vortreffliches Mittel gegen den Scharbock. Man muß es aber ohne Zweifel sehr mäßig brauchen; denn die Cosaken, die vom Scharbocke befallen wurden, und davon zu viel zu sich genommen hatten, bekamen am ganzen Leibe Blasen und Krätze, welche man für die Folgen der Lustseuche hielt, die bey diesen nordischen Völkern vielleicht eben so gemein und ungleich gefährlicher ist, als bey den südlichen, die jene damit angestecket haben. Indessen fielen doch diese Grinde ab, und das Uebel verschwand.

Unter den fünf andern Pflanzen, deren sich die Kamtschadalen zu ihrer Nahrung bedienen, und deren Beschreibung die Kräuterkundigen in dem Buche des Herrn Chappe [4]) finden können, ist noch die Utschiktschu zu bemerken. Diese Pflanze hat Blätter, die dem Hanfe gleichen, und der mit Fischen gemachten Brühe eben den Geschmack giebt, als der wilde Widder. Sollte man aber nicht Ursache zu vermuthen haben, daß der russische Schriftsteller und sein Uebersetzer, Herr von Saint-pre, sich hierinnen geirret hätten? Denn diese Pflanze wird in den Abhandlungen der Petersburger Akademie wilde Ziege mit Widderhörnern [5]) genennet. Sollte man nicht etwan ihre Gestalt mit ihrem Geschmacke verwechselt haben, und weil sich die Kenner der natürlichen Geschichte eingebildet, einige Aehnlichkeit zwischen dieser Pflanze und den Hörnern eines Widders wahr zu nehmen, hat man da nicht vielleicht diese Aehnlichkeit auch auf ihren Geschmack ausgedehnet? Es wäre nicht das erste Mal, daß ein Sinn

4) Man sehe die Geschichte von Kamtschatka, S. 70. 71. 72.
5) Rurikapra cornibus arietinis.

Sinn durch den andern wäre betrogen worden, oder daß die Einbildungskraft die Aehnlichkeiten zwischen den unähnlichsten Dingen vermehret hätte. Land Kamtschatka.

Jedoch dieser Irrthum, wenn es anders einer ist, kann eben so leicht von den Naturkündigern, als den Kamtschadalen, herkommen. Denn, wenn gleich dieses Volk die Kunst noch nicht versteht, die Pflanzen zu beschreiben, so versteht es doch zum wenigsten ihre heilsamen oder schädlichen Eigenschaften. Die Natur hat den Kamtschadalen, wenn sie ihnen gleich die gewöhnlichsten Nahrungsmittel versagete, an deren Statt eine große Anzahl Wurzeln und Kräuter gegeben, deren Tugend zu erforschen und zu prüfen die Nothwendigkeit sie angetrieben hat. Sie wissen den Ort, wo sie wachsen, die Zeit, wenn sie solche sammlen, und den Gebrauch, wozu sie dieselben anwenden sollen. Selbst das allergesitteteste Volk kann keine geschicktere Kräuterkündiger haben, als diese Wilden; denn der Hunger unterrichtet immer besser, als die Neugier. Weil die Kamtschadalen beynahe gar nichts zu essen haben, so nennet sie Herr Steller mit Recht, Leute, die alles essen. Denn wirklich bis auf die trockenen Kräuter, die das Meer an ihre Küsten wirft, und bis auf die gefährlichen Pilze, die man **Muchomores** nennet, essen sie alles, was nicht tödtet.

Die Pflanzen, die sie nicht bey guter Gesundheit essen, sind gut in ihren Krankheiten oder heilen ihre Wunden.

Das Cailum ist ein Kraut, das an sumpfichten Oertern wächst, und dessen Brühe den Schweiß erwecket, die bösen Feuchtigkeiten zertheilet, und die Beulen zum Eitern bringen.

Die Brühe des Tschagban brauchet man gegen die geschwollenen Füße.

Die Meerreichen, mit denen das Meer ihre Küsten bedecket, kochet man mit dem süßen Kraute ab, und trinkt es, die rothe Ruhr zu stopfen.

Die Weiber in Kindesnöthen trinken geraspelte Meerhimbeeren. Es ist aber zweifelhaft, ob die Weiber der Wilden dieses Mittels nöthig haben, oder ob es ihnen zu irgend etwas anderm, als dazu, dienet, die Unruhe der Leichtgläubigkeit zu stillen.

Die Wurzel, welche die Kamtschadalen Zgate nennen, ist ihren Feinden sehr fürchterlich. Wenn ihre Pfeile mit dem Safte dieser Wurzel bestrichen sind, so sind die Wunden derselben unheilbar. Die Menschen, die davon getroffen sind, müssen, wofern ihnen das Gift nicht aus den Wunden gesogen wird, nach Verlaufe zweener Tage daran sterben; und werden Walfische oder Meerlöwen damit verwundet, so springen sie gewaltig im Meere auf, welches sie von ihrer Wuth schäumend machet, und nachher kommen sie an die Küsten, wo sie unter den heftigsten Schmerzen sterben.

Die Kamtschadalen haben fast in allen ihren Bedürfnissen nichts, als die Pflanzen, wozu sie Zuflucht nehmen. Aus eine hohen und weissen Pflanze, die unserm Korne gleicht, flechten sie sich Decken, mit denen sie sich zudecken, und Vorhänge, Mäntel, die auf einer Seite glatt, und auf der andern zottig sind. Sie kehren die rauhe Seite wider die Kälte hinein, und wider den Regen heraus. Die Weiber machen aus dieser Art Schilfe Körbe, worein sie ihre kleinen Zierrathen legen, und große Säcke, in denen sie ihren Mundvorrath aufbewahren; sie bedienen sich ihrer ferner, ihre Hütten damit so wohl im Sommer, als Winter, zu bedecken. Sie schneiden sie mit einem Schulterbeine von Walfischen, oder auch von Bären, die als eine Sichel gestaltet ist, und wenn man sie schleift, so schneidend wird, wie Eisen.

Land Kamtschatka.

Eine andere Art Kraut, oder vielmehr Rohr, welches diesem Volke, das an allem Mangel leidet, nicht weniger nützlich ist, ist die Bolotnaia, oder wie sie auch genennet wird, Tonschitsch, und dieses letztere Wort ist um so viel merkwürdiger, weil sie unter diesem Namen in allen abergläubischen Gebräuchen der Kamtschadalen vorkömmt. Sie bedienen sich ihrer zu Windeln, ihre Kinder ein zu wickeln, wenn sie auf die Welt kommen. Sie bedienen sich auch ihrer statt der Stopflappen in der Oeffnung, die sie der Reinlichkeit wegen in der Wiege lassen. Wenn dieses Kraut naß geworden ist, so nehmen sie es hinweg und legen frisches unter, und die Kinder sind auf diese Weise immer reinlich, ohne daß sie nöthig hätten, die Windel oft zu verwechseln. Sie bedienen sich auch dieses Krautes, sich daraus Stiefeln zu flechten, die ihnen sehr wohl anschließen. Die Weiber bedienen sich ihrer so wohl zu gewissen periodischen Zeiten, dadurch alsdann reinlicher zu seyn, als auch, wenn sie verheurathet sind, dem Heerde der Zeugung eine Wärme zu geben, die sie zur Fruchtbarkeit nothwendig zu seyn glauben. Dieses Kraut wird mit einem Kamme gekämmet, der aus Meerschwalbenknochen gemachet wird; übrigens gehen sie damit um, als wir mit dem Flachse, welchen sie so wenig haben, als den Hanf. Es ersetzet aber dieses wilde Volk diesen Mangel durch die Brennnesseln, welche sie im Augustmonate ausraufen, und nachher den übrigen Sommer hindurch in ihren Hütten trocken werden lassen. Verbiethet nun nachher der Winter den Fischfang und die Arbeiten draußen, so bereitet man die Nesseln. Man theilet sie in zwey Theile; darauf zieht man mit den Zähnen die Schaale ab; alsdann schlägt, saubert, zieht man sie durch die Hände, und windet sie um eine Spindel. Der Faden, der daraus gesponnen wird, ist nicht doppelt: wenn man aber Netze daraus machen will, denn dazu brauchet man die Nesseln am meisten, so drehet man zween zusammen. Da man aber weder die Pflanze röstet, noch das Garn kochet, so dauren solche Netzen nicht länger, als einen Sommer durch.

Das VI Capitel.

Von den Thieren auf dem Lande.

Hunde. Füchse. Von den wilden Widdern. Art die Bären zu fangen in Kamtschatka. Von Den Zobeln. Den Murmelthieren. Bären. den Ratten, und ihren verschiedenen Arten.

Die Landthiere machen den Reichthum der Kamtschadalen aus, wenn man anders das Reichthum nennen kann, was den Menschen die Nothwendigkeiten des Lebens verschaffet, die er nicht besitzt. Die Kamtschadalen gehen aus keiner andern Absicht auf die Jagd, als Felle zu bekommen. Diese brauchen sie zu ihrer Nothdurft, zu ihrem Putze und Handel. Die schlechtesten Felle nehmen sie zu ihrer Kleidung, und die schönsten zum Schmucke oder verkaufen sie. Wir wollen mit dem Thiere den Anfang machen, welches in doppelter Absicht das nützlichste ist, und das ist der Hund.

Der

Der Hund dienet ihnen, so lange er lebet, zum Lastpferde, und wenn er stirbt, so kleiden sie sich in seine Haut. Die Hunde in Kamtschatka sind groß, plump, halb wild wie ihre Herren, und was ihre Farbe betrifft, gemeiniglich weiß, schwarz oder von beyden gemischt, oder grau, wie die Wölfe; sie sind viel hurtiger und lebhafter, als unsere, obgleich viel arbeitsamer. Sollte man dieses wohl der Witterung des Landes, die ihnen angemessener ist, oder der leichteren Nahrung zu schreiben? Sie fressen Fische und nur selten Fleisch. Im Frühlinge, wenn man sie nicht mehr zu den Schlitten brauchet, schenket man ihnen ihre Freyheit wieder, läßt sie laufen, wohin sie wollen, und sich ernähren, so gut sie können. Sie mästen sich an den Ufern der Flüsse, oder in den Feldern. Land Kamtschatka. Hunde.

Kömmt nun der Weinmonat, so versammlet man sie wieder, um sie mager werden zu lassen; und wenn die Erde von Schnee bedeckt ist, so spannet man sie an, zu ziehen. Den Winter über, der für sie eine Zeit der Arbeit und für die Menschen eine Zeit der Ruhe ist, ernähret man sie mit Opana. Dieses ist eine Art von Teige, der aus sauren Fischen gemacht wird, die man in einer Grube hat aufgähren lassen. Man schüttet davon so viel als nöthig ist, die Hunde zu ernähren, in einen Trog, der mit Wasser angefüllt ist. Man mischet einige Fischgräten darunter, und läßt hernach dieß Allerley durch glühende Steine warm werden, und das ist denn das vortreffliche Gericht, das man ihnen alle Abende giebt, ihnen ihre verlorene Kräfte zu ersetzen, und einen tiefen Schlaf zu verschaffen. Den Tag über dürfen sie nicht fressen, aus Furcht, sie möchten dadurch ungeschickt zum Laufen werden. Wenn wir weiter unten von den Sitten der Kamtschadalen reden werden, so werden wir sehen, wie sie sich ihrer Hunde bedienen. Diejenigen, welche sie zur Jagd brauchen, ernähren sie mit lauter Krähen, und geben vor, daß sie dadurch stärker riechen lerneten. Wenn das Thier keine Dienste mehr thun kann, so tödtet man es oder wartet, bis es stirbt, und bedienet sich alsdenn seiner Haut. Der von den weißen Hunden, welche lange Haare haben, bedienet man sich, die Pelze, und die Kleider, die von schlechtern Fellen gemacht sind, damit zu bebrähmen.

Die Thiere, welche vorzüglich von den Hunden gejaget werden, sind die Füchse und wilden Widder.

Die Füchse in Kamtschatka haben ein dickes Fell, so schön und so glänzend, daß Sibirien nichts hervor bringt, was damit zu vergleichen wäre. Man saget, daß die Halbinsel, woher sie kommen und hingehen, ohne jemals für beständig da zu bleiben, Füchse von allerhand Art und Farben hätte. Die besten unter allen aber sind die castanienbraunen, diejenigen, die einen schwarzen Bauch und rothen Rücken haben, und diejenigen, deren Fell feuerfarben ist. Die schönsten Füchse sind auch immer die listigsten. Wenn das wahr ist, warum sollte es nicht bey den Menschen auch so seyn? aber vieleicht irret man sich darinnen auf beyden Seiten. Ist es denn wohl wahr, daß Schönheit des Leibes und des Geistes bey uns so selten vereiniget seyn sollten? Sind die schönsten Völker immer am wenigsten witzig? Man untersuche einmal alle asiatische Völker. Sind die schönsten Weiber allemal die dümmsten? Man thue nur einen Blick auf die europäischen Höfe. Was die Füchse anbetrifft, so erzählet man, es habe ein Cosak, ein sehr geübter Jäger, einesmals in Kamtschatka zween ganze Winter einem schönen Fuchse nachgestellet, den er nicht habe fangen können. Ein einziger Fall aber Füchse.

machet

Land Kamtschatka. machet noch keine allgemeine Regel. Wie man nun überdieß nur den schönsten Füchsen mit einigem Eifer nachstellet, und diese nach Verhältniß derer Fallen, die man ihnen leget, List erlangen, so war es ganz natürlich, daß ein Thier, welches mehr als andere gejagt war, auch eben dadurch listiger wurde. Dieß ist die Frucht der Erfahrung, wodurch alle Thiere nach und nach klüger werden.

In Kamtschatka saget man, wird ein Fuchs, der einer Falle entgangen ist, gewiß nicht wieder gefangen. Anstatt daß er hineingehen sollte, geht er rings herum, höhlet den Schnee aus, der das Eisen umgiebt, machet es los, und frißt die Lockspeisen. Der Mensch aber, der immer reich an Erfindungen ist, hat viel andere Mittel, ihn zu fangen. Die Cosaken binden einen gespannten Bogen an einen Pfahl, den sie in die Erde stecken. Von da an führen sie einen Faden längst der Spur des Fuchses, der aber entfernt genug vom Pfahle ist. Wenn nun das Thier im Vorbeygehen mit seinen Vorderfüßen an den Faden stößt, so geht der Bogen los, und durchschießt ihm das Herz.

Die Kamtschadalen an dem mittäglichen Vorgebirge verstehen die Kunst, die Füchse mit Garnen zu fangen. Dieses geht so zu. Mitten durch dieses Garn, das aus den Barthaaren der Walfische gemacht wird, stoßen sie einen Pfahl, an den sie eine lebendige Schwalbe anbinden. Der Jäger verbirgt sich mit einem Stricke, der durch die Ringelchen des Garnes gezogen ist, in eine Grube. Wenn nun der Fuchs die Schwalbe anfallen will, so zieht der Jäger den Strick, und das Thier ist gefangen. Ohne Zweifel treibt es der Hunger in diese Falle; denn sonst sind wahrhaftig dergleichen Nachstellungen für das listigste Thier ziemlich grob. Uebrigens waren ehemals die Füchse bey den Kamtschadalen so gemein oder so verhungert, daß sie zu ihnen kamen, mit aus ihren Hundetrögen fraßen, und sich mit Stockschlägen todt machen ließen. Ohne Zweifel sind sie gegenwärtig weit seltener, weil man gezwungen ist, sie mit Kräenaugen zu fangen.

Von den wilden Widdern. Die wilden Widder sind den Ziegen am Gange und den Rennthieren am Felle gleich. Sie haben zwey Hörner, von denen jedes bey den größten fünf und zwanzig bis dreyzig Pfund wiegt. Man machet daraus Gefäße, Löffel, und ander Geschirr. Sie sind eben so lebhaft und schnell, als die Gemsen, und bewohnen, wie sie, die abgelegensten und jähesten Felsen. Daher schlagen denn auch die Kamtschadalen, die sie jagen, mit ihrer ganzen Familie von dem Frühlinge an bis in den Christmonat ihre Wohnung daselbst auf. Das Fleisch dieser Widder ist sehr zart, eben so wie das Fett, welches sie auf dem Rücken haben. Es wird ihnen aber nicht darum, sondern nur des Felles wegen, nachgestellt.

Von den Zobeln. Das allerkostbarste Thier zu fangen, sind die Zobeln. Die in Kamtschatka sind die schönsten, bis auf das Schwarze. Ihre Felle werden deshalb nach China geschickt, wo die Färber ihnen vollends die hohe Farbe geben, die ihnen mangelt. Die kostbarsten werden auf dieser Halbinsel gegen Norden, und die schlechtesten gegen Süden gefunden. Aber auch selbst diese haben einen so schwarzen und so haarichten Schwanz, daß der allein so viel gilt, als ein gemeiner Zobel. Indessen machen sich doch die Kamtschadalen wenig aus ihnen. Vordem fiengen sie nur welche, sie zu essen, und gegenwärtig mit ihren Fellen den ihnen von den Russen aufgelegten Tribut zu bezahlen. Uebrigens ist ihnen ein Hundefell, welches sie vor der Kälte beschützt, immer angenehmer,

angenehmer, als der eitle Zierrath eines noch so schönen Zobelschwanzes. Ihr Reichthum ist noch nicht zur Verschwendung gestiegen. Die Jäger von Profession bleiben den ganzen Winter über in Bergen, wo sich die Zobel am meisten aufhalten. Es bleibt aber immer nur ein kleiner Gegenstand der Beschäfftigung und des Gewinnstes der Kamtschadalen, die zu dergleichem Handwerke, nach dem Sinne der Russen, viel zu faul sind; welche desto gieriger darauf sind.

Land Kamtschatka.

Die Murmelthiere in Kamtschatka sind wegen ihres bunten Felles sehr artig anzusehen. Herr Steller saget, es sähe von weitem als die Federn eines recht bunten Vogels aus. Die Felle sind leicht und warm. Dieses Thier ist eben so lebhaft, als das Eichhörnchen, und bedienet sich wie dieses der Vorderpfoten, wenn es frißt. Es erhält sich von Wurzeln, Beeren und Cedernnüssen. Die Kamtschadalen machen sich aus den Fellen dieser Murmelthiere so wenig, als aus den Hermelinen. Sie sind zu klein und zu schön für ein so grobes Volk, das nichts als den bloßen Vortheil zu schätzen weis.

Murmelthiere.

Dagegen schätzen sie das Fell des Vielfraßes sehr hoch, insbesondere des weißen Vielfraßes, welches gelbe Flecken hat. Gott selbst, sagen sie, kann mit nichts anderm, als so schönen Fellen, bekleidet seyn. Das angenehmste Geschenk, das man einem kamtschadalischen Frauenzimmer machen kann, ist so ein buntes Vielfraßfell. Eben diese Frauenzimmer machen sich einen besondern Hauptschmuck daraus. Es ist ein halber Mond, mit zweyen weißen Hörnern; sie glauben mit diesem Schmucke dem Mitschagatschi zu gleichen, welches ein Seevogel ist, der ganz schwarz aussieht, und dem die Natur zween weiße Federbüsche auf dem Kopfe gegeben. Inzwischen fangen die Einwohner nur sehr wenig Vielfraße, weil es ihnen vermuthlich weit leichter ist, sie zu kaufen, das heißt, einen oder zween Seebiber für zwo weiße Vielfraßpfoten zu geben. Dieses Thier ist übrigens selbst eine Art von Jäger. Man weis, auf welche Art es die Rennthiere und Hirsche zu fangen pflegt [1]). Man weis aber nicht, was doch so oft fälschlich wiederholet worden ist, daß er so sehr viel fressen sollte, daß er sich, um sich aus zu leeren und hernach wieder an zu füllen, den Bauch zwischen zwey dicht zusammen gewachsenen Bäumen durchzwinge. Ueberhaupt muß man an allem dem Wunderbaren zweifeln, was uns von wilden Ländern erzählet wird, so lange bis es uns Naturkündiger bezeuget haben, die zugleich wahre Philosophen sind.

Kamtschatka ist ein Land, welches zu sehr mit Bergen und Dornen und Disteln angefüllt, und zu voller Reif und Nebel ist, als daß es an Bären daselbst fehlen sollte. Sie sind aber weder so groß noch so wild, als man aus der strengen Himmelsluft vermuthen könnte. Sie fallen selten jemand an, wenn sie nur nicht bey ihrem Erwachen jemand hinter sich gewahr werden, welchen sie die Furcht ohne Zweifel für einen Feind ansehen läßt; denn alsdann werfen sie sich zu ihrer Vertheidigung auf den Vorübergehenden. Auf solche Art ist der schlafende Bär fürchterlicher, als der erwachte. Er tödtet aber niemand, sondern begnüget sich nur, die Haut des Hirnschädels von dem Genicke an ab zu streifen, und sie über die Augen des Unglücklichen zu decken, als wenn er bloß sein Gesicht zu fürchten hätte. Zuweilen zerreißt er ihm in der Wuth auch die fleischichten

Bären.

1) Man sehe die allgemeine Geschichte der Reisen im XIX Bande, a. d. 397 S.

Land Kamtschatka.

schichten Theile, und verläßt ihn in solchem Zustande. Man höret häufig in Kamtschatka von solchen zerfleischten (Dranki) welche, wie Lucretius saget, mit ihrem Geseufze Berge und Wälder erfüllen, und ihre zitternden Hände über ihre Wunden halten. Dieß sind die Gefährlichkeiten des wilden Lebens: aber sie sind lange nicht so zahlreich und fürchterlich, als alle diejenigen Uebel, womit sich die Menschen einander um die Wette in der Gesellschaft quälen. Die Bäre, die menschlicher sind, als der Mensch, schonen der Wesen, die sie nicht fürchten. Man wird niemals hören, daß sie dem weiblichen Geschlechte etwas zu Leide thun, im Gegentheile folgen sie ihnen häufig, als zahmgemachte Thiere, und nur zuweilen rauben sie ihnen die Beeren, die sie gesammlet haben. Ueberhaupt suchen sie nichts, als zu leben, und das, wenn es seyn will, ohne Blut zu vergießen; denn sie vermeiden das Zerreißen. Den Sommer hindurch sind die Bäre sehr fett, vermuthlich, weil sie alsdenn im Ueberflusse Fische finden, denen sie oft nur das Mark aussaugen. Wenn aber der Winter die Flüsse gefrieren und die Pflanzen verwelken läßt, so werden die Bäre mager; denn sie leben von nichts als von trockenen Fischgräten, und gesammleten Fischen, die sie aus den Hütten stehlen, von Rennthieren, die sie ungefähr tödten können, oder von Füchsen und Hasen, die sie in Fallstricken finden. Uebrigens ist dieses Thier so faul, daß die Kamtschadalen ihren Hunden, wenn sie sich gar zu oft beym Schlittenziehen ausruhen, kein größer Schimpfwort bey zu legen wissen, als wenn sie sie Keren, Bäre, nennen.

Art und Weise, wie die Kamtschadalen Bäre fangen.

Weil aber doch der Bär, so faul er auch immer seyn mag, zuweilen durch den Hunger gereizt wird, Schaden zu thun, und Fleisch zu fressen: so wird man gezwungen, ihn durch Pfeile zu tödten, oder ihm Fallstricke zu legen. Die Kamtschadalen haben eine besondere Art, ihn in seiner Höhle zu fangen. Man häufet bey dem Eingange derselben eine Menge Holz auf, und nahe bey dem Loche Balken und Stämme von Bäumen. Der Bär, um sich einen freyen Ausgang zu verschaffen, zieht diese Stücken Holz in seine Höhle, und verwirret sich eben auf diese Weise desto mehr in dieselben, da er sich von ihnen befreyen will; so daß er zuletzt gar nicht herauskommen kann. Alsdenn durchgraben die Kamtschadalen sein Loch von oben und tödten ihn mit Lanzen. Andere fangen diese Thiere mit Schlingen, in deren Mitte sie ein Stück Fleisch zur Lockspeise hängen, zwischen den starken Zweigen eines Baumes, der von Natur krumm gewachsen ist. Der Bär, der von Natur gefräßiger, als listig, ist, stecket den Kopf oder die Pfote in die Schlinge, und fängt sich so an dem Baume, da er denn seine Gefräßigkeit mit seiner Haut bezahlet. Denn bloß wegen seiner Haut stehet man ihm nach dem Leben. Die Kamtschadalen machen sich ihren größesten Putz daraus, und Schuhsohlen, damit auf dem Eise zu laufen. Im Sommer, damit sie nicht von der Sonne verbraunt werden, bedecken sie sich das Gesicht mit seinen Gedärmen.

Ratten.

Ein Thier, welches überall sehr gemein ist, und, wie es scheint, in einem so unbewohnten Lande, als Kamtschatka ist, es eben nicht seyn sollte, ist die Ratte. Man findet in diesem Lande dreyerley Arten derselben. Die erstere hat einen kurzen Schwanz und ein rothes Fell, und ist ungefähr so groß, als die größten in Europa: sie ist aber von ihnen durch das Geschrey unterschieden, welches dem Geschreye der Ferken gleicht; übrigens kömmt sie mit einer Art Wiesel sehr überein, die sich gleichwohl von lauter Ratten ernähret, ohne Zweifel aber von kleinern. [illegible]

Diese

Diese sind, so zu sagen, Hausgenossen der Kamtschadalen, deren Vorrath sie ohne alle Furcht aufzehren; so vertrauet machet sie der Hunger mit ihnen. Land Kamtschatka.

Eine dritte Art lebet von dem, was sie der erstern stiehlt, die sich in den Feldern, Büschen, und den Bergen aufhält. Die eine gleicht den Hornissen, die andere den Bienen.

Die grossen Ratten, die man Teguliſchitſch nennet, haben große Nester, die in kleine Kämmerchen abgetheilet sind, welchs eben so viel unterirdische Vorrathskammern ausmachen, von denen eine jede eine gewisse besondere Art von Lebensmitteln auf den Winter enthält. Man trifft daselbst rein gemachte, und auch andere Sarane an, welche die Ratten in den schönen Tagen an der Sonne trocknen lassen; allerhand Arten von Pflanzen und Cedernnüsse. Es ist wahr, die Geschichte dieser Ratten ist viel sonderbarer, als der Menschen ihre, von denen wir sie erhalten: aber sollte sie auch wohl wahrer seyn?

Wenn man den Kamtschadalen glauben darf, so haben diese unterirdischen Bewohner gewisse Zeiten, wo sie ausziehen. Zuweilen verschwinden alle große Ratten von dieser Halbinsel, und dieses zeiget ein übeles Jahr an: wenn sie aber wiederkommen, so verkündigen sie ein gutes Jahr, und eine glückliche Jagd, und es werden im ganzen Lande Bothen herumgeschicket, ihre Wiederkunft an zu sagen.

Im Frühjahre gehen sie ab, und begeben sich gegen Abend an den Ufern des Flusses Penschina, indem sie über Seen, Sümpfe und Flüsse schwimmen: sehr oft ertrinken sie aber unterwegens, oder bleiben von den Beschwerlichkeiten abgemattet, an dem Flusse so lange todt liegen, bis ihnen die Sonne und die Ruhe wiederum neue Kräfte verschaffen. Sehr oft werden sie durch wilde Enten geraubet, oder durch eine Art Lachse gefressen. Ein Heer von solchen Ratten brauchet zuweilen zwo Stunden über einen Fluß zu setzen; denn sie haben weder Brücken noch Kähne, ob sich gleich die Kamtschadalen einbilden, daß sie auf einer Art Muscheln, welche wie ein Ohr gestaltet sind, über das Wasser setzeten. Man findt diese Muscheln zuweilen an den Ufern der Flüsse, und sie werden von den Einwohnern Rattenkähne genannt.

Es ist dieses nicht die einzige Fabel, die sie für die höchste Wahrheit ausgeben. Nichts ist so bewundernswürdig, wenn man sie reden höret, als die Vorsorge dieser Ratten, und die gute Ordnung ihres Zuges. Ehe sie weggehen, bedecken sie ihren Vorrath mit vergifteten Wurzeln, damit sie die räuberischen Ratten vergiften, die etwan in ihrer Abwesenheit ihre Vorrathshäuser plündern wollten. Wenn sie wieder kommen, und das geschieht im Weinmonate, und alsdann etwan ihre Vorrathskammern leer und verwüstet finden, so hängen sie sich aus Verzweifelung auf. Die Kamtschadalen sind auch, vermuthlich aus Aberglauben, so liebreich, daß sie nicht allein ihren Vorrath nicht stehlen, sondern vielmehr ihre Löcher mit Rogen oder Caviar füllen; und wenn sie an den Ufern der Flüsse etliche halbtodte Ratten finden, so geben sie sich alle Mühe, sie beym Leben zu erhalten. So ist die Geschichte der Erde, wie man sieht, überall nur die Geschichte der Thorheiten und Lügen des Menschen. Man muß aber auch diese erzählen, und wäre es nur bloß in der Absicht, ihn zu Rechte zu bringen. Die Fehler und Irrthümer des menschlichen Geschlechtes werden zu allen Zeiten dem Philosophen genug zu thun geben: aber er hat nicht immer in den wilden und unbebaueten Ländern diejenigen Schmarutzerpflanzen aus zu rotten, die das Wesen des menschlichen Geistes, so zu sagen, verzehren.

Land Kamtschatka.

Das VII Capitel.

Von den Amphibien.

Von den Seehunden. Seelöwen. Meerkatzen. Ihre Art sich zu begatten. Ihre Art zu streiten. Von den Seebibern, den Manatheen, oder Seekühen.

Herr Krascheninnikow unterscheidet drey Arten von Amphibien, d. i. Thieren, die zugleich im Wasser und auf dem Lande leben. Eine Art hält sich nur im süßen Wasser und niemals im Meere auf. Die zweyte lebet in dem Meere und in den Flüssen, und die dritte nur im salzigen Wasser allein, und niemals im süßen. Von der ersten Gattung kennet man in Kamtschatka keine, als die Fischottern, die zuweilen auf der Jagd gefangen werden, wenn sie sich bey Schneestürmen in den Wäldern verirret haben. Ihre Felle sind sehr theuer, weil man das Thier selten findt, und sie werden gebrauchet, die Kleider damit zu besetzen, vorzüglich aber die Farbe der Zobeln zu erhalten, welche man an denen Orten darinnen einschlägt, wo man sie verwahret.

Von den Seehunden. Zur zweyten Gattung gehören die Seehunde. Sie kommen in so großer Anzahl aus dem kamtschadalischen Meere in die Flüsse, daß die kleinen Inseln, die um die Küsten herumliegen, zuweilen ganz von ihnen bedecket sind. Es giebt viererley Arten derselben. Die erste und größte, welche die Kamtschadalen Lachtak nennen, wird nur unter dem sechs und funfzigsten Grade der Breite, so wohl in dem penschinischen Meere, als in dem ostlichen Oceane, gefangen.

Die dritte Gattung, die man durch einen großen kirschfarbenen Kreis unterscheiden soll, der die Hälfte der Oberfläche ihres weissen Felles bedecket, wird nur in dem ostlichen Oceane gefunden.

Die vierte Gattung, welche die kleineste ist, wird in großen Seen gefangen.

Der Seehund entfernet sich niemals weiter, als dreyßig Meilen, von der Küste. Die Schiffer können dieß als ein sicheres Merkmaal des nahen Landes annehmen. Wenn er in die Flüsse geht, so thut er es, sich Fische zu suchen, von denen er sich ernähret.

Das Männchen paaret sich, wie Herr Krascheninnikow berichtet, gerade wie die Menschen, und nicht, wie man gemeiniglich glaubet, wie die Hunde. Das Weibchen wirft niemals mehr Junge, als eins auf einmal. Das Geschrey der Seehunde gleicht dem Laute eines starken Erbrechens. Die Jungen wimmern zuweilen, wie Leute, die im Unglücke sind. Nichts ist unangenehmer, als das ewige Grunzen dieser Thiere.

Unter den verschiedenen Arten, sie zu fangen, haben die Kamtschadalen eine, die ihnen eigen zu seyn scheint. Wenn die jungen auf dem Eise sind, so legen die Jäger ein weisses Tuch vor einen Schlitten, und treiben sie damit immer von ihren Löchern ab. Wenn sie nun weit genug entfernet sind, so fällt man über sie her, und schlägt sie mit Keulen oder Flintenkolben auf den Kopf todt; denn es ist vergebens, wenn man sie

sie anderswo hin schlägt. Die Kugeln bleiben in ihrem Fette stecken: man darf sich aber darum eben nicht einbilden, daß sie ihnen nur einen angenehmen Kitzel verursachten, wie einige Leute sagen, denen die Seehunde dieses vorgegebene Vergnügen gewiß nicht vertrauet haben. Land Kamtschatka.

Zuweilen stellet man an drey oder vier Orten eines Flusses, worein die Seehunde gegangen sind, sehr starke Netze, und treibt sie mit großem Geschreye in dieselben. Wenn sie nun darinnen verwickelt sind, so tödtet man sie. Man saget, daß man bey dergleichen Fischerey und Jagd wohl über hundert auf einmal fange. Sie sind schwer zu tödten. Herr Kraschenninikow erzählet, er habe selbst einen gesehen, den man mit einer Harpune gefangen, und der die Matrosen noch verfolgete, ungeachtet ihm schon der Hirnschädel in viele Stücke zerbrochen war. So bald man ihn auf das Ufer gebracht hatte, bemühete er sich, wieder in den Fluß zu kommen; und da er das nicht konnte, so fieng er an zu weinen; und als man ihn schlug, so setzete er sich mit der größesten Wuth zur Wehre.

Wenn man sie zuweilen schlafend an der Küste antrifft, so entfliehen sie, wenn sie Zeit haben, und um den Weg noch schlüpfriger zu machen, speyen sie nicht eine Art von Milch, wie man gemeiniglich aus Unwissenheit vorgiebt, sondern Seewasser von sich.

Zu der Art von Amphibien, die nicht in das süße Wasser gehen, gehören auch die Seepferde. Die Kamtschadalen fangen sie nur ihrer Zähne wegen, die von fünf oder sechs Pfund an bis achtzehn wiegen; und je größer sie sind, desto theurer werden sie bezahlet.

Ein Thier, das man gemeiniglich mit diesem verwechselt, ist der Seelöwe; wiewohl er etwas größer, als das Pferd, und den Seehunden ähnlich ist. Er wiegt fünf und dreyzig bis vierzig Pud [*]). Die großen brüllen und die kleinen blöken. Ihr gräuliches und stärkeres Gebrüll aber, als der Seehunde ihres, meldet den Schiffern bey neblichtem Wetter, daß sie nahe an Klippen oder Felsen sich befinden, woran ihr Schiff scheitern könnte; denn wenn sich diese Thiere zu Lande aufhalten, so lieben sie die Inseln und die Spitzen der Berge. Seelöwen.

Ein jedes Männchen hat auf vier Weibchen. Sie paaren sich im August und sind neun Monate trächtig. Der Seelöwe thut sehr artig mit seinen Weibern; er spielet Tag und Nacht um sie herum, und suchet nur, ihnen zu gefallen; nichts ergötzet ihn mehr, als wenn er von ihnen geschmeichelt wird, und oft schlägt er sich mit der größten Wuth für seine Geliebte. Dafür sind beyde, Mann und Weib, desto gleichgültiger gegen ihre Jungen, die sie oft im Schlafe erdrücken, und im Falle sie von jemanden angegriffen werden, nicht vertheidigen. Wenn die jungen Löwen, ermüdet vom Schwimmen, auf dem Rücken ihrer Mutter kriechen, so tauchet sich diese ins Wasser, damit sie solche los werde. Man sollte beynahe sagen, daß sie einen Abscheu vor dem Meere hätten, so sehr bemühen sie sich, das Ufer zu erreichen, wenn man sie ins Wasser wirft.

Der Seelöwe, der durch seine Größe, seinen Rachen, sein Gebrüll, seine Gestalt und seinen Namen selbst, so fürchterlich ist, ist doch dabey so furchtsam, daß er, so bald er nur einen Menschen gewahr wird, fliehet, seufzet, zittert und bey jedem

[*]) Ein Pud hält vierzig russische oder drey und dreyzig französische Pfund.

Land Kamtschatka.

Schritte fällt. So viel Mühe kostet es ihm, sein weiches und schweres Fett fort zu schleppen. Wenn er nun aber seine Errettung in gar nichts mehr, als in der Verzweifelung, sieht, so jaget er denn auch wieder seiner Seits seinen Verfolger in die Flucht, vornehmlich wenn er in dem Meere ist, wo er in seiner Wuth zuweilen ganze Nachen umstürzet, und die Menschen ersäufet. Der beherzteste Fischer oder Jäger geht wider den Wind, wirft ihm unter seinen Vorderfloßfedern eine Harpune in die Brust, die an einen langen von Seelöwenfelle gemachten Riemen gebunden ist, und den die andern Fischer um einen Pfahl gewunden haben. Diese schießen denn in der Ferne nach ihm mit Pfeilen, und wenn er denn seine Stärke verloren hat, so nähert man sich ihm, und schlägt ihn vollends mit Keulen zu Tode. Zuweilen bedienet man sich auch vergifteter Pfeile dazu; und da das Seewasser den Wunden ohne Zweifel empfindlich ist, so geht das Thier so gleich an die Küste, wo man es denn, wenn man nicht gut dazu kommen kann, von sich selber sterben läßt.

Es ist eine Ehre für die Kamtschadalen, Seelöwen zu tödten, und eine Schande, eins von diesen Thieren, wenn sie es einmal im Nachen haben, wieder ins Wasser zu werfen. Sie würden viel lieber versinken und ersaufen auch oft eher, als daß sie ihre Beute fahren lassen. Unterweilen trägt es sich bey dieser Fischerey zu, daß ein Nachen durch die Winde fortgerissen wird, und wohl acht Tage ein Spiel der Wellen seyn muß. Endlich kommen die Fischer, ohne einen andern Compaß, als Mond und Sonne, halb todt vor Hunger, aber mit Ehre überhäuft, zurück.

Indessen treibt doch auch der Nutzen die Kamtschadalen an, die Seelöwen zu fangen. Ihr Speck und ihr Fleisch schmecken sehr vortrefflich. Einige Leute sagen zwar, daß sie unangenehm röchen: aber denen würde vermuthlich auch das Fleisch nicht schmecken. Denn es ist selten, daß der erste dieser Sinne dasjenige annimmt, was der andere verwirft, oder daß der andere das zurück stößt, was den ersten ansteht. Es mag nun aber mit dem Fette des Seelöwen seyn, wie ihm wolle, welches einige in Ansehung des Geschmacks mit dem Schöpsenfette und dem Wesen nach mit dem Gehirne vergleichen, so ist wenigstens seine Haut gut, daraus Schuhe und Riemen zu machen; und das ist genug, den Menschen zu bewegen, sich der Herrschaft über sie, die er sich über alle Thiere gegeben hat, zu bedienen, das heißt, sie um zu bringen.

Von den Seekatzen.

Diesem Herrschaftsrechte ist die Seekatze [z]) um so viel mehr unterworfen, da sie nur halb so groß ist, als der Seelöwe. Uebrigens gleicht sie dem Seehunde, der ungefähr die Größe eines Ochsen hat, nur daß er etwas breiter gegen die Brust, und etwas schmäler gegen den Schwanz ist. Sie wird mit offnen Augen, die so groß als eines jungen Ochsen seine sind, und zwey und dreyßig Zähnen geboren, welche durch zwey Hörner an jeder Seite verstärket werden, die gleich den vierten Tag durchbrechen. Ihr Fell, welches bis dahin Violetblau war, wird alsdann kastanienbraun, und nach einem Monate an dem Bauche und um die Seiten herum ganz schwarz. Das Weibchen sieht graulicht aus, und ist von dem Männchen so sehr unterschieden, daß man, wenn

z) Herr Steller nennet sie ursus marinus, Seebär. Die Naturkündiger haben sich noch nicht genug über die Gestalt der Ungeheuer, die man im Meere findet, verglichen, daß man ihnen bestimmte und ihrem äußerlichen Ansehen recht angemessene Namen geben könnte.

wenn man sie nicht recht genau ansieht, sehr oft in die Versuchung geräth, sie für Thiere von einer ganz andern Gattung zu halten. Land Kamtschatka.

Gewöhnlich halten sich die Seekatzen in der Bucht zwischen den Vorgebirgen **Schipunskoi** und **Kronotskoi** auf, weil in dieser Gegend das Meer ruhiger ist, als es sonst an der ostlichen Küste von Kamtschatka zu seyn pflegt. Daselbst fängt man sie im Frühlinge um die Zeit, wo die Weibchen zu werfen pflegen. Im Brachmonate verschwinden diese Thiere auf einmal. Man muthmaßet, daß sie sich zu denen Inseln begeben, die zwischen Asien und America vom funfzigsten Grade an bis zum sechs und funfzigsten liegen; denn man sieht sie niemals weiter gegen Norden hinauf gehen, und sie kommen gewöhnlich vom Mittage wieder zurück. Vermuthlich thun sie diese Reise, entweder ihre Jungen zu werfen, oder sie zu erziehen; denn Hunger, Sicherheit und Sorge für die Fortpflanzung ihres Geschlechts, sind die Führer aller irrenden Thiere. Die Füchse reisen in die kamtschadalischen Gebirge nach Beschaffenheit der fruchtbarer oder unfruchtbaren Zeit. Die Vögel begeben sich in wüste Gegenden, wenn sie sich mausern oder brüthen. Die Fische versenken sich in die tiefsten Meerbusen, wo die Wasser still sind, um zu laichen, und ihre Eyer ab zu legen. Die Seekatzen suchen die Ruhe fern von bewohnten Ländern, ihre Jungen aufziehen zu können. Die Weibchen säugen sie daselbst zween oder drey Monate, und kommen alsdenn im Herbste mit ihnen zurück. Das übrige, was man bey dem Herrn **Krascheninnikow** von den Reisen dieser Art Amphibien liest, ist zu undeutlich vorgetragen, als daß wir uns dabey aufhalten sollten.

Die Seekatzen haben ein verschiedenes Geschrey, welches sich nach denen Empfindungen ändert, die sie erfahren. Wenn sie an den Ufern spielen, so brüllen sie; wenn sie sich beißen, so heulen sie, wie die Bäre; siegen sie, so geben sie einen Ton von sich, wie die Heuschrecken, und werden sie überwunden, so scheint es, als beklageten sie sich und seufzeten sie. Ihre Begattung und ihre Kämpfe sind beyde merkwürdig genug, wenigstens in so weit, daß es sich der Mühe verlohnte, daß Naturkündiger Acht geben, ob das wahr sey, was die Reisenden davon erzählen. Uns sey es übrigens erlaubt, das, was wir davon wissen, auf guten Glauben einiger Naturforscher hin zu schreiben.

Man saget, jedes Männchen habe acht bis funfzig Weibchen, die es so, wie seine Jungen, mit einer unglaublichen Eifersucht bewachet. Sie sind in Heerden eingetheilet, von denen jede hundert und mehrere Stücke begreift. Man muß aber voraus setzen, daß es ungleich mehr Weibchen, als Männchen, in einer Gattung geben müsse, die weder Schlösser noch Verschnittene hat, die Weibchen zu bewachen. Sie fangen das Werk der Liebe mit Schmeichelereyen an; das Weibchen und Männchen werfen sich zusammen ins Meer, und schwimmen wohl eine Stunde lang eins ums andere herum, ihre Begierden gleichsam an zu reizen, und dann kommen sie vor der Ebbe ans Land zurück, und vollbringen das Werk ihrer Liebe. In diesem Zustande sind sie am leichtesten zu fangen. Da man sie oft mit einander im Streite sieht, so hat man geglaubt, die Liebe zu ihren Jungen oder zu ihren Weibchen sey die Ursache dieser beständigen Uneinigkeit. Sieht man aber die Erziehung an, die sie ihren Jungen geben, und die Waffen, mit denen sie von der Natur selbst ausgerüstet sind, so sieht man bald, daß sie zum Kampfe gemacht sind. Wenn die Jungen unter einander spielen, und Ihre Art sich zu begatten.

Land Kamtschatka. das Spiel ernsthaft zu werden anfängt, so läuft das Männchen herzu, sie aus einander zu bringen. Und ob er schon gnurret, so lecket er doch den Ueberwinder, und verachtet die Feigen oder Schwachen. Diese halten sich denn zu ihrer Mutter, indessen die Tapfern um den Vater her sind. Das Weibchen, ob es schon von dem Männchen sehr geliebt und ihm geschmeichelt wird, fürchtet sich doch sehr vor ihm. Wenn etwan einige Leute ihre Jungen zu stehlen versuchen, so läuft das Männchen herzu, sein Geschlecht zu vertheidigen; und wenn das Weibchen, anstatt die Jungen in das Maul zu nehmen, sich eins davon rauben läßt, so höret er auf, den Räuber zu verfolgen, und läuft hinter ihr her, fasset sie zwischen die Zähne, wirft sie mit Wuth gegen die Felsen, und läßt sie da halb todt liegen. Darauf geht er um sie herum, machet feurige Augen, und weist so lange die Zähne, bis sie denn auf allen Vieren die Augen in Thränen gebadet, gekrochen kömmt, und ihm die Füße lecket. Das Männchen weinet zuweilen selbst, wenn ihnen die Jungen geraubt werden; und dieses Zeichen der Zärtlichkeit ist der letzte Ausbruch einer ohnmächtigen Wuth.

Die alten Seekatzen sind sehr wild. Wenn ihre Brunstzeit vorbey ist, so begeben sie sich in eine Einöde, wo sie, wie man saget, zuweilen ganze Monate, ohne zu essen und zu trinken, zubringen sollen. In diesem Zustande schlafen sie fast beständig, werden aber sehr leicht erwecket; weil doch entweder ihr Gehör, oder ihr Geruch an dem Schlafe der andern Sinne keinen Theil haben mögen. Wenn jemand vor dem Orte ihres Aufenthaltes vorüber geht, so fallen die ersten von diesen Thieren, die er antrifft, über ihn her. Sie beißen die Steine, die man gegen sie wirft, und kratzete man ihnen auch die Augen aus, und zerschlüge ihnen die Zähne, oder gar den Hirnschädel, so fahren sie doch fort, sich zu wehren, und sind im Stande, ganze Wochen lang mit ihrer zerschlagenen und herabhängenden Hirnschaale zu leben. Wenn sie nur einen Schritt zurück wichen, so würden alle andere Katzen, die dem Gefechte zusehen, die Flüchtlinge wieder zurück jagen. Man saget, es soll sich oft fügen, daß, wenn so ein allgemeiner Krieg unter ihnen ist, immer eine Katze glaube, die andere fliehe, wenn sich diese gleich zum Streite anschicke; alsdenn fällt eine über die andere her, und sie zerreißen sich unter einander, ohne einiges Schonen. Wenn der Streit so ist, so können die Jäger oder Wanderer sicher ihren Weg fortsetzen, und nach Belieben plündern oder tödten.

Ihre Art zu streiten.

Nichts ist sonderbarer, als die Erzählung des Herrn Stellers hiervon. Als er eines Tages mit einem Cosaken ausgegangen war, so kratzete dieser einer Seekatze die Augen aus. Darauf griff er noch wohl fünf oder sechs mit Steinwerfen an, und begab sich an die Seite der Geblendeten. Diese glaubete, ihre Gefährten, welche sie schreyen hörete, kämen wider sie, und fiel selbst über diejenigen her, die ihr zu Hülfe eileten. Herr Steller, welcher sich inzwischen auf eine Höhe geflüchtet hatte, wo er den Streit, den der Cosake angerichtet hatte, übersehen konnte, sah darauf wiederum alle diese Katzen auf die blinde losgehen, und sie bis in das Wasser verfolgen, wohin sie sich flüchtete; sie schleppeten sie ans Ufer, und zerrissen sie so lange mit ihren Zähnen, bis sie todt auf dem Platze blieb.

Die gewöhnlichen Streitigkeiten geschehen nur immer zwischen zwey und zwey, dauren aber bis zur völligen Erschöpfung aller Kräfte. Der Anfang geschiehet gewöhnlich mit Pfotenschlägen, die sie zu gleicher Zeit aus zu theilen und ihnen aus zu weichen welchen bemühet sind. Wenn sich denn eine die schwächste zu seyn fühlet, so nimmt sie ihre Zuflucht zu den Zähnen, die nicht anders, als Säbel, einhauen. Die andern kommen alsdenn aber gewöhnlich den Ueberwundenen zu Hülfe, und bringen die Streiter aus einander. Die Streitbarkeit dieser Thiere ist so groß, daß man fast kein einziges findt, welches nicht ganz zerfetzet von Wunden seyn sollte; und es sterben die wenigsten von ihnen aus Alter, sondern fast alle im Kampfe. Man sieht auch längst der Küste hin ganze Strecken mit Todtengebeinen bedecket; nicht anders, als unsere Schlachtfelder seyn würden, wenn wir nicht unsere Todten beerdigten. Es wäre zu wünschen, daß man alle die blutgierigen Seelen, die nichts als Mord von sich hauchen, nach Kamtschatka brächte; sie würden daselbst an den Seekatzen würdige Nebenbuhler ihrer Blutgier finden, die durch ihre Gegenwehr vermögend wären, sie zu stillen. Diese fürchterlichen Thiere, denen so schwer, besonders in der Ebene, aus zu weichen ist, die so schwer zu tödten sind, daß sie nach zweyhundert tüchtigen Stockschlägen, die man ihnen auf den Kopf zugezählet hat, doch noch leben, die so sehr zum Streiten geneigt sind, daß auch ein einziges vor vielen Menschen nicht flieht, die durch die Wunden so wüthend gemacht werden, daß, so bald sie nur von einer Harpune getroffen worden, sie ein ganzes Boot voller Fischer angreifen, und es so lange geschwind fortziehen, bis sie es umgestürzt, und die Menschen darinnen ersäuft haben; diese Thiere, sage ich, würden gar bald die menschliche Gesellschaft von allen denen Räubern befreyen, die ein Vergnügen finden, sie durch ihre Zänkereyen zu beunruhigen.

Land Kamtschatka.

Von den Seebibern.

Der Seebiber, der dem auf dem Lande nur am Felle, und an den sanften Haaren gleich ist, hat die Größe einer Seekatze, die Gestalt eines Seehundes, und einen Kopf gleich den Bären. Seine Zähne sind klein, sein Schwanz kurz und platt, und geht unten spitzig zu.

Dieses ist das sanftmüthigste von allen Seethieren, welche aufs Land kommen. Es scheint, als hätten die Weibchen eine ganz besondere Zärtlichkeit für ihre Jungen; sie schwimmen auf dem Rücken, und halten sie unterdessen in den Vorderpfoten eingeschlossen, so lange bis sie selbst im Stande sind, zu schwimmen. Ungeachtet ihrer Schwäche und Furchtsamkeit, welche sie vor den Jägern fliehen lassen, verlassen sie sie doch nicht, als in der äußersten Noth, und sind allemal bereit, ihnen zu Hülfe zu kommen, wenn sie sie schreyen hören. Der Jäger bemühet sich auch nur, einen jungen Biber zu erhaschen, wenn er die Mutter haben will.

Man hat verschiedene Arten, diese Thiere zu fangen, entweder beym Fischen durch Netze, die man durch die Meerkräuter zieht, in denen sich die Biber im Sturmwetter oder bey Nachtzeit zu verbergen pflegen, oder auch auf der Jagd mit Kähnen und Harpunen. Man verfolget sie auch noch im Frühlinge mit Schrittschuhen auf dem Eise, welches der Ostwind an die Küste treibt. Man saget, diese Thiere sollen durch das Geräusch, welches der Wind den Winter in den Wäldern machet, und dem Getöse der Wellen sehr ähnlich ist, zuweilen betrogen werden, und bis zu den unterirdischen Wohnungen der Kamtschadalen kommen, wo sie denn durch die Oeffnung von oben hinein fallen.

Von den Manateen oder den Seekühen.

Die Manateen sind eine Materie des Streites unter den Naturkündigern. Einige geben sie für Fische aus, weil sie einen Schwanz und Floßfedern, und weder Haar noch Füße haben. Andere halten sie für Seeamphibien, weil ihre Vorderfloßfedern

Land Kamtschatka. wahre Füße sind, und sie Zitzen haben, die kein einziger Fisch hat. Aus diesem Widerspruche wollen noch andere schließen, die Manatee sey eine Mittelgattung zwischen den vierfüßigen Seeungeheuren und den Fischen. Endlich will Herr Steller, und nach ihm Herr Kraschenninikow, sie zu der letztern Gattung rechnen, weil sie einen mit Wirbelbeinen versehenen Hals haben, vermittelst dessen sie ihren beweglichen Kopf herumdrehen können, ein Vorzug, den man bey den Fischen niemals antrifft.

Herr Steller saget, die meisten Schiffer hätten dieses Thier mit dem Namen der Seekuh beleget, vermuthlich seiner Schnauze wegen, die man im Anfange zuerst und wohl gar auch nur allein gesehen hat. Denn nur an diesem Theile ist es den Kühen ähnlich, da es sonst den Seehunden gleicht, nur daß es etwas größer ist. Die Weibchen haben zwo Zitzen vorne, und vielleicht war das die Ursache, warum Columbus in der Meerkuh die Syrene der Alten zu finden glaubte. Weil sie ihre Jungen mit ihren Floßfedern, die ihnen statt der Hände dienen, an ihre Brust geschlossen halten, so haben sie die Spanier deshalb Manati genennet. Ihr Geschrey, welches eine Art von Seufzen ist, hat sie von den Franzosen Lamentins nennen lassen. Man findt dieses Thier in allen denen Meeren, die zwischen Asien, Africa und America sind. Daher kömmt vermuthlich die große Verschiedenheit, die man nicht ohne Verwunderung in den meisten Beschreibungen bemerket, die man von ihnen hat. Ihr schwarzes, rauhes und gleich der Rinde einer Eiche dickes Fell ist schuppig und hart, so daß es so gar den Aexten widersteht. Man will, daß die Meerkuh, anstatt der Zähne, zween weisse und platte Knochen zwischen den Kinnbacken habe. Ihre Augen, die in Vergleichung des Kopfes so klein sind, als der Kopf selbst in Vergleichung des übrigen Körpers, stehen in gerader Linie mit den Nasenlöchern, in gleich weiter Entfernung zwischen der Schnauze und den Ohren, welche beynahe unsichtbare Löcher sind. Ihre zwo Pfoten oder Floßfedern, die gleich unter dem Halse angehen, dienen ihr, sich damit so fest an den Felsen an zu klammern, daß ihr Fell oftmals in Stücken abgeht, ehe sie die Fischer losmachen können. Das Sonderbareste, was Herr Kraschenninikow von diesem Thiere anmerket, ist ihre Länge und ihr Gewicht; sie sollen nach ihm ungefähr vier Saschen oder Faden lang seyn, und zweyhundert Pud wiegen; das wäre denn nach unserer Rechnung sechs und zwanzig bis sieben und zwanzig Fuß lang, und sieben oder achttausend Pfund schwer. Herr Cranz, der auch einmal eine Meerkuh beschreibt [z]), giebt diesem Thiere nicht mehr, als achtzehn Fuß, in die Länge, und vierhundert Pfund Schwere; vermuthlich reden beyde Schriftsteller nicht von einerley Thiere.

Diese Thiere gehen haufenweise und zur Zeit der Fluth so nahe an die Küste, daß man, wie Herr Steller saget, ihren Rücken mit der Hand befühlen kann. Wie kann aber wohl ein so großes Thier so nahe ans Land kommen, auf dem es doch nicht gehen kann? Aber es ist dieses nicht die einzige Schwierigkeit in dieser Geschichte. Wenn man sie (die Manateen nämlich) schlägt oder sonst beleidiget, so fliehen sie tief ins Meer, kommen aber bald wieder. „Diese Thiere, saget Herr Kraschenninikow, haben nicht „die geringste Sorgfalt für ihre Erhaltung, so daß man mit Booten mitten unter sie „fahren, oder auf den Sand gehen und tödten kann, welche man will.“

Jeder

z) Man sehe die Geschichte von Grönland, II Buch, 3 Cap.

Jeder Haufen besteht aus vier Manateen, einem Männchen, einem Weibchen, und zweyen Jungen von verschiedenem Alter und verschiedener Größe. Ueberhaupt haben diese Thiere ihre Jungen, um sie in Sicherheit zu stellen, mitten unter sich. Das Männchen liebet das Weibchen so sehr, daß es, wenn es alle Mühe vergebens angewandt hat, solches gegen die Fischer zu vertheidigen, und es zu befreyen, die es mit ihren Harpunen ans Ufer ziehen, demselben, ungeachtet der Schläge, mit denen es überhäufet wird, nachfolget, plötzlich auf das Weibchen losspringt, und zuweilen wohl zween oder drey Tage lang an dessen todtem Körper fest angeklammert liegen bleibt. Land Kamtschatka.

Wenn jemand auf einem Boote, das mit vier Ruderknechten besetzet ist, mit der Harpune eines dieser Thiere geworfen hat, so stehen dreyzig Fischer am Ufer bereit, die das Thier mit einem großen Schiffseile, das an der wie ein Anker gestalteten Harpune befestiget ist, ans Land ziehen. Unterdessen, daß man bemühet ist, die Manatee von denen Oertern los zu reißen, an die sie sich angehängt hat, durchstoßen sie die Ruderknechte mit Spießen. So bald sie verwundet ist, fängt sie an, sich außerordentlich zu bewegen, und so gleich kömmt eine Menge anderer ihr zu Hülfe, die entweder mit ihren Rücken das Boot um zu werfen suchen, oder sich über das Seil legen, es zu zerreißen, oder sich bemühen, es mit ihren Schwänzen von der Harpune los zu machen.

Wenn die Manateen alt sind, so schmecket ihr Fleisch, wie Rindfleisch, und wenn sie jung sind, wie Kalbfleisch. Das erstere ist sehr hart, aber das andere leicht zu kochen. Es läuft so sehr auf, daß es gekocht noch einmal so viel Raum einnimmt, als roh. Das Fett schmecket wie Schweinespeck. Ihr Fleisch ist leicht ein zu salzen, obgleich einige das Gegentheil haben vorgeben wollen.

Das VIII Capitel.

Von den Fischen.

Von den Walfischen, dem Kasatka oder Schwertfische, dem Tscheschkak oder dem Meerwölfe, dem Molkoia, oder Akul, dem Platteise, dem Terpuk oder der Feile. Meerfische, welche in die Flüsse kommen. Von den Lachsen. Erste Classe derer Fische, die zugleich im Meere und den süßen Wassern leben. Von dem Tschawitscha. Niarka. Keta oder Calbo. Der sala. Weisse Fische, die roth werden. Zweyte Art der Fische, die in die Flüsse kommen. Von den Golzi. Mulkiß. Koruchi oder Seealraupen. Belschutsch oder Häring.

Die Geschichte der Reisen ist die Grundfeste und die Vorrathskammer der allgemeinen Weltgeschichte, aus der alle Gelehrte und Schriftsteller die Erkenntnisse, die ihnen nöthig sind, schöpfen müssen. Wie sie aber in jedem Lande nur das Besondere aufsuchen, wodurch es von allen andern unterschieden wird, so muß man sich befleißigen, nur die seltensten Dinge in diese Niederlage zu bringen; oder man muß sich wenigstens nur begnügen, das, was vielen Ländern gemein ist, bloß an zu zeigen, und bey deren Verschiedenheiten auf zu halten. Dieses ist denn die wahre Fundgrube so

Land Kamtschatka.

so wohl der natürlichen, als bürgerlichen Geschichte. Die ausführliche Beschreibung der gewöhnlichen Sachen gehöret nur für das Land allein, wo sie im Ueberflusse angetroffen werden; überhaupt muß man mit allem dem, was ein Land hervorbringt, es mag gemein oder selten seyn, so verfahren, daß man es an dem Orte, dem sie von der Natur, so zu sagen, besonders zugeeignet sind, ausleget und entwickelt. Da aber einerley Dinge nach den verschiedenen Himmelsstrichen verschieden sind, so muß man eben diese Verschiedenheiten sammlen, wenn man zu verschiedenen Malen die Gattungen durchgehet, die auf der Oberfläche der Erde angetroffen werden. In dieser Absicht wird man sich gegenwärtig bemühen, die Geschichte der Fische bey zu bringen, die das Meer und die Flüsse den Kamtschadalen liefern. Man wird also nur von denen Gattungen reden, die an diesen Küsten am häufigsten, und den Bewohnern derselben am nützlichsten sind.

Von den Walfischen.

Der Walfisch ist von der Art, daß man ihn an keinem Orte, wo er sich befindet, mit Stillschweigen übergehen kann. Er nimmt einen zu großen Raum ein, als daß er nicht eine ansehnliche Stelle in der Geschichte der wunderbaren Geburten der Natur haben sollte. Der östliche Ocean und das penschinische Meer sehen diese Ungeheuer häufig, und man saget, daß sie sich von unten herauf durch große Wasserstralen zu erkennen geben, die sie auf der Oberfläche eines ruhigen Wassers erregen. Die Walfische sind zuweilen, gleich einer Seeklippe, ganz mit lebenden Muscheln übersäet. Damit sie diese nun los werden, so reiben sie sich an dem Gestade, und kommen dabey unterweilen dem Ufer so nahe, daß man sie mit Flinten todt schießen kann. Wenn dieses wahr ist, so muß das Meer an denen Küsten, wo dieser Fisch sich gewöhnlich auf zu halten pflegt, sehr tief seyn. Denn man saget, daß einige dieser Walfische sieben bis funfzehn Saschen oder Klafter lang seyn sollen. Die kleinesten kommen auch zuweilen ihrer zween oder drey in die Flüsse, die größten aber entfernen sich von der Küste. Es trägt sich sehr selten zu, daß in Kamtschatka einige gefangen werden: aber dafür sieht man desto häufiger Todte, die das Meer ans Ufer wirft, wo sie bald abgefleischet werden. Vorzüglich geschieht das an dem Vorgebirge Lopatka, und zwar im Herbste häufiger, als im Frühlinge.

Die Kamtschadalen haben drey verschiedene Arten, die Walfische zu fangen. In den mittäglichen Gegenden begnügt man sich, sie aus Booten mit vergifteten Pfeilen zu schießen; wovon sie die Wunde nur an dem Gifte fühlen, von dem sie aufschwellen und unter dem schrecklichsten Gebrülle vor Schmerzen sterben. Gegen Norden hingegen unter dem sechzigsten Grade fangen die Olutoren, welche die östliche Küste bewohnen, die Walfische mit Netzen, die sie aus Riemen von Seepferdsfellen machen, welche eine Hand breit sind. Man leget sie vor den Ausgang der Meerbusen. An einem Ende beschweret man diese Netze mit großen Steinen; das übrige fließt frey im Meere herum; und die Walfische, wenn sie die kleinern Fische verfolgen, gerathen da hinein und verwickeln sich so in dieselben, daß sie nicht wieder heraus kommen können; die Olutoren nähern sich alsdenn auf ihren Kähnen, und werfen von neuem Riemen über sie, mit denen man sie denn ans Land zieht, wo sie abgeflenzet werden.

Die Tschuktschi, die noch fünf Grad weiter gegen Norden wohnen, treiben den Walfischfang eben so, als die Europäer und Grönländer, die mit ihnen unter einerley Polhöhe wohnen. Sie bedienen sich nämlich der Harpunen. Dieser Fang ist so reichlich, besitzlich, daß sie die todten Walfische, die ihnen das Meer umsonst darbeut, nicht achten. Sie brauchen nichts von ihnen, als ihr Fett, welches sie aus Mangel des Holzes mit Mooße brennen: sie essen solches aber nicht, wie die südlichen Kamtschadalen thun. Sie dürfen auch nicht befürchten, vergiftet zu werden, ein Zufall, der bey diesen Völkern sehr gewöhnlich ist, die der Hunger oder die Faulheit antreibt, die traurigen Geschenke an zu nehmen, die ihnen der Tod machet. „Ich bin Zeuge,“ saget Herr Kraschenninikow, „was für ein entsetzliches Sterben 1739 im Aprile unter ihnen aus dieser Nahrung entstund. An dem Ufer des Flusses Berezowa ist eine kleine Wohnung, welche Alaun heißt; sie liegt an der östlichen Küste unter dem drey und funfzigsten Grade der Breite. Ich bemerkete, daß alle, die ich daselbst antraf, bleich und abgezehrt aussahen. Als ich nach der Ursache fragete, so antwortete mir das Oberhaupt dieser Gesellschaft, es wäre vor meiner Ankunft einer von ihnen gestorben, weil er von dem Fette eines vergifteten Walfisches gegessen hätte; und sie befürchteten ein gleiches Schicksal, weil sie alle mit davon gegessen hätten. Es währete nicht eine halbe Stunde, so fiengen ein sehr großer und starker Kamtschadale und ein anderer etwas schwächlicher auf einmal an, zu klagen, daß ihnen der Schlund anfienge, wie Feuer, zu brennen. Die alten Weiber, welche die Aerzte dieses Landes sind, banden sie mit Riemen an, vermuthlich um sie zu verhindern, daß sie nicht in die andere Welt giengen, und das Weib eines dieser Kranken kam von hinten zu und murmelte leise einige Worte über seinen Kopf, seinen Tod zu verhindern. Aber alles umsonst: sie starben den Morgen darauf alle beyde, und wie ich nachher erfahren habe, so brachten die andern sehr lange zu, ehe sie völlig wieder hergestellet wurden.“ Land Kamtschatka.

Wenn das Walfischspeck zuweilen traurige Folgen für die Kamtschadalen hat, so ist ihnen doch dieser Fisch zu vielen Dingen nützlich. Sie gebrauchen sein Fell zu Schuhsohlen und Riemen, und seinen Bart, ihre Nachen damit zu nehen, oder Netze daraus zu stricken, worinnen sie andere Fische fangen können; seine Unterkinnbacken unter ihre Schlitten zu machen, und zu Handgriffen an den Messern. Seine Eingeweide dienen ihnen zu Gefäßen, seine Wirbelbeine zu Mörsern, seine Nerven und Adern zu Sehnen an denen Fallen, die sie den Füchsen stellen.

Bevor wir diesen Artikel von den Walfischen schließen, müssen wir eines Fehlers gedenken, welchen Kraschenninikow dem Herrn Steller vorrücket. Dieser Naturforscher hat, nach dem Zeugnisse einiger Leute, welche vorgaben, sie hätten auf einigen in todten Walfischen gefundenen Harpunen lateinische Inschriften gelesen, geschlossen, daß diese Walfische aus Japon gekommen wären. Wie kann man sich aber, saget Herr Kraschenninikow, wohl vorstellen, daß in einer so weiten Entfernung, und in einem Meere, das so sehr mit Inseln angefüllet ist, diese Walfische nirgend angeschwommen seyn sollten? Und wie hätten die Kamtschadalen, und die andern barbarischen Völker, die nach Kamtschatka kommen, die lateinischen Buchstaben lesen können, da sie gar keine Charaktere kennen, in welcher Sprache es auch sey. Denn ehe wir dahin kamen, fährt der russische Beobachter fort, war noch kein Cosake da gewesen, der gewußt hätte, was lateinische Buchstaben wären. Herr Kraschenninikow hätte noch hinzusetzen können, daß von allen denen Völkern, die auf den Walfischfang gehen, nicht eins latein verstehe, es müßte denn ein Deutscher den Einfall gehabt haben, auf seine Harpunen lateinische Aufschriften graben zu lassen. Alsdenn aber müßten die mit diesen

Land Kamtschatka. Harpunen verwundeten Walfische von Spitzbergen dahin gekommen seyn, und das ganze Eismeer durchreiset haben. Es wäre übrigens wichtiger und besser, an den Leibern der Walfische dergleichen Denkmaale zu befestigen, als an den Hals eines Falken einen Ring zu legen, und das Jahr, in dem er gefangen worden, und den Namen des Jägers, der ihn wieder in Freyheit gesetzt, daran zu schreiben. Man würde dadurch so wohl das Alter der Walfische, als den Lauf, den sie halten, erfahren.

Von dem Kasatka oder dem Schwertfische. Dem Walfische setzen wir seinen Feind, den Schwertfisch an die Seite. Er wird aber in der Geschichte von Kamtschatka nicht so, wie anderwärts beschrieben. Herr Steller saget, der größte von ihnen sey etwa vier Saschen lang. Ihr Rachen ist mit großen spitzigen Zähnen besetzt. Mit diesen Zähnen greift der Schwertfisch den Walfisch an, und nicht mit einer Art von Schwerte, das er auf dem Rücken hat. „Es ist falsch, was viele Leute vorgeben, daß dieser Fisch unter dem Walfische gehen, „und ihm den Bauch mit einer spitzigen Floßfeder aufritzen sollte; denn ob er gleich eine „sehr scharfe Floßfeder hat, die ungefähr zwo Arschinen lang ist, und welche, wenn er „im Wasser ist, von Horne oder Knochen zu seyn scheint, so ist sie doch weich und wirk„lich nichts als Fett, worinnen man nicht einen einzigen Knochen findet.„ Die Ichthyologisten mögen zusehen, ob dieser Fisch, den Herr Steller beschreibt, mit dem Schwertfische einerley sey; ob man diesen auch hinreichend kenne, wenn ihm einige ein Schwert, einen Kamm, oder eine Säge zu Waffen geben; ob diese Waffen, Knochen, Horn, Nerven oder wohl gar ein biegsamer Knorpel seyn können, der sich verhärtet und so scharf wird, daß er auch schneiden oder stechen kann, wenn die Wuth ihm die augenblickliche und gewaltsame Ausdehnung giebt, die sonst bey allen Thieren, die Liebe gewissen weichen Theilen mittheilet. Die Naturkündiger sind entweder von der Gestalt der Fische noch nicht hinlänglich genug unterrichtet, oder die Reisenden, auch die Physiker selbst, keine Naturkündiger.

Es mag aber mit der Gestalt dieses Schwertfisches, den die Kamtschadalen Kasatka nennen, seyn wie ihm wolle, so hat er einen natürlichen Widerwillen gegen den Walfisch, welchen er überall verfolget. Der Walfisch fürchtet sich auch, und flieht vor ihm, ungeachtet seiner Stärke und seines ungeheuren Körpers, welche ihm die Herrschaft über alle Einwohner des Meeres zu ertheilen scheinen. Sein Feind treibt ihn an die Küste, oder jaget ihn ins hohe Meer, so lange, bis er von einem ganzen Haufen von Schwertfischen eingeschlossen wird; diese fallen denn alle über das Ungeheuer her, welches ein Gebrüll erhebt, das viele Meilen weit gehöret wird, und tödten es, ohne es auf zu fressen, oder nur an zu beissen. Die Kamtschadalen haben guten Nutzen von dieser Jagd, und erzeigen deshalb dem Schwertfische eine Art göttlicher Ehre. Allein, diese Verehrung hat ihnen mehr die Furcht, als die Erkenntlichkeit eingegeben. Wenn sie eins von diesen Thieren sehen, so beschwören sie es, durch eine Art von Opfer, ihnen nichts übels zu thun; denn er kann ein Canot sehr leicht umwerfen.

Tscheschkak oder Meerwolf. Der Tscheschkak, den die Russen den **Wolf** nennen, ist ein untrügliches Mittel gegen die Verstopfung. Man verdauet sein Fett nicht, sondern es geht von einem, ohne daß man es merket. Daher auch die Kamtschadalen es nicht essen, sondern sich dessen nur bedienen, Leuten einen Possen zu thun, an denen sie sich rächen, oder die sie verspotten wollen.

Der

Der Mokkoja, der zu Archangel Akul genennet wird, wird von einigen Naturkündigern zu dem Geschlechte der Walfische gerechnet. Vermuthlich seiner Größe halber; denn in einigen Meeren findet man welche, die auf tausend Pud wiegen. Uebrigens gleicht dieses Thier an Haut, Kopfe und Schwanze dem Störe, aber er ist durch seine Zähne von demselben unterschieden, die so scharf sind, als eine Säge. Man verkaufet sie unter dem Namen der Schlangenzungen. Die Kamtschadalen fürchten sich vor diesem Ungeheuer so sehr, daß sie auch vorgeben, wenn er schon in kleine Stücken zerhauen sey, so bewege er sich doch noch, und sein Kopf drehe auf allen Seiten die Augen herum, seinen Körper zu suchen.

Land Kamtschatka. Mokkoja oder Akul.

Der Platteis, (Barbue) der seinen Namen vermuthlich von den kleinen Stacheln bekommen hat, mit denen seine Haut übersäet ist, hat, wie Herr Steller saget, viererley Gattungen. Die eine hat ihre Augen zur Linken, und die andere zur Rechten, und der Theil des Leibes, der von ihnen nicht kann übersehen werden, wird durch die kleinen Stacheln, mit denen er ganz bedeckt ist, vertheidiget.

Platteis.

Der Terpuk oder die Feile, wird also ihrer ungleichen Schuppen halber genennet, welche sich oben in kleine sehr scharfe Zähne endigen. Nach Herrn Stellers Beschreibung gleicht er unsern Bärsen. Sein Rücken ist schwärzlich, und seine Seiten fallen ins Rothe, mit untermischten runden, ovalen und viereckichten Silberflecken.

Terpuk oder Feile.

Unter den Seefischen findt sich auch einer, den man eigentlich unter die Flußfische zählen sollte; denn er wird in den Flüssen geboren, stirbt da, und läßt sich daselbst fangen, ob er schon sonst beständig in den salzigen Wassern lebet. Der Fisch, von dem wir reden, ist der Lachs. Nach Herrn Kraschenninikow giebt es deren so viele verschiedene Arten in Kamtschatka, als sonsten in der ganzen Welt. Sie sind im Sommer so überflüßig daselbst, daß sie, wenn man ihm glauben will, die Flüsse austreten lassen, wenn sie mit der Fluth heran kommen, und wenn solche denn wieder in ihre Betten treten, so soll die Menge Lachse, die alsdann auf dem Sande todt liegen bleiben, so groß seyn, daß ihr Gestank die Luft vergiften würde, wenn nicht die beständig wehenden Winde solche reinigten. Man kann keinen Schlag mit der Harpune ins Wasser thun, ohne einen Fisch zu treffen; und die meisten Netze reißen unter ihrer Bürde, wenn man sie aus dem Wasser ziehen will: man spannet sie also auch nur aus.

Seefische, welche in die Flüsse kommen. Lachs.

Inzwischen giebt es doch in Kamtschatka keine Fische, die länger, als sechs Monate, in den Flüssen leben. Es mag sie nun entweder der Mangel an Nahrungsmitteln oder die Schwierigkeit, Strom an zu gehen, oder die Untiefe zwingen, wieder ins Meer zu gehen. Inzwischen laichen sie doch in denen Flüssen, worinnen sie geboren worden. Das Weibchen, saget Herr Steller, höhlet sich eine Höhle in dem Sande aus, und hält sich über diesem Loche auf, so lange bis das Männchen kömmt, und durch seine Liebkosungen sie die Eyer verschütten läßt, die sie in ihrem Schooße hat, die er denn mit dem befruchtenden Samen benetzet, den er aus seiner Milch drücket. Auf diese Weise bleiben diese Eyer in dem Sande verborgen, bis sie ausgebrütet sind. Der Monat August ist die Laichzeit. Da die alten Fische die Zeit nicht haben, auf ihre Jungen zu warten, so führen sie, wie man saget, beständig einen Lachs von einem Jahre bey sich, der nicht größer ist, als ein Häring, und der die Heerde, so zu sagen,

Land Kamtschatka. bewachet, bis im Windmonate die erst ausgebrüteten Jungen unter seiner Anführung ins Meer gehen. Herr Kraschenninikow scheint an dieser Erzählung so wenig zu zweifeln, daß er von unsern europäischen Lachsen eben dieses vermuthet. Er glaubet aber, daß die Verschiedenheit des Alters zwischen denen nur erst gebornen Lachsen und denen, die schon ein Jahr alt sind, und sie führen, Schuld daran sey, daß die Naturkündiger aus Irrthume eine Gattung in zwo getheilet, da sie doch sonst vorgeben, daß man keine gewisse Kennzeichen habe, an denen man die rothen Fische in gewisse untergeordnete Arten abtheilen könnte.

Diesen Irrthümern ab zu helfen, unterscheidet der russische Naturkündiger die verschiedenen Arten der rothen Fische durch die Zeit, in der sie sich in die Flüsse begeben. Denn sie sind so ordentlich in Beobachtung der Zeit, und ihres Weges, daß die Kamtschadalen ihre Monate von denen Fischen benennen, die sie in einem jeglichen fangen. Es haben auch alle Völker, welche Jäger, Fischer, Hirten oder Arbeitsleute sind, natürlicher Weise die Zeiten des Jahres nach den verschiedenen Arten der Thiere oder dessen, was die Natur auf der Erde oder im Meere hervorbringet, abtheilen müssen.

Erste Classe derer Fische, die zugleich im Meere und in den süßen Wassern leben. Daher heißt der Monat May bey den Kamtschadalen Tschaowitscha, weil zu dieser Zeit der Fisch dieses Namens zuerst aus dem Meere in die Flüsse steigt. Weil er einer der größesten Rothfische ist; so trifft man ihn nirgend, als in der sehr tiefen Gegend des Meerbusens Awatscha, und auf der Ostseite von Kamtschatka in Bolschaia Reka, an dem Meere von Penschina an. Diese Art Lachs ist drey und einen

Tschaowitscha. halben Fuß lang, und zehn Zoll breit, und wiegt zuweilen neunzig Pfund. Wenn dieser Fisch gefangen wird, so ist im ganzen Lande große Freude; denn er ist der Verläufer aller andern. Der erste, den man fängt, gehöret dem, der das Netz ausgeworfen hat. Herr Kraschenninikow berichtet uns, daß dieser Aberglauben den Russen sehr misfällt: aber ihre Drohungen sind bey diesen Wilden nicht so stark, als ihre Furcht, ein groß Verbrechen zu begehen, wenn sie ihren Beherrschern die Erstlinge ihres Fanges überließen, es sey auch um welchen Preis es wolle.

Niarka. Der Niarka, welcher eigentlich der Rothfisch ist, kömmt im Anfange des Heumonates in die Flüsse der Kamtschadalen. Einige von ihnen gehen bis an die Quelle derselben, und man fängt daselbst zuweilen welche, ehe die Fischerey an den Mündungen ihren Anfang genommen hat. Inzwischen hält sich der Niarka nicht lange in den Flußbetten auf, indem er das Wasser der stehenden Seen ihnen vorzieht, weil sie, setzet Herr Steller hinzu, trübe und schwammicht sind. Dieser Fisch wiegt selten über achtzehn Pfund.

Keta oder Caibo. Der Keta oder Caibo, der weit schöner, als der Niarka, ist, zeiget sich in den ersten Tagen des Heumonates in allen Flüssen. Im Herbste fängt man ihn bey den Quellen in tiefen Höhlen, wo die Wasser ruhig sind. Man saget, seine Zähne sollen den Hundeszähnen gleichen; seine Zunge hat drey Spitzen; sein Fleisch ist weiß, und seine Haut ohne Flecken.

Belaia. Der Belaia Riba, den man Weißfisch nennet, entweder weil er im Wasser eine Silberfarbe hat, oder weil er der beste unter allen denen Fischen ist, die weiß Fleisch haben, gleicht an Größe und Gestalt den Keta: er ist aber von ihm durch längliche schwarze Flecken unterschieden, mit denen sein Rücken übersäet ist. Wenn die

die alten Fische von dieser Art ihre Eyer abgelegt haben, so verbergen sie sich in tiefen Löchern, wo dicker Lehm ist, und das Wasser niemals gefriert. Man kann sie daher selbst im Winter fangen, und sie sind in dieser Jahreszeit die einzige Zuflucht der mittäglichen Kamtschadalen. Er ist aber im Hornunge nicht so fett, als im Herbste. Land Kamtschatka.

Die meisten von diesen Fischen werden bald Weiß- bald Rothfische genennet. Sie sind silberfarben, wenn sie aus dem Meere kommen, und werden in den Flüssen roth. Man hat sich deshalb oft mit ihnen geirrt, und dieser Veränderung halber einerley Fische zu verschiedenen Gattungen gemacht. Der Trieb oder die Nothwendigkeit, die sie in die Flüsse treibt, mag auch seyn was es will, so ist doch dieser Reiz größer, als der Strom der Fluthen, durch die sie sich, ungeachtet der großen Schnelligkeit hindurcharbeiten. Wird ein Fisch müde, länger gegen diese Hindernisse zu kämpfen, so verbirgt er sich in einem ruhigern Winkel des Flusses, und sammlet sich daselbst neue Kräfte: fühlet er sich aber selbst nicht stark genug, so hängt er sich an den Schwanz eines andern Fisches, der stärker ist, als er, und ihn mit sich durch die entgegen strömenden Wellen fortführet. Man sieht daher, daß der größeste Theil der gefangenen Fische abgefressene oder angebissene Schwänze haben. Viele von ihnen sterben lieber auf dem Sande am Ufer des Meeres, ehe sie in das Meer, zumal vor der Jahreszeit, zurück kehren sollten. Weiße Fische, die roth werden.

Herr Steller saget, wenn sie gezwungen sind, wieder zu kommen, ob sie gleich sehr gern an den Mündungen der Flüsse, wo sie geboren sind, bleiben, so werden sie doch unterweilen durch Ungewitter von ihnen entfernet, und in einen andern ihnen unbekannten Fluß geworfen. Man sieht daher, daß in gewissen Jahren ein Fluß Ueberfluß an einer Art Fische hat, an denen ein anderer völlig Mangel leidet; und zuweilen gehen wohl zehn Jahre hin, ehe ein Fluß die Fische wieder bekömmt, die seine Mündung einmal verloren haben. Dieser Zufall trägt sich nicht anders zu, als wenn die jungen Fische, die im Herbste das Meer gewinnen, daselbst mit Sturme empfangen werden. Wenn sie, wie es sich gemeiniglich zu eräugen pflegt, zur Zeit einer Stille dahin kommen, so verbergen sie sich in irgend einen tiefen Winkel, und da sind sie vor aller Wuth des Ungewitters sicher; denn der Sturm mag noch so stark seyn, so spüret man ihn doch niemals tiefer, als sechzig Saschen oder Faden tief. So können der Lachs und der Adler dem Sturme Troß biethen; der eine ist über, der andere unter seiner Wuth. Eben so trotzen ungestraft beyde der König und der Hirt den Widerwärtigkeiten des Glückes, welches selten so hoch oder so tief geht.

Herr Kraschenninikow machet eine besondere Classe aus denen Fischen, die ohne Unterschied und zu allen Zeiten in alle Flüsse kommen. Zweyte Classe der Fische, die in die Flüsse kommen.

Die erste von diesen Arten ist der Golzi, der so groß wird, daß er zuweilen zwanzig Pfund wiegt. Er kömmt nach Kamtschatka, und geht durch die kleinen Flüsse, die darinnen sind, zu denen Seen, aus welchen sie kommen. In diesen Seen hält er sich auf, und mästet sich nach Belieben fünf oder sechs Jahre lang; denn so lange dauret gewöhnlich sein Leben. Diese Fische wachsen das erste Jahr nach der Länge, das zweyte nach der Breite; das dritte wächst nur der Kopf, und die drey letzten Jahre wachsen sie zweymal mehr in die Dicke, als in die Länge. Die Lachsforellen, von denen der Golzi eine Art ausmachet, müssen ungefähr auf eben die Art wachsen. Golzi.

Land Kamtschatka.

Muikiz. Eine andere Art ist der Muikiz, der von den andern Lachsforellen durch einen rothen breiten Streif unterschieden wird, den er auf jeder Seite des Leibes vom Kopfe bis zu dem Schwanze hat. Er frißt die Ratten, wenn sie in Haufen über das Wasser setzen. Er liebet die Beeren des Browniſsa, einer Art von Gesträuche, welches an den Ufern der Flüsse wächst. Wenn er es sieht, so erhebt er sich über das Wasser, um das Blatt mit der Frucht zu erschnappen. Es ist ein sehr schöner Fisch, aber man findet ihn selten. Weil man nicht weis, um welche Zeit er in die Flüsse kömmt oder wieder in das Meer zurück geht, so vermuthet man, daß er noch unter dem Eise in die Flüsse gehen möchte.

Koriuchi oder Seeaalraupen. Die Kamtschadalen haben auch Seeaalraupen, die sie Koriuchi nennen. Es sind dieses sehr kleine Fische von einem so unangenehmen Geschmacke, daß sie die Fische lieber ihren Hunden geben. Von ihren dreyen Arten ist diejenige am überflüssigsten, welche sie Uiki nennen. Man saget, daß die Ufer des östlichen Meeres zuweilen mit ihnen wohl auf hundert Werste lang bedeckt sind. Man kann sie erkennen, weil sie beständig drey und drey beysammen schwimmen, indem sie sich an einem haarichten Streife, den sie auf beyden Seiten haben, so fest an einander hängen, daß der, welcher einen fangen will, dreye fängt.

Beltschutsch oder Häring. Herr Kraschenninikow endiget die Geschichte der kamtschadalischen Fische mit den Häringen, die man im Lande Beltschutsch nennet. Man findet diesen Fisch in dem penschinischen Meere nicht, aber dafür desto häufiger in dem östlichen, wo er einen weiten Lauf hat. Mit einem einzigen Zuge kann man daselbst vier Tonnen fangen.

Diese Fischerey geschicht in dem See Wiliutschin, welcher einerley mit dem Meerbusen Awatscha seyn muß, obgleich der Ort weder auf einer Karte, noch in dem Buche des Herrn Abt Chappe, angegeben ist. Er ist, saget er, funfzig Saschen oder Klaftern vom Meere entfernet, mit dem er durch einen Arm zusammen hängt. Wenn die Häringe im Herbste dahinein gehen, so wird dieser Arm oder enge Canal gar bald durch den Sand verschlemmet, den die Stürme daselbst aufhäufen. Im Frühlinge durchbrechen die Wasser des Sees, die durch den geschmolzenen Schnee angeschwellet sind, diesen Sanddamm, und öffnen den Häringen die Straße ins Meer. Da sie durch diese Straße in der Zeit gehen, wenn sie frey ist, so durchbrechen die Kamtschadalen das Eis an einem Orte, und stecken ihre Netze dadurch, an denen sie zur Lockspeise für die andern einige Häringe befestigen. Dieses Loch überdecken sie mit Strohdecken, in denen ein Loch angebracht ist. Ein Fischer giebt darauf Acht, um dadurch den Augenblick zu bemerken, wenn die Häringe in die Netze kommen, indem sie durch die Straße das Meer gewinnen wollen. So bald er dieses sieht, ruft er seine Gesellen; man hebt alsdenn die Strohdecken weg, und man zieht die mit Häringen angefülleten Netze herauf. Man bindet sie nachher in Bündeln in Bast, und die Kamtschadalen führen sie auf ihren Schlitten hinweg. So verschieden ist der Fleiß, der durch die Nothdurft erwecket wird, bey allen Völkern durch die Lage der Oerter und der Sachen, welche zusammen kommen, dieser Nothdurft ab zu helfen. Der Häring ist in allen Meeren einerley: aber die Art ihn zu fangen, ist nicht auf allen Küsten dieselbe.

Das

Land Kamtschatka.

Das IX Capitel.

Von den Vögeln.

Von den Seevögeln. Ipatka oder nordische Wasserente. Muischagatka. Arau oder Kara. Seegans oder Tschaiki. Gewittervogel. Staariki oder Glupischi. Kaiorer. Urils. Von den Vögeln auf süßen Wassern. Schwäne. Gänse. Landvögel. Gewürme.

Die Geschichte der wilden Länder ist vielmehr die Geschichte der Thiere, als ihrer Bewohner. Allein, ob schon überall, wo der mörderische Mensch seine verwüstenden Fußtapfen nicht hingesetzet hat, alle andere Bewohner der Erde eine sichere Zuflucht finden sollten, wo sie nach Gefallen sich vermehren könnten, so kann man doch überhaupt sagen: Wenig Menschen, wenig Thiere. So sehr bringen und treiben die Gefräßigkeit, die Unruhe, die Raubsucht, die Neugierde, die Liebe zur Ruhe, der Durst nach Beute, die Leidenschaften und Bedürfnisse des menschlichen Geschlechtes an allen denen Oertern, wo so wohl das, was die Thiere, als die Pflanzen, hervorbringen, dem Wesen Nahrung verschaffen kann, welches alles frißt, was lebet, und sich durch den Tod aller andern Wesen erhält. Wenn also Kamtschatka nicht so bevölkert ist, als man aus der Beschaffenheit seiner Lage muthmaßen sollte, so kömmt es daher, weil die Erde den Menschen wenig Nahrungsmittel darreichet, und weil der steinige oder morastige Boden gar nichts grünes zwischen denen Felsen oder Wassern, mit welchen er bedecket ist, hervorbringt. Man kann sich also vorstellen, daß die Vögel daselbst sehr selten seyn müssen. Es sind auch überdieß größtentheils nur Wasservögel, und das Meer bringt viele Arten derselben hervor.

Sie sind beynahe alle an den östlichen Ufern von Kamtschatka, weil ihnen daselbst die Gebirge eine nähere Zuflucht, und der Ocean mehr Nahrungsmittel geben. Seevögel.

Der bekannteste von diesen Vögeln ist der Meertaucher, der mit dem Namen der nordischen Wasserente, anas arctica, bezeichnet wird. Die Kamtschadalen nennen ihn Ipatka. Man findt ihn auf allen Küsten dieser Halbinsel, und er hat in Kamtschatka nichts besonders, außer daß er daselbst sehr häufig angetroffen wird. Ipatka oder nordische Wasserente.

Ein anderer Vogel von eben der Art, der aber in andern Gegenden nicht angetroffen wird, ist der Muischagatka [1]). Er ist vom Ipatka, der einen weissen Bauch hat, daran unterschieden, daß er ganz schwarz ist, und auf seinem Kopfe „zwey weisse „Federbüsche hat, die ins Gelbliche fallen, und ihn wie zwo Flechten von den Ohren bis „auf den Hals herunter hängen.“ Muischagatka.

Von einer andern Art, die man Gagares nennet, ist der Arau oder Kara. Dieser Vogel ist größer, als die Ente; sein Kopf, Hals und Rücken sind schwarz, der Bauch blau, der Schnabel lang, gerade, schwarz und spitz, die Füße schwarz mit roth untermischet. Arau oder Kara.

Nn 2

1) Herr Steller beschreibt diesen Vogel also: Alca monachros, sulcis tribus, cirro duplici utrinque dependente. Anas arctica cirrata.

Land Kamtschatka.

untermischet. Er hat drey Sporen, die durch eine schwarze Haut verbunden sind; seine Eyer lassen sich wohl essen, aber sein Fleisch ist schlecht; sein Fell gebrauchet man zu Unterfutter.

Wasserrabe oder Tschaiki.

Es giebt in Kamtschatka einige diesem Lande eigene Wasserraben, die man Tschaiki nennet. Man hat ihrer zweyerley Arten, die durch ihre Federn unterschieden sind. Denn die eine hat schwarze, die andere weisse. Der Tschaiki hat ungefähr die Größe einer Gans; sein Schnabel hält fünf Zoll, und ist an den Seiten schneidend; sein Schwanz hält acht bis neun Zoll, und die Flügel, wenn sie ausgebreitet sind, halten sieben Fuß. Sein Schlund ist so weit, daß er ganze große Fische verschlingt. Wenn er aber das gethan hat, so ist er nicht vermögend, auf seinen Füßen zu stehen, noch weniger, sich von der Erde zu erheben. Hierinnen kömmt er ohne Zweifel mit vielen Vögeln überein, von denen schon in der Historie der Reisen Nachricht gegeben worden; obgleich die Naturkündiger selten in ihren Beschreibungen übereinkommen, indem sie bald aus einer mehrere, und bald aus mehreren eine Art machen. Der Schnabel, die Füße, die Fittiche, die Schattierung und Stellung der Farben und Flecken, verändern sich ins Unendliche, nicht allein unter den verschiedenen Arten, sondern auch bey den einzelnen Stücken einerley Art nach ihrem verschiedenen Alter und Himmelsstriche. Es mag uns also genug seyn, in dieser Geschichte die Verhältnisse verschiedener Thiere mit den Menschen zu sammlen, das heißt, alles das, was zwischen diesen Arten und der unserigen in denen verschiedenen Ländern, die sie zusammen bewohnen, besonderes ist. Man wird also nur bloß sagen, daß sich der Mensch der Blase des Tschaiki bedienet, sie anstatt des Korkes an seine Netze zu binden, und daß er diese verschiedenen Arten von Vögeln auf folgende Weise fischet.

Die Kamtschadalen stoßen eine Angel von Eisen oder Holze durch einen Fisch, so daß das Werkzeug unter der Floßfeder, die auf dem Rücken ist, verborgen bleibt. Diese Lockspeise wirft man ins Meer, und die Tschaiki fliegen alsbald hinzu, sich die Beute streitig zu machen. Und wenn der Stärkste der Streitenden sich des Angels bemächtiget hat, so zieht man alles mit einem an den Köder gebundenen Riemen herauf. Zuweilen bindt man einen lebendigen Vogel an dieses Holz, um damit andere zu erhaschen. Einem solchen Vogel bindt man den Schnabel zu, aus Furcht, er möchte etwa den Köder verschlingen.

Gewittervogel.

Unter die Meerraben oder Meerschwalben wird auch der Gewittervogel, oder die procellaria gerechnet. Die Schiffer haben ihm diesen Namen gegeben, weil er, wenn ein Gewitter kommen soll, sehr tief fliegt, so daß er mit seinen Flügeln die Oberfläche der Wasser berühret, oder sich ganz auf die Schiffe niederläßt. Es ist dieses allemal ein untrügliches Zeichen eines Sturmes.

Starîki. Glupischi.

Zu diesen Vögeln einer übeln Vorbedeutung zählet Herr Steller auch die Starîki und Glupischi. Die erstern, die ungefähr so groß, wie eine Taube, sind, haben einen weissen Bauch, aber an dem ganzen übrigen Bauche sind sie violett. Es giebt auch einige, die ganz schwarz sind, und einen scharlachrothen Schnabel und einen weissen Federbusch auf dem Kopfe haben. Die letztern, die ihren Namen von ihrer Dummheit haben, sind ungefähr so groß, als eine Flußschwalbe. Die Inseln, oder vielmehr die Klippen, welche in der Meerenge liegen, die Kamtschatka von America trennet, sind von ihnen ganz bedeckt. Man saget, daß einige von ihnen schwarz wären, wie in

der

der Matrey die Umbererde, aber weisse Flecken auf dem ganzen Leibe hätten. Wenn die Kamtschadalen sie fangen wollen, so haben sie nichts weiter zu thun, als daß sie sich nahe an den Ort ihres Aufenthaltes setzen, und einen Pelz mit herabhängenden Aermeln anziehen. Wenn diese Vögel denn des Abends sich wieder in ihre Löcher begeben wollen, so verirren sie sich von selbst in den Pelz des Jägers, der sie so ohne alle Mühe fangen kann. Land Kamtschatka.

Zu dieser Art rechnet man auch den Raiover oder Raior, den man aber doch für sehr listig ausgiebt. Es ist ein schwarzer Vogel, der einen rothen Schnabel und rothe Füße hat. Die Cosaken nennen ihn Jswoschiki, weil er ungefähr so pfeift, wie ihre Pferdeführer. Raiover.

Es giebt auch auf der Küste von Kamtschatka Wasserraben, und darunter eine Art, die man Uril nennet, und ungefähr die Größe einer Gans hat. Ihre Leiber sind schwarz, und fallen ins Weisse, ihre Schenkel weiß, ihre Füße schwarz, und der Schnabel oben schwarz und unten roth. Uril.

Die Kamtschadalen sagen, die Urile hätten keine Zunge, weil sie solche mit den wilden Ziegen, gegen die weissen Federn an dem Halse und Schenkeln, vertauschet hätten. Inzwischen schreyt doch dieser Vogel Tag und Nacht, und Herr Steller saget, dieses Geschrey gleiche denen kleinen Kindertrompeten, die man auf den Nürnberger Jahrmärkten verkaufet. Wenn er schwimmt, so trägt er seinen Hals gerade aufrecht; und wenn er fliegt, so machet er ihn lang. Zur Nachtzeit halten sie sich in großen Haufen auf den Spitzen jäher Felsen an den Ufern auf, von denen sie oft in das Wasser hinunter fallen, und eine Beute der Füchse werden, die daselbst im Hinterhalte lauren. Des Tages über stehlen ihnen die Kamtschadalen ihre Eyer, nicht ohne Gefahr, sich den Hals in den jähen Felsen zu brechen, oder von ihnen hinab ins Meer zu fallen. Man fängt diese Vögel mit Netzen, oder auch mit Stricken, die man an lange Stangen bindt. Wenn sie einmal im Schlafe sind, so verlassen sie ihren Platz nicht, wenn sie auch gleich die, welche ihnen zur Seite sitzen, fangen sehen. Wenn der Vogelsteller ihnen den Strick zeiget, den er an die Stange gebunden hat, die er in der Hand hält, so wenden sie den Kopf weg, sich zu verbergen, bleiben aber an eben dem Orte, bis sie in der Schlinge gefangen werden.

Auch die Flüsse haben ihre Vögel, und ihr König ist der Schwan, welcher, wie es de Saint Lambert in seinem Gedichte von den Jahreszeiten so schön ausdrücket: Vögel im süssen Wasser.

Mit edlem Stolze schifft und majestätisch schwimmt.

Jedoch die Ehre dieses Königs besteht nur darinnen, daß er von den Kamtschadalen bey ihren Schmausereyen und Festen gespeiset wird. Man fängt ihn zu der Zeit, wenn er sich mausert, mit Hunden, oder schlägt ihn mit Knütteln todt. So begegnet der König der Thiere dem Könige der Vögel im süßen Wasser. Schwäne.

Mehr Geschicklichkeit brauchet man, die Gänse zu berücken, deren es sieben bis acht Arten in Kamtschatka giebt. Man schlägt Hütten mit zwoen Thüren an dem Orte auf, wo sich diese Vögel des Abends hinbegeben, und nachher nähert sich ein Jäger, der mit einem weißen Hemde oder Pelze bekleidet ist, den Gänsen sehr sacht. Wird er sie gewahr, so kriecht er zur offnen Hütte zurück. Die Gänse folgen ihm nach; er geht zur andern Thüre hinaus, verschließt sie hinter sich, geht nachher hinum, und zur ersten wieder hinein, da er alle die Gänse tödtet. Gänse.

Land Kamtschatka.

Man fängt sie auch in Gräben, die man längst denen Seen, wo sie sich aufhalten, aushöhlet. Wenn sie nun ausgehen wollen, so treten sie auf die Falle, die man unter den Kräutern verborgen hat, und fallen also hinunter, daß ihre Fittige in den engen Gräben eingeschlossen werden.

Diese Gänse sitzen in Kamtschatka eben so wenig, als in andern Ländern, still. Herr Steller saget, sie kämen im Maymonate dahin, und giengen im Windmonate wieder weg. Er glaubet, sie kämen aus America; denn er hat sie im Herbste auf der ostlichen Seite der Insel Bering und im Frühlinge auf der westlichen vorbey fliegen sehen.

Die Enten sind noch gemeiner, als die Gänse, weil es ihrer wohl zehnerley Arten giebt, die Hausenten nicht mit gerechnet. Eine von diesen Arten, welche man Sawki nennet, ist wegen ihres Geschreyes merkwürdig. Steller saget, es bestehe aus sechs Tönen, die er auf folgende Art bezeichnet hat.

o o
o o
o o

Von ihrem Geschreye haben die Kamtschadalen sie Aangitsche genannt. Der Naturkündiger eignet diese drey Modulirungen dreyen Oeffnungen der Luftröhre zu, welche mit einem feinen und zarten Häutchen bedecket sind.

Eine in Kamtschatka besondere Art Enten sind die Bergenten [a]). Dieß ist eine Ursache, deren Beschreibung hier umständlich an zu führen. „Der Kopf des Männchens ist so schön schwarz, wie Sammt. Sie haben neben dem Schnabel zween „weisse Flecken, welche in gerader Linie bis über die Augen weggehen, und sich nur „hinten am Kopfe durch thonfarbige Streifen endigen. Um die Ohren herum haben „sie einen kleinen weissen Fleck, von der Größe einer Linse. Ihr Schnabel ist, so wie „aller andern Enten ihrer, breit, flach und von bräunlicher Farbe. Ihr Hals ist unten schwarz mit Weiß vermischt. Sie haben über dem Kropfe eine Art von weißem „mit Blau eingefaßten Halsbande, welcher an dem Kropfe selbst schmal ist, und sich zu „beyden Seiten gegen den Rücken zu verbreitet. Der Bauch vorn und der Rücken „oben sind bläulich; gegen den Schwanz zu sind sie von schwärzlicher Farbe. Ihre „Flügel sind mit einer breiten weissen schwarz eingefaßten Binde queer über gestreift. „Die Seitenfedern, welche unter den Flügeln sind, sind thonfarbicht. Die starken „Schwungfedern ihrer Flügel sind ausser sechsen schwärzlich. Von diesen sechsen sind „viere schwarz und glänzend wie Sammt; die beyden letztern sind weiß und an den „Enden schwarz eingefasset. Die Schwungfedern der zweyten Reihe sind fast schwärzlich; die in der dritten sind von einem mit Blau vermischten Graue. Indessen giebt „es doch zwo Federn, welche weisse Flecken am Ende haben. Ihr Schwanz ist schwarz „und spitzig; ihre Füße sind von einer blassen Farbe. Dieser Vogel wiegt ungefähr „zwey Pfund. Das Weibchen von dieser Art ist nicht so schön. Ihre Federn sind „schwärzlich, und eine jede derselben gegen die Spitze zu von einer gelblichen Farbe, „ein wenig mit Weiß eingefasset. Sie hat einen schwarzen und mit weissen Flecken getüpfelten Kopf. Sie wiegt nicht völlig anderthalb Pfund.„

Diese

a) Steller beschreibt sie anas picta capite pulchre fasciata.

Diese Weibchen sind sehr dumm, fährt Kraschenninikow fort. Denn anstatt daß sie davon fliegen sollten, wenn sie einen Menschen sehen, tauchen sie sich nur ins Wasser, welches ohne Zweifel ihr vornehmstes Element ist. Die Gewässer aber sind so seicht und hell, daß es leicht ist, diese Enten darinnen mit Stangen todt zu schlagen. Land Kamtschatka.

Indessen fängt man doch auf diese Art weniger, als auf der Jagd. Diese letzte Uebung, die so zeitvertreibend, als nützlich ist, erfordert Geschicklichkeit. Der Herbst ist die Jahreszeit dazu. Man geht an Oerter, die voller von Gehölzen unterbrochenen Seen oder Flüsse sind. Man machet Zugänge queer durch diese Gehölze, von einem See zum andern. Man bindt Netze zusammen, die an lange Stangen geheftet sind, und welche man vermittelst eines Strickes, dessen beyde Enden man hält, ziehen oder loslassen kann. Gegen Abend spannet man diese Netze in der Höhe des Entenfluges auf. Diese Vögel stürzen sich von selbst in so großer Anzahl mit so vieler Stärke hinein, daß sie dieselben oft zerreissen, indem sie queer über fliegen, und von einem See zum andern gehen, oder auf der Oberfläche des Wassers längst einem Flusse hinstreichen.

Diese Enten sind den Kamtschadalen statt des Barometers und der Wetterhähne, mit dem Unterschiede, daß sie vielmehr das künftige, als das wirkliche Wetter anzeigen, und daß sie sich gegen den Wind wenden und fliegen, den sie ankündigen. Diese Vorherdeutungen aber sind nicht unfehlbar.

Kamtschatka hat in seinen Felsen nur Raubvögel. Auf dem Gipfel dieser Felsen sind die Adlernester, welche sechs Fuß im Durchschnitte haben, und drey bis vier Zoll hoch sind. Alle junge Adler sind weiß, wie der Schwan. Darauf werden einige grau, andere braun oder thonfarbicht, noch andere schwarz und wieder andere schwarz und weiß geflecket. Die Adler fressen die Fische, und die Kamtschadalen essen die Adler. So gehen die thierischen oder vegetalischen Substanzen, durch die Nahrung, eine in die andere, welche das Seigetuch der Wiederhervorbringung ist; und der Mensch allein machet sie sich fast alle gemäß. Durch einen sonderbaren Kreislauf der Keime des Lebens und des Todes aber wird, wenn die Geflügel, die Fische und die gefräßigen vierfüßigen Thiere sich von einer unendlichen Anzahl Arten genähret haben, welche aus den verschiedenen Classen des Thierreiches genommen worden, der Mensch endlich, der alle diese Arten eine nach der andern verzehret hat, nach seiner Reihe der Raub des geringsten Gewürmes. Landvögel.

Dieses ist in Kamtschatka sehr gemein. Wenn die Hitze des Sommers nicht lebhaft genug ist, viele von diesen Geburten und Insecten zu vervielfältigen, so machen dafür die Gewässer, wovon das Land durchschnitten ist, daß alles von Gewürmen wimmelt. Die Erde ist damit bedecket; die Fische, welche man trocknet, werden davon bis auf die Haut gefressen, welche allein übrig bleibt. Die Fliegen und Mücken machen dieses Land in der einzigen Jahreszeit, wo es noch bewohnbar wäre, unerträglich. Zum Glücke leidet man nicht so gar überaus viel davon, weil die Kamtschadalen alsdann mit der Fischerey beschäfftiget sind, wo die Kühle und die beständig anhaltenden Winde diese verdrüßlichen Schwärme entfernen, welche die Sonne ausbreitet. Die Feuchtigkeit der Luft machet auch, daß man wenig Schmetterlinge siehet, ausser gegen die Quelle von Kamtschatka, wo die Trockenheit des Bodens und die Nachbarschaft Gewürme.

der

Land Kamtschatka.

der Gehölze sie gemein machen. Es ist aber sonderbar, daß man ihrer ungeheuer viel auf Schiffen gesehen hat, welche über dreyßig Wersten von der Küste entfernt gewesen. Können sie so weit fliegen, ohne zu ruhen? Oder werden nicht diese Insecten vielmehr auf den Schiffen selbst ausgebrütet? In diesem Falle würde man sie von einem fremden Erdstriche nach Kamtschatka bringen, wie die Wanzen, welche man in den Gegenden des Bolschaia Reka und Awatscha findt, wohin sie ohne Zweifel in Kuffern und auf Kleidern gekommen sind.

Wenn die Kamtschadalen von unserm meisten Ungeziefer befreyet sind, so werden sie doch von den Läusen noch mehr gemartert, als man in Italien und so gar in Spanien davon geplaget wird. Man findt an den Ufern des Meeres eine Art, welche sich zwischen die Haut und das Fleisch setzet und scharfe Schmerzen verursachet, die man nicht anders stillen kann, als wenn man das frische Fleisch wegschneidt, worinnen sie ihr Nest gemacht hat. Was die ordentlichen Läuse anbetrifft, so sind sie mit diesem Hausungeziefer der heissen Himmelsgegenden dergestalt reichlich in Kamtschatka versehen, daß die Weiber oft nichts anders zu thun haben, als sich davon zu befreyen. Sie lassen sie haufenweise auf ihre Kleider fallen, wenn sie ihre Haare durch ihre Finger streifen, die ihnen statt der Kämme dienen. Die Mannspersonen befreyen sich davon durch hölzerne Striegel, womit sie sich den Rücken reiben. Manns- und Frauenspersonen aber essen beyderseits ihre Läuse, ohne Zweifel zur Vergeltung. Die Cosaken sind verbunden, den Kamtschadalen mit Schlägen zu drohen, wie den Kindern, damit sie ihnen diese Unreinlichkeit abgewöhnen. Man kann aber eine Frauensperson dieses Landes nicht abhalten, Spinnen zu essen, wenn sie solche antrifft, es sey nun vor ihrer Schwangerschaft oder in diesem Zustande, oder auch zur Zeit, wenn sie niederkommen will. Die Vorstellung, welche man von der Kraft dieses Ungeziefers zur Fruchtbarkeit hat, machet, daß ein Mann seine Frau viel geneigter zu seinen Annäherungen findt, wenn sie diesem wunderlichen Geschmacke an den Spinnen ein Genügen gethan hat. Ueberall sieht man die Niederträchtigkeit des Menschen. Wo ist aber deine Größe, in deinen Meynungen geringschätziges, in deinen Leidenschaften verhaßtes Wesen?

Das

Einwohner in Kamtschatka.

Das II Buch.

Von den Einwohnern in Kamtschatka.

Das I Capitel.

Von dem Ursprunge und der Gestalt der Kamtschadalen.

Ursprung der Kamtschadalen. Stellers Muthmaßungen deswegen. Ihre Gestalt.

Da Kamtschatka gegen Norden mit dem festen Lande durch das Land selbst, und gegen Mittag durch das Meer mit den kurilischen Inseln Gemeinschaft hat, so müssen seine Einwohner etwas mit von der Gemüthsart, der Gestalt und der Sprache derjenigen Völker an sich haben, welche sie umgeben. Sie sind auch gleichsam in drey Völkerschaften und drey Sprachen eingetheilet, die Koriäken gegen Norden, die Kurilen gegen Mittag und die Kamtschadalen zwischen beyden. Diese, welche die vornehmste Völkerschaft sind, und nur einerley Sprache reden, wohnen von der Quelle von Kamtschatka bis an dessen Mündung und längst dem Ostmeere. Die Gränzen aber, welche man diesen dreyen Völkerschaften und ihren Sprachen anweist, sind in dem russischen Werke, wovon Herr Chappe die Uebersetzung heraus gegeben, gar zu verwirrt, als daß man sich an diese Eintheilung der Völker und Sprachen halten könne. Sie ist auch eben so dunkel, wie die bey dem babylonischen Thurme.

Ursprung der Kamtschadalen.

Die Kamtschadalen nennen sich selbst Itelmen, d. i. Landeseinwohner. Seit wenn bewohnen sie das Land? Sie sind darinnen erschaffen, sagen sie. Woher kommen sie? Aus Mungalien: antwortet Herr Steller. Was hat man für Beweise von dieser Muthmaßung? Hier sind deren zween.

Stellers Muthmaßungen davon.

Die Sprache der Kamtschadalen hat viel Wörter, die sich wie der chinesischen Mongolen ihre auf ong, ing oder tschin, tschà oder ksin, ksung endigen. Diese beyden Sprachen sind einander in den Abänderungen und den abgeleiteten Wörtern ähnlich. Die Veränderungen und Abweichungen, welche sich unter ihnen befinden, kommen von der Zeit und der Himmelsgegend.

Ein anderer Beweis von der Abkunft ist die Gleichförmigkeit der Gestalt. Die Kamtschadalen sind klein und schwarzbraun, wie die Mongolen. Sie haben schwarze Haare, wenig Bart, ein breites und flaches Gesicht, eine eingedrückte Nase, wie die Kalmücken. Ihre unregelmäßigen Gesichtszüge, tief im Kopfe liegenden Augen, dünnen Beine, und der hängende Bauch; kurz, Aehnlichkeiten in der Gemüthsart beyder Nationen beweisen dem Herrn Steller vollends, daß sie einen gemeinschaftlichen Ursprung haben, oder daß eine von der andern herkömmt. Ihre Trennung aber, saget er, muß eher geschehen seyn, als die Trennung Japons von China; und der Beweis,

Einwohner in Kamtschatka. daß sie sehr alt seyn müsse, ist, daß die Kamtschadalen nicht den Gebrauch des Eisens, ja auch fast nicht einmal einen Begriff davon haben, dessen sich doch die Mongolen seit länger als zweytausend Jahren bedienen. Sie haben so gar die mündliche Sage von ihrem Ursprunge verloren; sie kennen nur seit sehr kurzer Zeit die Japoner und so gar die Kurilen. Sie waren sehr zahlreich, als die Russen zu ihnen kamen, ob gleich die Ueberschwemmungen, die Stürme, die wilden Thiere, der Selbstmord und die innerlichen Kriege beständige Ursachen zur Entvölkerung waren. Sie haben eine Kenntniß von der Eigenschaft der Kräuter, welche eine lange Erfahrung voraussetzet. Vornehmlich aber sind die Werkzeuge und Geräthe, deren sie sich bedienen, von der andern Nationen ihren unterschieden.

Aus allen diesen schließt Herr Steller, daß die Kamtschadalen aus dem höchsten Alterthume sind, und daß sie durch die Eroberer des Morgenlandes in ihre Halbinsel getrieben worden; wie die Lappen und Samojeden von den Europäern nach Norden gejaget worden. Es sey mit diesen Muthmaßungen wie ihm wolle; die Kamtschadalen mögen von den Ufern der Lena, wovon sie durch die Tungusen verjaget worden, hergekommen seyn; oder sie mögen aus Mongolien über dem Flusse Amur herstammen, so beweist doch selbst die Ungewißheit ihres Ursprunges ihr Alterthum; und die ewigen Veränderungen der Völker, die sie auf dem festen Lande umgeben, lassen vermuthen, daß sie zu Lande und nicht zur See nach Kamtschatka gekommen sind; denn das feste Land hat die Inseln, und nicht die Inseln haben das feste Land bevölkert.

Ihre Gestalt. Die Kamtschadalen sind in vielen Zügen einigen sibirischen Völkerschaften ähnlich: sie haben aber kein so langes und hohles Gesicht, mehr hervorstehende Backen, einen großen Mund und dicke Lippen, breite Schultern, vornehmlich diejenigen, welche an den Ufern des Meeres von denen Ungeheuern leben, die dasselbe hervor bringt. Es würde eben nicht zu verwundern seyn, wenn diese wilden Menschen einige entfernte Aehnlichkeiten in der Gestalt mit denen Thieren hätten, die sie jagen, fischen, und wovon sie leben; wenn die Einbildungskraft, die Himmelsgegenden, die Gewohnheiten, die Empfindungen, und vornehmlich die Speisen der Mutter einen Einfluß in die Bildung des Kindes haben. Wenn aber die Kamtschadalen in nichts denen Thieren gleichen, wovon sie sich nähren, so riechen sie doch wenigstens nach Fischen, und duften einen starken Meerentengeruch von sich; da sie durch übermäßige Schmutzigkeit eben so beliebsamet sind, als man es aus Klügeley, ich will nicht sagen, aus Noth, der Reinlichkeit wegen seyn kann. Ehe man sich in die Vorstellung ihrer Sitten einläßt, muß man ihre Beschäfftigungen kennen; sie beziehen sich alle auf ihre ersten Bedürfnisse, den Unterhalt, die Kleidung und die Wohnung.

Das

Einwohner in Kamtschatka.

Das II Capitel.

Von dem Unterhalte, der Kleidung und den Wohnungen der Kamtschadalen.

Speisen. Jukola oder Zaal. Der Caviar. Tschupriki. Selaga. Kleidungen. Wohnungen. Jurten oder Winterhäuser. Balagane oder Sommerhäuser.

Speisen.

Dieses Volk lebet von Wurzeln, Fischen, und zweylebigen Thieren. Es machet aber vielerley Mischungen aus diesen dreyen Wesen. Ihre vornehmste Speise ist das Jukola oder Zaal. Dieß ist ihr Brod. Sie nehmen allerley lachsartige Fische, und schneiden sie in sechs Theile. Den Kopf läßt man in Gruben faulen, um ihn als Salzfisch zu essen. Den Rücken und Bauch trocknet man im Rauche, den Schwanz und die Seiten in der Luft. Man zerstößt das Fleisch für die Menschen, und die Gräten für die Hunde. Man treuget diese Art Teig und ißt ihn täglich.

Jukola oder Zaal.

Caviar.

Das zweyte Gericht ist der Caviar, welcher von Fischrogen gemacht wird. Man hat dreyerley Arten, ihn zu bereiten. Man läßt den Rogen an der Luft trocknen, und hängt ihn mit dem Häutchen, welches ihn umgiebt, auf, oder breitet ihn auch, dieses Säckchens beraubet, auf dem Rasen aus. Zu anderer Zeit thut man diesen Rogen in Grashalme oder Rollen von Blättern, und trocknet ihn am Feuer. Endlich leget man ihn auf eine Schicht Rasen, auf dem Boden einer Grube, und bedecket ihn mit Grase und Erde, damit er gähre. Mit diesem Caviar sind die Kamtschadalen stets versehen. Bey einem Pfunde von dieser Art Lebensmittel kann ein Mensch lange Zeit ohne andere Nahrung bestehen. Zuweilen mischet er unter seinen trockenen Caviar Weiden- oder Birkenrinde. Diese beyden Speisen wollen zusammen seyn. Der Caviar allein machet in dem Munde einen Leim, der sich an die Zähne anklebet, und die Rinde ist gar zu trocken, als daß man sie verschlucken könne.

Tschupriki.

Ein noch auserleseneres Gericht ist das Tschupriki. Man leget allerhand Mittelfische auf eine Hürde sieben Fuß über dem Heerde. Man machet die Wohnungen zu, um sie wie Badstuben oder Backöfen, zuweilen mit zweyen oder dreyen Feuern, zu erwärmen. Wenn der Fisch also in seinem Safte langsam gebacken, halb geröstet und halb geräuchert ist, so zieht man ihm leichtlich die Haut ab; man nimmt das Eingeweide heraus; man läßt ihn auf Matten trocknen; man schneidet ihn in Stücke und verwahret diesen Vorrath in Säcken mit Grase durchflochten.

Dieß sind die ordentlichen Speisen, welche statt des Brodes dienen. Die Fleischspeisen der Kamtschadalen sind von Seehunden, oder andern Seethieren. Man sehe, wie man sich einen Vorrath davon anschaffet. Man gräbt eine Grube, deren Boden man mit Steinen pflastert. Man leget einen Haufen Holz darauf, welches man unten anzündet. Wenn die Grube erhitzet ist, so nimmt man die Asche daraus weg; man versieht den Boden mit einem Bette von grünem Erlenholze, worauf man schichtenweise Speck und Fleisch von Seehunden leget, und zwischen diese Schichten Erlen-

Einwohner in Kamtschatka.

zweige thut; und wenn die Grube voll ist, so bedecket man sie mit Rasen und Erde, damit man den Dampf darinnen behalte. Nach einigen Stunden nimmt man diesen Vorrath heraus, der sich ein ganzes Jahr hält, und so gedörret besser ist, als gesotten.

Die Art, wie die Kamtschadalen das Seehundespeck essen, ist, daß sie sich ein langes Stück davon in den Mund stecken, welches sie dicht vor den Lippen abschneiden und es hinunter schlucken, ohne es zu kauen.

Selaga.

Das von den Kamtschadalen am meisten gesuchete Gericht ist das Selaga. Es ist ein Mischmasch von Wurzeln und Beeren, die zusammen gestoßen werden, wozu man Caviar, Walfischspeck, Seehundespeck und gebackenen Fisch thut. Alle wilde Völker haben also ihr Oille, welches sie auf eine Art bereiten, die für alle andere, als für sie, ekelhaft ist. Die Kamtschadalinnen säubern und bleichen ihre schmutzigen Hände in dem Selaga, welches sie mit der Sarana kneten und dünn machen.

Dieß Volk trinkt nur Wasser. Vordem thaten sie Pilze hinein, wenn sie sich lustig machen wollten. Jetzo trinken sie Branntewein, wenn ihnen die Russen für das schönste und theuerste, was diese Wilden haben, welchen umsonst zum Tausche geben wollen. Die Kamtschadalen werden durch den trocknen Fisch, wovon sie sich nähren, sehr durstig. Sie hören nicht auf, nach ihren Mahlzeiten, und so gar des Nachts, Wasser zu trinken. Sie thun Schnee oder Eis hinein, damit sie sich nicht erhitzen, saget man.

Ihre Kleidung.

Der Wilde ist nothwendiger Weise wilder gegen Norden, als gegen Süden. Er ist aus doppelter Ursache ein Verheerer. Die Natur, welche ihm vielen Hunger und wenig Früchte giebt, will, daß er Thiere tödte, sich zu nähren und zu kleiden. Der mit Fischen oder Wasservögeln gemästete, angefüllete und vollgestopfete Kamtschadale wird also auch noch von ihren Fellen bekleidet, bedecket und erwärmet. Dafür ist er ohne Zweifel der König der Natur in der schmalen Halbinsel, die er bewohnet. Ehe dieses Volk von den Russen und Cosaken durch Flintenstöße und Stockschlage gesittet gemachet worden, so machete es sich eine seltsame Kleidung von Fuchsfellen, Seehundehäuten und Vogelfedern, die auf eine grobe Art zusammen genehet waren. Heute zu Tage sind die Kamtschadalen fast eben so gut gekleidet, als die Russen. Sie haben kurze Kleider, die bis auf die Knie gehen; sie haben welche mit Schweifen, die tiefer herab fallen; sie haben so gar ein Oberkleid. Dieß ist eine Art von zugemachtem Wamse, worinnen ein Loch ist, den Kopf durch zu stecken. Dieses Collet ist mit Hundepfoten versehen, womit man sich bey bösem Wetter das Gesicht bedecket; einer Kapuze nicht zu erwähnen, welche über den Kopf gezogen wird. Diese Kapuze, das Ende der Aermel, die sehr weit sind, und das Kleid unten sind rund herum mit einem Saume von weissen Hundefellen mit langen Haaren verbrämet. Diese Kleider sind auf dem Rücken und den Näthen mit gemalten Streifen von Fellen oder Zeugen besetzet, zuweilen auch mit Quasten von Fäden oder Riemen von allerhand Farben gezieret. Die Kasake ist ein Pelz von schwarzen, weissen oder gefleckten Haaren, die man auswärts kehret. Dieß ist das Kleid, welches die Kamtschadalen Kakpirasch und die Cosaken Kuklianscha nennen. Es ist für Mannes- und Weibespersonen einerley; die beyden Geschlechter sind nur durch die Unterkleider in ihrer Kleidung unterschieden.

Die Frauenspersonen tragen unter der Kasake ein Kamisol und Hosen, die zusammen genehet sind. Diese Kleidung wird über die Füße angezogen, an dem Collet

mit

Kleidung der Kamtschadalen.
1. Winterkleidung. 2. Somerkleidung. 3. Ceremonienkleidung.

Kleidung der Frauenspersonen in Kamtschatka.

1. Alltagskleidung. 2. Ceremonienkleidung.

3. Kamtschadalin in dem größten Putze.

mit einem Bande festgemacht, und unten unter dem Knie zugebunden. Man nennet sie Chonba. Die Mannspersonen haben auch zur Bedeckung ihrer Blöße einen Gürtel, den sie Maschwa nennen. Man heftet eine Art von Beutel wegen des Vordern, und eine Schürze wegen des Hintern daran. Dieß ist die Hauskleidung; sonst war es die ganze Sommerkleidung. Jetzo haben die Mannspersonen für den Sommer lange Hosen oder Weiberhosen, die bis auf die Knöchel gehen. Sie haben dergleichen auch für den Winter, aber weiter und gefüttert mit dem Haare inwendig auf dem Hintern, aber auswendig um die Schenkel.

Einwohner in Kamtschatka.

Zur Beschuhung haben die Mannspersonen kurze Stiefel. Die Frauenspersonen tragen solche bis an das Knie. Die Sohle daran ist von Seehundshaut gemacht, inwendig mit langhärichten Fellen für den Winter, oder mit einer Art Heu gefüttert. Die schönen Beschuhungen der Kamtschadalen haben die Sohlen von weissem Seehundeleder, das Oberleder ist roth und wie ihre Kleidung besetzet, die Quartiere sind von weissem Hundeleder, und der Stiefelschaft von unbehaartem und so gar gemaltem Leder. Wenn aber ein junger Mensch so prächtig beschuhet ist, so hat er eine Geliebte.

Sonst hatten die Kamtschadalen runde Mützen ohne Spitze, von Vogelfedern und Thierhäuten gemacht, mit herabhängenden Ohren. Die Weiber trugen Perrücken: man saget aber nicht, von was für Materie, ob es von Thierhaaren, oder von einer Art raucher Binsen gewesen. Sie waren aber diesem Kopfputze so ergeben, saget Herr Steller, daß sie keine Christinnen werden wollten, weil man ihnen die Perücke abnahm, sie zu taufen, oder ihnen die Haare abschnitt, die sie zuweilen von Natur kraus und locklicht, wie Perücken, hatten. Heute zu Tage haben diese Weiber den Pracht der Russinnen; sie tragen Hemden so gar mit Aermeln und Manschetten.

Sie haben die Reinlichkeit so weit getrieben, daß sie nicht anders mehr als mit Handschuhen arbeiten, die sie aber niemals ausziehen. Sie waschen sich das Gesicht nicht einmal; sie malen es sich mit Weiß und Roth. Das erste ist von einer wurmstichichen Wurzel gemacht, die sie zu Pulver reiben, und das zweyte von einer Seepflanze, die sie in dem Thrane von Seehunden weichen lassen. So bald sie einen Fremden sehen, so laufen sie, sich zu waschen, sich an zu streichen und zu putzen.

Der Pracht hat einen solchen Fortgang in Kamtschatka gemacht, seitdem die Russen ihren Geschmack und ihre Wohlgezogenheit dahin gebracht haben, daß ein Kamtschadale, saget man, sich und seine Familie nicht viel unter hundert Rubeln oder fünfhundert Franken kleiden könne. Ohne Zweifel aber ist dieser Aufwand nur für die Reichen. Denn es giebt noch Leute, und vornehmlich die alten Weiber, welche nach der alten Mode gekleidet sind. Ein Kamtschadale vom ersten Range ist ein Mann, welcher etwas vom Rennthiere, Fuchse, Land- und Seehunde, Murmelthiere, wildem Widder, Bären- und Wolfspfoten, viel vom Seehunde und Vogelfedern an seinem Leibe trägt. Man muß wenigstens zwanzig Thiere schinden, einen Kamtschadalen nach alter Art zu kleiden. Wie viel Menschenblut muß wegen des Putzes einer Hofdame, einer von unsern Lais, vergossen werden?

Wohnung.

Eine von den Bequemlichkeiten des Lebens der Wilden ist, daß sie mit den Jahreszeiten die Luft und Wohnung verändern. Wenn sie nicht diejenigen ewigen Palläste haben, welche viele Geschlechter geboren werden und sterben sehen, so hat doch jede Familie wenigstens ihre Winterhütte und Sommerhütte; oder vielmehr sie machen

Einwohner in Kamtschatka.

Jurten oder Winterwohnungen.

aus den Materialien einer Wohnung zwo bewegliche und die sich wegtragen lassen. Ihre Winterwohnung, welche sie Jurte nennen, wird auf diese Art gebauet.

Man gräbt fünftehalb Fuß tief in einen Boden. Die Breite ist der Anzahl Leute gemäß, die darinnen wohnen sollen, so wie auch die Länge. Man kann aber von dieser letztern aus der Anzahl und dem Abstande der Pfähle urtheilen, die auf diesen Bauplatz gesetzet werden. Man stecket in einer Linie, die ihn in zwey gleich lange Vierecke eintheilet, vier Pfähle ein, ungefähr sieben Fuß weit von einander. Diese Pfähle unterstützen Balken, die vermuthlich nach der Länge der Jurte geleget werden. Die Balken tragen Queerbalken, deren eines Ende sich auf die Erde stützet. Diese Queerbalken werden mit Stangen durchflochten, und alles dieses Zimmerwerk wird mit Rasen und Erde bekleidet: aber auf solche Art, daß von außen das Gebäude rund aussieht, ob es gleich von innen viereckicht ist [1]). Mitten im Dache bringt man eine viereckichte Oeffnung an, welche statt der Thüre, des Fensters und des Rauchfanges dienet. Der Heerd wird an einer der langen Seiten angeleget, und man öffnet daselbst der Luft eine Zugröhre, den Rauch durch den Rauchfang hinaus zu jagen. Dem Heerde gegen über sind die Geräthe, die Tröge, worinnen man das Essen für die Menschen und Hunde zubereitet. Längst den Wänden sind mit Matten bedeckete Bänke oder Balken, bey Tage darauf zu sitzen, und des Nachts darauf zu schlafen. Man steigt in die Jurten durch Leitern, die von dem Heerde nach der Oeffnung des Rauchfanges gehen. Sie sind heiß. Man würde auf solchen durch den Rauch bald erstickt werden. Die Kamtschadalen aber haben die Geschicklichkeit wie die Eichhörnchen auf Sprossen zu klettern, worauf sie nur die Fußspitze setzen können. Indessen sollen sie doch noch eine andere bequemere Oeffnung haben, die man Jupana nennet: sie ist aber nur für die Weibespersonen. Ein Mann würde sich schämen, dadurch zu gehen, und man würde vielmehr ein Weib mit ihrem Kinde auf dem Rücken durch die ordentliche Leiter aus- und einsteigen sehen. So rühmlich ist es, bey denen Völkern, die noch nicht Weiber sind, ein Mann zu seyn. Wenn der Rauch gar zu stark ist, so hat man, wie Zangen gemachte Stöcke, die großen Feuerbrände durch den Rauchfang aus der Jurte zu werfen. Dieß ist unter den Kamtschadalen so gar eine Kunst und Geschicklichkeit. Diese Winterhäuser werden vom Herbste bis in den Frühling bewohnet. Alsdann gehen die Kamtschadalen aus ihren Hütten, und lagern sich unter Balaganen, die so beschrieben werden.

Balaganen oder Sommerhäuser.

Neun Pfähle dreyzehn Fuß hoch werden in drey Reihen, gleich weit von einander, als Kiele oder Grundbalken, gesetzet, welche durch Queerbalken vereiniget, und mit Sparren beleget werden, die den mit Rasen bedeckten Boden bilden. Darüber erhebt sich ein spitziges Dach von Stangen, die an einem Ende zusammen gebunden, und mit dem andern an die Queerbalken fest gemacht sind, welche den Umfang des Bodens ausmachen. Zwo Klappen oder Fallthüren öffnen sich einander gegen über. Man steigt in die Jurten hinab, und in die Balaganen hinauf, und das mit eben der Trageleiter. Wenn man so durch das Dach in die Häuser geht, so geschieht es, sie vor den Thieren, vornehmlich vor den Bären zu verwahren, welche den Vorrath an Fischen

1) Die Beschreibung dieser Jurten ist in dem Texte des rußischen Verfassers nicht deutlich genug. Das Kupfer, welches sie vorstellet, hilft seiner Dunkelheit nicht ab. Der Maler oder der Kupferstecher

N. v. d. Meer, jun. fec.

IURTE
oder unterirdische Wohnung der Kamtschadalen im Winter.

schen auffressen würden; wie sie zuweilen thun, wenn ihnen die Flüsse und Felder nichts anbiethen. *Einwohner der Kamtschacka.*

Ein mit Balaganen besetzter Ort wird Ostrog von den Cosaken, das ist, Wohnplatz, genannt. Ein Ostrog sieht wie eine Stadt aus, deren Thürme die Balaganen sind. Dergleichen Wohnplätze sind gemeiniglich an den Flüssen, die von da an das Gebieth der Einwohner werden. Sie halten sich an diese Flüsse, wie andere Völker an ihre Felder. Die Kamtschadalen sagen, ihr Vater oder Gott (das ist einerley) lebete zwey Jahre an den Ufern eines jeden Flusses und bevölkerte sie mit seinen Kindern, denen er die Gegenden umher, die Ufer und Wasser der Flüsse, an welchen sie geboren waren, zum Erbtheile ließ. Sie entfernen sich auch bey ihren Wanderungen, wenig von diesem alten und nicht zu veräussernden Gebiethe. Die nahe am Meere gelegenen Völker aber bauen an dessen Küsten, oder in den nicht weit davon entfernten Gehölzen. Die Jagd oder der Seehundefang läßt sie zuweilen funfzig Meilen von ihren Wohnungen herumstreifen. Der Hunger giebt bey den Wilden nicht zu, daß sie fest bleiben, so wie der Ehrgeiz bey den gesitteten Völkern weder Gränzen noch Schranken kennet.

Das III Capitel.

Von den Mobilien, Geräthe und Waffen der Kamtschadalen.

Aerte. Messer. Tröge. Kunst, Feuer an zu fl. Feuer an zu machen. Geschirr. Geränge. Deichsel. Zügel. Canots von zweyerley Art. Schilde. Bogen. Dreyerley Pfeile. Piken. Küraß.

Die Mobilien der Kamtschadalen sind Schalen, Tröge, Körbe, Kähne und Schlitten. Das ist ihr Reichthum, welcher keine lange Begierden, noch grosses Bedauren kostet. Wie haben sie diese Mobilien ohne Hülfe des Eisens oder des Metalles gemacht? Mit Knochen und Kieseln. Ihre Aerte waren von Rennthier- oder Walfischknochen oder auch von so einem scharfen Jaspissteine. Ihre Messer sind noch heute zu Tage von einem Bergcrystalle, spitzig und scharf, wie ihre Lanzetten, mit hölzernen Griffen. Ihre Nadeln sind von Zobelknochen gemacht, die lang genug sind, daß sie vielmals können durchbohret werden, wenn sie oben abbrechen. *Aerte.* *Messer.*

Man beschreibt ihre Geräthe nicht. Die schönsten aber sind hölzerne Tröge, welche ehemals ein Jahr Arbeit kosteten. Ein schöner Trog war auch schon genug, eine ganze Stadt zu unterscheiden, wenn er dienen konnte, viele Gäste zu bewirthen. Wenn es wahr ist, was man saget, daß ein einziger Kamtschadale so viel ißt, als zehn ordentliche Personen, so kann man einen dieser Tröge nicht genug loben. *Tröge.*

Diese

…erstecher hatte das Muster ohne Zweifel nicht vor Augen; und er hatte, zu seiner Führung in [illegible] Feinheit des Gegenstandes, die unsterbliche Feder nicht, welche die Künste und Handwerker in der Encyclopädie beschrieben hat.

Einwohner in Kamtschatka.

Diese Wilden brauchen zur Verfertigung ihrer Geräthschaften und Mobilien das Feuer. Wie bekommen sie solches? Sie drehen einen trockenen und runden Stock, den sie in ein mit vielen Löchern durchbohretes Brett stecken, mit vieler Geschwindigkeit herum, und hören nicht eher auf zu drehen, bis er entzündet ist. Ein trockenes und zerquetschtes Gras dienet ihnen zum Zunder. Sie ziehen ihre Kunst, Feuer an zu machen, derjenigen mit den Flintensteinen vor, weil sie ihnen aus Gewohnheit leichter ist.

Kunst, Feuer an zu machen.

Canote von zweyerley Art.

Ihre Kähne sind von zweyerley Arten, die eine, welche sie Kosachtaktim nennen, sind beynahe wie die russischen Fischerfahrzeuge gemacht: sie bedienen sich solcher aber nur auf dem Kamtschatkaflusse. Die andern, welche man an den Seeküsten brauchet und Taktue nennet, haben den Vorder- und Hintertheil von gleicher Höhe und niedrige gegen die Mitte ausgeschweifete Seite, welches sie der Gefahr aussetzet, sich mit Wasser an zu füllen, wenn der Wind wehet. Will man diese Canote auf das hohe Meer zu der großen Fischerey brauchen, so spaltet man sie in der Mitte; darauf nehet man sie mit Walfischbarden oder Fischbeine wieder zusammen, und kalfatert sie mit Mooße oder Nesseln, statt des Hanfes. Daß man diese biegsamen und geschmeidigen Walfischgelenke, in dem Holze anbringt, woraus diese Kähne gemacht sind, geschieht bloß, zu verhindern, daß sie nicht von den Wellen zerschlagen und geöffnet werden. Dergleichen Fahrzeuge heissen Baidares. Diejenigen Kamtschadalen, denen es am Holze mangelt, machen ihre Fahrzeuge von Seehundeleder. Sie gehen also mit der Haut eines dieser Thiere aus, andere zu fangen.

Diese Canote dienen nicht allein zur Fischerey, sondern auch zum Fortbringen. Zween Menschen sitzen in einem dieser Fahrzeuge, der eine vorn, der andere hinten, und fahren mit langen Stangen die Flüsse hinauf. Wenn der Fluß schnell und der Canot beladen ist, so liegen sie zuweilen eine Viertheilstunde gekrümmt auf ihrer Stange, nur fünf bis sechs Fuß weit fort zu kommen. Ist der Canot aber leer, so werden sie zwanzig, ja auch wohl vierzig Werste in einem Tage zurück legen. Die größten Fahrzeuge tragen neun bis dreyzehn Zentner. Wenn die Ladung viel Platz erfordert, als der getreugte Fisch, den man ausbreiten muß, so füget man zween Canote mit Querbrettern zusammen, die zur Brücke dienen. Dieß geht aber nur auf dem Kamtschatka an, welcher breiter und nicht so reissend ist, als die andern Flüsse.

Herr Kraschenninikow hat die Beschreibung der Schlitten viel umständlicher gemacht, als der Canote. Man sehe, wie die Kamtschadalen dieses Landfuhrwerk bauen.

Schlitten.

„Die Schlitten werden von zweyen Stücken gekrümmtes Holzes gemacht. Sie „wählen dazu ein Stück Birke, welches diese Gestalt hat. Sie theilen solches in zwey „Stücke und heften sie dreyzehn Zoll weit von einander, vermittelst vier Querhölzer, „zusammen. Sie richten gegen die Mitte dieses ersten Rahmes vier in die Höhe ste„hende Hölzer auf, welche ungefähr neunzehn Zoll ins Gevierte haben. Auf diese „vier aufgerichteten Hölzer setzen sie den Stuhl, welcher ein eigentlicher Rahm, drey „Fuß lang und dreyzehn Zoll breit ist. Er ist aus leichten Stangen und Riemen ge„macht. Damit sie den Schlitten desto fester machen, so befestigen sie noch vorn einen „Stock, der mit einem Ende an das erste Querholz und mit dem andern an dem

„Rahme

„Rahme hält, welcher den Sitz bildet [1]).„ Vor einen jeden dieser Schlitten spannet man vier Hunde, die nur funfzehn Rubeln kosten, da das Geschirr zwanzig kostet. Es besteht auch aus vielen Stücken. Einwohner in Kamtschatka. Geschirr. Stränge.

Die Stränge, welche man Alaki nennet, sind zween breite und große Riemen, die man auf den Schultern der Hunde an einer Art von Kumpte fest machet. Ein jeder Strang hat einen kleinen Riemen mit einem Haken, der in einen Ring eingreift, welcher vorn an den Schlitten fest gemacht ist.

Die Deichsel (Pobegenik) ist ein langer Riem, der durch einen Haken vorn an den Schlitten, und mit dem andern Ende mitten an einer kleinen Kette fest gemacht ist, welche die Hunde gerade vor sich hält und sie verhindert, nicht aus zu weichen. Deichsel.

Ein noch längerer Riem, welcher zum Zügel (Uzda) dienet, hängt mit einem Ende an dem Schlitten, wie die Deichsel, und wird mit dem andern an eine Kette gehäkelt, die man den Vorderhunden anmachet.

Der Kamtschadale führet sein Gespann mit dem Ochtal. Dieß ist ein krummer Stock von drey Fuß mit Schellen versehen, die er schüttelt, die Hunde auf zu muntern. Er ruft Onga, wenn er zur linken, und Kna, wenn er zur rechten will. Den Lauf langsamer zu machen, schleppet er einen Fuß auf dem Schnee: will er inne halten, so stecket er seinen Stock hinein. Wenn der Schnee gefroren ist, so machet er Schrittschuhe von Knochen oder Elfenbeine unter die ledernen Sohlen, womit die Kufen des Schlittens bekleidet sind. Wenn es Abhänge giebt, so bindt er lederne Ringe an diese Sohlen. Der Reisende sitzt mit herunter hängenden Beinen, und hat die rechte Seite nach dem Gespanne zugekehret. Nur die Weiber sehen sich in dem Schlitten mit dem Gesichte nach den Hunden zu, oder nehmen Führer. Die Mannspersonen führen ihr Fuhrwerk selbst, und gehen nach ihrer Art.

Wenn indessen viel Schnee da ist, so muß man einen Führer haben, den Weg zu bähnen. Dieser Mensch geht vor den Hunden mit einer Art von Schlurfen oder Schären her. Sie sind aus zweyen sehr dünnen Brettern gemacht, die in der Mitte durch zwey Queerhölzer von einander abgesondert sind, wovon das vorderste ein wenig gekrümmet ist. Diese Bretter und Queerhölzer sind mit Riemen versehen, die über einander gehen, den Fuß zu unterstützen [2]). Der Führer, welchen man Brodowschiki nennet, geht voran und bähnet den Weg bis auf eine gewisse Weite; darauf kömmt er wieder zurück und treibt die Hunde auf den Weg, den er ihnen geöffnet hat. Bey dieser Verrichtung geht so viel Zeit verloren, daß man kaum drittehalb Meilen in einem Tage kömmt. So beschwerlich und voller Gesträuche oder Eis sind die Wege.

Ein Kamtschadale geht niemals ohne solche Schlurfen und Schrittschuhe, auch so gar in seinem Schlitten. Wenn man durch ein Weidengehölz reiset, so läuft man Gefahr, sich die Augen aus zu stoßen, oder Arm und Bein zu zerbrechen; weil die Hunde nach Verhältniß der Schwierigkeiten, Eifer und Geschwindigkeit verdoppeln. Bey jähen Abhängen ist es nicht möglich, sich auf zu halten. Ungeachtet der Vorsichtigkeit, die

Hälfte

1) Man sehe in der allgemeinen Historie der Reisen, XIX Bande das sechs und zwanzigste Kupfer, a. d. 504 Seite.
2) Man sehe das angef. Kupfer.

Einwohner in Kamtschatka. Hälfte derselben ab zu spannen, oder sie mit aller seiner Macht zurück zu halten, reissen sie doch den Schlitten fort und werfen den Reisenden zuweilen um. Alsdann ist kein anderes Mittel, als daß man seinen Hunden nachläuft, die um so viel geschwinder rennen, je mehr die Last erleichtert ist. Wenn der Schliten woran hängen bleibt, so ergreift ihn der Mensch wieder, und läßt sich auf seinem Bauche kriechend fortziehen, bis die Hunde entweder aus Müdigkeit oder einem andern Hindernisse still stehen.

Bogen. Die Waffen der Kamtschadalen sind der Bogen, die Lanze, die Pike und der Küraß. Sie machen ihre Bogen von Lerchenholze, und versehen sie mit Birkenrinde. Die Walfischnerven dienen dabey zur Sehne. Ihre Pfeile sind ungefähr viertehalb Fuß lang. Die Spitze derselben ist auf verschiedene Art bewehret. Wenn sie es mit Steine ist, so nennen sie den Pfeil Kauglatsch. Pinsch heißt er, wenn die Spitze von einem kleinen spitzigen Knochen, und Äglpiusch, wenn sie von einem breiten Knochen ist. Diese Pfeile sind meistentheils vergiftet, und man stirbt in vier und zwanzig Stunden davon, wofern nicht ein Mensch die Wunde aussauget, die dadurch gemacht worden.

Dreyerley Pfeile.

Piken. Die Lanzen sind wie die Pfeile bewehret. Die Piken (Ukarel) sind mit vier Spitzen versehen. Der Handgriff derselben ist an langen Stangen fest gemacht.

Küraß. Der Harnisch, Küraß oder Waffenrock ist von Matten oder Seehunden. Man schneidt das Leder in Streifen, welche man dergestalt übereinander flicht, daß man sie elastisch und biegsam machet, wie das Fischbein. Dieser Küraß bedecket die linke Seite, und wird auf der rechten fest gemacht. Die Kamtschadalen tragen über dieses noch zwey Splitte oder kleine Brettchen, deren eines die Brust und das andere den Kopf von hinten verwahret. Dieß sind aber Vertheidigungswaffen, welche eine Art von Kriegeskunst oder Fertigkeit voraussetzen.

Das IV Capitel.

Sitten der Kamtschadalen.

Ihre Sitten überhaupt. Geburt der Kinder. Kleidung des Kindes auf samojedisch. Ihre Freyerey und Heurathen: Hochzeitfest. Vielweiberey. Ehescheidung. Wenig Eifersucht und Verdacht. Sittsamkeit oder Furchtsamkeit ihrer Frauenspersonen. Beschäfftigungen. Mannsarbeiten. Frauensarbeiten. Häutefärben. Reisen. Verwahrung vor der Kälte. Gefährlichkeiten und Zufälle. Schlauigkeit der Hunde. Kriege der Kamtschadalen. Gastfreyheit. Lustige Art der Bewirthung. Gebrauch des Muschomore. Tänze. Lieder. Krankheiten und Arzeneymittel.

Ihre Sitten überhaupt. Die Kamtschadalen haben grobe Sitten, saget Herr Steller. Ihre Neigungen „sind von dem Triebe der Thiere nicht unterschieden. Sie setzen das höchste „Gut in die körperlichen Vergnügungen, und sie haben keinen Begriff von der „Geistigkeit der Seele.

„Die

„Die Kamtschadalen sind überaus grob,“ sagen die Russen. Die Höflichkeit und „Complimente sind bey ihnen nicht gebräuchlich. Sie nehmen ihre Mützen nicht ab, „und grüßen niemand. In ihren Reden sind sie dumm, daß sie von den Thieren nur „durch die Sprache unterschieden zu seyn scheinen. Indessen sind sie doch neugie„rig — Sie setzen ihre Glückseligkeit in den Müßiggang und in die Befriedigung „ihrer natürlichen Begierden — So ekelhaft ihre Art zu leben auch ist, so groß ihre „Dummheit auch seyn mag, so sind sie doch gleichwohl überredet, daß es kein glückli„cher und angenehmer Leben giebt, als das Ihrige. Dieß machet, daß sie die Lebens„art der Cosaken und Russen mit einem mit Verachtung untermengten Erstaunen „ansehen.“

Einwohner in Kam[illegible] [illegible]

Man sieht in dieser Abschilderung das Urtheil, welches barbarische Nationen von wilden Völkern zu fällen niemals ermangeln. Uebrigens, wie die Russen nur nach Kamtschatka gegangen sind, es zu erobern, so muß man sie mit Mistrauen und Vorsichtigkeit von dem Charakter und der Geschichte, die sie von seinen Einwohnern machen, anhören.

Geburt der Kinder.

Die Kamtschadalinnen, welche mittelmäßig fruchtbar sind, kommen leicht nieder. Steller saget, er habe eine aus ihrer Jurte gehen und nach einer Viertheilstunde mit einem Kinde, ohne die geringste Veränderung in ihrem Gesichte wieder kommen gesehen. Sie kommen auf den Knien in Gegenwart aller Einwohner des Fleckens oder Ostroges ohne Unterschied des Alters und Geschlechtes nieder; und dieser Schmerzensstand beunruhiget die Schamhaftigkeit nicht. Die Nabelschnur schneiden sie mit einem scharfen Kieselsteine ab, binden den Nabel mit einem Nesselfaden, und werfen die Nachgeburt den Hunden hin. Alle Umstehende nehmen das Kind in ihre Arme, küssen es, liebkosen ihm, und freuen sich mit dem Vater und der Mutter, ohne zu wissen warum. Die Väter geben ihren Kindern die Namen ihrer verstorbenen Anverwandten; und diese Namen bezeichnen gemeiniglich eine besondere Eigenschaft, oder einen Umstand, der sich entweder auf den Menschen, der ihn trug, oder auf das Kind, welches ihn erhält, beziehet.

Ein bretterner Kasten dienet zur Wiege. An dem Vordertheile desselben machet man eine Art von Rinne, den Harn ablaufen zu lassen. Die Mütter tragen ihre Kinder auf dem Rücken, wenn sie reisen oder arbeiten, ohne es jemals zu wickeln oder zu wiegen. Sie säugen sie drey bis vier Jahre. Gleich das zweyte Jahr kriechen sie herum. Zuweilen gehen sie bis zu den Hundetrögen, woraus sie die Ueberbleibsel essen. Es ist aber ein großes Vergnügen, wenn das Kind anfängt, auf die Leiter in der Hütte zu klettern. Man kleidet diese Kinder bey Zeiten samojedisch. Diese Kleidung, welche über die Füße angezogen wird, ist ein Kleid, woran die Mütze, die Hosen, und die Strümpfe angeheftet und zusammen genehet sind. Man machet hinten ein Loch, zu Verrichtung seiner Nothdurft, mit einer Klappe, welche diese Oeffnung verschließt, und so wie an unsern ledernen Reithosen, herabfällt und wieder aufgehoben wird.

Kleidung des Kindes auf samojedisch.

Die Aeltern lieben ihre Kinder, ohne dergleichen von ihnen wieder zu erwarten. Wenn man Stellern darinnen glaubet, so schmälen die Kinder wider ihre Väter, schelten sie aus und vergelten die väterlichen Zärtlichkeitsbezeugungen nur durch Gleichgültigkeit. Das unvermögende Alter ist vornehmlich verachtet. Die Erkenntlichkeit würde also keine natürliche Empfindung, sondern das Werk der Erziehung und der

Einwohner in Kamtschatka.

Gesellschaft, seyn. Man ist daher in diesem Stücke glücklich, daß man sich von dem Stande der Natur entfernet hat. Was für Erkenntlichkeit aber können Kinder empfinden, die von ihren Aeltern, so zu sagen, nichts als die Milch einer Mutter empfangen haben? In Kamtschatka haben die Aeltern kein Ansehen und keine Gewalt, weil sie nichts zu geben haben. Die Kinder nehmen das, was sie finden, ohne zu fragen. Sie ziehen so gar ihre Aeltern nicht einmal zu Rathe, wenn sie sich verheurathen wollen. Die Macht eines Vaters und einer Mutter über ihre Tochter kömmt nur darauf an, daß sie zu ihrem Liebhaber sagen: „Berühre sie, wenn du kannst.„

Freyerey und Heurathen.

Diese Worte sind eine Art von Herausforderung, welche Tapferkeit voraus setzet oder giebt. Das gesuchte Mägdchen wird, wie eine Festung, mit Wämsern, Hosen, Fäden, Riemen, und so vielfältigen Bekleidungen vertheidiget, daß es sich kaum bewegen kann. Es wird von Frauenspersonen bewahret, welche dem Gebrauche, wozu es seine Arme und Kräfte anwenden oder nicht anwenden wollte, nur gar zu gut zu Hülfe kommen. Wenn der Liebhaber sie allein oder mit weniger Begleitung antrift, so fällt er grimmig über sie her, reißt ihr die Kleider, die Zeuge, und die Bänder, womit sie umwickelt ist, herunter und entzwey, und machet sich, wenn er kann, einen Weg bis zu dem Orte, den man ihm erlaubet hat zu berühren. Hat er die Hand dahin gebracht, so ist die Eroberung sein. Er genießt seines Triumphes gleich den Abend, und den andern Morgen nimmt er seine Frau mit sich in seine Wohnung. Oft geschieht es aber nur nach einer Folge von sehr mörderischen Anfällen, und ein solcher Platz kostet eine siebenjährige Belagerung, ehe er überwältiget wird. Die Mägdchen und Weiber, welche ihn vertheidigen, fallen über denjenigen, der ihn angreift, mit großem Geschreye und starken Schlägen her, reißen ihm die Haare aus, zerkratzen ihm das Gesicht, und werfen ihn zuweilen oben von den Balaganen hinunter. Der verrenkete, zerbläuete, mit Blute und Quetschungen bedeckete Unglückliche läßt sich von der Zeit heilen, und wieder in den Stand setzen, seine Angriffe an zu fangen. Wenn er aber so glücklich ist, daß er an das Ziel seiner Begierden kömmt, so ist seine Geliebte so aufrichtig und meldet ihm seinen Sieg, indem sie mit einem zärtlichen und klagenden Tone der Stimme schreyt: Ni, Ni. Dieß ist die Losung einer Niederlage, deren Geständniß derjenigen, die es thut, allezeit weniger kostet, als demjenigen, der es erhält. Denn außer denen Kämpfen, die er wagen muß, muß er auch die Erlaubniß, sie liefern zu dürfen, durch viele lange und beschwerliche Arbeiten erkaufen. Damit er vor allem das Herz rühre, so geht er in die Wohnung derjenigen, die er suchet, und dienet der ganzen Familie eine Zeitlang. Gefallen seine Dienste nicht, so sind sie gänzlich verloren, oder werden schlecht vergolten. Gefällt er den Aeltern seiner Geliebten, die er gewonnen hat, so verlanget er, und man bewilliget ihm die Erlaubniß, sie zu berühren.

Nach dieser gewaltthätigen und feindseligen Handlung, worauf das süßeste Siegel der Versöhnung folget, welches das Wesentliche der Heurath ausmachet, feyern die Neuverheuratheten ihr Hochzeitfest bey den Aeltern des Mägdchens. Man sehe hier die umständliche Beschreibung dieser Ceremonie nach dem Herrn Kraschenninikow, welcher 1739 ein Zeuge von einer Hochzeit in Kamtschatka gewesen.

Hochzeitfest.

Der Gemahl, saget er, in Begleitung seiner Frau und seiner Anverwandten, schiffete sich auf drey große Canote ein, seinen Schwiegervater zu besuchen. Die Weiber, der, welche bey der Verheuratheten saßen, trugen allerhand Essen im Ueberflusse. Die Männer, und vornehmlich der neue Ehemann führeten ganz nackend die Canote mit Stangen. Hundert Ruthen von der Wohnung stieg man ans Land. Man sang und machete allerhand Zaubereyen und Beschwörungen. Darauf zog man der Neuverheuratheten über ihre Kleider, ein Wams vom Schaffelle, woran Hosen geheftet waren, und noch vier andere Kleider an. Nach dieser Ceremonie setzete man sich wieder in die Canote, und ländete dicht an dem Hause des Schwiegervaters an. Ein junger Bursch, der von dem Dorfe der Neuverheuratheten abgeordnet war, führete sie nach der Jurte, wo das Fest sollte gefeyret werden. Man ließ sie durch einen Riemen da hinunter. Eine alte Frau, welche vor ihr hergieng, hatte an dem Fuße der Leiter einen treugen Fischkopf geleget, über welchen man bey dem ersten Anländen des Canots Zauberworte gesprochen hatte. Dieser Kopf wurde von allen Reisegefährten, von den jungen Eheleuten, und endlich auch von dem alten Weibe mit Füßen getreten, welches ihn auf den Heerd an die Seite des Holzes legete, das zum Erwärmen der Jurte bereitet war.

Einwohner in Kamtschatka.

Man zog der Neuvermählten die überflüßigen Kleider aus, womit man sie vorher beladen hatte, um allen Anverwandten damit ein Geschenk zu machen, welche den Neuvermähleten auch eins machen konnten; denn dergleichen Geschenke sind selten umsonst. Der Mann machete die Jurte warm, bereitete das Essen, und bewirthete alle Eingeladene. Den andern Tag gab der Vater der jungen Frau seinen Schmaus; und den dritten Tag giengen die Gäste aus einander: die Neuverheuratheten aber blieben einige Tage bey dem Schwiegervater zu arbeiten.

Dieß sind die Ceremonien bey der ersten Verheurathung. Die zweyte verlanget dergleichen nicht. Eine Witwe, die sich wieder verheurathen will, darf sich nur reinigen lassen, das heißt, bey einem andern Manne schlafen, als demjenigen, den sie heurathen soll. Diese Reinigung ist für einen solchen Mann so schimpflich, daß sich nur Fremde damit beladen wollen. Eine Witwe lief vordem Gefahr, solches ihr Lebenlang zu bleiben. Seitdem es aber Cosaken in Kamtschatka giebt, so finden die Witwen schon einen, sich von dem Verbrechen der zweyten Heurath lossprechen zu lassen. Man reiniget sich in diesem Lande, wie man sich in andern beflecket. Die Tugenden der Kamtschadalen würden Laster für uns seyn, wenn unsere Sitten das Laster und die Tugend in dem Umgange mit Frauenspersonen noch unterschieden.

Nichts ist freyer in Kamtschatka, als die Ehegesetze. Jede Vereinigung des einen Geschlechtes mit dem andern ist erlaubet, außer zwischen dem Vater und seiner Tochter, dem Sohne und seiner Mutter. Ein Mann kann viele Weiber heurathen und sie verlassen. Die Absonderung vom Bette ist die einzige Urkunde der Ehescheidung. Die also getrenneten Eheleute haben die Freyheit, eine neue Wahl zu treffen, ohne neue Ceremonien. Weder die Weiber sind unter einander eifersüchtig auf ihren gemeinschaftlichen Mann, noch ist der Mann eifersüchtig auf seine Weiber; noch vielweniger ist man es wegen der Jungferschaft, die wir mit so vieler Ursache so hoch rechnen. Man saget so gar, daß es Männer gebe, die den Schwiegervätern vorwerfen, daß sie das noch bey den Weibern finden, worüber man sich bey uns zuweilen beklaget, daß man es nicht finde; nämlich die süßen Hindernisse, welche die Natur bey einer noch unberührten Jungfrau der Liebe entgegen setzet. Diese Unglücklichen

Vielweiberey.

Ehescheidung.

Wenig Eifersucht wegen der Weiber und Mägdchen.

 wissen

Einwohner in Kamtschatka. wissen nicht, ihre Glückseligkeit darinnen zu suchen, daß sie sich zuerst den Weg öffnen.

Sittsamkeit oder Furchtsamkeit. Indessen haben doch die Kamtschadalinnen auch ihre Sittsamkeit oder ihre Furchtsamkeit. Wenn sie ausgehen, so bedecken sie ihr Gesicht stets mit einer Art Kappe, die an ihrem Rocke hängt. Begegnen sie einer Mannsperson in einem engen Wege, so kehren sie ihr den Rücken zu, und lassen sie vorbey gehen, ohne daß sie ihr Gesicht sieht. Arbeiten sie in ihren Jurten, so geschieht es hinter Vorhängen; und wenn sie keine haben, so kehren sie den Kopf nach der Mauer zu, so bald ein Fremder hinein tritt, und arbeiten also fort. Das sind aber, saget man, die groben Sitten ihres alten bäurischen Wesens. Die Cosaken und die Russen aber machen diese rohen und wilden Frauenspersonen unvermerkt gesittet, ohne daran zu denken, daß dieses Geschlecht gezähmet vielleicht gefährlicher ist, als wild.

Beschäfftigungen. Die Beschäfftigungen machen die Sitten. Wenn der Einfluß der Himmelsluft sie entscheidet und anleget, so schattiret sie der Arbeiten ihrer. Alle nordische Völker haben viel Aehnlichkeit mit einander; die jagenden und fischenden Völker noch mehr. Man wird bey den Kamtschadalen das wieder finden, was man bey den Grönländern hat sehen können.

Mannsarbeiten. Im Frühlinge halten sich die Mannspersonen an den Mündungen der Flüsse auf, damit sie viel Fische fangen, die wieder in die See gehen; oder sie machen sich auch wohl in die Meerbusen und Baye, eine Art Stockfisch zu fangen, die man Vachnia nennet. Einige gehen auf den Biberfang. Im Sommer fängt man auch noch Fische; man läßt sie trocknen, und trägt sie nach Hause. Im Herbste tödtet man Gänse und Enten; man richtet Hunde ab, und machet Schlitten zu Rechte. Im Winter geht man mit diesen Fuhrwerken auf die Zobel- oder Fuchsjagd, oder holet Holz und Lebensmittel, wenn in den Balaganen noch welche übrig sind; oder man beschäfftiget sich auch in seiner Hütte, Netze zu machen.

Frauensarbeit. In dieser Jahreszeit spinnen die Frauenspersonen Nesseln mit ihren groben Fingern. Im Frühlinge sammlen sie allerhand Kräuter und vornehmlich wilden Knoblauch. Im Sommer sammlen sie das Kraut, wovon sie Tapeten und Mäntel wirken; oder folgen auch ihren Männern auf den Fischfang, die Fische aus zu nehmen, die er treugen muß. Im Herbste sieht man sie Nesseln schneiden und brachen, oder auch wohl in den Feldern herum laufen, die Sarana aus den Rattenlöchern zu stehlen.

Die Männer bauen die Jurten und Balaganen, machen die Hausgeräthe und Kriegesgewehre, bereiten das Essen und geben es, ziehen die Hunde und die andern Thiere ab, deren Fell Kleider daraus zu machen dienet.

Die Weiber schneiden die Kleider und Schuhe zu und nehen sie. Ein Kamtschadale würde sich schämen, die Nadel und Ahle zu führen, wie die Russen thun, über die er sich aufhält. Die Weiber bereiten und färben auch das Leder. Sie haben bey dieser Zubereitung nur einerley Art. Man feuchtet anfänglich die Felle ein, damit man sie mit einem steinernen Messer abschabe. Darauf reibt man sie mit frischem oder gegohrenem Fischrogen, und erweichet die Häute durch das viele Winden und Treten. Zuletzt schabet und reibt man sie so lange, bis sie sauber und geschmeidig sind. Wenn man sie gerben will, so hängt man sie eine Woche lang in den Rauch, senget ihnen in

heissem

XX. Band. N° 14.

Art, wie die Kamtschadalen die Fische treugen und das Fett vermittelst glühend gemachter Steine schmelzen.

heissem Wasser die Haare ab, reibt sie mit Caviar; darauf windet man sie, tritt sie und schabet sie.

Einwohner in Kamtschatka.

Wenn man die Seehundshäute färben will, so nehen die Weiber, nachdem sie die Haare davon weggenommen, dieselben in Gestalt eines Sackes, mit der Haarseite auswendig, zusammen. In diesen Sack giessen sie ein starkes Decoct von Erlenrinden und nehen ihn oben wieder zu. Einige Zeit darnach hängt man den Sack an einen Baum; man schlägt ihn zu vielen Malen so lange, bis die Farbe auswendig heraus gedrungen. Alsdann läßt man ihn in der Luft trocken werden, und erweichet ihn durch Reiben. Diese Haut wird endlich wie Saffian. Wollen die Weiber das Haar der Seehunde färben, ihre Röcke und Beschuhungen damit zu besetzen, so nehmen sie eine kleine, sehr dunkelrothe Frucht dazu, welche sie mit Erlenrinde, Alaune und einem mineralischen Oele kochen lassen. Das sind alle Künste, alle Arbeiten der Kamtschadalen.

Fast alle ihre Beschäfftigungen beziehen sich auf die ersten Bedürfnisse des Menschen. Der Unterhalt, das dringendste und immerwährende Bedürfniß, welches bey jedem Augenblicke erneuret wird, welches alle lebende Wesen in Thätigkeit erhält, erfordert fast alle Sorge der Wilden. Ihre Reisen selbst, welche dem Herumschweifen der irrenden Thiere gleich sind, haben nur die Fischerey und Jagd, das Aufsuchen der Lebensmittel, oder die Versorgung damit, zum Endzwecke. Sie setzen sich, zur Erlangung derselben, der Gefahr aus, vor Hunger zu sterben. Oftmals werden sie an einem wüsten Orte von einem Orcane überfallen, welcher den Schnee in einem Wirbel herum drehet. Alsdann muß man sich mit seinen Hunden und seinem Schlitten so lange in die Gehölze flüchten, bis der Sturm vorüber ist. Zuweilen dauret er acht Tage. Die Hunde sind verbunden, die Riemen und das Leder an dem Schlitten zu fressen, unterdessen daß der Mensch nichts hat, und es ist noch ein Glück, wenn er nicht erfrieret.

Reisen.

Damit man sich davor verwahre, so legen sich die Reisenden in Hölungen, die sie mit Baumzweigen auslegen. Sie wickeln sich in ihre Pelze ganz ein, wo der Schnee sie bald bedecket, so daß man sie in ihren Pelzwerken nicht erkennen würde, wenn sie nicht von Zeit zu Zeit aufstünden, solchen ab zu schütteln, oder sich wie eine Kugel rolleten, damit sie sich erwärmeten und Athem holeten. Sie sehen darauf, daß sie ihren Gürtel nicht gar zu fest machen, aus Furcht, es möchte, wenn sie in ihren Kleidern gar zu eng wären, der Duft von ihrer Ausdünstung, der zu Reife geworden, sie betäuben und unter einer Dunstkugel von Eise ersticken. Wenn die Ost gen Südwinde einen feuchten Schnee blasen, so ist es nichts seltenes, Reisende zu finden, die durch den Nordwind erfroren sind, welcher gleich auf dergleichen Orcane folget. Da sie zuweilen verbunden sind, ihren Schlitten längst den Flüssen in rauhen und holperichten Wegen nach zu laufen, so fallen sie hinein und ertrinken; oder wenn sie die Ufer wieder erreichen, so kommen sie daselbst in den schärfsten Schmerzen der Kälte um, welche sie angegriffen hat. Selten haben sie die Bequemlichkeit, Feuer zu machen; und wenn sie solche auch hätten, so vernachläßigen sie es. Sie und ihre Hunde erwärmen einander gegenseitig, da sie unter einander liegen, und nähren sich unter Weges von treugen Fischen, die keiner Zurichtung bedürfen. Im März und Aprilmonate, als der Zeit zu reisen, werden sie zwo bis drey Nächte an einem einsamen Orte zubringen. Die Menschen hocken sich in ihre Pelze eingewickelt auf den Fußzähen nieder, und schla-

Vorsicht wider das Erfrieren.

Gefährlichkeiten und Zufälle.

Einwohner in Kamtschatka.

sen in dieser gezwungenen Stellung ganz ruhig. „Ich habe viele von diesen Wilden „gesehen, saget Kraschenninnikow, welche sich den Abend mit bloßem, gegen das Feuer „gekehrtem Rücken niedergeleget und fest schliefen, ungeachtet das Feuer ausgegangen „und ihr Rücken ganz bereifet war.“

Bey allen diesen Gefährlichkeiten und Zufällen aber ist für den Menschen die Gesellschaft seiner Hunde eine große Hülfe. Dieses treue Thier erwärmet und vertheidiget seinen Herrn währendes Schlafes. Es ist zwar nicht so stark, als das Pferd, aber viel verständiger. Mitten in den Orcanen, welche den Reisenden verbinden, die Augen zu zu machen, entfernet es sich wenig von seinem Wege; und wenn das schlimme Wetter es irre führet, so läßt sein scharfer Geruch es denselben bey der Stille bald wieder finden. Da es weise und vorsichtig ist, so wittert seine Schlauigkeit den Sturm im Voraus; und es sey nun ein feines Gefühl oder die Wirkung einer geheimen Uebereinstimmung seines Baues mit der Abwechselung der Witterung der Luft, so stehet der Hund, wenn der Orcan heran kömmt und sich vielleicht auf dem Schnee, den er weich machet, ankündiget, still, scharret mit seinen Pfoten in den Schnee, und scheint seinem Herrn zu melden, er solle daselbst eine Grube machen, und sich zur Sicherheit vor dem Sturme hinein legen.

Schlauigkeit der Hunde.

Kriege der Kamtschadalen.

Wer sollte es glauben, daß ein von der Natur so schlecht versorgetes Volk so unglücklich wäre, und auch noch in einem Zustande des Krieges lebete? Wenn es nichts zu verlieren hat, was hat es zu gewinnen? Indessen führeten doch die Kamtschadalen, vor der Ankunft der Russen, nach dieser letztern Berichte, Krieg unter einander. Was war der Gegenstand dieses Krieges? Gefangene zu machen. Der Sieger brauchete die Mannspersonen zur Arbeit, und die Weibespersonen zu seinen Wollüsten. Die Rache oder der Ehrentrieb, barbarische und übertriebene Empfindungen bey allen Völkern, ließen zum Waffen greifen, und nach Blute laufen. Eine Zänkerey unter den Kindern, ein von einem andern schlecht bewirtheter Gast war schon genug, einen Wohnplatz zu zerstören. Man gieng bey der Nacht dahin; man bemächtigte sich des Einganges der Jurten; ein einziger Mensch mit einer Keule oder einer Pike erschlug oder erstach eine ganze Familie. Diese innerlichen Kriege sollen nicht wenig beygetragen haben, die Kamtschadalen den Cosaken zu unterwerfen. Ein Wohnplatz freuete sich über die Zerstörung eines andern, ohne daran zu denken, daß die Feuersbrunst des einen Hauses den benachbarten Häusern drohet, und daß die Verheerung einer Dorfschaft den Untergang einer Nation bereitet. Es ist den Cosaken aber theuer zu stehen gekommen, die Kamtschadalen unter das Joch zu bringen. Dieses bey der natürlichen Vertheidigung fürchterliche Volk hat zur List Zuflucht genommen, wenn ihm die Stärke fehlete. Da die Cosaken den Tribut für die Russen von einigen Wohnplätzen einforderten, die nicht unterworfen waren, so bezeugeten die Kamtschadalen anfänglich nicht den geringsten Widerstand, sondern zogen die grausamen Eintreiber in ihre Hütten, und schläferten sie durch ihre Geschenke und Bewirthungen ein. Darauf richteten sie solche in der Nacht alle hin, oder verbrannten sie. Die Cosaken haben durch diese Verrätherenen gelernet, den Liebkosungen und Einladungen dieser Wilden nicht zu trauen. Wenn ihre Weiber bey Nacht aus der Jurte gehen; denn sie verabscheuen das Blut, und ihre Männer getrauen sich nicht, solches vor ihren Augen zu vergiessen; wenn die Mannspersonen Träume erzählen, worinnen sie Todten gesehen

gesehen haben; wenn sie einander in der Ferne besuchen, so ist es ein unfehlbares Zeichen des Aufruhres oder der Verrätherey, und die Cosaken halten sich auf ihrer Hut. Man würde sie und alle Einwohner, die ihrer Verschwörung nicht beytreten, erwürgen. Einwohner in Kamtschatka.

Nichts ist abscheulicher, sagen die Russen stets, als die Grausamkeit der Kamtschadalen gegen ihre Gefangenen. Man verbrennet sie; man verstümmelt sie; man entreißt ihnen das Leben stückweise durch langsame, mannichfaltige und wiederholete Martern. Diese Nation soll auch noch zaghaft, feig und furchtsam seyn. Indessen fürchtet sie doch den Tod so wenig, daß der Selbstmord sehr gemein bey ihr ist. Wenn man Truppen wider die aufrührischen Kamtschadalen marschieren läßt, so wissen diese Aufrührer sich in den Gebirgen zu verschanzen, zu verstärken, ihre Feinde zu erwarten, und durch ihre Pfeile zurück zu treiben. Behält der Feind die Oberhand entweder durch die Stärke oder Geschicklichkeit, so erwürget ein jeder Kamtschadale zuerst seine Frau und seine Kinder, stürzet sich von einer Höhe hinunter, oder wirft sich mitten unter die Feinde, damit er sich, wie er saget, in dem Blute und Morde ein Bette mache, und nicht ungerächet sterbe. Bey einer Empörung der Einwohner zu Ukkolok im 1740 Jahre, saget Kraschenininikow, wurden alle Frauenspersonen bis auf ein Mägdchen, welches sie zu erwürgen nicht Zeit hatten, von den Mannspersonen hingerichtet, welche sich darauf von dem hohen Gebirge, wohin sie geflohen waren, in das Meer stürzeten. Geschah das aus Zaghaftigkeit, aus Schwachheit?

Die Kamtschadalen aber, saget man, streiten nicht mit der Ehrbegierde zu erobern, noch mit dem weitläuftigen Anschlage, einen Staat zu bilden. Hierinn suchen ohne Zweifel die gesitteten Völker den Ruhm und die Gerechtigkeit. Zu einem solchen Unternehmen, saget der russische Verfasser, gehöret mehr Beurtheilungskraft und Verstand, als man bey den Kamtschadalen findt. Kläglicher Vortheil des menschlichen Geschlechtes, daß es nur durch die Zerstörung herrschen kann. Seltsamer Gegensatz der Russen gegen die Chinesen. Die ersten lieben nur den Krieg, die andern fürchten ihn nur. Indessen sind doch die Chinesen seit vielen Jahrhunderten ein großes Volk, und die Russen von Ewigkeit nichts. Das kömmt daher, die Himmelsgegend und die Gesetze, und die Künste, und die Vernunft machen in der Länge alles. Will man einen großen Beweis von dem Einflusse der Himmelsgegend? Man kann überhaupt sagen, (Kraschenninikow redet,) je weiter man gegen Norden kömmt, desto herzhafter und unerschrockener werden die Kamtschadalen.

Dieses Volk, welches so vielen Uebeln ausgesetzet ist, die ihm von der Natur kommen, ist nicht ohne einige Vergnügungen. Es kennet das sanfte Band der Freundschaft, es weis die Gastfreyheit aus zu üben. Sie besteht unter Freunden darinnen, daß sie einander bewirthen. Ein Kamtschadale lädt einen andern zum Essen. Es wird auf Seehundespeck seyn. Der Wirth schneidet einen langen Streif ab, er kniet vor seinem sitzenden Gaste nieder; er stecket ihm dieses Speck in den Mund, und ruft dabey mit einem grimmigen Tone: tana (sieh da). Das, was über die Lippen hervor geht, schneidet er mit seinem Messer ab, und ißt es. Dieß sind aber nur die freundschaftlichen Einladungen. Die Cermonienmahlzeiten hat man nicht so gutes Kaufes: sie werden auch nicht ohne Eigennutz gegeben. Gastfreyheit.

Einwohner in Kamtschatka.

Lustige Art zu bewirthen.

Wenn ein Kamtschadale sich mit einem seiner Nachbarn in Freundschaft verbinden will, so bittet er ihn zum Essen. Anfänglich heizet er seine Jurte und bereitet von allen Speisen, die er in seinem Vorrathe hat, so viel, daß zehn Personen davon satt werden können. Der Eingeladene geht zum Schmause und kleidet sich aus, so wie sein Wirth; man würde sagen, es sollte einen Faustkampf geben. Der eine trägt dem andern zu essen auf, und schenket Brühe in eine große Schale, vermuthlich durch das Getränk zur Verdauung zu helfen. Unterdessen daß der Fremde ißt, sprißet sein Wirth Wasser auf glühende Steine, die Hitze zu vermehren. Der Gast ißt und schwitzet, so lange bis er verbunden ist, den Wirth um Gnade zu bitten, welcher seiner Seits nichts zu sich nimmt, und aus der Jurte gehen kann, so lange er will. Wenn es dem einen eine Ehre ist, ein zu heizen und zu bewirthen, so ist es dem andern auch eine Ehre, daß er die übermäßige Hitze und gar zu gute Bewirthung aussteht. Er wird viel eher zehnmal speyen, ehe er sich ergiebt. Endlich aber, wenn er gezwungen ist, seine Niederlage zu gestehen, läßt er sich in einen Vergleich ein. Alsdann läßt ihn sein Wirth den Stillstand durch ein Geschenk erkaufen, welches Hunde oder Kleider sind; wobey er drohet, er wolle ihm noch schärfer einheizen und mehr essen lassen, so lange bis er zerplatzet oder bezahlet. Der Gast giebt was man von ihm verlanget, und empfängt dafür wieder alte Lumpen, oder alte lahme Hunde. Er hat aber das Vergeltungsrecht, und erhält bey einem zweyten Schmause eben so viel wieder, als er bey dem ersten verloren hat.

Diese gegenseitige Bewirthung unterhält die Verbindungen, die Freundschaft, die Gastfreyheit bey den Kamtschadalen. Wenn der Wirth auf die Einladung des Gastes, den er so gut bewirthet hat, nicht käme, so würde sich dieser bey ihm niederlassen, ohne etwas zu sagen; und wenn er keine Geschenke erhielte, auch ohne sie zu fordern, so würde der Fremde, nachdem er die Nacht da zugebracht, seine Hunde bey der Jurte seines Wirthes anspannen, und nachdem er sich auf seinen Schlitten gesetzet, seinen Stab in die Erde stecken, ohne weg zu gehen, bis er Geschenke erhalten hätte. Es würde ein grausamer Schimpf und Ursache zu einem Bruche und einer unversöhnlichen Feindschaft seyn, wenn man ihn mit leeren Händen gehen ließe; und der geizige Wirth würde ohne Freunde, und unter allen seinen Nachbarn verunehret bleiben.

Krascheninnikow erzählet die Geschichte eines Cosaken, der sich von einem Kamtschadalen durch das viele Einheizen und essen lassen, eine schöne Fuchshaut geben ließ. Der Wilde bedaurete sein Geschenk gar nicht, sondern rühmete sich vielmehr, daß er niemals so bewirthet worden; und sagete, die Kamtschadalen wüßten ihre Freunde nicht so zu bewirthen, wie die Russen.

Gebrauch des Muscho-more.

Wenn die Kamtschadalen recht lustig seyn wollen, so nehmen sie ihre Zuflucht zur Kunst, sich dazu zu erwecken. Die Natur treibt sie nicht dazu: sie ersetzen solche aber durch eine Art von Pilze, die ihnen statt des Mohnsaftes dienet. Sie heißt Muscho-more, Fliegentod. Sie verschlucken solche zusammen gerollet ganz; oder trinken auch wohl ein gegohrenes Getränk, worinnen sie dieses einschläfernde Gewächs haben weichen lassen. Der mäßige Gebrauch dieses Getränkes machet sie lustig und lebhaft; sie werden dadurch viel leichter und muthiger. Wenn sie darinnen aber zu viel thun, welches vielfältig geschieht, so stürzet solches sie in weniger, als einer Stunde, in abscheuliche Verzuckungen. Es folget bald darauf Trunkenheit und Wahnsinn.

sinn. Die einen lachen, die andern weinen, nachdem sie ein trauriges oder lustiges Naturell haben. Die meisten zittern, sehen Abgründe, Schiffbrüche, und wenn sie Christen sind, die Hölle und die Teufel. Indessen fallen doch die Kamtschadalen, die in dem Gebrauche des Muscho=more zurückhaltender sind, selten in diese Zufälle des Wahnsinnes. Die Cosaken, welche durch die Erfahrung nicht so viel davon wissen, sind denselben mehr unterworfen. Kraschenninikow führet Beyspiele davon an, die er selbst gesehen, oder von glaubwürdigen Leuten gehöret hat.

Einwohner in Kamtschatka.

„Mein Dolmetscher, saget er, welcher von diesem Pilzengetränke getrunken hatte, ohne es zu wissen, wurde so grimmig, daß er sich mit einem Messer den Bauch aufritzen wollte. Man konnte ihm nur mit vieler Mühe, in dem Augenblicke, da er solches vorhatte, den Arm zurück ziehen."

Der Bediente eines russischen Officiers war entschlossen, seinen Herrn zu erwürgen, weil ihn das Muscho=more, wie er sagete, überredet hatte, er thäte eine gute That; und er würde sie ausgeführet haben, wenn ihn seine Cameraden nicht daran verhindert hätten.

„Ein Soldat, der ein wenig Muscho=more gegessen hatte, ehe er sich auf den Weg gemacht, legete einen großen Theil desselben zurück, ohne müde zu werden. Nachdem er aber endlich so viel gegessen, daß er berauschet davon wurde, so zerquetschete er sich die Hoden und starb."

Ein Kamtschadale, welcher in dieser Trunkenheit von der Furcht vor der Hölle ergriffen wurde, bekannte seine Sünden vor seinen Cameraden ganz laut, indem er sich einbildete, daß er sie nur Gotte beichtete. Dieß ist die Frucht aller Ausschweifungen. Eine Leidenschaft verräth die andere, und der Böse ist wegen seines Geheimnisses niemals sicher. Die ganze Natur ist wider ihn bewaffnet. Wenn ihn sein Gewissen anklaget, so verräth ihn seine Zunge über kurz oder lang, und die Gesellschaft wird gerächet. Ein jedes Land hat sein Muscho=more; das Opium ist es bey den Türken, der Wein bey den Europäern. Der Bösewicht, wenn er auch ein Gottesleugner wäre, hat nirgend weder Vortheil von dem Verbrechen, noch Sicherheit wider die Strafe.

Das Muscho=more ist um so viel fürchterlicher für die Kamtschadalen, weil es sie zu allen Verbrechen antreibt, und sie hernach der Strafe aussetzet. Sie bürden ihm alles das Böse auf, was sie sehen, was sie thun, was sie sagen, oder was sie erfahren. Ungeachtet dieser kläglichen Folgen ist man doch begierig nach diesem Gifte. Die Korjäken, welche bey sich keines haben, machen so viel Werkes daraus, daß sie, entweder aus Sparsamkeit oder Armuth, wenn sie jemand sehen, der welches getrunken oder gegessen hat, dessen Harn sorgfältig in ein Gefäß auffangen und ihn trinken, um sich auch ihrer Seits durch dieses Zaubergetränk zu berauschen. Vier solcher Pilze thun keinen Schaden: zehn aber sind genug, den Verstand und die Sinne zu verrücken.

Die Weiber bedienen sich dessen auch niemals. Ihre Lustbarkeiten sind Tanzen und Singen; und das sind nur Vergnügungen für diejenigen, welche sie ausgedacht haben. Man sehe hier die Beschreibung eines dieser Tänze, wovon Kraschenninikow ein Zeuge gewesen. „Zwo Frauenspersonen, welche mit einander tanzen sollten, breiteten eine Matte auf den Boden mitten in der Jurte, und knieten eine der andern gegen über nieder. — Sie fiengen an, die Schultern zu erheben und nieder zu lassen

Tänze.

Einwohner in Kamtschatka.

„lassen und die Hände zu bewegen, wobey sie sehr sacht und nach dem Tacte sangen. „Darauf macheten sie unvermerket größere Bewegungen des Leibes, und erhoben auch „ihre Stimme nach Verhältniß; womit sie nicht eher aufhöreten, als bis sie außer „Athem waren und keine Kräfte mehr hatten....

„Die Weiber haben noch einen besondern Tanz. Sie machen zwo Reihen ein„ander gegen über, und setzen ihre beyden Hände auf den Bauch. Darauf stellen sie „sich auf die Spitze ihrer Zähe, erheben sich, erniedrigen sich und zucken die Achseln, „wobey sie ihre Hände unbeweglich halten, ohne von ihrer Stelle zu kommen."

Fast alle Tänze der Wilden sind pantomimisch. Bey den Iroquesen zeigen sie etwas kriegerisches. Bey den Kamtschadalen ist einer, der den Fischfang vorstellet. Zehn Personen von beyderley Geschlechte mit ihren schönsten Kleidern geputzet, stellen sich in einen Kreis, und gehen langsam, indem sie einen Fuß vor dem andern nach dem Tacte aufheben. „Die Tänzer sprechen Reihe herum einige Wörter aus, so daß, „wenn die Hälfte das letzte Wort ausgesprochen hat, die andere Hälfte die ersten aus„spricht." .... Diese Wörter sind von der Jagd und dem Fischfange hergenommen. Es giebt bey den Kamtschadalen kein müßiges Volk von Poeten, Tänzern, Musikanten und Zuschauern, welches eine angenommene Sprache und Empfindungen redet, ausdrücket, vorstellet und anhöret, die dem großen Haufen oder der ganzen Nation fast unbekannt ist.

Die Mannspersonen haben auch ihre besondern Tänze. Die Tänzer verstecken sich in Winkel. Der eine klopfet mit den Händen, hebt sie in die Luft, springt wie ein Unsinniger, schlägt sich auf die Brust und Hüften. Ein anderer folget ihm, darauf ein dritter, und alle tanzen in die Runde, einer hinter dem andern. Oder sie hüpfen auch hockend auf ihren Knien, wobey sie in die Hände klopfen und tausenderley sonderbare Gebärden machen, die ohne Zweifel etwas ausdrücken, aber nur für sie allein verständlich sind.

Lieder.

Die Weiber begleiten ihre Tänze zuweilen mit Liedern. Sie sitzen in die Runde; eine steht auf und singt, schlenkert die Arme, und beweget alle ihre Glieder mit einer Geschwindigkeit, welcher das Auge kaum folget. Sie machen die Geschreye der Thiere und Vögel so gut nach, daß man ganz deutlich drey verschiedene Geschreye in einem höret. Die Weiber und Mägdchen haben eine angenehme Stimme. Sie verfertigen auch die meisten Lieder. Die Liebe ist beständig deren Inhalt; die Liebe, welche die Marter gesitteter Völker und der Trost der Wilden ist. Hier ist eins von ihren Liedern.

Ich habe meine Frau verlorren;
Und mit ihr ist mein Leben hin.
Von Traurigkeit und Schmerz beschweret,
Will ich in die Gehölze fliehn.
Ich will den Bäumen ihre Rinde
Entziehn; sie soll mir Speise seyn.
Ich will bey frühsten Morgenstunden
Von meinem Lager mich erhöhn;
Ich will die Ente Aanguitsch jagen,
Daß sie hinaus ins Meer soll gehn.

Einwohner in Kamtschatka.

Ich will rund um mich her die Augen
Auf alle Seiten forschend drehn;
Und suchen, ob ich meiner Liebe
Und meiner Sehnsucht Gegenstand,
Nicht irgendwo noch finden kann.

Dieses Lied heißt Aanguitsch, weil es nach den Tönen des Geschreyes dieses Vogels gesetzet ist.

Kraschenninnikow hat noch ein anderes kamtschadalisches Lied in Noten mitgetheilet, welches zur Ehre einiger Russen gemacht worden. Man bemerket diese Strophen darinnen.

„Wär ich des Fähndrichs Koch, so höb ich nur den Topf mit einem Handschuh ab."

„Wär ich der Herr Major, so trüg ich um den Hals stets eine schöne weisse Binde."

„Wär ich sein Diener, Ivan, so trüg ich schöne rothe Strümpfe."

„Wär ich ein Student, so beschrieb' ich alle schöne Mägdchen."

Dieser Student ist Kraschenninnikow, der sich ohne Zweifel nicht begnüget hat, diese schönen Mägdchen zu beschreiben. Das Lied will auch, daß er alle andere natürliche Merkwürdigkeiten von Kamtschatka beschreibe.

Uebrigens verwundert er sich, daß die Kamtschadalen, welche viel Geschick zu der Musik zeigen, kein anderes Instrument, als eine Art Flöte, haben, die von dem Stängel einer Pflanze gemacht ist, welche man Angelica nennet. Es ist eine Schalmeye, saget er, worauf man kein Stückchen spielen kann. Es würde aber noch erstaunlicher seyn, wenn sie bey so weniger Erfindung, Hülfe und Muße die Musik liebeten. Sie ist eine von den ersten Künsten des gesellschaftlichen Menschen, aber eine von den letztern, die er zur Vollkommenheit bringt. Es gehöret so viel Empfindsamkeit, Muße, ja so gar Weichlichkeit dazu, die Werkzeuge unsers Körpers zu den Lieblichkeiten der Musik zu bereiten und ein zu richten, daß eine Nation oftmals nicht eher ein rechtes Geschick dazu bekömmt, als bis sie solches zu allen andern zarten Künsten fast verloren hat, welche ein Thun, Wachen und Arbeit erfordern. Vielleicht muß man auch zu der schönen Musik schon organisiret geboren werden; und das ist nicht die Gabe der nordischen Völker. Sie wird schwerlich bis zu dem funfzigsten Grade der Breite kommen.

Krankheiten und Arzeneymittel.

Die Vergnügungen der Kamtschadalen sind sehr eingeschränket; ihre Uebel sind es so sehr nicht, wiewohl in kleiner Anzahl. Ihre vornehmsten Krankheiten sind der Scharbock, die Geschwüre, der Krebs und die gelbe Sucht. Ein jedes von diesen Uebeln hat viele Hülfsmittel. Der Scharbock wird in Kamtschatka durch Auflegung gewisser Blätter auf das Zahnfleisch oder durch Tränke geheilet. Man machet einen Trank aus Pflanzen von einer Art Gentiana, oder Cedernknospen, worauf man Wasser gießt und es wie Thee trinkt. Vornehmlich aber ißt man wilden Knoblauch.

Die Geschwüre sind in Kamtschatka sehr gefährlich und oft tödtlich. Sie haben zuweilen zween bis drey Zoll im Durchschnitte, und öffnen sich in vierzig bis funfzig Löcher. Wenn sie nicht eitern, so ist es ein Zeichen des Todes. Damit man die Materie herzu ziehe, so leget man die noch rauchende Haut eines geschundenen Hasen darauf; und wenn man kann, so reißt man den Eiterstock heraus.

Es giebt dreyerley Krankheiten in Kamtschatka, die man unheilbar nennet; der Schlag, die Venusseuche und der Krebs. Die erste ist ohne Zweifel in allen Ländern, aber

Einwohner in Kamtschatka. aber bey den Wilden viel seltener, und daher kömmt es, daß sie solche nicht zu heilen wissen. Die zweyte haben sie von den Russen, welche sie in ihr erobertes Land gebracht, wie die Spanier sie bey der Eroberung der neuen Welt bekommen haben. Die Seeschwämme sollen den Krebs eitern lassen, und das alkalische Salz, welches sie enthalten, brennet das todte Fleisch dieser Art Wunden weg, welche zuweilen, aber mit Mühe und langsam, heilen.

Es giebt sehr gefährliche Krankheiten der Haut. Dergleichen ist eine Art Krätze, welche, wie die Pocken, ein jeder Mensch bekömmt, und die viele Leute hinreißt. Sie hat ihren Ausbruch unter der Brust wie ein Gürtel, und führet zum Tode, wenn sie nicht eitert. Die Kinder haben eine besondere Krätze, welche man Teoved nennet.

Bey gewissen Nierenschmerzen reibt man sich den kranken Theil vor dem Feuer mit Schierlinge, ohne die Lenden zu berühren, aus Furcht, es möchten Verzuckungen oder Nervenzittern davon entstehen.

In den Gliederschmerzen leget man eine Art Pilze auf, welche an der Birke wächst. Man zündet den Pilz an einem Ende an, und er brennet bis in das frische Fleisch, woselbst er eine Wunde machet, welche mit der Asche dieser Art Schwämme, nachdem sie Blut gegeben hat, geschlossen oder ausgetrocknet wird.

Die Weiber haben ein gewisses Kraut, womit sie sich an gewissen Theilen parfumiren, um die Liebe oder ihre Begierden zu erregen und zu stillen. Sie trinken gewisse Tränke, um fruchtbarer zu werden, und andere, damit sie keine Kinder bekommen. Die wilden Völker haben also auch Unglückliche, welche sich fürchten, sich zu vermehren. Wie sind doch die Menschen zu beklagen! Die einen fliehen vor denen Wesen, die nicht mehr sind, die andern vor denen, die noch nicht sind. Der Tod, das Leben, das Nichts, alles erschrecket sie.

Ein unfehlbares Hülfsmittel wider die gelbe Sucht ist ein Clystier von wilden Schwertlilien, oder Holzveilchen. Man zerstößt die Wurzel derselben ganz frisch in heissem Wasser, und man gießt den Saft davon, der so weiß wie Milch ist, in eine Blase, woran ein Röhrchen ist. Die Art und Weise, wie man diese Mittel nimmt, ist, daß man sich mit niedergesenktem Kopfe vorwärts leget, und die Blase dabey unter dem Bauche drücket. Diese Spritzen sehen einem Dudelsacke nicht unähnlich, und man könnte sich bey dem ersten Anblicke darinnen irren.

Die gestoßenen Ulmariablätter sind wider die Bisse eines Hundes oder Wolfes gut. Der Trank dieser Pflanze mit Fischen gekocht ist gut wider das Zahnweh, welches bey Leuten selten seyn muß, die keine Zahnärzte haben.

Die Kamtschadalen brauchen keine Wundärzte, auch zum Aderlassen nicht. Sie nehmen, ohne Laßeisen und Schröpfköpfe, wenn sie einem kranken Theile Linderung verschaffen wollen, mit hölzernen Zängelchen die Haut umher auf, durchstoßen sie mit einem schneidenden Werkzeuge von Cristale oder Steine, und lassen so viel Blut weglaufen, als sie verlieren wollen. Das ist von den Krankheiten des Körpers genug geredet: wir müssen nun auf die Krankheiten des Geistes kommen.

Das

Einwohner in Kamtschatka.

Das V Capitel.

Von der Religion oder dem Aberglauben der Kamtschadalen.

Sie haben keinen Begriff von Gott. Lehren der Kamtschadalen. Religionsfabeln. Sonderbare Lehre von den Sünden. Hexen. Fest der Reinigung von Fehlern. Meynung wegen des Ursprunges dieses Festes. Abergläubische Furcht vor den Eydechsen. Abergläubische Gewohnheiten wegen des Seehundefanges; wegen des Walfischfanges. Furcht vor den Todten.

Die Kamtschadalen haben nicht den geringsten Begriff von dem höchsten Wesen, noch das Wort Geist in ihrer Sprache. Als Steller sie fragete, ob sie bey dem Anschauen des Himmels, der Sonne, des Mondes und der Sterne niemals gedacht hätten, daß es ein höchstes Wesen gäbe, welches alles das erschaffen hätte, so antworteten sie ihm ausdrücklich, „das wäre ihnen niemals in die Gedanken „gekommen, und sie empfänden für dieses höchste Wesen weder Liebe noch Furcht, und „hätten solche auch niemals empfunden.„ Man sehe hier einige von ihren Religionsmeynungen. Sie haben keinen Begriff von Gott.

„Gott ist weder die Ursache des Glückes noch des Unglückes, sondern alles hängt „von dem Menschen ab.... Die Welt ist ewig; die Seelen sind unsterblich; sie wer„den wieder mit dem Körper vereiniget werden, und stets allen Beschwerlichkeiten „dieses Lebens unterworfen seyn, außer dem Hunger. Lehren der Kamtschadalen.

„Alle Geschöpfe, bis auf die kleinste Mücke so gar, werden nach dem Tode wie„der auferstehen, und unter der Erde leben..... Diejenigen, welche in dieser Welt „arm gewesen sind, werden in der andern Welt reich seyn; und diejenigen, welche „hier reich sind, werden dort arm werden. Sie glauben nicht, daß Gott die Fehler „bestrafe; denn derjenige, welcher Böses thut, sagen sie, empfängt die Züchtigung da„für gleich gegenwärtig.„....

Sie denken, daß die Welt von Tage zu Tage ärger werde, und daß alles in Vergleichung mit demjenigen, was vordem da gewesen, ausarte.

In Ermangelung richtiger Begriffe von der Gottheit, haben die Kamtschadalen Götter nach ihrem Bilde gemacht, wie andere Völker. Der Himmel und die Gestirne, sagen sie, waren vor der Erde da. Kutchu erschuf die Erde; und das geschah von seinem Sohne, der ihm von seiner Frau geboren war, eines Tages, da er an dem Meere spazieren gieng. Religionsfabeln.

Kutchu, sagen andere Kamtschadalen, und seine Schwester Kuhtligith haben die Erde mit vom Himmel gebracht, und auf dem Meere befestiget, welches von Utleigin erschaffen worden.

Nachdem Kutchu die Erde erschaffen hatte, so verließ er den Himmel, und setzete sich in Kamtschatka. Da bekam er einen Sohn, Namens Tigil, und eine Tochter Siwanka genannt, die sich mit einander verheuratheten. „Kutchu, seine Frau u.

„seine

Einwohner in Kamtschatka.

„seine Kinder trugen Kleider von Baumblättern gemacht, und nähreten sich von Bir„ken- und Pappelrinden; denn die Landthiere waren noch nicht geschaffen, und fischen „konnten die Götter nicht.„ Haben die Chinesen ihre Götterlehre zu den Kamtschadalen gebracht? oder leiht der Geschichtschreiber von Kamtschatka diesem Lande die chinesischen Fabeln?

Kutchu verließ eines Tages seinen Sohn und seine Tochter, und verschwand aus Kamtschatka. Ob er gleich auf Schlurfen gieng, so bildeten sich doch die Hügel und Berge unter seinen Tritten. Die Erde war vordem platt: seine Füße aber drückten da hinein wie in Lehm, und die ausgehöhleten Thäler behalten noch die Spuren davon.

Da Tigil seine Familie zunehmen sah, so erfand er die Kunst, Netze von Nesseln zum Fischfangen zu machen. Sein Vater hätte ihn Kähne machen lehren. Er lehrete seine Kinder die Kunst, sich mit Häuten zu kleiden. Er schuf die Landthiere und gab ihnen Piliatschutschi, Acht auf sie zu haben. Dieser Gott, der sehr klein von Gestalt und mit Vielfraßhäuten bekleidet ist, wird von Vögeln gezogen: es sind aber weder Adler noch Tauben, sondern Rebhühner. Seine Frau heißt Tiranus.

Kutchu hat viel Thorheiten begangen, die ihm nur Flüche zuziehen, anstatt der Lobsprüche und Gebethe. Wozu dienen so viele Berge, Abgründe, Klippen, Sandbänke, reissende Ströme oder Flüsse, so viel Regen und Ungewitter. Die Kamtschadalen haben ihm wegen so schlechter Dienste nur Schimpfworte zu sagen. Sie opfern dem Gotte, den sie am höchsten schätzen, entweder aus weniger Furcht, oder geringer Liebe bey ihrem Dienste, nur die Kiefen, die Floßfedern oder die Schwänze der Fische, die sie in das Spühlicht werfen würden. „Dieses, saget Kraschenimikow, haben „sie mit allen asiatischen Nationen gemein, welche ihren Göttern nur das opfern, was „nichts tauget, und das, was sie essen können, für sich behalten.„ Die Götter dürften wenigstens nicht darüber böse werden: es ist aber nicht gewiß, ob die Priester damit zufrieden sind.

Uebrigens, wenn die Kamtschadalen ihren Göttern nichts geben, so geschieht es, weil sie auch wenig von ihnen erwarten. Sie machen einen Meergott, den sie Mitg nennen, und unter der Gestalt eines Fisches vorstellen. Dieser Gott denket nur auf sich. Er schicket die Fische in die Flüsse, aber nur daselbst Holz zur Erbauung seiner Kähne zu suchen, und nicht den Menschen zur Nahrung zu dienen. „Diese Leute „können nicht glauben, daß ihnen ein Gott Gutes thun könne.„

Dafür kennen sie Götter, die ihnen böses thun können. Dieß sind diejenigen, welche den Feuer speyenden Bergen, den heissen Quellen vorstehen. Diese bösen Geister steigen des Nachts von den Gebirgen und eilen nach dem Meere, daselbst Fische zu fangen. Sie tragen an jedem Finger einen weg. Die Waldgötter sind den Menschen ähnlich. Ihre Weiber tragen Kinder, die auf ihrem Rücken wachsen, und unaufhörlich weinen. Diese Geister führen die Reisenden irre, und nehmen ihnen die Vernunft.

Piliatschutschi oder Biliukai unterläßt nicht, zuweilen böses zu thun. Dieser Gott wohnet auf den Wolken, von da er den Regen herabgießt, und die Blitze wirft. Der Regenbogen ist der Saum seines Kleides. Die Furchen, welche der Sturm auf dem Schnee machet, sind die Spur seiner Schritte. Man muß diesen Gott

fürchten;

fürchten; denn er läßt die Kinder der Kamtschadalen in den Wirbeln wegführen, damit sie, wie Kariathiden, die Lampen unterstützen, welche seinen Pallast erleuchten.

Einwohner in Kamtschatka.

Tuila ist der Gott der Erdbeben. Sie kommen daher, wenn sein Hund Kozei, welcher ihn zieht, den Schnee abschüttelt, den er auf seinem Leibe hat.

Gaetsch ist das Haupt der unterirdischen Welt, wo die Menschen nach ihrem Tode wohnen. Denn unter der Erde, welche platt ist, befindt sich eben ein solcher Himmel, wie der unserige; und unter diesem Himmel ist eine andere Erde, deren Einwohner Winter haben, wenn wir Sommer haben, und ihr Sommer ist während unsers Winters.

So haben die falschen Begriffe von der Natur die falschen Begriffe von der Gottheit erzeuget. Die Irrthümer der Menschen in diesem Stücke aber sind nicht so unzählig, als sie es wohl zu seyn scheinen. Man darf nicht verzweifeln, die gemeinschaftliche Quelle derselben zu finden, und deren Aermen zu folgen. Sie verändern sich nur wie die Natur und das, was sie hauptsächlich hervorbringt. Der Mensch überhaupt nimmt seine Gesetze, seine Sitten, und seine Religionsmeynungen von seiner Himmelsgegend. Die Eroberungen und Wanderungen verändern, verkehren und verstellen zwar zuweilen die bürgerliche und Religionshistorie eines Landes und einer Nation, wie ihren Charakter, ihre Sprache und ihre Gesichtsbildung. Allein, so lange ein wildes Volk in dem Umfange eines durch Wasser oder Berge beschränketen Landes unbekannt bleiben wird, so wird es seine Götter aus seinen Gehölzen, aus der See, aus den Höhlen, aus den finstern oder majestätischen Orten, mit einem Worte aus den großen Gegenständen oder Wirkungen der Natur hernehmen. Die Furcht wird stets seinen Gang in seinem Aberglauben führen; und wenn es aufhöret, die durch seine Einbildungskraft erschaffenen Hirngespinste zu fürchten, so wird es geschehen, damit es sich vor andern fremden Hirngespinsten erschrecke.

Sonderbare Lehre von den Sünden.

Die Schwäche des Menschen machet ihn zaghaft, die Erfahrung des Uebels furchtsam, und die Unwissenheit leichtgläubig und thöricht in seiner Furcht. Indessen ist doch der Aberglauben der Kamtschadalen nicht allezeit blind und unvernünftig. Sie nennen das gut und Tugend, saget man, was ihren Begierden und Bedürfnissen genug thut; und das Fehler und böse, was ihnen schaden kann. Auf die Feuer speyenden Berge steigen, heißt sich einer gewissen Gefahr aussetzen; es heißt ein Verbrechen begehen, welches der Himmel rächen muß. Bis hieher ist ihre Furcht vernünftig: man sehe aber eine Meynung, die man für zaghaft halten muß. Es ist ein Fehler, einen Menschen zu retten, welcher ersäuft; weil man selbst ersaufen kann. Nichts ist dem gesellschaftlichen Leben mehr zuwider: man sehe aber hier Grundsätze, die ihm günstig sind. Es ist eine Sünde, sich über schlechte Fische zanken und schlagen; ohne Zweifel, weil man sich ein großes Uebel wegen einer Sache zufügen kann, die nichts gutes ist; seiner Frau beywohnen, wenn man Hunde abzieht, weil man die Krätze bekommen kann. Wenn diese Gefahr gegründet wäre, so würde das Vergnügen selbst ein Fehler seyn. Bey den Kamtschadalen also ist das physische Uebel eine Sünde. Was wäre das für eine weise Gesetzgebung, welche alle Furcht des menschlichen Geistes gegen die physischen Uebel der Gesellschaft und einzelner Personen wenden könnte! Der Krieg würde alsdann die größte unter allen Sünden, das unverzeihliche Verbrechen der beleidigten Menschlichkeit werden. Die Uebermaaße aller natürli-

Einwohner in Kamtschatka.

chen Vergnügungen würde einen Zaum in der heilsamen Furcht finden, welche der Reue vorbeugen würde; die schimpflichen Krankheiten würden im Voraus erschrecken. Man füge zu den brennenden Geschwüren gewisser Uebel noch den nagenden Gewissenswurm, was für Verwahrungsmittel wider die Seuche! Allein, wird man sagen, diese Sünden sind ihrer Natur nach verbothen, und führen ihre Züchtigung bey sich. Es sind die entfernten Uebel, deren Folgen weder sinnlich, noch rührend sind, welchen man durch Irrthümer vorbeugen zu müssen sich einbildet. Warum? Ist es nicht zu befürchten, daß, wenn man sich wegen der falschen Ursache des Verbothes aus dem Irrthume hilft, man sich darauf irre, wenn man an dessen Rechtmäßigkeit zweifelt? Wird der Mensch, welcher aufhöret, zu glauben, dieß oder jenes Vergnügen misfalle der Gottheit, es sich nicht erlauben, wenn ihm unbekannt ist, daß er die Gesellschaft beleidiget? Wenn der wahre Bewegungsgrund zureichet; ist es da vernünftig, ihn zu verbergen, und einen zweifelhaften dafür an die Stelle zu setzen? Vielleicht sind die Irrthümer der Kamtschadalen in dem Begriffe von Gutem und Bösem nicht so gefährlich, als der gesitteten Völker ihre. Sie haben nur die Furcht, die sie sich selbst machen, und deren sie ungestraft misbrauchen können. Nur die Unwissenheit überliefert sie einer Menge Verblendungen und Ausübungen, welche überall das Zeichen der Thorheit und des Elendes auf die Stirne des Menschen drücken. Diese Merkmaale der Schwachheit und Demüthigung aber stehen bey diesem armen und von allem entblößten Volke, wenigstens nicht auf eine verhaßte und lächerliche Art, gegen den Reichthum, die Waffen, die schönen Künste, die Vergnügungen, die Ausschmückungen, und den Antheil der Hoheit und des Stolzes ab, welche an den Höfen und in den Städten schimmern. Man sieht einen Kamtschadalen keine goldene Kronen und diamantene Anhängsel tragen, wie einen Mogol, einen Sophi.

Hexen.

Die Kamtschadalen haben zur Ernährung ihres Aberglaubens nur die Hexen. Es sind stets alte Weiber, welche die Zaubereyen ausgeübet, als wenn dieses Geschlecht, welches seine Regierung durch die Liebe anfängt, solches durch die Furcht endigen müßte. Zum Glücke haben die Reizungen der Schönheit über die Reize der Hexerey die Oberhand. In Kamtschatka maßen sich die Hexen nur an, die Krankheiten zu heilen, das Unglück ab zu wenden, und das Künftige vorher zu sagen. Man sehe hier ihre große Zauberey.

Zwey Weiber sitzen in einem Winkel und murmeln mit leiser Stimme, man weis nicht was für Worte. Das eine Weib bindt sich einen mit rother Wolle umwickelten Nesselfaden an den Fuß. Es bewegt solchen. Wenn es geschwind geschieht, so ist es ein Zeichen des Glückes, geschieht es aber langsam, eine böse Vorbedeutung. Diese beyden Gefährtinnen knirschen mit den Zähnen, und schreyen gusche, gusche; welches die Geister hervor rufen soll. Wenn sie solche zu sehen glauben, so brechen sie in ein Lachen aus, und rufen chai chai. Nach einer halbstündigen Erscheinung wiederholet eine ohne Unterlaß: ischki: d. i. sie sind nicht mehr da. Während dieser Zeit murmelt die andere einige Worte über den Rathfragenden, ihn zu ermahnen, er solle sich vor dem Teufel nicht fürchten.

Man stellet dergleichen Beschwörungen an, Glück auf der Jagd zu haben, oder das Uebel ab zu wenden. Wenn man nichts gefangen hat, so saget die Zauberinn allezeit, es sey bloß geschehen, weil man irgend eine abergläubische Gewohnheit vernachläßiget

nachläßiget habe. Diese Auslassung muß man dadurch aussöhnen, daß man ein kleines hölzernes Götzenbild machet, welches man auf einen Baum setzet.

Einwohner in Kamtschatka.

Wenn ein Kind bey einem Ungewitter geboren wird, so ist es eine übele Vorbedeutung. Man muß es mit dem Teufel versöhnen, so bald es reden kann; und das bewirket man durch eine Beschwörung. Man erwartet einen Sturm. Alsdann zieht sich das Kind ganz nackend aus, und nimmt eine Seemuschel in die Hand. Es läuft um die Hütte herum, und saget zu den bösen Geistern: „Die Muschel ist für das Salz„wasser, und nicht für das süße Wasser gemacht; du hast mich ganz benetzet; die Näs„se wird mich umkommen lassen; du siehst, daß ich nackend bin, und an allen meinen „Gliedern zittere.“ Von diesem Augenblicke an ist das Kind mit den Teufeln in Friede, und wird weder Ungewitter, noch Stürme, mehr herbey ziehen.

Die Kamtschadalen suchen viele Geheimnisse in den Träumen. Wenn sie eine hübsche Frau im Traume besitzen, so ist dieß Glück eine Vorbedeutung einer guten Jagd. Wenn sie denken, sie verrichten ihre Nothdurft, so erwarten sie Gäste. Träumet ihnen von Gewürme, so werden die Cosaken zu ihnen kommen. Diese Cosaken heben die Auflagen.

Eine einzige Ceremonie aber schließt allen Aberglauben der Kamtschadalen in sich. Dieß ist das Fest der Reinigung von Fehlern. Weil man die Lehren und Gebräuche der Religion des Landes dabey findt, so ist es nothwendig, solches etwas umständlich zu beschreiben.

Fest der Reinigung von Fehlern.

Dieses Fest wird im Windmonate gefeyret, wenn die Sommer- und Herbstarbeiten zu Ende sind. Steller muthmaßet daraus, daß es im Anfange zur Erkenntlichkeit angestellet worden. Man muß aber eben nicht in dieser Empfindung die ersten Stiftungen des Gottesdienstes suchen. Wenn die Kamtschadalen nur ein Fest im Jahre haben, so ist es natürlich, daß man es der Muße in der Jahreszeit zuschreibt, worinnen es gefeyret wird; oder den Umständen der Zurückkunft dieses Volkes in seine Hütten, nach der Zerstreuung, welche die Jagd und die Fischerey erfordern. Mischen sich viele abergläubische Ceremonien mit unter; ist der Endzweck seiner Stiftung selbst eine gottesdienstliche Aussöhnung: so geschieht es, weil der Mensch, welchen die Begierde zum Guten und die Furcht vor dem Bösen überall begleiten, alle Wesen, die er sieht, oder sich einbildet, zu seiner Erhaltung gewinnen will. Er ruft die guten an, er beschwört die bösen, es sey num ingeheim oder öffentlich. Bey einem Feste der Wilden bringt ein jeder seine Furcht, einen Gottesdienst daraus zu machen, wie seine Lebensmittel, eine Mahlzeit davon zu halten. Es finden sich allgemeine Meynungen, wie allgemeine Gerichte; und ein jeder bleibt bey dem, was ihn am meisten rühret.

Bey dem kamtschadalischen Reinigungsfeste kehret man anfänglich die Jurte aus. Darauf nimmt man die Schlitten, das Geschirr und alles Geräth weg, was denen Geistern misfällt, die man hervor rufen will. Ein Greis und drey Weiber bringen eine Matte, welche Lebensmitel enthält. Man machet eine Art von Arx aus dem Jukola, welches ein Teig ist; und diese vier geheiligten Personen schicken ein jeder einen Menschen mit seinem Vorrathe an Lebensmitteln und seiner Arx in das Holz auf die Reise. Das Tonschitsche ist ein geheimnißvolles Kraut, welches man in Händen, oder auf dem Kopfe, träget, und bey den Religionsceremonien überall brauchet. Die Männer, welche in das Holz gehen, Birken auf den Winter zu hauen, haben es auf

 dem

Einwohner in Kamtschatka.

dem Kopfe und auf ihren Aexten; die Weiber und der Alte in ihren Händen. Diese werfen das Uebrige ihrer Lebensmittel, wenn die vier Holzhauer weggegangen sind, den Kindern hin, welche sich darum schlagen und es einander streitig machen.

Darauf kneten oder schneiden die Weiber das Jukola in Gestalt eines Walfisches. Man heizet die Jurte; und der Alte bringt eine Scholle, die er in eine vor der Leiter der Jurte gemachte Grube leget. Er drehet sich dreymal auf eben dem Platze herum. Die Männer, Weiber und Kinder thun nach ihm eben das. Er läßt die Sarana kochen, die bösen Geister zu bewirthen. Ein jeder setzet seine hölzernen Götzen, sie mögen alt oder neu seyn, auf den Gesims über den Heerd. Denn der Heerd und die Leiter sind geheiligte Sachen in den Jurten.

Ein Alter bringet einen großen Birkenkloß, woraus man den großen Götzen machet. Man heftet ihm weiches Gras an den Hals, opfert ihm Tonschitsche, und setzet ihn auf den Heerd. Dieß ist der große Hausgötze. Darauf stellen sich die Kinder neben der Leiter, um die Götzen auf zu fangen, die man ihnen von außen in die Jurte wirft. Darnach nimmt eins von ihnen den großen Götzen bey dem Halse, schleppet ihn um den Heerd herum und stellet ihn wieder an seinen Ort mit seinen Gefährten, welche ihm folgen und schreyen Alkhalalalai.

Die Alten setzen sich rund um den Heerd. Der vornehmste, welcher das Amt des hohen Priesters verrichtet, nimmt eine Schaufel voll Tonschitsche, und saget zu dem neu angezündeten Feuer: „Kutkschu befiehlt uns, dir jedes Jahr ein Opfer zu „bringen. — Sey uns gnädig, vertheidige uns, bewahre uns vor Verdrusse, vor „Unglücksfällen, vor Feuersbrünsten.“ Dieses Opfer ist das Kraut selbst, welches er in das Feuer wirft. Alle Alten stehen alsdann auf, stampfen mit den Füßen, klopfen in die Hände, und endigen mit Tanzen, wobey sie beständig rufen: Alkhalalalai.

Unter diesem Geschreye gehen die Weiber und Mägdchen mit aufgehobenen Händen, fürchterlichen Blicken, gräulichen Verdrehungen und Gebärdungen aus den Winkeln der Jurte hervor. Diese Verzuckungen endigen sich durch einen Tanz, der mit Schreyen und so grimmigen Bewegungen begleitet ist, daß sie davon eine nach der andern als todt zur Erde fallen. Die Männer tragen sie wieder an ihre Plätze, wo sie ausgestreckt ohne Bewegung liegen bleiben. Ein Alter kömmt und spricht einige Worte über sie, welche sie, wie Besessene, schreyen und heulen lassen.

Zu Ende des Tages kommen die vier Holzhauer mit allen Mannspersonen, die sie angetroffen haben, zurück, und bringen eine der größten Birken, die an der Wurzel abgehauen ist. Sie klopfen an den Eingang der Jurte mit dieser Birke, stoßen mit den Füßen und machen ein großes Geschrey. Bald schießt ein Mägdchen grimmig hervor, eilet die Leiter hinauf, und hängt sich an die Birke. Zehn Weiber helfen ihr solche fortbringen: das Haupt der Jurte aber verhindert sie daran. Alle Weiber ziehen die Birke in die Jurte; alle Männer, die draussen sind, ziehen sie wieder zurück, und die Weibespersonen fallen auf die Erde, außer dem Mägdchen, welches sich zuerst an die Birke gehänget hat. Sie bleiben alle ohne Bewegung. Alsdann kömmt der Alte, sie zu entzaubern.

Kraschenninikow, von dem man diese Beschreibung genommen hat, saget, er habe bey einem dieser Feste eines von den besessenen Mägdchen viel länger, als die andern, den geheimnißvollen Worten des Alten widerstehen sehen. Endlich kam es wieder zu Verstande und beklagete sich über ein großes Herzdrücken. Es beichtete und klagete sich an, daß es vor dem Feste Hunde abgezogen hätte. Der Alte sagete zu ihm, es hätte sich dadurch, daß es Floßfedern und Fischohren ins Feuer geworfen, davon reinigen sollen. Die Reue war unvernünftig; die Aussöhnung mußte lächerlich seyn. Einwohner in Kamtschatka.

Die Männer, welche aus dem Holze zurückkommen, bringen in denen Matten, worein man die Lebensmittel gethan hatte, nur Birkenspäne zurück. Man machet kleine Götzen, zu Ehren derer Geister daraus, welche sich der Weibespersonen bemächtiget haben. Man stellet sie hinter einander hin; man überreichet ihnen drey Gefäße mit gestoßener Sarana, und leget einen Löffel voll vor jeden Götzen. Man beschmieret ihnen das Gesicht mit Heidelbeeren. Man machet ihnen Mützen von Grase; und nachdem sie die Speisen gegessen, welche dieselben nicht angerühret haben, so machet man drey Bündel aus diesen Götzen, und wirft sie alle mit großem Geschreye und Tanzen in das Feuer.

Alle Ceremonien dieses Festes haben eine Aehnlichkeit mit den Beschäfftigungen und Bedürfnissen des Volkes, welches es feyert. Eine Frau kömmt um Mitternacht mit einer von Grase gemachten Figur eines Walfisches, die sie auf ihrem Rücken trägt, in die Versammlungsjurte. Die Gebärden und Gesichtsverzerrungen bey dieser neuen Ceremonie, der Gegenstand des Dienstes, alles, was bey dieser Gelegenheit gesaget oder gethan wird, geht bloß dahin, von den Winden und dem Meere zu erhalten, daß sie todte Walfische an die Küsten von Kamtschatka schicken.

Den andern Morgen begehen alte Weiber beynahe eben die Ausschweifungen vor Seehundehäuten. Sie haben Riemen von dem Leder dieser Thiere, die sie wie Wachsstöcke anzünden, und damit die Jurte räuchern oder vergiften. Dieses Räuchern nennen sie eine Reinigung.

Darauf kömmt eine Frau durch die zweyte Thüre, welche man Schopchade oder Jupana nennet, in die Jurte, und hat einen von welchem Grase gemachten und mit Bärenfette angefüllten Wolf. Die Männer und Weiber streiten um diesen Wolf; endlich tragen ihn die ersten davon. Ein Mann schießt mit einem Pfeile auf diesen Wolf, und die andern zerreißen ihn und essen den Teig und die eßbaren Sachen, woraus er gemacht ist. „Obgleich die Kamtschadalen, saget Kraschenimnikow, nicht im „Stande sind, von dieser Ceremonie mehr Ursache an zu geben, als von der mit dem „Walfische; ob sie gleich nicht wissen, ob sie sich auf ihre abergläubischen Meynungen „beziehe, oder nicht, und warum sie ausgeübet werde: so scheint es mir doch, daß es „nur eine bloße Lustbarkeit, oder ein Sinnbild von der Begierde ist, die sie haben, „Walfische und Wölfe zu essen.“

Nach diesen verschiedenen Ceremonien bringt man Birkenzweige in die Jurte. Ein jedes Haupt der Familie nimmt einen; und nachdem er ihn in einen Zirkel gekrümmt, so läßt er zweymal seine Frau und Kinder durchgehen, die, wenn sie aus diesem Kreise kommen, in die Runde herum tanzen. Dieß heißt sich von seinen Fehlern reinigen. Das Fest endiget sich mit einem Umgange, den man um die Jurte hält, wobey man die große Birke schleppet, welche die vier Abgeordneten aus dem Walde gebracht haben. Man stellet sie da nach auf die Balagane, wo sie das ganze Jahr bleibt, ohne die geringste Verehrung.

Einwohner in Kamtschatka.

So ist das Fest der Reinigung bey den mittäglichen Kamtschadalen. Bey den nordlichen wird es mit einigem Unterschiede in den Gebräuchen gefeyret. Anstatt der Ceremonie in das Holz zu schicken, schicket man nach dem Wasser. Zween nackende Männer, welche Bluhmenbinden um den Hals tragen, die man den Götzen abgenommen hat, gehen mit einem Eimer nach dem Flusse, Wasser aus einem in das Eis gemachten Loche zu schöpfen. Wenn sie ihre Eimer in die Jurte gebracht, so nimmt einer von diesen Wasserträgern eine lange Zündruthe, und stecket das eine Ende derselben in das Feuer; darauf tunket er sie in die Eimer, woraus er ein Stück Eis nimmt und in das Feuer wirft. Nach dem Zolle, welchen diese beyden Elemente einander gegenseitig durch die Hände dieses Kamtschadalen bezahlet haben, giebt er allen Umstehenden von dem Wasser, als von Weihwasser, zu trinken, saget der russische Verfasser.

Darauf geschehen eine oder ein Paar geheime Ceremonien, deren ganzes Geheimniß oder ganzer Werth in dem Geheimnisse selbst besteht, welches weder gesehen noch bekannt gemacht zu werden verdienet. Alles, was man hier für die Neugierigkeit davon sagen kann, ist, daß man dabey alle Personen reiniget, welche krank oder in Gefahr gewesen, zu ersaufen. Diese Reinigung des Vergangenen, welche zum Verwahrungsmittel für das Zukünftige dienet, besteht für die Kranken darinnen, daß sie Bluhmenbinden von Tonschitsche, womit man ihnen den Kopf gekrönet hatte, mit Füßen treten; und für die andern, daß sie sich auf den Heerd legen, der mit heißer Asche bedeckt ist, und Leute zu Hülfe rufen, welche kommen und sie mit eben dem Eifer aus der Asche ziehen, als wenn sie ersaufen wollten.

Den andern Tag dieser Reinigung nimmt man zwey Bund Stroh oder Büschel Heu, den Pom daraus zu machen. Dieß ist eine Menschengestalt, die nur einen Fuß hoch ist, und woran man einen Priapus einer Ruthe lang heftet. Man hängt sie bey diesem Priapus an die Decke. Man krümmet diese lange Ruthe in einen Bogen und wirft die Figur ins Feuer. Alles dieses hat keinen Sinn noch Gegenstand. Es sind Thoren, die ein eingebildetes Uebel durch Hülfsmittel stillen, die es nähren, wie alle die Abergläubischen thun, welchen die Furcht die Vernunft verrücket hat. Diese Thorheiten aber endigen sich mit Spielen, welche belustigen.

Die Mannspersonen, welche in den wohl geheizeten Jurten sind, werfen die Feuerbrände hinaus, und die Weiber wieder hinein. Es kömmt darauf an, wer die Oberhand behalten wird. Die Weiber bemühen sich, die Oeffnung der Jurte zu zu machen; die Männer, sie davon zu verjagen. Die Feuerbrände fliegen auf beyden Seiten wie Schwärmer. Die Weiber, deren eine größere Anzahl ist, schleppen die Männer auf die Erde, welche sie verjagen wollen. Die Männer stellen sich Reihenweis zu beyden Seiten der Leiter, und bemühen sich, die Weiber gefangen in die Jurte zu ziehen. Eine jede Parten will die meisten Gefangenen haben; und wenn eine von beyden deren mehrere gemacht hat, so streitet die andere noch, sie ihnen zu entführen, bis man findt, daß man auf beyden Seiten eine gleiche Anzahl hat. Alsdann geschieht die Auswechselung, und ein jeder nimmt seine Frau. Die Männer in Kamtschatka sind noch nicht so gesittet, daß sie ihre Frau dem Manne lassen sollten, der sie genommen hat. Diese Art von Vertauschung oder Gemeinschaft der Weiber findt sich nur bey denen Völkern, welche die bürgerlichen Gesetze nicht kennen oder sie vergessen haben.

haben. Die ersten haben noch keine guten Sitten, und die andern haben gar keine mehr.

Einwohner in Kamtschatka.

Das Reinigungsfest, saget Steller, wurde vordem einen ganzen Monat lang von den Kamtschadalen gefeyret. Es fieng mit dem Neumonde an. Man schließt daraus, daß es auf feste Gründe und in gottesdienstlichen Absichten gestiftet worden. „Diese Völker werfen noch heutiges Tages alles ins Feuer, und sehen das, was man „das Fest über verbrennet, als etwas geheiligtes an. In der That ist der Neumond, „wie das heilige Feuer, stets bey vielen Nationen und besonders den Hebräern, in „Verehrung gewesen.„ Steller oder sein Herausgeber saget deswegen: „Dieß ist „das einzige Volk, welches den wahren Gottesdienst nach der Sündfluth nicht verlo„ren hat; da bey den andern Nationen, wie bey den Kamtschadalen, nur einige Spu„ren davon geblieben.„

Meynung von dem Geiste und Ursprunge dieses Festes.

Schicket es sich aber wohl, bey der Sündfluth von der Verehrung des Feuers zu reden, und was für ein Verhältniß hat doch dieser Dienst wohl mit dem wahren? Die Sündfluth ist die allgemeinste und bestätigste Veränderung, welche die Erdkugel erfahren hat; und die Verehrung des Feuers ist am durchgängigsten auf der Erde ausgebreitet. Die Entzündung der Welt hätte, wie es scheint, wohl Hydrophorien können erfinden lassen, weil das Wasser die Feuersbrünste auslöschet: das Feuer aber hält die Ueberschwemmungen nicht auf. Warum soll man denn das Feuer zum Andenken der Sündfluth verehren? Etwa deswegen, weil die Sonne das Wasser vertrocknete, welches die Erde bedeckete?

Ohne den Ursprung der Gottesdienst und Feste in dem Andenken der Sündfluth zu suchen, wovon die Sonne weder die Ursache, noch wofür sie das Hülfsmittel zu seyn scheint; ist es nicht viel wahrscheinlicher, daß sich die Gottesdienste so wie die Menschen und Sprachen von dem heißen Erdgürtel in alle andere ausgebreitet haben; und daß der Sonnendienst, welcher den Bewohnern eines Himmelstriches sehr natürlich ist, wo dieses Gestirn seinen jährlichen Umlauf hält, und die stärksten physikalischen Einflüsse des Guten und Bösen hat, sich mit denen Nationen auf Erden wird verbreitet haben, welche die Verwüstung und die Bevölkerung selbst um die Erdkugel werden getrieben haben. Diese Völkerschaften, die aus ihrem Lande entweder durch die Menge seiner Einwohner oder durch Trübsale und unerwartete Landplagen, gejaget worden, werden bey ihren Wanderungen so wohl die Verehrung des Gestirnes, unter welchem sie lebeten, als das Zeugniß von der Veränderung, welche sie aus ihrem Vaterlande weggehen lassen, mit gebracht haben. Sie werden zugleich die Sonne, welche sie als ihren Erhalter ansahen, und den Ocean, welchen sie als ihren Vertilger flohen, angebethet haben. Es giebt überall Spuren des heilsamen und schädlichen Einflusses der beyden nützlichsten und gefährlichsten Elemente, des Feuers und des Wassers. Sie sind die beyden sinnlichsten Grundwesen der Erzeugung; die beyden allgemeinsten wirkenden Ursachen der Verwüstung — Man wird geglaubet haben, sie könnten alles, und sie allein macheten alles. Die Bewegung, welche ihnen wesentlich ist, und deren Quelle in ihnen selbst zu seyn scheint, wird etwas beygetragen haben, sie fürchten und anbethen zu lassen. Die Sinne des gemeinen Volkes, das Vernünfteln der Philosophen, alles wird den Menschen zu diesem Dienste geführet haben. Man brauchet dazu weder mündliche Sagen noch Umkehrungen. Diese beyden Dinge können

[illegible] in Kamtschatka.

nen schon die natürliche Wirkung der Furcht vermehren, welche der Hang zum Aberglauben ist. Der Gottesdienst muß alsdann gleich viel rührender, viel feyerlicher seyn, und die Begriffe der Verheerung lebhaft vorstellen, welche sich mit der stärksten Leidenschaft der Menschen vermenget haben.

Uebrigens ist Kamtschatka gar zu nahe am Meere, und den Angriffen dieses Elementes gar zu sehr unterworfen, als daß es seinen Einwohnern nicht eine gottesdienstliche Furcht vor denen Uebeln einflößen sollte, die es ihnen thun kann, und zugleich auch eine ungewisse Meynung, sie mag nun selbst gefasset oder hergebracht seyn, von demjenigen, was es ihnen gethan hat.

Man muß aber nicht eilig einen Ausspruch von dem Dienste eines Volkes thun, ohne seine Lehren gehöret zu haben; nichts ist ungewisser, als von seinen Ceremonien zu urtheilen. Die Menschen sind so geneigt und so fähig, sich in Sachen des Aberglaubens zu betriegen, daß man niemals recht weis, was sie anbethen, ob es der Götze oder das Opfer, oder der Altar, oder die Gefäße und die Werkzeuge oder die Worte des Gottesdienstes, oder auch der Priester selbst sey. Die gottesdienstliche Verehrung irret ungewiß auf alle diese Dinge herum; denn es ist der Furcht eigen, die Gegenstände und Begriffe, vornehmlich in dem Schatten und der Dunkelheit, zu vermengen. Man betriegt sich aber wegen der gottesdienstlichen Meynungen eines Volkes nicht sehr, wenn man siehet, daß sie sich auf ihre Handlungen beziehen. Man frage die Kamtschadalen, was die Blitze sind. Sie werden einem antworten, es sind die Geister Gamuli, welche ihre Hütten heizen, und die halbverbrannten Feuerbrände einander zuwerfen. Wenn sie donnern hören, so sagen sie: Kutchu batti Tuskeret, Kutchu zieht seine Kähne; denn sie denken, dieser Gott bringe seine Kähne von einem Flusse in den andern, und er höre eben das Geräusch, wenn sie eben das thun. Dieser Gott fürchtet ihren Donner, wie sie seinen. Wenn Regen fällt, so pissen die Gamuli. Wenn ein großer Wind ist, so schüttelt Balakitg, Kutchues Sohn, seine langen und krausen Haare auf die Fläche eines Landes. In seiner Abwesenheit schminket sich seine Frau Zawina mit Roth, um ihm bey seiner Zurückkunft zu gefallen; und dieses Roth machet den Schimmer der Morgenröthe und Demmerung. Wenn er die Nacht ausbleibt, so weinet sie, und daher ist der Himmel trübe.

Abergläubische Furcht vor den Eidechsen.

Die Kamtschadalen sehen sehr wenig Schlangen: sie haben aber eine abergläubische Furcht vor den Eidechsen. Sie sind Gaetschens Kundschafter, sagen sie, welche ihnen den Tod ankündigen. Wenn man sie ertappet, so schneidt man sie in kleine Stückchen, damit sie dem Gotte der Todten nichts sagen. Entwischet eine Eidechse, so geräth der Mensch, der sie gesehen hat, in Traurigkeit, und stirbt zuweilen vor Furcht zu sterben.

Abergläubische Gewohnheit zum Seehundsfange.

Wenn die Kamtschadalen einige abergläubische Gebährdungen machen, die Uebel zu beschwören, so haben sie auch einige, die Güter herbey zu ziehen, die sie brauchen. Ehe sie auf den Seehundsfang gehen, machen sie eine Art von mystischer Vorstellung davon, wie die Kinder. Ein großer Stein, den sie gegen die Jurte rollen, stellet die See vor; kleine Kiesel, welche sie auf diesen Stein legen, bedeuten die Wellen; kleine Bündel Gras die Seehunde. Diese Bündel leget man zwischen Kügelchen von Tolkuscha, einem von Fischrogen und andern Vermischungen gemachten Teige. Man machet aus Birkenrinde eine Art von Gefäße wie einen Kahn; man zieht ihn auf dem Sande,

Sande, als wenn er auf dem Meere schwämme. Alles das geschieht, die Seehunde ein zu laden, daß sie sich fangen lassen; indem man ihnen zeiget, daß sie in Kamtschatka Nahrung, ein Meer, und was sie brauchen finden werden. In der Jurte haben die Kamtschadalen Köpfe von Seehunden, an welche sie Gebethe richten, und denen sie Vorwürfe machen, als ob sich diese Thiere weigerten, zu Wirthen zu kommen, die sie doch so gut bewirthen. Das Ende des Mahles, welches sie diesen zweylebigen Geschöpfen anrichten, läuft darauf hinaus, daß sie selbst alles das verzehren, was sie ihnen vorgesetzet haben. Denn eine Religion, die nichts zu essen gäbe, würde für die Wilden nicht gut seyn; und vielleicht auch überhaupt für kein Volk. Einwohner in Kamtschatka.

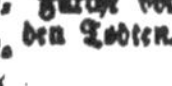

Diejenigen Kamtschadalen, welche auf den Walfischfang gehen, bereiten sich fast durch eben solche Ceremonien dazu. Sie bilden einen Walfisch von Holze, ungefähr zwey Fuß lang. Sie tragen ihn in einem Umgange aus einer Balagane in eine Jurte. Sie setzen vor die Jupana ein großes Gefäß voll Tolkuscha. Darauf ziehet man den Walfisch aus der Jurte und ruft: Der Walfisch ist ins Meer geflohen. Man stellet ihn wieder in eine neue ausdrücklich dazu gemachte Balagane, wo man eine angezündete Lampe mit einem Manne läßt, zu verhüten, daß sie die Fischfangeszeit über nicht auslösche, welche vom Frühlinge bis in den Herbst dauret. Zum Walfischfange.

Zuletzt erscheint der Aberglauben der Kamtschadalen vornehmlich in ihren Gebräuchen in Ansehung der Todten, welche in allen Ländern stets das Schrecken der lebenden gewesen. Diese Furcht machet, daß man in Kamtschatka sich nicht getrauet, etwas von dem zu tragen, was ihre gewesen ist, und auch nicht einmal in der Wohnung zu wohnen, worinnen ein Mensch gestorben ist. Zum Glücke kostet es nicht viel, eine andere zu bauen. Es ist aber sonderbar, daß diese Furcht vor den Todten nicht eine Art von Verehrung der Leichen eingiebt. Die Kamtschadalen geben solche ihren Hunden zu fressen. Es ist wahr, daß es aus einem Bewegungsgrunde des Eigennutzes für den Menschen geschieht. Diejenigen, sagen sie, deren Leib von den Hunden gefressen worden, werden sehr schöne Leiber in der unterirdischen Welt haben. Indessen haben sie noch einen andern Grund von persönlichen Nutzen, daß sie die Leichen vor die Thüre ihrer Jurten so frey hinwerfen. Die bösen Geister, welche diese Schlachtopfer getödtet haben, werden sich vielleicht, wenn sie solche sehen, damit begnügen, und den lebenden Gnade erweisen. Die Heldenzeiten der Griechen zeigen nicht viel feinere Sitten und Meynungen. Die Kamtschadalen aber haben keinen Homer, ihre Götterlehre zu verschönern. Furcht vor den Todten.

Einwohner in Kamtschatka.

Das III Buch.

Politische und bürgerliche Geschichte von Kamtschatka.

Das I Capitel.

Von der Entdeckung des Landes Kamtschatka durch die Russen [1]).

Erster Versuch auf Kamtschatka. Empörung der Kamtschadalen. Meuterey der Cosaken. Sie entledigen sich dreyer Commissarien. Niederlage der Kamtschadalen. Russische Cosaken werden verbrannt. Abfall eines Commissarius. Er wird mit dem Tode bestrafet. Aufrührer von Awatscha werden geschlagen, und dem Tribute unterworfen. Der Tribut wird von aufrührischen Soldaten geplündert. Neuer Weg von Jakutsk nach Kamtschatka zur See. Entdeckung der kurilischen Inseln. Ein japonisches Schiff scheitert bey Kamtschatka. Unglückliches Schicksal des Schiffvolkes. Allgemeiner Aufstand der Kamtschadalen. Standhaftigkeit der kamtschadalischen Aufrührer bey den Strafen.

Spaniens und Portugalls Eroberungen so wohl in Ost- als Westindien haben ohne Zweifel etwas, welches uns, durch die Kühnheit der Schiffer, die den Klippen, den Ungewittern und den langen Meerstillen getrotzet haben, um in unbekannten Ländern an zu länden, und durch die Grausamkeit der ersten Räuber, die sich daselbst auf den Trümmern der Völker und Reiche niedergelassen haben, in Erstaunen und zugleich Schrecken setzen kann. Indessen machet doch der Durst nach Reichthume, dieser zureichende Grund der Mühseligkeiten und Verbrechen des Menschen, alle die Bemühungen und Erfolge scheinbar, deren Werk diese Umkehrung gewesen. Daß aber Rußland, dem es an Menschen fehlet, Länder suchet; daß es nach neuen Wüsten läuft, da es Herr über ein Land ist, welches angebauet zu werden fordert; daß es sich, anstatt die großen Ebenen, die es besitzt, fruchtbar zu machen, in noch unfruchtbarere und kältere Gegenden erstrecket: das ist eine Aufgabe, welche nichts auflösen kann, als die kindische Eitelkeit der Monarchen und die Dummheit der Völker. Vielleicht entsteht auch der Krieg von selbst unter benachbarten und armen Völkern, wenn die irrende Unruhe der wilden Völkerschaften, welche übel gelegen sind, andern schon unterwürfigen Völkerschaften etwas abnehmen will. Es ist betrübt, aber unvermeidlich, das menschliche Geschlecht stets, entweder über das Nothwendige, oder wegen des Ueberflüßigen, mit sich in Streite zu sehen; wie es sich in dem wilden Zustande

1) Man sehe die Reisen der Russen nach Norden in unserm XVII Bande der allgem. Reis. auf der 272 und ff. S.

Zustande mit einer blutigen Hand die Dornen entreißt, womit die Erde herbe und harte Früchte versehen hat; und in dem gesellschaftlichen Zustande die Felder, von welchen es ärndet, die Meere, worinnen es seine Netze ausgeworfen, die Bergwerke, welche es schürfet, mit Morde und Blute färbet und beflecket. Es wendet also an allen Orten und zu allen Zeiten dasjenige Eisen, welches das Werkzeug, das Zeichen und die Züchtigung der tyrannischen Herrschaft ist, die es über die Erde ausübet, wider seine eigene Brust, und tauchet es in sein eigenes Eingeweide. In Rußland ist der Mensch so unglücklich, daß er nur in der Verheerung des Menschen ein Vergnügen findt und sich freuet. Einwohner in Kamtschatka.

Die den Russen unterworfenen Cosaken haben keinen andern Trost in ihrem Schicksale gefunden, als das Vergnügen, die Kamtschadalen unterwürfig zu machen. Es war in der That der Cosak Wolodimer Atlasow, welcher Kamtschatka entdeckete oder unterwarf. Man saget zwar, es wäre im Anfange des letzten Jahrhundertes ein russischer Kaufmann, welcher Theodot Alexiow hieß, da er in das Eismeer gegangen, durch einen Sturm an die östliche Küste von Kamtschatka verschlagen worden. Weil es aber gewiß ist, daß weder er, noch jemand von seinem Schiffsvolke, wieder nach Rußland gekommen, von dieser Entdeckung einige Anzeige zu geben, so kann man sie ihm nicht zueignen. Aller Ruhm davon gehöret dem Cosaken Atlasow.

Dieser Mann, welcher zu Anadirskoi-Ostrog zum Commissar ernennet worden, erhielt im 1697 Jahre Befehl, die russische Herrschaft durch Entdeckung und Unterwerfung neuer Länder zu erweitern. Er schickete sechzehn Soldaten aus, den Tribut zu heben, und Leute zu unterwerfen. Morosko, Hauptmann dieses Haufens, gieng bis nach Kamtschatka, welches nicht hundert Meilen von dem Flusse Anadir ist. Die Erzählung, welche er von seinem Zuge machete, vermochte den Commissar Atlasow, daß er selbst an der Spitze von ungefähr hundert Mann zu der Eroberung von Kamtschatka abgieng. Als er an den Ort kam, wo die Halbinsel sich von dem festen Lande entfernet und in die See hinausgeht, theilete er seinen Haufen in zwo Schaaren, gab die eine dem Morosko, die östliche Küste zu erobern, und marschirete selbst mit der andern nach der westlichen. Diese beyden Schaaren Eroberer stießen ungefähr in der Mitte der Halbinsel an dem Flusse Tigil zusammen. Diese Feuerleute, so nenneten die Kamtschadalen solche wegen ihrer Flinten, ließen fünf bis sechs wilde Völker Tribut bezahlen. Damit sich Atlasow der Nationen versicherte, die er unterworfen hatte, so bauete er eine Schanze an dem Flusse Kamtschatka. Er ließ daselbst funfzehn Mann mit einem Befehlshaber, und kam 1700 wieder nach Moskow. Der Raub, welchen er von den benachbarten Völkerschaften mitbrachte, bestund in dreytausend zweyhundert Zobeln, zehn Seebibern, sieben Landbibern, vier Fischottern, zehn grauen Füchsen und hundert ein und neunzig rothen Füchsen. Diese glorreiche Beute machete, daß er Befehlshaber der Cosaken in der Stadt Jakutzk wurde. Er hatte Befehl, mit hundert von diesen tapfern Leuten wieder nach Kamtschatka zu gehen. Da er aber bey seinem Weggehen von Tobolsk ein Kauffahrdeyschiff geplündert hatte, so wurde dieser Held in dem Laufe seiner Räubereyen und Eroberungen aufgehalten, und in das Gefängniß gesetzet. Potop-Seriukow, den er zu Kamtschatka gelassen hatte, blieb drey Jahr in seiner Schanze ohne Krieg mit den Kamtschadalen, und begnügete sich nur, zu handeln, da er nicht die Kräfte hatte zu erobern. Als er aber nach Anadirsk Erster Versuch auf Kamtschatka.

Einwohner in Kamtschatka.

gehen wollte, so wurde er unterwegens mit seinem kleinen Haufen getödtet. Alles war auf beyden Seiten fünf bis sechs Jahre lang ziemlich ruhig. Die Cosaken begnügeten sich, hier und da einigen Tribut zu heben, und die Kamtschadalen, einige Cosaken zu tödten. Weil dieß aber kein offenbarer Krieg war, so lebete man in so gutem Verständnisse als Soldaten ohne Kriegeszucht bey einem Volke ohne Policey erhalten können. Der Widerstand geschah nur heimlich, so wie die Angriffe und Ansprüche.

Empörung der Kamtschadalen.

Endlich liefen diese überhingehenden Feindseligkeiten auf eine ansehnliche Empörung hinaus. Die von Rußland nach Kamtschatka geschickten Commissarien, die unumschränkteste Handlung der Gewalt daselbst aus zu üben, ehe sie noch recht fest gesetzet worden, brachten Völker auf, die sich niemanden unterworfen zu seyn glaubeten. Wenn die Eintreibung der Auflagen in gesitteten Staten oftmals Aufstand erreget, so ist es nichts erstaunliches, wenn sie bey wilden Völkern solchen erreget. Die Kamtschadalen waren so wenig geneigt, eine fremde Herrschaft zu erkennen, daß sie diejenigen Russen, welche alle Jahre zu ihnen kamen und einen Tribut von Pelzwerken forderten, für Straßenräuber, aus ihrem Lande entlaufene oder verbannete ansahen. Sie bildeten sich nicht ein, daß man in einem Lande, welches keinen Oberherrn hatte, gewisse und beständige Commissarien hätte bestellen können. Dieses Volk wußte noch nicht, daß das erste Recht der Despoten die Eroberung und das erste Zeichen dieses Rechtes die Auflegung der Abgaben ist. Es entschloß sich also, sich alle Russen vom Halse zu schaffen.

Die Kamtschadalen zu Bolscherezkoi verbrannten die kleine Schanze, die man zum Grunde der Oberherrschaft daselbst gebauet hatte, und macheten alle Soldaten nieder. Nahe am Bibermeere wurden fünf Tributeinnehmer bey der Ausübung ihres Amtes erschlagen. Die Cosaken, welche sich nicht unterstunden, die Rebellen an zu greifen, hielten sich nur auf ihrer Hut und erwarteten ein ihrer Tapferkeit würdiges Haupt. Atlasow kam endlich im 1706 Jahre aus dem Gefängnisse, an ihre Spitze gestellet zu werden. Man schickete ihn mit Munition und zweyen Stücken wieder nach Kamtschatka, damit er durch dessen Eroberung die Verzeihung der Räubereyen verdienete, die er in Rußland begangen hatte. Man befahl ihm die Sanftmuth und Gerechtigkeit bey Lebensstrafe.

So bald er in denen in Kamtschatka aufgeführeten Schanzen angekommen war, so schickete er siebenzig Cosaken ab, die Aufrührer zu Paaren zu treiben, welche die Einnehmer getödtet hatten. Man fand keinen Widerstand bis an den Awatscha Meerbusen. Daselbst aber hatten sich die Kamtschadalen, achthundert an der Zahl, versammlet. Sie verließen sich auf ihre überlegene Anzahl so sehr, daß sie, in dem Entschlusse, die Cosaken nicht zu tödten, Riemen sollen mitgebracht haben, sie zu binden. Dieses Vorgeben aber siehet vielen andern, die man so wohl in der alten als neuen Geschichte findt, zu ähnlich, als daß es nicht als eine von denen Sagen daraus sollte genommen seyn, welche zu allen Völkern kommen, und die sich ein jedes mit Ausschließung der andern, zueignet. Die Partey der Cosaken, welche auf der Küste erschienen war, sah in dem Meerbusen nur leere Kähne. Die Einwohner hatten sich in dem Gehölze auf dem Wege verstecket. So bald die ersten Feinde vorbey gegangen waren, so fielen die Kamtschadalen auf die Mitte. Die Tapferkeit der Cosaken aber warf einige biege über den Haufen, und zerstreuete die andern. Die Frucht dieses Sieges, der ihnen sechs Mann und viele Wunden kostete, war, daß sie drey ansehnliche Gefangene machten, welche ein und dreyzig Häute Tribut gaben. So wird das Blut der Thiere durch das Blut der Menschen selbst gerächet, die einander ihrer Bälge wegen ermürgen. Die Cosaken genossen ihrer Beute nicht ruhig; sie war ein Keim der Empörung bey ihren Feinden und der Zwistigkeit unter ihnen. Einwohner in Kamtschatka.

Atlasow, welcher sie anführete, hatte sie so streng gehalten, daß die Kanzeley zu Jakutzk, wo er sie genommen, schon voller Memoriale wider ihn war, ehe er nach Kamtschatka kam. Seine übele Aufführung wurde zu Ausschweifungen getrieben, die einen aufbringen mußten. Zu Ende des 1707 Jahres nahmen ihm seine Truppen für sich selbst die Befehlshaberschaft. Zur Rechtfertigung dieses Abfalles führeten sie, unter andern Beschwerden, an, daß er die Soldaten verhungern ließe, indem er sich die Lebensmittel zueignete, die er den Kamtschadalen wegnähme; da er einen unschuldigen Soldaten eigenhändig getödtet, so hätte er denjenigen, die sich über diese Gewaltthätigkeit beschweret, welche den Befehlen zuwider liefe, geantwortet, er könnte sie alle eben so hinrichten, ohne daß ihm der Czar wegen ihres Lebens zur Rechenschaft ziehen würde; er hätte zu den Kamtschadalen bey Gelegenheit des Todes dieses Soldaten gesaget, er hätte ihn nur deswegen getödtet, damit er die andern verhinderte, den Entschluß aus zu führen, den sie gefasset hätten, alle Einwohner des Landes um zu bringen, damit sie sich ihrer Habe bemächtigten. Meuterey der Cosaken.

Atlasow war der Trunkenheit und dem Rauben ergeben. Man legete ihn ins Gefängniß; seine Güter wurden eingezogen und weggenommen. Es waren zwölfhundert und vier und dreyzig Zobel, vierzehn schwarze Füchse, fünf und siebenzig Seebiber, ohne viel ander Pelzwerk zu rechnen. Kurz, er hatte, saget man, unermeßliche Reichthümer in sehr weniger Zeit gesammlet. Diese Schätze gleichen wenigstens nicht denen aus Mexico und Peru; und die russischen Statthalter haben eine andere Art, sich zu bereichern, als die spanischen, in ihren Colonien.

Man schickete indessen in einer Zeit von zweyen Jahren zween Commissarien hinter einander nach Kamtschatka mit neuen Truppen und einigen Canonen, welches die Kamtschadalen nicht hinderte, viele davon unterwegens zu tödten. Die Uneinigkeit der Cosaken überlieferte sie ihren Feinden. Diese waren aufrührisch, jene meuterisch; alles verzögerte und störete Rußlands Unternehmungen auf Kamtschatka. Die Einwohner tödteten die Soldaten, die Soldaten schaffeten sich ihre Häupter vom Halse. Mironow, ein Commissar, welcher abgeschicket worden, Tschirikows Stelle zu ersetzen, wurde im Jenner 1711 von zwanzig seiner Cosaken umgebracht. Atlasow, welcher aus seinem Gefängnisse entwischet war, und sich in die kleine Schanze Kamtschatkoi begeben hatte, wurde von etwan dreyzigen eben dieser Cosaken in seinem Bette ermordet, welche drey Häuser des Ostroges, alle Güter der beyden umgebrachten Commissarien, die Seemagazine und den Tribut der Krone plünderten. Sie giengen darauf, nachdem ihre Anzahl bis auf fünf und siebenzig angewachsen war, unter zweyen Oberhäuptern nach der obern Schanze Kamtschatkoi, und warfen den Commissar Tschirikow in den Fluß.

Indessen glaubeten sie, sie müßten den Untersuchungen der Gerechtigkeit dadurch zuvorkommen, daß sie die Ursache der Klagen vorstelleten, welche sie wider den Mironow

Einwohner in Kamtschatka.

now und Tschirikow gehabt, ohne des Atlasow zu erwähnen, den sie ohne Zweifel als verbannet, oder von den Gesetzen verlassen, ansahen. In dem Memoriale, welches die Kanzeley zu Jakußk erhielt, wurden die beyden Commissarien beschuldiget, daß sie die Cosaken und die unterwürfigen Völker unterdrücket, diesen ihre Güter durch viele Schläge und Drohungen weggenommen, die andern gezwungen, Waaren für einen übermäßigen Preis statt ihres Soldes an zu nehmen und darüber zu quittiren, als wenn sie solchen in baarem Gelde empfangen hätten; wobey sie zween Rubel Interesse von einem Solde von neun Rubeln und fünf und zwanzig Kopeken abgezogen. Man beschuldigte sie auch noch, sie hätten allen Handel auf ihre Rechnung getrieben, und sich nicht allein die Beute der Soldaten, sondern auch den Tribut der Krone, zugeeignet. Zum Beweise ihres Alleinhandels und ihrer Räubereyen schickete man den Aufsatz von ihren Gütern mit. Tschirikows seine beliefen sich auf sechshundert Zobel, fünfhundert ordentliche Füchse und zwanzig Seebiber; Mironows seine auf achthundert Zobel, vierhundert Füchse und dreyßig Biber. Dieß ist fast der Werth und die Menge des jährlichen Tributes, welchen Rußland von ganz Kamtschatka, auch selbst noch heut zu Tage, zieht, da es ihm ganz unterworfen ist.

Nach dieser Schutzschrift, welche eigentlich nur eine Gegenbeschuldigung war, wollten die Meutemacher die Rebellen unterwerfen, damit sie ihre Verzeihung verdieneten. Sie zerstöreten eine Schanze ihrer Feinde, und setzeten sich an ihre Stelle hinein. Diese versammeleten sich von allen Seiten in so großer Anzahl, daß sie sich schmeichelten, die Cosaken mit ihren Mützen zu ersticken. So pflegen diese Wilden zu reden. Da sich die Russen, nachdem sie von einem Archimandriten eingesegnet worden, welchen man 1705 nach Kamtschatka geschickt hatte, daselbst das Evangelium zu predigen, umringet und eingeschlossen sahen, so fielen sie mit ihren Carabinen auf ihre Feinde, und schlugen sich einen ganzen Tag mit Lanzen herum. Die Cosaken, welche nicht vierzig Mann waren, verloren nur drey Mann, und bedecketen den Bolschaia Reka mit Leichen. So pflegen diese barbarischen Ueberwinder zu reden. Der ganze große Fluß gerieth unter das Joch.

Niederlage der Kamtschadalen.

Dieser Sieg war nicht ohne Rache. Da das Haupt der unruhigen Cosaken mit fünf und zwanzig Mann bis an die Awatschabay vorgerücket war, so wurde er von denen Aufrührern überfallen, die er zu Paaren treiben wollte. Die List hat sich zu allen Zeiten die Verrätherey wider den Misbrauch der Stärke erlaubet; und es ist nicht einmal eine Ungerechtigkeit, die der Ungerechtigkeit entgegen gesetzet wird. Die Wilden empfiengen die Cosaken mit allen Merkmaalen der Unterthänigkeit, und so gar der Freundschaft, und gaben ihnen Tribut, Geschenke, Geisel. Allein, nach dieser hinterlistigen Aufnahme legeten sie gleich in der folgenden Nacht Feuer an die Balagane, worinnen die Russen mit den Kamtschadalen, die sie zur Sicherheit verwahret hatten, vermenget lagen. Die Mordbrenner riefen ihren eingesperreten Gefährten zu, sie sollten durch die Schlupfthüren entwischen, die sie gemacht hatten, sie zu retten. Diese antworteten, sie wären geschlossen, wollten aber mit Vergnügen sterben, wenn sie nur ihre Feinde in den Flammen umkommen sähen.

Russische Cosaken werden verbrannt.

Indessen war ein neuer Commissarius an Mironows Stelle gekommen, der nichts von dem Schicksale seiner drey Vorgänger wußte. Da der Weg nach Kamtschatka anfänglich nur zu Lande offen war, so fiel es schwer, durch eine Menge unabhängiger [illegible]iger Völker hinein und heraus zu kommen, welche ihre Freyheit vertheidigten, wie er angegriffen wurde, und den Gewaltthätigkeiten Nachstellungen entgegen setzeten. Die Gefährlichkeiten, womit dieser Weg besäet war, verhinderten und verzögerten die Gemeinschaft der Eroberer mit Jakutzk. Die Unternehmungen geschahen also auf gut Glück. Schepetkoi hatte in dieser Halbinsel alles in Flammen gefunden. Die Einwohner waren durch Soldaten, welche ihre Befehlshaber ermordet hatten, schlecht unter das Joch gebracht, und diese unruhigen Köpfe von den überwundenen Aufrührern verbrannt oder zerstreuet. Dieser Commissarius brachte die Sachen wieder so gut in Ordnung, als es ihm möglich war; und da er den achten des Brachmonates 1712 auf dem morgenländischen Meere zu Schiffe gieng, so lief er mit dem Tribute für die Krone in den Fluß Oliutore ein. Er war verbunden, sich an dem Ufer dieses Flusses zu verschanzen, und Verstärkung von Anadirskoi zu erwarten, welche ihn bis nach Jakutzk bedeckete. Er hatte vier und achtzig Soldaten zur Vertheidigung einer schlechten Erdschanze, wo er täglich von den Korjäken angezwacket wurde. Nachdem er endlich Rennthiere zur Fortschaffung und sechzig Mann zur Bedeckung erhalten hatte, so kam er im Jänner 1714 zu Jakutzk an, und brachte den Tribut von vielen Jahren; denn seit 1707 war keiner von Kamtschatka angekommen. Diese Hebung hatte dreyzehntausend zweyhundert und achtzig Zobel, dreytausend zweyhundert und neun und achtzig rothe Füchse, ein und vierzig fast schwarze, sieben ganz schwarze, und zweyhundert und neun und funfzig Seebiber getragen. Man hatte aber ohne Zweifel viele Leute tödten müssen, so viele Thierfelle zu bekommen.

Einwohner in Kamtschatka.

Der Commissar, welcher an Schepetkois Stelle kam, stillete den Aufruhr gar nicht, sondern gab dazu vielmehr ein Beyspiel. Da er entschlossen war, sich der Colonie zu bemächtigen, so ließ er den Befehlshaber der untern Schanze Kamtschatkoi, oder Nischnei Kamtschatkoi Ostrog, Jarigin, gefangen nehmen und auf die Folter legen. Dem Almosenpfleger des Ostroges und einigen Cosaken begegnete er eben so, plünderte die Güter des Befehlshabers, um sie seinen Soldaten zu geben. Jarigin wurde genöthiget, ein Mönch zu werden. Kirgizow, der unrechtmäßige Besitznehmer konnte nicht alle Cosaken auf seine Seite bringen, sondern sah seine Anhänger selbst sich in zwo Parteyen zertheilen, da er denn von seinen Mitgenossen verrathen und mit dem Tode bestrafet wurde.

Abfall eines Commissarius.

Er wird mit dem Tode bestrafet.

Kolesows Nachfolger, welcher die Unruhen durch des Verräthers Kirgizows Bestrafung erstickt hatte, machete sich die Stille zu Nutze, die Gründe der Colonie zu befestigen. Der untere Ostrog war in einem Moraste angeleget, welcher den Ueberschwemmungen unterworfen war. Der neue Commissar bauete eine Kirche in der Nachbarschaft des Ostroges, allein, an einem nicht so ungesunden Orte. Diese Kirche zog die Einwohner des Ostroges dahin, welcher also verlassen wurde. Bey gesitteten Völkern stiften die Städte Kirchen: bey wilden Völkern aber stiften die Kirchen Städte. Auf solche Art haben Klöster Wüsten urbar gemacht und bevölkert. Was aber eine Quelle der Bevölkerung in finstern und elenden Zeiten gewesen, das kann eine Ursache der Entvölkerung in einem aufgeklärten und glückseligen Jahrhunderte werden. Wenn sich die Meynung geändert hat, so muß sich alles ändern, was an der Meynung hängt. Dieß ist ein Beweis ihrer Herrschaft.

Der

Einwohner in Kamtschatka.

Die Aufrührer zu Awatscha werden dem Tribute unterworfen.

Der Commissar Iwan Eniseiskoi marschierete aus dem untern Ostroge, welcher an der Mündung des Kamtschatka lag, an der Spitze von hundert und zwanzig Cosaken und hundert und funfzig Kamtschadalen wider die Aufrührer zu Awatscha, welche fünf und zwanzig Soldaten und ihr Oberhaupt getödtet hatten. Die Eroberer hatten schon gelernet, die kamtschadalische Nation wider sich selbst zu setzen. Dieß ist der Fortgang der Herrschaft. Die Rebellen vertheidigten sich zwo Wochen lang. Weil man sie nicht überwältigen konnte, so legete man Feuer an ihre Verschanzungen und erwürgete alles, was den Flammen entgieng. Von diesem Augenblicke an bezahleten die Einwohner zu Awatscha einen ordentlichen Tribut an Rußland. Vorher begnügete man sich nur mit dem, was sie halb mit Gutem, halb aus Furcht, geben wollten.

Der Commissar Iwan und sein Vorgänger Kolesow, der sich nicht unterstanden hatte, durch das Land der Oliutoren mit dem Tribute, oder vielmehr der Beute, für die Krone zu gehen, schiffeten sich zusammen ein, und kamen zu Ende des Augustes 1714 an den Fluß Oliutora. Was sie in einer Zeit von zweyen Jahren gehoben hatten, belief sich auf fünftausend sechshundert ein und vierzig Zobel, siebenhundert sieben und funfzig ordentliche Füchse, zehn halbschwarze, eilf Pelze von den schönsten Füchsen, hundert und sieben und dreyzig Seebiber, und zwo Fischottern. Sie brachten über zwey und zwanzig Solotnik Gold in Stangen und geprägten japonischen Stücken, die man auf zweyen japonischen Schiffen gefunden hatte, welche an den Küsten von Kamtschatka gescheitert waren.

Der Tribut wird von aufrührischen Soldaten geplündert.

Alle diese Schätze aber wurden von den jukagirischen Soldaten zu Petrow, welche die Oliutoren geschlagen hatten, geplündert und zerstreuet. Die Aufrührer waren über die Gewaltthätigkeiten eines Mannes aufgebracht, der sich ihrer, als Pferde, zur Fortbringung des Tributes bedienete, da man doch die Korjäken, wie sie sageten, dazu brauchen sollte, welche man ausdrücklich hatte kommen lassen. Sie brachten ihr Oberhaupt um, belagerten ein Ostrog, wohin sich die beyden Commissarien geflüchtet hatten, nöthigten die Korjäken des Ostroges, diese beyden Beamten des russischen Hofes zu tödten, und theileten sich in den Tribut, den man dahin brachte. Man erhielt indessen doch, nach diesem Aufstande, einen Theil davon wieder, da man ihn entweder für einen geringen Preis wiederum an sich kaufete, oder auch durch die Ersetzung, die der Casse des Fiscus geschah.

Neuer Weg von Jakutzk nach Kamtschatka zur See.

Die Gefährlichkeiten und Mühseligkeiten, welche man auf einem langen Wege zu Lande, mitten durch unabhängige oder wenig unterworfene Völker ausstehen mußte, welche stets zum Kriege oder zum Aufstande bereit waren, nöthigten die Russen einen kürzern und sicherern Weg zu suchen. Man versuchete schon im 1715 Jahre einen Weg zur See von Ochozk nach Kamtschatka. Man mußte also an diese Halbinsel auf deren Westküste anländen. Ueber dieses so waren zween Wege zur Eroberung und zur Handlung offen: die letzte aber hatte die größten Vortheile. Es sind nicht über zehn oder zwölf Grade von Jakutzk, welches an dem Lena liegt bis nach Ochozk, da man hingegen dreyzig Grade von diesem Flusse bis nach dem Oliutore zu durchlaufen hat. Von Ochozk hat man nur eine Ueberfahrt von ungefähr dreyhundert Seemeilen, um gegen Süden von Kamtschatka, durch einen stets gelinden Himmelsstrich an zu länden. So bald man diesen Weg gefunden hatte, gieng der Tribut nicht mehr durch Norden.

Er

Einwohner in Kamtschatka.

Er war aber stets der Habsucht der Commissarien, und dem Plündern der Cosaken zum Raube, welche bald die russischen Beamten gefangen setzeten, und bald die Einwohner in Kamtschatka plackten. Diese tödteten ihrer Seits die Steuereinnehmer. Dreyßig Jahre lang waren nichts, als Räubereyen, in dieser ganzen Halbinsel, unter denjenigen, welche sich bestrebeten, sie zu Paaren zu treiben und denen, welche dem Joche der Eroberung widerstunden. Dieß ist das Schicksal aller neuen Pflanzstädte. Man muß sie mit Blute benetzen und mit Morden düngen, damit man sie zum Anbaue, zur Civilisirung, zu den schönen Künsten bereite. So ist die Welt gesittet geworden.

Entdeckung der kurilischen Inseln.

Indessen gab doch der Geist Peters I, welcher mit den Absichten der Eroberung den Ehrgeiz verband, sein Reich zu erleuchten, um es berühmt zu machen, einige nützliche Unternehmungen ein. Man versuchete im 1720 Jahre die Entdeckung der kurilischen Eylande, welche das Meer von Kamtschatka abgerissen zu haben scheint, und die Staatskunst wieder damit vereinigen will. Man durchlief sie; man gieng bis an die Insel Matmai, welche fast bis an Japon stößt. Dieß konnte den Weg zu einer Handlung zwischen den Russen und Indianern eröffnen, wenn die Linie mit dem Polarzirkel Gemeinschaft haben könnte; wenn es nicht abgeschmackt wäre, sich nach Pracht zu bestreben, ehe man Gesetze hätte. Im 1728 Jahre nahm man die Karte von Kamtschatka auf, worinnen man sich bis auf den sieben und sechzigsten Grad siebzehn Minuten der Breite entfernete; denn es ist viel leichter, Reisen zu thun, als sich niederzulassen. Im 1729 Jahre giengen ein russischer Hauptmann und ein Haupt der Cosaken, auf Befehl des Hofes, mit einigen Truppen nach Kamtschatka, damit sie die Küsten desselben so wohl gegen Norden als gegen Süden besichtigten, alle Korjäken, die nicht zinsbar wären, mit Gutem oder mit Gewalt unterwürfen, Pflanzstädte anlegeten und Ostroge baueten, und eine Handlung mit den benachbarten Völkern errichteten. Diese prächtigen Befehle aber konnten nur zum Theile ausgerichtet werden. Es war genug, daß man den Riß von den mittäglichen Küsten bis an die Gränzen von China aufgenommen hatte. Dieses und das russische Reich, die an einem Ende an einander stoßen, und nichts als einige Gränzwüsten, welche sie absondern, gemein haben, stellen dem menschlichen Geiste die Kindheit und Vollkommenheit der gesellschaftlichen Policey vor, zeigen den Unterschied, welchen man stets unter dem Despotismus, den die Waffen über die Unwissenheit ausüben, und der Gewalt, welchen die Gesetze über ein erleuchtetes Volk haben, finden wird. Vielleicht aber bereitet sich Rußland, da es sich eine Gemeinschaft mit den Chinesen zur See eröffnet, einen Weg zur wahren Größe. Kamtschatka, dieses wilde Land, kann also dereinst die Vermittelung zu einer glücklichen Civilisirung werden. Wer weis auch, ob diese Halbinsel nicht Verbindungen mit Indien haben kann? Die Insel Japon scheint zwischen diesen beyden Gegenden, zur Erleichterung dieses neuen Weges der Handlung Asiens mit Europa, zu liegen, welcher viel kürzer und vielleicht nicht so gefährlich ist, als der alte. Alles machet zu dieser Hoffnung kühn, und das Ungefähr selbst hat den Grund dazu geleget.

Ein japonisches Schiff scheitert bey Kamtschatka.

Schon im 1730 Jahre scheiterte ein japonisches Schiff an der Spitze von Kamtschatka. Dieses Schiff, welches mit Reiße, Zeugen, Seide, Catune, welches es von einer japonischen Provinz zur andern führete, beladen war, wurde durch einen Sturm von acht Tagen in die offene See getrieben. Nachdem es sechs Monate lang

Einwohner in Kamtschatka.

ein Spiel der Winde und ohne Zweifel der Unwissenheit der Steuerleute gewesen; nachdem es seine Waaren, sein Takelwerk, seine Masten, seine Anker in das Meer geworfen, so wurde er durch die Ströme nach Kurils-Kaja-Lopatka getrieben. Das Schiffvolk, welches aus siebenzehn Mann bestund, wollte ans Land steigen und sich mit demjenigen, was es von den Trümmern und Ueberbleibseln des Schiffes noch retten konnte, unter einem Zelte lagern.

Unglückliches Schicksal des Schiffvolkes.

Nach Verlaufe drey und zwanzig Tage wurden sie einen cosakischen Officier mit Kamtschadalen gewahr. Voller Freuden, Menschen zu sehen, macheten sie ihnen Geschenke. Da der treulose Cosake aber sich bey Nacht mit seinen Leuten hinweg begeben, so setzeten sich die Japoner, welchen der Sturm ihr Schiff genommen hatte, in ein Boot, ihn an der Küste zu suchen, oder an irgend einen Wohnplatz zu kommen. Sie fanden Schtinnikow so hieß der Cosak, welcher den Rumpf ihres Schiffes zerstückete, damit er das Eisen davon bekäme. Dieser Barbar schickete so gleich seine Kamtschadalen in einem Canote nach dem Boote der Japoner; und in der Zeit, daß diese ihre Aerme flehend gegen sie ausstrecketen und um Beystand und ihr Leben bathen, ermordeten sie solche mit eben den Waffen, die sie ihnen geschenket hatten. Man behielt nur zween von diesen Fremdlingen; das eine war ein Kind von eilf Jahren. Schtinnikow bemächtigte sich alles dessen, was in dem Boote war, verbrannte das Schiff, und begab sich in den obern Ostrog Kamtschatka mit seiner Beute und seinen beyden Gefangenen.

Nicht lange darnach aber kam ein Commissarius an und zog diese elenden Schlachtopfer aus ihren Händen. Er ließ sie mit allen Arten einer guten Begegnung nach Jakutzk führen. Von da giengen diese beyden Japoner unter dem Schutze der Regierung nach Tobolsk, darauf nach Moscow und Petersburg. Daselbst wurden sie 1731 dem Hofe vorgestellet. Man ließ sie in einer Soldatenschule erziehen, wo sie 1734 die Taufe erhielten. Zwey Jahre darnach that man sie zu jungen Russen, die Sprache des Landes zu erlernen, und ihnen die ihrige bey zu bringen. In eben diesem Jahre aber starb der älteste, welcher drey und vierzig Jahre alt war, nach dem er sechs Jahr außer seinem Vaterlande in einer Himmelsgegend gewesen, die von derjenigen gar zu sehr abgieng, wo er geboren worden. Der jüngste starb drey Jahre darnach, den 15ten des Christmonates 1739. Die Akademie zu Petersburg, welcher ihre Erziehung aufgetragen worden, ließ sie in Gyps abformen, und behielt dieses sonderbare Denkmaal in dem Curiositätencabinette, wo man es noch jetzo sieht. Diese umständliche Nachricht hat vieleicht einen geheimen Reiz für gewisse Leser, welche es angenehmer ist, zu bewegen, als zu unterrichten. Sie vergütet ohne Zweifel die Trockenheit und den Gräuel, welchen das Gemälde der Entdeckung und Eroberung unbekannter Länder empfindsame Seelen erfahren läßt. Sie rächet und tröstet auch endlich die menschliche Natur, welche, wenn sie die Tyranney bey den sanftmüthigen und mitleidigen Nationen in Indien auf dem Throne sieht, sich wenigstens etwas wieder erholet, wenn sie die Menschlichkeit betrachtet, die zuweilen bey den barbarischen Völkern unter dem Nordpole herrschet.

Allgemeiner Zustand der Kamtschadalen.

Das Unglück der nordischen Beherrscher ist, daß sie nur rauhe und schneidende Werkzeuge zu führen haben. Je zarter und weicher die Hand ist, welche sich deren bedienet; desto schwerer und mörderischer werden sie. Ungeachtet aller Vorsichtigkeiten

ten der russischen Kaiserinnen, das Joch der Kamtschadalen zu mildern, übeten die Cosaken doch alle Plackereyen, welche der Eroberung folgen, über dieses überwundene Volk aus. Weil sie keine Weiber mit sich gebracht hatten, so misbrauchten sie der Gewalt, solche zu bekommen. Wenn sie einige Ostroge unterworfen hatten, so nahmen sie eine gewisse Anzahl Weibespersonen und Kinder, welche sie unter sich theileten. Sie lebeten mit einer von diesen Weibespersonen in einer Kebsehe; und wenn sie Kinder von ihr gehabt, so gaben sie ihr die Aufsicht über die andern Sclaven von der Nation. „Diejenigen, welche mit den freyen Kamtschadalen Verbindungen eingehen „wollten, unterzeichneten Schriften, wodurch sie versprachen, ihre Töchter zu heura„then, so bald der Priester angekommen seyn würde; so daß die Taufe des versproche„nen Mägdchens, ihrer Kinder, die Verlobung und die Trauung oft alles zugleich auf „einmal geschah. Denn für alle diese Ostroge war nur ein einziger Priester da, wel„cher in dem untern Ostroge Kamtschatkoi wohnete, und die andern Ostroge alle Jahre „oder zwey Jahre einmal besuchete.„

Einwohner in Kamtschatka.

Indessen lebeten die Cosaken als russische Herren von der Arbeit ihrer Sclaven oder dem Tribute, den sie von ihnen forderten. Wenn sie hingiengen, den Tribut für die Krone zu heben, so bezahlete der Tributgebende außer der Taxe des Fürsten, noch vier Füchse oder Zobel; einen für den Einnehmer, einen für seinen Buchhalter, das dritte Fell für den Dolmetscher, und das vierte für die Cosaken. Diese brachten ihre Zeit damit zu, daß sie in den Wirthshäusern um diese Felle spieleten. Darauf spieleten sie um ihre Sclaven, so daß diese Unglücklichen wohl zwanzigmal in einem Tage ihren Herrn veränderten.

Diese Unterdrückung gieng so weit, daß sich die Kamtschadalen endlich entschlossen, das Joch ab zu schütteln, und alle Russen aus der Halbinsel aus zu rotten. Seit dem aber der Weg zur See von Penschina aufgekommen, war die Anländung der Schiffe gar zu leicht und zu häufig geworden, als daß sie einen solchen Anschlag ohne eine günstige Gelegenheit ausführen konnten. Man erwartete diesen Augenblick, und er schien sich dar zu biethen. Die Tschuktschi, ein am Anadir liegendes Volk, waren nicht zufrieden, daß sie die Herrschaft der Russen zurück getrieben, sondern hatten auch die Korjäken, ihre Zinsleute, angegriffen. Es war leicht, mit ordentlich geübeten Truppen Wilde zu verjagen, die nur die Liebe zur Beute und Unabhängigkeit hatten. Sie erschienen aber stets wieder, eben so flüchtig, eben so schnell, als ihre Pfeile. Man wollte sie durch einen lebhaften und anhaltenden Krieg zähmen. Der Hauptmann **Pawlutzki**, welcher 1729 nach Kamtschatka gekommen war, erhielt Befehl, mit seinen Truppen ab zu gehen, und nach dem Anadir zu marschiren.

Unterdessen daß er Aufrührer unterwerfen wollte, machete sein Abmarsch hinter seinem Rücken welche. Die Einwohner an der Mündung des Kamtschatka, die an den beyden innern Flüssen, **Elowka** und **Klutschewa**, breiteten sich den Winter über in der Halbinsel aus, und macheten Verbindungen unter dem Vorwande und Scheine der Besuche. Es ist eroberten Völkern nicht schwer, sich wider Sieger zu verbinden, die ihre Sprache nicht verstehen. So bald sich das Gerücht ausgebreitet hatte, daß **Schestakow**, das Haupt der Cosaken, welcher mit **Pawlutzki** zu dem großen Unternehmen 1729 gekommen war, von den Tschuktschien getödtet worden, so stelleten sich die Kamtschadalen, als wenn sie sich vor den Einfällen dieser Aufrührer fürchteten,

 und

Einwohner in Kamtschatka.

und bewaffneten sich gleichsam zu ihrer Vertheidigung, in der That aber in der geheimen Absicht, sich von den Cosaken zu befreyen, welche sie gleichwohl bathen, sie möchten doch bey ihnen bleiben. Alle Vorsichtigkeit, die Gemeinschaft mit dem Anadir zu hemmen, war von diesen Wilden gefasset worden. Wenn russische Truppen entweder von dieser Seite oder von dem penschinischen Meere kämen, so sollten sie in den Häven mit allen Bezeugungen des Vertrauens aufgenommen werden, damit man sie hinrichten könnte, wenn sie durch das innere Land giengen. An der Spitze dieser Zusammenrottirung waren zwey Häupter.

Kaum hatte sich der letzte Commissarius mit seinem Tribute eingeschiffet, in den Anadir zu laufen, so versammleten sich die Kamtschadalen auf ihren Canoten, und fuhren den 20sten des Heumonates 1731 den Kamtschatka hinauf. Sie erschlugen die wenigen Cosaken, die da geblieben waren; sie überrumpelten den untern Ostrog; sie verbrannten alles, ausgenommen die Kirche und die Festungswerke, wohin die geplünderten Güter in Verwahrung geleget wurden. Gleich den andern Morgen zogen sie russische Kleider an, sie machten von Weibern oder Priestern seyn, stelleten Lustbarkeiten, Tänze und abergläubische Ceremonie zum Zeichen der Freude und des Triumphes an. **Theodor Chartschin**, eines von den beyden Häuptern der Verschwörung, ein neuer Christ, befahl einem Kamtschadalen, welcher lesen konnte, und wie er getaufet war, in priesterlicher Kleidung das Te Deum zu singen. Darauf ließ er in das Kirchenbuch schreiben: „Auf Befehl des Commissarius **Theodor Chartschin**, hat man dem Savina (dieß war der Namen des Sängers) dreyzig ordentliche Füchse gegeben, daß „er das Te Deum gesungen hat.“

Indessen hatte ein widriger Wind des **Pawlutzki** Schiff genöthiget, bey dem Auslaufen aus der Mündung des Kamtschatka Anker zu werfen. Einige dem Blutbade entgangene Cosaken brachten die Zeitung von dem Aufstande ihren Gefährten, die noch auf der Küste vor Anker lagen. So gleich stieg man an das Land, das Feuer der Empörung zu dämpfen, und vier Tage nach Wegnehmung des Ostroges beschoß man ihn mit einigen Canonen aus dem Schiffe. **Chartschin**, welcher oben von den Wällen, der Russen gespottet hatte, war gezwungen, sich in Weibeskleidern davon zu machen. Fast alle Belagerte kamen um. Einige wurden in dem Ostroge erschlagen; andere wurden mit denen Reichthümern, die sie gesammlet hatten, durch das Feuer verbrannt, welches das Pulvermagazin ergriffen hatte. Dreyzig Kamtschadalen, die sich vor dem Sturme ergeben hatten, wurden nieder gemacht, zur Vergeltung der Verspottungen, welche die Aufrührer den Weibern und Kindern der Cosaken angethan hatten. Dieß ist die Gewohnheit unter solchen Kriegesleuten, welche die Künste der Gesellschaft noch nicht so vollkommen besitzen, als die dem Menschen so natürliche Kunst zu zerstören, er mag ein Bürger oder ein Wilder seyn.

Chartschin, welcher zu vielen andern Häuptern des allgemeinen Aufstandes gestoßen war, gieng inzwischen den Russen entgegen, um sie zu zwingen, daß sie sich wieder einschiffeten. Nach einigen nicht sehr entscheidenden Treffen that man Vorschläge. Chartschin verlangete zur Sicherheit seiner Person einen Geisel, und gieng in das Lager der Cosaken. Er bath, die Kamtschadalen zu verschonen, versprach, in Ruhe zu leben, und sagete, er wollte die Seinen vermögen, die Waffen nieder zu legen. Man ließ ihn wieder in sein Lager zurück gehen. So bald er wieder zu seiner

Partey

Partey gekommen war, so ließ er den Russen melden, man wollte von keinem Frieden reden hören. Den andern Morgen erschien er mit den Aufrührern an dem linken Ufer des Kliutschi, eines von den beyden Flüssen, an welchem die Empörung ausgebrochen war. Da er sich aber stellete, als wenn er nur gekommen wäre, den Vergleich zu vollenden, den er angefangen hätte, so sagete er, er wollte auf die andere Seite des Flusses kommen, wenn man zween Geisel schickete. Man willigte darein; und so bald er an dem andern Ufer war, so setzeten die Russen die Treulosigkeit der List entgegen, nahmen ihn gefangen und riefen ihren Geiseln zu, in den Fluß zu springen. Unterdessen daß solche herüber schwammen, gab man Feuer auf die Kamtschadalen, um sie zu verhindern, daß sie nicht mit Pfeilen auf die Entflohenen schössen.

Einwohner in Kamtschatka.

Als die Empörung denjenigen verloren hatte, der sie unterhielt, so zerstreueten sich alle die andern Häupter der Zusammengerotteten oder kamen mit ihren Anhängern um. Einer von diesen vornehmsten Aufwieglern brachte, da er auf dem Punkte war, in die Hände der Sieger zu fallen, seine Frau und Kinder um, und tödtete sich darauf selbst. Man sah das Blutbad bald mit dem Stahle und Feuer der Russen wieder anfangen. Eine abgeschickete Mannschaft, welche längst dem penschinischen Meere hin marschirete, ließ alles über die Klinge springen, und stieß zu den Cosaken des obern Ostroges Kamtschatkoi. Diese beyden vereinigten Haufen rückten wider die Aufrührer von Awatscha vor, deren über dreyhundert an der Zahl waren. „Sie nahmen die „Ostroge mit Sturme ein, worinnen sich die Aufrührer verschanzet hatten, und ma„cheten die Unschuldigen mit den Schuldigen ohne Unterschied nieder; ihre Weiber „und Kinder aber führeten sie gefangen hinweg. Nachdem sie viel Blut vergossen „und eine große Anzahl dieser Völker aufgerieben hatten, so stelleten sie die Ruhe in „diesem Lande wiederum her, und kamen mit einer unermeßlichen Beute bela„den zurück.„

Als das Feuer des Aufruhres gedämpfet war, so erhielten Basilius Merlin, ein russischer Officier, und der Major Pawlutzki Befehl, die Ursachen davon zu untersuchen, damit man es in seiner Quelle erstickete. Sie liessen, kraft ihres Auftrages, durch Urtheil und Recht drey Russen hinrichten, unter welchen derjenige Andreas Schtinnikow war, welcher die unglücklichen Japoneser unmenschlicher Weise niedergemacht hatte. Viele Cosaken wurden wegen derer Plackereyen bestrafet, welche die Kamtschadalen aufgebracht hatten.

Die strafbarsten unter den Rebellen und unter andern Theodor Chartschin erlitten den Tod. Die meisten stelleten sich dazu mit derjenigen Gleichgültigkeit, welche alle wilde Völker kenntlich machet, bey denen das Leben ohne Freyheit nichts ist. Einer unter ihnen sagete mit Lachen, er hielte sich für unglücklich, daß er zuletzt gehenket würde. „Sie bezeugeten eine gleiche Standhaftigkeit mitten unter den Strafen „und den gräulichsten Martern der Folter. So grausam auch die Qualen waren, die „man sie leiden ließ, so ließen sie doch nur die Worte fahren: Ni, ni.“ Dieß ist das Geschrey der kamtschadalischen Mägdchen, welche die Liebe zum ersten Male den süßen Martern der Wollust übergiebt. Es sollen auch diese Unglücklichen nur im Anfange so geschryen haben; „denn darauf drücketen sie ihre Zunge gegen ihre Zähne und „beobachteten ein hartnäckiges Stillschweigen, als wenn sie aller Empfindung beraubet wären.“

Standhaftigkeit der rebellischen Kamtschadalen bey den Strafen.

Einwohner in Kamtschatka.

Von dieser Zeit an hat der Frieden in Kamtschatka geherrschet. Die sanfte Regierung hat die Ruhe daselbst wieder hergestellet, welche die Gewalt der Waffen und die Härte des Tributes daraus verbannet hatten. Man fordert von einem jeden Einwohner nicht mehr, als ein Fell von denen Thieren, die er auf der Jagd erleget, es mag Fuchs, Seebiber oder Zobel seyn. Die Kamtschadalen werden von ihren eigenen Häuptern regieret, welche alle Händel richten, wenn es nicht peinliche Sachen sind. Man hat allen Gefangenen, welche die Cosaken zu Sclaven gemacht, die Freyheit wieder gegeben, mit dem Verbothe, keinem Kamtschadalen jemals so zu begegnen. Kurz, damit man diese Völker durch ein sanfter und freywilliger Joch unterwürfe, so hat man sich bemühet, sie die christliche Religion annehmen zu lassen. Die menschlichen Mittel sind den Wegen des Himmels zu Hülfe gekommen. Die Kaiserinn Elisabeth Petrowna hat alle die Neugetauften auf zehn Jahre von den Abgaben befreyet. Diese Gnade hat den Eifer der Missionarien glücken lassen. Alle Kamtschadalen laufen einer Religion entgegen, welche ihnen einen Tribut in diesem Leben erläßt, und Belohnungen nach dem Tode verspricht. Das ist das wahre Wunder der Religion, wenn sie die Fürsten menschlich, und die Völker glücklich machet.

Das II Capitel.

Von dem wirklichen Zustande der russischen Niederlassungen in Kamtschatka.

Fünf Ostroge. Boltscheretzkoi Ostrog. Der obere Ostrog Kamtschatkoi. Der untere Ostrog Kamtschatkoi. Petro-Pawlutzki Ostrog. Der fünfte Ostrog.

Fünf Ostroge.

Das Werk der Bekehrung der Kamtschadalen wird durch alle Errichtungen einer weisen Staatskunst unterstützet. Die Festungen und Tempel haben einander gegenseitig an allen Orten gestützet, wo die Tempel keine Citadelle gewesen. Rußland hat sich Kamtschatka durch fünf Ostroge [*]) oder Festungen versichert. An jeder Seite der beyden Meere sind zween und einer mitten im Lande, alle aber an den Ufern eines schiffbaren Flusses angeleget, der in das Meer geht.

Boltscheretzkoi Ostrog.

Gegen Westen der Halbinsel ist **Boltscheretzkoi Ostrog** an dem nordlichen Ufer des großen Flusses, **Bolschaia Reka**, zwischen den Mündungen des Bistraja und Goltsowka, drey und dreyzig Werstes von dem penschinischen Meerbusen erbauet. Diese Festung ist ein Viereck von ungefähr siebenzig Fuß ins Gevierte. Die Ost- und Nordseite sind verpallisadiret: die West- und Südseite aber bedecket oder mit Gebäuden zum Gebrauche des Statthalters besetzet. Bey dem Fort aber außer demselben ist

*) Ostrog ist eigentlich ein mit Pfahlwerke umgebener Ort, wo statt einer Ringmauer lange aufrecht stehende Pfähle in die Erde gegraben, oder auch hölzerne Brustwehren und Wälle von queer über einander gelegten Balken gemacht werden.

ist eine Kirche mit einer Wohnung, sie zu bedienen. Die Inseln, welche die Flüsse umher machen, enthalten dreyzig Häuser, einen Gasthof und eine Branntweinbrennerey. Dieser Ostrog hat nur fünf und vierzig Soldaten, welche Löhnung bekommen, und eilf Cosakenkinder, welche dienen müssen. Weil aber dieses ruhige Land nur getreue Einwohner hat, so sind die Befestigungen und Truppen daselbst nicht so beträchtlich, als anderswo. Uebrigens ist dieser Ostrog sehr bequem zur Handlung. Alle Schiffe, die von Ochotzk abgehen, bringen gerades Weges durch den Fluß alle Waaren und Güter dahin, die im Lande vertheilet werden. Dieser Haven dienet zugleich zur Niederlage. Die Fremden, die er aufnimmt, lassen Geld da. Die Landeseinwohner, denen er ihre Eßwaaren auf Schlitten schicket, bezahlen ihm die Fracht. Er kaufet und verkaufet die Seebiber, welche man heute zu Tage am meisten in Kamtschatka suchet. Es fehlet ihm nur an Holze und Salze. Boltscheretzkoi ist deswegen nicht weniger der Sitz des allgemeinen Statthalters der Colonien in Kamtschatka. Daselbst landen die Russen an, und von da aus befehlen sie der ganzen Halbinsel. Einwohner in Kamtschatka.

Ehe sie noch in diesem Haven an das Land stiegen, war der obere Ostrog Kamtschatkoi, (**Werchnei Kamtschatkoi Ostrog**) der Hauptort, wo sich der Commissarius aufhielt. Dieser Ostrog ist neun und sechzig Werste von dem Flusse Kamtschatka an dem linken Ufer, an der Mündung des **Kalt**, eines Flusses, der in diesen Strom fällt, erbauet. Dieser Ostrog ist auch ein Viereck und hat auf jeder Seite siebenzehn Saschen oder Faden. Inwendig ist das Zollhaus, oder das Haus, wo man den Tribut einnimmt, als das vornehmste Gebäude mit zweyen Vorrathshäusern, worinnen man ohne Zweifel die Münze dieses Tributes hat, d. i. die Waffen, welche dienen, sie ein zu treiben. Außen ist die Kirche, das Kornhaus, ein Wirthshaus, eine Branntweinbrennerey und zwey und zwanzig Wohnhäuser. Diese Gebäude sind besser gebauet, als zu Boltscheretzkoi; weil das Land daselbst einen Ueberfluß an Pappelholze hat. Die Himmelsluft ist daselbst gelind, das Wetter heiter, der Boden fruchtbar an Weide, und geschickt zum Ackerbaue. Alles ladt daselbst ein, ihn urbar zu machen; so gar der Mangel an Fischen. Wenn das Bibermeer, welches in dem Bezirke von Awatscha seyn sollte, an welchem es nahe liege, nicht von dem obern **Kamtschatkoi** abhienge, so würden die Einwohner aus Mangel dieses Hülfsmittels der Handlung in der Anbauung der Felder einen gewissern Unterhalt, einen dauerhaften Reichthum finden. Alle Künste der Civilisirung würden daselbst keimen. Man würde nicht dahin gebracht seyn, sich mit Fischen an den Küsten des penschinischen Meeres zu versorgen, welches dreyhundert Werste von diesem Orte ist, oder solche von dem untern **Kamtschatkoi (Nischnei Kamtschatkoi Ostrog)** zu holen, welcher auf vierhundert Werste davon entfernet ist. Der obere Ostrog Kamtschatkoi.

Dieser Ostrog, welcher auf eben der Seite des Kamtschatka liegt, wie der obere, dreyzig Werste von der Mündung dieses Flusses, ist ein länglichtes Viereck zwey und vierzig Saschen oder Faden lang, und vierzig breit, mit einem Thurme flanquiret und einem Thore gegen Westen. Es ist darinnen eine Kirche mit einer Kapelle, die dem heil. Nikolaus, dem großen Patrone der Russen und aller christlichen Matrosen, welche die Heiligen verehren, gewiedmet ist. Er enthält ein Guvernementshaus, die Commissarien zu beherbergen, und zwey Vorrathshäuser, den Tribut und Kriegesvorrath zu bewahren. Diese Häuser sind von Lerchenbäumenholze erbauet und die besten Der untere Ostrog Kamtschatkoi.

und

Einwohner in Kamtschatka. und angenehmsten, welche man in Kamtschatka sieht. Um die Festung herum sind, wie gewöhnlich, das Wirthshaus, die Branntweinbrennerey und die Wohnhäuser, welche neun und dreyzig Feuerstäte für zwey und neunzig Personen haben.

Nischnei Kamtschatkoi hat große Vorzüge vor Werchnei Kamtschatkoi. Seine Einwohner fischen daselbst, trocknen und salzen mehr Fische ein, als sie verzehren können. Sie haben Bau- und Zimmerholz im Ueberflusse. Der schiffbare Fluß über und unter ihnen giebt ihnen die Bequemlichkeit, sich damit zu versehen und Salz und Thran weit zu verführen. Wildes Geflügel haben sie in der Nähe überflüßig, so daß sie einander mit Schwänen bewirthen, und die Gänse und Enten verachten. Es fehlet ihnen im Winter nicht an frischen Fischen, und über dieses haben sie eine Menge von Beeren und Wurzeln. Da sie nahe am Meere sind, so kaufen sie das Geräth für geringen Preis, welches im Lande sehr hoch zu stehen kömmt. Die schönsten kamtschatkischen Zobeln kommen von den Ufern des Tigils zu ihnen. Die Korjäken verkaufen ihnen die Rennthiere sehr wohlfeil, deren Fleisch und Haut ihnen gleich nützlich ist. Das Land selbst, welches in einigen Gegenden ihrer Nachbarschaft fruchtbar ist, könnte ihnen Früchte und Getraide geben. Mit einem Worte, sie haben alles, was sie verlangen, um geringen Preis, außer den russischen und chinesischen Waaren, welche ihnen das Pud vier Rubel Fracht kosten, weil man sie ihnen von Boltscheretzkoi zu Lande zuführet. Das, was man zweyhundert Seemeilen weit auf Schlitten mit vorgespannten Hunden kommen läßt, kömmt also auf zwölf französische Sols das Pfund. Wie sehr würde doch die Schiffahrt die Fracht vermindern!

Petro-Pawlowski Ostrog. Ein vierter Ostrog, welcher 1740 an dem Meerbusen Awatscha erbauet worden, wurde von denen Einwohnern bevölkert, die man aus den beyden Ostrogen Kamtschatkoi zog. Er ist wegen eines ziemlich schönen Gebäudes merkwürdig, welches in der Festung Petro-Pawlowski erbauet worden. Die Kirche, welche den Namen St. Peter und Paul führet, so wie der Ostrog, ist eine von den Zierden in Kamtschatka wegen ihrer Lage und Bauart. Diese Niederlassung hat die Vortheile und Unbequemlichkeiten von Boltscheretzkoi Ostrog. Wenn sie aber wegen des Seebiberfanges bequemer ist, so ist doch das Wasser daselbst nicht so gut. Die Einwohner befinden sich beschweret davon, und die Fremden sind verbunden, das Wasser ziemlich weit aus dem Awatschaflusse holen zu lassen, welcher in den Meerbusen dieses Namens fällt. Dieser Ostrog hat vor allen andern nur den Vorzug, daß er näher an dem morgenländischen Meere liegt, welches der Halbinsel Kamtschatka den Weg nach America zu zeigen scheint.

Fünfter Ostrog. Der letzte Ostrog ist an dem Flusse Tigil. Ich kann nichts von seinem Zustande melden, saget Kraschenninikow, weil man nur erst anfieng, ihn zu bauen, nachdem ich aus Kamtschatka abgereiset war. Man hat diese Festung erbauet, saget Steller, die seßhaften Korjäken in Ehrerbiethung zu erhalten, und die herumschweifenden Korjäken wider die Streifereyen der Tschuktschi zu beschützen. Dieser Ostrog kann dereinst große Vortheile über Schantaskoi oder dem untern Kamtschatkoi haben. Die Zobel von den Ufern des Tigils sind alle in seiner Nähe. Die Korjäken werden dahin kommen und ihre Waaren aus der ersten Hand verkaufen. Diese zinsbaren Völker, welche um das penschinische Meer herum wohnen, werden unter sein Departement fallen. Hierzu kömmt noch, daß er der nächste an dem festen Lande, woran Kamtschatka

Einwohner in Kamtschatka.

ka hängt, und denen Ländern ist, welche ihm an dem westlichen Meere gegen über liegen. Er wird einer von den Schlüsseln der Halbinsel seyn. Die Ueberfahrt zur See wird daselbst sehr kurz, der Weg zu Lande offen und leicht seyn, wenn er von den herumschweifenden Völkern befreyet seyn wird, welche ihn unsicher und beschwerlich machen. Kurz, die Russen haben jetzo Kamtschatka an den Seiten und in der Mitte: sie werden auch bald das Haupt oder die Spitze davon haben.

Das III Capitel.

Von den kamtschadalischen Ostrogen und den Korjäken, die der russischen Herrschaft unterworfen sind.

Departement Boltschgretzkoi. Departement Werchnei Kamtschatkoi. Departement Schantazkoi. Zahl der Kamtschadalen, die Rußlande Steuer geben.

Unter den fünf russischen Ostrogen, welche über Kamtschatka gebiethen, sind nur drey, deren Kreise nebst den Einkünften, die von denen der Krone zinsbaren Einwohnern gehoben werden, Kraschenninikow angeführet hat.

Departement Bolscheretzkoi.

Das Departement von Bolscheretzkoi begreift achtzehn kamtschadalische Ostroge. Zwölfe davon sind auf der westlichen Küste. Der ansehnlichste hat achtzig, und der geringste nur neun Einwohner. Ein jeder Einwohner bezahlet eine Thierhaut. Diese Kopfsteuer ist nach Zobeln oder Fuchsfellen angewiesen, nicht nach der Wahl des Zinsmannes, sondern des Fiscalcommissarius. In einem Ostroge von fünf und zwanzig Einwohnern fordert man acht Zobel- und siebenzehn Fuchsfelle. Ueberhaupt werden diese in größerer Anzahl gehoben, weil sie nicht so selten sind. Indessen findet man doch einen Ostrog von neun Einwohnern, der auf sechs Zobel und [illegible] Fuchsfelle geschätzet ist, weil das Land ohne Zweifel mehr von der erstern Art Thiere giebt, als von der andern. Unter einer Anzahl von dreyhundert und ellf Einwohnern aber sind nur hundert und neun Zobel gegen zweyhundert und zwey Füchse.

Die sechs Ostroge an der Ostküste, welche von Bolscheretzkoi abhängen, erstrecken sich von dem Meerbusen Awatscha bis an den Fluß Nalatschewa. Sie enthalten nur hundert und vierzig Einwohner. Diese geben nur zwey und vierzig Zobel und sieben und neunzig Füchse. Das Uebrige aber bezahlen sie mit Seebibern, die ihnen das Meer giebt, dessen Nachbarn sie sind. Die Steuer ist also von zehn Seebibern, jung oder alt; denn man unterscheidet sie bey der Eintreibung und bezeichnet die Anzahl der jungen unter dem Namen Koschloki. Man schicket alle Jahre von Ochotzk einen Commissar, die Steuern zu heben. Dieser Mann ist ein Soldat und zu dieser Verrichtung also sehr geschickt. Er geht längst dem Awatscha-Flusse und penschinischen Meere hin, und sammlet diese Steuren ein. Wenn er einige hinter sich läßt, so schicket er Cosaken ab, welche die nachläßigen Steuerbaren oder die Ueberläu-

fer,

Einwohner in Kamtschatka.

ser, welche vergessen haben, zu bezahlen, ehe sie von einer Wohnung in die andere giengen, zu ihrer Schuldigkeit anhalten. Die Kamtschadalen, welche nahe an dem Hauptostroge liegen, bringen ihre Kopfsteuer selbst dahin, und lösen ihren Kopf durch eine Thierhaut. Ein jeder Einnehmer wird von einem Buchhalter, einem Dolmetscher und einigen Soldaten unterstützet, welche die Casse bewachen und sie anfüllen lassen. Der Commissar empfängt die Abgaben in ihrer Gegenwart, und höret ihr Gutachten von der Beschaffenheit des Pelzwerkes. Der Dolmetscher führet das Wort zwischen dem Einnehmer und Steurenden; der Buchhalter schreibt ein und giebt Quittungen. Die Russen geben den erleuchteten Völkern in der Verwaltung der Finanzen, dieser höchsten Kunst der heutigen Policey, nichts nach. Es scheint, man lerne solche am leichtesten, und behalte sie am besten.

Departement Werchnei Kamtschatkoi.

Das Departement von **Werchnei Kamtschatkoi** erstrecket sich zur linken an dem penschinischen Meere von dem Flusse **Kompakowa** bis an den Fluß **Kavran**, an der rechten Seite an dem morgenländischen Meere von dem Vorgebirge **Schipunskoi** bis an das Vorgebirge **Kronotzkoi**. Dieß ist ein Raum von ungefähr zween Graden der Breite. Er enthält sieben und zwanzig Ostroge, wovon sieben längst dem Kamtschatka, zehn an der Küste des westlichen Meeres und zehn an dem Bibermeere liegen. Der zahlreichste, welcher **Maschurin** heißt, hat hundert und drey und funfzig Einwohner; und der kleinste nur sechs. Alle beyde sind an dem Flusse Kamtschatka, welcher allein dreyhundert und fünf und dreyzig Zinsleute hat, wovon hundert und sechzig in Zobeln und die übrigen in Füchsen bezahlen. Diese Anzahl Leute und die Beschaffenheit des Tributes beweisen auf gleiche Art den Vortheil und die Fruchtbarkeit der Ufer, welcher dieser Fluß benetzet. Wenn ein armer wilder Mensch, ohne Land und Feld, dem Staate, der ihn nicht ernähret und vertheidiget, zwanzig Franken giebt, so ist dieß vieleicht mehr, als man in Ländern hoffen kann, deren Finanzen am besten eingerichtet sind.

Die zehn Ostroge, welche an dem penschinischen Meere liegen, bringen nur vierhundert und sechs und vierzig Zinsleute, von denen man nur hundert und zwanzig Zobel zieht, und die übrige Steuer wird in Füchsen bezahlet. Das Meer ist auch geiziger, als die Flüsse. Die zehn Ostroge an der ostlichen Küste geben noch weniger, weil sie nur zweyhundert und sieben Zinsleute haben, und an Häuten von einigem Werthe drey und dreyzig Zobel und siebenzehn Seebiber, obgleich diese Wohnplätze in der Nachbarschaft des Bibermeeres sind. Das obere Kamtschatkoi hat also neunhundert acht und neunzig Einwohner, wovon ungefähr ein Drittel in Zobel und die übrigen in Füchsen bezahlen, bis auf einige Biber.

Departement Schantazkoi.

Das Departement **Schantazkoi** hat in seinem Bezirke zehn Ostroge an dem Flusse Kamtschatka, zween an den Ufern des **Elowka**, neun an der ostlichen Küste und eilf an der westlichen. Die Ufer des Flusses sind mit fünfhundert und vier Einwohnern bevölkert. Die Ufer des kleinen Flusses haben fast hundert Mann. Die Küsten des ostlichen Meeres stellen nur zweyhundert und sechzehn, des westlichen aber vierhundert und zwey und dreyzig. In dieser ganzen Strecke Landes hebt man nur zweyhundert und ein und sechzig Zobel; obgleich das ganze Departement zwölfhundert und vier und vierzig Einwohner begreift.

Nach

Nach diesen verschiedenen Berechnungen beläuft sich die Zahl der Kamtschadalen auf zweytausend siebenhundert und sechszehn Zinsleute. Die ganze Steuer bringt jährlich vier und dreyzig Seebiberhäute, siebenhundert und sechs Zobelfelle, neunzehnhundert zwey und sechzig Fuchsfelle. Man schätzet diesen Tribut auf zehntausend Rubel in Kamtschatka. Zu Jakutzk sind sie zwanzigtausend werth. Ein jeder Kamtschadale trägt also Rußlande fast sieben Rubel oder über acht Reichsthaler ein. Es ist aber zweifelhaft, ob der Geschichtschreiber dieses Landes die Einkünfte der Krone nicht größer gemacht hat, von der er besoldet wurde. Ein jeder in Solde stehende Schriftsteller ist verdächtig; wie vielmehr aber, wenn er ein Sclav einer despotischen Regierung ist. Uebrigens zeiget dieses Capitel in Kraschenínnikows Werke nur Verwirrung und Unordnung. Wenn Rußland die Auflagen nicht besser einhebt, als dieser Schriftsteller sie berechnet, so würde eine große Unordnung in seinen Finanzen seyn.

Einwohner in Kamtschatka.

Zahl der Kamtschadalen, die Rußlande Steuer geben.

Das IV Capitel.

Von der Handlung der Russen in Kamtschatka.

Vortheile dieser Handlung; deren Fortgang. Eingeführte Waaren. Tarif dieser Waaren. Zoll der ausgehenden Waaren.

Die Kamtschadalen hatten niemals einen Handel unter sich, noch auch mit ihren Nachbarn gekannt, als die Russen ihnen solchen mit dem Kriege zubrachten. Dieß ist die Gewohnheit der Europäer bey den Wilden seit mehr als zweyhundert Jahren. Gleich im Anfange der Eroberung von Kamtschatka folgeten einige Kaufleute den Steuereinnehmern, aber als Soldaten, die verbunden waren, mit den Cosaken Kriegesdienste zu thun, damit sie die Freyheit hatten, zu handeln. Die Soldaten, welche Höken oder Trödler abgaben und im Lande blieben, genossen nicht eben der Vorrechte und Freyheiten der Cosaken, deren Verrichtungen sie versahen, sondern waren der Kopfsteuer unterworfen, wie die Einwohner.

Als der Weg zur See von Ochotzk offen war, so schicketen die rechten Kaufleute Factore und Buchhalter nach Kamtschatka, um in dieser neuen Colonie einiges Glück zu machen. Der leichte Weg zog viele Leute dahin; und so bald man sich auf russische Schiffe setzen konnte, welche gerade nach den Häven dieser Halbinsel giengen, so wurden die Kaufleute Matrosen, so wie Soldaten geworden waren, in der Hoffnung, sich zu bereichern. Es glückete ihnen so wohl, daß ein Mensch, der so zu sagen ohne ein Bällchen an das Land stieg, in einer Zeit von sechs bis sieben Jahren ein Capital in der Handlung von funfzehntausend Rubeln gewann. Diese Factore setzeten sich in Kamtschatka, damit sie nicht wieder zu den Kaufleuten giengen, die sie abgeschicket hatten. Da die Hauptstadt aber den großen Unternehmungen ohne Zweifel, auch auf Kosten der Freyheit, in einer Regierung, wo dieser Namen selbst ein Angriff wider

Vortheile dieser Handlung.

Einwohner in Kamtschatka.

den Despotismus ist, Vorschub thun wollte, so nöthigte es dieselben, in ihr Vaterland wieder zurück zu kommen; und die Handlung nahm eine weitere und ordentlichere Gestalt.

Deren Fortgang.

Ihr Fortgang war so, daß die Officier und Soldaten in kurzer Zeit daselbst mit baarem Gelde bezahleten, da man hingegen im Anfange lange borgen mußte. Es ist wahr, dieß geschah allezeit mit Vortheile des Kaufmannes, welcher gegen seine sehr theuren Waaren Pelzwerk für geringen Preis annahm und also doppelt gewann, nämlich an den russischen Gütern, die er in Kamtschatka absetzete und an den Fellen aus Kamtschatka, die er wieder nach Rußland verkaufete. Dieser Handel wurde noch vortheilhafter durch Umsetzung der kamtschatkischen Waaren gegen chinesische. Diese werden wieder viermal so theuer verkaufet, als ihr Werth ist, und machen bey dem Kaufmanne ein Capital in Pelzwerken, die er wieder viermal so theuer verkaufet. Dieser Gewinnst aber, der unermeßlich ist, dauret nicht lange. Ein Kaufmann kann nicht über ein Jahr in Kamtschatka bleiben, wofern er nicht einen ansehnlichen Verlust leiden will.

Der Vortheil des Gewinnstes machet, daß man bey seiner Ankunft alles, was man hat, so gar seine Kleider, verkaufet. Allein, aus eben der Ursache, daß man so theuer verkaufet hat, würde man alles, was man im folgenden Jahre nöthig hätte, um noch einmal so viel wieder an sich kaufen müssen, und das um so viel mehr, weil der Verkäufer nun der Käufer seiner eigenen Waare geworden und eben dadurch den Preis erhöhen würde. Ueber dieses verliert das Pelzwerk, wenn es liegt, seine Farbe, welche dessen Schönheit ausmachet, wodurch sich denn der Werth desselben vermindert. Wenn diese Waaren in den Magazinen bleiben, so tragen sie nicht die Interessen. Indessen zehret der, der sie sich angeschaffet hat, ohne zu gewinnen; er lebet und wohnet sehr schlecht für viele Kosten, erfährt alle Unbequemlichkeiten einer fremden und ungesunden Himmelsgegend, kurz, er richtet seine Gesundheit und sein Glück zu Grunde.

Eingeführte Waaren.

Die Waaren, welche man nach Kamtschatka bringt, kommen aus Rußland oder Europa, aus Sibirien, Bulgarien und China. Rußland schicket gemeine Zeuge von allerhand Farben, Schuhe, die zu Casan, oder Tobolsk gemacht werden, seidene und baumwollene Schnupftücher, ein wenig Wein, Zucker, einige Silberarbeiten, Tressen, ohne Zweifel für die fremden Einwohner, Spiegel, Kämme, falsche Perlen und Glaskügelchen für Leute im Lande, dahin. „Man bringt aus Sibirien verschiedene „eiserne und kupferne Gefäße, Eisen in Stangen, und verschiedene Sachen von diesem „Metalle, als Messer, Beile, Sägen und Reifen, Wachs, Salz, Hanf, Garn, Netze daraus zu machen, grobe Zeuge und gemeine Leinwand dahin. Aus der Bucharey und dem Lande der Kalmücken bringt man gefärbte Leinwand, weissen Cattun, „gewässerten und buntfärbigen, dahin. Aus China bringt man seidene und baumwollene Zeuge, Korallen und Nadeln, welche die Kamtschadalen den russischen vorziehen. Kurz, man bringt ihnen aus dem Lande der Korjäken allerhand Rennthierhäute, rohe und zubereitete. Dieß ist die beste Waare, weil davon ein großer Absatz geschieht.“

Dieser Handel muß mit einer gewissen Mäßigung und nach den Bedürfnissen der Zeit getrieben werden. Weil in dem Lande kein Gewerbe noch Umlauf ist, so kaufen

die

die in Kamtschatka sich niedergelassenen Kaufleute nicht viel über das, was im Lande verthan wird, und wollen sich, auch selbst um einen sehr geringen Preis, mit demjenigen nicht beladen, was den Schiffen übrig bleibt, welche wieder zurück gehen. Sie nehmen, wie die Kamtschadalen, nur das, was sie höchst nothwendig brauchen, und wollen lieber Gefahr laufen, von ihren Landesleuten das Nothwendige, was ihnen abgeht, fünfmal theurer zu kaufen, als das Ueberflüssige für einen guten Preis im Voraus zu nehmen. Es ist auch der Preis der Waaren, die man nach Kamtschatka bringt, niemals recht fest. Im Frühjahre schlagen die Waaren auf; es ist solches die Zeit, da sie abgehen. Im Herbste, welches die Zeit ist, da die Kaufleute zusammen kommen, kaufet man um guten Preis. Kraschenninikow giebt uns bey dieser Gelegenheit einen Tarif von denen Waaren, die in Kamtschatka verkaufet werden, nebst dem Preise des Einkaufes und des Gewinstes für den Kaufmann. Einwohner in Kamtschatka.

Aus diesem Tarife sieht man, daß die fremde Leinwand, die in Rußland einen Rubel gilt, für zween Rubel in Kamtschatka verkaufet wird; daß die gemeinsten Zeuge, welche zwölf Copeken oder fünf Groschen etwan kosten, für funfzig bis sechzig Copeken verkaufet werden. Der Damast von zehn Rubeln das Stück oder die Rolle gilt zwanzig bis fünf und zwanzig Rubeln; der Taffend drey Rubel das Stück kostet acht. Stiefel, welche sechzig bis achtzig Copeken gekostet haben, werden für drey Rubel verkaufet, deren einer hundert Copeken gilt. Die baumwollenen Zeuge aus der Bucharey ziehen sieben bis acht Rubel auf drey, die man voraus bezahlet hat; und die aus dem Lande der Kalmücken einen, oder auch wohl anderthalb Rubel auf vierzig Copeken. Tarif dieser Waaren.

Das gearbeitete Zinn, welches fünf und zwanzig Copeken das Pfund kostet, trägt hundert und achtzig ein. Ein kupferner Topf von fünf und dreyzig Copeken gilt hundert und zwanzig. Ein eisernes Feuerbecken von funfzehn Copeken wird für einen Rubel wieder verkaufet. Ein Messer von Solikamskoi aus Sibirien gilt in Kamtschatka fünf bis sechsmal so viel, als was es kostet. Die Korallen für zwölf Copeken das Hundert gelten einen Rubel. Der ukrainische Taback, welcher zehn Copeken das Pfund gilt, wird für zween Rubel verkaufet. Die Russen sind auf solche Weise bessere Handelsleute oder bessere Financiers, als wir.

Das Roggenmehl, wovon das Maaß fünf und zwanzig Copeken gekostet hat, wird von vier Rubeln bis auf acht verkaufet. Die Seife, welche etwan zween Rubel das Pud von vierzig Pfunden kostet, wird für vier bis fünf Rubel verkaufet, und die Butter, von anderthalb Rubeln das Pud, kömmt auf sechs bis acht Rubel. Die zubereiteten Rennthiere gewinnen nur zwey Drittel über den Preis des Einkaufes, und die jungen Felle mit den Haaren, die nur einen Rubel gekostet haben, gelten bis auf zwölfe.

Man führet aber ungefähr für zehntausend Rubel Waaren in Kamtschatka ein; welche dreyzig bis vierzigtausend Rubel eintragen; und diejenigen, welche man aus diesem Lande nach Kiachta an den chinesischen Gränzen ausführet, bringen wenigstens noch einmal so viel. Vordem geschah aller Kauf und Verkauf in Pelzwerk; und das Fuchsfell, welches man auf einen Rubel schätzete, war das gemeine Maaß alles andern Pelzwerkes. Der Kamtschadale kaufete also für einen Fuchs Taback, oder Mehl, oder Butter; das ist, er gab an Pelzwerke einen Werth von so viel Fuchsfellen, als er ein gewisses Maaß von Mehle haben wollte. Für ein Pfund Taback, welches ihm

 der

Einwohner in Kamtschatka.

der Russe gab, musste er ihm vier Fünftheil Fuchs geben; das ist eine Waare, die so viel werth war. Der Fuchs oder das Fuchsfell war also eine bloß gemachte und angenommene Rechnungsmünze, welche ursprünglich die andern Werthe oder Waaren physicalisch vorgestellet hatte, und nachher ein angenommenes idealisches Zeichen geworden war. Anfänglich kaufete das Fuchsfell alles, so gar das Geld selbst; jetzt kaufet das Geld den Fuchs. Wie also der Fuchs einen Rubel an Gelde oder diesen Werth an Waaren vorstellete, und er jetzo nur den Namen und den Begriff von seiner Vorstellung behalten hat, so darf man nicht erstaunen, wenn man einen Kamtschadalen für einen Fuchs oder für zween Füchse Füchse verkaufen sieht; d. i. Fuchsfelle für den Werth eines Rubels oder zween Rubel, welcher Werth durch das Wort ein Fuchs oder zween Füchse ausgedrücket wird. Es ist weit sonderbarer, bey einem gesitteten Volke für sechs weisse Pfefferkörner zu kaufen hören, als einen mit Pelzwerke beladenen Wilden zu sehen, der ein Messer für einen Fuchs fordert. Heute zu Tage aber kaufen und verkaufen die Kamtschadalen selbst für Geld.

Die Waaren, welche aus Kamtschatka ausgehen, bezahlen in dem Zollhause zu Ochotzk zehn von hundert, und zwölf, wenn es Zobel sind. Es zieht aber die russische Krone weit ansehnlichere Einkünfte von dieser Colonie aus dem Branntweine, wovon so viel verthan wird, daß es drey bis viertausend Rubel dem Fiscus einträgt.

Das V Capitel.

Weg von Jakutzk nach Kamtschatka oder Reise des Herrn Kraschenimikow.

Alter Weg zu Lande; der zweyte; der dritte; der vierte. Seen, Flüsse und Wüsten. Merkwürdige Topographie für die Reisenden. Merkwürdiger Ort. Stets gefrorene See. Betrachtungen über diesen langen Weg. Verfolg dieses Weges. Judomskoi Krest, Niederlage für den Weg von Kamtschatka. Unbequemlichkeiten und Schwierigkeiten des Weges von Jarmanka nach Ochotzk. Weg von Ochotzk nach Kamtschatka zur See.

Der Durst nach Gewinnste oder die Wuth zu Eroberungen mußte sehr brennend seyn, daß sie nach Kamtschatka durch Wege gehen ließ, auf welchen man nicht allein mit ungezähmten und wilden Völkern, sondern auch mit Hunger und Kälte zu kämpfen hatte, die zuweilen viel grausamer, als die Menschen, sind. Dieß waren indessen doch die Feinde, welchen die Steuereinnehmer der russischen Krone in Kamtschatka Trotz bothen. Diese Cosaken reiseten nur im Winter, ohne andere Lebensmittel als diejenigen, die sie auf ihren kleinen Schlitten mit sich führeten. „Sie „mußten über weite Wüsten gehen, wo oftmals gräuliche Stürme herrscheten. Da „sie alsdann verbunden waren, still zu liegen, so verzehreten sie bald ihre Lebensmittel „und fanden sich dahin gebracht, daß sie ihre ledernen Säckchen, ihre Riemen und „Beschu-

„Beschwerungen, und vornehmlich ihre Schuhsolen essen mußten, welche sie rösten lie„ßen. Es scheint fast unglaublich zu seyn, saget Kraschenninikow, daß ein Mensch „zehn bis eilf Tage ohne Essen leben könne. Indessen nimmt solches doch niemanden „in diesem Lande Wunder, weil unter denjenigen, welche diese Reise gethan haben, „wenige sind, welche nicht dieser grausamen Noth ausgesetzet gewesen.„

Einwohner in Kamtschatka.

Dieser Verfasser zeiget darauf drey Wege an, welche vordem von Jakutzk nach Kamtschatka führeten. Der erste gieng durch den Lena in das Eismeer, woraus man in die Flüsse Indigirka oder Kowitma lief. Von da gieng man zu Lande nach dem penschinischen Meere oder dem Olutore, an dessen Ufer man in einem Kahne hinfuhr, oder zu Fuße gieng. Dieser Weg aber, welcher einen zwölfhundert Meilen anstatt sechshundert thun ließ, war großen Unbequemlichkeiten unterworfen. Denn in der guten Jahreszeit, wo das Eis geschmolzen war, brauchete man wenigstens ein Jahr zu dieser Ueberfahrt, auch mit einem günstigen Winde; und wenn das Wetter schlimm war; so konnte das Eis die Fahrzeuge zerbrechen, und man brauchete drey Jahr, diesen Weg zu thun. Man hat ihn also verlassen.

Alte Wege zu Lande.

Der zweyte Weg zu Lande führete nach Anadirskoi. Man gieng über sechs bis sieben Simovien oder Winterwohnungen, daselbst ungefähr zweytausend sechshundert und drey und achtzig Zobel und etwan funfzig Füchse zu heben. Dieser Tribut fordert den Dienst von funfzig Soldaten nebst zweenen Commissarien, um beynahe siebenzig Geisel zu verwahren, welche für die Bezahlung der Steuern stehen. Dieser Weg war also nicht so wohl der Weg nach Kamtschatka, als vielmehr nach vielen andern Ländern, welche Rußlande zinsbar waren. Man kam darauf von Anadirskoi, wenn man an dem Flusse Penschina und darnach an dem Meere dieses Namens hingieng, über die Gebirge nach dem untern Ostroge Kamtschatkoi. Dieser letzte Weg von ungefähr zwölfhundert Wersten war von einem Monate und wurde zum Theile mit Rennthieren auf zehn Meilen oder vierzig Werste des Tages gethan. Weil aber der ganze Weg von der Mündung des Kamtschatka an eine sieben monatliche Reise erfordern würde, ohne die Aufenthalte zu rechnen, so bedienet man sich dessen nur zu Abfertigung der Curiere in Angelegenheiten, welche die Zufälle und Verzögerungen auf dem Meere nicht leiden können.

Der zweyte.

Der dritte Weg geht fast ganz zu Wasser. Man fährt von Jakutzk den Lena hinab, bis an die Mündung des Aldans. Diesen Fluß geht man hinauf bis an die Mündung des Maju, von da man bis an den Judoma hinauf fährt. Man erreichet durch diesen Fluß einen Ort, welcher Judoma's Kreuz heißt, von da man sich zu Lande nach Ochotzk begiebt; oder man hält sich auch unterwegens auf dem Flusse Urak auf, welchen man hinunter fährt, um den Haven Ochotzk zur See wieder zu gewinnen. Weil aber dieser Fluß wegen seiner Wasserfälle gefährlich ist, so setzet man sich denselben nicht gern aus. Außer dem verlanget diese Ueberfahrt von Jakutzk zu Wasser wenigstens einen ganzen Sommer, und oft noch mehr, ob gleich vielleicht nicht über zweyhundert Meilen in gerader Linie von einem Haven zum andern sind.

Der dritte.

Der sicherste Weg also, der am meisten genommen wird, ist derjenige, wovon uns Kraschenninikow das Reiseverzeichniß in dem Tagebuche von einer Reise giebt, die er selbst von Jakutzk nach Kamtschatka gethan hat. Die Beschreibung dieser Reise,

saget

Einwohner in Kamschatka. saget er, kann dienen, die Landkarten vollkommener zu machen. In dieser Absicht verdienet sie, zum Unterrichte der Erdbeschreiber, in die allgemeine Historie der Reisen eingerücket zu werden.

Der vierte Weg. Den vierten Weg, saget der reisende Russe, nimmt man im Sommer über die Gebirge. Von Jakutzk geht man den Lena zehn Werste weit hinunter und hält sich zu Jarmanka, der Bäreninsel gegenüber, auf. Jarmanka, welches ein Jahrmarkt bedeutet, ist ein Ort, welcher nicht bewohnet ist, aber den Leuten, die nach Ochotzk gehen, zum Sammelplatze dienet. Man bleibt einige Tage da, wegen der Vorbereitungen zu dieser Reise. Man machet die Ballen zu Rechte, so, daß jeder drittehalb Pud wiegt, und die Ladung eines Pferdes fünf Pud mache.

Wenn man von Jarmanka abgeht, so findt man drey Werste weit Kumaktaischorriga, einen sandigen Hügel, wo die Jakuten viele Pferdemähnen an die Bäume als ein Opfer aufgehängt haben, welches man dem bösen Geiste des Gebirges bringt, damit man solches ohne Gefahr besteige. Wenn man von Jamanka nach diesem Hügel geht, so sieht man zur Linken einen See, der zwo Werste im Umkreise hat. Nachdem man von diesem kleinen Berge hinabgestiegen, so geht man über fünf bis sechs Wüsten, die eine Werste weit von einander liegen. Die letzte heißt Dolgata. Dieß war unser erstes Stilllager, saget Krascheninnikow.

Seen, Flüsse und Wüsten. Merkwürdige Topographie für die Reisenden. Den andern Morgen giengen wir eine Werste weit über den Fluß Sola. Er hat seine Quelle hundert Werste weit in einer Kette von Gebirgen; seine Mündung sechs Werste von dem Orte, wo wir hinüber giengen. Man ließ die Pferde eilf Werste von dem Sola füttern. Dreyzehn Werste weiter endigten wir unsere Tagereise bey dem See Urian-chainus, oder weißen Schulse.

Den folgenden Morgen giengen wir über zween Seen; wir aßen etwas an dem Ufer des Sees Atilak und schliefen an dem Ufer des Sees Talba, wo die Jakuten einen Posten haben. Auf diesem Wege findt man noch zween andere Seen, einen zur Rechten, den andern zur Linken, die einander gegen über sind, und den großen See Ulachan-Nostaganm, in den sich der Fluß Tangana ergießt, welcher von einer Reihe von Gebirgen fällt, und vierzig Werste weit läuft. Auf dem Wege dieser Tagereise, welche von dreyzig Wersten war, sahen wir ungefähr zehn Seen.

Den vierten Tag fütterten wir unsere Pferde zwanzig Werste von dem See Alba, nachdem wir über Gebirge und vier bis fünf Wüsten gegangen waren, an dem Ufer des Sees Sitagai. Den Morgen hatten wir drey Seen zur Rechten gelassen; den Nachmittag sahen wir nahe dabey vier andere, alle auf eben der Seite. Der letzte ist Ala Ambaga, dreyzehn Werste von dem See Sitagai gelegen. Man mußte die Nacht daselbst zubringen.

Den andern Morgen früh sahen wir noch drey kleine Seen. Anderthalb Werste von dem letztern, welcher Eydegas heißt, ist der Fluß Kokora, welcher in den Tatta fällt. Wir giengen ihn bis an seine Mündung hinab, zwey und zwanzig Werste weit. Man findt auf diesem Wege acht Seen und vier Wüsten. Eine Werste weiter, ehe man an den See Tschirantschi kömmt, welcher der letzte ist, haben die Cosaken einen Posten, wo man Pferde nimmt, welche man voraus an die Ufer des Flusses Aldan schicket, diejenigen ab zu lösen, welche man von Jakutzk mit genommen hat. Man bringt daselbst die Nacht zu; man kaufet da Vieh, um in den Wüsten zu leben.

„Die

„Die Reisenden lassen solches vor sich her gehen; sie tödten ein Stück nach dem andern, „und theilen das Fleisch zu gleichen Theilen unter sich alle.„ Man läßt es braten, und hütet sich, daß man nicht mehr kochet, als so viel man verzehret; denn sonst verdirbt es, und die Würmer kommen hinein. Einwohner in Kamtschatka.

Den sechsten Tag thaten wir nur funfzehn Werste auf einem Wege, welcher drey Seen und fünf Wüsten enthielt. Die letzte, wo man die Nacht zubrachte, war die Wüste Titriaka, an den Ufern eines kleinen Sees.

Den siebenten Tag traf man fünf Wüsten bis an den Fluß Toula in einem Raume von zwölf Wersten an. Dreyzehn Werste von Toula ist der Namgara, welcher sich durch einen Lauf von ungefähr sechzig Wersten in den Tatta ergießt. Zwo Werste vorher, ehe man an denselben kömmt, bringt man die Nacht zu.

Den andern Morgen geht man über den Tatta, dessen Quelle hundert und funfzig Werste weit, und die Mündung hundert und sechzig von dem Orte war, wo wir hinüber giengen. An eben diesem Tage geht man noch über vier andere Flüsse, und eine kleine Reihe von Gebirgen. Man endiget diese Tagereise am Ufer des Sees Bisikraka.

Den neunten Tag sahen wir ungefähr acht Seen, wovon der größte, welcher Tigitti ist, fünf Werste in die Länge von Süden gegen Norden hat, und fast anderthalb Werste in die Breite. Von dem See Bisikraka, wovon man abgeht, bis an die Fuhrt des Flusses Amga sind achtzehn Werste. Dieser ist vierzig bis funfzig Saschen oder Faden breit, ergießt sich in den Aldan, hundert Werste von dem Orte, wo man hinüber geht. Der Amga ist merkwürdig, weil man vor Zeiten russische Bauern dahin geschickt, das Feld zu bauen. Anstatt aber, daß sie den Ackerbau daselbst eingeführet hätten, haben sie sogar ihre Muttersprache vergessen, und die Sitten der Jakuten angenommen. Die Religion ist das einzige, was sie von ihren Vätern behalten haben; weil ihre Begriffe in der Einbildungskraft und an den stärksten Leidenschaften hängen, da die Wörter sich nur dem Gedächtnisse eingraben. Merkwürdiger Ort.

Den andern Morgen mußte man über acht bis zehn Flüsse hin- und herüber, oder an denselben hingehen. Wir giengen zwölf Werste über die Gebirge; wir zähleten sieben bis acht Seen. Ueber drey geht der kleine Fluß Tschipanda, der in den Aldan fällt. Dieser schiffbare Fluß ergießt sich in den Lena zwey hundert Werste von Jakutsk. Man geht in einer Fähre hinüber, an einem Orte, der Beltskoi heißt, weil er achtzig Werste unter der Mündung des Belaja ist, der da hinein fällt. Von Jarmanka bis an die Fuhrt Beltskoi, fanden wir nur Gehölze, meistens von Lerchenbäumen und Birken; wenig Tannen und Aspen, außer längst dem Flusse Elgei, welcher nach einem Laufe von zwanzig Wersten in den Nochu fällt, der sein Wasser dem Aldan zollet. Nachdem wir über diesen Fluß gegangen waren, so erreicheten wir den Belaja, welchen die Jakuten Taidaga nennen. An seiner Mündung brachten wir die Nacht zu.

Den eilften Tag giengen wir an diesem Flusse denselben hinauf, und wir giengen über drey andere, die zu seiner Rechten hinein fallen. Man mußte die Nacht an den Ufern des Lebini, eines von den drey großen Strömen, nach einer Tagereise von sechs und zwanzig Wersten zubringen. Die Reise des folgenden Tages war nur vier und zwanzig Werste. Sieben Werste von Lebini giengen wir über den Ardajiki. Neun Werste von diesem fütterten wir unsere Pferde bey dem Gebirge Tillaik-haia, welches Windgebirge heißt, weil daselbst heftige und beständige Winde sind. Fünf Werste

Einwohner in Kamtschatka.

von diesem Gebirge fängt der schwarze Wald an, welcher zehn Werste groß ist. Wir legeten davon drey zurück, und lagen still, die Nacht zu zu bringen.

Den andern Morgen giengen wir vollends durch den Wald, und wurden den übrigen Tag und die folgende Nacht durch den Regen aufgehalten. Da wir längst dem Belaia hinauf giengen, so mußten wir dreymal in einem Raume von ungefähr sechzehn Wersten hinüber gehen. Weil der Sommer sehr trocken gewesen war, so fiel es nicht schwer, über denselben zu gehen. Zu den Zeiten des großen Regens aber muß man sich da aufhalten. Denn er wird so schnell, daß, wenn man versuchet, sich auf Flößen demselben aus zu setzen, der Strom sie zuweilen an Felsen oder unter dem Wasser verborgene Baumstämme treibt, da denn die Flöße zerbrechen und die Menschen ersaufen. Der Belaia machet sich auch noch durch Fichten, Tannen, Birken und Zwergweiden, womit seine Ufer bedecket sind, durch einige hin und wieder stehende Johannesbeersträuche und Wacholdersträuche, vornehmlich aber durch wilden Rhabarber, merkwürdig, wovon man sagen würde, er wäre mit Fleiße gesäet; so überflüßig ist er daselbst.

Fünf und zwanzig Werste von dem schwarzen Walde ist der Tschagdala, welcher sich auch in der Belaia ergießt. Man geht in einem Raume von vier Meilen siebenmal über denselben. Funfzehn Werste von dem Orte, wo man zum siebenten Male über denselben geht, trifft man den Fluß Junakan an, welcher in den Aldan fällt. Zehn Werste unter seiner Quelle nimmt er zu seiner Linken einen kleinen Fluß auf, dessen Namen die Jakuten uns nicht sagen konnten. Eine halbe Werste von seiner Mündung ist ein See Buskiol genannt, oder gefrorene See. Er ist auch stets, ungeachtet der Sommerhitze, gefroren. Dieser See, der zwischen steilen Bergen tief ausgehölet ist, hat hundert und funfzig Saschen oder Faden in die Länge, und achtzig in die Breite. „Das Eis ist ungefähr einen Fuß acht Zoll dick; es gleicht dem Frühlingseise vollkom„men, ist bläulich, ungleich auf der Oberfläche, und voller Löcher, welche die Sonne „ohne Zweifel darinnen gemacht hat.„ Dieß ist eine von den Merkwürdigkeiten der Reise von Jakutzk nach Ochotzk.

Stets gefrorener See.

Betrachtungen über diesen langen Weg.

Man geht achtmal in zehn Wersten über den Junakan. An dem Orte, wo man zum achten Male hinüber geht, theilet er sich in zween Arme, wovon der eine, der nach Westen läuft, auch noch dreymal in einem Raume von acht Wersten durchgewadet wird.

Der übrige Weg ist so durchschnitten von Flüssen, und das Reiseverzeichniß davon ist durch die Beschreibung ihres Laufes so verwirrt, daß der unerschrockenste Leser gezwungen ist, auf der Hälfte des Weges zu bleiben, und die Erzählung dieser Reise diejenigen durchgehen zu lassen, welche sie unternehmen wollen. Man beklaget die Menschen im Voraus, welche ihr Schicksal zu dieser beschwerlichen Reise wird bestimmet haben. Man muß unter den beyden Bären und unter dem eisernen Zepter Sibiriens geboren seyn, und eine eherne Brust und Eingeweide von Eise haben, wenn man so vielen Gefährlichkeiten und so vieler langen Weile, ohne andere Gesellschaft, als der den Tribut eintreibenden Cosaken, und ohne andere Belohnung, als einige Fuchsfelle oder einige unvollkommene Begriffe von der Geographie, Trotz biethen will. Wenn es indessen einen Bewegungsgrund giebt, welcher eine von dieser Neugier stark eingenommene Seele erhitzen und unterstützen kann, die dem Hunger und Tode durch Ströme und Wüsten Trotz beut: so kann es nur die Liebe zur Wahrheit, diese Leidenschaft großer Geister, seyn,

welche

welche ihnen so viel Muth eingeben muß, den Thron der Irrthümer zu zerstören, als man Gewalt angewandt hat, ihn zu errichten. Wie aber der Fortgang der Lügen das Werk der Zeit gewesen ist, so muß die Wiederherstellung des Reiches der Wahrheit noch vielmehr die Frucht der Jahre und die Arbeit des Geistes seyn; nur mit dem Unterschiede, daß der Eigennutz und die Leidenschaften stets dem Irrthume gedienet haben, da die Wahrheit nur das Beste der Menschlichkeit für sich hat, welches so schwach gefühlet, so wenig erkannt und durch das Geschrey der Natur wider die Waffen der Unterdrückung so schlecht vertheidiget wird. Dergleichen Betrachtungen entstehen bey dem Anblicke dieser Länder, welche Rußland nur entdecket zu haben scheint, sie desto mehr zu verwüsten.

Einwohner in Kamtschatka.

Wir wollen aber einen für die Ungeduld der meisten Leser nur schon gar zu langen Bericht mit wenig Worten beschließen. Von Junakan bis nach Judomskoi-Krest, oder Judomaes Kreutze, in einem Raume von dreyen Tagereisen oder ungefähr hundert Wersten, findt man fünf Eisberge, deren einer zweyhundert Saschen oder Faden breit und funfzig lang ist, und der größte hat drey Werste in die Länge und eine in die Breite. Judomskoi-Krest ist ein Niederlagsort, welcher zwey Häuser für Seeofficier, eine Caserne für die Soldaten, fünf Magazine und einige andere Wohnungen enthält. Alles das wurde gebauet, den Zug nach Kamtschatka zu thun, und dienet zur Gemeinschaft zwischen Jakutzk und Ochotzk. Von Judomskoi bis zu diesem letzten Haven hat man sieben Tage zu reisen, über neun bis zehn Flüsse hin und wieder zu gehn. Auf dem halben Wege ungefähr findt man ein Besuchhaus an der Mündung des Flusses Korschunowka, einen Ort, Urats-Rocplodbische genannt. Dieß ist ein Ort, wo man die Arbeitsleute der russischen Admiralität eingeleget hatte, welche gebrauchet wurden, die platten Fahrzeuge zu bauen, die den zum Zuge nach Kamtschatka nöthigen Kriegesvorrath auf dem Urka zuführen sollten.

Verfolg dieses Weges.

Judomskoi-Krest, eine Niederlage.

Herr Kraschenninikow reisete endlich den 9ten des Heumonates 1737 von Jarmanka ab, und kam den 19ten August, nach vier und dreyßig Tagen und sieben Aufenthalten oder Lagern, zu Ochotzk an.

„Man kann von diesem Wege sagen, schreibt der Reisende, daß er von Jakutzk „bis nach der Ueberfuhrt des Belaja, nicht schlimm ist: von da aber bis nach Ochotzk, „ist er so unbequem und so beschwerlich, als es nur möglich ist, sich einzubilden. Denn „man muß beständig an den Flüssen hin oder über die mit Gehölzen bedeckten Berge „gehen. Die Ufer der Flüsse liegen so voller großen Steine und runden Kiesel, daß es „erstaunlich ist, wie die Pferde darüber gehen können; viele werden auch dabey lahm. „Je höher die Berge sind, desto kothiger sind sie. Man findt auf ihren Gipfeln ungeheure Moräste, und mit einer beweglichen Erde bedeckete Oerter. Wenn ein Saumroß dahinein geräth, so ist kein Mittel da, es wieder heraus zu ziehen. Und wenn „man geht, so kann man, nicht ohne das größte Grauen, die Erde zehn Saschen oder Faden um sich herum, sich bewegen sehen.„

Unbequemlichkeit und Beschwerlichkeit des Weges von Jarmanka nach Ochotzk.

Die Reisen zu Lande sind also, ungeachtet aller Gefährlichkeiten zur See, wegen ihrer Länge, der Beschwerlichkeit der Wege, der Unbequemlichkeit des Fortbringens, noch viel verdrüßlicher, vornehmlich in diesen wüsten Ländern, wo das Land, welches kaum aus dem Schooße des Meeres hervor zu kommen scheint, noch den Lehm und Thon behält, womit es eingerühret war. Die unzähligen Flüsse, welche dieses Land in

 einer

Einwohner in Kamtschatka.

einer Art von Eintauchung halten, erwarten die Hand des Menschen, Gesetze und Schranken in ihrem Laufe zu erhalten, damit sie das Erdreich, welches sie überschwemmen, wohnbar und fruchtbar machen.

Weg von Ochotzk nach Kamtschatka zur See.

Indessen hatte doch Kraschenninikow, welcher den längsten und unangenehmsten Theil seiner Reise gethan hatte, noch andere Gefährlichkeiten aus zu stehen, ehe er an das Ziel kam. Er wartete zu Ochotzk fast zween Monate lang, bis ein von Kamtschatka gekommenes Schiff gekalfatert worden, damit es wieder dahin gehen könnte. Endlich wurde dieses Fahrzeug fertig und beladen, und man reisete den 4ten des Weinmonates ab. Wir wollen den Verfasser bis an das Ende seiner Reise reden lassen.

„Wir liefen um zwey Uhr Nachmittage, saget er, aus der Mündung des Flusses „Ochota aus, und verloren gegen Abend das Land aus dem Gesichte. Gegen eilf Uhr „aber wurden wir gewahr, daß unser Schiff so viel Wasser zog, daß diejenigen, die un„ten im Raume waren, bis an die Knie darinnen stunden. Ob man gleich unaufhör„lich die beyden Pumpen gehen ließ, und ein jeder arbeitete, das Wasser mit Kesseln „und allen Gefäßen, die einem in die Hände fielen, aus zu schöpfen, so nahm es doch „nicht ab. Unser Schiff war dergestalt beladen, daß das Wasser schon in seine Stück„pforten trat. Es war kein Mittel, uns zu erretten, als das Schiff zu erleichtern. . . „Wir warfen alles, was auf dem Verdecke oder um das Schiff herum angemacht war, „in das Meer. Da dieses aber keine Wirkung that, so warfen wir noch ungefähr vier„hundert Pud von der Schiffsladung hinein. . . Endlich fieng das Wasser an, ab zu „nehmen. Man konnte indessen doch die Pumpen nicht verlassen; denn in einigen Mi„nuten vermehrete sich das Wasser zween Zoll hoch. . .

„In diesem traurigen Zustande blieben wir bis den 14ten des Weinmonates, wo„bey wir unaufhörlich vieles von der Kälte und dem mit Regen vermengten Schnee aus „zu stehen hatten. Endlich kamen wir an die Mündung des Bolschaia Reka, und lie„fen daselbst ein: es fehlete aber nicht viel, so wäre es zu unserm Unglücke geschehen. „Die Matrosen kannten die Fluth und Ebbe nicht.„ Beyde erregen, auch bey dem stillsten Wetter, im Anfange eine ansehnliche Bewegung, welche machet, daß man sie vermenget. Der Nordwind machete damals die Wellen sehr hoch. Sie waren so heftig, daß sie über das Schiff wegschlugen, welches auf allen Seiten krachete, da es außerdem sehr schlecht war. Die Schnelle der Ebbe, und der widrige Wind, den wir von der Seite hatten, ließen keine Hoffnung, in den Fluß ein zu laufen.

„Viele waren der Meynung, wieder in See zu gehen, und auf die Fluth zu war„ten. Hätte man ihrem Rathe gefolget, so wären wir ohne Hülfe verloren gewesen. „Der heftige Nordwind fuhr fort, über eine Woche lang so gewaltig zu seyn, daß er „uns in die offene See würde geführet haben, wo unser Schiff unfehlbar verloren gegan„gen wäre. Zum Glücke für uns aber entschloß man sich, dem Gutachten derjenigen zu „folgen, welche behaupteten, es wäre besser, an der Küste zu stranden, welches wir „auch ungefähr hundert Faden von der Mündung des Flusses an der Südseite thaten. „Unser Schiff saß bald auf dem Trockenen; denn die Ebbe daurete noch.

„Gegen Abend, da die Fluth zurück kam, kappeten wir den Mast. Den andern „Morgen fanden wir nur noch Bretter von den Trümmern unsers Schiffes; das Uebrige „war von dem Meere weggeführet worden. Wir sahen nunmehr alle Gefahr, worin-

„nen

„nen wir gewesen waren. Denn alle Schiffsbretter waren so schwarz und verfaulet, „daß sie leicht unter den Händen zerbrachen.

Einwohner in Kamtschatka.

„Wir blieben an der Küste in Balaganen und Hütten bis den 21sten dieses Mo„nates, und erwarteten die Kähne, die man uns von dem Ostroge schicken sollte. Wäh„rend der Zeit unsers Aufenthaltes war fast ein beständiges Erdbeben. Weil es aber „sehr schwach war, so schrieben wir die Bewegung, die wir empfanden, und die Schwie„rigkeit, womit wir giengen, unsrer Schwachheit und der gewaltsamen Bewegung zu, „die wir auf der See erfahren hatten. Wir erkannten unsern Irrthum bald. Denn „einige Kurilen, welche an den Ort kamen, wo wir waren, sageten uns, das Erdbe„ben wäre sehr heftig gewesen; und das Seewasser hätte sich sehr hoch erhoben. . . . „Endlich reiseten wir den 21sten des Weinmonates von diesem Orte ab, und kamen den „andern Tag gegen Abend zu Bolscheretzkoi Ostrog an.“

Aus dieser Erzählung erhellet, daß man in zehn Tagen, bey stillem Wetter, mit einem schadhaften Schiffe, eben so viel Weg zur See gethan, als man in einem Monate, bey der schönen Jahreszeit, und ohne widrigen Zufall, zu Lande gethan hatte. Die Rückkehr von Kamtschatka nach Jakutzk aber beweist, was für Vortheil die Schifffahrt über alle andere Arten zu reisen hat. Die Fahrt zur See ist sehr kurz, wenn sie in den langen Sommertagen geschieht. Das Meer ist nicht stürmisch; man befürchtet nur die Windstillen. Gesetzt aber, man brauche einerley Zeit zur Ueberfahrt, entweder von dem festen Lande, oder von der Halbinsel, so gewinnt man doch stets viel, wenn man von Ochotzk bis nach Jakutzk zurück geht. Man kann zu Wasser von dem Seehaven bis an den Fluß Aldan gehen, indem man den Judoma erreichet, welcher in den Maju fällt. Der beschwerlichste Weg ist bis an Judomskoi-Krest. Kraschenninikow brachte sieben Tage zu, von dem Haven Ochotzk bis dahin; von da fünf Tage in den Maju ein zu laufen, wobey er aber nur des Tages schiffete. Denn er fuhr in weniger als drey Tagen den Judoma hinunter, welchen man nur in fünf bis sechs Wochen hinauffährt. Endlich brauchete er nur achtzehn Tage nach Jakutzk von dem Haven Ochotzk, die Zeit des Aufenthaltes und der Verzögerung mit darunter begriffen. Die Rückkehr ersparet also die Hälfte der Zeit, ohne der Beschwerlichkeiten und Mühseligkeiten der Reise zu Lande zu erwähnen.

Einwohner in Kamtschatka.

Das IV Buch.

Von den nahe bey Kamtschatka liegenden Ländern und Völkern.

Das I Capitel.

Von den kurilischen Inseln und ihren Einwohnern.

Lage und Größe dieser Inseln. Die erste; die zweyte. Poetische Geschichte eines Berges. Das dritte Eyland; das vierte; das fünfte bis achtzehnte. Irrthum der Erdbeschreiber wegen des Landes Jeso. Beschaffenheit dieser Insel. Die Kurilen. Ihre Gestalt. Ihre Kleidung. Sie haben keine Religion, aber doch Götzen. Vielweiberey. Zweykampf wegen des Ehebruches.

Die kurilischen Eylande scheinen wegen der Nähe, worinnen sie sich an Kamtschatka befinden, mit zu diesem Lande zu gehören. Sie machen gleichsam so viele Stationen, welche von diesem festen Lande nach Japon führen. Man kann sich also nicht entbrechen, deren Beschreibung mit an die Geschichte von Kamtschatka zu hängen. Sie sind durch das Meer davon abgerissen worden; die Leute sind von der Halbinsel und den benachbarten Inseln hin und wieder gewandert. Man springt oder geht beständig von einer auf die andere. Diese Eylande werden vielleicht dereinst die Handlungsleiter von Japon und Indien mit dem nordlichen Theile von Asien, oder sogar Europa seyn, wenn die Seele der Russen unbändiger und stärker ist, als die Gefährlichkeiten und Kälte des Eismeeres. Alles ladt einen ein, diese Inseln kennen zu lernen.

Lage und Anzahl dieser Inseln.

Sie erstrecken sich von der mittäglichen Spitze von Kamtschatka, nicht gerade gegen Süden, wie Herr Müller nach dem Berichte der Kurilen selbst, gesaget hat, die gar zu wenig Erdbeschreiber sind, als daß sie sich nicht darinnen irren sollten; sondern gegen Südwest, da sie sich nach einer eyrunden oder parabolischen Krümme gegen die Straße Tessoi drehen, welche die letzte kurilische Insel Matsumai von dem festen Lande der chinesischen Tatarey absondert. Es erhellet aus der allgemeinen Stellung dieser Eylande, aus ihrem Abstande und ihrer Lage, daß sie ehemals einen Theil eines Stückes festes Landes ausgemacht haben, welches von der See verschlungen zu seyn scheint. Sie hat da beynahe eben den Weg gemacht, wie bey den Antillen, indem sie sich einen großen Bezirk gegraben, über welchen sie sich viele Gänge eröffnet hat, denjenigen Meerbusen zu bilden, welcher das Meer von Amur und Penschina ausmachet. Es findt sich sogar unter diesem asiatischen und dem nordamericanischen Lande eine sonderbare Aehnlichkeit; man mag nun auf der einen Seite die kreisförmige Strecke der kurilischen Eylande und der Antillen betrachten; oder man mag den Fortgang und die Verheerungen des Meeres untersuchen, welches auf der einen Seite den mexicanischen Meerbusen, und

auf

auf der andern, den langen Busen zwischen den kurilischen Inseln und dem festen Lande von Asien gebildet hat. Man wird gewahr, daß diese beyden Reihen Inseln vordem Schranken waren, welche das Land dem beständigen Stoße des Meeres entgegen setzete, welches stets gegen Osten das wieder gewinnt, was es gegen Westen verlieren soll, wo es, wie wir sogar in Europa, sogar in Frankreich sehen, festes Land gelassen hat; welches diejenigen Flächen bezeugen, die sich von Bordeaux bis nach Bayonne erstrecken. Was für ein Verhältniß aber auch diese von einander so weit entfernte Haufen Inseln den Augen, oder vielleicht der Einbildungskraft dar zu bieten scheinen, so wollen wir uns doch nur bey der Beschreibung derjenigen aufhalten, wovon hier die Rede ist. Einwohner in Kamtschatka.

Man kann deren Anzahl nicht auf eine unverwerfliche Art bestimmen. Die Landkarte zeiget deren sechs und dreyßig: es sind aber nur zwey und zwanzig recht bekannt. Der Unterschied derer Namen, welche ihnen die Kurilen, die Japoneser und die Russen geben, machet auch deren eigentliche Menge verschieden. Herr Spanberg, der von Kamtschatka bis Japon ihnen gefolget ist, allein, ohne daselbst anzuländen, oder sie genau zählen zu können, läßt uns sowohl wegen ihrer wahren Namen, als wegen ihrer Anzahl ungewiß. Herr Kraschenninnikow hat diesen Mangel durch die Nachrichten ersetzet, die er aus Stellern und Müllern genommen hat. „Es wäre übrigens zu wünschen, „saget er, daß die Beschreibung, welche Herr Spanberg von den kurilischen Eylan„den gegeben hat, die sich bis Japon erstrecken, mit Herrn Müllers seiner überein„stimmen möchte: man würde dadurch nicht allein ihre Größe und die wahre Lage einer „jeden insbesondere erkennen, sondern auch noch ihren Abstand von einander; da man „jetzt hingegen nur aus Muthmaßungen urtheilen kann.„

Die erste der kurilischen Inseln heißt Schumtschu, und ist von Nordost gen Südwest funfzig Werste lang und dreyßig breit. Sie ist voller Berge, Seen und Moräste, woraus kleine Flüsse kommen, die in das Meer fallen. Drey dieser Flüsse, worinnen man Lachse von verschiedener Art, aber in kleiner Anzahl, findt, zeigen jeder einen Wohnplatz. Vier und vierzig Personen machen alle Einwohner dieser Insel aus. Man will, sie sollen aus Kamtschatka bey der Ankunft der Russen gekommen seyn; wenigstens war dieß ihr nächster Zufluchtsort. Sie macheten, wie man saget, mit andern benachbarten Insulanern ein Bündniß; und die von dieser Vermischung der Kamtschadalen mit den Kurilen entsprossenen Kinder haben eine viel vortheilhaftere Gestalt, schwärzeres und mehr Haar. Dieser Ursprung mag seyn, wie er will, so ist doch wahrscheinlich, daß bald die Eyländer auf das feste Land gehen, wenn sie gar zu viel Leute, oder gar zu wenig Unterhalt haben; und daß bald die Einwohner des festen Landes die Inseln bevölkern, wenn sie durch Krieg dahin gejaget, oder durch Sturm dahin verschlagen werden. Diese verschiedenen Ursachen können eine gegenseitige Herkunft und Bevölkerung unter den Kurilen und Kamtschatka errichtet haben. Der Canal, welcher das Vorgebirge der Halbinsel von dem Eylande Schumtschu trennet, ist nur funfzehn Werste breit, welche man bey stillem Wetter und zu Ende der Ebbe in dreyen Stunden hinüber fährt. Denn während der Fluth schlagen die Wellen so stark an das Vorgebirge, daß sich die Fluthen zwanzig bis dreyßig Saschen oder Faden hoch erheben, und den Kähnen nicht erlauben, von einem Ufer zum andern zu gehen. Die Cosaken nennen diese Wellen Sinvorm, die Kurilen Rogatche, das ist, Bergkette, und zuweilen Kamui, Gottheit. Man wirft auch, wenn man vorbey fähret, hölzerne Götzen hinein, ihren Zorn Die erste.

Einwohner in Kamtschatka. zu besänftigen, oder vielmehr die Furcht vor der Gefahr zu vermindern. Die Wilden und ihre Götter haben das Bequeme, daß sich die Bosheit der letztern und die Furcht der erstern durch nichts besänftigen, so wie sie auch aufgebracht werden.

Die zweyte. Die zweyte Insel ist Poromusir, zweymal größer, als die erste. Die Straße, welche sie davon absondert, ist nur zwo Werste, aber voller Felsen und mit steilen Küsten besetzet. Die Einwohner dieser Insel sollen wahre Kurilen seyn. Sie haben ihre Wohnplätze an der Südwestspitze, an den Ufern eines Sees, der fünf Werste im Umfange hat. Diese beyden Inseln sind den Erdbeben und den Ueberschwemmungen unterworfen. Das Meer führet von America und Japon verschiedene Arten Bäume dahin, unter welchen Trümmer von Kampferbäumen sind. Man hat mir große Stücke davon gegeben, saget Kraschenninikow.

Poetische Geschichte eines Berges. Gegen Westen von Poromusir ist eine wüste Insel, welche auf der Karte mit dem Namen Anfinogen bezeichnet ist, von den Kurilen aber Ula Kujatsch genannt wird, welches steiler Fels heißt. Sie ist nur ein runder Berg, welcher Rauch aus zu dampfen scheinen soll. Man geht von den Kurilen und von Kamtschatka dahin, Seelöwen und Seehunde allda zu jagen, welchen es da gefällt. Die Leute umher machen eine poetische Geschichte von diesem Berge. Er war vordem, sagen sie, mitten in dem großen kurilischen See, welcher an der Spitze von Kamtschatka ist. Weil aber seine Spitze den benachbarten Bergen das Licht benahm, so bekriegeten sie ihn, und nöthigten ihn, einen sichern Schutzort im Meere zu suchen. Er verließ den See ungern; und zum Denkmaale seiner Zärtlichkeit ließ er sein Herz da. Dieß ist ein Fels, der sich noch in dem kurilischen See befindt, und welchen man Urschirschi nennet, welches Felsenherz bedeutet. Der See aber lief ihm aus Gegenliebe nach, als er sich von seinem Orte erhob, und er bähnete sich gegen das Meer zu einen Weg, welcher noch jetzo das Bette des Flusses Ozernaia ist. Die jungen Leute, saget man, lachen über diese Fabel: die alten Weiber aber erzählen sie als eine Wahrheit. Sie ist wenigstens ein Ueberbleibsel derjenigen allegorischen Schreibart, welche sich seit sehr vielen Jahrhunderten durch die ganze Welt von den physikalischen Veränderungen und Umkehrungen, die unsere Erdkugel erfahren hat, ausgebreitet. Alle wilde Völker haben ihre Geschichte in Fabeln, und ihre Fabeln in Geschichte gekleidet. Nicht alle aber haben so wie die Griechen gewußt, ihre Irrthümer aus zu schmücken. Die Verliebung des Alpheus und der Arethusa in Sicilien hat keinen andern Ursprung, als die Liebe des kurilischen Sees gegen den Berg Ala-Kujatsch. Diese beyden Fabeln sind in der Einbildungskraft der noch kindischen Völker entstanden. Man gebe den Kurilen einen Ovidius, einen Theokritus, und ihre Erdichtungen werden vielleicht so gut seyn, als der Griechen und Römer ihre.

Die dritte. Die dritte kurilische Insel (denn das Eyland Ula-Kujatsch ist eigentlich nicht von dieser Anzahl) ist Sirinki. Die Einwohner der beyden erstern suchen in dieser Vögel und Sarana zu ihrem Unterhalte.

Die vierte. Die vierte ist die Insel Onekutan. Steller saget, da die Einwohner der entferntern Eylande in dieses gekommen wären, die Weiber und Kinder zu entführen, so hätten sich die von Onekutan in Poromusir gesetzet. Kraschenninikow hingegen saget, die von Onekutan hätten ihren Ursprung von denen in Poromusir. Der Beweis davon ist, daß ganze Familien von der vierten Insel den Einwohnern der zweyten ihren Besuch, oder vielmehr ihre Huldigung abstatten, und einen Tribut von Biber-

oder Fuchshäuten geben. „Man kann daraus urtheilen, fährt Kraschenninikow „fort, daß die andern Einwohner in Onekutan sich nicht weigern würden, Tribut zu „bezahlen, wenn man Leute hinschickete, sie zu unterwerfen, und der kaiserlichen Gnade „und des mächtigen Schutzes zu versichern, den sie wider ihre Feinde erwarten können, „welche von Zeit zu Zeit Streifereyen in ihr Land thun. Es ist übrigens in Kraschenninikows oder seines französischen Uebersetzers Erzählung ein Widerspruch in dem, was er von der zweyten und der vierten kurilischen Insel saget. Einwohner in Kamtschatka.

Ueberhaupt scheint es, daß man keine recht gewisse Kenntniß von allen diesen Eylanden hat. Der russische Schriftsteller, welcher von dem Hrn. Steller bey der vierten Insel verlassen wird, nimmt wegen der Beschreibung der folgenden seine Zuflucht zu Herr Müllern, wovon weder sein erster Führer, noch er, eine umständliche Nachricht haben erhalten können. Herr Müller redet davon nach denen Begriffen, die er von den Japonern erhalten hat, welche bey Kamtschatka Schiffbruch gelitten, und von da nach Petersburg geschickt worden. Er ist aber mit Stellern, weder in der Anzahl noch wegen des Ortes dieser Eylande einig.

Die fünfte ist nach seiner Anzeige die Insel Kukumischa. Sie machet mit den Inseln Sirinki und Machkupa ein Dreyeck: sie ist aber die mittäglichste unter den dreyen. „Es scheint, daß es diejenigen Inseln sind, welche in dem russischen Atlas unter den „Namen Diaku, S. Helias oder Ilia und Galanta angezeiget worden.„ Die fünfte und sechste.

Es sey aber mit der fünften und sechsten wie ihm wolle, wegen deren Lage die Erdbeschreiber uneinig sind, so ist doch die siebente Araumakutan, welche ein Feuer speyender Berg wüste machet. Die siebente.

Die achte ist Siaskutan, welche einige Einwohner hat; die neunte gegen Westen ist Ikarma; die zehnte gegen Südwest, Machaurschu; die eilfte gegen Südost Igathon. Dieß sind kleine wüste Inseln. Die achte bis eilfte.

Die zwölfte ist eine halbe Meile von Siaskutan, gegen Mittag, und heißt Schokoki. Man saget, die Japoner ziehen daraus Erz, man weis aber nicht, von was für Art. Die zwölfte.

Die dreyzehnte und die vier folgenden Inseln sind Motogo, Schaschowa, Uschitir, Kitui und Schimuschir. Man kann in weniger als zwölf Stunden, in einem Kahne über eine jede der Straßen fahren, die sie von einander absondern. Man läuft aber Gefahr, in die offene See geführet zu werden, und allda um zu kommen; so stark sind daselbst die Ströme, und so aufgeschwollen die Wogen, wenn sich der Wind nur ein wenig erhebt. Die Einwohner dieser Eylande gehen auch nur im Frühlinge zu einander, wenn das Meer ruhig ist. Die sechzehnte hat Schilf, woraus man Bogen machet, und die siebenzehnte unabhängige Menschen. Die dreyzehnte, und vier folgenden.

Die achtzehnte ist Tschirpui, welche keine Einwohner hat: sie giebt aber der vorhergehenden und folgenden Vögel und Wurzeln. Die achtzehnte und folgende.

Diese heißt Iturpu, und ist so weit von Schimuschir, daß man von der einen die andere nicht sieht. Urup ist die zwanzigste, und Kunaschir die ein und zwanzigste.

Die letzte, größte und berühmteste unter allen ist die Insel Matmai. Ihre zahlreichen Einwohner haben, wie die von den drey vorhergehenden Eylanden, mit ihnen einerley Ursprung und Sprache. Die Japoner nennen sie alle mit dem allgemeinen Namen Völker aus Jeso. „Dieses kann dienen, saget Kraschenninikow, den Irrthum der Erdbe- Irrthum der Erdbeschreiber wegen Jeso.

Einwohner in Kamtschatka.

„schreiber zu verbessern, welche den Namen Jeso einem großen bey Japon gegen Nord„ost liegenden Lande gegeben haben.„

Die Einwohner in Urup und Iturpu handelten fünf und zwanzig bis dreyzig Jahr lang mit den nahe an Kamtschatka wohnenden Kurilen. Da aber einige von ihnen in der Insel Poromusir gefangen genommen worden, so wurden die Handlung und Schiffahrt unter den Kurilen der beyden äußersten Enden der Kette unterbrochen.

Die ersten und letzten dieser Eylande haben fast kein Holz. Die Insel Kuraschir ist kothig und eisenfarbicht, saget Steller. Man sieht daselbst viele wilde Thiere, Bäre, wilde Ziegen, Füchse, die aber schlechter sind, als die in Kamtschatka. Die Japoner sollen alle Jahre daselbst Häute von dergleichen Thieren gegen Geräth, Geschirr und Zeuge erhalten, die sie dahin bringen. Andere geben vor, die Einwohner in Kuraschir holeten von Matmai japonische Zeuge, Seide und Baumwolle, und eisernes Geräth und Geschirr, welches sie in den Inseln Urup und Iturpu wieder verkaufeten. Diese gäben ihnen Zeuge von Nesseln dafür.

Das Eyland Matmai wird von meistentheils verbanneten Japonern bewohnet, und zeiget eine Stadt seines Namens, welche mit Waffen und Festungswerken versehen ist. An der Südwestspitze der Insel ist eine Besatzung, das Land vor dem Einfalle der Chineser und den Streifereyen von Korea zu beschützen. Die Straße, oder der Strom des Meeres, welcher zwischen diesem Eylande und Japon durchgeht, ist an gewissen Orten zwanzig Werste breit, verengert sich aber an vielen andern, und ist überall voller Vorgebirge und Felsen, welche die Durchfahrt sehr schwer machen. Wenn man die Zeit verliert, oder es an Aufmerksamkeit fehlen läßt, so werden die Schiffe an diesen Klippen scheitern, oder durch die Schnelle der Ströme in die offene See geführet.

„Uebrigens weis man, saget Herr Kraschenninikow, daß die Holländer, nach„dem sie diese Inseln verlassen hatten, (es sind die vier letzten kurilischen,) an der Ost„seite eine kleine Insel fanden, der sie den Namen Staaten-Insel gaben; und daß „sie von da ihren Weg weiter gegen Osten fortsetzeten, wo sie ein großes Land fanden, „welches sie das Compagnieland nanten, und wovon sie glaubeten, daß es an dem „festen Lande von dem nordlichen America hienge. Die von den Japonern abgestatteten „Berichte, und die von den Einwohnern der Insel Jeso gegebenen Erläuterungen haben „uns kein Licht davon verschaffet. Es scheint aber, daß das Compagnieland eben dasselbe „ist, welches von dem spanischen Hauptmanne de Gama entdecket worden; welches man „vielmehr für eine Insel, als für ein festes Land halten muß; weil America nach allen „Beobachtungen, die zwischen Japon und Neuspanien gemacht worden, sich nicht so „weit gegen Westen in eben der Breite erstrecken kann.„

Von vier Inseln, welche das Land Jeso ausmachen, hat Herr Spanberg nur zwoen ihre eigenen Namen gegeben, welche Matmai und Kuraschir sind. Diejenigen, welche er unter den Namen Zelenoi und Tsitronnoi, grüne Insel und Citroneninsel, bezeichnet, müssen die Inseln Iturpu und Urup seyn. Wenn es wirklich Citronen in diesen Inseln giebt, (welches man nicht versichert, wiewohl sie in der Breite

von

1) Der Uebersetzer zweifelt sehr, daß der Verfasser in dieser ungünstigen Anmerkung den Wahrsagergeist, oder auch nur menschliche Scharfsichtigkeit genug besitze. Die Geschichte hat ihn gelehrt, daß die [illegible] Aegyptier und scharfsinnigen Griechen unwissend und dumm, und die rauhen

Barbar

Einwohner in Kamtschatka.

von zwey und vierzig bis fünf und vierzig Grad sind, wo die Himmelsluft warm genug ist, diese Früchte hervor zu bringen,) so ist der Weg zu den Lieblichkeiten den Russen offen. Es ist wahr, er geht durch das gräuliche Eismeer: allein, welche Hindernisse, welche Erfolge sind wohl über ihre Kräfte? „Sind sie nicht das wegen ihrer Macht und „wegen ihrer Eroberungen so berühmte Volk, welches im Stande ist, den übrigen Erd„boden zu überwinden?„ Dieß frageten sie die Einwohner in Kurasschir, saget Herr Steller. Wenn es Rußlande jemals in seinen weitläuftigen, aber auch eben so leeren Anschlägen, als seine Wüsteneyen, glücken könnte: so ist kein Zweifel, daß es ihm, nachdem es vergebens versuchet hat, die europäischen Künste nach Norden zu ziehen, wo die Natur ihnen zu keimen verbeut, nicht viel leichter seyn werde, über kurz oder lang die nordische Unwissenheit und Barbarey über ganz Europa auszubreiten [r]). Die Tatarn und Kalmüken, welche sich heute zu Tage Polen streitig machen, sind die Kinder derjenigen Scythen und Hunnen, welche ehemals das glänzende Reich der Römer überschwemmet, geplündert und verheeret haben, damit wir alle in die doppelte Sclaverey des Aberglaubens und der lehnsherrlichen Regierung fielen. Dem Lichte kömmt es zu, die Finsterniß zurück zu treiben. Deutschlande, dem ganzen Europa kömmt es zu, Rußland in Schranken zu halten, anstatt, daß sie diese fürchterliche Schlange durch ungeheure Bündnisse verstärken, welche der Natur der Dinge und dem Besten der Menschen auf gleiche Art anstößig sind. Mächte des festen Landes und der See, schicket die Russen aus Polen nach Kamtschatka, wenn ihr deren weitläuftiges Reich nicht in so viele Staaten zertheilen könnet, als große Nationen in Europa sind. Dieß ist das Geschrey der Staatskunst, der Weltweisheit und der Menschlichkeit.

Nation der Kurilen.

Man urtheilet aus der Lage der kurilischen Inseln, daß ihre Einwohner von der Gestalt und den Sitten sowohl der Japoner, als der Kamtschadalen, etwas an sich haben müssen, die sie von einander absondern. Allein, der ungeheure Unterschied, welchen die Policey und die Künste unter einem reichen und bevölkerten Lande, dergleichen Japon ist, und denen Inseln, die entweder wüste oder schlecht bewohnet sind, gemacht haben, machet, daß die Einwohner der kurilischen Inseln mehr Aehnlichkeit mit den Wilden in Kamtschatka, als mit dem rauhen, aber arbeitsamen Volke in Japon, haben. Wenn man glaubet, daß die Nähe eben den Einfluß zum Guten, als zum Bösen, haben könne, so darf man nur, um aus dem Irrthume zu kommen, einen Blick auf Corsica thun, welches von zwoen seit langer Zeit erleuchteten und gesitteten Nationen umgeben ist, und dennoch seine Rauhigkeit, seine Trägheit, seine natürliche Unwissenheit behalten hat, und in Ansehung der Künste und Gesetze noch viel entfernter von Italien zu seyn scheint, als die africanischen Seeräuber, in Ansehung der Arbeitsamkeit und Einsichten von Europa sind. Arme unbebaute Inseln, an welchen schwer zu landen ist, wo man einen unangenehmen und nicht sehr sichern Aufenthalt hat, ziehen kein landendes Volk an, welches sie urbar machen, und bebauen könnte. Wilde ohne Künste und Kenntnisse landen nicht gern bey einer gesitteten Nation, deren Sitten und Charakter den groben Menschen noch mehr zurück stoßen, als dieser den gesitteten Men-

barbarischen Gallier witzige und galante Franzosen geworden; von uns selbst nichts zu sagen. Gleichwohl sind sie alle in eben dem Lande geblieben. Was sollen auch seine Ermahnungen hin und wieder? Sie zeigen nur, daß er wider Rußland erbittert ist. Einige Rubeln Jahrgeld würden ihn vielleicht ganz anders haben schreiben lassen.

Einwohner in Kamtschatka.

schen verwirft. Man wird sich also nicht wundern, wenn man viel Verhältniß unter den Kamtschadalen und Kurilen antrifft.

Ihre Gestalt.

Diese sind indessen doch besser gebildet, von einem schönern Wuchse und vortheilhaftern Gestalt. Alles, was sie wildes an sich haben, haben sie von den Kamtschadalen oder irrenden Tungusen des festen Landes, als ein schwarzbraunes Gesicht, die Gewohnheit, sich die Lippen zu schwärzen und sich die Aerme mit Figuren bis an den Ellbogen zu malen, sich Kleider aus den Häuten der Thiere und Vögel verschiedener Arten zu machen, die aus Haaren und Federn von allerhand Farben zusammengesetzet sind. Alles, was sie künstliches haben, haben sie von den Japonern, als die Gewohnheit, die Haare vorn bis auf die Scheitel ab zu scheren, und hinten hinunter hängen zu lassen, silberne Ringe in den Ohren zu tragen. Oft mischen sie beyderley Geschmack zusammen und thun die wilde Kleidung zu den Zeugen der Pracht. Da sie gern schimmernde Farben haben, aber nicht sehr auf die Sauberkeit sehen, so wird ein in Scharlach gekleideter Kurile eine von Fette und Blute schmutzige Seehundshaut auf seinen Schultern tragen. Ein Kurile, saget Herr Steller, welcher ein seidenes Corset fand, zog diese Weiberkleidung an, und gieng darinnen ganz ernsthaft vor den Cosaken herum, welche sich über ihn aufhielten. Wer war der dümmste, entweder der Wilde, welcher dachte, die Frauens- und Mannspersonen giengen überall, wie in seiner Insel, gleich gekleidet, oder der Cosake, welcher nicht so viel wußte, daß er überlegen konnte, der Insulaner dürfte nicht mehr davon wissen?

Ihre Kleidung.

Ohne Religion, aber nicht ohne Götzen.

Die Kurilen nähren sich von vierfüßigen Seethieren, und wohnen wie die Kamtschadalen, wiewohl mit mehr Sauberkeit, indem sie ihre Stühle und Wände mit Matten von Binsen beschlagen. „Sie kennen Gott eben so wenig, als die Kamtschadalen.“ Sie haben aber ihre hölzernen Götzen, wie sie, welche sie Ingul oder Innau nennen. Machen sie Götter oder Geister daraus? Das weis man nicht. Sie opfern ihnen aber die ersten Thiere, die sie fangen, essen das Fleisch derselben und lassen ihnen die Haut.

Sie haben Baidares, im Sommer zu schiffen, Schären oder Schneeschuhe, im Winter zu gehen, aus Mangel an Hunden, in Schlitten zu fahren. Wenn die Weiber keine Matten oder Kleider machen, so folgen sie ihren Männern auf die Seethierjagd.

Vielweiberey.

Die Kurilen haben zwey oder drey Weiber: sie sehen aber die Mägdchen, um die sie freyen, nicht, als des Nachts verstohlener Weise, wie die muhamedanischen Tataren, bis sie dem Vater den Preis bezahlet haben, wie viel das Mägdchen kosten soll.

Zweykämpfe wegen des Ehebruches.

Eine ungetreue Frau verursachet ihrem Manne den Verlust der Ehre oder des Lebens. Der Mann, welcher sie ertappet hat, fordert seinen Gegner zu einem Zweykampfe heraus, und zwar auf den Stock. Derjenige, welcher die Herausforderung thut, empfängt zuerst mit einer, wie ein Arm, dicken Keule drey Schläge auf den Rücken; darauf giebt er sie seinem Feinde wieder. Dieses Spiel dauret so lange fort, bis einer von ihnen um Gnade bittet, oder unter der Anzahl und Stärke der Schläge erliegt. Es würde eine Schande seyn, wenn man den Zweykampf ausschlüge, wie in Europa, welches vieleicht diese schöne Gewohnheit von den Kurilen angenommen hat, nur mit dem Unterschiede, welchen unsere Voraltern unter dem Stocke und Degen gemacht haben; da das mörderische Gewehr ohne Zweifel das edelste seyn mußte. Der

Strasbare

Strafbare, welcher das Leben der Ehre vorzieht, muß den Mann durch einen Vergleich an Thieren, Kleidern, Lebensmitteln befriedigen. Dergleichen Verträge werden vielleicht auch bey den gesitteten Völkern eingeführet werden, die den Gebrauch des Zweykampfes noch nicht hindan gesetzet haben, welche aber anfangen, das Lächerliche und den Misbrauch zu erkennen, sich wegen einer Frau tödten zu lassen, die man verachtet. Einwohner in Kamtschatka.

Die kurilischen Weiber haben eine grausamere Gewohnheit, als ihre Männer zu verrathen. Wenn sie nämlich mit Zwillingen niederkommen, so bringt man ein Kind um. Indessen ist doch dieses Volk sanftmüthig und leutselig; es ehret die Alten, liebet die Bande des Geblütes und kennet die Freundschaft.

„Es ist ein rührender Anblick, saget Kraschenninikow, wenn man die Zusammenkunft zweener Freunde sieht, welche in abgesonderten Inseln wohnen. Der Fremde kömmt auf einem Kahne, und der Wirth, welcher ihn empfangen will, geht mit Ceremonie einher. Ein jeder zieht sein Kriegeskleid an, nimmt sein Gewehr, schwingt seinen Säbel und seine Lanze. Sie spannen ihren Bogen einer wider den andern, als wenn sie streiten wollten, und nähern sich tanzend einander. Wenn sie sich vereiniget haben, so umarmen sie einander mit allerley Liebkosungen und vergießen Freudenthränen.“ Man führet den Gast in eine Jurte, man läßt ihn sich niedersetzen; man steht aufgerichtet vor ihm, die Erzählung der Begebenheiten seiner Reise, und die Nachricht von seiner Familie an zu hören. Wenn er aufgehöret hat, [illegible], so erzählet der älteste in der Wohnung seiner Seits alles, was in der Insel, während der Abwesenheit des Fremden, vorgegangen ist. Man erfreuet oder betrübet sich wechselsweise nach Beschaffenheit der Erzählung. Endlich ißt man, tanzet man, singt man. So sind die Sitten der Kurilen.

Das II Capitel.

Von den zwischen Kamtschatka und America liegenden Inseln.

Lage der Küsten von America und Kamtschatka. Reihe von Inseln, die mit Kamtschatka gleichlaufen. Verhältniß unter den Kamtschadalen und gewissen americanischen Völkern. Beschreibung der Insel Bering. Ihre Gebirge. Sonderbare Beobachtungen. Zwo andere Inseln. Vierte Insel. Ihre Beschaffenheit.

Wie Kamtschatka für die Russen nur wegen der Gemeinschaft wichtig ist, die es ihnen mit den beyden großen Quellen der Handlung und des Reichthumes eröffnen kann: so ist es natürlich, daß, nachdem sie den Weg gefunden haben, welcher nach Japon und Indien führet, sie auch einen nach America suchen. Die Halbinsel Kamtschatka muß von diesen beyden Gegenden fast gleich weit entfernet seyn; wenn es wahr ist, daß die gegen Osten von Tschukotskoi gelegenen Länder nur drittehalb Grad von diesem Vorgebirge entfernet sind, und einen Theil des festen Landes von America ausmachen.

Einwohner in Kamtschatka.

Lage der Küsten von America und Kamtschatka.

Herr Steller geht noch weiter in seinen Muthmaßungen. Er saget, dieses feste Land, welches vom zwey und funfzigsten bis sechzigsten Grade Norderbreite liegt, erstrecke sich von Südwest gen Nordost fast überall in gleicher Weite von den Küsten von Kamtschatka. Er muthmaßet so gar, es hätten diese beyden festen Lande ehemals an einander gestoßen. Die Gestalt beyder Küsten, die große Anzahl Vorgebirge, welche an beyden Seiten von dreyzig bis sechzig Werste hervorgehen, die Menge und Lage der Inseln, welche sich zwischen diesen beyden Ländern in einem sehr schmalen Meere finden, alles treibt einen an, zu vermuthen, die alte und neue Welt seyn durch dasjenige Element, welches stets die Gestalt der Erde verändert, mit Gewalt von einander gerissen worden.

Reihe von Inseln, die mit Kamtschatka gleich laufen.

Die Inseln, saget er, welche sich von Kamtschatka bis nach America zwischen dem ein und funfzigsten und vier und funfzigsten Grade der Breite erstrecken, machen eine eben so an einander hängende Kette, als die kurilischen Inseln. Das Compagnieland muß die Grundlinie des Triangels dieser beyden Ketten von Inseln seyn.

Verhältniß unter den Kamtschadalen und gewissen americanischen Völkern.

Endlich so finden sich in die Augen fallende Aehnlichkeiten unter den Kamtschadalen und ihren Nachbarn in America. Die Gesichtszüge sind einerley; beyde essen die Sarana, welche sie auf einerley Art bereiten; ihre Felle, ihre Kleider, ihre Hütte, ihre Kähne; alle diese Gegenstände der Vergleichung bewegen zu glauben, daß sie einerley Ursprung haben. Hätte das feste Land von America auch niemals an das von Asien gestoßen, so sind diese beyden Theile der Welt so nahe, daß es sehr möglich ist, daß die Einwohner in Asien nach America, vermittelst der dazwischen liegenden Inseln, gegangen, welche diese Wanderung befördern. Herr Steller füget zu diesen Zügen der Gleichförmigkeit noch sehr sinnliche Aehnlichkeiten unter den Sitten der Kamtschadalen und Americaner. Allein, diese Aehnlichkeiten gehören vieleicht mehr zu der Himmelsgegend, der Lage, der gemeinen Lebensart aller nordischen Wilden, als zum Ursprunge beyder Nationen. Man muß mehr in den Sprachen, als in den Gebräuchen die Wurzeln der verschiedenen Bevölkerungen suchen. Wenn nun die Sprache keine Spuren der Verwandtschaft unter den Einwohnern von Asien und America zeiget, so ist es schwer, dergleichen auf andere Verhältnisse zu errichten, welche vielmehr von den Menschen, als dem Geblüte herrühren. Es kömmt hier aber weniger darauf an, die Verbindungen zu wissen, welche die Natur oftmals zwischen einem festen Lande und dem andern gemacht hat, als vielmehr diejenigen zu entdecken, welche der Handel und die Schifffahrt unter ihnen machen, oder wiederum knüpfen können.

Unter denen Inseln, welche vieleicht dereinst zur Niederlage oder zum Ruheplatze bey der Schiffahrt der Russen nach America dienen werden, ist die Insel Bering eine der beträchtlichsten. Sie fordert, wegen der Wichtigkeit und Neuheit ihrer Entdeckung, eine umständliche Beschreibung.

Beschreibung der Insel Bering.

Die Insel Bering erstrecket sich, zwischen dem fünf und funfzigsten und sechzigsten Grade der Breite, von Südost gen Nordwest. Ihr äußerstes Ende, welches Kamtschatka am nächsten liegt, ist nur zween Grad gegen Nordost von der Halbinsel entfernet. Die Insel soll nur hundert und fünf und sechzig Werste in die Länge haben, aber von ungleicher Breite seyn, welche sich von fünf Wersten bis auf drey und zwanzig zwischen dem hundert und achtzigsten und hundert und fünf und achtzigsten Grade der Länge verändert. Ihre Länge ist ihrer Breite so wenig gemäß, daß es vieleicht keine

keine Insel auf der Welt giebt, saget Steller, die in diesem Stücke so sonderbar ist. Warum setzet denn dieser Verfasser hinzu, daß alle Inseln, die man auf dieser Seite von America wahrnimmt und alle diejenigen, welche gegen Osten von Kamtschatka liegen, fast eben das Verhältniß haben.

Einwohner in Kamtschatka.

Diese Insel besteht aus einem Haufen Berge. Man sieht die erhabensten bey heiterm Wetter zwanzig Meilen weit. Es war eine alte Meynung der Kamtschadalen, es müßte der Mündung des Kamtschatka gegen über ein Land seyn, weil sie stets an dieser Seite Nebel sahen, so rein der Horizont auch war. Indessen haben doch die höchsten von diesen Bergen nur zwo Werste oder eine halbe Meile perpendikuläre Höhe. Ihre Hauptreihe ist dicht und hinter einander fort. Die an der Seite sind mit Thälern durchschnitten, welche von kleinen Bächen gebildet worden, die ihren Lauf in der Länge der Insel hinnehmen, und ihre Mündung gegen Norden oder Süden haben. Die Thäler, welche zwischen den höchsten Bergen sind, haben die kleinsten Bäche und sind schmal. Die an dem Fuße nicht so erhabener Berge sind viel breiter, und werden von größern Bächen gewässert. Eben so sind die von den großen Bergen entferntesten oder hinter den niedrigsten Vorgebirgen liegenden Ebenen weit ausgedehnter, als die benachbarten der hohen Vorgebirge. Die Felder verbreiten und erweitern sich, wie die Wässer, indem sie sich von den Bergen entfernen und dem Meere nähern. Die Berge auf der Insel Bering bestehen überhaupt aus einem Felsen von einerley Art und Farbe. Die Vorgebirge aber, welche in das Meer hinaus gehen, sind von einem harten und graulichen Steine. Steller schreibt diesen Unterschied dem Seewässer zu.

Die mittäglichen Küsten der Insel sind viel steiler und gebrochener, als die nordlichen. Die Gestalt und das Ansehen der Gebirge und Küsten zeiget der Einbildungskraft des Herrn Stellers überall das Werk der Ueberschwemmungen des Meeres, der Erdbeben und des Schmelzens des Schnees. Man leiht von ihm einige Beobachtungen deswegen, welche für die Naturkündiger vielleicht merkwürdig seyn werden, für deren Nutzen oder auch nur Glaubwürdigkeit wir eben wegen der Nachläßigkeit, womit man sie uns mittheilet, nicht stehen wollen. Es verhält sich mit dem Werke des Herrn Krascheninnikows an gewissen Stellen, wie mit einem Orte auf der Insel Bering, welchen man die Höhle nennet. Die Felsen stellen daselbst Wände, Treppen, Basteyen vor. Einige sind den Säulen ähnlich; viele bilden Gewölber und Thüren: sie scheinen aber vielmehr ein Werk der Kunst, als ein Spiel der Natur zu seyn. Die Sammlung des rußischen Schriftstellers scheint also auch zuweilen weniger Naturgeschichte, als ein Haufen zubereiteter, zusammengestoppelter und schlecht geordneter Gelehrsamkeit zu seyn. Der Leser mag davon urtheilen.

„Wenn auf der einen Seite der Insel, saget dieser Geschichtschreiber von Kamtschatka, vermuthlich nach Stellern, eine Bay ist, so findt sich an dem entgegen gesetzten Gestade ein Vorgebirge; und überall, wo das Gestade sanft abhängig und sandig ist, da ist es gegen über voller Felsen und unterbrochen. An denen Orten, wo sich die Küste bricht und von einer Seite zur andern wendet, beobachtet man, daß ein wenig vorher das Ufer stets eine oder zwo Werste lang sehr jähe ist . . . . Man hat auf den höchsten Bergen beobachtet, daß aus ihrem Innern Arten von Kerne herausgehen, welche sich in Kegel endigen; und obgleich die Materie, woraus sie bestehen,

Sonderbare Beobachtungen.

Einwohner in Kamtschatka.

„stehen, in nichts von der Gebirge ihrer unterschieden ist, so sind sie doch viel zärter, „viel reiner und viel klärer.„ Kraschenninikow saget, man könne diese Kerne welche er durch eine innere Bewegung der Erde, und vornehmlich durch ihren Druck gegen den Mittelpunkt, gebildet zu seyn glaubet, „als eine Art von Cristal oder als die „reinste Materie der Berge ansehen, welche aus dem Mittelpunkte hervorgeht, an„fänglich fliessend ist, und sich darauf in der Luft verhärtet.„

Die Insel Bering ist gegen Nordost auf vier bis fünf Werste weit mit von Felsen bedeckten Sandbänken umgeben, welche durch das Meer von der Insel selbst losgerissen zu seyn scheinen, deren Breite sie vermehren. Diese Felsen haben mit den Bergen einerley Schichten, und man nimmt zwischen ihnen Spuren von dem Laufe eines Flusses wahr. Unter diesen jähesten Felsen ist das Wasser niedrig, wider die allgemeine Beobachtung, welche die Tiefe des Wassers an den Ufern des Meeres fast allezeit der Erhebung der Küste gemäß findt. Was endlich am meisten beweist, wie stark der Ocean auf diese Insel arbeitet, ist, daß sie in weniger, als sechs Monaten, die Gestalt an einem Orte verändert hat, wo ein Berg in das Meer gefallen ist.

Die Insel Bering aber, welche an sich selbst merkwürdig ist, ist vielleicht durch diejenigen, die man in ihrer Gegend entdecket, eben so merkwürdig. Es sind eben so viele Zeichen und vielleicht Häven, welche die Natur auf den Weg von dem nordlichen Theile Asiens nach America gesetzet hat. Es ist also ziemlich sonderbar, daß unterdessen, da die Engländer und Franzosen um die Wette Inseln suchen, welche ihnen den Eingang in die neue Welt durch das Südmeer versichern, die Russen sich eine Reihe von Inseln eröffnen, welche sie durch das Nordmeer dahin führet. Wenn sich jemals dieses große feste Land durch die beyden kalten oder gemäßigten Erdgürtel bevölkert, alsdann so wird man die reichen Eroberer des heißen Erdstriches eben denen Reichsveränderungen ausgesetzet sehen, welche die mittäglichen Völker in Europa mehr als einmal auf unserer Halbkugel erfahren haben. Diese Umkehrung der Reiche und Nationen ist um so viel leichter in der Ferne der Jahrhunderte voraus zu sehen, weil die Russen stets Kinder der Hunnen seyn werden, und die Herren von Mexico und Brasilien nicht versprechen, Römer zu seyn.

Es sey aber mit der Zukunft, wie ihm wolle, wir wollen uns eines glücklichern Gegenwärtigen versichern, wenn nur der Fortgang der Schifffahrt wirklich der Fortgang der Glückseligkeit der Menschen ist. Die Russen, welche bis in die Insel Bering gegangen sind, sagen, man entdecke von der Spitze ihrer Gebirge zwey andere Eylande. Das eine gegen Mittag hat nur sieben Werste in Umkreise; das andere gegen Südwest enthält in einem Umfange von dreyen Wersten die beyden Felsen, welche sie ausmachen.

Zwo andere Inseln.

Die vierte Insel.

Gegen Norden von der Insel Bering, beynahe in eben der oder doch gleich laufenden Lage, ist eine Insel von achtzig bis hundert Wersten lang. Sie sind durch eine Straße von zwanzig Wersten gegen Nordwest und von ungefähr vierzig gegen Südost von einander abgesondert. Die Gebirge der leztren sind nicht so hoch, als der erstern ihre. Man findt darinnen, auf dreyzig Faden über die Höhe des Meeres, eine große Menge Baumstämme und ganze Gerippe von Seethieren, welche das Meer ohne Zweifel bey einer Ueberschwemmung dahin gebracht hat.

Die

Die Erde ist daselbst häufigen Erdbeben unterworfen, wovon einige, nach dem Berichte der Reisenden, sechs Minuten gedauret haben. Uebrigens ist die Himmelsluft dieser Insel viel rauher und schärfer, als die in Kamtschatka, weil sie entweder allen Winden ausgesetzet ist, oder auch, weil sie kein Holz hat. In den Thälern vor nehmlich sind die Wirbelwinde so stark, daß es nicht möglich ist, sich aufrecht zu erhalten. Wenn aber die Luft in dieser Insel kalt und unangenehm ist, so giebt die Erde daselbst im Ueberflusse mineralische, reine und für die Kranken sehr heilsame Wasser. Man zählet daselbst über sechzig Quellen, deren einige acht bis zehn Saschen breit und zwo tief sind. Diese Bäche, welche hurtig in das Meer fallen, erheben sich zuweilen bey großen Fluthen auf fünf Saschen hoch.

Einwohner in Kamtschatka.

Ihre Beschaffenheit.

Nach diesen Ausschweifungen in die benachbarten Inseln von Kamtschatka, entweder gegen Mittag oder gegen Morgen, muß man in diese Halbinsel wieder zurück kommen, um einen Blick auf das feste Land zu thun, woran sie hängt, und die Völker kennen zu lernen, welche sie umgeben. Von ihnen hat sie ihre Einwohner und Sprache, wenigstens zum Theile genommen. Ihnen hat sie ihre Sitten, ihre Meynungen und fast alles das zu danken, was sie mit den Nationen in Sibirien gemein hat.

Das III Capitel.

Von der Nation der Korjäken.

Seßhafte Korjäken. Herumschweifende Korjäken. Beyder Unterschied. Die letzten sind frey, stolz, eifersüchtig und rachgierig. Die seßhaften biethen den Gästen ihre Weiber an. Wohnung der Korjäken mit Rennthieren. Wozu sie ihre Heerden brauchen. Zauberer oder Schamane. Wie die Korjäken huldigen müssen.

Die Korjäken sind entweder Einwohner in Kamtschatka oder dessen Nachbarn. Die ersten, welche man seßhafte nennet, haben sich in dem ganzen obern Theile von Kamtschatka von dem Flusse Uka an der östlichen Küste bis an den Tigil an dem westlichen Meere niedergelassen. Der ganze Raum zwischen diesen beyden Spitzen bis an die Nachbarschaft des Anadirs ist mit Wohnplätzen dieses Volkes gleichsam besäet.

Seßhafte Korjäken.

Die andern Korjäken, welche den Kamtschadalen an Gesichtszügen und Sitten nicht so ähnlich sind, ziehen mit ihren Rennthieren mitten unter diesen angesessenen Völkern herum, und halten ihre Unternehmungen beynahe in eben den geographischen Gränzen, worinnen diese ihre Wohnplätze einschränken. Diese beyden Nationen aber, deren Ursprung vieleicht einerley ist, sind in der Gestalt, Lebensart, Gemüthsart und Meynungen unterschieden. Die herumziehenden Korjäken sind mager, wie ihre Rennthiere; sie haben ein eyrundes Gesicht, kleine Augen von dicken Augenbrauen überschattet, eine stumpfe Nase, und großen Mund. Sie sind viel kleiner und nicht so stark, als die seßhaften Korjäken. Diese, saget Krascheninnikow, sind viel handfe-

Herumschweifende Korjäken.

Beyder Unterschied.

Einwohner in Kamtschatka. ster und auch herzhafter. Indessen verachten doch die herumziehenden Korjäken die angesessenen als Sclaven. Besteht etwan die Freyheit nur im Herumschweifen? Nein: aber die Rennthierkorjäken sind reich in ihren Heerden; und die seßhaften bekommen ihre Kleider von ihnen. Die Natur hat die einen frey und die andern abhängig gemacht. Wenn ein Rennthierkorjäk zu den andern Korjäken kömmt, so laufen sie ihm alle entgegen. Man überhäufet ihn mit Geschenken; man erträgt seine Verachtung. Ueberall kriecht die Dürftigkeit und der Reichthum sieget. Nichts ist eitler, eingebildeter, als die Rennthierkorjäken. Der russische Philosoph verweist es ihnen, daß sie sich überreden, es sey kein glücklicher Leben auf der Welt, als ihres. Sie sagen, wie fast alle Wilde auf dem Erdboden, zu den handelnden Völkern in Europa: „Wenn ihr reicher wäret, als wir, so würdet ihr gewiß nicht so weit herkommen und „dasjenige suchen, was euch ohne Zweifel abgeht. Wir sind mit dem zufrieden, was „wir besitzen, und haben nicht nöthig, zu euch zu kommen.„ Diese Vernunftlehre aber ist für spitzfindige Geister, wie die Russen, zu einfach. Die Rennthierkorjäken treiben ihren Stolz bis in ihre Sittenlehre. Da sie eifersüchtig wegen ihrer Weiber sind, so tödten sie dieselben und ihre Liebhaber, wenn sie solche im Ehebruche antreffen, und oft auch, wenn sie dieselben nur im Verdachte einer Untreue haben. Alles machet ihnen Argwohn. Sie müssen säuisch seyn, aus Furcht, sie möchten ihre Männer aufbringen. Sie waschen sich niemals; sie kämmen ihre Haare niemals; sie malen sich niemals mit Roth. „Warum sollten sie sich schminken, sagen ihre Männer, wenn es nicht geschähe, andern „zu gefallen; weil wir sie ungeputzt lieben?„ Sie tragen auch ihren besten Putz unter abgetragenen und schmutzigen Kleidern.

Die letzten sind frey, stolz, eifersüchtig und rachgierig.

Die seßhaften biethen den Gästen ihre Weiber an.

Diese Gewohnheit ist um so viel mehr zu bewundern, weil die angesessenen Korjäken ganz entgegen gesetzte Sitten haben. Bey ihnen ist es eine Höflichkeit, einem Fremden seine Frau oder seine Tochter an zu biethen; und ein Schimpf, wenn man diese Anerbiethung ausschlägt. Ein angesessener Korjäk würde einen Menschen umbringen, welcher nicht seine Stelle in dem Ehebette hätte annehmen wollen; so wie ein herumziehender Korjäk denjenigen tödten würde, den er bey seiner Frau fände. Das Gute und das Böse in dieser Art kömmt auf Vergleiche an. Der seßhafte Korjäk verändert nur das Bette und die Frau mit dem Freunde, den er bey sich aufnimmt. Die Weiber ihrer Seits wenden auch alles an, diese gegenseitigen guten Dienste unter ihren Männern zu erhalten. Man sieht, daß sie sich mit ihren besten Kleidern putzen, sich mit Weiß und Roth malen.

Tschuktschi, eine Art Korjäken.

Die Tschuktschi, eine Art von stolzern und tapferern Korjäken, als die beyden andern Völker, würden, wie man saget, ohne die Russen den herumschweifenden Korjäken die Rennthiere nehmen und sie nöthigen, als Sclaven, von Wurzeln und Fischen zu leben, wie die angesessenen. Die Tschuktschi haben die gefälligsten Weiber. Sie sitzen ganz nackend in ihren Jurten auf ihren Fersen, aus einem Ueberreste von Schame, aber beschäfftiget, die schönen Figuren zu bewundern, welche sie sich auf dem ganzen Leibe gezeichnet haben. Sie sind über diese Zierrathen, welche sie nie verlassen und an ihrer Haut hängen, entzückter, als über reiche Kleider, welche ihnen fremd seyn würden.

Wohnung der Korjäken mit Rennthieren.

Die herumziehenden Korjäken wohnen überall, wo es Mooß für ihre Rennthiere giebt. Sie sind mit Schneewasser zu ihrem Getränke und mit grünen Stauden, sich zu wärmen, zufrieden. Ihre Jurten sind auch wegen des Rauches und der Feuchtigkeit, die ihr Feuer verursachet, welches die Erde aufdauen läßt, nicht zu bewohnen. Man sieht nichts durch diesen scharfen und beißen Dampf. Man verliert dabey die Augen zuweilen in einem Tage. Es ist aus der Erbauung ihrer Jurten selbst leicht zu urtheilen, daß diese Korjäken nicht seßhaft sind. Vier Pfähle mit Querbalken, die sie unterstützen, ein Heerd zwischen diesen Pfählen, wo die Hunde angebunden sind, machen ohne Decke und Verschlag die Wohnung dieses herumziehenden Volkes. Oft erhaschen die Hunde das Fleisch in den Töpfen, ungeachtet der Schläge mit dem Kochlöffel, welche ihnen die Weiber geben, wenn sie kochen. Sie sind nicht ekel. Man kochet das Fleisch mit der Haut, die noch alle ihre Haare hat. Es ist dazu noch von Rennthieren, die an einer Krankheit gestorben, oder dem Rachen des Wolfes entrissen sind, der sie erwürget hat. Ein Korjäk mag auch bis auf zehntausend Rennthiere in seiner Heerde haben; er wird doch nicht eins davon tödten, es zu speisen, wofern er nicht seinen Gast außerordentlich bewirthen will. Einwohner in Kamtschatka.

Man saget, es sey Menschlichkeit bey diesen Wilden, wenn sie das Leben derer Heerden in Ehren halten, welche ihren Trost durch den Gebrauch der Schlitten, und ihren Reichthum durch den Handel mit Häuten ausmachen. Die Korjäken warten, bis die Natur selbst diese Thiere hinreißt, den Menschen zu nähren. Sie verrichten nicht das Amt des Henkers bey ihren Wohlthätern. Sie essen lieber die andern Thiere, die sie auf der Jagd fangen, mit denen sie sich nicht in Gesellschaft der Arbeit und Dienste, der Mühe und Sorgen, eingelassen haben. Aber nein, nicht die Menschlichkeit, sondern die Noth leitet die Korjäken bey ihrem Betragen gegen die Rennthiere; weil sie dieselben, ehe sie solche zum Ziehen gewöhnen, entmannen, indem sie ihnen die Samenadern durch und durch stechen, ohne daß sie ihnen die Hoden ausreissen. Die zahlreichen Heerden Rennthiere dienen den Korjäken zum Tauschen oder Handeln, ihnen Pelzwerk zu verschaffen, und alles das, was sie von Natur nöthig haben, ohne daß sie ihm abhelfen können. Sie leben mit ihren Rennthieren vertraut. Diese Thiere verstehen den Sinn aller Zurufungen derer Hirten, die sie hüten, sehr wohl. Die Korjäken entdecken gleich auf einen Blick, ohne daß sie zählen können, wenn ihnen ein Rennthier unter vielen tausenden fehlet, und werden so gar sagen, von was für Farbe das verirrte Thier ist. Wozu sie ihre Heerden brauchen.

Diese herumschweifenden Völker sind in der Religion eben so unwissend, als die Kamtschadalen. Ein Haupt oder Fürst unter den Korjäken, saget Kraschenninikow, mit dem ich um zu gehen Gelegenheit hatte, hatte nicht den geringsten Begriff von der Gottheit. Indessen haben sie doch viele Verehrung für die Geister, weil sie dieselben fürchten. Sie opfern so gar Hunde und Rennthiere, ohne daß sie wissen, wem sie solche opfern, und begnügen sich nur, dabey zu sagen: Wasu koing, Jaknilalugangeva: „das ist für dich: aber schicke uns auch etwas.“ Ist dieß der unbekannte Gott der Athenienser? Hat die Furcht oder der Eigennutzen seinen Dienst gestiftet?

Wenn die Korjäken über Flüsse oder Gebirge gehen sollen, welche sie von bösen Geistern bewohnet zu seyn glauben, so tödten sie ein Rennthier, dessen Fleisch sie essen. Darauf heften sie den Kopf und die Knochen desselben an eine Stange, und stecken solche gegen den Aufenthalt dieser Geister. Die herumziehenden oder seßhaften Korjäken haben Priester oder Zauberer, welche Aerzte sind, und vorgeben, daß sie die Krank-

 heiten

Einwohner in Kamtschatka.

heiten heilen, wenn sie eine Art von einer kleinen Trummel rühren. „Uebrigens, saget der russische Verfasser, ist es etwas erstaunliches, daß es keine Nation giebt, wie „wild und barbarisch sie auch seyn mag, bey der die Priester nicht viel geschickter, feiner und verschlagener sind, als das übrige Volk.“ Was ist doch bey einer so gemeinen Sache wohl sonderbares? Und warum will man eine für die wilden Nationen schimpfliche Ausnahme oder Einschränkung bey einer allgemeinen Regel machen?

Zauberer oder Schamane.

Die Zauberer oder Schamane, wovon man hier redet, machen den Leuten weiß, die Geister erscheinen ihnen, bald aus dem Meere, bald aus den Feuer speyenden Bergen; und plagen sie in den Träumen. Zuweilen stellen sie sich, als ob sie sich in Gegenwart des Volkes in den Bauch stächen. Das Blut fließt mit großen Tropfen; sie lecken die Finger davon ab; darauf stillen sie es und verbinden die Wunde mit magischen Kräutern und Beschwörungen. Diese Wunde aber ist nur eine durchgestoßene Blase, und das Blut ist nur von Seehunden. Man brauchet wenigstens diesen Schein des Wunderbaren, ein grobes Volk zu betriegen, welches nichts von den geheimnißvollen Lehren weis, welche die indischen und ägyptischen Magi schon vorlängst als einen Zusatz zu der Marktschreyerey erfunden haben. Die Wirkung dieser Erfindung ist um desto unfehlbarer, da die Vernunft allein das Blendwerk zerreissen kann, und die Sinne keine Zeugen noch Richter davon sind.

Die Rennthierkorjäken haben keine Feste, vieleicht aus der Ursache, weil sie keine Behausung haben. Denn die angesessenen Korjäken feyren alle Jahr ein Fest von einem Monate; während dessen sie sich in ihre Wohnungen ohne Arbeit einschliessen, und die Zeit damit zubringen, daß sie einander bewirthen und sich lustig machen.

Die herumziehenden Korjäken, welche ohne Zweifel wilder sind, als die angesessenen, theilen das Jahr nur in vier Jahreszeiten, unterscheiden die Winde nur nach den vier Hauptgegenden. Der große Bär ist für sie das wilde Rennthier; die Plejaden sind das Entennest; Jupiter ist der rothe Pfeil; die Milchstraße ist der Fluß voller Kiesel. Ein jedes Volk findet durch die Einbildungskraft das am Himmel wieder, was seine Augen auf Erden sehen.

Die Entfernungen werden bey den Korjäken nach Tagereisen gemessen; und die Tagereisen verändern sich von dreyßig bis funfzig Werste Weges.

Wie die Korjäken huldigen müssen.

Vor der Ankunft der Russen wußten die Korjäken nicht, was es hieße, den Eid der Treue leisten. Endlich aber hat man ihnen diesen Begriff durch sehr nachdrückliche Zeichen beygebracht. „Die Cosaken halten ihnen, anstatt sie auf dem Kreuze oder „Evangelienbuche schwören zu lassen, den Flintenlauf vor, und geben ihnen zu verstehen, derjenige, welcher seinem Eide nicht treu seyn, oder sich weigern werde, ihn zu „leisten, werde der Kugel nicht entgehen, die gleich bereit sey, ihn zu strafen.“ Diese Methode brauchet man auch, zweifelhafte und verwirrte Händel zu schlichten. Die Flintenkugeln entscheiden also die Processe bey den Korjäken; wie die Stückkugeln die Zwistigkeiten unter den Königen ausmachen. Derjenige, welcher sich fürchtet, hat Unrecht. Indessen haben doch die Korjäken einen großen Eid, welcher in diesen Worten bestehet: Jumokon, Keim, Merinnwtik. „Ja, gewiß, ich lüge dir nicht.“

Die Korjäken haben eine Art, Besuch an zu nehmen, welche der Kurilen ihrer ganz entgegen gesetzet ist. Derjenige, welcher dergleichen Pflicht abstatten will, (denn es ist ohne Zweifel eine,) bleibt, nachdem er seine Rennthiere abgespannet hat, auf seinem

seinem Schlitten sitzen und erwartet, daß man ihn hineinführe, als wenn es eine Audienz wäre. Die Hausfrau saget zu ihm: Elko; „der Herr ist zu Hause.“ Dieser sitzt an seinem Orte und saget zu dem Fremden: Kojon, d. i. Komm her. Darauf zeiget er ihm den Ort, wo er sich setzen soll, und saget zu ihm: Katvagan; „setze „dich.“ Uebrigens bewirthet man ihn, zwingt ihn aber nicht zum Essen. Einwohner in Kamtschatka.

Diese Sitten sind nicht ohne Wahrscheinlichkeit. Ist es aber auch wohl glaublich, daß sich die Korjäken, wie man saget, den Mord erlauben, weil sie keinen Begriff von den Strafen des andern Lebens haben; unterdessen daß die Bestrafung des Mörders auf alle Anverwandten des Getödteten ankömmt, dessen Blut stets um Rache schreyt? Ist es wohl ausgemacht, daß der Diebstahl bey allen diesen wilden Nationen, die Kamtschadalen ausgenommen, nicht allein erlaubet, sondern auch preiswürdig sey, wenn nur der Dieb nicht die Ungerechtigkeit begeht und seine Familie bestiehlt, oder so ungeschickt ist, daß er sich auf der That ertappen läßt? Ist es vornehmlich wohl wahr, daß ein Mägdchen einen Mann nicht heurathen kann, ehe er Proben von seiner Geschicklichkeit zu Stehlen gegeben hat? Gleichwohl saget man das von den Tschuktschi. Sie sind zwar herumschweifende und räuberische Völker, die vom Plündern leben, wie gewisse Araber und viele Tatarn: es ist aber ein Unterschied unter den zerstörenden Sitten, die aus dem Bedürfnisse vor dem Zustande der Policey und aus solchen Grundsätzen entstehen, die in einem Zustande der Gesellschaft ausgemacht und angenommen sind. Man muß das dürftige und armselige Leben einiger nordischen Wilden, welche nichts zu einer Gemeine verbindt, nicht mit der aus Gründen gemachten Einrichtung der Spartaner vermengen, welche das Gemeinschaft nenneten, was wir Eigenthum nennen; das freyen Genuß eines öffentlichen Gutes hießen, was wir Diebstahl eines besondern Gutes heißen.

Wenn die Korjäken nicht die Gemeinschaft der Weiber angenommen haben, so lieben sie doch wenigstens die Vielweiberey, und nehmen, wenn sie reich sind, zwey bis drey Weiber, welche sie an besondern Orten mit den Heerden Rennthieren unterhalten, die sie ihnen geben. Sie haben auch zuweilen Kebsweiber: sie sind aber unter dem schimpflichen Namen Kaien in Unehren. Eine sehr sonderbare Gewohnheit, welche der Aberglauben bey den angesessenen Korjäken ausgebreitet hat, ist, daß sie in ihrem Ehebette den zweyten Platz Steinen geben, welche sie, wie Weiber, ankleiden und lieb haben. Ein Einwohner zu Ukinka, saget Kraschenninnikow, hatte zween solche Steine; einen großen, den er seine Frau nannte, und einen kleinen, den er seinen Sohn hieß. Ich fragete ihn um die Ursache dieses seltsamen Sonderbaren. Er sagete zu mir, eines Males zu einer Zeit, da sein ganzer Leib voller Blasen gewesen wäre, hätte er seinen großen Stein an dem Ufer eines Flusses gefunden. Da er ihn nun hätte nehmen wollen, so hätte ihn solcher angeblasen, wie es ein Mensch hätte thun können; und vor Furcht hätte er ihn also in den Fluß geworfen. Von diesem Augenblicke an wäre sein Uebel ärger geworden, bis er nach Verlaufe eines Jahres, da er seinen Stein an dem Orte wieder gesuchet, wo er ihn hingeworfen, erstaunet wäre, daß er ihn in einiger Entfernung von eben diesem Orte auf einem großen breiten Steine mit einem andern kleinen neben ihm wieder gefunden hätte. Er nahm die beyden, welche beysammen waren, trug sie in seine Wohnung, bekleidete sie, und bald darnach hörete seine Krankheit auf. „Von dieser Zeit an, sagete er, trage ich den

Einwohner in Kamtschatka.

„kleinen Stein stets bey mir, so wohl auf der Jagd; als auf Reisen; und ich liebe „meine steinerne Frau mehr, als meine rechte Gattinn.“ So ist das Werk des Aberglaubens, daß er einen Stein demjenigen, was man am liebsten hat, seiner Frau, seinen Kindern, vorziehen läßt.

Die Weiber der Korjäken lassen ihre Kinder zwey bis drey Jahre saugen, und gewöhnen sie darauf zum Fleische. Man übet sie von den zartesten Jahren an zur Beschwerlichkeit, zur Arbeit. Sie suchen Holz und Wasser sehr weit; sie tragen Lasten; sie hüten die Rennthiere. Die Kinder reicher Leute haben, so bald sie geboren werden, einige von diesen Thieren, die man ihnen zur Erbschaft bestimmet: sie genießen deren aber nicht vor ihrem reifen Alter. Die liebsten Rennthiere folgen ihrem Herrn bis zum Grabe, d. i. zum Scheiterhaufen; und unterdessen, daß man den Leichnam des Todten mit seinem Gewehre und dem Geräthe, dessen er sich bedienete, verbrennet, schlachtet man seine ihm zugetheileten Rennthiere, damit man das Fleisch derselben esse und das Uebrige in das Feuer werfe. Darauf nimmt man alle Hörner der gestorbenen Rennthiere, die man das Jahr über gesammlet hat; man gräbt sie in die Erde bey dem Scheiterhaufen. „Der Schaman oder Priester schicket sie dem Todten, als „wenn es eine Heerde Rennthiere wäre. Wenn die Leichenbegleiter wieder nach Hau„se gehen, sich zu reinigen, so gehen sie zwischen zwoen Gerten hindurch;“ und der Priester, welcher bey diesen geheimnißvollen Gerten steht, schlägt alle diejenigen, welche vorbey gehen, mit einer kleinen Ruthe, wobey er magische Worte ausspricht, damit die Todten die Lebenden nicht sterben lassen.

Dieß sind die traurigen Gebräuche der Korjäken, die kindischen und finstern Begriffe, womit man ihre Einbildungskraft unterhält, um die unbändigen Kräfte ihres Leibes durch die Schwäche ihres Geistes zu bemeistern. Die Einbildungskraft ist bey den Menschen das, was die Hörner bey dem Stiere sind; mit diesen wirft er alles um: dadurch aber hält man ihn unter das Joch.

Einwohner in Kamtschatka.

Das IV Capitel.

Von der Sprache und den Mundarten der Kamtschadalen, Korjäken und Kurilen.

Nutzen der Wörterverzeichnisse wilder Sprachen. Namen, welche die Kamtschadalen den Russen geben. Wie die Russen die kamtschadalischen Namen verstellen. Charakter der drey kamtschadalischen Sprachen. Namen, welche die Kamtschadalen den Monaten geben. Namen der Winde. Wörterverzeichniß der Sprachen in Kamtschatka. Betrachtungen darüber. Anmerkungen über die Sprache der Kurilen. Vergleichung unter den Sprachen der wilden Insulaner. Beobachtungen über die kamtschadalische Sprache. Aehnlichkeit ihrer Wörter mit den englischen. Frage wegen der Ursache derselben. Ursache der Verschiedenheit der Namen einerley Gegenstandes.

Ob man gleich eine sehr unvollkommene Kenntniß von der Sprache der Kamtschadalen hat, welche ohne Zweifel von aller Völker, ihrer Nachbarn auf dem festen Lande oder in den kurilischen Inseln, ihrer etwas annimmt: so ist es doch nöthig, das Wenige, welches man davon weis, an zu führen, damit man einige Spuren des Ursprunges derer Nationen darinnen suche, welche sie redet. Aus der Verwandtschaft dieser Sprache mit der sibirischen oder kurilischen kann man erkennen, was die Halbinsel für Verbindung mit den Nationen aus dem Lande oder von der See gehabt hat; wie weit ihre Bevölkerung aus einer Vermischung ursprünglich fremder Völker entstanden und angewachsen ist. Wenn man darinnen chinesische oder japonische, tatarische, oder auch americanische Wörter entdecket, es mögen nun Stammwörter oder abgeleitete seyn: so wird man vielleicht den Faden der Herkunft oder der Wanderung dieser Völker, durch die verschiedenen Zweige ihrer Sprache, ergreifen.

Nutzen der Wörterverzeichnisse wilder Sprachen.

Einige Wörterverzeichnisse der wildesten und entferntesten Sprachen, es sey nun in Ansehung der Himmelsgegend, oder der Gestalt und des Klanges, können ein großes Licht über diesen dunkeln Zweig der Wissenschaften ausbreiten, welcher am ersten angebauet und am letzten ergründet worden; weil man lange Zeit die Früchte genutzet hat, ohne auf den Baum Acht zu geben. Dergleichen Wörterverzeichnisse müssen die Ausführung des Anschlages eines allgemeinen Archäologus erleichtern. Ein so schöner Anschlag ist von großen Weltweisen nicht so wohl ersonnen, als vielmehr gewünschet worden: endlich aber hat ihn der Verfasser des Mechanismus der Sprachen gefaßt und zur Reife gebracht. Das Verdienst dieses Werkes ist für unser Jahrhundert vielleicht noch zu frühzeitig, und wird unsern Enkeln nur desto nützlicher und angenehmer seyn. Diese Archäologie wird, wenn man sie ausführet, die Frucht der Reisen seyn; und die Sammlung, welche man hier von diesem wichtigen Theile der Historie fortsetzet, wird ohne Zweifel etwas beytragen, einen Entwurf wirklich zu machen, welcher dem menschlichen Geiste so anständig, und seine Kenntnisse zu erweitern und vollkommen zu machen so fähig ist.

Wenn

Einwohner in Kamtschatka.

Wenn man ein Verzeichniß der vornehmsten Wörter einer jeden Sprache, d. i. solcher Wörter, welche die allen Menschen gemeinen Sachen anzeigen, besitzen wird: alsdann wird es viel leichter seyn, die Wurzeln vieler Mundarten zu finden, und die Muttersprache gewisser Himmelsgegenden zu entdecken. Man wird in einem jeden Lande die Wörter, welche darinnen so zu sagen aus der Erde selbst und aus ihren eigenen Früchten hervorgebracht worden, von denjenigen unterscheiden, welche mit den Wanderungen fremder Völker, sie mögen nun Sieger oder Flüchtlinge seyn, dahin gekommen sind. Man wird bald die Vermischung und Veränderung zwoer Sprachen, woraus sich eine dritte gebildet hat, und bald die Zergliederung und Zertheilung einer einzigen Sprache in viele Mundarten, erkennen. Man wird sehen, daß der menschliche Geist in dieser Art nicht so fruchtbar, nicht so erfindsam ist, als man vermuthet; und vielleicht wird man die Macht der Natur dabey desto mehr bewundern, welche den Menschen bey Ertheilung der Gesetze einiger Maßen die Namen vorschreibt, indem sie ihnen die Sachen giebt. Endlich so wird man die unfehlbare und beständige Regel entdecken, welcher der Mensch folget, er mag nun eine Sprache erschaffen, oder sie verunstalten, oder gut oder schlecht ändern und einrichten. Man wird seinen allgemeinen Gang bey Benennung der sinnlichen Wesen entdecken, die er fast immer durch das Geräusch, die Farbe, und die Bewegung, die ihnen besonders eigen sind, durch einige herrschende Wirkung der Eigenschaft, welche ihr Hauptverhältniß mit unsern Werkzeugen ausmachet, bezeichnet. Man wird die Verirrungen und Fortgänge der Einbildungskraft bey der Benennung geistiger Sachen entdecken, die an sich selbst nur verschiedene Verhältnisse physikalischer Sachen entweder unter sich selbst oder mit uns sind.

Diese allgemeinen Begriffe führen uns zu besondern Betrachtungen, welche aus der Natur derer Sprachen genommen sind, wovon in diesem Capitel gehandelt wird. „Die Kamtschadalen, saget Herr Steller, haben die Gewohnheit, daß sie einer jeden „Sache einen Namen geben, welcher seine Eigenschaft anzeiget; und alsdann haben „sie nur auf einige Aehnlichkeit des Namens und auf die Wirkungen der Sachen Acht.„ Auf solche Art haben sie die Russen Brischtatin oder Feuerleute genannt, weil sie Feuergewehr führen. Diese Benennung schien ihnen um so viel richtiger zu seyn, weil sie den Gebrauch und die Wirkungen dieses Gewehres nicht kannten, und glaubeten, das Feuer würde von dem Hauche der Russen und nicht von der Flinte hervorgebracht. Nach eben dieser Aehnlichkeit nennen sie das Brod Brischtatinaugtsch, d. i. die Wurzel oder Sarana der Leute, welche Feuer speyen. Wenn sie eine Sache nicht genug kennen, einen füglichen oder ihren Eigenschaften ähnlichen Namen für sie zu finden, so leihen sie einen Namen aus irgend einer fremden Sprache, ohne sich eben sehr darum zu bekümmern, ob solcher der rechte Namen desjenigen ist, was sie bezeichnen wollen. „Sie nennen zum Beyspiele einen Priester Bogbog, vermuthlich „deswegen, weil sie ihn oft das Wort Bog aussprechen hören, welches Gott bedeu„tet.„ Uebrigens würde es nicht das erste Mal seyn, daß man den Priester mit der Gottheit nicht allein in dem Namen, sondern auch in der Verehrung selbst vermenget hätte. Ueberhaupt suchen die Kamtschadalen, wie alle Völker, sie mögen wild oder gesittet seyn, wenn sie den Namen einer fremden Sache nicht wissen, einen in ihrer eigenen Sprache; und wenn sie eine in die Augen fallende Aehnlichkeit von irgend einer

Namen, welche die Kamtschadalen den Russen geben.

Kraft oder sinnlichen Eigenschaft unter zweyen Wesen von einer sehr verschiedenen Natur finden, so werden sie nicht ermangeln, ihr eben den Namen zu geben. Sie nennen also einen Diaconus Kianguitsch. Dieß ist der Namen einer Meerente, die wie ein Diaconus singt, wie sie sagen. Zuweilen geben sie einem Menschen den Namen einer Sache, die er am besten machet oder am meisten thut. So nannten sie zum Beyspiele einen Oberstlieutenant, welcher viele Kamtschadalen hatte hängen lassen, Jkaschiaschak, den Aufhänger.

Einwohner in Kamtschatka.

Wenn aber die Wilden die Begriffe und Namen der Russen verderben oder verunstalten, so geben ihnen diese solches mit Wucher wieder. „Man muß anmerken, „saget Kraschenninikow, daß wir keine von diesen Nationen mit ihren eigenen Na„men benennen, und daß wir uns am öftersten desjenigen bedienen, der ihnen von ih„ren Nachbarn gegeben wird, welche vorher von den Russen unterwürfig gemacht „worden.„ Diese haben den Namen Kamtschadalen von dem korjäkischen Worte Kontschala genommen, welches von Koorsch-at kömmt; und den Namen der Kurilen von dem kamtschadalischen Worte Kuschi. Man sieht, wie sehr diese fremden Namen in dem Munde der Russen noch ausarten, welche sie nach ihrer Aussprache und nach der Eigenschaft ihrer Sprache bequem machen wollen. Wenn sie also aus dem Worte Outu, welches eine Ente bedeutet, das Wort Utka gemacht haben, so sieht man wohl, wie weit eine fremde Endung ein Wort auf einmal von seiner ursprünglichen Gestalt entfernet. Was für Sanftes in dem Stammworte! was für Rauhes in dem Abgeleiteten! Die Verheurathung eines Russen mit einer Spanierinn würde kein so seltsam ungleiches Kind hervorbringen. Wie die Kamtschadalen einen russischen Priester Bogbog nennen, weil er das Wort Bog oftmals wiederholet, eben so nannten die Cosaken ein Volk, welches oft das Wort Kora, ein Rennthier, aussprach, Koriäken. Es war natürlich, diejenige Nation, welche ihren Reichthum und ihre Glückseligkeit auf ihre Heerden Rennthiere setzet, Rennthiervolk zu nennen.

Wie die Russen die kamtschadalischen Namen verunstalten.

Die Einwohner in Kamtschatka haben drey Sprachen, die kamtschadalische, die korjäkische und kurilische; und eine jede dieser Sprachen hat zwo bis drey Mundarten. „Die Kamtschadalen reden halb aus dem Halse, halb mit dem Munde. Ihre Aus„sprache ist langsam, beschwerlich, schwer und mit verschiedenen sonderbaren Bewe„gungen des Leibes begleitet. Die Korjäken reden mit Schwierigkeit aus dem Halse, „gleichsam schreyend. Die Wörter ihrer Sprache sind lang, und die Syllben kurz.„ Ihre Wörter fangen sich beständig mit zweenen Lautbuchstaben an, und endigen sich auch damit; wie man in Uemkai, ein junges ungezähmtes Rennthier, sieht. „Die „Kurilen sprechen langsam, auf eine deutliche, freye und angenehme Art. Die Wör„ter ihrer Sprache sind sanft, und es kommen nicht gar zu häufige Mitlauter oder „Selbstlauter zusammen.„ Der Verfasser dieser Beobachtungen füget noch Verhältnisse unter den Sitten und Sprachen dieser wilden Nationen hinzu. Allein, diese Verhältnisse sind nicht bemerket genug, noch umständlich genug angegeben, als daß man sich dabey aufhalten könnte. Wir wollen andern sonderbaren und wichtigern Beobachtungen wegen der Sprache folgen. Man wird sie von Dingen entstehen und fast alles von der Natur und nicht von willkührlichen Verabredungen hernehmen sehen.

Character der drey kamtschadalischen Sprachen.

Diese Völker haben verschiedene Arten, das Jahr ein zu theilen, und die Monate zu benennen. Einige theilen das Sonnenjahr in zwey Jahre, welche der Winter

Einwohner in Kamtschatka.

und Sommer sind. Der eine fängt im Windmonate und der andere im Maye an. Einige theilen das Jahr in vier Jahreszeiten, deren Anfang und Ende aber man noch nicht bestimmet hat. Indessen haben sie doch eine Art, die Jahre zu zählen, nämlich durch die Anzahl der Götzen, welche sie Chantai nennen. Es sind kleine hölzerne Figuren, in Gestalt der Sirenen geschnitten. Wenn sie eine Jurte gebauet haben, so setzen sie eine von diesen Figuren neben dem Heerde. Alle Jahre bey ihrem Reinigungsfeste machen sie eine neue, welche sie neben den alten setzen. So viele Götzen nun, so viele Jahre seit Erbauung der Jurte.

Namen, welche die Kamtschadalen den Monaten geben.

Ueberhaupt, saget Herr Steller, richtet der Lauf des Mondes die Dauer eines jeden Jahres ein; und der Zwischenraum zwischen dem einen bis zum andern setzet die Anzahl der Monate fest. Indessen saget man doch anderswo, ihr Jahr sey von zehn Monaten, deren einige länger, andere kürzer sind; weil sie in ihrer Abtheilung dieser Monate keine Acht auf den Lauf der Gestirne, sondern auf die Beschaffenheit ihrer Arbeiten haben. Steller saget noch, „sie nehmen zum Grunde der Eintheilung des „Jahres die Wirkungen der Natur auf Erden.„ Es scheint, daß dieses beydes sie auch bey Benennung der zehn Monate leite, welche ihr Jahr ausmachen. Sie nennen den Monat der größen Kälte, den Mond, der die Aexte bricht; die heißeste Zeit, den Mond der langen Tage, weil sie ohne Zweifel von diesem Umstande des Sommers mehr gerühret, als von seiner Hitze beschweret werden. In einer Gegend von Kamtschatka hat man den rothen Fischmond, den weissen Fischmond; weil in diesen Monaten solche Fische aus den Flüssen wieder zurückkehren, und einen reichen Fischfang geben. In einer andern Gegend hat man den Seehundsmond, den Hausrennthiermond, den wilden Rennthiermond. Dieß sind die Monate, worinnen diese Thiere ihre Jungen bringen. Außerdem heißt der May Tava-Koatsch, Rallenmond. Tava ist der Namen des Vogels, den die Naturkündiger Ralle nennen; und Koatsch, welches den Mond und die Sonne bedeutet, ist das allgemeine Wort der Monate. Unser Brachmonat heißt also Kua-Koatsch, der Kukuksmond; der Weinmonat Pikis-Koatsch, Kibitzmond; der April Masgal-Koatsch, Bachstelzenmond. Die meisten bezeichnen unsern Herbstmonat durch einen Namen, welcher das Abfallen der Blätter bedeutet. Fast alle haben den Monat der Feblerreinigung. Dieß ist der einzige, welchen der Aberglauben benennet hat. Die südlichen Kamtschadalen nennen den Jänner Sisa-Koatsch, d. i. rühre mich nicht an. Sie schöpfen alsdann aus Furcht, sie möchten sich die Lippen erfrieren, wenn sie aus dem Flusse tränken, das Wasser in Widderhörner oder Gefäße von Baumrinden.

Uebrigens kennen sie die Wochen nicht, und haben keine Namen, die Tage zu unterscheiden oder zu zählen. Die außerordentlichen Begebenheiten dienen ihnen zu Denkzeiten, etwas darnach zu bestimmen. Sie haben weder Schriftzüge noch hieroglyphische Figuren. Alle ihre Kenntnisse werden durch eine mündliche Sage fortgepflanzet, die stets viel verdächtiger ist, als Denkmaale.

Namen, die sie den Winden geben.

Die Kamtschadalen gegen Norden über Kamtschatka nennen den Ostwind Kuncuschkt, das ist, Seewind; den Westwind Kemschkt, Landwind; den Nordwind Tinguilschkt, d. i. kalter Wind; den Südwest Guingui Kemschkt, d. i. Weiberwitterung, weil bey diesem Regenwinde der Himmel wie ein Weib weinet. Die Kamtschadalen bezeichnen also, wie alle ursprüngliche Völker, die Sachen nur durch

die

Einwohner in Kamtschatka.

die Verhältnisse, die sie mit ihnen oder auch bloß unter sich selbst haben. Zur Unterscheidung der Winde bemerken sie ihre Hauptwirkungen, und verbinden mit einem jeden den Begriff der Empfindung, welche sie erfahren, oder des zufälligen Umstandes, welcher sie am meisten rühret. Wenn man die Entstehung aller ersten Namen einer jeden ursprünglichen Sprache aufsuchete, so würde man stets finden, daß es die Natur und nicht der ungefähre Zufall ist, welcher die Menschen bey der Bildung der Wörter geleitet hat. Die nordlichen Korjäken nennen den Wind Kitrischk, und die Einwohner der Insel Karag Gischchischatschgan. Man wird in dem Baue dieser Sylben einen Vorsatz gewahr, dem Geräusche der Winde nach zu ahmen. Wenn diese Völker die Stellung der Winde haben bezeichnen wollen, so haben sie die Sylbe, welche das Geräusch des Windes am besten ausdrückete, zu dem vorstellenden Worte hinzu gesetzet, welches seine Stellung bemerkete. Dieß ist der Gang des menschlichen Geistes bey der Bildung der Sprachen. Es ist leicht, einen neuen Beweis davon in folgendem Wörterverzeichnisse zu finden.

Wörterverzeichniß der Sprache in Kamtschatka und den kurilischen Inseln.

	Mundarten der Kamtschadalen.	Mundarten der Korjäken.	Mundarten der Kurilen.
Gott.	Kut, Kutkai, Kutcha.	Angan, Kooikinlachu.	Kamui.
Teufel.	Kana, Tkana.	Kalakaitkcriga, Ochekana, Nimsit.	Uin Kamui.
Der Himmel.	Kogal, Kochal, Keiß.	Jiagan, Chain, Schilken.	Niß.
Die Sonne	Galen-Kuletsch, Kutsche, Latsch.	Tiiriku, Kulcatsch, Schagalch.	Tschuppu.
Der Mond.	Guingan-Kulersch, Koatsch, Laalgin.	Geikgen.	Tschuppu.
Der Stern.	Ejengin, Aschangit, Agajin.	Leliapieschan, Ejeniesch.	Keta.
Der Tag.	Taaje, Kusgal, Kulchalla.	Galui, Teluchtat.	Ta.
Die Nacht.	Kunuuk, Kulkua, Kunku.	Nekinik, Dikuil, Tenkiri	Sirkunne.
Die Wolken.	Gurengur, Uischaa, Miija.	Gingai, Cherschaun, Schamkajon.	Uurar.
Der Regen.	Tschuchtschuk, Tschahtschu.	Kuinuchatu, Etschkutsch.	Sirugen.
Der Schnee.	Korel, Kolaal.	Kalárig, Pangulkischa.	Upach.
Der Donner.	Kichkig, Kichschigina.	Kigala, Kukigilaati.	Um.
Die Erde.	Scheme, seme.	Nuteiekan, Vischime, Nutenitt.	Kotan.
Gebirge.	Eel, Namud, Aala.	Nain, Enjaiken, Nischankoß.	Ogur.
Das Holz.	Uud, Oode, Lagilan.	Uerukan, Jgußlin.	Ni.
Der Baum.	Ua, Oo, Uu.	Uterpel, Jguse.	Janeurasni.
Das Feuer.	Brumitsch, Panguiitsch.	Miligan, Bulgimiltsch, Milchanul.	Api.
Der Rauch.	Gajingaje, Ngarangatsch, Ngatschege.	Jpiit, Kongalat, Tgatka.	Sinponia.
Das Wasser.	Ajam, Ji.	Mimel.	Pi.
Das Meer.	Keiaga, Ningel.	Ankan, Ejegn, Ninvigen.	Atuika.
Der See.	Corro, Kschu, Kulchona.	Girtigin, Kolch, Gutsch.	To.
Der Fluß.	Kig, Kiga.	Uеem.	Pet.
Der Sand.	Buijime, Kaschems, Simijimtsch.	Geitschaam.	Ota.
Der Kiesel.	Kual, Uvatschu, Uatsch.	Guigun.	Poina.
Der Mensch.	Kroschschinga, Uschkamja.	Uinragula, Kelgola.	Ainu.
Der Mann.	Kengisch, Elku, Kanjan.	Chiniakutsch, Jnchelnchilsch.	Kakaiu.
Der Vater.	Jpip, Apaisch, Jschch.	Empie, Ep, Papa.	Mitschi.
Der Knabe.	Paaschitsch, Pratschitsch, Nanatscha.	Kaiakapil, Kogamnachankatsch.	Pumpu.

Einwohner in Kamtschatka.	Mundarten der Kamtschadalen.	Mundarten der Korjäken.	Mundarten der Kurilen.
Die Frau.	Tschichengursch, Nghingirsch, Igirsch.	Negnen, Nisnichsch.	Kmagschi.
Die Mutter.	Angnau, Aalgarsch, Laakschcha.	Ella, Jlia, Elli.	Napu.
Die Tochter.	Tschichuatschursch, Uchrschumachsicha.	Jgavakig, Gusiknkn.	Apemmarikis.
Der Kopf.	Chabel, Tschischa, Krchin.	Leut, Kolitsch, Teunakal.	Paop.
Die Augen.	Eled, Nannin, Lella.	Ellija.	Sik.
Die Ohren.	Jlind, Jgniad, Jlla.	Vilingi, Flinft.	Kisar.
Die Nase.	Kaiako, Kaiki, Kaiakan.	Enigittam, Eiku.	Etu.
Die Lippen.	Schakschi, Kissa, Keschcha.	Namilkalugen, Kumoom.	Tschaapih.
Der Mund.	Telnn, Tochoda, Tschanna.	Jkiingen, Schakscha.	Tschar.
Die Zunge.	Ditschil, Etschella.	Giigei, Lakscha.	Achn.
Die Backen.	Nan, Naad, Ckoandda.	Walkalei, Elpu, Linchliwchuse.	[illegible]
Die Schamglieder bey dem Manne.	Kallaka.	Alka.	Tschi.
Die bey der Frau.	Koipion, Kuppan.	Pennen, Nata.	Tschi.
Die Beine.	Karkhein, Tschknada.	Giikat, Chrkase.	Kema.
Jurte, oder Wohnung unter der Erde.	Kist, Kischit.	Jaiainga, Schischrin.	Tsche.
Ein Bogen.	Jrcher, Tchchrch, Tchastchn.	Jgit, Jchr.	Ku.
Ein Pfeil.	Kag, Kacha, Kalch.	Makim, Makma.	Akki.
Ein Kahn.	Tarcham, Tachtim, Tatchtoma.	Atrwut, Kotchim.	Tschip.
Ein Schlitten.	Schischken, Caaschan; Schchlick.	Uerik, Schischid, Garchi.	Schkeni.
Die Art.	Koaschu, Kuaschua.	Aal.	Ukar.
Ein Messer.		Nala, Walawat.	Epira.
Das Eisen.		Pilgunten, Walatsch.	Kaani.
Die Mütze.	Falalursch, Pachal.	Penke, Galalintsch, Kekam.	Konschi.
Das Kleid.	Koabege, Tangak, Kapchatsch.	Manigitscham, Kukhanka.	Ur.
Die Beschuhung.	Tschilken, Siamm, Schkun.	Plakn.	Kir.
Weiß.	Gilkalo, Atrich, Atchala.	Nilgakin.	Nerakdox
Schwarz.	Drelu, Tiggan, Kegala.	Noukin, Lijarlung, Lwulklek.	Lenrokd.
Roth.	Tscharschal, Tschean.	Nitschitschakin, Lischamff.	Uratilfirin.
Grün.	Dulkarallo, Nuchuzannu.	Aylelia, Nolnteliae, Jchtschirschi.	Teuninna.
Groß.	Tollo, Chirschin, Pellaga.	Nemeiankin, Kmchollnu, Lukaklin.	Porogo.
Klein.	Dinelu, Tschnnguiong, Niaukula.	Lpyulnkin, Kuawkalun.	Moioga.
Hoch.	Daschelu, Kuun, Kingilla.	Nenengelochen, Ninlakin, Lichtorlan.	Triuwa.
Heiß.	Nomla, Kikang, Umela.	Nomkin, Nomlung.	
Kalt.	Dikeilu, Saikeing, Ekelaga.	Nakaialgakin, Nitschakkin.	
Todt.	Kirun, Kieschikin, Kijann.	Vuala, Jia, Visigla.	
Lebendig.	Kijimilin, Kakowa, Kakolin.	Kukimlaaten, Juigatsch.	
Ein Fuchs.	Tschaschiak	Jaun.	Kimntpe.
Ein Zobel.	Kund im.	Kittigim.	
Ein Hermelin.	Dutzhusch.	Jmaktschal.	Tanuerum.
Ein Wolf.	Kitain.	Egilungun.	
Ein Bär.	Kascha.	Kainga.	Diese Thiere
Ein Wiesel.	Tiunni.	Chaeprei.	sind in diesen
Ein Rennthier.	Enalapp.	Lugaki.	Inseln unbe-
Ein Hase.	Uttrtschiesch.	Mitar.	kannt.
Ein Seehund.	Kotha.	Memel.	Dirarkor.
Ein Seebiber.	Kaiku.	Kalaga.	Rakku.

Eine

	Mundarten der Kamtschadalen.	Mundarten der Korjäken.	Mundarten der Kurilen.	Einwohner in Kamtschatka.
Eine Seekatze.	Tasliach.	Talarscha.	Ornep.	
Seelöwe.	Siut.	Ulu.	Etaspe.	
Ein Adler.	Siatsch.	Tilmiti.	Surgur.	
Ein Falke.	Schischi.	Tilmitil.		
Ein Rebhuhn.	Linchetschirsch.	Etiew.	Niepue.	
Ein Auerhahn.	Tkakan.	Kinatu.		
Eine Krähe.	Kaka.	Tschantschawawala, Uelle.		
Ein Rabe.	Kangulkak.	Nimella, Uelle.	Paskur.	
Eine Elster.	Uakitschirsch.	Vikitrigin.	Kakuk.	
Eine Schwalbe	Rainkeschirsch.	Kawalingek.	Kuiakana.	
Eine Lerche.	Tschelaalai.	Gearscheier.	Nikintschir.	
Ein Kuckuck.	Koakurschirsch.	Kaikuk.	Kakkok.	
Eine Schneppe.	Saakalutsch	Tscheiria.	Petoroi.	
Pappelbaum.	Tchischin.	Jakal.		
Birke.	Jchu.	Lugun.		
Weide.	Linmtsch.	Tikil.		
Eine Erle.	Sikis.	Nikilion.	As.	
Adelsbeerbaum	Kailim.	Eloen.	Koksuneni.	
Kleine Ceder.	Zuenn.	Katschiwok.	Paksepeni.	
Wacholderbeer.	Kakain.	Valvakitscha.	Paschkuratsch-kumamai.	
Essen.	Balok, Tschichisch, Kik.	Mevnik, Kotua.	Ikama.	
Trinken.	Bigilik, Tikuchuschk.	Migutschik, Kuiki.	Apekreigina.	
Schlafen.	Tirschkajik, Tungukulaschk.	Miralkatik, Bunguiaka.	Amokonrov.	
Reden.	Kajinuchschkajik, Kajeduchisch.	Kamigumugat, Pankulk.	Kitokrosiva.	
Lachen.	Tijuschik, Tanhukaschk.			
Weinen.	Tingajik, Tauuschik, Jinschech.			

Betrachtungen über dieses Wörterverzeichniß.

Anmerkungen über die kurilische Sprache.

Diese wenigen Wörter sind hinlänglich, den Philologen oder philosophischen Sprachgelehrten Materie zu Untersuchungen zu geben. Man sieht auf den ersten Anblick, daß die Sprache der Kurilen die ursprünglichste unter den dreyen ist, die man neben einander gestellet hat. Ihre einsylbigen Wörter bezeichnen, so zu sagen, die ersten Geschreye der Natur, oder die ersten Accente der menschlichen Stimme, welche durch einfache Accente die Articulirung versuchet, und das Vorspiel von ihr machet. Fast alle Wörter dieser Sprache sind hellklingend. Viele fangen mit einem Lautbuchstaben an und endigen auch damit. Einige haben einen sehr bedeutenden Ursprung. Nichts kömmt dem Geräusche des Donners gleicher, als die Sylbe Um. Nichts ist nachdrücklicher, einen Vater zu bezeichnen, als das Wort Mitschi, welches den Weg oder das Werkzeug zur Vaterschaft zeiget. Die Kurilen nennen ein Kind Pumpu, wie es die Franzosen *Poupon* oder wir Püppchen nennen; und seine Mutter mit einem auf das Kind sich beziehenden Namen Aapu. Sie nennen einen Bogen Ku, wie ihn die Engländer *Bow* nennen. Einen Kahn heißen sie Tschip, welches mit dem engländischen *Ship* oder Plattdeutschen Schip, ein Schiff, sehr übereinkömmt. Welches auch der Ursprung dieser Wörter seyn mag, so scheint doch die kurilische Sprache für sich allein zu seyn, wie das Volk, welches sie redet. Sie scheint nach ihren Endigungen und ihrer Bildung mehr Verwandschaft mit den meisten wilden Sprachen in dem nordlichen America zu haben, als mit den barbarischen Sprachen auf dem festen Lande von Sibirien und der Tatarey. Sollte es nur eine Wirkung der eiteln Neu-

Anzustellende Vergleichung unter den Sprachen der wilden Insulaner.

gierde seyn, wenn man die Aehnlichkeit aller Sprachen der wilden Insulaner untersuchet, um zu erfahren, ob die Natur sie den Menschen ohne Beystand ihres Nachdenkens vorgesaget hat; wie sie die Benennungen einerley Sachen verändert hat; mit einem Worte, was die Himmelsgegend, der Boden, das Meer, und das, was die Erde hervor bringt, für Einfluß in den Bau dieser Sprachen gehabt haben? Je dürftiger, eingeschränkter, einsylbiger sie seyn werden, desto leichter wird es seyn, sie zu vergleichen. Man muß unter ihnen eben die Aehnlichkeiten und eben die Unterschiede finden, welche man bey denen Völkern, die sie reden, und bey denen Sachen, die sie vorstellen, finden wird.

Beobachtungen über die kamtschadalische Sprache.

Was die Sprachen oder Mundarten in Kamtschatka anbetrifft, so haben sie viel Aehnlichkeit, entweder unter sich oder mit denen auf dem festen Lande, woran diese Halbinsel hängt. Die Natur scheint aber die Erfinder der Wörter, welche sie ausmachen, oft durch die Aehnlichkeit geführet zu haben. Die Wörter Sitijimt und Femijimisch, welche Sand bedeuten, sind auf gleiche Art aus den Wörtern Schemt oder Zemt, Erde, und den Wörtern Asam und Ji, Wasser, zusammen gesetzet, als wenn der Sand nur eine von Wasser bedeckete oder gebadete Erde wäre. Die Wörter Uud, Ooda, welche Holz bedeuten, kommen sichtbarlich von den Wörtern Ua, Oo, Uu her, welche ein Baum heißen. Uud ist von Ua zusammen gesetzet, wie ein Holz aus Bäumen bestehe. Vielleicht sind alle diese Wörter nur eine Nachahmung des Geräusches, welches die vom Winde bewegten Bäume machen.

Aehnlichkeit der kamtschadalischen Wörter mit englischen.

Wenn diese Muthmaßung gewaget ist; sollte es denn wohl eben so verwegen seyn, zu glauben, daß das englische Wort *Oak*, eine Eiche, einige Aehnlichkeit mit dem kamtschadalischen Worte Ua hat? Woher haben aber diese beyden so weit von einander entfernten Nationen Wörter genommen, die ihnen gemein sind? Sollten die Sachsen wohl, welche Britannien eroberten, ursprünglich tatarische oder sibirische Wörter dahin gebracht haben? Sollte wohl einerley Wort, ohne Verpflanzung, wie einerley Baum, in einzeln liegenden Inseln oder Ländern geboren seyn? Hat das Geräusch des Windes durch die Blätter einerley Klang den Britten und Kamtschadalen eingegeben, die beynahe unter einerley Breite liegen, aber durch hundert und funfzig Grade der Länge von einander abgesondert sind? Haben die Wörter Kel und Hill, wovon das erste kamtschadalisch, das andere englisch ist, welche einen Hügel bedeuten, einen gemeinschaftlichen Ursprung in einer ersten Sprache? Kommen sie unmittelbar von der Natur, welche unter einem fast gleichen Himmelsstriche zweyen gleich wilden Völkern einerley Zeichen einerley Gegenstandes sollte vorgesaget haben? Die Aehnlichkeit geht hier nur tappend, und die Kunst der Wortforschungen ist viel zu ungewiß, als daß sie nicht Mistrauen und Behutsamkeit einflößen sollte. Ich sage es noch einmal, man muß viele Wörterverzeichnisse mit einander vergleichen, ehe man Schlüsse und Folgen daraus ziehen kann, welche zu allgemeinen Grundsätzen führen.

Fragen über deren Ursache.

Ursache der Verschiedenheit der Namen einerley Gegenstandes.

Wie indessen die Natur ähnliche oder gleichartige Wesen nach einerley Muster gemacht hat, so hat sie vielleicht auch die ursprünglichen Wörter, welche sie vorstellen, nach einerley Leisten gebildet. Die meisten großen Gegenstände, welche allen Ländern gemein sind, erregen überall eine herrschende Empfindung. Da aber diese Empfindung nicht stets die einzige ist, so mußte auch die Art, diese Gegenstände durch das Wort vor zu stellen, nicht überall einerley seyn. Es wird also dieser oder jener Mensch,

dieses

dieses oder jenes Volk die Eiche nach ihrer Größe, ein anderes nach ihrer Frucht, dieses nach ihrer Rinde und jenes nach ihrem vornehmsten Gebrauche vorgestellet haben; unter dem heissen Erdgürtel wird es nach der Kühle geschehen seyn, welche der Schatten ihres Laubes giebt; in Norden nach der Wärme, welche ihre in das Feuer geworfenen Zweige mittheilen. Einwohner in Kamtschatka.

Eine Anzeige von der Neigung des Menschen aber, der Stimme der Natur bey der Bildung der Wörter nach zu ahmen, ist die Uebereinstimmung der meisten Sprachen, gewisse Vögel, durch die Wiederholung ihres Gesanges vor zu stellen. Das kamtschadalische Wort **Koakutschitsch**, das korjäkische **Kaikuk**, und das kurilische **Kakok** erinnern das Ohr an den Ruf des **Kuckucks**, so wie das französische *Coucou*; und das lateinische Cuculus. Die Kamtschadalen zeigen einen Schlitten durch den Schall des Geräusches an, den er auf dem Schnee machet. Die Wörter **Schischid** und **Schchlischk** erinnern an dieses Fuhrwerk, welches dahin glitschet, so wie das korjäkische Gatschi und das französische *Gachis*. Sind das nicht aber zu viel, vielleicht unnütze oder falsche Betrachtungen über eine Materie, welche die größte Schlauigkeit erfordert? Ist es erlaubet, die Ungeduld so vieler Neugierigen, welche die Reisen so zu sagen im Laufe lesen, so wie sie gethan worden, bey Wörtern also auf zu halten? Wir wollen den letzten Blick auf Kamtschatka werfen.

Das V Capitel.

Merkwürdige besondere Umstände von Kamtschatka.

Ebbe und Fluth bey Kamtschatka. Jagd der Gemsen durch den Vielfraß. Bärenjagd. Art von Netzaffen. Wie der Mord und Diebstahl bey den Kamtschadalen zurückgehalten wird. Handel mit Biberfellen.

Wie es in einer jeden Geschichte Dinge giebt, die dem Sammler entwischen oder nicht in die allgemeinen Abtheilungen der Materien kommen können, welche sie ausmachen, so ist es erlaubet, sie am Ende des Werkes zu sammlen. Dergleichen Trümmern sind nicht stets in einer Sammlung am wenigsten schätzbar, noch ohne Reizung für einen Leser, welcher mit Vergnügen wieder in ein Land kömmt, wovon er schon die Karte und das Gemälde kennet.

Herr Krascheninnikow hat sonderbare Anmerkungen wegen der Ebbe und Fluth in den Meeren bey Kamtschatka gemacht. Wenn es wahr ist, saget er, daß die Ebbe und Fluth in den meisten Meeren gleich ist, und stets in eben denselben Stunden wiederkommen: so wird daraus folgen, daß die Meere bey Kamtschatka nur dem weissen Meere gleich sind, wo man in vier und zwanzig Stunden eine große und eine kleine sieht. Die Kamtschadalen nennen diese letztere **Manicha**. Die große Fluth verändert sich wechselsweise in eine kleine, und die kleine in eine große. Ebbe und Fluth bey Kamtschatka.

Einwohner in Kamtschatka.

Der Verfasser beobachtet anfänglich, „daß das Meerwasser, welches zur Zeit der „Fluth in die Bayen der Mündungen der Flüsse tritt, bey der Ebbe nicht stets ganz „wieder hinausgeht, sondern bloß nach dem Alter des Mondes. Aus dieser Ursache „bleiben diese Bayen zuweilen zur Zeit der Ebbe trocken; und nur das Wasser des „Flusses bleibt in seinem natürlichen Bette, an statt daß es zu andern Zeiten seine „Ufer überschwemmet.„

Zur Zeit des Voll- und Neumondes dauret die Fluth ungefähr acht Stunden, und steigt bis auf acht Fuß. „Darauf fängt die Ebbe an, deren Dauer etwan sechs „Stunden ist, und das Wasser des Meeres sinkt ungefähr drey Fuß. Nach diesem „kömmt die Fluth wieder, welche beynahe drey Stunden dauret, in welchen das Was„ser nicht völlig einen Fuß hoch steigt. Endlich fällt das Wasser und alles Seewasser „geht zurück und läßt das Ufer trocken. Diese Abnahme dauret ungefähr sieben Stun„den.„ Dieß sind die Abwechselungen der Ebbe und Fluth drey Tage lang nach dem Neu- und Vollmonde. Eben so verhält es sich aber nicht, wenn man sich dem letzten Viertheile nahet. Alsdann nehmen die großen Fluthen ab und die kleinen zu, bis sie sich in eine hohe Fluth verändern. Diese Veränderung der einen Fluth in die andere geschieht viermal in einem Monate.

Wenn die Fluth anfängt, so höret man, auch bey stillem Wetter, ein gräuliches Geräusch in der Mündung der Flüsse, und man sieht große Wogen sich erheben, die an einander stoßen, schäumen und in kleinen Regen zerspringen. Dieser Kampf des Wassers aus dem Flusse mit dem aus dem Meere dauret so lange, bis dieses die Oberhand behält, und die Stille wieder herstellet. Es scheint, daß die Schnelle der Flüsse die Heftigkeit der Fluth aus dem Meere verstärke. Wenn die Ebbe anfängt, so geht auch der Kampf wieder an, als wenn das Meer durch eine zweyte Fluth der Bewegung der Ebbe widerstünde. Muß man diese Erscheinungen der Lage der Seeküsten zuschreiben; oder ist das, was wir hier als etwas sonderbares anzeigen, nur eine beständige Ordnung, welcher das Meer überall folget, wo es Flüsse findt? Sind diese Bewegungen in dem penschinischen Meere eben so, als an der östlichen Küste von Kamtschatka? Das saget der Verfasser nicht, und es würde doch vielleicht von Wichtigkeit seyn, es zu wissen.

Wir wollen noch dasjenige nachstoppeln und aus der gelehrten Zeitung nehmen z), was deren Verfasser aus der Geschichte von Kamtschatka geholet haben. Diejenigen, welche die Historie der Reisen lesen, werden dabey gewinnen, wenn sie die hellen Begriffe und die reine und durchsichtige Schreibart dieser beyden Schriftsteller darinnen finden.

Gemsenjagd durch den Vielfraß.

„Die Vielfraße, sagen sie, bedienen sich eines sehr sonderbaren Mittels, die „Gemsen zu tödten. Sie klettern auf einen Baum und nehmen ein wenig von dem „Mooße mit, welches die Gemsen am liebsten fressen. Wenn ein Gems bey dem „Baume vorbeygeht, so läßt der Vielfraß sein Mooß fallen. Hält sich nun der Gems „dabey auf, es zu fressen, so springt ihm der Vielfraß auf den Rücken, klammert sich „fest zwischen seine Hörner ein, reißt ihm die Augen aus und verursachet ihm so hef„tige Schmerzen, daß dieses unglückliche Thier, entweder seinen Martern ein Ende „zu

z) Gazette litteraire de l'Europe, Tom. I. p. 498.

„zu machen, oder sich von seinem grausamen Feinde zu befreyen, den Kopf so lange wi-„der die Bäume stößt, bis er ohne Leben niederfällt. Alsdann zertheilet der Vielfraß „sein Fleisch in Stücke, welche er in die Erde verbirgt, sich solche zu verwahren. Der „Vielfraß tödtet die Pferde auf eben die Art an dem Flusse Lena. „Man kann dieses „Thier leicht zahm machen, und es viele Künste lehren. „ Allein, ob es gleich als-dann vielweniger frißt, als in seinem natürlichen Zustande der Freyheit, wie alle Haus-thiere, so kostet es doch gar zu viel zu ernähren, wenn es wahr ist, was Herr Klein saget [a]), daß in Dresden eins täglich dreyzehn Pfund Fleisch gefressen, und doch immer hungerig geblieben sey.

Einwohner in Kamtschatka.

„Das kühnste Mittel, die Bären auf der Jagd zu fangen, ist dasjenige, welches eben die Schriftsteller beschrieben haben. „Ein Mensch, sagen sie, nimmt in seine „linke Hand ein Messer, und in seine rechte ein an beyden Enden scharfes Stilet, wel-„ches an einen Strick gebunden ist, den er um seinen Arm wickelt. So geht er auf „einen Bären zu, welcher sich, wie gewöhnlich, auf seine Hinterpfoten aufrichtet, und „den Jäger mit offenem Rachen angreift. Dieser stecket mit so vieler Geschicklichkeit „als Herzhaftigkeit seine Hand in den Rachen des Bäres, und setzet darinnen das „Stilet gerade aufgerichtet, auf solche Art, daß dieses Thier nicht allein seinen Ra-„chen nicht wieder zumachen kann, sondern auch durch die grausamen Schmerzen, die „es empfindt, gezwungen ist, dem Jäger ohne Widerstand allenthalben zu folgen, wo-„hin er es wird führen wollen.„

Bärenjagd.

Wegen der Phocas oder Seehunde, der Fischottern, der Seekatzen und Seelö-wen, wegen der Verliebungen, der Kämpfe und der Sitten aller dieser zweylebiger Thiere, machen die angeführten Journalisten eine sehr philosophische Betrachtung. „Wenn man, sagen sie, diesen fabelhaften oder sehr übertriebenen Erzählungen glau-„bet, so urtheilet man ohne Zweifel nach denen Thieren davon, die um uns herum le-„ben. Man nimmt nicht wahr, daß diese Thiere unter das Joch gebracht, gezwungen „oder ausgeartet sind. Da sie durch die Furcht oder das Bedürfniß zerstreuet sind, „so ist die Stärke ihrer Kräfte nur auf die Sorgfalt, sich ihren Unterhalt zu verschaffen, „ihre Gattung zu erhalten und sich vor den Nachstellungen der Menschen in Acht zu „nehmen, eingeschränket. In den wüsten und unbewohnten Oertern entdecken und er-„weitern die Thiere ihre Kräfte; sie kommen zu einander, sie vereinigen sich, sie er-„richten unter einander eine Art von Policey. Die Zusammengesellung machet alle „sinnliche und beseelete Wesen vollkommen. Was für ein elendes Thier würde der „Mensch selbst seyn, wenn er gezwungen wäre, in Wäldern, einsam und ohne Gemein-„schaft mit andern seiner Gattung zu leben! Es finden sich um uns herum nur die In-„secten, welche in Gesellschaft leben, weil ihre Kleinheit sie der Tyranney des Men-„schen entziehet. Ob man gleich ihre Bewegungen und ihre Sitten nur sehr unvoll-„kommen beobachten kann, so bemerket man indessen doch mehr Verstand, Folge und „Ordnung dabey, als bey solchen Arten von Thieren, deren Gliederbau viel vollkom-„mener zu seyn scheinet.„

Diese

a) Jac. Theod. Kleins natürliche Ordnung und vermehrte Historie der vierfüß. Thiere, 89 S.

Einwohner in Kamtschatka.

Diese Vernunftschlüsse werden durch das Beyspiel und die Spiele eines Seethieres bestätiget, welches die Feindseligkeiten des Menschen noch nicht erfahren hatte, und sich ein Vergnügen zu machen schien, ihm zu folgen. Dieses Thier, welches Herr Steller an den americanischen Küsten gesehen hat, „ist ungefähr fünf Fuß lang. Sein „Leib, der gegen den Kopf zu viel größer ist, ziehe sich gen hinten zu zusammen und ist „mit einem sehr dicken Haare bedecket, welches auf dem Rücken grau und unter dem „Bauche roth ist. Es hat einen Kopf, der dem Kopfe eines Hundes ziemlich gleicht, „mit großen Augen, spitzigen und aufgerichteten Ohren, und einer Art von Barte um „die Lippen. Herr Steller wunderte sich sehr, daß er keine Pfoten an ihm sah, wie „an andern Seethieren.

Art von Meeraffe.

„Diese Beschreibung kömmt derjenigen ziemlich gleich, welche Geßner von ei„nem Thiere gegeben hat, welches er Meeraffe nennet; welchen Namen dieser Fisch „nicht so wohl wegen seiner Gestalt, als vielmehr wegen seiner Behendigkeit, und „wenn man sich dieses Ausdruckes bedienen darf, wegen seiner Manieren verdienen „kann. Er schwamm viele Stunden lang um das Schiff herum, und sah bald die eine „Sache, bald die andere mit einem Wesen voller Verwunderung an. Er hob sich „über das Drittel seines Leibes, so gerade wie ein Mensch, zuweilen wohl eine halbe „Stunde lang, über das Wasser. Er gieng darauf unter das Schiff, um sich an der „andern Seite in eben der Stellung wieder zu zeigen; und wiederholete dieses wohl „dreyzigmal hinter einander. Zu andern Zeiten erschien er mit einer Art von Kraute „in dem Munde, welches er eins um das andere wegwarf und wiedernahm, wobey er „sich auf tausenderley Art lustig machete.„

Glücklich ist dieses Thier, wenn sein Fleisch und seine Haut zu nichts taugen! glücklich, so lange es in solchen Meeren leben wird, die von Europäern nicht sehr besuchet werden.

Wie die Kamtschadalen den Mord und Diebstahl zu rückhalten.

Nach den Sitten dieser Thiere kann man wieder auf der Menschen ihre kommen. Die Kamtschadalen haben einige vernünftige und thörichte, den Diebstahl und Mord zurück zu halten. „Ob es gleich bey ihnen keine Gesetze giebt, die Beleidigungen zu „rächen, so giebt es doch angenommene Verträge, welche statt derselben dienen, wie „bey allen Völkern, wo die Gesellschaft einige Gestalt angenommen hat. Wenn ein „Kamtschadal erschlagen worden, so liegt es den Anverwandten ob, den Mörder zu „tödten. Dieß ist stets bey nicht gesitteten Völkern der Gebrauch gewesen. Wenn „man einen Dieb ertappet, so läßt man ihn, wenn es sein erster Diebstahl ist, dasje„nige wieder herausgeben, was er genommen hat; und man läßt ihn einsam leben, „ohne daß man ihm die geringste Hülfe leistet. Denjenigen aber, die sich vielmals „dieses Verbrechens schuldig gemacht haben, verbrennet man die Hände. Wenn man „einen Dieb nicht entdecken kann, so nimmt man einen Steinbock und verbrennet ihm „die Sehnen in einer öffentlichen Versammlung mit vielen magischen Ceremonien. „Diese Völker zweifeln nicht, daß der Dieb, vermittelst dieser Zauberey nicht eben die „Marter leide, welche man das Thier leiden läßt. Man erkennet gar wohl in diesem „Gebrauche den Grund und Gegenstand des Aberglaubens, der bey seiner Geburt „als ein Zusatz und eine Ergänzung der Gesetzgebung angesehen worden, welcher ge„schickt ist, durch eingebildete Schrecken denen Verbrechen vor zu beugen, die sich der „Wachsamkeit des Gesetzes entziehen möchten.„

Wir

Wir wollen diese Nachlese, damit wir nichts wichtiges übergehen, durch eine Handlungssache beschliessen, welche den Nutzen der Entdeckung von Kamtschatka beweisen wird. Die Felle der Seebiber sind daselbst von einem sehr beträchtlichen Vortheile für Rußland. Die Kamtschadalen können mit diesen Häuten alles, was ihnen nöthig ist, von den Cosaken kaufen; und die Cosaken setzen sie gegen andere Waaren bey den russischen Kaufleuten um, welche bey dem Handel, den sie damit nach China treiben, viel gewinnen. Die Zeit der Seebiberjagd ist die günstigste, den Tribut zu heben. Denn oftmals geben die Kamtschadalen einen Biber, anstatt eines Fuchses oder Zobels; ob er gleich wenigstens fünfmal mehr gilt. Ein Biber wird für neunzig Rubel verkaufet. Indessen wurde er doch sonst vordem für zehn Rubel zu Jakutzk verkaufet. Man brauchet sie in Rußland nicht. Die moscowitischen Kaufleute aber kaufen von der Handlungskammer in Sibirien diejenigen, welche man aus Kamtschatka bringt. Sie schicken sie an ihre Factore auf den chinesischen Gränzen; und dieser Handel ist, ungeachtet der Transportkosten und der Gefahr, welcher sie die Entfernung von Moscow bis nach China aussetzet, von einem sehr grossen Vortheile. Wenn Rußland Häven, Fahrzeuge, einen Wohnplatz, eine wohleingerichtete Schiffahrt, durch den Anbau dieser urbar gemachten Halbinsel, haben wird, so wird es gerade zu eine Handlung mit den chinesischen Küsten treiben können. Es muß sich aber vorher selbst erst durch gute Gesetze einrichten, sollte es sie auch von den Chinesern leihen; wie man vordem das erobernde Rom solche in Griechenland suchen sah. Ohne Gesetzgebung werden die sclavischen Russen bey ihren Unternehmungen erliegen; oder wenn sie ihnen gelingen, so werden sie sich in den eroberten Landen fest setzen, entfernet von ihrem Vaterlande, und gar zu lange Ketten zerreissen, damit sie sich nicht durch ihre eigene Schwere zerbrechen.

Einwohner in Kamtschatka.

Handel mit Biberfellen.

Russische Entdeckungen.

Auszug

aus den Reisen und Entdeckungen längst den Küsten des Eismeeres und auf dem morgenländischen Meere, so wohl gegen Japon, als gegen America zu, von dem Herrn Müller.

Reise im 1648 Jahre; 1650. 1710. 1714. 1723. Vorgebirge der Tschuktschi oder Schelatzkoi. Einwohner daselbst. Fabel von den Tschuktschi. Sonderbarer Gebrauch. Asien und America hängen gegen Nordost nicht zusammen. Der Herren de l'Isle und Buache Meynung wird bestritten. Schiffahrt auf dem Eismeere unmöglich. Berings Reise 1741. Dessen Tod. Berings Eyland.

Der Namen des Verfassers, seine Gelehrsamkeit und der kritische Geist, welcher in seinen Schriften herrschet, berechtigen einen Geschichtschreiber der Reisen genugsam, sich seiner Arbeit zu bedienen. Man kann über dieses sich nicht entbrechen, mehr Licht von denen nordischen Ländern zu geben, welche in der großen Sammlung, die man hier fortsetzet, beschrieben worden, oder noch zu beschreiben übrig sind. Sie enthalten zwar schon wichtige Nachrichten von diesen wenig bekannten Gegenden [1]): allein, diese gar zu zerstreueten Nachrichten können die Augen des Lesers nicht fest heften noch ihn in denen Meeren führen, wo man neue Länder suchen will. Man muß also alles dasjenige, was man gethan und gesaget hat, um zu erfahren, ob sich Europa zween Wege zur Handlung mit der ganzen Welt eröffnen kann, zusammen bringen, und in einen einzigen Raum fassen. Der kürzeste Weg ist ohne Zweifel der nächste am Pole, wo die beyden Halbkugeln, welche sich daselbst, so zu sagen, vermenget haben, die neue Welt mit der alten verbinden. Asien, welches unter der Linie entsteht, geht an den Ufern des Eismeeres aus, und soll allein die Gemeinschaft unter den Reichthümern und der Armuth der Völker am Nordpole errichten. Die Russen, welche fast in der Mitte dieser so ungleichen Gegenden liegen, haben durch die Ausdehnung ihres Reiches, durch die Meere, womit sie umringet sind, durch die Stärke und Bedürfnisse, die ihnen ein unfruchtbares Land unter einem rauhen Himmelsstriche giebt, durch man weis nicht was für eine Unruhe, die allen Völkern natürlich ist, welche gesittet werden; die Russen, sage ich, haben die Bewegungsgründe und Mittel, die Schlagbäume zu zerbrechen, welche den heissen Erdgürtel von den äußersten Enden des kalten Erdgürtels absondern, von dem einen zu dem andern durch einen Weg zu gehen, welcher bisher dem Fleiße, der Kühnheit der Menschen verschlossen gewesen. Diesem Volke, welches Sonne und Land brauchet, kömmt es zu, beydes weit von dem Pole zu suchen, welchem es gar zu nahe ist. Es ist auch unter allen schif-

1) Man sehe unsern XVII Band der allgemeinen Reisen a. d. hundert und zwey und siebenzigsten u. f. S. und den XIX Band a. d. vierhundert und drey und siebenzigsten u. f. S.

schiffenden Völkern dasjenige, welches die anhaltendsten Versuche auf Meeren hat machen können, deren Gefährlichkeiten Troß biethen zu wollen, glücklicher gelegenen und anders regierten Nationen nicht zukömmt. Andere haben ihm diesen kühnen Anschlag eingeben können: dieß Volk allein aber, welches ohne Zweifel den ersten Nutzen davon ziehen wird, muß ihn ausführen oder mit Beharrlichkeit versuchen. Es gereichet ganz Europa zum Besten, wenn man die Eisthore zersprengen kann, welche der Pol der Handlung entgegen setzet, daß man sie mit denen eisernen Leibern und eichenen Herzen zerbricht, welche der Himmel an den Ufern des baltischen Meeres hervorbringt. Lasset uns diejenigen Kräfte, die sich in Norden sammeln und auf unsere Seite zudrücken, weit von uns zurücktreiben; lasset uns die Dämme um diesen reissenden Strom herum vermehren, welcher groß wird und uns von ferne drohet; oder lasset uns seinen Lauf und Hang ab- und nach den Wüsten zu lenken, welche die Natur seinen Einbrüchen darbeut. Russische Entdeckungen.

Es ist schon lange, daß die Völker, die sich von ungefähr, und vieleicht ohne es zu wissen, unter der Herrschaft des russischen Hofes befinden, auf dem Eismeere schiffen. Schon im 1636 Jahre, saget Herr Müller, war man durch den Lena hinein gegangen; und man hatte von der Mündung dieses Flusses an vier grosse Flüsse erkannt, welche sich gleichfalls in dieses Meer verlieren, als den Jana, Indigirka, Alasria, und Kolyma. Zwölf Jahre darnach gieng man weiter gegen Morgen; und drey russische Schiffe, welche um das Vorgebirge Tschukotskoi hinum fuhren, giengen aus dem Eismeere in das morgenländische Meer bis an die Mündung des Oliure an den Küsten von Kamtschatka. Von da an war man versichert, daß Asien, wenigstens gegen Nordost, nicht an America stieß. Man erfuhr auch noch durch diese Reise, daß das Eismeer in diesen Gegenden bis auf den fünf und siebenzigsten Grad der Breite konnte befahren werden. Man erkannte aber bald, wie gefährlich es wäre. Reise im 1648 Jahre.

Im 1650 Jahre wurde der Cosak Andrei Goreloi, welcher von Jakutzk zur See geschickt wurde, den letzten August in einiger Entfernung vom Lande, ungefähr um die Höhe an Kroma bey dem Indigirska, vom Eise befallen. Das Dauwetter kam und trieb ihn weiter in die hohe See. Ein zweyter Frost hielt sein Schiff auf, und zerscheiterte es. Er stieg mit seinem Schiffvolke auf dem Eise aus und führete seine Lebensmittel auf Schlitten fort, die er eingeschiffet hatte, da er denn vierzehn Tage gieng, ehe er an Land kam. Im 1650 Jahre.

Ein anderer Cosak, Namens Buldakow, der in eben dem Jahre, auch auf dem Lena, abgegangen war, wollte sich in das Meer begeben, als ihn die Eisschollen auf einmal einen Monat lang an der Mündung dieses Flusses aufhielten. Er lief zweymal aus und zweymal wieder ein, da er den Weg eins um das andere von dem Eise eröffnet und geschlossen fand, welches der Wind wechselsweise von dem Lande in die See trieb. Den 29sten August endlich, zween Monate nach seiner ersten Ausfahrt gieng er vor dem Vorgebirge vorbey, welches über die Mündung des Jana hinausgeht. Dieß ist der gefährlichste Ort von der ganzen Gegend; und daher nennet man ihn Sviätoi Noß. In der Höhe von Kroma wurde er durch eben das Eis aufgehalten, welches den Goreloi genöthiget hatte, seine Reise auf Schlitten zu endigen. In dem Augenblicke, da er sich anschickete, das Land mit den acht Fahrzeugen zu gewinnen,

Russische Entdeckungen. winnen, die er an der Mündung des Lena gefunden hatte, schwoll das Wasser unter dem Eise auf, zerbrach es, und der Wind jagete die Fahrzeuge, oder Kotschen des Cosaken Buldakow, mit eben so vieler Geschwindigkeit, als wenn sie alle Segel angesetzet hätten. Der Wind fällt, das Meer gefriert wieder, und den Kotschen wird der Weg versperret. Jeder suchte auf Schlitten so viel als er konnte, von dem Vorrathe zu retten. Aber auch hier zerbrach oft das Eis unter ihren Füßen; sie mußten oft von Scholle zu Scholle springen, sich ihre Geräthschaft und ihren Vorrath von Hand zu Hand zureichen, und immer einer den andern mit Stangen und Stricken nach sich ziehen. Nachdem diese Unglücklichen in der Ferne ihre Barken durch die Eisschollen hatten zerbrechen gesehen, so kamen sie endlich, durch ausgestandene Beschwerlichkeiten, Kälte, Hunger und Scharbock halb todt, nahe bey dem Indigirska an. Herr Müller erzählet hierauf die Berichte, welche bey der jakutischen Kanzelley von verschiedenen Schiffern waren beygeleget worden; einige von ihnen gaben vor, es fänden sich auf dem Eismeere zwischen dem Vorgebirge Swätoi-Noß und der Mündung Kolyma verschiedene Inseln, andere aber, die eben diese Oerter befahren hatten, wollten nicht das geringste davon wissen; und so beweisen alle Reisen, die man seit funfzig Jahren gethan hat, nicht das Daseyn einer einzigen Insel in diesen Gegenden. Es reden nur Matrosen davon, die sehr lügenhaft und immer unwissend sind, und ihre Zeugnisse widersprechen sich so sehr, daß die ganze Frage wegfällt, die man über diesen wichtigen Gegenstand aufgeworfen hat. Indessen machte der russische Hof, dem daran gelegen war, hiervon nähere Nachricht ein zu ziehen, doch endlich Versuche, die Wahrheit zu erkundigen.

Im 1710 Jahre. Der Cosak Stadusckin, ward auf einem von zwey und zwanzig Leuten bemanneten Schiffe ausgeschickt. Es war keine von denen Kotschen, die sich vieleicht zu Fahrten auf das Eismeer am besten schicketen. Man bedienete sich derselben statt der Schitiki, einer Art Schiffe, die aus Balken bestehen, welche durch Riemen verbunden, und so zu sagen zusammen genehet sind. „Sie haben fünf Klaftern in die Länge, „und zwo in die Breite nebst einem Verdecke. Der Boden ist platt, und mit Mooße „gekalfatert; die Segel sind aus Rennthiers-die Taue aus Elendsfellen, und die Anker „sind Stücken Holz mit großen Steinen.“ Man bedienet sich dieser Fahrzeuge nur in den Flüssen, und längst der Küste hin. Aber auch diese Reise des Stadusckin hatte den gewünschten Erfolg nicht. Dieser Cosak schrieb den 28sten des Heumonates nach Jakutzk, daß er nicht einmal von ferne irgend eine Insel gesehen; alles, was er bemerket hätte, wäre ein Vorgebirge, welches sich gegen Osten von der Mündung des Kolyma erstreckete, zu dem man aber wegen des Eises zu Wasser nicht kommen könnte.

1714. Zwo andere Reisen, die 1714 zu Jakutzk veranstaltet wurden, bekräftigen durch die Nachrichten der Befehlshaber, daß es unmöglich sey, auf dem heiligen Meere zu schiffen; denn es sey im Sommer so wohl, als im Winter, gefroren, und man könnte von Jakutzk nach Kamtschatka nur vermittelst der Hunde auf Schlitten kommen.

1723. Alle andere Versuche, die man bis 1723 anstellete, schlugen fehl. Damals suchete man die alte Sage von einer Insel wieder vor, die sich im Eismeere von der Mündung des Jana bis zum Indigirska erstrecken sollte. Herr Müller, der sich mit den Fedor Amossow, der diese Sage zuerst wieder hervor suchte, besprochen hatte, versichert, dieser Mann hätte dieses Vorgeben nur seines eigenen Nutzens wegen erneuret;

nennet; denn er hatte seine Dienste bey dieser Reise angebothen, und hoffete, sich dabey durch den Handel große Vortheile zu verschaffen. Alle Erzählungen, die er davon so wohl mündlich als schriftlich machete, thun kein Genügen; und Herr Müller füget noch hinzu, sie schienen ihm nicht zureichend, eine Insel über die Mündung des Kolyma unter den drey und siebenzigsten Grad, noch viel höher, unter den fünf und siebenzigsten Grad der Breite, ein großes Land zu setzen, welches die Russen 1723 entdecket hätten. Der deutsche Gelehrte greift nicht allein bey dieser Gelegenheit die französischen Erdbeschreiber an, die dieses Land auf ihren Karten nach der Zeichnung des Schestakow, eines Mannes, der weder lesen noch schreiben konnte, gesetzet haben, sondern auch den Pat. April, welcher vorgiebt, er habe zu Smolensko gehöret, daß dieses von den Russen erfundene Land ganz mit Wäldern erfüllet sey, da man doch wisse, daß die Küsten des Eismeeres nicht nur kein Holz haben, sondern auch wegen der übergroßen Kälte nicht haben können, die den Schooß der Erde daselbst allen Pflanzen verschließt. Nach einer andern Karte, die Hr. Müller gesehen hat, muß man zwey Vorgebirge unterscheiden. Das eine, welches mehr gegen Morgen liegt, ist das Vorgebirge der Tschuktschi, die man sonst auch Schelatskoi nennet, oder eigentlicher das Vorgebirge der Schelagen, die eine Völkerschaft der Tschuktschi sind; das andere, welches mehr gegen Süden liegt, ist das Vorgebirge Anadirskoi. Zwischen diesen beyden Vorgebirgen, oder Noß, liegt eine Insel, die, wie man saget, von den Tschuktschi bewohnet wird. Dem letztern Vorgebirge gegen über liegen zwo Inseln. Die Bewohner der erstern sind mit Entenfellen bekleidet. Auf der andern, die etwas weiter von dem Lande entfernet ist, wohnen die Peckeli, die sich die Backen mit Pferdezähnen durchstechen.

Russische Entdeckungen.

Vorgebirge Tschuktschis, oder der Schelatzkoi.

Eine andere Karte erwähnet des Vorgebirges Schelatzkoi, aber sie bezeichnet so wenig, als die vorhergehende, wie groß es sey. Die Bewohner desselben sollen sehr kriegerisch seyn, und die Knechtschaft so sehr hassen, daß sie sich selbst umbringen, wenn sie gefangen werden.

Bewohner dieses Vorgebirges.

Eine von denen Nachrichten, die in den Archiven zu Jakußk beygelegt sind, versicherte, daß sich die Tschuktschi in der Schleuder üben: sie bedienen sich aber dennoch, zumal in Kriegeszeiten, lieber der Pfeile. Diejenigen von ihnen, welche die Felsen mitten im Vorgebirge bewohnen, leben von den Rennthieren, die sie heerdenweise halten. Diejenigen an der Küste ernähren sich damit, daß sie Walfische und Walrosse fangen, deren Zähne man in Menge auf dem Ufer findet.

Man liest in einer andern Nachricht, die zu Jakußk 1711 beygelegt worden, daß auf beyden Seiten des Noß oder Vorgebirges der Tschuktschi eine Insel oder ein großes Land seyn soll, dessen Einwohner mit denen auf dem Vorgebirge beständig im Kriege leben. Im Sommer kann man mit den Baidaren in einem Tage von einem zum andern kommen. Im Winter fährt man auf dem Eise mit Schlitten dahin, und brauchet auch nicht längere Zeit. Auf dem Noß, weil daselbst keine Büsche sind, sieht man wenig Füchse, und überhaupt wenig Thiere: das große Land aber hat dafür einen größern Ueberfluß daran.

Wenn man sich auf die Erzählung einiger Tschuktschi verlassen kann, die 1718 abgehöret worden, so erstrecken sich die Einwohner des Vorgebirges oder Noß auf drey tausend Köpfe, die in einer völligen Anarchie leben, und beynahe gar keinen Begriff von

Rußische Entdeckungen.

von der Gesellschaft haben. Dem Noß gegen über liegt eine ziemlich große Insel, ganz leer von Bäumen, und weiter über sie hinaus, ein grosses festes Land, wo große Flüsse an zu treffen sind, und welches wohl zwey- oder dreymal so viel Einwohner hat, als das Vorgebirge der Tschuktschi. Diesen Wahrscheinlichkeiten hängt man Fabeln von gewissen Menschen an, die Hundeschwänze und Rabenfüße haben sollen. Vermuthlich hat man das Kleid für den Mann angesehen; und die Kleidungen der Wilden, die aus Thieren und Vögelfellen gemischt sind, denen man vermuthlich die Federn, Schwänze und Klauen gelassen, können leicht diesen den Wilden so natürlichen Irrthum veranlasset haben, bey denen es sehr gewöhnlich ist, daß sie einem Volke, welches sie fürchten oder verachten, den Charakter, zuweilen auch die Gesichtszüge der Thiere beylegen, mit deren Fellen es sich kleidet. Weit glaublicher ist das Besondere, was man von den Völkern in Thibet erzählet, und auch von den Tschuktschi versichert, daß sie ihre Weiber und Töchter allen Fremdlingen anböthen. Der Gast hat das Recht, unter vielen Frauenspersonen diejenige aus zu suchen, die ihm am besten gefällt. Ehe sie sich aber ihm übergiebt, beut sie ihm ein Schälchen mit ihrem Urine dar, womit er sich den Mund ausspülen muß. Steht er diese Probe aus, so wird er als Freund angesehen, weigert er sich aber, so ist er ihr Feind. Man darf hieran nicht zweifeln, saget Herr Müller. So sonderbar es uns auch vorkommen mag, so sollten wir uns doch nicht darüber verwundern, da wir wissen, wie viel Gewalt die physische Liebe über alle Sinne hat. Man sehe nur die Thiere an? Und ist denn der wilde Mensch in seiner Wuth oder seinen Anfällen der Liebe zärtlicher, als sie? Inzwischen wollen wir uns nicht damit abgeben, alle die Gründe an zu führen, die man vorbringen könnte, eine Gewohnheit, man will nicht sagen, zu rechtfertigen, sondern nur glauben zu lassen, die selbst der Jesuit Trigaut bestätiget.

Fabel, die die Tschuktschi erzählen.

Besonderer, aber doch wahrer Gebrauch.

Schluß des Hrn. Müllers, daß Asien und America gegen Nordost zwar nahe zu sammen liegen, aber dennoch getrennet sind.

Aus allen diesen Erzählungen schließt nun Herr Müller, daß Asien und America wirklich getrennet seyn, daß aber der Arm des Meeres, der sie vieleicht von einander abgerissen hat, nicht sonderlich breit sey, und daß in diesem Arme eine oder mehrere Inseln liegen, die zum Wegweiser oder zur Station dienen, welche den Einwohnern beyder festen Länder gemein sind.

Beweise dafür.

Damit Herr Müller seine Meynung gewiß mache, so sammlet er einen Haufen Begebenheiten, welche abzielen, sie zu unterstützen. Die Insel Karaga, die Kamtschatka so nahe ist, daß sie einen Theil derselben aus zu machen scheint, hat in ihren unterirdischen Wohnungen, die ihre Einwohner sich aufführen, große Tannenbalken, da doch dieser Baum so wenig bey ihnen, als in Kamtschatka, wächst. Die Einwohner sagen, dieser Baum komme von ferne, und würde durch einen Ostwind an ihre Küsten getrieben. Von eben der Seite bekommen die in Kamtschatka Eis, welches im Winter das östliche Meer zween oder drey Tage hinter einander an die Küsten treibt. Man sieht daselbst zu gewissen Zeiten ganze Züge von Vögeln ankommen, die nach einem Aufenthalte von einigen Monaten wieder nach Osten zurück kehren, woher sie gekommen waren. Das feste Land also, welches dem Vorgebirge der Tschuktschi gegen über liegt, erstrecket sich bis an die Breite von Kamtschatka, und dieses feste Land kann kein anderes, als das mitternächtliche America, seyn. Seine Meynung noch weiter zu erhärten, beruft sich Herr Müller auf die Uebereinstimmung der Meynung der Americaner mit den Erzählungen derer Franzosen, welche die Ufer des Missisippi und Missuri bereiset haben. Die Einwohner an diesen Ufern nennen das Meer, welches ihnen westlich liegt, ein

unbe-

unbekanntes Meer. Die Franzosen in Canada reden von einem Flusse, der nahe bey dem Missuri entspringt, und sich in das westliche Meer stürzet.

Russische Entdeckungen.

Es stellen zwar zween französische Erdbeschreiber, die Herren Delisle und Buache, dieses Meer als einen großen stehenden See oder Meerbusen vor, den sie zwischen den vierzigsten und funfzigsten Grad der Breite setzen. Alle die Zeugnisse aber, auf die Herr Delisle sich stützet, scheinen von gar keinem stehenden See oder Meerbusen, sondern von dem offenbaren Weltmeere, zu reden. Die neuesten Reisebeschreiber, auf die sich Herr Buache berufet, schwächen vielmehr seine Meynung, als daß sie solche bestärken sollten. Endlich schließt Herr Müller, daß der americanische Fluß, von dem die französischen Reisebeschreiber reden, und der nach Westen fließen soll, sich Kamtschatka und dem Vorgebirge der Tschuktschi gegen über in den Ocean ergieße. Es gehöret nicht für den Geschichtschreiber der Reisen, eine Streitigkeit zwischen einem so großen Naturkündiger und nicht minder berühmten Erdbeschreiber schlichten zu wollen. Es ist hier genug, unsern Lesern die Gemeinschaft gezeigt zu haben, welche Kamtschatka zwischen den mitternächtlichen Theilen von Europa und America eröffnen kann. Wird dieser Weg erst einmal frey und befahren seyn, so werden alle Zweifel und Zänkereyen der Gelehrten verschwinden, aber ach! vielleicht nur um blutigen Kriegen zwischen den alten und neuen Bewohnern der neuen Welt Platz zu machen. Die Russen und die Spanier, die durch ganz Europa, dessen beyde entgegen gesetzte äußerste Enden sie bewohnen, von einander getrennet sind, werden einander vielleicht an den Ufern derjenigen Seen und desjenigen Flusses begegnen, welche die Engländer und Franzosen in dem grausamen Kriege, von dem wir uns jetzt kaum erhohlen, mit ihrem Blute gefärbet haben. Californien und Luisiana werden den Anfällen der Russen zum Raube seyn, denen die Natur zum Voraus das mitternächtliche America zum Nachtheile der mittäglichen Völker in Europa angewiesen zu haben scheint, da die Witterung früh oder spät die andern daraus vertreiben wird. Es ist dieses freylich eine Staatsveränderung, welche tausend Begebenheiten, die man jetzt nicht vorher sehen kann, hintertreiben können: Natur und Staatskunst aber scheinen ihn beyde bewirken zu wollen. Wofern er sich indessen eräuget, so geschieht es wahrscheinlicher Weise durch Kamtschatka, wenn sich die Russen erst daselbst werden fest genug gesetzt haben, zahlreich und mächtig genug sind, Schiffe bauen zu können, und Unternehmungen von da aus zu wagen. Denn der Weg nach America durchs Eismeer scheint völlig unmöglich zu seyn. Herr Müller denket, nachdem er von fünf oder sechs Reisen geredet, die man durch dieses Meer angestellet, um das Vorgebirge der [a]) Tschuktschi zu umfahren, daß diese Fahrt völlig unmöglich sey, und wir müssen seine Gründe hier anführen.

Meynung der Hrn. Delisle und Buache bestritten.

Man saget, sie müsse im Sommer unternommen werden. Es sind aber vier bis fünf Jahr verflossen, ehe eine einzige von diesen Reisen geglücket ist. Man muß völlig gute Witterung haben, von Archangel nach dem Oby, oder von diesem Flusse zum Jenisey zu kommen. Die Reise durch die Weygatzstraße hat den Holländern und Engländern unsägliche Mühe gekostet. Ist man aus dieser Straße heraus, so stößt man auf Inseln, die den fernern Weg versperren. Das feste Land, welches ein Vorgebirge zwischen

Fahrt auf dem Eismeere ist unmöglich.

Beweise, die Hr. Müller davon giebt.

a) Man sehe die allgem. Historie der Reisen, XIX Band a. d. 484 S.

Russische Entdeckungen.

zwischen dem Pidesiada und Schatanga machet, und sich über den sechs und siebenzigsten Grad erstrecket, ist mit einer Kette von Inseln bedeckt, die man schwerlich wird vorbey schiffen können. Will man sich etwa von den Küsten entfernen, und das hohe Meer erreichen, und nahe am Pole hinschiffen, so wird der Weg kürzer seyn, verkündigen aber die fast unbeweglichen Eisberge, die man bey Grönland und Spitzbergen findet, uns nicht, daß man bis an den Pol hin, entweder dieses beständige Eis, oder tiefes Land finden wird, worauf diese Eisberge ruhen, die vielleicht tiefer im Meere liegen, als sie darüber erhaben sind? Will man an den Küsten hinfahren, so soll die Fahrt daselbst nicht so leicht, als vor hundert Jahren seyn. Das Wasser des Oceans hat merklich abgenommen. Man sieht weit von den Ufern, an die das Eismeer stößt, Holz liegen, daß es auf Länder geworfen, die ihm sonst zu Ufern dieneten. Diese Ufer sind gegenwärtig daselbst so wenig tief, daß man daselbst keine andere, als sehr platte, Schiffe brauchen könnte, die aber viel zu schwach sind, als daß sie dem Eise widerstehen, eine lange Reise aushalten, oder mit nöthigem Vorrathe versorget werden könnten. Sollte dieses nicht hinreichend seyn, allen handelnden Seevölkern in Europa fernere Versuche dieser Art zu verbiethen? Nur allein die Russen können bey allen denen Vortheilen, welchen ihnen ihr Himmelsstrich und der Einfluß geben, den sie entweder durch ihre Macht und durch ihren Handel auf den größten Theil derer Völker haben, welche die Küsten des Eismeeres bewohnen, nur die Russen allein, sage ich, können allen Gefahren, der Kälte, den Beschwerlichkeiten, und der Länge einer so schrecklichen Schiffahrt trotzen. Man wird vielleicht sagen, es sey dem Herrn Müller, der in russischen Diensten stund, daran gelegen gewesen, alle diese Schwierigkeiten zu vergrößern, und die holländischen und englischen Schiffer von einem Meere ab zu schrecken, wo ihr Fleiß den nordischen Mächten Verdacht erwecken kann. Allein, will denn der Mensch immer die Natur zwingen? Glaubet man denn, ewig ihren Gesetzen widerstreben zu können? Ist es denn weise, Herrschaften und Reichthümer in der Ferne zu suchen, die man um sich herum vernachläßiget? Ist es denn noch nicht genug, daß wir die schönsten Gegenden von Europa und America besitzen, und daß wir einen geraden Weg zum Mittelpuncte der neuen Welt haben? Müssen wir denn noch durch beyde Pole dahin gehen wollen? Soll man die Verwüstungen der Menschen, welche die Schiffahrt des heißen Erdzirkels kostet, noch mit einer größern vermehren, die uns auf den Küsten des Eismeeres ohne Vortheil bevorstünde... Wachset auf, junge Mägdchen! Ihr Mütter gebähret hurtig, damit ihr allen Meeren Schlachtopfer verschaffet; vermehret die Soldaten und Matrosen, damit ihr mit todten Leichnamen Meer und Erde bedecket.

Ich sage es noch einmal, die Russen haben vor den meisten andern Europäern die besten Hülfsmittel, sich auf dem Eismeere zu halten. Die Einwohner in Archangel bringen den Winter über zu Nova Semlja zu, ohne die Beschwerlichkeiten desselben sonderlich zu empfinden. Sie trinken, nach dem Beyspiele der Samojeden, das Blut der Rennthiere noch ganz warm; die Jagd, die sie auf den Küsten beständig ausüben, wo sie zu überwintern genöthiget sind, liefert ihnen beständig frisches Wildpret, statt des gesalzenen und geräucherten Fleisches, das man sonst auf den Schiffen mit sich nimmt, und das so leicht den Scharbock verursachet. Alle Matrosen dieser Eisgegenden haben Pelze, die den mittäglichen Völkern viel zu theuer sind, als daß sie die ihrigen damit versehen könnten. Ungeachtet aller dieser Hülfsmittel aber, sieht man doch, daß die

auf

auf dem Eismeere versuchten Reisen uns noch keinen Weg von Europa oder Asia nach America gezeigt haben. Wollen wir also die Gemeinschaft kennen lernen, die diese Gegenden mit der neuen Welt haben: so müssen wir denen Entdeckungen folgen, welche die Russen von Kamtschatka aus auf dem östlichen Meere gemacht haben. Wir wollen uns bey Beerings Reise aufhalten, deren schon einmal in der allgemeinen Historie der Reisen gedacht worden,[a]) aber viel zu kurz, als daß sie nicht noch einmal darinnen vorkommen dürfte.

Russische Entdeckungen.

Der dänische Hauptmann, den Rußland abschickte, America durch das östliche Meer von Kamtschatka zu entdecken, fuhr den 4ten des Brachmonates 1741 aus dem Haven Awatscha ab. Nachdem er gegen Süden und Norden gefahren war, die unbekannten Länder, die er suchete, zu finden: so sah er endlich den 18ten des folgenden Monates das feste Land von America unter dem acht und funfzigsten Grade und acht und zwanzigsten Minute der Breite, und dem fünften Grade der Länge, gegen Osten von Awatscha. Zween Tage nachher warf er an einer Insel Anker, die tief in einem Meerbusen lag. Von da aus sah er zwey Vorgebirge; das eine gegen Morgen nannte er St. Elias, und das andere gegen Abend, St. Hermogenes. Hierauf sandte er einen von seinen Officieren, Chitrow, aus, den Meerbusen, in den er eingelaufen war, zu erkundigen. Man fand ihn ganz voller Inseln. Auf einer derselben waren verlassene Hütten, die aus wohl zusammen gefügten, und so gar ausgekehlten Brettern bestunden. Man muthmaßete, diese Insel könnte vieleicht von einigen Völkern des festen Landes seyn bewohnet worden, die etwa minder wild, oder fleißiger wären, als der größeste Theil der herumstreifenden americanischen Völker. Ein kleiner Kuffer von Pappelholze, eine irdene ausgehöhlte Kugel, in der ein kleiner herum rollender Kieselstein verschlossen war, ein Schleifstein, der noch mit Kupferstaube bedeckt war, den die Geräthe darauf gelassen hatten, alles dieses schien den Anfang einer bessern Lebensart in dieser Insel, die von ihren Bewohnern verlassen zu seyn schien, zu verrathen. Herr Steller, der von Petersburg abreisete, über die entdeckten Länder Beobachtungen an zu stellen, fand in dieser Insel eine Höhle, in der man einen großen Vorrath von geräuchertem Lachse aufbewahret hatte. Es waren auch Stricke und viel ander Hausgeräth daselbst. Etwas weiter hin, sah er Americaner bey seinem Anblicke fliehen; und nicht lange nachher ward man auf einem ziemlich entfernten Hügel ein Feuer gewahr. Vermuthlich hatten die Wilden sich dahin begeben, wo sie von einem jähen Felsen bedeckt waren. Während der sechs Stunden, die das Boot vor Anker lag, sammlete Herr Steller Pflanzen und Kräuter, von denen er nachher eine Beschreibung verfertigte, die sich, wie Herr Müller saget, zum Theile in der flora Sibirica des Herrn Gmelins befindet.

Beerings Reise im Jahre 1741.

Das Boot kam wieder zum Schiffe zurück. Dieses sollte gegen Norden bis zum fünf und sechzigsten Grade der Breite vorrücken. Die Richtung der Küste gegen Südwest aber nöthigte die Schiffer, sich gegen Süden zu wenden. Ueber dieses verhinderten die Inseln, die das feste Land auf allen Seiten einfasseten, daß man sich ihm nicht nähern konnte. Jeden Augenblick sah man auf beyden Seiten des Schiffs Land vor sich, und das machte, daß man endlich um zu kehren beschloß. Mitten in der Nacht, da es sehr still war, gerieth man auf einmal aus einem ruhigen Meere in sehr stürmische

a) Man sehe unsern XVII Band, a. d. 172 u. ff. S.

Rußische Entdeckungen.

sche Wellen. Diese Abwechselung konnte nur aus der Menge der Inseln entstehen, zwischen denen man durchschiffen mußte. Die Schwierigkeiten, die man in einem Meere antraf, wo man dem Lande zu nahe zu seyn glaubte, machten, daß man nach Süden hielt; und nach einer Schiffahrt von sechs Tagen sah man endlich den 30sten des Heumonates mitten durch die Nebel eine Insel, die man Tumannoi-Ostrow, oder die Nebelinsel, nannte. Man näherte sich ihr, so, daß man zuletzt nur noch sieben oder acht Faden Wasser fand. Der ganze Augustmonat vergieng mit herum irren, von einer Insel zur andern, wobey man den Scharbock hatte, von dem der Befehlshaber noch mehr angesteckt war, als sein Schiffsvolk. Am Ende des Monates lief man gegen Norden, und wurde wieder festes Land gewahr, dessen Küsten sehr jähe, und überall mit Inseln umgeben waren. Sie lagen auf der Höhe von fünf und funfzig Grad der Breite. Man nannte sie die Inseln Schumagin; weil der Kranke so hieß, der zuerst am Scharbocke starb, und daselbst begraben wurde. Man ließ in einer dieser Inseln frisch Wasser suchen, und füllete die leeren Tonnen damit an. Es war aber salzig, ob es schon in einem stehenden See war geschöpfet worden; und Herr Steller schreibt diesem Wasser die Verdoppelung des Scharbockes zu, woran die meisten derjenigen, die von ihm angegriffen waren, sterben mußten.

Man hatte die vorhergehende Nacht in einer Insel, welche Nord-Nord-Ost lag, Feuer gesehen. Chitrow hatte Muth genug, sich die Erlaubniß aus zu bitten, sie befahren zu dürfen. Man gab ihm fünf Mann und Waffen und Geschenke mit, sich damit sowohl gegen die Wilden vertheidigen, als sich ihnen gefällig machen zu können. Sie landeten an dieser Insel, fanden daselbst Spuren des Feuers, aber keine Menschen. Chitrow wollte zum Schiffe zurück kehren. Ein heftiger und widriger Wind aber zwang ihn, nach einer andern Insel zu gehen, welche dieser nahe lag. Die Wellen waren so groß, daß die eine sein Canot ganz anfüllete, und eine andere es glücklicher Weise ans Land warf. Sie machten so gleich Feuer an, so wohl sich zu trocknen, als dem Schiffe ein Zeichen zu geben, ihnen zu Hülfe zu kommen. Er erhielt aber keine. Er war daher genöthiget, sich hinter einer andern Insel in Sicherheit zu setzen. Indessen schickete man nach zweenen stürmischen Tagen eine Schaluppe, welche die sechs Leute wieder zur Insel zurück bringen sollte, zu der sie auf ihrem lâken Boote nicht zurück kommen konnten. Den 4ten des Herbstmonates gieng man wieder unter Segel: Ungewitter und Sturm aber nöthigten das Schiff gar bald, sich wieder vor Anker zu legen. Unterdessen, daß man da war, hörete man ein Geschrey von Menschen, in einer der benachbarten Inseln. Bald nachher sah man zwey Canote, wie diejenigen, deren man sich in der Straße Davis, und auf den grönländischen Küsten bedienet. Zween Americaner führeten sie, die in ihrer Hand Stäbe hielten, welche an dem einen Ende mit Federn oder Falkenflügeln versehen waren. Man nöthigte einander wechselsweise, die einen ans Land zu steigen, und die andern, an den Bord des Schiffes zu kommen. Da die Americaner sich nicht nähern wollten, so begab sich Herr Waxel, der Lieutenant des Schiffes, mit Herr Stellern und neun bewaffneten Männern, auf einer Schaluppe zu der Insel, wo das Geschrey, das man gehöret hatte, her kam. Das Ufer war mit großen schneidenden Steinen besetzt. Drey Leute stiegen daselbst ans Land; einer von ihnen war einer von den koräkischen Dolmetschern, welche die Russen mit nehmen, damit sie die Americaner verstehen möchten. Allein, die Sprache dieser beyden Völker, die

die einander fremd sind, hat keine Aehnlichkeit mit einander. Da aber mehr Verhältniß in den Sitten dieser beyden Völker ist, so gelang es dem Korjäken, eine Art von Unterhaltung durch die Zeichen- oder Gebärdensprache zu Stande zu bringen. Man erwies einander Freundschaft. Die Americaner bothen den Russen Walfischfleisch an, und einer von den Wilden gieng in Herrn Waxels Schaluppe, der ihm Branntewein schenkete. Als er aber davon trinken wollte, so spye er ihn hurtig wieder aus, und erhub ein grosses Geschrey, welches man weder durch Geschenke noch durch Liebkosungen stillen konnte. Man ließ ihn also wieder ans Ufer zurück kehren, und gab den dreyen Europäern ein Zeichen, wieder an Bord zu kommen. Die Americaner behielten den korjäkischen Dolmetscher, und zogen die angebundene Schaluppe, sie zu zerbrechen, oder zu versenken. Allein, man hieb das Thau ab, und da sie den Menschen nicht wieder gehen lassen wollten, der am Ufer schrye, um wieder zu seinen Gefährten zu kommen, so schoß man mit einer Flinte zweymal in die Luft. Die Americaner fielen vor Furcht zur Erden, und der Dolmetscher entfloh. Die Wilden gaben durch Gebärden, die ihr Entsetzen hinlänglich genug anzeigten, zu verstehen, die Russen möchten nicht wieder ans Land kommen.

Russische Entdeckungen.

Die Americaner, die des Walfischfanges wegen an diese Küsten gekommen, hatten keine Waffen. Ein einziger trug an seinem Gürtel ein Messer von sonderbarer Gestalt, welches acht Zoll lang, sehr dick, und an der Spitze sehr breit war. Man konnte nicht errathen, wozu sie es gebrauchten. „Ihre Kleidung war für den Oberleib „aus Gedärmen von Walfischen, und für den Unterleib aus Seehundhäuten. Ihre „Mützen waren aus Seelöwenfellen gemacht, und mit allen Arten von Federn, vor„nehmlich von Falken, gezieret. Sie verstopfeten sich ihre Nasen mit Kraute, welches „sie von Zeit zu Zeit wegnahmen; und alsdann gieng sehr viel Feuchtigkeit von ihnen, „die sie mit grosser Sorgfalt ableckten. Ihre Gesichter waren roth gemalet. . . . „Einige hatten eine platte Nase, wie die Calmüken. Alle waren sehr groß. Ver„muthlich ernähren sie sich hauptsächlich von Seethieren, die sie in diesen Meeren finden. „Man sieht sie auch zuweilen Wurzeln suchen, die sie so gleich essen, so bald sie nur die „Erde ein wenig abgeschüttelt haben.„

Herr Waxel sah den Tag nach seiner Rückkehr zum Schiffe sieben Americaner auf eben so vielen Canoten zu sich kommen. Zween von ihnen, die sich an der Treppe des Schiffes hielten, aber nicht hinauf stiegen, bothen ihm zwo von ihren Mützen zum Geschenke an, imgleichen einen knöchernen Abgott, und reicheten ihm das Calumet. „Es „war ein Stock, fünf Fuß lang, an dessen kleinern Ende ohne Ordnung Falkenfedern „angebunden waren.„ Dieses Calumet gleicht also nicht immer dem Mercuriusstabe. Man machte ihnen auch gegenseitige Geschenke. Als aber das Meer anschwoll, so begaben sie sich hurtig wieder ans Land zurück, und erhuben daselbst eine ganze Viertheilstunde lang ein unabläßiges Geschrey, welches sie erneuerten, als das Schiff mit vollen Segeln vor ihrer Insel vorbey fuhr. Man wußte nicht, ob es aus Freude, oder Betrübniß geschah, daß die Ausländer ihr Land verließen.

Man gewann Süden durch den Westwind, welcher im Herbste beständig auf diesem Meere herrschet, mit Nebeln von vierzehn Tagen, oder drey Wochen, in welcher Zeit man weder Stern noch Sonne sehen kann, die Polhöhe zu nehmen, und die Schätzung richtig zu machen. Man kämpfte gegen Wind und Wetter bis den 24sten des

Rußische Entdeckungen.

Herbstmonates, da man von ferne an den hervorragenden Bergen und Inseln wieder Land gewahr ward. Man vermuthete, es möchte ungefähr unter dem ein und funfzigsten Grade sieben und zwanzig Minuten der Breite, den zwanzigsten Grad der Länge, nach Entfernung des Havens Awatscha liegen.

Der Wind, der immer von Westen wehete, trieb das Schiff süd-ostwärts, in einem Sturme, welcher siebenzehn Tage ohne Unterlaß anhielt. Der Steuermann, Hesselberg, welcher schon seit funfzig Jahren schiffete, sagete, er habe vielerley Meere, und unter verschiedenen Himmelsstrichen durchschiffet, aber niemals einen so lange anhaltenden Sturm gesehen. Er legete sich endlich den 12ten des Weinmonates, und man befand sich unter dem acht und vierzigsten Grade achtzehn Minuten der Breite weiter vom Lande, als vorher.

Alle diese Verzögerungen beförderten den Fortgang des Scharbockes. Täglich mußte man einige Todten über Bord werfen. Man berathschlagete sich, ob man wieder nach Kamtschatka zurück kehren, oder auf einer americanischen Küste überwintern wollte. Denn man befand sich diesem Welttheile näher, als Asien. Indessen führeten doch Noth und Trieb alle Herzen nach dem Haven zu, aus dem man ausgeschiffet war. Man kam vor einer Insel vorbey, die man schon auf der Hinreise hätte gewahr werden müssen, die aber der dicke Nebel vermuthlich den Augen unserer Reisenden entzogen hatte. Denn ihre Tagebücher erwähnen sie nur erst bey der Rückreise. Man nennet sie die Insel St. Macarius. Den 29sten und 30sten des Weinmonates sah man zwo andere, denen man aber keine Namen gab, weil man sie für die zwo ersten Kurilen hielt. Dieser Irrthum verursachete, daß man nordwärts fuhr, da man sich doch gegen Westen halten sollte, auf welchem Laufe man in zweenen Tagen den so erwünschten Haven würde erreichet haben.

Nachdem man sich von diesen beyden Inseln entfernet hatte, denen man in der Folge den Namen der Verführungsinseln beylegte: so ward es immer schlimmer. Es war nun schon weit im Jahre, und das Schiffsvolk an Kräften erschöpfet. Die Kranken sahen, ohne Wasser, erstarret von Froste, und ohne Unterlaß zur Arbeit gezwungen, die vereinten Schrecken des Winters, des Hungers und des Todes sich nähern. Der Matrose, den man ans Ruder stellete, ward von zweenen Kranken unter den Armen dahingeführet. Wenn er nun müde war, zu sitzen und zu steuren, so ward er durch einen andern eben so schwachen Mann, als er, abgelöset. Man getrauete sich nicht, die Segel auf zu spannen, weil es an Leuten fehlete, sie im Falle der Noth wieder ein zu nehmen. Die meisten waren von den Winden zerrissen, und man hatte nicht Volk genug auf dem Schiffe, sie mit andern zu verwechseln. Die Regenzeit machte dem Schnee Platz. Die Nächte wurden länger und finsterer, der Menschen weniger, und der Arbeit mehr, das Meer immer gefährlicher, und das Schiff beynahe völlig ohne andere Bewegung, als die es von der Unbeständigkeit der Wellen, Ströme und Winde bekam. Man war in der äußersten Noth, als man sich endlich den 4ten des Wintermonates entschloß, den Lauf nach Westen zu richten, ohne zu wissen, unter welchem Grade der Breite man sich befand, und in welcher Entfernung man von Kamtschatka war. Nach Verlaufe einiger Stunden entdeckete man Land, allein, so weit entfernet, daß die Nacht heran kam, ehe man es erreichen konnte. Man hielt das Meer, weil man sich fürchtete, zu scheitern. Den Morgen darauf waren die Taue auf der rechten Seite des Schifses zerrissen, und es war also kein Mittel mehr übrig, weiter zu schiffen. Man entschloß sich, an dem ersten Ufer zu landen. Man fuhr dahin, aber mit halb aufgezogenen Segeln, damit man der sehr schadhaften Masten schonete. Um fünf Uhr des Abends fand man nur noch zwölf Faden Wasser, und unten kiesichten Grund. Man warf Anker. Das Thau riß, und die Wellen warfen das Schiff an einen Felsen, an den es zweymal stieß, wiewohl in fünf Faden Wasser. Man warf zum andern Male Anker, und das Thau zerriß. Zum Glücke hob eine große Welle das Schiff über den Felsen, als man eben im Begriffe war, den dritten Anker von den Krahnbalken zu werfen.

Russische Entdeckungen.

Endlich befand man sich auf einmal in einem stillen Wasser, auf vier Faden Tiefe, und war drey hundert Faden vom Ufer entfernet. Dieses geschah den 6ten des Windmonates, und man mußte den Winter, so gut es sich thun ließ, in dieser Freystatt zubringen. Man eilete, sie zu erkundigen, die Herren Waxel und Steller stiegen ans Land. Alles war daselbst mit Schnee überdeckt. Ein Fluß, der noch nicht gefroren war, zeigete ein klares und helles Wasser. Es waren aber keine Bäume, kein Holz da, und das, was das Meer ans Ufer geworfen hatte, war unter dem Schnee begraben. Wie sollte man sich hier also Hütten erbauen, oder die Kranken vor der rauhen Luft und Kälte in Sicherheit setzen? „Es gab zwischen den Sandhügeln, die an den „Ufern dieses Flusses waren, sehr tiefe Höhlen.„ Man entschloß sich, sie zu säubern, und mit Segeln zu bedecken, und daselbst so lange zu verharren, bis man so viel Holz zusammen gebracht hätte, daß man Hütten bauen könnte.

Tages darauf waren diese Höhlen fertig, und den dritten Tag brachte man die Kranken ans Land. Viele von ihnen starben auf dem Verdecke, in der Schaluppe oder auf dem Ufer, indem sie durch die frische Luft erstickt wurden, die bald das Leben giebt, und bald es auch nehmen kann. Kaum waren sie gestorben, so fielen die Füchse häufig über ihre Leichname her, indem man die andern Kranken ausschiffete. Diese Thiere waren so hungerig, oder so wenig furchtsam, daß man sie nur mit genauer Noth davon vertreiben konnte. Es gab viele zerfressene Hände und Füße, ehe man die Todten begraben konnte. Man vermuthete, daß man in einer Insel wäre, und man hatte sich nicht betrogen.

Inzwischen vollendete der Scharbock seine Wuth. Es kam keiner von denen davon, die auf dem Schiffe das Bette gehütet hatten, entweder aus Gleichgültigkeit gegen das Leben, oder aus Furcht vor dem Tode[4]). „Da dieses Uebel mit einer außer„ordentlichen Trägheit anfängt, die sich des ganzen Körpers bemächtiget, den Men„schen stumpf und zu allen Sachen verdrossen machet, die Seele völlig nieder schlägt, „und nach und nach eine Engbrüstigkeit verursachet, die man bey der kleinsten Bewe„gung empfindet: so geschieht es gemeiniglich, daß der Kranke lieber im Bette liegen „bleibt, als herum gehen will. Das ist aber gerade sein Verderben. Denn alle Glie„der werden gar bald mit heftigen Schmerzen angegriffen, die Füße schwellen, das Ge„sicht wird gelb, der Leib voller braunen Flecken, der Mund und das Zahnfleisch blu„ten, und die Zähne wackeln. In diesem Zustande will sich der Kranke nicht mehr be„wegen, und es ist ihm einerley, zu leben oder zu sterben. Diese verschiedenen Grade „der

4) Eine Beschreibung eben dieser Krankheit sehe man in unserm XIX Bande a. d. 476 S.

Russische Entdeckungen.

„der Krankheit und ihre Wirkungen nahm man nach und nach auf dem Schiffe wahr. „Man bemerkete auch noch überdieß, daß einige Kranke mit einem panischen Schrecken „befallen wurden, welcher sie bey dem geringsten Geräusche oder Geschreye, das man auf „dem Schiffe hörete, in Furcht brachte. Andere aßen mit vieler Begierde, und dach„ten nicht einmal daran, daß sie krank wären.„ Denn so bald sie vom Aussteigen reden höreten, verließen sie ihr Lager, kleideten sich an, und zweifelten gar nicht an ihrer baldigen Wiederherstellung. „Allein, wenn sie nun aus dem Schiffraume hervor gien„gen, der mit unreiner Luft und Feuchtigkeit angefüllt war, so fanden sie auf dem Ver„decke in der freyen Luft ihren Tod.„

Diejenigen, die sich nicht ins Bette legeten, sondern das Herz hatten, sich beständig in Bewegung zu erhalten, kamen davon. Die Officiere, die immer beschäfftiget waren, Befehle zu geben, und auf ihre Arbeiten Acht zu haben, waren frisch und munter. Waxel und Chitrow befanden sich, so lange sie auf dem freyen Meere waren, in ziemlicher Gesundheit. Da sie aber am Borde bleiben wollten, als man alle andere ans Land gebracht hatte: so wurden sie, weil sie sich entweder nicht hinlängliche Bewegung machten, oder denen übeln Dünsten, die aus dem Schiffraume aufstiegen, zu sehr ausgesetzt waren, in kurzer Zeit so krank, daß man sie den 21sten des Windmonates ans Land bringen mußte. Man hielt sie indessen, weil man durch die Erfahrung gelernet hatte, daß man sehr behutsam mit dem Fortbringen der Kranken verfahren mußte, wohl bedeckt, und ließ sie nur nach und nach der frischen Luft genießen; sie wurden auch in kurzer Zeit völlig wieder hergestellet.

Der Hauptmann Beering war nicht so glücklich. Gleich in den ersten Tagen hatten ihn vier Männer auf einer Trage, die aus zwoen Stangen mit dazwischen geflochtenen Stricken bestund, ans Land gebracht. Man hatte ihn in eine Grube allein gelegt, und wohl zugedeckt. Alle diese Sorgfalt aber konnte ihn nicht retten. Seine Krankheit machte ihn so mistrauisch, daß er jedermann für seinen Feind ansah, und selbst Steller, der sein Freund und sein Arzt war, konnte nicht einmal erhalten, ihn zu sehen. Er starb den 8ten des Christmonates, von allen Menschen verlassen, die seine Schwermuth noch mehr als sein ansteckend Uebel von ihm entfernete. „Man kann sagen, daß „er beynah lebendig begraben worden; denn da er sich beständig Sand von den Wän„den seiner Höhle abkratzete, und seine Füße ganz damit bedeckt waren, so wollte er „nicht erlauben, daß man solchen davon wegnahm. Er glaubete, daß er ihn noch et„was warm hielte, da er an allen andern Theilen seines Körpers nicht die geringste „Wärme fühlete. Dieser Sand hatte sich nach und nach bis an seinen Unterleib gehäu„fet, und als er gestorben war, so mußte man ihn ausscharren, um ihn anständig zu „begraben.„

Beering stirbt.

Also starb dieser Däne, der von 1707 an Rußlande gedienet, und alle Seekriege dieser Macht gegen Schweden mit gethan, wobey er sich Geschicklichkeit und Erfahrung genug gesammlet hatte, es zu versuchen, ob er den Zaaren einen neuen Weg nach America eröffnen könnte. In der Hoffnung, die neue Welt durch eine engere Verbindung mit der alten zu verknüpfen, that dieser Nebenbuhler des Columbs große Reisen. Er erlag unter der zweyten, und hatte dafür die Ehre, daß er der Insel, wo er starb, seinen Namen ließ. Denn das Land, das er entdecket hatte, ward Beeringsinsel genennet.

Der

Der Tod des Befehlshabers war nicht das letzte Unglück des Schiffvolkes. Das übel bewahrte Schiff ohne Tauwerk, welches sein Ankertau bey einem gewaltigen Sturme in der Nacht zwischen dem 28sten und 29sten des Windmonates zerrissen hatte, strandete, und gerieth acht bis neun Fuß in den Sand, nahe an dem Orte, wo die Besatzung desselben in ihren Gruben lag. Da es an den Seiten oder am Kiele leck geworden war, so schöpfete es unten Wasser; und die Fluth, welche hineindrang, verderbete einen großen Vorrath von Mehle, Salze und Grütze. Man mußte diesen Schaden ersetzen und das Land erkundigen, um daselbst Lebensmittel zu suchen. Von der östlichen Küste, wo man sich befand, gieng man gegen Süden und Norden auf die Felsen, von denen man mehr Raum übersehen konnte. Nirgend war eine Spur von Menschen. Die Sicherheit aller wilden Thiere daselbst entfernete so gar die Vorstellung von unserer zerstörenden Art. Zwölf oder funfzehn Werste vom Ufer kletterte man auf einen Berg, von dem man das Meer, so wohl gegen Westen, als Osten, sah. Man war also gewiß, daß man sich auf einer Insel befand. Nachher hat man entdecket, daß sie, wo sie am breitesten ist, zwanzig Werste hält: ihre Länge aber, die von Südost nach Nordwest geht, hat man nicht bestimmet. Da sie unter eben dem Grade der Breite, als der Fluß Kamtschatka, liegt: so hat man erkannt, daß sie nur dreyzig Meilen von dieser Halbinsel entfernet sey. Sie ist überall mit Felsen bedecket, und hat Thäler, die von Quellwasser gewässert werden, imgleichen Flüsse, an deren Ufern ein sehr hohes Kraut mit untermengten Weidenstauden wächst. Man hat um diese Insel herum noch keinen bequemen Haven für die Schiffe gefunden. Sie schicket sich auch nicht besser, bewohnet zu werden, weil sie nur blaue oder weisse Füchse hat: doch könnte das Meer einiger Maßen die Unfruchtbarkeit des Erdreiches daselbst ersetzen.

Russische Entdeckungen.

Beeringsinsel.

Die in diese Insel verschlagenen Russen nahmen ihre Zuflucht zu den Fischottern des Meeres, nachdem sie sich einen Vorrath von achthundert Pfund Mehl aufbewahret hatten, um wieder, wenn es ihre Gesundheit und die Witterung erlaubten, nach Kamtschatka zu kehren. Eins von diesen Thieren lieferte ihnen vierzig bis funfzig Pfund Fleisch: es war aber, wenigstens der Männchen ihres, so hart, daß man es hacken und beynahe, ohne es kauen zu können, niederschlucken mußte. Das Eingeweide machte man für die Kranken zu Rechte. Herr Steller behauptet, die Fischotter sey gut für den Scharbock: aber Herr Müller zweifelt daran, weil die Russen, die an dieser Krankheit starben, so wohl als die andern, davon gegessen hatten. Inzwischen tödtete man doch sehr viele, auch da noch, da man schon aufgehöret hatte, sich ihrer zur Nahrung zu bedienen, weil ihre Felle sehr schön sind, und den Russen von den Chinesern mit achtzig bis hundert Rubeln das Stück bezahlet werden. Die Jagd dieser Thiere daurete bis zum März, und man hatte während der Zeit neunhundert Felle zusammen gebracht. Im März verschwanden diese Thiere, und das Schiffvolk nahm seine Zuflucht, Hunde, Bären, und Löwen zu fangen, die das Meer ihm darboth. Es warf ihnen auch zween todte Walfische auf ihre Küsten. Der erste, welchen sie das Vorrathshaus der Lebensmitteln nannten, reichte den ganzen Winter durch; wiewohl sein Speck etwas verdorben war. Wenn man es aber kochen ließ, um Oel daraus zu bekommen, so verschluckete man es und lebete. Den andern, der frischer war, erhielten sie im Frühlingsanfange.

Nunmehr

Russische Entdeckungen.

Nunmehr (nämlich gegen das Ende des Märzes 1742) dachten sie auf Mittel, wieder nach Kamtschatka zu kommen. Waxel sammelte den Rest des Schiffvolkes, der aus fünf und vierzig Mann bestund. Weil Unglück und Schiffbruch sie in den Stand der natürlichen Gleichheit versetzt hatten, so sagete ein jeder sein Gutachten. Die Vernunft allein hatte das Ansehen und die Gewalt, das Beste gelten zu lassen. Nach vielen Zänkereyen beschloß man endlich, Waxels und Chitrows Gutdünken zu folgen. Diese beyden Officier schlugen vor, das schon sehr beschädigte Schiff vollends in Stücken zu schlagen, und aus seinen Trümmern ein neues zu bauen, welches alles Schiffvolk mit nöthigem Vorrathe auf vierzehn Tage fassen könnte, damit sie sich entweder zusammen retteten, oder mit einander umkämen. Als dieses Gutdünken durch die meisten Stimmen war genehmiget worden, und alles Schiffvolk die Urkunde unterzeichnet hatte, so brachte man den ganzen April zu, das Takelwerk ab zu nehmen, und den Rumpf des alten Schiffes aus einander zu schlagen. Wer sollte aber nun die Aufsicht zur Erbauung eines neuen haben? Die drey Schiffezimmerleute waren auf der Insel gestorben. Endlich erboth sich ein Cosake, der in der Werkstatt eines Zimmermannes zu Ochozk gearbeitet hatte, das Werk zu übernehmen. Es glückete ihm, und er wurde nachher dafür in den Adelstand erhoben. Dieß Fahrzeug wurde den 6ten May angefangen, und sollte vierzig Fuß am Kiele halten, dreyzehn breit und sechs und einen halben tief seyn. Im Brachmonate war man schon sehr weit mit der Arbeit gekommen. Es war von innen und außen mit Brettern bekleidet; man hatte das Verdeck gemacht, den Mastbaum aufgestellet und vier Ruder an jeder Seite angebracht. Nun sollte man das Schiff kalfatern, und das Theer fehlete. Man sehe, wie man sich solches verschaffete, saget Herr Müller.

„Man nahm ein ganz neues Tau; und nachdem man es in Fußlange Stücke „zerschnitten, so drehete man solche an den Enden auf, und warf sie in einen großen ku„pfernen Kessel, über den man einen durchlöcherten Deckel stellete, der sich wohl darauf „passete. Nachher nahm man ein hölzern Gefäß, welches man bis an den Deckel, „der ebenfalls in der Mitte durchlöchert war, in der Erde verscharrete. Darüber setzte „man den kupfernen Kessel umgekehret, so daß Deckel auf Deckel und Loch auf Loch kam. „Man bediente sich auch der Vorsicht, rings um den Kessel herum viel Erde auf zu „häufen, damit das Feuer nicht bis an das hölzerne Gefäß kommen möchte. Darauf „umgab man diesen umgekehrten und beynahe ganz in der Erde vergrabenen Kessel „mit Feuer. Die Hitze ließ das Pech, das in den aufgedreheten Enden des Taues „war, in das untergesetzte Gefäß triefen.„ Auf diese Weise sammlete man so viel, als nöthig war, das untere Theil des Schiffs zu theeren, und den obern Theil überzog man mit Seife.

Wenn einige Leser, die den Berichten der Reisebeschreiber nicht leicht trauen, einige Aehnlichkeit zwischen den Begebenheiten der Russen auf der Beeringsinsel und den Abentheuren des Robinsons finden, so können wir ihnen nichts entgegen setzen, als Herrn Müllers Zeugniß. Ein so ernsthafter Mann, der die besten Erdbeschreiber Frankreichs bestreitet, hat vermuthlich nicht ein so lügenhaftes und noch leichtgläubiger Volk, als die Griechen, wie man saget, durch das Wunderbare belustigen wollen. Uebrigens hat dieser Deutsche, der nicht für die Russen allein schreiben wollen, sein Buch den Augen des ganzen Europa vorgelegt, und er scheint durch seine kritischen Anfälle alle Gelehrten heraus zu fordern.

Russische Entdeckungen.

Endlich, fährt dieser gelehrte Naturkündiger fort, ward das Schiff den 10ten August ins Wasser gelassen, und den 16ten gegen Abend stieß man vom Lande. Man bedienete sich der Ruder, bis man zwo Meilen vom Ufer war, und nachher spannete man bey einem gelinden Nord die Segel auf. Das Schiff fieng gleich den andern Tag seiner Reise an, Wasser zu ziehen. Als man aber eine Menge Kugeln und alles Eisen, welches ihnen zu Ballaste dienete, über Bord geworfen hatte, so entdeckete man das Leck und verstopfete es. Den 25sten August sah man Kamtschatka wieder, und den Tag darauf lief man in den Meerbusen Awatscha ein.

Seit dieser Entdeckung der Beeringsinsel sind noch einige andere Reisen nach America von Kamtschatka aus gethan worden. Die Russen aber haben der Welt solche noch nicht mitgetheilet, entweder weil sie befürchten, es möchten ihnen andere Völker nachahmen, oder vielleicht, damit man sie nicht beschuldige, sie sucheten einen eiteln Ruhm durch diejenigen glänzenden Betrügereyen, denen sich die erstern Reisenden nur gar zu verdächtig gemacht haben. Man wird gar bald sehen, ob die Neigung zum Wunderbaren und zur Erdichtung sich auch der nordischen Völker bemeistert hat, deren Himmelsgegend sonst weniger zur Vergrößerung treibt, die überall das Antheil der Unwissenheit und des Nationalstolzes ist. Man kann hier die Nachricht nicht vorbey lassen, die der französische Uebersetzer des Müllerschen Buchs hinter der Erzählung bekannt gemacht, wovon man hier den Auszug gesehen. Es ist eine Zeitung, welche der historischen Gazette von Delft eingerücket worden, und von Petersburg den 2ten des Hornungs 1765 kömmt.

„Vor ungefähr zehn Monaten haben einige von unsern beyden zu Kamtschatka „und an der Mündung des Kolyma errichteten Handlungsgesellschaften ausgeschickte Leute „einige neue Entdeckungen gemacht. Die von Kolyma haben das Glück gehabt, „durch den vier und siebenzigsten Grad Norderbreite das Tschukotzkoi Noss zu um„fahren. Sie fuhren durch die Straße, welche Sibirien von America trennet, und „haben unter dem vier und sechzigsten Grade der Breite an einigen stark bewohnten „Inseln gelandet, mit denen sie einen Pelzhandel aufgerichtet; sie haben unter andern „einige schwarze Fuchspelze bekommen, die schöner sind, als man sie jemals gesehen, „und haben sie der Kaiserinn überreichen lassen. Sie haben allen diesen Inseln und „Ländern, von denen, wie sie glauben, einige zum festen Lande von America gehören, „den Namen Aleyut beygelegt.„

„Unterdessen diese von Norden gegen Süden giengen, kamen die von Kam„tschatka von Süden nach Norden; und da der Wind ihnen günstig war, so hatten sie „das Vergnügen, ihre Landesleute von Kolyma nahe bey denen Inseln Aleyut zu finden. „Nachdem sie sich über die besten Mittel berathschlaget hatten, wie sie sich ihrer neuen „Entdeckungen zu Nutze machen könnten: so ward es für das Beste gehalten, sich in „der Beeringsinsel fest zu setzen, welche in Zukunft zur Niederlage für den Handel „dienen wird, den man mit den Einwohnern der Insel Aleyut ferner führen will. „Die Kaiserinn, die an ihrer Seite entschlossen ist, diese Entdeckungen weiter zu trei„ben, hat den Obersten Bleumer und einige geschickte Erdbeschreiber ernannt, von „dem Flusse Anadir aus sich zu diesen Inseln und weiter zu begeben.

Russische Entdeckungen.

„Es ist wahr, wenn man den entsetzlichen Abstand betrachtet, der zwischen Kam„tschatka und dieser Residenz (nämlich Petersburg) ist: so ist eben keine Wahrschein„lichkeit, daß wir viele Vortheile aus diesen Entdeckungen ziehen werden. Dafür aber „werden die Einsichten, die man daraus wird ziehen können, ein großes Licht über die „Erdbeschreibung ausbreiten, und nicht wenig beytragen, sie vollkommener zu machen. „Man wird vieleicht dadurch endlich im Stande seyn, die Breite der Straße zu bestim„men, welche America von Asien trennet."

Wir wollen eben nicht für die Wahrheit einer Nachricht stehen, die bloß durch die Zeitungen angekündiget wird. Man ist schon lange in dem gelehrten und aufgeklärten Theile von Europa gegen alle die Nachrichten mistrauisch, welche aus Rußland von ihren Entdeckungen oder Eroberungen kommen. Damit man gleich neben der Sache die Ursache, daran zu zweifeln, sehe, so fügen wir hier im Auszuge zwo artige Abhandlungen bey. Die eine, die schon alt ist, machet sich bloß durch den Namen ihres Verfassers merkwürdig. Sie ist vom Pater Castell, einem Manne, dessen besonderer Geist die Ausbrüche und Vergehungen der natürlichen Fähigkeit hatte, und der, ungeachtet aller Fehler seiner unachtsamen, ungleichen und oft barbarischen Schreibart, doch allemal unterhaltend ist, und sich als ein Originalcharacter lesen läßt, den die bedachtsamern und genauern Schriftsteller gewöhnlich nicht haben.

P. Castell.

Abhandlung

über die berühmten Länder Kamtschatka und Jesso, oder über die Gemeinschaft des festen Landes von Asien und America, und die Durchfahrt aus dem östlichen in das nördliche Meer; von dem Pater Castell [1].

An dem östlichen Ende von Asien, Japon gegen Norden, liegt ein Land, welches man Jesso nennet. Man kann noch nicht mit Gewißheit bestimmen, ob es eine Insel oder ein festes Land ist, noch ob es gut oder schlecht ist, und von was für Leuten es bewohnet wird. Aber so wie es ist und so, wie man es kennet. . . . ist es doch der Gegenstand, den drey oder vier große Reiche sich streitig machen, und deren jedes es sich zueignen will.

Die Gerechtsamen von Japon sind am mindesten zweydeutig. Das Land liegt ihnen bequem und sehr nahe; die Japonesen handeln in völliger Sicherheit dahin, und heben in dessen mittäglichem Theile, der ihnen am nächsten liegt, Tribut ein; ob man schon nicht weis, ob ihre Herrschaft sich weit hinein erstrecke; noch, Herr Delisle mag auch sagen, was er will, ob es dasselbe feste Land oder dieselbe Insel sey, oder ob es davon durch einen oder mehrere Aerme des Meeres getrennet werde.

Auf

1) Siehe Memoires de Trevoux, Juil. 1737. auf der 1156 und ff. S.

Auf der andern Seite erzählen die Chinesen sehr viele Wunderdinge von ihm, wenn anders ihr Je-tse unser Jesso ist. Denn nach unsern chinesischen Erdbeschreibern, deren Aussprüche in solchen Fällen für Orakel gelten müssen, hat man Ursache, daran zu zweifeln. . . . Die Chineser verbinden Jesso oder Je-tse mit dem äußersten Winkel ihrer Tatarey, weit über Corea, um über dieses Land eben die Gerechtsamen zu bekommen, die sie ohne Widerrede über den ganzen ungeheuren Strich haben, der sich bis an das Ostmeer erstrecket, wo die große Perlenfischerey ist. P. Castell.

Die Sache scheint ausgemacht zu seyn. Jesso gehöret nicht mehr zur Tatarey, seit der Zeit unsere Erdbeschreiber beynahe selbst an diesen Oertern gewesen sind, und nicht allein keine Spur von einem, noch vielweniger von zweyen oder drey großen Reichen, die Niulhan und Orancai und Je-tse heißen sollen, sondern nicht einmal irgend eine Spur von Menschen gefunden haben. Diese ganze ostliche Tatarey war mit Eisbergen und unbewohnbaren Wäldern bedecket, woselbst die Manetscheur, Jupis und Katschengs-Tatarn nur im Frühlinge hingehen, um daselbst zu jagen und Ginseng zu sammlen, der in China beynahe eben so theuer, als das Gold, verkaufet wird, da man zu Peking die Unze dieser Pflanze mit sieben bis acht Unzen Silber aufwiegt.

Man darf also an der Tessoistraße zwischen der südostlichen Spitze dieser Tatarey und dem westlichen Vorgebirge von Jesso gar nicht zweifeln. . . .

Die Karten in der neuen Geschichte von Japon trennen Jesso von der Tatarey, aber nur, damit sie es auf die nordliche Seite setzen, welches ganz neu und unerhört ist. Zu gleicher Zeit malen sie einen ziemlich großen Meerbusen statt der Straße Tessol zwischen der chinesischen Tatarey und Jesso, ohne auf die untrüglichen Zeugnisse der chinesischen Erdbeschreiber zu achten . . . welche dieser doppelten Neuigkeit zuwider sind.

Also wären denn die Chineser um ihre Ansprüche auf Jesso gekommen. Die Russen sind an der Reihe; sie befinden sich schon mitten in dem Herzen von Jesso, und an den Gränzen von Japon, dem sie dieses Reich wegnehmen, ohne daß die guten Japoneser sich die Herrschaft über Jesso, das doch ihrem Lande so nahe ist, an zu maßen getraueten. Die Russen fangen nach und nach an, uns durch die vielen geographischen Paradoxen damit bekannt zu machen. . . .

Vor einigen Jahren verwunderte man sich in Europa, und besonders in Frankreich, wo man auf Neuigkeiten, und vornehmlich geographische Neuigkeiten so erpicht ist, überaus sehr, als man von den chinesischen Missionarien hörete, daß zween oder drey von ihnen nebst einigen chinesischen Gevollmächtigten von Peking abgereiset wären, nach Niptschu, drey bis vierhundert Meilen von Peking an den Ufern des Amurflusses, zu gehen, und daselbst mit einigen Russen Friedens- und Gränzunterhandlungen zu pflegen, die aus eben den Ursachen sechs bis siebenhundert Meilen weit von Moscau hergekommen wären.

Unterdessen wir also mit den Chinesern den Russen das Land streitig machen, sind diese beständig fortgegangen, und haben schon seit der Zeit ein gut Stück Weges zurück gelegt. Sie waren zu Niptschu an den Quellen des Amur noch nicht weiter, als unter dem hundert und fünf und dreyzigsten Grade der Länge, und befanden sich Westnordwärts von China oder der chinesischen Tatarey; und nun sind sie durch die Karten der neuen Geschichte von Japon schon vierzig Grad weiter nach Osten bis in den hundert

P. Castell. dert und fünf und siebenzigsten Grad fortgerücket, das ist auf sechs oder siebenhundert Meilen, welches ihre Ausbreitung beynahe verdoppelt und sie weit über die Mündung des Amur, und weit über China, Corea und der chinesischen Tatarey hinaussetzet, völlig in die Mitte und an die äußersten Enden von Jesso, gerade wider und über die östlichste Küste von Japon hinaus.

Dieses übertrifft das Wunderbare und erreichet noch nicht das Wahre, da die neue Geschichte des Pater du Halde die chinesische Tatarey weiter, und Moscau noch um vierzig Grad weiter bis ungefähr auf den zweyhundert und funfzehnten Grad erstrecket. Auf diese Weise kommen noch fünf bis sechshundert Meilen zu denen zwölf hundert hinzu, die wir eben berechnet haben. Auf diese Weise werden die Russen Nachbarn von America, wo wir sie, welches vielleicht bald das letzte Paradoxon seyn wird, zu Lande und ohne einen Fuß aus ihrem Vaterlande gesetzet zu haben, anlangen, und als unsere Gegenfüßler zurück kommen sehen. . . .

Man wird viele Dinge nicht gewahr, wenn man sie nur so im Vorbeygehen betrachten kann. Die Russen haben in der That nur im Vorbeylaufen von diesem Lande Besitz genommen. Und diese Besitznehmung ist noch der genauern Untersuchung und dem Rückfalle an die Japoneser ausgestellt, die sie zurückfordern. Man schenket reichen Leuten gern etwas. Sind wohl die Russen an etwas andern reich, als an Ländern, an eisichten und nicht urbar zu machenden Ländern? Sie eignen sich auch Jesso nicht zu, und man zeiget uns keine Vollmacht, weder von ihrer, noch japonischer Seite, um jenen also auf Kosten dieser wohl zu wollen.

Da die Russen immer nach Osten fortgegangen . . . . und sich zur Rechten und Linken, so weit es nur das Eismeer und die Chinesen ihnen erlaubeten, ausgebreitet, sind sie endlich angekommen, wo sie sich in drey oder vier Dörfern oder kleinen Flecken eines Landes niedergelassen, welches sie im Anfange das große Land Kamtschatka hießen. So ein schöner Namen erweckete alle Neugierigen in Europa, insbesondere die vom Handwerke, die Herren Erdbeschreiber von Profession. Da sie genöthiget waren, ihre Karten zu bereichern, so haben es einige, wie der Herr Delisle, auf das Eismeer unter den fünf und sechzigsten Grad der Breite gesetzet; andere, wie die neue Geschichte von Japon, verlegen es auf das Meer, welches der Tatarey gegen Mittag ist. Eben dieses Meer verlängern sie außerordentlich von dieser Seite an bis nach Jesso. Es liegt also unter dem fünf und vierzigsten Grade, welches denn zwanzig Grad und fünfhundert gute Meilen geometrisches Unterschiedes ausmacht. So große äußerste Enden würden allein uns einsehen lassen, daß seine wahre Lage gerade in der Mitte zwischen dem funfzigsten und fünf und funfzigsten Grade seyn muß...

Kamtschatka liegt gewiß der russischen Tatarey gegen Mittag; Jesso auch; man verbindet die äußersten Enden gern . . . . folglich hat man alles, was wir von Kamschatka wissen, nach Jesso hinüber gebracht, oder besser, das nach Kamtschatka, was uns von Jesso bekannt war. Es ist wahr, dieses machet noch keinen scheinbaren Widerspruch, weil auf einer und der andern Seite man noch nicht Zeugen genug hat, um sich einander offenbar der Unwahrheit beschuldigen zu können; auch sind nicht Bestreiter genug da, einen Anfall auf einander zu thun.

Kamtschatka gegen Mittag wohnen die Kurilen oder Kurilski. Diese hat man mit den Einwohnern von Jesso verwechselt. Die Kurilen haben zween feuerspeyende Berge

Berge und eine Quelle siedendheißes Wassers. Mit beyden hat man Jesso bereichert. Dagegen hat dieses seiner Seits einige bekannte Namen Acqueis, Siraica und den Pic-Antonius. Diese hat man den Kurilen geschenket, die keine bekannte Wohnplätze hatten. Damit man endlich die Verbindung vollkommen machte, so riß man Matsumay von Jesso; welches ihm zwar wohl zugehören konnte, aber ein Zeuge gewesen seyn würde, der immer gegen die Herrschaft gestritten hätte, die man den Russen über die Einwohner von Jesso beylegte, die man zu Kurilen umgeschaffen hatte. P. Castell.

Es sind nunmehro zweyhundert Jahr, daß wir alle, Missionarien, Kaufleute, Erdbeschreiber, Fürsten und Republiken, erwarten, daß man einen Weg durch Norden nach Japon, China, dem Oriente und America selbst ausfindig machen möge. Mit einem einzigen Striche, der von dem Meerbusen der Lena durch das angebliche Vorgebirge Suetonio bis in den Mittelpunct von Jesso hundert oder hundert und funfzig Meilen von Japon geführet wird, hat uns die neue Karte den Weg eröffnet, und damit man gar nicht daran zweifeln möge, diese durchdringenden Worte dabey geschrieben: **Weg, den die Russen nehmen, wenn sie von der Lena abfahren, mit den Kamtschadalen zu handeln.** Man füge nun noch diesen Weg zu des berühmten Holländers Barentz und seines Landsmannes Jelmersen-Rok seinem, der hundert Meilen gegen Osten über Neusemlja hinaus, und beynahe bis an den Meerbusen von Lena gefahren war, und schreibe denn dabey: **Weg, den die Holländer, Engländer, Dänen und Europäer nehmen, wenn sie aus Europa kommen, und in Japon, China und America handeln wollen.**

Wenn man ihn (diesen Weg) so nimmt, wie man ihn ausgiebt, so muß man tausend Meilen haben, ihn hin, und eben so viel ihn, wieder her zu machen. Er geht die Hälfte mitten durch das Eismeer, und das Uebrige gränzet damit. Wir wollen geographisch und arithmetisch reden. Wie viel Meilen leget man wohl des Tages in solchen Meeren zurück? Einen Tag in andern gerechnet, zehn Meilen? Das ist viel.... Wir haben also hundert Tage. Lasset uns nun drey Monate auf die Hin- und eben so viel auf die Herreise rechnen. Kann man aber wohl sechs Monate auf dem Eismeere schiffen? Auch müssen wir noch einige Monate Zwischenzeit annehmen, damit man am Ende der Reise handeln könne, wäre es auch nur sein von den Eisschollen beschädigtes Schiff wieder aus zu bessern und frischen Vorrath ein zu nehmen.

Es gehören wenigstens acht bis neun Monate zu einer solchen Reise. Zu diesen neun Monaten, wenigstens zu denen sechsen, die man zur Reise brauchet, muß man lauter gut Wetter haben. Allein, hat man denn lange gut Wetter in den Eismeeren? In Waigatz und Neusemlja sind sechs Wochen gut Wetter schon sehr selten, und es vergehen viele Jahre, daß man nicht einmal drey Wochen, ja nur vierzehn Tage welches haben kann. Wir wollen es auf sechs Wochen setzen. Wenn man also die Jahre nach sechs Wochen rechnet, so wird man vier Jahre zu sechs Monaten brauchen; das ist zu der völligen Reise und Handlung nach Kamtschatka; zwey Jahre brauchet man zur Hin- und zwey Jahre zur Herreise. Also müßte man zweymal unterweges überwintern, und einmal an dem Orte der Bestimmung selbst. Jede Ueberwinterung können wir auf sechs und einen halben Monat berechnen; und wenn sich der Zufall mit einmischet, wie er sich denn bey Reisen von vier Jahren mehr als einmal mit einmengen

P. Castell. gen muß, so verlaufen fünf, sechs, sieben und acht Jahre, ehe ein Schiff, welches aus dem Meerbusen von Lena ausläuft, wieder dahin zurück kommen kann.

Das sind also meine Gründe, warum ich den Weg, den man durch Norden nach Japon, China und America suchet, fast wie den Stein der Weisen ansehe. Den Stein der Weisen werden wir niemals finden: indem wir ihn aber suchen, so machen wir die Scheidekunst und Naturkunde täglich vollkommener; und seit dem man die Straße, von der wir reden, gesuchet hat, hat sich die Erdbeschreibung, und, wenn man will, auch die Schifffahrt beständig vollkommener gemacht. Ich zweifle aber sehr, daß jemals irgend eine Art Handlung den geringsten Nutzen daraus wird ziehen können. In denen Meeren, die an Lappland, Semlja und die Tatarey stoßen, giebt es immer schwimmende Eisschollen, die den Lauf der Schiffe zu sehr aufhalten. Das gute Wetter ist nicht beständig genug, und hält nicht lange genug an, daß man von Semlja, wo man diese Eisschollen zuerst gewahr wird, bis an das Vorgebirge Suetonio, es mag nun wahr oder erdichtet seyn, fahren könne. Für ein Jahr, in welchem diese Reise einmal glücken könnte, würde es vier oder fünfe geben, wo man unter das Eis gerathen oder gezwungen seyn würde, auf verlassenen und elenden Küsten zu überwintern. Es ist kein einziger wahrer und bequemer Aufenthalt zwischen Archangel und Kamtschatka. Es ist keiner da und kann keiner da seyn.

Man suchet aber das offene und von Eise freye Meer. Denn das Eis ist nur an den Küsten so gefährlich. Ich will es glauben, und auch glauben, daß es dergleichen Meer nahe am Pole geben mag. Was will das aber sagen, wofern man nicht unter dem Pole selbst einen blühenden Staat antrifft, mit dem man handeln könne? Denn sonst wird es doch immer nur vergebens seyn, daß man in dieses offene Meer hinein schiffe, um das Vergnügen zu haben, daselbst frey schiffen zu können. Wird man nicht immer durch die Eisschollen hindurch müssen, um zu diesen Meeren zu gelangen, und wieder aus ihnen heraus zu kommen? Man sehe alle Länder an, die um den Pol herum liegen, man wird niemals zu diesem Pole gelangen oder wieder von ihm kommen können, als entweder durch die Straße von Semlja und Spitzbergen, oder Spitzbergen und Grönland, oder durch die Straßen Baffins, Davis und Hudsons, oder zwischen Grönland und Labrador, oder endlich zwischen der russischen Tatarey und dem mitternächtlichsten Theile von America weg.

Alle diese Wege sind schrecklich, alle sind mit Eise bedecket, und alle Länder, die daran liegen, und in denen man im Nothfalle überwintern, seine Schiffe ausbessern, sich erfrischen und Niederlagen aufrichten könnte, sind elend und verlassen, oder werden, welches noch schlimmer ist, von Wilden bewohnet, mit denen man keinen Handel aufrichten kann, welcher der Mühe werth ist. Und wenn man nun da ist, was für einen Weg hat man nicht noch, ehe man nach Japon, China und America, oder einem andern Orte kömmt, wo man einen vortheilhaften und einträglichen Handel treiben könnte? Ich komme aber wieder auf den Weg der neuen Karte von Japon.

Wie ist aber dieser Weg über die mitternächtlichen und östlichen Küsten dieser Tatarey, den man uns als schon gemacht und für sehr thunlich ausgiebt, solches auf einmal geworden? Man saget uns ja nicht, daß die Russen sehr hoch gegen Norden schiffbare Meere gesuchet haben. Gegentheils zeichnet man uns ihre Schifffahrt wie Land an Land und durch Linien, die entweder gerade zu, oder in ihren Krümmungen und Umwegen

Ummegen sehr einfach sind. Wer hat denn aber diesen Weg und diese Straße entdecket? Wer hat denn dieses ganze Meer längst den tatarischen Küsten entdecket? .... P. Castell.

Auf einer Reise von tausend und zweytausend Meilen ist man wenig, außer den ersten und letzten Tagen, bey einem bekannten und freundschaftlichen Volke. Wahrhaftig, bey dem besagten Wege ist alles neu, alles unerhört und unbegreiflich. Man muß Schiffe, gute und große und starke Schiffe haben, die wohl gebauet, wohl gekalfatert, wohl ausgerüstet, und vermuthlich wohl mit Lebensmitteln versehen sind.

Und wo bauen denn die Russen oder woher bekommen sie diese mächtigen Schiffe, die vermögend sind, einen Weg von einem Paar tausend Meilen aus zu halten, und allem Eise, allem Ungewitter und aller Kälte des Nordens Trotz zu biethen; und wo ist denn bey einem so ungeheuren Handel der Mittelpunkt, wo das Waarenlager? Vermuthlich bey der Mündung des Lena-Flusses, oder vielmehr zu Jakutzk, welches an diesem Flusse nahe bey seiner Mündung liegt, und eine Art von Hauptstadt in der östlichen Tatarey ist, welche Kamtschatka eingeschlossen hält. Aber weis man denn wohl, was Jakutzk oder die ganze ungeheure Tatarey, deren Hauptstadt sie ist, vorstellet? Sibirien betrachten wir gemeiniglich als ein sehr abscheuliches Land: es ist aber gewiß die Tatarey, von der wir gegenwärtig reden, wenn wir sie bey ihrem rechten Namen nennen wollen, das Sibirien von Sibirien.

Wenn man über den Oby kömmt, so wird das Land immer mehr und mehr unbewohnbarer und unbewohnter. Am Jenissey wohnet niemand, als wilde herumschweifende Tungusen. An der Lena wohnen die Jakuten, die noch weniger menschliches an sich haben. Von allem dem aber, was weiter hinaus liegt, spricht man nicht anders, als von einem ganz mit Eise bedeckten Lande, wo Felsen sind, und weiter nichts. Es ist eine Art von Terra de Labrador, Hudsonsbay, Grönland, Semlja und Spitzbergen ....

Wir müssen den Pater Gerbillon hören, der mit bey dem Friedensschlusse zu Niptschu gewesen ist. Er hätte mit gelehrten und erfahrenen Russen gesprochen, und selbst sehr viele Untersuchungen über diese russische Tatarey angestellet. Hier sind seine Worte, so wie sie sich in des Paters du Halde chinesischen Geschichte befinden.

„Es ist gewiß, daß diese ganze östliche Tatarey nichts weiter, als eine große Wüsteney ist, und daß ihr mitternächtlicher Theil, den die Russen beherrschen, noch lange nicht so stark bewohnet ist, als Canada. Die Russen bekommen auch nichts daraus, als Pelzwerk, und die Zähne eines gewissen Fisches, die wirklich schöner, weißer und kostbarer, als das Elfenbein sind. Sie treiben mit ihnen einen großen Handel nach Peking. Es müssen aber so arme und zur Kälte und Arbeit so abgehärtete Völker seyn, als gerade die Russen sind, die bey so wenigem Gewinnste sich so viel Mühe geben können; ihr vieles Pelzwerk kömmt aus Sibirien, aus den Gegenden um den Irtisch, Oby und Jenissey herum, und nicht aus den ungeheuren östlichen Ländern, die nur sehr wenig Einwohner haben, und noch überdieß alle arm und elend sind.„

Von Tobolsk, der Hauptstadt in Sibirien, die über dem Irtisch nahe an dem Oby liegt, bis nach Jakutzk sind fünf oder sechshundert Meilen geometrischer Entfernung. Ihre physische und moralische Entfernung und in gewisser Absicht auch wohl die Abnahme der Himmelsgegend, des Bodens und ihrer Bewohner ist vielleicht noch größer;

P. Castel.

größer; man saget, Tobolsk soll eine ordentliche Stadt ungefähr von der Größe von Orleans seyn. Jakutzk im Gegentheile ist nichts, als ein schlechter Flecken mit einer kleinen Schanze, die hinreichend genug ist, dieses unbewohnte Land zu zähmen. Und hieraus will man die Niederlage, den Mittelpunkt eines ordentlichen und ausgebreiteten Seehandels machen!

Wahrhaftig, ich muß wieder von neuem fragen, sollen die Schiffe zu Jakutzk gebauet werden? oder soll man sie schon ganz gezimmert von Moscau, Petersburg oder Archangel dahin bringen? Wenn man von Archangel aus Flotten ausschicket, über Semlja nach Jakutzk oder gleich gerades Weges nach Kamtschatka selbst zu gehen, so wollte ich es glauben; wenigstens würde ich gegen die Möglichkeit der Erbauung der Schiffe nichts ein zu wenden haben. Man bedenke also, daß zwischen Petersburg und Jakutzk ein Weg von mehr als tausend Meilen sey, und daß die Macht der Russen den ausgebreiteten Gränzen ihres Reiches gleich sey, wenn sie tausend Meilen von dem Mittelpunkte ihrer Macht die Gewalt haben sollen, Flotten aus zu rüsten, die geschickt wären, eine Reise von zweytausend Meilen zu thun, zu deren Vollendung vier tausend erfordert werden. Mit Flotten, die man bey sich selbst gebauet, kann man, wenn man will, bis an das Ende der Welt gehen. In dem Mittelpunkte eines Reiches herrschet seine ganze Macht. Bauen wir denn unsere Flotten in Canada? Es würde noch viel schlimmer bey den Esquimaux seyn. Bauen die Spanier ihre in Mexico oder vielleicht Californien? lassen die Engländer ihre ganz fertig von Boston oder Ormus kommen? die Holländer von Batavia, die Portugiesen von Brasilien? Würde wohl die Staatskunst selbst auf solche Weise zween Mittelpunkte, zwo Hauptstädte und Nebenbuhler machen wollen, die so unabhängig von ihrer unmittelbaren Führung wären? . . . .

Ich mag nicht gern eine Sache nur halb beweisen, oder zweymal von ihr reden. Es giebt Widersprüche auf der Karte, die ich zergliedere [a]), die ich ausmesse, die ich abwiege, deren Werth ich bestimme. Unterdessen, daß man daselbst die Russen einen solchen unmöglichen Umweg durch das Eismeer nehmen läßt, nach Kamtschatka zu kommen, zeichnet man einen andern Weg, der gerade und kurz ist, zum Zwecke dienet, und bey dem man beynahe gar nicht über Wasser zu setzen brauchet. Der Weg zu Lande ist nicht über zweyhundert Meilen; und der kleine Arm des Meeres, über den man setzen muß, hält ungefähr sechzig, und kann füglich mit Barken überschiffet werden. Die Russen verlassen also aus bloßer Herzenslust und sich in Kosten, Arbeit und Gefahren zu stürzen, diesen Weg, und bemühen sich, neue zu erfinden. Sie thun es, wird man sagen, weil die Länder unwegsam, mit Schnee bedeckt und voller rauhen Felsen sind. Und das sollte einen Russen zurück halten? O für ihren mehr als römischen Muth tauget nichts, als was Arbeit und Mühe erfordert. Die Reise zu Wasser aber erfordert eben so viel Mühe und Beschwerlichkeit, und über dieß noch unermeßlichen Aufwand und Reichthum. Der Muth ist dabey nicht hinlänglich.

Der

a) Es ist dieses eine Karte von Kamtschatka, die Hr. Bellin zu des P. Charlevoix japonischen Geschichte gezeichnet. Die Antwort dieses Erdbeschreibers auf Herrn Castells gegenwärtige Abhandlung findt man in den Memoires de Trevoux, August, 1737. auf der 1333 Seite.

Der Weg also, der in dieser neuen Karte mit Punkten gezeichnet ist, hat nicht die geringste Wahrscheinlichkeit vor sich. Ich will aber hier die Sache von einer andern Seite betrachten, und ihm dadurch mehr Wahrscheinlichkeit geben, als er selbst von den Verfassern dieser Karte erhalten hat. Allein, ich sage es meinen Lesern im Voraus, es geschieht bloß, ihr solche ganz zu benehmen. Denn wäre es nur wahr, daß Jesso das beständige Ziel dieser Schiffahrten wäre, so könnten die Russen nicht Ausgaben genug machen, nicht zu viel Beschwerlichkeiten ausstehen, den Gefahren und Unglücksfällen nicht zu viel trotzen, und nicht zu viel Schiffe erbauen, gesetzt auch, daß man alle Stücken dazu von Petersburg oder Archangel, oder gar von Tobolsk oder Jakutzki müßte kommen lassen. Aber wohl zu merken, dieses müßte mit Vernunft oder Ueberlegung und eines viel nützlichern Zweckes halben, als wegen Kamtschatka oder Jesso, geschehen. Denn was ist dieses Jesso selbst, daß man es zum einzigen Ziele und Gegenstande eines Handels machen will, der vier oder fünfhundert Meilen durch Sibirien und das Eismeer geführet werden muß? P. Castell.

Wenn nun die Russen so viele Länder und Meere, und zwar solche Länder und Meere zurück geleget haben: so haben sie nur noch ein gut Stück Weges von hundert oder hundert und funfzig Meilen, die sie nach Belieben zu Wasser oder Lande thun können, um sich vor den Thoren von Japon, Corea, China, den philippinischen Eylanden, Asien und America zu zeigen. Man läßt sie da bleiben; und man stellet sie nicht einmal vor, daß sie versucht werden, weiter zu gehen; man saget sogar nicht einmal, daß sie da sind. Das heißt doch sie sehr unempfindlich für ihren Nutzen, oder wenigstens für ihre Ehre vorstellen, daß sie nicht noch eine kleine Zugabe zu ihrer grossen Reise machen, und das Werk vollenden wollen, das man nun schon seit zweyhundert Jahren angefangen hat, in den ganzen Orient und America selbst von Norden aus zu dringen, und alle die geographischen Knoten zu zerhauen, die bis hieher die berühmtesten Seefahrer in Europa aufgehalten haben. Denn diese Linie, die man von dem Meerbusen des Lena an durch das Vorgebirge Suetonio bis in das Herz von Jesso, ja selbst des japonischen Jesso zieht, wird erstlich die Schifffahrt durch den Norden bestätiget; zweytens wird ausgemacht, daß das Eismeer nicht gefroren sey, sondern so gut, als ein anderes, befahren werden könne; drittens wird bewiesen, daß Asien und America nicht zusammen hängen, und viertens dargethan, daß Jesso ein festes Land und die Tatarey sey, und zu Asien gehöre . . . .

Und hierzu wünschet man unserm Jahrhunderte nicht Glück? Und die Russen belieben nicht, damit groß zu thun? Und das elende gräuliche Land Kamtschatka ist der einzige Gegenstand ihres Handels, eines so beschwerlichen, so gefährlichen, so verderblichen Handels? Wir wollen uns einmal aller der unbeschreiblichen Mühe erinnern, die sich alle Völker von Europa gegeben haben, den Nord zu durchbrechen, der bis jetzt immer undurchdringlich gewesen ist; aller der Ausrüstungen, der Schiffe, der unsäglichen Flotten, die darüber schon zu Grunde gegangen, der gefährlichen Ueberwinterungen, der Bäre, der wilden Völker, des Hungers, der Kälte, des Eises, denen so viele große Seeleute, **Linschott**, **Wood**, **Barenz**, **Munck**, **Forbischer**, **Hudson**, **Davis** rc. rc. zum Spiele und Opfer geworden sind, von denen der größte Theil in den Beschwerlichkeiten gestorben ist; des unvergänglichen Eises der Straße **Weigaz**, des Grausens von **Semlia**, **Grönland**, **Jelmer**, **Purchas**, **Spizbergen**.

P. Castell.

Man hat stets gesagt, daß wirklich nur die Russen allein vermögend wären, alle diese großen Entdeckungen zu unternehmen; und man muß zu ihrer Ehre gestehen, daß sie mit einer der heroischen Zeiten würdigen Standhaftigkeit, die sich eben auf die Armuth und Einfalt der Sitten gründet, schon das Schwerste des ganzen Werkes zu Stande gebracht, indem sie sich nach und nach in dem ganzen mitternächtlichen Theile von Asien, noch selbst über Kamtschatka hinaus, gesetzet haben, und daß, was das Künftige betrifft, alle ihre Maaßregeln so genommen sind, daß sie weiter gehen, und die Frucht ihrer Geduld und ihrer Arbeiten einärnden können; und dieses ist von der Zeit an geschehen, da der große Geist des Czars Peter des ersten in diesem ganzen großen ein wenig entfleischten und erstorbenen Körper die Neigung zu Wissenschaften und Künsten, zur Schiffahrt und Handlung gleichsam verbreitet hat, welche der wahre Hauch des Lebens ist, der die Gemüther und Körper beseelet.

Ihnen aber kömmt es zu, uns zu sagen, wo sie gewesen sind und wirklich sind, was denn ihr Kamtschatka für ein Land ist, und was für eine Art von Handlung oder Verkehr sie zu Wasser oder zu Lande dahin treiben; sie müssen uns sagen, ob sie auf den östlichen und nördlichen Meeren geschiffet; ob sie die Straße zwischen America und Asien entdecket, und endlich, ob sie sich denn nahe genug an Japon, und selbst in Jesso zu befinden glauben. Das, was sie uns auf der Seite von Japon abschlagen, schenken sie uns auf der Seite von China ....

Das Stück, von dem wir jetzt handeln, besteht in einer Nachricht und Karte von einer Reise, die auf Befehl des Czar Peter des ersten in den Jahren 1725 bis 1730 durch den Hauptmann Beerings von Petersburg bis nach Kamtschatka und noch weiter hin durch Sibirien, und über alle die berühmten Flüsse dieser mitternächtlichen Gegenden, die bis auf ihn so wenig bekannt waren, gethan worden. Haben wir wohl neuere Nachrichten von diesem Lande und denen man mehr trauen könnte, als eben diesen? Die Befehle des Czares hatten für alles gesorget, was auf einer so langen beschwerlichen Reise so wohl zum hauswirthschaftlichen als wissenschaftlichen gehörte. Es scheint, daß Beerings, der durch die besondere Wahl eines so aufgeklärten Prinzen preiswürdig genug ist, ein gelehrter Mann und nicht mit dem flüchtigen Anschauen der Dinge zufrieden gewesen. Seine Nachricht und Karte sind zwar so kurz, daß sie für einen bloßen Leser eben nicht unterhaltend seyn können: allein, das ist das Kennzeichen eines Wahrheit liebenden Mannes, der die Sache selbst so, wie sie sich zu getragen hat, erzählet, und sich seinen Lesern weder durch Verschönerungen noch Einmischung des Wunderbaren verdächtig machet [3]).

Die Entdeckung von Kamtschatka war der große Gegenstand der beeringischen Unternehmungen, und dieses giebt uns eine Menge von neuen Beweisen gegen den doppelten Irrthum, da man erstlich Kamtschatka mit Jesso vermenget, und zweytens, einen

3) Der P. Castell folget hier seinem unruhigen und flüchtigen Geiste, und thut einen Anfall in die Tatarey, damit er das Vergnügen habe, die Karten, die wir von ihr besitzen, zu beurtheilen, zu verbessern, und in andere Ordnung zu bringen, wie es ihm gut dünket. Dieser Mann glaubte, geboren zu seyn, die Welt zu machen, wenn sie vor ihm nicht schon geschaffen wäre. Da er nun aber zu spät dazu kam, so wollte er doch wenigstens in ihr die Ordnung wieder herstellen, die er in ihr nicht antraf. Dieserwegen wußte er den Lauf der Flüsse und die Lage der Berge weit besser zu bestimmen, als die Reisenden und Erdbeschreiber, die selbst in den Ländern gewesen waren, von denen sie

nen Weg vorgiebt, den die Russen nehmen sollen, wenn sie von der Lena kommen, und mit den Kamtschadalen handeln wollen. P. Castell.

Denn die Bestallung brachte dem abgeordneten Hauptmanne, außer der Entdeckung von Kamtschatka, noch Befehl, die Küsten dieser ganzen Tatarey zu besichtigen. Diese beyden Entdeckungen aber waren ja schon so vollkommen, als man es wünschen konnte, geschehen, wenn es mit dem Wege und der ordentlichen Handlung durch die Lena und die nördlichen und östlichen Meere mit Kamtschatka seine Richtigkeit hatte. Kamtschatka war, mit einem Worte, gefunden aber nicht entdeckt worden. Nach der Gewohnheit der Russen, in Ländern, wo nichts, als Elend, Hunger, Kälte, Flüsse, Berge und Eis zu überwinden sind, immer weiter vor zu rücken, und von Zeit zu Zeit in einer Entfernung von hundert oder zweyhundert Meilen, kleine Wohnplätze an zu legen, waren sie gleichsam als aus den Wolken auf die Halbinsel Kamtschatka gefallen, und hatten daselbst drey oder vier kleine Wohnplätze erbauet. Da waren sie nun, und man wußte in Petersburg so ungewiß hin, daß sie da waren, ohne recht zu wissen wo, außer daß sie weit gegen Osten, ein wenig gegen Mittag, über Tobolsk, Jakutzk und das ganze bekannte Sibirien hinaus, vieleicht Japon und Jesso gegen über, und in einerley Mittagslinie mit diesen Ländern, waren.

Man besitzt nichts, wenn man nicht weis, was man besitzt. Czar Peter I war also gezwungen, zu Bestätigung seiner Macht, dieses Kamtschatka untersuchen und nach den gehörigen Regeln entdecken zu lassen, welches seine Einwohner, vermuthlich um sich ein wenig Ansehen in der Welt zu geben, und vieleicht noch mehr sich dadurch die ihnen fehlende Unterstützung zu verschaffen, so laut als sie konnten, nicht anders, als das große und schöne Land Kamtschatka, nannten. Es scheint, daß Beerings ein Mann gewesen, der sich für Sibirien und dergleichen geographische Unternehmungen außerordentlich wohl geschickt hat.

Damit die Reisen in Ländern, wo sie allemal beschwerlich sind, nicht unnöthiger Weise vervielfältiget würden, so reisete er stets mit den vorsichtigen Maaßregeln. Man muß glauben, daß er zu Petersburg alle Karten und Nachrichten mit genommen, die ihm so wohl Privatpersonen, als der Hof, mittheilen konnten. Zu Tobolsk und sonst überall gab er sich Mühe, die Sprache des Landes zu erlernen, und sich um den Weg, den er nehmen mußte, sorgfältig zu erkundigen. Vornehmlich als er über den Jenissey gegangen, und zu Ilimsk an der Lena gekommen, so ließ er einen Leutenant voraus gehen; und da er selbst genöthiget war, den Winter über daselbst zu bleiben, so machte er sich dieses Umstandes zu Nutze, nach Jakutzk und dem Meere Baykal zu gehen, um den Statthalter dieses kleinen Städtchens, der es vorher zu Jakutzk gewesen, zu Rathe zu ziehen. Dieser Statthalter sagte ihm das, was er wollte, aber wir

 müssen

sie Beschreibungen oder Karten lieferten. Wie würde er nicht die Erdkugel nach seinem Sinne gebildet haben; er der zu dem sterbenden Montesquieu sagete, um ihm einen recht großen Beweis von der Wahrheit der christlichen Religion zu geben, „Präsident, die Religion ist wahr, Pascal und ich, „wir haben sie geglaubt.“ Indessen entwischen ihm oft mitten unter den Ausschweifungen einer unregelmäßigen Einbildungskraft viele gute Züge. Dieß bestätiget das, was er in einem Stücke dieser Abhandlung saget, die wir auslassen. „Die Berge sind nicht an einander hängende Mauern; tausend Abgründe und tausend Thäler trennen sie, so wie die größesten Wellen des Meeres „sich ordentlich in tausend kleinere zertheilen.“

P. Castell. müssen nur bemerken, daß gar nicht aus der Folge seiner Reise erhellet, daß er zu Jakutzk Flotten oder Schiffe finden sollte, aus der Lena und dem Eismeere nach Kamtschatka zu kommen.

Als er endlich selbst zu Jakutzk angekommen war, so scheint er gar nicht an diesen Weg gedacht zu haben. Er ließ seinen Leutenant die Lena hinüber fahren, um durch die Flüsse Aldan, Mayan und Judoma bis Ochotzk hinauf zu gehen, wo er selbst hinkam, um daselbst den Meerbusen von Kamtschatka zu überfahren. Sein Leutenant gieng hinüber und kam von da wieder herüber, ehe Beerings selbst noch einmal dahin kam, und diese dreymalige Ueberfahrt, die allemal ohne Mühe und auf bloßen Barken geschah, beweist deutlich, erstlich, daß die kamtschadalischen Schiffe Einbildung sind, und zweytens, zeiget es auch unumstößlich einen Fehler, den ich selbst in der Karte des Hauptmanns Beerings bemerke. Nach seiner Karte ist der Busen wohl zweyhundert Meilen weit, und die Ueberfahrt von Ochozk bis Bolschaia hält wohl dreyhundert, wenn man die Diagonallinie des Meerbusens nimmt.

Das ist wirklich viel für Barken, zumal in mitternächtlichen Meeren, zwischen dem funfzigsten und sechzigsten Grade der Breite und in der Nachbarschaft, ja in der nördlichen Nachbarschaft des stürmischen japonischen Meeres. Es ist wahr, man zeichnet diesen Meerbusen in den Karten so, daß er an das stille Meer gränzet, welches man Kamtschatka gegen Osten setzet. Ich kann mich aber nicht bereden, daß dieser Meerbusen so groß seyn soll. Könnte man der neuen Karte von Japon trauen, die in andern Stücken so sehr verdächtig ist: so würde man eher damit zu Rechte kommen. Dieser Meerbusen ist daselbst für die Barken viel bequemer, viel schmäler, folglich auch weit kürzer zu überfahren, vielmehr von benachbarten Bergen und Ländern bedeckt, und viel unzugänglicher für die großen Meereswogen. Die Sache selbst aber redet für sich, und ein Meer von dreyhundert Meilen kann man nicht so leicht, ohne daß einmal ein Schatten von Gefahr sich eräugen sollte, dreymal hinter einander mit Barken überfahren. Uebrigens kann ich mich nicht bereden, daß das große Land Kamtschatka eine so kleine Halbinsel seyn soll, als sie Beerings Karte uns vorstellet, auf der sie, wo sie am allerbreitesten ist, nicht über hundert Meilen hält, an den andern Orten aber sehr schmal ist.

Sie sieht auch recht fremd aus, und man kann augenscheinlich sehen, daß man den Flüssen Gewalt anthut, um ihnen einen Lauf von funfzig oder sechzig Meilen zu geben. Der große Fluß Kamtschatka ist auf eine solche Art gekrümmet und gebogen, daß er nichts natürliches hat. Der Bolschaia Reka, den man in der Nachricht Vorzugs weise den großen Fluß nennet, ist daselbst viel kleiner, als der Kamtschatka; und da es an Erdreiche mangelte, so ist man genöthiget gewesen, sie beynahe mit einander zu vereinigen. In meiner Karte halte ich mich ganz genau an die Länge, weil ich dafür halte, daß Beerings diese, da er das Vorgebirge Oskoi umfuhr, genau habe bestimmen können. Aber auf Kosten des Meerbusens, den ich viel zu breit finde, mache ich das große Land etwas breiter. Es scheint auch übrigens nicht, als hätte Beerings das Innere von Kamtschatka gar zu gut erkannt, und seine Entdeckung betrifft nur die äußern Gegenden dieses Landes. Sein Auftrag betraf hauptsächlich nur die Entdeckung aller der Gelegenheiten, um den Weg, den man dahin zu nehmen hatte, genau

genau zu berichtigen, und von da aus, wenn es möglich wäre, einen Handel auf einer Seite nach Sibirien, und auf der andern nach America zu errichten. P. Castell.

So sind wir denn endlich in Kamtschatka angelanget. Beerings schickete einen Leutenant und Arbeiter voraus, das zur Erbauung eines Schiffs gehörige Holz zu fällen; und sonder Zweifel war das das erste Schiff, welches Kamtschatka je gesehen hatte. Ich bewundere aber Beerings, dem der Gedanken nicht einmal einfiel, daß er ein ganz fertiges Schiff oder doch wenigstens Leute, die eins bauen könnten, zu Kamtschatka finden würde; denn er brachte aus Rußland und aus allen denen Städten, durch die er gereiset war, Schiffbauer, Arbeiter, Zimmerleute, Holzhauer, Lotsen, alles nöthige Geräth, Eisenwerk und Theer mit. Das hieß doch gewiß Kamtschatka zu sehr verachten, welches man zu einem großen Handelsorte machen wollte, daß man auch nicht einmal einen Nagel daselbst zu finden glaubete.

Indessen findt man doch stets in einem handelnden Haven einige Schiffe, und in Kamtschatka sollte man doch einige in der That und mit Rechte finden, weil alle, die daselbst landen, doch wenigstens einmal daselbst überwintern müssen. Beerings, der nicht durch das Eismeer in den Meerbusen von Lena zurück gehen wollte, überwinterte zweymal in Kamtschatka, und hielt sich zwey Jahr daselbst auf. Er sah kein anderes Schiff daselbst, als seines, und hörete nicht einmal, wenigstens saget er es uns nicht, von einiger Handlung reden. Er bemerket, daß man weder Korn noch Schlachtvieh zu Kamtschatka, ja nicht einmal Lastthiere hat, außer einigen Hunden, mit deren Fellen die Russen selbst sich bekleiden, die nichts als Fische und gelbe Rüben anstatt des Brodes essen.

Es begegnete Beeringsen eine Widerwärtigkeit. Er hatte zu Jakutzk einen Leutenant mit dem nöthigen Eisengeräthe, Theere und Lebensmitteln gelassen. Es wird in der Nachricht bemerket, daß es in diesem Lande sehr frühzeitig frieret, und daß es daselbst sehr spät aufdauet, und alsdann ist noch alles mit Schnee bedecket, welchen der Wind sehr häufig in großen Haufen zusammen wehet, die vermögend sind, die Reisenden ganz lebendig zu verschütten. Die Flüsse sind alsdann noch ganz mit Eise beleget, oder doch wenigstens mit Eisschollen erfüllet. Der Leutenant, welcher vor Beeringsen von Jakutzk abgefahren war, ward von ihnen auf dem Aldan, Maya und Judoma befallen, und der Hauptmann, der erst nach ihm abreisete, kam dennoch vor ihm zu Ochotzk an, ungeachtet er selber unter Eis und Schnee gerathen war. Insbesondere ist die Nacht in diesen erzsibirischen Feldern sehr beschwerlich hin zu bringen. Das sicherste Mittel, welches man gegen die Kälte haben kann, ist, daß man sich tief in den Schnee vergräbt.

Der Leutenant, der mit dem Eisengeräthe, den Lebensmitteln und dem Theere zu Jakutzk war gelassen worden, ward durch alle diese Verwirrungen so sehr aufgehalten, daß er nicht eher, als nach der gänzlichen Erbauung und Ausrüstung des Schiffes, zu Kamtschatka ankam. Man hatte an seiner völligen Ankunft gezweifelt, da er so sehr lange verweilete. Es war also doch Theer in Kamtschatka, und man hatte doch welches da angetroffen. Dieß ist eine Sache, die man einräumen muß. Die Natur ist überall reich; so gar in Kamtschatka ist sie für die Russen reich, die bey der Geduld, alles in der Welt zu entbehren, die Geschicklichkeit haben, sich alles in der Welt zu bedienen. Als die Lebensmittel und das Theer mangelten, so wußte Beerings

diesen

v. Castell. diesen Mangel zu ersetzen. Er fand Theer in den Büschen; aber er bemerket doch auch zugleich, daß vor ihm niemand den Baum gekannt, aus dem er es gezogen. Die gelben Rüben dieneten ihm anstatt des Brodes oder Zwiebackes, und das Meer gab Fische her, die man einsalzete. Er fand Mittel, sein Schiff mit allen, so gar mit einer gewissen Art von Branntenweine, zu versorgen. Er hatte Taback zum rauchen, und alles dieses auf ein ganzes Jahr für vierzig Mann, woraus sein Schiffvolk bestund, Was hatte er nun noch weiter nöthig? An der Mündung des Kamtschatka-Flusses geht er unter Segel.

Wollüstige Chineser und zärtliche Franzosen, die sich zu Kamtschatka befunden hätten, würden nicht erwartet haben, daß ein Hauptmann Beerings gekommen wäre, und ihnen gesaget hätte, wo sie wären. Sie würden alles versucht haben, hinweg zu kommen, oder sich daselbst die Bequemlichkeiten des Lebens zu verschaffen, oder doch wenigstens ihre Neugierde durch irgend eine auswärtige Verbindung oder einen Handel zu befriedigen. Den ersten Russen, die sich zu Kamtschatka in diesem hintersten Sibirien befanden, gefiel es daselbst bey gelben Rüben, Fischen, Taback und Hunden sehr wohl. Der Russe ist ein Weltbürger. Auch zu Kamtschatka ist er zu Hause. Aber Fürsten von Czar Peters I Größe haben Absichten, die weiter gehen, und wollen wenigstens ihre Länder oder die Länder ihrer Unterthanen recht erkennen lernen.

Beerings hatte Befehl, alle Küsten dieser östlichen Tatarey zu beschiffen, und ihre Länder und Meere zu erkundigen. Er fuhr zuerst gegen Norden hinauf gegen das Eismeer zu, und nahm den Weg verkehrt, den man auf der neuen japonischen Karte bemerket hat. Auf diesem ganzen Wege aber erscheint er uns nur immer, als Erfinder, und als ein Mann, der herum tappet, und der alles zum ersten Male zuerst sieht. Er bemerket, als eine Neuigkeit, daß ihn nach seiner Abreise das ganze Ufer gleichsam mit einer weissen Mauer umgeben zu seyn geschienen, das ist, mit Schneebergen. Er fand die Tschutschki in Barken, ein Volk, das für ihn neu war, so wie er und sein Schiff es ihnen waren. Denn ob sie gleich den Russen, und die Russen ihnen bekannt waren, so war das doch nur zu Lande, auf Flüssen und in Canoten.

Von diesen Tschutschkien lernete er, nachdem er die alte Bekanntschaft mit ihnen wieder aufgerichtet hatte, daß er eine Insel finden würde, die vermuthlich nicht auf seinen Karten stund, ungeachtet die neue Karte von Japon nicht unterläßt, einige den Russen bekannte Inseln ungefähr in diese Gegend zu setzen. Beering setzete seinen Weg fort. Er fand die Insel und sah, daß sie gar nicht zu denen gehören konnte, welche die Russen von Anadir auf ihrer Seite kennen konnte. Er gab ihr auch einen neuen Namen, der von dem Feste des heil. Lorenz, welches man eben den Tag feyerte, als sie daran landeten, hergenommen war. Er fuhr das Vorgebirge Tschiokotskago vorbey, und verwechselte es nicht mit dem Vorgebirge Suetonio, welches er suchete.

Ich muß inzwischen doch gestehen, daß nichts leichter war, als sie zu verwechseln, wenn nämlich durch die Kenntniß, die man in Rußland, Kamtschatka, Anadirsk und der ganzen russischen Tatarey hatte, er nicht ganz zuverläßig gewußt hätte, daß die Gebirge Nosse weit höher wären, und sich weit mehr in das Meer hinein erstrecketen, als das Vorgebirge Tschiokotskago. Dieses Vorgebirge ist doppelt, und Beerings schiffete vor allen beyden vorbey. Als er bey dem andern vorbey gekommen war, so befand er, daß das Land nicht mehr hervor gieng, und sich sehr weit nach Westen hinaus

aus erstreckete, ohne daß er die Rückkehr gegen Osten entdecken konnte. Unter den sieben und sechzigsten und einem halben Grade verließ ihn sein Muth, und Furcht überfiel ihn. Er getrauete sich nicht, weiter vor zu rücken, weil er sich fürchtete, er möchte zu einer Ueberwinterung gezwungen werden, und an verlassene Küsten, oder unter wilde Völkern, oder unter Eisschollen gerathen, aus denen er sich nicht wieder würde heraus helfen können. Es war also natürlich, daß er glaubete, er wäre wirklich an das Ende der Unternehmung gekommen, welcher man doch unter einem schicklichen Vorwande hätte entsagen können; anstatt, daß sich Beerings, da er sie uns nur unvollkommen, und durch eine bloße Muthlosigkeit verlassen, vorstellet, bey allen denen sehr wenig Ehre erworben, deren Neugier er also erwecket, ohne sie gänzlich zu stillen. P. Castell.

Ich gestehe es freymüthig, daß ich es ihm nicht vergebe, da er schon so weit gewesen, daß er nicht bis an das Ende gegangen. Ein Munk, ein Barenz, ein Linskot hätten diese Unternehmung zu Stande gebracht, oder wären unter der Bemühung gestorben. Die Tschutschki waren seine Freunde; er konnte ja bey ihnen, oder in der Insel St. Lorenz, oder in der Schanze Anadirsk überwintern, die nicht weit entfernet seyn konnte. Wäre das Wetter wieder gut geworden, so hätte er immer nach und nach weiter gehen und ganz bis Nosse vorrücken können. Er hätte doch überall gelbe Rüben und Fische gefunden: aber so kam er wieder zurück, in seinem lieben Kamtschatka zu überwintern, fest entschlossen, niemals wieder Reisen gegen das Eismeer hinauf anstellen zu wollen.

Nach dem Winter gieng er wieder unter Segel, aber vielmehr um zurück zu kehren, als irgend einer andern Ursache halber. Damit es aber doch einiges Ansehen hätte, so nahm er anfänglich seinen Lauf gerade nach Osten, und legete so ein funfzig Meilen zurück. Die Einwohner von Kamtschatka hatten ihm gesaget, daß sie an dieser Seite bey heitern Tagen Land wahrnähmen; ein neuer Beweis, daß niemals ein Schiff da gelandet, noch ihre Küsten verlassen hatte. Denn in einem Haven, wo Schiffe liegen, kennet man doch vermuthlich die benachbarten Meere wohl, wenigstens so weit, als man mit bloßen Augen sehen kann. Beerings ward zwar kein Land gewahr: da er aber Kamtschatka überdrüßig war, so entschloß er sich, zu versuchen, ob er nicht dieses Land bey seiner Rückreise vermeiden, und durch den Meerbusen wieder zurück kommen könnte, um nachher durch Ochozk nach Sibirien zu kommen. Er traf dabey keine Schwierigkeit an. Er schiffete das Vorgebirge Oskoi und das ganze Land Kamtschatka vorbey, welches er wenigstens auf diese Weise völlig entdecket hatte.

Er bemerket in seiner Nachricht, daß man vor ihm gar keine Kenntniß von diesem Vorgebirge gehabt, welches Jesso völlig von Kamtschatka trennet, und die Einwohner in Jesso von den Kurilen vieleicht mehr als vierhundert Meilen nordostlich von einander entfernet. Denn es ist sicher, daß die Kurilen in Kamtschatka den Kamtschadalen und den russischen Wohnplätzen gegen Mittag sind. Sie wohnen völlig auf der südlichen Küste dieses Landes, und werden von dem Vorgebirge Oskoi begränzet, welches Beerings vorbey fuhr, indem er die Kurilen gegen Norden und Jesso gegen Mittag liegen ließ, ohne inzwischen dieses Land gewahr zu werden, und ohne einige Spur davon so wohl, als von Japon, zu entdecken; ja, ohne uns einmal davon eine Vermuthung, einen Zweifel, eine Idee, an die Hand zu geben.

P. Castell. Diese Karte von Japon ist in aller Absicht unrichtig. Ich habe schon bemerket, daß sie durch die zween Wege, die sie von Jakutzk nach Japon zeichnet, sich selbst widerspricht, deren einer wenigstens tausend Meilen lang mitten durch die unwegsamen nordischen Meere geht, da der andere, welchen Beerings auf seiner Hin- und Herreise erwählete, nur zweyhundert Meilen lang zu Lande ist. Aber das ist noch nicht alles. Diese Karte widerspricht sich auch in der Abhandlung, womit man sie begleitet hat, um sie zu rechtfertigen. Denn erstlich aus allem dem, was vom P. de Angelis angeführet wird, erhellet, daß Jesso eine von der Tatarey noch mehr gegen Norden, als gegen Westen, getrennete Insel sey, wo dieser Pater nur eine kleine Straße zeichnet. Zweytens, als dieser Pater zu Jesso landete, so that er eine große und beschwerliche Reise zu Lande, welche beweist, daß Matsumai keine besondere kleine Insel ist, sondern gewiß in Jesso selbst, und zwar ziemlich vorwärts, liegt. Drittens, wenn der P. de Angelis saget, es wäre ihm von weitem vorgekommen, als ob Matsumai zur Tatarey gehörete, als er aber nachher selbst dahin gekommen, gefunden hätte, daß es eine Insel sey, so redete er von Jesso, welches er mit Matsumai verwechselt, und nicht von einer besondern Insel. Dieses erhellet aus seiner Abhandlung, deren Schluß darauf hinaus geht, daß Jesso eine Insel sey. Viertens führet er das Zeugniß der Einwohner von Jesso an, die ihm einstimmig gesaget, daß man sechzig Tagereisen brauchete, von Matsumai nach Tessoi zu gehen; also ist Matsumai eben das Land, was Tessoi ist, und es ist sicher, daß Tessoi in Jesso liegt.

Die Geschichte von Japon wird noch durch die Nachricht des Castricoom bestätiget, welches ein holländisches Schiff ist, das Jesso befahren hatte. Was wird daraus angeführet? Erstlich: daß Matsumai sehr weit in Jesso hinein liege; zweytens, daß Matsumai an Japon Tribut entrichtet. Diese Nachricht wird durch den P. de Angelis bestätiget, und man kann daran nicht zweifeln: aber die Kurilen, die man mit den Jessoern verwechselt, sind den Russen unterworfen. Drittens, so geben alle Japoner Jesso einstimmig für eine Insel aus, und der Verfasser der Abhandlung, womit er seine Karte rechtfertigen will, schließt dieselbe so: **Es kann also gar wohl seyn, daß das feste Land von Jesso auch so gar gegen Norden mit America zusammen hänge.** Und was wird denn nun aus dem Wege der Russen, den sie nehmen, wenn sie von der Lena kommen, und mit den Kamtschadalen handeln wollen. Diese Kamtschadalen aber liegen Jesso gegen Osten. America muß also wohl vermuthlich durch eine Brücke mit Jesso zusammen hängen, welche die Schiffe unter sich weg gehen läßt.

Man berichtet in dieser Abhandlung weiter, daß Kämpfer zu Japon eine Karte von der Weltkugel gesehen, die aus Jesso eine Insel machete, und hinter dieser Insel ein festes Land malete, noch einmal so groß, als China, welches in kleineren Provinzen abgetheilet war, von denen sich der dritte Theil über den Polarzirkel hinaus erstreckete. Seine Küsten giengen viel weiter, als Japon, nach Morgen hinaus, und man sah daselbst einen großen Meerbusen, der in der Mitte viereckicht war. America lag gerade gegen über, und ward durch das Meer davon geschieden. In dem Zwischenraume lagen zwo Inseln gegen Norden und Süden, von denen die südliche sehr klein war, die andere aber beynahe bis an beyde feste Länder reichete.

Wenn

Wenn man in einer Sache wenig Licht hat, so muß man auch die kleinsten Funken sammlen. Ich gestehe es gern, die Japoner sind weder große Schiffer, noch große Erdbeschreiber. Aber wer weis denn, ob sie es nicht ehedem gewesen, und vornehmlich damals, als sie zuerst in Japon landeten? Vielleicht sind sie eben von derjenigen mitternächtlichen Tatarey dahin gekommen, welche sie schon kanuten. Eine gewisse Gleichförmigkeit der beyden Sprachen, ob wir gleich sehr wenig von ihnen wissen, läßt mich dieses vermuthen. Denn es ist doch gewiß, daß sie woher müssen gekommen seyn, und es ist weit wahrscheinlicher, daß sie aus der nördlichen Tatarey gekommen, als aus der chinesischen, oder aus China, oder gar aus America selbst. Kamtschatka, Bolschaja, Bistraja, Lasnaja, Oschota, Tschurtschki, Tschiokotschkago, Tischalki, Olutorska, Lamutki, verrathen alle den japonischen Ton. Sind diese Wörter etwan russisch? Es kann seyn. Ich halte aber auch die Russen, und vielleicht auch die Polen und Japoner für nichts, als gesittet gewordene Abkömmlinge der moscowitischen Tatarey; die einen wurden es durch die Nachbarschaft von China, und die andern im Anfange durch die Griechen und Römer, und nachher durch die Europäer. Die Tatarn sind von undenklichen Zeiten in dem Besitze gewesen, Colonisten und so gar Eroberer in ganz Asien und bis an die äußersten Ende von Europa nach Dänemark und Schweden zu schicken.

P. Castell.

Es mag damit seyn, wie ihm will, so kann doch ein ausländischer Reisender in Japon gelandet seyn, und die Karte die Kämpfer gesehen, mit sich gebracht, oder geographische Kenntnisse gehabt haben, nach denen sie gezeichnet worden. Es kann wenigstens nicht von ungefähr seyn, daß sie so sehr mit dem übereinstimmet, was wir sonst schon wissen: Daß nämlich erstlich Jesso eine von der Tatarey abgerissene Insel sey; zweytens, daß hinter dieser Insel ein festes Land liege, das zweymal größer, als China, sey; drittens, daß dieses feste Land in verschiedene Provinzen, das ist, verschiedene Völkerschaften abgetheilet werde; viertens, daß ein Theil davon über den Polarzirkel hinaus liege; fünftens, daß es sich weit mehr als Japon gegen Osten hinaus erstrecke; sechstens, daß in seiner Mitte ein großes Viereck liege. Es kann dieses vielleicht der Meerbusen von Kamtschatka seyn, der beynahe diese Gestalt hat, zumal wenn die nördliche Küste von Jesso, wie ich es denn vermuthe, gerade von Westen gegen Osten hinaus geht.

Denn zwo Sachen scheinen gewiß ausgemacht zu seyn. Erstlich: daß Jesso ein großes Land sey;. zweytens, daß es gleichwohl ein einzeln liegendes Land oder eine Insel sey, aber eine ziemlich wunderliche Insel, die wenigstens auf der Seite nach Japon zu voller Buchten, Ungleichheiten, Meerbusen sey. Ihr gegen Osten giebt es drey oder vier Entdeckungen, die noch unvollkommen mit einander zu vergleichen sind, nämlich das Staateneyland, das Land der Compagnie, die Straße Uriez und eine Küste, die Don Johann von Gama entdeckete, als er aus China nach Neuspanien gieng. Ich vermuthe, daß alles dieses nichts, als Jesso ist, welches man nur im Kleinen gesehen hat. Man hat immer viele Mühe gefunden, alle diese Theile zu erkennen; welches daher kömmt, weil immer eins an das andere anstößt, und man nicht vor einem vorbey kommen oder dessen Ende sehen können, da man nicht das Ende von Jesso hat sehen, noch um dasselbe hinum kommen können; und eben diese kleinen Theile sind Ursache gewesen, daß man niemals völlig das Ganze übersehen.

P. Castel. Nichts ist so vielen Streitigkeiten unterworfen, als die angebliche Straße Uriez: es scheint mir, daß die gemeinste Meynung sie in Zweifel ziehet. Ich für mein Theil mache einen etwas langen Meerbusen daraus.

Ich setze auch ohne alle Umstände die japonischen Inseln zwischen die Tatarey und America. Denn das Ansehen der japonischen Karte mag nun so geringe seyn, als es will, so behält sie doch nach allen geometrischen Regeln vor allen andern den Vorzug, so lange ihr keine andere das Gegengewicht hält. An Statt nun, daß ihr etwas das Gegengewicht halten sollte, vereiniget sich alles zu ihrem Vortheile. Man hat, und ich habe es vieleicht mehr, als irgend ein anderer, ich muß es gestehen, eine geheime Neigung, zu glauben, daß sich die Tatarey gegen Nordost bis nach America erstrecket. Wenn wir es aber recht überlegen, so ist diese Neigung vielmehr eine Neigung des Herzens, als des Verstandes. Man wünschet freylich, es möchte seyn; man möchte gern die Russen ihre Paradoxa wirklich machen, durch den Norden zurück kommen, und so den Europäern wieder die Hand reichen sehen.

Dieses ist das Wunderbare, dem ich nicht traue. Ehemals bestund das Wunderbare darinn, daß man aus America eine ganz besondere und ganz abgerissene Welt machet, die wer weis wie viele tausend Meilen von der alten Welt entfernet läge. Dieses Wunderbare ist nun aus der Mode gekommen, und gegenwärtig wird, zumal bey den Russen, das völlige Gegentheil behauptet. Der P. Gerbillon bemerket bey dem P. du Halde, daß zuverläßig von den Gebirgen Nosse, und der russischen Tatarey kein weiter Weg bis nach America seyn könne. Denn er hätte diese Nosse auf zwoen russischen Karten nahe bey dem achtzigsten Parallelzirkel, sonder Zweifel bey dem zweyhundert und funfzehnten oder dem zweyhundert und zwanzigsten Grade der Länge, gesehen. Da nun, saget er, die Grade unter dieser Höhe nur sehr wenig Meilen enthalten, so würde eine große Anzahl Grade eben keine große Entfernung verursachen. Denen zu Gefallen, die, wie ich, America mit Asien gern verbunden sehen wollen, will ich diese Gründe des P. Gerbillon noch mit einigen andern unterstützen.

Smiths Meerbusen und die noch unbestimmten Straßen Jonas und Lancaster können als zu America und Grönland gehörig betrachtet werden, und sind auch wirklich so betrachtet worden. Nun liegen diese Länder unter dem dreyhunderten Grade der Länge, und die Gebirge Nosse unter dem zweyhundert und zwanzigsten. Der Abstand zwischen beyden ist also achtzig Grade, welches höchstens dreyhundert Meilen beträgt. Das heißt nichts: aber das ist gewiß zu viel; denn wir müssen schließen. Man saget nicht, daß die Länder an dem Orte aufhören, wo ihre Entdeckung aufgehöret hat; sondern man hat vielmehr im Gegentheile gewiß erkannt, daß sie daselbst nicht aufhören, und daß sich da so zu sagen wieder ganz neue Länder anfangen, die man noch nicht zu durchreisen gewagt hatte. Es kann also gar wohl seyn, daß die Gebirge Nosse, deren Ende man noch nicht gefunden, von dem Meere noch nicht begränzt werden, oder daß sie sich wenigstens einige Grade weiter, als man gemeiniglich glaubet, gegen Norden und Osten hinaus erstrecken. Und in solchen weitläuftigen Ländern könnte sich das leicht auf hundert Meilen erstrecken, entweder wirklich oder dem gleichen Werthe nach, wegen Verengerung der Polarländer; und dieses würde ihren Abstand von America auf zweyhundert Meilen setzen.

Dieser

Dieser beut sich auf die beste Art zur Voraussetzung dar: sie läßt sich eher von mehreren Orten annehmen. Grönland allein kann sich gegen das Vorgebirge Purchas sehr weit gegen den Pol hin erstrecken, denn dieses liegt schon unter dem ein und achtzigsten Grade; und vornehmlich gegen Smiths Meerbusen; der sich unter dem achtzigsten Grade gegen Norden aus zu dehnen anfängt, und sich vermuthlich viel weiter erstrecket. Sie aber gehen nach Westen nach der Tatarey hinaus, und das Land, welches an dieser Seite der Hudsonsbay, der Baffinsbay, und an den Straßen Lancaster und Jonas liegt, erstrecket sich sicherlich sehr weit nach Westen. Man sieht daselbst große Flüsse, und die drey letzteren Straßen können nichts anders, als Mündungen großer Flüsse seyn. Nun setzen große Flüsse große Länder voraus; sie müssen einen großen Raum durchlaufen, und darinnen eine große Anzahl kleiner Flüsse und Bäche zu sich nehmen. Die Lena, der Oby, der Jenissey und der Saghalien laufen, jeder fünf, sechs und sieben hundert Meilen weit. P. Castell.

So ist also America um zwey oder dreyhundert Meilen gegen Westen verlängert, das heißt mit der Tatarey und den Gebirgen Nosse verbunden, von denen vieleicht alle die Flüsse ablaufen, die sich in den Hudsonsbay ergießen. Wer weis denn, ob sich nicht die Tatarey, nachdem sie sich verenget hat, nachher wieder erweitert, damit sie America umfasse, so wie die Erdzunge Panama das mitternächtliche America mit dem mittäglichen verbindet. Jedoch das würde zu schön, zu wunderbar seyn. Ich wünsche es wohl, aber ich glaube es nicht.

Der furchtsame Beerings getrauete sich nicht, die Gebirge von Nosse zu umfahren, noch das letztere Vorgebirge zu erkennen. Inzwischen sieht man dieses Vorgebirge doch unter dem Namen Schelegínski in seiner Karte bemerket, und einige Inseln rings herum bezeichnet. Nun frage ich, mit was für Rechte er das gethan? denn in seiner Nachricht steht kein Wort davon. Ich will es aber wie die Armen machen, die alles in Geld zu verwandeln wissen, und mich zu überreden suchen, daß Beerings gute Gründe gehabt, so zu verfahren, und daß er die gewöhnliche Meynung der Kamtschadalen, der Tschutschki, Jakuten und Russen zu Rathe gezogen. Ich bediene mich alles ohne Umstände, auch so gar des Weges, den die Russen nehmen, wenn sie von der Lena über das Vorgebirge Suetonio kommen, welcher mir nur saget, es sey die gemeine Meynung, daß hier oder da ein letztes Vorgebirge sey, welches das mitternächtliche Asien abschneide. Selbst die Verengerung der Felder bey den Gebirgen Nosse zeiget natürlicher Weise ein Vorgebirge Finis Terrä an, ob es gleich auch an sich eine Erdzunge oder Halbinsel anzeigen kann. Alle Vorgebirge, die sich etwas weit in das Meer und vornehmlich in so stürmische, Eisvolle und den Strömen so ausgesetzete Meere hinein erstrecken, sind auf diese Weise mit jähen Felsen umgeben, welche nach Verhältniß eben so tief in das Land eingewurzelt sind; denn alles saget uns, daß der Bau unserer Erdkugel durch die Hand Gottes selbst entworfen worden, und daß er ein mechanisches, weises und organisches Gebäude sey. Es hat sich zutragen können, daß das Meer das Land weg gefressen, welches diese Felsen umgab, die ausdrücklich in der Absicht hingesetzt waren, ihm zum Zaume und zu Gränzen zu dienen.

Nach diesem halte ich es für einen Grundsatz der beurtheilenden Erdbeschreibung, daß in Streitfragen dieser Art ein bejahender Zeuge mehr gelten muß, als hundert, welche die Sache unentschieden lassen, oder auch selbst verneinen; denn es ist ein aus-

P. Castell. gemachter Grundsatz: ein Zeuge gilt mehr, als hundert, die nicht zeugen. Mein Grundsatz setzet einen andern zum Voraus. Ich kann mich nicht überreden, daß die Menschen überhaupt und die Reisebeschreiber insbesondere so große Lügner seyn sollten, als man gemeiniglich glaubet. Es gehöret viele Erfindungskraft dazu, lügen zu können; und glaubet man denn, daß die Menschen große Erfinder sind? Die größesten Lügner lügen nur immer ein wenig. Sie setzen etwas zur Wahrheit zu, sie verändern, sie verschönern sie; es liegt also Wahrheit in allem dem, was sie vorgeben, zum Grunde, und größesten Theils sind sie nur Betrüger, weil sie sich von andern oder sich selbst haben betriegen lassen.

Diejenigen, die das Ende der Gebirge Nosse nicht gesehen haben, können uns nichts von ihnen berichten. Ein einziger, der ein Endvorgebirge dahin setzet, verdienet unsere Aufmerksamkeit. Es kann sehr leicht seyn, daß die ganze Welt dieses Ende nicht sieht. Es sind jähe Felsen an dem Ende eines ungeheuren Landes, das selbst jähe, steinicht, ungebauet, unfruchtbar und gefroren ist. Wenn man an dem Fuße dieser Berge ist, so ist man schon ermattet und hat Muth und Kraft verloren, so daß auch die geringste Schwierigkeit uns alsdann unüberwindlich zu seyn scheint. Der Winter ist überstanden, und er ist augenblicklich wieder da, wenn man anders sagen kann, daß es jemals aufhöret, in einem Lande Winter zu seyn, dessen Frühling und Sommer ärger, als unsere rauhesten Winter, sind. Unaufhörlich hat man zu befürchten, man möchte einfrieren und gezwungen werden; zu überwintern, sich Hütten zu bauen, sich unter die Erde und unter den Schnee verscharren zu müssen.

P. Gerbillon führet die Russen an, welche die mitternächtliche und östliche Küste der Tatarey oben und unten um diesen Bergen her durchreiset sind. Sie sagten ihm, daß sie überall Meer angetroffen hätten, ausgenommen in einer nordwestlichen Gegend, wo eine Kette von Gebirgen wäre, die sich weit in das Meer hinein erstreckete, und sie hätten so wenig, als andere, zu der äußersten Spitze dieser Berge kommen können, welche unersteiglich wären.

Man müßte zu einer solchen Entdeckung Leute haben, die an dem Fuße dieser Berge oder lieber gar in ihrem Innersten irgend in einem Thale drey oder vier Jahr hinter einander überwinterten, und dieses müßten Eingeborne des Landes Tschutschki, Tschkalki, Jakuten, oder Tschiokotschkagois seyn. Diese Leute aber bekümmern sich um Entdeckung der Länder gewiß nicht: aber vielleicht haben sie schon alles entdeckt, und wissen es entweder uns nicht zu sagen, oder wir wissen sie darum nicht zu fragen. Denn dergleichen Völker laufen beständig, klettern beständig, schiffen beständig, und kommen oft viel weiter, als sie selbst denken. Denn ein einziger Windstoß oder eine Welle kann ihren Kahn sehr weit führen. So jähe man diese Felsen auch machet, so haben sie doch stets ihre Absätze und Thäler, die sie von einander trennen. Der Russe, der sie suchet, findt sie nicht, ein Tschutschki aber trifft sie bey seinem Herumstreifen leicht an.

Und wer weis denn, ob nicht diese Felsen, die bey dem ersten Anblicke so schrecklich und unzugänglich zu seyn scheinen, vieleicht auf ihrer mitternächtlichen Seite etliche Thäler, etliche tief liegende Länder haben, die den warmen Ausdünstungen des Meeres eröffnet sind, die von warmen mineralischen Quellen getränket werden, die der Erwärmung eines unterirdischen Centralfeuers ausgesetzt sind, welche das Land erträglich, fruchtbar und wohnbar machen? . . . . .

Nachrichten

Engel.

Nachrichten und geographischkritische Beobachtungen über die Lage der mitternächtlichen Länder von Asien und America. . . . . Nebst einem Versuche über den Weg nach Indien durch den Norden, vom Herrn Engel.

Ursachen, die Tatarey enger ein zu ziehen. Untersuchung über das Land Jesso. Zweifel über die wahre Lage des Staatenenylandes und dem Lande der Compagnie. Bemerkungen über die Straße nach America durch Nordwest. Glaubwürdigkeit der alten spanischen Karten von America. Widerlegung der vorgegebenen Reise des Admirals de Fonte. Apocryphische Nachricht des Fuca. Vertheidigung der Nachricht des Freyherrn von La Hontan. Möglichkeit einer Straße nach America durch den Nord. Durchfahrt durch Nordwest. Unmögliche Gründe, welche die Möglichkeit der nordostlichen Durchfahrt beweisen. Urtheil über die müllerischen Schriften von Rußland. Einwürfe wider die Durchfahrt gegen Nordost widerleget. Mittel, die Durchfahrt zu entdecken.

Man hat noch sehr wenig gethan, wenn man die Reisebeschreiber nur ließt, und nicht ihre verschiedenen Nachrichten mit einander vergleicht; vornehmlich, wenn sie uns in unbekannte Länder führen, wo sie uns nach Belieben bald auf unendlichen Meeren, bald auf verlassenen leeren und unfruchtbaren Ländern, die zuweilen so wenig fest sind, daß wir nicht einmal ihr Daseyn mit Gewißheit behaupten dürfen, irre führen können. Allein, diese Vergleichung ist eine Arbeit, welche Gelehrsamkeit voraussetzet, und eine Aufmerksamkeit erfordert, deren nur sehr wenig Leser fähig sind. Hier ist aber ein gelehrter, geschickter und arbeitsamer Mann, der uns diese Mühe ersparet. Wir wollen seine Erläuterungen und Untersuchungen nutzen. Sie erstrecken sich über ein ungeheuer großes und wenig bebauetes Land, welches unsere Erdkundigen bisher nur unvollständig beschrieben haben. Indem sie nur Reisenden folgen konnten, welche meistens entweder aus Unwissenheit oder Trägheit ungetreu waren. Dieser Gelehrte läßt seine Neugierde, seine Unruhe über alle die nordlichen Meere gehen, die America von Asien trennen. Er bemühet sich, die ungewissen Gränzen dieser beyden Welttheile zu entdecken, und mit Gewißheit zu bestimmen, und denen Ländern, welche man wechselsweise bald in die Landkarten gesetzet, bald wieder daraus weggelassen hat, ihre wahre Lage an zu weisen, und zu sehen, durch welche Wege man zu diesen Ländern, die minder bekannt, als berühmt sind, kommen könne. Er hat sich in ein unermeßliches Feld eingelassen, und daher ist auch seine Abhandlung sehr stark gerathen. Inzwischen kann man sie doch in sehr enge Gränzen zurück bringen. Sie reißt das Chaos vollends aus einander, welches der P. Castell schon erschüttert hatte. Ein kleines Stück von dieser Wichtigkeit ist nützlicher, als eine ganze Reise; denn es ist das, was man aus vielen Reisen schließen kann.

Herr

Engel.

Herr Engel, der diese kritischen Anmerkungen geschrieben, hat sich sein ganzes Leben hindurch mit der Erdkunde und solchen Werken beschäfftiget, die dahin abzielen, die so wichtige Kenntniß der Oberfläche unserer Erdkugel vollkommener zu machen. Aus dem Innersten seiner Studierstube ist er mit der Karte in der Hand den Reisenden gefolget, um von ihnen einige Erläuterungen zu bekommen, oder ihre Fehler zu entdecken. Es ist eine große Hülfe für die Wissenschaften, die falschen Begriffe, die ihren Fortgang aufhalten, zu zerstören. Wir werden sehen, wie es ihm gelungen ist, alle diese Wolken des menschlichen Geistes zu zerstreuen. Im Anfange untersuchet er den nördlichen Theil von Asien, und seine Absicht ist, den weiten Raum zu verengern, den man dieser Gegend gar zu leichtsinnig beygelegt hat. Er wirft seine Augen zuerst auf die Karte, die man nach den Nachrichten von der Reise des Herrn Gmelins durch die Tatarey verfertiget hat. Herr Engel fraget, ob man sich auf die Nachrichten eines Mannes verlassen könne, der im Voraus versichert, daß er eine strafenswürdige Unbedachtsamkeit begehen würde, wenn er ohne Erlaubniß des russischen Hofes das Wenige bekannt machen wollte, was man von den Reisen weis, die man längst den Küsten des Eismeeres hin unternommen, um nach Kamtschatka zu kommen. Aus dieser Vorsicht schließt er, daß eine despotische Regierung, welche den Gelehrten und Reisebeschreibern den Mund verschließt, über ihre Entdeckungen reden zu dürfen, einigen Nutzen davon zu haben glaubet, wenn es uns die Wahrheit verbirgt. Nunmehr hat dieser Verfasser ferner kein Zutrauen zu allem dem, was mit Erlaubniß oder auf Befehl eines Hofes bekannt gemacht wird, welcher Wahrheit für sich selber und Lügen für die Welt kaufet. Herr Engel, der in keines Solde steht, machet mit derjenigen Freyheit, die er in der Schweiz genießt, alles das bekannt, was er entdecket, Wahrheiten und Irrthümer. Er behauptet also, man müsse die Küste, welch Herr Gmelins Tagebuch zwischen den Piasiga und das Vorgebirge Tamura setzet, verengern. Der deutsche Schriftsteller läßt es vom fünf und achtzigsten bis zum hundertsten Grade der Länge reichen, und verleget es unter den siebenzigsten bis achtzigsten Grad der Breite. Herr Engel aber will es unter den hundert und fünften bis hundert und zehnten Grad der Länge, und unter den drey und siebenzigsten bis acht und siebenzigsten der Breite versetzen. Es beträgt also diese Verengerung zehn Grad der Breite und ungefähr fünfe in der Länge, folglich wird die Länge des Weges und seine Beschwerlichkeiten um die Hälfte vermindert. Herr Gmelin und alle die Officiere, die der russische Hof ausgesandt, sagen einhällig, das Vorgebirge Tamura sey nicht zu umschiffen. Zwey Schiffe, die es einmal hätten versuchen wollen, wären in dem Eise zu Grunde gegangen, und nur das Schiffvolk hätte sich gerettet. Vermuthlich, saget Herr Engel, haben die Befehlshaber dieses Schiffs auch das Tagebuch ihrer Reise verloren. Die Samojeden haben versichert, daß das kleine süße Meer, welches sich zwischen Neusemlja und dem festen Lande von der Straße Waigaß an bis an das äußerste Ende dieser Insel befinde, schon gegen das Ende des Herbstmonates zufröre, daß aber das große Meer niemals zufröre, und man an die Mündungen der Flüsse Jenisey und Piasiga gienge, daselbst zu fischen. Warum hat man denn nun diese Küste zur See nicht erkundigen und das Vorgebirge Tamura oder Jelmer vorbey fahren können? Denn Herr Engel hält diese beyden Namen für Benennungen eines und desselben Ortes. Er saget, man hat eine schmale Straße durchschiffet, die sehr leichtlich zufriert, und

Ursachen, die Tatarey enger ein zu ziehen.

und sich mit starkem Eise belegt; warum sollte man denn nicht zwischen der östlichen Spitze von Novasemlja und dem Vorgebirge Tamura in einem Raume von mehr als zwanzig Graden auf einem freyen Meere durchkommen können? Folglich hat der russische Officier uns aus Furcht vor den Strafen für diejenigen, welche Staatsgeheimnisse offenbaren, die Wahrheit verhehlen wollen; denn in Rußland werden die Entdeckungen auf dem Eismeere für Staatsgeheimnisse angesehen, als wenn das Geheimniß nicht schon durch die Gefährlichkeiten, die das Eismeer allen Völkern außer denen in Sibirien unzugänglich machen, genugsam verwahret würde, und als ob das ewige Eis dieser Gegenden nicht besser wäre, als die Feuer speyenden Drachen, die das goldene Vließ wider die Kühnheit der Argonauten vertheidigten. Herr Engel glaubet also, mit Grunde schließen zu können, dieses so fürchterliche Vorgebirge des Landes Jelmer, welches man nicht umschiffen konnte, sey nichts als ein Gespenst, das durch die Staatsklugheit der Russen erdacht, oder wenigstens vergrößert worden. Engel.

Nachdem nun dieser Theil von Asien enger gemacht worden, so gehe unser Erdbeschreiber weiter, und versuchet nun auch, die Breite dieses ganzen Landes geringer zu machen. Das ist ein großes Unternehmen. Ich möchte wissen, saget er, warum die Sternseher zu China und Siam, nach genauen und zu wiederholten Malen angestellten Beobachtungen, gefunden haben, daß man wenigstens fünfhundert Meilen von Asien in der Breite wegnehmen müsse. Vordem setzete man das östliche Ende von Asien unter den hundert und achtzigsten Grad, da man es heute zu Tage unter den zweyhundert und fünften setzet. Will man sagen, man habe nachher das Land Kamtschatka und das Vorgebirge der Tschuktschki entdecket? Aber ehemals dehnete man ja Asien bis nach Kolyma aus, welches man gegenwärtig unter den hundert und fünf und siebenzigsten Grad verleget, und das, was man über diesen Fluß hinaus entdecket hat, machet nicht mehr, als sieben oder acht Grad in der Breite aus. Wenn nun aber die Sternseher, die da glaubeten, daß Asien bis an Kolyma reichete, doch noch fünf und zwanzig Grad zu viel antrafen, wenn sie es unter dem hundert und achtzigsten Grade der Länge aufhören ließen; wie sehr mögen wohl diejenigen die Wahrheit überschreiten, die, weil sie es durch ihre Entdeckungen um acht oder zehn Grad vergrößert, es nun bis an den zweyhundert und achten Grad reichen lassen? Man sieht daraus, daß die bloße Staatsklugheit des russischen Hofes Asien um vierzig Grad vergrößert hat; entweder sein Reich in der Einbildung der Völker zu erweitern, oder den Augen der Ausländer die Beschwerlichkeiten einer Schifffahrt größer und schwerer zu machen, die sie ihnen ganz und gar untersagen will. Worauf gründet sich denn diese neue Ausdehnung Asiens? Hat man denn in diesem ganzen Lande zwischen dem hundert und sechzigsten und zweyhundert und fünften Grade astronomische Beobachtungen gemacht? Man zeige sie. Hat man neue Entdeckungen gemacht? und wie? Zu Meere? Man saget ja, daß die Schifffahrt daselbst unmöglich sey. Zu Lande? Aber die Völker dieser Gegend sind ja Feinde der Russen, elend, wild und ohne Nahrungsmittel, die auch nur für Tatarn gut wären. Wie hat man nun ihr Land durchreisen können? und waren die Cosaken, die es gethan, auch wohl geschickt, gelehrte Beobachtungen an zu stellen, und Nachrichten, denen man trauen könnte, zu liefern? Darf man wohl den Nachrichten dieser Barbarn Glauben beymessen, wenn man sieht, daß die Herren Gmelin und Müller, die beyde von dem russischen Hofe gebrauchet und besoldet wurden, über die

Engel. wahre Lage und Gestalt des Vorgebirges Schalaginskoi uneinig sind? Der erstere weis die Gestalt und Gränzen dieses Vorgebirges mit Gewißheit an zu geben; der andere saget nur unbestimmt, daß es rund sey, ohne seine Gränzen oder sein Ende fest zu setzen.

Herr Gmelin verlängert Asien nur über die Lena, weil er glaubet, daß, da die Küsten des Eismeeres den Europäern nicht wohl bekannt wären, man es auf dieser Seite am leichtesten vergrößern könne. Getrauet man sich aber wohl, die Karte von der Küste, von der Lena an bis an das Vorgebirge Schalaginskoi, zu verändern, so lange man behauptet, daß der Weg von diesem Flusse bis an das Vorgebirge nicht zu befahren sey? Wenn er es ist, so hat man ja daselbst keine neue Entdeckungen machen können, die alten zu verbessern; und wenn er es nicht ist, warum saget man denn, Demetrius Laptiew wäre von Kolyma bis nach Anadiskoi Ostrog sowohl zu Lande, als Wasser, gekommen? Wenn man das Vorgebirge Schalaginskoi nicht vorbey fährt, so findet man keinen schiffbaren Fluß, auf dem man auch nur bis in die Nachbarschaft von Anadirskoi kommen könne. Wenn man von Kolyma aus aber zu Lande weiter geht, so kann man ja die Küsten nicht beschreiben, weil man sich von ihnen entfernet. „Ist es „so sehr schwer, das Vorgebirge zu umschiffen? Warum saget denn Herr Gmelin, daß „man Merkmaale hätte, es müsse ein Mann in einem kleinen Nachen, der nicht größer, „als ein Fischerkahn, gewesen, nicht allein das Vorgebirge Schalaginskoi umschiffet, „sondern auch die ganze Reise von Kolyma an bis nach Kamtschatka gethan haben?.

Herr Engel hatte, um diese Materie immer mehr und mehr auf zu klären, oder die Irrthümer zu entdecken, mit denen sie verhüllet ist, die Beobachtungen des Hrn. Müllers über die ältern Karten dieses Theiles von Asien geprüfet. Herr Müller saget, die älteste Karte, die man von Sibirien habe, stehe beym Ortelius, der die zehn Stämme Israels in der Gegend des Flusses Oby herum unter den zwey und achtzigsten Grad der Breite versetzet, von da er sie an den Küsten des Eismeeres bis an den sechzigsten Grad herum schweifen läßt. Es ist ein wunderbarer Aberglauben aller alten christlichen Gelehrten, daß sie den Ursprung der Hebräer in jeder Gegend der Erde suchen wollen, gleich, als wenn sie nicht in den Wüsten Arabiens genug gereiset wären, ehe sie die Einwohner von Palästina, deren Stelle sie einnehmen sollten, umbringen konnten; und als wenn sie nach ihrer Zerstreuung nicht auf der ganzen Erde genug herum geirret hätten, von der sie nun schon seit tausend Jahren der Haß der Türken und Christen vertreibe. Die Karte mag aber noch so falsch seyn, auf der man mit einem einzigen Federzuge das Volk Israel sechzehn hundert Meilen weit über Land und Wasser versetzet, um es an den Küsten des Eismeeres feieren zu lassen, an Statt daß man es unter dem Wendezirkel brennen ließe: so saget Hr. Müller doch: „Das benachbarte Land von America sey in des „Ortelius Schauplatze ziemlich gut vorgestellet, welches wohl nur aus Muthmaaßungen habe geschehen können." Herr Engel hält sich bey dieser müllerischen Beobachtung auf, und saget, da diese Muthmaaßungen von der Nachbarschaft von America nicht hätten von Asien her kommen können, indem der nordostliche Theil dieser Weltgegend damals noch nicht bekannt gewesen, so müßten sie sich auf die ersten Entdeckungen der Spanier in den westlichen Gegenden von America gründen. Bevor unser Erdbeschreiber die Zuverläßigkeit der Nachrichten dieser Schiffer erhärtet, so bemühet er sich, die russischen Nachrichten um ihr Ansehen zu bringen. Er saget, Herr Müller erkenne,

kenne, daß die Karten, welche Ausländer verfertiget haben, den russischen vor zu ziehen sind, auch so gar um Entfernungen von fünf oder sechs Graden zu bestimmen. Wie wird es also beschaffen seyn, wenn von Entfernungen von hundert, und hundert und dreyzig Graden die Rede ist? Wenn er gestehet, daß die von den Russen angegebenen Breiten falsch sind, wie wird es mit den Längen stehen, welche zu bestimmen, zumal in einem Raume von dreyzehn hundert Meilen, ungleich mehr Mühe erfordert. Denn Hr. Engel glaubet nicht, daß das russische Reich über dreyzehn hundert Meilen lang sey. Diejenigen, saget er, welche die Macht und die Strecke dieses Reiches vergrößern, behaupten, daß Rußland von denen drey hundert und sechzig Graden, die der Umkreis der ganzen Erde enthält, hundert und dreyzig besitze. Diesem unbestimmten Begriffe zu Folge hat man angenommen, daß zwischen Petersburg unter dem funfzigsten Grade der Länge und dem Vorgebirge der Tschuktschi unter dem hundert und achtzigsten Grade eine Entfernung von drey tausend Meilen sey. Man hat aber nicht Acht darauf, daß die Grade der Länge, welche unter dem Aequator fünf und zwanzig Meilen enthalten, unter dem Parallelzirkel des sechzigsten Grades der Breite nur zwölf und einen halben machen. Denn die Größe dieser Grade nimmt nach und nach ab, je näher man dem Pole kömmt, und auf der ganzen Karte von dem russischen Reiche, welches sich von dem sechzigsten bis siebenzigsten Grade der Breite erstrecket, dürfen sie nicht mehr als zehn Meilen enthalten. Auf diese Weise wird Rußland, an statt des Drittheils nur das Neuntheil unserer Erde enthalten. Und über dem, so sind hundert und funfzig Grade Land, welches wechselsweise mit Eise und Felsen bedecket ist, nicht so viel werth, als zehn Grade eines Landes, welches ein gemäßigter und angenehmer Himmel fruchtbar machet. Ein König, der Italien allein besäße, würde zehnmal reicher, furchtbarer und glücklicher seyn, als der Beherrscher aller Reussen. Engel.

Herr Engel, der immer entschlossen ist, Asien zu verengern, versuchet, nachdem er vierzig Grade in der Länge davon abgeschnitten hat, indem er eine Karte durch die andere widerleget, die Lage der Oerter, die er in Unordnung gebracht hat, zu bestimmen. Das, was ihm am meisten Mühe machet, ist das Land Jesso. Wo soll er das finden? Wo soll er es hinsetzen? Soll er es mit dem festen Lande der Tataren verbinden, oder davon trennen? Unter das Wasser versenken, oder aus dem Meere hervor kommen lassen? Wenn auf der Karte kein Raum für dieses Land wäre, so müßte man es wohl mit einem Bleystifte eben so ausstreichen, als man es erschaffen hat. Unser Verfasser bemühet sich also, es an irgend einen Ort hin zu bringen, und suchet in denen Reisebeschreibungen, die Hr. Müller heraus gegeben hat, irgend einen Ort für dasselbe ausfindig zu machen. Er durchreiset also anfänglich mit ihm die kurilischen Eylande, zwischen denen er die Zwischenräume schätzet, und auf diese Art berechnet er die Entfernung zwischen Kamtschatka und Japon auf zwey hundert Meilen. Er untersuchet die Lagen dieser Inseln, rechnet ihren Umfang aus, und indem er diese beyden Verhältnisse mit einander verbindet, so findet er zwischen der Länge von Kamtschatka und Japon nur sieben, höchstens acht Grad Unterschied, an statt daß die neuen Karten zwischen den beyden Mittagslinien, welche beyden Reichen am nächsten sind, einen Zwischenraum von funfzehn Grade setzen. Die Staatsklugheit der Russen, die Liebe zur Neuigkeit, und die Verlegenheit, in der sich die Erdbeschreiber befanden, Jesso an die nördliche Seite von Japon zu setzen, haben, saget er, Kamtschatka so weit von diesem Lande entfernet. Vie- Nachforschung wegen des Landes Jesso.

Engel. leicht hat man aus eben den Gründen, den Meerbusen von Penschina, der Sibirien von Kamtschatka trennet, eine Breite von zwölf bis funfzehn Graden beygeleget, da er sonst nur fünf oder sechs hielt. Wenn man annimmt, daß sich zwischen Japon und Kamtschatka ein Meer befindet, das funfzehn Grade breit und sieben bis achte lang ist, so muß die Reise von einem Lande zum andern wenigstens vier hundert Meilen lang seyn. Nun haben aber die Japoneser, denen, wie man saget, die kurilischen Eylande, welche Kamtschatka am allernächsten liegen, bekannt seyn sollten, niemals eine so lange Reise unternommen. Zu allen Zeiten haben ihnen ihre Gesetze bey harten Strafen untersaget, nach so weiten Ländern zu schiffen, sie verstehen sich auch auf die Schiffsahrt nicht so gut, daß sie sich so weit von ihrer Insel entfernen sollten.

Als der Hauptmann Spangenberg oder Spanberg seine erste Reise nach den kurilischen Eylanden gethan hatte, so gab er eine Beschreibung und eine Karte davon heraus, die aber der Senat von Petersburg nicht bewährt fand. Er urtheilete, der Weg von Matsumai bis Kamtschatka könne so groß nicht seyn, als ihn dieser Reisende angegeben hatte. Inzwischen giebt er doch vor, innerhalb zwanzig Tagen von Matsumai bis Bolschaja-Reka gekommen zu seyn; welche Ueberfahrt, die auf einem unbekannten Meere ohne Wegweiser und auf gut Glück gethan worden, keinen sehr langen Weg voraus setzete. Man glaubete, der Zwischenraum sey zu groß angegeben, und schickete eben den Spangenberg wieder zurück, ihn noch einmal zu messen. Man gab ihm zween junge Russen zu Dolmetschern mit, welche die Sprachen des Landes von den beyden Japonern erlernet hatten, die von Kamtschatka nach Petersburg waren gebracht worden[1]). Diese zweyte Reise aber hatte noch weniger glücklichen Fortgang, als die erstere; denn Spangenberg konnte nicht weiter, als bis zu dem ersten kurilischen Eylande, kommen, welches dem Vorgebirge Kamtschatka gerade gegen über liegt. Seit dieser Zeit hat man diesen Weg nicht wieder versucht. Woher kommen denn nun die Veränderungen, die man wegen der Lage dieser Länder in den neuesten russischen Karten angenommen hat? Und die nicht im geringsten durch spätere Nachrichten, als die spangenbergischen sind, bestätiget zu werden scheinen. Man hat, saget Herr Müller, diese Karten nach den mündlichen Nachrichten eines Japoners ausgebessert, der Sanima hieß. „Dieser Ausländer scheiterte im Jahre 1710 an der Küste von Kamtschatka; „ward 1714 an den kaiserlichen Hof nach Petersburg geschicket, wo er die russische Spra„che so gut lernete, daß er im Stande war, alle Fragen zu beantworten, die man ihm „wegen der Lage und Beschaffenheit der kurilischen Inseln that.„

Rosirewskoi, einer von den beyden Häuptern in der kamtschadalischen Empörung der Cosaken, die im Jahre 1711 von den dreyen Commissarien[2]) abfielen, hat ein neues Licht über diese Inseln verbreitet. Dieser einsichtsvolle Mann, der, wie man saget, die Kenntnisse des Japonesers Sanima genutzet hatte, ward ausgeschicket, die kurilischen Inseln und das in ihrer Nachbarschaft liegende feste Land wohl zu erkundigen. Seine sehr umständliche Nachricht, die man selbst in Petersburg für bewährt hält, bezeuget, daß die Bewohner der kurilischen Inseln, oder des japonischen Jesso auf Kamtschatka und Matsumai Handel treiben. Nun ist es aber völlig unmöglich, wie Herr Engel saget,

1) Man sehe oben die 330 Seite.

2) Eben daselbst a. d. 325 S.

saget, daß diese Insulaner auf ihren schlechten Baidaren oder Nachen, die man kaum brauchen kann, von einer Insel zur andern zu kommen, Reisen von hundert oder zwey hundert Meilen lang thun sollten. Es muß also der Zwischenraum zwischen Kamtschatka und Japon sehr klein seyn. Wenn die Insel Matsumai beynahe bis an das feste Land reichet, und wenn zwischen dieser Insel und Kamtschatka eine Entfernung von fünf oder sechs Graden der Breite ist: so kann dieses nicht unter einer viel weitern Länge liegen, noch durch ein sehr ansehnliches Meer von dem festen Lande getrennet werden. Man muß also Kamtschatka sehr hart an die tatarischen Küsten rücken. Engel.

Wo soll man aber nun das Land Jesso hinbringen, wenn nur so wenig Meer zwischen dem festen Lande und der Kette von Inseln ist, die sich von Japon nach Kamtschatka erstrecken. „Ich gestehe aufrichtig, saget Herr **Engel**, daß ich, ungeachtet „aller meiner Untersuchungen, und alles meines Nachsinnens, seit zwanzig Jahren, mich „doch nicht unterstehe, die wahre Lage von Jesso zu bestimmen.„ Bey dieser Gelegenheit durchläuft unser Verfasser die verschiedenen Meynungen der Erdbeschreiber. Man hat lange Zeit dafür gehalten, daß Japon mit Jesso gränzete: von dieser falschen Meynung aber ist man zurück gekommen. Andere fügeten es an die Tatarey; andere macheten eine Insel daraus, welche, wiederum andere in zwo zertheileten. Man hat alles müssen in Unordnung bringen, diesem Lande Platz zu verschaffen. Herr Danville beklaget sich, daß es ihm viele Veränderungen in seinen Karten gekostet. Wenn man die Reisebeschreiber als die Wegweiser der Erdbeschreiber zu Rathe ziehet, so findet man jesuitische Missionarien, welche bald sagen, Jesso sey eine Insel, bald, es sey ein festes Land, und bald, es sey beydes zugleich: das heißt, die Japoner bemerken auf ihren Karten eine Insel Jesso, und dahinter ein festes Land unter eben dem Namen, welches zweymal größer, als China ist, weil ein Drittel dieses Landes über den Polarzirkel hinaus liegt. Aus diesen Widersprüchen und Ungewißheiten schließt man, daß es ein fabelhaftes Land sey: und das um so viel mehr, saget Herr Danville, weil es, wenn es wirklich vorhanden wäre, den Chinesern und Tatarn bekannt seyn müßte, die es aber nicht einmal dem Namen nach kennen. Herr **Engel**, ohne diese Folge auf einem Grunde an zu nehmen, der ihm nicht bündig genug zu seyn scheint, nimmt seine Zuflucht zum Herrn de Guignes, indem er gestehet, daß die Muthmaßungen dieses Schriftstellers nur Zweifel erregen und das Urtheil aufschieben können, welches man über das Daseyn und die Lage eines von den Erdbeschreibern so bestrittenen und herum geworfenen Landes, als Jesso, fällen soll. Wir müssen den Verfasser unserer Abhandlung weiter hören. Die Japoner haben gesagt, die Insel Jesso läge Japon gegen Norden, und dieser Insel Jesso gegen Norden läge Oku-Jesso. Dieses Wort wird ohne Zweifel ein allgemeiner Namen seyn, unter dem alle die Völker begriffen werden, die Japon gegen Norden liegen; so wie die Juden alle Völker, die in Ansehung ihrer gegen Abend lagen, **Kittim**, und die gegen Morgen, **Elam** oder **Maddai** nanntèn; so, wie die Griechen alle mitternächtlichen Völker von Europa Celten, und alle mitternächtlichen Völker von Asien, Scythen, alle südlichen Indianer, und alle Bewohner von Africa Aethiopier hießen; so, wie die Chineser den ganzen nordöstlichen Theil von Asien und das an dieser Seite der Tatarey stoßende America Tahan nennen. Die Japoneser werden, nachdem sie alle die Inseln und Völker Jesso genannt, welche sich von Japon bis Kamtschatka erstrecken, welches auch noch mit unter dieser Benennung begriffen ist, den Na-

 men

Engel. men Oku-Jesso allen denen Ländern beygelegt haben, die über diese Länder hinaus liegen [1]). Wenn man von allen denen Nachrichten, die sie uns von Jesso geben, nichts versteht, so kömmt es daher, daß sie seit denen sechs hundert Jahren, da sie dieses Land eroberten, es nicht der Mühe werth gefunden haben, es zu behaupten. Sie waren mit Matsumai zufrieden, entweder wegen der Silbergruben, die man daselbst findt, oder weil sie es für den Schlüssel zu ihrem Reiche hielten, der die Eingeborenen verhinderte, daraus zu entweichen, und den Ausländern das Hineingehen verboth; darüber verloren sie die genauern Kenntnisse, die sie ehemals von diesem Lande hatten. Alle diese Erklärungen des Herrn Engels aber lassen immer noch zweifeln, ob es ein wahres und von dem festen Lande der Tatarey und den kurilischen Inseln verschiedenes Land Jesso gebe, und bestimmen nicht, unter welcher Himmelsgegend und auf welchem Meere dieses Land liege.

Die Holländer vermehren noch diese Finsternisse. Ihre indianische Handelsgesellschaft befürchtete, ihr Vermögen möchte getheilet, und dadurch vermindert werden, wenn man durch Nord-Ost einen neuen Weg zu ihren Reichthümern öffnete. Sie gaben also ihren Landesleuten zu verstehen, welche durch die nördlichen Meere eine Straße nach Indien suchten, man müsse damit anfangen, daß man von Indien selbst aus die mitternächtlichen Küsten Asiens entdecke. Die Compagnie schickete also zu dieser Entdeckung zwey Schiffe aus. So bald aber, als sie sah, daß man sich in Europa weiter keine große Mühe gab, die nordöstliche Durchfahrt zu finden, so hörten sie auch mit der ihrigen auf, ja, sie untersageten so gar allen ihren Unterthanen bey Lebensstrafe, auf einem holländischen Schiffe nach Jesso zu gehen.

Dieses Verboth, saget Herr Engel, machet die ganze Nachricht verdächtig, welche sie von diesem Lande herausgegeben haben. Da sie uns aber doch von dieser Reise gar genaue Umstände berichten, die unmöglich bloß erdichtet seyn können: so darf man nur die Umstände in Zweifel ziehen, die entweder mit den Nachrichten der andern Reisenden gar zu wenig überein kommen, als daß sie nicht sollten bestritten werden, oder der Absicht gar zu gemäß sind, welche die holländische Handlungsgesellschaft kann gehabt haben, die Wahrheit wegen eines Gegenstandes zu verbergen, welcher ihren ausschließenden Ehrgeiz angeht. Aber nichts ist für die Neugierde der Menschen so anstößig, als die Ungewißheit und die Unwissenheit von Dingen, die man gern wissen möchte. Und so versuchet Herr Engel, nachdem er uns bewegen, an allen denen Nachrichten, die wir von Jesso haben, zu zweifeln, selbst auf den Trümmern alles dessen, was er zerstöret hat, ein neues Gebäude zu errichten.

Er saget, man kann Matsumai gegen Norden eine große Insel setzen, und diese wird das wahre Jesso seyn. Ohne Zweifel ist dieses ein sonderbarer geographischer Satz, den man aber doch immer so lange wird behaupten können, bis man eine zuverläßige Nachricht erhalten wird, die ihn umstößt. Er saget ferner, die Holländer haben gesehen, daß unter dem acht und vierzigsten Grade funfzig Minuten das Meer sich erweitert. Wenn man die östliche Küste der mittäglichen Tatarey unter dem hundert drey und funfzigsten Grade, und das Vorgebirge Kamtschatka unter dem hundert fünf und sechzigsten der Länge setzet, so bekömmt man für das Meer eine Breite von eilf Graden, wohin

1) Man sehe die allgemeine Historie der Reisen, X Th. a. d. 546 S.

wohin man die Insel Jesso sehr füglich setzen kann, die man, wenn man wollte, die Insel Amur oder Sagalien benennen könnte. Wir haben keine Nachricht, die diesem angenommenen Satze widerspräche, vermöge dessen man unter diesen dreyen Namen nur eine Insel versteht. Herr Engel kömmt wieder auf alle die Nachrichten zurück, die er schon untersuchet und beynah widerleget hat, indem er alles das verwirft, was seinem Satze nicht zur Unterstützung dienet, und alles das annimmt, was ihm günstig seyn kann. Nachdem er nun seine Insel auf den Triebsand des Meeres mitten unter die Ströme gesetzet hat, die sie, so zu sagen, unzugänglich, wenigstens von Seiten des festen Landes, machen, so weis er nicht, wohin er das Staaten-Eyland und das Land der Compagnie setzen soll. „Ich bin, saget er, eben so verlegen, als die andern Geographen, „die entweder ihre Zuflucht zum Ungefähr nehmen müssen, oder es ganz und gar aus„lassen.„ Inzwischen nimmt unser Kunstrichter, um alle Theile zu vereinigen und die Nachrichten der Holländer mit den Nachrichten der Russen zu vergleichen, hier eine Muthmaßung des Herrn Müllers an. Dieser berichtet, daß in diesen Gegenden die Erdbeben sehr gewöhnlich und sehr heftig wären. Es kann also sehr leicht möglich seyn, daß zur Zeit der holländischen Reise viele Inseln nicht mehr als eine einzige ausgemacht, und daß sie nachher durch die Erdbeben in mehrere abgetheilet werden. Diese Muthmaßung ist sehr wahrscheinlich, fährt Herr Engel fort: „Länder, welche so tief ins „Meer hineingehende Vergebirge und so tiefe Meerbusen haben, können durch Erdbe„ben sehr leicht von einander getrennet, und zu Inseln gemacht werden. Ich vermuthe „sogar, daß ehemals Kamtschatka, die kurilischen Eylande, Jesso, Japon und Korea nicht „mehr als ein einziges an einander hängendes Land ausgemacht haben.„ Die Erdbeben sind, wie der P. Charlevoix saget, so häufig in Japon, daß sich das Volk beynahe gar nicht mehr davor fürchtet, ob sie gleich unterweilen so heftig sind, daß sie ganze Städte umstürzen, und die meisten Einwohner unter ihren Trümmern begraben. Es würde sehr wunderbar seyn, saget unser Geschichtschreiber ferner, wenn Japon nicht denen Erdbeben unterworfen seyn sollte, da man so viele feuerspeyende Berge und Schwefelgruben in diesem Lande antrifft. Es ist aber gewiß nicht weniger zu verwundern, daß unsere Erdbeschreiber auf ihren Karten Ländern eine unwiderrufliche fest bestimmte Lage geben wollen, welche von dem Meere und feuerspeyenden Bergen beständig umgekehret werden; Länder, welche die Erdbeschreiber nur von ferne gesehen, und deren Länge und Breite kein einziger Sternkündiger hat bestimmen können, welche von einer Reise zur andern, in weniger als hundert Jahren gänzlich die Gestalt verändern; Länder, die nicht einmal ihren nächsten Nachbarn bekannt sind, oder, die sie mit solchen Namen bezeichnen, welche sehr geschickt sind, fremde Schiffer irre zu machen. Mit einem Worte, das Wunderbarste in der ganzen Abhandlung des Herrn Engels ist das, daß er sich unterstanden, sie zu schreiben, da er doch wußte, daß man so wenig Licht daraus erhalten könnte. Was ist wohl vermögender, den Pyrrhonismus in die alte Geschichte ein zu führen, als die Widersprüche, die in unsern Tagen über die wahre Lage entfernter Länder entstehen? Wer wird ferner den Nachrichten der Reisebeschreiber in verworrenen Materien trauen wollen? Wie werden sie Ohren haben, dasjenige gut zu hören, was man ihnen in dem Lande, wo sie landen, erzählet; sie, die keine Augen gehabt, eine Insel von einem festen Lande, oder viele Länder von einem einzigen zu unterscheiden; sie, die aus Eigennutze, aus Unwissenheit, aus Liebe zu reden, aus Eitelkeit, lügen, und die den Kindern

Engel.

Zweifel über die wahre Lage des Staaten-Eylandes und des Landes der Compagnie.

Engel. Kindern gleichen, welche viel lieber alles Abgeschmackte glauben und vorbringen, als sie sich entschließen können, etwas nicht zu wissen, oder zu schweigen. Wie soll man nun Erzählungen annehmen, die in einer Entfernung von viel tausend Meilen ohne Untersuchung, ohne Beurtheilung, und ohne Fähigkeit gemacht worden?

So gar das Ansehen einer Regierung, sie gebiethe nun zu reden oder zu schweigen, ist in Ansehung der Glaubwürdigkeit, nicht hinreichend; weil die meisten Höfe mehr an den scheinbaren oder wirklichen Nutzen denken, den sie für jetzt davon haben, als an die Wahrheit, die ihnen nicht nöthig ist. In einem Staate verfälschet man die Wahrheit, wie in einem andern die Münze. Das Siegel des Fürsten giebt allem wenigstens einen erdichteten Werth: es kann aber die Seelen nicht so zum Glauben, als den Willen zum Gehorchen, zwingen. Es können also Nachrichten, die auf Befehl des russischen Hofes bekannt gemacht worden, wohl Unwahrheiten seyn; denn es ist selten, daß ein Hof befiehlt, Wahrheiten zu schreiben. Die der menschlichen Seele natürliche Freyheit erwartet keinen Befehl, Wahrheiten zu sagen, sondern ist mit der bloßen Erlaubniß zufrieden. Ohne den Einfluß der Höfe auf die öffentlichen Schriften aber, wie viel Ursachen hat man nicht, an der Aufrichtigkeit der russischen Karten zu zweifeln? Wenn man sich nicht auf die Sammlungen derer Reisen verlassen kann, die in unsern Tagen fast vor unsern Augen und in schon hundertmal durchreiseten, und unserer Neugierde stets offenstehenden Ländern gethan worden; welches Zutrauen können wir denn wohl zu russischen, spanischen und holländischen Schiffern haben, von denen der größeste Theil weder das Vermögen gehabt, alles zu sehen, noch die Zeit, es mit Aufmerksamkeit zu betrachten, noch das Geschick, ihren Nachrichten das Ansehen der Wahrheit und einen Werth zu geben? Inzwischen müssen wir doch die Reisebeschreibungen lesen, um uns zu unterrichten, oder über ihre Fehler zu belustigen. Dieß ist noch das einzige Mittel, über kurz oder lang die Wahrheit zu entdecken, viele Vorurtheile aus zu rotten, und einige menschliche Begriffe zu verbreiten.

Herr Engel, der müde ist, an den östlichen Küsten der Tatarey herum zu irren, ohne zu wissen, wo er die Länder, die man entdecket zu haben vorgiebt, hinsetzen soll, wirft sich auf das entgegengesetzte Ufer gegen die americanischen Küsten, und suchet, wie man durch das Meer, welches beyde Welttheile trennet, von einem zum andern herüber kommen könne. Neue Materie zu Zweifeln und Ungewißheiten für die Erdbeschreiber. Er verläßt hier die Holländer und Russen, um sich an die Spanier zu halten. Möchten sie ihm doch helleres Licht mittheilen können! Der Pater Acosta, ein Jesuit, ist sein vornehmster Führer in diesem westlichen Theile des americanischen Nordens. Seine Beschreibung der neuen Welt, die zu Anfange des vorigen Jahrhunderts gedruckt worden, redet mit vieler Genauigkeit von einem Lande, dessen Daseyn nach nunmehr anderthalb Jahrhunderten, von Reisen, Entdeckungen und vielem Fortgange, sowohl in der Schifffahrt, als Erdbeschreibung, noch nicht völlig bestätiget worden ist. Es ist das Königreich Anian, welches man meynet, und welches noch zu entdecken übrig ist. „Die „nordliche Spitze dieses Königreichs Anian, saget er, erstrecket sich bis unter den nordlichen Polarzirkel, und wenn es das Meer nicht verhinderte, so würde es mit der Tatarey und China gränzen.„ Diese Nachricht aber giebt keine Reise an, die über den zwey und vierzigsten Grad der Breite angestellet worden; welche Folge kann man also für die Länder in dem Polarzirkel daraus ziehen? Unterdessen will doch Herr Engel, daß

Bemerkungen über die Straße nach America durch Nordwest.

daß man den alten Nachrichten der Spanier völligen Glauben beymessen soll? Ist das nicht zu viel nachgegeben? Nach dem Engländer Draken, der eine unendliche Menge länder entdeckete, welche man seit seiner Reise im Jahre 1577 nicht wieder gesehen hat. Nach denen Spaniern, die der P. Acosta, ein Jesuit, ein Missionar, und ihr Landsmann, ohne Zahl anführet, müßte die Straße Anian unter dem zwey und vierzigsten Grade liegen: aber sieh da, Herr Sanson, ein berühmter französischer Erdbeschreiber, verleget eben diese Straße unter den fünf und funfzigsten und fünf und sechzigsten Grad Norderbreite. Die Widersprüche, welche das Daseyn und die Lage dieser Straße seit mehr als hundert und funfzig Jahren aus zu stehen gehabt, haben sie endlich aus den besten Karten vertrieben. Das ist die Sprache des Herrn Buache. Eine so zuversichtliche Bejahung bringt Herrn Engels ganzen Unwillen auf, der hier für die Spanier mit einem Eifer ficht, der ihre ganze Dankbarkeit verdienet, den ihm aber andere Leser nicht ohne die äußerste Geduld vergeben werden, wofern sie nicht Erdbeschreiber sind. Die Zeiten, von denen Herr Engel spricht, seine Gewährsmänner, die er anführet, ihre Sprache, ihre Schreibart, kurz, alles scheint nicht hinlänglich zu seyn, denen Gründen das Gegengewicht zu halten, die Herr Buache anführet, das Ansehen der ältesten spanischen Nachrichten zu schwächen. Man sieht fast niemals andere Zeugen, als Eroberer oder Statthalter, welche ihren Eroberungen und Statthaltereyen keine Gränze setzen wollen; als Missionarien, welche nicht die Zeit gehabt haben, Entdeckungen zu machen, die aber, damit sie das Gerücht von dem guten Erfolge ihrer Predigten vergrößerten, Völker und Länder durch eine Wirkung desjenigen Vertrauens auf die Gnade ihres Berufes vermehret haben, welche sie überall Wunderwerke sehen läßt. Was für andere Zeugen werden außer diesen angeführet? Soldaten, die zwey hundert und zwanzig tausend Schritte, oder mehr als hundert Meilen über Neu-Mexico hinaus durch ein äußerst unfruchtbares Land gegangen sind, wo man keinen Stein, keinen Baum, kein Kraut, aber dagegen viele Kühe antrifft, sich zu nähren; Schiffer, die wahrhaftig zu einer Zeit nicht sehr aufgekläret seyn konnten, wo nach einer tausendjährigen Nacht in Europa kaum die erste Demmerung der Wissenschaften wieder anbrach. Obgleich die Portugiesen und die Spanier die kühnsten und glücklichsten in ihren Reisen gewesen sind, so brachten sie doch nicht weniger den Geist der Schwärmerey und die Vorurtheile mit in die neue Welt. Die allemal mit einer Art von Barbarey verbunden sind, und sich niemals mit der Vernunft, dem Lichte und denen Kenntnissen vertragen, die man haben muß, wenn man eine Karte und eine genaue Beschreibung eines Landes entwerfen will. Indessen bedienet sich doch Herr Engel wider den Herrn Buache des Umstandes, daß, da man ehemals die ältesten spanischen Karten verbessern wollen, die aus Californien eine Halbinsel machen, man sich in den letztern Zeiten genöthiget gesehen, ihnen in diesem Stücke ihr völliges Ansehen wieder zu geben, und eben das Californien, welches man in eine Insel verwandelt hatte, wieder zur Halbinsel her zu stellen. Es ist ohne Zweifel ein großer Vortheil für die ersten spanischen Seefahrer, daß man zu ihren Berichten wieder zurück gekommen: allein, eine Wahrheit, die man einmal von ungefähr gefunden, beweist nichts, gegen hundert andere Dinge, die man ohne Beweis in den Tag hinein schreibt, und die durch ihre Widersprüche und Unwahrscheinlichkeit sich selbst schon hinlänglich widerlegen. Herr Engel führet eine Nachricht des Grafen von Pignalosse oder Penalosse, Unterköniges

Engel.

Glaubwürdigkeit der ältesten spanischen Karten in America.

Engel.

von Mexico an, der Californien einen Umfang von tausend Meilen giebt, und es bis an das Vorgebirge Mendocin reichen läßt. Er behauptet, daß diese Nachricht alle Glaubwürdigkeit verdiene; denn der sie giebt, saget er, mußte doch wohl ein Land gut kennen, das er sich zu erobern vorgesetzet hatte; gleich, als wenn die Vandalen, die vor ungefähr zwölf hundert Jahren nach Spanien kamen, die Lage dieses Landes, ehe sie es unterjochten, wohl gekannt hätten; und als ob die Spanier selbst Mexico gekannt hätten, als dieses Reich durch die Verwüstung seiner Hauptstadt und die Hinrichtung seiner Beherrscher in ihre Hände fiel. „Ich gestehe inzwischen doch, (so saget Herr Engel) daß die Längen der älteren spanischen Karten nach denen neuesten und zu wiederhohlten Malen angestellten Entdeckungen nicht als ganz gewiß können angesehen werden.... Wenn man aber alle die Karten verwirft, die sich nicht auf astronomische Beobachtungen gründen, welche man mit allen erforderlichen Kenntnissen und mit gehöriger Genauigkeit gemachet hat: so muß man beynahe an allen Längen von Asien, Africa und America zweifeln, weil man sich, sie zu bestimmen, mit Berechnungen begnüget hat, welche bloß nach Gutdünken gemacht waren, die man nach den Tagebüchern der Lootsen, und nach der Anzahl derer Meilen, die sie zurück gelegt hatten, ohne dabey darauf zu sehen, ob sie guten oder widrigen Wind gehabt, bestimmet hatte.“ Diese Folgerung erschrecket diejenigen doch nicht, welche die Zeugnisse und Gründe abwägen; sie wissen wohl, daß man niemals auf die Längen sichere Rechnung wird machen können, die man entweder zu Wasser oder Lande aufgenommen, bis die Gewohnheit, Gelehrte reisen zu lassen, welche dieses Maaß bestimmen, allgemeiner geworden. Kaum hat man endlich mit Mühe ein Mittel gefunden, die Meereslängen zu bestimmen; und Engländer und Franzosen fangen kaum an, sich der Erfindung zu bedienen, die uns von der Art, diese Grade ab zu messen, versichern muß; wie sollten wir nun also Zutrauen zu allem dem haben können, was die Russen und Spanier in einer so kitzlichen Sache vorgeben, zumal, wenn diese beyden Völker, die in der Erdbeschreibung mit einander wetteifern, in ihren Nachrichten nicht übereinstimmen? Was aber alle Leser über die willkührlich angenommenen Sätze in Zweifel lassen muß, die Herr Engel entweder annimmt oder bestreitet, ist, daß, nachdem er die Nachricht des vorgegebenen Wilden Moncascht-Ape[a]) angenommen, er den Reisen des Admirals de Fonte alle Glaubwürdigkeit abspricht, die aber Herr Buache annimmt. Man muß gestehen, er ist glücklicher, das Untergeschobene und Falsche dieser letztern Nachricht zu zeigen, als die Wahrheit der ersten zu beweisen. Irrthümer und Mährchen vermehren sich leicht; die Wahrheit hat nur eine Gestalt, die Lügen tausend. Es ist leichter, diese verschiedenen Nachrichten der Zeit zu überlassen, die ihre Wahrheit oder Falschheit entscheiden wird, als sie zu vertheidigen oder zu bestreiten.

Widerlegung der vorgegebenen Reise des Admirals de Fonte.

Indessen widerleget Herr Engel die Nachricht des Admirals de Fonte, durch zwölf Begebenheiten, auf die sie sich stützet, und die eben so viel baufällige Gründe sind. Er saget, dieser de Fonte oder de Fuente würde nicht am spanischen Hofe Admiral von Peru geworden seyn, wenn er, wie man vorgiebt, ein Portugiese gewesen. Auch selbst nicht zu einer Zeit, wo es Spanien gelang, die Herrschaft über Portugall zu erlangen.

a) Dieses Wort bedeutet einen Menschen, der die Schmerzen tödtet. Man gab unserm vorgegebenen Reisenden diese Namen, weil er unverwundet war. Der wilde Mensch tödtet die Schmerzen, und der Gesittete wird von den Schmerzen getödtet. Welche Abstechung!

langen. Wäre de Fonte ein Spanier und kein Portugiese, so müßte er sein Buch in seiner Landessprache schreiben. Nun ist es aber eine portugiesische Nachricht, welche die Engländer im Jahre 1708 von einer Entdeckung herausgegeben haben, die 1640 geschehen seyn soll. Die Jesuiten, denen man viele Entdeckungen in allen Theilen von America zu verdanken hat, führen niemals die Reise dieses Admirals an, welcher doch selbst von zweenen Missionarien dieser Gesellschaft redet, die er unterwegens angetroffen hat. Diese Nachricht vereiniget einen portugiesischen Admiral, einen französischen Capitän und einen englischen Steuermann, die von den Spaniern in einer Unternehmung gebrauchet werden, welche der ganzen Welt verborgen bleiben sollte. Man führet eine Unternehmung der Engländer an, die zu eben dieser Zeit veranstaltet seyn soll, und von der in England keine Spur an zu treffen ist, weder in den Archiven der Admiralität, noch sonst im gemeinen Gerüchte. Man giebt der Unternehmung des Admirals de Fonte so wenig Zeit zu Vorbereitungen, daß die ganze Reise augenscheinlich erdichtet ist. Dieser Admiral soll bey unzähligen Völkern gewesen seyn, die alle verschiedene Sprachen redeten, und er hatte doch keinen andern Dolmetscher, als einen Franzosen, Parmentiers, der, wie man saget, eine lange Zeit in Canada gelebet hatte. Allein, die Geschichte dieses Parmentiers ist in Frankreich eben so unbekannt, als in England die Reise des Shapley nach America zur Zeit des Admirals de Fonte. Man leget ferner allen diesen Völkern eine Gefälligkeit für die Spanier bey, die sich gar nicht mit dem Abscheue verträgt, den auch der bloße Namen dieser Eroberer in ganz America verbreitet hatte. Diese Gefälligkeit wird auch durch die Grausamkeit widerleget, welche eben diese Wilden gegen den Shapley bewiesen, der, wie man saget, durch die Esquimaux hingerichtet ward. Sollten wohl Indianer, die so gefällig gegen die Spanier waren, von denen sie so viele Beleidigungen erlitten hatten, so barbarisch gegen die Engländer verfahren haben, von denen sie noch keine Ungerechtigkeit und Beschimpfung erfahren hatten? Man spricht von einem See de Fonte, welcher zwar unter dem siebenzigsten Grade der Breite liegt, aber dennoch Inseln in sich hält, die mit allen Arten von Früchten, vierfüßigen Thieren, Vögeln und Bäumen bedecket sind. Man führet einen See Velasco an, den Herr Delisle unter den zwey und achtzigsten Grad der Breite setzet; und dieser süße See war zwar mit Bergen rings umgeben, auf denen seit der Schöpfung der Welt Eis liegt, aber doch selbst nicht gefroren. Denn wäre er gefroren gewesen, so hätte man ja nicht wissen können, daß er süß sey; denn alles Meerwasser wird süß, wenn es gefriert. Und endlich so wissen alle gleichzeitige Schriftsteller nichts von diesen Entdeckungen des de Fonte; und die Archive des spanischen Hofes beobachten ein tiefes Stillschweigen davon. Herr Delisle antwortet darauf, „man könne mehrere Beyspiele von Entdeckungen anführen, „welche die Spanier in Ländern gemachet, deren Kenntniß sie andern Völkern haben „verhehlen wollen.“ Es ist ihnen so wohl gelungen, saget er, daß sie gegenwärtig dasjenige selbst nicht mehr wissen, was sie zur Zeit dieser Entdeckungen wußten; dagegen versichert nun Herr Engel, die Spanier hätten von denen Ländern, die sie entdecket, allemal entweder wahre oder falsche Nachrichten bekannt gemacht.

Engel.

Für nicht minder apokryphisch hält unser Verfasser die Nachricht des Fuca, welche die Herren Delisle und Buache für wahr annehmen, ob sie schon dem de Fonte unbekannt war, der eben die Reise vierzig Jahre später unternahm. Dieser Fuca, saget

Apokryphische Nachricht des Fuca.

Engel. saget Herr Engel, war ein Grieche aus Cephalonien, welcher von den Engländern, man weis nicht, warum, gefangen genommen worden, und ihnen, man saget nicht, wie, entwischete. Er war auf Befehl des Unterköniges von Mexica ausgegangen, eine Straße in Norden zu entdecken. Von da gieng er misvergnügt nach Spanien, dem Könige seine Dienste an zu biethen; und da es ihm hierinnen nicht gelang, so war er entschlossen, über Venedig nach seinem Vaterlande zurück zu gehen. Er traf daselbst einen Engländer an, der ihm anlag, in Dienste der Königinn Elisabeth zu treten, von der er eine bessere Begegnung, als in Spanien, würde zu erwarten haben, wenn er den Engländern den Weg in das Südmeer durch eine Straße in Norden zeigete. Allein, dieser Grieche gab diesem guten Rathe kein Gehör, der auf einmal seinen Ehrgeiz und seine Rache gegen die Spanier befriedigen konnte, sondern starb viel lieber zu Hause im Elende. Das ist nun ein eben solches Mährchen, als das vom de Fonte. Das eine hat man sich ersonnen, zum Vortheile der Spanier eine Straße durch den Nord zu öffnen, und das andere, eben diese Straße den Engländern zu verschließen, welche Mexico durch die Hudsonsbay sucheten. Juca, wie man saget, hätte diesen Weg gefunden; de Fonte fand, daß es keinen gäbe: oder vielmehr, wie Herr Engel saget, beyde haben nichts entdecket, ja nicht einmal einen Schritt gethan, noch vieleicht jemals gelebt.

Inzwischen suchet doch Herr Engel zwar nicht die Straße durch die Hudsonsbay, sondern das Westmeer, welches einige geschickte Erdbeschreiber auf Treu und Glauben einiger Nachrichten, die man den Wilden in Canada beyleget, oder einiger Reisen, von denen der größeste Theil nur in der Einbildung geschehen ist, in ihre Karten gesetzet haben. Er untersuchet deshalb die Nachricht des Baron de la Hontan. Sie ist, wie er saget, durch den P. Charlevoix sehr verschryen worden, weil dieser Edelmann keine Religion besaß. Einige Leute wollen den Berichten der Missionarien keinen Glauben beymessen, weil man sie für zu leichtgläubig hält; und die Missionarien im Gegentheile verwerfen das Zeugniß anderer Reisenden, weil sie nicht fromm genug sind. Wer ist nun der Glaubwürdigste? Der zu viel oder zu wenig glaubet? Wer wird die meisten unglaublichen Dinge vorbringen? Der Jesuit Charlevoix gestehet, daß der Baron de la Hontan, ungeachtet er übel und sehr nachläßig schreibt, doch alles das, was er gesehen, ziemlich aufrichtig erzähle. Aus diesem Urtheile, welches dem de la Hontan gar nicht günstig ist, schließt nun Herr Engel, daß dieser Reisebeschreiber das schlechte Ansehen nicht verdiene, worein seine Nachrichten gefallen sind. Er saget, dieser Mann hatte das Unglück, dem Hofe nicht zu gefallen, und man hat den Haß gegen den Verfasser auch auf sein Buch verbreitet. Ob wir aber gleich in seinen Nachrichten viele fabelhafte Begebenheiten finden, die ihr Verfasser selbst nicht für wahr hat ausgeben wollen: so dürfen wir doch deshalb nicht daraus schließen, daß seine Nachrichten auch da von keinem Ansehen seyn sollten, wenn er als Geschichtschreiber spricht. Ein Mann, saget Herr Engel, der dem Könige von Dänemark seine Karte von Canada zuschreibt, hätte der wohl einen mächtigen König betriegen wollen, von dem er vieleicht damals sein Glück hoffete? Welche Unverschämtheit! .... Machet man denn aber sein Glück, wenn man den Königen Wahrheiten zueignet? Indessen ist doch die Erdbeschreibung so wenig derer Wahrheiten fähig, die man an Höfen bestrafet, als derer Lügen, die man daselbst belohnet. Eine Zueignungsschrift beweist nichts,

Vertheidigung der Nachricht des Baron de la Hontan.

nichts, und die Fürsten sind nicht gehalten, der Welt von dem Werthe derer Bücher Rechenschaft zu geben, die ihnen überreichet werden. Sie stehen nicht, weder für das Ansehen, noch für die Treue, noch für die Einsicht des Verfassers. Selten nehmen sie sich die Mühe, das Buch selbst zu lesen; und wie sollten sie die Leser verbinden, ihm zu trauen? La Hontans Nachricht bekömmt dadurch, daß sie einem großen Könige zugeschrieben ist, so wenig Ansehen und Glaubwürdigkeit, als daß ihr Verfasser Freyherr war. Ein Fürst verzeiht die Irrthümer, die ihm ein Schriftsteller zuschreibt, wer er auch seyn mag. Nachsicht ist das Eigenthum der Thronen, und Lügen das Antheil aller Stände. Wenn aber die Gnade eines Königes, der die Zuschrift eines Buches an zu nehmen geruhet, es nicht vor einer billigen Kritik in Sicherheit stellen kann, so benimmt auch die Beschuldigung des Unglaubens einem Buche nichts von seinem Ansehen in geographischen und physischen Dingen. „Wenn man in Ansehung der „Reisen," saget Herr Engel, „keinen andern, als frommen und christlichen Reisenden, „Glauben zustellen sollte, so würde man in Gefahr stehen, sehr viele Irrthümer an „zu nehmen; weil oft sehr ehrliche Leute aus Mangel an Geschicklichkeit, oder aus Leicht„gläubigkeit sehr oft irrige Dinge erzählen." Man kann also die Nachrichten des Baron de la Hontan in vielen Stücken annehmen. Der Weg, den er genommen, den Mißissippi herunter zu fahren, war vor ihm unbekannt. Nachher hat man ihn so gefunden, wie er ihn beschreibt. Hat man nun die Wahrheit gewisser Dinge entdecket, die er zuerst beglaubiget hat, so ist das eine Ursache, dasjenige nicht zu verwerfen, was er berichtet, wenn wir es nicht augenscheinlich der Falschheit überführen können. La Hontans Entdeckung ist niemals durch andere spätere Nachrichten widersprochen worden, und sie ist den vorhergehenden Entdeckungen der Spanier gleichlautend, die man noch niemals der Falschheit hat überführen können. Man muß sie also so lange für glaubwürdig halten, bis entgegengesetzete und wohl erwiesene Berichte sie umstoßen. Dieß ist der kurze Auszug der Gründe des Herrn Engels zum Behufe derer Zeugnisse, auf welche er seine neue Karte von dem mitternächtlichen und abendlichen Theile von America entworfen hat. Die kleinen Umstände, in die er sich einläßt, seine geographische Theorie zu rechtfertigen, sind zu langweilig, und mit solchen Untersuchungen angefüllet, welche für die allgemeine Historie der Reisen nicht gehören. Der Endzweck und die Absicht seiner Abhandlung aber, oder seine Gedanken von der Möglichkeit einer Straße nach America durch die mitternächtlichen Meere dürfen darinnen nicht fremd seyn. Nichts ist der Aufmerksamkeit unserer Leser würdiger.

Engel.

„Ich habe, saget Herr Engel, sehr lange angestanden, der Welt meine Gedan„ken über die Fahrt durch Norden mit zu theilen." Verwirft man sie, so habe ich mir eine unnütze Mühe gemachet; und befolget man sie, so ist es noch schlimmer. Denn alsdann muß ich befürchten, daß alle die schreyenden Ungerechtigkeiten wieder erneuret werden, welche die Europäer von je her gegen die Americaner begangen haben. „Ich rede hier nicht von denen Grausamkeiten, die ehemals die Spanier in „der neuen Welt ausübeten; diese werden von ihren Landesleuten selbst verabscheuet. „Haben denn aber die andern Völker sich nichts vor zu werfen?" Alle haben den Grundsatz gehabt, da die Americaner nur Wilde wären, indem sie das bloße Naturgesetz befolgeten: so könnte man sich ungestraft ihres Landes bemeistern. „So gar die „Russen, füget Herr Engel hinzu, die man doch gewiß nicht unter gesittete Völker

Möglichkeit einer Straße nach America durch Norden.

Engel. „rechnen kann, eignen sich ein gleiches Recht zu.“ Will man einwenden, die Americaner wären Abgötter: „so ist das Christenthum, welches ihnen die Spanier verkündigten, bey diesen unglücklichen Völkern nicht viel besser. Denn selbst in Mexico „und Peru vereinigen die Eingeborenen des Landes oft die äußerlichen Gebräuche des „Christenthums mit der ungeheuresten Abgötterey. Ich seufze, wenn ich die Ursache „des letzten Krieges zwischen England und Frankreich betrachte. Die Franzosen sagen, alles Land, welches Canada gegen Westen und Südwesten liegt, gehöret uns zu, „weil wir es entdecket haben. Aus eben diesem Grunde behaupteten die Engländer, „alle Länder, welche Acadien und Neuengland gegen Westen liegen, müßten ihnen zustehen. Da nun beyde Völker weiter vorgerücket sind, so haben sie sich zuletzt am Ohio „gefunden, und nun beklaget sich eines über das andere, es greife seine Rechte an. „Vergebens schreyen die Wilden: Streitet doch nicht, das Land gehöret uns zu, und keines von euch beyden hat das Recht, sich hier zu setzen. Die beyden Nationen antworten, als wahre Europäer: Ihr scherzet, Wilde eures Gleichen haben gar kein Recht, „an irgend einem Orte wohnen zu dürfen .... Ich gestehe, dergleichen Grundsätze scheinen mir der natürlichen und geoffenbarten Religion so zuwider zu seyn, daß „jeder aufgeklärte Heide sich darüber ärgern würde.“

Unser Verfasser aber sieht ohne Zweifel nicht ein, daß die Vernunft der Wilden und Heiden gar nicht unserer christlichen Statthalter ihre ist. Er lese den holländischen Beobachter, der die Rechte derjenigen, die ihn während des letzten Krieges besoldeten, so gut vertheidigte, und mit so vielem Muthe seine Blätter den Schlachten entgegen zu stellen wußte, der nach dem Maaße des Verlustes, den seine Sache litt, seine Ausrufungen und Schmähungen verdoppelte. Dieser vernünftelnde Publicist, dieser in Staatsgeheimnissen und Cabinetten so wohl erfahrene Mann, dieser tiefsinnige und unparteyische Richter ist es, der ihn lehren wird, was für Recht gesittete Völker haben, die durch ein fürchterliches Geschütz unterstützet werden, herumirrende Völkerschaften zu vertreiben oder zu unterjochen, die nichts, als den Bogen und die Axt, haben.

Indessen hoffet doch Herr Engel, die Europäer würden endlich, bey Erblickung der Blutgierigkeit der wilden Völker, menschlich werden, und die Engländer, nachdem sie auf ihrer Seite einen Krieg ausgestanden, der vierzigtausend Leuten verschiedenes Alters und Geschlechtes das Leben gekostet, würden einsehen lernen, daß auch die Wilden Menschen sind; sie würden vielleicht erkennen, daß sie selbst nicht das einzige freye Volk auf dem Erdboden seyn sollen, daß man nicht hundert verschiedene Völker aufwiegeln müsse, die Axt wider die europäischen Colonien auf zu heben, daß durch die beständigen Einfälle dieser Völker, denen ein hundert Meilen langer Weg nichts ist, der Handel einen unersetzlichen Schaden leiden könne, und daß die Americaner beständig einen Aufstand erregen werden, wenn sie immer Ausländer aus so entlegenen Gegenden ankommen sehen, die sie unters Joch bringen, betriegen oder zerstöhren wollen. In dieser schmeichelhaften Aussicht auf die Mäßigung entschließt sich Herr Engel, der Welt seine Einsichten über die Entdeckung einer Straße durch Norden mit zu theilen, welche die Gemeinschaft zwischen Europa und America immer mehr und mehr eröffnen und leichter machen wird.

Engel.

Er setzet anfänglich gewisse Begriffe fest, womit man sich versehen muß, ehe man den Weg unternimmt, den er den Schiffern zu bähnen suchet. Das Eis, saget er, ist nahe an den Küsten am meisten zu fürchten. Die großen Flüsse bringen es bey ihren Mündungen ins Meer, und der Nordwind hält es in dem Eismeere nahe an den Ufern auf, und häufet es daselbst. Der Südwind hingegen schmelzet es und zerstreuet es in schwimmenden Stücken weit umher. Es ist falsch, daß die Kälte zunehmen sollte, je mehr man sich dem Pole nähert; denn Spitzbergen ist lange so kalt nicht, als Neusemlja, ungeachtet es sieben bis acht Grad nördlicher liegt. Grönland ist gegen Mitternacht fruchtbarer, als gegen Mittag. Man kann aber aus der Fruchtbarkeit eines Landes auf seine Witterung schließen. Man hat unter dem achtzigsten Grade der Breite einen unergründlichen Morast gefunden, der niemals gefriert, da indessen, nach Herrn Gmelins Berichte, unter dem sechzigsten Grade, nahe bey Jakutzk, zween Sommer hindurch die Erde dreyzehn Klafter tief gefroren und hart wie ein Felsen war. Guldens, der die Reise nach Norden wohl dreyzigmal gethan hatte, hat Karln den zweyten, König von England, versichert, daß zwey holländische Schiffe unter dem neun und achtzigsten Grade, also unter dem Nordpole, ein freyes tiefes Meer gefunden hätten, welches ganz ohne Eis gewesen wäre. Ehe aber Herr Engel aus den Nachrichten dieser Leute weiter schließt, so berichtet er den Schiffern, daß America wenigstens um zehn Grad kälter sey, als Asien. Nachher behauptet er, die Durchfahrt durch Nordwesten sey unmöglich [5]). Dieser Satz ist der Inhalt einer Abhandlung, in der unser Verfasser alle Beweise prüfet, die man bis hieher für die Möglichkeit dieser Durchfahrt vorgebracht hat. Alle seine kritischen Untersuchungen sind stets wider den Herrn Buache gerichtet. Man hat, saget er, das östliche Meer verengert. Was man aber bey diesem Meere verliert, das gewinnt man an Lande wieder, welches man bis unter den zweyhundert und siebenten Grad der Länge reichen läßt. Darauf schneidet man ein gutes Stück von dem westlichen America ab, welches man an dieser Seite verengert und noch gegen Süden durch einen Meerbusen begränzet, den man bis unter den sechzigsten Grad der Breite reichen läßt. Was wird nun aber aus dem Zeugnisse aller der americanischen Völker werden, die unter dem funfzigsten und sechzigsten Grade der Breite liegen, und einhällig von einem festen Lande reden, welches sich tausend Meilen weit gegen Westen erstrecken soll? Was wird man von dem Zeugnisse eines wilden Volkes sagen, welches vom ein und funfzigsten Grade kam, und nicht die geringste Kenntniß von irgend einem Meere in diesen Gegenden hatte? Wenn die Wilden der Hudsonsbay keinen Begriff von dieser Durchfahrt haben, welche so sehr nahe bey ihrem Lande seyn muß; wie kann man sich von ihrem Daseyn überreden? Man setzet sie unter den zwey und sechzigsten Grad dreyzig Minuten. Wilson, saget man, sey durchgefahren, und habe an ihrem Ende nichts als ein Meer ohne einige Küsten gefunden. Und warum suchet man denn diese Durchfahrt noch, wenn sie schon ein Engländer entdecket und so gar ihre bestimmte Breite aufgenommen hat? Aber da sie andere Engländer sucheten, die Herr Dobbs zu dem Ende ausschickete, so haben sie erfahren, daß sie nicht

Durchfahrt durch Nordwesten unmöglich.

5) Diese Abhandlung wohl zu verstehen, muß man die Reisen gegen Nordwest und Nordost gelesen haben. Man sehe die allgemeine Historie der Reisen, XVII Band von der 94 S. bis zur 119. Man kann auch die Karten dieses Bandes zu Rathe ziehen.

Engel.

nicht vorhanden seyn, und statt eines Meeres nur Flüsse gefunden. Herr Engel hält sich hierauf an die Reisebeschreibung des Ellis, um darinnen alles um zu stoßen, was die Hoffnung zu dieser Straße bis jetzo noch stützen konnte, die er durchaus verschließen will. Ellis gestehet selbst, daß alle seine Untersuchungen endlich dahinaus liefen, daß er fand, die vorgegebene Straße, welche Wilson erfunden haben sollte, endigte sich durch zween kleine Flüsse. Da er diese Flüsse zur Rechten und Linken erkundigte, so fand er eine Oeffnung gegen Süden, die aber durch eine Kette von Felsen geschlossen war, und eine andere gegen Norden, welche drey Meilen von ihrem Eingange ausgieng. Inzwischen suchet Herr Ellis diese Straße, für die er einmal eingenommen ist, in andern Gegenden. Die Gründe, welche er dafür anführet, scheinen von dem Herrn Engel hinlänglich widerleget zu seyn. Wenn der Hudsonsbay gegen Westen, saget Herr Ellis, ein großes festes Land seyn sollte, so müßte man daselbst große Stücken Holz an den Ufern finden, und doch sieht man nichts als Gesträuche da. Hierauf antwortet Herr Engel, das feste Land der Tatarey ist ungeheuer groß, und nichts desto weniger findet man doch über dem sechzigsten Grade keinen einzigen Baum mehr. Es ist nicht bloß die Nachbarschaft des Meeres, sondern die Kälte, welche verhindert, daß keine Bäume aufkommen können. Es giebt Inseln, Erdengen und dem Meere nahe gelegene Berge, die mit Holze bedecket sind. Ellis setzet eine Fluth des südlichen Meeres zum Voraus, welche sich sechshundert Meilen weit in das Land erstrecken müßte. Darauf antwortet Herr Engel, warum hat er diese Fluth nicht zur Zeit der Ebbe verfolget? und warum hat er nicht dieses Meer von der West- oder Südwestseite zu entdecken gesucht? Ellis hat Walfische zweyhundert Fuß lang in der Hudsonsbay gefunden. Er vermuthet, sie wären aus diesem unbekannten Meere gekommen, und schließt, daß es also nicht weit davon entfernt seyn könne. Aber wie hätten diese Ungeheuer, antwortet Herr Engel, durch eine Straße kommen können, die so enge ist, als sie Herr Ellis beschreibt? Endlich setzet man diese Straße bald unter den zwey und sechzigsten, bald unter den fünf und sechzigsten und bald unter den neun und sechzigsten Grad. Es kömmt aber ein wildes Volk, das unter dem zwey und siebenzigsten Grade wohnet, in das Castell Bourbon unter dem sieben und funfzigsten Grade stets zu Fuße, ohne einige Kähne zu brauchen, oder die geringste Kenntniß von einem Meere oder einer Meerenge zu haben, außer einer Bay gegen Osten. Wie konnte ein Meer, das so groß als das seyn soll, welches man gegen Westen annimmt, Völkern unbekannt bleiben, die zwey oder dreyhundert Meilen da herum schweifen? Herr Engel nimmt nun seine Gründe wider die Wahrscheinlichkeit einer nordwestlichen Durchfahrt wieder vor. Er saget, alle americanische Völker vom sechzigsten bis zum vierzigsten Grade reden von einem festen Lande fünfhundert Meilen lang, welches man in vier bis fünf Monaten nicht durchreisen könnte. Folglich ist in dieser ganzen Gegend keine Straße zwischen den südlichen und nordlichen Meeren. Diese Wilden kennen das Meer, welches ihnen gegen Nordwest liegen soll, weit weniger, als Völker, die auf tausend Meilen von ihnen entfernt wohnen. Kurz, wenn nun auch eine Straße durch Nordwest nach dem Pole gienge; warum sollte man denn diesen Weg durch die Hudsons- und Baffinsbay suchen, um nachher unter dem Pole weg zu fahren, und mitten durch ein unbekanntes Meer, das vieleicht voller Inseln und Klippen oder wohl gar mit festem Lande verschlossen ist, zum Vorgebirge Schalaginskoi zu kommen? Wäre es nicht besser,

besser, eine kürzere und sicherere Straße durch Nordost zu suchen? Wir haben einige Gründe, die zum Behufe dieses Weges reden, und die wir hier vorlegen wollen.

Engel.

Gründe, welche die Möglichkeit der nordöstlichen Durchfahrt beweisen.

Die englischen, holländischen und biscajischen Harpunen, die man zuweilen in den Leibern der Walfische findt, die auf dem amurischen Meere gefangen werden, beweisen die Wirklichkeit einer solchen Durchfahrt. Diese Walfische können nicht anders, als von Spitzbergen, herunter über das Vorgebirge Schalaginskoi dahin kommen. Wäre nun dieser Zwischenraum mit Eise bedecket, so müßten sie daselbst sterben, weil ein Walfisch kaum einige Stunden unter dem Eise leben kann. Das Holz, welches zuweilen an die grönländischen Küsten ausgeworfen wird, beweist durch seine Größe und Wurmstiche, daß es aus einem warmen Lande kommen muß; denn es ist nicht wahrscheinlich, daß man über den achtzigsten Grad hinaus ein holzreiches Land antreffen sollte. Es mag aber aus einem Lande kommen, aus welchem es will, aus America, oder aus der östlichen Tatarey, so muß es doch, da es das Vorgebirge Schalaginskoi vorbey kömmt, ein freyes und nicht zugefrorenes Meer durchschwimmen. Unter dem Polarzirkel muß es wenigstens im Sommer viel wärmer, als bey uns im Winter seyn. Denn die Sonne, die wir alsdann nur einige Stunden des Tages erblicken, und die funfzehn Grad hoch steht, steht unter dem Pole im Sommer drey und zwanzig Grad hoch, und geht niemals unter. Man kann aus diesem stets anhaltenden Tage schließen, daß man auf diesem Wege in sechs Wochen nach Japon kommen könne, da man durch den westlichen neun Monate haben muß.

Diesen natürlichen Beweisen füget Herr Engel einige hinzu, die er aus Herrn Gmelins Zeugnissen zieht. Wenn dieser Schriftsteller von denen Versuchen redet, welche die Russen wegen der nordöstlichen Durchfahrt angestellet, so saget er, daß die Art, wie man bey diesen Entdeckungen verfahren, „zu seiner Zeit die größeste Verwunderung in der ganzen Welt erregen würde, wenn man die authentische Nachricht „davon erhielte, die uns der hohe Willen der Kaiserinn allein geben kann“. . . . . Worüber sollten wir uns wohl verwundern, fraget Herr Engel, als darüber, daß der Weg, den wir uns, als unmöglich, vorstelleten, sich sehr gut thun lasse? Dieses ist das einzige, was diejenigen in Verwunderung setzen kann, die man durch Nachrichten zu erschrecken suchet, welche herausgegeben werden, damit man sie von der Erforschung dieser Straße abhalte. Man weis, daß Rußland „sich die an America nahe gelegenen Länder zu zu eignen suchet,“ und daß es nur auf günstige Umstände wartet, sein Vorhaben ins Werk zu stellen. So lange bis sich diese günstige Gelegenheit eräugen wird, versuchet es alles, was in seinen Kräften steht, die andern europäischen Mächte ab zu halten, diese Straße untersuchen zu lassen, und sich in einem Theile von America fest zu setzen, wo sie ihre Handlung mit großem Vortheile führen könnten. „Die „Karten und die Bücher, die auf Befehl des russischen Hofes herausgegeben werden, „zielen alle dahin ab, die übrigen Mächte von einer Schiffahrt zu entfernen, welche „er gern für sich allein thun möchte.“ „Man kann aus der Anzahl so vieler verunglückten Schiffahrten (diese Worte sind aus dem Briefe eines russischen Officiers genommen) „schließen, wie viel Rechnung man sich auf die Durchfahrt durch das Eismeer „machen könne, die ehemals die Holländer und Engländer mit so vielem Eifer suchten. Wenn sie die Gefährlichkeiten und unüberwindlichen Beschwerlichkeiten dieser „Fahrt im Voraus gesehen hätten, so würden sie auch selbst im Traume niemals daran „gedacht

Engel. „gedacht haben. Würden sie wohl jemals zum Zwecke gekommen seyn, da unsere „Russen, die mehr, als sie, gegen Arbeiten und Kälte abgehärtet und tausend Dinge entbehren zu können fähig sind, nicht zum Zwecke kommen konnten? Wozu die „vielen Ausgaben, daß man so viel waget, und wozu endlich die vielen Beschwerlichkeiten? Man antwortet, damit man auf den kürzesten Weg nach Indien komme. Wohl „gut, wenn man nur nicht genöthiget wäre, auf diesem Wege drey bis viermal zu „überwintern. Dieser kürzeste Weg ist es also nur auf unsern Landkarten allein.“

Herr Engel bemühet sich, diesen russischen Officier durch einen deutschen zu widerlegen. Dieser saget in einem Briefe 6), den er von Petersburg im Jahre 1762 an einen Liefländer von Adel geschrieben, daß die Russen sehr schlechte Schiffleute wären. „Deshalb verlieren sie auch bey dem geringsten Seeunternehmen so gleich viel „Volk und Schiffe. Ihre ganze Kenntniß besteht in einer elenden Theorie. Denn ein „russischer Lootsmann, der die Namen der Hauptwinde weis, und ausrechnen kann, wie „viel Meilen ein Schiff in einer Stunde zurück geleget hat, dünket sich, sehr große „Geschicklichkeit zu besitzen. Uebrigens sind sie so unerfahren, daß man mit ihnen „Gefahr läuft, auch bey dem heitersten Wetter Schiffbruch zu leiden. . . . Wenn „es einem russischen Capitän begegnet, daß sich der Wind auf einmal drehet, so ist er „gleich aus aller Fassung. Er wendet das Schiff, und kömmt wieder dahin, wo er „abgegangen war. Sie wissen gar nicht, was laviren ist. Und so bald sie es unternehmen . . . . ist man ohne alle Hülfe verloren. Gewiß, vortreffliche Leute, neue „Welten zu suchen!“

Herr Engel saget, daß die Fahrzeuge, deren sich die Russen zu ihren Schifffahrten auf dem Eismeere bedienen, zu Archangel, mit allem ihrem Zubehöre, nicht mehr als dreyhundert Rubeln kosten. Können sie sich mit so elenden Kähnen wohl der geringsten Gefahr aus zu setzen getrauen? Man wird vieleicht einwenden, man könne auf dem Eismeere mit großen Schiffen nicht fort kommen. Allein, die holländischen Schiffe, die das nördliche Vorgebirge von Neusemlja vorbey fuhren, und bis an die Länge der Lena-Mündung ein freyes Meer fanden, beweisen, daß man mit andern, als russischen Schiffen, fortkommen kann. Herr Engel saget, die Holländer wären nicht minder, als die Russen, eifersüchtig, neue Entdeckungen auf zu halten. Diese wollen sie allein machen; jene wollen sie nur hindern. Dieses arbeitsame Volk hat sich so viel Länder und Völker unterworfen, daß es ihm Mühe kostet, sie alle in Ordnung zu erhalten. An Statt, daß es neue Pflanzstädte anlegen könnte, empfindet es, daß neue Entdeckungen es schwächen und den Weg zu seinem Handel und Reichthume andern Nationen eröffnen würden. Diesen Weg ihnen zu verschließen, haben die Holländer selbst gesucht, America durch den nordöstlichen Theil von Asien zu entdecken. Sie sind von Indien, Japon gegen Norden, gegangen, alle Inseln und Küsten zu erforschen, die von der alten Welt der neuen am nächsten liegen. Sie haben aber nur die Hälfte des Weges vollendet, und vielleicht ist auch dieses nur Erdichtung. Unterdessen daß die Holländer America auf gut Glück durch den südlichen Theil Asiens sucheten, haben es die Russen durch den Nord entdecket, oder entdecken wollen. Man kennet aber ihre Bemühungen nur aus Nachrichten, denen man nicht völligen Glauben

6) Gesammlet und herausgegeben durch C. F. S. de la Marche, London, 1764.

den beymißt. Der deutsche Officier, den wir vorhin anführeten, saget, es wäre nur ein einziger Mensch fähig, über diese wichtige und unserer Neugier so würdige Sache hinreichenden Unterricht zu ertheilen. Engel.

„Dieser einzige Mann ist Herr Müller, Professor und beständiger Secretär der „kaiserlichen Academie der Wissenschaften, der sich sein ganzes Leben hindurch mit der „russischen Geschichte beschäfftiget hat. Dieser berühmte Gelehrte hat in allen Haupt„provinzen des Reiches lange Reisen gethan .... Er versteht die Sprache des „Landes und hatte Dolmetscher bey sich, deren Hülfe er sich in Provinzen bedienete, „wo ihm die Sprache der Einwohner unbekannt war. Er wußte die Quellen, wor„aus man den nöthigen Unterricht schöpfen mußte. Wozu aber haben so viel Mühe „und Wachen gedienet? Der unermüdete Geschichtschreiber hat ein vortreffliches „Werk verfertiget, sich aber nicht getrauet, es an das Licht zu stellen. Die Nation „liebet die Lobreden, aber nicht die Wahrheit. Er hat viele Bände unter dem Titel: „Sammlung russischer Geschichte drucken lassen. So gut und nützlich aber dieses „Buch auch ist, so wollte ich doch eben nicht dafür stehen, daß er selbst sehr zufrieden „damit sey. Er ist bey sich überzeuget, daß es nur unvollkommene Stücke sind, und „daß er verbunden gewesen, ostmals die wesentlichsten Züge weg zu lassen. Wenn „man ihm erlaubet hätte, die Pflichten eines aufrichtigen Schriftstellers zu erfüllen, „so würde er ohne Zweifel eine vollständige und seines Ruhmes würdige Geschichte ge„liefert haben. Allein, so lange der Senat in Petersburg sich darein menget, die „Aufsätze des Herrn Müllers zu ändern und darinnen aus zu streichen, werden wir „niemals eine getreue Geschichte von Rußland bekommen.„ Urtheil über die müllerischen Schriften von Rußland.

Nach diesem Zeugnisse eines neuern Schriftstellers, welcher sich lange in Petersburg mit der Absicht, dem Eifer und der Fähigkeit, sich zu unterrichten, aufgehalten hat, schliesst Herr Engel, man dürfe nicht ohne Mistrauen die hohe Meynung annehmen, welche die von dem russischen Hofe bezahlten Geschichtschreiber oder Erdbeschreiber von diesem Reiche, dessen Strecke und dessen Entdeckungen haben geben wollen. Er geht darauf den Bericht des Herrn Müllers durch, welcher hier vor den Abhandlungen des P. Castells und des Herrn Engels selbst vorher geht. Er untersuchet ihn mit einem kritischen Auge, aber ohne Neid. Er trägt Zweifel wegen des Vorgebirges Schalaginskoi, wegen seiner Gestalt, wegen seiner Strecke und so gar wegen seines Daseyns vor. Seine Zweifel aber können nur Erdbeschreibern oder Schiffern sehr wichtig und angenehm seyn; und man muß sie in dem Buche selbst mit der Karte in der Hand und den Berichten der Reisenden vor Augen untersuchen. Er zeiget vornehmlich, daß sich der größte Widerspruch unter den zahlreichen Reisen finde, welche die Russen innerhalb acht Jahren von Archangel bis an den Fluß Kolyma wollen gethan haben, und den unübersteiglichen Schwierigkeiten, womit sie diese Fahrt besäen, um sie andern Nationen zu verbergen oder zu untersagen; unter dem reichlichen Fischfange, den sie an ungeheuren Fischen oder auch zweylebigen Thieren gehabt haben, welche täglich in den Indigirska zu saufen kommen, und den beständigen Eisschollen, womit die Mündung dieses Flusses gleichsam verschlossen sey; unter der ungeheuren Menge Holzes, womit sie die Küsten des Eismeeres an gewissen Orten bedecken, wohin dieses Holz nicht eher kommen kann, als nachdem es um das Vorgebirge Swiatoinoß herum gegangen, und der Unzugänglichkeit eben dieses Vorgebirges, wohin Widersprüche in den russischen Berichten.

 die

Engel. die Schiffe, wie man will, niemals sollen kommen können; unter der beständigen Bewegung, welche die Winde und Wellen an dem Vorgebirge Schalaginskoi erregen sollen, und der Art festes Landes von unbeweglichem Eise, welches man wie einen Damm dahin setzet, damit man die Schiffe verhindere, hinum zu gehen. Diese Widersprüche, saget Herr Engel, zeigen die wenige Gewißheit, welche bey den russischen Berichten von ihren eigenen Entdeckungen ist. Nachdem er also die Unwahrheiten dieser Nation durch ihre eigenen Geständnisse zerstöret hat, so löset er die andern Einwürfe auf, welche man wider die Möglichkeit der Durchfahrt gegen Nordost machen könne.

Einwürfe wider die Durchfahrt gegen Nordost widerlegt. Die Küste des Eismeeres, saget Herr Gmelin, rücket alle Tage weiter vor, und das Land nimmt daselbst entweder in der Breite oder Höhe zu. Es war vordem zwischen dem Lande und Eise ein Raum Wasser, wo die russischen Fahrzeuge durchgehen konnten. Heute zu Tage scheint dieses Wasser der Erde Platz gemacht zu haben; entweder daß das eine durch irgend einen neuen Ausgang sich hat verlaufen können, oder daß sich das andere unvermerkt erhöhet hat. Denn man giebt vor, daß sich das feste Land überall erhöhe, und das Meer sinke. Wenn aber auch, saget Herr Engel, das Eismeer jährlich um einen halben Zoll gesunken wäre, wie es der Ocean in Schweden thut: so würde es seit einem Jahrhunderte, daß die russischen Schiffe nach Kamtschatka fahren, nicht fünf Fuß Tiefe verloren haben. Ueber dieses brauchet man ja nicht an den Ufern des Eismeeres hin zu fahren; man muß sich über hundert Seemeilen bis über den achtzigsten Grad der Breite davon entfernen; und man muß daselbst ein Meer ohne Grund und ohne Eis antreffen, welches für die Schiffe frey ist.

Allein, erwiedert man, das Eismeer muß sich immer mehr und mehr mit neuem Eise überziehen, welches die Flüsse, die daselbst hinein fallen, alle Jahre unaufhörlich hinein werfen. Wenn dieser Vernunftschluß Kraft hätte, antwortet Herr Engel, so müßte dieses Meer schon nichts weiter seyn, als ein dichter, fester Block. Wenn das Eis unter dem Pole immer anderes Eis dicht neben sich zeugete, so würde die Erdkugel bis unter den heißen Erdstrich gefroren seyn. Wenn sich das Eis also stufenweise vermehrete, so würden die Dünste, die Quellen und die Flüsse abnehmen. Daraus aber, daß man sie nicht versiegen sieht, muß man gegentheiles schliessen, daß das Eismeer, anstatt zu frieren, vollkommen frey und flüßig sey; entweder weil die Polhöhe diesem Meere einen Abhang gegen die andern giebt, worein es durch Straßen fällt; oder weil die äußerliche oder innerliche Bildung des Erdreiches unter dem Pole das Eismeer in einer beständigen Flüßigkeit erhält. Anstatt daß sich das Eis also vermehren sollte, muß es ohne Unterlaß durch den Hang abnehmen, welchen die Erhöhung der Erdkugel dem Eismeere gegen die gemäßigten Erdgürtel geben kann. Können nicht, saget Herr Engel, unter dem Pole brennende Berge, Luftlöcher für das Centralfeuer, Schlünde seyn, wodurch das Meer verschlucket wird, oder sich wenigstens seines Eises entladet?

Unser kritischer Erdbeschreiber vermuthet also, daß die Durchfahrt, die er anzeiget, in einer einzigen Jahreszeit allein leicht könne versuchet werden. Die Schiffe zum Walfischfange, saget er, befinden sich gemeiniglich gleich im Anfange des Mayes, im Angesichte von Spitzbergen unter dem sechs und siebenzigsten Grade der Breite. Wenn man gegen Nordost bis auf den fünf und achtzigsten Grad, oder auch bis auf den achtzigsten Grad geht, so wird man hundert und sechzig Grad der Länge zu durchlaufen

laufen haben, wenn man um das Vorgebirge Schalaginskoi hinum will. Diese Grade aber sind in einer so großen Breite nur von ungefähr drey Seemeilen. Es würden also fünfhundert Meilen zu fahren seyn. Man nehme eine Seemeile für eine Stunde, zu einer Zeit, wo in Norden keine Nacht ist; man wird die alte Anianskraße, welche Asien von America absondert, auf das späteste im Anfange des Heumonates passiren, da man zween Monate zur Schiffahrt wegen des Eises und unvorhergesehener Hindernisse zugesteht. Wenn man nicht in America überwintern will, saget Herr Engel, so hindert nichts, daß man nicht eben die Straße vor dem Vorgebirge Schalaginskoi, im Anfange des Augustes, wieder zurück gehe, damit man sich den 1sten des Weinmonates auf der Höhe von Neusemlja befinde, welches man bis auf den 15ten eben dieses Monates wieder passiren kann, von da man wieder nach Europa oder der Hudsonsbay gelangen kann. Dieß sind also die Mittel, welche der Verfasser denen europäischen Nationen darbeut, welche sich der neuen Welt durch den Nordpol versichern wollen. Engel.

Zu dieser Unternehmung muß man nur Freywillige erwählen, welche von den Gefährlichkeiten und Schwierigkeiten dieser Schiffahrt gut unterrichtet, aber entschlossen sind, ihnen Troß zu biethen. Man muß die Officier durch das Versprechen von Ehrenzeichen und Beförderungen, die Matrosen durch einen doppelten Sold nebst der Erwartung einer Belohnung bey der Zurückkunft von der Reise, dazu ermuntern, und diesem Stachel den Zaum der Lebensstrafen wider die Aufrührer beyfügen. Die Belohnungen und Strafen, saget Herr Engel, müssen stets neben einander und mit gleichem Schritte gehen, als die besten Triebfedern einer guten Regierung. Mittel, die Fahrt zu entdecken, die man suchet.

Mit diesen Seefahrern muß man zween geschickte Mathematiker vereinigen, entweder die Breiten und Längen genau zu nehmen, oder nützliche Untersuchungen und Beobachtungen zur Aufnahme des Handels und der Wissenschaften zu machen. Sollte nur eine Kaufmannsgesellschaft diese Fahrt unternehmen, so wird doch ein regierender Herr ohne Zweifel etwas dazu beytragen, wenigstens die Kosten für die Gelehrten, welche nützliche Kenntnisse für die Regierung davon mit zurückbringen können.

Die Ausrüstung müßte aus zwoen Fregatten und einer Jacht oder einer leichten und gut segelnden Brigantine bestehen. Man müßte eins von diesen Schiffen von außen mit geschliffenen Staalblättern versehen, damit es sowohl dem Stoße der Eisschollen widerstehen, als zwischen den Eisbergen hindurch schlüpfen, und den beyden andern Fahrzeugen den Weg bähnen könnte. Diese Fahrzeuge müssen nicht tief ins Wasser gehen, wenn es möglich wäre, wegen derer Gegenden, wo das Meer keine Tiefe hätte. Sie müßten jedes mit drey oder vier Schaluppen versehen seyn, einen Vorrath von Branntweine, gutem Weinessige und Arzeneymitteln wider den Scharbock nebst zweenen guten Wundärzten haben, sie an zu wenden. Man müßte weniger eingesalzenes Fleisch mit nehmen, als gewöhnlich ist, weil es gegen Norden weniger verdirbt; und dieß müßte mehr Rindfleisch, als Schweinefleisch, seyn. Diese Schiffe sollten mit allen zum Walfischfange nöthigen Werkzeugen versehen seyn, damit man das Schiffvolk in der Uebung erhielte, welche den Krankheiten desselben vorbeuget. Es müßte auf denselben nicht an Geschütze oder Gewehre fehlen, aber nur zur Vertheidigung und nicht zum Angriffe; dabey müßte man die Vorsichtigkeit haben, daß man an unbekannten und wilden Küsten niemals ein Stück lösete, aus Furcht, man möchte die

Einwohner

Engel. Einwohner verscheuchen, wie es ohne Zweifel in den Südländern geschehen ist, die man für wüste aus gegeben hat, nachdem man die Menschen und die Thiere, durch das unerhörte Geräusch des abgefeuerten Geschützes, hat davon fliehen lassen. Anstatt dieser Verscheuchungen sollte man die Wilden viel lieber durch Liebkosungen und Geschenke von eisernen Geräthschaften an sich ziehen. Man sollte auf den Schiffen einige Personen von verschiedenen europäischen Nationen haben, die aber in den tatarischen oder sonst einigen wilden Sprachen in America unterrichtet wären. Man könnte die Brigantine gleich den Augenblick, da man das Vorgebirge Schalaginskoi umsegelt und die americanischen Küsten erkannt hätte, nach Europa zurück schicken. Die Nachrichten, welche sie überbrächte, würden Zeit lassen, eine neue Verstärkung gegen den folgenden Frühling dahin zu schicken. Kurz, Herr Engel wünschete, daß man in den nicht weit von Beerings Inseln liegenden Eylanden eine Niederlassung errichten könnte, damit man eine sichere und bequeme Niederlage, einen Ort zur Erfrischung und einen Platz zum Ueberwintern hätte. Man muß aber dergleichen Niederlassungen stets in dem gemäßigten Erdstriche, entweder in America gegen Westen von Californien, oder auch gegen das feste Land von Asien anlegen, wenn es möglich ist, sich daselbst zu setzen, ohne Verdacht zu erwecken, und ohne den Krieg dahin zu bringen.

Herr Engel, welcher einen Blick auf das stille Meer wirft, das sich zwischen Asien und America erstrecket, findt, daß es allein den Weg zur Gemeinschaft unter den vier Theilen der Welt eröffnet. Gegen Norden, saget er, zeiget es ein großes festes Land von America zu entdecken, zu erforschen; gegen Süden die Südländer der neuen Welt; gegen Osten Mexico und Peru, gegen Westen Japon, die philippinischen und moluckischen Inseln. Es ist in seiner ganzen Strecke mit unzähligen Eylanden besäet. Spanien und Holland haben daselbst alle Eroberungen gemacht, die sie nur verlangen konnten, und vieleicht mehr, als sie behalten oder besitzen konnten, ohne sich zu schwächen. Die andern europäischen Nationen dürfen nicht hoffen, sich in diesen Gegenden anders, als durch den nordlichen Weg, fest zu setzen. Die wirkliche Schiffahrt nach Indien ist wegen der Hitze und der Länge des Weges ein Schlund, in Ansehung des Sterbens der Menschen und des Aufwandes an Lebensmitteln. Sie läßt einen gar zu großen Raum zwischen den Reisen zur Gemeinschaft der Hauptstädte mit den Pflanzstädten. Alles ladt also ein, den Weg durch Norden zu versuchen. Wenn er offen seyn wird, so muß man auf dem stillen Meere zwey Eylande suchen; das eine in der Nachbarschaft von Californien, das andere näher bey Asien, alle beyde aber zwischen dem fünf und vierzigsten und funfzigsten Grade der Breite.

Die gemäßigten Länder schicken sich besser zu den Niederlassungen der Europäer, welche eine Himmelsgegend suchen müssen, die ihres Vaterlandes seiner ähnlich ist. Man vergleiche die Bevölkerung der Niederlassungen der Holländer und auch der Spanier in dem heissen Erdstriche mit der englischen Colonien ihrer, saget Herr Engel. Wie weit übertreffen diese jene an der Anzahl und Thätigkeit der Menschen! Es muß ein mildes, von Flüssen gewässertes und mit Holze bedecketes Land seyn, wo man Schiffe bauen, und mit Lebensmitteln versehen könne. Alsdann werden die Reisen nach Süden, Osten und Westen nur Spazierfahrten seyn; und in einem Zeitraume von zehn Jahren wird man mehr Entdeckungen, mehr Fortgang in der Handlung machen, als man seit zweyhundert Jahren gemacht hat.

Dieß

Dieß ist der kurze Inhalt der Beobachtungen und Absichten des Herrn Engels. Wenn sein Werk neue Einsichten wegen eines der wichtigsten Gegenstände der Schifffahrt an die Hand giebt; wenn es dienet, Irrthümer zu entdecken, die entweder schon angenommen sind, oder doch eben entstehen wollen: so kann es nicht anders, als nützlich für die Historie der Reisen seyn, welche dieser Schriftsteller als ein Erdbeschreiber und Naturkündiger ergründet zu haben scheint. Engel.

Auszug

aus

des Herrn Abtes Chappe d'Auteroche

Mitgl. der franz. Akad. der Wissenschaften,

Reise nach Sibirien.

Abt Chappe. 1760.

Beschaffenheit seiner Reisebeschreibung. Er geht ab. Dessen Beobachtung zu Wien. Anmerkung von Polen. Seine Reise von Warschau nach Petersburg. Beobachtungen auf seiner Reise von Petersburg. Wie man sich in Sibirien wärmet. Gewöhnliche Bäder in ganz Rußland. Salzwerke zu Solikamskaia. Der Astronom wird für einen Zauberer gehalten. Kälte in Sibirien. Aufsuchung der Ursache derselben. Peters des Großen Befehl zur Verbesserung der Mönche. Sitten der rußischen Geistlichkeit. Beyspiel von dem mit der Wildheit verbundenen Aberglauben. Sitten der rußischen Weiber. Mahlzeit der Russen. Beschreibung der Zobeljagd. Charakter der Russen. Ihr natürliches Geschick. Gewöhnliche Strafen in Rußland. Handlung. Truppen.

Nach der langen, beschwerlichen und gelehrten Reise des Herrn Gmelins nach Sibirien, kann ein kurzer Auszug aus des Herrn Abtes Chappe seiner der größten Anzahl Leser nicht misfallen. Die meisten haben, ohne diejenige Beschwerlichkeit, welche die Aufmerksamkeit matt werden läßt und um die Frucht des Lesens bringt, den unendlichen und kleinen umständlichen Erzählungen nicht folgen können, wobey sich der deutsche Schriftsteller bey jedem Schritte seiner Reise aufhält. Der französische Schriftsteller durchläuft die Erde, wie ein Sternseher, der nur die großen Gegenstände auf derselben sieht, und von seiner Reise nur die wichtigsten Schlußfolgen für die Akademie zeiget, die ihn abgeschickt hat. Dieser junge, starke, lebhafte und neugierige Mathematicus sieht und schildert alles mit der Geschwindigkeit und Munterkeit, welche den Reiz seines Alters und den Charakter seiner Nation ausmachen. Er hat Thätigkeit, Ungestüm, Scharfsicht und Flüchtigkeit, tiefe und feine Beobachtungen, gelehrte Schlußfolgen und lustige geheime Nachrichten, Lust zu unterrichten und Begierde zu gefallen; nützliche Eigenschaften und Mängel; mit einem Worte, er ist ein Franzos. Seine Schreibart schicket sich nicht stets für seine

Beschaffenheit seiner Reisebeschreibung.

Abt Chappe. 1760.

seine Materie: aber auch selbst da, wo es ihm am Geschmacke fehlet, ist er nicht ganz ohne einige Annehmlichkeit. Kurz, er verdienet, daß man ihn kennen lerne: die Gestalt und der hohe Preis seines Werkes aber scheinen sich dem Berühmtwerden zu widersetzen, wornach er strebet, wie so vieler Aufwand genugsam zeiget. Die Wahl der Schrift und des Papieres, die Anzahl der Kupfer, die Zierlichkeit der Zeichnungen, die Feinheit des Grabstichels, der vielleicht zu zart ist, wilde Menschen und dürre Länder vor zu stellen; alles, was zu gleicher Zeit so wohl die Vollkommenheit unserer Künste, als den Verfall unserer Sitten beweist, vereiniget sich in der Ausgabe dieser Reise, die nur für reiche, müßige und solche Leser geschrieben und gedrucket zu seyn scheint, welche begieriger nach allgemeinen Begriffen, als wirklich lehrreichen Sachen, sind. Es ist also ein Recht, es ist so gar eine Pflicht, in einer allgemeinen Sammlung von Reisebeschreibungen alles das zu sammlen, was in diesem neuen Werke gründliches und wichtiges zum Wachsthume der Kenntnisse ist.

Er geht ab.

Der Abt Chappe, welchem aufgetragen worden, zu Tobolsk den Durchgang der Venus durch die Sonne zu beobachten, gieng zu Ende des Windmonates 1760 von Paris ab. Er reiset die Nacht. Ein Wagen wird umgeworfen; alle seine Barometer und Thermometer zerbrechen. Er läßt zu Straßburg neue machen. Er geht zu Ulm zu Schiffe auf der Donau, welcher Fluß daselbst, zwischen zwoen Reihen von Gebirgen eingeschlossen, anfängt, eine ziemliche Tiefe zu haben und schiffbar zu werden. Er kömmt nach Regensburg. Seine Neugier nach allerhand Beobachtungen läßt ihn eine Inschrift auf einem Steine anmerken, welcher am Ufer des Flusses war. Da ihn die Kälte und die Nacht verhindern, die Aufschrift ab zu schreiben, so entführet er den Stein mit Hülfe einiger Bauern und bringt ihn in sein Fahrzeug. Man saget ihm, es gebe noch viele andere Denkmaale von der Art in der Nachbarschaft. Endlich entdecket er, daß es nichts weiter sind, als Grabschriften der Juden in hebräischen Buchstaben. Die Sprache war alt, die Aufschriften aber sehr neu. Als er nach seinem Fahrzeuge zurück geht, so höret er ein Geschrey. Es laufen viele Leute einem jungen Menschen nach, welcher aus einem verliebten Verdrusse sich in die Donau stürzen will. Man hält ihn auf; man führet ihn zurück. Die Ufer des Flusses zeigen mehr als einen Felsen, welcher den Verliebten den Sprung von Leukate in den Sinn bringt. Einige Meilen von Regensburg sieht der Abt Chappe ein junges Mägdchen von gutem Ansehen und einem ehrbaren Betragen in sein Fahrzeug kommen. Er ladet es ein, in seine Kajüte zu kommen. Es war überaus traurig. Durch vieles Fragen vernimmt er, daß sich dieses Mägdchen von einem Oheime, einem Pfarrer in der Gegend, geflüchtet, weil er sie zwingen wollen, eine Klosterfrau zu werden. Dieser Mann glaubete ohne Zweifel nur sein Amt zu verrichten, wenn er ein unschuldiges Schlachtopfer darbrächte. Diese aber wollte eine Zuflucht zu Passau suchen, wo sie Anverwandte hatte.

Dessen Beobachtung zu Wien.

Der Astronomus kömmt zu Wien an; er findt daselbst den P. Hell, einen Jesuiten. Diese beyden Mathematiker vergleichen ihre Barometer und bestimmen zusammen die Abweichung des Magnets auf dreyzehn Grad gegen Westen. Er besuchet den Herrn Van Swieten, welcher ihm sagete, daß er mit gutem Erfolge die Electricität wider das Reissen in Gliedern anwendete, da doch dieses Mittel in Frankreich nicht anschlägt.

Von

Von Wien gehet der Verfasser auf der Post nach Warschau, wo er schöne Frauenspersonen, große Mannspersonen, verdrüßliche langweilige Tänze, einen Oberherrn ohne Ansehen und Gewalt, einen Staat ohne Vertheidigung, einen Adel, welcher eigenthümliche Felder besitzt; Bauren, die für ihn unter Anführung eines Unterpachters arbeiten, welcher sie mit einer Geissel in der Hand zum Pfluge führet; kurz, diejenige Anarchie bemerket, welche das Volk wider die Tyrannen der Großen aufbringt, Polen der beständigen Unterdrückung seiner Nachbarn aussetzet, und ihm nur erlaubet, unter der Herrschaft zweener Despoten zu wählen, die einander das Recht streitig machen, es unter dem Vorwande, es zu beschützen, unter das Joch zu bringen; welches das unvermeidliche Schicksal einer eben so thörichten, als ungerechten Aristokratie und einer jeden Regierung ist, worinnen das Volk Sclav ist.

Abt Chappe. 1760.

Anmerkung von Polen.

Von der Hauptstadt in Polen begab sich der Abt Chappe nach der Hauptstadt in Rußland. Unterwegens ist ein Dorf, wo fünf Tage vor seiner Durchreise, eine französische Familie von fünf Personen durch russische Fuhrleute, die sie führeten, war ermordet worden. Diese Reisenden waren Juwelier. Man brachte sie um, damit man ihren Reichthum bekäme. Ein östreichischer Officier aber, welcher zur Zeit dieses Mordes durch das Dorf gieng, setzete den Mördern nach und holete sie ein. Sie wurden bey Juden angehalten, die ihren Raub verhehleten. Man hätte sie auf polnischem Gebiethe hinrichten sollen, wo sie ihre Missethat begangen hatten. Rußland aber forderte sie zurück und entzog sie der Strafe durch eine Folge derjenigen Größe, welche ihren Unterthanen das Verbrechen erlaubet, und ihren Nachbarn die Freyheit entziehet. Die Polen, welche von Natur gastfrey und nicht so räuberisch sind, weineten bey Erzählung des Unglückes dieser umgebrachten Familie.

Seine Reise von Warschau nach Petersburg.

Der Reisende findt von Warschau bis auf acht Meilen von Bialistok eine mit Steinchen von allerley Farben bedeckete Ebene. Zu Bialistok ist das Schloß des Großmarschalls von Polen, ein prächtiger Pallast, wohin man von weitem Denkmaale aller schönen Künste hat kommen lassen, wo die Baukunst mit großen Kosten zwey Hauptgebäude nach römischer Art aufgeführet hat; wo man inwendig Zimmer und Bäder mit aller Kostbarkeit des Reichthumes und aller Zierlichkeit des Geschmackes ausgezieret, von außen einen Thiergarten, Lustgärten, Laubeh, eine Orangerie, kurz, die Lieblichkeiten von Asien und die Zierden von Italien mitten unter dem nordischen Schnee sieht.

Den dreyßigsten Jenner 1761 war das Thermometer eilf Grad unter 0. Als man aus Memel gieng, mußte man Feuer mitten auf dem Eise in mit Schnee bedeckten Gehölzen machen. Es war mitten in der Nacht. Die Berge sind von unten bis oben gefroren, und die Pferde nicht beschlagen. Man brauchete ihrer zehn vor einem einzigen Wagen. Doch konnten sie nur bis auf die Hälfte eines Berges kommen, wo die Reisenden zu Fuße hinauf kletterten, und vielmals nicht ohne einige Zerquetschungen hinab fielen. Sie kehreten also nach dem Dörfchen Podstrava mit ihren zehn Pferden zurück, welche alle Bauern des Dorfes mit einer Fackel in der einen, und einer Peitsche in der andern Hand, wobey sie zugleich den Wagen schoben, nicht hatten bis auf die Spitze des Berges bringen können. Diese Schwierigkeiten fielen mehr als einmal bis nach Petersburg wieder vor, woselbst der Reisende den 13ten des Hornungs ankam, nachdem er drittehalb Monate unterwegens gewesen war. Eine

Abt Chappe. 1761. von seinen größten Hindernissen war die Gestalt und Ladung seiner Fuhrwerke, welche in dem Schnee nicht fortrollen konnten, und gar zu schwer waren, auf Schlitten fortgebracht zu werden. Er war also genöthiget, sie zu Derpt zu lassen, und zu seinem Gepäcke einige Schlitten zu nehmen.

Als er nach Petersburg gekommen, so fand er, daß die Akademie daselbst schon eines ihrer Mitglieder nach Tobolsk hatte abgehen lassen, woselbst andere russische Astronomen den Durchgang der Venus, wie er, beobachten sollten. Sie waren schon einen Monat unterwegens. Der französische Akademist hatte noch achthundert Meilen mit Lebensmitteln, Geräthe und so gar mit Betten, zu thun. Man fürchtete, es möchte der Schnee zerschmelzen und ihn hindern, an zu kommen. Man schlug ihm vor, seine Beobachtungen an irgend einem andern Orte an zu stellen, der nicht so weit entfernet wäre, und wohin man leichter kommen könnte. Er sagete, es gäbe keinen Ort, wo die Dauer des Durchganges der Venus durch die Sonne kürzer wäre, als zu Tobolsk, welches ein unschätzbarer Vortheil für den Gegenstand seiner Beobachtung wäre. Er bestund darauf, seine Reise fort zu setzen, und gieng den 10ten März mit einem Unterofficier zur Bedeckung, einem Dolmetscher und einem Uhrmacher, seine Pendulen wieder zu Rechte zu machen, im Falle sie Schaden litten, von Petersburg ab.

Beobachtungen auf seiner Reise von Petersburg. Das erste, was den Reisenden bey seinem Abgange von da rühret, ist, daß er kleine Kinder ganz nackend auf dem Eise in einer sehr strengen Kälte spielen sieht. Man härtet sie aber auf solche Weise ab, damit ihnen die Kälte niemals beschwerlich falle, und sie wechselsweise von dem Kohlfeuer an die freye Luft ohne die geringste Gefahr gehen können. Gleich den andern Morgen nach seiner Abreise findt er in seinem Vorrath ein ziemlich Loch gemacht, und einige Flaschen Wein schon ausgeleeret. Er will sein Erstaunen darüber bezeugen: einer von seinen Führern giebt ihm zu verstehen, er trinke lieber Wein, als Branntewein, und werde nach seinem Belieben solchen trinken, so lange welcher da sey. Der Abt antwortet diesem Unverschämten soldatisch, welcher hurtig eine Treppe hinunter springt. Diese Lebhaftigkeit des Sternsehers that mehr, als die Klugheit. Die Russen, saget er, kennen als Sclaven einen Herrn nur an seiner Härtigkeit. Es ist eine Unbequemlichkeit des Sclavenstandes, daß er eine beständige Strenge fordert. Dieser gewaltsame Zustand erhält sich nur durch die Gewaltsamkeit.

Nach einer dreytägigen Reise verlangete der Uhrmacher einen Schlitten für sich allein, und wollte nicht mehr mit dem Dolmetscher fahren. Der Abt schlug es ihm ab. Ohne der Vermehrung des Aufwandes und der Schwierigkeit zu gedenken, Pferde genug für so viele Schlitten zu finden; (denn er hatte schon deren viere,) so war diese Grille, saget er, übel gegründet. Das Schlittenfahren ist zu Ende des Winters eben so unangenehm, als es im Anfange bequem ist. „Im Frühlinge sind die „Wege alle durch gleichlaufende Graben zerschnitten, die sechs bis sieben Klafter weit „von einander entfernet sind, und man findt oft Höhlen viele Fuß tief, worein die „Schlitten stürzen. Man bekömmt alsdann so heftige Stöße, daß man die größte „Gefahr läuft, sich den Kopf an den Wänden des Schlittens zu zerstoßen, wenn man „nicht liegen bleibt. Ungeachtet dieser Vorsichtigkeit wird man so stark hin und her

„gewor fen,

„geworfen, daß die Reisenden lieber ihre viel beysammen seyn wollen. Die Stöße „werden alsdann nicht so gefährlich.“ Abt Chappe. 1761.

Herr Chappe kam nach vier Tagen zu Moskow an. Ob es gleich zweyhundert Meilen von Petersburg nach dieser Stadt sind, so thut man sie doch oft in zweenen Tagen. Des Abtes Schlitten aber waren in den bösen Wegen zerbrochen. Er befahl, neue zu machen. Sie konnten seine Reise aufhalten; er nahm Baurenschlitten, welche gleich zu Rechte gemacht waren, und deutete seinen Reisegefährten an, die sich bey allen Feuerpfannen einer jeden Post aufhielten, er würde sie unterwegens lassen, wenn sie so fortführen. Diese Drohung und der Branntewein, den er den Postillionen gab, ließen alle Verzögerungen aufhören. Die Schlitten flogen auf dem Schnee und noch geschwinder auf dem Eise der Flüsse. Diese frieren in Norden hurtig zu, und ihre Fläche ist viel ebener. Man findet aber Löcher, worinnen das Wasser niemals friert, wenn auch gleich das Eis drey Fuß dick ist. Der Verfasser, welcher die Ursachen dieser Erscheinung untersuchet, saget, es sey nicht wahrscheinlich, daß dieß von warmen Wasserquellen komme, welche sich auf dem Grunde der Flüsse befinden könnten. Eine von diesen Oeffnungen, saget er, welche er auf dem Flusse Ocka beobachtete, hat mehr als hundert Klafter. „Dieser Fluß ist sehr tief, und ob man gleich bey diesem „Quellwasser eine besondere Leichtigkeit voraus setzet, so würde man doch Zeit genug haben, einen großen Grad der Kälte in der Diagonallinie an zu nehmen, welche bis zu der „Oberfläche durch zu laufen hat.“ Der Verfasser giebt eine wahrscheinlichere Erklärung von dieser Merkwürdigkeit. Die großen Flüsse würden wegen der Geschwindigkeit ihres Stromes niemals zufrieren, wenn die Eisschollen nicht anfiengen, sich an ihren Ufern zu bilden, wo das Wasser stiller ist. Indessen vermehren sie sich doch bald dergestalt, daß die strenge Kälte des Nordens sie beynahe alle auf einmal fest machet. Diese Wirkung muß die Oberfläche der beeiseten Flüsse vollkommen eben machen; der Unterschied der Gestalt der Eisschollen aber läßt nothwendiger Weise einigen leeren Raum zwischen ihnen. Man wird einwenden, die neuen Eisschollen, welche den Fluß auf seiner Oberfläche mit sich führe, müßten diese Zwischenräume anfüllen. Diese Löcher sind auch gemeiniglich nicht sehr groß. Allein, in Norden wo die Kälte plötzlich, übermäßig und anhaltend ist, führen die Flüsse wenig Eis mit sich; der Beweis davon ist, daß auf dem Flusse Ocka und auf der Wolga Herr Chappe viele Oeffnungen von achtzehn Zoll im Diameter bemerket hat, die von den Bauren gemacht waren, um Fischgarne darein zu legen, die bald zerrissen würden, wenn daselbst unter der Oberfläche der gefrorenen Flüsse Eisschollen wären. Diese Bemerkung, saget der Verfasser, dienet zur Unterstützung des Systems der Naturkündiger, welche wollen, daß das Meer um dem Pole herum nicht mit Eise bedecket sey. Weil die fließenden Eisberge nur von den Mündungen der Flüsse und selbst von den Ufern des Meers kämen.

Dieses Mitglied der Akademie, welches stets auf der Post reiset und beobachtet, langete den 20 März zu Niznowogorod an, wo der Ocka, welcher in die Wolga fällt, ein Wassertuch bildet, das im Sommer sehr schön an zu sehen ist. Diese Stadt, welche den zweyten Rang wegen ihrer Größe und den ersten ihrer Handlung wegen hat, ist die Niederlage alles Getraides des Landes. „Die Einwohner aber sind deswegen „nicht reicher, weil der größeste Theil des Handels auf Rechnung des gebiethenden

 Herrn

Abt Chappe. 1761.

„Herrn geschieht, dessen Handlungsbediente alle kleine Tyrannen sind.„ Man sieht alle Tage auf diesem Kornmarkte sieben bis achthundert neue Gesichter, und überdem einen beträchtlichen Pöbel, welcher kömmt, Fische zu kaufen, die seit vier oder fünf Monaten gefroren sind. Diese Stadt hat dreyßig Pfarrkirchen, deren jede nur zwey oder drey Priester hat: dennoch ist dieses für die Anzahl der Pfarrkinder sehr viel. Von da setzete sich der Reisende auf die Wolga, aber in einem Schlitten, der geschwinder geht, als ein Schiff mit Segeln. Es war ein Vergnügen für ihn, die Menge Schlitten zu sehen, die daselbst durch einander fuhren, an einander stießen, und einander umwarfen, viel eher wegen ihrer Geschwindigkeit, als wegen ihrer Größe. Die Pferde, welche dergleichen Fuhrwerke ziehen, sind klein, mager, und dem Ansehen nach schwach, allein zu schweren Arbeiten hart, und von einer solchen Geschwindigkeit, daß sie nicht auf die Peitsche des Postillions warten. Dieser unterhält sich während der ganzen Reise mit diesen Thieren, welche, ohne zu reden, eben so viel Verstand beweisen, als ihr Führer.

Von Petersburg bis nach Niznowogorod ist nur eine große Ebene. Eine Tagereise weit von dieser letzten Stadt geht man über die Wolga nach Kuzmodemiansk, und kömmt in einen Wald, welcher über dreyhundert Meilen in die Länge hat. Es sind aber nur Fichten und Birken. Herr Abt Chappe befand sich in diesem Gehölze beym Anfange der Tag- und Nachtgleiche im Frühlinge, mitten in einem vier Fuß tiefen Schnee und in einer Kälte, welche das Thermometer achtzehn Grad unter 0 hielt. Indessen vermehrete sich die Kälte täglich für den reisenden Franzosen, so wie er gegen Tobolsk zu gieng. Er langete in einem Dörfchen an. Auf den Schall der kleinen Glöckchen seines Zuges, welcher die königliche Post ankündigte, oder vielmehr auf den Anblick der Uniform seines Führers, flüchteten alle Leute des Dorfes in das Gehölz. Der Postmeister hatte nur sechs Pferde; man hielt die Schlitten an, welche vorbey fuhren. Die Bauren flohen mit Hinterlassung ihrer Pferde davon. Der Franzose fragete nach der Ursache. Man antwortete ihm, weil die Reisenden öfters die Pferde verkaufeten, und den Menschen übel begegneten, anstatt sie zu bezahlen. Er both ihnen Branntewein an; er gab Geld; so gleich zankten sich die Flüchtigen, wer ihm dienen und wer ihn führen sollte.

Bey der Abreise aus diesem Flecken kam er in einen andern, welcher von dem Oberherrn abhieng. In demselben sind die Einwohner viel glücklicher, als auf den Gütern der Edelleute. Die Postmeisterinn, welche vierzig Jahr alt war, hatte zwanzig Kinder gehabt: sie hatte aber nur zwey davon behalten. Die andern waren gestorben, ehe sie das vierte oder fünfte Jahr erreichet hatten. Der Verfasser beschreibt im Vorbeygehen alles, was in die Sinne fiel. Die künstliche Wärme ist in Sibirien nicht weniger außerordentlich, als die natürliche Kälte. Nichts ist unerträglicher, als die Art, wie man sich daselbst wärmet. In allen Häusern, welche unter die Thiere und unter die Menschen eingetheilet sind, wird das Zimmer der Familie durch einen backsteinernen Stubenofen erwärmet, welcher nach der Gestalt eines Backofens, aber flach, erbauet ist. Man machet oben ein Loch ungefähr sechs Daumen breit, welches vermittelst einer Klappe geöffnet und verschlossen wird. Man heizet des Morgens um sieben Uhr ein. Weil die Klappe zu ist, so wird das Zimmer vom Rauche erfüllt, welcher sich bis drey Fuß hoch über den Boden erhebt, wo man sitzen oder liegen

Art und Weise, wie man sich daselbst wärmet.

gen bleibt, aus Furcht, man möchte in dem Dunstkreise dieses heißen Rauches ersticken. Nach Verlaufe dreyer Stunden, worinnen das Holz des Ofens verzehret ist, öffnet man die Klappe, und der Rauch, welcher sich zertheilet, läßt nur eine starke Wärme, welche sich, aus Mangel der Gemeinschaft mit der äußern Luft, bis auf den folgenden Tag erhält. Die Mäßigung der innern Luft ist so beschaffen, daß das reaumürsche Thermometer darinnen des Morgens bis auf sechs und dreyzig oder vierzig Grad steigt, und sich den Tag über bis auf sechzehn oder achtzehn über der gemäßigten erhält. Abt Chappe. 1761.

Herr Abt Chappe, welcher das harte Schicksal der Sibirier beklaget, die von der Kälte, welche sie ausstehen, und von der Art, womit sie sich dagegen vertheidigen, auf gleiche Art gemartert werden, beweinet ihren Aberglauben noch stärker, welcher das Elend ihrer Himmelsgegend durch Fasten und traurige Uebungen noch mehr vermehret. Die Lampen und die Wachsstöcke, welche sie in ihren innern Capellen anstecken, und welche sie die ganze Nacht hindurch ohne Vorsicht brennen lassen, verursachen häufige Feuersbrünste; und die Andacht gegen den Heiligen, welchen man anruft, führet das Unglück herbey, warum man ihn bittet, es zu entfernen. Der Bilderdienst der schismatischen Sibirier ist blind und unvernünftig. „Ich habe von einem „Russen gehört, saget Herr Chappe, welcher von den Reizungen einer jungen Frau, sei„ner Nachbarinn, eingenommen war, von welcher er geliebet wurde; und als er es end„lich dahin brachte, daß er in das Zimmer dieser jungen Frau kam, nachdem er vorher „alle Schwierigkeiten erfahren hatte, welche ihm ein eifersüchtiger Ehemann verursachte, „so erinnerte sie sich des Heiligen ihrer Capelle in denen Augenblicken, welche man in „der Liebe als die kostbarsten betrachtet, und lief sogleich hin, ihr Gebeth an den „Heiligen zu thun, worauf sie in die Armen ihres Liebhabers wieder zurück kam.„

Da die Beobachtungen des Herrn Abts Chappe vielmehr für die Geschichte der Reisen, als seine Begebenheiten, gehören, so kann man den Leser auf das Werk dieses Mitgliedes der gelehrten Akademie, der Merkwürdigkeiten wegen verweisen, welche er nur als ein Reisender bemerket. Ein Augenblick Ruhe, worinnen er sich zu befinden glaubete, both ihm einen einnehmenden Umstand an, den er mit der Hitze beschreibt, welche allezeit das Andenken einer Gefahr [1]) einflößt. Er langete den 29ten März zu Solikamskaja mit seinem Thermometer an, welches eilf Grad unter 0 war. Dennoch fand er mitten in Sibirien hundert und funfzig Meilen von Tobolsk, Citronen, Orangen, alle französische und italienische Früchte. Diese Gewächse aber waren in zwölf warmen Gewächshäusern hervorgekommen. Die Menschen und die Pflanzen, alles ist das mühsame Werk der Kunst in diesen Ländern, welche von der Natur verwünscht zu seyn scheinen. Die Kälte würde die Thiere daselbst tödten, welche in dem Zwischenraume des harten Winters könnten gebohren werden. Und man will doch, daß diese Wüsten sich bevölkern! Und man fürchtet nicht, daß sich die Russen und alle Nationen dieses großen Reiches über Europa ausbreiten! Und doch suchet man sie jemehr und mehr durch Bündnisse und Verträge dahin zu ziehen! O Wahnwitz gesitteter Völker, welche, nicht zufrieden, einander zu zerstören, auch nicht aufhören, Barbarn zum Untergange der Künste und zum Umsturze der Reiche herbey zu rufen.

1) Reise in Sibirien erster Theil, fol. a. d. 45/46 S.

Abt Chappe 1761.

Gewöhnliche Bäder in ganz Rußland.

Solikamskaja ist in der Reisebeschreibung des Herrn Abts Chappe nur merkwürdig, wegen der Beschreibung der Bäder, welche man daselbst zum Schwitzen gebrauchet. „Ich stund, saget er, den 31sten des Morgens auf, um das Bad zu gebrauchen, ehe ich ausgieng; man hatte es mir den Abend vorher angebothen . . . „Es war am Ufer des Flusses,„ man führete ihn im Schlitten dahin. Er langete an. Er öffnete eine Thüre; so gleich gieng ein starker Rauch heraus, welcher ihn zurück trieb . . . . „Dieser Rauch war nur der Dampf der Bäder, welcher einen dicken Nebel und bald Schnee verursachte, wegen der erschrecklichen Kälte.„ Er wollte sich zurück ziehen. Man sagete ihm aber, er würde gegen seinen Wirth unhöflich seyn, welcher die ganze Nacht hindurch besonders für ihn das Bad hatte zubereiten lassen, „Ich kleidete mich geschwind aus, verfolget er in seiner Erzählung, und befand mich „in einer kleinen viereckichten Kammer. Diese war durch einen Stubenofen so erwärmt, daß ich den Augenblick ganz im Schweiße war. Man sah an der Seite dieses Stubenofens eine Art hölzernes Bette ungefähr vier Fuß hoch. Man stieg in „dasselbe auf Stufen. Die Leichtigkeit der Materie des Feuers ist Ursache, daß der „Dunstkreis gegen den obern Theil des Zimmers ausserordentlich heiß wird, unterdessen, daß es auf dem Fußboden nicht sehr warm ist, so daß man sich, vermittelst „dieser Stufen, zu dem Grade der Hitze vorbereitet, welche man auf dem Bette empfinden muß.„ Der Reisende, welcher auf alle diese Vorsicht nicht gedacht hatte, wollte alsobald auf den höchsten Ort steigen, um desto eher des Bades entlassen zu werden. Allein, er konnte die Hitze nicht ertragen, welche er an den Fußsohlen empfand. Man goß kaltes Wasser auf den Fußboden; den Augenblick verrauchete es. In einigen Minuten stieg sein Thermometer bis auf sechzig Grad. Die Hitze, welche ihm zu Kopfe stieg, brachte ihm ein gewaltsames Herzweh zu Wege. Man ließ ihn sich setzen. Er rollete von diesem hölzernen Bette mit seinem Wetterglase herunter, welches von dem Falle zerbrach. Sobald er seine Sinne wieder bekommen hatte, gieng er wieder nach seiner Wohnung, nachdem er sich in seinem Pelze eingewickelt hatte. Man ließ ihn ein Schälchen Thee nehmen, um ihn schwitzen zu lassen.

Diese Bäder gebrauchet man in ganz Rußland. Man gebrauchet sie in der Woche zweymal. Fast alle Privatpersonen haben dergleichen in ihren Häusern. Der Pöbel geht in die öffentlichen Bäder. Die beyden Geschlechter sind daselbst durch hölzerne Scheidewände von einander abgesondert. In armen Dörfern haben alle Einwohner ein und eben dasselbe Bad. „Ich habe, saget der Verfasser, in den Salzwerken von Solikamskaja Menschen gesehen, welche daselbst das Bad gebraucheten. Sie „kamen von Zeit zu Zeit an die Thüre, damit sie sich erfrischeten, und sie schwatzeten „daselbst mit den Frauenspersonen ganz nackend.„

Das Badezimmer ist ganz von Holze. Es enthält einen Ofen, Kufen mit Wasser, und eine Art von Amphitheater von vielen Stufen. „Der Ofen hat zwo Oeffnungen, welche den gewöhnlichen Backöfen gleichen. Der niedrigste Ort dienet, Holz „in den Ofen zu legen. Der zweyte enthält einen Haufen Steine, welche von einem „eisernen Roste unterstützet werden. Sie sind beständig von der Hitze des Feuers roth, „welches man in dem Ofen unterhält. Wenn man in das Bad hineingeht, so versieht „man sich mit einer Hand voll Ruthen, mit einem kleinen Eimer sieben oder acht Daumen breit im Diameter, welchen man mit Wasser anfüllet; und darauf setzet man

„sich

„sich auf die erste oder zweyte Stufe . . . . Man kömmt alsbald in Schweiß; man „gießt sich alsdann den Eimer mit Wasser über den Kopf.“ Man steigt also die Treppe hinauf zum Amphitheater, indem man viele Eimer laulichtes Wassers über dem Kopfe ausleeret. . . . . „Ein Mensch, der vor dem Ofen sitzt, gießt von Zeit zu „Zeit Wasser auf die rothen Steine. In dem Augenblicke gehen Wirbel von dem „Dampfe mit Geräusche aus dem Ofen heraus, erheben sich bis an die Decke, und „fallen wieder zurück auf das Amphitheater in der Gestalt einer Wolke, welche eine „brennende Hitze mit sich führet. Alsdann gebrauchet man die Ruthen, welche man „biegsamer gemachet hat, indem man sie dem Rauche in dem Augenblicke entgegen „stellet, wenn er aus dem Ofen heraus geht. Man leget sich auf das Amphitheater „nieder, und der Nachbar geißelt einen mit einem Bündel Ruthen, wobey er erwar„tet, daß man ihm eben den Dienst leiste. In vielen Bädern ist den Frauensperso„nen diese Arbeit aufgetragen. Unterdessen sich das Oberhäutchen an die Ruthe hängt, „sammlet man durch einen Schwung mit der Hand eine beträchtliche Menge Dampfes. „Dieser hat um so vielmehr Wirkung auf den Leib, weil die Schweißlöcher der Haut „geöffnet sind, und der brennende Dampf lebhaft durch die Ruthen hinein getrieben „wird.“ Abt Chappe. 1761.

Herr Abt Chappe wollte eines Males alle Verrichtungen dieser Bäder versuchen. „Nachdem ich vorher gegeißelt worden war, saget er, so goß man mir Wasser auf den „Leib, und man seifete mich ein. Man nahm sogleich die Ruthen an beyden Enden, „und rieb mich mit einer solchen Gewalt, daß derjenige, welcher mich rieb, eine eben „so beträchtliche Ausdünstung empfand, als ich. Man goß Wasser auf meinen Leib, „auf die rothen Steine, und man schickete sich an, mich von neuem zu geißeln. Allein, „da die Ruthen keine Blätter mehr hatten, so richtete ich mich gleich bey dem ersten „Hiebe mit einer solchen Geschwindigkeit auf, daß derjenige, welcher mich geißelte, „von der Treppe auf den Fußboden hinabstürzete. Ich wollte nicht länger gegeißelt „und gerieben werden. In einigen Minuten hatte man mir die Haut so roth gemacht, „als Scharlach. Ich gieng bald aus diesen Bädern hinaus.

„Die Russen bleiben in denselben zuweilen länger, als zwo Stunden. . . . Sie „gehen in vollem Schweiße aus diesen Bädern heraus, werfen und wälzen sich bey „der härtesten Kälte im Schnee herum; indem sie fast in ein und eben demselben Au„genblicke eine Hitze von funfzig oder sechzig, und eine Kälte von mehr, als zwanzig „Grad, erfahren, ohne daß es ihnen einen Zufall verursachet.“

Dieses ist ein vortreffliches Mittel wider den Scharbock, welchem alle Völker der überaus kalten Länder, wegen ihrer wenigen Uebungen, und der trägen Lebensart, welche sie den ganzen Winter hindurch in ihren Stuben eingeschlossen führen, unterworfen sind. „Diese Badstuben bringen in dem Geblüte und in den Säften ein gro„ßes Gähren hervor, und verursachen, wegen der Ausdünstungen, große Ausleerun„gen. Die große Kälte bringet eine Zurücktreibung in der Feuchtigkeit hervor, nach „der Haut zu, und stellet die Vereinigung und das Gleichgewicht wieder her. Die„se Bäder sind in Rußland sehr heilsam. Sie würden auch gewiß in Europa, wegen „der Menge Krankheiten, sehr nützlich seyn, die zu der Classe der Flüsse gehören. Man „kennet kaum diese Krankheit in Rußland, und viele Fremde sind davon, durch Hülfe „der Bäder, von Grunde aus geheilet worden.“

Solikams-

Abt Chappe. 1761.

Solikamskaja hat eigentlich nichts merkwürdiges, als seine Salzwerke, deren Beschreibung gewiß nützlicher ist, als die Erzählung ihrer Winter- und Sommerkirchen [z]). Obgleich diese Stadt mehr, als sechzig Salzquellen hat, so hat sie doch nur zween große Kessel. „Der erste hat die Gestalt eines Viereckes von dreyzig Fuß, und „ist ungefähr zween Fuß tief. Der andere ist ein wenig größer. Diese beyden Kessel „stehen in verschiedenen Gebäuden, welche funfzig Klafter von den Salzquellen ablie„gen. Man hebt das Salzwasser in einem Wasserbehälter, vermittelst der Pumpen, „welche die Pferde treiben. Bleyerne Röhren, die von hölzernen Stützen getragen „werden, leiten das Wasser bis an die Gebäude, worinnen die Kessel sind.“

Man kochet, saget Herr Chappe, einen Satz in acht und vierzig Stunden. Dieser bringt funfzig Säcke Salz hervor. Ein jeder Sack wiegt vier Pud, welche hundert und zwey und dreyzig französische Pfund betragen. Man brauchet zu einem jeden Satze zehn Quadrat-Klafter Holz zum Kochen, welche drey Rubel kosten. Bey einem jeden Kessel sind sechs Menschen beschäfftiget, welche täglich acht bis dreyzehn Sous verdienen, und fünf Pferde, welche täglich zwanzig Sous zu ernähren kosten. Nach der Erzählung der Kosten läßt der Verfasser den Aufwand auf diese Salzwerke jährlich auf tausend und sechshundert Rubel oder achttausend Franken steigen; und sie bringen hundert und sechs und sechzigtausend Franken ein, wenn man annimmt, daß ein Pud Salz funfzig Copeken kostet, das heißt, das Pfund ungefähr achtzehn Deniers, und daß ein jedes Jahr mehr, als zwölftausend Zentner gebe. Als der Verfasser fragete, warum man diese Einkünfte der Krone durch Vermehrung der Kessel nicht vergrößerte, so antwortete man ihm, weil das Holz anfienge, zu mangeln. Die Kälte nimmt daselbst vieles weg, und bringet wenig wieder hervor. Diese beyden Wirkungen der Himmelsgegend werden sich allezeit dem Anbaue und der Bevölkerung Sibiriens widersetzen.

Den zweyten April reisete Herr Abt Chappe auf zerbrochenen Wegen, mitten durch einen Schnee von sieben Fuß hoch, welcher nicht eher schmilzt, als bis zum Ausgange des Mayes. Alles, was er vernahm, und was er sah, schrieb er auf. Bey Gelegenheit, daß eine Frau von einem Bären gefressen wurde, saget er, die Sibirier brauchten kleine Hunde zu der Bärenjagd, welche das Thier auftrieben. In seiner Befestigung des Schnees, welcher durch den Frost hart geworden, und worinnen er sich ein Eisbette machet, würde er sehr stark seyn. Man sieht ihn in tiefem und weichen Schnee, wo man ihm, unterdessen daß er sich bemühet, los zu kommen, mit einer Lanze durchstößt. Der Bär ist unter seiner Himmelsgegend schrecklich, vornehmlich der weiße, welcher mager und nichts, als Haut und Knochen, ist, und geschwinder läuft, als ein Mensch. Allein, der geschicktere Jäger, welcher eine halbe Wendung machet, um dem Bären zu entgehen, der ihn anfällt, durchstößt ihn, und wirft ihn zu Boden.

Neben diesem Gemälde biethet der Verfasser eine Abschilderung einer Strohhütte dar, worinnen er mitten in der Nacht eine alte Frau fand, die neben einem Kinde schlief, welches in einem Korbe aufgehänget war. Die Mutter im Hemde, die wegen ihrer Jugend, ihrer Unordnung und ihrer Weisse schön, von ihren Kindern umgeben,

z) S. den XIX Band der allgemeinen Hist. der Reisen, a. d. 452 Seite.

geben, welche ganz nackend auf der Erde um dem Ofen herum lagen, heftet die Augen des Reisenden mit einer Neugierde auf sich, deren natürliche Unschuld Blicke anziehet, ohne Begierden zu erwecken. Dasjenige, was in der Erzählung, welche hier Herr Abt Chappe machet, am meisten in die Augen fällt, ist das rührende Abstechen der vier Alter des Lebens. Sie finden sich in dem Gemälde vereiniget, wodurch der Maler diese Stelle der Reise des Mitgliedes der Akademie verschönert hat [3]). „Das Kind, welches in dem Korbe war, saget dieser, war keinen Monat alt. Es schlief mitten unter einem Haufen Stroh mit Leinewand bedecket.“ Dieser Korb hängt über einer elastischen Stange, welche man leicht bewegen kann, um die Kinder zu wiegen. Die sibirischen Kinder werden noch, außer der Brust ihrer Mutter, von der Milch der Thiere vermittelst eines Horns, ernähret, worein man die Striezel eines Kühezeiters stecket; ohne Zweifel, weil in einem Lande, worinnen die Nahrung weder überflüßig, noch saftig, ist, den Säugerinnen öfters die Milch fehlen kann. Es ist wenigstens besonders genug, daß in Deutschland und den nördlichen Himmelsgegenden, worinnen das Geschlecht stärker zu seyn scheint, als in andern Ländern, die Frauenzimmer ihren Säuglingen Kinderbrey und Milch von Thieren geben. Verzehren denn etwan diejenigen, welche bestimmet sind, stärker zu werden, mehr Nahrung, als die Kinder in Süden? Wie viel Bemerkungen sind nicht noch zu sammlen, zu vergleichen und ab zu wiegen übrig, bevor man eine genaue Theorie von der thierischen Einrichtung des Menschen und von der physikalischen Erziehung der Kinder fest setzen kann!

Abt Chappe. 1761.

Unterdessen aber, daß wir so reden, fährt Herr Abt Chappe über das geschmolzene Eis und den zergangenen Schnee. Er geht über die Flüsse, wider Willen seiner Führer, welche das Brechen des Eises befürchten; und den zehnten April langet er zu Tobolsk an, nachdem er achthundert Meilen in einem der kältesten, oder wenigstens der gefährlichsten Monate des Jahres, bey abwechselndem Froste und Dauwetter, gemacht hat. Er brauchet noch einen Monat, ein Observatorium oder eine Sternwarte zu bauen, und seine Instrumente auf zu richten. Dieses Gebäude, welches in einem unwissenden Lande fremd scheint, und auf einem hohen Berge eine Viertheil Meile von der Stadt gebauet wird, rührete die Einbildung der Einwohner. „Bey Erblickung eines Quadranten aber, „der Pendule, einer parallactischen Maschine, und eines Sehrohrs von achtzehn Fuß, „zweifelten sie nicht mehr, daß ich ein Zauberer wäre. Ich war den ganzen Tag be„schäfftiget, die Sonne zu beobachten, um meine Pendulen zu stellen, und meine Seh„röhre zu probieren. Ich beobachtete in der Nacht den Mond und die Sterne....“ Bald sah man den Sternseher für den Urheber der Ueberschwemmung des Irtisch an. Dieser Fluß läuft alle Jahre bey dem Zerschmelzen des Schnees an. Dieses Jahr aber hatte er einen Theil der Stadt Tobolsk überschwemmet. Er war bis an die Dächer angelaufen, hatte die Häuser umgeworfen, die Einwohner ersäuft, ihre Waaren mit Gewalt fortgerissen, und das Salz der Magazine geschmelzet. Niemals hatte man dergleichen Verwüstungen gesehen. Es war nun nicht mehr die nahe Sonnenfinsterniß an diesem Unglücke Schuld, sondern der angekommene französische Beobachter. Er allein verwirrete den Lauf der Natur. Seine Werkzeuge, seine fremde Gestalt, seine

Der Astronomus wird für einen Zauberer gehalten.

3) Siehe die Kupfer zu der Reise in Sibirien, Th. I. No. 4. Seite 62.

Abt Chappe. 1761. seine unordentliche Kleidung, jageten den Sternen Furcht ein, gegen welche er seine Sehröhre wendete. Man murmelte ganz sacht; man wünschete seine Abreise; man drohete seiner Sternwarte; und er für seine Person war nicht sicher. Die Russen warneten ihn, nicht ohne seine Wache unter dem unverständigen Pöbel herum zu gehen. Er ergriff die Partey, in seinem Observatorio zu schlafen, bis auf den Augenblick des Durchganges, worauf er wartete.

Eine sechs monatliche Reise von sechzehnhundert Meilen zu Lande; eine schon seit hundert Jahren angekündigte Erscheinung; eine entscheidende Schlußfolge, die Parallaxe der Sonne zu bestimmen, und die Entfernung und die Größe dieses Gestirnes zu messen; die Neugierde aller Gelehrten, welche durch diesen wichtigen Gegenstand ermuntert worden; der Eifer vieler Oberhäupter, dem glücklichen Fortgange einer Beobachtung bey zu treten, welche in der Geschichte der Astronomie eine Denkzeit machen sollte; alles dieses verdoppelte die Ungeduld des Verfassers, den Tag aufgehen zu sehen, welcher das Studieren vieler Jahre, die Gefahren und Beschwerlichkeiten vieler Monate bezahlen sollte. In der Nacht vom fünften auf den sechsten des Brachmonates überzog sich der Himmel mit einer Wolke; da waren alle Entwürfe und Arbeiten des Astronomen irre gemacht. Er fiel in eine tiefe Empfindung der Verzweiflung. Alles um ihn her schlief in einem Zelte, das nahe bey seiner Sternwarte war. Er war unruhig; er gieng alle Augenblicke aus und ein, um den Himmel zu sehen und sich zu betrüben. Endlich kam der Tag, und die Sonne verschönerte schon die Wolken mit einem Purper, welcher schönes Wetter anzeigete. Dieser Nebel klärete sich auf, öffnete sich und verschwand. Alle Einwohner hatten sich unterdessen in den Kirchen oder in ihren Häusern auf die Annäherung einer Erscheinung eingeschlossen, welche an zu sehen sie sich nicht getraueten, und auch nicht einmal wußten. Der Astronomus hatte seine Werkzeuge außer der Sternwarte gebracht, um sie desto leichter zu bewegen. „Ich wurde alsobald, saget er, einen von den Rändern der Sonne gewahr; dieß war „die Zeit, wo die Venus in dieses Gestirn treten sollte; aber in dem entgegenstehenden „Rande. Dieser Rand war noch in den Wolken .... er zertheilete sich; endlich „wurde ich die schon in die Sonne getretene Venus gewahr, und ich bereitete mich „die eigentliche Erscheinung und den völligen Eintritt des Planeten zu beobachten.... „Ich beobachtete endlich diesen Schein, und eine geheime Nachricht versicherte mich „von der Genauigkeit meiner Beobachtung. Man kann zuweilen lebhafte Vergnü„gungen schmecken: ich aber genieße in diesem Augenblicke das Vergnügen meiner „Beobachtung und der Hoffnung, daß nach meinem Tode die Nachkommenschaft noch „den Nutzen verspüren wird, welcher daraus entstehen muß.“

Wird man diesen Enthusiasmus einem Mathematiker verzeihen? Muß er aber keinen Enthusiasmus haben, da er durch Aufopferung seiner Ruhe, und daß er sein Leben und Gesundheit in Gefahr setzet, einen Augenblick Betrachtung erkaufet? So viele Irrthümer machen, daß man die Erdkugel durchstreifet. Soll nicht die einzige Wahrheit das Recht haben, die Seelen bis zur Vergessenheit ihrer Gefahren zu erhitzen? Unzählbare Kriegesheere, ganze Gesellschaften biethen sich dem Tode dar: und warum? .... Hängt nicht die Liebe zur Wahrheit also an der Liebe fürs Vaterland, oder vielmehr an der Glückseligkeit der Menschen? Wir wollen die Völker beklagen, die sich für den Ehrgeiz eines Siegers, eines einzigen Menschen dahin reissen lassen: und

und wir wollen mit öffentlicher Hochachtung den Muth verehren, welcher sich für die Erweiterungen der Einsichten und der Erkenntnisse, die der Welt nützlich sind, aufopfert. Alle Irrthümer vergehen und fallen nach denen Geschlechtern, welche sie verblendet haben. Die einzige Wahrheit muß in den Himmeln angeschrieben verbleiben. Die Sterne sind die goldenen Buchstaben des Buchs des Ewigen. Es gebühret den erleuchteten Völkern, es zu lesen. Glücklich ist derjenige, welcher darinnen eine neue Zeile, einen Punkt entdecken kann, welchen die Sterblichen noch nicht gesehen haben! Da redet Gott zu dem Gottlosen, zu dem Kirchenräuber, welcher ihn verleugnet, oder dadurch zernichtet, daß er ihn verunstaltet. Die Gestirne werden sich wider die Betrüger erheben, welche sich an die Stelle der Gottheit setzen. Der Donner der Erde mag immerhin wider diejenigen donnern, welche nicht eitele und falsche Bilder anbethen; die Stimme des Himmels schreyt noch stärker zu einer Seele, welche ihn betrachtet. Der Sternhimmel verbirgt die Wahrheit, der Astronom entdecket sie. Abt Chappe. 1761.

Die Beobachtungen aber, welche man an dem Himmel machen kann, die ihrer Folgen wegen wichtig werden, sind in ihrer Anzahl sehr eingeschränket. Sie lassen eine große Leere für die Neugierde gelehrter Reisenden zu erfüllen übrig. Herr Abt Chappe, welcher nicht zufrieden ist, den Endzweck seiner Reise erreicht zu haben, hat auch alles dasjenige gesammlet, was sich auf seiner Reise zugetragen hat, welches dienet, die Erzählung seiner Reise zu bereichern, die Sphäre der Wissenschaften zu erweitern, welche ein Mitglied der Akademie in einer gewissen Ausdehnung umfassen muß. Wir wollen dem neuen Beobachter Sibiriens nachfolgen.

Dasjenige, was vielleicht das Merkwürdigste, besonders für einen Fremden in diesem Lande ist, ist die Kälte, welche einem Lande, das tausend und vierhundert Meilen lang und über fünfhundert breit ist, alle Sachen raubet. Diese große Strecke stellet beständig einen traurigen, wüsten und leeren Boden dar, worauf die Vögel ohne Bäume, die Bäume ohne Vögel sind; wo das Land wechselsweise mit Schnee bedeckt, oder durch das Austreten großer Flüsse überschwemmet wird, welche in ihrem ungestümen Laufe frieren; wo so gar der Frühling mit dicken Nebeln verfinstert ist, welche mit dem Athem der Reisenden frieren; wo die Fichten im Sommer nur ein dunkles bleiches Grün zeigen, dessen Anblick Traurigkeit einflößet, welche noch durch ein langes Geseufze der Winde vermehret wird, welche durch ihr Laub pfeifen; wo die Ufer der Flüsse und des Meeres nur mit todten Aesten der Bäume, und mit aus der Erde gerissenen Stämmen besäet sind. Indessen bleibt das eingewässerte, feuchte und unbebauete Erdreich mitten im Sommer daselbst nicht bis auf eine gewisse Tiefe, wie man saget, gefroren. Damit sich Herr Abt Chappe hiervon desto besser versichern möchte, so ließ er in der Gegend von Tobolsk bis auf zehn Fuß tief eingraben. Aus Mangel, Arbeiter in einem Lande zu finden, in welchem der Bauer, der zum Sclaven geboren ist, selbst die Arbeit seiner Hände weder verkaufen noch vermiethen kann, nahm er an Ketten geschlossene Uebelthäter, welche ihm der Gouverneur lieh. Diese Unglücklichen hatten nur täglich einen Sous, wovon sie leben mußten. Der mildthätige Abt wollte ihre Bezahlung mit etwas Gelde vermehren. Sie kaufeten sich Branntewein dafür, besäufeten ihre Wache, und liefen unterdessen, daß diese schlief, davon. „Ich fand nachher, saget der Verfasser, ihre Ketten im Holze. Weil der „Gouverneur nicht für rathsam hielt, mir neue zu senden, so wurde ich gezwungen, Kälte in Sibirien.

Abt Chappe. 1761. „dieß Werk liegen zu lassen.„ Sie hatten aber in die Erde bis auf vierzehn Fuß tief hinein gegraben, und als Herr Abt Chappe, welcher als ein Weltlicher reisete, so wie die Weltlichen in Italien als Aebte leben, seinen Degen bis an das Gefäß hinein gestoßen hatte, so fand er noch allezeit weiches Erdreich: dieses bewies ihm, daß das Eis sich daselbst im Sommer nicht erhalte, obgleich Reisende, ja so gar Naturforscher, es ihm erzählet hatten. Sibirien ist deswegen nichts desto weniger das Reich kalter Fröste.

Zu Solikamskaja ließ die Kälte im Jahre 1761 das Delislische Thermometer auf zweyhundert und achtzig Grad fallen, welches ungefähr nach dem reaumürschen siebzig sind. Dieses fällt an den Gränzen Sibiriens und China, unter der Parallele von Paris, auf dreyzig Grad, wo die größte Kälte des Jahrs 1709 auf funfzehn und ein Viertheil stund.

Zu Astrakan unter der Breite von sechs und vierzig Grad funfzehn Minuten machte die Kälte im Jahre 1746 am 16ten Jenner, daß das reaumürsche Thermometer auf vier und zwanzig und einen halben Grad fiel. Es ist aber etwas sonderbares, daß unterdessen, da man die größte Kälte in Astrakan empfand, der Winter in dem nördlichen Theile von Europa sehr gelinde war.

Die Kälte ist nach Verhältnisse in Rußland nach Abend hin nicht so strenge, als in Sibirien nach Morgen zu. Das reaumürsche Thermometer fällt nur zu Petersburg vom siebzehnten bis auf den dreyzigsten Grad. Moscau aber, ob es gleich vier Grad mittäglicher liegt, erfährt doch die stärkste Kälte. Das Wasser, welches man daselbst in die Luft sprützet, fällt öfters als Eis wieder zurück. Indessen hat das halbe Sibirien schwarzes und fettes Erdreich, das besonders geschickt ist, Getraide hervor zu bringen, wenn der Sommer daselbst lang genug wäre, es reifen zu lassen. Die andere Hälfte des Landes von der Stadt Jlimsk bis an das morgenländische Meer ist unbebauet, dürr und wüste. Ueberhaupt bestätigt die gemachte Beobachtung in Sibirien, „daß, jemehr man nach Osten unter derselben Parallele fortgehe, unter welcher „man aus Europa reiset, destomehr sich die Kälte vermehre. Man hat die Hauptursache dieser Erscheinung in Sibirien in der wunderbaren Höhe zu finden geglaubt, „saget Herr Abt Chappe, welche man dem Erdreiche dieser Landschaft beygeleget hat, „und in der Menge Salzes, welche man daselbst findet. Die Einrichtung des Erdreiches von Sibirien ist noch nicht unter einem neuen Verhältnisse angesehen worden. „Dieses Land machet von dem Eismeere bis an die Gränze von China eine abhängige „Ebene, worinnen das Erdreich höher ist, weil die an einander geketteten Berge diese „beyden Reiche daselbst von einander absondern. Die Sonne, welche gegen den Horizont dieser Berge steht, kann daher nur dieses abhängige Erdreich schwächer wärmen, da sie diese Halbkugel erleuchtet. Ihre Stralen berühren nur die Oberfläche „der Erdkugel. Die Verbindung dieser verschiedenen Ursachen erkläret vollkommen, „daß dieses Land sehr kalt seyn müsse. Hat aber nicht in diesem Verhältnisse eine jede „von diesen Ursachen einen Einfluß auf die allgemeinen Wirkungen? Ist das Erdreich in Sibirien so hoch, als man bisher geglaubt hat?„ Dieses ist es, was der Verfasser untersuchet.

Untersuchung der Ursache der Kälte.

Laurentius Lange, saget er, schreibt, in seiner Reise nach China, der Zusammenkettung der Berge, welche Rußland von Sibirien absondern, eine Höhe von mehr als zw.

zwo Meilen zu. Man sieht aber aus Herrn Abts Chappe Wasserwägen, daß diese Berge nicht nur nicht so hoch seyn, sondern daß noch das Erdreich in Sibirien wenigstens bis an Tobolsk sehr niedrig sey .... „Die Höhe in der Mitte dieser Kette, „nahe bey dem Dorfe Kosteß, welches der höchste Ort ist, ist vierhundert ein und „siebenzig Klaftern über die Meeresfläche zu Brest, anstatt fünftausend Klaftern, wel„che Laurentius Lange ihm zuschreibt; und der Irtisch bey Tobolsk ist nur neun und „sechzig Klaftern über die Meeresfläche, acht und vierzig über die Fläche der Seine, „welche man auf der königlichen Brücke zu Paris genommen hat.„ Herr Abt Chappe hat eine Tabelle [4]) von der Höhe gemacht, welche die Oerter in Sibirien, an welchen man die größte Kälte bemerket hat, in Ansehung der Meeresfläche haben können. Die Schlußfolge, welche in dieser Tabelle gemacht wird, bestätiget die Beobachtung, welche alle Reisende machen, daß das Erdreich sich beständig nach dem Maaße erhebe, wie man von Tobolsk nach Morgen zugehe. Alle Flüsse, deren Quellen nach Ost und West des Irtisch laufen, welcher bey Tobolsk vorbey geht, haben ihre Mündung in diesem Flusse. Tobolsk muß also der niedrigste Ort in Sibirien [illegible] denen seyn, welche unter einerley Parallele liegen. Die nächsten Oerter dieser Parallele sind: Solikamskaja, Tomsk und Jenisseik .... Sie gehören unter die Anzahl derer- jenigen, wo man die größeste Kälte in Sibirien beobachtet hat. Indessen war die Kälte im 1735 Jahre zu Tobolsk nur dreyßig Grad stark, als man sie zu Tomsk drey und funfzig und einen halben und zu Jenisseik siebenzig Grad beobachtete.„ Der äu„ßerste Unterschied dieser Kälte zwischen Tobolsk und Jenisseik ist vierzig Grad, da „der Unterschied der Höhe der Meeresfläche zwischen diesen beyden Städten nur hun„dert und acht und siebenzig Klafter ist, wovon zu Jenisseik die größeste ist. Ein so „kleiner Unterschied der Höhen hat nun kein Verhältniß mit dem Unterschiede der „Kälte, welche man zu Jenisseik und Tobolsk empfunden hat: sonst war in diesem „Winter die Kälte von achtzehn Grad zu Tomsk weniger strenge, als zu Jenisseik, „obgleich die Stadt Tobolsk ungefähr zwey und dreyzig Klaftern höher seyn mag.„ Der Verfasser schließt aus allen diesen, daß die Erhebung des Erdreiches in Sibirien nicht die Ursache seiner übermäßigen Kälte sey, und suchet andere Ursachen, in der örtlichen und innern Beschaffenheit eben dieses Erdreichs.

Abt Chappe. 1761.

Zu Argunskoy, welches mit Paris fast einerley Parallele hat, giebt es Oerter, wo das Erdreich niemals über drey Fuß tief ausdauet. Diese Oerter können als das beständige Ziel des Eises angesehen werden. Diese Stadt ist gleichwohl fünfhundert ein und dreyzig Klaftern über die Meeresfläche erhaben. Obgleich Merzinsk unter eben derselben Parallele liegt, so biethet es uns doch eine der gemäßigten unter den fruchtbarsten Himmelsgegenden dar. Indessen ist es einige Klaftern höher, als Argunskoy. Herr Abt Chappe führet hier einige Vernunftschlüsse an, zu beweisen, daß die Ursache des beständigen Zieles des Eises in Sibirien von dem Ziele des Eises zu Peru unterschieden sey, welches von dem Herrn Bouguer auf den Cordilleras ist beobachtet worden. Wer wird aber wohl einerley Ursache der Kälte und des Eises unter dem heissen Erdgürtel und unter dem zwey und funfzigsten Grade der Breite angeben wollen? Sieht man nicht, daß die Entfernung des Aequators in Sibirien die

Lll 3 große

4) Reise nach Sibirien erster Theil, fol. S. 104.

Abt Chappe. 1761.

große Kälte hervor bringen muß, und daß es in Peru die gewaltige Höhe der Cordillieras seyn müsse, welche daselbst das Ziel des Eises fest setzen könne? Damit man beweise, daß die Höhe des Erdreichs keinen Theil an der erschrecklichen Kälte habe, so darf man nur die Länder vergleichen, welche unter einerley Parallele liegen. Herr Abt Chappe konnte es also überhoben seyn, wie es scheint, von Peru zu reden, und sich mit der Vergleichung begnügen, welche er unter Argunskoy und Nerezinsk gemacht hat. Da bey einer gleichen Höhe des Erdreiches die Kälte ungleich ist, so muß man die Ursache davon in der Natur des Erdreiches suchen. Die übermäßig große Kälte in Sibirien, saget Herr Abt Chappe, wird ohne Zweifel von den Salzen veranlaßt, welche man daselbst findt. Der Mangel des Anbaues gehöret auch noch zu der Anzahl der allgemeinen Ursachen der Kälte. „Nach dem Maaße, wie man sich Osten nähert, ist das Land wüste und unbevölkert. Man findt nur unermeßliche Wälder, „welche die Wirkung der Sonne auf die Oberfläche des Erdbodens verhindern; Moräste und Seen, deren Wasser die Strahlen der Sonne verschlingen .... Die „Menschen haben durch den Anbau der Felder einen beträchtlichen Einfluß auf die „Himmelsgegend.„ Allein, es ist noch zu untersuchen übrig, ob ein Land unbebauet sey, weil es unbevölkert ist, oder ob es nicht wüste sey, weil es des Anbaues unfähig ist. Ueberhaupt scheint es, daß die Menschen viele Hindernisse übersteigen können, daß die Natur aber viel stärker ist, als ihr Fleiß. Wenn einige Länder, ungeachtet der äußersten Kälte der Himmelsgegend, bewohnt sind, so holet man die Ursache von dem Erdreiche oder von der Handelsschaft her, welche die Schiffahrt daselbst eröffnen kann. So erhält sich Petersburg mitten unter dem Grausen einer wilden und unbewohnbaren Himmelsgegend, weil die Europäer daselbst Handlung treiben. Wenn die Chineser oder Japoner zusammen nach Kamtschatka oder wohl gar in die Häven von Sibirien schiffen wollen, so würde sich dieses kalte, unzugängliche und unbebauete Land unmerklich bevölkern. Wenn sie die großen Flüsse, wovon es durchschnitten wird, mit einander vereinigten, so würden sie daselbst leben und vielleicht dereinst Fruchtbarkeit verbreiten.

Herr Abt Chappe konnte nicht von seiner Reise in Sibirien Rechenschaft geben, ohne zugleich von dem russischen Reiche zu reden, dem diese unermeßliche Wüste gehöret. Obgleich dieses Reich mit Europa Verbindungen hat, wozu es gerechnet oder wohl gar in dasselbe einen Einfluß haben will, so ist es doch so weit von uns entfernt, so wild, so wenig bekannt, daß es von der Geschichte der Reisen nicht kann ausgeschlossen werden, welche bisher nur solche Länder vorgestellt hat, die von unserm festen Lande durch weite Meere getrennet sind. Allein, man muß in dieser allgemeinen Geschichte, welche eigentlich nur ein Auszug aus besondern Reisebeschreibungen ist, bloße unterrichtende nützliche und merkwürdige Begebenheiten sammlen, welche ein Gegenstand der Schriftsteller und Leser der Reisebeschreibungen sind.

Verordnung Peters des großen, wegen Verbesserung der Mönche.

Eins von den kostbarsten Denkmälern, welches in dieser Niederlage der Sitten und der fremden Völker aufbehalten zu werden verdienet, ist eine Verordnung des Czars Peters des Großen wegen Verbesserung der Mönche. Sie ist vom 31sten Jenner 1724 an die Versammlung der russischen Geistlichkeit gerichtet. Man muß nicht vergessen, wenn man sie liest, daß er ein Prinz von einer getrennten Kirche sey, welcher von griechischen Mönchen redet; und daß nicht alle Mönche Griechen sind, wie die russischen. „Die heilige Versammlung wird sich erinnern, saget der kaiserliche „Patriarch, daß die falsche Meynung, welche sich unter unser Volk ausgebreitet hat, „schon durch überzeugende Gründe sey widerleget worden, welche den Ursprung des „Mönchlebens auf folgende Worte des Herrn Jesu Christi gründet: derjenige, welcher „Vater und Mutter verläßt, u. s. w. ihr habet gesehen, daß diese Auslegung den Ke„tzern müsse zugeschrieben werden.„ Abt Chappe. 1761.

Der Gesetzgeber zeiget darauf den Ursprung des Mönchstandes an, der zur Nachahmung des Ordens der Nazaräer, wie er saget, ist gestiftet worden, welcher bey den Hebräern eingeführt war. Die ersten Mönche waren also Griechen, die nach dem Muster der Juden gebildet wurden. Zur Zeit der Apostel fand man nicht die geringste Spur von Mönchen, wie der heilige Chrysostomus saget. Die ersten Christen, welche die Einöde sucheten, wurden dazu entweder durch einen natürlichen Hang, oder durch die Furcht vor den Verfolgern des Glaubens getrieben. „Also waren die „Christen, welche sich in den Wüsten verbargen, auf ihr Heil zu denken, wahrhafte „Mönche, weil sie von andern Menschen nichts bathen, sondern dieselben vielmehr flo„hen .... Sie nahmen ihren Aufenthalt in Palästina, Aegypten, Africa, und „an andern sehr warmen Oertern, wo die Erde ihnen überflüßige Früchte verschaffete, „ohne von den menschlichen Händen gebauet zu werden. Sie hatten keine Kleider, „noch irgend eine andere Sache, nöthig. Sie ersetzeten durch die Arbeit ihrer Hände, „was die Erde ihnen versagte.„

Der Czar erkläret endlich, wie die Mönche, als sich die Ketzerey bis in die Wüsten ausgebreitet hatte, wären gezwungen worden, unter erleuchteten Führern zu leben, und ihren Zustand einsamer Klausner in den Zustand der von der Welt abgesonderten Gemeinschaften zu verändern. Der heilige Chrysostomus aber bezeuget, daß diese vereinigten Mönche gar nicht auf Kosten anderer gelebt, sondern vielmehr Gastfreyheit gegen Fremde ausgeübt, die Kranken aufgenommen, sie genähret und gewartet hätten. Basilius der Große, welcher ihnen die ersten Regeln gab, „führete aus „dem festesten Grunde die Verpflichtung ein, nach welcher die Mönche arbeiten müs„sen, und verwirft die Entschuldigungen dererjenigen, welche nichts thun wollen, als „nur Psalmen singen .... Hundert Jahr nach dem Ursprunge der Mönche gab „es müßige Mönche, welche sich von der Arbeit anderer zu ernähren gedachten, und „ihre Faulheit dadurch entschuldigten, daß sie diese Worte des Herrn Christi übel aus„legten: Sehet die Vögel unter dem Himmel; sie ärnden nicht, sie sammlen nicht in „ihre Scheunen, und der himmlische Vater ernähret sie doch. Seyd ihr nicht viel bes„ser, als diese Vögel?„ Einer von dem alten Einsiedlern hatte zu dem Sprüchworte, ein müßiger Mönch sey ein listiger Dieb, durch den Misbrauch, welchen er von diesem Texte des Evangelii gemacht hatte, Anlaß gegeben. Der berufene Kirchenlehrer Augustinus aber, hat diese gefährliche Meynung widerlegt .... „Die Worte „des Herrn Jesu sind nicht nur für die Mönche, sondern für alle Menschen insgesammt. „Wenn man die Erklärung dieser falschen Weisen angenommen hätte, so würde folgen, „daß niemand arbeiten müsse, und daß die Menschen deswegen aus ihren eigenen „Bewegungen in die traurige Nothwendigkeit versetzt würden, Hungers zu sterben. „Was hat sich in der Folge zugetragen, (fährt der Verfasser in der Verordnung fort) „als einige von diesen falschen Heiligen sich bey den griechischen Kaisern und vornehm„lich

Abt Chappe. 1761. „lich bey ihren Gemahlinnen, eingeschlichen hatten? Man sah bald, daß sie nicht mehr „in den Wüsten, sondern in der Nachbarschaft oder so gar in den Städten selbst, an„fiengen, Klöster zu bauen . . . .“ Man zählete über dreyzig Mönchsklöster an den Ufern des einzigen Canals zu Constantinopel, welcher nicht über sieben und eine halbe Meile lang ist, und sie hatten alle mit einander beträchtliche Einkünfte . . . „Die„ses Uebel fieng an, sich bey uns selbst unter der Beschützung des Patriarchen, so gar „des Patriarchen zu Rom, aus zu breiten.„ Er führet hernach einige Gegenmittel an, welche die russischen Kaiser wider diese ansteckende Seuche gebraucht haben. Solche waren das Verboth, welches im Jahre 1669 einem jeden gegeben wurde, ihre Ländereyen den Klöstern oder Geistlichen zu geben oder zu verkaufen, unter welchem Vorwande es auch seyn möchte; das Verboth an die Mönche, Ländereyen zu kaufen, oder solche, wenn sie ihnen vermacht worden, an zu nehmen. Diese Verbothe sind nicht eher mitten in dem erleuchteten Italien gegeben worden, als ein Jahrhundert nachher, da Rußland ein Beyspiel davon gegeben hatte. Dasjenige aber, was noch sonderbarer ist, ist, daß diese glückliche Veränderung in Italien in einem der kleinsten Staaten angefangen hat. So viel ist wahr, daß es nur ein muthiger Prinz oder Minister seyn konnte, der mit den schwächsten Mitteln große Dinge bewirken mußte. Der Czar hatte den Aberglauben und selbst die Sclaverey seiner Völker wider sich, als er unternahm, die Macht der Mönche ab zu schütteln. Der Hof zu Parma hatte nur einen großen Namen zur Unterstützung, als er auf den Entwurf einer nützlichen und exemplarischen Verbesserung dachte. Ohne Truppen, ohne Kriegesheere kann man bey aufrichtigen Gesinnungen und weisen Gesetzen Gutes thun, wenn man sein Volk liebet. Man muß aber seine ersten Schritte unterstützen, und die Gemüther von der Billigkeit des Gesetzgebers dadurch überreden, daß man die arbeitsamen Classen des Staats die Vortheile der Gesetzgebung genießen läßt. Der Fehler des Czars war, daß er alles das der unumschränkten Herrschaft eines Prinzen ergab, was er den Mönchen entriß. Er vermehrete auch nicht die Größe der Nation, in Verhältniß seiner eigenen. Er hatte mehrere Sclaven, mehr Soldaten; wurde aber dadurch sein Reich glänzender? Die Russen haben, in Vergleichung der Größe ihres Gebiethes und ihres Volkes, wenig gethan. Wir wollen demnach dem Geiste des Czars in seiner Gesetzgebung folgen. Man sieht in derselben, mitten unter der Barbarey des Volkes, ein Licht auf dem Throne glänzen: durch einen betrübten Widerspruch aber, wird man vieleicht daselbst eines Tages erleuchtete Völker und barbarische Prinzen sehen.

Die Kälte unserer mitternächtlichen Himmelsgegend erlaubet nicht, saget Peter der Große, daß die Mönche bey uns die Pflichten ihrer ersten Stiftung erfüllen. Sie würden nicht leben können, wenn sie nicht selbst arbeiteten, oder andere für sich arbeiten ließen. Das eine von diesen Mitteln würde nicht zureichen, das andere würde ein Misbrauch seyn. Der Gesetzgeber suchet demnach die Anzahl der Mönche zu vermindern, und nur diejenigen zu behalten, welche zu den Verrichtungen des Bischofthums nothwendig sind, „weil es eine alte Gewohnheit unter uns ist, saget er, daß „nur Mönche allein zu dieser Würde gelangen können, obgleich ehemals . . . . die „Bischöfe keine Mönche waren.“ Ehe aber der Czar zu der Verbesserung der Mönche fortschreitet, giebt er die Bewegungsgründe davon an. „Die Mönche, saget er, „sind das Aergerniß und die Verachtung anderer Nationen, und die Schande der

„unserigen

„unsrigen geworden. Sie sind so gar dem Staate gefährlich, weil der meiste Theil „von ihnen unnütze Faullenzer ist, welche aus Liebe zum Müßiggange in die Klöster ge„zogen werden, der, wie man gar zu wohl weis, Aberglauben, Trennungen, und so gar „Verwirrungen gebiehrt. Der meiste Theil unserer Mönche sind Landleute, welche gar „nicht einem angenehmen und bequemen Leben entsagen, sondern den Mönchsstand viel„mehr erwählen, damit sie sich solches verschaffen, und den Steuren entziehen, welche „ihnen ihre Faulheit beschwerlich machet. Sie hatten in ihrem Dorfe die dreyfache „Auflage, für die Erhaltung ihrer Häuser, für den Staat und für ihren Herrn, zu bezah„len. Wenn sie Mönche sind, so wissen sie nicht mehr, was Nothdurft heißt: ihre Nah„rung ist allezeit bereit. Wenn sie von ungefähr arbeiten, so thun sie es nur für sich „selbst, und von denen dreyfachen Auflagen, denen sie als Ackersleute unterworfen sind, „bezahlen sie kaum eine als Mönche. Wir bethen aber, sagen sie. Bethet nicht jeder„mann? Der heilige Basilius hat diese eitle Entschuldigung zernichtet. Es würde in„dessen für diese müßigen und unnützen Mönche eine andere arbeitsame Lebensart geben, „die Gotte angenehm, und in den Augen der Menschen ehrwürdig ist... Diese würde „seyn, den wahrhaften Armen, den Kindern und Greisen zu dienen.„

Abt Chappe. 1761.

Nach diesen zur Rechtfertigung des Gesetzes dienenden Vorerinnerungen, kommen die neuverfügten Artikel. Hier sind die vornehmsten. Zuerst wird man in die Klöster schwache und abgedankte Soldaten und andere wahre Arme vertheilen; 2) wird man Mönche bestellen, ihnen zu dienen... und diese Mönche dürfen nicht weniger, als dreyßig Jahr alt seyn; 3) wird man denen Mönchen, die nicht zum Dienste der Kranken gebrauchet werden, Klosterländereyen geben, damit sie solche selbst bauen; 4) wenn Stellen unter denen Mönchen ledig seyn werden, welche die Kranken bedienen, so müssen ihre Stellen diejenigen ersetzen, welche das Land bauen, und man wird keinen andern an die Stelle der letztern nehmen, sondern, wenn keine mehr auf dem Lande sind, welche die Stellen derjenigen ersetzen können, welche die Spitäler bedienen, alsdann wird man neue erwählen, und ihnen die Tonsur geben können; 5) diejenigen Klosterfrauen, welche nicht zur Bedienung der Kranken gebrauchet werden, sollen ihnen ihren Unterhalt dadurch verschaffen, daß sie für die Manufacturen spinnen... 6) Die Priester und Diaconi, welche nicht die Kranken bedienen, sollen das Amt halten... 11) Soll man nicht den Mönchen die Verwaltung der Dörfer anvertrauen... 12) Soll es den Mönchen stark verbothen seyn, aus den Klöstern zu gehen: und sie sollen in der That nicht wieder in die Welt treten, wenn sie dieselbe einmal verlassen haben.

Diese Verfügung, welche das Herausgehen aus den Klöstern verbiethet, ist vielleicht ein Mittel, zu verhindern, in dasselbe hinein zu gehen. Alle andere Artikel dieser Verordnung zielen auf eben denselben Endzweck, welcher die merkliche Unterdrückung oder die Verminderung der Mönche ist. Die unterdrückten Klöster sollen entweder zu Krankenhäusern oder zu Pflanzschulen für die Geistlichkeit, oder zu Armenhäusern, für Kinder beyderley Geschlechts, Waisen- und Hurkinder, sie bis in ihr siebentes Jahr zu erziehen und zu ernähren; oder auch zu Schulen, worinnen man die Kinder die Rechen- und die Landmeßkunst lehret, dienen. Das Unglück dieser Verordnung aber ist, daß, als der Gesetzgeber ein Jahr nach deren Bekanntmachung starb, sie nur zum Theile vollzogen wurde. Indessen soll doch die regierende Kaiserinn diesen Mangel dadurch ersetzet

Abt Chappe. 1761.

setzet haben, daß sie den Mönchen noch einen Theil derer Güter weggenommen, welche ihnen übrig geblieben waren.

Sitten der russischen Geistlichkeit.

Herr Abt Chappe redet darauf von dem Zustande der russischen Geistlichkeit, das heißt, von ihren Reichthümern, von ihrer Unwissenheit, und von ihrer freyen Lebensart. Die Bischöfe und Mönche, saget er, besitzen in Rußland alle Reichthümer der Geistlichkeit. Die Priester sind sehr arm, und ohne Ansehen. Die Bischöfe ernennen zu den Pfründen, welche nach dem Eigensinne dieser Prälaten wiederruflich sind. Die Priester machen nur ein Chor schlechter Sclaven aus, welche allezeit vor den Bischöfen auf den Knieen liegen. Die Mönche sind ihre Oberherren. Die Weiber der Priester aber machen die Mönche menschlicher. „Die Unwissenheit, Trunkenheit und Schwelgerey sind „das Antheil der russischen Geistlichkeit. Die Bischöfe und die Priester sind nicht so un„ordentlich; die ersten ihres Alters wegen; und die letztern, weil ihre Weiber sie bey „Zeiten die Tugend lieben lassen.„ Uebrigens ist die ganze russische Geistlichkeit dem Trunke ergeben, wie das Volk, welches deswegen eben so schwärmerisch ist. „Die guten Sitten „sind bey den Russen seltener, als bey den Heiden, ihren Nachbarn. Die Art der Rus„sen, von dem Christenthume zu denken, ist so ausserordentlich, daß man glauben sollte, „diese Religion, so gleichförmig sie auch dem Glücke und der Ordnung der Geselligkeit „ist, habe nichts behalten, als das Volk böser zu machen. Als ein Meuchelmörder „gefangen und zur Leibesstrafe verdammt war, so fragete man ihn bey dem gerichtli„chen Verhöre, ob er die Fasten beobachtet hätte. Dieser Bösewicht antwortete lebhaft: „er wäre unfähig, die Pflichten seiner Religion zu unterlassen. Er war Obrister einer „Räuberbande, und wenn sie sich einiger Reisenden bemächtigten, so gab er die ganze „Beute seinen Cameraden, wenn man ihm nur diese Schlachtopfer lebendig überlieferte. „Er kleidete sie aus, und band sie nackend an einen Baum; sie mochten seyn, von was „für einem Geschlechte sie wollten. Er eröffnete ihnen geschwind die Brust beym Her„zen, und tränkete sich mit ihrem Blute. Er hätte viel Vergnügen, sagete er, die gräu„lichen Bewegungen und die schrecklichen Verzuckungen dieser Unglücklichen zu sehen. Ein solcher Teufel, wenn er jemals gewesen ist, muß die Hölle fürchten. Wie könnten Seelen sie nicht glauben, welche fähig sind, sie zu erdichten, wenn es keine gäbe. Es gehöret für wilde Völker, für Tyrannen, für Verfolger, für Weltbezwinger, für Unterdrücker des Volkes, für Feinde des menschlichen Geschlechts, daselbst einen Blutgott, ein unbarmherziges Wesen zu haben, welches sich von Fasten, von Thränen, Schlachtopfer, Opfer, Zerstümmelungen, vom Unglücke und Traurigkeit ernähre. Ein wohlthätiger Prinz aber, ein sanftes und geselliges Volk, eine Geistlichkeit von guten und liebreichen Sitten erkennen nur einen gütigen Gott der Liebe und Güte, welcher an der Barmherzigkeit ein Vergnügen hat, und der in dieser Welt züchtiget, damit er in der andern schone. Dieß ist der wahre Gott der wahren Christen. Dafür will man die Russen nicht halten. Ohne von Irrthümern zu reden, welche sie von der lateinischen Kirche abgesondert haben, beweist der Verfolgungsgeist, daß sie ein böses Volk sind, welches die Tugenden des Christenthums dadurch verloren hat, daß es die Lehre des Evangelii verderbt. Diese Schismatiker haben mitten unter sich eine Secte Brüder aufstehen sehen, welche friedfertig in den Dörfern, aber ohne Priester und Kirchen, vereiniget sind. Diese haben sie gleich als Feinde behandelt, und diese Unglücklichen sind aus Furcht vor den Russen Schwärmer geworden, welche sich aus Liebe zu Jesu Christo in den Tod begeben,

Ein Beyspiel des Aberglaubens mit der Frechheit verbunden.

Raskolschtschiken, eine russische Secte, die verfolget wird.

begeben, die sich in ein Haus versammlen, wenn man sie verfolget, und an dasselbe Feuer legen, und in den Flammen umkommen. Diese Verfolgung hat Rußland über hundert tausend Familien beraubet, welche zu den Tatarn geflüchtet sind, die wilder, aber nicht so barbarisch, als die Russen, sind. Diejenigen, welche in ihrem Lande zurück geblieben sind, haben daselbst lieber sterben, als den Segen eines russischen Geistlichen empfangen wollen. Man hat niemals einen einzigen von diesen Rackolschtschicken bekehret; dieß ist der Namen dieser Secte. Abt Chappe. 1761.

Ob wohl Peter I an sich selbst hart, streng, und zuweilen wild war, so befreyete er doch diese Unglücklichen von den Verfolgungen der Geistlichen, und wüthete wider die Nichtduldung, welche die Schwärmereyen hervor brachte. Nach seinem Tode aber wurden die Scheiterhaufen wieder angezündet, und die Gefängnisse wiederum mit diesen Unschuldigen angefüllet. „Während meines Aufenthaltes zu Tobolsk, saget Herr Abt „Chappe, stecken viele in den Kerkern.„ Ohne Zweifel wird aber diejenige Hand, welche fremden Dissidenten in Polen helfen will, die dissidentischen Bürger in ihren Staaten nicht unterdrücken. Dieses würde heißen, Eisen und Flamme inwendig und auswendig auf einmal tragen, sich seinen Unterthanen und Nachbarn verhaßt machen, durch Blut einen Ruhm erkaufen, welcher gar zu zweydeutig seyn würde, als daß er der Opfer werth wäre, welche er würde gekostet haben.

Die russischen Priester, saget Herr Abt Chappe, besitzen bey vieler Unwissenheit und wenigen Sitten die Sucht, Bekehrungen zu machen. Ein Prälat, bey welchem der Herr Abt zu Mittage aß, wollte, nachdem er wohl getrunken hatte, einen Bedienten des Herrn Abts bekehren. Der Diener, welcher ein Lutheraner war, sagete: Ein Lutheraner sey so gut, als ein Abtrünniger. Der Prälat war im Begriffe, dem Ketzer einen Teller an den Kopf zu werfen, als der Katholik den Eifer und die Hand des griechischen Bischofes zurück hielt... „Der Eifer thut Wunderwerke, saget Montagne, „wenn er dem Hasse zu Hülfe kömmt... er ist das Gegentheil von der Güte, Mäßigkeit „und Wohlthätigkeit; er geht weder zu Fuße, noch fliegt er.„ Herr Abt Chappe beschreibt den Gottesdienst der Griechen zuweilen majestätisch in der Kleidung, und zuweilen in gewissen Gebräuchen lächerlich. Er tadelt mit Grunde den Gebrauch, die Kinder in einem Alter von fünf oder sechs Monaten zum heiligen Abendmahle gehen zu lassen, ungeachtet ihres Schreyens, welches man mit der Brust stillen muß, wenn man ihnen das heilige Abendmahl reichet. Alles dasjenige, was er von der Ceremonie des heiligen Abendmahls und von den Besuchen am Ostertage saget, verdienet in seinem Werke gelesen zu werden, hier aber würde es zu viel Platz einnehmen. Wir wollen zu denen Sitten der Russen gehen, die besonders in Sibirien sind.

Nach der Beschreibung der Stadt Tobolsk, welche in der Reise des Herrn Gmelin umständlich ist vorgestellet worden [5]), redet Herr Abt Chappe von den Frauenzimmern des Landes. Sie sind, saget er, überhaupt schön. Man möchte sagen, daß der Schnee auf ihre Gesichtsfarbe einen Einfluß habe, so weiß sind sie. Dieser Glanz wird durch schwarze aber schmachtende und allezeit niedergeschlagene Augen erhöhet; so wie sie allezeit ein furchtsames Geschlecht bey einem sclavischen Volke haben wird. Ihr schwarzes Haar und ihre weiße Farbe bekommen von dem Rothe, womit sie ihre Backen färben,

 einen

5) Allgemeine Historie der Reisen XIX Band, a. d. 134 S, u. f. w.

Abt Chappe. 1761. einen neuen Glanz. Ein Gebrauch, welchen sie viel eher von allen wilden Völkern entlehnet zu haben scheinen, welche sie umgeben, als von den mittäglichen gesitteten Völkern, wovon sie sehr weit entfernet sind. Diese Frauenzimmer sind bis in das zwanzigste Jahr schön gebildet: sie haben aber dicke Beine und große Füße, gleich, als ob solche zur Stütze der Dicke des Leibes dienen sollten, die sie über kurz oder lang bekommen. Herr Abt Chappe will, daß die Bäder, welche sie zweymal die Woche gebrauchen, etwas beytragen, ihren Wuchs durch die Erschlaffung zu verunstalten, welche sie in dem ganzen Leibe verursachen. Sollte nicht vielmehr die große Anzahl Kinder Ursache seyn, daß sie in dem dreyßigsten Jahre ihres Alters ihre Schönheit verlieren? Die übermäßige Kälte stellet wahrscheinlicher Weise die Spannung der kleinen Fäserchen wieder her, welche die warmen Bäder schlaff zu machen dienen. Was tragen nicht diese Bäder zur Reinlichkeit bey! Sie ist bey den Frauenspersonen zu Tobolsk selten; sie verändern ihre Wäsche nicht oft genug. In Sibirien haben die Betten, wie in Italien, keine Vorhänge; und anstatt eines Pfühles sieht man daselbst sieben bis acht Kopfküssen. Die Männer zu Tobolsk sind überaus eifersüchtig auf ihre Frauen; indessen bleiben sie doch wenig bey ihnen. Die Männer besaufen sich, und die Frauen verderben ihre Zeit durch Müßiggang.

Sitten der russischen Frauenzimmer. Die Himmelsgegend sollte ihnen durch die Ruhe, welche die Kälte den sinnlichen Leidenschaften läßt, Sitten geben. Die unumschränkte Herrschaft aber scheint sie von der ganzen Moral dadurch zu befreyen, daß sie solche der Tyranney der Männer überläßt. Weil sie keine Vergnügungen des Herzens kennen, welche die wahren Anmuthigkeiten der Liebe ausmachen, so überlassen sie sich ohne Mühe allen heimlichen Begierden. Sie gestehen ihren Liebhabern dasjenige nicht zu, sondern fordern es von ihren Sclaven, was ihnen die Trunkenheit ihrer Ehemänner versaget. „Dieses Land wird niemals gesittet werden, saget Herr Abt Chappe, so lange als die Frauenzimmer daselbst in „Sclaverey leben, und so lange als sie nicht zur Annehmlichkeit der Gesellschaft dienen.„ Man zweifle nicht daran: man muß aber dieß Geschlecht genug verehren, seinen Ruhm genugsam lieben, wenn man seiner Schönheit nur die Herrschaft der Tugend zugesteht. Wir wollen bey dem Frauenzimmer alle andere Herrschaften fürchten, welche uns erniedrigen würden, ohne sie zu erheben. Ihr Geschlecht kann wohl das unserige weibisch machen, aber es nicht wieder herstellen. Wenn es sich die Männer unterwürfig machet, wenn es Gesetze der Vernunft und des Geschmackes vorschreiben will, so wird es den Verstand dadurch schwächen, wodurch es ihn zu verschönern glaubete. Endlich so wird es uns seine Schwäche beymessen, ohne dasjenige zu ersetzen, was es uns an Stärke genommen hat. Weis man alles dasjenige, was man an Kraft, an Stärke, an Nationaltapferkeit, an Freyheit des Verstandes, und vornehmlich an Empfindungen der Tugend, in einem Umgange verliert, worinnen diese beyden Geschlechter ausarten, und sich unter dem Vorwande, sich feiner zu machen, verderben? Wenn alle Männer sich bemühen sollten, Frauenzimmer zu verführen; wer wird alsdenn, nicht so wohl die Ehre, welche sie werden verloren haben, sondern ihr Leben, ihre Güter, und endlich ihr Vaterland vertheidigen? Es ist leicht, mit dem großen Haufen, welcher ihnen räuchert, sie zu berauschen, zu ihren Füßen zu kriechen. Es gehöret aber vielleicht Muth dazu, wenn man sich untersteht, ihnen das Böse zu sagen, welches sie thun, und das Gute, welches sie thun können. Alles ist für sie und für uns verloren, wenn in ihrer Gesellschaft derjenige, welcher

welcher eher bey ihnen gute Sitten, als den schönen Geist suchet, fürchtet, oder es waget, ihnen zu misfallen. Abt Chappe. 1761.

Ein sehr merkwürdiger Widerspruch! In einem Reiche, welches seit mehr als vierzig Jahren von Frauenspersonen regieret wird, haben die Frauenspersonen kein Ansehen. Dieß ist demnach keine Krone, welche ihrem Geschlechte Ehre machet. Ihr Thron ist in den Herzen der Männer. Man saget, diese herrscheten daselbst, wo die Frauenspersonen regieren. Es scheint in der That, daß die Wildheit der barbarischen Völker, und der Ungestüm freyer Völker sich besser für das Weiberregiment schicketen; entweder, weil es unter einem despotischen Herrn nicht darauf ankömmt, ob der Staat von einer Manns- oder Frauensperson regieret werde, so bald alles daselbst von dem Eigensinne abhängt; oder, weil in den freyen Staaten ein König so gut als eine Königinn ist, so bald sich darinnen das Volk selbst regieret. Indessen ist es nicht weniger sonderbar, daß dasjenige Volk in Europa, welches die Frauenspersonen abgöttisch anbethet, dieselben von der Nachfolge in der Regierung ausgeschlossen hat. Dieses Gesetz, welches von ungefähr, oder aus einer gewissen Meynung, entstanden ist, ist allezeit ein Werk der Männer. In Frankreich, wo die Frauenspersonen nach den Gesetzen nichts sind, sind sie nach den Sitten alles. In Rußland, wo die Gesetze einem einzigen Frauenzimmer alles zuschreiben, gestehen die Sitten allen andern nichts zu. Diese Abstechung gegen einander kann einen ohne Zweifel Wunder nehmen. Sie hängt aber an derjenigen unrichtigen Schlußfolge, welche die Natur der Menschen und Begebenheiten in Sachen mischet, die am meisten zur Ueberlegung zu gehören scheinen. Wenige Grundsätze, vornehmlich in der Staatskunst, sind beständig, und auf den Augenschein gegründet; und die Menschen sind in ihren wahren oder falschen Grundsätzen noch weniger beständig. Diese Unbeständigkeit aber sieht man am meisten in Rußland, wo die Geselligkeit noch nicht völlig errichtet ist. Man kann dieses große Reich mit seinen größten Flüssen vergleichen, worein sich eine Menge Ströme ergießen, welche sie beständig austreten lassen. Man muß warten, bis die Zeit und die Hände der Menschen den wilden Völkern Gränzen gesetzt haben, welche eines in das andere fallen, und sich alle zusammen unter die russische Herrschaft begeben. Ihre Gesetze werden ihnen Gränzen setzen, und ihre Gränzen werden ihnen wiederum Gesetze vorschreiben. Die Zeit muß dasjenige vollenden, was der menschliche Verstand wird angefangen haben. Bis auf die Zeit der Festsetzung dieser Gesetze kann man nicht eigentlich die Sitten eines Staates bestimmen, welcher aus vielen Völkern besteht, die eines von dem andern durch große Wüsten, und ein jedes von sich selbst durch Wohnungen, die mitten im Schnee zerstreuet liegen, abgesondert sind. So gar die Städte in Sibirien gleichen mehr ihren Gefilden, als unsere gesitteten Städte sich unter einander gleichen. Indessen giebt es Merkwürdigkeiten in allem demjenigen zu sammlen, was Herr Abt Chappe von diesen Ländern erzählet hat, die weder zu wild, noch gesittet genug sind, einen tiefen Eindruck zu machen.

Zu denen Gastereyen, welche die Verwandten einander geben, damit sie dem Heiligen der Familie ein Fest feyern, lädt man Männer und Frauen ein: allein, die beyden Geschlechter sind weder an einem Tische noch in einem Zimmer beysammen. Beym Anfange einer Gasterey geht die Hausfrau mit einem Theebrette, welches mit angefüllten Branntweinsgläsern besetzet ist, in das Mannszimmer. Sie beut sie den Gästen an, welche sie nicht ansehen; und sie geht eben so bescheiden wieder weg, als sie gekommen ist, Mahlzeiten der Russen.

Abt Chappe. 1761.

ist. Man trägt alle Schüsseln auf einmal auf. Die Suppe besteht aus Fleischschnitten, an statt des Brodtes. Das Stillschweigen wird nur durch das Gesundheitstrinken unterbrochen. Die Gäste, welche aufstehen, schreyen, trinken, sich mit den Ellenbogen stoßen, ihre Getränke umwerfen, und sich alle mit einander besaufen, trinken die Gesundheit fast alle auf einmal. Diese Unart aber hat für sie weniger klägliche Folgen, als der Scharbock, welchen sie einer von dem andern durch die Gewohnheit bekommen, die sie haben, rings herum aus einer großen Schaale zu trinken, die entweder einen halben Fuß im Diameter oder in der Höhe hat. Beym Aufstehen von dieser Tafel, geht man in ein anderes Zimmer, wo man einen Schenktisch findet, welcher mit chinesischen Confituren und mit Männern besetzt ist, welche Meth, Bier und Brannteweln von verschiedener Art anbiethen. Dieser Branntewein folget den Gästen auf dem Spaziergange nach, von welchem sie selten genug mit festem Fuß zurück kommen. „Einige „Reisende geben vor, saget der Verfasser, daß sich die Frauenspersonen eben so allen „Ausschweifungen des Getränkes überließen, wie die Mannspersonen. Ich habe allenthalben das Gegentheil gesehen. . . .„

Das ganze Volk, fährt er fort, von Moscau bis nach Tobolsk, kennet kein anderes gesellschaftliches Vergnügen, als den Tisch. In Rußland hat ein Mann großes Unrecht, wenn er nur liebenswürdig ist. In einem andern Lande hat er Unrecht, wenn er das nicht ist. Ob gleich in den beyden Hauptstädten dieses großen nordischen Reiches die Frauenspersonen das Joch der Sclaverey ihrer Männer abgeworfen haben, so haben doch die Sitten nichts dabey gewonnen: allein, saget der Verfasser, dieß kömmt daher, weil sie vor dieser Veränderung allzu verdorben waren. Die Frauenspersonen sowohl, als die Mannspersonen, wollen also frey seyn, um ehrlich zu seyn. Wenn die Freyheit aus ihrer Regierung entsteht, so hat sie die Reinigkeit der Sitten zur Gesellschaft. Wenn aber ihre äusserste Freyheit nur von den verdorbenen Sitten herrühret, wie wird sie das Uebel ersticken, das sie hervor gebracht hat? In schönen Seelen bringet die Freyheit allezeit große Tugenden hervor. Bey einem Volke, welches durch eine schlechte Regierung erniedriget ist, dienet die Freyheit, oder die Sclaverey der Frauenspersonen, kurz, alles, sie zu verderben. Damit man die Tugend liebe, so muß man sie ungestraft ausüben können. Allein, worinnen besteht in einer willkührlichen und despotischen Regierung, wie die russische ist, die Tugend, wenn sie nicht darinnen besteht, daß man alle Ungerechtigkeiten der Gesetzgebung leide? daß man viel eher das Schlachtopfer der Unterdrückung sey, als daß man zum Werkzeuge derselben diene, daß man in einem ehelosen Stande lebe, damit man nicht die Anzahl der Sclaven vermehre; daß man seinen Leib allen Ungerechtigkeiten der Elemente und der Menschen unterwerfe, damit man seine Seele nicht den Lastern verkaufe? Glücklich ist vielleicht das russische Volk, welches gar keinen Begriff von Freyheit hat, und daher auch keine Empfindungen von seiner Niederträchtigkeit hat; welches keine Art von Eigenthum hat, und also auch nichts zu verlieren befürchtet, und nichts zu erwerben verlanget. Es ist, saget man, nichts so unglücklich, als der Adel, welcher ohne Aufhören die Verbannung und die Einziehung seiner Güter befürchtet. Dieser aber vergütet sich die Furcht, welche er vor einem despotischen Herrn hat, durch das Uebel, welches er seinem eigenen Sclaven anthut. Der Herzhaftigkeit ungeachtet, welche scheint, daß sie allen nordlichen Völkern natürlich seyn sollte, sind doch die russischen Bauern äußerst zaghaft. Wie feige wird nicht einer die-

Abt Chappe. 1761.

ser Leute werden, welcher durch seine Geburt zu den Beschimpfungen, oder zu den Qualen der Sclaverey verdammt ist? Zu den Beschwerlichkeiten des Krieges wird er tüchtig seyn, weil er stark ist. Er wird Geduld haben, zu widerstehen; wird er aber Muth haben, etwas zu unternehmen? Dieses Volk hat keine Kraft der Seele. Wenn ihm seine Kriegeswissenschaft anfangs Vortheil über ein Volk verschaffet, welches keine Hülfsmittel in der Kriegeskunst hat, so muß es doch in die Länge durch Feinde zernichtet werden, welche ihm der Enthusiasmus des Vaterlandes oder der Religion erwecken wird. Der russische Bauer muß wohl elend seyn, weil ihm Herr Abt Chappe den sclavischen Polen vorzieht. Denn wo kann man ein unglücklicheres Volk sehen, als dasjenige ist, welches unter der Sclaverey eines freyen Adels lebet? Die unumschränkte Herrschaft ist nicht so grausam, so ungerecht, als die Aristokratie, worinnen die Großen zu Tyrannen für das Volk gebohren werden. Die Empfindung einer Art von Gleichheit tröstet die russischen Bauern wegen der Beschimpfung eines sclavischen Herrn. Er kann seine Zuflucht zu dem Despoten wider seinen Herren nehmen; er kann wegen einer Tyranney durch die andere gerächet werden. In der polnischen Aristokratie aber erduldet der Bauer zu gleicher Zeit die wirkliche Tyranney und die rechtliche. Die Unabhängigkeit des Adels verdoppelt bey ihm den Abscheu vor der Sclaverey. Er kennet die Freyheit. Die Vergleichung, welche er zwischen seinem Stande und dem Stande des Herrn machet, erwecket im Grunde seiner Seele die Empfindung der Ungerechtigkeit. Er kann nicht ein Land lieben, worinnen er selbst nur eben so ein Gegenstand des Eigenthums ist, wie das Vieh, welches er hütet, und die Felder, welche er bauet. Man sieht auch nicht, daß ein polnischer Bauer ein Vaterland vertheidigt, welches nicht sein, sondern des Adels ist. Er flieht oder weicht vor einem Feinde, welchen zurück zu treiben, er fast gar keinen Nutzen hat. Er geht zu fremden Prinzen, ihnen zu dienen, welche ihm bezahlen und ernähren, indem er den Soldatenstand, welcher ihm Sold giebt, dem Stande eines sclavischen Ackerbauers vorzieht. Indessen giebt Herr Abt Chappe dem polnischen Bauer eine große Vergütung, nämlich, daß er zuweilen eigenthümliches Land besitze. Dieß ist ohne Zweifel eine Ersetzung des Schadens, aber sie ist weder groß noch allgemein genug, um den Bauer seinem Lande eifrig ergeben zu machen. Was ist das für ein Eigenthum der Güter, wo man nicht das Eigenthum der Person hat. Der Verfasser kann daher den Begriff von dem Zustande des Volkes nicht anders als dadurch lindern, daß er ein Gemälde von dem Elende ihrer Nachbarn aufstellet.

Die Sclaverey, saget er, hat bey den Russen alle Rechte der Natur, alle Grundsätze der Menschlichkeit und alle Arten der Empfindung zerstöret. Als ich bey meiner „Rückkehr von Tobolsk nach Petersburg in ein Haus gieng, daselbst zu herbergen, so „fand ich in demselben einen Vater, mitten unter seiner Familie, mit Ketten an die Thür„pfosten geschlossen. Aus dem Geschreye, welches er machete, urtheilete ich, er wäre „nicht klug:„ allein, er war ein Schlachtopfer der unmenschlichen Regierung. Diejenigen, welche Truppen anwerben, gehen in die Dörfer, die Männer zu Kriegesdiensten auszusuchen; wie die Fleischer in die Ställe gehen, die Hämmel zu bezeichnen, welche zum Schlachten gut sind. „Der Sohn dieses Unglücklichen, welcher bestimmt gewesen „war, zu dienen, hatte sich gerettet... Der Vater war ein Gefangener bey sich zu „Hause; seine Kinder waren die Kerkermeister, und man erwartete täglich sein Urtheil. „Ich erfuhr bey dieser Erzählung... eine Empfindung des Grauens, welche mich

„zwang,

Abt Chappe. 1761.

„zwang, eine andere Herberge zu suchen.“ Wir wollen unsere Blicke auch von diesem widrigen Gemälde abwenden, und sie einen Augenblick auf die Thiere werfen, welche in Rußland nicht so unglücklich sind, als die Menschen; es möchte denn seyn, daß diese daselbst dümmer, als die Thiere, wären.

Herr Abt Chappe zählet in seiner Reisebeschreibung nach Sibirien zwölf Arten von Vögeln; die aber in Frankreich aus der Geschichte der Reisen, oder aus andern Werken, bekannt sind. Er redet kürzlich von vielen Arten von Fischen, wovon der sonderbarste der Sterlet ist, welcher dem Stöhre gleicht, außer, daß er kleiner und zarter ist. Unter den Hausthieren sind die Ochsen und die Pferde sehr klein. Die wilden Thiere hingegen sind größer und gemeiner, als die Hausarten. Der Verfasser saget, indem er von Mardern redet, ihre Schwänze, welche man in Frankreich so sehr schätzet, sind der Theil des Felles, welcher in Sibirien am wenigsten gesuchet würde, weil das Haar an demselben gar zu hart ist. Die schönen Marder haben selten schöne Schwänze; übrigens aber sind sie schwarz, welches sie auch ohne Zweifel theurer machet [6]).

Außer

6) Hier ist der Ort zu einem merkwürdigen Stücke von der Zobeljagd bey Witimsk. Ob es gleich bey der Beschreibung von Kamtschatka angeführet seyn mag, so hat man es doch, weil es zur Geschichte von Sibirien gehöret, in den Zusatz verweisen müssen, welchen man von diesem Lande nach der Reise des Herrn Abt Chappe geben mußte. Auf einer andern Seite aber würde dieses die Erzählung des Verfassers zur Unzeit unterbrechen, wenn man mitten in seinen Text ein ziemlich langes Stück einrücken wollte, welches er in dem Werke des Herrn Kraschenitnikow bekannt gemacht, aber nicht selbst geschrieben noch verschaffet hat. Diese beyden Ursachen scheinen zu berechtigen, daß man das in eine Note setzet, was vielleicht an keinen andern Ort schicklicher konnte gesetzet werden.

Die Zobel leben in Löchern. Sie haben ihre Nester entweder in hohlen Bäumen, oder in Stämmen, die mit Moose bedecket sind, oder unter ihren Wurzeln, oder auf Hügeln, die mit Felsen umgeben sind. Sie machen diese Nester von Moose, Zweigen, und von grünen Rasen. Sie ruhen in ihren Löchern oder in ihren Nestern so wohl im Winter, als im Sommer, zwölf Stunden hindurch, und die übrige Zeit gehen sie aus, ihre Nahrung zu suchen. Unterdessen, daß sie die schönste Jahreszeit erwarten, nähren sie sich von Wieseln, Hermelinen, Eichhörnchen, vornehmlich aber von Hasen. In der Aerndezeit aber fressen sie Beeren, und am liebsten die Frucht des Sperberbaumes. Wenn sie die überflüßig haben, so verursachet sie ihnen, wie man saget, eine Art von Krätze, welche sie nöthiget, sich an den Bäumen zu reiben, und machet, daß ihnen das Haar ausfällt. Im Winter erhaschen sie Vögel und Birkhähne. Wenn die Erde mit Schnee bedecket ist, so ruhen die Zobel zuweilen in ihren verborgenen Löchern drey Wochen lang. Sie paaren sich im Jenner. Ihre Liebe währet einen Monat, und öfter entstehen blutige Kämpfe unter zweyen Männchen, welche sich um ein Weibchen zanken. Nachdem sie sich gepaaret haben, hüten sie ihre Nester ungefähr vierzehn Tage lang. Sie werfen gegen das Ende des Märzes drey bis vier Junge, welche sie vier bis sechs Wochen lang säugen.

Die Zobeljagd wird niemals gehalten, als im Winter, weil sie sich im Frühlinge haaren. Indessen reisen die Jäger, wenigstens die von Witimsk, am Ende des Augustmonates ab. Wenn die Russen nicht selbst auf diese Jagd gehen, so schicken sie andere Personen darauf. Man verschaffet den ersten Kleidung, Eßwaaren, und alles Reisegeräth: zwey Drittheil von der Jagd kömmt diesen, und das übrige ihren Herren zu. Die gemietheten Jäger theilen den Vortheil der Jagd mit ihrem Herren: allein, sie verschaffen sich, vermittelst einiger Rubel, [illegible] dasjenige, was sie haben müssen, um auf die Jagd gehen zu können.

Die Jäger gehen Bandenweise von sechs [illegible] vierzig Mann. Sie schiffen sich vier und [illegible] bedeckte Boote ein, und nehmen einen Führer auf ihre Kosten mit sich. Ein jeder Jäger hat zu seinem Mundvorrathe auf drey oder vier Monate dreyzig Pud Roggenmehl, ein Pud Waizenmehl, ein Pud Salz, und ein Viertheil Pud Habergrütze. Ihre Kleidung besteht in einem Mantel, einer groben Kappe und ledernen Handschuhen. Ferner haben zween Jäger ein Netz und einen Hund, welchem man sieben Pud Mundvorrath zur Nahrung giebt.

Die Jagd, wovon hier geredet wird, stellen die Witimsker an. Sie fahren den Strom Witimsk hinan, indem sie ihre Schiffe mit Stricken bis an den Ort der allgemeinen Versammlung zur Jagd ziehen. Das Oberhaupt, oder der Führer, welchem die Jäger

Außer denen Mücken, deren Stiche dem Reisenden beschwerlich fielen, welche ihn nöthigten, einige Tage das Bette zu hüten, beobachtet er zu Tobolsk einen Schwarm Heuschrecken, oder Wasserjungfern, welche einige Aufmerksamkeit der Naturkündiger verdienen. Es war der 2te des Heumonates 1761, als er diese Bemerkung machete. Diese Insekten macheten eine Colonne aus, fünf hundert Klaftern breit und über fünf Klaftern hoch. Sie erschien des Morgens um acht Uhr, und ihr Zug währete bis eine Stunde auf den Abend. Sie gieng an den Ufern des Irtis von Norden nach Süden. Der Verfasser versichert durch viele wiederholte Proben, daß diese Colonne von Insecten in neun Secunden zwanzig Klaftern fliegen, und in einer Stunde viertehalb Meilen. Also mußte der Raum, welchen sie einnahmen, wenigstens siebenzehn Meilen in die Länge betragen, weil der Zug dieser Colonne fünf Stunden gewähret hat. Uebrigens sind diese Heuschrecken den französischen vollkommen gleich. Abt Chappe. 1761.

Nachdem der Verfasser diesen flüchtigen Blick auf die sibirischen Thiere gethan hat, so kömmt er auf die Leute in Rußland zurück, und betrachtet den Zustand des menschlichen Character der Russen.

chen

ger zu gehorchen schwören, weist einer jeden Bande oder Abtheilung ihr Viertheil an. Ein jeder gräbt auf dem Wege des Ortes, wo sie jagen sollen, Gruben, und verscharret darinnen ihren Vorrath. Sie bauet sich eine Hütte. Wenn der Schnee anfängt, zu fallen, ehe das Eis kömmt, so stellet man die Jagd um die Hütten herum mit den Hunden und Netzen an. Wenn durch die starke Kälte die Flüsse zugefroren sind, so läuft man auf Schären oder Schneeschuhen mit einem Schlitten, worinnen man Mundvorrath von Mehle, Fischen, Fleische, einen Küchenkessel, einen Köcher mit Pfeilen, einen Bogen, ein Bette und einen Sack hat, welcher mit den nothwendigsten Sachen angefüllet ist. Man zieht den Schlitten mit einem ledernen Gehänge, welches ein Mensch vor die Brust machet, oder, welches er seinem Hunde nach Art eines Geschirres anhängt. Man geht mit einem Stocke, der unten mit einem Kühhorne versehen worden. Das Obere dieses Stockes ist breit, und wie eine Schaufel gemacht, damit er den Schnee wegwerfe, wenn er fallen sollte. Mit dieser Schaufel werfen sie den Schnee in ihre Kessel, an statt des Wassers, damit sie sich Essen davon kochen. Denn in denen Gebirgen, wo man jaget, findt man den ganzen Winter hindurch, weder Bäche, Springbrunnen, noch fließende Flüsse.

Bey einem jeden Ruheplatze, wo man sich der Jagd wegen aufhalten muß, bauet man sich Hütten, welche man mit Schnee umgiebt, und verpalisadirct. Auf dem Wege hauen die Jäger Kerben in die Bäume, damit sie bey ihrer Rückkehr wissen, wo sie sind.

Es scheint, daß diese Jagd in Karawanen gehalten wird, welche zwar in Banden abgetheilet sind, aber doch ordentliche Märsche und Halte haben. Nachdem sie an einem Orte Halte gemacht haben, wo sie still liegen, so vertheilen sich des Morgens die Jäger, und stellen ihre Fallen rings um die kleinen Thäler herum auf. Es können wohl in einem jeden Bezirke achtzig Fallen seyn; ein jeder Jäger stellet deren zwanzig täglich auf. Dieß geschieht so. „Man wählet einen kleinen Raum bey „den Bäumen. Man umgiebt ihn mit spitzigen „Pfählen von einer gewissen Höhe; man bedecket „ihn mit kleinen Brettern, damit der Schnee nicht „hinein falle. Man läßt daselbst einen sehr schmalen Eingang, über welchem ein Balken liegt, der „nur von einem geringen Stücke Holze unterstützet „wird, und so bald der Zobel das Stück Fleisch oder „Fisch daselbst nehmen will, welches man hingelegt „hat, um ihn an zu locken, so fällt der Schlag zu, „und tödtet ihn.„

Zuweilen stellet man zwo Fallen an einem und eben demselben Baume auf, aber nicht an einerley Seite.

Nachdem man zehn Halten gemacht hat, so schicket das Oberhaupt eines jeden Haufens die Hälfte seiner Leute weg, den Mundvorrath zu suchen, welchen man auf dem ersten Sammelplatze oder in dem allgemeinen Lager zurück gelassen hat. Weil sie mit leeren Schlitten ausfahren, so fahren sie in einem Tage fünf oder sechs Halten vorbey. Sie kommen ein jeder mit sechs Pud Mehl, einem Viertheil Pud Lockspeisen wieder zurück, welche in Fleisch und Fisch bestehen. Bey ihrer Rückkehr besuchen sie die Schlingen eines jeden Haltes, damit sie dieselben reinigen, wenn sie vom Schnee bedecket sind, oder die Zobel zusammen bringen, welche sie darinnen gefangen finden.

Man zieht den Zobeln die Haut ab, und dem Oberhaupte der Bande wird dieses Amt allein aufgetragen. Wenn sie gefroren sind, so leget er sie in sein Bette, damit er sie unter seiner Decke auf-

bauen

Abt Chappe. 1761. chen Verstandes, das heißt, den Zustand der Künste und der Wissenschaften. Nachdem er die Bemühungen und die Arbeiten Peters des Großen, sein Volk von der Unwissenheit zu befreyen, flüchtig entworfen hat, so saget er, dieser Herr schien ein neues Volk erschaffen zu haben: in der Einrichtung der Regierung aber hat er keine Aenderung vorgenommen. Seine Gesetze selbst haben die Bande der Sclaverey fester zusammen gezogen. Der Adel, welcher zum Kriege dienet, der junge Mensch, der in der Schule erzogen wird, und die Künstler, sind daselbst der Züchtigung der Sclaven unterworfen, und sie kommen dadurch wiederum in den vorigen Zustand.

Die Nachfolger Peters des Ersten haben seinen Entwurf befolget, weise Männer an sich gezogen, Stiftungen gemacht, geschickte Meister angeschafft, Personen, die viele natürliche Gaben hatten, erwecket, und sich günstig gegen sie bewiesen. „Wird man „indessen wohl, füget er hinzu, nach mehr als sechzig Jahren einen einzigen Russen nen„nen können, welcher in der Geschichte der Künste oder der Wissenschaften an zu führen „sey?„ Der Verfasser suchet die Ursachen dieses Sonderbaren in dem Fehler der natürlichen Fähigkeiten des Volkes oder in der Regierung und in der Himmelsgegend. Von der Himmelsgegend hängt der Gliederbau und die natürliche Fähigkeit der Völker ab. Herr Abt Chappe untersuchet daher die Himmelsgegend der Russen.

Rußland ist nur, so zu sagen, von St. Petersburg bis nach Tobolsk eine große Ebene; indessen ist es doch mit einigen etwas hohen Bergen besetzet. Diese Ebene, welche sieben hundert Meilen lang und fünf hundert Meilen breit ist, besteht aus zwoen Hauptflächen von ungleicher Höhe. Die niedrigste bey dem Meere ist über dieses Element nicht mehr als ungefähr drey Klaftern erhaben. Die höchste, welche auch die längste und breiteste ist, hat nur hundert und funfzig Klaftern über der Fläche des Meeres. Die kleinen Berge oder Hügel, womit diese Ebene besetzet ist, sind nur siebenzig Klaftern höher, und etwan zwanzig Meilen im Diameter, welche einen sanften und fast unmerklichen Abhang machen. Diese Gleichheit der Höhen bringet in der Atmosphäre sehr wenig Veränderung, und deswegen in dem natürlichen Geschicke eine große Einförmigkeit

dauren lasse. Endlich zieht er ihnen in Gegenwart der andern Jäger die Haut ab.

Man bringet alle Zobel dem Oberjägermeister. Wenn man die Tungusen, oder andere wilde Völker befürchtet, welche zuweilen kommen, diese Beute mit Gewalt weg zu nehmen, so leget man die Felle in grüne Stämme, welche man ausdrücklich spaltet und aushöhlet. Man verstopfet den äußern Rand mit Schnee, in welchen man zuweilen Wasser gießt, damit er desto eher friere. Man verbirgt diese Stämme in den Schnee, um die Hütte herum, bey welcher man Halte gemacht hat. Und wenn sich die Gesellschaft von da zurück begiebt, so nimmt man die Häute wieder zurück.

So bald die Hälfte des Haufens mit Mundvorrathe zurück gekommen ist, so schicket man die andere Hälfte wieder aus, welche es eben so machet, wie die erste. Wenn die Zobel sich nicht selbst in der Falle fangen, so nimmt man die Zuflucht zu den Netzen. Wenn der Jäger auf die Spur eines dieser Thiere gekommen ist, so folget er ihr bis an die Höhle, worein der Zobel gegangen ist. Er zündet daselbst bey der Oeffnung aller Löcher faules Holz an, damit der Rauch das Thier zwinge, heraus zu kommen. Er spannet sein Netz an der Seite aus, wo die Spur sich endiget, und so lauret er ihm zwey bis drey Tage hinter einander mit seinen Hunden auf. Wenn der Zobel heraus geht, so fängt er sich gemeiniglich in dem Netze, welches dreyzehn Klaftern lang, und über vier oder fünf Fuß breit ist. Indem der Zobel sich bemühet, aus diesem Netze heraus zu kommen, so bewegt sich eine Schnur, an welcher zwey Glöckchen hangen, welche den Jäger davon benachrichtigen. Dieser läßt seinen Hund los, welcher läuft, die Beute zu erwürgen.

Man machet in denen Höhlen keinen Rauch, welche nur einen Ausgang haben, weil der Zobel, welcher den Rauch fürchtet, viel eher in seiner Höhle sterben, als heraus gehen würde. Wenn man einen

tels hervor. Der Verfasser ziehe diese Schlußfolge aus einer Theorie in den physiologischen Werken des Herrn Lecat. Dieser weise Naturforscher setzet nach allen Anatomikern eine allgemeine Flüssigkeit voraus, welche er als die unmittelbare Ursache der Bewegung der Säfte ansieht, die in dem thierischen Baue die Triebfedern und die Bewegung der Gefäße in dem Leibe, der Nerven, und aller festen Theile der Maschine hervor bringen. Dieser allgemeine Geist, welchen man eine vitriolische, oder phlogistische Säure, oder eine electrische Materie nennen könnte, wird mit der Luft eingezogen, und befindet sich in aller unserer Nahrung mit diesem Elemente vereiniget. Er wird in dem Nahrungssafte, in dem Magen, hernach im Blute, endlich in dem Gehirne verändert, worein er durch sehr feine Seigetücher geht. Das Blut, welches von seiner Vermischung gereiniget wird, bildet das thierische Flüßige, oder den Nervensaft. „Dieses Flüßige, welches „die Folge von aller Nahrung ist, die in den Nahrungssaft, in Blut verwandelt wird, „wird durch den allgemeinen Geist verändert und mit ihm vereiniget... Er ist das „Hauptwerkzeug der Sinne und der Seelenkräfte... Dieser Nervensaft machet in dem „Gehirne eine Art von See, dessen vornehmster Fluß das Rückgradsmark ist;„ und die Nerven machen so viel Canäle, welche alle Theile des Thieres benetzen oder lebendig machen. Die Nerven gehen auf der einen Seite in das Gehirn aus, und auf der andern in die Haut, wo sie aufbrechen, und eine Aufschwellung verursachen. Der Nervensaft, welcher in dem Wesen des Gehirnes ist durchgeseiget worden, läuft durch die Fäsern dieses Eingeweides in die Nerven. Der dickste Theil dieses Saftes wird die Ursache der Bewegung und der reinste Theil das Werkzeug der Sinne. „Dieser Nervensaft, der so fein „ist, als das Licht, trägt in einem Augenblicke alle Eindrücke in das Gehirn über, wo„von er gerühret wird. Diese Einrichtung der Nerven und des Nervensaftes errichtet „das System der Sinne, unserer Begriffe, der Fähigkeit des Geistes und aller Vermö„gen der denkenden Seele.„ Wenn der allgemeine Geist aber auf unsere Werkzeuge nur mit Hülfe der Luft wirket; wenn eine Himmelsgegend da wäre, worinnen die Materie der Atmosphäre und ihrer Wirkungen sowohl auf unsere Speisen, als auf unsere Abt Chappe. 1761.

einen Zobel auf einem Baume gewahr wird, so tödtet man ihn mit Pfeilen, deren Spitzen rund sind, damit man nicht die Haut des Thieres durchbohre. Wenn die Spur sich an einem Baume endiget, wo man nicht den Zobel gewahr werden kann, so wirft man den Baum nieder, und spannet das Netz gegen den Ort aus, wo man meynet, daß er hin fallen werde. Die Jäger entfernen sich von dem Baume auf der Seite, an welcher man arbeitet, ihn nieder zu werfen. „Und wenn sie nicht „mehr die äußersten Spitzen an demselben erbli„cken, nachdem sie den Kopf hinterwärts gekrüm„met haben, alsdann so spannen sie ihr Netz noch „zwo Klaftern weiter von diesem Orte aus. Was „sie anbetrifft, so stehen sie an dem Fuße des Bau„mes, und wenn er fällt, so ergreift der Zobel, der „durch den Anblick des Jägers in Furcht gesetzet „wird, die Flucht, und fällt ins Netz.„ Wenn der Zobel nicht davon flieht, so durchsuchet man alle Höhlen des Baumes, um ihn daselbst zu finden.

Am Ende der Jahreszeit der Jagd kömmt man wieder zu dem Hauptsammelplatze, wo man wartet, bis alle Banden versammlet sind. Man bleibt daselbst, bis die Flüsse wiederum schiffbar sind, alsdenn schiffet man auf eben denselben Booten wieder fort, auf welchen man gekommen ist. Man giebt diejenigen Zobel in die Kirche, welche man Gotte versprochen hat; man bezahlet die, welche man der kaiserlichen Kammer schuldig ist. Den Rest verkaufet man, und das Geld wird unter alle Jäger gleich getheilet.

Die Zobeljagd bey andern sibirischen Völkern ist wenig von der unterschieden, welche die Russen anstellen. Allein, bey weniger Zubereitungen bringen sie desto mehr Aberglauben. Beyde haben dazu viel Vertrauen, nicht nur, weil sie Unwissende und Barbarn, sondern auch, weil sie Jäger sind. Ueberhaupt, alle Menschen, welche ihr Schicksal versuchen, und welche es zu hoffen oder zu fürchten haben; die Schiffer, Fischer, Jäger, Spieler, selbst die Ueberwinder sind sehr abergläubig.

Abt Chappe. 1761. Leiber beständig einerley, oder beynahe in einem fast ähnlichen Verhältnisse wären: so würden die Menschen fast auf einerley Art gerühret werden. Da nun Rußland nur eine unermeßliche Ebene oder Fläche ist, so muß in seiner ganzen Ausdehnung beynahe das Land einerley Sachen hervor bringen. In der That sind auch von St. Petersburg bis nach Tobolsk einerley Pflanzen, einerley Thiere in den Gehölzen, einerley Fische in den Flüssen; vornehmlich aber sind die Menschen, in Ansehung der Statur, des Geistes und der Sitten einander gleich. Diese Einförmigkeit erstrecket sich bis auf die Häuser. In den unermeßlichen Ebenen von Rußland sind die Flüsse wenig abhängig, und die Regenwasser haben wenigen Abfluß. Das Land ist wässericht und die Atmosphäre feucht. Der Winter, eine Jahreszeit, in welcher der Himmel rein ist, hält alle Einwohner durch eine übermäßige Kälte in ihren Stuben ohne einige Leibesübungen eingeschlossen. Die Bäder, welche sie gebrauchen, den Umlauf des Blutes wieder her zu stellen, machen durch die Geisselungen, womit sie verknüpft sind, die Haut unempfindlich. Indem die Aufschwellungen der Nerven keiner Eindrücke mehr fähig sind, so können sie dieselben auch nicht in die innern Werkzeuge bringen. Der Mangel der Fähigkeit bey den Russen scheint demnach eine Wirkung des Bodens und der Himmelsgegend zu seyn.

Ihre Fähigkeiten. Die Russen haben wenig Einbildungskraft, aber eine besondere Gabe, nach zu ahmen. Man machet in Rußland einen Schlösser, einen Mäurer, einen Tischer eben so, wie man in andern Ländern einen Soldaten machet. Es giebt bey allen Regimentern diese Handwerker, und man entscheidet nach der Leibesgestalt diejenigen, welche zu Handwerkern geschickt sind. Diese Gabe zur Nachahmung beweist, daß dieß Volk fähig ist, das zur Vollkommenheit zu bringen, was die Künste dem menschlichen Geschlechte geben können. Die Regierung aber setzet sich dawider. Die unumschränkte Herrschaft zernichtet in Rußland den Geist, die Fähigkeit und alle edle Empfindungen. . . „Der „vergiftete Hauch des eigenmächtigen Herrn erstrecket sich über alle Künste, alle Manu„facturen, und durchdringt alle Werkstätte. Man sieht die Künstler daselbst an ihre „Werkstätte gefesselt; und mit dergleichen Arbeitern bilden sich die Russen ein, daß sie „die Stoffe von Lion nachmachen könnten.„ Indessen hat doch die Regierung verordnet, daß diejenigen, welche sich in den Schulen hervor thun würden, nicht mehr Sclaven ihrer Herren, sondern Kinder des Staates, seyn sollten. Was ist daraus erfolget? Die Herren schicken nicht mehr ihre Sclaven in die Schule, oder sie finden Mittel, dieses Gesetz geschickt zu verdrehen. Die fremden Künstler halten ihre Lehrlinge in ihrem Stande der natürlichen Unfähigkeit, damit sie sich nothwendiger machen; weil der Nationalstolz schleunig den Lehrling dem Herrn gleich machet.

Herr Abt Chappe schließt aus allen diesen Dingen und Beobachtungen, daß die Russen, ob sie gleich keine Fähigkeit und Einbildungskraft haben, dennoch sich würden gesitteter und mit der Freyheit vollkommener machen können. Er zweifelt aber, ob dieses Volk in den Wissenschaften jemals großen Fortgang machen werde, ungeachtet der Mühe der wirklichen Regierung, es aus der Barbarey zu reissen. Ist indessen der Krieg ein Mittel, ein Volk gesittet zu machen? Man kann zwar daraus Empfindungen der Ehre und der Erhebung schöpfen: es ist aber den Russen leichter, ihre Barbarey durch ihre Eroberungen mehr aus zu breiten, als sich selbst zu erleuchten. Die Tatarn, Ueberwinder von China, haben daselbst die Sitten, Gesetze und Einsichten der Ueberwundenen angenommen. Die Römer führeten ihre sanften und vernünftigen Gesetze bey den barba-

barbarischen Völkern ein, welche sie sich unterwarfen. Der Einfall der nordischen Völker aber stürzete das römische Reich in die Finsterniß ihrer Unwissenheit, und die Russen sind allzu sehr Feinde der Freyheit ihrer Nachbarn, als daß sie nicht viel eher den alten Hunnen, als den heutigen Tataren, nachahmen sollten. Wenn man von dem Charakter eines Volkes und von dem Zustande seiner Policey nach seinen Strafgesetzen urtheilen darf, so kann man die rußischen Sitten nicht besser kennen lernen, als aus den Leibesstrafen, womit ihre Gesetzgebung, nicht so wohl zu der Beschützung der Gesellschaft, als zu der Unstrafbarkeit der Regierung bewaffnet ist. Ein Artikel des Herrn Abt Chappe über diesen wichtigen Gegenstand verdienet hier ganz angeführet zu werden. Man wird nur die Schreibart verändern, welche sich in einigen Stellen von dem Tone entfernet, der seiner Materie anständig ist. Abt Chappe. 1761.

Kaum hatte Peter der Erste sein Gesetzbuch im Jahre 1722 vollendet, so verboth er allen Richtern bey Lebensstrafe, von demselben ab zu weichen. Ein Blutgesetz, welches demjenigen drohet, welchem seine Vollziehung aufgetragen ist, erschrecket durch den bloßen Anblick. Wenn man aber das Schwert der Gerechtigkeit führet, so weis man wohl die Spitze desselben zu vermeiden. Diese Verordnung ist dem ungeachtet noch jezo in allen Gerichten des Reichs angeschlagen. Die Todesstrafe trifft auch die Richter, welche Sporteln nehmen, und diejenigen Leute in Bedienungen, welche Geschenke annehmen. Dieses, vielleicht gerechte, Gesetz, das wenigstens nach seinem Bewegungsgrunde lobenswürdig ist, muß vergebens werden, weil man ihm leicht entgehen kann. Da das Bestechen und Verkaufen keine, als nur Mitschuldige, zu Zeugen hat, so sind sie sicher genug, daß sie geheim bleiben. „Als indessen Möns de la Croix, ein Kammerherr der „Kaiserinn Catharina, und seine Schwester, eine Ehrendame derselben, waren über„führet worden, daß sie Geschenke genommen hätten, so wurde Möns verurtheilet, den Kopf „zu verlieren, und seine Schwester, eine Favorite der Kaiserinn, eilf Streiche mit der Knute „zu bekommen. Die beyden Söhne dieser Dame, der eine ein Kammerherr, und der „andere ein Page, wurden ihres Dienstes entlassen, und als schlechte Soldaten zu der „persischen Armee geschickt.„ Ohne zu untersuchen, ob diese schrecklichen Bestrafungen nicht irgend noch ein geheimes Verbrechen zum Gegenstande gehabt haben, das viel größer ist, als die bloße Bestechung, wofern diese nicht eine Verschwörung verbarg, welche der Treue eines Dieners und Unterthans zuwider ist, so bezeugen dergleichen Leibesstrafen eine unumschränkte Gewalt, ohne Gränzen und ohne Regeln. Vielleicht fangen alle Staaten mit der unumschränkten Gewalt an, und hören auch mit derselben auf. Die schönen Jahrhunderte von Rom verflossen zwischen den Tarquinen und Neronen. Die Barbarey und die Weichlichkeit vereinigen sich. Die regierenden Herren sind in den Zeiten der Unwissenheit unumschränkt, weil sie sich allein erleuchtet finden: sie werden in den Jahrhunderten der Verschwendung eigenmächtige Herren oder Despoten, weil sie die Großen durch die Laster des Reichthums, und das Volk durch das Elend bezwingen. Allein, es sey der Ursprung der despotischen Herrschaft in Rußland, welcher es wolle, oder was für Härte dieselbe auch gegen den Adel ausgeübet haben mag: so ist doch die Strenge des Gesetzes Peters des Großen gegen die Uebertreter des Gesetzes mit ihm gestorben. Alle Provinzen des Reiches haben Kanzeleyen. Dieß sind Gerichtsstühle, welche unter dem Senate der Hauptstadt stehen. „Ich habe gesehen, saget Herr Abt „Chappe, daß in allen weit entlegenen Kanzeleyen die Gerechtigkeit beynahe öffentlich Gewöhnliche Leibesstrafen in Rußland.

 „verkau-

Abt Chappe. 1761. „verkaufet, und der arme Unschuldige fast allezeit dem strafbaren Mächtigen aufgeopfert „wurde.„

Die Leibesstrafen sind, seitdem die Kaiserinn Elisabeth zur Krone gelanget ist, auf die Batocken und Knute gebracht worden.

Die Batocken sind eine bloße Züchtigung der Policey, welche der Kriegesmann gegen den Soldaten, und der Adel gegen seine Bedienten gebrauchet. Der Verfasser beschreibt eine dieser Züchtigungen, wovon er selbst Zeuge gewesen ist. Die Farben aber, welche er zu diesem schrecklichen Gemälde brauchet, thun nicht die Wirkung, welche er davon erwartet. Zween russische Sclaven schleppen ein Mägdchen von vierzehn bis funfzehn Jahren mitten auf einen Hof. Sie kleiden es ganz nackend bis an den Gürtel aus, und legen es auf die Erde. Der eine nimmt ihren Kopf zwischen seine Knie, der andere hält sie, und strecket sie bey den Beinen aus. Alle beyde, mit großen Stecken bewaffnet, schlagen es so lange auf den Rücken, bis zween Henker, (dieß waren die Herren des Hauses) schryen, es ist genug. Dieses schöne und rührende Mägdchen stund mit Kothe und Blute bedecket, auf. Es war ein Kammermägdchen, welches an seiner Schuldigkeit ein wenig versehen hatte. Die Russen geben vor, sie wären verpflichtet, auch ihre Bediente so zu behandeln, damit sie sich ihrer Treue versicherten. Die Herren leben bey dieser Vorsicht in einem beständigen Mistrauen gegen alle Leute, welche sich ihnen nähern. Es sind kleine Tyrannen, welche zwischen dem Dolche ihrer Sclaven und dem Schwerte ihres Despoten nicht ruhig schlafen können.

Diese Betrachtung leitet zu der Beschreibung der Strafe mit der Knute, welche an einem der vornehmsten Frauenzimmer des russischen Hofes vollzogen wurde. Es ist die Frau Lapuschin, deren Schönheit dem Hofe der Elisabeth einen großen Glanz gab. Als sie angeklaget wurde, daß sie mit in einer Verschwörung begriffen wäre, welche ein fremder Gesandter anstiftete, so wurde sie verurtheilet, die Knute zu bekommen. Jung, liebenswürdig, angebethet, geht sie plötzlich aus dem Schooße der Annehmlichkeiten und der Gunst des Hofes in die Arme der Henker. Mitten unter einem Pöbel, welcher auf dem Richtplatze versammlet war, reißt man ihr den Schleyer ab, welcher ihre Brust bedeckete. Man kleidet sie bis auf den halben Leib aus. Einer dieser Henker ergreift sie bey den Armen, und hebt sie auf seinen Rücken, welchen er krumm biegt, um dieses Schlachtopfer den Hieben auszusetzen. Ein anderer bewaffnet sich mit einer Knute. Dieß ist eine Peitsche, welche aus einem langen und breiten ledernen Riemen gemacht ist. Dieser Barbar reißt ihr bey jedem Hiebe ein Stück Fleisch von dem Halse bis an den Gürtel. Ihre ganze Haut ist bald nichts weiter, als eine Zerfetzung blutiger und von ihrem Leibe herab hängende Lappen. In diesem Zustande reißt man ihr die Zunge aus, und die Strafbare wird nach Sibirien geschickt. Dieß ist nur die gewöhnliche Strafe mit der Knute, welche nicht verunehret, weil sie auf die Vornehmen bey dem geringsten Handel des Hofes fällt, wodurch der Despote seine Person beleidigt zu seyn glaubet.

Die große Knute, welche zur Leibesstrafe wirklicher Verbrecher, welche die Gesellschaften angreifen, aufbehalten wird, hat noch schrecklichere Zubereitungen. Man hebt den Missethäter, vermittelst einer Rolle, welche an einem Galgen fest gemacht ist, in die Luft. Seine beyden Hände sind an den Strick gebunden, woran er hängt. Seine beyden Füße werden auf gleiche Weise zusammen gebunden, und man stecket zwischen

die

die Schenkel des Uebelthäters einen Balken, welcher dienet, ihm alle Glieder zu verrenken. Das Herz schaudert, wenn man diese Gräuel liest, und die Hand bebet, wenn man sie niederschreibt; vornehmlich wenn man nicht die Strafe mit dem Rade gesehen hat, die noch hundertmal abscheulicher ist; wenn man sich nicht einmal getrauet, alle Marter zu lesen, die wider ein Verbrechen erdacht worden, welches man niemals voraus sehen sollte; wenn man keinen Uebelthäter auf ein Blutgerüst mit einem Knebel zwischen den Zähnen hat schleppen sehen. Gesittete, erleuchtete Völker überlasset alle diese Leibesstrafen den barbarischen Völkern. Gebet gute bürgerliche Gesetze, ihr werdet gewiß nicht so viel Criminalgesetze nöthig haben. Rufet die Sitten mit Vernunft und mit Billigkeit herbey. Habet weniger reiche Leute, oder weniger begüterte Reiche; ihr werdet die Anzahl Straßenräuber von allerley Art vermindern. Gebet einem Armen seinen Unterhalt, der Arbeit ihre Besoldung, der natürlichen Fähigkeit ihre Stelle, der Tugend Ansehen, der wahren Ehre ihren Einfluß, dem exemplarischen Verdienste seine Würde. Stellet die oft umgekehrete, verdorbene, durch die bürgerliche Ordnung umgestürzete gesellige Ordnung wieder her; und wenn der Mensch Vernunft fähig ist, so regieret ihn nicht einzig und allein durch die Furcht. Abt Chappe. 1761.

Muß man die Mäßigung der Strafgesetze an einem despotischen Hofe suchen? Die Kaiserinn Elisabeth hat die Strafe des Rades, die Gewohnheit, die Missethäter durch die Seiten zu spießen, an den Haken zu hängen, die Mörderinnen lebendig zu begraben, dem Volke eben so, wie dem Adel, den Kopf ab zu schlagen, aufgehoben. Sie verurtheilet wegen großer Verbrechen den einen zur Landesverweisung, den andern zu öffentlichen Arbeiten.

Die Landesverweisung in Rußland aber ist abscheulich. Herr Abt Chappe führet zum Beyspiele die Behandlung zweener vornehmer Verbrecher, des Herrn und der Frau von Lestok, an. Der Graf von Lestok wurde, saget er, nachdem er die Krone auf das Haupt der Elisabeth gesetzt hatte, eingeschlossen und verurtheilet, weil er von einer fremden Macht, welche dieser Prinzessinn zum Throne verholfen, eine Summe Geldes empfangen hätte, welche an zu nehmen, er Erlaubniß gehabt hatte. Als seine Richter, an deren Spitze der oberste Staatsminister und sein persönlicher Feind, Bestuchef, stund, ihn um die Größe dieser Summe frageten, so antwortete er ihnen: Ich erinnere mich deren nicht, ihr werdet sie von der Kaiserinn Elisabeth erfahren können, wenn ihr es verlanget. „Ungeachtet der listigen Streiche des Bestuchef wollte die Kaiserinn doch niemals zugeben, daß diese Gefangene „(der Graf von Lestok und dessen Gemahlinn) zu der Knute verurtheilet würden. „Alle ihre Güter wurden eingezogen; sie wurden nach Sibirien verwiesen, und an „verschiedenen Oertern eingesperret, ohne die Erlaubniß zu haben, einander zu „schreiben.

„Ein Zimmer machte die ganze Wohnung der Frau von Lestok aus. Sie hatte „zum Hausrathe einige Stühle, einen Tisch, einen Ofen, ein Bett ohne Vorhänge, das „aus einem Strohsacke und einer Decke bestund. Sie veränderte nur in dem ersten „Jahre zweymal ihre Betttücher. Vier Soldaten ließen sie nicht aus den Augen; „und schliefen in ihrem Zimmer .... Sie spielete mit ihnen in der Charte, in der „Hoffnung, ein Paar Groschen zu gewinnen, mit denen sie schalten und walten konnte.„ Eines Tages, als sie auf den Officier der Wache böse war, spuckete ihr dieser Unmensch

ins

Abt Chappe. 1761. ins Gesicht. Gleichwohl war diese Frau aus einer vornehmen Familie in Liefland; sie war Hoffräulein bey der Kaiserinn gewesen. Elisabeth gab täglich zwölf französische Livres zur Unterhaltung eines jeden dieser Gefangenen her. Der Officier über die Wache aber, welcher Schatzmeister dieses Geldes war, ließ es ihnen an allem fehlen.

Diese beyden Eheleute wurden indessen auf einerley Schloß zusammen gebracht, wo sie verschiedene Zimmer und einen kleinen Garten zu ihrer Einrichtung hatten. In diesem neuen Gefängnisse bauete die Frau von Lestok den Garten, trug Wasser, buck Brod, brauete Bier und bleichte. Zuweilen sahen diese Gefangene jemand. Als ein Officier, welcher eine Mannschaft nach Sibirien führete, dem Lestok vorgeschlagen hatte, zu spielen, so gewann ihm dieser vierhundert Franken ab. Diese Summe war der Sold der Soldaten. Die Frau von Lestok warf sich vor ihrem Manne auf die Knie, um ihn zu bewegen, daß er dieses Geld dem unglücklichen Officier wieder gäbe, welcher es verloren hatte. Lestok aber hub seine Frau auf, schickete die Summe in das nächste Dorf, damit es unter die Armen vertheilet würde.

Nach Bestuchefs Verbannung versuchete der Graf von Woronzof, die Zurückberufung des Grafen von Lestok zu erhalten, dessen Unschuld er kannte. Die Kaiserinn wollte ihm niemals diese Gnade zugestehen. Sie hatte aber die Achtsamkeit, diesem Gefangenen von Zeit zu Zeit Wein zu schicken, welchen er sehr liebete.

Nach vierzehnjähriger Verbannung wurden endlich Lestok und seine Frau von Peter III zurück berufen. Der Graf von Lestok, der über siebenzig Jahr alt war, kam wieder zu Petersburg in der Kleidung eines Musie, das heißt, eines Bauern, an, welche gemeiniglich aus Schaffellen gemachet ist. Er wurde daselbst freundschaftlich aufgenommen, und von allen Hofcavalieren und Fremden besuchet. Weil er von seiner Verbannung frey redete, ohne doch dadurch die Elisabeth an zu klagen, so benachrichtigten ihm seine Freunde, daß er dem Hofe misfiele, und sich einer neuen Ungnade aussetzete. Er befürchtete entweder die Wirkungen dieser Drohungen, oder es war auch noch eine Folge des Geistes der Freyheit, den er nicht im Gefängnisse verloren hatte; und sagete daher eines Tages zum Kaiser, als ihn Peter III zur Tafel gezogen hatte: „Meine Feinde werden nicht ermangeln, mich an zu schwärzen, ich hoffe aber „von Eurer Majestät, daß Sie einen Greis, welcher nur noch einige Tage zu leben hat, „werden albern reden und ruhig sterben lassen.“

Herr Abt Chappe, welcher diese besonderen Merkwürdigkeiten von dem Grafen von Lestok selbst hat, endiget die Geschichte der russischen Lebensstrafen mit einigen Anekdoten von einem noch Vornehmern, der in Ungnade gefallen war. Dieß ist der berufene Graf von Münnich, welcher im achtzigsten Jahre seines Alters aus der Verbannung zurück berufen wurde. Dieser mit allem Rechte große Mann war in den Arbeiten des Krieges, in Nachtwachen des Cabinets, und in den Banden einer langen Gefangenschaft, grau geworden: er war aber beym Herausgehen aus seiner Gefangenschaft vielleicht ehrwürdiger, als an der Spitze der Armeen. Er kömmt an den Hof zurück, damit er daselbst durch die Abwechselung des Glückes allen Günstlingen zum Beyspiele und zur Unterweisung diene; und damit er der Zeuge einer noch erstaunlichern Staatsveränderung, als alle diejenigen, wäre, deren Werkzeug und Schlachtopfer er gewesen war. Er starb, wie er gelebet hatte, mitten unter den Stürmen,

welche

welche lange Zeit über seinem Kopfe geschwebet hatten, und darnach endlich vor seinen Füßen austobeten: so sieht ein alter Eichbaum eben denselben Blitz, welcher ihn seiner Aeste beraubete, einen Pallast treffen, dessen Thürschwelle er beschattete. So giebt vornehmlich in Rußland das Glück rührende Schauspiele, als wenn es daselbst den Thron und das Volk vorher prüfen wollte, ehe es das Kaiserthum auf einen festen Grund setzete. Allein, damit wir dasjenige desto besser erkennen, was es werden könne, so wollen wir zu den wahren Gründen einer jeden Regierung übergehen, welche die Bevölkerung, der Handel, das Seewesen, die Finanzen und das Kriegeswesen sind. Abt Chappe. 1761.

In dem nördlichen Rußlande widersetzet sich die Himmelsgegend der Bevölkerung, durch die Unfruchtbarkeit des Landes, welche die unübersteiglichste von allen Hindernissen ist. In dem mittäglichen entvölkert ein Zusammenfluß natürlicher und moralischer Ursachen das Land. Die Eroberungen des Hengiskan und seiner Nachfolger haben es verwüstet. Die beständigen Wanderungen der Tatarn, welche daselbst entstehen, machen eine Wüste daraus. Die Blattern reissen beynahe die Hälfte der Kinder in Sibirien dahin. Sie sind durch Europa daselbst hingedrungen. Die herumschweifenden Tatarn, welche nach dem mittäglichen Sibirien laufen, ziehen sich diese Krankheit nicht sehr zu. Sie haben einen solchen Abscheu davor, daß, wenn einer von ihnen davon angegriffen wird, ihn alle andere allein in einem Zelte mit Lebensmitteln liegen lassen, und sich sehr weit davon lagern. Diejenigen von diesem Volke, welche in Sibirien hineingehen, werden alsobald von dieser ansteckenden Seuche angestecket, und selten überlebet einer dieselbe, besonders nach dem fünf und dreyzigsten Jahre. Wenn aber diese Krankheit in einem kalten Lande so große Verheerungen anrichtet, worinnen der Ausbruch dieses Giftes sehr schwer ist: so thut die Furcht davor in unsern gemäßigten Himmelsgegenden nicht weniger, wo die Einbildungskraft leicht verwirret und das Blut im Voraus verändert wird. Nichts ist so kindisch, so lächerlich, und zu gleicher Zeit so gefährlich, als die kleinmüthige Furcht, welche täglich zu Paris vor einer Krankheit zunimmt, die vieleicht weniger allgemein, aber indessen tödtlicher ist, als jemals. Die Verwahrungsmittel scheinen sogar diese Furcht zu verdoppeln. Je mehr man das Leben liebet, desto mehr muß man die natürlichen Zufälle verachten, welche ihm drohen; denn wenn man diesen Gefahren entgehen will, so fällt man sogar öfterer darein. Der Tod ist weniger zu fürchten, als die Unruhen des Lebens. Weis man wohl, wie vielen Uebeln man sich aussetzet, wenn man eine einzige Gefahr vermeiden will? Diese an sich selbst ausschweifende Liebe zerreißt alle natürliche Bande; sie beraubet der Hülfe und der angenehmsten Sorgfalt; sie läßt der ansteckenden Seuche, welche man zu fliehen glaubet, entgegen rennen; sie ernähret den gefährlichsten Feind der Seele, und vieleicht des Lebens, die Empfindung der Furcht. Das Beyspiel der Aerzte, welches besser ist, als ihre Lehren, sollte uns einzig und allein gegen eine Krankheit stärken, welcher sie nicht mit so vielem kalten Geblüte, und mit so vieler Unstrafbarkeit trotzen würden, wenn sie so ansteckend wäre. Die kläglichste von den herumgehenden Krankheiten ist stets die Furcht gewesen, welche gar nicht ihre ansteckende Krankheit zurück hält, sondern so gar dieselbe vermehret.

Eine Krankheit, deren Furcht heilsamer ist, als die vor den Blattern, ist die venerische. Sie ist in ganz Rußland und in der nördlichen Tatarey mehr ausgebreitet, als irgendwo.

Abt Chappe. 1761. wo. Sie hat sich der morgenländischen Gegenden Sibiriens bemächtiget. In gewissen Städten sind wenige Häuser, wo nicht einer davon angegriffen worden. Ganze Familien sind davon angestecket. Die meisten Kinder werden mit dieser Krankheit geboren. Auch findet man wenige Greise in Sibirien. Man versteht daselbst die Kunst nicht, diese Krankheit zu heilen, welche in Europa so gemein geworden, daß sie daselbst nicht schändlicher ist, als die Laster, welche sie hervorbringen. In unsern Himmelsgegenden ist es die Schwelgerey, welche uns mit dieser Frucht der Ausschweifung bekannt gemachet hat. In Norden ist es so gar das Elend, welches sie dahin gebracht hat. Bey dem russischen Volke liegen Männer, Weiber und Kinder ohne einige Art von Schame unter einander. Die beyden Geschlechter ergeben sich frühzeitig der Ausschweifung, aus Mangel der Arbeit und der Beschäfftigungen, welche, indem sie ihre Kräfte täglich erschöpfen, zu gleicher Zeit ihre Sinne von Gegenständen, ihre Einbildungskraft von Begierden, und ihre Neigung von Gelegenheiten abwenden.

„Die Blattern, die venerischen Krankheiten und der Scharbock,“ saget Herr Abt Chappe, „wüthen in Rußland so sehr, daß sie daselbst das menschliche Geschlecht zernichten werden, wenn die Regierung keine baldige Hülfe verschaffet .... Die „Benutzung der Bergwerke ist noch eine von den vornehmsten Ursachen der Entvölkerung .... Mehr als hunderttausend Menschen sind mit dieser Arbeit beschäfftiget,“ welche sich nur für sehr bevölkerte Staaten schicket.“

„Seit der Eroberung Sibiriens entvölkert sich Rußland durch die Anzahl Einwohner, welche es in die Wüsten dieser weitläuftigen Landschaft schicket. Sibirien „ist Rußlande gefährlicher, als Peru Spanien jemals gewesen ist.“

Aus allen diesen Ursachen der Entvölkerung schließt Herr Abt Chappe, daß Rußland nicht mehr, als sechzehn bis siebenzehn Millionen, Einwohner in sich fasse. Dieß ist für ein Land, das größer ist, als ganz Europa, wenig. Allein, es sind noch daselbst sehr viele Sclaven, Soldaten, kurz, Unglückliche, die von der Natur, oder von der Regierung sind verurtheilet worden, Hungers zu sterben, oder Kriege zu führen. Man darf nichts anders von den Russen erwarten.

Handel. Der Handel, welcher sich auf dem Lande nur für sehr bevölkerte Nationen, und auf dem Meere nur für die Insulaner oder arbeitsamen Völker schicket, sollte nicht den Ackerbau bey den Russen ersetzen. Sie haben alles nöthig: allein, was können sie zu vertauschen geben? Den Bewohnern der gemäßigten Himmelsgegend Pelzwaaren. Dieß sind Güter der Wilden, deren Gebrauch nur bey dem Anfange einer Gesellschaft nützlich ist. Indessen schloß Peter I Handlungstractaten mit China, Persien, und den meisten europäischen Staaten. Er fand ohne Zweifel den größten Vortheil dabey. Tobolsk wurde der Mittelpunkt der Handlung von China. Sie geschah aber durch moscowitische Karawanen, welche drey Jahre auf der Reise waren. Die Russen und Chineser bewiesen keine gute Treue und Glauben dabey. Sie wurde eine Quelle von Streitigkeiten und Bundesbrüchen; und mußte also matt werden und umkommen. Rußlands Handel mit Persien über das caspische Meer war nicht glücklicher. Die Engländer waren die Unterhändler desselben, damit sie Vortheil davon hätten. Weil ihre Absichten mit den Ansprüchen der Russen nicht bestehen konnten, und die innern Unruhen in Persien dazu kamen, so waren dieß zwo Ursachen, wodurch der Handel der zu Grunde gieng, welcher sonst von Petersburg nach dem caspischen Meere durch die Canäle Ladoga und Wisney-Wolotzoc eine Reise von zweyen Jahren erforderte. Abt Chappe. 1761.

Der Seehandel mit Europa ist Rußlande nützlicher, als denen Völkern, welche ihn treiben. Er kann indessen den Schweden, Dänen, den Häven von Lübeck und Hamburg nützlich werden, welche zwischen dem nördlichen und mittägigen Europa zu Handlungsfactoren dienen müssen. So gar die Holländer, welche nichts haben; als nur dasjenige, was sie bey andern gewinnen, können Gemeinschaft machen. Die Engländer und Franzosen aber werden niemals großen Vortheil daraus ziehen. Die Schifffahrt geht allzu langsam, oder ist gar zu gefährlich, als daß sie lange zwischen ihnen und den Russen unmittelbar seyn könne. Es landen alle Jahre zu Petersburg ungefähr zweyhundert und funfzig fremde Schiffe an, wovon die größte Anzahl den Holländern gehöret. Die Hälfte der Kaufmannswaaren, welche man daselbst bekömmt, besteht in Segeln und Masten der Schiffe, in Schiffstheere, Häuten, und gemeinen Metallen. Alles übrige sind überflüßige Materien, oder solche, die man auch in andern Ländern finden kann. Dasjenige, was man daselbst hinbringet, wären es auch nur Weine, Zeuge, Käse und Gewürze, ist den Russen nützlicher, als alles dasjenige uns nicht ist, was wir von ihnen erhalten. Dieß ist ein neuer Beweis, daß die Verbindung und der Handel mit diesem Volke beschwerlicher, als nützlich, sind; ohne von der Gefahr zu reden, welche man läuft, mit einem Volke zu handeln, welches unsere Künste und unsere Pracht genugsam verderben können, um es zu Einfällen zu erregen, aber nicht genug, es zu entkräften. Bis jetzt haben die Europäer den Sold oder das Geld dieses Handels gewonnen; weil die Einwohner an sich selbst nicht fleißig, oder frey, noch in dem Staate sicher genug sind, entweder für baares Geld, oder durch den Handel, oder durch Wechselbriefe, Häuser an zu legen, und Unternehmungen zu machen. Ihre Oberherren haben sich außerdem alle Zweige und die ausschließenden Freyheiten, oder den Alleinhandel, vorbehalten, damit sie solche den Großen geben. Das Volk findet also keinen andern Vortheil dabey, als daß es neue Lebensmittel verzehre, die seinem Geschmacke schmeicheln, die es aber theuer durch die Vermehrung der Arbeiten und des Aufwandes bezahlet. Denn in den Händen der unumschränkten Herren ist die Arbeitsamkeit der Unterthanen ein neues Band der Sclaverey. Je mehr gemachte Bedürfnisse man dem Volke giebt, desto mehr versichert man sich seiner Ohnmacht.

„Die vornehmsten russischen Handelsleute sind nur Commissionarien der Fremden.“ Diese aber treiben einen Handel, welcher dafür, daß er einigen Familien Gewinn bringt, über kurz oder lang, wenn er nicht ihrer Nation schädlich ist, doch ganz Europa nachtheilig seyn wird.

Alles kömmt zur Unterstützung dieser Muthmaßung. So gar die Finanzen in Rußland selbst sind ein Werkzeug des Krieges, weil sie allen Reichthum dem Oberherrn, und alles Elend dem Volke lassen, und auf die eine Seite die Versuchung, und auf die andere die Nothwendigkeit an zu fallen setzen. Die Einnahmen der Krone belaufen sich fast für den Oberherrn auf eine Summe von drey und zwanzig Millionen zweyhundert und vierzigtausend Franken, von dem Kopfgelde von sechs Millionen sechshundert und vierzigtausend Menschen, welche drey Livres und zehn Sols für den Kopf bezahlen. Dieses Kopfgeld wird mit vierzig Sols vermehret, durch einen Haufen

Abt Chappe. 1761. von dreyhundert und sechzigtausend Bauren, welche zu den Krongütern gehören, und diesen Ueberschuß der Zinse bezahlen. Die Zölle geben funfzehn Millionen siebenhundert und funfzigtausend Livres; die Salzwerke sieben Millionen; der Tabakshandel dreyhundert und achtzigtausend Livres; das Stempelpapier und das Siegeln eine Million; die Einnahme von der Münze eine Million zweyhundert und funfzigtausend Livres; die von dem Postwesen eine Million sechshundert und funfzigtausend Livres; die eroberten Lande von Persien bringen anderthalb Millionen ein; und die von Schweden eine halbe Million; das Bier und der Branntewein werfen der Krone zehn Millionen ab, welche von den Privatpersonen die Tonne Branntewein um dreyzig Rubel kaufet, und ihnen wiederum um neunzig Rubel verkaufet. Kurz, diese umständliche Rechnung mag seyn, wie sie wolle, so kömmt man doch darinnen überhaupt überein, daß sich die ganze Einnahme der Krone Rußland auf sieben und sechzig Millionen französischen Geldes belaufe.

Seemacht. Mit diesem Gelde unterhält der Staat eine Seemacht, welche sich im Jahre 1756 auf zwey und zwanzig Schiffe von der Linie, sechs Fregatten und neun und neunzig Galeeren belief. Eines von diesen Schiffen führete hundert und zehn Canonen; zwey neun und neunzig; zwey achtzig, und die andern sechs und sechzig. Eine jede Fregatte führete zwey und dreyzig Canonen. Diese Macht konnte zwanzigtausend Menschen, Soldaten oder Matrosen, und beynahe zehntausend Handwerker oder Bedienten beschäfftigen. Die Menschen fürchten aber das Meer, aus Mangel der Theorie und der Praxis in der Schifffahrt. Die Schiffe sind nicht geschickt genug, sich auf dem Meere zu halten, entweder weil sie von Fichten gebauet sind, oder weil sie das Eis schleunigst abnutzet. Es giebt Schiffe, welche ausgebessert worden sind, ohne jemals Segel getragen zu haben. Es giebt Seeofficier, welche als alte Leute gestorben sind, ohne doch jemals ein Schiff bestiegen zu haben.

Truppen. Die wahre russische Macht besteht demnach in Truppen zu Lande. Sie machen nicht weniger, als dreyhundert tausend Menschen, so gar in Friedenszeiten, aus; ohne von einem Corps von hundert tausend Mann irregulärer Truppen zu reden, welches aus Cosaken, Kalmüken, und aus andern wilden Völkern besteht, welche ohne einigen Sold vom Rauben leben, und dienen, die Gränzen des Reiches zu bewahren und zu erweitern, die Tatarn zurück zu treiben, Tribut von wilden Völkern, wie sie sind, zu heben. Diese nennet man Truppen der Regierung. Dem ungeachtet kosten sie doch am wenigsten. Alle Truppen, so wohl der Regierung, als der Nation, kosten mit Inbegriffe des Aufwandes der Seemacht zwey und dreyzig Millionen. Indessen hat doch nur ein jeder Soldat achtzehn Deniers Sold; der Ueberschuß wird in Lebensmitteln durch die Provinzen geliefert, worinnen die Truppen marschiren, oder sich aufhalten.

Aus diesem dem Oberherrn so vortheilhaften Umstande aber schließt Herr Abt Chappe mit einem ziemlich wahrscheinlichen Vernunftschlusse, daß die Krone nicht reich genug sey, zahlreiche Armeen außer ihren Staaten zu unterhalten, und zu besolden. Da auch der Verfasser von einer russischen Armee alles dasjenige abzieht, was daran fehlen soll, oder alle diejenigen Leute, welche nicht mit fechten, ob sie gleich in dem Kriegesstaate mit begriffen sind, so setzet er sie auf sechzig oder achtzigtausend regulärer fechtender Truppen. Diese Truppen sind in der That stark, und laufen niemals

mals aus dem Felde. Sie werden aber übel gewartet, sowohl bey ihrer Gesundheit, als in den Hospitälern. Ein Staat, worinnen die Menschen nichts kosten, und nur dasjenige gelten, was sie kosten, muß keine große Aufmerksamkeit auf seine Unterthanen und seine Soldaten haben. Ein Staat, worinnen ein jeder Unterthan zum Soldaten geboren ist, sparet keine Truppen, welche er durch einen Befehl des Despoten ersetzet. Die Krankheiten richten in den russischen Armeen viele Verheerungen an. Die Truppen, und vornehmlich die Recruten, kommen von so weit entfernten Oertern, durch sehr unfruchtbare und unbebauete Länder her. Man giebt vor, es sey eine Armee in einem Feldzuge geschmolzen, wiewohl ohne Unternehmer, für Lebensmittel und Hospitäler zu sorgen; wiewohl ohne Aerzte und Feldscheerer; wiewohl ohne große Menge von Gepäcke und Pferden für die Schwelgerey der Officier. Die Russen haben aber eine fast eben so verderbliche Unordnung, als unsere gute Ordnung, ohne daß sie so viel Aufwand erfordert. Ihre Kriegesheere kommen eben so durch den Mangel der Vorsicht um, als die Unserigen durch übermäßige Vorsicht. Man giebt den Soldaten Grütze, Mehl, einen Wagen für zwölf Mann. Sie müssen sich ihr Brod backen und nähren, wie sie können. Ihr Marsch gleicht der Wanderung eines Volkes. Ihr Gepäck ist zwischen der ersten und andern Linie, zuweilen unter einander. Die Soldaten legen ihr Gewehr auf die Wagen, welche sie selbst führen. Ihre Kriegesverrichtungen sind langsam. Weil sie die Kunst, sich zu lagern, nicht wissen, so rücken sie nicht weit vor, auch selbst in denen zum Siege offenen Ländern, noch entfernen sie sich, der Winterquartiere wegen, von denen sichern Oertern, die sie kennen, und lassen alsdann einen großen Raum zwischen sich und dem Feinde. Sie rücken spät in das Feld, und begeben sich bey Zeiten zurück. Sie greifen selten an, und vertheidigen sich nur hartnäckig, wenn der Weg zur Flucht ihnen versperret ist. Sie fechten bloß für das Leben und niemals für den Ruhm, da sie mehr durch den Branntewein erhitzet, als durch die Ehre angefrischet werden. Wenn sie sich aber nicht retten können, so muß man sie todtschlagen, damit man die Wahlstatt erhalte. Sie sind schwerer zu tödten, als zu überwinden, sagete der König in Preussen, der sie sehr wohl kannte. Ihre Reiterey ist die schlechteste in Europa: ihr Fußvolk aber hat sehr gute Mannszucht; und das machet die Stärke der Kriegesheere aus. Ihr Geschütz ist zahlreich und sehr wohl bedienet; ein großer Vortheil in der heutigen Taktik, wo die Menschen Krieg wider die Canonen und nicht wider die Menschen führen. Abt Chappe. 1761.

Ob also der Herr Abt Chappe gleich meynet, durch die kurze Zusammenfassung, die er von Rußlands Hülfsmitteln machet, viel von der Meynung ab zu ziehen, die man von der Stärke dieser Macht hat, so erhellet doch, daß sie in dem jetzigen Zustande von Europa sehr fürchterlich für ihre Nachbarn, und alsdann für ganz Deutschland ist [7]). Sie hat bey dem Kriege den Nutzen für sich, da sie reiche Länder gewinnen kann, und nur Wüsten zu verlieren hat. Sie hat viel Soldaten, welche die Liebe zur Plünderung über kurz oder lang kühn machen wird, zu überwinden. Die Strenge ihrer Himmelsgegend scheint ihre Einwohner in sanftere Länder zu treiben. Sie hat die Rußland wird durch den Krieg mächtiger werden.

7) „Als die Cimbern zu den Zeiten des Marius „Italien droheten, saget Voltaire, so mußten die „Römer voraus sehen, daß die Cimber, d. i. die „nordischen Völker, das Reich zerreissen würden, „wenn kein Marius mehr wäre.“

Abt Chappe. 1761. die politische Lage von Europa für sich, welches oft mit sich selbst im Kriege, in so viele Feinde, als Staaten, zertheilet, zu einer allgemeinen Verbindung nicht sehr geschickt, gleichgültig gegen das Schicksal einer von den Russen unterdrückten Nation, bereit, es in seine Zänkereyen zu ziehen, der Freyheit seiner Völker feind und eifersüchtig ist, die unumschränkte Macht seiner Oberherren zu behaupten. Rußland giebt schon Polen Könige; bald wird es ihm Fessel geben; endlich wird es sich aller seiner Sclaven oder seiner Zinsleute bedienen, seine Herrschaft über Völker zu erstrecken, wovon die meisten nichts verlieren können, wenn sie ihre Herren ändern. Wenn es aber Nationen giebt, die ihre Gesetze lieben, welche anstatt der Sitten und Tugenden, Reichthum, Künste, Bequemlichkeiten, Einsichten zu erhalten haben; welche unter einer gerechten, weisen und mäßigen Regierung glücklich leben, so müssen sie zusammen treten, die Bemühungen zu unterdrücken, welche sich Rußland seit funfzig Jahren giebt, in Europa einen Einfluß zu haben.

Diese Betrachtungen würden, wenn sie von einigem Nachdrucke wären, wenigstens beweisen, daß die Reisen der Gelehrten auch der Staatskunst nicht unnütz sind; und daß es ein anderes ist, den Geist der Höfe durch geheime Kundschaften erkennen zu lernen, ein anderes die Völker, die Sitten, die Stärke und die Triebfedern der Regierungen zu sehen. Es ist Zeit, mit dem Abte Chappe von Tobolsk wieder nach Frankreich zu kommen.

Rückkehr des Abtes Chappe. Er schickete sich an, den Weg wieder nach Petersburg zu nehmen, als er von einem fast beständigen Blutspeyen angegriffen wurde. Dieß war vieleicht die Frucht seiner Reise von zwölfhundert Meilen, die er zu einer Zeit gethan, wo die Kälte alle Tage durch die Jahreszeit und Himmelsgegend verdoppelt wurde; indem der Verfasser nach dem nordischen kalten Erdgürtel zu gieng, so wie sich die Sonne gegen den mittäglichen Wendezirkel entfernete. Seine Unpäßlichkeit aber ließ ihn seine Abreise aus einem Lande beschleunigen, welches für die Fremden nur Krankheiten, ohne andere Hülfsmittel als Badstuben, hat. „Ich hatte eine Apotheke, saget er: allein, da „ich das Unglück gehabt hatte, einen Russen zu vergiften, den ich an einer leichten „Unpäßlichkeit curiren wollte, so hatte ich der Arzeneykunst entsaget.„ Indessen war der Kranke doch nicht gestorben. Der Verfasser, welcher entschlossen war, über Ekaterinburg, oder Cathrinenburg, zurück zu kehren, die Bergwerke daselbst zu besehen, und den mittäglichen Theil von Sibirien kennen zu lernen, nahm eine Bedeckung an, die aus einem Sergenten und dreyen Grenadieren bestund, seinen Leuten wegen des Gerüchtes einen Muth zu machen, welches gieng, daß dieser Weg von Räubern unsicher gemacht würde. Er gieng mit dieser Bedeckung und vier Wagen in einem kriegerischen Zuge ab, und ließ dem Irtisch die Freyheit, wieder in sein Bette zu kommen; denn die Einwohner zu Tobolsk hoffeten nicht, daß die Austretung dieses Flusses aufhören würde, bevor der französische Mathematiker, welcher seine Zauberinstrumente wider die Sterne richtete, ihr Land verlassen hätte.

Beschwerlicher Weg. Der Regen, welcher auf das Schmelzen des Schnees gefolget war, hatte eine große Ebene von hundert Meilen verderbet, über die er zu reisen hatte. Eines von seinen Fuhrwerken, welches mit allem seinem Geräthe beladen war, sank oft so tief in den Morast, daß zwölf Pferde es nicht aus dem Kothe ziehen konnten. Er hatte Hühner, Gänse und Enten unter seinem Vorrathe an Lebensmitteln. Da ihm das Fortbringen

bringen und Schreyen dieses Federviehes beschwerlich fiel, so ließ er einen Theil davon schlachten, und den andern im Felde laufen. Diesen Vorrath zu ersetzen, schoß er unterwegens wilde Enten, womit er seine Karawane tractirte. Abt Chappe. 1761.

Da das Gerücht von den Räubereyen nach dem Maaße zunahm, wie er sich von Tobolsk entfernete, so besichtigte er das Gewehr, verdoppelte das Herz seiner Leute durch Branntewein, ließ des Nachts auf jedem Wagen Fackeln anzünden, und setzete seinen Zug ruhig fort, der aus acht gut bewaffneten Leuten bestund. Nach Verlaufe zweener Tage hatte er über einen Fluß zu gehen. Die Brücken in Sibirien sind nur Holzflöße, welche mit den äußersten Enden am Ufer fest gemacht sind. Die Brücke, worüber er gehen mußte, war alt und verfaulet. Sie zerbrach unter den Füßen der ersten Pferde, welche Gefahr liefen, mit der zerstückten Brücke von dem Strome davon geführet zu werden. Indessen zog man sie doch mit vieler Mühe wieder zurück. Einer von den Soldaten der Bedeckung schwamm über den Fluß und wollte Beystand in einem Dorfe suchen. Eine Bande Räuber hatte zween Tage vorher das Schrecken dahin gebracht. Sie hatten drey Bauren erschlagen, und zween von den Ihrigen verloren. Diese Banditen waren von denen mit Gewalt weggeführten Neugeworbenen, oder aus den Bergwerken zu Cathrinenburg entlaufen. Die Plünderung, welche sie begiengen, damit sie lebeten, hatte das Gerücht weiter ausgebreitet, als die Gefahr. Die Furcht vergrößerte ihre Anzahl, übertrieb ihre Grausamkeit. Niemand getrauete sich, aus den Dörfern zu gehen, worinnen man auch nicht einmal vor ihren Streifereyen sicher war. Es geschah also nur mit der äußersten Schwierigkeit, daß man einen Fährmann und zween Bauern bekam, die fliegende Brücke wieder her zu stellen, und die Fuhrwerke unsers Reisenden in den Stand zu setzen, über den Fluß zu gehen. Endlich giengen sie nach vier Stunden Verzögerung eines nach dem andern hinüber.

Man hatte hundert und fünf und zwanzig Meilen über eine Ebene gethan, die nur ein Morast ist und ungebauet eine vortreffliche Weide machet. Es war im sechs und funfzigsten Grade der Breite, und den 3ten des Herbstmonates hatte man daselbst eine sehr kalte Nacht mitten auf einer Esplanade, die mit Reife bedecket wurde. Man traf endlich Steine an, welche Berge ankündigten, und kam nach Cathrinenburg. Herr Abt Chappe, welcher, aus Mangel an Lebensmitteln, über vier und zwanzig Stunden nichts gegessen hatte, fand bey seiner Zurückkunft von einigen Besuchen in der Stadt, in seinem Zimmer von zehn Fuß ins Gevierte, Gänse, Enten, Hühner und zwey Schafe, welche nicht aufhöreten zu blöken. Dieß waren Geschenke. Das Geräusch dieser Thiere jagete ihn aus seinem Zimmer. Kaum war er hinaus gegangen, so nahm einer von den Soldaten seiner Bedeckung eines von den Schafen und trug es zu einer alten Frau in der Nachbarschaft. In einer halben Stunde ungefähr war das Thier geschlachtet, abgezogen, gekocht und gegessen. Er kömmt nach Catharinenburg.

Der Verfasser lobet mit Gefälligkeit die Höflichkeiten, welche er von den vornehmsten Einwohnern in Cathrinenburg erhalten. Die sibirischen Städte werden gesittet, so wie sie näher gegen Mittag liegen. Ueberall verbreitet sich die Gelindigkeit der Himmelsluft in den Sitten. Man liebet die Fremden in gewissen Häusern dieser Stadt, wo es über dieses viele Deutsche giebt. Man both den Herrn Abt Chappe so gar eine Wache an. Diese Ehre beweist eine Gastfreyheit, die nicht immer Sicherheit

Abt Chappe. 1761.

heit voraus setzet. Es sey damit aber wie ihm wolle, so schlug er sie doch aus, weil er wohl wußte, daß sie noch beschwerlicher, als nöthig, wäre.

Er giebt daselbst ein Gastmahl.

Da der Herr Abt aber für die gute Aufnahme, die man ihm erwiesen hatte, erkenntlich seyn wollte, so gab er ein sehr galantes Gastmahl, welches er unter einer bloßen astronomischen Einladung verkleidete. Unterdessen daß er einige Neugierige, an deren Spitze eine Dame mit allen ihren Freundinnen war, den Mond und den Jupiter beobachten ließ, bereitete man auf seinen Befehl eine Tafel für vierzig Personen in einem von seinem Observatorio ziemlich weit entfernten Hause, damit die Ueberraschung dem Feste ein reizender Ansehen gäbe. Nachdem man den Himmel genug betrachtet hatte, so begab man sich in des Abtes Zimmer, wo man durch eine zahlreiche Musik bewillkommet wurde. Man gieng in das Zimmer, wo das Mahl angerichtet war. Weil sich aber noch mehr Leute da befanden, als für die gedecket war, so lud der französische Astronomus die Mannspersonen ein, das Frauenzimmer zu bedienen. Das ist nach der Galanterie, auch so gar der Deutschen. Nach den russischen Sitten aber bedienen die Frauenspersonen die Mannspersonen, und das ist schon genug, die schönste Hälfte von Europa alle Verbindung mit einem so groben und so schlecht erzogenen Volke verabscheuen zu lassen. Indessen folgete man doch dem Bitten und Beyspiele des Herrn Abtes. Die Mannspersonen nahmen Servietten: es verliefen sich aber so viele, daß sie sich mit an die Tafel setzen konnten, und noch leere Plätze blieben. Nach der Tafel kam der Bal, wovon sich einige Frauenspersonen ungern hinweg begaben, ihren Männern zu gehorchen, welche sie holen ließen. Er daurete indessen doch bis um vier Uhr des Morgens.

Man war mit diesem kleinen Feste so zufrieden, daß die Stadt den andern Morgen dem Fremden die Ceremonienkutsche mit sechs Pferden bespannt schickete, sich deren die ganze Zeit seines Aufenthaltes daselbst zu bedienen. Man zeigete ihm die Bergwerke. Er erhielt daselbst so gar ein prächtiges Mittagesmahl, wobey die Mägdchen aus dem Dorfe, in ihrem schönsten Schmucke geputzet, sangen. Auf die Mahlzeit folgete ein Bal, wo das ganze Dorf, Herren und Bediente, auf Angeben des Herrn Abtes, unter einander tanzeten, welcher noch einmal das Eis brach, das Ceremoniell bey Seite setzete und Scherz und Lachen an die Stelle der Ehrenbezeigungen treten ließ. In der Beschreibung, die er von dem Tanzen der Russen giebt, findet er keine Aehnlichkeit mit der übrigen europäischen Völker ihrem, wofern es nicht mit den deutschen Tänzen ist, deren Ausdruck und Lebhaftigkeit sie haben. Diese aber, saget er, zeigen nur das Vergnügen und die Lustigkeit, sind mit Hüpfen und Sprüngen untermenget; die russischen Tänze gehen kurz und niedrig an der Erde weg; sie sind zärtlicher und schmachtender; sie drücken vielmehr die Begierde, als den Genuß, aus.

Er trifft daselbst einen Franzosen an.

Was den Herrn Abt Chappe bey seinem Aufenthalte zu Cathrinenburg am meisten rührete, war, daß er daselbst einen Schulmeister fand, welcher seiner Herkunft nach ein Franzose war. Sein Großvater, Hauptmann unter der französischen Garde, war einer von den Geflüchteten, welche die Wiederrufung des Edicts von Nantes in alle vier Theile der Welt, fern von ihrem Vaterlande, zerstreuet hat, welches sie liebeten und dem sie als gute Bürger dieneten. Dieser hatte eine Zuflucht so gar in Sibirien, dem Verbannungsorte für die Russen, gesuchet. Sein Enkel lebete von einem Jahrgelde von hundert Rubeln, welches ihm die Stadt bezahlete, damit er die Jugend

Abt Chappe. 1761.

ein wenig Latein, Geometrie und Zeichnen lehrete, welches Früchte der Erziehung waren, die er als das einzige Erbtheil von seinen verbanneten Vätern erhalten hatte. Er wußte so gar ihre Sprache nicht mehr, und kannte von den Franzosen nur den Namen, den man ihm in seiner Kindheit mit denjenigen Thränen des Herzens wiederholet hatte, die sich in den Familien fortpflanzen. Er vergoß solche selbst, da er von seinen Vorfahren vor einem ihrer Landesleute redete. Er erzählete alles, was er ausgestanden hatte, ehe er zu dem noch jetzt elenden Zustande gekommen, worinnen er sich befand. Er sagete, bey Gelegenheit des P. de la Chaise, des Urhebers der Widerwärtigkeiten seiner Familie, die Jesuiten würden Frankreich zu Grunde richten. Allein, damals richtete Frankreich sie zu Grunde. Dieser Mann lebete in einer knappen Mittelmäßigkeit glücklich, angesehen bey den Russen, und bauete ein Gärtchen, worinnen er allerhand Arten von Gewächsen hatte, die kein anderer, als er, in dem Lande kennete. Er genoß in seinem sechzigsten Jahre noch aller der Lebhaftigkeit und Fröhlichkeit der Jugend, die Belohnung eines Lebens, welches in der Mäßigung aller Begierden, fern von der Unruhe der Leidenschaften und den Stürmen des Glückes, in Sicherheit vor den Verfolgungen der Religion und der Schwärmerey der Secten, zugebracht werden.

Herr Abt Chappe verließ diesen tugendhaften Mann mit dem Bedauren, daß er ihn nicht wieder nach Frankreich mit nehmen konnte, und reisete den 16 des Herbstmonates von Cathrinenburg ab. Weil er über eine Kette von Bergen zu reisen hatte, so war er verbunden, seinen großen Wagen gegen sieben andere kleine zu verwechseln. Die Beschwerlichkeit der Wege erlaubet in diesem Lande keine große Fuhrwerke, noch schwere Lasten. Der Reisende hatte, ungeachtet dieser Einrichtung, doch noch viel Mühe, weil er stets vier und zwanzig bis fünf und zwanzig Pferde brauchete, die er selten fand. Diese Kette ist voller Schanzen, welche aus hölzernen Thürmen mit Pfählen umher bestehen. Die Russen haben sie aufgeführet, die Baskiren in Gehorsame zu erhalten, welche sie unter ihren Schutz genommen, in der Absicht, sie unter das Joch zu bringen. Sie sind mit der Zeit, durch Ungerechtigkeiten und Grausamkeiten, damit zum Zwecke gekommen.

Der Reisende kam den 23sten nach der Schmiede Suxon, einem Lande voller Hügel, welches man diesseits der Gebirge von Cathrinenburg antrifft. Der Aufseher über diese Bergwerke zeigete ihm die merkwürdigsten Stücke. „Es war ein Haufen Holz, welches durch eine Auflösung von Kupfer metallisirt worden. Es zeigete „den angenehmsten Anblick durch die verschiedenen Farben, welche dieses Holz vor„stellete.„ Man sah daselbst nahe dabey verschiedene Crystallisirungen, die sich da gebildet hatten.

Von Suxon nach Birna zeiget sich den Augen eine Kette Berge, welche in allen Absichten von denenjenigen unterschieden sind, die gegen Mittag von Cathrinenburg liegen. Diese beyden Ketten von Bergen sind durch eine große Ebene voller Hügel von einander abgesondert. In der nordlichsten aber sind die höchsten Gebirge zuweilen durch einen sanften Abhang verlängert; da hingegen in der bey Birna die wenig erhabenen Gebirge steil und schwer zu ersteigen sind. Das Erdreich fängt an, sich zu verändern und wird ein gelblicher und dichter Thon, nachdem er von Tobolsk bis Birna schwarz und fett gewesen.

Abt Chappe. 1761.

Sitten der Tatarn zu Birna.

Dieses Dorf wird von muhammedanischen Tatarn bewohnet. Sie haben sanfte, gastfreye Sitten. Eine Werst von ihrer Wohnung kamen viele dem fremden Reisenden entgegen, stelleten sich mit Zeichen der Freude und Freundschaft vor seinen Wagen, ihn in das Haus ihres Oberhauptes zu führen. Dieß war ein Mann, welchem sein Alter und sein Verdienst alles Ansehen ohne Wahl erworben hatten. Sein Haus, welches, wie alle in dem ganzen Dorfe, sauber war, both dem Philosophen ein Mittagesmahl an, welches aus Honig, Butter und Hülsenfrüchten bestund.

Die Kleidung dieses Volkes unterscheidet sich von der sibirischen und russischen, so wie auch ihre Wohnung. Sie haben einen langen Rock anstatt des kurzen, welchen die Sibirier und Russen tragen. Die Tatarn haben allezeit Stiefeln und die Russen Zeug um die Beine gewickelt, welches sie mit einem Stricke fest binden. Dabey haben sie noch einen langen flatternden Rock, einen bis auf den Scheitel abgeschorenen Kopf, ein ledernes Käppchen, welches sie auf die wenigen Haare setzen, die sie noch behalten, eine Mütze, welche mit Rauchwerke verbrämet ist. Die Tatarn sind groß, stark, wohlgebauet. Sie haben eine freundliche und kriegerische Gesichtsbildung, ein edles und unabhängiges Ansehen und Wesen. Sie stellen auch Rußlande nur Truppen, welche es besoldet.

Ihre Weiber sind wie sie gekleidet, nur, daß ihre Kleidung etwas kürzer und sie den Gürtel über den Oberrock umthun, anstatt ihn um das Unterkleid zu gürten. Zum Kopfputze haben sie eine wie ein Kegel gemachte Mütze, die mit Kopeken und Glasperlen besetzet ist. Sie sind frey, Gehülfinnen ihrer Männer in Ansehung der Arbeiten, und haben mit ihnen gleiche Rechte. Die Mägdchen aber leben eingezogener. Bey den Russen hingegen haben die Mägdchen alle Freyheit, die man den Weibern versaget. Ist es nicht sonderbar, daß in einem und eben dem Lande die Weiber sich bey den Muhammedanern frey befinden, da sie bey den Christen Sclaven sind? Sollte das wohl nicht daher kommen, daß bey den einen und den andern die Regierung mehr Einfluß in die häuslichen Sitten hat, als die Religion? Die Tatarn sind unabhängig, die Russen leben unter dem Despotismus. In den kalten Himmelsgegenden, wo die Meynung wenig Herrschaft über die Einbildungskraft hat, herrschet die durch die physikalischen Gesetze modificirte Regierungsart über die sittlichen Gesetze.

„Als ich von Birna abreisete, saget der Herr Abt Chappe, so verdoppelten die „Tatarn die Pferde wegen der Gebirge, über die man gehen mußte, ohne daß sie des„wegen den Preis erhöhen noch etwas für dasjenige annehmen wollten, was ich bey ih„nen verzehret hatte.„ Die Gebirge wurden durch den Regen so glatt, daß man, ungeachtet der Mühe aller Postillionen und der Pferde, die man fast alle an einen einzigen Wagen spannete, kaum auf die Spitze kommen konnte, obgleich jedermann zu Fuße gieng. Der Herr Abt Chappe gieng mit einigen Tatarn bis an das Ufer eines Baches voraus. Nachdem er zwo Stunden lang die Ankunft der Fuhrwerke erwartet hatte, die ihm folgeten, so schickete er, weil sie nicht erschienen, einige von seinen Tatarn ab, den Fuhrleuten zu helfen. Endlich kamen sie um ein Uhr nach Mitternacht, bey dem Scheine der Tannen an, welche die Tatarn von einer Weite zur andern in Brand gestecket hatten. Diese sehr hohen Bäume stelleten eben so viele Lustfeuer vor, welche auf den Absätzen und Höhen dieser Berge vertheilet waren.

„Ich

„Ich ließ alle Wagen um das Feuer herum stellen, saget der Reisende; die Pferde „wurden dahinter an Pfähle gebunden. Man theilete unter allen Leuten Branntewein „aus, welche, so wie ich, mit dem besten Appetite ihr Abendbrod aßen. Nach einer „Stunde Ruhe, machete man die Wagen wieder zu Rechte; und ich legete mich bey „dem Feuer auf eine Bärenhaut nieder, zu schlafen. Ich schlief sehr wenig; ich wa„chete einige Stunden darnach wieder auf und durchstrich diese Gebirge, unterdessen „man alles zur Abreise fertig machete.„ Abt Chappe. 1761.

Der Abt Chappe reisete um sieben Uhr des Morgens ab und kam gegen Mittag nach Pisse, einem am Ende der Gebirge liegenden Dörfchen. Diese Kette kündiget wegen der Kräuter, der Stauden und der Gehölze, womit es bedecket ist, ein gebauetes Land an. Die Tannen wachsen daselbst bis auf achtzig Fuß hoch, und fünf Fuß im Durchschnitte in die Dicke. Zu Pisse ist das Land von Gehölzen entblößet, um Feldfrüchte zu tragen. Das Getraide, welches kürzlich erst gesäet worden, war zu Ende des Herbstmonates schon über zween Zoll hoch, und weiter als es zu Tobolsk im Anfange des Heumonates war.

Der Reisende war noch vier bis fünfhundert Meilen weit von Petersburg in einer Jahreszeit, wo der Winter seine Annäherung durch das Abfallen der Früchte und Blätter und die sehr kalten Fröste ankündigte. Er kam den 28sten des Herbstmonates nach Sowianova.

Dieß ist ein kleines Dörfchen, welches von Wotiaken bewohnet wird *). Dieses Volk, welches man für Tatarn gehalten hat, ist es nicht. Die Mannspersonen sind nur vier Fuß und einige Zoll hoch, von einer schwachen und zarten Leibesbeschaffenheit. Der Kopfputz der Frauenspersonen ist sonderbar. „Sie umhüllen sich an„fänglich den Kopf mit einem Lappen; darüber binden sie mit zweenen Schnüren eine „Art von Helme, der aus Baumrinde gemacht ist. Er ist vorn mit einem Stücke „Zeuge und Kopeken versehen. Dieser Helm wird darauf mit einem Tuche bedecket, „das mit Zwirne und buntem Garne ausgenehet und mit Fransen rund herum besetzet „ist. Dieser Kopfputz erhebt sie fast einen Fuß hoch. Ihre Haare machen zwo „Flechten, die ihnen auf die Brust fallen.„ Strahlemberg hält dieses Volk für eines der ältesten in Sibirien. Es ist christlich, aber ohne den geringsten Begriff von dem Christenthume. Die Russen haben sie bekehret, indem sie ihnen Priester und Soldaten geschicket. Kopfputz der Wotiakinnen.

Endlich näherte sich der Abt Chappe Casan. Er fand in den Gegenden umher es so grün wie im Frühlinge, einen heitern Himmel, fruchttragende Bäume in allem ihrem Schmucke, Eichen, die ersten, welche er seit seinem Aufenthalte in Rußland gesehen hatte, lachende und mit Gebüschen bedeckete Hügel, begüterte Dörfer; kurz, alles brachte ihm das Andenken und das Bild seines Vaterlandes in den Sinn. Er kam den 1sten des Weinmonates nach Casan. Ein tatarischer Fürst war Statthalter daselbst. Er ließ dem reisenden Franzosen Pfeifen mit chinesischem Tabacke, abgezogene Wasser, eingemachte Sachen, Früchte und eine Wassermelone vorsetzen. Der Abt Chappe fand sie so leckerhaft, daß er die Kerne davon mitnahm, sie in Frankreich zu stecken: sie sind aber nicht fortgekommen. Ankunft des Abtes zu Casan.

*) Man sehe die allgem. Histor. der Reisen XIX Band a. d. 103 u. 516 S.

Abt Chappe. 1761.

Der russische Erzbischof nahm den fremden Gelehrten so höflich auf, als der tatarische Statthalter. „Dieß ist der einzige Priester, saget der Abt, welchen ich in diesen weitläuftigen Staaten gesehen habe, der nicht erstaunt darüber zu seyn schien, „daß man sich von Paris nach Tobolsk begäbe, um daselbst den Durchgang der Venus durch die Sonne zu sehen.„ Das machet, weil dieser Prälat nicht unwissend, noch schwärmerisch ist. Er glaubet, daß ein französischer Mathematiker die Gottheit, deren sichtbare Wunder er bekannt machet, mehr ehret, als ein griechischer Theologus, welcher weder die Welt, noch deren Urheber kennet, dessen Eigenschaften und Werke er sich zu erklären anmaßet.

Der Erzbischof zu Casan treibt die Wissenschaften und die Gelehrsamkeit in einer fast barbarischen Stadt. Indessen ist diese doch unendlich gesitteter, als ganz Sibirien. Sie hat noch Vermögen, ob sie gleich die Quelle desselben mit ihrem Handel verloren hat. Sie hat einen Ueberfluß an Eßwaaren. Das Brod ist daselbst so gar weiß. Man ersetzet den natürlichen Wein durch ein künstliches Getränk, welches aus Branntweine und Früchten gemacht wird, worinnen man den Geschmack und die Farbe des Weines wieder findt. Der Adel lebet daselbst in Gesellschaft; die Frauen essen daselbst mit am Tische, anstatt daß sie den Männern aufwarten. Den Tatarn, welche die größte Anzahl der Einwohner ausmachen, wird daselbst von dem Oberherrn mit derjenigen Achtung begegnet, welche man ihrer Aufrichtigkeit, ihrer Einfalt der Sitten, ihrer Treue, ihrer Tapferkeit schuldig ist. Casan unterhält ein Gymnasium, woran acht Professores stehen, zween für die französische Sprache, zween für die deutsche, zween für die lateinische und einer für die russische, nebst einem Fechtmeister, welcher auch tanzen lehret. Dieß ist fast eine Kriegeserziehung; sie machet einer tatarischen Stadt mehr Ehre, als viele unnütze Lehrstühle den berühmtesten Hauptstädten nicht machen werden.

„Ich suchete in den Gegenden von Casan, saget der Herr Abt Chappe, die berühmte Pflanze Boramez genannt, wovon der Herr Abt Lambert in seiner bürgerlichen und natürlichen Geschichte redet. Diese Pflanze gleicht, nach der Beschreibung dieses Schriftstellers, einem Lamme. Sie hat alle Theile desselben, nebst einem zarten wollichten Felle, dessen sich die Frauenspersonen bedienen, ihren Kopf zu bedecken. Sie hat ein wenig Blut und Fleisch, keine Hörner, aber Büschel von Wolle, wie Hörner. Sie lebet und nähret sich so lange, als sie grünes Kraut um sich herum hat. So bald das Kraut umher aber aufgezehret ist oder verwelket, so kömmt sie um.„

Der Herr Abt Chappe saget, es habe der Abt Lambert diese ausschweifenden Dinge nicht für Wahrheiten ausgegeben, die er glaubete, sondern die Reisenden vermuthlich zu vermögen, daß sie die Quelle dieser lächerlichen Fabel sucheten. Er setzet hinzu, er habe diese zu Casan unbekannte Pflanze niemals bekommen können, und es müsse eine Art Moos seyn, die kein Verhältniß mit dem Mährchen hat, welches man erzählet.

Der Herr Abt Chappe reisete von Casan ab und gieng über die Wolga an einem Orte, wo dieser erste europäische Fluß zweyhundert Klaftern breit und sechzig Fuß tief seyn mochte. Er brauchete siebenzehn Minuten, auf einem Fahrzeuge mit sechs Ruderknechten hinüber zu gehen. „Man hatte mich zu Tobolsk und Casan, saget er, „versichert,

„versichert, man fände daselbst eine Menge Seeräuber, und man belustigte sich so gar, „sie mit Flintenschüssen zu verjagen, wie die Enten: ich habe aber daselbst niemals ei- „nen von diesen Seeräubern gesehen, ob ich gleich auf hundert Meilen weit an seinen „Ufern hingegangen bin.„ Abt Chappe. 1761.

Den 8ten des Weinmonates kam der Abt Chappe nach Kusmodemiansk, von da er eben den Weg nach Petersburg nahm, auf welchem er nach Tobolsk gegangen. Er traf den 1sten des Windmonates 1761 in der Hauptstadt von Rußland ein, brachte den Winter daselbst zu, gieng im Frühlinge zu Schiffe und kam im Augustmonate des 1762 Jahres nach Frankreich, nachdem er vor beynahe zwey Jahren daraus abgereiset war.

Resultat der Reise des Herrn Abtes Chappe.

Bestimmung der Länge und Breite von Tobolsk. Länge und Breite von Casan; von Moscau. Reisebeschreibung von Petersburg durch Casan nach Tobolsk. Die Gränzen zwischen Asien und Europa. Abmessung der Höhe Sibiriens über das Meer. Höhe von Tobolsk. Die Meynung des Abtes Chappe wegen der Höhe von Sibirien ist allen andern Reisenden zuwider. Bergwerke. Mica, oder moscowitisches Glas. Magnet. Eisenbergwerke. Eigenschaft dieses Eisens. Handel damit. Kupferbergwerke. Malachiten. Kupfer- und eisenartiger Mergel. Goldbergwerke. Beobachtung des Durchganges der Venus durch die Sonne. Von der natürlichen elektrischen Kraft.

Dieß ist der wichtigste Theil der Reise des Herrn Abts Chappe, weil er seine Absichten und deren Ausführungen enthält. Bisher hat man fast nichts, als die Begebenheit seiner Reise, gelesen, welche mit einigen nützlichen Betrachtungen über die Sitten und Verfassungen der Völker, welche er gesehen hat, untermischt waren; wofern man nur von einem, der Sibirien durchreiset, sagen kann, daß er Menschen und Städte gesehen habe *). Ist es nicht in der That ein Land von zweyhundert und funfzig Quadratmeilen, wo drey Monate hindurch die Sonne fast nichts lebendiges hervor bringet oder erleuchtet, wo neun Wintermonate lang Schnee und Eis keine wachsende Pflanze bedecken, wo die Natur und eine unumschränkte Regierungsform mit einem eisernen Zepter todte Ebenen, wilde Thiere, und entweder unempfindliche oder rohe Geschöpfe beherrschen? Dieß ist ohne Zweifel kein Feld oder Gegenstand für eine Odyssee. Man müßte Miltons Geist haben, wenn man hier, wie er, in dem Nichts schaffen wollte. Dasjenige also, was ein Reisender merkwürdiges davon erzählen kann, gehöret zu der natürlichen Geschichte der Erde und der Elemente, die sie umgeben. Sonst findt man hier nichts zu beobachten; aber dieses ist sehr viel für ein Mitglied der Akademie, welches allenthalben Begebenheiten der natürlichen Geschichte einsammlet, wodurch es die Wissenschaften mit demjenigen bereichert, was ihnen noch am meisten fehlet, und doch zu ihrem Grunde dienen muß. Wir wollen also in der Aernde des Herrn Abtes Chappe nachlesen, und wenn es möglich ist, die Historie der Reisen

*) Qui mores hominum multorum vidit et urbes. Horat, Art. poet.

Abt Chappe. 1761.

Reisen nützlicher machen, als sie die Neugierde befriedigt. Sie sey der Naturkündiger würdig, wenn sie auch nicht so gelehrten Lesern misfällt.

Bestimmung der Länge und Breite von Tobolsk.

Der Verfasser setzet sich im zweyten Theile seines Werkes vor, anfänglich die Erdbeschreibung zu erläutern. In dieser Absicht bestimmet er die Länge und Breite der vornehmsten Oerter in Rußland, durch die er gekommen ist. Die Verschiedenheit der Mittagslinien zwischen Paris und Tobolsk wurde durch eine Sonnenfinsterniß am 3ten des Brachmonates 1761 bestimmt. Herr Pingre hatte sie anfangs um vier Uhr drey und zwanzig Minuten ein und funfzig Secunden angesetzt: da er aber die Länge von Stockholm (nach dem Herrn Abt de la Caille) zwey und zwanzig Secunden höher ansetzete, so mußte die von Tobolsk in eben dem Verhältnisse erhöhet werden. Herr Pingre setzet darauf die Verschiedenheit der Mittagslinien zu Paris und Tobolsk auf vier Stunden vier und zwanzig Minuten vierzehn Secunden an. Andere Sternkundige nehmen vier Stunden vier und zwanzig Minuten acht und zwanzig Secunden an, der Herr Abt Chappe nimmt die Mittelgröße der Bestimmung des Herrn Pingre und die Rechnung derjenigen, die sie viel höher, als er, angenommen haben, und bestimmet die Mittagslinie von Tobolsk zu vier Stunden vier und zwanzig Minuten achtzehn Secunden gegen Paris. Die Verschiedenheit der Länge zwischen diesen beyden Städten wird also seyn sechs und sechzig Grad, vier Minuten, dreyzig Secunden, und die wahre Länge von Tobolsk fünf und achtzig Grad, acht und funfzig Minuten, funfzehn Secunden.

Länge und Breite von Casan.

Den 3ten des Weinmonates 1761, saget der Verfasser, beobachtete ich zu Casan den Austritt des ersten Jupiters Trabanten um sieben Uhr, ein und funfzig Minuten, dreyzehn Secunden. Diese Finsterniß mußte zu Paris um vier Uhr, vier und vierzig Minuten, neunzehn Secunden, geschehen. Denselben Tag beobachtete ich den Austritt des zweyten Trabanten um dreyzehn Uhr, acht und vierzig Minuten, fünf und vierzig Secunden. Diese wurde zu Wien um eilf Uhr, sieben und dreyzig Minuten, siebenzehn Secunden, beobachtet. Die Verschiedenheit der Mittagslinie zu Casan und Wien ist also zwo Stunden, eilf Minuten, acht und zwanzig Secunden. Man weis, daß die Verschiedenheit zwischen Paris und Wien sechs und funfzig Minuten, zehn Secunden ist. Also muß die Verschiedenheit der parisischen und kasanischen Mittagslinie drey Stunden, sieben Minuten, acht und dreyzig Secunden seyn. Die beyden Beobachtungen des ersten und zweyten Trabanten sind vier und vierzig Secunden verschieden. Aber weil die Beobachtung des ersten Trabanten nicht so genau war, wie bey dem zweyten, und der Verfasser sie nicht hat mit einer andern Beobachtung, die an demselben Tage an einem andern Orte angestellet wurde, vergleichen können: so hält er sich an die letztere und nach der Bestimmung des Unterschiedes der Mittagslinien zwischen Paris und Casan von drey Stunden sieben Minuten acht und dreyzig Secunden, setzet er die Länge zu Casan auf sechs und sechzig Grad acht und vierzig Minuten, funfzehn Secunden. Die Breite daselbst ist nach den Beobachtungen der mittäglichen Höhe der Sonne und der Höhe des Aequators und des Pols von den französischen Sternkundigern auf fünf und funfzig Grad, sieben und vierzig Minuten, zwey und zwanzig Secunden angesetzt worden.

von Moskau.

Auf gleiche Weise bestimmet er, nach denen Beobachtungen, die zu Moscau, Paris, Isle de France, Lissabon, gemacht sind, den Unterschied der Mittagslinien zwischen

Paris

Paris und Moscau auf zwo Stunden, zwanzig Minuten, sieben und dreyßig Secunden; die Länge zu Moscau ist also fünf und funfzig Grad, sieben Minuten, und die Breite fünf und funfzig Grad, fünf und vierzig Minuten, sechs und vierzig Secunden. Abt Chappe. 1761.

Der Herr Abt Chappe entwirft hernach eine Tabelle, der Länge und Breite der vornehmsten Oerter des russischen Reichs, und vergleicht dieselben mit den Längen und Breiten der besten russischen Karten; er findet bey denselben Irrthümer von einem und einem halben Grad in Ansehung der Länge, und von einem halben Grad in Ansehung der Breite. Aber er untersteht sich nicht, sich zu schmeicheln, daß er bey Verbesserung der alten Fehler der Erdbeschreibung, nicht sollte neue begangen haben. Ein so bescheidenes Geständniß muß nothwendig das Zutrauen zu dem Sternkundiger vermehren, aber das für die Sternkunde vermindern. Diese Wissenschaft scheint solche richtige Werkzeuge, so viel Glück, um die wenigen Augenblicke zu nutzen, wo die Zeit und der Dunstkreis der Beobachtung günstig sind, so viel Aufmerksamkeit bey dem Beobachter, so viele Genauigkeit in seinen Mitteln, sie zu schätzen, so viele Feinheit bey der Anwendung seiner Sinne, eine solche Wiederholung der Begebenheiten, welche nothwendig die Vereinigung vieler Jahrhunderte und Völker verlanget, zu fordern, daß hierdurch die Sternkunde eben so schätzbar wegen ihrer Schwierigkeiten, als durch ihren Gegenstand wird. Die Gestirne geben in der Sittenlehre eben so wenig Licht, als in der Naturlehre, und dieses Licht ist öfters mit Wolken umhüllet. Wenn man das Maaß und die Gestalt der Erde in dem Abstande und der Bewegung der Planeten suchen muß; ist man da in der Kenntniß der Erdkugel wohl nicht recht weit gekommen? Wir wollen uns bey demjenigen aufhalten, was sinnlicher in dem Reisebuche ist, welches uns der Herr Abt Chappe von Paris nach Tobolsk, oder vielmehr von der Hauptstadt in Rußland nach der in Sibirien entwirft.

Der Weg von St. Petersburg nach Moscau, saget er, ist eine Ebene von zweyhundert Meilen. Der Weg ist fast durchaus mit Fichtenblöcken von drey, vier und fünf Zoll im Durchmesser belegt: zuweilen bringt man hier einige Reißbündel an; man leget sie eines neben dem andern, und bedecket sie mit vier oder fünf Zoll Erde. Aber man leget sie niemals auf die Blöcke. Wenn der Weg verdorben ist, so machet man einen andern, an der Seite des alten. Diese Art, die Wege an zu legen, kostet sehr viel Holz; man trifft daher auch nur hin und wieder zerstreuet kleine Fichtenbüsche an. Reisebeschreibung von Petersburg durch Casan nach Tobolsk.

Die Kette der Berge Pojas, welche ein Arm des Kaukasus oder der rymnischen Berge zu seyn scheint, fängt zu Solikamskaja an, und erstrecket sich auf zehn Meilen, in der Gestalt eines Eselsrücken. Der höchste dieser Berge ist der Kiria, welcher sich vierhundert und vierzig Klaftern über die Fläche des Meeres erhebt: aber diese Berge sind oft sehr wenig über den Boden, worauf sie stehen, erhaben. Es befinden sich gemeiniglich auf ihren Gipfeln Ebenen von vielen Meilen. Von Cathrinenburg bis nach Petersburg trifft man wiederum dieselbe Kette an: aber die Berge sind hier weit niedriger. Nachdem man diese zurück gelegt hat, so kömmt man an eine andere Ebene von zwanzig Meilen, an deren Ende eine zweyte Kette ist, welche man auf den Karten gar nicht bemerket findet. Sie scheint eine Kette der rymnischen Berge zu seyn, und vereiniget sich wieder mit den Bergen Pojas; dieß ist wenigstens die Meynung des Herrn

Abt Chappe. 1761.

Herrn Abts Chappe. Sie erstrecket sich von Orda bis Ossa. Der Verfasser glaubet, daß sie an der Küste des östlichen Meeres bis nach Kama fortgehe. Allein, dieß ist vielmehr ein Gegenstand der Untersuchung, als eine Gewißheit. Man redet hier nur von den Bergen Pojas, in so fern sie zu Gränzen zwischen Asien und Europa dienen können.

Die Gränzen zwischen Asien und Europa.

Die neuern Erdbeschreiber nehmen mit Herr Gmelin den Fluß Oby zu diesen Gränzen an. Allein, weil diese Meynung viele eingebildete Linien voraussetzet, welche man durch die Wüsten ziehen muß, so ist sie niemals die Meynung des großen Haufens geworden. Indessen muß man doch eben so wohl eingebildete Linien ziehen, wenn man die Berge Pojas zur Gränze annimmt, weil man entweder diese Berge nicht genug kennet, oder ihre Kette sich nicht von dem Eismeere bis an den Berg Kaukasus erstrecket. Die Flüsse und Bäche aber, welche diese Berge benetzen, ersetzen die Stelle der Linien, und die Unterbrechung der Kette. Diese Flüsse sind der Don, die Wolga, der Kama, Coiba und Petschora. Der erstere dieser Flüsse ergießt sich in das schwarze, der letztere in das Eismeer. In den kleinen Zwischenräumen, welche diese Flüsse von einander absondern, zieht man Linien, und diese Linien und Flüsse füllen die leeren Plätze aus, die sich in der Kette finden, welche die Berge Pojas mit den rymnischen verbindet. „Diese Gränze, welche die Natur bestimmt hat, läßt keine „Ungewißheit zu; und diese Kette von Bergen wird auf ewig Europa von Asien ab„sondern.“

Abmessung der Höhe Sibiriens über das Meer.

Nachdem der Herr Abt Chappe die Länge und Breite der vornehmsten Oerter in Rußland festgesetzet hat, dadurch ihre geographische Lage zu bestimmen, so mißt er die Höhe des Erdreiches in Absicht des Meeres. Nachdem er sich in die besondern Umstände dieses wichtigen Unternehmens eingelassen hat, so machet er vorläufige Anmerkungen über die Anwendung des Barometers zu der Abmessung der Erdkugel, und über die Veränderungen, welche eine verdickte Luft in dem Gebrauche des Barometers veranlassen kann.

Es ist leicht, saget er, die Höhe eines Berges durch das Barometer zu bestimmen, weil man nicht viel Zeit dazu gebrauchet, und während des Unternehmens die Veränderungen in dem Dunstkreise bemerket. Allein, wenn man sich des Barometers bedienen will, das Erdreich zu messen, so scheint sich alles zu vereinigen, um die Folgerungen davon so ein zu richten, daß sie der Wahrheit ganz und gar zuwider sind. In kleinen Entfernungen, da die Veränderungen des Dunstkreises in einer gewissen Strecke Landes beständig übereinstimmen, kann man sehr genaue Berechnungen erhalten. Wenn man die Barometer sehr genau verglichen und die Veränderungen, welche sich zwischen diesen Werkzeugen finden, berechnet hat. Die Beschaffenheiten des Dunstkreises sind gemeiniglich in einer Entfernung von hundert und funfzig Meilen gleich, wenn nicht Stürme und zufällige Begebenheiten den Dunstkreis des einen Landes beunruhigen, unterdessen daß derselbe in der benachbarten Provinz ganz ruhig ist. Man kann in einer solchen Entfernung das Verhältniß der Höhen zweener Oerter durch eine Folge von Beobachtung erhalten, die zu gleicher Zeit mit gleichen Barometern gemacht sind. Allein, in großen Entfernungen ist der Dunstkreis so sehr unterschieden, daß man in gewissen Fällen um zweyhundert und sechzig Klaftern sich versehen kann, wenn man die Beobachtungen, welche mit dem Barometer an sehr verschiedenen

nen Orten gemacht sind, vergleicht. Die Veränderungen des Barometers machen in ganz Europa zween Daumen breit aus. Der Herr Abt Chappe suchet die Ursache dieser Verschiedenheit, und leget sie mit allen Naturkündigern der dickeren Luft bey. „Herr Bouguer, saget er, ist der Meynung, daß die Schwere der obern Luft nach „geometrischem Verhältnisse abnehme, so wie man sich über die Meeresfläche erhebe, „unterdessen daß die Höhe nach arithmetischem Verhältnisse zunehme.“ Allein, diese Regel findet nur bey einem Raume Statt, der zwischen sechshundert Klaftern in die Höhe und zweytausend und fünfhundert eingeschlossen ist. Herr Cassini setzet, daß die Ausdehnung der Luft in dem Verhältnisse ihrer vierfachen Schwere geschehe. Man ist also noch eben so wenig über die Verdickung der Luft, als über das Verhältniß, welches die Natur zwischen den Verschiedenheiten des Barometers und der Höhen der Erde gesetzet hat, einig. Herr Maraldi behauptet, daß eine Linie von Quecksilber, auf der Meeresfläche, mit der Höhe von zehn Klaftern übereinstimme; Herr Mariotte giebt diese Höhe zu zehn Klaftern drey Fuß an; Herr Cassini zu zehn Klaftern fünf Fuß; Herr Delahire zu zwölf; und Herr Pickard zu vierzehn Klaftern. Man schreibt, saget Herr Chappe, „diese Verschiedenheit solchen Lagen von Dünsten zu, „die in gewissen Theilen des Dunstkreises sich befinden können, und auf eine Zeit lang „ihre Schwere vermehren; ferner der Lage derer Oerter, wo man diese Versuche an„stellet, und der wirklichen Schnellkraft der Luft, welche zu verschiedenen Zeiten mehr „oder weniger stark ist.„ Allein, da er gesteht, daß diese natürlichen Ursachen auf die Verschiedenheiten bey der Erhebung des Quecksilbers einen Einfluß haben können, so giebt doch der Verfasser zu der vornehmsten Ursache die verschiedenen Einrichtungen der Barometer an. Dieß ist vornehmlich die Ursache der erstaunlichen Verschiedenheit, welche sich zwischen den Rechnungen des Herrn Pickards und der andern Naturkündiger findet. Der Herr Abt Chappe saget, daß man allen diesen Unbequemlichkeiten vorbeugen würde, wenn man für jedes Barometer die Menge Luft bestimmte, welche eine Linie Quecksilber auf der Fläche des Meeres unterstützete. Diese Menge muß verschieden seyn, wenn die Barometer in ihren Richtungen verschieden sind. Deswegen hat er verschiedene Tabellen, von jedem Barometer, dessen er sich bedient hat, verfertiget. Eine jede derselben bemerket die Menge Luft, welche eine jede Linie Quecksilber stützet, nach dem Maaße, wie man sich von dem Mittelpunkte der Erde, nach der Fläche des Meers, entfernet. „Die Methode, der ich mich hierbey bediente, saget er, ist sehr einfach; ich stieg mit einem Barometer auf den Gipfel eines Berges, „bemerkete jeden Ort mit einer Stange, wo das Quecksilber eine Linie herunter sank; „nachdem ich durch verschiedene Versuche gewiß versichert war, der Dunstkreis habe „sich nicht verändert, und der Standpunct zeige eine Linie des Quecksilbers an, so be„stimmte ich mit einer Richtwage die Höhe eines jeden Standpunktes; und da ich die „Höhe des einen in Verhältniß zu der Fläche des Meeres kannte, so konnte ich auch „die Menge der Luft, welche mit einer Linie auf eben dieser Fläche übereinstimmet.„

Abt Chappe. 1761.

Nach aller dieser Vorsicht berechnete dieses Mitglied der Akademie den russischen Boden, und maß dessen verschiedenen Höhen. Man wird in seinem Werke finden, wie er seine Methode in Frankreich angewendet hat. Wir sammlen nur diejenigen Beobachtungen, welche er in seiner Reise nach Sibirien erzählet.

Abt Chappe. 1761.

Die übermäßige Kälte, welche man in diesem Lande aussteht, ist beynahe saget er, eine nicht zu erklärende Erscheinung. Naturkündiger vom ersten Range haben die Ursachen derselben der erstaunlichen Höhe beygelegt, welche die Reisenden dem sibirischen Boden zugeschrieben haben. Ist es aber wirklich so erhaben, wie man denket? Dieß kann man aus den Messungen sehen, die er an verschiedenen Orten dieser unermeßlichen Wüste angestellet hat.

Er setzet die mittlere Höhe des Barometers auf der Fläche des Meeres zu acht und zwanzig Zoll breit, eine Linie und ein Zwölftheil; auf der Fläche der Newa zu St. Petersburg auf sieben und zwanzig Zoll, eilf Linien sieben Zwölftheil; die Newa wird also über das Weltmeer eine Linie sechs Zwölftheil erhaben seyn, welches siebenzehn Klaftern, vier Fuß drey Zoll ausmachet. Diese Höhe enthält die Steigung der Newa von Petersburg bis zu ihrer Mündung in das baltische Meer.

Höhe von Tobolsk.

Zu Tobolsk ist der Unterschied der Höhe nicht sehr groß. Diese Stadt hat zween Theile; der eine liegt an dem Ufer des Irtisch, der andere auf einem Berge, welcher acht und zwanzig Klaftern zwey Fuß drey Zoll über die Fläche des Flusses erhaben ist, wo dieser Gelehrte seine Beobachtungen vornahm. „Ich bemerkete, saget „er, als ich mein Barometer von der Fläche dieses Stromes auf den Gipfel eines „Berges brachte, daß das Quecksilber um zwo Linien drey Zwölftheil herunter fiel, da„her schloß ich, daß die erste Linie zwölf Klaftern, drey Fuß, sechs Zoll; die zweyte „zwölf Klaftern, vier Fuß, sechs Zoll; und die dritte zwölf Klaftern, fünf Fuß, sechs „Zoll, und so weiter fort, gleich wäre. Da ich die mittlere Höhe des Barometers „zu Tobolsk zu sieben und zwanzig Klaftern, sieben Fuß, zehn Zoll annahm, wie ich „sie schon bestimmet hatte, so kömmt mein Barometer auf der Fläche des Meeres mit „eilf Klaftern, vier Fuß, sechs Zoll, überein.“

Die Fläche des Irtisch zu Tobolsk erhebt sich also acht und sechzig Klaftern, vier Fuß, zehn Zoll über das Meer. Da der Verfasser hernach das Land zwischen Petersburg und Tobolsk maß, so fand er zu Nowogrod den dasigen See acht Zwölftheil einer Linie höher, als die Newa, und folglich sieben Klaftern, fünf Fuß, zehn Zoll.

Zu Twer fand er die Wolga vier Linien sechs Zwölftheil über den Newa oder hundert und ein und dreyzig Klaftern, ein Fuß erhaben.

Zu Moskau ist die mittlere Höhe des Barometers sechs und zwanzig Klaftern, vier Fuß, eilf Zoll, und die Fläche des Flusses dieser Stadt zweyhundert und ein und funfzig Klaftern, ein Fuß, neun Zoll höher, als die Newa.

Zu Casan ist die Wolga zwo Linien, drey Zwölftheil höher, als die Newa, deren Maaß man allezeit von Petersburg annimmt. Aber man muß diese umständliche Erzählung überhüpfen, welche ein Studieren und eine fortgesetzete Aufmerksamkeit derjenigen erfordern, für welche der Herr Abt Chappe diese Nachrichten gesammelt hat, und zu allgemeinen Betrachtungen übergehen, welche diese Messung beschließen.

Eine Kette von Bergen, saget der Verfasser, geht von Süden nach Norden, unter dem fünf und siebenzigsten Grade der Länge queer durch die weite Ebene, welche sich von Petersburg bis Tobolsk erstrecket, und worinnen man von Westen nach Osten reiset. Diese Ebene ist siebenhundert Meilen lang, vierhundert breit, und durch erhabene Oerter unterbrochen. Sie hat gegen Westen das baltische Meer, gegen Osten

den

den Irtisch, gegen Norden das Eismeer, gegen Süden das caspische Meer und Asof. Dasjenige Land, welches zur südlichen und nordlichen Seite des Weges von Petersburg nach Tobolsk liegt, ist viel niedriger, als dieser Weg, weil die meisten Flüsse von der rechten und linken Seite in dasselbe hinabfallen. Die äußersten Gränzen gegen Norden und Süden sind der Meeresfläche gleich. Abt Chappe. 1761.

Die ost- und westlichen Gränzen sind weit höher, als dieses Meer, die eine zu Petersburg achtzehn Klaftern, die andere zu Tobolsk drey und sechzig. Die größeste Höhe des Landes, zwischen Petersburg und Jachelbiza, in einer Entfernung von beynahe hundert Meilen, beträgt fünf und vierzig Klaftern über das Meer.

„Die Entfernung von Jachelbiza bis Ossa beträgt ungefähr vierhundert Meilen. „Dieses ganze Land muß man als eine zweyte Fläche betrachten. Man trifft darin„nen an verschiedenen Orten Hügel, Erdhaufen und Erhebungen des Landes an. „Diese Erhebungen haben oft dreyzig bis vierzig Meilen im Durchschnitte. Die Hö„he der moskauischen ist zweyhundert neun und sechzig Klaftern über das Meer erha„ben. Alle diese Erhebungen sind ungefähr neunzig Klaftern höher, als diese zweyte „Fläche.“

„An einigen Orten zu Ossa geht man in die Kette von Bergen hinein, welche un„ter dem Namen der Berge Pojas oder der riphäischen Gebirge bekannt sind. Die„se Kette theilet sich gegen Mittag in zwo andere. Eine große Ebene trennet sie. „An dem niedrigsten Orte liegt Tikonoska; an dem höchsten Saborca. Die Höhe des „erstern beträgt hundert und sechzig Klaftern, des andern zweyhundert acht und zwan„zig.“ Die mittlere Höhe dieser dritten Fläche ist hundert fünf und achtzig Klaftern über das Meer erhaben. Der höchste Berg der ersten Kette beträgt zweyhundert sieben und achtzig Klaftern. Der höchste Berg der andern dreyhundert und neun. Die mittlere Höhe der ersten Kette ist also ein und funfzig Klaftern, und die mittlere Höhe der zweyten Kette zwey und sechzig Klaftern höher, als die dritte Fläche. Der höchste Berg auf dem solikamskayischen Wege ist vierhundert ein und siebenzig Klaftern über das Meer; und also hundert drey und vierzig Klaftern über die dritte Fläche erhaben. Nach allen diesen Verbindungen ist die mittlere Höhe der Kette, welche auf dieser dritten Fläche ruhet, zweyhundert und siebenzig Klaftern über das Meer erhaben.

Von dieser Kette bis nach dem Irtisch ist eine Entfernung von ungefähr hundert und zwanzig Meilen, welche eine vierte Fläche ausmachet, die aber abhängig ist, dagegen die andern mit dem Horizonte parallel laufen. Der Winkel dieser Fläche mit dem Horizonte beträgt zu Tobolsk ungefähr zwey und einen halben Grad. Sie erhebet sich immer mehr gegen Mittag und neiget sich gegen Norden hinunter. Der Abhang dieses Bodens von der Kette bis nach Tobolsk beträgt siebenhundert Klaftern, wenn man ihn von dem Fuße dieser Berge bis an den Irtisch rechnet. Hier höret der Herr Abt Chappe auf, mit den Reisenden, welche seine Vorgänger gewesen, überein zu stimmen. Sie haben alle eingesehen, saget er, daß der russische Boden sich erhebt, je mehr er sich den Bergen Pojas näherte: aber sie haben auch alle voraus gesetzt, daß er sich auch gegen den ostlichen Theil dieser Berge erhebe, und uns diese Gegend als den erhabensten Theil von Europa vorgestellet. Nach meiner Meynung sind die verschiedenen Flächen, welche Sibirien ausmachen, nicht allein wenig erhöhet, sondern der Boden neiget sich vielmehr gegen Osten, anstatt daß er sich erheben sollte. „Obgleich

Die Meynung des Abt Chappe, wegen der Höhe von Sibirien, ist allen andern Reisenden zuwider.

 „die

Abt Chappe. 1761. „die Meynung aller Reisenden gar keine Beobachtung, die in ihren Werken bekannt „gemacht wäre, zum Grunde hat, so hatte doch die Uebereinstimmung ihrer Erzäh„lung in dieser Absicht ein großes Vorurtheil zum Besten ihrer Meynung gemacht, daß „ich selbst überzeuget war, dieser Theil des russischen Reiches liege ausnehmend hoch. „Als ich daher bey meinen Beobachtungen erkannte, die Folgerungen aus denselben „wären der angenommenen Meynung gerade entgegen, so gab ich diesen Unterschied „meinen Beobachtungen Schuld.“ Der Verfasser, welchem seine mehr als zweymonatliche Arbeiten über diesen wichtigen Gegenstand zum Ekel wurde, wollte diesen Theil seines Werkes nicht bekannt machen. „Ich hatte, saget er, dem Barometer auf ewig „entsaget. Unterdessen nahm ich doch diese Arbeit nach einigen Monaten wieder vor, und „überließ mich den bloßen Beobachtungen. Die erste Rechnung, welche nur obenhin gemacht war, machte, daß ich durch die Uebereinstimmung meiner Folgerungen „erkannte, ich wäre auf gutem Wege. Ich verschwur ein Vorurtheil, dem durch alle „meine Beobachtungen widersprochen wurde; ich zog hierbey nichts als die Thaten „zu Rathe.“

„Isbrand Ides schätzet die werchoturischen Gebirge fünftausend Klaftern hoch; „ich habe die zu Kyria, die höchsten im Lande, auf vierhundert und ein und siebenzig „Klaftern über das Meer erhaben angenommen. Diese Bestimmung, welche auf die „genaueste Beobachtung gegründet ist, leidet gar keine Schwierigkeit.„

Herr Gmelin erzählet Beobachtungen mit dem Barometer, welche im Christmonate 1742 zu Kyria und Werchoturien gemacht sind. Weil er aber gar keine Folgen daraus herleitet; und da diejenigen, welche man daraus ziehen kann, sich mit den Beobachtungen des Herrn Abt Chappe vertragen, nämlich zu beweisen, daß der Berg Kyria nicht sehr erhaben sey: so schloß der französische Gelehrte hieraus, daß der deutsche Naturkündiger sich seiner Beobachtungen mit dem Barometer nicht bedient habe, wenn er saget, „es gebe in Sibirien Ebenen, welche über die übrige Erde eben so er„haben und von ihrem Mittelpunkte eben so entfernt sind, als hohe Berge in verschiede„nen andern Ländern.„

Der Herr von Strahlenberg, ein schwedischer Officier und gelehrter Mann, der verschiedene Jahre als ein Gefangener in Rußland und Sibirien gewesen war, leget gleichfalls dieser Gegend eine große Höhe bey. „Die asiatischen Länder in Norden, „saget er [a]), liegen viel erhabener, als die europäischen, ja in Ansehung dieser gleich„sam so erhaben, als ein Tisch gegen den Fußboden, auf dem er steht. Denn komme „ich von Westen aus Rußland, und gehe in Osten über die riphäischen und rymnäischen „Gebirge in Sibirien hinein, so muß ich recht merklich und vielmehr bergan, als her„unter gehen.„

„Meine Beobachtungen, saget der Herr Abt Chappe, sind dieser Behauptung „gerade entgegen. Sie beweisen, daß, wenn man von dem riphäischen Gebirge ge„gen Osten geht, das Erdreich sich vielmehr neige, als sich erhebe. Um sich von die„ser Wahrheit zu versichern, darf man nur sein Auge auf eine jede Karte von diesem „Lande werfen, so wird man daselbst eine Menge Flüsse entdecken, deren Quellen in „den riphäischen Bergen ist, und deren Lauf nach Osten geht, da auch ihre Mündung „in

a) Dessen nordlicher und östlicher Theil von Europa und Asia, Einleitung a. d. 107 S. 17 §.

„in den Irtisch hundert und zwanzig Meilen von der Kette der Berge entfernt ist.„ Abt Chappe 1761.
Die Erdbeschreibung des Cellarius glebt es als eine gewisse Sache an, daß die riphäischen Berge beständig mit Schnee bedecket sind. Diese Sache, saget der Herr Abt Chappe, sehr wohl, würde nicht beweisen, daß die nordlichen Berge sehr hoch wären, ihre Breite ist genug, hier eine beynahe ewige Kälte zu unterhalten. Die Ursache der Kälte auf den Bergen unter der Linie ist von der unter dem sechzigsten Grade der Linie sehr unterschieden. In Peru kann nur die Höhe der Berge einen ewigen Schnee hervor bringen: in Sibirien aber verursachet die Höhe und die Nähe des Pols eine Kälte nicht nur auf den Bergen, sondern auch auf den Ebenen, die mehr oder weniger hoch sind. Uebrigens leugnet der Herr Abt Chappe, daß die sibirischen Berge das ganze Jahr hindurch mit Schnee bedecket sind. Die Berge von Solikamskaja haben am Ende des Mays keinen Schnee mehr, ob sie gleich weit nördlicher und höher sind, als die zu Cathrinenburg, wo der Verfasser im Monate August keinen mehr fand. Wenn die Sache, welche Cellarius erzählet, einigen Grund hätte, so würde sie den Herren Strahlenberg, Gmelin, Müllern, und so vielen andern, welche dieses Land durchgereiset haben, nicht entwischet seyn. Der Herr Abt Chappe entscheidet noch diesen Streit durch viel dringendere Gründe.

„Alle Naturkündiger, saget er, wissen, daß die Veränderungen des Barometers „sich nach dem Maaße vermindern, wie man sich in dem Dunstkreise erhebt. Wenn „man Sibirien nur eine halbe Meile höher, als das Meer annimmt, anstatt daß Jsbrand Ides zwey und eine halbe Meile diesem Berge beylegt,„ so muß der Barometer sechs Zoll tiefer fallen, als auf der Meeresfläche. Die mittlere Höhe des Barometers an diesen Orten würde nur zwey und zwanzig Zoll ausmachen, und das Quecksilber würde sich niemals auf drey und zwanzig erheben. Nun hat aber der Herr Abt Chappe an dem Orte, der von allen Reisenden für den höchsten dieser Kette erkannt ist, bemerket, die Höhe des Barometers sey fünf und zwanzig Zoll eilf Linien acht Zwölftheil. „Zu Tobolsk, saget er, habe ich das Barometer am 28sten April „auf acht und zwanzig Zoll, zehn Linien, vier Zwölftheil gefunden, beynahe so wie man „es zu Paris bemerket.

„Es ist also gewiß, daß alle Reisende sich bey der erstaunlichen Höhe, welche sie „den riphäischen Bergen beylegen, geirret haben.“ Es ist eben so wahr, daß dasjenige Land, welches gegen Osten dieser Berge liegt, gar nicht erhaben ist, sondern vielmehr weit niedriger, als alle andere Ebenen in Europa von einer nur mittelmäßigen Höhe. Wenn die Reise des Herrn Abt Chappe keinen andern Nutzen hätte, als in einer Sache, worüber so sehr gestritten ist, ein Zeugniß ab zu legen, so wäre dieses doch schon ein großer Vortheil. Man kann aber nicht mehr zweifeln, daß die Beobachtungen mit dem Barometer eine sehr entscheidende Regel seyn, diese Frage aus zu machen. Kann man nicht annehmen, daß das Eismeer und alle übrige nordliche Seeen weit höher sind, als das Weltmeer? Obgleich alle Gewässer der Erde sich in die große See ergießen, so kann doch das große feste Land, welches das Eismeer zu unterstützen scheint, die Stärke seines Abhanges aufhalten, welche es in das Weltmeer stürzen würde, wo es seinen Ausfluß hat. Die tägliche Bewegung der Erde um ihre Achse theilet allen Meeren eine kreisförmige Bewegung mit, welche die Stärke der einen oder andern zerstöret oder aufhält. Der Druck, welchen sie alle durch die anziehende

Abt Chappe. 1761. Kraft gegen den Mittelpunkt der Erde empfinden, ist hinreichend, zu verhindern, daß die nordlichen Meere, welche dem Mittelpunkt am nächsten sind, weil die Erdkugel gegen die Pole eingedrückt ist, in das Weltmeer fallen, oder sich nicht über diejenigen Länder ergießen, welche sie unterstützen. Also könnte die Erde in Sibirien merklich über unser Weltmeer erhaben seyn, ohne deswegen höher, als das Eismeer, zu seyn. Man hat aber diese Erhebung nicht nöthig, um die ausnehmende Kälte in den weiten Ebenen Sibiriens zu erklären, welches den beständigen Winden von dem Eismeere ganz offen ist. Wir wollen diesen tiefen Gegenstand der Untersuchung einem d'Alembert überlassen. Wenn derjenige, welcher die Geschichte der Winde verfertiget hat, welcher die Gränzen der Dynamick und Hydraulick erweitert hat, welcher einen Stammbaum der Wissenschaften und die ersten Gründe der Weltweisheit geliefert hat; wenn dieser Geist, dem die Natur die Gabe verliehen, die tiefesten Wahrheiten zu durchdringen, und die noch seltenere Fähigkeit, dieselben empfindsam, und beynahe allgemein zu machen; wenn dieser Weltweise diese Frage noch nicht ergründet hat, welche man aufgeworfen hat: so wollen wir warten, bis er davon redet, und zu andern Materien übergehen.

Wenn ein Gelehrter von einer gelehrten Gesellschaft gegen den Pol oder die Linie abgeschickt wird, so muß man ihn als einen Fortpflanzer des Lichtes des menschlichen Geistes ansehen. Ob er gleich nur mit dem Titel eines Sternkundigen, und einer astronomischen Beobachtung wegen, abreiset, so sind doch dabey verschiedene Mittel, den Menschen nützlich zu seyn. Der Herr Abt Chappe, dessen Reise sich eigentlich nur auf die Beobachtung des Durchganges eines Planeten durch die Sonne einschränkte, hat uns in seiner Reisebeschreibung alles dasjenige berichtet, was seine Nation und die Wissenschaften aufklären konnte. Er hat den Himmel beobachtet, besonders aber die Erde, dessen Kenntniß dem Menschen so nahe angeht. Er hat hernach die Lage der Oerter in Absicht auf die ganze Kugel fest gesetzet, und er hat ihre Höhe in Absicht des Meeres abgemessen. Nach diesem doppelten Augenmerke auf der Rinde oder der Oberfläche wollte er auch in das Innere dringen, und das Wesen der Erdarten erkennen. In den Gebirgen ist die Natur weit häßlicher, unfruchtbarer, und doch auch weit sonderbarer, als anderswo. Sie vergütet hier den Mangel an Pflanzengewächsen durch den Ueberfluß an Mineralien, sie bringet fast gar keine Pflanzen zur Nahrung hervor, aber sie bildet Steine und Metalle, die zu den Künsten der ersten Nothdurft dienen. Auf den Bergen graben die Menschen diejenigen Gebäude aus, welche sie auf den Ebenen errichtet haben. Wenn man nicht säen oder pflanzen kann, so gräbt man hier doch die Werke des Ackerbaues aus. Die Ebenen zeigen ihre Eigenschaften durch das, was sie hervor bringen. Sie brauchen nicht von einem Naturkündiger studiert zu werden, wie die Berge, welche ihre Wesen nicht von aussen enthüllen. Deswegen haben auch neugierige Reisende allezeit dieselben mit einer besondern Aufmerksamkeit beobachtet. Der Herr Abt Chappe hat, nach dem Beyspiele der Gelehrten, welche die Erde durchreisen, sich der Untersuchung der Berge gewidmet. Sein Weg führete ihn zu den ryphäischen Bergen, seine Muße hielt ihn in demjenigen Theile dieser Kette auf, welche zwischen Cathrinenburg und Solikamskaja liegt. Daselbst untersuchet er die verschiedenen Arten der Bergwerke. Ehe er sie beschreibt, redet er von einigen Gypsarten, wovon er verschiedene Stücke mitbrachte. Unter an-

Bergwerke.

dern

dern Merkwürdigkeiten der Natur, saget er, ist der Mica oder das moskauische Glas so gemein in Sibirien, daß man Fensterscheiben daraus machet. Es ist ein Drittheil einer Linie dick, hellebraun, welches ins Gelbe fällt, und so durchsichtig, daß man dadurch lesen kann. Man theilet es in sechs oder sieben Blätter, von denen jedes wieder in drey Blätter abgetheilet wird, die man wie Papier um die Finger winden kann. Es ist mehr zähe, als zerbrechlich; man muß es vielmal biegen und wieder zurück biegen, wenn man es zerbrechen will.

Abt Chappe. 1761.

Mica, oder moskauisches Glas.

Sibirien hat auch den Magnet, der reichlich gefunden wird. Man findet ihn an verschiedenen Orten der Berge Pojas. Zehn Meilen von dem Wege, welcher von Cathrinenburg nach Solikamskaja geht, liegt der Berg Galazinski. Seine Höhe beträgt über zwanzig Klaftern. Die Grube ist niedrig, und in verschiedene Schichten vertheilet, welche durch Erde von einander getrennt sind. Der Gipfel des Berges ist ein Magnetfelsen. Er hat eine braune Eisenfarbe, ist hart und dicht, und giebt an dem Stahle eben so wohl Feuer, als der Stein. Wenn er geröstet wird, so verliert er seine Kraft, Eisenspähne an sich zu ziehen, wofern sie nicht auf einem rohen Magnete verbreitet sind. Wenn er geröstet und zerstoßen ist, so wird sein Staub durch einen ordentlichen Magnet an sich gezogen, eben so, wie die Eisenspähne.

Magnet.

Es giebt noch einen weniger vollkommenen Magnet, der mit einer eisenartigen und zuweilen mit einer kupferartigen Erde vermischt ist. Diese Grube giebt nur drey und vierzig für hundert.

Zwanzig Meilen von Solikamskaia trifft man einen grünlichen und würfelartigen Magnet an. Die Würfel sind von einer glänzenden und lebhaften Farbe. Wenn man sie zu Pulver stößt, so werden sie in glänzende Körner von einer Eisenfarbe, und in grünlichen Staub verwandelt. Das Eisen scheint in diesem Magnete durch Arsenik mineralisch zu werden. Man findt den Magnet nur in einer solchen Kette von Bergen, deren Richtung von Süden nach Norden geht.

Eben dieses Land hat auch Eisenbergwerke. Der Herr Abt Chappe zählet derselben funfzig von verschiedener Art, beynahe alle in der Gegend von Cathrinenburg. Das Eisen, saget er, wird durch den Schwefel mineralisiret, es ist mit einer glasartigen Erde verbunden, oft aber auch mit einer kalkartigen Erde. Nicht ein einziges dieser Bergwerke ist ordentlich abgetheilet. Sie sind alle, wenigstens dem Ansehen nach, ohne Ordnung zerstreuet.

Eisenbergwerke.

Man trifft diese Erzadern beynahe allezeit in den niedrigen Bergen oder an den Ufern der Flüsse an. Sie sind drey Fuß unter der Erde, und ihre Tiefe hält vier und zwanzig bis dreyzig Fuß. Ihr unterer Theil ist den Flüssen gleich. Die mittlere Höhe dieser Eisenadern ist zweyhundert acht und zwanzig Klaftern über das Meer erhaben. Auf hohen Bergen, oder in der Mitte der Kette der Berge Pojas, trifft man solche nur sehr selten an.

Ihre Lage in der Erde.

Alle diese Erze werden in der freyen Luft calciniret, ehe man sie in den Ofen bringt. Man machet von ihnen Amboße, die zwey Fuß dick sind, über denen Scheiterhaufen, welche an trockenen Orten angeleget sind. Die Stücken Erzt sind gemeiniglich nur ungefähr drey oder vier Zoll dick, im Durchmesser.

Diese Erze bringen Eisen von einer besondern Beschaffenheit hervor, es mag nun entweder weich, oder spröde und zerbrechlich seyn. Diejenigen, deren Eisen spröde und

Abt Chappe. 1761.

und zerbrechlich ist, sind die reichhaltigsten. Man vermischet verschiedene Eisenerze, indem man die weichen und geschmeidigen mit spröden und zerbrechlichen verbindet. Das Eisen, welches aus dieser Verbindung entsteht, ist vollkommen, und zu gewissen Werken geschickter, als das schwedische und spanische.

Eigenschaften des Eisens. Sein Vorzug vor dem schwedischen und spanischen.

Dieses Eisen ist zähe und biegsam in der Kälte und in der Wärme. Wenn man mit der scharfen Seite eines Hammers darauf schlägt, so machet man eine Beule, wie in das Bley. Das Korn desselben ist so fein, daß man es kaum mit dem Gesichte unterscheiden kann. „Ich nahm eines Tages, saget der Herr Abt Chappe, eine eiserne Stange, welche funfzehn Fuß in die „Länge, drey Zoll in die Breite, und sieben Linien in die Dicke hielt; nachdem ich „sie zwischen zween Aeste des Baumes gestellt hatte, drehete ich diese Stange geschickt „um den Baum herum, und mit eben dieser Leichtigkeit wieder zurück, ohne daß sie in „den Krümmungen irgend eine Spalte oder Ritze bekam. Ich habe hiervon Proben „mit gebracht, und unsere Künstler haben die Güte dieses Eisens bewundert. Es ist in „Frankreich nicht bekannt genug.„ Man verkaufet es den Engländern, welche damit den vornehmsten Handel treiben. Sie schiffen es zu Petersburg ein, wohin man es im Winter auf Schlitten und im Sommer auf den Flüssen bringt.

Handel damit. Was es kostet?

Es kostet dem Unternehmer das Pud, (welches drey und dreyzig Pfund französisches Gewicht ausmachet,) zwölf Sous. Man verkaufet es für zwanzig Sous auf der Stelle, in Petersburg aber gilt es dreyzig Sous mehr. Um hundert Pfund Eisen zu haben, bedienet man sich eines Maaßes von Steinkohlen, welches sechs Fuß sieben Zoll hoch, eben so lang, und vier Fuß fünf Zoll breit ist.

Was es wieder einbringt?

Einige von diesen Schmelzöfen kosten zehntausend Franken. Und wenn alle Kosten bezahlet sind, wirft das Bergwerk seinem Eigenthümer noch zwanzig tausend Franken ab. So bringt Rußland Eisen und Soldaten hervor. Man sieht leicht, was man noch mit der Zeit davon erwarten kann. Wenn ein europäisches Seeland ihm wird offen seyn, um den Krieg in die Morgenlande zu bringen, da die andern Mächte nicht weise genug sind, ihm den Weg nach Norden zu verschließen; wo wird es sich alsdenn Gränzen setzen?

Kupferbergwerke.

Das Kupfer ist ein beynahe eben so gemeines Metall, wie das Eisen, dessen Nutzen aber weniger erkannt wird, und welches die neuere Chymie uns verdächtig zu machen scheint. Sibirien hat Bergwerke davon. Diese vereinigen sich in der Gegend von Kasan, und bringen dieser Stadt einen Handel, und eine Art von Ueberflusse zu Wege, welche gegen die Wüsten, womit sie umgeben ist, und gegen die Sitten der Tatarn, welche sie bewohnen, sehr absticht. Man trifft in dieser halb wilden Landschaft Anfangs einen kupferartigen Mergel an, der sich leicht zerreiben läßt, und gar nicht zäh ist, weil er wenig Thon, und vielen Sand enthält. Er ist aus zwoen Schichten zusammen gesetzt; die eine von grauer Farbe, die etwas ins Röthliche fällt, enthält wenig kupferartige Erde. Die andere ist Wassergrün, und fällt ins Graue; und diese Farbe kömmt von dem Kupfer her. „Alles scheint eine Auflösung dieses Metalles anzukündigen, dessen Theile in diesem Mergel laugenhaftig und in Unordnung gebracht sind. Sie enthält so „wenig Kupfer, daß man es nicht einmal heraus zieht.„

Der Herr Abt Chappe redet von verschiedenen Arten Mergel und kalkartigen Steinen, welche mehr oder weniger Kupfer enthalten. Es giebt desselben an zwanzig Orten.

Man

Man findt auch noch Kupfer in dem reinen Sande, ohne irgend eine Vermischung von kalkartiger Erde. Das Metall liegt schichtweis in demselben. Abt Chappe. 1761.

Die Kupferadern enthalten auch Malachiten, in der Gestalt der Tropfsteine. Der sibirische Malachit ist sehr schön, leicht zu poliren, und schicket sich zu allen Arten von Edelgesteinen. Er entsteht aus der Auflösung des Kupfers. Der Verfasser zählet neun Arten desselben. Malachiten.

In der Gegend von Solikamskaia traf der Verfasser einen kupfer- und eisenartigen Mergel an. Das Kupfer und Eisen sind hier beständig mit dem kreidichten Theile vermischt. Kupfer und eisenartiger Mergel.

An der Südseite von Suksun ist eine Mine von Kupfer und kalkartigen Steinen. „Die kupferartige Materie schießt zuweilen in kleinen Fächern zu Crystall an, die den Bienenstöcken gleich sind. Das Kupfer scheint in diesem Crystalle mit einem reinen Marmor vereiniget zu seyn.“ Ein kalk- und kupferartiger Stein.

Gegen Süden von Cathrinenburg ist ein Bergwerk von blaufarbigem Kupfer, „welches hart, dicht und schwer ist. Man erkennet hier wieder eine kalkartige Erde von Sande und Kupfer.“ Zwo dieser Schichten sind lasurblau, glänzend und hell; die mittelste aber blaßgrün.

Gegen Norden von Suksun trifft man ein Kupferbergwerk an, welches zwischen dem Sande und Holze mineralisch wird. „Man erkennet hier das Kupfer wieder an großen Flecken, von einem schönen Wiesengrüne. Das Holz ist so schwarz, wie Kohlen, und seine Theile sind durch fettige Materie verbunden.“ Das Kupfer wird in diesem Gewächse in kleinen würfelförmigen Schichten crystallisirt, und diese Crystallisirung kann man als glasartig betrachten. Diese Erzgrube besteht aus Sande, Holze und Kupfer. Kupfer, welches zwischen Sande und Holze mineralisch wird.

Die Bergwerke in der Gegend von Suksun liefern auch noch Kupfer, welches in den Bäumen mineralisch geworden ist. „Man erkennet, saget der Herr Abt Chappe, aus der Probe, welche ich mitgebracht habe, daß es zu einem Baume gehört hat, dessen Diameter wenigstens einen Fuß betrug. Das Innere desselben ist beynahe zu Kohlen geworden, welche leicht zu zerreiben sind.“ Man trifft auch daselbst Crystallisirungen an, aber nur zwischen den Fäsern eines Baumes, der schon ganz seine Natur verloren hat. „Indessen sieht man noch sehr deutlich die Rinde, welche vier Fuß dick ist. Sie ist in zwo Schichten getheilt, eine lasurblaue und eine blaßgrüne. Ich habe an diesen Orten gehöret, daß man bisweilen in den Schichten dieser Bergwerke ganze Bäume antrifft. Der Baum enthält mehr oder weniger Kupfer. Er erscheint durch seine Farben auf verschiedene Art: aber diese sind alle entweder grün, oder lasurblau.“ Kupfer, welches in Bäumen mineralisirt ist.

„Die Kupferbergwerke erstrecken sich in den Gegenden von Suksun auf dreyzig Meilen. Man findt sie in den Bergen, welche hundert Klaftern hoch, und besonders sehr abhängig sind. Sie sind in Schichten abgetheilt, welche dem Abhange des Berges folgen. Sie bilden sich daselbst in unregelmäßigen Gängen, die sich in einem Hauptgange gemeiniglich vereinigen, welcher der Mittelpunkt von allen ist; diese Aeste erstrecken sich zuweilen auf eine Viertheilmeile. Sie befinden sich gemeiniglich in der Mitte der Höhe der Berge. Ihre Tiefe ist ungefähr acht und sechzig Fuß. Diese

Abt Chappe. 1761. „Bergwerke bringen wenig ein. Die reichhaltigsten geben nur vier für hundert, und „andere noch viel weniger...

„Die Kupferbergwerke, welche man auf den ryphäischen Bergen kennet, sind nicht „allezeit in Schichten abgetheilt. Man trifft sie in niedrigen Bergen an, oder die ganz „neu gebildet sind. Es scheint anfangs, daß das Kupfer aufgelöset, und an den ver„schiedenen Orten, wo man es findt, durchgeführet sey und sich gesetzet habe: aber als„dann müßte es sich auf gleiche Art bey verschiedenen Materien finden, woraus diese „Berge bestehen. Man findt es aber im Gegentheile nur bey kalkartigen Materien, es „mag nun mit Thone oder Sande vermischet seyn... Ich habe, saget der Herr Abt „Chappe, mehr als hundert und sechzig Proben von Kupfererzen mit gebracht, welche „an verschiedenen Orten aufgenommen sind. Sie sind alle, so wohl bey Mergel als „bey kalkartigen Steinen, zum Theile aus Sande zusammen gesetzet.

„Diese Erzadern finden sich einige Fuß tief, und folgen dem Erdboden, bis sie den „Flüssen gleich sind...„ Diejenigen, welche sich zwischen Ossa und Solikamskaia vom acht und funfzigsten bis zum acht und sechzigsten Grade der Breite finden, sind nur hundert und zwey und siebenzig Klaftern höher, als das Meer. Diejenigen, welche in dem sieben und funfzigsten Grade der Breite unter der Gegend von Cathrinenburg liegen, und welche durch den Schwefel in dem Quarze mineralisiret worden, sind nur hundert und acht und dreyzig Klaftern über das Meer erhaben.

Goldbergwerke. Sibirien hat so gar Goldbergwerke. Sie werfen aber nur sehr wenig ab. Sie bringen nicht so viel ein, daß man die Kosten davon bezahlen könnte, obgleich die Arbeiter nur die Kost zum Lohne haben. Sie sind der russischen Krone weniger nützlich, als den Naturkündigern, welche sich in diesem despotischen Reiche nur in kleiner Anzahl befinden. Cathrinenburg hat auch Goldbergwerke. Gegen Norden dieser Stadt ist das Bergwerk Pyschminskaia unter dem acht und siebenzigsten Grade acht und vierzig Secunden der Länge und sieben und funfzigsten Grade vier Secunden der Breite.

„Eine weisse Erde, die ins Graue fällt, vermischt mit einer Lage eisenartiger Erde, „kündiget so gleich eine Golderzader an. Kaum hat man zwey Fuß gegraben, so er„scheinen die Schichten, welche von Westen bis nach Osten zehn und zuweilen dreyzig „Lachter halten. Ihre Breite ist vier bis fünf Zoll gegen den obern Theil. Dieses „ist allezeit die reichste. Jemehr man hinab steigt, desto mehr verliert die Schicht „ihre Breite und Kraft. Diese Schichten stellen ziemlich genau den Riß eines halben „Zirkels vor, dessen Obertheil der Durchmesser ist. Sie sind eine von der andern zwey „oder drey bis zu zehn Lachtern entfernt, und gegen den Horizont ein wenig eingebogen. „Die Materie, welche sie von einander absondert, ist ein bläulicher harter Thon, wel„cher Asbest zu enthalten scheint. Man trifft hieselbst auch Ocher an. Dieses ist ein „gewisses Zeichen, daß der Gang nicht reichhaltig ist, und so bald man es in Menge „findet, so denket man nicht mehr daran, Gold zu suchen. In dem untern Theile eines „Bergwerkes macht beynahe allezeit eine Lage dieses Ochers seine Gränze aus. Die „Tiefe dieses Bergwerks ist vierzehn Lachtern. Unmittelbar darauf findt man Wasser.

„Das Gold ist gemeiniglich in dem Quarze, oft aber auch in einem Ocher, wel„cher leicht zu zerreiben ist. Man findt es in kleinen Plättchen, welche man durch Wa„schen absondert. Die Arbeiter müssen alle Materien, welche man aus den Gängen des „Bergwerkes bekömmt, aus denselben heraus schaffen.„ Diejenigen Stücken Erzt, welche

welche Gold zu enthalten scheinen, werden nach Haufen unter Missethäter vertheilet, welche verdammet sind, diese Materie zu so vielen Verbrechen zu sammlen. Mit Ketten an den Füßen sitzen sie auf einem Blocke des Felsen, und zerschlagen mit ihrem Hammer das Erz. Andere Arbeitsleute bringen es in die Mühlen. Dieses Goldbergwerk und vier andere befinden sich unter einerley Grade der Länge, in der Entfernung von einigen Minuten, und beynahe unter einerley Breite, in einem Raume, der kaum einen Grad enthält. Die Richtung dieser Gänge von Westen nach Osten zeiget ein beständiges Gesetz an. Indessen gesteht doch Herr Abt Chappe, daß dieses Gesetz mit der Vermischung vieler andern Materien schwerlich zu vereinigen ist, von denen die meisten nach und nach an die Orte, wo Gold ist, gebracht zu seyn scheinen. Unser Gelehrter hat bemerket, daß die Eisen- und Goldadern beynahe von gleicher Höhe über zwey hundert Klaftern höher, als das Meer, und in glasartigen Materien eingeschlossen waren. Die Kupferadern hingegen sind nur hundert und achtzig Klaftern höher, als das Meer, und mit kalkartigen Materien vermischt. Diese Lage der Materien, welche die Erdkugel ausmachen, ist für die Naturlehrer merkwürdig. Man müßte aber vielleicht ein Newton seyn, wenn man daraus solche Aussichten und Folgen ziehen wollte, welche einen allgemeinen und ewigen Nutzen haben. Abt Chappe. 1761.

Der Herr Abt Chappe beschließt sein Werk mit der Beobachtung, welche der Gegenstand seiner Reise war. Es kömmt hiebey auf den Durchgang der Venus durch die Sonne an. Der französische Gelehrte sollte diese Erscheinung zu Tobolsk in Sibirien beobachten, unterdessen daß andere Sternkundige sie an andern Orten der Erde beobachteten, die sehr weit von Sibirien entfernt waren. Die verschiedene Zeit des Durchganges, welche durch verschiedene Sternkundige bemerkt wurde, giebt die Entfernung der Venus von der Erde. Oder, weil man aus andern Gründen das Verhältniß des Abstandes der Venus von der Sonne, oder der Erde von der Sonne schon weis, so ist es sehr leicht, ein zu sehen, daß, wenn die Entfernung der Venus von der Erde bekannt wäre, man auch die von der Erde zur Sonne haben werde; dieses ist ein wichtiger Lehrsatz in der Astronomie. Man kann hiervon nichts mehreres sagen, ohne sich in mathematische Untersuchungen ein zu lassen, welche nicht für eine historische Sammlung von Reisen gehören. Beobachtung des Durchganges der Venus durch die Sonne.

Nachdem Herr Abt Chappe diejenigen Maaßregeln erzählt hatte, welche er anwendete, sich der Richtigkeit seiner Werkzeuge und der Genauigkeit seiner Beobachtungen zu versichern, so saget er, daß sein Vergrößerungsglas von neunzehn Fuß mit einem Ocularglase von einem Daumen breit und einem Brennpunkte von neun Linien, einem andern vortrefflichen Vergrößerungsglase von fünf und dreyßig Fuß, dessen Ocularglas einen Brennpunkt von drey Zoll hätte, völlig gleich käme.

Während der Nacht, welche vor seiner wichtigen Beobachtung vorher gieng, wurde der Himmel wechselsweise umwölkt und aufgekläret, und machte, daß der Gelehrte in einer beständigen Unruhe zwischen Furcht und Hoffnung sich befand. Um sechs Uhr des Morgens entzogen die Wolken seinem Vergrößerungsglase die Sonne gänzlich. Sie kam nur in sehr kurzen Zwischenzeiten wieder vor, als wenn sie gleichsam mit einem Menschen ihr Spiel triebe, der ihre Entfernung erkennen wollte.

Um sechs Uhr vier und vierzig Minuten achtzehn Secunden, saget er, bemerkete ich, daß die Venus schon in die Sonne getreten war. Allein, sie verschwand so gleich wieder.

Abt Chappe 1761. wieder. Um sechs Uhr, sieben und vierzig Minuten, neun und vierzig Secunden, (saget unser Beobachter,) war der Mittelpunkt der Venus noch nicht in die Sonnenscheibe getreten. Um zwey und funfzig Minuten, neun und vierzig Secunden schien es er zu seyn. Um neun und funfzig Minuten, vier und vierzig Secunden war die Scheibe der Venus noch nicht ganz hinein getreten. Ein kleiner Dunstkreis, in Gestalt eines Ringes, erschien rund um diese Scheibe. Um sieben Uhr, eine Minute, acht und zwanzig und eine halbe Secunde war der völlige Eintritt. Der Lichtstrahl an dem Rande der Sonne schien wie ein Bliß.

Um zwölf Uhr, funfzig Minuten, drey und zwanzig Secunden verfinsterte sich der Rand der Sonne. Um sechs und zwanzig Minuten war die innere Berührung des dunkeln Theiles der Venus an dem Rande der Sonne ganz deutlich. Um zwölf Uhr, vier und funfzig Minuten, funfzig Secunden unterschied man schon einen heraus gekommenen Theil der Venus durch einen halben Mond, dessen auswärts gebogene Fläche gegen die Seite des innern Randes der Venus gerichtet war. Um dreyzehn Uhr, vier Minuten, sieben Secunden sah man weder einen Ring noch einen Theil der schon heraus gekommenen Venus mehr. Um dreyzehn Uhr, acht Minuten, fünf und vierzig Secunden war der Austritt vollkommen.

„Der Ring, saget unser Sternkundiger, scheint mir vornehmlich aus dem Verhältnisse des Durchmessers der Venus gegen der Sonne ihren zu entstehen. Da jener so viel „kleiner war, so mußte in ihm mehr als die Hälfte durch die Sonne erleuchtet seyn: die „Scheibe der Venus war in ihrem östlichen Theile, wo der Ring erschien, nicht vollkommen rund. Dieses machete, daß ich muthmaßete, sein Durchmesser selbst wäre „in dieser Stellung viel kleiner. Das Licht dieses Ringes war ein sehr dunkeles Gelb „nahe an dem Körper des Planeten; hernach wurde es immer glänzender gegen den entferntesten Theil des dunkeln Körpers der Venus. In dem Augenblicke des völligen „Eintrittes war das Licht der Sonne so geschwind, daß es nicht möglich war, sich bey die„sem Scheine nur um den vierten Theil einer Secunde zu irren.

„Bey der Beobachtung des Austrittes schien mir der Ring viel glänzender und „mehr bestimmet. Dieser Ring schien mir nicht mehr, als etwas über zwey Drittel des „halben Umfanges der Venus, einzunehmen, und folglich ist er für gar nichts in dem „ganzen Austritte angesehen. Ich war mit dieser letztern Erscheinung nicht so völlig zu„frieden, als mit dem völligen Eintritte, welches vermuthlich von der langsamen Be„wegung der Venus und ihrer Stellung auf einem dunkeln Grunde des Himmels her„rühret; da hingegen bey dem erstern Falle, wo sie sich auf einem hellern Grunde be„fand, der völlige Eintritt, ungeachtet der langsamen Bewegung der Venus, wie ein „Bliß erscheinen mußte.„

Dieß ist die Beobachtung, welche dem Herrn Abte Chappe so viele Mühe gekostet hat. Es ist nur ein Augenblick, ein Punkt in der Geschichte der Zeiten und der Himmel. Allein, es ist einer von denen entscheidenden Augenblicken und Punkten, welche in der Sternkunde einen neuen Zeitpunkt anfangen, und die erhabene Wissenschaft der himmlischen Bewegungen erweitern und vollkommener machen. Man wird vielleicht eines Tages von dieser Beobachtung ausgehen, um die Entfernung der Sonne zu bestimmen, welche sich bisher den Berechnungen der Geometrie entzogen hat; die wahre Größe dieses Gestirnes aus zu messen, um den Einfluß desselben auf das Planetengebäude bände, wovon es der Mittelpunkt ist, und es in Bewegung setzet, abzuwägen. Nach hundert oder tausend Jahrhunderten werden die Sternkundiger die Wege in den Himmeln eben so gut kennen, als die Cabinetscuriere die Wege nach den verschiedenen Hauptstädten in Europa: sie werden aber dieselben ohne Zweifel mit andern Augen ansehen. Denn ein bloßer Rechner ist einem Bothen gleich, der mit vieler Mühe reiset, ohne das geringste in denen Ländern, die er durchreiset, zu sehen, oder die Geheimnisse zu wissen, welche er überbringt. Ein Sternkundiger aber, der zugleich die Naturlehre versteht, entdecket in denen einzelnen Begebenheiten ein großes Ganzes. Er liest in einer Erscheinung die Geschichte des Vergangenen und Zukünftigen. Er sitzt in dem Rathe der Gottheit. In dem, was geschehen ist, sieht er, was geschehen wird. Gott allein widerspricht sich nicht. Sich selbst und denen Geistern, welche aus seinem Wesen entstehen, getreu, hängen sein Wesen und seine Eigenschaften an seiner Nothwendigkeit. Was er ist, das muß er seyn, und was er seyn muß, das ist er. Aber kömmt es wohl denen Menschen zu, welche er nicht mit seinem Lichte erleuchtet hat, seine Natur zusammen zu setzen oder zu theilen? Fraget einmal die Naturkündiger oder die Sternkündiger, welche sein großes Werk lesen: ob sie hier irgend einiges Verhältniß mit demjenigen finden, was die falschen Propheten vorgeben, das er soll gethan oder gesaget haben. Er redet zu den Augen, jeder anderer Vertraute ist verdächtig, und nur allein die reinen, und von Vorurtheilen freyen Seelen haben Augen. Derjenige ist ein Gotteslästerer, welcher Gott, zum Besten seines besondern Eigennutzes, oder eines tyrannischen Ehrgeizes über die Geister zu herrschen, reden läßt; welcher sich seines Namens und seines falschen Bildes zur Vertheidigung und zum Angriffe bedienet, um unbestraft in der Finsterniß anzustoßen. Dieß ist der Betrüger und Heuchler, der Gottlose und Bösewicht, welcher zwar oft die Reichthümer, Ehren, Anbethungen, und den Weihrauch der Erde, niemals aber Glück und Friede, erhält. Glücklicher Beobachter, welcher in der Stille der Nacht den Himmel und die Gestirne betrachtet, ohne eine andere Leidenschaft, als die Liebe zur Wahrheit. Diese Empfindung erhebt ihn zu der Höhe der Gegenstände, die ihn beschäfftigen. Er fühlet sich zu gleicher Zeit von seinem Nichts und seiner Würde durchdrungen, ein schwacher Staub, aber auch ein Theil von dem großen Ganzen, welches seine Gedanken umfassen. Er läßt die Menschen um sich herum, sich zanken, über Güter, welche sie niemals erreichen oder besitzen werden; über Einbildungen von Größe, welche das Herz aufblähen, aber niemals erfüllen; über Ketten, welche allezeit schwer sind, sie mögen von Eisen oder von Golde seyn; über Meynungen, welche so viele Jahrhunderte hindurch die Qual so vieler verirrten Völker gewesen sind. Er fürchtet Gott nicht, weil er ihn liebet; er fürchtet seinen Donner nicht, er raubet den Himmeln nicht ein irdisches Feuer, sondern suchet vielmehr den Brennpunkt des Himmlischen auf der Erde.

Abt Chappe. 1761.

Dieß ist der Fortgang der Naturlehre. Die Erscheinung der Elektricität hat in der Wissenschaft der Natur das helleste Licht verbreitet. Ohne Zweifel war es leicht zu sehen, daß die Erde sich selbst ihren Dunstkreis zusammen setzet, da sie die Dünste, welche sie benetzen, aus ihrem Schooße in die Höhe schicket, und alle diejenigen Ausdünstungen, welche sie in verschiedenen Monaten verloren hat, in einem Tage wieder erhält. Aus eben der Ursache, welche die Erde zur Quelle der Wolken machet, mußte sie auch der Hauptsitz der Stürme und Gewitter seyn. Man hatte aber noch nicht gesehen, daß der

Von der natürlichen electrischen Kraft.

Abt Chappe. 1761. Blitz, anstatt vom Himmel zu fallen, von der Erde ausgieng. Der Herr Abt Chappe war im Jahre 1757, saget er, noch in diesem Irrthume, welcher schon 1713 durch den Herrn Maffei entdecket und bestritten war.

„Ich hatte mich überredet, saget er, daß die stürmischen Wolken allezeit mit einer „elektrischen Materie umgeben wären, und daß sie die Führer wären, von denen die „Blitze ausgiengen, welche die Lüfte durchstrichen, und Schrecken und Unordnungen auf „der Fläche der Erde verbreiteten. Ich erkannte alsobald und versicherte mich, daß „beynahe in allen meinen Beobachtungen die Entzündung der Erde auf der Oberfläche ge„schah, wo der Donner sich erhob, anstatt daß sie sich aus den Wolken stürzen sollte. Bey„nahe alle Naturkündiger sind fast von dieser Wahrheit überzeugt.„

Die Naturlehre bestimmet die Entfernung des Ortes, wo sich der Beobachter befindt, von demjenigen, wo der Blitz ausgeht, durch die Zeit zwischen dem Blitze und dem Donner; da man voraus setzet, daß der Blitz in einer Secunde hundert und drey und siebenzig Klaftern durchläuft. Der Verfasser hat Beobachtungen in Lothringen und Sibirien angestellt. Da diese aber die neuesten, und beynahe die einzigen dieser Art in einem Lande sind, welches den Wissenschaften und den Gelehrten ganz fremd ist, so gehören sie auf doppelte Art zur Geschichte der Reisen, welche oft nichts Merkwürdigeres und Neueres hat, als daß sie Erscheinungen der Natur vorstellet, die ein jeder in seinem eigenen Lande wiederfindt.

Der Verfasser hatte, nach der gewöhnlichen Art, in freyer Luft eine eiserne Stange aufgerichtet, in der Absicht, die Weite der elektrischen Atmosphäre der Wolken, und die Verhältnisse der Grade der Elektricität zu bestimmen, welche den verschiedenen Entfernungen ähnlich sind, worinnen sich die elektrische Stange in Beziehung auf die Wolken fand, woraus die Entzündung zu gehen schien.

Den 11ten des Brachmonates 1761 erschien ein Sturm zu Tobolsk. Der Abt Chappe beobachtete nur seinen Gang. Der Wind, welcher anfänglich gegen Osten war, wandte sich gegen Norden, darauf gegen Nordwest, und die Wolke verschwand in Südwest. Dieser Sturm, saget er, durchlief siebenzig Grad in einer Zeit von sieben und dreyßig Minuten.

Den 12ten des Brachmonates um zwey Uhr, vier und dreyßig Minuten nach Mittage gab die Stange schwache Merkmaale der Elektricität. Der Himmel war bedeckt, ohne Blitz und Donner. Um sechs und dreyßig Minuten regnete es ein wenig. Um zwey und vierzig Minuten hörete die Elektricität mit dem Regen auf. Um sechs und vierzig Minuten fieng die Elektricität wiederum an, ohne Blitze und Donner. Man zog sehr starke Funken auf fünf Linien heraus. Um acht und vierzig Minuten fieng der Regen wiederum an. Die Elektricität nahm wechselsweise zu und ab, bis um fünf und funfzig Minuten, da der Regen aufhörete. Man zog Funken heraus, wenn man den Finger auf acht Linien hinan brachte.

„Der Regen fieng um drey Uhr wieder an, und die Elektricität nahm bis um drey „Uhr, sieben Minuten ab, da sie gänzlich aufhörete. Die stürmische Wolke war gegen „Westen, so wie der Wind. Das Thermometer stund auf vierzehn Grad, und das Ba„rometer auf acht und zwanzig Zoll, zwo Linien.

Der Abt Chappe konnte diesen übrigen Monat hindurch keinen andern Sturm beobachten, als den am 28sten. Er hatte aber in diesem Sturme nicht das geringste Merkmaal von der Elektricität. „Ich bilde mir ein, saget er, daß solches von der Menge

„ge Regen herkam, welcher vorher gefallen war, und die Schnüre feucht gemacht hatte. „Dieser Sturm, welcher durch den Nordwestwind in Westen erschienen war, näherte „sich Tobolsk bis auf eine Meile, und stieg nur acht Grad über den Horizont.„ Von da wandte er sich gegen Mittag der Stadt, fast immer in einerley Entfernung; er rückete gegen Osten fort, und verschwand in Norden. Viele andere Stürme haben eben den Weg genommen. Der Irtisch ist gegen Mittag von Tobolsk, und läuft gegen Osten. „Da die Austretung dieses Flusses sich oft auf eine Viertheilmeile weit, und zuweilen wei„ter erstrecket, so konnte die Menge Dünste, welche beständig davon aufsteigen, wenn „sie sich mit der stürmischen Wolke vereinigen, dieselbe in vielen Fällen fest machen und „sie lenken, dem Laufe dieses Flusses zu folgen.„

Abt Chappe. 1761.

Den 2ten des Heumonates waren viele Gewitter, aber ohne einiges Merkmaal der Elektricität.

Den 9ten des Heumonates zu Mittage fieng ein Gewitter gegen Osten von Tobolsk, bey einem heitern Himmel gegen Westen an; fast ohne Elektricität, bis auf eine Stunde, funfzehn Secunden. Darauf war die Elektricität, nach einem großen Winde, der mit einem neuen Gewitter begleitet war, ziemlich stark. Es hörete um neun Minuten, fünf und zwanzig Secunden auf, und fieng um fünf und zwanzig Minuten, vierzig Secunden wiederum an. „Um dreyßig Minuten, drey und vierzig Secunden sah man „zum ersten Male einen Blitz bey diesem Sturme. Man beobachtete, daß der Zwischen„raum zwischen dem Blitze und Geräusche fünf und vierzig Secunden, oder sieben tau„send sieben hundert und fünf und achtzig Klaftern war.„ Das Gewitter war gegen den Horizont. Die Elektricität war sechs Minuten lang, sehr stark, und hörete gänzlich auf. Das Barometer stund auf sieben und zwanzig Zoll, acht Linien, und das Thermometer auf achtzehn Grad.

Den 10ten des Heumonates um halb acht Uhr des Morgens erschien ein Gewitter in Osten gegen den Horizont. „Um acht Uhr, sieben und zwanzig Minuten, dreyzehn „Secunden, wollte ich die Fäden, saget Herr Chappe, die sich um die Stange verwi„ckelt hatten, losmachen, und erhielt eine so heftige Erschütterung, daß mir der Arm „davon zween Tage lang betäubet war... Um fünf und dreyßig Minuten, dreyßig Se„cunden nahm die Elektricität zu. Das Mittel der Wolke ist im Zenith, und man siehet „den Himmel auf allen Seiten heiter. Wenn man Eisen an das Ende einer gläsernen „Röhre hält, so machet die Elektricität ein Geräusch, wie Taffend, wenn man ihn „zerreißt....„

„Ich sah bey allen Beobachtungen, wo ich Blitze wahrnahm, sehr deutlich den Donner sich von der Erde erheben. Um sieben Uhr, ein und dreyßig Minuten, schien „er mir bis zu dem erhabensten Theile der Wolke über den Horizont zu steigen. Diese „Höhe war ungefähr sieben und zwanzig Grad.

„Den 13ten des Heumonates erschien ein Gewitter in Süden, zwo Stunden nach „Mittage. Die Elektricität war anfänglich mittelmäßig, wurde aber so stark, daß ein „Soldat, welcher die Stange anrühren wollte, eine heftige Erschütterung davon be„kam, aus dem Observatorio hinweg gieng, und sich nicht getrauete, wieder hinein „zu kommen.„

„Um zwey Uhr fünf und funfzig Minuten wurde ich ganz deutlich gewahr, daß „sich der Donner unter der Gestalt einer Raquete von der Erde erhob, und in einer ge„wissen Höhe in zween Schwärmer zertheilete.„

Endlich

Abt Chappe. 1761. Endlich, damit wir nichts Nützliches und Wichtiges in dem Werke des Herrn Abtes Chappe auslassen, so wollen wir zu denen Erfahrungen, die er wegen der Electricität gemacht hat, ein Wort von seinen Beobachtungen an dem Barometer und dem Compasse beyfügen. Die größte Höhe des Barometers zu Tobolsk, saget er, war den 25sten May 1761, acht und zwanzig Zoll, zehn Linien, acht Zwölftheil bey einem Nordwinde und sehr heiterem Himmel. Die kleinste Höhe war im Brachmonate sieben und zwanzig Zoll, sechs Linien.

Das Thermometer, welches, wie man gesehen hat, im Winter über sechzig Grad unter der Gefrierung fiel, stieg den 19ten des Heumonates in der größten Hitze des Sommers auf sechs und zwanzig Grad, drey Viertheil über die Gefrierung. Dieß ist also ein Unterschied von mehr, als achtzig Grad, unter den Gränzen der Kälte und der Hitze in Sibirien. Im Brachmonate hat man es zu Tobolsk von achtzehn Grad über der Gefrierung bis auf einen Grad unter dem Eispunkte gehen sehen.

Zu Tobolsk hat der Verfasser den 15ten des Heumonates das Getraide aufgehen, und den 25sten zehn Zoll hoch geschossen gesehen, ohne daß es zu Ende des Augustes zu seiner Reife gelanget war.

Was den Compaß anbetrifft, so saget der Herr Abt Chappe, er habe ihn drey Grad, fünf und vierzig Minuten, acht und funfzig Secunden gegen Osten abweichen gesehen. Im 1720sten Jahre, saget er, hatte die Magnetnadel noch keine Abweichung, wenn man dem Barone von Strahlenberg darinnen glauben will. Herr Chappe saget, sie verändere sich zwölf Minuten und eine halbe jährlich gegen Osten; da ihre Veränderung zu Paris zehn Minuten jährlich gegen Abend ist.

Dieß ist genug für die Neugierigen oder Liebhaber der Lufterscheinungen und Beobachtungen. Die Adepten, diejenigen, welche die Ursachen in einer Sammlung sehr zahlreicher Begebenheiten suchen, werden das Werk des Herrn Abtes Chappe ganz lesen, und seiner Arbeit durch die Einsichten, die sie daraus werden geschöpfet haben, ihren wahren Werth setzen. Es ist ein schönes Denkmaal, welches er dem Wachsthume der Wissenschaften errichtet hat. Er bereitet ihr ein noch köstlicheres zu Californien. Was für Muth, und was für ein Beyspiel! Er arbeitet durch zwo große Reisen zu Lande und zur See, für die Astronomie und für die Unsterblichkeit. Hac itur ad astra.

Diese Zeilen waren geschrieben, als die Zeitung von seinem Tode ankam. Die Natur hat gewollt, daß er ein Schlachtopfer seines Eifers für die Wissenschaften würde: er hat aber, zufrieden mit seinem Schicksale, sterben müssen, weil die Absicht seiner Reise erfüllet war. Seine Beobachtung war auf den 6ten des Brachmonates festgesetzet; und er ist den 1sten des Augustmonates gestorben. Eben die Erscheinung, welche er vor neun Jahren in Sibirien gesehen hatte, wollte er in Californien nach acht Jahren wieder sehen, und war dazu abgereiset. Kaum hatte er der Welt Rechenschaft von einer Reise von funfzehn hundert Meilen abgeleget, die er zu Lande in das von der Natur verlassenste Land gethan, so schiffet er sich zu einer Reise von zwey tausend Seemeilen auf einem Elemente ein, dessen Stille und Wuth auf gleiche Art fürchterlich sind.

Er geht von dem eiskalten Erdstriche zu der brennenden Hitze der Linie; er unternimmt allein zwo Reisen, welche viele Mitglieder der Akademie im 1736sten Jahre abgesondert

gesondert gethan hatten. Voller Ungeduld, die beyden Halbkugeln, die einander durch den Himmelsstrich entgegen gesetztesten Gegenden kennen zu lernen, thut er beynahe die Reise um die Erdkugel, besuchet die Eroberungen der Russen und Spanier, welche sich dereinst durch zween einander entgegen gesetzete Wege begegnen und zusammen fügen müssen; und will das Licht und die Einsicht bey denen in den tiefsten Finsternissen der Unwissenheit steckenden Völkern suchen. Vergebens hatten die Freundschaft, die Klugheit versuchet, seinen kühnen Muth durch die Ahnung der unzähligen Gefährlichkeiten zu erschrecken, in die er gerathen würde. Die Begierde, die Menschen zu erleuchten, sein Vaterland und sein Jahrhundert berühmt zu machen, einen Namen in der Gesellschaft der Gelehrten zu verdienen, worinnen er einen Platz zu haben sich für eine Ehre schätzete, waren viel stärker, als die Furcht vor den Ungewittern, Schiffbrüchen, Krankheiten, welche seinem Leben droheten.

Abt Chappe. 1761.

Wie nun? sagete er zu sich selbst, will man niemals große Dinge thun, als der Herrschaft wegen? Seit zwey hundert Jahren reiset man nach Mexico, das Gold daselbst bis in den Adern und Eingeweiden der Indianer und Neger zu suchen, welche verdammet sind, es aus dem Schooße der Berge zu graben; und ich sollte mich scheuen, dahin zu gehen, die Wahrheit daselbst zu entdecken! Religiosen hatten sich gleichsam Californiens bemächtiget, wo sie durch eben diejenigen Irrthümer herrscheten, welche sie mitten aus Europa haben verbannen lassen; und ich sollte einer Entdeckung wegen bey mir anstehen, welche für die Wissenschaften wichtig und allen Jahrhunderten nützlich ist! Man zweifelt noch, ob Californien eine Halbinsel ist. Ich will dahin gehen, und sehen, ob sie an das feste Land geheftet ist; ob sie nicht dereinst eine Gemeinschaft zwischen Asien und America errichten kann; ob ihre Einwohner wild oder gesittet sind; was sie für Meynungen und Sitten haben. Die natürlichen ewigen Wahrheiten, welche den Himmel an die Erde, und das Zukünftige an das Vergangene binden, diese Wahrheiten, deren Erlernung und Kenntniß den Menschen weder Unruhen, noch Gewissensbisse, noch beunruhigende Zweifel, noch Samen zur Empörung und Tyranney beybringen, sind wohl werth, daß sie durch die freywillige Aufopferung einiger Seelen erkaufet werden, welche sich dem Wachsthume des menschlichen Verstandes gewidmet haben. Dännemark hat drey von diesen glückseligen Beförderern der Einsichten und Vernunft verloren. Sie sind nach Arabien gegangen; sie sind daselbst zwar ohne Stolz und Geräusch, aber mit dem Troste, gestorben, daß sie eine Reise unternommen gehabt, welche die Gelehrten in Europa erleuchten sollte. Ist ihr Schicksal also wohl zu beklagen? Möchte ich doch auch das Licht sehen, und sterben!

So dachte der Herr Abt Chappe. Dieser Apostel der Wissenschaften ist als ein Märtyrer derselben gestorben. Die mit der Asche wilder Indianer vermengete Asche eines Weltweisen ruhet still jenseits der Meere. Sie verlanget weder ein Mausoleum noch Altäre. Pythagoras erhielt Bildsäulen, vielleicht wegen Irrthümer, die er in Indien suchete. Wie viel unbekannte Todte haben nicht aus noch weit eitlern Gründen größere Ehrenbezeugungen erhalten? Der Weise strebet nicht nach Vergötterungen, womit der Sectengeist seine enthusiastischen Schlachtopfer belohnet. Ist aber das Vaterland, ist die Akademie dem Andenken eines Mannes nichts schuldig, welcher die Meere und Erdstriche einer Beobachtung wegen durchreiset hat, die ohne Zweifel zum Wachsthume der Sternseherkunst, der Erdbeschreibung und Schifffahrt wichtig seyn wird?

Högströms Beschreibung.

Historische Beschreibung des schwedischen Lapplandes,

von

M. Peter Högström,
Mission. und Pastors zu Gelliware.

Aus dem Schwedischen.

Einleitung.

Wir wollen nicht aus unserm festen Lande gehen, so lange die Erde daselbst wohnbar ist. Die barbarischen Völker sind vordem aus Norden gekommen, und haben die mittäglichen Länder von Europa überschwemmet. Will man einer zweyten eben so kläglichen Staatsveränderung vorbeugen, so müssen erleuchtete und gesittete Nationen die Künste der Civilisirung in die Hölen und Felsen bringen, welche dem großen Bäre unterworfen sind. Man lasse uns diese Gehölze würdig machen, bewohnet zu werden. Man wird sie alsdann nicht mehr verlassen, unsere Städte und Felder zu verheeren. Man lasse uns das Licht bis nach Norden ausbreiten, ehe der Nord von neuem seine Finsternisse über uns ausbreitet. Eine von denen Ursachen, welche ganz Europa vermögen sollen, Rußland in denen Schranken zu halten, welche das Glück bis jetzo diesem Reiche gegeben hat, ist, daß, wenn es genöthiget ist, seine Kräfte gegen den Pol zu wenden, es nach und nach alle die kleinen Nationen daselbst unterwerfen wird, welche die Natur gleichsam von ungefähr in die dürren Ebenen gesäet hat, welche die Eismeere einfassen. Diese Völker werden zwar die Größe dieses schweren und fürchterlichen Körpers vermehren: sie werden aber in langer Zeit sich nicht zu einem Einfalle in ein anderes Reich vereinigen können. Das Meisterstück der europäischen Staatskunst würde vielleicht seyn, diese unbebaueten Länder unter die drey nordischen Mächte zu vertheilen, welche dem Pole am nächsten sind. Wenn man der Republik Polen ihre Freyheit wiedergegeben hätte, deren Misbrauch, welchen sie damit machet, ihr allezeit nur selbst kläglich seyn wird: so würde es zu wünschen seyn, daß man die Gränzen von Schweden und Dänemark in die unfruchtbaren Gegenden Sibiriens und der Tatarey erstrecken könnte. Wenn diese drey Körper in dem Anwachse ihrer Herrschaft einander die Wage hielten, so würde ihr Gleichgewicht das Gleichgewicht des ganzen Europa unterstützen. Hier kann man auf eine den Völkern nützliche Art die von der Tyranney zu deren unbestraften Unterdrückung

drückung ersonnene Grundregel anwenden: Trenne und du wirst herrschen. Wenn die europäischen Staaten frey, unabhängig seyn wollen, so müssen sie kein Reich sich so vergrößern lassen, daß es ein anderes unterdrücken kann. Die Unterdrückung eines einzigen würde den Untergang vieler und bald die Umstürzung aller nach sich ziehen. Die Policey und der Anbau sind die beyden Mittel, einer so großen Staatsveränderung vor zu beugen; weil sie die Menschen durch ihre Beschäfftigungen fesseln und sie alle an ihr Vaterland durch die Arbeiten heften, welche die Natur daselbst erfordert. Fast die ganze Erde ist wohnbar, wenn man nach Lappland davon urtheilen kann.

Högströms Beschreibung.

Wir liefern hier eine neue Beschreibung von diesem Eislande. Ein Prediger, ein Missionar giebt sie uns: er zeiget uns aber nur das schwedische Lappland. Sein Werk ist von dem Herrn Keralio de Gourlay, Capitaine-Aide-Major bey der königlichen Militärschule, in das Französische übersetzet worden, welcher die nordischen Sprachen versteht, und die Kenntniß der Wörter nur erworben hat, um die Kenntniß der Sachen in seine eigene Sprache zu bringen. Die Sammlungen kostbarer Stücke aus der natürlichen Historie oder der Gelehrsamkeit, die er der Akademie der schönen Wissenschaften zugeeignet hat, machen seinem Geschmacke an nützlichen Sachen Ehre. Man wird sich seiner Arbeit mit aller der Freyheit zu Nutze machen, welche die Verbindlichkeit giebt, dasjenige für den großen Haufen zusammen zu ziehen und aus zu körnen, was von den Gelehrten in seinem ganzen Umfange muß gelesen werden [1]).

Man wird der Abtheilung und Ordnung des Originalwerkes folgen, damit man mit mehrerer Genauigkeit ein Land bekannt mache, wovon man bisher nur unvollkommene und obenhin gehende Vorstellungen in der großen Sammlung der Reisen hat geben können [2]).

Das I Capitel.

Von der Beschaffenheit des Landes überhaupt.

Ursachen der wenigen Bevölkerung in Lappland. Es kann angebauet werden. Rennthier. Elendthier. Vögel. Haselhuhn. Wilde Enten und Gänse. Fische. Steinbeißker. Schöne Aussicht. Berge, und was sie enthalten. Winter und Sommer.

Daß so viele Länder in Norden und Süden für untauglich und unbewohnbar gehalten worden, das hat man nicht so wohl der Beschaffenheit, die sie von der „Natur erhalten haben, als vielmehr der Unvollkommenheit der Menschen, zu „zu schreiben Ursache.“ Sie sind viel zu unwissend, oder werden zu schlecht regieret, als daß sie ihren wahren Vortheil kennen und suchen sollten. Mächtige Könige haben

1) Wir haben von Högströms Werke auch eine deutsche Uebersetzung, welche schon 1748 in Octav zu Kopenhagen an das Licht getreten, und die wir hier an die Stelle der französischen gesetzet haben.

2) Man sehe die Historie der Reisen nach uns. Uebers. XVII Band, von der 305 bis 378 S.

Högströms Beschreibung.

einander mit dem Blute der Nationen enge Gränzen, eine Provinz, eine Stadt streitig gemacht; und große Länder sind wüste, unbebauet, oder von armen Völkern traurig bewohnet geblieben, denen es an nöthigen Künsten gefehlet, den Boden urbar zu machen und zu bauen, der ihnen zwar das Leben gegeben, aber nicht den geringsten Unterhalt darbeut.

Von denen dreyen Nationen, welche Lappland unter sich theilen, haben die Schweden einen viel größern Theil, als der Russen und Dänen ihre, sind. Das schwedische Lappland wird in sieben Marken oder Provinzen abgetheilet, die ihre Namen von denen Flüssen haben, welche sie bewässern. Die Karten geben einen ziemlich richtigen Begriff von Lapplands Gränzen: sie zeigen aber nicht genau die wahre Lage der Oerter an. Lappland hat nach der Breite hundert und zwanzig schwedische Meilen [1]) und nach der Länge an einigen Orten noch etwas mehr; und diese große Strecke Landes enthält kaum so viel Menschen, als die kleinste Provinz in Schweden.

Ursachen der wenigen Bevölkerung in Lappland.

Woher kömmt dieser Mangel der Bevölkerung? Von der allgemeinen Einbildung, es könne daselbst niemand bleiben, als der bloß von Wilde und Fischen leben könne, und das Land sey zu aller Fruchtbarkeit unfähig. Hierzu kömmt noch, daß man an den meisten Orten, so wohl Winter, als Sommer, die Spitzen der Berge beständig mit Schnee und Eise weiß bekleidet sieht. An andern Orten hat man auf viele Meilen nichts anders, als sumpfige Moräste und feuchte Striche Landes, welche hin und wieder mit dünnen und in ihrem halben Wachsthume verdorreten Birken und Weidenbüschen bewachsen sind. Wieder an andern sind dürre Sandfelder und Ebenen mit Mooße, Heide und andern nichtswürdigen Gewächsen bedecket, allenthalben aber eine kahle und leere Wiese, ein wildes Feld über das andere. Vergebens suchet man daselbst das Geräusch und die Bewegung, welche die Zeichen des Lebens und der Empfindung sind. Man sieht und höret da nicht einen einzigen Vogel. Der hinter einander fortdaurende Schnee und die Länge der Nächte verbiethen einem jeden lebenden Wesen den Zugang. Die Sonne ist daselbst zuweilen beständig über dem Horizonte. Weil aber ihre Stralen schief fallen und nicht zurückgestralet werden, so haben sie wenig Wärme. „Ich habe einige Moräste und sumpfige Stellen, saget Herr Högström, „den ganzen Sommer über bis auf den Grund zugefroren gefunden, und oben an den „Gebirgen Seen gesehen, welche, nach dem Berichte der Einwohner, in einigen Jahren nicht das geringste aufgebauet gewesen."

Der Sommer läßt sich in Lappland nur durch seine Unbequemlichkeiten empfinden. Man sieht aus dem Schooße einer Erde, die sich der Fruchtbarkeit zu versagen scheint, ganze Wolken von Insecten sich erheben, welche durch die ungeheure Menge ihrer Schwärme die Sonne verdunkeln. Es giebt deren vornehmlich dreyerley Arten. Die erste, welche im Anfange des Brachmonates kömmt, heißt lappländisch Ctsuika; die zweyte, welche kleiner ist, und sich in eben dem Monate zu zeigen anfängt, heißt Muockir; und die dritte Muriva, welche die kleinste und gierigste ist. Diese dreyfache Plage einer sumpfichten Gegend quälet so wohl den Einwohner, der sie bauet, als den Reisenden, der sie durchstreicht. Allein, hatte nicht Aegypten selbst seine Plagen in

[1]) Die schwedische Meile ist fünftausend geometrische Schritte und also mehr als zwo gemeine französische Seemeilen, jede auf zweytausend vierhundert geometrische Schritte gerechnet.

in denen Zeiten, wo es ein mächtiges Reich ausmachete, und ein zahlreiches Volk ernährete? Und was war es, ehe seine durch Canäle ausgetrockneten Moräste in Husen abgetheilet und mit reichen Aernden, Städten, Pallästen und Pyramiden bedecket wurden? Was war Italien zur Zeit der Aboriginen, ja selbst der Stiftung Roms? Was waren die Gallier, als die Römer mit Feuer und Schwerte zu ihnen kamen, sie gleichsam durch den Krieg zum Landbaue vor zu bereiten? Deutschland war zu des Tacitus Zeiten unfruchtbar, unbebauet und wild, mit gräulichen Wäldern bewachsen und von Morästen durchschnitten, worüber man nicht kommen konnte. Man muß aber nicht stets, nach dem Zeugnisse der Fremden, von einem Lande urtheilen. Thessalien war in Griechenlandes blühenden Tagen ein anmuthiges Land. Die Araber, welche man heute zu Tage dahin gehen sieht, glauben, sie werden in eine andere Welt versetzet. Sie fangen mit Bewundern an und endigen mit Klagen. Der Schatten der Bäume, sagen sie, sollte daselbst gegen Mittag fallen, wie in Arabien. Kurz, wie viel mittägliche Europäer wenden zu unsern Zeiten das auf Schweden, wie die Schweden auf Lappland, an, was Ovidius von den Sarmaten und vom Pontus saget? Högströms Beschreibung.

Herr Högström häufet Zeugnisse und Anführungen, so wohl in gebundener, als ungebundener Schreibart, zu beweisen, daß, wenn die besten Länder vordem Lapplande geglichen, dieses ihnen wohl dereinst ähnlich werden könne. Er machet Muthmaßungen und Prophezeyungen. Er erinnert sich, nach Scheffern, einer Stelle des Paracelsus, welcher geweissaget, man werde mit der Zeit zwischen dem sechzigsten und siebenzigsten Grade der Breite in Norden einen solchen Reichthum von Metallen finden, dergleichen im Oriente nimmer angetroffen worden. Die Verse, welche Pontanus zur Nachahmung einer Stelle des Seneca gemacht hat, worinnen man die Entdeckung von America zu sehen geglaubet, welche funfzehnhundert Jahre vorher, ehe sie geschehen, angekündiget worden; diese Verse, welche bey dem allen nur eine Wiederholung der wohl hundertmal von Alten und Neuern ausgelegeten oder von neuem hervorgebrachten sybillinischen Verse sind, werden auf Lappland angewendet. Wenn aber die Gestalt der Welt umgekehret werden muß, damit sie die Fruchtbarkeit in diese nordliche Himmelsgegend bringe; wenn der Boden des heissen Erdgürtels mit den beyden kalten Erdstrichen den Platz verändern muß, so ist es der Mühe nicht werth, so viel Gelehrsamkeit zusammen zu raffen und aus zu kramen, damit man Lappland wegen der Unfruchtbarkeit räche, die man ihm mit Rechte vorwirft. Fast alle Länder sind ohne Zweifel wüste gewesen, einige aber zufälliger Weise, oder wegen übergehender Staatsveränderungen, und die andern sind es noch und werden es ihrer Natur nach immer seyn. Der Mensch wird niemals die Strenge der ewigen Winter überwinden, noch da leben und sich vermehren können, wo alles umkömmt, oder nichts wächst. Indessen saget doch Herr Högström, welchem der Eifer der Religion und die Liebe zum Vaterlande unversiegende Hoffnungen auf die Zukunft geben, Gott könne in Lappland Wunder thun, welche die Nachwelt allein erfahren wird. Wenn man den Einwohnern dieses armen Landes glaubet, so kann es kein besseres noch angenehmeres Land auf der ganzen Welt geben.

„Es ist mir eine besondere Freude, saget Herr Högström, anjetzo berichten zu „können, daß in Lappland Korn wachsen und reifen könne, wovon man da, wo man „es recht angefangen hat, überzeuget worden. Dieses wurde vor ungefähr siebenzig

 Jahren

Högströms Beschreibung.

„Jahren für so unmöglich gehalten, daß der gelehrte Scheffer einen andern zu widerlegen suchete, der solches für möglich gehalten hatte. Er behauptete, daß die Stellen, welche nicht wässerig, los und sumpfig wären, allzu steinig, sandig und bergig „befunden würden, als daß sie könnten beackert werden.„ Herr Högström aber versichert, daß es hier mehr trockene als feuchte Stellen gebe, und daß in gewissen Jahren das Getraide eben so gut auf sandigem und steinigem Boden, als in anderm Erdreiche, wachse. Ueber dieses finde man auch leimichte Erde in Lappland und habe oft Mühe, einen Stein oder Sandhügel an zu treffen; daher auch die Lappländer meistentheils bey ihrem Herumziehen die Steine zu ihren Feuerstäten mit sich führen. Allein, geschieht solches wirklich aus Furcht, sie möchten anderswo keine finden? Oder ist es nicht ein Ueberbleibsel von der abergläubischen Ehrerbiethung, welche alle wilde Völker stets gegen ihre Feuerheerde gehabt haben? Die Verehrung des Feuers, der Laren, der Penaten ist in dem alten Heydenthume fast allgemein und findt sich noch heute zu Tage bey den abgöttischen und barbarischen Nationen. Man bethete anfänglich die Steine des Feuerheerdes an, oder verehrete sie wenigstens, ehe die Kunst eben diese Steine in Bildsäulen, in Götzen verwandelte. Das Christenthum hat gewisse Gebräuche des alten Aberglaubens nicht ausrotten können, auch selbst da es die Begriffe erstickt oder verändert hat, welche der Ursprung davon gewesen.

Es sey aber der Sinn oder Bewegungsgrund dieser Lappen, welcher er wolle, so fährt doch Herr Högström fort und versichert, man werde wenig Stellen von einer Meile Weges im Umkreise antreffen, wo nicht Land zu vielen Maltern Aussaat zu finden sey, und wo man nicht Pflug und Egge gebrauchen könne. Scheffer giebt vor, es regne daselbst im Sommer nicht so viel, daß die Saat keimen könne. Der viel neuere Schriftsteller aber behauptet, es regne daselbst des Sommers eben so oft, als anderwärts. Man wird sagen, der Sommer sey zu kurz zum Wachsthume des Getraides. Allein, antwortet er, „ich habe Seen gesehen, worüber man den einen Tag „mit Rennthieren fuhr, und worinnen des andern Tages kein Stück Eis mehr zu „finden war.

„Es ist gleichfalls aus der Erfahrung bekannt, daß das Getraide in diesen Gegenden eher reif wird, als anderwärts. Denn wenn man in den südlichen Gegenden „bisweilen funfzehn und mehr Wochen warten muß, ehe die Frühlingssaat reif wird, „so hat man an vielen Orten in Lappland oft innerhalb acht oder neun, ja, einiger „Berichte nach, sechs oder sieben Wochen, beydes säen und ärnden können. Wenigstens ist man allezeit versichert, zu Ausgange des Heumonates diejenige Saat ein zu „ärnden, die man in der Mitte des Mayes oder wohl etwas später gesäet hat.„ Die Aernden würden eben so reich und gesegnet seyn, als an andern Orten, wenn man nur die rechten Stellen träfe und das Erdreich gut zugerichtet würde. Noch sicherer wäre es, wenn man eine Art Getraides bekommen könnte, welches dieser Himmelsluft schon gewohnt wäre, oder doch leicht daran könnte gewöhnet werden. Wer da weis, wie schwer es sey, Gewächse und Kräuter an kältere Himmelsgegenden zu gewöhnen, den wird es nicht Wunder nehmen, daß die aus den südlichen Gegenden geholete Aussaat hier gemeiniglich Anfangs fehl schlägt. Es giebt in Lule-Lappmark, wo man im Sommer die weissen Schnee- und Eisberge sieht, Colonien, in welchen seit ihrer Anlegung kein Getraide von der Kälte beschädiget worden. Die Einwohner daselbst haben nicht genug

genug für sich zu verspeisen, sondern auch zu verkaufen, wenn sonst ganz Westbothnien wegen Kälte mit Miswachse heimgesuchet worden.

Högströms Beschreibung.

„Was den Wiesewachs anbelanget, so wächst an den meisten Orten gut Gras, so „daß die bisherigen Colonisten ihren besten Unterhalt von ihrem Viehe gehabt, dessen „sie einen guten Theil und einige so viel, als sie wollen, haben füttern können, ob ih„nen gleich die Anlegung ihrer Wiesen keinen Tag Arbeit gekostet hat. Denn man „hat bisweilen so gar an den Wurzeln der Eisberge schönes Gras angetroffen, und in „den niedrigen Gegenden habe ich Wiesen gefunden, wo mir das Gras bis mitten an „den Leib gereichet, und deren Ende ich kaum absehen können.„ Die übrigen Moräste und sumpfichten Stellen könnten eingedeichet, mit Heusamen besäet, und solcher Gestalt zu Rechte gebracht werden.

In den Thälern und an den Ufern der Seen und Flüsse findt man Holz genug, sich vor der Kälte zu verwahren. Die Lappen haben zwar keine Gärten noch Früchte: sie ziehen aber von ihren Fichten eine Nahrung, die ihnen statt des Brodes dienet; und ob sie gleich nur von einer zarten Rinde gemacht wird, so spühret ein Arbeiter dabey doch keinen Abgang seiner Kräfte. „Man bedienet sich solcher Speise, saget „der Verfasser, auch nicht eben allezeit aus Noth, sondern eine alte und edle, wiewohl „an vielen andern Orten jetzt verachtete, Tugend bey zu behalten, welche Sparsam„keit heißt.„

Lappland bringt so viel Pflanzen und Gewächse hervor, daß der gelehrte Linnäus eine weitläuftige botanische Abhandlung davon machen können. Es hat Bäume, welche die Natur zuweilen mit aller Symmetrie der Kunst in Alleen vertheilet hat.

„Außer diesem, saget Herr Högström, muß man Lapplande insonderheit einen „Vorzug und Vortheil vor vielen andern Ländern in der Welt lassen.„ Unglückliches Land! würde ein Banian sagen, welchem die Natur diesen Vortheil gegeben hat! Wer ist er? Wilde Thiere, Vögel und Fische zu tödten und zu essen. Die Himmelsgegenden ändern die Meynungen mit den Bedürfnissen. In Indien, wo die Frucht tragenden Bäume hinlänglich sind, Millionen Einwohner zu ernähren, muß man das Fleisch und Blut der Thiere verabscheuen. In Lappland, wo das Erdreich weder Früchte noch Aernden anbeut, muß man das Meer und die Wasser segnen, welche Fische und Vögel geben. Man muß die Milch und das Blut der Rennthiere lieben.

Rennthier.

Dieses Thier verdienet eine besondere Achtsamkeit, ungeachtet es schon beschrieben worden [a]). Es hat, saget Herr de Keralio, zwey große Hörner, die wie die Hirschgeweih gestellet sind. Sie erheben sich auf seinem Kopfe wie Eichenzweige. Man sollte sagen, diese Thiere, welche in den Gehölzen leben, nähmen etwas von der Natur der Bäume an sich. Die Hörner des Rennthieres haben mehr Zacken, als das Geweih der Hirsche. Diese Zacken, zuweilen funfzehn an der Zahl, sind viel breiter und kürzer. Geschichtschreiber, Reisende, Wörterbuchmacher und so gar Naturkündiger haben vorgegeben, das Rennthier habe drey Hörner. Allein, ein Thier mit dreyen Hörnern ist eine Misgeburt.

Lappland

a) Man sehe die allgem. Histor. der Reisen, nach uns. Uebersetz. XVII Band, a. d. 315 S.

Högströms Beschreibung.

Elendthier.

Lappland hat Elendthiere. Das Männchen dieser Art, welches in der Historie der Reisen sehr wenig beschrieben ist, hat zwey Hörner, die an ihrer Wurzel cylindrisch sind, wo sie sich beym Herausgehen verbreiten und an den Seiten kleine Zacken in Gestalt eines Fingers treiben. Diese Hörner sind sehr schwer, wiewohl sie nur einen Fuß lang sind. **Jablonski** saget in seinem Wörterbuche der Künste und Wissenschaften, das Elend habe nur ein Horn [3]). Dieß ist ein Irrthum, saget Herr **de Keralio**. Die Natur hat dem Elendthiere nicht eines von seinen Hörnern genommen, wie Jablonski, und dem Rennthiere drey gegeben [4]). Diese beyden Thiere von einer fast brüderlichen Art haben weder mehr noch weniger, als zwey Hörner. Man sehe ihre Aehnlichkeiten und ihre Unterschiede bey dem Herrn **von Büffon** [5]), diesen beredten Naturkündiger, welcher den Geist und das Herz des Menschen für die Geschichte der Thiere so einnehmen kann. Tiefer Geist, empfindsame Seele, feuriger Maler, warum hat er nicht zwey Jahrhunderte leben, alle Irrthümer aus zu rotten, alle Wahrheiten zu sammeln?

Vögel. Haselhuhn.

Unter denen Vögeln, womit sich der Lappe in Ermangelung der Früchte der Erde nähret, kann man das Haselhuhn bemerken. Dieser Vogel ist derjenige, welchen uns **Plinius** unter dem Namen Attagen merkwürdig machet, wenn er saget, er singe, so lange er in Freyheit sey, und werde stumm, so bald er gefangen worden. In dieser Absicht gleicht er der Nachtigall, dem Poeten, welche beyde die Gehölze lieben, und die Sclaverey fliehen; welche frey in ihrem Triebe die Natur zu besingen wissen, deren sie geniessen, in den Pallästen aber matt sind, stillschweigen und sterben. [6])

Wilde Enten und Gänse.

Die Flüge wilder Enten und Gänse, welche wir im Frühlinge aus Norden kommen und im Herbste wieder dahin kehren sehen, sind ursprünglich in Lappland. Diese Vögel scheinen, die Menschen, wo nicht verjagen, doch wenigstens ersetzen zu wollen. Denn so bald die Lappen im Frühjahre nach dem abendländischen Meere zu gehen, so fliegen die Haufen wilder Enten und Gänse über das Gebirge; und wenn die Lappen im Herbste wiederkommen und die Ebene bewohnen, so haben die Vögel sie schon verlassen.

Indessen beobachtet doch Herr **Högström**, daß viele Vögel und Thiere, entweder aus einem geheimen Triebe zur Gesellschaft der Menschen, oder sich von deren Arbeit zu ernähren, bey den neuen Niederlassungen versammlen und aufhalten. Die Ufer des Eismeeres, welche von Norwegern und Schweden bewohnet werden, werden häufig von Bibern, Rennthieren und andern Thieren besuchet. Allein, was beweist das

3) Dieß saget Jablonski nicht, sondern, daß bloß das Männchen Hörner habe und das Weibchen nicht. Der Franzos aber hat seine Worte: „Das Männchen hat allein ein Geweih, welches „schwer, breit, doch etwas zackig ist,“ nicht recht verstanden und daher falsch übersetzet, wodurch denn der eingebildete Irrthum entstanden, den er hier aufmutzet. Jablonski hat auch kein Dictionnaire des Sçavans geschrieben, wie es im Originale heißt, sondern ein allgemeines Lexicon der Künste und Wissenschaften, welches der Prof. Joh. Joach. Schwabe verbessert in zwey Quartbänden 1767 zu Königsberg wieder herausgegeben hat. Sieh daselbst den Artikel Elend auf d. 404 S. Anm. des Uebers.

4) Gleichwohl hat dieses schon **Olaus Magnus** gesaget und Scheffer wider diejenigen bestätiget, die es leugnen wollen. Er setzet hinzu: „Es wer„den noch jetzt viele Rennthiere so gewaffnet an„getroffen. Sie haben zwey hinterwärts geboge„ne Hörner, wie die gemeinen Hirsche. Von die„sen entspringt in der Mitte ein Zacken, der et„was kürzer, aber auch wie die Stange eines „Hirschgeweihes in gewisse Enden getheilet und „vorwärts gebogen ist, welcher des Ansehens we„gen füglich ein drittes Horn mag genennet wer„den.

das anders, als daß die Menschen und die Thiere um die Erde streiten, oder einander suchen, einander auf zu fressen? Beyde werden durch Nahrungsmittel angezogen, die ihnen gemein sind. Das Meer und die Flüsse laden die Menschen und die Vögel ein, sich von den Fischen darinnen zu nähren.

Högströms Beschreibung.

Seen und Flüsse.

Lappland hat unzählige Seen, deren einige über funfzehn Meilen lang sind. Scheffer, welcher ohne Zweifel vergrößert, saget, der See Storawan enthalte so viel Inseln, als das Jahr Tage hat. Er setzet hinzu, in dem Enarer See wären unzählige Inseln, welche so groß und weitläuftig wären, daß kein Lappländer lange genug leben könne, alle ihre Ecken und Winkel zu durchsuchen. Lappland hat große Flüsse, welche auf den Gebirgen entspringen, und in ihrem Laufe durch eine unendliche Menge kleiner Flüsse und Ströme, Quellen und Bäche genähret und vergrößert werden, welche an beyden Seiten dieses Gebirges in die Länge und Breite durch und um alle Lappmarke fliessen.

Fische. Steinbeißker.

Alle diese Gewässer geben vielerley Fische. Der sonderbarste darunter ist der Steinbeißker.[7]) Herr Högström, welcher vielmehr eine Schutzschrift für Lappland, als dessen Geschichte, zu schreiben scheint, ziehe seine Leser durch Beschreibungen an, welche zwar von angenehmen Gegenständen entblößet sind, aber dennoch einnehmen. „Es giebt hier wilde und ungeheure Berge, saget er. Weil selbige aber zum Theile „aufgeführet zu seyn scheinen, das flache Land vor den Wirbel- und Sturmwinden zu „beschützen, so rechne ich solche billig unter Lapplandes Zierrathen.„ Man hat vorgegeben, die Wolken auf diesen Bergen höben zuweilen einen Lappen mit seinen Rennthieren auf, führeten sie einige Meilen fort und ließen sie unbeschädiget wiederum nieder. Linnäus hat den Ursprung dieser lächerlichen Fabel entdecket und deren Unwahrheit gezeiget.

Es giebt Ebenen in Lappland, wo man funfzehn Meilen weit reiset, ohne einen Hügel an zu treffen. Man sieht daselbst Oerter, wo die Natur selbst, so zu sagen, große Landstraßen abgezeichnet hat. Ueberall, wenigstens im Sommer, kann man zu Pferde oder mit einem Rennthiere hinreisen, wenn man nur des Landes kundige Wegweiser hat. Man kann so gar mit Pferden, Kühen und Schafen über den Gipfel vieler Berge kommen.

Schöne Aussicht.

„Ich habe oft mit sonderbarem Vergnügen, saget Högström, auf diesen Gi„pfeln der hohen Berge gestanden, und auf viele Meilen Weges um mich herum die wü„sten

„den. Noch öfterer aber geschieht es, daß ein je„des Horn einen solchen Zacken besonders und al„so gleichsam ein anderes kleineres Horn ausstößt, „welches nach der Stirn gebogen ist, da es denn „aussieht, als wenn nicht nur drey, sondern gar „vier Hörner zugegen wären, wovon zwey, wie „bey den Hirschen, hinterwärts gebogen sind, zwey „aber nach der Stirne zu gehen, welches nur den „Rennthieren eigen ist.„ Ja, er führet noch an, daß ihr Geweih zuweilen von sechs Stangen gefunden würde, wovon zwo hinterwärts gebogen wären, zwo kleinere aufgerichtet stünden, und noch zwo kleinere sich nach vorne krümmeten, welche alle ihre Zacken oder Enden hätten. Scheffer. Lappon. c. XXVIII. p. 324. sq. Ed. Frft. 1673. Cf. Allgem. Histor. der Natur, VI Band, II Abtheil. a. der 56 S. Anmerk. des Uebers.

5) Allgem. Hist. der Natur am ang. Orte, auf der 49 und ff. S.

6) Hier folget die Beschreibung des Haselhuhnes aus Jablonskies Lexico, welche man hier nicht wieder hat abschreiben wollen, sondern lieber daselbst will nachschlagen lassen.

7) Auch dessen Beschreibung kann man da nachsehen.

Högströms Beschreibung.

„sten und unbebaueten Felder betrachtet, wo sich eine grüne Aue nach der andern, ein „Gehölz in ganz artiger Ordnung und Lage gegen das andere dargestellet, eine Höhe „sich über die andere erhoben. Nicht weniger ergötzeten mich die anmuthigen Krümmen und Wendungen der Ströme und Flüsse mit ihrem ungleichen Laufe und veränderlichen Ufern, Wasserfällen, Höhen und Einfassungen; die großen und kleinen „Seen mit ihrer angenehmen Lage und Vermischung von Eyländern, Gehölzen und „Feldern; die klaren Quellen, welche an den Füßen der Berge entspringen, sich in viele „Arme theilen und ein sehr klares und wohlschmeckendes Wasser haben u. s. w. Bey „diesem allen haben vornehmlich die schneeweissen Eisberge, insonderheit, wenn sie bey „hellen und klaren Sommertagen von ferne ihre Spitzen als Wolkensäulen erhoben, „eine Aussicht gegeben, die mit einem Worte unvergleichlich gewesen.„

Die Einbildungskraft des schwedischen Predigers geht so weit, daß er mit seinem Landsmanne, Olaus Rudbeck, saget, man hätte das irdische Paradies in Lappland setzen können. Ohne Zweifel aber setzet man dabey voraus, wenn man sonst keinen Platz für dasselbe finden könnte. Wo hat man nicht dieses Eden schon hingesetzet, welches man nirgend sieht? Unterdessen aber, daß man es suchet, wollen wir sagen, daß die Gebirge in Lappland noch viel reicher, als anmuthig, sind. Man hat Erze von allerhand Arten darinnen gefunden, ungeachtet es die Lappen, wie man saget, mit aller Möglichkeit zu verbergen suchen, wenn sie einige Anzeigen von Erzen haben, vielleicht aus Furcht vor dem Unglücke, welches der Reichthum der Könige über die Völker bringt. Indessen hat man doch in den Gebirgen eine Vermischung von Gold und Silber, Bley, Eisen, Kupfer, Silber und d. g. m. gefunden.

Die größten und hellesten Bergcrystalle sind in Lappland: sie dienen aber nur, Feuer damit an zu schlagen. Man findt daselbst auch purpurfarbige Amethyste und Topasen nebst Magneten, Quecksilber und Zinnober. Der Lappe ist viel glücklicher, daß er diese Reichthümer nicht kennet, als daß er sie besitzt. Indessen kramet sie Herr Högström doch nur aus, wie es scheint, den Fleiß durch die Begierde zu erregen. Dieß ist das Testament des Ackersmannes, für seine Kinder. Er vermachet ihnen einen Schatz in der Erde, damit er sie vermöge, solche um zu graben; und der wahre Schatz von Lappland würde der Ackerbau seyn. Der Prediger höret nicht auf zu predigen; denn seine Schriften sind eine Predigt. Er lobet darinnen so gar die Mücken, welche in Lappland beschwerlich sind; und die Bibel dienet ihm zu deren Vertheidigung. **Alle Werke des Herrn sind gut, und ein jegliches ist zu seiner Zeit nütz.** Daß man nicht sagen darf, es ist nicht alles gut; denn es ist ein jegliches zu seiner Zeit köstlich. Die Mücken, glaubet er, sind eine Strafe für diejenigen, die ihrer Wiesen nicht warten und das Feld nicht bauen wollen. Ueberall, wo die Wälder ausgerodet und das Feld umgearbeitet worden, wird man weniger von diesen Schwärmen geplaget, als anderswo. Ueber dieses kann ein kleiner Wind oder ein heisser Sonnenstral diese fliegenden Wolken zerstreuen.

Was die langen Nächte anbetrifft, so ist es wahr, daß die Sonne den Winter über in Lappland nicht aufgehe: sie geht aber auch im Sommer nicht unter. Die Nächte ohne Tag werden durch zwo Demmerungen, jede von ungefähr vier bis fünf Stunden, gemildert. Die Einwohner daselbst folgen der Natur Schritt für Schritt; da sie das Meiste von der finstern Jahreszeit zum Schlafen, das Meiste von der hellen

aber

oder zu ihren Geschäfften anwenden, ohne daß weder ihre Gesundheit noch ihre Arbeit etwas darunter leidet. Vielleicht hat das Licht der Sonne, diese Seele der Natur, die Eigenschaft, daß es die Federn des Körperbaues so zu sagen aufzieht und die Augen und alle Sinne zu dem Thun offen hält. Ihre Abwesenheit, welche die Erde schmachten läßt, betäubet die lebenden Wesen. Der Mensch, dieses Thier aller Himmelsgegenden, ist das einzige, welches die Natur und Gewohnheit zu allen Mischungen und zu allen Eindrücken der Elemente geschickt machet. Dieses setzet ihn ohne Zweifel zum Könige der Erde; weil er auf gleiche Art unter der Linie und unter den Polen, in den Gehölzen und auf den Meeren wohnet, überall und in den am wenigsten wohnbaren Ländern am längsten lebet. In Lappland stirbt er nicht vor Kälte. Wenn ihn die Schafe nicht mit ihrer Wolle bedecken, so ist der Bär gezwungen, ihm seine Haut zu geben. Ein Lappe fürchtet sich vor dem Wolfe nicht, sondern verfolget ihn und holet ihn im Laufen ein. Er läuft mit sechs bis acht Fuß langen Schneeschuhen über den Schnee und das Eis weg, glitschet über die Seen und längst den Bergen hinab, ohne zu befürchten, daß er in Moräste versinken oder vor oder hinterwärts fallen werde, wenn er auf die Höhen klimmet oder davon herabsteigt. Ein Lappländer freuet sich über den häufigen Schnee. Alsdann reiset er sicher auf seinen Schlitten. Die Wege verschneyen zwar öfters: „doch bin ich niemals, saget Herr Högström, in solchem Wetter „ausgekommen, daß ich nöthig gehabt hätte, unter den Schnee zu kriechen und es über „mich zuschneyen zu lassen.“ Wenn man genöthiget ist, unterwegens zu halten und unter freyem Himmel zu schlafen, so kann man zwar wohl große Kälte erfahren, ist aber doch niemals in Lebensgefahr. Im Frühlinge bauet die Erde so gut auf und wird erwärmet, als anderwärts; ohne Zweifel will der Verfasser sagen, in Schweden. Die Sonne wirket zwar nicht allezeit so stark, sie wirket aber desto länger. Was also eine Jahreszeit an Lichte und Einflusse dieses Gestirnes verloren hat, das wird in einer andern Jahreszeit wieder ersetzet; daß also, saget der Verfasser, „die Sonne hier eben „so lange scheint, als anders wo. Ich muß auch gestehen, daß ich in Lappland Oerter „gefunden, die zwar von Menschen verworfen, aber nicht von dem gütigen Schöpfer „verlassen sind.“ Högströms Beschreibung.

Bis hieher hat man fast nur den Missionarius gehöret, welcher die Vorsehung wegen der Uebel hat rechtfertigen wollen, welche die Natur über gewisse Himmelsgegenden ausgeschüttet hat, und deswegen Lapplandes Unfruchtbarkeit ohne Unterlaß auf die Trägheit der Menschen, und nicht das Elend der Einwohner auf die Unfruchtbarkeit des Landes, schiebt. Man wird den Prediger in der Geschichte stets wieder finden: man muß ihm aber durch die Dornen und das Eis seines Werkes folgen, welches der Gegend nur gar zu ähnlich ist, die er beschreibt.

Högströms Beschreibung.

Das II Capitel.

Von dem Ursprunge der Lappen.

Vergebene Zuflucht zur Bibel. Lächerliche Vergleichung der Hebräer und Lappen. Sie sind mit den Finnen einerley. Sie selbst wissen nichts von ihrer Herkunft.

Man darf nicht vergessen, daß gewisse nordische Länder ein Boden sind, welcher in der Geschichte noch an zu bauen ist, wie in der Natur; daß die ersten Schriftsteller, welche solches versuchet haben, noch etwas von der Rauhigkeit, nicht allein ihres Jahrhunderts, sondern auch ihrer Himmelsgegend, an sich zeigen, und vornehmlich, daß sie zu den gemeinen Vorurtheilen ihrer Nation noch diejenigen fügen, welche sie zur Unzeit aus den falschen Auslegungen der Bibel geschöpfet haben. Diese Nordländer untersuchen stets die Erdkugel nach der Karte von dem gelobten Lande, und wollen bey dem Pole eine Geschichte der Welt wieder finden, welche in einem kleinen Lande nahe am Wendezirkel geschehen ist.

Vergebene Zuflucht zur Bibel.

So läßt Olaus Rudbeck Japhets Nachkommen erstlich den obersten Theil von Lappland einnehmen, ehe sie sich nach den südlichen Theilen von Schweden und von da nach Dänemark, Deutschland, England und andern Ländern begeben. „Sie begaben sich, „saget er, außer andern Bewegungsgründen, wegen der hellen Sommertage dahin, „welche immer heller wurden, je weiter sie gegen Norden kamen.„ Herr Högström bestätiget diese Meynung, die er für wahrscheinlich hält, durch Gründe, die es gar nicht sind. „Da die ersten Erdbewohner, saget er, sich gemeiniglich am wenigsten auf „den Ackerbau legeten, so sehe ich nicht, worinnen die südlichen Länder einen Vorzug „vor diesen nordlichen sollten gehabt haben, wenn man sich ein Volk vorstellet, das „nichts thut, als Wälder und Felder durchstreichen und bloß von Wildprete und Fi„schen lebet.„ ....

Dieß ist die wirkliche Lebensart der Lappen. Ist das aber ein Beweis, daß sie daselbst überaus alt sey, wenn keine andere daselbst seyn kann? Indessen rechnet der Verfasser sie doch von der Sündfluth an. Zum wenigsten muß dieß Land bewohnet gewesen seyn, meynet er, ehe Westbothnien von den Schweden besetzet worden, welches länger her ist, als viele glauben. „Dieses ist daraus zu schließen, saget er, daß die „meisten Kirchspiele daselbst, die man für die ältesten hält, ihre Namen von denen Ge„genden haben, die nächst am Gebirge liegen. Denn Ume, Pite, Lule, Kalis, „Torne haben ihren Namen von den Flüssen, an welchen sie gelegen sind; und diese „Flüsse haben ihren Namen von denen Seen, aus welchen sie im Gebirge entsprin„gen.„ Nun wird man wohl viel eher die Gebirge, als die Seeküste, bewohnet haben.

Die Lappen sind mit den Finnen ursprünglich einerley.

Einige Lappen wollen gar behaupten, daß ihre Vorfahren ehemals ganz Schweden besessen haben. Herr Högström glaubet vielmehr mit Scheffern, daß die Lappen und die Finnen ursprünglich einerley Volk gewesen. Die Finnen haben anfänglich

lich als Lappen gelebet, das ist, sie haben Viehzucht getrieben, ehe sie das Feld gebauet. Dieß geschieht noch heute zu Tage. So bald ein Lapp ein Ackersmann wird, so ist er ein Finne. Er bauet sich ein Haus, redet, kleidet sich und lebet wie ein Finne, mitten unter seinen Geschwiestern und Nachbarn, die als Lappen leben. Högströms Beschreibung.

Die finnische und lappische Nationen haben wahrscheinlicher Weise einen gemeinschaftlichen Ursprung. Wer ist er? Ihre Sprachen haben keine große Gleichförmigkeit: es ist aber sehr schwer, durch die bloße Untersuchung der Sprachen den Ursprung der Nationen zu entdecken. Man weis, daß zwey Völker, die sich mit einander vereinigen, um nur ein einziges aus zu machen, ihre Sprachen stets mit einander vermengen, wie ihr Geblüt und ihre Sitten. Ein Volk kann durch den Umgang und durch Verbindungen unter Familien leicht seine Sprache verändern. „Ich habe genugsame „Proben gesehen, daß geborene Schweden, die sich mit Lappen oder Finnen verheura„thet, in kurzer Zeit angefangen haben, ihre Muttersprache zu vergessen, und ihre „Kinder haben kein Wort schwedisch verstanden.„

Lächerliche Vergleichung der Hebräer und Lappen.

Indessen giebt es doch Leute, welche aus der Gleichförmigkeit der hebräischen und lappischen Sprache behaupten, daß die Lappen von den Israeliten herstammen. Die Verwandtschaft der Sprachen aber ist nicht stets ein Beweis von der Völker ihrer. Denn man bemerket eine Menge Aehnlichkeiten unter der hebräischen und allen andern Sprachen, so gar den americanischen. Wenn man bey den Hebräern und Lappen eine an einander hängende Gleichförmigkeit der Sitten und Gebräuche fände, alsdann würde eine erwiesene Gleichförmigkeit unter den Sprachen dieser beyden Völker beweisen, daß die Lappen von den Hebräern abgestammet sind. Herr Högström hält sich an diesen Begriff und suchet Aehnlichkeiten von allerhand Art unter diesen beyden Nationen. Die Vergleichung, welche er deswegen anstellet, ist merkwürdig genug, diejenigen zu belustigen, welche er nicht überzeugen wird.

„Wie die israelitische Nation von Natur sehr abergläubisch gewesen, so ist dieß „eine Eigenschaft, die den Lappen ebenfalls anklebet. Desgleichen sind sie eigennützig, „stolz und verächtlich gegen andere Nationen, außer andern Neigungen, worinnen sie „in genaue Vergleichung mit einander zu kommen scheinen. Der Leibesgestalt nach „dürfte sich, in Ansehung ihrer kurzen Statur, bräunlichen Farbe und schwarzen Haare „kein großer Unterschied unter beyden finden; wie auch in der Kleidung, nach der Be„schreibung, die man von den Mänteln, Röcken, der Blöße am Halse und den silbernen „Gürteln der alten Israeliten hat .... Daß die Lappen gerne gelbe, blaue, rothe „Schnüre und Läppchen an die Falten und Oeffnungen ihrer Kleider setzen, sieht man „täglich; und man weis, daß die Israeliten zu etwas dergleichen besondern Be„fehl hatten.„

Die Männer schlachteten das Vieh bey den Israeliten und bereiteten das Essen zu; welches die Lappen auch thun. Sie waschen sich oft die Hände, wie jene. Die Juden aßen kein Eingeweide der Thiere; und die Lappen essen die Sehnen von den Hüften der Rennthiere auch nicht, sondern spinnen Zwirn daraus. Wenn der Lapp in seinen Fleischtopf greift, so kann man sich den Appetit der Kinder Israel bey ihren Fleischtöpfen in Aegypten ziemlich vorstellen. Die Lappen leben nach dem Beyspiele der Patriarchen unter Zelten und breiten ihre Kleider an der Stelle aus, wo ihr Gast

 sitzen

Högströms Beschreibung.

sitzen soll. Das Küssen ist bey ihnen ein Merkmaal ihrer Liebe und Freundschaft, wie es bey den Hebräern auch war.

Von dieser Gleichförmigkeit der Gebräuche kömmt Herr Högström auf die Gleichheit der Meynungen. Die Lappen, saget er, glauben so, wie die Hebräer, es sey erlaubet, einen Dieb todt zu schlagen, wenn man ihn auf frischer That ertappet. Sie feyren den Sonnabend sehr gewissenhaft und nehmen an selbigem keine Arbeit vor, weil sie glauben, daß alle Sonnabendsarbeit misslinge und Schaden nach sich ziehe; als wenn der Müßiggang nicht den augenscheinlichsten Schaden verursachte. In Ansehung der Monatszeit der Frauenspersonen sind sie den Israeliten sehr gleich. Sie halten die damit befallenen Personen für unrein, welche sich nur an der Thüre aufhalten dürfen, und andere Kleider anhaben müssen; wie sie denn auch nicht mit ihnen essen. „Ihr ehemaliger Abgott, Jumala, war mit einer mit zwölf Edelgesteinen „besetzten Krone geschmücket; welches vieleicht zum Andenken der zwölf Stämme „Israel geschehen seyn mag .... Die abfälligen Israeliten pflegten für die Köni„ginn des Himmels Kuchen zu backen: eben so backen die Lappen zu gewisser Zeit des „Jahres eine Art Kuchen, welche sie für einen hinsetzen, den sie Ruotta nennen. Es „dürfen keine Weibespersonen, keine Hunde und kein Vieh zu denen Hügeln kommen, „wo ihre Heiligthümer aufgerichtet sind.„ .... Ist dieß nicht ein Ueberbleibsel von dem Verbothe, das an die Hebräer ergangen ist, es sollten sich bey Lebensstrafe, weder sie, noch ihr Vieh, dem Berge nähern, wo Moses mit Gotte allein seyn wollte. Die Lappen opferten ehemals ihre Kinder lebendig einem Abgotte bey Besoing eine Meile von dem See Kimi; wie die abgefallenen Israeliten ihre dem Moloch brachten. Kurz, das Singen und Jauchzen der Lappen ist demjenigen an Klange und Cadanz nicht ungleich, welches die Juden in ihren Synagogen hören lassen, und einige ihrer Fabeln kommen mit der alten Rabbinen ihren überein.

Nach diesen erzwungenen Aehnlichkeiten haben die Gelehrten den Ursprung der Lappen in der Bibel gesuchet. Es findt sich kein Stamm Israel, von welchem sie dieses Volk nicht hergeleitet haben. Fürchtet man aber nicht, das eine zu erniedrigen, ohne das andere zu veredeln? Was bemerket man wirklich in den Sitten oder in dem Aberglauben der Lappen, was nicht wunderlich, abgeschmackt und fast allen wilden Völkern gemein ist? Wenn man sie an Grausamkeiten, Gräueln oder Kindereyen dem hebräischen Volke ähnlich seyn läßt; was gewinnt dieses bey der Vergleichung? Vergebens wird man zur Rettung der Ehre Israels sagen, die Lappen seyn von demjenigen ungetreuen Theile des Volkes Gottes hergekommen, welches das Gesetz des Herrn verlassen, das goldene Kalb gemacht, Hayne gepflanzet, die Gestirne angebethet und dem Baal gedienet hatte. Man wird die Spuren dieser Untreue bey allen abgöttischen Völkern auf Erden wieder finden; und wie diese die größte Anzahl ausmachen, so wird daraus folgen, daß der Segen, welcher den wahren Kindern Abrahams versprochen worden, sie sollten sich nämlich vermehren, wie der Sand am Meere, auf die Uebertreter des Gesetzes und die Abtrünnigen von dem wahren Dienste des Herrn gefallen seyn wird. Gedenket man täglich die heilige Geschichte der Verspottung der Heyden bloß zu stellen, da man alles aus der Bibel erklären will? Die römische Kirche glaubet daher, klüglich zu handeln, wenn sie das Lesen derselben in Italien dem Volke untersaget;

erfaget; indem sie will, daß man die Bibel wie die Gottheit selbst verehre, ohne sie zu sehen.

Högströms Beschreibung.

Herr Högström behauptet indessen doch, daß alle Aehnlichkeiten, die man unter den Hebräern und Lappen gefunden hat, zwar nicht die Verwandtschaft beyder Völker unumstößlich erweisen, aber doch ziemlich wahrscheinlich machen. Man muß gestehen, die Hebräer konnten wegen ihrer Uebertretung nicht besser gestrafet werden, als daß sie Lappen wurden. Es ist wahr, in Lappland können ihre Fußsohlen keine Ruhe haben, nach dem Ausdrucke des fünften Buches Mosis; daselbst haben sie ein bebendes Herz, matte Augen, ein trauriges Ansehen und elendes Wesen: allein, wenn dieß die Züchtigungen der ungetreuen Hebräer sind, so muß ihr Geschlecht die beyden kalten Erdgürtel einnehmen, ohne daß sie es in den dreyen andern besser haben.

Sie sind mit den Finnen einerley.

Indessen kömmt doch Herr Högström wieder auf die Bäche, damit er die Quelle desto besser finde. „Es bleibt allenfalls gewiß, saget er, daß die Lappen und Finnen „anfänglich ein Volk gewesen, welches von Scheffern erwiesen und vornehmlich aus „der Uebereinstimmung beyder Sprachen so klar und unwidersprechlich ist, daß nicht „mehr daran zu zweifeln steht. Ich habe auch insonderheit gemerket, daß bisweilen „diejenigen Lappen, welche am weitesten von Finnland wohnen, Redensarten gehabt „haben, die gewisser Maßen genauer mit dem Finnischen überein gekommen, als die, „welche am nächsten bey ihnen gewohnet.„

Verschiedene Namen derselben.

In den fabelhaften Zeiten, wo man nichts wußte, hieß man diese beyden Völker Pygmäen, wegen ihrer kleinen Gestalt, Zimantopoden, krummfüßige, entweder wegen ihrer Schuhe oder wegen der Stellung ihrer Füße, wenn sie auf ihren Schlittschuhen laufen; Cyklopen, Rundaugen; weil man, wenn sie in ihrer rechten Winterkleidung einhergehen, nicht mehr, als eine kleine Oeffnung vorn am Gesichte von ihnen bloß sehen kann; Cynocephalen, weil ihre Aussprache eine Art von Bellen ist, und man so gar in Schweden gesaget hat, man müsse erst bellen können, wenn man lappisch reden lernen wolle. Einige Gelehrte haben vorgegeben, Herodotus habe die Lappen gemeynet, wenn er von Menschen mit Ziegenfüßen geredet. Wenn man Ungeheuer suchet, so findt die Unwissenheit sie überall: die Philosophie aber erkennet sie nirgends. „Als „ich mich in den südlichen Lappmarken aufhielt, so hatte ich selbst falsche Begriffe von „der Gestalt der nördlichen Lappen bekommen, da ich gleichwohl nachgehends, als ich „dahin kam, keinen sonderlichen Unterschied unter ihnen gefunden, außer daß die Kleidung sie einiger Maßen von den andern unterschied. Unterdessen kann ich versichern, „daß die Lappen eben so wunderliche und verächtliche Gedanken von andern Nationen „gehabt und noch haben, als selbige von ihnen geheget.„ Was die Abneigung und Verachtung betrifft, welche von dem Nationalstolze eingegeben wird, so bleiben die Völker einander wenig schuldig.

Wenn man die Lappen wegen ihres Ursprunges befraget; wenn man sich bey ihnen erkundiget, ob Lappland stets bevölkert gewesen, so antworten sie: „Sie wüßten „es nicht, sie glaubeten aber doch, daß hier so wohl, als anderer Orten, Leute gewohnet, „ehe Gott die Welt umgekehret hätte .... Als ich bey meiner ersten Ankunft zu „Kaitom in Lule-Lappmark sie fragete, ob sie wüßten, aus welchem Lande ihre Vor„fahren gekommen und in wie weit sie mit andern Völkern verwandt wären, so bekam „ich zur Antwort, daß die Lappen und Schweden Anfangs ein Volk und ihre Stamm-

Högströms Beschreibung.

„väter leibliche Brüder gewesen, welche einen Vater und eine Mutter gehabt. Es „hätte sich aber zugetragen, daß, da einst ein heftiger Sturm entstanden, der eine erschrocken wäre, und sich unter ein Brett zu verstecken gesuchet hätte. Aus dessen „Nachkommen wären Schweden geworden, und Gott hätte das Brett sich in ein Haus „verwandeln lassen. Der andere aber, der kühner gewesen und sich nicht verbergen „wollen, wäre der Stammvater der Lappen, welche noch bis diesen Tag so gut als un„ter freyem Himmel leben.„

Man sieht, daß dieses Volk die gestirnte Decke des Himmels unsern kostbaren Kuppeln vorzieht. Wenn es bequem ist, in Pallästen zu leben, so ist es noch sicherer, den Rauhigkeiten der Luft ungestrafet trotzen zu können. Lebet man länger unter den vergoldeten Dächern der europäischen Höfe, als unter den Zelten in Lappland? Sind die ängstlichen Schmerzen der Furcht und Eifersucht, der Gesundheit nicht so schädlich, als die Kälte eines beständigen Winters? Wo es an allen fehlet, da ist das geringste Gut ein Genuß. Wo alles im Ueberflusse ist, da ist das Vergnügen nur Sättigung. Man hat stets Sinne für die ersten Bedürfnisse; man hat keine mehr für den erschöpften Geschmack. Ist das Schicksal der Lappen unserm vor zu ziehen? Nein, ohne Zweifel. Sie haben aber nicht, wie wir, das Leben zu bedauren, nachdem sie es in Bekümmernissen zugebracht haben; sie haben nicht den Tod zu scheuen, dessen Schrecken uns alles vergrößert. Weis man, ob der Erdmesser, welcher den Grad der Mittageslinie zu Torneo, vor mehr als dreyzig Jahren, maß, nicht mehr als einmal wünschete, als er an dem berlinischen Hofe von einem großen Könige hochgeschätzet, an der Spitze einer Akademie war, welche er verherrlichte, er möchte sich doch noch mitten unter den wilden Lappen befinden?

Das III Capitel.

Von der Sprache der Lappen.

Sie ist im Grunde finnisch und nicht zusammen geflicket. Mundarten derselben. Sie soll getrieben werden. Ihre Zeitwörter. Verwechselung der Buchstaben. Die lappische Sprache ist nicht mehr ganz rein.

Weil man den Ursprung der Lappen nicht besser, als aus der Spur ihrer Sprache, entdecken kann, so bleibt man dabey stehen. Es ist wahr, dieser Faden ist mit so vielen andern verwickelt, daß es überaus mühsam ist, ihn aus einander zu wickeln. Herr Högström aber zeiget hier die meiste Schlauigkeit.

Sie ist im Grunde finnisch und nicht zusammen geflicket.

„Die Lappen, saget er, haben ihre eigene Sprache, welche eine Mundart der „finnischen, aber mit andern Sprachen, insonderheit der schwedischen und norwegischen, „vermenget ist; so daß mir zuweilen eine ganze Menge Wörter vorgekommen, von de„ren Ursprunge ich nichts gewisses sagen kann. Einige scheinen rein schwedisch zu „seyn, sind aber doch in ihrem Zusammenhange und in ihrer Verwandschaft so mit

„dem

„dem lappischen verwickelt, daß ich oft gedacht, die Schweden hätten sie eben so leicht „von den Lappen, als diese von jenen empfangen können .... Diese Gleichheit „mit den benachbarten Sprachen mag Anlaß gegeben haben, zu glauben, sie sey von „andern Sprachen zusammen geflicket; oder die Lappen einst genöthiget gewesen, sich „selbst eine neue und besondere Sprache zu erdichten .... Sie kann aber in der „That nicht füglich zusammen geflicket oder von ihnen selbst erdichtet seyn, weil man „sie dazu weit künstlicher befindt und zu einer größern Vollkommenheit gebracht sieht. „Denn wie unbändig die Alten sich auch diese Sprache vorgestellet haben, so hat man „doch jetzo befunden, daß sie an sich selbst so artig, reich und angenehm ist, als nur ir„gend eine Sprache seyn kann. Sie ist auch fließend und ungezwungen, wenn man „ihrer nur recht mächtig ist. Und ich muß gestehen, daß unsere schwedische Sprache „weit gröber und härter ist, als diese, indem sie weder eine solche Ordnung in ihren „Beugungen und Bedeutungen, noch solche leichte Aussprache hat."

Högströms Beschreibung.

Sie hat, wie viele andere Sprachen, verschiedene Mundarten, die nur durch die Aussprache unterschieden sind. Dieß ist aber schon genug, daß oft ein Lappe den andern nicht versteht, ob sie gleich einerley Sprache reden. Zuweilen findt man in diesen Mundarten verschiedene Wörter, einerley Sache aus zu drücken, und verschiedene Sachen werden durch einerley Wort ausgedrücket. Indessen giebt es auch einige, die allen Mundarten gemein sind. Es findt sich so gar eine Mundart in der lappischen Sprache, welche von der ganzen Nation durchgängig könnte angenommen werden. Dieser Mundart, meynet der Prediger, müsse man sich bedienen, die Lappen in dem Christenthume zu unterrichten, und sie zu Künsten und Wissenschaften zu bilden. Er wünschet also, daß man eine lappische Bibel für ganz Lappland machete, wie man eine schwedische Bibel für das ganze Königreich Schweden gemacht hat. Es muß aber in Glaubenslehren, deren Wahrheit an sich selbst nicht deutlich genug ist, die Vielheit der Uebersetzungen eine Quelle zu Streitigkeiten, Spaltungen und Secten seyn. In einem Staate, wo man lateinische, deutsche, dänische, schwedische, lappische und finnische Bibeln zuließe, würde Materie zu fünf bis sechs verschiedenen Auslegungen einerley Textes seyn. Eben so viele Keime zur Zwistigkeit in den Familien. Noch ärger ist es, wenn man eine neue Religion mit einer fremden Sprache in ein Land bringen will, wo man weder die eine, noch die andere versteht. Was für Gewalt und Marter muß man alsdann anwenden, göttlichen Dingen einen Verstand zu geben!

Mundarten derselben.

Der Verfasser will also, daß man die lappische Sprache ausbessere, und sie zur Dolmetscherinn der Religion mache. Er saget, es hätten solches schon geschickte Sprachlehrer unternommen. Unter andern führet er den Prediger Peter Fiellström an, welcher im 1738 Jahre ein lappisches Wörterbuch und dergleichen Sprachkunst herausgegeben, und den Pastor Heinrich Ganander, der noch eine bessere 1743 an das Licht gestellet hat. Der erste hat sie nach dem in Ume-Lappmark gebräuchlichen Dialekte, wie auch zum Theile nach den nördlichen Mundarten in Pite- und Lule-Lappmark, als welche er deswegen auf Befehl durchreisen mußte, abgefasset; und der andere hat seine nach der in den östlichen Lappmarken, insonderheit in Torne-Lappmark, gewöhnlichen Mundart eingerichtet. Wenn man ihre Werke vergleicht, so findt man mehr Gleich-

Sie soll geändert werden.

Högströms Beschreibung.

förmigkeit unter diesen verschiedenen Mundarten, als es anfänglich scheint. Ihr vornehmster Unterschied besteht in der Rechtschreibung und der Aussprache.

„Ich, der ich zwischen diesen Lappmarken wohne, saget Herr Högström, sollte „mich beyder Dialekte bedienen können, habe mich aber doch bisher mit dem südlichen „beholfen, weil es mir am glaublichsten geschienen, daß solcher zur Hauptsprache wür- „de erwählet werden. Beym Scheffer wird zwar dieser lulische Dialekt für den aller- „gröbesten und unbändigsten angegeben: allein, man könnte wohl mit größerm Fuge „behaupten, daß er der reinste und beste wäre, weil er weder so sehr mit dem Finni- „schen vermischet ist, als der in den nördlichen und östlichen Lappmarken, noch mit „dem Schwedischen, wie der in den südlichen; und er kann gleichsam als die Mittel- „straße zwischen den andern angesehen werden, weil selbige Lappmark fast in der Mitte „zwischen den andern liegt. Denn will man einem Dialekte den Vorzug vor den „andern geben, so muß man zum Grunde legen, daß dieser Dialekt entweder am ge- „bräuchlichsten, oder am wenigsten mit andern Sprachen vermischet sey.“

Wo keine Hauptstädte in einem Lande sind, da erhält sich dessen Sprache in der Mitte des Landes in aller ihrer Reinigkeit. Toscana in Italien, Sachsen in Deutschland sind die Provinzen, wo die Sprachen dieser beyden großen Länder mit der meisten Zierlichkeit und Wahl gesprochen werden. Andere Ursachen haben etwas dazu beygetragen: die Lage dieser innern Provinzen aber bewahret sie vor fremden Redensarten. Die Einfälle von außen haben daselbst weniger Verheerungen von allerhand Art gemacht. Die Spanier, Franzosen, Deutschen sind nur durch Toscana durchgegangen: sie haben aber Zeit gehabt, sich in Neapolis und Meyland zu setzen. Die italienische Sprache ist daselbst auch sehr verderbt. Die Regierung von Toscana ist in fremden Händen: es setzen sich aber wenig Fremde in Florenz; und sie sind nicht zahlreich genug, die Nationalsprache daselbst zu verändern und zu verderben, welche durch das glückliche Jahrhundert des Geistes und der Freyheit, die einander vor Machiavels Tagen zu Florenz angetroffen haben, verschönert, vollkommen gemacht und fest gesetzet worden. Man kann dieses Capitel von der lappischen Sprache nicht schliessen, ohne einige Beobachtungen zu sammlen, welche der Verfasser in seine Noten geworfen hat, die oft wichtiger sind, als sein Text.

Ihre Zeitwörter.

„Die Zeitwörter, saget er, haben mehr Veränderung, als fast in einiger andern „Sprache. Laider z. B. heißt leiten; laidelet fortfahren im Leiten; laideret leiten „lassen; laidetaller sich leiten lassen; laidegaeter anfangen zu leiten; laidester ein we- „nig leiten; laidaner geleitet werden, nämlich mit seiner Verpflichtung; laidanovet „wider Willen oder ohne sein Zuthun geleitet werden; laidetaller vom Leiten verhin- „dert.„ Man siehet hier, wie die Veränderung, Hinzusetzung, oder Unterdrückung bald einer Sylbe, bald eines Buchstaben, den Sinn und die Anwendung eines und eben desselben Wortes, verändert, erweitert, zusammen zieht, umkehret und anders bestimmet. Ist dieß ein Reichthum oder ein Mangel, der den wilden Sprachen ei- gen

1) Man sehe oben die Geschichte von Grönland III Buch, VI Cap. Daß aber die lappische Sprache an nöthigen Wörtern nicht arm sey, beweist der Verfasser dadurch, daß einerley Sache oft durch verschiedene Wörter nach ihrer besondern Bestimmung oder ihrem veränderten Zustande ausgedrücket werde. Also heißt ein Schwager Maka, wenn einer des andern Schwester zur Ehe hat; Swiise aber, wenn

gen ist? Man vergleiche in dieser Absicht die lappländische Sprache mit der grönländischen *).

Högströms Beschreibung.

Eine andere sonderbare Anmerkung. „Die südlichen Lappen nennen Norden „Nuorta, Westen Alas, Süden Orjas, Osten Luli oder Luksa. Die nordlichen „Lappen hingegen nennen Norden Alas, Westen Orjas, Süden Luksa, und Osten „Nuorta. Dieß kömmt von dem Gebirge her; denn was dahin liegt, nennen sie „alle hinaufwärts und also Alas, da es doch den nordlichen Lappen gegen Norden und „den südlichen gegen Westen liegt; wornach sie denn die Weltgegenden eingerichtet und „verwechselt haben.„

Verwechslung der Buchstaben.

Man verwechselt in einigen lappländischen Provinzen die Buchstaben. Das rk, welches man in den südlichen Provinzen gebrauchet, wird, in den nordlichen rk. Diese brauchen rb, oder rw, wo jene br setzen. Brechen heißt in Süden botkanet, in Norden aber porganet. Ratket brauchet man in Süden für schneiden, welches man in Norden durch rakket ausdrücket. So saget man in Norden arwo der Regen, tarweter befestigen; und in Süden abro, dabreter rc. Es ist leicht zu sehen, daß die Sprache starr wird, wie das Land, indem es sich dem Pole nähert. In den südlichen Lappmarken setzet man gern, so wie an vielen Orten in Schweden, ein j vor die Wörter, die von einem Lautbuchstaben anfangen. Jåno ein Fluß, Jenem Erde, Jelet zunehmen, Jålo eine Heerde sind also eben die Wörter, welche bey den nordlichen Lappen åno, ånam, ålet ålo heißen. Eben so bekommen viele in Süden gebräuchliche Wörter in Norden einen Zusatz, nicht allein am Ende, sondern auch in der Mitte des Wortes. Aus ålma ein Mann wird albmai, wenn es nach Norden kömmt, aus åno ein Fluß adno, aus bånje der Hund pådnak. Die häufigste Verwandlung der Lautbuchstaben ist aus i in a, als mingel, mangel nach; wie auch aus ö in u und ou, als njöktjem, njouktjama Zunge.

Wenn man die geschliffenen Sprachen mit eben der Aufmerksamkeit beobachtete, so würde man vielleicht eben die Unterschiede finden. Man würde sie, wie die Gliedmaßen der Stimme, sich verändern und nach dem Einflusse der Himmelsgegenden und Sitten ein Kennzeichen der Weichlichkeit oder Rauhigkeit annehmen sehen. Das Studieren der Sprachen ist ein schönes Studium für einen Weltweisen, welcher stets dem Menschen in dem Ursprunge, dem Fortgange und den Abwechselungen der Sprachen folget. Er sieht ihn in der Wiege der Gesellschaft stammlen, einen starken und so gar harten Ton in den Jünglingsjahren annehmen, seine Sitten und seine Sprache in der Reife der Reiche schleifen; und sich in seiner Schreibart und Sprache unvermerkt nach dem Maaße entkräften, wie der Pracht und die schimmernden aber verderbenden Künste ihn zur Hinfälligkeit führen. Nichts beschleuniget den Verfall einer Sprache als die Einmischung solcher Wörter, die ihr fremd sind.

Die lappische Sprache ist nicht mehr ganz rein.

„Die lappische Sprache, saget also Herr Högström, hat schon viel von ihrer na„türlichen Reinigkeit und Ordentlichkeit verloren, nachdem man angefangen hat, sie

Uuu 2 „mit

wenn sie beyde zwo Schwestern haben. Ein Vogelnest auf dem Baume heißt Besse, und eins im freyen Felde Woude. Geino ist ein Weg, Dahlka ein Sommerweg, Rati ein Winterweg; Aito ein Weg, den man zieht, wenn man seine Wohnung verändert; Daele ein alter mit Schnee bedeckter Weg, u. s. f.

Högströms Beschreibung.

„mit andern Sprachen zu vermischen. Man muß gestehen, fähret er in der Anmerkung fort, daß unsere schwedische Sprache nichts dadurch gewonnen hat, daß so viel fremde Wörter eingeflossen sind, und man gesuchet hat, solche nach andern, insonderheit lateinischen Grammatiken, zu lenken, wovon sie doch ihrer Natur nach sehr weit unterschieden ist. Man kann daher kaum glauben, daß das Schwedische, welches in Schriften gebrauchet wird, besser sey, als das, welches der Pöbel in den Provinzen, insonderheit Nordland und Westbothnien redet, wo es vermuthlich am reinsten ist, und am meisten mit dem alten Gothischen übereinkömmt.„

Es ist sonderbar, aber wahr, daß eine Sprache ihre Reinigkeit bey den am wenigsten gesitteten Völkern behält. Das machet, weil die Reinigkeit einer barbarischen Sprache in ihrer Grobheit selbst ist. Ihre Rauhigkeit ist ihr Originalcharakter. Es verhält sich mit den nordischen Sprachen, wie mit ihren Eichen und Tannen, welche ausarten und schwach werden, wenn man sie in eine sanftere Himmelsgegend verpflanzet. Die Wörter und Bäume eines eisichten Landes müssen knotig, starr seyn, wenig Blätter, harte Wurzeln, herbe Früchte, eine rauhe und unebene Rinde haben. Mit einem Worte, die Natur verleugnet sich nicht. Sie ist geizig oder verschwenderisch in allerley Absichten, an Früchten, an Begriffen, an Ausdrückungen. Man muß in der lappischen Sprache das Brummen der Bären empfinden, welche sie heulen höret; wie man den Balg dieses Thieres auf dem Leibe des Menschen sieht, der sich mit ihm in dem Schnee herum wälzet. Will man eine geschliffene Sprache mit einer wilden Sprache vermengen, so verderbet man beyde; und aus dieser Vermischung entsteht eine häßliche Mundart, die ohne Zweifel eben so wunderlich aussehen würde, als ein nach der französischen Mode geputzter Lappe.

Alle Sprachen verändern sich durch die Vermischung oder den Umgang der Völker. Die meisten europäischen Sprachen, die aus der Sprache der Römer und Barbarn zusammen gesetzet worden, zeigen dem menschlichen Verstande ein Labyrinth. Unser Gesetzbuch selbst hat nichts wunderlichers; dasjenige Gesetzbuch, welches von einem freyen Volke entlehnet, und durch wilde Sieger verunstaltet worden. Man glaubet sie mit der Axt in der Hand alles das, was sie anrühren, und vornehmlich die Denkmaale des Geistes verstümmeln zu sehen. Die Sprache allein widerstund ihrem zerstörenden Charakter. Da sie aber auf harte Ohren fiel, welche zur Harmonie unempfindlich waren, da sie durch rauhe Kehlen gieng, so verlor sie ihre Lieblichkeit, ihre Anmuth, ihre Zierlichkeit. Die Unwissenheit der Eroberer und die Sclaverey der Ueberwundenen benahmen derjenigen Sprache die Majestät, welche den Nationen geboth. Sie verfiel in die Ketten und Fesseln eines Volkes, welches sich kaum getrauete, zu reden, da es nichts anders als Klagen vor zu bringen hatte. Sie wurde traurig, stumm, arm in den Tempeln und Klöstern, wo sie sich hin begab, zu seufzen. Sie nahm daselbst den Charakter der Niedergeschlagenheit und Dunkelheit an, welcher sich für eine Religion schicket, die gemacht ist, die Menschen durch ihre Lehren und Gebothe zu demüthigen. Der Mönchsstand vollendete das Werk der Barbarn und schien sich eine Kunst daraus zu machen, die Wörter zu verderben, um die Begriffe desto besser zu verwirren. Da sie in ihrer Quelle und in ihrem Vaterlande verändert war, so wurde sie noch mehr verstellet, da sie sich von ihrer Wiege entfernete. Sie kam nach Deutschland, wohin die Römer sie niemals gebracht hatten. Da sie den Titel der gelehrten

lehrten Sprache behielt, so bekam sie daselbst das Recht, alle Wissenschaft zu lehren. Von der Zeit an ließ sie die lebenden Sprachen sterben, indem sie dieselben an ihren eigenen Leichnam heftete. Denn die lateinische Sprache der barbarischen Jahrhunderte war nur das Gerippe von derjenigen, welche der römische Redner verewiget hatte. Als sie ihre Anfangsgründe wieder wollte aufleben lassen, so beschleunigte sie den Untergang derjenigen, die ihr zum Werkzeuge und zur Auslegung dienete. Man lernete nicht so wohl seine eigene Sprache schleifen, indem man sie an der Römer ihrer schärfete, als das Latein verunarten, indem man es unaufhörlich wider barbarische Sprachen stieß. Wie es indessen eine Kunst war, aus einer lebenden Sprache in eine todte, oder wiederum aus einer todten in lebende Sprachen zu übersetzen: so wurde es eine Kunst, die Grundsätze und Lehrart einer nach Vernunftgründen eingerichteten Sprache in solche Sprachen zu übertragen, welche die Natur und der ungefähre Zufall ohne Kunst und Lehrart gebildet hatte. Daher kömmt die Veränderung, saget Herr Högstrom, welche sich in der schwedischen Sprache eräuget hat, die selbst nur eine Mundart der deutschen ist, und sich zu gleicher Zeit von dem Originalcharakter ihrer Herkunft und von der Vollkommenheit ihres Fortganges entfernet hat, indem sie sich in eine fremde Quelle gestürzet, die mit ihr verderbt und verschlimmert wird. Högstroms Beschreibung.

Das IV Capitel.

Von den Nahrungsmitteln der Lappen.

Sie hüten die Rennthiere. Wie sie solche kennen. Namen der Rennthiere und ihre Classen. Sie essen solche; leben von der Milch dieser Thiere. Küche der Lappen. Ihr Getränk.

„Die Lappen sind Leute, die mit Viehe umgehen von Jugend auf, beyde sie und ihre „Väter,„ saget der Pastor zu Gellivare, der auf dieses nordische Volk einen Text aus der Bibel anwendet, welcher im 1 B. Mosis von den Patriarchen des hebräischen Volkes angeführet wird. Es ist eine Sucht bey den meisten Christen, daß sie überall Juden oder ihre Nachkommen sehen. Sie sind Verfolger dieses Geschlechtes, welches sie vom Himmel verfluchen lassen, damit sie es auf Erden verbannen, und verehren doch deren Väter eben so sehr, als sie deren Kinder verabscheuen. Seltsamer Widerspruch, der zu gleicher Zeit die Satyre des menschlichen Geistes und Herzens machet! Bruderhaß und Religionshaß, der auf gleiche Art vor Gotte abscheulich ist, welcher die Juden und Christen und alle Menschen erschaffen hat, daß sie einander lieben! Glücklich sind die Lappen, welche statt alles Vermögens und aller Gesellschaft nur ihre Rennthiere kennen [1]). Sie hüten die Rennthiere.

Diese Thiere haben sanfte Sitten, sind von großem Nutzen, und kosten nicht viel zu unterhalten. Im Sommer leben sie von Grase und Blättern, welche sie auf den

 Bergen

1) Man sehe die Beschreibung dieses Thieres in dem XVII Bande unserer Uebersetzung der allgemeinen Historie der Reisen, a. d. 315. u. ff. S.

Högströms Beschreibung.

Bergen abnagen; im Winter von einem Mooße, welches sie unter dem Schnee entdecken. Ein sehr feiner Geruch, oder die Tiefe, oder die Beschaffenheit der Schneelagen geben ihnen die Schlauigkeit, dieses Mooß vorher zu wittern, ehe sie es sehen. Wenn sie an einem Orte scharren, so kann man versichert seyn, daß sie die Nahrung da finden, die sie suchen. Daselbst muß man sich im Winter lagern, damit diese Heerden leben können, welche die Menschen ernähren. Die Rennthiere bringen die rauhe Jahreszeit unter freyem Himmel zu, und werden durch den Schnee, der sie umringet, und durch die Furcht vor den Wölfen, die sie suchen, zusammen gebracht. Wenn sie zahm und häuslich sind, so entfernen sie sich wenig von der Hütte des Hirten, oder des Herrn, der Acht auf sie hat: Man sieht sie oft um sein Tragzelt herum laufen; und der Weg, den sie bähnen, machet daselbst einen Bezirk, der mit einer Verzäunung von Schnee bekleidet ist. Um sie vor den Wölfen zu sichern, haben die Schäfer Hunde, welche den Feind anbellen, welche die Heerde verhindern, sich zu entfernen. Bey dem Aufwachen der Wächter laufen die Lappen auf ihren Schneeschuhen hinzu, und verfolgen den Wolf mit einem hölzernen Bogen, womit sie sehr richtig schießen.

Wie sie solche kennen.

Im Sommer vornehmlich muß man die Rennthiere hüten, weil sie sich in den Gehölzen und Gebirgen verirren, wo sie überall etwas Grünes zu nagen finden. Die Lappen sind auch bedacht, sie die schöne Jahreszeit über in den Inseln zu halten, wo große Seen sind, welche den Heerden Gras, und den Hirten Fische reichen. Ein jeder Hirt kennet seine Rennthiere, ob sich gleich die Heerden unter einander mengen. Damit man sich aber darinnen nicht irre, oder den Zwist vermeide, so machet ein jeder Lappe seinen Rennthieren ein besonderes Zeichen, wie an seinem Geräthe, welches diese herum schweifenden Thiere aus einem Wohnplatze in den andern beständig tragen müssen. Man heftet aber diese Zeichen nicht an die Hörner der Rennthiere, wie Scheffer vorgiebt. Diese Hörner werden alle Jahre abgeworfen, und wachsen neu wieder; und außerdem können sie durch vielerley Zufälle abgestoßen werden. Man setzet also diese Zeichen den Rennthieren auf die Ohren. Damit ein Lappe seine Heerde desto besser kenne, und zählen möge, so theilet er sie in Classen, die nach dem Alter und dem Namen unterschieden sind, welcher sich nach den Jahren verändert.

Der allgemeine Namen der Rennthiere überhaupt heißt Pälso. Die Stiere oder Männchen nennet man Arjes; die Kühe, oder Weibchen, Ningeles; die Kälber Niese. Wenn sie ein Jahr alt sind, heißen sie Kjärmak, ohne Unterschied des Geschlechtes. Hernach beobachtet man solchen, und nennet einen Stier über zwey Jahren Warrek, oder Arrek, über drey Jahren Wobbes. Die alsdann verschnitten werden, heissen Herke, die andern aber Sarves; über vier Jahren Raddotus, es mag ein Herke oder Sarves seyn; über fünf Jahren, in welchem Alter meist alle Sarves geschlachtet werden, Räsetas; über sechs Jahren Makanas; über sieben Jahren Nammaloppo. Hernach heissen sie alle Herke, so lange sie leben, und sind entweder Schlittenrennthiere zum Fahren, Wojemberke, Ronkjo, oder Lastrennthiere, Raidoherke, Guorbmeherke. Eine Kuh über zwey Jahren nennet man Woignial; über drey Jahren Woignia rodno. Hernach heissen sie Alto, so lange sie leben; und zwar eine, die keine Milch giebt, Rodno alto, und die Alters wegen nicht mehr kalbet, Stainak rodno. Die ganze Heerde überhaupt aber heißt Aelo. Alle diese Namen bezeichnen eben so viel abgesonderte Classen. Die Lappen wissen, wie viel sie Rennthiere in jeder Classe haben,

XX. Band. No. 16.

DAS RENNTHIER.

haben, und zählen sie, ohne sich zu irren, wenn gleich diese Thiere unter einander herum laufen.

Högströms Beschreibung.

Es giebt Heerden zu tausend, zwey bis drey tausend Rennthieren. In mancher Dorfschaft sind bis auf dreyßig tausend groß und klein zu finden. Ein jedes Rennthier wird durch die Bank auf einen Thaler gerechnet, welches denn ein schönes Vermögen ausmachet. Allein, dieses Vermögen ist sehr vergänglich. Eine Heerde von tausend Rennthieren kann in sehr kurzer Zeit auf nichts herunter gebracht werden. Die hungerigen Wölfe rotten sich im Winter zusammen; „und ich bin selbst bey Lappen gewesen, saget Herr Högström, welche durch sie in einer Nacht vierzig bis funfzig Rennthiere verloren haben.„ Allein, weil man diese Thiere so viel möglich ausrottet, so sind sie eben nicht die größte Plage der Heerden. „Die Rennthiere sind vielen Krankheiten „unterworfen, da sie bisweilen einander anstecken, und wie die Fliegen hinfallen. So „geschah es vor einigen Jahren in der Dorfschaft Sockjock, in Lule-Lappmark, wo „eine solche Viehseuche herum gieng, daß unter hundert Schatzlappen kaum zehn waren, „die ihre Heerden Rennthiere behielten. Und ob wohl die meisten, welche Vermögen „dazu hatten, sich gleich aus andern Dorfschaften frische Rennthiere kauften, so giengen sie doch das folgende Jahr an selbiger Seuche wieder darauf, so, daß diejenigen, „die nicht das Vermögen hatten, sich zum dritten Male frische Heerden an zu schaffen, „verarmeten und zu Bettlern wurden.„

Wenn ein Schnee, der im Herbste fällt, zu Eise wird, und den Winter über unter dem andern Schnee liegen bleibt, so können die Rennthiere nicht durch das Eis bis auf das Mooß durchbrechen, und müssen also umkommen, wofern sie nicht so viel Laf (so heißt das Mooß an den Tannenbäumen) finden, daß sie davon leben können. Zuweilen werden die zahmen Rennthiere von den wilden weggelocket, welche in großen Schaaren herum laufen. Die Lappen sehen also ihre Heerden aus einander gehen, und unvermerkt kleiner werden, so wie die Colonien in America durch das Weglaufen der Negern ihre Leute verlieren. Ob nun gleich die Rennthiere nicht so übel gehalten werden, als die Negern, so sind doch diejenigen, welche entlaufen sind, weit schwerer wieder zu ertappen, als diese; ohne Zweifel, weil sie sich ihrer Sclaverey erinnern, deren Merkzeichen sie an dem Ohre tragen.

Die Lappen essen die Rennthiere.

Die Rennthiere sind die vornehmste Nahrung der Lappen. Es giebt wenig Familien, die nicht wenigstens ein Rennthier wöchentlich verzehren; und das ist noch nicht viel. Sie schlachten im Herbstmonate, ehe es rauh Wetter wird, so viel Rennochsen, als man das Jahr über in der Haushaltung zu brauchen denket. Das Fleisch leget man entweder in Speisekammern und Behältnisse, oder nimmt einen Theil davon auf den Schlitten mit sich, davon zu essen, so lange es währet. Sonst werden von den übrigen Rennthieren nach und nach einige zum Unterhalte geschlachtet, die nach Weihnachten immer fetter und besser werden, weswegen man alsdenn auch mehr davon schlachtet. Die reichsten Lappen bedienen sich vorzüglich einiger Theile davon, und sonderlich der Zungen. Das Mark, dessen man in den Knochen der Rennthiere mehr, als in andern findet, ist auch eine Leckerey für sie. Das Blut verwahret man in Häuten, welche man mit der Axt zerhauet, wenn man etwas davon brauchen will. Man kochet es in Wasser, und thut etwas Talg von Rennthieren hinein, welches nicht übel schmecken soll. Zuweilen pflegt man auch Milch und Käse in solch Blutgemüse zu thun, welches im

Winter

Högströms Beschreibung.

Winter mehrentheils zum Frühstücke gegessen wird. Ueberdem machet man davon Würste, fast wie Fleischwürste, und kochet sie in Fleischsuppen, die ebenfalls unter die besten Speisen gerechnet werden.

Sie leben von dem Milchwerke derselben.

Indessen würden die Lappen nur schlecht leben, wenn die Rennkühe von ihren Heerden ihnen nicht Milch gäben, welche sie trinken, oder wovon sie Käse machen. Diese Milch ist für sie von unendlichem Nutzen. Sauer oder süß, frisch oder abgesotten brauchen sie solche auf vielerley Art, und mischen sie fast unter alle ihre Speisen. Man schüttet solche theils in Häute und Magen von Rennthieren, worinnen man sie auftrocknet, theils in Fäßchen und Tonnen von sechs bis sieben Kannen, die so gemacht sind, daß man sie in zwey Stücke von einander nehmen kann, wenn man die Milch heraus haben will, und sie zu Eise gefroren ist; theils bleibt sie in großen und kleinen hölzernen Schaalen und andern Geschirren zugefroren stehen; welche insgemein die beste ist, weil sie im Herbste gemolken worden, und nicht hat sauer werden können. In einige Milch, sonderlich diejenige, die man in den Rennthiermagen verwahret, pfleget man allerley Kräuter und Beeren zu thun, welche deswegen für besser gehalten wird. Wenn man sich dieser Milch im Winter bedienen will, so hauet man sie mit der Axt in Stücken, und ißt sie wie Brodt. Man pflegt sie auch, wenn sie noch frisch ist, in einer Pfanne auf zu bauen, und ißt sie alsdann mit Löffeln. Eben so zerschlägt man auch den Käse mit einer Axt oder einem Hammer.

Einige bedienen sich der Fische

Dieß ist nun der Berglappen ordentliche Speise. Die Fischerlappen hingegen bedienen sich der Fische, die sie auf vielerley Art zu bereiten. Man ißt sie theils frisch, theils gedörret, theils gebraten; und auch wohl anstatt des Brodes. In einigen Lappmarken pflegt man sie klein zu stoßen, und mit trockener und zerstoßener Rinde von Fichten zu vermengen, und solches als einen Brey zu kochen. Diejenigen, welche Rennthiere zu schlachten haben, kochen oft Fisch und Fleisch zusammen, welches ein Feyertagsessen ist. Sie braten auch so wohl trockene, als frische Fische, indem sie solche an kleine hölzerne Spieße stecken, und ans Feuer setzen. Scheffer hat daran gezweifelt, saget Herr Högström: „ich habe aber selbst dergleichen Fische gegessen, welche die Lappen „auf ihre Art gebraten, und habe selbige ganz wohlschmeckend befunden.„

und anderes Fleisches.

Die Lappen essen auch Vögel, Biber und Bäre, aber keine Hunde, Füchse, noch Wölfe. Dieß würde wider die Natur seyn, meynen sie; ohne Zweifel, weil diese Thiere nicht so gut sind zu essen, als die andern. In der Hungersnoth ist es kein Verbrechen mehr, und man ißt alles, so gar Pferdefleisch. Sie werden zuweilen lebende Rennthiere für todte Pferde geben, weil das Pferdefleisch fünf bis sechsmal schwerer ist, als das Rennthierfleisch. Es ist wahr, die in Lappland sich niedergelassenen Schweden haben sie durch ihr Beyspiel dazu ermuntert, da sie in schweren Jahren dahin gebracht worden, ihre Pferde zu essen. Die meisten Lappen aber wissen nicht einmal den Namen des Pferdes, welches ihrem Lande ganz fremd ist. Diejenigen, welche mit den Norwegern handeln, nehmen zuweilen Kühe und Schafe von ihnen. Diese Thiere folgen im Sommer den Rennthierheerden: bey dem ersten Schnee aber schlachtet und ißt man sie, weil man kein Futter für sie im Winter hat.

Alle diese Speisen erfordern keine gelehrte Küche. Die Lappen kennen auch diese bey gesitteten Völkern so gesuchete Kunst wenig. Man trägt die Besorgung derselben nicht den Frauenspersonen auf; es sey nun, daß man sie entweder der Mühe überheben will,

will, weil sie sonst schon mit der Ernährung und Auferziehung ihrer Kinder beschäfftiget genug sind; oder, daß man sich von einer Art von Aberglauben oder Ekel vor der Zeit ihrer periodischen Unreinigkeiten scheuet. Der Hausvater melket die Kühe selbst; er schlachtet selbst, machet die Würste selbst, holet das Essen herein, leget es in den Kessel, kochet es selbst u. s. w. Högströms Beschreibung.

Auf ihre Töpfe haben die Lappen sorgfältig Acht, und nehmen solche gemeiniglich vom Feuer, wenn das Fleisch darinnen höchstens anderthalb Stunden gekochet hat. Mittler Weile, daß der Fleischtopf kochet, bringt der Wirth Käse oder gefrorene Milch, trockenes Fleisch oder dergleichen zur Vorkost. Hat er solches nicht, so nimmt er auch wohl etwas von demjenigen, was im Topfe ist, und brät solches auf Kolen oder am Feuer. Indem sie solcher Gestalt eine Vor- und Nebenmahlzeit halten, giebt man auf den Topf Achtung, und schäumet zuletzt alles Fett herunter zusammen in ein besonderes Geschirr, worein man hernach bey dem Essen das Fleisch tunket. Wenn der Lappe seinen Topf oder Kessel von dem Feuer gehoben hat, so bedienet er sich eines Kreuels oder einer Gabel mit dreyen Zacken, wovon Herr Högström das Muster in der Bibel findt, als wenn die Hebräer nur das erste wilde Volk in der Welt gewesen wären. Insgemein aber bedienet sich der Lappe seiner fünf Finger, nachdem er mit der Schaumkelle das Fleisch oder den Fisch aus dem Topfe genommen. Er besieht jedes Stück sehr genau, weil man bey dem Austheilen etwas geheimes zu beobachten hat, und einem jeden nach seinem Stande und Geschlechte gewisse Stücke, nachdem sie an dem Rennthiere entweder vorn oder hinten gesessen, geben muß. Diese Stücke leget er auf seinen Tisch, der entweder aus einem Stücke grobes Tuches oder einer Matte von Birkenrinden besteht, die so wie unsere Körbe geflochten ist. Auf die bloße Erde leget er sein Essen niemals, wie die Grönländer und Kamtschadalen; sondern, wenn er nichts anders bey der Hand hat, als auf seinen Reisen, so leget er es auf seinen Handschuh. Denen, die um diesen Tisch Platz finden können, leget er gewisse Stücke vor, den andern aber, die weiter davon sitzen, reichet er sie auf einem hölzernen Teller. Wenn er solcher Gestalt seine Speise ausgetheilet hat, oder auch vorher, so nimmt er seine Mütze ab, faltet die Hände, sieht gen Himmel, und bittet Gott ganz kurz, daß er sie ihnen segnen wolle. Darauf greift ein jeder nach seinem Messer, und nimmt die Stücke, die ihm am nächsten sind, welche er in die Fettschüssel tunket, die so steht, daß ein jeder dazu kann. Wenn sie das Fleisch gegessen haben, so schöpfen sie die Brühe aus dem Topfe, und trinken solche aus kleinen Näpfen, so lange was da ist. Ihr Kochwerk und Mahlzeiten.

Das gemeine Getränk der Lappen ist rein Wasser, welches man mit einem kleinen Gefäße, das ein jeder im Busen bey sich trägt, oder auch mit der hohlen Hand schöpfet. Es steht gemeiniglich in einem Kessel vorn am Eingange des Zeltes. Scheffer hat sich gewundert, daß man in Lappland oft nöthig habe, Schnee zum Wassertrinken zu schmelzen. „Unter allen denen Haushaltungen und Gezelten aber, saget Herr Högström, die ich im Winter gesehen, habe ich nicht über ein Paarmal Lappen angetroffen, deren Gezelte so gelegen, daß sie Wasser gehabt. Selbst diejenigen, welche bey Seen und Flüssen liegen, pflegen doch nicht gern Löcher ins Eis zu hauen, sondern schmelzen lieber Schnee in ihren Kesseln, oder nehmen von dem Wasser, welches oben auf dem Eise steht.„ Wenn sie auch nur einen Steinwurf weit von ihnen entfernet wären, so fällt es ihnen doch leichter, den Schnee um ihre Gezelte herum zu nehmen, Ihr Getränk.

Högströms Beschreibung.

als das Wasser auf Schlitten zu holen, welches gefroren seyn würde, ehe sie es nach dem Zelte brächten.

Die reichen Lappen trinken zuweilen schwedisch Bier: es steigt ihnen aber nicht nach ihrem Wunsche recht in den Kopf, und der Rausch davon dauret auch nicht lange genug. „In vorigen Jahren wurden ihnen französische und andere Weine zugeführet: sie fielen „ihnen aber zu theuer. Nichts übertrifft, ihrer Meynung nach, den Branntewein; und „da sie solchen vor diesem um billigen Preis bekamen, so war überall eine goldene Zeit.„ Allein, sie währete nicht lange. Es wurde den Schweden verbothen, ihnen welchen zu verkaufen; und „dieses Verboth, saget der lutherische Prediger, war sehr gut. Denn „so lange es erlaubt war, Branntewein nach Lappland zu führen, konnte man selten in „den Kirchen einigen Nutzen bey ihnen schaffen, weil sich an solchen Oertern so viel Brann„teweinskrämer einfanden, daß der Lappe dadurch gelocket wurde, mehr zu sich zu neh„men, als sich geziemete, ja bisweilen mehr, als er selbst wollte.„

Sollte das Christenthum aber wohl, wie der Koran, des Verbothes des Weines und der starken Getränke nöthig haben? Die christliche Religion ist gemacht, den Misbrauch, und nicht den Gebrauch der Güter und Früchte der Erde, zu verhindern. Kann das Lutherthum, welches das Fasten und die Enthaltung der römischen Kirche abgeschaffet hat, den Lappen wohl den Branntewein versagen? Es hat also eine politische Absicht, ein Nutzen der Handlung, dieses Verboth angegeben. Wenn Schweden gefürchtet hat, dieses noch wilde Volk zu verderben; wie die meisten handelnden europäischen Nationen sich bemühet haben, die herumschweifenden Völkerschaften in America zu verderben. . . Aber nein, man kann von einem gesitteten Staate so viel Uneigennützigkeit und Menschlichkeit nicht erwarten.

Das V Capitel.

Kleidung, Wohnung und Fahrzeuge der Lappen.

Leibesgestalt. Kleidung. Beschuhung. Kopfzeug. Betten. Zelte. Schlitten. Ihr Wegziehen. Fahrzeuge.

Leibesgestalt der Lappen.

Ehe Herr Högström die Kleidung der Lappen beschreibt, redet er von ihrer Leibesgestalt. Es scheint, daß er ihnen das Maaß nimmt, sie zu kleiden. Allein, dieser ehrliche Pastor zu Gellivare hat stets im Sinne, die Schutzschrift seiner Pfarrkinder, oder wenigstens ihrer Nation zu machen. Scheffer schreibt die kleine Gestalt und Unfruchtbarkeit der Lappen der Kälte zu. Man setzet aber Scheffern und Regnarden das Zeugniß des Herrn de la Motraye entgegen, welcher die Lappen fast alle von einer mittlern Gestalt, und oft noch größer, gesehen hat. Herr Högström hat in einigen Lappmarken viele angetroffen, die eines vollkommenen Menschen Länge von drey Ellen und darüber gehabt. „Daß sie sonst klein zu seyn scheinen, saget er, rechne „ich theils ihren Schuhen zu, worunter sie niemals Absätze haben, wozu auch ihre Gewohn-

„wohnheit, krumm zu sitzen, den Kopf hängen zu lassen ꝛc. etwas beytragen kann.„ Sollte ihnen wohl nicht die Gestalt ihrer sehr niedrigen Hütten diese Gewohnheit beybringen?

Högströms Beschreibung.

Man hat gesaget, sie wären ungestalt: man hat aber in diesem Lande, wie anderswo, von dem Menschen nach seinem Kleide geurtheilet. Man hat sie für Bären gehalten, deren Bälge sie trugen. Ihre bräunliche Gestalt ist nur die Wirkung des Rauches und der Luft. Im Grunde sind sie gemeiniglich sehr weiß; wie denn auch ihre Frauenspersonen alle zu einer mittelmäßigen Schönheit gehörige Eigenschaften besitzen. „Beyderley Geschlechtern scheint es eigenthümlich zu seyn, daß sie schwärzliche „Haare, ein spitziges Kinn, eingefallene Backen und breite Angesichter haben.„ Die Mannspersonen haben wenig Bart, und sind stärker, dabey aber leicht zu Fuße. Diese Behendigkeit aber, welche nichts außerordentliches ist, haben sie nicht so wohl der Natur, als der Uebung, zu zu schreiben. Die Jagd und das Reisen härten sie zu den Beschwerlichkeiten und Rauhigkeiten der Witterung ab.

Des Winters sind die Lappen allerseits, Manns- und Frauenspersonen, mit Pelzen bekleidet. Diese sind meistens von Rennthieren. Die von den alten Thieren sind die gemeinsten und wohlfeilsten, wiewohl dauerhaftesten. Die von den jüngern Thieren, welche man im August schlachtet, sind überaus schwarz, und die schönsten. Man behält sie zur Handlung, für reiche Leute, oder zu Feyerkleidern. Diese Pelze sind wie lange Röcke nach morgenländischer Art geschnitten, und vorn zu. Unter diesem Rocke, dessen Haare auswärts gekehret sind, trägt man einen andern von schlechterm Rauchwerke, mit einwärts gekehrten Haaren. Diese Röcke werden mit einem Gürtel, welcher einen Hauptschmuck der Lappen mit ausmachet, um den Leib fest gegürtet. Diese Gürtel sind von einem breiten Riemen gemacht, und mit zinnernen Blechen gezieret. Man heftet einen mit Zinne gestickten Beutel daran, worinnen sie ihr Feuerzeug, ihr Geld, ihren Toback ꝛc. haben. Es hängen auch ihre Messerscheiden, Nadelbüchse, Scheeren, und ein Haufen großer messingener Ringe daran, welche zusammen und unten an einander gebunden sind. Je mehr man derselben an der Seite hat, für desto besser gepußet hält man sich. Ist man reich, so ist der Gürtel mit Silber beschlagen, und mit vergoldetem Laubwerke und schön gearbeiteten Ketten oder Ringen gezieret.

Die Mannspersonen haben Hosen von sämischen Leder, woran Halbstiefel von Rennthierhäuten genehet sind. Unter diesen Halbstiefeln haben sie zuweilen Strümpfe von grobem Tuche. Die Weiber tragen des Winters auch Hosen von grobem Tuche, des Sommers aber nur Stiefelschäfte, oder halbe Strümpfe. Beyde binden sie mit langen Bändern bey den Schenkeln an die Schuhe fest. Die Schuhe sind von Rennthierhäuten gemacht, worunter die von Rennochsen die stärkesten und theuersten sind. Weil ihre Strümpfe nicht in die Schuhe hinab gehen, so sind solche dafür mit Heue ausgefüllet, welches sie in einigen Lappmarken dergestalt zu kämmen und zu bereiten wissen, daß es so weich, als Flachs, wird.

Beschuhung.

Auf dem Kopfe tragen die Mannspersonen kleine runde Mützen mit Gebräme, theils auch ohne Gebräme von Tuche, die nur bloß den Kopf bedecken. Die Weibesleute haben lange Mützen von rothem Tuche, die fast wie die Helme auf den Branntweinsblasen aussehen. Doch sind die Moden ihrer Mützen nicht nur in jeder Lappmark, sondern oft in jeder Dorfschaft, unterschieden. Einiger Orten pflegen die Weibesleute

Kopfputz.

Högströms Beschreibung. ihre Haare in niederhängende Locken zu flechten; wobey sie vor die Stirne bis an die Ohren ein Stück Tuch als ein Stirnband gebunden haben. Sie tragen auch Hauben von Tuche, die über dem Kopfe und vor dem Gesichte eine Oeffnung haben, und unter dem Kinne zusammen genehet sind, daß sie solche über den Kopf ziehen müssen, doch so, daß sie an der Stirne und über dem Kopfe wohl anschließen, und über den Rücken, die Schultern und Brust, oft bis an die Mitte des Leibes hinab hängen.

Ihre Sommerhandschuhe sind von sämischen Leder, die sie aber im Winter tragen, von Rennthierhäuten, worein sie gleichfalls Heu stecken, oder, die sie mit anderm weichen Rauchwerke ausfüttern. Einige haben um den Hals Kragen von Eichhornschwänzen, oder Wolfs- Bären- oder Marderfellen.

Betten. Die Lappen haben auch Betten von Fellen oder von Wolle, wie ihre Kleider. Unter sich legen sie erst Birkenreisig, womit sie den ganzen Boden des Zeltes beleget haben, und darüber eine oder mehr Rennthierhäute, nach Beschaffenheit ihres Reichthumes oder ihrer Weichlichkeit. Sie decken sich meist mit Schaffellen, die sie in Norwegen kaufen, oder auch Rennthierfellen, worüber sie gemeiniglich ein Stück Filz legen. Diese Felle sind meist wie Säcke an den Füßen zusammen genehet. Die Reichen haben schöne große Schaffelle mit rothem oder blauem Tuche überzogen. An Statt der Kopfküssen haben sie Felle und Pelze, oder ihre andern Kleider. Wenn man alles das Pelzwerk sieht, welches die Wilden brauchen, so sollte man sagen, sie wären blutgieriger, als die gesitteten Völker. Diese brauchen Flachs, Seide und Baumwolle, sich zu kleiden; sie bekleiden sich mehr mit Gewächsen, als thierischen Substanzen. Wenn sie aber weniger Thiere zu ihrem Putze verschwenden, so schonen sie dabey des Lebens und des Blutes der Menschen weniger. Wenn man daran dächte, wie viel Arbeit, Gefahr, Krieg und Blut ein einziger von den Diamanten einer Krone kostete, so würde man vielleicht nicht so in Versuchung gerathen, den Glanz desselben zu beneiden. Europens Unruhe aber hat ihren Lauf gegen die Handlung und Pracht genommen: man wird nicht anders, als erschöpft an Kräften, es sey nun in der Grausamkeit, oder in dem Genusse, davon zurück kommen; wobey man vielleicht die Verheerung, die Sclaverey und alle Uebel auf sich zurück bringen wird, die man in fremde Himmelsgegend hat bringen wollen.

Die Lappen sind zum Glücke vor diesen Einfällen sicher. Die Strenge ihrer Himmelsgegend, die Armuth ihres Bodens bewahren sie, wenigstens zum Theile, wider die Habsucht der Europäer. Nur die Russen, die noch unglücklicher sind, als diese Wilden, können sie beunruhigen. Man wird aber stets viel Mühe haben, sie unter das Joch zu bringen, weil sie herum schweifen und keine feste Wohnung haben. Dieß ist das Schicksal aller Hirtenvölker. Wenn sie ihre Heerden führen, so kann man auch sagen, daß ihre Heerden sie führen. Dieß sieht man vornehmlich in den kalten und unfruchtbaren Ländern, wo man eine große Strecke brauchet, eine kleine Heerde zu ernähren. Lappen, welche mehr Land besitzen, als viele deutsche Fürsten haben, sind noch immer sehr arm. Ihre Rennthiere werden stets verhindern, daß sie keine eigene Felder, oder feste Wohnungen haben; und es wird vielleicht das wahre Glück dieser Völker seyn, daß sie diejenigen Gränzen und Schranken nicht kennen, die man ohne Aufhören mit Blute färben muß, damit man sie in Ehren halten lasse.

Die Lappen bleiben kaum vierzehn Tage an einem Orte. Bey Annäherung des Frühlinges begeben sich die meisten mit ihren Familien auf zwanzig oder dreyzig Meilen in das Gebirge. Dieß geschieht nicht, wie man geglaubet hat, sich vor den Mücken zu verwahren; denn diese Insecten sind daselbst in viel größerer Anzahl, wiewohl nicht so beschwerlich auf den Höhen, wo die Luft und der Wind viel stärker und frischer sind. Ein deutscher Gelehrter hat vorgeschlagen, man solle die Heerden zur Verwahrung vor dieser Unbequemlichkeit mit einer gewissen Salbe schmieren, deren sich die Lappen selbst dawider bedienen. Herr Högström aber behauptet, diese Salbe würde viel geschickter seyn, die Mücken herbey zu ziehen, als sie zu entfernen, und über dieß ist sie auch zu theuer, als daß sie gemein werden könnte. Die Berglappen bedienen sich auch ihrer nicht für sich selbst; und die Rennthiere leiden selten von den Stichen dieser Insecten so viel, daß sie davon umfallen, oder ihre Haut Schaden leide.

Högströms Beschreibung.

Sie haben keine feste Wohnung.

Da die Hirten verbunden sind, den Aufenthalt auf der Ebene den Winter über den Eigenthümern zu bezahlen, so ziehen sie gleich im Frühlinge, für einen geringen Tribut, den die Krone Schweden hebt, in die Gebirge. Alles zieht sie dahin, und vornehmlich das Gras, welches die Rennthiere daselbst im Ueberflusse, nebst einer gesunden Luft finden. Der Mangel an Holze, welcher ihnen diesen Aufenthalt unerträglich machen würde, ist ein Vortheil im Sommer, die Heerden desto besser zu hüten. Zu allen Jahreszeiten aber haben sie nur Aufenthalte, wo sie sich lagern, und keine Wohnplätze. Im Winter finden sie nirgend Mooß genug zum Unterhalte der Rennthiere. So bald sie auch im Herbste anfangen, von dem Gebirge herunter, nach dem Westmeere zu steigen, so schlachten sie gleich einen Theil ihrer Rennthiere, nicht so wohl aus Noth, sich einen Vorrath an zu schaffen, als zu verhindern, daß diese Thiere nicht verhungern. Sie haben zu dieser Art Schlächterey gewisse bezeichnete Oerter. Hirten und Heerden, alles begiebt sich dahin, aber nur auf eine Zeitlang. Man muß stets um Bäche und Flüsse herum schweifen, welche Fische und Vögel geben. Die Fischerlappen gehen von See zu See in der Laichzeit, welche nicht in allen Seen zu gleicher Zeit geschieht. Vergebens verordnete Karl der IX. König in Schweden, um die Lappen seßhaft zu machen, man sollte einer jeden Familie eingeschränkete Kreise anweisen. Er konnte sie nicht zwingen, da zu bleiben, da sie durch den Hunger fortgejaget, durch die Reizung zur Fischerey angelocket, und durch ihre Rennthiere weggeführet wurden. Diese Thiere haben nicht allein Mooß nöthig, sondern suchen auch stets neues. So bald sie an einem Orte gefressen haben, so verlassen sie solchen, und kommen nicht wieder dahin. Sie scharren an einem andern Orte, wo der unberührete Schnee noch nicht betreten worden. Weil das Mooß langsam wächst und reifet, so scheint es, daß sie sich einen Theil davon aufheben, damit sie das folgende Jahr wieder dahin kommen, und weiden können. Sie brauchen in Ansehung des Mooßes eben die Vorsichtigkeit, welche die Menschen bey dem Holzschlagen in den Wäldern beobachten, welches nach Abtheilungen, und von Jahren zu Jahren nach einander geschieht. Das Mooß und die Gehölze haben also Zeit, zu den Bedürfnissen der Menschen und Thiere, wieder an zu wachsen und aus zu schlagen. Die Natur ist überall bewunderuswürdig. Sie giebt allem, was leben soll, einen Trieb und eine Erfahrung. Den Rennthieren fehlet keines von beyden, welche nur einerley sind.

Högströms Beschreibung.

So bald der Schnee anfängt, unter ihren Füßen hart zu werden, ohne Zweifel, weil kein neuer mehr fällt, so empfinden diese Thiere den Frühling voraus, und führen ihre Hirten von selbst auf das Gebirge. Sie gehen voran und erwarten nicht erst, daß man sie dahin führe. Sie gehen, man muß ihnen folgen. „Daher kam es, saget Herr Högström, daß vor einigen Jahren, da die Lappen im Januar zu Markte „waren, und ein solches Wetter einfiel, woraus die Rennthiere meyneten, es wäre Frühling, sie ihren Abschied nahmen, und sich auf die Reise macheten, weil ihre Herren „zu Markte waren; da denn nichts anders zu thun war, als daß sie ihnen nach ihren „gewöhnlichen Sommerplätzen nacheileten.“ Die Rennthiere der Fischerlappen, welche stets in den Wäldern wohnen, bleiben bey ihren Herren. Wenn aber diese Waldlappen ihre Rennthiere zuweilen verloren und sich von den Berglappen andere wieder kaufen müssen, so haben sie auch ihren neuen Rennthieren folgen und Berglappen werden müssen.

Zelte der Lappen.

Von dieser Lebensart hängt die Gestalt und der Bau der Wohnungen ab. Da die Lappen verbunden sind, herum zu schweifen, so haben sie nur Zelte, die sich leicht fortbringen lassen. Sie bestehen aus langen in die Erde gesteckten Pfählen, welche oben zusammen gebunden sind, so daß oben eine Oeffnung für den Rauch vom Feuer bleibt, welches mitten in dem Gezelte gemachet wird. „Das ganze Gezelt, saget „Högström, gleicht einer abgestutzten Pyramide, oder einem eckichten Kegel, dessen „Grund sechs Ellen ungefähr im Durchmesser hält, und ein Feld von sechzehn, zwanzig und mehr Ecken machet. Die Perpendicularhöhe ist ein Faden und bisweilen „etwas höher.“ Diese Pfähle, saget la Mottraye, sind mit umher gebundenen Zweigen zusammen geflochten, und die Zelte mit einem groben Tuche bekleidet, welches Högström auf Schwedisch Walmar nennet, la Motraye aber durch den Namen Rana bezeichnet. Dieser französische Reisende, welcher eines dieser Zelte beschreibt, saget, „auf der Oeffnung wäre eine Art von Schneeschirme, welcher aus Zweigen bestünde, die in ein Viereck ungefähr eine Klafter lang und eine halbe breit zusammen „geflochten wären. Es wäre ein wenig rund erhaben, mit eben dem Zeuge Rana bedecket und an die Spitze einer langen Stange geheftet, die man in die Erde stecket, „und dem Winde und Schnee, wenn es Noth thut, entgegen stellet. Der Eingang „dieses Zeltes war nur ein zwischen zweenen Pfählen des Gebäudes frey behaltener „Raum. Die Thüre war eine Art einer aus zusammen geflochtenen Zweigen gemachter „und mit Rana, so wie das Uebrige, bedeckter Hürde.“ Ihre Feuerstäte, saget Högström, haben sie mitten im Gezelte, um welche sie einen Haufen Steine herum legen, damit sich das Feuer nicht zu weit ausbreite. In das Rauchloch hängen sie ein Paar eiserne Ketten, welche an den Enden Haken haben, woran sie ihre Kessel hängen. Um das Zelt außen herum haben sie ihre Speisekammern und Behältnisse, die auf Pfosten oder bloßen Klötzen stehen, damit ihnen ihre Rennthiere und Hunde keinen Schaden thun können; wie auch ihr Fuhrgeschirr und ihre Schlitten. Inwendig an den Wänden herum breiten sie ihre Kleider aus, damit kein Wind hinein wehen könne. Diese Zelte können bis auf zwanzig Personen fassen. Man sieht weder Stühle, noch Bänke, darinnen. Man setzet sich auf die Erde; die Richter selbst ziehen der Bequemlichkeit auf einer Bank vor einem Tische zu sitzen das Sitzen auf der Erde vor. Der Hausvater nimmt den obersten Platz an einer Seite bey dem Feuerheerde ein,

und

und nächst ihm sitzt seine Frau. Wenn ein Gast kömmt, so setzen sie ihn zwischen sich ein. Die Kinder und insonderheit die Söhne sitzen an der andern Seite gegen über; die Knechte und Mägde aber halten sich bey der Thüre auf. Sie schlagen ihre Gezelte gern an solchen Oertern auf, wo sie dürre Fichten zum Brennholze finden; doch müssen sie oft mit Birkenreisiche und anderm Buschwerke zufrieden seyn. Sie unterhalten das Feuer beständig und vertreiben sich bey demselben die Zeit mit allerley Gesprächen, so gut sie können. Sie sind dabey oft sehr lustig und schätzen sich für glücklich in der Welt. „Es scheint, saget la Motraye, zu diesen abgelegenen Wüsten, Felsen, Gehölzen und Schnee, unter welchen diese Leute wohnen, können der Kummer, „die Furcht, und die Krankheiten nicht kommen.“ Högströms Beschreibung.

Indessen begiebt es sich doch zuweilen, daß ein Sturmwind das Zelt entführet, und die Lappen der Gefahr ausgesetzet seyn läßt, vor Kälte um zu kommen, oder von den Bäumen des Waldes, die er umreißt, erschlagen zu werden. „Vor einigen Jahren, saget Högström, wollte ein Geistlicher nach einer gewissen Lappmark reisen, und „da er zu der Wohnung der Lappen kam, so war das Gezelt umgewehet. Er ward „des Hauswirthes nicht eher gewahr, als bis man anfieng, den Schnee weg zu schaffen, wo er mit seiner Frau eingesperret lag.“ Dergleichen Zufälle aber sind sehr selten. Sie erängen sich auch nur an hohen Oertern, wo man sich zuweilen setzet, damit man nicht so viel Ungelegenheit von dem Rauche habe, und besser auf die Rennthiere sehen könne. Es läßt sich auch kein Gezelt leicht umwehen, wenn es ein Paar Tage gestanden und die Grundstangen in der Erde fest haben einfrieren können.

Scheffer giebt vor, die Fischerlappen bedieneten sich keiner Gezelte von Tuche, sondern baueten hin und wieder bey den Seen Hütten von Brettern oder Rasen auf, damit sie ihre Gehäuse nicht mitnehmen dürften. „Dieses wäre gemächlich genug, „saget Högström: so viel ich aber erfahren, so haben alle Fischerlappen, welche Vermögen dazu haben, ihre Gezelte eben so, wie die Berglappen, von grobem Tuche gemacht. Weil es sich aber oft füget, daß der Lappe etwas lange von seiner rechten „Wohnung wegbleibt und an den Seen liegt und fischet, so bauen sich einige zwar hin „und wieder dergleichen Hütten von Rasen oder Buschwerke: sie sind aber von keiner „Dauer, und nicht viel besser, als die Lauben.„

Die Rennthiere dienen den Lappen statt der Pferde: sie sind aber viel geschickter zum Ziehen, als zum Tragen. Weil die Rennthiere nur Lasten von mäßiger Schwere ziehen können, so müssen die Schlitten leicht seyn. Die besten Reiseschlitten sind ungefähr fünf Fuß lang und so breit, daß einer gemächlich darinnen sitzen kann. Weil aber Herr Högström keine vollständige und an einander hängende Beschreibung von diesen Schlitten giebt, die man in den südlichen Lappmarken Kumisken oder Kumbersken, in den nordlichen aber Pulken nennet; und weil man sie in allem dem weggelassen hat, was in der Historie der Reisen von Lappland vorkömmt: so ist es dienlich, dasjenige hier an zu führen, was der Abt Outhier in seiner Reise nach Norden davon saget. Schlitten.

„Die Pulken, saget er, sind Schlitten, wie kleine Boote gemacht, vorn spitzig „und auf einen Kiel gestellet, der nicht über zween bis drey Zoll breit ist .... Das „Vordertheil oder die Spitze dieser Schlitten ist mit Brettern bedecket, und an dem „Rande dieser Bretter nagelt man eine Rennthiershaut an, welche derjenige, der in „dem

Högströms Beschreibung.

„dem Schlitten sitzt, vorn über seine Brust zieht und mit Schnüren um den Leib fest „machet, damit der Schnee, worinnen er sich gleichsam begraben findt, nicht in den „Schlitten komme. Die Schwierigkeit ist, das Gleichgewicht zu halten.„

An einigen Orten, saget Högström, pfleget man sie an den Seiten und Ecken mit Rennthierhorne ein zu fassen, und so weit die Füße reichen mit Seehundsfellen zu überziehen, woran ein Stück geheftet wird, welches man vor die Brust und unter den Hals in die Höhe bindt. Denn man schnüret sich in den Schlitten mit Riemen von Sehnen nieder, wozu an den Seiten Schlingen gemacht sind, damit man fest und wohl verwahret sitze. In einigen Lappmarken sind sie tiefer, in andern flacher; doch so, daß man allezeit eine Lehne hinter dem Rücken hat, die man erhöhen kann, wenn einer darinnen sitzt, der dieß Fahren nicht gewohnt ist.

Das Geschirr des Rennthieres ist ein breiter Gurt von Tuche mit Zinne gesticket, welches ihm über den Rücken gebunden wird. Der Halfter ist von dickem Leder, woran der Zaum angemacht ist. Er geht um den Kopf und Hals, ist aber nicht an den Hörnern fest gemacht, wie Maupertuis meynet. Den Halsriemen oder das Kumpt machet man von weissem Rennleder, welches weich ist, damit es dem Thiere nicht den Hals schabe. Zuweilen hängt man demselben noch eine Schelle an, die an einem breiten und gestickten Halsbande von Tuche sitzt. Statt der Deichsel und Stangen hat man einen Zugriemen, der an dem Kumpte fest gemacht ist, und dem Rennthiere unter dem Bauche durch bis vorn an den Schlitten geht, wo er an einer ledernen Schlinge befestiget ist. Der Zaum ist an der linken Seite des Rennthieres fest gemacht, und wird hernach über dessen Rücken zur rechten geworfen.

Man fährt mit diesem Fuhrwerke so geschwind, daß ihm kein anderes gleich kömmt. Indessen bekräftiget Herr Högström doch nicht, wie einige Schriftsteller gethan haben, daß die Rennthiere funfzig Meilen in einem Tage mit diesen Schlitten laufen könnten. Zwölf bis sechzehn schwedische Meilen in zehn Stunden, wie Scheffer gesaget hat, ist schon genug; und doch muß man dabey Abwechselung von frischen Rennthieren haben. Denn obgleich ein Rennthier sieben Meilen in einem Laufe fortspringen kann, ohne einen Augenblick still zu stehen, so würde es doch solches nicht lange aushalten. „Im übrigen, saget unser Schriftsteller, wollte ich es nicht gern wagen, mit „den gemeinen Rennthieren, die man zu einer weiten Reise zu gebrauchen denket, stär„ker als jede Stunde eine Meile zu fahren, und zwar wenn die Wege gut sind .... „Denn kann ein Lappe, wenn ein tiefer Schnee gefallen, ein wildes Rennthier einho„len und todt schlagen, so kann man wohl gedenken, daß es mit den zahmen, die ohne „dieß eine Last zu ziehen haben, nicht so gar geschwind fortgehen könne.„

Obgleich die Rennthiere zuweilen widerspänstig sind, sich auf die Erde legen, mit dem Kopfe und den Hörnern wider die Bäume stoßen, wenn man sie übertreibt oder ihnen die Last gar zu schwer gemacht hat: so geschieht es doch selten, daß sie den Reisenden mit den Füßen schlagen, wie man gesaget hat, und ihn verbinden, sich unter den Schlitten zu verbergen. Unter tausend Rennthieren wird kaum eins diesen Fehler haben. Die größte Gefahr, die man läuft, ist, daß man von einem unbändigen Rennthier über Berg und Thal hinweg geführt und umgeworfen wird, da man sich denn nicht recht helfen kann, weil man eingeschnüret ist. Sonst ist das Geschirr so

beschaffen,

beschaffen, daß man das Rennthier ganz leicht auch in dem stärksten Laufen aufhalten kann.

Högströms Beschreibung.

Die Reisen geschehen mit wenigen Kosten. Ein Rennthier findt fast überall Mooß unter seinen Füßen, sich zu ernähren. Der Reisende, welcher mit guten Kleidern versehen ist, achtet es eben nicht sehr, ob er des Abends unter ein Dach kömmt. Er bringt die Nacht bey einem Stockfeuer zu, welches er sich unterwegens machet. Hierzu nimmt er zween Fichtenstöcke, die er oben auf einander fest machet, und worein er Feuer stecket. Dadurch geben sie eine starke Hitze von sich, ohne in den Schnee hinab zu brennen oder zu verlöschen, weil sie sich selbst zusammen halten, so lange etwas an ihnen ist, welches einen ganzen Tag und eine Nacht währen kann.

Wie die Lappen umziehen.

Wenn die Lappen mit ihren Heerden und ihrem Geräthe die Wohnung verändern, so ist ihr Zug sehr langsam. Die Rennthiere gehen nicht von sich selbst hinter einander her, wie Scheffer gemeynet hat, sondern sind alle mit Zäumen hinter einander gebunden, jedes an des vorhergehenden Schlitten. Ein einziger Mensch kann ihrer acht bis zwölf und zuweilen noch mehr führen. Ist der Weg gut, so sitzt er selbst in dem vordersten Schlitten, und hat die andern auf gemeldete Art hinter sich. Tauget der Weg aber nicht, so geht er auf Schneeschuhen voran und hat den Zaum des vordersten Rennthieres in der Hand, welches mehren Theiles einen ledigen Schlitten zieht, nach welchem diejenigen kommen, welche die leichtesten Fuder haben. Nach seiner Kuppel kömmt seine Frau mit der zweyten Reihe und so weiter die übrigen von seinen Leuten hinter her, außer denen, welche die ganze Heerde treiben, und bald vorn, bald an den Seiten seyn müssen. Ihre Wahrsagertrummel sollen sie ganz hinten an führen. Högström will solches aber nicht versichern. „Denn ob ich gleich oft, saget er, bey „ihrem Umziehen zu ihnen gekommen bin, so habe ich doch keine Gelegenheit gehabt, „zu sehen, was sie auf dem hintersten Schlitten geführet. Sie haben mich allezeit „vorn hin zwischen die vordersten Reihen geführet; ob solches aus Höflichkeit oder „Aberglauben geschehen, weis ich nicht.„

Olaus Magnus, Erzbischof zu Upsal, hat gesaget, die Lappen ritten auf ihren Rennthieren, wie auf Pferden. Er hat auch einen Lappen in ordentlichem Sattel auf des Rennthieres Rücken sitzend mit dem Zaume in der Hand abbilden lassen, und dazu gefüget, daß man die Bräute der Lappen mit Zobel und Hermelin geschmücket, so auf ein Rennthier setze. Allein, saget Högström, „dieses so wohl, als daß man „sie in dem Gebirge vor Karren gebrauche, ist unerhört.„ Diese Thiere werden nur auf Reisen gebrauchet, und fast immer die Menschen und ihr Gepäck auf Schlitten fort zu bringen.

Fahrzeuge.

Außer diesen Fuhrwerken haben die Fischerlappen eine Art von Booten oder kleinen Schiffen, womit sie über Seen und Flüsse fahren. Sie sind von ganz dünnen Brettern gemacht, artig zusammen gefüget und mit Wurzeln von Bäumen oder auch Schnüren von Hanfe zusammen gebunden, ohne Nägel und Pflöcke. Sie sind dadurch so leicht, daß der Lappe sie mit Rudern und allem, was dazu gehöret, und noch seinen Proviantsack dazu, auf den Rücken nimmt und hinträgt, wohin er will. Einige haben ihre Hunde so abgerichtet, daß sie etwas, insonderheit das Geschoß, ihm tragen helfen.

Högströms Beschreibung.

In diesen elenden Schiffchen fahren die Lappen gegen Wasserfälle über die Maßen geschicklich hinan; ohne Zweifel durch Hülfe der Seile, welche Leute ziehen, die am Lande sind; denn der Verfasser erkläret nicht, wie sie einen Wasserfall hinauf fahren [a]). Von dem Hinunterfahren saget er: „Ich habe gesehen, daß sich fünf bis sechs „Personen in ein solches Boot gewaget, und es ist ein Wunder an zu sehen, wie sie sich „einen Wasserfall hinab wagen, wo oft ihr Leben auf einen Ruderzug ankömmt, und „man sie oft zwischen den Strudeln der Wasserfälle in langer Zeit nicht zu sehen „bekömmt.„

Scheffer führet Schriftsteller an, welche vorgeben, die Lappen führen nackend in diesen Booten, damit sie bey zustoßender Gefahr entschwimmen und ihre Waaren bergen könnten. „Jetziger Zeit aber weis ich nicht, saget Högström, daß ein Lappe na„ckend im Boote zu sitzen pflege; wenigstens ist es an denen Orten nicht gebräuchlich, „wo ich mich aufhalte. Und außerdem, daß wenig Lappen schwimmen können, sind „sie dieser Boote so gewohnt, daß sie solches für keine sonderliche Gefahr ansehen.„

In den nordlichen Lappmarken hat man Boote von vier, fünf und mehr Klaftern lang. Man zieht sie entweder mit Seilen gegen die Wasserfälle hinauf, oder es steht einer vorn und einer hinten im Boote, und schiebt es mit Stangen hinauf. Eben so schleppet man es auch zuweilen hinunterwärts mit Stangen und Seilen ein Stück Weges fort, wenn die Fälle gar zu jäh und felsicht sind. Sonst rudert man mit aller Macht den Strom hinab, da inzwischen einer hinten sitzt und das Steuer regieret. Je stärker gerudert wird, desto leichter entweicht man den Steinen, weil sich das Boot alsdann leichter von dem Steuer regieren läßt. Uebrigens kömmt solche Fahrt dem Vogelfluge oft ziemlich nahe.

Mitten unter diesen Mühseligkeiten und Gefahren lebet der Lappe zufrieden, den übrigen Menschen unbekannt, welche er nicht zu kennen das Glück hat. Sein Herumstreifen machet den Reiz seines herumirrenden Lebens. Er ist nicht durch die Knechtschaft an einen Boden gebunden, welcher, fruchtbar für einen müßigen Herrn, undankbar für den Bebauer ist; er ist nicht, wie ein polnischer Leibeigener, verdammet, unaufhörlich ein Feld um zu ackern, welches er verfluchet, langsam auf einem Acker um zu kommen, den er mit seiner Substanz dünget. Der Lappe bewohnet ein dürres Erdreich: er verändert es aber nach Belieben. Er hat nur Rennthiere zur Gesellschaft: er will aber lieber mit diesen Thieren in Frieden leben, als andern Menschen gehorchen.

a) Er schreibt aber doch auch gleich an eben der Stelle: „Kömmt er aber, (der Lappe) vor große „Wasserfälle, so nimmt er sein Schiff auf den Rü„cken und wandert zu Lande, bis er wieder stilles „Wasser kriegt." A. d. 125 S. der deut. Uebers. Vermuthlich gilt dieß von dem Hinauffahren.

Högströms Beschreibung.

Das VI Capitel.

Künste, Beschäfftigungen, Gebräuche und Sitten der Lappen.

Sie machen sich ihre Werkzeuge und Geräthe selbst. Kalender der Lappen. Arzeneykunst. Augenübel und deren Cur. Mittel wider die Erkältung. Arm- und Beinbrüche. Merkwürdigen Curen wider die Krätze und den Grind. Brennmittel wider allerley Schmerzen. Außerordentliches Mittel wider die Lungensucht. Sitten der Lappen. Heurathen derselben. Vorgegebene Unfruchtbarkeit. Niederkunft der Lappländerinnen. Erziehung ihrer Kinder. Gesinde.

Man kann von den Künsten eines Volkes aus seinen Bedürfnissen und seinen Mitteln urtheilen. Je mehr eine Nation still sitzt, desto vielfältiger sind ihre Geschäffte. Wenn sie aber ohne Felder, ohne Eigenthum, ohne Landbau und ohne Heimath verbunden ist, mit denen Heerden, die sie nicht ernähret, sondern die sie vielmehr ernähren, herum zu irren, so muß sie sehr wenig Künste haben. Ihre Geisteskräfte sind durch ihre physikalischen Hülfsmittel eingeschränket. Sie kann ohne Einbildungskraft und Gegenstand keine Erfindungskraft haben. Von wenigen leben ist ihre ganze Wissenschaft.

Sie machen sich ihre Werkzeuge und Geräthe selbst.

Die Lappen machen sich selbst alle die Werkzeuge und Geräthe, die sie nöthig haben. Wenn man aber zwey oder dreymal des Jahres die Wohnung und den Platz verändert, so muß man keine große Wirthschaft weg zu führen haben. Ihr erstes Gewehr ist der Bogen, welcher nur ganz schlecht, ohne Schaft, ohne Visier, ungefähr eine Klafter lang ist, nach der Sehne zu rechnen. Diese Bogen sind von Holze, und dienen nur, Eichhörnchen und Schneevögel zu schießen. Sie machen von den Wurzeln der Gesträuche allerhand Körbe. Solche sind so gut und dicht geflochten, saget la Motraye, daß man Wasser hinein gießen könnte, ohne daß es durchliese. Sie verfertigen Schachteln und Kästchen, Löffel von Horne, und Formen, worinnen sie ihr Zinnzeug gießen. Die Frauenspersonen wissen den Zinndraht so künstlich zu ziehen und zu bearbeiten, als hätten sie es von den besten Meistern gelernet. Das Werkzeug dazu ist von Rennthierknochen gemacht. Sie wissen damit ihre Gürtel, Kleider und Schlittengeräthe nicht uneben zu sticken und aus zu zieren; wie auch Schnupftobacksdosen von allerley Formen und Gestalt zu machen, die in Norden überall bekannt sind. Die Seile, welche aus Baste gemacht worden, und der Zwirn, den man aus den Sehnen der Rennthiere verfertiget, sind sehr gut und fein gearbeitet. Es giebt keine Frauensperson in Lappland, die nicht allerhand Felle zu zu bereiten wüßte, die bey ihnen gebräuchlichen Kleider, als Mützen, Pelze, Stiefel, Schuhe, Handschuhe und dergleichen daraus zu verfertigen; wie auch von Riemen Zäume und von Sehnen Schnürbänder zu flechten. Endlich so bauen die Lappen auch ihre Schlitten, die sie ganz artig mit allerhand Figuren von Rennthierhorne aus zu legen wissen, desgleichen ihre Boote, und

Högströms Beschreibung.

machen fast alles, was zu ihrem Hausgeräthe, ihrer Wohnung, ihrer Kleidung und ihren Reisen dienet.

Dieß sind alle ihre Künste, die von der Bedürfniß genugsam abhängen, zur Arbeit zu erregen, und in ihrem Fortgange eingeschränket genug sind, noch Muße zu lassen. Der Mensch, der sich damit beschäfftiget, genießt ihrer. Der Lohn seiner Arbeit ist sein Werk selbst. Er hat niemand zu betriegen; er fürchtet nicht zu verlieren, er suchet nicht zu gewinnen. Bey den Lappen verbringt ein Mensch nicht seine ganze Lebenszeit damit, daß er Kinderspielzeug machet, daß er eine schlechte Materie unter einem schimmernden Firnisse verbirgt; daß er das Eisen und Holz malet, welches in dem Unflathe schleppen oder in dem Kothe rollen sollen. O unnachahmliches Wunder unsers Fleisses! Hunderttausend Aerme werden Tag und Nacht angestrenget, den prächtigen Alcoven zehn träger Familien auf zu führen und zu schmücken; hunderttausend andere, in rollenden Betten einige schlafsüchtige Wesen spazieren zu fahren, welche niemals den Werth der Zeit noch des Lebens, vornehmlich aber nicht den ganzen Werth des Blutes derer Leute erkannt haben, welche geboren sind, unter der Last der schwersten, der am wenigsten zahlreichen und der unnützlichsten Classe der Gesellschaft zu seufzen, und um zu kommen.

Die Kenntnisse der Lappen sind noch eingeschränkter, als ihre Beschäfftigungen. „Was Sirach von denjenigen spricht, saget Högström, die mit Viehe umgehen und „die Ochsen gern mit der Geissel treiben, nämlich, daß sie nichts wissen, als von Ochsen zu reden, das kann man auch von den Lappen sagen, nicht nur in Ansehung ihrer Reden, die gemeiniglich von nichts anderm handeln, als womit sie täglich umgehen, sondern auch, was die Uebungen ihres Witzes betrifft.„ Ihr Umgang ist dadurch vieleicht weit unschuldiger und nützlicher, als wenn er gelehrt wäre. Dieß Volk hat keinen Witz: es giebt aber nur der Vernunft Gehör. Bis auf seinen Aberglauben, welches der Stempel der Thorheit ist, womit die Natur alle Menschen gepräget hat, verachtet es das, was es nicht versteht: und dieser alberne Stolz befreyet es wenigstens von einer eiteln Neugierde. Es machet sich seiner Fehler zu Nutze, unterdessen daß wir uns von unsern hintergehen lassen.

Kalender der Lappen.

Indessen sind doch die Lappen nicht so gar dumm und einfältig, sondern zu einer gewissen Vollkommenheit des Geistes fähig. Sie haben ihre Kalender, die sie sich selbst verfertigen. Solche sind gemeiniglich auf sieben dünnen Brettchen oder Rennthierhörnern ausgeschnitten, doch so, daß das siebente nur auf der einen Seite bezeichnet ist. Weil nun auf jeder Seite meist vier Wochen stehen, welche sie einen Monat nennen, so haben sie nach ihrer Rechnung dreyzehn Monate im Jahre. Indessen nennet doch Högström deren nur zwölfe. Sie suchen aber den Lauf der Jahreszeiten nicht in dem Thierkreise, sondern auf der Erde. Der erste Monat hat seinen Namen von seiner Stelle; er öffnet das Jahr: der zweyte von der strengen Witterung; er ist der kälteste im ganzen Winter. Im dritten zeigen sich die Schwäne; im vierten die Krähen; im fünften die Kröten und Frösche, die ihrer Meynung nach vom Himmel fallen; so hurtig kommen sie hervor, so bald der Schnee und das Eis geschmolzen sind. Der sechste Monat wird durch das Kalben der Rennkühe bezeichnet; der siebente durch das Rinnen der Fichten und anderer Bäume. Den andern Monaten scheinen die Rennthiere vor zu stehen. In dem achten fällt ihnen das Haar aus; in dem neunten

bekommen

bekommen sie es wieder; in dem zehnten sind sie in der Brunst, und in dem eilften haben sie aufgehöret und gehen umher und blöken. Der zwölfte ist der heilige Monat, wegen eines Festes, das bey den Christen die Geburt des Heilandes, bey den Wilden aber die Geburt der Welt, oder die Rückkehr der Sonnen oder des Jahres ist. Denn man saget es nicht, welches es sey.

Högströms Beschreibung.

In diesem Kalender bemerket man den Trieb aller eingeborenen Völker, welche durch die Wanderungen oder Einfälle anderer Völker noch nicht vermenget sind. Man sieht diesen Trieb, welcher sie bewegt, sich in ihren abstrakten Lehrverfassungen, es sey nun der Zeitrechnung oder Religion, nach den physikalischen Gegenständen zu richten, die ihnen am bekanntesten sind. Die Fischervölker rechnen die Monate nach den verschiedenen Arten Fische, die zu ihnen kommen; die Jäger nach dem Zuge und Brüten der Vögel, der Ankunft, dem Ueberflusse und Abschiede des Wildbräts; die Hirten nach den sinnlichen und stufenweise fortgehenden Unterschieden in dem physikalischen Zustande ihrer Heerden. Diese ursprüngliche erste Art ist viel natürlicher und einfacher, als alle unsere Lehrverfassungen, die durch eine Verbindung solcher Begriffe, welche unseren Himmelsgegenden und unserer Erfahrung fremd sind, gebildet, und man weis nicht wie in unsern Geist eingeführet und durch eine saure und gezwungene Erziehung verewiget worden. Wenn man aber den Himmel und die Erde nur in einem Garten sieht; wie wird man den Einfluß der Zeit auf die thierische Natur und Gewächse unterscheiden? Wie will man denen Verhältnissen folgen, die sich unter dem Laufe der Sonne und der Wirkung ihrer Stralen auf die Pflanzen und Heerden finden? Wer studieret den steigenden Fortgang des Grünes im Frühlinge und die stufenweis gehende Abnahme der Schattirungen des Lebens und der Farben an den Blättern bey Annäherung des Winters? Wird man in unsern Hauptstädten, wo alles gelehret und nichts gelernet wird, die Wege des Verständnisses zu Rechte bringen, ebenen und vollkommen machen können? O was für einen Weg hat man zurück zu thun, ehe man den ersten Schritt auf den Wegen der Natur und Wahrheit versuchen kann?

Indessen haben doch die Lappen von den Schweden die Namen entlehnet, welche sie ihren Monaten, Wochen, Tagen und gewissen Denkzeiten oder Festen geben, die sie mit dem Katechismus der lutherischen Lehre angenommen haben. Bey Gelegenheit des Katechismus führet Högström eine unglaubliche Anstrengung des Witzes eines Lappen an. „Man hat befunden, daß einige sich selbst Charaktere erdichtet und damit „beholfen, die Hauptstücke ihres Christenthums zur Erinnerung auf zu zeichnen. Es „war ehemals einer zu Arieplog in Pite-Lappmark, der solcher Gestalt sein Christenthum in Frage und Antwort auf ein Brett gezeichnet hatte, ohne von jemanden unsere „Buchstaben oder sonst eine Schrift lesen gelernet zu haben. Ein gleiches hat unlängst einer in Ume-Lappmark versuchet.„

Diese Sache, welche der französische Uebersetzer des schwedischen Werkes von aller Wahrscheinlichkeit entblößet zu seyn glaubet, kann ohne Zweifel anders nicht erkläret werden, als wenn man saget, diese Lappen hätten nur die Charaktere eines schwedischen Katechismus nachgemacht [*]), ohne etwas davon zu begreifen: wie ein Schüler

[*]) Wie kann man das nur muthmaßen, da der Verfasser ausdrücklich saget, sie hätten sich selbst Charaktere ersonnen?

Högströms Beschreibung.

der Malerey ein allegorisches Gemälde nachmalet, wovon er weder den Inhalt noch die Personen kennet. Ein Beweis für diese Muthmaßung ist, daß eben der Prediger saget, man habe bey den Lappen niemals eine Spuhr von Buchstaben gefunden. Was ist denn ihr Kalender? Die Schlauigkeit des Verfassers fehlet also hier dießmal. Ein Missionarius aber ist nicht allezeit klar und verständlich in seinen Begriffen z).

Die Lappen haben in der Astronomie nur solche Begriffe, welche den Aberglauben hervorbringen, und nicht diejenigen, welche ihn zerstören. Sie sind mehr Sterndeuter, als Sternkundige. Indessen sagen sie doch den Ueberfluß und Mangel nach solchen Anscheinungen voraus, die selten trügen. Wenn der Winter zeitig kömmt und viel Schnee hat, so ist es ein Zeichen der Fruchtbarkeit. Wenn der Wind an Matthias und Marientage aus Süden wehet, so soll es ein warmer Sommer werden, ein kalter aber, wenn er aus Norden kömmt. Sie erwarten, nach dem Grade der Kälte des Winters, die Wärme des Sommers. Ist es um Weihnachten sehr kalt, so vermuthen sie große Hitze im Mitsommer; und alle Neu- und Vollmonde des ganzen Jahres sollen sich so anlassen, wie die im Anfange desselben gewesen.

Geographie.

Von der Erdbeschreibung wissen sie noch weniger, als von der Astronomie. Gleichwohl wird in ihrem Bärenliede von Holland und England und so gar von Frankreich geredet; vieleicht weil sie engländische und holländische Schiffe auf dem finnländischen Meerbusen gesehen, und die alte Freundschaft der Franzosen mit den tapfern Schweden rühmen gehöret haben. Diese beyden großmüthigen und kriegerischen Nationen haben gleichwohl nichts, als die Freymüthigkeit, mit einander gemein, welche bey der einen die Empfindung der Freyheit, und bey der andern der Charakter des Ungestümes ist. Es ist aber stets gut für sie, daß sie durch diese sanften Bande der Sympathie mit einander verknüpfet sind. Glücklich sind die Franzosen, die noch in diesem Verhältnisse Schweden sind? Sie sind nicht von ihren Vätern, den Deutschen und Franken, diesen Brüdern und Kindern des alten Schweden, ausgeartet.

Arzeneykunst.

Die vornehmste Wissenschaft der Lappen ist ihre Arzeneykunst. Jedoch hat sie, Dank sey es der kalten und gesunden Himmelsgegend, den schlechten und groben Speisen, der thätigen und arbeitsamen Lebensart dieses Volkes, welches seine Armuth selbst von vielen unserer Krankheiten zu befreyen scheint, noch keinen großen Fortgang bey ihnen gehabt. Das Fieber ist in Lappland unbekannt. Die ansteckenden Seuchen sind selten; so wie auch vieler Orten die Blattern; „und ich zweifele, daß in der ganzen Gemeine zu Gelliware, saget ihr Prediger, über vier bis sechs daselbst geborene „Lappen jemals die Kinderpocken gehabt haben.„ Die gemeinste Beschwerlichkeit in Lappland ist das Uebel an den Augen. Der Schnee der kalten Erdgürtel und die Sonne des heissen Erdstriches sind auf gleiche Art dem Gesichte schädlich, welches ein sanftes und gemäßigtes Licht, glücklich abgewechselte und vertriebene Farben, einen Schmelz, liebet, wo alle Schattirungen auf grünem Grunde oder unter den Schatten spielen,

Augenübel und deren Cur.

z) Der Franzos urtheilet zu hurtig, damit er nur diese Anmerkung machen konnte, und hat den Missionar zu flüchtig angesehen. Dieser saget ganz deutlich, man habe keine Spuhr von Buchstaben gefunden, außer ihren Runenstäben (und das sind ihre Kalender) und ihren Hauszeichen. Sie haben also durch Charaktere sich etwas merken können.

len, und sich vermengen. Die Lappen verderben die Augen dadurch, daß sie mitten unter dem Schnee herum laufen, und sich in dem dicken Rauche ihrer Zelte wärmen. Ihr Hülfsmittel dawider ist Wacholderöl oder die Galle von Schwänen und Adlern, welche sie ins Auge tröpfeln. Zuweilen lassen sie sich von einem andern das Innere des Augenliedes heraus wenden und mit einem Messer beschaben, daß das Blut darnach geht. Man zieht auch wohl denen, die ein schwaches Gesicht haben und fast blind sind, mit kleinen messingenen Zangen ein Häutchen von den Augen, wodurch sie ihr Gesicht wieder bekommen.

Högströms Beschreibung

Mittel wider die Erkältung und Arm- und Beinbrüche.

Das Fett aus dem Rennthierkäse, wenn er gebraten wird, ist eine Arzeney nicht nur bey Erkältungen, sondern auch wider den Husten und allerley Mund- und andere Schäden. Eben so halten die Lappen auch das Fett von den Auerhähnen für ein rechtes Universalpflaster. „Ein Mägdchen, saget Herr Högström auf das Zeugniß eines „andern Predigers, hatte den rechten Arm etwas unter dem Handgliede zerbrochen, „und wurde binnen vierzehn Tagen durch das Schmieren mit solchem Fette dermaßen „wieder zu Rechte gebracht, daß es mit selbiger Hand schon ihr Essen zum Munde „bringen konnte, und in einem Monate völlig wieder geheilet war. Bey Beinbrü- „chen brauchet man ein Hundesfell, welches, so bald es dem Hunde abgezogen, warm „um das Bein geleget wird. Man läßt es so lange liegen, bis es anfängt, zu faulen; „da man ein anderes auf gleiche Weise darum leget; und solches thut man so lange, „bis der Schaden geheilet ist. Ein gewisser Prediger, der ein Bein zerbrochen, wur- „de auf solche Art in kurzer Zeit geheilet.„

Merkwürdige Curen.

wider die Krätze und den Grind.

Die Lappen brauchen wider die Krätze ein Bad von abgekochten Weidenrinden. Ihre Kinder pflegen sie gleich nach der Geburt in einem abgekochten Wasser von Erlenrinde zu baden, welches sie vor dem Grinde bewahret.

Brennmittel wider allerley Schmerzen.

Insonderheit verdienet ihr Hauptmittel bemerket zu werden, welches sie überhaupt bey allerley Zufällen durchgängig gebrauchen. Dieß ist das Maasbrennen, wobey sie so verfahren. „Sie machen von Zunder oder getrocknetem faulen Holze kleine Kegel, „so groß als eine Bohne. Diese werden angezündet und auf die Stelle geleget, wo die „Schmerzen am heftigsten sind. Wenn einer ausgebrannt ist, so wird ein anderer „gleich dabey geleget, und solches so lange, bis die Kohle von sich selbst wegspringt. „Man giebt bey dem Brennen wohl Acht, ob die Kohle von sich selbst so still liegt, „daß man sie nicht mit einer Messerspitze oder dergleichen halten darf. In solchem Falle „ist die Cur vergebens, und so lange dieß geschieht, hat man keine Besserung zu ver- „muthen. Aber wenn die Kohle geschwind und von sich selbst wegspringt, welches zu- „weilen einige Klafter weit geschieht, so hat man nicht nöthig, weiter zu brennen, weil „man hoffet, daß die Schmerzen sich legen werden . . . Imgleichen ist es ein gutes „Zeichen, wenn die Wunde nicht schwarz, sondern weiß wird; wie auch, wenn im „Brennen Funken davon fliegen; und ebenfalls wenn es hernach heftig schwitzt.„ Der Aberglauben will, daß man diese Kegel bey keinem andern Feuer anzünde, als dem Zunder, woraus sie gemacht sind, und den man selbst durch das Anschlagen eines Stahles und Steines entzündet hat.

„Wie weit die Medicin diesem Mittel beypflichten, schreibt unser Verfasser, kann „ich nicht sagen: daß es aber den Lappen zu sicherer Hülfe diene, erhellet aus genugsa- „men Proben, weswegen diese Cur gleichfalls bey andern Leuten in Gebrauch gekom-

„men.

Högströms Beschreibung.

„men. Ich habe eine betagte Frau gesehen, die sich oft wegen Kopfschmerzen bren„nen lassen, aber keine Hülfe verspühret, bis man sie mitten an der Stirne, gerade „vor der Scheitel branrte; da sie nach einem heftigen Schweisse von ihren Kopf„schmerzen befreyet wurde.„ Man wird selten einen Lappen finden, der nicht dergleichen Brandmaale habe.

Außerordentliches Mittel wider die Lungensucht.

Sie kennen kein anderes Mittel wider die Lungensucht, als das Wegbrechen des Geschwüres oder desjenigen, was sie die Ursache des Uebels nennen. Wenn einer zuweilen durch eine starke und geschwinde Bewegung viel geronnen Geblüt von sich gebrochen, so halten sie ihn von dieser Krankheit genesen. Viele Einwohner in Umelappmark haben die gute Wirkung dieses gezwungenen Hülfsmittels erfahren. „Ich „weis einen gewissen Lappen, saget Herr Högström, der auf die Art seine Gesundheit „wieder bekam, indem er einige Bastseile zwischen zween Bäume band, sich darüber „legete und solcher Gestalt hin und her fuhr, bis er sich brechen mußte, da er denn „hernach bis an seinen Tod, der erst nach einem achtzigjährigen Alter erfolgete, kei„nen Anstoß weiter davon hatte.„

Die Lappen heilen sich selbst von denen Krankheiten, die sie kennen. Wenn ihnen aber unbekannte zustoßen, so nehmen sie ihre Zuflucht zu den Zauberern, welche tausenderley Gebährdungen machen und vieles daher schwatzen, sie zwischen Furcht und Hoffnung zu halten, bis die Natur die Kranken genesen oder sterben läßt. Wenn sie sterben, so ist es stets ihre Schuld; und wenn sie aufkommen, so ist es durch die Geschicklichkeit der Zauberer. So leicht ist es, ein unwissendes Volk, vornehmlich in dem Zustande der Schwachheit, zu täuschen, wo seine Sinne und seine Vernunft durch den Schmerz verschlungen sind! Auf solche Art sind die Marktschreyer von allerhand Art, sie mögen nun Wahrsager oder Aerzte seyn, stets versichert, Thoren zu finden, die sich hintergehen lassen, sollten sie auch, zur Unterstützung ihres Gewerbes diejenigen sterben lassen, welche nicht daran glauben.

Ihre Lieder.

Ein Volk, welches kaum die ersten Künste der Nothwendigkeit kennet, hat auch wenig Künste der Pracht und Wollust. Ob die Lappen mit Saitenspiele und anderer Musik umgehen, hat Högström nie gehöret. In ihrem Singen kann man bey dem ersten Anhören keine sonderliche Kunst spühren, und sollte es fast für ein Geheule halten. Indessen misfällt es nicht so ganz bey einer leidlichen Stimme, die es gut kann. Reime höret man gar nicht: die Worte aber werden oft und auf vielerley Art wiederholet. „Was diese Art der Wiederholung betrifft, saget unser Pastor, so weis „ich kein besseres Exempel davon zu geben, als den Gesang der Deborah im Buche „der Richter.„ Haben die Lappen den Gebrauch der Wiederholung auch von den Hebräern; oder ist das eine Art von Verskunst, die allen wilden Völkern gemein ist?

Der Inhalt der lappischen Lieder sind ihre Liebeshändel, ihre Reisen, ihre Heerden, die Jahreszeiten, die Jagd, wie auch Prophezeyungen und dergleichen Materien, die den Poeten aller Nationen gemein sind. Diese süßen Unterhaltungen einer glücklichen Muße führen natürlicher Weise zur Beschreibung der Sitten der Lappen.

Sitten der Lappen.

Durch die Gemüthsart werden die allgemeinen oder besondern Sitten entschieden. Die Lappen werden für furchtsam gehalten. Man kann es ihnen aber nicht zur Zaghaftigkeit rechnen, meynet Högström, daß sie sich vor Kriegesdiensten fürchten. Alle Menschen haben einen geheimen Abscheu vor dem Tode. Ueber dieses wenn ein Lappe

Soldat

Soldat wird, so verläßt er seine Familie auf immer; wie sollte er nicht den Krieg hassen? Noch mehr, die Lappen haben von einigen Feinden, insonderheit den Russen, keinen bessern Begriff, als die gemeinen Schweden von den Türken. Ungeachtet dieser Abneigung aber weis man doch, daß sich viele zu Soldaten haben anwerben lassen. Indessen hatte gleichwohl in dem letzteren Kriege ein fürchterliches Gerücht, es sollten die Lappen mit Gewalt zu Soldaten geworben werden, verursachet, daß man sie kaum mehr in die Kirche bringen konnte, saget der schwedische Prediger. Nichts verdoppelt die Zaghaftigkeit der Menschen mehr, als die gezwungenen Werbungen. Dieß ist vieleicht eine von denen Ursachen, warum ganz Europa weniger Eroberungen mit unzähligen Heeren machet, als Griechenland und die berühmten Völker des Alterthumes mit einer Hand voll Soldaten gemacht haben. Man stellet nur Heerden wider Heerden, die man auf gleiche Art zur Schlachtbank führet. Nicht die Liebe zum Ruhme, der Rausch des Patriotismus, die tiefe Empfindung eines gerechten Krieges, die Hoffnung zu reicher Beute, oder einer rühmlichen Beförderung führen unsere Soldaten in den Krieg; sondern die ungebundene Lebensart, die Verführung, ein Befehl des Fürsten bilden und vergrößern die Kriegesheere. Man sehe, was die vortreffliche Kriegeszucht eines an allen Gaben der Regierungskunst erhabenen Königes hat gewinnen können. Er hat Klumpen von einer undurchdringlichen Dichtigkeit gemacht. Seine zahlreichen Truppen waren Mauren und Wälle: er hatte aber, diese Kräfte in Bewegung zu setzen, nur mechanische Triebfedern. Diese Körper hatten keine Seele. Ein Theil seiner Soldaten waren nicht seine Unterthanen; seine Völker zogen nicht von sich selbst in den Krieg. Es waren keine Freywillige; es war keine freye Nation. Nichts munterte sie zum Siege auf, als die Furcht zu sterben; und diese Furcht hat niemals Helden gemacht. Ich sage es noch einmal, man muß Bewegungsgründe haben, sein Vaterland, seine Regierung, seine Nation zu lieben, wenn man tapfer seyn und stets überwinden will. Die Waffen sind heute zu Tage gleich, die Kriegeszucht beynahe einerley; die Kriege sind ohne gerechten und auf keiner Seite lobenswürdigen Bewegungsgrund, ohne sichtbaren und Nationalnutzen. Wenn sich aber mitten aus diesen auf gleiche Art beherrscheten Nationen ein Volk erhöbe, das durch seine Bedürfnisse zu der Nothwendigkeit erreget würde, kriegerisch zu seyn: so würde man es bald alles wagen, viel verlieren, aber sich durch seinen Verlust aufblähen und kriegerischer werden sehen. In den Treffen würde der verwundete Soldat mit Entzücken den letzten Seufzer des sterbenden Soldaten auffassen; sie würden einander umarmen; sie würden gegenseitig ihre Wunden aussaugen. Der Tod selbst würde in dem Schooße des Sieges Anreizungen haben; man würde sich gleich bey der Geburt demselben wiedmen. Die Väter würden sich durch die Liebe wieder hervorbringen, ehe sie sich aufopferten. Die Mütter würden dem Vaterlande ohne Schmerzen Kinder gebähren. Sie würden vor Freuden über die Zeitung weinen, daß ihr Sohn in der Niederlage der Feinde geblieben sey. O unbegreifliche Empfindungen des Patriotismus, seyd ihr auf immer verloren! Müssen die großmüthigen Seelen dieses Jahrhunderts diese Welt mit dem Bedauren verlassen, daß sie entweder zu spät oder zu früh in dieselbe gekommen sind, diese Wunder zu sehen?

Högströms Beschreibung.

Die Lappen kennen sie ohne Zweifel nicht: sie wissen aber auch nichts von den Unglückseligkeiten, welche mit dem Zustande derer Völker verbunden sind, die das Schick-

Högströms Beschreibung.

sal und nicht das Herz in den Krieg führet oder schleppet. Man will so gar, daß diese Wilden von Natur kleinmüthig sind. Scheffer schreibt diese Zaghaftigkeit der Kälte der Himmelsgegend zu: Strabo aber hat vorlängst schon gesaget, die Menschen wären viel kriegerischer, je näher sie dem Norden und Oceane kämen. Die Strenge der Elemente hat stets den Muth geschärfet, die Unerschrockenheit eingegeben. Die Lappen geben in Wahrheit sonderbare Zeichen der Schwachheit von sich. Ein unvermuthetes Geräusch, eine Kole, die aus dem Feuer springt, erschrecket sie bis zum Unsinne. Man sieht sie aufhüpfen, und wenn sie ein Messer oder Beil in der Hand haben, so versetzen sie dem ersten eins damit, der ihnen vorkömmt, und fragen hernach, wenn der Anfall vorüber ist, ob sie sich ungeziemend aufgeführet haben. Wenn es donnert, so pflegen einige die Ohren zu zu stopfen, damit sie nicht darüber erschrecken. Es scheint, Horatius habe vornehmlich wegen der Lappen gesaget, das Geräusch des Donners erwecke den Begriff von der Gottheit. Daher war die erhabene Antwort eines Lappen, den man fragete, ob es auf dem Gebirge auch gedonnert hätte: **Gott ließ diesen Sommer hören, daß er noch lebete.** Woher rühret aber wohl dieses unvernünftige und ohne Ursache kommende Schrecken anders, als von dem übermäßigen Aberglauben der Lappen? Man wird sehen, wie unglücklich sie in diesem Stücke sind.

Herr Högström giebt vor, dieses Volk von kleiner Gestalt sey stolz, hochmüthig, mistrauisch, neidisch und sehr halsstarrig. Zuweilen brauchen sie wegen geringer Ursachen ihre Beile und Messer gegen einander: doch tödten sie einander selten. Indessen glaubet doch unser Verfasser, daß viele heimliche Mordthaten geschehen. Denn unter andern schädlichen Gewohnheiten, welche die Lappen haben, ist auch, daß sie meynen, Mord und Ehebruch und andere grobe Missethaten müssen vergessen werden, wenn sie die Kläger oder Angeber durch eine gute Vergeltung befriedigen können. Hierzu kömmt noch, daß sie solche Verbrechen, die keinem an seinem Vermögen schaden, als Mord und Ehebruch, gern mit einander verhehlen: Diebstahl und andere Gewaltthätigkeiten aber nicht verschweigen, wofern kein hinlänglicher Vergleich deswegen in der Güte getroffen wird. Man hat also keinen Nutzen, dergleichen zu begehen. Die Räubereyen würden mehr kosten, als sie werth wären. Der Mord wird durch die Rache unterdrücket; der Ehebruch ist in einem Lande nicht recht bestimmet, wo die Ehe nicht durch die Bestätigung der Gesetze festgesetzet ist. Bey einem armen Volke aber, welches alles bedarf, greift der Diebstahl die persönliche Sicherheit in seinem Eigenthume an. Wenn auch Landstreicher Vorrathshäuser geplündert haben, so schlagen die Eigenthümer derselben die Diebe todt, wenn sie können. Verfolget die Gerechtigkeit die Mörder, so begeben sie sich in eine andere Gegend, und finden überall eine Freystätte der Unstrafbarkeit, außer an dem Orte, wo das Verbrechen begangen ist. Wenn man in Lappland aus einer Gerichtsbarkeit in die andere geht, so ist es fast eben so viel, als wenn man aus einem Reiche in das andere gienge. Högström beklaget sich über diesen Misbrauch. Man darf aber nicht fordern, daß mehr Policey unter den Wilden einer Herrschaft seyn soll, als man unter den verschiedenen Staaten in Europa sieht. Die Könige haben geglaubet, es käme ihrer Würde zu, allen fremden Räubern ihren Schutz zu gönnen und eine Zuflucht zu eröffnen. Anstatt, daß sie solche einander wieder zuschicken, oder ein Gericht niedersetzen sollten, worinnen man

die

die Ueberläufer beurtheilete, ob sie zu dem Rechte der Freystätte zu zu lassen wären, wollen sie lieber den Auswurf ihrer Unterthanen, so zu sagen, auswechseln und den Bösewichtern und Ueberläufern, die ohne Unterlaß aus einem Staate in den andern oder von einem Heere zum andern gehen, eine Thüre offen lassen. Högströms Beschreibung.

Man saget zur Rechtfertigung dieses Gebrauches, die Fürsten lebeten noch unter sich in dem Stande der Natur, ohne den Verträgen unterworfen zu seyn, welche die Menschen binden. Man saget, sie wären über die Gesetze, ob sich gleich die Gottheit, deren Bild sie sind, selbst ewige und unveränderliche Gesetze vorgeschrieben hat. Kurz, man beliebet ihnen eine Unabhängigkeit, eine unvernünftige, ungerechte Gewalt zu leihen, deren sich die weisesten und die erleuchtetsten unter ihnen nicht anmaßen. Man liebet aber weder die Völker, noch die Könige, wenn man also der Macht der einen, auf Unkosten der Glückseligkeit der andern, schmeichelt. Wenn aber die Völker und die Könige nicht von der gegenseitigen Ergebenheit überzeuget sind, welche sie zum gemeinen Nutzen verbinden soll; wie werden sie in der Sicherheit leben, welche einzig und allein von dem Vertrauen entsteht? Muß der Misbrauch unserer Vorurtheile und unserer Sitten dem dürftigen, sauren und fast unerträglichen Leben der wilden Lappen, man weis nicht, was für Reizung leihen? Indessen eignet man ihnen doch Laster zu, die bey dem ersten Anblicke verhaßt zu seyn scheinen, vornehmlich aber einen Geiz, der sie in dem Handel mit Fremden zu Betrügern machet, in den Geschenken eigennützig, weil sie keine geben, als damit sie welche wieder bekommen, hart gegen die Armen und Bettler, welche sie abweisen und wegjagen, nachdem sie ihnen gleichwohl ein oder zweymal zu essen gegeben haben. „Sie sind so mistrauisch, saget Högström, daß, wenn man „sich Winterkleider von ihnen kaufen will, man die Waaren nicht einmal eher zu se„hen bekömmt, als bis man ihnen gewiesen, ob man auch von den rechten Münzsorten, „nämlich holländische Speciesthaler, hat.“ Indessen gesteht man doch, daß die Schweden auf den Märkten besser mit ihnen zu Rechte kommen, wo der Handel durch Umsetzen der Waaren gegen einander geschieht. Man giebt auch zu, daß der Diebstahl in einigen Lappmarken eben so stark im Schwange gehe, als an andern Orten, da man hingegen in andern selten oder niemals etwas davon höre. Eben so giebt es einige, wo selten ein Weibesbild geschwängert wird, wenn gleich sonst die Lappen zur Hurerey und Leichtfertigkeit sehr geneigt seyn sollen. Wenn also ein Priester dem la Motraye gesaget hat, er hätte keine jemals getrauet, die nicht schwanger gewesen wäre, so ist es vielleicht in einer Lappmark geschehen, wo solches den Sitten und Gebräuchen nicht so sehr zuwider gewesen. Wenn dieser Reisende versichert, die Weiber in Lappland wären eben so geneigt zur Hurerey, als in den nordlichen und südlichen Ländern, so ist es ohne Zweifel übertrieben, ein Satz, der auf übel wahrgenommene Thaten gegründet ist. Dieses Vorgeben wird einiger Maßen durch die Gesetze und Gewohnheiten der Lappen bey dem Heurathen widersprochen.

„Die Freyheit, welche dem Menschen zu gebühren scheint, saget Högström, sich „nach eigenem Belieben einen Ehegatten zu erwählen, haben die Lappen in Bedenken „gezogen, ihren Kindern zu zu gestehen. Die Aeltern haben sich in diesem Stücke so „große Gewalt angemaßet, daß sie ihre Kinder nicht einmal darum befragen, wenn sie „solche verheurathen wollen, sondern dieselben müssen einander nehmen, sie mögen wol„len oder nicht.“ Die Lappen aber sind eben so begierig, ihr Geschlecht zu vermehren, Heurathen der Lappen.

Högströms Beschreibung. ren, als es die Hebräer waren, und kennen keinen größern Fluch, als die Unfruchtbarkeit in ihren Familien. Daher verliert ein Mägdchen, das geschwängert worden, deswegen vermuthlich die Hoffnung nicht, verheurathet zu werden. Es hat wenigstens seine Fruchtbarkeit bewiesen, und machet einem Manne Hoffnung, Erben zu bekommen, welche der wahre Reichthum der Lappen sind. „Vor einigen Jahren, saget Högström, ward ein Mägdchen von ihrem Schwager geschwängert; der ihre Schwester „zum Weibe gehabt, und gewisser Umstände wegen mit dem Leben begnadiget ward, „welches er sonst durch diese That würde verbrochen haben. Dem ungeachtet ward sie „von vielen zur Ehe begehret, und ehe ein Jahr verstrichen, war sie nach ihrer Art „ehrlich und wohl versorget.“

Indessen vermeidet man es doch, Heurathen unter Blutsfreunden zu schließen. Die Vielweiberey ist den Lappen niemals bekannt gewesen. Sonst aber verheurathet man sich vielmals. Es bleibt keiner ein Witwer, auch selbst unter den Alten, wenn er nur ein wenig reich ist. Die Witwen, wären sie auch hundert Jahre alt, taub, blind, und noch ärger, werden stets gesuchet, so bald sie Reichthum besitzen.

Das Heurathen ist ein Handel in Lappland. Wenn ein Vater entschlossen ist, seinen Sohn zu verheurathen, so führet er ihn zu dem Vater des Mägdchens, das er ihm geben will. Der Branntewein dienet zum Dolmetscher unter ihnen. Zuweilen handelt man wohl zwey Jahre um die Ehe. Wenn sie aber nicht geschlossen wird, so muß der Vater des Mägdchens den Branntewein bezahlen, welcher während der Unterhandlung ausgetrunken worden. Wenn er die Verbindung annimmt, so machet man dasjenige aus, was die Aeltern des jungen Menschen den Aeltern des Mägdchens geben sollen. Diese Geschenke bestehen unter reichen Leuten gemeiniglich in einem silbernen Löffel von drey oder vier Loth, dergleichen Becher, einem mit Silber besetzeten Gürtel, Spangen, einem Kessel, einer wollenen Decke, Rennthieren und einer Summe Geldes. Der Werth dieser verschiedenen Stücke ist fest gesetzet, und was an dem einen abgeht, wird durch das andere vergütet. Zuweilen ist man verbunden, wohl dreyzig solche Stücke aus zu zahlen, ehe man die Schwiegertochter bekömmt. Doch verändern sich auch die Gebräuche in diesem Stücke nach den Oertern und dem Vermögen. Man machet auch den Anverwandten der Braut ansehnliche Geschenke. Reiche Leute geben wenigstens einen silbernen Gürtel einem jeden ihrer Geschwister. Die Armen dürfen nicht so viel daran wenden. Man ist auch dieser Hochzeitgeschenke überhoben, wenn man eine Witwe heurathet. Indessen giebt es doch Aeltern, die ihre Töchter zweymal also verkaufet haben.

Dagegen geben der Braut Aeltern ihrer Tochter eine Mitgift, welche beynahe dem Werthe der Geschenke gleich kömmt, die sie erhalten haben. Wenn der Vertrag gemacht worden, so wird gleich Verlöbniß gehalten, und man begiebt sich, so bald es möglich ist, in die Kirche zur Trauung. Die Braut thut dabey gemeiniglich sehr blöde, so daß man sie oft mit Gewalt hervor ziehen muß.

Nach der Trauung führet man die beyden Verheuratheten in das Zelt der Aeltern des Bräutigams, wo sie mit einander schmausen. Es bringt aber ein jeder seine Gerichte mit, wiewohl sie hernach solche zusammen thun, da denn ein jeder so viel ißt, als er mag. Ist Branntewein zu bekommen, so kaufet auch ein jeder etwas, und sie bewirthen damit einander. Nach der Mahlzeit begiebt sich der Bräutigam nach seines Schwie-

Schwiegervaters Wohnung, woselbst er sich ein Jahr lang aufhält. Wenn das Jahr um ist, so holet sein Vater ihn mit seiner Frau von da ab; da sie denn dasjenige mitnehmen, was ihnen der Braut Vater an Rennthieren und Hausrathe zur Aussteuer versprochen hat. Sie schaffen sich darauf selbst ein Zelt an und errichten eine neue Haushaltung und eine neue Familie. Högströms Beschreibung.

Der Ehebruch beflecket und störet die Unschuld und Glückseligkeit dieser Vereinigung nicht. „So viel ich habe spühren können, saget Högström, sind sie beflissen, die „Ehe ehrlich zu halten. Dasjenige also, was bey Scheffern berichtet wird, als wenn „sie bisweilen freywillig andere zu ihren Weibern ließen, ist entweder nur in vorigen „Zeiten gebräuchlich gewesen, oder rühret bloß von der Sage des gemeinen Mannes „her. Ich bin in Lule-Lappmark gewesen, und zwar an eben dem Orte, wo der Lappe, von welchem Scheffer redet, müßte gewohnet haben: ich habe aber gemerket, „daß die Leute daselbst in diesem Stücke eben so eifersüchtig gewesen, als andere. Daß „aber bisweilen einer oder der andere aus Leichtfertigkeit und Unkeuschheit seine Pflicht „gegen Gott und seinen Ehegatten vergessen könne, damit hat es in Lappland eben die „Bewandniß, wie an andern Orten.“ Man kann übrigens glauben, daß die Freyheit, deren man die Lappen vordem in dem Gebrauche der Frauenspersonen beschuldigte, von wildern Sitten herrührete, als sie heutiges Tages haben. Ein Volk, das gezwungen ist, ohne Land und feste Wohnung herum zu irren, mußte die Beywohnung wenig kennen, welche die einfache Ehe erfordert. Der Hunger, welcher die Menschen zerstreuete, und sie nur ungefähr zusammen brachte, erlaubete vielleicht nur, daß die beyden Geschlechter einander zufälliger Weise begegneten; und konnte sich da die Liebe wohl den Gesetzen des Ehestandes unterwerfen? Seit dem Schweden aber die Anfangsgründe seiner Polizey und seiner Religion bey den Lappen eingeführet, sind die Familien, entweder durch das Eigenthum oder durch die Sitten, mehr von einander abgesondert worden. Das Christenthum hat der ehelichen Vereinigung einen Charakter der Heiligkeit gegeben. Seit der Zeit ist das, was nur Freyheit in dem Umgange mit Frauenspersonen war, Frechheit geworden. Was ein öffentliches Recht in einem Staate der Gemeinschaft war, heißt Eingriff in das Eigenthum; kurz, was vor dem Eide der Ehe Sitte war, ist Entheiligung, Unordnung, Ehebruch geworden.

Man beschuldiget die Lappen der Unfruchtbarkeit; und einige schreiben solche der Himmelsgegend oder ihren Speisen zu. Högström aber läßt keine von diesen Ursachen zu und widerstreitet die Sache selbst. „Ich weis ihrer sehr viele, saget er, die eine „Menge Kinder gehabt und alle Jahre haben taufen lassen.“ Die Lappen scheinen sich zwar wirklich nicht zu vermehren. Allein, dieses kömmt, wie er glaubet, zum Theile von dem Sterben unter den Rennthieren her, wodurch den Menschen die Nahrung entgeht; und über dieses sterben auch viele Kinder in der Jugend, entweder von der strengen Kälte oder von der Beschwerlichkeit der Reisen. Vorgegebene Unfruchtbarkeit der Lappen.

Uebrigens sind die Weiber der Lappen sehr stark; sie gebähren mit wenigen Schmerzen. Vier oder fünf Tage nach der Niederkunft stehen sie wieder auf und gehen viele Meilen zu Fuße, ihre Kinder selbst zur Taufe in die Kirche zu tragen. Sie wickeln sie in junge Rennthierhäute, waschen sie oft und stecken sie bis an den Hals in Kessel voller kalten Wassers, in welchem Bade sich die Kinder sehr vergnügt bezeigen. Ihre Wiegen sind so bequem, daß man das Kind auf den Reisen darinnen liegen haben Niederkunft der Lappinnen.

Högströms Beschreibung.

ben und sie im Sommer auf den Rücken nehmen oder auf ein Rennthier binden, im Winter aber auf einen Schlitten setzen kann. Wenn das Kind unruhig ist, so pflegt man es mit Schnüren an die Zeltstangen fest zu binden, und es so hin und her zu schwenken; sonst stellet man sie so hin, daß das Kind zuweilen darinnen liegt, zuweilen gerade auf den Füßen steht.

Erziehung ihrer Kinder.

Die Mütter ernähren ihre Kinder meist mit ihrer eigenen Milch: doch geben sie ihnen auch zuweilen mit einem Löffel Rennthiermilch, und gewöhnen sie nach und nach an Fleisch und Fisch, welche sie ihnen vor den Mund halten und den Saft daraus saugen lassen.

So bald ein Kind geboren ist, so eignet ihm der Vater ein Rennthier zu und giebt beyden, die er gleichsam einander zu zugesellen scheint, ein Hauszeichen. Wenn es anfängt, Zähne zu bekommen, so weist er ihm noch ein Rennthier an. Diese Rennthiere und ihre Jungen gehören dem Kinde ausser seinem Erbtheile zu, wenn es so groß wird, daß es sich verheurathet, oder seine eigene Haushaltung anleget.

Die Lappen geben ihren Kindern die Namen ihrer verstorbenen Anverwandten. Sie würden befürchten, wenn zwey lebende Wesen in einer Familie einerley Namen führeten, das eine von beyden müßte sterben. Es scheint, daß sie eben so wenig einerley Namen haben, als einerley Platz einnehmen können; und man müsse, wenn man einem neuen Wesen das Leben geben wolle, so lange warten, bis ein anderes ihm sowohl seinen Platz, als seinen Namen, abtrete.

Die alten lappischen Namen sind fast alle abgeschaffet, weil die Prediger, nach **Scheffers** Berichte, sie davon ab zu halten gesuchet. „Ich habe aber keine Ursache „gefunden, saget Herr Högström weislich, ihnen selbige zu widerrathen, weil mit „den Namen weder Christenthum noch Heidenthum verknüpfet ist; eben so wenig als „es zu glauben steht, daß ein Abraham ein besserer Christ sey, als ein Erich, weil „letzterer ein heidnischer Namen ist. Vielmehr scheint es einem Volke eine größere „Ehre zu seyn, wenn es seine eigenen Nationalnamen behalten, als andern nachgeäffet hat. In dieser Absicht kann man billig sagen, daß Olof, Knut, Harald, „Sten, Swen u. d. g. einen Schweden besser kleiden, als Wilhelm, Otto, Dietrich.„ Aus eben der Ursache stehen auch die Namen Thor, Finne, Pagge, Rauras, Panis, Assa u. s. w. den Lappen sehr wohl an.

Mit besserm Grunde hat Högström gesuchet, die Lappen von der abergläubischen Gewohnheit ab zu halten, die Taufnamen ihrer Kinder zu verändern. Denn wenn solche nach der Taufe krank wurden, so pflegte man deren Namen von Peter in Paul u. s. w. zu verändern, daher man selten aus den Kirchbüchern Nachricht von ihrem Alter einziehen können. Sie hatten dabey die Gewohnheit, daß sie Erlenrinde in Wasser kochten, und damit gleichsam den Taufnamen des Kindes abwuschen; wie sie denn auch ihre Hunde mit solchem Wasser zu waschen pflegen, wenn sie denselben Namen geben. Man sollte sagen, dieses unwissende und wilde Volk glaubete und suchete, seine Hunde eben so zu taufen, als seine Kinder; oder es wolle die Kraft der Taufe auch bis auf seine Thiere erstrecken; wobey es aus Unwissenheit und Dummheit gottlos ist.

Die ersten Spielzeuge der lappischen Kinder sind kleine Schlitten, Boote, Pfeile [illegible] Ihre ersten Uebungen sind mit dem Bogen zu schießen, und Holz zu schnitzen.

schnitzen. Ein junger Mensch wird für tüchtig zum Heurathen gehalten, wenn er einen Rennochsen schlachten und ein Zelt aufschlagen kann. Obgleich die schwedische Regierung öffentliche Schulen gestiftet hat, wo die Kinder freyen Unterricht, und auch Kost und Kleider bekommen, so schicken die Lappen sie doch nicht gern hinein, weil sie befürchten, man möchte ihnen etwas zu Leide thun. Ueberhaupt lassen sie ihren Kindern gar zu große Freyheit, welches sie aber im Alter, wie Högström saget, mehrentheils höchlich entgelten müssen, da sie von ihnen viel Verachtung und Verdruß zu leiden haben. Man kann aber zweifeln, daß diese übermäßige väterliche Zärtlichkeit so klägliche Wirkungen hervor bringe, als die Strenge und Schärfe einer öffentlichen Erziehung, welcher man die Jugend überliefert. Wie könnte doch wohl ein Sohn, der selbst Kinder hat, seiner Aeltern vergessen, oder sie nicht lieben und ehren? Nur in denen Ländern, wo die Aeltern und Kinder selten beysammen leben, sieht man diese gegenseitige Gleichgültigkeit, diese Härtigkeit, diese Absonderung der Herzen und des Nutzens, dieses einsame Leben für sich allein in einer zahlreichen Gesellschaft. Högströms Beschreibung.

Indessen saget uns doch Herr Högström: „Ihre betageten Aeltern müssen sie zwar „Schande halber unterhalten, selten aber geschieht es aus Liebe. Ich habe einige ge„sehen, die schon so viel im Vermögen gehabt, daß sie ihre Aeltern füglich unterhalten „können, und dennoch haben sie solche betteln gehen lassen. Ja, ich weis ein Exem„pel, daß, da im Jahre 1743 ein alter Mann, der von einer Dorfschaft zur andern „betteln gieng, aus Kälte und Mattigkeit unterwegens liegen geblieben und gestorben „war, man seinen Sohn nicht dahin vermögen konnte, daß er den todten Körper sei„nes Vaters von da abgeholet hätte; ja, er wollte nicht einmal denjenigen seine Renn„thiere leihen, die sich anbothen, solches zu thun.“

Durch diesen grausamen Geist des Eigennutzes, welcher alle Herzen erkältet, werden die heiligsten Pflichten geleistet oder versaget. Sie sind in dergleichen Fällen sehr hart gegen einander; „und ich habe ein Exempel gesehen, saget unser Verfasser, daß, „da ein neuverehlichter Lappe ertrunken war, seine Witwe ihrem Schwiegervater sechs „Rennthiere zur Belohnung geben mußte, daß er den todten Körper wieder suchete, „da es doch sein leiblicher Sohn war.“ Man wird betrübt, wenn man so viel Härte bey einem Volke findt, das nur wild ist. Allein, die Natur selbst, saget man, machet es so unmenschlich. Die Armuth, der Hunger, verschließen ihm die Ohren vor dem Geschreye der Noth und des Schmerzens. Die Alten sind ihm um so viel mehr zur Last, weil sie ihrer Familie bey dem immerwährenden Herumschweifen eines irrenden Lebens nicht folgen können. Indessen sieht man doch nicht, daß die Lappen, wie die Wilden in Canada, aus Mitleiden ihre Väter umbringen, welche auf einem langen Wege unter den Beschwerlichkeiten der Karwane erliegen. Wenigstens verkürzen sie nicht mit einer blutgierigen Hand die Tage, welche ihre Dürftigkeit nicht erlaubet zu verlängern. Wenn jemand unter ihnen des Winters krank wird, so müssen sie ihn allezeit mit sich führen, wenn sie fortziehen. Des Sommers aber lassen sie ihn gemeiniglich an dem Wohnplatze liegen, wenn sie nicht weit davon wegziehen. Ist es einer, woran ihnen gelegen ist, so lassen sie ein Kind bey ihm, seiner zu warten. Ist es aber ein Knecht oder eine Magd, so lassen sie ihm nur Holz und Essen, und er muß oft halbe Monate liegen, ehe ihn jemand besuchet.

Es

Högströms Beschreibung.

Gesinde.

Es hat aber ein reicher Lappe Gesinde. Die vornehmste Arbeit desselben ist, die Rennthiere zu hüten und zu warten. Man nimmt diese Dienstbothen gemeiniglich auf ein Jahr an. Zuweilen miethet man sie im Frühlinge und danket sie im Herbste wieder ab. Ihr Lohn ist, sie mögen Knecht oder Magd seyn, jährlich eine Rennkuh mit ihrem Kalbe; oder welches das gewöhnlichste ist, eine trächtige Rennkuh. Zuweilen sind sie auch wohl genöthiget, für zwey Thaler Kupfermünze zu dienen: doch bekommen sie dabey stets die nöthigen Kleider. Sie nehmen die Rennthiere aber lieber, als Geld, weil sie sich eine Zucht davon zulegen und ihre eigenen bey der Heerde ihres Herrn gehen lassen können; bis sie sich mit der Zeit selbst niederlassen, verheurathen und eine eigene Haushaltung anfangen.

Endlich so kömmt der kurze Begriff der Sitten der Lappen auf diese zerstreuten Züge an. Sie sind der Wollust und Leichtsinnigkeit sehr ergeben, und suchen die höchste Glückseligkeit in dem Vergnügen der Sinne. So lange es ihnen wohl geht, bilden sie sich schwerlich ein, daß es ein besseres Leben gebe, als dieses. „Es haben einige, „wenn ihnen der Tod schon auf der Zunge gesessen und sie keine Hoffnung zu Wiederer„langung ihrer Gesundheit mehr gesehen, sich die besten Speisen, die sie gehabt, nebst „ihren Feyerkleidern, ihrem Silber und Gelde, vor ihr Lager bringen lassen, um dar„an die kurze Zeit, die sie noch übrig haben möchten, zum wenigsten ihre Augen zu wei„den; und sie haben auch von nichts anderm reden oder hören wollen.“ Freunde und Anverwandte umarmen einander, wenn sie zusammen kommen, und Manns- und Frauenspersonen geben einander die Hand, wenn sie sich grüßen; vornehmlich geschieht solches im Hause nach der Mahlzeit, allein, nicht eher, als bis der Vater und die Mutter das Beyspiel davon gegeben haben. Sie erweisen ihren Vorgesetzten und Lehrern allen schuldigen Gehorsam und alle Ehrerbiethung, wenn man sich nur vernünftig gegen sie verhält; sie ziehen die Alten zu Rathe und erzeigen den Richtern besondere Ehre. Die Zeitvertreibe der Jugend sind laufen und auf die Bäume klettern. Jung und alt spielen mit Karten, welche sie selbst von Fichtenrinden machen und mit Rennthierblute malen. Sie sind sehr geneigt zum lügen, können auch, wenn es darauf ankömmt, fluchen und schwören, wiewohl solches eben nicht sehr gewöhnlich ist. Sie ziehen oft andere durch und geben ihnen Beynamen, haben auch zuweilen artige Einfälle und witzige Scherzreden, wodurch sie sich beliebt zu machen suchen. Sie haben aber nicht die göttliche und erhabene Gabe des französischen Scherztreibens. Die Natur hat einen solchen Gegensatz zwischen einem Lappen und einem unserer vorzüglich angenehmen Leute gebracht, daß diese beyden Leute einander nicht sehen könnten, ohne zu lachen, noch vielleicht einander singen hören, ohne in Furcht zu gerathen.

Högströms Beschreibung.

Das VII Capitel.

Abgötterey, Zauberey und Aberglauben der Lappen.

Die Lappen sind noch abgöttische Christen. Ihr Manichäismus. Ihr böser Gott ist stärker, als ihr guter. Fabel vom Ursprunge des Donners. Verehrung der Steine und Furcht vor ihnen. Sie bilden sich oft Erscheinungen ein. Opfer, die sie ihren Göttern bringen. Die Weibespersonen sind bey ihnen unheilig. Ein Lappe verbrennet seinen Gott. Sie werden von der Beschuldigung der Zauberey losgesprochen. Beschreibung ihrer Zaubertrummel. Ihre zauberischen Windknoten. Aberglauben bey der Bärenjagd.

Die Lappen sind den mittäglichen Völkern in Europa wenig anders bekannt, als durch ihre kleine Gestalt und ihren schwachen Geist. Ihr Aberglauben ist dumm, kindisch, ausschweifend, niederträchtig und schimpflich. Er ist aber nicht so grausam, als der Fanatismus gesitteter Nationen. Da er mehr lächerlich, als barbarisch ist, so erniedriget er den menschlichen Verstand, machet aber nicht die Natur scheu und wild. Die von den Schweden bekehrten Lappen haben noch etwas von der heidnischen Abgötterey bey dem Christenthume behalten. Man kann sie nicht verbinden, Gewohnheiten zu entsagen, die sie von ihren Vätern empfangen haben, deren Andenken sie verehren. Die Zeiten ihrer alten Abgötterey waren das goldene Zeitalter für sie, wie sie sagen; und sie meynen, ihre Vorfahren wären reicher und wohlhabender gewesen, als sie. Klägliche Sage von diesem goldenen Zeitalter! Muß sie bis nach Lappland gekommen seyn, wo die Natur alle ihre Güter versaget und so gar die Hülfsmittel der Kunst und des Fleisses zurück gestoßen hat, welche ihre Dürftigkeit ersetzen! „Ich habe einige Lappen angetroffen, schreibt Högström, die es bedauret, „daß ihre Kunst und ihr Aberglauben in Verfall gerathen, weil sie die Frucht davon, „nämlich Armuth und ein bevorstehendes allgemeines Elend, vor Augen sähen. Ich „beklage daher, daß ich von diesem Volke eben das berichten muß, was von den Samaritern geschrieben steht, daß sie den Herrn fürchteten und doch den Götzen dieneten. „Sie sind getaufet und bekennen sich zu dem christlichen Namen, brauchen aber doch „heimlich ihre abgöttische Kunst und heidnischen Weisen.“

Die Lappen sind noch abgöttische Christen.

Dieser Schriftsteller, welcher einen so ungeheuren Misbrauch beweinet, ist deswegen nicht weniger genau, ihn in aller Bitterkeit seines Herzens vor zu stellen. Er glaubet aber, er müsse mit derjenigen Aufrichtigkeit, welche die Wahrheit von ihm fordert, die übertriebenen falschen oder verdächtigen Erzählungen zerstören, welche man bis hieher von dem Aberglauben der Lappen bekannt gemacht hat. Er führet nur das an, was er selbst von glaubwürdigen und Augenzeugen, denen er trauen konnte, vernommen hat. Man muß also neue Sachen erwarten, die in einem Jahrhunderte desto wichtiger seyn werden, wo man alle die alten Irrthümer zu zerstören scheint, um vielleicht leider! neuen Platz zu machen. Dieß ist das Unglück der Menschen und vornehmlich der Völker; sie schütteln ein Joch ab, damit sie unter ein anderes fallen. Sie lassen

Högströms Beschreibung. sich von allen Betrügern und Boshaften hintergehen, welche stets bereit sind, sich der Veränderungen zu Nutze zu machen, welche die Zeit in den Meynungen und Reichen herbey führet. Diese betrübende Vorstellung unterhält zu allen Zeiten in der Seele eine geheime Furcht vor der Fatalität, welches Wort von den Philosophen gleichsam aus Unwissenheit angenommen ist; weil es das ist, was aus den physikalischen Ursachen heraus kömmt, die mit den menschlichen Leidenschaften und dem unmerklichen aber beständigen Einflusse zusammen treffen, den die Gesetze, welche die Welt regieren, bey allen, auch so gar freyen, Wesen haben müssen, die in dem Klumpen des Weltgebäudes enthalten sind. Ja, alles verehret die Macht; so wohl der Christ, der sie in Gott allein anbethet, als auch der Heide, der sie unter zwey Grundwesen theilet.

Manichäismus der Lappen. Der Lappe, welcher ein Manichäer ist, ohne es zu wissen, verehret den Teufel, unter dem Namen **Perkel**, eben so sehr, als Gott unter dem Namen **Jubmel**. Beyde sind ewig, aber der eine ist böse und der andere gut; und sie machen einander die Allmacht streitig. Der eine ist der Urheber des Lebens, welches vergeht, und der andere des Todes, welcher immer dauret. Wer ist der stärkste; entweder das Wesen, welches ein augenblickliches Gut hervor bringt, oder das Wesen, welches dieses Gut beständig verderbet und endlich zerstöret? Sind diese Götter in dem Zustande des Krieges glück-
Ihre böser Gott ist stärker als ihr guter. lich, worinnen sie leben? „Ein gewisser Lappe erzählete dem Herrn Högström einmal, **Perkel** habe sich eiserne Ketten gemacht, womit er **Jubmel** gebunden, und einen großen Berg auf ihn geworfen, da denn **Jubmel** unter dem Berge gelegen und nicht loskommen können. Hernach habe **Jubmel** (man weis nicht wie) den **Perkel** gebunden und ebenfalls einen Berg auf ihn geworfen: dieser aber habe sich mit solcher Gewalt losgerissen; daß Steine und Dampf Himmel hoch davon aufgefahren.“ Diese Fabel soll einen Streit zwischen ihrem vermeynten Stammvater Jumo oder Jumo, und einem seiner Feinde Bitkal zum Grunde haben: es ist aber nur eine Muthmaßung.

Jubmel und **Perkel** sind stets die falschen Götter in Lappland gewesen. „Es ist also vonnöthen, fährt der Pastor fort, daß die Lehrer in Lappland sich befleißigen, die Begriffe von Gotte und dem Teufel, nach unserer christlichen Religion, richtig zu entwickeln, damit das arme Volk nicht durch diese Namen betrogen, noch irre gemacht werde.“

Ursprung des Donners. Einige Lappen, (denn alle diese Völker sind Anthropomorphiten) sahen den Donner als ein lebendes Wesen, einen Gott von mittlerer Natur, gut und böse an. Perkel hatte ihn wider Jubmels Wissen in einem Felsen erschaffen. Dieser aber erfuhr es, holete ihn von da weg und erzog ihn. Weil er nun solcher Gestalt des Teufels Kind und Gottes Pflegsohn ist, so ist er auch gut und böse. Sein vornehmstes und eigentliches Geschäfft ist, daß er allerley böse Geister umbringe. Dieß thut er mit seinem Bogen, welcher der Regenbogen ist. Hierdurch nun thut er zwar den Menschen Gutes: allein, er kann ihnen auch Schaden zufügen, wenn er ihre Heiligthümer rühret, und ihre Götzen umwirft. Andere erzählen von ihm folgendes.

Ein junges Mägdchen lag eines Males unter einem Baume in einem Walde, und da kam der böse Geist zu ihr, und sagete, sie sollte trockenes Reisig in ihrem Pelze sammlen, welchen sie unter ihrem Kopfe hatte. Sie that es, und er zündete solches an. Hier wurde sie gewahr, daß er Hörner am Kopfe hatte, erschrack daher und wollte entfliehen. Sie konnte aber seiner Gewalt nicht entgehen, sondern ward schwanger von ihm und gebar einen Sohn, welcher unaufhörlich weinete und sich nicht zufrieden geben wollte. Gott kam und nahm das Kind mit sich hinauf in die Wolken. Er fragete den Knaben, ob er es mit seinem Vater oder mit seiner Mutter halten wollte. Der Knabe gab zur Antwort, er wollte es mit der Mutter halten und den Vater mit allem seinem Anhange verfolgen. Dieses thut er nunmehr; er fährt in der Luft umher, klettert auf die Berge, uud stecket die Bäume in Brand, wenn sich die bösen Geister darunter verbergen.

Högströms Beschreibung.

Da hat man Poesie in der Physik. Die Einbildungskraft wilder und furchtsamer Völker beseelet alles, bevölkert alles mit schrecklichen Hirngespinsten. Ist es aber nicht sonderbar, daß man den Donner als ein gutthätiges Wesen ansieht? Das machet, er richtet in Lappland wenig Verheerung an und schimmert mehr in den Blitzen, als er durch das Geräusch erschrecket. Wo er hinfällt, machet er Furcht; wo er leuchtet, erfreuet er. Der Mensch machet Folgen, auch in seinen Irrthümern.

Von den kleinen Göttern der Lappen stehen einige der Luft, andere der Erde vor. Ein jeder Stand, des Herrn oder des Knechtes, ein jedes Jahr, ein jeder Monat, eine jede Woche hat ihren Gott, aber nicht ein jeder Tag. Obgleich die Religion der Lappen alt ist, so ist sie doch an Begebenheiten gar zu eingeschränket, als daß sie ihre Götter zu tausenden vermehren sollte. Indessen haben doch fast alle Lappen, ja so gar die Christen, noch Götzen. „Ich hätte es kaum geglaubet, saget Högström, daß eine „Nation jetziger Zeit noch Holz und Steine anbethen sollte, wenn ich nicht hier in „Lule-Lappmark dergleichen Gräuel mit meinen Augen gesehen hätte. In der Priester„wohnung zu Jockmock werden drey dergleichen Bilder verwahret, die mit der Art „in Menschengestalt aus Wurzeln von Bäumen gehauen sind. Sie wurden 1738 „einem Lappen von Kaitom weggenommen, der hernach vor Gerichte weiter bekannte, „er wäre davor nieder gefallen und hätte sie angebethet.„

Hölzerne Götzen.

Die Lappen haben oft dergleichen Bilder. Sie sind nicht anders, als Wurzeln, gemeiniglich von Birkenbäumen, die sie umgewandt und woran sie mit der Art einen Kopf gehauen haben, da der Stamm den Leib und die Beine vorstellet. „Es „ist auch zu merken, saget unser Verfasser, daß die meisten hölzernen Götzen, die ich „gesehen, mit Kreuzen bezeichnet und mit Blute bestrichen gewesen.„ Man setzet sie im Herbste an die Oerter, wo man die Rennochsen zu schlachten pfleget; oder sie stehen auf Bergen und Höhen, wo sie von einer Menge Lappen besuchet und verehret werden. Ein jeder aber bethet nur die Götter an, die er gemacht hat, und verachtet des andern seine. „Ich habe gespühret, daß einer zuweilen Gewaltthätigkeiten an „des andern Heiligthümer verübet, wovon ich 1742 eine Probe gesehen, da zwischen „zweenen Lappen eine heftige Feindschaft entstund; weil der eine etliche Hörner und „Knochen zerhauen, die der andere seinen Göttern zum Opfer auf einer Bühne bey sei„ner Wohnung aufgestellet hatte.„

In den Gegenden in Lule-Lappmark bethet man vornehmlich steinerne Götzen an, die aber ungeformet und so sind, wie sie die Natur selbst gebildet hat; wiewohl man doch diejenigen suchet, die am seltsamsten aussehen und durch ihre Krause und knotichte Oberfläche der Einbildungskraft der Abgötter am meisten zu thun geben. Einige

Verehrung der Steine und Furcht vor ihnen.

Högströms Beschreibung.

nige Lappen glauben, diese Steine leben und können gehen. Man findt ihrer zuweilen viele an einem Orte aufgestellet, gemeiniglich auf Bergen, an Seen, auf kleinen Inseln, bey Wasserfällen und an andern geheiligten Oertern, und niemand weis, wer sie dahin geleget hat, oder wie sie dahin gekommen sind. Man glaubet daher, daß es ein Werk Gottes bey der Schöpfung sey. In einigen Lappmarken findt sich eine große Menge solcher Steine: wiewohl man sie selten zu sehen bekömmt, weil kein Lappe gern jemand dahin weist, aus Furcht, ihm möchte etwas böses wiederfahren. „Man weis „sich auf vielfältige Beyspiele zu berufen, wie diejenigen um Leben und Gesundheit ge„kommen, welche diese Oerter entheiligen oder zerstören wollen. Ich weis auch ei„nen gewissen Colonisten, welcher ausgesaget, daß er seine Gesundheit und Kräfte „verloren, indem er sich unterstanden, einen Haufen solcher Steine an zu greifen und „zu verderben.„

Indessen pflegen doch diejenigen von diesen Götzen, welche nicht viel Anbether haben und nicht viel Opfer erhalten, verachtet zu werden. Ihre Macht höret mit ihrer Verehrung auf, und eben ihre Verehrung machet ihre Macht. Welches ist die? Das weis man nicht zu sagen. Ueberhaupt erwartet man Gutes und fürchtet Böses von ihnen. „Ein glaubwürdiger Colonist sah einen Lappen den Kopf, die Füße und Flü„gel von einem Auerhahne auf einem bekannten Steine opfern. Er fragete ihn, „warum er solches thäte? Der Lappe antwortete ihm, es würden daraus neue Vögel „hervorwachsen, die er darauf schießen könnte .... Ein anderer Lappe berichtete, „da er vor einigen Jahren bey seinem Umziehen einem solchen Steine unvermuthet zu „nahe gekommen, so wäre er über das schmale Land getreten, worauf der Stein gele„gen, und dadurch auf den Fußsteig gekommen, den der Stein nehmen müssen, wenn „er längst dem Wasser nach einer andern Ecke des Landes gehen wollen, die gerade ge„gen über gewesen. Nun wäre er solches zwar gleich inne geworden und hätte ein „Gelübde gethan, Rennochsen, Kühe, Schafe, Ziegen rc. rc. zu opfern: er hätte ihn „aber doch nicht versöhnen können, sondern der Wolf wäre selbige Nacht unter seine „Rennthiere gekommen, und hätte ihm großen Schaden zugefüget.„

Bey dergleichen Begriffen müssen die Lappen viele Fabeln oder abergläubische Sagen haben. Die Irrthümer wachsen von selbst in nicht angebaueten Seelen, wie die Dornen im Sande. Ein jeder Lappe, der einen großen Stein auf seinem Wege findt, wird fast halb verrückt darüber. Er getrauet sich nicht, weiter vor noch zurück zu gehen. Dieser Stein folget ihm überall, wenn er denselben nicht durch Opfer aufhält.

„Bey einem Steine unweit Gellware, saget Herr Högström, lag eine große „eiserne Axt, woran sich kein Rost soll haben setzen können. Sie war auf folgende „Weise dahin gekommen. In den ältern Zeiten hatte ein Lappe seine Wohnung in „einem Moraste, worüber seine Tochter täglich gehen mußte. Weil er nun wahrnahm, „daß ihre Füße niemals naß wurden, so schloß er daraus, es müsse der Stallo oder „Jattom (vermuthlich ein Berggeist) einen verbothenen Umgang mit seiner Tochter „haben und sie über den Morast tragen. Er gerieth darüber in ein Handgemenge mit „ihm, konnte ihn aber nicht überwinden; weswegen er diesen Stein um Hülfe anrief. „Weil aber der andere ein gleiches that, so konnte keiner von ihnen die Oberhand be„kommen. Denn alles, was der Lappe gelobete, seinem Helfer zu geben, gelobete

der

„der Stallo ihm auch. Endlich gelobete der Lappe, er wollte dem Steine die Art „geben, die der andere in der Hand hatte, und so gleich überwand er ihn, so daß er „das Leben lassen mußte.„ Von dieser Zeit an ist die Art beständig bey dem Steine geblieben, und man hat sie bey dem Opfern auf das oberste derer Hörner gehängt, womit dieser vergötterte Stein umgeben war. Im 1745 Jahre aber wurde sie von einem Lappen weggenommen, welcher versprach, die Hörner und Knochen von einem Rennthiere dafür hin zu legen. Vermuthlich hat er solches auch gethan, saget der Pastor zu Gellivare, welcher über alle diese Götzen und Opfer lachet. Högströms Beschreibung.

„Ich weis nicht, setzet er hinzu, was einige Lappen für Gedanken von einem Hau„sen Engel haben, die ihnen zu erscheinen pflegen; wenigstens wissen sie viel Redens „davon zu machen, und halten sich daher für besser und heiliger, als die Schweden, „die solche Gesichter nicht haben.„ Sie glauben alle Nacht bald gute, bald böse Engel zu sehen. Man saget nicht, was die ersten ihnen Gutes thun: man beklaget sich aber, daß die andern ihnen derbe Ohrfeigen geben. „Es werden solche Gesichte, sa„get unser Verfasser, von denjenigen, die einige Wissenschaft vom Christenthume und „von der Natur der Engel haben, für englische Erscheinungen gehalten, von andern „aber für Götter ihres Landes angesehen, welche ihrer Meynung nach auch zuwei„len erscheinen.„ Würdige Ursache eines bürgerlichen Krieges, wenn die Lappen Muße hätten, sich wegen Gesichter zu schlagen. Diese unwissenden und dummen Leute aber haben die Waffen der Schwärmerey in den Tempeln und Schulen noch nicht geschärfet. Sie bilden sich oft Erscheinungen ein.

Man hat gesaget, die Lappen betheten die Sonne an, und ihre Vorfahren hätten diesem Gestirne, so wie auch dem Feuer, dessen Quelle es ist, einen göttlichen Dienst erwiesen. Es findt sich aber kein rechter Beweis davon. Die Sonne hat in Lappland nicht Einfluß genug, daß man sie daselbst anbethen sollte. Ein Gelehrter zu Upsal hatte im vorigen Jahrhunderte geglaubet, man höre die Lappen den Namen Herkules murmeln. Es war aber der Namen Perkel. Einige Schriftsteller wollen, dieser sey der Namen Herkules, welcher von den Lappen verstellet worden. Auf die Art aber wird ein jeder die Götter, die er anbethet, in allen Ländern wieder finden und seine Religion zu einem allgemeinen Gottesdienste machen. Es findt sich nicht erst heute zu Tage, daß der Namen Herkules zu allen Völkern gereiset ist, wohin die griechische Götterlehre selbst diesen Helden, den Sohn der Götter, oder Gott selbst, nicht hatte reisen lassen. Ein neuerer Schriftsteller ist auf dem ganzen Erdboden mit dem Bilde des Herkules in der Hand herum spatzieret, und überall hat er die Völker vor diesem Bilde niederfallen sehen, welches sie fast alle unter verschiedenen Namen anbetheten. Der Mensch ist also nicht so wunderlich, noch so fruchtbar an den Ausschweifungen seines Aberglaubens. Ein einziger Irrthum hat alle Gemüther verwirret. Die Völker haben die Meynungen, wie die Waffen, von einander entlehnet und angenommen, und das stets einander auf zu reiben. Die wahre Religion, diejenige, welche sie einladt, einander zu lieben, zu verzeihen, zu dulden, ist fast die einzige, der sie kein Gehör geben. Sie ist den Leidenschaften gar zu feind, gar zu einstimmig mit der Vernunft. Alle Vorurtheile, alle Laster sind wider sie. Sie hat aber zwo große Stützen. Wer sind die? Die Gottheit, die Menschlichkeit.

Högströms Beschreibung.

Die Lappen kennen die Stimme wenig, die im Grunde des Herzens ruft und zu dem Geiste redet. Sie haben Götter, die ihnen ähnlich sind. Sie geben ihnen auch Heu zu fressen. „Mir berichtete eine alte Frau, saget Högström, ihre Aeltern hätten zu gewisser Zeit im Hornung die Gewohnheit gehabt, ihren Rennthieren Heu und Gras, dergleichen sie in ihren Handschuhen und Schuhen tragen, an die Hörner zu binden; worauf man mit Ringen ein Geräusch gemacht oder auf die Schlitten geklopfet, und dadurch den Ruowa manno eingeladen, solches zu essen.“

Opfer, die sie ihren Göttern bringen.

Im Christmonate opfern die Fischerlappen dem Jauloherra kleine Schiffchen von Fichtenholze. Sie sind höchstens eine Elle lang, haben Masten, und sind hin und wieder mit Kreuzen bezeichnet und mit Rennthierblute bestrichen. Man machet sie gemeiniglich gegen die Zeit fertig, da sie ihre Opferrennen zu Weihnachten schlachten. Sie werden auf einige zusammen gebrugte Zweige und Aeste hoher Tannen gesetzet, und diese Bäume selbst mit Kreuzen bezeichnet und von unten ein gutes Stück hinauf mit Blute bestrichen; denn der Aberglauben sieht stets gern Blut.

Um eben die Zeit hängen sie zusammengerollte Birkenrinden oder kleine Trichter von Birkenrinden in hohe Bäume auf, welche insgemein an zwoen Seiten verhauen und mit Kreuzen bezeichnet sind. In diese Trichter legen sie ein Stück von allem, was sie den Abend vor Weihnachten oder den Weihnachtsmorgen essen, welches kein Fleisch ist, sondern gemeiniglich Käse und Milch oder auch Fisch. Haben sie Mehl, so backen sie einen Kuchen, eines Thalers groß, aber einen guten Daumen dick, welchen sie mit etwas Milch und Käse füllen und auf Kolen braten. Diesen Kuchen legen sie in einen von obgedachten Trichtern, in dessen Rand zwey hölzerne wie Schaufeln gemachte Spieße eine halbe Elle lang gestecket werden. Alles dieses wird nahe bey ihren Gezelten aufgehängt und dem Ruotta gebracht, welchen die Männer sich günstig machen müssen, damit er ihren Weibern nicht den Bauch durchbohre [1]).

Außerordentliche Opfer und Altäre.

Außer den feyerlichen Opfern eines jeden Jahres werden bey dringenden Nöthen noch andere gebracht. Wenn die Lappen oder ihre Heerden krank sind und hinfallen, oder ihnen sonst etwas widriges begegnet, so thun sie einem Gotte, den sie für den mächtigsten halten, Gelübde, welche sie bezahlen, wenn er das Bitten erhöret. Diese Gelübde sind ein Vertrag zwischen dem Menschen und seinem Gotte: dieser Vertrag aber ist gegenseitig. Der Gott, welcher nichts gewähret, erhält dafür auch nichts; und auch, wenn er den Vertrag erfüllet, so ist das, was man ihm giebt, wenig, Hörner und Knochen. Wenn ein Rennthier krank ist, so thut man ein Gelübde, man wolle solches, wenn es wieder aufkäme und am Leben bliebe, zu gewisser Zeit schlachten, und kein Bein davon zerhauen oder umkommen lassen, sondern alles dem Gotte opfern, an den man sich gewandt hat. Was ein Lappe so gelobet, das hält er treulich und bringt es auf den Altar oder vielmehr auf die Opferbühne. Diese sind von Holze gemacht und stehen auf drey oder vier Pfosten, zwo bis vier Ellen hoch von der Erde. Sie befinden sich theils hinter den Zelten, theils an denen Orten, wo die Götzen sind, welche denn entweder oben auf oder insgemein neben der Bühne stehen und sich gleichsam daran lehnen. Wenn sie etwas darauf opfern, so legen sie Tannen- oder Birkenreisig oben auf und umher, und verhauen unten alle da herum stehende Bäume.

Wenn

1) Ne ventrem illarum terebret seu perforet.

Wenn es sich eräuget, da die Opfer so frey ausgesetzet sind, daß ein Hund einen Knochen davon wegschleppet, so muß er sein Leben dafür lassen, und sein Bein wird statt des andern geopfert. Vielleicht würde es mit den Menschen eben so gehen: sie getrauen sich aber nicht, das an zu rühren, was sie so grausam verehren. Man beschmieret den Götzen mit Blute und Fette; man hängt auch zuweilen ein Stück von dem Herzen und der Lunge des geschlachteten Rennthieres an seinen Baum, und bindt dem Thiere gewisse Fäden um die Hörner, zum Zeichen, welchem Gotte es geopfert werde. Der weisse Faden soll der Sonne, der rothe einem andern Gotte, den man Storjunkare nennet, und der schwarze dem Tode gewiedmet seyn, wie Scheffer saget. Wenn die Lappen etwas Wichtiges von ihrem Götzen verlangen, so versprechen sie ihm die Knochen eines nicht so gemeinen Thieres, z. B. einer Katze, eines Hahnes, einer Ziege, eines Bockes, eines Schafes, sollten sie es auch noch so theuer kaufen, und viele Rennthiere dafür geben müssen.

Högströms Beschreibung.

Da die steinernen Götzen am meisten verehret werden, so pflegt man in ziemlicher Weite Zäune umher zu machen. Schießt jemand in diesem Gehäge des Götzen ein Thier, so muß er ihm den Kopf und die Füße des Thieres, ja auch die Flügel, wenn es ein Vogel ist, opfern. An einigen Orten pfleget man diese Steine alle Jahre auf zu heben, und frische Tannenreiser darunter und umher zu legen. Der Lappe verrichtet solches mit entblößtem Haupte und auf Händen und Füßen kriechend, wie er auch bey seinen Opfern zu thun pfleget. Er schließt auch aus dem Gewichte des Steines, nachdem solcher schwer oder leicht ist, ob er ihm günstig sey oder nicht. Die Aegyptier konnten sich über einen Lappen aufhalten, wenn sie nicht Zwiebeln anbetheten.

Die Lappen mögen Hirten oder Fischer seyn, so haben sie doch gemeinschaftliche Ceremonien, wenn gleich ihre Opfer verschieden sind; indem der eine Hörner und Knochen bringt, damit seine Rennthiere gesund werden, und der andere den Götzen mit Fischfette beschmieret, damit er viele und fette Fische fange. Beyde gehen, wenn sie solches opfern wollen und geopfert haben, nicht durch die rechte Thüre ihrer Wohnung, sondern durch eine heilige Thüre, welches eine kleine Oeffnung hinten am Gezelte ist. Durch diese tragen auch die Berglappen fast allezeit ihr Fleisch, wenigstens das von ihrem Opferviehe, und die Fischerlappen ihre Fische, vornehmlich, wenn sie in den heiligen Seen gefischet haben, hinein. Es darf aber keine Frauensperson dadurch gehen, wie auch nicht einmal über des Lappen Fußpfad, wenn er ausgeht, zu opfern oder zu fischen. Alle heilige Oerter sind den Weibesbildern untersaget. Sie dürfen sich denselben nicht nähern, ja auch nicht einmal um sie herum gehen, wofern es nicht viele Meilen weit davon ist. Ihre Gegenwart und ihr Anblick würde diese heiligen Oerter beflecken. Dieses hier andächtige und da unheilige Geschlecht würde den Zorn der Götter auf sich ziehen. Es würde in Gefahr stehen, nicht nur die Gesundheit, sondern so gar das Leben, ein zu büßen.

Die Weibespersonen sind bey ihnen unheilig.

Die Lappen leiden auch nicht, daß andere Dinge um ihre vermeynten Heiligthümer oder Passen, wie sie solche nennen, herum geführet werden. Högström hatte davon eine augenscheinliche Probe, da ein gewisser Lappe sich weigerte, ihm eine Haut zu leihen, die er über seinen Packschlitten decken könnte; weil solche, wie er vorgab, nach meinem vorgesetzten Wege, um ein Passe oder Heiligthum herum kommen würde; wovon er sich ein großes Unglück befürchtete. „Er setzete hinzu, wenn sie neu wäre, so

„hätte

Högströms Beschreibung.

„hätte es nichts zu bedeuten: weil er sie aber lange gebrauchet hätte, so wäre es gefährlich.„

Wenn der Berglappe ausgeht, zu opfern, so müssen seine Hunde sorgfältig angebunden werden. Käme einer los, und liefe über seinen Weg, oder mit ihm, so würden die Wölfe seine Rennthiere anfallen, oder wenn keine Wölfe in der Nähe wären, so würden es seine eigenen Hunde thun. Dieser Vernunftschluß der Lappen ist nicht so ungereimt, als ihr Gottesdienst. Daß aber ein Fischerlappe, der keine Rennthiere hat, seine Hunde auch anbindt, wenn er in den heiligen Seen fischen will, zeiget den unvernünftigen Bewegungsgrund einer vernünftigen Vorsichtigkeit. Eben diese Leute getrauen sich nicht, den Namen Gottes aus zu sprechen, wenn sie in solchen Seen ihre Netze auswerfen, als wenn die Gottheit ein so nützliches Werk verwerfen könnte, da man Bösewichter oder Freygeister denselben anrufen sehen, wenn sie einen Meuchelmord oder Ehebruch haben begehen wollen. Unglückliche Menschen, wie misbrauchet ihr doch einen Namen, den ihr anbethet! Diejenigen, die ihn predigen, oder diejenigen, die ihn anrufen; fast alle schänden diesen heiligen Namen bey ihren Leidenschaften; und diejenigen, die ihn am meisten fürchten lassen, fürchten ihn oft am wenigsten. Ach! wenn sie das Wesen kenneten, wovon sie ohne Unterlaß reden, sie würden es lieben lassen.

Ehrerbiethung beym opfern.

„Am erbärmlichsten ist es an zu sehen, saget der gute Pastor zu Gellivare, wenn „der Lappe hingeht, zu opfern. Denn, wenn er so nahe kömmt, daß er den Platz sieht, „wo der Götze wohnet, so nimmt er seine Mütze ab, und fängt an, sich zu krümmen „und zu bücken; endlich auf Händen und Füßen zu kriechen, bis er an den Stein kömmt, „wo er sein Opfer verrichtet. Ob er etwas dabey saget, ist mir unbekannt.„

Ein Lappe verbrennet seinen Gott.

Wenn die Lappen das nicht erlangen, was sie von ihren Göttern bitten, so zerstören sie dieselben auch wohl. „Als vor dreyßig Jahren in Lule-Lappmark die Seuche „unter den Rennthieren herum gieng, und ihrer viele aufrieb, so fand sich ein Lappe gar „fleißig zum öftern des Tages bey seinem und seiner Nachbarn Abgotte ein, den sie im „Walde hatten. Er hoffete, von ihm Hülfe zu erlangen. Weil aber selbige nicht er„folgete, so setzete er dem Götzen eine gewisse Zeit, und sagete ihm dabey, er sollte, wenn „er als ein Gott verehret und angebethet seyn wollte, wenigstens binnen solcher Zeit die Seu„che aufhören lassen; wo nicht, so sollte er als ein Betrüger verbrannt und ausgerottet „werden. Die angesetzete Zeit verlief: die Seuche aber währete nach, wie vor. Der „Lappe bewerkstelligete also seine Drohung, und machete ein großes Stockfeuer auf und „um den Götzen, welcher dadurch um so viel eher verderbet wurde, weil die ganze Dorf„schaft ihn so lange Zeit mit allerley Fette geschmieret hatte. Wie der Lappe damit im „Begriffe war, so wurde solches bey seinen Nachbarn ruchtbar, welche sich daher hau„fenweise auf dem Platze einfanden, mit dem Vorsatze, ihn selbst um zu bringen, und „zur Versöhnung der Götter zu verbrennen. Er stellet ihnen aber vor, wie oft und „fleißig er diesen Gott auf seinen Knien und mit entblößtem Haupte gebethen und um „Hülfe ersuchet, ihm auch endlich einen gewissen Tag angesetzet, die Viehseuche zu „hemmen, nebst Beyfügung vorgedachter Bedrohung. Weil er nun nicht vermögend „gewesen, zu helfen, so hätte er ihn mit allem Rechte als einen Betrüger verbrannt. Er „vermuthete dabey, wenn er der wahre Gott gewesen, der Himmel und Erde mit allem, „was darinnen ist, erschaffen hätte, so hätte er wohl das Viehsterben hemmen, und sich „selbst

„selbst von dem Feuer befreyen können. Hierdurch wurden die im Zorne zusammen ge„laufenen Lappen befriediget, und sucheten, das Geschehene nicht weiter zu ahnden.„ Högströms Beschreibung.

Von der Abgötterey der Lappen kömmt Herr Högström auf ihre Zauberey. „Ich „glaube, saget er, daß das Gerücht ihre Kunst in vielen Stücken größer gemacht, als „sie ist. Daß aller Aberglauben vor Zeiten aus Norden gekommen, ist eine alte Sage „gewesen. Herodotus soll den alten Scribenten Anlaß gegeben haben, solches zu glau„ben, indem er gesaget, die Scythen, von denen sich viele heilige Geheimnisse in alle „Welt ausgebreitet, hätten solche von den Hyperboreern empfangen.„ Es ist aber nur eine Sage, die sich fast ohne Grund ausgebreitet hat. In den südlichen Provinzen in Schweden sieht man die Nordländer für sehr geübte Schwarzkünstler an. In den nordlichen Ländern, wo diese Kunst wenig bekannt ist, hält man die Lappländer für sehr geschickt darinnen. „Als ich nach Ume-Lappmark kam, so hörete ich da nichts von der„gleichen, sondern man meynete, daß es in Lule-Lappmark gebräuchlich wäre. Diese „schoben solches auf die Finnen u. s. w.„ So läuft und fliegt von einem Volke zum andern ein Gerücht von der Zauberey herum, welches keines verdienet hat. Sie werden von der Beschuldigung der Zauberey losgesprochen.

„In der gellivarischen Gemeine, die man auf hundert lappische Familien rechnen „kann, und ich allerseits wohl kenne, habe ich nicht über ein Paar Personen nennen ge„höret, von denen man meynet, daß sie in diesem Stücke etwas können.„ Eines von den großen Wundern der Zauberey ist, daß sie das wieder zur Stelle schaffe, was gestohlen worden. „Allein, unter allen Diebereyen, die vorgegangen sind, seitdem ich „da gewesen bin, habe ich noch nicht gehöret, daß ein einziger das Seinige wieder be„kommen; es weis sich auch niemand zu erinnern, daß dergleichen geschehen sey.„ Die Lappen haben zwar gewisse Formeln, die sie für geschickt halten, die Geister zu bannen: man erkennet aber leicht ihren Ursprung an den darinnen vorkommenden Sprüchen, aus den Psalmen und andern Büchern.

Sie haben auch zauberische Verwünschungsformeln, ihren Feinden Schaden zu thun, oder wenigstens einige Furcht ein zu jagen. Allein, es wird nicht das Geringste dadurch ausgerichtet, und so wohl die verwünscheten Menschen, als deren Heerden, bleiben nichts desto weniger leben. „Das einzige, was mir von einiger Erheblichkeit vor„gekommen, soll sich im Herbste 1741 zugetragen haben, da ein gewisses Weib, welches „von ihrem Vater die Kleider ihrer verstorbenen Mutter gefordert, selbige aber nicht „erhalten, gedrohet, ihm Schaden zu thun, worauf ihm des folgenden Tages einige „dreyßig Rennthiere weggekommen.„

Die Schweden sagen, die Lappen seyn Zauberer, und die Lappen geben vor, ihre Zauberer hätten ihre Kunst von den Schweden gelernet, weil sich die meisten von ihnen einige Zeit unten im Lande, nahe an Schweden, aufgehalten haben, und aus den südlichen Provinzen gekommen. Högström, welcher die Gewalt des Teufels auf Erden auch in Lappland nicht leugnet, wo das Volk abgöttisch, leichtgläubig, unwissend und furchtsam ist, kann indessen doch nicht glauben, daß Gott dieses ganze Land der Zauberey überlassen habe. „Denn ich kann nicht begreifen, saget er, wie eine Nation bestehen „könnte, bey der solche gräuliche Zauberey getrieben würde, als man ehemals von den „Lappen berichtet hat.„ Es giebt so viel Zwistigkeiten unter ihnen, als anderswo, doch höret man nicht, daß sie einander durch Zauberey schadeten, sondern, sie verklagen einander, oder prügeln sich auch wacker ab. Ein großer Beweis aber, daß diese Kunst we-

Högströms Beschreibung.

nig getrieben und geachtet wird, ist, daß die vorgegebenen größten Zauberer gemeiniglich am ärmsten sind. Denn wenn eine Kunst nichts einträgt, so legen sich wenige darauf. Högström hält es also für unbillig an der Nation gehandelt, wenn man ihr auf das lose Gerücht und die Erzählung des gemeinen Mannes ein Laster beymißt, dessen einer oder der andere vielleicht schuldig seyn kann, wovor aber die übrigen einen eben so großen Abscheu hegen, als andere Menschen.

Zum Glücke bringt diese Verleumdung den Lappen weniger Nachtheil, als ihren Anklägern. Denn es ist viel leichter, einen Schriftsteller der Einfalt oder der Unwahrheit, der Unwissenheit oder des Betruges, der Dummheit und Leichtgläubigkeit zu überzeugen, als zu beweisen, daß ein grobes und wildes Volk eine übernatürliche Kunst besitze, Gutes und Böses zu thun, eine göttliche oder teufelische Macht habe, welche die Abstände der Zeit und des Ortes aufhebt, dasjenige wieder hervor bringt, was nicht mehr ist, dasjenige erschaffet, was seyn wird, machet, daß die gegenwärtigen und unmittelbaren Gegenstände auf einmal mit den abwesenden und sehr weit entfernten Gegenständen den Platz verändern; kurz, die von dem Schöpfer errichtete Ordnung zerstöret, um eine physikalische Unordnung dafür zu setzen, die vermögend ist, alle Begriffe um zu werfen, welche die Vernunft von den Sinnen hat. Diese sind zwar trügliche Zeugen und Richter: man muß sich aber doch auf sie berufen, es sey nun bey dem ersten oder andern Schlusse. Selbst die Glaubenssachen unterwerfen sich diesem Richterstuhle, wenn sie der Vernunft ihre Beweise der Glaubwürdigkeit vorleget; die vor Zeiten gewirkten Wunder; das Zeugniß der Völker; die natürliche Offenbarung des großen Wesens in seinen sichtbaren Werken; die Verbindung und Abhängigkeit, welche sich unter dieser allgemeinen Offenbarung und den besondern Offenbarungen findt, die ihr untergeordnet sind, ob sie gleich von einer verschiedenen Ordnung sind; ja, untergeordnet; denn wenn die Natur ihren Lauf in einem engen Raume der Zeit und des Ortes zu verändern scheint, so setzet das Weltgebäude, dieses große Ganze, nichts desto weniger seinen Lauf fort, da es alle Begebenheiten, alle Anscheinungen, die Lehrverfassungen, die Meynungen, die Häupter der Sekte und die sektirischen Völker, die Verfolger und die Schlachtopfer in seiner Unermeßlichkeit fortzieht. Nein, Tyrannen, ihr habet nur einen Augenblick, die Erde zu martern, und wir Unglücklichen nur einen Augenblick, zu seufzen.

Was der vorgegebenen Zauberkunst der Lappen ohne Zweifel den meisten Glauben und Grund verliehen hat, das sind ihre Wahrsagertrummeln und gewisse Knoten, womit sie die Winde zu lindern, oder los zu lassen vorgeben. „Ich habe zwar diese Trummeln, „saget Högström, in Lappland nicht gesehen, muß aber doch gestehen, daß sie an eini„gen Orten wohl noch nicht gänzlich aus der Mode gekommen seyn mögen, wiewohl „man, wegen der darüber angestelleten scharfen Untersuchungen, sehr heimlich damit um„geht, weil man weis, daß es einem das Leben kostet.„ Wer ist aber der barbarischste? Der Lappe, welcher dummer Weise eine höllische Macht an den Klang einer Blase heftet, oder der Schwede, welcher bey Lebensstrafe verbiethet, dumm und leichtgläubig zu seyn? Die Strafen selbst vermehren den Aberglauben, den sie ersticken wollen; und die Trummeln, die man verbirgt, sind viel gefährlicher, als diejenigen, die man zeiget. Machet Schweden, ein Staat, der durch ein freyes Volk regieret wird, seine Herrschaft wohl auf solche Art in Lappland angenehm und beliebt? Was würden die

Russen

Russen mehr thun, welche an andern die Menschlichkeit nicht in Ehren halten können, welche der Despotismus bey ihnen selbst geschwächet und erniedriget hat. Högströms Beschreibung.

Weil Högström keine von diesen magischen Trummeln hat zu sehen bekommen können, welche man einem Prediger zu zeigen sich wohl in Acht nehmen wird, so muß man die Beschreibung derselben aus des la Motraye Reise nehmen. „Dieses Instrument, saget er, gleicht einer Pauke, da es nur auf der einen Seite ein Fell hat, worauf man schlägt; und noch besser dem Bauche einer Laute, wegen seiner eyrunden Gestalt und seines hölzernen Rückens. Mitten auf diesem Rücken sind zwo lange Oeffnungen, jede von acht Zoll, mehr oder weniger, und kaum einen einzigen Zoll breit. An dem Mittelholze, welches sie absondert, und welches ein wenig dicker ist, als ein kleiner Finger, ist eine Kette mit vielen kupfernen Ringen angemacht.„ Beschreibung der Zaubertrummel der Lappen.

Wir wollen diesen Reisenden noch weiter hören, damit wir erfahren, wozu man diese Trummeln brauchet. Man wird es in den Gaukeleyen eines dieser vermeynten Zauberer sehen, welchen la Motraye durch Branntewein an sich gezogen hatte. „Er ließ, saget er, die Kette mit den Ringen in den Bauch der Trummel hineln fallen, und kehrete das Fell nach der Erde, welches durchsichtig war, und worauf verschiedene Figuren von Menschen und Thieren nebst den himmlischen Zeichen, barbarisch vorgestellet, roth gemalet stunden... Er fieng an, sie mit einem Zweyhorne, oder einem Gabelhorne mit zween Spitzen, die in der Gestalt eines Y gemacht war, von oben bis unten zu schlagen. Die durch die Schläge des Zweyhornes in Bewegung gebrachten Ringe sprangen und irreten in dem Bauche dieser Trummel mit einem Getöse hin und her, welches dem Geräusche einer Handpauke gleich kam. Nachdem er einige Minuten darauf getrummelt hatte, so legete er sich nicht auf den Bauch, wie so viele Nachrichten von Lappland die Zauberer thun lassen, sondern auf den Rücken. Er legete den geschlagenen Bauch der Trummel auf seinen entblößten Bauch, ohne sie um zu kehren, oder auf eine oder die andere Seite hängen zu lassen. Er schloß die Augen zu, schien eine kleine Zeitlang in Entzücken, oder ohne Athemholen zu seyn. Er erwachete darauf wieder, gleichsam plötzlich, öffnete und zeigete ganz verwirrte Augen; und nach einem langen Seufzer hob er die Trummel mit seinen beyden Händen sacht auf, ohne sie zu bewegen, oder sie hier oder dorthin hängen zu lassen. Er hielt sie zwey bis drey Hand breit weit vor seine Augen, betrachtete die Lage aufmerksam, worinnen die Ringe, welche er durch die durchsichtige Haut sah, in Ansehung der darauf gezeichneten Figuren waren, und fieng darnach an, seine Weissagungen aus zu sprechen.„

Die lappischen Zauberer bilden sich ein, daß die Lage dieser Ringe, worinnen sie sich mit den Figuren befinden, ein treues Bild des Künftigen sey. Der Wahrsager sieht dabey alles, was er will, oder was er im Voraus weis. Oftmals aber wird er zuerst von seiner Kunst hintergangen, aus Mangel derjenigen Wissenschaft, welche bey gesitteten Völkern die Betrüger machet. Högström erzählet bey dieser Gelegenheit, daß ein Vogt in Lule-Lappmark der Einfalt der Lappen, durch ein eben so grobes Kunststück, gemisbrauchet, als das mit ihrer Zaubertrummel ist. Es kam ein Lappe zu ihm, und klagete, sein Nachbar, den er auch nannte, hätte ihm etwas Silber gestohlen, doch fehlete es ihm an hinlänglichem Beweise. Der Vogt ließ den folgenden Tag zehn bis zwölf Lappen aus der Dorfschaft fordern, und stellete folgende Untersuchung mit ihnen an. Er ließ einen Tisch auf das Feld setzen, stellete die Lappen rund herum, und gab

Högströms Beschreibung. ihnen darauf zu erkennen, er wollte wegen des angegebenen Diebstahles Untersuchung anstellen. Darauf setzete er einen Compaß, den er seinen Gobdas, oder eine Wahrsagertrummel, nannte, mitten auf den Tisch, und sagete, wenn er die Compaßscheibe herum gedrehet hätte, so würde das darauf gesetzete Zeichen, welches eine Vogelfeder war, gerade auf den Dieb weisen. So bald die Scheibe still stund, und das Zeichen, nach der Einrichtung, die der Vogt im Voraus gemacht hatte, gerade auf den beschuldigten Lappen wies, so begehrete selbiger, die Scheibe möchte aufs Neue herum gedrehet werden; welches denn auch zum zweyten und dritten Male geschah, wobey das Zeichen allemal, wie zuerst, stehen blieb. Dieß wirkete so viel, daß der Dieb nicht nur seinen begangenen Diebstahl bekannte, sondern auch die folgende Nacht zu dem Vogte kam, und ihm seinen Gobdas abkaufen wollte, und eine ansehnliche Bezahlung dafür both, weil er gemerket hätte, daß selbiger weit mehr vermöchte, als der Lappen ihrer.

Das Sonderbarste bey dieser Sache ist, daß ein Prediger einen Richter billiget, oder wenigstens nicht misbilliget, welcher zu einer Betrügerey eines Marktschreyers seine Zuflucht nimmt, einen Dieb zu entdecken; daß der Richter, welcher einen Lappen, der sich seiner Wahrsagertrummel bedienet, zum Tode verurtheilet, selbst die Wahrheit auf die zufällige Anzeige einer Magnetnadel setzet; und daß er durch sein Beyspiel einen Aberglauben unterstützet, den er durch sein Amt zerstören soll. So wenig aber handeln die Menschen nach richtigen Schlüssen, und so ungerecht sind sie, daß sie sich zu ihrem Besten dasjenige erlauben, was sie andern verbiethen. Wie viele Gesetzgebungen sind nicht bloß ein ausschließendes Recht, die Güter und Ehrenstellen zu besitzen, die Verbrechen zu begehen und zu bestrafen, die Irrthümer vor zu bringen und zu verfolgen.

Zauberische Windknoten. Scheffer redet von Zauberknoten oder Beuteln, worinnen die lappischen Zauberer die Winde verschlossen halten, wie Ulysses sie in seinem Schlauche hatte. Die Lappen aber handeln damit. Das große Geheimniß aller Betrüger in Religionssachen ist, daß sie nur Wind verkaufen. Denn sind die Hoffnungen des Aberglaubens etwas anders? Was ist der Hauch, was sind die Gebährdungen, die Verzuckungen der vorgegebenen Begeisterten, der Brodem von den Schlachtopfern, der Dampf eines unheiligen Weihrauches, die Beschwörungen und Anrufungen der Betrüger und Betrogenen anders, als Wind? Die Lappen aber geben wirklich vor, daß sie mit den Winden schalten und walten können, daß sie ihn bald binden, so, daß ein Schiff auf einmal in seinem Laufe einhalte, bald loslassen, daß er ihm einen Sturm errege. Diese Winde sind Geister, welche sie so lange in einem Beutel verwahren, bis sie solchen gegen einen Beutel mit Gelde umsetzen können. Scheffer eignet diese Betrügerey den Lappen zu. Högström aber hat niemals etwas dergleichen bey ihnen gesehen. Uebrigens muß der Aberglauben, der nur eine Furcht ist, nach Verhältniß der Gefährlichkeiten wachsen. Die wilden nordischen Völker, welche das Meer besuchen, welche mitten unter Wölfen und Bären leben, welche häufig der Gefahr ausgesetzet sind, vor Kälte oder Hunger um zu kommen, müssen viel abergläubischer seyn, als andere; vornehmlich, wenn nur der Betrug sich dieses allgemeinen Hanges der Menschen, leicht zu erschrecken, ein wenig zu Nutze zu machen gewußt hat. Wenn der Aberglauben dem Fortgange des Elendes bey gesitteten Völkern folget; ist es da zu verwundern, daß er so allgemein und so wirksam in einem Lande ist, wo die Natur nur an Uebeln fruchtbar ist? Das physische Uebel ist die Ursache und Nahrung aller Furcht; so wie das Gute der Grund aller Hoffnung ist.

Nun

Nun ist der Aberglauben eine Vermischung von Furcht und Hoffnung. Er verdoppelt sich in denen Gelegenheiten, wo diese beyden Empfindungen sich am meisten erregt finden. Die Jagd und die Fischerey erwecken ihn bey den Lappen.

Högströms Beschreibung.

Bey der Bärenjagd aber geht der meiste Aberglauben vor. Man zieht die Trummeln zu Rathe, ehe man auf dieselben geht. Wenn man den Bären tödtet, so erhebt man ein großes Jauchzen und Freudengeschrey gen Himmel zur Danksagung. Man peitschet den todten Bär mit Ruthen, wenn man ihn aus seinem Lager schleppet. Derjenige, welcher ihn getödtet hat, schlägt gemeiniglich einen messingenen Nagel in seine Flinte, oder hängt dergleichen als ein Ehrenzeichen oder aus Aberglauben an den Hals. Man danket dem Bäre in denen Liedern, die man singt, daß er sich habe tödten lassen, ohne Schaden zu thun. Wenn sie nach Hause kommen, so spucken ihnen die Weiber gekäuete Erlenrinden ins Gesicht, singen Siegeslieder und gehen zur rechten Thüre hinaus, unterdessen die Männer zur heiligen Thüre hinein gehen.

Aberglauben bey der Bärenjagd.

Man kochet den Bär ganz auf einmal, und theilet hernach das Fleisch: den Kopf aber kochen sie ganz in einem Stücke, und verwahren die Hirnschale und Knochen, welche sie begraben. Einige lassen ihre Weiber und Kinder von dem Fleische gar nichts, andere nur von gewissen Stücken essen: es muß aber durch einen messingenen Ring geschehen, den sie vors Maul halten. Alles ist geheimnißvoll bey den dümmsten nordischen Völkern, wie bey den klügsten Nationen des Morgenlandes. Indien und Aegypten haben die Kräfte des menschlichen Geistes erschöpfet, seine Schwäche zu misbrauchen. Der Norden, welcher sie noch nicht hat anwenden können, ist in den Fesseln der Unwissenheit geblieben. Die übermäßige Hitze und Kälte, der Ueberfluß und das Elend haben einerley Wirkungen hervor gebracht; eine übermäßige Trägheit des Geistes, eine ungeheure Furcht, welche dort durch die Uebel der Einbildungskraft, hier durch die Uebel der Natur erreget worden. Die gemäßigten Himmelsgegenden sind in allen Absichten die glückseligsten. Dieserwegen hat sich Europa vielleicht gewisser Maßen aller andern Theile der Welt durch seine Handlung und seinen Fleiß bemeistert, welche sich die Reichthümer aller andern Länder und das, was sie hervor bringen, zueignen. Es hat mittägliche Völker, die unter der Linie reisen und wohnen können; es hat mitternächtliche Nationen, welche dem Eise des Poles trotzen können. Alles ist nach seinen Kräften, alles zu seiner Willkühr. Es entlehnet die Gesetze, den Geschmack, die Meynungen, die Sitten, die Kleidungen, und den Putz; es ahmet allem nach: es schmelzet es aber so zu sagen, in die gehörige Einrichtung um, welche die Frucht einer Vermischung der Einbildungskraft und der Vernunft, einer nützlichen Verbindung der Kräfte des Geistes mit den Kräften des Leibes ist. Glücklich ist das Volk, welches die Natur gebildet hat, aller Güter der Erde zu genießen. Wenn es innerlich thätiger, als unternehmend von außen ist, und mehr anzieht, als angreift; wenn es dem Joche gehorchet, ohne es zu fühlen; wenn es sich erleuchten läßt, damit es sich besser regiere; wenn der Nationalgeist diejenigen lenket, welche der Nation befehlen: so wird dieß Volk, nicht der König, sondern das beste unter den Völkern seyn.

Das ist keine Historie der Reisen, wird man sagen. Ey! was ist dem Leser daran gelegen, alle schimpfliche Irrthümer der Lappen zu wissen? läßt ein einziger in dem, was den Aberglauben anbetrifft, nicht tausend andere errathen? Was wird er darinnen sehen, das ihn nicht erröthen lasse, wenn er seine Werke mit denen Meynungen vergleicht,

Högströms Beschreibung.

gleicht, die er verachtet. Ohne Zweifel hat er erhabenere Lehren. Allein, was ist die Frucht davon, wenn er auf gleiche Art über das, was er glaubet, und was er fürchtet, und über das, was er thut, und was er nicht thut, seufzet? Stets im Widerspruche mit sich selbst, weil er seine Sitten weder durch seine Vernunft, noch durch seine Religion ein zu richten, anstatt daß er seine Aufführung seinem Glauben unterwerfen sollte. Was ist ärgeres in dem Leben der Lappen? Wenn sie die Knochen eines Bäres vergraben, so legen sie ein Paar Löffel, einen Hobel, ein Messer, ein Stück Messing u. d. gl. dabey, als wenn er sich dessen in der andern Welt bedienen sollte. „Zu beklagen ist es, saget „Högström, daß diese Menschen mit Gewalt glauben wollen, daß der Bär auferstehen „und nach dem Tode leben soll, da sie doch selbst großen Zweifel an ihrer eigenen Auf„erstehung tragen; wiewohl sie zuweilen sagen, sie glauben, daß sie nach dem Tode le„ben, oder nach ihrer Redensart, in der andern Welt wandeln werden... Was für „Gedanken sie sonst von ihren Todten gehabt, das habe ich aus der Rede eines Lappen „schließen können, welcher von einem Manne, der in seinen besten Jahren gestorben „war, sagete: Gott hätte einen solchen Mann nicht so bald zu sich genommen, „wenn er seiner nicht bedurft, und Arbeit hätte, wozu er ihn brauchen wollte.„

Einen solchen Begriff haben sie von einem andern Leben. Wenn sie die Todten einwickeln, zu begraben, so sehen sie wohl zu, daß das Tuch den ganzen Leib bedecke, aus Furcht, die Seele möchte sonst da, wo der Leib nicht recht eingewickelt wäre, hinweg fahren, und ihm nicht folgen. Sie legen auch an einigen Orten Taback, ein Beil, etliche Stückchen trockenes Holzes, nebst einem Feuerzeuge u. s. w. mit in den Sarg. Wenn sie vor einer Leiche vorbey gehen, die noch über der Erde steht, so werfen sie ihr ein Stück Taback zu. Das Rennthier, welches einen Todten zu Grabe gebracht, wird niemals mehr zum Fahren gebrauchet, sondern gemeiniglich bey dem Begräbnißschmause verzehret, und die Knochen desselben in die Erde verscharret. Diese Gewohnheiten sind auch noch unter den Christen üblich, wiewohl sie sich deren schämen, und sie nur heimlich ausüben. „Ich habe es mir aber, saget Herr Högström, nicht sehr angelegen seyn lassen, ihr „Thun zu erforschen, weil ich gesehen, daß man keine nützliche Wahrheit darinnen fin„den würde, wenn man gleich einen genauen Zusammenhang ihres ganzen Götzendien„stes wüßte, auch keinen Nutzen damit schaffen würde, weil es nothwendiger ist, den „Unglauben und die Finsterniß aus ihrem Herzen zu heben.... Inzwischen muß man „sich mehr als zu viel verwundern, wenn man höret, daß einige von diesen Leuten von „allen Dingen so geschickt und vernünftig zu reden wissen, in ihrem Götzendienste aber „sich so unvernünftig aufführen. Dieß giebt Anlaß, zu erwägen, wie tief ein alter Wahn „und Aberglauben in dem Herzen eines Menschen einwurzeln können. Und da ich Co„lonisten gesehen, die so weit gekommen, daß sie haben lesen können, und selbst ihre „Bibel und andere geistliche Bücher gehabt, aber durch den Umgang mit den Lappen „ihr Herz zu vielen abergläubischen Dingen geneigt, die sie ohne Nachsinnen aus bloßer „Gewohnheit gethan, so habe ich daher Anlaß genommen, von diesem Volke die An„merkung zu machen, daß es schwer fallen und langsam zugehen werde, ehe sie allen „Aberglauben verlassen.„

Högströms Beschreibung.

Das VIII Capitel.

Von der Pflanzung und dem Wachsthume des Christenthums bey den Lappen.

Ungewisser Anfang des Christenthums in Lappland. Erste Spuren davon. Sage von der ersten Kirche daselbst. Beförderung des Christenthums allda. Erste lappische Schule. Hindernisse des Fortganges der Religion. Neue Anstalten deswegen. Es werden Vorsteher des Kirchenwesens in Lappland bestellet. Vertheilung der Kirchspiele; in Jemteland; in Angermanland; in Ume-Lappmark; in Pite-Lappmark; in Lule-Lappmark; in Torne-Lappmark; in Kimi-Lappmark. Einkünfte der Prediger. Betrachtung darüber. Nebenmittel zur Besserung der Lappen.

Ehe die Entdeckung der neuen Welt die Handlung in ganz Europa ausgebreitet hatte, gab es keine andere Ursache der Gährung, als den Krieg, und die Religion dienete sonst dazu zum Vorwande, wie es heute zu Tage die Namen Handlung und Gleichgewicht sind, die ihn anzünden. In den barbarischen Zeiten, welche vor der glücklichen Polizey der Kirche und der Staaten hergiengen, verzehrete der Eifer für das Haus Gottes fanatische Hirten oder Mönche. Sie bliesen dieses gottesdienstliche Feuer in den Herzen an; und unter dem Vorwande zu bekehren, wollte man erobern. Wie der Krieg nun den Fortgang der Religion aus zu breiten schien, so mußte auch die Religion wohl den Krieg rechtfertigen oder heiligen. Die barbarischen Fürsten in Norden verdammeten ein ganzes Volk zum Tode oder zur Taufe; wie der Kaiser zu Constantinopel die Walachey und Moldau zur muhamedanischen Lehre verdammet hat, bey Strafe, alle ihre Einwohner erwürget zu sehen.

Ungewisser Anfang des Christenthums in Lappland.

Wenn Lappland nicht auf solche Art dem Joche der Schweden unterworfen worden, so hat es solches zum Theile der Strenge seiner Himmelsgegend zu danken, welche geschickt ist, die Hitze des Bekehrungsgeistes zu erkälten. Die Waffen und die Religion der Schweden aber kamen fast zu gleicher Zeit dahin. Man muß glauben, daß das Christenthum gewisser nordischer Völker niemals recht lauter gewesen; weil sie sich von dem Joche der römischen Kirche so leicht losgemacht haben. Man muß also die Ungerechtigkeiten und Unmenschlichkeiten, womit sie sich zuweilen unter dem Namen der Christen besudelt haben, nur dem Misbrauche einer übelverstandenen und schlecht ausgeübeten Religion zuschreiben.

Erste Spuren davon.

Der Beweis aber, daß man dieses geheiligten Namens misbrauchete, ist, daß König Karl IX in Schweden, da er sein Recht auf Lappland bestätigen wollte, anführete, es hätte König Erich der Pommer an das Domcapitel zu Upsola geschrieben, es sollte Priester in Lappland verordnen. Nun stieg dieser Erich 1412 auf den Thron, und Lappland war schon seit 1280 unter der Regierung des Königes Magnus Ladulas mit Schweden vereiniget gewesen. Man findet noch jetzo in Lappland einige Gebräuche der römischen Kirche. „Das Meiste aber, was in den damaligen Zeiten ausgerichtet worden,

„saget

Högströms Beschreibung.

„saget Högström, bestund darinnen, daß die Lappen in einigen Lappmarken dahin ge„bracht wurden, ihre Kinder taufen zu lassen, und in Gegenwart christlicher Priester „ihre Ehe an zu treten, und den Segen dazu zu empfangen... Indessen konnte man „damals doch noch nicht von ihnen sagen, sie wären Christen.„

Sage von der ersten Kirche daselbst.

Obgleich Damian von Goes in einem 1540 an den Papst Paul III geschriebenen Briefe berichtet, man hätte in Ostlappland unter dem vier und achtzigsten Grade der Polhöhe dem heil. Andreas eine prächtige Kirche gewiedmet, welche mit erleuchteten Männern versehen wäre: so gesteht er doch in eben demselben Briefe, daß die Lappen unsern Heiland nicht kenneten, noch von seinem Gesetze etwas wüßten. „Die Ursache, „saget er, wäre theils der Prälaten, theils des Adels unersättlicher Eigennutz, als wel„che nicht gestatteten, daß sie Christen würden, weil sie dieselben alsdann nicht mit sol„chen unchristlichen Auflagen aussaugen könnten, als jetzo, da sie Heiden wären, und ihre „Freyheit nicht erkenneten, noch wüßten, was sie ihrer Obrigkeit zu geben schuldig wä„ren.„ Ist dieß aber wohl die Sprache des Goes, eines portugiesischen Edelmannes, oder nicht vielmehr des lutherischen Pastor Högströms? Ein Katholik aus Portugall sollte an einen Papst geschrieben haben, das Evangelium lehre das Volk die ungerechte Herrschaft der Geistlichkeit und des Adels zurück treiben? Das Evangelium prediget dem Volke nur Gehorsam und Dulden: den Mächten aber prediget es die Gerechtigkeit und Mäßigung.

Beförderung des Christenthums in Lappland.

Es sey aber mit der Denkzeit und den Mitteln der Einführung des Christenthums in Lappland, wie ihm wolle, so sah man doch vor Gustavs I Regierung keine Pfarren daselbst errichtet. Er führete die christliche Lehre nebst der Handlung bey den Lappen ein, und schickete zu dem Ende Prediger dahin; wie denn auch die benachbarten schwedischen Prediger, wenigstens zur Jahrmarktszeit zu ihnen reiseten, und sie in dem Christenthume unterwiesen. Karl IX ließ um das 1600 Jahr in verschiedenen Lappmarken Kirchen bauen, welche aber fast alle zu gleicher Zeit verfielen. Sie wurden meist als Tochterkirchen der benachbarten schwedischen Gemeinen angesehen, bis die Königinn Christina an einigen Orten ordentliche Wohnungen für die Prediger erbauen ließ, und die Gemeinen mit eigenen Priestern versorgete, die beständig in ihren Kirchspielen wohnen sollten. Es waren solche in Ume- Pithe- Lule- Torne- und Kimi-Lappmark. Sie ließ auch noch einige neue in Pite-Lappmark erbauen, deren verschiedene aber, ehe sie noch gebrauchet worden, bey der Feuersbrunst 1666 in Feuer aufgiengen.

Seit der Zeit hat man immer nach und nach die Anzahl der Gemeinen, durch Erbauung neuer Kirchen, Kapellen und Ordinirung mehrer Prediger vermehret. Man hat Missionarien dahin geschickt, Schulen angeleget, und durch allerhand gute Anstalten und Ordnungen die vorigen Gemeinen zu unterstützen und zu erhalten gesuchet.

Erste lappische Schule.

Die erste lappische Schule wurde unter Gustav Adolfs Regierung, um das 1619 Jahr in der Stadt Pite angeleget. Er legete auch noch eine andere zu Lykfele, in Ume-Lappmark an. Daß aber alle diese guten Anstalten keinen rechten Fortgang hatten, soll nach einigen daher gekommen seyn, daß man einen Argwohn auf die Prediger warf, als erhandelten sie kostbares Pelzwerk von den Lappen, weswegen ihnen denn verbothen wurde, öfter dahin zu reisen, als des Jahres einmal. Die Handelsleute sind zu allen Zeiten eifersüchtig auf die Missionarien gewesen, welche ihnen bald durch einen gegenseitigen Nutzen beygestanden, und bald ihr Vertrauen gemisbrauchet haben. Der

Kauf-

Kaufmann hat nur einen Bewegungsgrund der Habsucht, welcher ihn antreibt; der Missionar hat wenigstens einen löblichen Vorwand. Unter dieser Decke der Ehrlichkeit aber ist ein falscher Apostel oft gefährlicher, als der Handelsmann, dessen Sache nur ist, zu gewinnen, und nicht zu betriegen.

Högströms Beschreibung.

Hindernisse des Fortganges der Religion.

Gleichwohl schreibt Herr Högström den wenigen Fortgang der Religion in Lappland nicht einzig und allein dem Verleumdungen der Kaufleute wider die Prediger, sondern zum Theile auch den herumschweifenden Leben der Lappen zu, welche nicht fleißig die Kirche besuchen können, sondern oft zwanzig Jahre alt werden, ehe sie einen Prediger gesehen haben. Einige Prediger, welche geborene Lappen sind, leben schlechter, als sie lehren, und treiben durch ihr Aergerniß mehr zurück, als sie durch ihre Lehre anziehen. Da die schwedischen Prediger die lappische Sprache nicht verstehen, so können sie nur durch Vermittelung eines Dolmetschers predigen, der oft unwissend ist, und ihre Unterweisungen nur unverständlich machet. Sie selbst wollen die lappische Sprache nicht lernen, aus Furcht, man lasse sie beständig in diesem traurigen Lande sitzen, wo der Eifer durch keine menschliche Belohnung unterstützet wird. Was kömmt aus dieser Gleichgültigkeit gegen den Unterricht heraus? Eine jede Kirche übersetzet nach ihrer Art die Evangelien und Gebethe; und bloß das Vater Unser wird wohl auf zwanzigerley Art in Lappland gebethet. Aber Gott versteht sie doch alle; und ist das nicht genug zur Seligkeit der Leute und für den Eifer der Prediger?

Indessen hat man doch dieser Unbequemlichkeit, eine jede Lappmark in ihrer Mundart bethen zu hören, dadurch abhelfen wollen, daß man versuchet hat, die schwedische und finnische Sprache in Lappland ein zu führen; wie die römische Kirche die lateinische Sprache in der ganzen Christenheit eingeführet hat. Allein, saget Högström, ich bin der festen Meynung, daß keiner eine fremde Sprache besser verstehe, als seine eigene Muttersprache; und daß es schwer, ja fast unmöglich falle, eine alte Sprache bey einem Volke aus zu rotten, und eine neue wieder zu pflanzen. „

Neue Anstalten deswegen.

Wenn man irgend einige Hoffnung gehabt hat, die Lappen in die gewünschte Ordnung zu bringen, so muß es gewiß durch die weisen Verfassungen geschehen, die man auf dem Reichstage 1733 deswegen gemacht hat. „Denn da bey uns jährlich und täglich, saget Högström, so viel herrliche Anstalten zur Wohlfahrt und Erhaltung unsers Vaterlandes gemacht werden, so hat man nicht unbillig beherziget, daß wir innerhalb den Gränzen unsers Reiches ein Volk gehabt und noch haben, das in heidnischer Finsterniß gewandelt, und doch nun über fünftehalb hundert Jahr sich für schwedische Unterthanen erkannt hat.„ Man hat daher alle Mittel aufgesuchet und zusammen genommen, welche dieser Blindheit abhelfen sollten. Da sie aber nicht alle auf einmal konnten angewandt werden, so haben sie nur schwache Vortheile hervor bringen können.

Es werden Vorsteher des Kirchenwesens in Lappland bestellet.

Damit endlich nichts, was in Menschen Vermögen steht, an der Bekehrung der Lappen mangeln oder versäumt werden möchte, so hat man die Aufsicht über dieses wichtige Werk weisen und erleuchteten Männern anvertrauet. Diese sind drey Reichsräthe und die Kanzler der Universitäten, der Erzbischof, der Justizkanzler und der Justizbürgermeister in Stockholm. Seit der Aufsicht dieser erwählten Männer, hat sich eine große Anzahl Geistliche erbothen, an der Ausrottung der Abgötterey bey den Lappen zu arbeiten, und aus diesen irrenden, wilden und so dummen Leuten, wie ihre Heerden,

Högströms Beschreibung.

eine Trift christlicher Schafe zu machen[1]). „Sie haben auch weder Mühe noch Arbeit „gesparet, sondern Gesundheit, Leben und Kräfte daran gewaget, und also täglich mit „Freuden erfahren, daß die Wüste und Einöde in diesem Theile der Welt anfange, lu„stig zu seyn, und das Gefilde fröhlich stehe und blühe, wie die Lilien.„ Dieß ist der biblische Ausdruck eines Predigers, welcher auf das mit Schnee und Eise bedeckete Lappland einen Spruch anwendet, welchen Jesaias ohne Zweifel auf die heissen Wüsten Arabiens, oder des Morgenlandes angewandt hat, welche jetzo unter muhammedanischen Joche sind.

Vertheilung der Kirchspiele.

Die Kirchspiele, welche man errichtet hat, sind so gut eingetheilet, daß es wenig Lappen giebt, die nicht wenigstens zu gewissen Zeiten des Jahres in die Kirche kommen, und von ihren Seelsorgern besuchet werden könnten. Man zählet in dem schwedischen Lapplande zehn Pastorate und Mutterkirchen, und eben so viele Tochterkirchen und Kapellen, nebst sechs Schulen, die von der Regierung unterhalten werden. Herr Högström hat einige Seiten seines Werkes zur Herzählung derselben mit ihren Kirchendienern angewandt.

In Jemteland.

In der jemteländischen Lappmark, die am weitesten gegen Süden liegt, und deren Einwohner, die etwas Schwedisch verstanden, sich meist zu den benachbarten Dorfgemeinen gehalten, ist erst 1746 die Tochterkirche Föling zur Mutterkirche gemacht, und mit einem eigenen Prediger versehen worden.

In Angermanland.

Angermanlands Lappmark hatte bis mitten im vorigen Jahrhunderte keine eigene Kirche, sondern war zu Amundsiö eingepfarret. Die Königinn Christina aber ließ 1648 eine zu Asele erbauen, welche eine Zeitlang nur erst eine Tochterkirche war, aber bald einen eigenen Prediger bekam, der beständig da gewohnet, und nun auch in einer Kapelle bey dem See Olgomai zu gewissen Zeiten des Jahres seine lappische Gemeine beysammen hat. Hier ist auch 1730 eine Schule angeleget, worinnen sechs Lappenkinder nebst ihrem Schulmeister von der Regierung unterhalten werden.

In Uma-Lappmark.

Uma-Lappmark hat seine Hauptkirche in Lycksele am Flusse Uma, *zwölf Meilen* von der Stadt Uma. Die Kirche, welche zu Karls des IX Zeiten gebauet worden, ist verfallen, und 1735 eine neue dafür aufgeführet worden. Sorsele ist eine dazu gehörige Tochterkirche, welche zwölf Meilen näher an dem Gebirge am Windelstrome liegt. Daselbst wohnet beständig ein Comminister, und die mitten im vorigen Jahrhunderte erbauete Kirche ist abgebrochen, und eine neue dafür 1744 gebauet worden. Ohne die schwedische Gemeine zu Lycksele, welche aus Colonisten besteht, ist die lappische in vier Dorfschaften vertheilet, nämlich Umby, Wapsten, Ran und Gran. Sie könnten mit besserm Rechte Vogteyen genannt werden, und haben eine Aehnlichkeit mit demjenigen, was bey den Griechen Nomi, und bey den Lateinern Pagi waren. Denn manche solche Dorfschaft besteht aus mehr als hundert Schatzlappen, die eine ziemlich große Strecke Landes mit ihren zerstreuten Häusern einnehmen. Die Schule zu Lycksele, worinnen jährlich zehn Lappenkinder unterhalten werden, wurde unter dem Könige Gustav von dem damaligen Reichsrathe, Johann Skytte, gestiftet, welcher für vier hundert Thaler Kupfermünze, oder zwey hundert Gülden, die Einkünfte eines Kammergutes kaufete, und dieser Schule schenkete; eine Wohlthat, die um so viel reiner war, weil die Frucht davon entfernt, und die Erkenntlichkeit ungewiß war. In

1) Der Erzbischof Johannes Magnus, welcher aus Schweden verbannet wurde, beklagete nichts so sehr, wie Damian von Goes an den Papst Paul den Dritten schreibt, als daß er die Lappen in der Finsterniß der Abgötterey bleiben sähe, und aus diesem elenden Viehe nicht so viele Schafe Jesu Christi hätte machen können.

Högströms Beschreibung.

In Pite-Lappmark.

In Pite-Lappmark wurde unter Karln dem IX eine Kirche, vermuthlich zu Gratråsk: auf Befehl der Königinn Christina aber 1640 noch vier andere zu Silbojok, Nasafiell, Arwidsjaur und Arieplog erbauet, wodurch ganz Pite-Lappmark in mehr Pastorate abgetheilet wurde. Diese waren außer den Kirchen zu Silbojok und Nasafiell, welche beyde nur einen Prediger hatten, zu Gratråsk, Arwidsjaur, Storawawik und Arieplog. Zu Ende des vorigen Jahrhunderts aber wurden Arwidsjaur und Arieplog mit einander vereiniget, und es blieben nur zwey Pastorate, nämlich zu Arieplog und Silbojok bis 1734, da Arwidsjaur statt Silbojok ein Pastorat und dieses eine Tochterkirche von Arieplog wurde. An diesem letzten Orte stiftete man auch 1743 eine Schule für sechs Lappen Kinder. Die zur Zeit der Königinn Christina daselbst erbauete Kirche wird noch gebrauchet; und die ganze Gemeine besteht aus den fünf lappischen Dorfschaften Sorwästerby, Norwästerby, Lokte, Semisjaur und Arieplog. Sonst liegt Arieplog zehn Meilen von Arwidsjaur näher am Gebirge, bey dem großen See Hornawam, Arwidsjaur aber ungefähr zwölf Meilen von der Stadt Pite.

In Lule-Lappmark.

In Lule-Lappmark sind gleichfalls zwey Pastorate, nämlich zu Jockmock und Gelliware. Die Kirche zu Jockmock, welche unter Karln dem IX erbauet worden, ist zwar verfallen, wird aber doch noch gebrauchet; und liegt sechzehn bis achtzehn Meilen von der Stadt Lule. 1730 wurde daselbst eine Schule angeleget, worinnen sechs Lappenkinder unterhalten werden. Die Silberhütte Quickjock liegt funfzehn Meilen weiter nach dem Gebirge und hat eine Tochterkirche, die unter Jockmock gehöret, wo der Prediger beständig wohnen muß. Die ganze Gemeine besteht außer den Colonisten aus den vier Dorfschaften Sirkas, Turpen, Jockmock und etwas von Sockjock. Das Pastorat zu Gelliware wurde 1742 von Jockmock abgesondert und hat seinen Namen von der Eisengrube, wo eine Gemeine errichtet worden. Es liegt unter dem nordischen Polarzirkel sechzehn bis achtzehn Meilen Nordnordwest von der Stadt Lule. Die ganze Gemeine besteht außer vielen Colonisten aus den beyden Thälern Raitom-woma und Teusa-woma, nebst Nederby, welches ein Stück von Sockjock ist. Ein gewisser Gelehrter hat in seiner Abhandlung von Torne gemeynet, ein Theil dieser Lappmark, nämlich das Stück von Sockjock, welches an das Kirchspiel Ober-Torne gränzet, heisse Orjas. Allein, die Lappen nennen alle diejenigen, die ihnen gegen Süden wohnen, Orjas, welches eigentlich diese Himmelsgegend bedeutet; und es bezeichnet also eben so wenig einen gewissen Strich Landes, als Hesperien bey den Alten. In allen diesen Lappmarken wird der Gottesdienst nunmehr in lappischer Sprache gehalten: in denen Gemeinen aber, wo Colonisten sind, wechselsweise im Schwedischen und Lappischen.

In Torne-Lappmark.

Torne-Lappmark hat auch zwey Pastorate, nämlich zu Jukasjerfwi und Rautokeino. Juckasjerfwi, auf lappisch Tjockeres, liegt am Flusse Torne ungefähr vier und dreyßig Meilen von der Stadt Torne. Die Kirche, welche unter Karln dem IX erbauet war, ist verfallen und eine neue dafür aufgeführet worden. Enontekis ist eine Tochterkirche derselben, vierzehn Meilen weiter gegen Norden, wo beständig ein Commissar wohnet. An Statt der alten Kirche von Gustavs des I Zeiten ist eine neue erbauet. Sechs bis sieben Meilen davon zu Rounala steht noch eine andere Kirche, die aber nicht gebrauchet wird. Die Gemeine zu Juckasjerfwi hat die vier lappischen

Högströms Beschreibung. Dorfschaften Sariwoma, Talma, Rautuswoma und Kalaswoma. In der Kirche daselbst befinden sich die vier lateinischen Verse auf einer Tafel, welche Regnard mit seinen Reisegefährten 1681 auf dem Berge Metawara will errichtet haben [a]). Der Gottesdienst darinnen wird auf lappisch und finnisch wechselsweise gehalten; und die Schule dabey ist 1744 angeleget worden. Das andere Pastorat Kautokeino liegt an der nordlichen Seite des Gebirges funfzig Meilen von Torne, und hat Utsjocki zur Tochterkirche, die dreyßig Meilen von ihm und zehn Meilen von Nordcap liegt. Der Priester muß zu gewissen Zeiten des Jahres dahin reisen, doch hat man 1742 einen Schulmeister dahin geschickt, welcher nebst der Schule auch der Gemeine vorsteht. Beyde Kirchen sind noch unter Karln IX gebauet.

In Kimi Lappmark. In Kimi-Lappmark ist das Pastorat Kusamo an den russischen Gränzen. Die Hauptgemeine besteht vornehmlich aus Finnen, die daselbst Colonien angeleget haben. Sodankyle ist eine Tochterkirche desselben, wo ein Comminister wohnet, und Enare eine Kapelle, sechzig Meilen von der Mutterkirche, welche 1639 zuerst erbauet werden, und wohin der Pastor des Winters reiset.

Hieher ist auch die Gemeine Kunisärwi zu rechnen, wo unter Karln dem IX, oder der Königinn Christina, eine Kirche vermuthlich zum Dienste der Lappen erbauet worden. Sie machen aber nur die Hälfte der Gemeine aus und die andere sind Bauern. Es gehöret also dieselbe theils nach Kusamo, theils nach Kimi, als ihren Mutterkirchen. Diese Lappmark allein gehöret zum Stifte Abo, alle andere aber zu Hernosand.

Einkünfte der Prediger. Die ordentlichen Lehrer der Gemeine genießen alle, außer den Zehenden und andern Gerechtsamen, einen jährlichen Gehalt an Gelde und Eßwaaren von der Regierung. Diese Gerechtsamen sind, daß jeder Schatzlappe, nach Karls des IX Verordnung, dem Pastor zwey Paar lappische Handschuh oder ein halb Lispfund Hechte zum Zehenden giebt. Zur Ostergabe bekömmt er ein Stück Pelzwerk von jeder Person, die zum Abendmahle geht; zum Weihnachten und zum Jahrmarkte ein Liepfund Fleisch oder Fisch und einen Rennkäse von jedem halben Schocke Rennkühe, die der Lappe hat; bey dem Begräbnisse eines Schatzlappen oder seiner Frau ein Rennthier; bey andern Leichen aber ein halb Lispfund Hechte oder zwey Paar Handschuh. Für das Aufgeboth und die Trauung, wie auch für eine Kindtaufe und den Kirchgang, empfängt er eben so viel oder zwölf Stück Rauchwerk. Högström überläßt es der Zeit, ob diese Verordnung nicht zu verbessern stehe, damit ein besseres Verhältniß unter den Reichen und Armen getroffen, auch die Lehrer selbst bequemer unterhalten würden.

Betrachtung darüber. Es ist ohne Zweifel eine große Unbequemlichkeit, alle Verrichtungen des Kirchendienstes so zu schätzen. Priester, welche die Uneigennützigkeit und Losreissung vom Reichthume nur für Geld predigen, welche den Leib und das Blut Christi nur für ein Stück Rauchwerk, das Brod und den Wein im heiligen Abendmahle nur für Fleisch oder Fisch ausspenden, die nur für ein Rennthier taufen oder begraben, scheinen ihr Amt durch ihren Lohn zu erniedrigen. Dieß ist eine Folge von Luthers Lehrverbesserung, welche der Geistlichkeit Güter und Ländereyen entzogen hat, die sie an sich gerissen

a) Sieh unsern XVII Band der allgem. Histor. der Reis. a. d. 323 S.

sen hatte. Kleine Kirchengüter bey jeder Pfarre würden ohne Zweifel ein Mittel zu einem anständigern und schicklichern Unterhalte für die Priester seyn, deren Eifer um so viel reiner werden würde, weil er umsonst zu seyn schiene, und keinen neuen Reiz der Belohnung hätte [3]). Nichts ist, dem Ansehen nach, dem Geiste des Evangelii so zuwider, als dergleichen gesetzmäßige Abgaben, die den Gläubigen aufgeleget worden. Man kann auch argwohnen, daß die Regierungen, welche den Unterhalt der Geistlichkeit auf die Abhängigkeit der Privatpersonen gesetzet, eine Macht im Grunde haben untergraben wollen, deren sie sich gemisbrauchet hatte. Ohne Zweifel hat man geglaubet, dieser Körper würde in einem Staate sehr fürchterlich seyn, wenn er zu der Gewalt, die ihm die Religion über die Gemüther giebt, auch noch den Einfluß fügete, den ihm ein großes Eigenthum von Ländereyen in die öffentlichen Angelegenheiten sicher versprechen könnte. Allein, wie großer Reichthum die Sitten verderbet, so verliert die Geistlichkeit gemeiniglich auf der einen Seite das, was sie auf der andern gewinnt. Je mehr zeitliche Güter sie hat, desto mehr setzet sie ihr geistliches Ansehen in Gefahr. Ohne die Stütze der guten Sitten, des guten Beyspieles, fällt sie in die Verachtung des Volkes, und alsdann nimmt ihre Macht ab, bis daß sie der Güter beraubet, womit sie überladen war, glücklicher Weise wieder dahin gebracht worden, daß sie sich einen Reichthum an Tugenden erwirbt, welche sie zu dem Geiste ihrer ersten Stiftung wieder zurück führet, sie bescheiden, mildthätig, nützlich und friedsam machet. Dadurch, daß sie alsdann nicht mehr so begütert, noch so zahlreich ist, ist sie wohlthätiger und wird weniger beneidet. Ihre Reden vollenden das Werk ihrer Thaten. Zufrieden mit derjenigen Mittelmäßigkeit, welche die Mutter gründlicher Tugenden ist, in einem guten Auskommen, welches sich nicht bis zur Pracht erheben noch bis zur Bedürfniß erniedrigen kann, hat sie nichts zu erbetteln, nichts an sich zu reissen, nichts zu fordern. Sie hebt reine Hände auf, und beut hülfreiche Hände den Menschen.

z Högströms Beschreibung.

Nebenmittel zur Besserung der Lappen.

Außer den ordentlichen Predigern werden auch noch Missionarien nach einigen Lappmarken gesandt, welche denselben beystehen und oft ihre Stelle vertreten müssen. Der Umgang mit den Schweden, welche in Lappland Fabriken angeleget und Gewerbe treiben, dienet ebenfalls sehr, die Lappen zu christlichen Sitten, guter Ordnung und gesitteter Lebensart an zu führen. „Nur wäre zu wünschen, setzet Herr Högström „hinzu, daß das ärgerliche Leben unserer Schweden uns nicht dürfte vorgerücket wer„den, wenn man die Lappen zum christlichen Tugendwandel anmahnen will; daß nicht „an uns eintreffen möchte, was geschrieben steht: Eurethalben wird Gottes Namen „unter den Heyden gelästert.„

3) Wenn der französische Verfasser eine Kenntniß von den meisten Dorfpfarren in Deutschland gehabt hätte, so würde er diese Anmerkung so nicht gemacht haben. Es sind Ländereyen dabey zum Unterhalte des Pfarrers. Muß er sie aber nicht selbst bauen, wenn er sie nutzen will? Und wie oft höret man nicht, daß der Geistliche darüber selbst zum Bauer oder gar zu sehr zum Landwirthe werde?

Högströms Beschreibung.

Das IX Capitel.

Von der Polizey und bürgerlichen Gesellschaft der Lappen.

Ob sie gleich Könige gehabt. Regierung der Birkarlen; deren Härte. Sie erkennen Schweden für ihre Obrigkeit; verabscheuen die Russen. Hauptmannschaften und Gerichte. Abgaben oder Steuren. Handel oder Jahrmärkte. Handel mit Schweden im Winter; mit Norwegen im Sommer. Innerlicher Handel. Künste und Handwerke.

Ob sie gleich Könige gehabt.

Die Geschichtschreiber möchten gern die Monarchie bey den alten Lappen finden, so wie sie voraus setzen, daß solche bey allen andern Nationen zu allen Zeiten eingeführet gewesen. Die Hirtenvölker aber haben selten Könige. Dergleichen Oberherren mögen nicht gern einem irrenden Volke nachlaufen, noch nach Beschaffenheit der Jahreszeiten den Hof und den Staat ändern. Wenn man stets mit der Natur im Kriege ist, so hat man wenigstens keinen andern Feind; und das ist genug, die Menschen zu beschäfftigen und sie der Nothwendigkeit zu überheben, sich Herren zu setzen. Als sich daher Magnus Ladulas, König in Schweden, Lappland zueignen wollte, welches niemanden zugehörete, und welches auch so gar heute zu Tage die Abhängigkeit wenig kennet, „so hielt er es der Mühe nicht werth, oder vielmehr für unmöglich, dieses Volk, welches doch innerhalb der Gränzen seines Reiches wohnete, „in seinen weit entlegenen Einöden mit Krieg und Waffen an zu greifen.„ Er vermochte also die vornehmsten Einwohner in Westbothnien, welche man Birkarle nennete, die Lappen zu überreden, es würde ihnen vortheilhaft seyn, wenn sie sich Schweden unterwürfen.

Regierung der Birkarlen.

Die Birkarle, welche mit den Lappen handelten, unterwarfen sie also, man weis nicht wie; das heißt, ohne Zweifel, sie sahen sie als unterworfen an, ohne daß die Lappen selbst etwas davon wußten. Denn es ist nichts leichter, als sich für einen König eines wilden Volkes zu halten, welches keinen Begriff von der königlichen Gewalt hat, und also auch weder in ein Joch einwilligen noch solches ausschlagen kann, welches man ihnen an zu tragen sich nicht einmal einkommen läßt. So nennen sich die Europäer seit hundert Jahren Könige von gewissen Gegenden in America, deren Einwohner niemals gewußt haben, was ein König ist, und den Werth dieses Wortes vieleicht nur kennen lernen werden, wenn sie die Fremden wegjagen, welche diesen Titel hier erschallen lassen, der bey den Wilden nichts ist.

Dem sey aber wie ihm wolle, so hatten die Birkarle, welche nach der Wortforschung entweder Bergleute oder Handelsleute waren, die Herrschaft über Lappland erblich, mit der Bedingung, daß sie dem Könige in Schweden jährlich etliche Zimmer Rauchwerk zur Erkenntniß ihrer Lehnspflicht oder zum Tribute als seine Vasallen geben sollten. Diese Könige von der Unterordnung erstreckten ihre Oberherrschaft an den Seeküsten über Länder, wo sie von Zeit zu Zeit hingiengen, saget man, Handlung zu treiben, Steuren ein zu nehmen und Gerechtigkeit zu handhaben. „Wie-

„wohl doch auch zu glauben, saget unser Verfasser, daß sie mehr ihren Gewinn gesu„chet, als das Volk zu Rechte zu bringen; daher Damians von Goes Klagen bey „dem Papste wohl nicht ganz ohne Grund gewesen, sie wären Schuld, daß die Lappen „zum Christenthume nicht könnten bekehret werden.„

Högströms Beschreibung.

Dieser Portugiese, welchem man ein Werk von Lappland zueignet, das er vielleicht niemals gemacht hat, soll an den Papst Paul den III geschrieben haben, welcher an seiner Schreibart ein großes Belieben finden mußte: „Sie gestatten nicht, daß die „Lappen Christen werden, damit sie nicht, wenn sie unter das sanfte Joch Christi kä„men, ihrer Tyranney und ihrem Geize etwas entzögen, und dadurch die Zölle ver„mindert werden möchten. . . . . Denn wenn sie Christen wären so wären sie von „denen Zöllen und Auflagen frey, die sie als Heyden erlegen müssen . . . . Sie wür„den es ungern sehen, wenn sie Christen würden und ihnen nicht mehr Zoll geben woll„ten, als andere Christen ihren Fürsten geben; und sie halten daher diesen häßlichen und „sündlichen Gewinn höher, als die christliche Religion, und setzen so vieler Seelen „Heil aus den Augen . . . . O unersättlicher Geiz und unerträgliche Bosheit, wo„gegen sich billig alle christliche Herzen mit Hand und Munde aus allen Kräften setzen „sollten.„

Deren Härte.

Dieser wilde Eifer wider die Unmenschlichkeit der lappländischen Statthalter schickete sich für die Zeiten des von Goes und eines Papstes, welcher sich mit Karln dem V verbunden hatte, die protestantische Lehre in Deutschland durch das Blut der Völker aus zu löschen. Das Evangelium aber will nicht, daß man mit den Waffen in der Hand Tyrannen zurück treibe, oder Christen mache, oder Ketzer ausrotte.

Indessen wurde die Herrschaft der Birkarlen in Lappland zuerst unter Gustav dem I eingeschränket, und endlich unter seinen Nachfolgern ganz aufgehoben. Die Lap„pen, saget Herr Högström, lerneten nach gerade erkennen, was es für ein Vortheil „sey, unter einem christlichen Könige zu stehen, und seines Schutzes zu genießen.„ Wenn man diesem frommen Prediger Glauben beymißt, so erkennen sie größten Theils den König in Schweden für ihre rechte Obrigkeit; und obgleich einige von ihnen auch an Dänemark und Rußland Contribution geben, so glauben sie doch, mehr nach Schweden zu gehören, weil alle nützliche Einrichtungen bey ihnen, so wohl in geistlichen als weltlichen Dingen, von schwedischen Königen herrühren. Nach seiner Meynung also werden die Lappen insgesammt über kurz oder lang wieder unter Schweden kommen. Eine freye und gelinde Regierung schicket sich auch besser für Wilde, als die despotische in Rußland. Die Lutheraner, welche erleuchteter und nicht so verderbt sind, als die Griechen, werden auch mehr bekehren. Die Vernunft und Tugend haben oft mehr Herrschaft über Nationen, welche nicht gesittet sind, als bey Sclaven, die durch eine harte und strenge Policey dumm gemacht worden.

Sie erkennen Schweden für ihre Obrigkeit.

Es scheint, daß die Lappen überhaupt die Russen verabscheuen. Sie rühmen sich so gar einiger mannhaften Thaten, welche ihre Vorfahren in einer Schlacht wider die Russen sollen ausgeübet haben. Eine russische Partey, sagen sie, fiel auf der nördlichen Seite in Lappland ein, griff die Lappen an und führete eine ansehnliche Beute an Gelde und Rennthieren davon. Dieser erste glückliche Erfolg machete die Russen kühn, daß sie oft dergleichen Streifereyen wiederholeten, und sich auf allen Lappwegen, die sie finden konnten, sehen ließen. Weil nun die Lappen ihren gänzlichen Untergang durch

verabscheuen die Russen.

Högströms Beschreibung.

durch sie befürchteten, so gesellten sie sich in großer Anzahl zusammen, und wähleten einen alten Mann aus ihrem Volke zum Anführer. Dieser bedienete sich einer Kriegslist, die Feinde auf zu reiben. Er ließ eine Menge Balken auf einen hohen Berg führen und den Schnee auf demselben ganz fest niedertreten. Darauf ließ er Wasser darüber giessen, daß es bis oben hinan ganz glatt von Eise wurde, in dasselbe Stufen hinauf hauen und von allen Seiten Wege dahin machen, damit der Feind ihr Lager finden könnte. Dieß geschah nach Wunsche. So bald aber die Russen, welche sich wageten, den Berg hinan zu steigen, bis auf die Hälfte desselben gekommen waren, so wälzeten die Lappen alle zugleich ihre Balken hinunter, welche den größten Theil der Feinde zerquetscheten, bis auf einige wenige, die von ihnen erschlagen wurden. Zweenen ließen sie das Leben, dem einen aber nur einen Arm und dem andern nur einen Fuß, und gaben ihnen Freyheit, nach Hause zu gehen und die Niederlage ihrer Partey zu erzählen. Die Lappen wissen die Anzahl der Erschlagenen nicht anders an zu geben, als daß sie berichten, man hätte alle Feuerstähle, die bey ihnen gefunden worden, auf Bogenschnüre gezogen und damit drittehalb Schnüre angefüllet, deren jeder eine gute Klafter lang ist. Man zeiget noch gewisse Stellen am Fuße des Berges, wo besser Gras wächst, welche das Blut der Erschlagenen soll fruchtbar gemacht haben, und nennet den Berg selbst nach dem Namen des russischen Anführers **Käppoware** *).

Hauptmannschaften und Gerichte.

Das schwedische Lappland wird in vier Hauptmannschaften getheilet. Die jemteländische Lappmark allein machet die erste. Asele-Lappmark und Angermanland die zweyte; Ume-Pite-und Lule-Lappmark die dritte; und Torne nebst Kimi-Lappmark die vierte aus. Ein jeder Hauptmann derselben reiset jährlich in seinen Lappmarken herum und hält an gewissen Orten oder Jahrmarktsplätzen Gericht. An allen denselben sind ordentliche Gerichtsstuben und benöthigte Häuser für sie. Zu Beysitzern in dem Gerichte werden Lappen erwählet; welches Amt um so viel rühmlicher ist, je weniger es einträgt; denn es giebt Lappen, für welche die Hochachtung ihrer Nation eine Besoldung ist. Der Hauptmann wird von einem Jahrmarktsplatze zum andern von den Lappen gebracht; und diese Reise geschicht ordentlich des Winters im Januar. Der zu Torne hat über dreyhundert Meilen zu thun und pflegt oft erst zu Ende des Märzmonates zurück zu kommen, wiewohl er in den beyden Lappmarken seines Kreises oder seiner Hauptmannschaft nicht über zwölf Flecken oder Gerichtsörter hat. Die Hauptleute sprechen durch einen Dolmetscher Recht, weil sie der lappischen Sprache nicht mächtig sind und die Lappen keine andere verstehen.

Abgaben oder Steuern.

Man regieret eine Nation nicht so wohl ihrentwegen, als vielmehr seinetwegen. Die Krone Schweden würde sich auch nicht die Mühe geben, in Lappland Recht zu sprechen, wenn sie nicht Steuren daraus zu heben hätte. Man treibt solche zu gleicher Zeit ein, da man Gericht hält. Die Kronvögte oder Steuereinnehmer folgen den Hauptleuten nach allen Gerichtsplätzen, wo ordentliche Häuser für sie gebauet sind, worinnen sie sich aufhalten, indem die Hebung geschieht.

Die Lappen bezahlen die Abgaben nicht mehr in Waaren, wie vordem. Seit dem Karl der IX die Ländereyen unter gewisse Familien hat vertheilen lassen, so ist jedes Stück Land und jedes fischreiche Gewässer geschätzet worden. In denjenigen Lappmarken,

*) Högström am a. O. II Cap. 21 §.

ken, wo solches geschehen ist, bezahlet nach Beschaffenheit des Landes der Besitzer desselben, welcher ein Schatzlappe heißt, von einem Thaler Silbermünze[a]) bis zu einem oder zweenen Reichsthalern auch wohl mehr. Wird sein Land ledig, so wird ein anderer darauf gesetzet, der solche Schatzung bezahlen muß. In denen Lappmarken aber, wo keine solche Schatzung gemacht, sondern nur eine gewisse Summe auf jedes Dorf gerechnet worden, steuren sie alle nach eines jeden Vermögen zu solcher Summe, und bedienen sich des Landes und der Gewässer ohne Unterschied gemeinschaftlich.

Högströms Beschreibung.

Wenn aber dieses Volk nicht drey verschiedene Steuren einem und eben demselben Oberherrn entrichtet, so bezahlet doch zuweilen ein Mann dreyen verschiedenen Oberherren Schatzung, nämlich an Schweden, Dänemark, und Rußland, indem er sich zu gewissen Zeiten des Jahres auch auf dänischem und russischem Gebiethe aufhält. So bezahlen in den südlichen Lappmarken diejenigen, die sich des Sommers eine Zeit lang in das Norwegische begeben, an Dänemark Schatzung. Gewisse Gränzkirchspiele zwischen Dänemark und Schweden bezahlen an beyde Kronen; in Kimilappmark bezahlet man an Schweden und Rußland; die Lappen zu Enare aber steuren an Schweden, Dänemark und Rußland. Indessen will doch Herr Högström, daß sie deswegen nicht drey Potentaten für ihre Herren erkennen, weil sie sich überall nach schwedischen Gesetzen und Verordnungen richteten, sich zur schwedischen Kirche und zu schwedischen Gerichten halten. Großer Vortheil für eine Nation, dreyen Königen steuerbar zu seyn und keinen zu haben; denn derjenige, welcher sie nicht vor fremden Mächten vertheidiget, ist ihr König nicht.

Handel oder Jahrmärkte.

An allen Orten, wo Gericht und Hebung gehalten wird, wird zu der Zeit auch Handel getrieben. Alsdann ist der rechte große Jahrmarkt in jeder Lappmark, welcher in einigen beynahe ein Paar Wochen währet. Auf diesen Marktplätzen ist jetzo das baare Geld gebräuchlicher geworden, als sonst, da man mehrentheils Waaren gegen Waaren vertauschete. Damian von Goes berichtet, die Lappen hätten ehedem ihre Waaren selbst zu ihren Nachbarn gefahren und sie gegen andere bloß durch Zeichen umgesetzet, ohne ein Wort dabey zu reden. Jetzo haben sie keines von beyden nöthig, sondern ihre Kaufleute kommen von selbst zu ihnen und man behilft sich einer mit des andern Sprache, so gut man kann. Tauschet man gleich noch oft, so handelt man doch auch viel mit baarem Gelde: doch ist ihre Geldrechnung nicht in allen Lappmarken gleich. Sie kaufen von den Schweden insonderheit Salz und Taback, Mehl, wie auch Tuch, Walmar, welches eine Art grobes Tuches ist, Hanf, Kessel, Töpfe, silberne Löffel, Spangen, Gürtel, Ringe, Becher, Beile, Messer, Scheeren, Ochsenhäute, Pulver, Bley, Büchsen oder Flinten, Nadeln, Nesteln, Neheringe, Fingerhüte, Zinn, Schwefel, Wein, Bier, Feigen u. d. g. Dagegen nehmen die Schweden von ihnen, außer allerley Pelzwerke, Rennfleisch, Rennhäute, Käse, Zippelpelze, Stiefel, Schuhe, Handschuhe, Fische u. s. w. Der Preis dieser Waaren verändert sich nach dem Ueberflusse oder Mangel, der Güte oder Beschaffenheit derselben, der Jahreszeit, u. s. f. Inzwischen bekömmt man oft eine Waare aus der zweyten und dritten Hand wohlfeiler, als aus der ersten. Die Güte derselben ändert sich

Handel mit den Schweden im Winter.

a) Ist etwan ein halber Gulden oder zehn Groschen nach schwerem Gelde.

Högströms Beschreibung.

sich auch nach den Himmelsgegenden. So ist z. B. das Grauwerk, je weiter gegen Süden, desto schlechter, die andern Felle dagegen desto schwärzer und besser.

Mit den Norwegern im Sommer.

Dieß ist der Handel, welchen die Lappen im Winter mit den Schweden treiben, die zu ihnen kommen. Im Sommer treibt dieses Volk einen andern in Norwegen. Es verkaufet daselbst Eisen- und Kupfergeräthe, welches von den Schweden gekaufet worden. Sein vornehmster Handel daselbst aber ist mit Rennkäsen und Bastseilen. Das Rauchwerk tauget zu der Zeit nichts, und kömmt also nicht mit in den Handel. Man kaufet von den Norwegern insonderheit Häringe, ingleichen Filz, bisweilen auch Taback, um es in Lappland wieder zu verkaufen. Der Handel geschieht daselbst nicht durch Umsatz, sondern mit baarem Gelde. Man muß es also den Lappen nicht zur Einfalt oder zum Argwohne anrechnen, wenn sie kein ander Geld, als holländische Reichsthaler, von den Schweden annehmen wollen, weil die Norweger kein ander Geld, als solches, und dänische Münze, für gut erkennen.

Innerlicher Handel.

Der innerliche Handel unter den wohlhabenden Leuten des Landes geschieht mit Rennthieren, Käsen, Fleische, Milch und andern Eßwaaren, auch wohl mit Tabacke und dergleichen, welches sie selbst in Vorrathe gekaufet und an andere wieder aushöken. Sie nehmen dagegen andere Waaren, als Häute, Pelze, u. s. w. die sie mit einigem Gewinne an die Schweden verkaufen. Herr Högström versichert, die Lappen seyn sehr falsch und betrüglich in ihrem Handel: er fraget aber, ob ihnen solches in der Natur stecke, oder ob sie es von ihren Nachbarn gelernet haben; eine große Frage, die man den gesitteten Völkern zu entscheiden überläßt. Wenn die Lappen Laster angenommen haben; könnte man sie nicht auch Künste lehren?

Künste und Handwerke.

Herr Högström, welcher von dem Soldatenhandwerke anfängt, als wenn dieses das erste und beste wäre, oder vielleicht weil es am leichtesten ist zu lernen und zu treiben, saget, man sollte wenigstens die Müßiggänger und Landläufer dazu gewöhnen, welche aus Noth oder aus Unbeständigkeit ihr ganzes Leben demselben widmen würden. Die Lappen könnten auch Matrosen, Fabricanten und Bergleute abgeben, und zu Manufacturen gebrauchet werden. Es ist aber schwer, dergleichen in einem Lande an zu legen, welches keine andere Materialien dazu hergeben kann, als Wurzeln und Baumrinden, woraus man Bastseile, Körbe und Schnupftabacksdosen gemacht hat; und eben so schwer wird es seyn, Einwohner, die nur ihr Vaterland lieben, anders wohin zu versetzen. Diese Liebe zum Vaterlande muß zum Theile wohl nur von der Unwissenheit herkommen; weil man sie von Tage zu Tage bey gesitteten Völkern ausarten sieht. Sind die Wissenschaften oder die Regierungen, die Philosophie oder die Politik daran Schuld?

Högströms Beschreibung.

Das X Capitel.

Von den Colonisten in Lappland.

Die Lappen sehen Colonisten nicht gern. Wenn und was für welche dahin kommen. Die Lappen ahmen ihnen nach. Warum es mit dem Feldbaue daselbst nicht recht fort will. Die dahin gebrachten Colonisten schaden. Die Lappen hüten sich, Bergwerke zu entdecken. Lob des Herrn Högströms.

Es ist nicht zu verwundern, daß Europäer ohne Land, ohne Erbtheil, die in der Dürftigkeit geboren oder in Armuth gerathen sind, die von ihren Herren oder ihren Anverwandten, wegen Vorurtheile, Laster oder Verbrechen, verfolget werden, mit einem Worte Landläufer, von denen niemand weis, wer oder woher sie sind, sich mit gutem Willen oder durch Gewalt aus ihrem Vaterlande entfernen, ihr Glück in der neuen Welt zu versuchen. Eine glückliche und fruchtbare, reiche oder angenehme Himmelsgegend scheint sie dahin zu rufen. Was wollte man aber in Lappland suchen? Was für ein unglückliches Schicksal führet die Schweden und die Finnländer dahin, welchen die Natur zu Hause günstiger gewesen war, als sie von ihr in dieser fast unbewohnten Himmelsgegend aufgenommen werden? Alles scheint sie davon zurück zu stoßen.

Die Lappen sehen die Colonisten nicht gern.

Die Lappen wollen in ihrem Lande allein seyn; sie sehen die Fremden nicht gern, welche sie darinnen einschränken und ihnen Zwang anthun. Sie haben die Schweden ihre Gehölze und Weiden abbrennen und Ackerland daraus machen sehen. Dieß richtet die Landeseingeborenen zu Grunde, welche ihre Rennthiere daselbst nicht mehr ernähren können. Sie sehen die wilden Rennthiere von den Colonisten ausrotten und sind selbst gezwungen, ihr Land zu verlassen und die Nachbarschaft dieser ungestümen und beschwerlichen Gäste zu vermeiden, welche nur gekommen sind, ihre Gefilde an sich zu reissen und über sie zu herrschen. „Es ist daher kein Wunder, saget Högström, „daß sich die Lappen an einigen Orten vereinbaret haben, auf alle Weise zu verhindern, „daß nicht zu viel Colonisten bey ihnen zu wohnen kommen, noch sich unter ihnen fest „setzen mögen.“

Wenn und was für welche dahin gekommen.

Allein, ob es den Schweden gleich schwer fällt, sich in einem eisichten Lande zu setzen, wo die Strenge des Winters den Fischfang ungewiß machet, wo die Seen im Sommer nicht stets zeitig genug aufthauen, so giebt es doch Colonisten in Lappland. Dieß sind schwedische und finnische Bauern. Man weis die Zeit eigentlich nicht, wenn diese Colonien angeleget worden. Die älteste aber war 1741 nicht viel über hundert Jahre, und die meisten andern nicht über funfzig. Die Colonisten haben besondere Privilegien, und sind auf gewisse Jahre von aller Schatzung und allen Abgaben an die Krone frey: nachher aber bezahlen sie nur ein geringes Geld von ihren Ländereyen und nichts weiter. Es fehlet daher auch in den südlichen Gegenden nicht an Colonisten. In Asele und Lycksele-Lappmark sind deren eine gute Anzahl, so daß der Gottesdienst den ganzen Sommer über nur im Schwedischen, den Winter aber auch im Lappischen gehalten

 wird.

Högströms Beschreibung.

wird. Auch sind in Lule-Lappmark viele und in Torne-Lappmark noch mehr; ja, in Kimi-Lappmark besteht fast eine ganze Gemeine aus Colonisten.

Die Lappen ahmen ihnen nach.

Das Beyspiel der Schweden und Finnländer, welche in einem unbebaueten Lande Häuser errichtet, das Feld umgearbeitet und gebauet haben, hat auf einige Lappen Eindruck gemacht. Sie haben angefangen, insonderheit in Kimi, dergleichen zu thun. Denn wenn ihnen ihre Rennthiere gestorben, so haben sie sich an den gelegensten Oertern auf ihrem Lande niedergesetzet, Häuser gebauet, Kühe gekaufet und Aecker angeleget, womit sie sich nebst dem Fischfange ernähren. „In Lule-Lappmark, saget Herr „Högström, kenne ich einen Lappen, welcher versuchete, zugleich ein Lappe und auch „ein Colonist zu seyn. Er bauete sich deswegen auf seinem Lande ein Haus, kaufete „Kühe und setzete sein Weib nebst etlichen von seinen Kindern dahin, welche das Feld „bauen und das Vieh warten mußten: er selbst aber wohnete mit seinen übrigen Kin„dern in einem Gezelte und zog mit seinen Rennthieren umher. Unter seinen Kindern „sind jetzt drey Colonisten, die übrigen aber Lappen."

Warum es mit dem Feldbaue daselbst nicht recht fort will.

Ob nun gleich viele von diesen Colonisten ein ziemliches Vermögen haben und in gutem Wohlstande leben, so machen doch die meisten, ungeachtet ihrer großen Privilegien und Vortheile, welche ihnen die Krone zugesteht, ihr Glück eben nicht dabey. Dieses kömmt von verschiedenen Ursachen, welche Herr Högström allhier aufsuchet.

Die erste rühret daher, daß man nicht recht solche Oerter wählet, die sich zum Anbauen schicken. „Man spühret zum öftern, wie ungleich das Wachsthum des Ge„traides in zwoen Dorfschaften ist, die doch ganz nahe bey einander liegen; welches „nicht so wohl von dem Erdreiche, als aus andern Umständen, entsteht, welche verur„sachen, daß eine Gegend der Kälte mehr oder weniger unterworfen ist, als die andere." Es giebt ganz oben in Lappland Gegenden, wo kein Korn erfriert, wenn gleich das ganze Land Kälte und Miswachs empfindt. Dagegen giebt es gegen Süden Oerter, wo keine Aehre von der Kälte unbeschädiget geblieben, da doch in eben dem Jahre kein anderes Feld umher etwas davon gelitten. Weil aber ein Colonist vorher nicht wissen kann, wie der Ort in diesem Stücke beschaffen ist, ehe er solches mit seinem Vortheile oder Schaden erfahren hat, so sieht er auch bey Erwählung desselben nicht darauf, sondern vielmehr, was für Wiesenwachs, Fischerey und Jagd dabey sind. Er bauet also oft ein unfruchtbares Erdreich; und wenn er dann genöthiget ist, seinen Wohnplatz zu verändern, so ist solches ein Aufwand, der ihn oft völlig zu Grunde richtet. „Ich „halte es deswegen für höchstnöthig, saget Högström, wenn die Naturkündiger alle „Ursachen untersuchen wollten, warum das Erdreich an gewissen Stellen der Kälte mehr „unterworfen sey, als anderwärts; imgleichen, welche Stellen es seyn, und wie man sol„ches am leichtesten merken und beobachten könne. Dieses würde vermuthlich großen „Nutzen schaffen, weil man solchen Falls mit der Zeit beobachten könnte, welche Oerter „zu Colonien geschickt wären oder nicht. — — Und weil die Gegenden in Lappland „so verschieden sind, daß man augenscheinlich spühren kann, wie die Saat eher reife, „die Erde im Frühlinge eher trocken werde, und die Bäume eher Laub und Zweige „treiben, als anderer Orten, die unter selbiger Himmelsluft liegen, so würde es sich „der Mühe schon lohnen, wenn dieses alles erforschet würde."

Eine andere Hinderniß ist die Gewohnheit, daß man Beschäfftigungen oder Handthierungen vereinigen will, die nicht neben einander bestehen können. Viele Colonisten legen sich sehr wenig auf den Ackerbau, sondern vornehmlich auf die Jagd und Fischerey, wodurch sie zwar zuweilen reich werden, das Land aber nicht verbessert wird. Ihre Söhne durchstreichen Jahr aus Jahr ein Wälder und Felder, wodurch sie freylich oft einige hundert Thaler Geld für kostbares Rauchwerk verdienen, die Colonie aber verfallen lassen, so daß sie nach dreyßig und mehr Jahren selten besser ist, als sie im Anfange gewesen. Ein so ansehnlicher und geschwinder Gewinn ist eine gefährliche Anreizung, die mehr in die Augen fällt, als der Ertrag von einem beständigen und sauren Feldbaue. Man erwägt aber nicht, daß die Erde die Mühe des Ackermannes beständig, wiewohl langsam, belohnet; und wenn es einem gleich zuweilen glücket, daß er einen Vielfraß, schwarzen Fuchs, oder ein anderes Thier mit einem kostbaren Felle fängt, wofür er acht, zehn und mehr Reichsthaler bekommen kann, so trifft er dergleichen doch nicht immer an, und es vergehen oft wohl hundert Tage, daß er nicht die Kost verdienet. Gleiche Beschaffenheit hat es mit der Fischerey. Man kann einige Zeitlang davon leben: die Colonie aber verfällt. Die Jagd und Fischerey sind die ersten Hülfsmittel des einzelnen Menschen. Wenn er sich aber andere verschaffen kann, so ist es der Müßiggang allein, welcher ihn in diesem Zustande erhält. Högströms Beschreibung.

Die dritte Ursache, daß man den Ackerbau aufgiebt, welcher doch den Grund und die Stütze der Gesellschaft ausmachet, ist die Armuth der Colonisten selbst. „Ich „habe einen solchen gesehen, saget Högström, der sich mit Weib und Kindern von „Lyckfele nach Groß-Uma zwölf Meilen ins Gebirge hinauf begab und sich daselbst in „der Einöde häuslich niederließ. Als er hinauf reisete, so nahm er zwar etliche Kühe „mit sich, hatte aber keinen Scheffel Korn zur Aussaat, und mußte also bloß von Milch „und Fischen leben. Wie man aber auf solche Art sein Glück machen wolle, weis ich „nicht. Denn wenn einer, der von allen Dingen entblößet ist, sich so viel Meilen von „allen andern Leuten hinweg begiebt, so kann er täglich nichts anders thun, als daß er „mit Fischen und Schießen seinen Unterhalt für sich und die Seinigen suchet.“ Dabey muß er darauf denken, wie er unter Dach und Fach komme. Hat er Vieh, so fehlet es ihm an Zeit, eine Wiese an zu legen, und er muß solche Stellen suchen, wo von selbst Gras wächst. Diese natürlichen Wiesen aber sind einige Meilen von einander. Man rechnet es für einen Vortheil, die Arbeit zu ersparen, und es ist auch bey dem ersten Anblicke einer. „Allein, wenn man die Zeit zusammen rechnet, die auf „den weiten Weg gewandt wird, so wird man sehen, daß man sie mit besserm Nutzen „hätte anwenden können, Moräste ein zu deichen, die näher gelegen, wovon man bes„sern Nutzen gehabt, und zugleich der Unbequemlichkeit entübriget seyn können, im „Winter und Sommer so weite Reisen zu thun.“ Wenn der Mensch verbunden ist, zu arbeiten, damit er lebe, so muß er auch leben können, damit er arbeite. Wie viel Leute giebt es, deren Naturgaben verloren gegangen, vernutzet, ersticket sind, weil sie niemals Zeit gehabt haben, solche zu verbessern, da sie verbunden gewesen, zu Tagelöhnerarbeiten eine kostbare Zeit an zu wenden, welche sie weit wichtiger und edler hätten brauchen können!

Da die meisten Colonisten in Lappland keine Wiesen zu unterhalten, noch Korn zum Säen haben, so lassen sie die Felder, die man ihnen zum Anbauen gegeben, bald wieder unbearbeitet liegen. „Es hat mich oft Wunder genommen, saget Högström, „wie einige von diesen Leuten noch haben das Leben hinbringen können; insonderheit,

 „nachdem

Högströms Beschreibung.

„nachdem der Brannteweín verbothen, womit einige vorhin noch etwas von den Lappen „verdienet haben.“ Damit man sie zum Feldbaue aufmuntere, so muß man ihnen Freyheiten und Aufmunterungen zugestehen, doch aber auch Acht haben, daß sie solche nicht misbrauchen. Man müßte sie daher denjenigen wieder nehmen, welche den Ackerbau bey Seite setzeten, ihre Häuser verfallen ließen und bloß von Jagen und Fischen lebeten. Dieß letztere könnte man denjenigen zulassen, welche jährlich bewiesen, daß sie ihre Ländereyen, nach Verhältniß ihrer Leute, mit Aeckern und Wiesen verbessert, und ihr Haus in baulichem Stande erhalten hätten. Alsdann würde man nicht fünf bis sechs verarmete Familien auf einer Colonie sitzen sehen, die nicht mehr Aussaat haben, als da nur einer solche besaß; wofern sie nicht gar noch weniger haben. „Ich habe Colonien gesehen, saget Högström, wo man vier Malter Aussaat hatte, „als nur ein Mann darauf wohnete, aber nur einen, nachdem ihrer viere Besitzer da„von geworden, die den Ackerbau bey Seite gesetzet, und von der Jagd, und wenn sel„bige fehlschlägt, von Milch und Fichtenrinden leben.“

Es soll in Lappland eine Art von wildem Weizen und Roggen geben, welche den Einwohnern zur Nahrung dienen könnte. Diejenigen, welche diese Entdeckung gemacht haben, werden sie vermuthlich nicht mit sich hinsterben lassen. Sie werden die Gegenden anzeigen, wo man dieses Getraide findt. Wenn man nur anfänglich etwas weniges davon erhalten und säen könnte, so würde es gewiß besser fortkommen, als anderes, welches man aus fremden Gegenden bringt, da es der kalten Himmelsluft und des hiesigen Bodens schon gewohnt wäre. Die Zeit und die Arbeit könnten es verbessern; und wenn es auch nicht so gut wäre, als anderes Getraide, so würde es doch stets der Rinde von den Fichtenbäumen vor zu ziehen seyn.

Wenn man Lappland urbar machen will, so muß man keine Einwohner aus den südlichen Gegenden dahin bringen. Man siehet nur Müßiggänger aus solchen kommen, welche bey sich nicht recht haben haushalten können, und es noch vielweniger in einer kältern Gegend zu thun im Stande seyn werden. Die Nordländer und Finnen würden zu diesem großen Unternehmen viel geschickter seyn. „Sie würden auch, saget „Herr Högström, nicht ungeneigt dazu seyn, wenn Gott nur der Krone Schweden „Frieden verliehe, daß sie sich vermehren könnten. Sollte Westbothnien zwanzig oder „dreyzig Jahre lang, anstatt Soldaten in den Krieg zu schicken, aus jedem Kirchspiele „Colonisten nach den nächsten Lappmarken senden können, so würde der Sache am leich„testen geholfen seyn.“ Was für ein Glück würde es seyn, wenn Menschen, die bestimmet sind, angebauete Felder zu verheeren, Wüsteneyen in Ackerfelder verwandelten!

Die dahin gebrachten Colonisten schaden.

Allein, auf was für einen Grund kann man so süße Hoffnungen bauen? Die Colonisten, welche man heute zu Tage nach Lappland versetzet, schaden daselbst mehr, als daß sie zu dessen Wohlfahrt dienen sollten. Einige sind viel lasterhafter und nicht so nützlich, als die Lappen; sie beschäfftigen sich weder mit dem Ackerbaue, noch mit der Handlung. Die wilden Einwohner des Landes liefern doch wenigstens Pelzwerk, wovon viele Arbeiter ihre Nahrung haben, die Kaufleute ihren Nutzen ziehen und die öffentlichen Einkünfte durch den Zoll davon vermehret werden. Kurz, es haben die meisten von allen denen Nationen, die sich in Lappland als Colonisten niedergelassen, als Schweden, Deutsche und Finnen, nur ihre Laster dahin gebracht und von den Lappen nichts, als ihre Fehler, angenommen. Sie tragen nichts zur Beförderung des Christenthu-

Menschlichkeit bey, sondern entfernen die Lappen vielmehr durch ihr ärgerliches Leben davon, welches weit ungebundener ist, als es in ihrer Hauptstadt seyn würde, wo die Gesetze wenigstens ihren Leidenschaften einen Zügel anlegen. „Ob man sonst ein Volk, „saget der eifrige Prediger, das durch ungezähmte Freyheit gewohnt worden, ohne „Gesetz zu leben, zu guten Bürgern machen könne, gebühret mir nicht, zu beurtheilen. „Daß es aber schwer falle, gute Christen daraus zu machen, muß ich wider meinen „Willen bezeugen.“ Högströms Beschreibung.

Was Bartholomäus de las Casas mit Abscheue von der Aufführung der Spanier gegen die Indianer sagete, das wirft Högström zum Theile auch den schwedischen Colonisten vor; in so weit man die Wildheit des Fanatismus und des Geizes, die durch einander angeflammet worden, mit der Härte vergleichen kann, welche ein freygebornes und großmüthiges Volk in einem armen Lande über ein furchtsames Volk ausüben kann. Nein, niemals werden die nordischen Nationen an Tyranney, an Grausamkeit den südlichen gleich kommen. Es scheint, daß die Sonne, welche der Erde alle Schätze ihrer Wohlthätigkeit in den südlichen Landschaften verschwenderisch mittheilet, daselbst nur die Wuth dem Innersten des Herzens eingiebt. Daselbst werden Menschen und Thiere blutgierig und gefräßig geboren. Die Liebe selbst verstöret allda; und bringt nur hervor, um zu entvölkern. Wenn der Mensch nicht so fruchtbar, so mächtig und stark in Norden ist, so ist er auch dem Menschen nicht so feind. Sein Ehrgeiz, welcher nicht so viel Gegenstände, noch so viel Stacheln hat, ist weit gemäßigter und wird nicht so gereizet. Wer sollte es wohl glauben? Der Hunger bringt daselbst weniger Verbrechen hervor, als anderswo der Durst nach Golde.

Indessen ist doch die Entdeckung der Bergwerke daselbst den Einwohnern kläglich. Es scheint, man könne keine Erztader eröffnen, ohne Menschenblut dabey zu vergießen. Die Lappen beklagen sich, die Schweden hätten sie bey Förderung des Eisenerztes, Kupfer- und Silbererztes mit Gewalt und übermäßig wider Gewissen und Billigkeit arbeiten lassen; und nachdem man sie genöthiget, das Erzt so weit zu verfahren, als man gewollt, so hätte man ihnen dafür gegeben, was man gewollt. Sie haben sich daher an einigen Orten einmüthig verbunden, nicht nur selbst keine Erztadern zu suchen, sondern auch andere auf alle Weise ab zu halten, daß sie dergleichen nicht den Schweden entdeckten. „Man hat so gar in einer ganzen Dorfschaft einem gewissen Lappen, der „ein reiches Silbererzt entdecket hatte, von jeder Haushaltung ein Rennthier gegeben, „damit er solches wieder von sich ablehnen möchte, welches dieser auch zu bewerkstelli- „gen gewußt. Sonst pflegen sie in dergleichen Fällen mehr Bedrohungen, als gute „Worte, gegen diejenigen zu gebrauchen, die von Zeit zu Zeit schöne Proben von aller- „ley Erzte aufgewiesen. Daher ist es denn geschehen, daß man sich mehr, als ein- „mal, betrogen gesehen, wenn man mit ihnen da hingehen wollen, wo sie solche gefunden. „Wollte man demnach solche Werke befördern, so müßte man ihnen zeigen, daß man „dadurch nicht ihren Untergang suchete, sondern ihnen nach wie vor ihre Freyheit im „Lande, in den Wäldern und Gewässern ließe. Sie würden alsdann endlich selbst den „Nutzen erkennen, der ihnen und dem gemeinen Wesen dadurch zuwüchse.“ Zum Schlusse saget der Verfasser noch: „Sollten mit der Zeit Bergwerke entdecket und in „Gang gebracht werden, so würde der Bergmann und der Lappe einander gute Dienste Die Lappen hüten sich Bergwerke zu entdecken.

leisten

Högströms Beschreibung. „leisten können, ohne einander Eintrag zu thun, so lange sie beyderseits Recht und „Billigkeit vor Augen hätten.“

Lob des Herrn Högströms. So ist des Herrn Högströms Werk beschaffen. Dieser Prediger beschäfftiget sich mit dem Leben und Unterhalte der Menschen, damit er an dem Heile der Seelen desto besser arbeiten könne. Er machet sich seinem Vaterlande und dem Volke nützlich, dessen Seelsorge man ihm anvertrauet hat. Er hat nicht das Fanatische, wie die herrnhutischen Missionarien, die sich mit ihm zu einerley Religion bekennen. Er ist ein rechtschaffener Mann, welcher im Namen des Himmels die Sprache der Menschheit redet; welcher, wie der Gott, dem er dienet, die Menschen liebet, ihnen den Frieden einpräget, und sie durch die Liebe zur Arbeit von dem Laster entfernen will. Wenn noch etwas an der Beschreibung fehlet, die er von Lappland giebt, so ist die Reise, die man auf sein Werk folgen läßt, fähig, solches zu ersetzen. Nichts kann die patriotischen Absichten eines frommen Predigers besser unterstützen, als die ökonomischen Beobachtungen eines Mitgliedes der Akademie der Wissenschaften. Glücklich ist die Nation, deren Gelehrte insgesammt zusammen treten, sie zu erleuchten! Durch ihre Einsichten regieret man sie; alsdann sind ihre Gesetze stets ihr Wille.

Ehrenmalm. 1741.

Arwid Ehrenmalms

Reise

durch Westnordland nach der Lappmark Asele

im Brachmonate 1741.

Einleitung. Land um Upsala. Gestrikeland. Beschreibung der Stadt Gefle. Lob der Bauern in Nordland. Helsingeland. Feldbau daselbst. Leinewandsfabrike zu Flors. Beschreibung der Stadt Söderhamn. Merkwürdige Orgel daselbst. Handel durch Tauschen in Nordland. Monopolium der Kaufleute gegen die Bauern. Medelpad. Beschreibung der Stadt Sundswall. Beschaffenheit des Erdreiches in Medelpad. Angermannland. Beschreibung der Stadt Hernösand. Fluß Angermanna nebst den umliegenden Gegenden. Beschwerliche Reise über Wasser und Land. Lappmark Asele. Deren Einwohner und ihre Häuser. Gute Kühe. Ursachen der Nachtfröste im Sommer in Nordland. Muthmaßung davon. Knort, eine Art Mücken. Alte Tannenbäume. Abneigung der Lappen von dem Christenthume. Kähne der Lappen. Vergleichung des Flusses Angermann mit dem Nil. Wälder werden abgebrannt. Beschaffenheit der Seen. Bäume und Stauden hinter dem See Malgomal. Gebirge Rödfiäll. Wie die Moräste um den Bergen könnten genutzet werden. Aussicht der Seen und Gebirge. Beschaffenheit der Gebirge. Nebel von den Spitzen derselben. Muthmaßliche Höhe derselben. Kurze Vorstellung der Sitten und Gebräuche der Lappen. Gedörrte Milch. Beschreibung des Rathfisches. Nothwendigkeit des Brannteweines bey den Lappen. Ihre Heurathen. Ihre Erziehung der Kinder. Ihr Charakter; ihre starke Einbildungskraft. Ihre Abgaben. Betrachtung des Verfassers; des Herausgebers.

Dieses aus dem Schwedischen übersetzete Werk ist für die Franzosen ganz neu[r]), und die Uebersetzung desselben der allgemeinen Historie der Reisen gewiedmet. Es wird unsere Kenntniß von einem Lande erweitern, welches fruchtbar und wüste ist, aber nahe genug bey unsern gesitteten Staaten liegt, den Anblick der Leser zu verdienen. Wenn jemals ein Einfall in Europa geschehen sollte, so würde er, wir dürfen nicht daran zweifeln, von denen Gegenden kommen, die wir heute zu Tage verachten. Die ärmsten Völker erwarten nur einen starken Stoß, eine offene Thüre nach Europa, um von allen Seiten dahin zu stürzen; und vielleicht werden die Nordländer ihre Rolle bey dieser großen Staatsveränderung spielen. Man trotzet ihr von Ferne als einem Hirngespinnste; weil die Geschichte einerley. Einleitung.

r) Wir können dieses von den Deutschen nicht sagen. Sie haben solches schon seit 1748 in ihrer Muttersprache lesen können, da es bey Högströms Beschreibung des der Krone Schweden gehörenden Lapplandes befindlich ist, welche in gedachtem Jahre zu Kopenhagen deutsch herausgekommen.

Ehrenmalm. 1741.

ley Begebenheit nicht zweymal zeiget; und weil das Vergangene, saget man, gar kein Beyspiel ist, welches die gegenwärtige Zeit erschrecken sollte, sondern Gegentheils vielmehr der Bürge für unsere Sicherheit ist. So sehr ändert der Unterschied der Zeiten und Umstände die Ordnung der Ursachen und Wirkungen. Man verläßt sich auf die politischen Verbindungen von Europa, die allen ihren Mächten durch einander das Gleichgewicht halten; welche das Vermögen, die Einbrüche vorher zu sehen, und die Zeit, denselben vor zu beugen, geben. Man setzet ein Vertrauen auf das Wachsthum der Kriegeskunst, auf die Sicherheit der Festungen, auf die unerschöpflichen Hülfsmittel des Feuergewehres, auf das Geld, welches die zahlreichen Kriegesheere machet, auf die Menge der Staaten, welche gegenseitig ihre Unternehmungen hindern, und deren einer des andern Marsch verzögert, und auf den Handel endlich, welcher das Beste und die Bedürfnisse des einen und andern vermehret und unter einander menget, und dadurch diejenige unruhige und wüthende Wirksamkeit der Menschen, welche sie sonst zum Kriege trieb, auf die Arbeit und den Fleiß wendet.

Ist aber die Erfindung des Feuergewehres nicht den nordischen Völkern günstig, welchen die Natur das Eisen gegeben hat, die Erde zu erobern? Halten die Festungen, welche vor einer Ueberrumpelung verwahren können, wider den Hunger und die Verheerung aus, womit man sie leicht umringen kann? Giebt das Geld, womit man die Truppen bezahlet, ihnen auch Herzhaftigkeit? Wenn es zur Vertheidigung dienet, ist es nicht auch eine Anreizung zum Angriffe? Laden nicht alle Reichthümer der neuen Welt, welche in drey bis vier europäischen Flüssen fließen, die Einwohner in Norden ein, nach Süden zu kommen? Können die Verbindungen der Mächte nicht die Staatsveränderung beschleunigen, welcher sie vor zu beugen bestimmet sind? Sollte das Uebergewicht einer dieser nordischen Verbindungen nicht den Fall und die Umkehrung des Gleichgewichtes nach sich ziehen? Würde sich wohl nicht jedes kleine Mitglied bald zu dem größten, zu dem stärksten gesellen, um den Untergang des ganzen Körpers zu befördern? Zeiget der Handel nicht den Weg zur Eroberung; giebt er nicht die Versuchung dazu ein? Was brauchet es anders, als ein zehnjähriger Krieg in Europa, die reichsten Mächte in America um ihre Colonien zu bringen? Wer versichert einen, daß diese, bey der geringsten Erschütterung ihrer Hauptstadt, nicht die Herrschaft abschütteln würden, welche sie unterdrücket? Wozu dienet die Handlung der beyden Indien, als vielleicht durch eben die Reichthümer, die sie giebt, die Völker zu unterdrücken, die sich ihrer mit Ausschließung aller andern bemächtiget haben? Die nordischen Nationen würden mit Kräften, die nicht zerstreuet werden, kommen und auf unsere südlichen Länder fallen. Sie stehen dem Einfalle durch den Weg der beyden Meere offen, welcher heute zu Tage der Weg zu allen Ländern ist; durch die Weichlichkeit der einzigen Einwohner, welche den Nutzen ohne die Stärke haben, den Staat zu vertheidigen, durch das Elend der einzigen Einwohner, welche die Stärke ohne den Nutzen haben, ihn zu vertheidigen.

Wir,

a) Da der französische Herausgeber seine Gedanken mit des Verfassers seinen oft so verwebet hat, daß man sie schwerlich von einander unterscheiden kann; da er ihn auch oft ganz etwas anders denken und sagen läßt, als er gedacht und gesaget hat; ja, da er ihn vielfältig unrecht verstanden hat: so hat man geglaubet, es würde unserm Leser angenehmer und nützlicher seyn, wenn man sich an

Ehrensmalm. 1741.

Wie, da Rom alle Reichthümer Asiens und alle Macht Europens, eine einzige Kriegeszucht, eine durch die Eroberung der Welt im Kriege geübete Nation, Völker, welche es erleuchtet und gesittet gemacht hatte, Gesetze, Künste, Einsichten, und Glückseligkeiten besaß, welche die Ausdehnung seiner Herrschaft beliebt machen sollten: so verlor es in eben diesem Augenblicke alles; so sah es alles unter seinen Füßen zerfallen; so entrissen ihm in weniger als zweyhundert Jahren die Barbarn alle seine abendländischen Eroberungen; so kamen sie vor seine Thore, stürzeten sein Reich um, zernichteten seine Macht! Und man darf noch hoffen, daß bey allen seinen Fehlern und bey wenigern Hülfsmitteln, ohne den Geist der Einigkeit und patriotischen Liebe unter den vornehmsten Familien einer jeden Nation, welche alle durch die Knechtschaft der Höfe niedergedrücket oder bestochen sind; ohne politische Verbindung unter den Völkern, welche eins um das andere Feinde und Bundesverwandte sind, weder das Beste noch die Empfindungen kennen, welche sie einander näher bringen oder von einander trennen sollen; ohne eine Ergebenheit gegen ein Land, worinnen die Soldaten, die es vertheidigen, nichts besitzen, wo alle erste Hauptbande der Gesellschaft durch die ungebundenen Sitten und durch die klägliche Nothwendigkeit eines ehelosen Lebens, welches der Pracht gebeut, wenn es die Natur verbannet, locker gemacht sind; darf man in einem solchen Zustande noch hoffen, daß die wilden nordischen Nationen, es sey nun aus der Tatarey, aus Rußland oder Finnland, sich nicht unterstehen oder auch nicht vermögend seyn werden, etwas zu versuchen? Schlafet nur in der Sorglosigkeit, zur Sclaverey geborene Völker: es liegt euch wenig daran, in welchen Händen eure Ketten sind.

Indessen wollen wir müßige Betrachter, die wir nur denken und nicht handeln können, die Erde studieren; wir, welche der Anblick des Lasters und des Vaterlandes sehr stark gegen die dem Ansehen nach traurigen, aber für die Seele tröstlichen Länder forttreibt, wir wollen einem erleuchteten Reisenden folgen, welcher in den Trümmern und in den Wüsten der Natur die Spuren und die Hoffnung der Geselligkeit suchet. Er ist ein Mitglied der Academie der Wissenschaften zu Stockholm, welcher Länder besuchet hat, wo die Freyheit, die in seinem Vaterlande herrschet, den Feldbau entstehen lassen, und die Fehler der Himmelsgegend verbessern könnte. Diese Reise wird nicht die am wenigsten lehrreiche in diesem Bande, noch auch in der ganzen Sammlung seyn. Wir wollen den Reisenden selbst reden lassen, und uns nur erlauben, einige Betrachtungen hinzu zu fügen, und sie unter diejenigen zu mischen, womit er seinen Aufsatz verschönert hat [a]).

Da ich diese Reise mit Genehmhaltung der königlichen Akademie der Wissenschaften angetreten, so ist meine Schuldigkeit, die wenigen Anmerkungen, die ich auf solcher gemacht, als ein Dankopfer heraus zu geben. Ist etwas Gutes darinnen, so ist solches eine geringe Frucht des vielen Guten, welches sie ausgesäet hat: ist hingegen ein Fehler oder Mangel daran, so ist es meine Schuld. Ehe ich aber Asele-Lappmark

a) Ehrenmalms Aufsätze selbst hielte, alle Betrachtungen, zufällige Anmerkungen und gute Gedanken, so wohl des Schweden, als des Franzosen, wegließe, und nicht, wie wir auch bey Cranzens Beschreibung von Grönland, und Högströms von Lappland gethan haben, eine Uebersetzung aus einer Uebersetzung lieferte.

Ehrenmalm 1741. mark beschreibe, welches mein eigentlicher Zweck ist, will ich kürzlich von der Lage und Beschaffenheit des Landes reden, das ich nebst meinem Reisegefährten, dem Freyherrn Karl Wilhelm Cederhielm durchgereiset.

Ich will nichts von dem Fleiße sagen, den man in den ältern Zeiten angewandt hat, den Weg von Flöttsund nach Upsala zu bahnen, welcher drey Viertheilmeile an der südlichen Seite und eben so weit an der nordöstlichen durch das Kirchspiel Waksala, imgleichen auch so weit an der nordwestlichen Alt-Upsala vorbey geht, wo er so schnurgerade angeleget ist, daß man ihn fast ganz zu Ende sehen kann.

Land um Upsala. Das Feld von Upsala an, bis man die Gasthöfe Högsta und Låby vorbey kömmt, ist überall gut und fruchtbar, zuweilen sandig, jedoch meistentheils Leim und schwarze Erde, nicht nur wo es gebauet und geackert, sondern auch, wo es zur Weide und Wiesen umzäumet ist. Ich schließe solches daraus, weil es ohne Gehölze mit kleinen Wachholdersträuchen bewachsen ist, welches erfahrene Hauswirthe für ein Zeichen guter und fetter Erde halten. Es sind auch die meisten Aecker in dieser Gegend bey Menschengedenken nicht gedünget worden, und werden über dieses schlecht genug gebauet; gleichwohl tragen sie gute und ziemlich reiche Früchte. Was zur Weide eingehäget ist, wie auch die Wiesen zum Theile haben Torf, welcher wohl der Mühe werth wäre, gestochen zu werden. Um die Zäune könnte man Bäume pflanzen, die nicht nur dem Viehe zum Schirme wider die Sonnenhitze, sondern auch zum Brennen und zu Zäunen dienen könnten; denn jetzo müssen die Bauern ihr Bau- und Brennholz und was sie zu anderer Nothdurft brauchen, aus weit entlegenen Wäldern holen. Allein, die upländischen Bauern achten solche gute Haushaltung wenig oder gar nicht. Wenn man indessen alles fruchtbare Feld recht bauete, und alle natürliche Vortheile, welche Schweden besitzt, zum Nutzen anwendete, so würde solches nach vieler Meynung nützlicher und nicht so gefährlich seyn, als die Eroberung vieler auswärtigen Länder.

Jenseits der Kirche Biörklinge nach Låby zwischen Låby und Oeffre, auch wenn man über das Tiärpser Gehäge nach dem Walde kömmt, wo der Weg abwärts den Gasthof Mehede vorbey geht, fast bis Gefle, ist das meiste Feld sandicht und mit Tannen bewachsen, daher unnütz und unfruchtbar. Doch liegen da herum viele Dörfer, welche gute und fruchtbare Felder haben. Die schwarze Erde ist daselbst an einigen Orten über dem Sande so dünne, daß das Abbrennen, welches hier zu Lande gebräuchlich ist, mehr Schaden als Vortheil bringen würde. Am Wege steht junges Tannengehölz, welches mit der Zeit, wenn es Friede hätte, zu allerley Dingen könnte gebrauchet werden.

Wie keine menschliche Seele so ungeschickt und untüchtig ist, daß sie nicht zu etwas könnte gebrauchet werden, wenn sich nur die Kunst nach der Natur richtet und in ihre Schwäche schicket: so ist es auch mit dem Erdreiche. Hier haben verständige Ackersleute so wohl in den ältern, als neuern Zeiten, die Höhen zu Wäldern liegen lassen, das flache Feld aber zu Aeckern und Wiesen angebauet. Diese haben an verschiedenen Orten guten Grund von sandichtem Erdreiche, welches gedünget wird, imgleichen Leimen und Sand mit einander vermenget, auch leimichte Erde allein, woraus ich schließe, daß dieses sandichte Erdreich unten auch leimicht sey, wie man es in den Thälern bald mehr, bald weniger sieht.

Bey

Bey der Kirche Elf-Carleby, drittehalb Meilen diesseits Gefle, fuhren wir über den Thalfluß, (Dal-Elfven), der aus den Thälern (Dalarne) kömmt und vor der Fabrike Avesta vorbey fließt. Nahe bey der Ueberfahrt besahen wir einen Wasserfall, welcher der größte auf diesem Flusse seyn soll und von folgender Beschaffenheit ist. Zwo in dem Flusse liegende Inseln theilen denselben in drey Arme, welche zween Fälle haben, wovon der an der östlichen Seite jäh und drey bis vier Faden tief ist. Die Heftigkeit des Falles wird durch vier Klippen vermehret, deren eine groß, die andern aber kleiner sind. An der westlichen Seite der Insel ist der Fall nicht so heftig, indem er nicht so jäh hinabgeht: der weiteste Fall gegen Westen aber ist gar nicht jäh und die beyden letztern sind bisweilen ganz trocken. Ehrenmalm. 1741.

Die hohen Ufer unterhalb dieser Fälle, so wie auch einige Berge in dem Flusse, haben fünf bis sechs Ellen tiefen Sand und unten festen Leimgrund. Es reißt aber die jährliche Frühlingsfluth solche mehr und mehr weg und treibt den Sand zu losen Bänken in dem Strome zusammen, die nicht stets an einem Orte fest liegen, sondern das eine Jahr hier, das andere dort sind. Zur Vermehrung solcher Sandbänke trägt es viel bey, daß die Ufer hier sandig sind, und die Frühlingsfluth sie also, vornehmlich wenn sie starkes Eis mit sich führet, desto mehr losreissen und wegspühlen kann. Hierdurch ist schon vieler Schaden geschehen und geschieht noch, indem nicht nur die fruchtbaren Aecker und Felder an der Seite weggerissen, sondern auch der Strom ausgefüllet werden. Man könnte aber demselben abhelfen, wenn man zu der Zeit, da der Strom am niedrigsten ist, die Ufer abgrübe und Weidenbäume daran pflanzete, welche verhindern könnten, daß die Ufer nicht beschädiget und weggerissen würden. Außer diesem Nutzen würden auch die in dem Strome liegenden Sandbänke von demselben weggeschwemmet und er dadurch desto leichter floß- und schiffbar gemacht werden. Man findt in diesem Flusse außer andern Flußfischen einige Lachse und viele Neunaugen.

Es würde vielleicht nützlich seyn, den unter dem Sande liegenden fetten Lehm zu nehmen und ihn mit dem Sande auf den Aeckern zu vermengen. Dieses könnte die Aecker sehr verbessern, daß sie häufigere Frucht brächten, als sich die Ackersleute bisher, sonderlich bey trockenen Sommern zu erfreuen gehabt haben. Er liegt zwar an vielen Orten tiefer, als daß es der Mühe werth wäre, ihn auf zu graben: doch glaube ich auch, daß er an vielen andern so hoch liege, daß ein fleißiger Ackersmann guten Nutzen davon haben würde, wenn er solches unternähme.

Von Elf-Carleby weiter fort bis nach der Stadt Gefle ist das Feld ganz steinicht; insonderheit bey der Fabrike Arnas, wo sich Upland endiget und Gestrikeland anfängt. Man kann den unverdrossenen Fleiß und die große Mühe derjenigen nicht genug bewundern, die den Weg so eben gemacht haben, als er jetzt ist. Moräste und Sümpfe sind dazu ausgefüllet worden, und an den Seiten des Weges liegen große Steinhaufen, als hohe Mauern, ihn zu stützen. Gestrikeland.

Die Stadt Gefle ist nicht sonderlich groß in ihrem Umfange, aber sehr dicht bebauet. Die Gassen sind ungleich, indem die eine gerade, die andere krumm angeleget ist. Die Häuser daselbst sind mehrentheils halb von Steinen und halb von Holze. Ein Reisender kann unmöglich wissen, wo der Markt ist, wofern er nicht fraget; so uneben und unordentlich sieht solcher aus. Sonst hat diese Stadt viele Vortheile theils Beschreibung der Stadt Gefle.

Ehrenmalm. 1741. von Natur, theils durch Fleiß und Arbeit erhalten. Sie ist wohlgelegen, und es geht ein kleiner Fluß hindurch, auf welchem alles, was nach dem Ladeplatze gebracht werden soll, gemächlich in Boote aus der Stadt dahin geführet werden kann. Die See ist nur eine halbe Meile davon, und von ihr geht eine Bay bis an die Stadt, so daß ihre Fahrzeuge nicht weiter zwischen den so genannten Schären segeln dürfen, und keine Gefahr von den Klippen zu befürchten haben, deren sonst fast alle Schären voll sind. Der Haven ist zwar nicht so vortheilhaft, daß man gleich bey der Stadt Anker werfen, und große Schiffe ein- und ausladen könne: es ist aber auch die Fahrt von den in der Stadt an dem Flusse gelegenen Seebuden nicht so weit oder unbequem. Damit solche desto leichter werde, so hat man vor einigen Jahren einen Schlammprahmen gebauet, der mit Nutzen gebrauchet wird. Die Stadt ist volkreich, und die Einwohner wohlhabend. Die Vornehmen treiben Handlung und haben Fabriken, wodurch sie den Geringern Arbeit und Verdienst verschaffen. Weil der Ort nicht nur an der See, sondern auch nahe am Gebirge liegt, und die Stapelgerechtigkeit hat, so ist er dadurch in Flor und Aufnahme gekommen, und hat den Bergämtern, durch seinen in- und ausländischen Handel mit Verlage und Absatze zu Statten kommen können. In den neuern Zeiten haben die Manufacturen daselbst merklich zugenommen. Es ist ein großes Ziegelwerk allda, welches vom Wasser getrieben wird, eine Zuckerraffinerie nahe an der Stadt und eine große Tabackspinnerey in dem Bezirke derselben. Man hat auch besondere Neh- und Spinnschulen, worinnen vornehmer Leute Kinder so wohl zu ihrem eigenen Nutzen, als den geringern mit gutem Beyspiele vor zu gehen, unterwiesen werden; welche letztern in diesen Lehrhäusern die Kunst erlernen, die ihnen mit der Zeit ihr reichliches Brod schaffen soll.

Ich kann meine innigliche Freude über die Anlegung der Spinnschulen an diesem Orte nicht bergen, weil der angeborene Fleiß der Frauenspersonen, die Menge des Flachses, welcher daselbst wächst, und der billige Preis der Eßwaaren die gewisse Hoffnung geben, daß solche mit gutem Nutzen ihren Fortgang haben werden. Dieß kann nicht fehlen, wenn dergleichen Einrichtungen an solchen Orten gemacht werden, wo nicht nur die rohe Materie wächst, sondern auch Wachsthum und Samen zu vermehren stehen. Bey der Zuckerraffinerie findt zwar diese Anmerkung nicht Statt, weil noch kein Zuckerrohr in Schweden wächst: es ist aber doch genug gewonnen, wenn durch Verbesserung und Zubereitung dieser Waare wöchentlich von mehr als fünftausend Pfund Hutzucker, der Verleger bereichert und viele Arme gelohnet und ernähret werden. Da man bey der ersten Einrichtung dieses Werkes für vier und zwanzig bis dreyßigtausend Thaler Kupfermünze Zuckerformen von Fremden hat kaufen müssen, so wird solches witzigen Landleuten Anlaß geben, solchen Thon auf zu suchen, als dazu erfordert wird, und das Geld dadurch im Lande zu behalten.

Die Lage der Stadt an der See hat auch vielen Einwohnern Anlaß gegeben, sich und vielen auf dem Lande Nahrung von Fischen aus der See zu verschaffen, so daß die Fischerinnung in dieser Stadt beynahe zwey Drittheile der sämmtlichen Bürger ausmachet. An einigen Orten außerhalb der Stadt findt man eine Art grauer und schwarzer Steine, welche gebrochen und in große Schiefer gespalten werden. Man brauchet sie jetzt aber nur noch bloß, die Gassen zu pflastern.

In

In Gefle ist noch ein kleines Gymnasium, woran sechs Lehrer stehen, und eine Trivialschule, welche beyde unter das Consistorium zu Upsala gehören. Hier ist auch der Sitz des Landhauptmanns von Westnordland, welches Gestrikeland, Helsingeland, Medelpad, Jemteland und Angermanland unter sich begreift. Ehemals ist hier ein kleines befestigtes Schloß gewesen, welches der Geldmangel im Reiche nicht wieder hat aufbauen lassen. Es wäre aber zu wünschen, daß es der Stadt zur Sicherheit und zur Beschützung wider alle feindliche Anfälle wiederum errichtet würde. Ehrenmalm. 1741.

Die Bauern in Gestrikeland sind mehrentheils wohlhabend und besitzen nach ihrer Art ziemlich wohl gebauete Häuser. Fast in ganz Nordland sind die Stuben und Kammern inwendig gemalet. Die Leute sind so wohl in ihrem, obgleich schlechten, Essen, als auch in ihrer Kleidung reinlich, gegen Fremde sehr dienstfertig, frohes Muthes, arbeitsamer, gesünder, stärker und geschickter, als die in den südlichen Gegenden. Der Bauch ist nicht dieser Leute Gott; denn außer etwas Käse und Butter sind ihre Gerichte nicht sonderlich und ihr Brod ist meist von Sommerkorne, als Gersten und Haber; weil hier weniger Roggen gesäet wird, als in den südlichen Gegenden, und noch immer weniger, je weiter man gegen Norden kömmt. Untreu und Dieberey sind ihnen unbekannte Laster. Ein Reisender brauchet kein Schloß vor seinem Kuffer, und wer daselbst wohnhaft ist, kein Gehäge um seine Güter. Die nothwendige Folge dieser Laster, das Betteln, ist sehr selten. Der Faule erwecket bey Niemanden Mitleiden: Alter und Gebrechlichkeit aber dürfen nicht erst Freunde und Bekannte um Hülfe bitten: sie erzeigen solche ungebethen und der eine trägt des andern Last. Das Lügen ist daselbst eben so fremd, und es darf niemand zur Bekräftigung der Wahrheit den Vater der Lügen anrufen. Man höret keine eidliche Bestärkung einer Sache von Leuten, welche wissen, daß sie Redlichkeit genug besitzen, ohne dieß geglaubet zu werden. Eine andere Frucht der Liebe zur Wahrheit ist, daß die Heucheley hier nicht die Tugenden der Alten, noch die Gemüther der Jungen verderbet. Man schminket das Laster nicht mit der Farbe der Tugend. Lob der Bauern in Nordland.

Die Landleute sind gute Ackersleute und zeigen in der That, daß sie die Regel des Landwesens verstehen, daß die Wiese des Ackers Mutter sey. Damit die Wiesen daselbst gutes Gras geben mögen, so pflüget man jährlich ein Stück Wiese zu Ackerland, worauf das erste Jahr ohne einige Düngung Flachs, das andere aber Gersten oder Gemangkorn gesäet wird. Den folgenden Winter führet man Mist, insonderheit Pferdemist, darauf; und nachdem selbiger wohl durchgearbeitet worden, so säet man im Frühlinge Haber darein. Wenn solcher nun abgemähet ist, so läßt man es zu Wiesewachse liegen. Die Saat bezahlet dem Arbeiter seine Mühe, und hernach wird die Düngung sechs bis acht Jahr lang durch häufiges und fettes Gras und Heu bezahlet. Auf diesen Wiesen, deren ein jeder Landmann die seinigen besonders abgetheilet und umzäunet hat, hat auch ein jeder seine besondere Heuscheunen. Selten sieht man die Aecker in einem Felde beysammen liegen, sondern alles Stückweise, nachdem das Land frey von Steinen und fruchtbar ist; oder wie ein jeder ein Stück zu seinem Nutzen anbauen und beackern kann; wobey man insonderheit nach Lehmgrunde sieht. Vor dem Pfluge werden hier insgemein Pferde, niemals aber Ochsen, gebrauchet.

Wären hier mehr Leute, so könnte auch mehr Land urbar gemacht werden; denn ich sah viel Stellen, die zu Aeckern geschickt waren, viele sumpfichte Oerter, deren

zwar

Ehrenmalm. 1741. zwar einige zu Wiesen zubereitet werden, die meisten aber wüste lagen. Gleichwohl würde es nicht so bebauet werden können, als Upland. Denn ein großer Theil des Feldes besteht aus unfruchtbarem und sehr steinichtem Sandlande, worüber auf den Höhen selten mehr, als eines Daumes dick, gute Erde liegt, so daß schwerlich so viel Wiesewachs zu hoffen ist, daß es sich der Mühe lohnen würde, die Wälder aus zu roden. Ich glaube aber doch, weil wir vieler Orten Thäler fanden, wo nicht nur viel, wiewohl grobes, Gras wuchs, sondern auch frische Erlen, Birken und andere Bäume nebst Weidenbüschen stunden, so würden diese Oerter wohl nützlicher und einträglicher zu machen seyn.

Die Einwohner verdienen ihren Unterhalt und ihre Ausgaben theils mit ihrem Ackerbaue und Kornhandel nebst der Fischerey, theils durch die Viehzucht, wovon sie Butter und Käse verkaufen; theils auch durch Fuhrwerk bey den Manufacturen und Bergwerken: am meisten aber durch den Flachsbau, welcher ihre fleißigen Weibesleute in den Stand setzet, ziemlich feine und doch starke Leinewand zu weben. In Westnordland wird auch an vielen Orten Hanf gesäet, woraus Segeltuch verfertiget wird, welches zwar nicht so dicht und fest ist, als das stockholmische, aber doch zu Segeln auf ihren Schiffen, zu Zelten und Säcken dienen kann.

Weil sich die Bauern hier stark auf die Viehzucht legen, so haben sie sich eine Art Vieh angeschaffet, das zwar nicht groß ist, aber doch viel Milch giebt. Sie haben solches nicht erst von andern Orten verschrieben, sondern durch das gute Futter und die fleissige Wartung bekommen. Ihr Heu ist im Winter sehr fett und das Stroh von der Frühlingssaat besser, als Roggenstroh. Im Sommer sammlen sie eine Menge Laub von Birken, Erlen, Weiden und andern Bäumen, welches sie trocknen, im Winter mit Spreue vermengen, in warmes Wasser rühren und dem Viehe zu saufen geben, wozu sie in allen Ställen beständig große Kübel stehen haben.

Kein Bauer läßt des Sommers sein Vieh auf sein Land gehen und da *grasen*, sondern hebt alles Gras davon zu Winterfutter auf. Weil aber die Ländereyen weitläuftig sind, so hat man im Felde, nach Bedürfniß des Eigenthümers, eine oder mehr so genannte Viehbuden angeleget, wo das Vieh den ganzen Sommer über geht und geweidet wird. Eine solche Viehbude ist ein Stall nebst einer oder mehr Kammern, worinnen die Leute wohnen und ihre Milch, Butter und Käse verwahren. Sie sind im Walde bey einem solchen Felde gebauet, wo gutes Futter wächst, und welches man nach gerade zu Gärten, Wiesen oder auch zu Aeckern einrichtet. Das Vieh wird im Sommer dahin getrieben und geht des Tages über im Grase, des Nachts aber steht es entweder auf den Wiesen, die man mit der Zeit zu Brachlande machen will, oder auch in den Ställen, damit man den Mist zum Behufe der Aecker sammlen könne. Zuweilen hat ein ganzes Dorf seine allgemeine Viehbude, zuweilen auch jeder Bauer seine eigene.

Wenn das Vieh daselbst ist, so ziehen auch gemeiniglich des Bauern meiste Leute mit dahin, wo sie entweder mehr Land anbauen und umzäunen, Wälder und Gebüsche abbrennen und dadurch Feld zubereiten, einsammlen was gewachsen ist, oder auch allerley Geräthe verfertigen, wie auch spinnen und weben. Zur Zeit der Heuärnde gehen die Weibespersonen eben so wohl mit der Sense in das Feld, als die Mannspersonen.

Außer

Außer anderm Viehe sind daselbst auch viel Ziegen, aber wenig Schafe, und zwar mit grober Wolle. Die Schweine gehen und ernähren sich fast den ganzen Sommer über im Walde, so daß man selten ein Schwein daheim in den Dörfern sieht; im Winter aber werden sie insgemein mit Baumrinde gefüttert. Ehrenmalm 1741.

Die Bauern, welche nahe bey den Bergwerken wohnen, können zwar in Ansehung des Verdienstes vom Fuhrwerke einige Pferde mehr halten, sonst aber beobachtet man gemeiniglich solche Ordnung, daß sie allezeit gegen neun Kühe ein Pferd halten, und man selten auf einem Bauerhofe zwey Pferde antrifft. Sie sind ungefähr neun Viertheilellen hoch und nicht höher, wofern sie nicht etwan von einem finnischen Cavalleriehengste sind, welche da im Quartiere gelegen: an Stärke aber geht ihnen wenig ab. In Helsingeland, Angermanland und Medelpad sind sie eben so klein, jedoch werden sie immer schwächer, je höher man hinauf kömmt, so daß sie in Asele am allerschwächsten, wiewohl noch stärker sind, als die upländischen. Die westnordländischen Pferde haben eine besondere Gestalt, dicke Köpfe, kleine Ohren, meist fette Augen, breite starke Schweinshälse, eine breite Brust, einen schmalen Bug, und einen etwas langen aber dicken Leib. Die Lenden sind zwischen dem Bauche und Schweife kurz, über das Kreuz aber dick und nach den Lenden zu rund. Ueber den Knien sind die Beine lang, unter denselben kurz, mehrentheils ohne Haar über dem Hufe, welcher klein und hart ist. Sie haben kurze Füße, dicke Schweife, Mähnen und Zöpfe; sind sicher auf den Füßen, auch ohne Hufeisen, selten hartnäckig, niemals störrisch, es mögen die Berge so hoch und jäh seyn, als sie wollen. Aus ihrer Gestalt sollte man nicht schließen, daß sie so stark wären, als sie wirklich sind; und ich glaube daher, daß sie ihre meiste Stärke von dem fetten Grase haben, welches in ganz Nordland wächst. Denn wo die Pferde am stärkesten sind, da ist auch die Weide am fettesten, so daß wir oft, wenn wir noch im Walde waren, schon merken konnten, daß wir Wiesen antreffen würden, weil uns der süße Kleegeruch entgegen kam. Man sieht auch selten, daß die Pferde, welche aus Nordland nach Stockholm gebracht werden, nicht gleich das erste Jahr, wenn sie die dasige Weide kosten müssen, ihre Fettigkeit und Stärke verlieren. Sie werden insgemein mager und schwach; wenigstens erlangen sie diejenige Stärke niemals wieder, die sie in ihrem Lande gehabt haben. Dagegen sieht man, daß die Pferde, die man von Boreas dahin bringt, im ersten Jahre zwar krank werden, und den Durchfall bekommen, wenn man bey ihrer Fütterung mit dem fetten Heue nicht sparsam genug ist, hernach aber an Stärke gewaltig zunehmen. Wer auf Stutereyen und gute Pferdezucht bedacht seyn wollte, könnte hier einen Versuch thun: er müßte aber erforschen, ob die nordliche Gegend die Zucht kleiner machete, wenn man Pferde von großer Art dazu nähme. Beschaffenheit der Pferde.

Auf dem ganzen Wege von Gefle bis Hernösand sieht man das Gestade, Meerbusen und die offenbare See vor sich. Ueber dieses hat man in den Wäldern noch angenehme große und kleine frische Seen, die fast alle an fetten und reinschmeckenden Fischen reich sind, als Hechten, Brassen, Barschen, Rothaugen, zuweilen Ruppen, aber sehr selten an Aalen. Sie sind mehrentheils mit grünem Gehölze und kleinen wohlgesehenen mit Grase bewachsenen Thälern umgeben, und haben fast alle ihren Ausfluß, woraus, wenn sich viele vereinigen, Flüsse und Ströme entstehen, worinnen Lachse und andere Fische zu finden sind. Diese Seen liegen mehrentheils so hoch, daß an ihrem

Ehrenmalm. 1741. rem Auslaufe Mühlen und Hämmer können angeleget werden, deren es schon viele giebt und noch mehr seyn könnten, wenn nur mehr Ackerbau wäre und das Eisenerzt nicht so weit hergeholet werden dürfte. Das Gehölz in diesem Lande ist einiger Orten groß genug und zu Bauholze dienlich, mehrentheils aber klein und schwach, jedoch alt und mit dickem Moose bewachsen.

Zwischen den Gasthöfen Hammaranger und Skog, die drey Meilen von einander liegen, war nicht mehr, als ein Bauerhof, welcher der Krone schatzet, und an einem fischreichen See neben dem kleinen Bache und der Brücke liegt, welche die Scheidung zwischen Gestrikeland und Helsingeland machet. Die Aecker dieses Hofes erstrecken sich in die Breite auf eine halbe Meile vom Landwege und in die Länge eine Meile über selbigen. Das Gehölz, welches gegen Süden daran stößt, gehöret dem Kirchspiele Hammaranger gemeinschaftlich zu, und das gegen Norden auf gleiche Art dem Kirchspiele Skog, so daß jedes eine und drey Viertheilmeile in die Länge und eine Meile in die Breite davon besitzt. Hier spührete man wieder, wie schädlich der Mangel an Leuten der Aufnahme eines Reiches sey. Denn obgleich das meiste von diesem Wege aus sandichtem Erdreiche bestund, das mit alten mosichten Tannen bewachsen war, so fand man doch Seen und um selbige Thäler mit grünem Gehölze und Grase.

Ehe man von Skog nach Söderahla kömmt, ist eine Fährstätte, wo man sich übersetzen läßt. Sie hat den Namen der söderahlischen von dem Kirchspiele, und es ist daselbst ein einträglicher Lachsfang und ein Ladeplatz für das Eisen, welches auf den oben am Wasser belegenen Eisenhämmern verfertiget und hernach zu Lande nach Söderhama geführet wird. Oberhalb dieser Fährstätte ist eine Ebene, wo das helsingische Regiment seinen Sammelplatz hat.

Helsingeland. Das Erdreich in Helsingeland ist anfangs eben so, wie in Gestrikeland, wo nicht noch mehr, steinicht und unbrauchbar, so daß man wenig Veränderung spühret, außer daß die Berge größer und beschwerlicher werden. Man muß aber nicht denken, daß alles Feld so sey; denn man findt hier allerley Erdreich, Sand, Kies, sandige Erde, Steine, Land, wo Tannen und ander Gehölz wächst, Sand mit Lehme vermengt, fetten und harten Lehm, Morast, ja auch einiger Orten schwarze Erde, große Wälder, steinichte Gegenden, niedrige und ebene Sümpfe, große und kleine Seen, die mehrentheils sandichten, zuweilen aber auch schlammichten Grund haben. In der Gegend an der See, wo der Weg hinausgeht, scheint zwar Bauholz genug gestanden zu haben: es ist aber jetzt meistentheils gefället und statt dessen Fichten und allerley anderes Flugholz wieder angeschossen.

Die verschiedenen Eigenschaften einer Provinz vor der andern sind nicht gleich an den Gränzen deutlich zu bemerken. Die Natur thut keine Sprünge, sondern verändert die Beschaffenheit des Erdreiches nach und nach. Weil auch der Feldbau und die Lebensart in einem Lande von dem Gutdünken der Leute abhängt, so läßt sich gleichfalls unter benachbarten Völkern, welche Umgang mit einander haben, keine schleunige Veränderung spühren. Wie indessen die Geschicklichkeit und Ungeschicklichkeit des Leibes eine Folge der Speise und Nahrung ist, so kömmt die Art zu denken, die Scharfsinnigkeit und Fertigkeit zu verschiedener Handarbeit von der Erziehung, Gewohnheit und den Beyspielen her. Die Leute in Helsingeland sind von Statur dick, grob von

Gliedmaßen

Gliedmaßen, stark, schwere Arbeit zu thun, fertig genug, etwas zu fassen, und insonderheit geschickt zu Handwerkern. Ehrenmalm. 1741.

Ihre Art, das Feld zu bauen, ist von der um Stockholm üblichen ganz unterschieden. Denn weil sie meistens Sommerkorn säen, so säet auch mehrentheils ein jeder sein Land zu, einen halben, einen, oder auf das höchste zween Morgen Landes ausgenommen, die er zu Roggen liegen läßt. Es sind daher die Aecker in Helsingeland so abgetheilet und umzäunet, daß sie mehr Kohlgärten, als Aeckern, ähnlich sehen. Alle Frühlinge pflüget der Bauer seinen Acker, doch nur mit einem leichten Pfluge. Das Stück, welches zu Roggen liegen bleibt, wird im Sommer so oft gepflüget und durchgearbeitet, als der Bauer Zeit hat; doch so, daß er allezeit, nachdem die Erde mit dem Pfluge oder Hacken umgeworfen worden, dieselbe ungefähr acht Tage darnach wieder egget. Die Aecker sind fett; darum müssen sie oft gepflüget werden, wenn das Unkraut heraus soll. Sie sind mehrentheils locker; darum können sie ohne große Kosten bearbeitet werden; und der Morgen Landes sind nicht viel, darum kann der Bauer damit fertig werden. Roggen wird am wenigsten gebauet. Gersten, Gemangkorn, Haber, Erbsen, Flachs und Hanf werden am meisten gesäet. Den Flachs säet man hier nicht nur auf Brachland, und an solchen Oertern, die zu beständigen Aeckern zubereitet werden, sondern auch, wo auf den Aeckern selbst lehmichte Stellen sind, auf welchen er schön und lang wächst. Feldbau das selbst.

Man führet den Mist nicht im Sommer aus; denn alsdann steht die Saat auf dem Felde; auch nicht im Herbste, denn da wird das Vieh auf die Stoppeln getrieben; sondern im Frühlinge, bey dem letzten Frostwetter. Hiervon hat die Erde den Nutzen, daß die Sonne die Feuchtigkeit nicht vor dem Pflügen heraus zieht, noch die Kälte selbige benimmt. Wenn der Mist im Frühlinge gesammlet wird, so ist er nicht verbrannt und nicht so schwer, giebt aber mehr Fuder; daher werden auch die Aecker dünner, aber öfter gedünget. Wenn der Mist nicht verbrannt ist, so kann die Feuchtigkeit nicht so leicht in den losen Sand hinein ziehen, als wenn er verbrannt ist, und das Salz solcher Gestalt durch den Regen und das feuchte Frühlingswetter aufgelöset worden. Doch werden die Aecker hier in dieser Gegend, wo es deren nur wenige, aber desto mehr Wiesen giebt, oft genug gedüngt. Daher kömmt es, daß die Saat zeitig aufschießt, spät reif wird, und oft erfriert. Außer dem meynet der Landmann, daß er größern Nutzen von dem Abbrennen des Landes habe, welches hier gebräuchlich ist.

Das Ackergeräth ist von demjenigen wenig unterschieden, welches in der Gegend um Stockholm gebrauchet wird, ausgenommen, daß es leichter ist, und man keine Walzen zur Zerstoßung der Klößer nöthig hat. Die Aernde geschieht auf gleiche Art mit der Sense, und man bedienet sich dabey nirgends der Sicheln. Das gemähete Korn pfleget man nicht in Hocken zu setzen, sondern, wenn es sich zu klarem Wetter anläßt, so werden die Garben kreuzweis auf einen in die Erde gesetzten Pfahl, ungefähr drey Ellen lang, gestecket, und zu oberst eine Garbe mit unter sich gekehrten Aehren geleget, welche die andern bedecket. Wenn der Wind bey trockenem Wetter solcher Gestalt ein Paar Tage durch das Korn gewehet, so wird es in die Scheune geführet, und wie gewöhnlich, gedroschen. Läßt es sich aber zum Regen und feuchten Wetter an, so wird das Korn gleich vom Acker nach Hause gebracht, und auf ihre so genannten Hässior geleget. Dieß sind eine Art von gerade stehenden Galgen, woran die Querstangen

Ehrenmalm. 1741.

zuweilen durch die in die Pfosten gehauenen Löcher gehen: insgemein aber besteht jede Pfoste aus zweyen mit Wyden zusammen gebundenen Hölzern, so, daß die Querstangen erhöhet und erniedriget werden können. Auf die unterste Stange derselben etwas von der Erde, leget man eine Lage Garben oder loses Korn, welches von der andern Stange, die darauf kömmt, niedergedrückt wird, alsdann wieder eine Lage Korn, und oben darauf wieder eine Stange, bis es drey, vier bis fünf Klaftern hoch ist, da man es oben mit Strohe zudecket. Auf der obersten Stange, die allezeit fest liegt, ist ein Wippgalgen von einer Querstange, die an dem einen Ende mit einer Weide an die andere Querstange von oben gerechnet, fest gebunden ist, an dem andern Ende aber ein Loch hat, wodurch ein Seil gezogen wird, die Garben damit hinauf zu winden, wenn der Haufen schon so hoch geworden, daß man nicht mehr hinauf reichen kann. Dieser Wippgalgen kann nach Belieben von dem einen Ende zum andern geschoben werden. In diesem Hässior kann man das Korn so lange liegen lassen, als man will, und das Wetter mag werden, wie es wolle, ungeachtet es kein anderes Dach hat, als eine Lage Stroh. Man bedienet sich solcher Hässior auch jenseits Hermösand gegen Norden, anstatt der Heuböden, das Heu darinnen zu trockenen und zu verwahren.

Mit der Heuärnde geht es hier langsamer zu, als in den südlichen Ländern, wiewohl dazu gleichfalls Männer und Weiber die Sense gebrauchen, womit die Wiese gleichsam geschoren wird. Wenn das Heu des Vormittages gemähet worden, so wird es hier in Helsingeland in Haufen zusammen gebracht, anderer Orten aber in den Scheunen dünne ausgebreitet, oder in den oben beschriebenen Hässior getrocknet. In Angermanland stehen solche gleich neben den Wiesen, von da es im Winter nach Hause geholet wird.

Man machet heute zu Tage auf dem flachen Lande viele Teiche und Gräben auf den Aeckern, wobey der Bauer so sorgfältig und haushälterisch ist, daß er die darausgegrabenen Rasen aufsetzet, damit sie verfaulen, und hernach zur Düngung gebrauchet werden können. Ist bey seinem Acker ein Feld, welches Rasen und Torf hat, so werden solche gestochen, aufgesetzet, und hernach gleichfalls zur Düngung gebrauchet, das Feld selbst aber entweder zum Acker oder zu Brachlande umgepflüget.

Die schädlichen Arten von Mehlthau, Frost und Rugga, fangen hier an, sich stärker spühren zu lassen, als in Gestrikeland, und nehmen mehr und mehr zu, je weiter man gegen Norden kömmt. Was der Frost sey, wird unten bemerket werden. Rugga ist eben so schädlich, nur mit dem Unterschiede, daß er sich braunroth auf die Kornähren leget. Man hat angemerket, daß er nur allein in denen Gegenden falle, wo man Mineralien findt. Wenn des Abends und Nachts Nebel aufsteigen, so ist man davor gesichert; daher denn die hellen Nächte den Bauern hier wenigstens fürchterlich, wo nicht schädlich sind.

Wir sind hier im Heu- und Augustmonate oftmals des Tages von Hitze und des Nachts von Kälte geplaget worden. Wo wir durch holzreiche Thäler reiseten, war die Kälte am stärksten, in denen aber, die keine Gehölze hatten, geringer, und auf freyen Höhen am geringsten. Dieß würde vielleicht eine Ursache seyn können, das Land von unnützem Gehölze zu säubern. Die wenigen Einwohner, die das Land hier hat, haben alles gethan, was sie thun konnten. Ihren meisten Roggen säen sie in Land, wo das Gehölze abgebrannt ist, und man siehet, daß er daselbst ergiebige Aehren und lang Stroh hat.

hat. Vielleicht könnte der Ackerbau vermehret werden, wenn man neue Colonien anlegte, oder die grössern Bauerhöfe wenigstens theilete. Weil aber solches nicht geschieht, so kann nicht mehr, als Ein Sohn, dem Vater folgen, und die andern, die kein Theil an dem Gute haben, suchen es auch nicht zu verbessern, sondern werden lieber Bootsleute, gehen aus dem Lande, nehmen auf fremden Schiffen Dienste, und kommen nie wieder in ihr Vaterland, welches doch ihrer gut brauchen könnte. Ehrenmalm. 1741.

Die gewöhnliche Kälte ist ohne Zweifel einer von den Bewegungsgründen gewesen, warum die Alten ihre Dörfer und Kirchen auf Höhen angeleget, wo man noch viele liegen sieht. Diese Kälte und der daher rührende Miswachs hat auch die Leute genöthiget, auf andere Nahrungsmittel zu denken. Sie hauen Tannenbäume um, schälen die braune Rinde ab, nehmen hernach die weisse, die nächst am Holze sitzt, trockenen solche erst auf ihren Häsllor, und alsdann noch besser im Ofen; worauf sie solche mahlen. Bey guten Kornjahren giebt sie ein gutes Futter für die Schweine: bey entstandenem Miswachse aber menget sie der Wohlhabende mit Gerste, und der Arme mit Spreu, und beyde backen Brodt daraus, welches einen herben und trockenen Geschmack hat. Doch sind die Leute stark und gesund dabey; wiewohl dieses vielleicht mehr von ihrem Käse und ihrer Butter herrühren kann.

Leinewandfabrike zu Flors.

Eine halbe Meile von der Sönderahlischen Fährstätte gegen Nordwesten liegt die Leinewandfabrike Flors, woselbst Landeskinder, die nicht länger, als drey bis vier Jahr gelernet hatten, so gut und fertig arbeiteten, als wenn sie lange darinnen geübet gewesen. Man webet in dieser Fabrike nicht nur feine und grobe Leinwande, Zwirnstrümpfe und Schlafmützen, sondern auch Zeuge zu Kleidern, glatte und geblühmte, grobe Nesseltücher zu Vorhängen, und was noch mehr ist, Dammast zu Tischzeuge, und Drell, der so fein ist, als derjenige, den man sonst aus der Fremde verschreibt. Gleichwohl haben diejenigen, welche von diesen Waaren gekaufet, versichert, daß sie nicht nur uneben gewebet, sondern auch von schlechter Dauer sind. Zur Ursache davon giebt man die ungleiche Wärme und Feuchtigkeit in dem Gebäude an, welche die größten Unbequemlichkeiten sind, die ein Leineweber haben kann, so lange er bey seiner Arbeit ist. Denn weil die Weberstühle mit der einen Seite gegen das Fenster stehen, so geschieht es, wenn das Zimmer warm, das Wetter aber feucht ist, daß die Fäden, welche am nächsten bey dem Fenster sind, und worauf die mit dem Zugwinde hinein schlagende Feuchtigkeit fällt, ihre gebührende Länge behalten, die andern aber, welche weiter in dem Zimmer hinein sind, trockenen, und also kürzer werden[3]). Der Aufzug wird daher ungleich, an dem einen Ende kürzer, als an dem andern, und zerspringt also bey dem Weben. Hieraus folget, daß nicht nur das Gewebe durch öfteres Anknüpfen der Fäden schwach wird, sondern auch hernach im Gebrauche, durch öftere Abwechselung der Trockenheit und Feuchtigkeit, da der Aufzug sich ungleich ausdehnet, an einer Seite leicht brechen muß.

Eine gemäßigte Wärme in einem Weberzimmer zu bekommen, dazu dienet einiger Maßen, daß man warm Wasser in dem Zimmer habe. Der feuchte Dampf, welcher aus dem Wasser aufsteigt, kann die Fäden in ziemlich gleicher Ausdehnung erhalten.

 Weil

3) Dieß ist nicht recht zu verstehen. Die Feuchtigkeit sollte eigentlich die Fäden verkürzen, und die Wärme sie durch Nachlassen verlängern. Vielleicht will der Verfasser bloß sagen, die Feuchtigkeit der äußern Luft ziehe die Fäden an, und die Wärme der innern Luft lasse sie nach.

Ehrenmalm. 1741.

Weil aber dieses doch noch nicht hinlänglich ist, vornehmlich wenn die Sonne an einer Seite hinein scheint, welches nicht zu verhindern steht, da ein solches Zimmer zu bequemerm Arbeiten viel Licht haben muß: so hatte der dasige Director Benner, die Werkstätte in einen Sandhügel graben, um die schon vorhin erbaueten Häuser breite Erdbänke bis an die Fenster machen, solche nächst an den Wänden mit Baumrinden, Moose und Heide, weiter hin aber mit Sande ausfüllen, und endlich mit Rasen bedecken lassen. Dieß sollte eine mäßige Feuchtigkeit erhalten und also dasjenige gut machen, was bisher an dieser Arbeit konnte ausgesetzet werden.

Diese Fabrike giebt nicht nur vielen Leuten Unterhalt, sondern hat auch andern, die umher wohnen, ein sicheres Nahrungsmittel angewiesen. Es wird nunmehr in ganz Helsingeland feines und schönes Garn gesponnen, und gute Leinewand gewebet, seitdem die Leute durch Unterweisung und Uebung gelernet, was bey solcher Arbeit eigentlich zu beobachten sey. In der Stadt Söderhamn, welche anderthalb Meile davon gegen Osten an der See liegt, ist kaum ein Haus zu finden, wo man nicht, so wohl bey Armen, als Wohlhabenden, gut gemachete Spinnräder, Weberstühle, und die Leute in beständiger Arbeit antreffen wird, wodurch sie ihre Nahrung erwerben, ihre Abgaben bezahlen, und sich in ihren Häusern wohl befinden, ob gleich das Korn daselbst ziemlich theuer ist. Ich sah bey der Fabrike Zwirn, der so fein war, als der holländische, welchen Bauersleute gesponnen, und daselbst gebleichet hatten. Indessen ist doch ihre Art, Flachs zu säen, noch jetzo eben so, als sie vorhin gewesen: nur haben sie gelernet, denselben zu gröberer und feinerer Arbeit zu sortiren, ihn behende zu spinnen und zu weben, und können die Leinewand gut bleichen, wobey sie denn ihre Arbeit auch gleich bezahlt bekommen.

Beschreibung der Stadt Söderhamn.

Die Stadt Söderhamn ist in ihrem Umkreise gar klein, und liegt an einem Bache zwischen zweenen Bergen. Man sieht wenig Häuser darinnen, die anders gebauet sind, als die Bauerhäuser in selbiger Gegend; und vor diesem hat derjenige, der sein Haus malen lassen, sich des Hochmuthes müssen beschuldigen lassen, welches ein bey ihnen verhaßtes Laster ist. Insgemein zu reden, haben die Leute daselbst bey ihrer Arbeit keine andere Absicht gehabt, als sich dadurch ihr Auskommen zu erwerben. Was Ueberfluß in Essen und Kleidung sey, haben sie kaum verstanden; zum wenigsten zeiget sich bey ihnen keine Neigung dazu. Sie kleiden sich mit dem, was sie selbst verfertigen können, und brauchen solches Essen, das anderer Orten für schlecht gehalten wird. Ihren Unterhalt verdienen sie theils durch Schmieden, bey der Factorey, theils durch Fischen, ein allen nordländischen Städten gemeines Nahrungsmittel, theils durch einigen Ackerbau und Nutzung der wenigen Gärten und Ländereyen, die sie in dem dasigen unfruchtbaren Erdreiche angeleget. Die dasige Gewehrfabrik ist zwar eine von den ältesten im Reiche, hat aber noch nicht solche Vollkommenheit erreichet, als die andern. Das schöne Schieb- und Zugwerk dabey, welches von einem einzigen Rade getrieben wird, ist eine Arbeit des erfahrenen und geschickten Polhems. Die Kirche, Ulrica Eleonora, daselbst, ist ziemlich wohl gebauet, hat auch einige Zierrathe, die eben so wohl, als das Gewölbe, von Holze, und daher nicht kostbar, aber doch anmuthig sind. Man bauete darinnen eine Orgel, welche man für eine der besten im Reiche daselbst hielt, was die Zusammenfügung, die starken und reinen Töne betrifft. Ausser den gewöhnlichen Stimmen war eine Jungfernstimme, die feiner ist, als die Menschenstimme, und eine

Merkwürdige Orgel daselbst.

Flöte

Flöte traverse, die einen so guten Klang hatte, daß man sie für eine wirkliche Flöte hielt. Der Baumeister derselben hieß Daniel Strale, ein stiller Mann, der nicht viel Geschrey von seiner Kunst machete, aber verdienete, öffentlich gerühmet und belohnet zu werden. Christmalm. 1741.

Helsingeland erstrecket sich bis an ein kleines Dorf, zwo Meilen gegen Norden, jenseits des Gasthofes Gnarp, an welchem Wege die Dörfer Norrahla, das Kirchdorf Enanger, und verschiedene andere nebst einzelnen Häusern liegen, bey denen zum Theile guter Lehmgrund, zuweilen auch etwas schwarze Erde ist. Sonst ist das Feld, so weit man an der Heerstraße sehen kann, meistens steinicht und ungemein bergicht, und in den Thälern mit Tannen und Fichten nebst untermengtem Gesträuche bewachsen. An vielen Orten auf dem ganzen Wege, insonderheit zwischen Iggesund und Sanna, war vieler unechter Violenstein (lapis violarum spurius,) und ich glaube, daß daselbst einiges Eisenerzt zu finden seyn sollte, welches den Eisenhämmern sehr vortheilhaft seyn würde.

Zwischen diesen Oertern konnte ich auch nur im Vorbeyreisen die Lage der Stadt Hudwikswald betrachten. Sie liegt auf einem schmalen Striche Landes zwischen dem Meere und einem frischen See, Hudwik genannt, ist sehr klein, hat einen guten und tiefen Haven, der sie also zur Handlung bequemer machet, als Söderhamn. Ihre Einwohner legen sich ebenfalls auf die Fischerey und Handarbeit, verfertigen auch viele hölzerne Stühle, die sie nach Stockholm schicken. Hudwikswald.

Am Wege sah ich einige Hopfengärten von Gefle bis Sundswall, hernach aber keinen mehr, ausgenommen bey einem kleinen Bauerhofe am Flusse Niurunda. Sie lagen alle an Hügeln gegen die Sonne.

Bey unserer Hinausreise war bey der Kirche zu Gnarp ein kleiner Jahrmarkt, wo Käufer und Verkäufer genug, aber wenig Waaren vorhanden waren. Weil dieß einer von den Tauschplätzen der nordländischen Städte ist, so ward hier fast nichts für baar Geld gekaufet, sondern die Handlung bestund theils in Umsetzen, theils in Einforderung dessen, was der Bauer für vorhin geborgte Waaren schuldig war. Diese Handlungsart ist eine der vielen Hindernisse an Nordlands Aufnahme, und in allen Städten desselben einerley, obgleich die Waaren verschieden sind. Wenn der Bauer im Winter Korn, Taback, Kleider, und im Frühlinge und Sommer Salz, Geld zu seinen Abgaben, Eisen ꝛc. nöthig hat, so borget er solches bey den Bürgern. Ist sein Vermögen und seine richtige Bezahlung überall bekannt, so bekömmt er, was er bedarf, gegen Versicherung, dafür auf dem Tauschplatze Butter, Flachs, Fische, Leinewand, Strümpfe, Käse, Schlachtvieh und hernach Theer, auch wohl zuweilen Bretter um alsdann gangbaren Marktpreis zu liefern. Ist er aber nicht dafür bekannt, so muß er gleich bey dem Empfange der Waaren den Preis bedingen. Wenn nun der Jahrmarkt gehalten wird, so müssen die Wohlhabenden ihre Waaren um den Preis liefern, den die Noth den Armen vorschreibt. Die Wohlhabenden, welche im Winter und Frühlinge für baar Geld kaufen können, was sie bedürfen, könnten auch wohl etwas mehr für die Waaren erhalten, welche sie zur Bezahlung der Schulden hingeben müssen, wenn sie dieselben um baares Geld verhandelten. Allein, es ist bey den Bürgern gleichsam eine ausgemachte Sache, daß keiner etwas von einem Landmanne kaufet, mit dem ein anderer zu handeln gewohnt gewesen. Verkaufet der Bauer indessen doch einmal etwas an einen andern, Handel in Nordland durch Tauschen.

so

Ehrensmalm 1741. so treibt derjenige, mit dem er vorhin gehandelt hat, weiter kein Gewerbe mit ihm, und thut seinem Mitbürger allen Verdruß und Schaden an, so viel er nur kann und weis.

Monopolium der Kaufleute gegen die Bauern. Dieß scheint eine Art von Monopolium zu seyn: es sind aber die nordländischen Bürger in vielen Stücken deswegen zu entschuldigen, weil sie selbst einem solchen Zwange unterworfen gewesen, indem sie an keinem andern Orte, als in Stockholm, die Landeswaaren haben veräußern und andere dafür zurück holen dürfen. Vielleicht wird das Schicksal des Landmannes nunmehr günstiger werden, nachdem man gedachten Zwang aufgehoben, und einem jeden erlaubet hat, seine Güter zu verkaufen und andere zu holen, wo er es am vortheilhaftesten findet. Beyspiele vermögen mehr als Verordnungen; die Geringen richten sich nach den Vornehmen; die Landstädte nach den Stapel- und Hauptstädten: also hoffe ich, daß, nachdem in Stockholm verschiedene nützliche Manufacturen angeleget worden, die Handlung in den kleinen Städten sich auch nach gerade, nach dem Beyspiele der Hauptstadt verbessern werde.

Medelpad. In Medelpad kam mir zuerst der Fluß Niurunda zu bemerken vor, welcher ziemlich groß und floßbar ist. Er kömmt aus Herjedalen herab, und hat, wie die andern Flüsse, über welche wir giengen, seinen Ursprung aus dem Gebirge. Es liegen hier mehrentheils große Gehölze und Steinklippen, wenig brauchbares und noch weniger angebauetes Feld an demselben. Weiterhin nach Sundswall ist meistens Sandgrund, der den Einwohnern unnütz und den Reisenden beschwerlich ist.

Beschreibung der Stadt Sundswall. Sundswall ist im Umkreise sehr klein, und liegt zwischen hohen Bergen auf einer dürren sandichten Ebene. Ein kleiner Meerbusen bey derselben machet die Handlung sehr bequem, weil die Schiffe daselbst fast volle Ladung einnehmen können, und hernach nur eine halbe Meile bis zur offenbaren See haben. Ihre Waaren bestehen in Theer, Bast, Brettern, und von hölzernen Waaren meist in Stühlen, etwas Leinewand, Fleisch, Käse und Butter. Dagegen nehmen sie Korn, Salz, Taback, Tuch, Specereyen, Wein und Branntewein wieder zurück. Man hat daselbst unlängst ein Schiffszimmerwerft angeleget, welches der Stadt dazu dienen könnte, Salz aus der ersten Hand zu holen. Auch hat man eine Wollenfabrike allda errichtet, welche zwar noch in ihrer Kindheit ist, aber doch gute Hoffnung von sich giebt. Die rohe Materie dazu von den dasigen Schafen ist zwar annoch grob: man könnte aber durch Unterstützung dem Landmanne Schafe mit feinerer Wolle verschaffen, welche wegen des feinen Heues und fetten Futters gut einschlagen würden. Die Kirche ist von Holze, und die Bürgerhäuser sind sehr alt. Gleich vor dem Zollthore auf einem Sandhügel ist eine andere Kirche von Quadersteinen in eyrunder Gestalt angeleget: doch war das kaum halb fertige Gewölbe schon überall geborsten. Der Baumeister ist ein Bauer aus den Thälern. Wenn ein Stümper zu einer kostbaren Arbeit genommen wird, so darf man die dabey vorgehenden Fehler nicht so wohl dem Werkmeister, als vielmehr demjenigen beymessen, der eine so unbedachtsame Wahl trifft. Bauverständige mögen urtheilen, ob das Gewölbe deswegen geborsten, weil der Fuß desselben zu hoch angefangen worden; oder, weil die Rundung zu flach, oder der Grund der Kirche nicht fest und dauerhaft genug, oder, weil selbige nach ihrer Länge zu breit angeleget sey, insonderheit, da sie keinen Pfeiler hat: ich aber würde sagen, daß alle drey Fehler hier beysammen wären. Sonst sind die Mauren ziemlich dick, und die Fenster klein.

Von

Von Simbsrall weiter gegen Norden ist das Land etwas besser bebauet, als gegen Süden: es scheint aber doch, daß hier Mangel an Volke sey. Ungefähr drey Viertheilmeilen an jeder Seite von dem Gasthofe Fiahl, oder dem Flusse Indahl, ist ein tiefes und fruchtbares Sandland, welches oben mit einer schwarzen Erde bedecket ist. Außer dem sind zwischen den hiesigen großen Bergen viele zum Ackerbaue dienliche Oerter, wo man sandichtes und lehmichtes Erdreich findet. Hier wurden wir viel Erlenholz von besonderer Eigenschaft gewahr, welches auf den Anhöhen wuchs, und dessen Blätter den Haseln glichen, so wie auch, dem Ansehen nach, die Rinde und das Holz: doch waren die Bäume stärker. Ehrenmalm. 1741.

Bey denen Sandheiden, die wir aller Orten vorbey giengen, schien es, als wenn Lehm, theils in geringerer, theils in größerer Tiefe, darunter wäre. An vielen Orten bezeugeten auch die daselbst wohnhaften Leute, sie hätten an einigen Stellen drey Klafter tief, an andern aber nur eine halbe Elle tief welchen gefunden. Die Ufer waren an allen Flüssen und Bächen hoch, so, daß man augenscheinlich sehen konnte, wie der Lehm unter dem Sande lag. Diese Schichten scheinen von einer allgemeinen Ueberschwemmung so zusammen getrieben zu seyn, weil nicht nur die Sandhügel mehrentheils jähe sind, und sich von Südosten gegen Nordwesten strecken, sondern auch die Flüsse von Nordwesten gegen Südosten fließen. In den Thälern wird man mehrentheils Lehm, selten aber einen Sand finden, der nicht mit Erde oder Lehme vermischet wäre.

Das Gehölz in Medelpad, wenigstens wo der Weg hindurch geht, ist sehr ausgehauen und abgebrannt, so, daß wenig Tannenwälder zu finden sind, sondern mehrentheils allerley grünes Gehölz von Fichten und dergleichen. Die Art des Ackerbaues ist hier fast eben so, wie in Helsingeland, ausgenommen, daß man hier weit mehr umzäunte Felder sieht. Das Ackerland ist hier fetter: ob solches aber von dem Erdreiche selbst komme, das zwischen den Bergen liegt, oder von dem häufigeren Seewasser, oder von der Viehzucht, die hier besser ist; oder daher, weil hier mehr Ackerland ist, so, daß die Aecker öfter ruhen können, das mögen andere beurtheilen. Ungeachtet des vielen Ackerlandes weidet man doch nicht das Vieh darauf, sondern verwahret das Heu zu Winterfutter. Flachs wird hier nicht in solcher Menge gebauet, als in Helsingeland und dem nordlichen Theile von Angermanland. Medelpad.

Die Leute sind hier groß, stark, hurtiger, als in Helsingeland, munterer, schlauer und geneigter zur Handlung. Das Vieh ist hier auch größer, und giebt mehr Milch. Man findt schon mehr von weisser Farbe, als anderwärts, welches nach gerade zunimmt, so, daß man in Asele-Lappmark wenig anders, als weisses, Vieh sieht. Ob solches von der Art selbst, oder von der Himmelsgegend und dem Futter komme, oder ob man sich mit Fleiße solche Kälber zur Zucht erwähle, kann ich nicht für gewiß sagen: ich glaube aber doch, daß die beyden ersten Umstände das Meiste dazu beytragen, weil der Handel mit Kälbern hier sehr selten ist.

Da, wo wir über den Fluß Indahl fuhren, lag eine schöne Insel mitten in demselben, und an jeder Seite der Insel war eine Fährstätte mit platten Booten. Ober- und unterhalb derselben schien der Fluß bey drey tausend Ellen breit zu seyn, fließt sehr schnell, und entspringt in Jemteland aus einem See, der große See (Storsiön) genannt, welcher neun kleine Flüsse zu sich nimmt, die aus dem Gebirge kommen. Nach-

Ehren- malm. 1741.

dem dieser Fluß viele Fälle gehabt hat, bis er zu dieser Fährstätte gekommen, so fällt er hernach eine Meile davon in die Ostsee. Es werden darinnen viele Lachse gefangen.

Angermanland.

Zwischen den Gasthöfen Fiahl und Södermark endet sich Medelpad, und wird durch einen kleinen Bach von Angermanland geschieden. Hernösand liegt auf einer Insel in der See, und hängt durch eine Brücke von ungefähr hundert Ellen lang mit dem festen Lande zusammen. Die Häuser darinnen sind von Holze gebauet, nicht sonderlich alt, weil diese Stadt, wie alle nordländische Städte 1719 von den Russen abgebrannt worden. Sie sind sehr dicht gebauet, und stehen an der südlichen Seite an einem Hügel bis an die See; wo man nur mit platten Fahrzeugen und großen Booten hinan kommen kann. An der Nordseite hingegen ist das Wasser so tief, daß die größten Schiffe daselbst anlegen und bey den Buden ausladen können. Die Gassen sind gepflastert, die meisten aber enge, ungleich und krumm. Die wenigen Bürger, die in der Stadt sind, leben alle, ausgenommen fünf bis sechs Kaufleute, von der Fischerey und ihrem Ackerbaue, am wenigsten aber von einigen Handwerken, weil es ihnen sowohl am Verlage, als am Absatze, fehlet. Ihre Frauenspersonen spinnen und weben, wiewohl sie sich nicht so gut darauf verstehen, als die in Söderhamn: es ist aber doch eins von ihren einträglichsten Nahrungsmitteln.

Beschreibung der Stadt Hernösand.

Im Sommer geht fast jedermann zur See auf die Fischerey. Was sie fangen, salzen sie theils selbst ein, theils verkaufen sie die Fische frisch an die Bauern, die solche alsdann einsalzen. Sie haben zur Erhaltung guter Ordnung gewisse Havenordnungen und Gesetze, nach welchen die Uebertreter von einem Havengerichte verurtheilet werden. Es ist ein gutes Zeichen für sie, wenn sich die Wasservögel versammeln, weil das Wasser alsdann ungestüm wird; daher sie denn mit ihren Netzen bey der Hand sind.

Um die Stadt herum ist eine Menge Acker, Wiesen und Viehweide, die der eine Bürger von den andern an sich handelt, nach Verhältniß, wie er es brauchet, oder der Boden fruchtbar ist. Man pflegt hier auch das Land ab zu brennen, und Roggen darein zu säen: ich will aber nicht untersuchen, ob solches bürgerliche Nahrung und dem Lande vortheilhaft sey. Zur Anlegung einer Leinewandsfabrike bauete man ein Haus, woron die Wände schon fertig waren, und hatte auch ein gewisses Stück Landes zum Flachsbaue ausersehen. Man versprach sich davon nach der Beschaffenheit des Landes, der Neigung der Einwohner und der bequemen Lage der Stadt zum Handel, guten Fortgang und Nutzen.

Die Handlung dieser Stadt ist der übrigen westnordländischen Städten ihrer gleich: doch muß ich noch anmerken, daß unter die ausgehenden Waaren auch die Menge Vögel und Wildbrät zu rechnen ist, die des Winters nach Stockholm geschickt wird. Sonst hat Hernösand noch das besonders, daß es nicht nur Tauschplätze in Lappland hat, sondern auch Leute ausschicket, die den ganzen Sommer über auf den Dörfern umher laufen, und was ihnen ansteht und der Bauer entbehren kann, theils für baare Bezahlung, theils gegen andere Waaren, worunter ehedem vornehmlich der Branntewein war, aufkaufen. Vielleicht aber hätte das Reich, der gemeine Mann und die Handlung mehr Nutzen davon, wenn diese Umläufer zur Arbeit angehalten würden, Felle zu bereiten, Leder zu gärben, den Castor zu verarbeiten, der hier häufig und wohlfeil zu bekommen ist.

Unter denen Steinen, womit die Gassen gepflastert sind, findet sich eine Art feiner Wetzsteine, die man wohl zu etwas besserm anwenden könnte, zumal, da die Kaufleute jetzt solche Schleifsteine von andern Orten herführen. Außer den vielen hier befindlichen Quellen und Brunnen giebt es auch Sauerbrunnen in der Nähe, die eine Menge Ocker auswerfen und heilsam seyn könnten. Es hat allhier ein Superintendent seinen Sitz, dessen Sprengel sich über ganz Nordland erstrecket, und für das größte im Umfange zu halten ist. Vielleicht ist es auch das beste in dem ganzen Reiche an Einkünften. Desgleichen findet man eine Trivialschule und ein Gymnasium daselbst, woran aber die Lehrer kein Präbendenpastorat haben, da doch der Superintendent eins hat, und solches im ganzen Reiche gebräuchlich ist. Wenn man das Gymnasium und die Schule anders wohin verlegete, so verdienete der Ort nicht einmal eine Stadt, sondern nur ein Dorf, zu heißen. Ehrenmalm. 1741.

Weil hier einige Jahre nach einander großer Miswachs an Korne gewesen, die Fischerey fehl geschlagen, und das Salz, eines der unentbehrlichsten Güter, sehr theuer gewesen: so sind die gemeinen Bürger dieses Ortes sehr arm. Man könnte sich aber ihrer Armuth bedienen, sie zu allerhand Gewerben, Manufacturen und sichern Nahrungsmitteln zu bewegen, wenn man ihnen nur Vorschub thäte und Anleitung gäbe.

Der nordländische Handel mit trockenem und geräuchertem Fleische ist, meiner Meynung nach, ein schädlicher, und der Aufnahme des Landes hinderlicher Handel, ungeachtet nicht nur der Bürger, sondern auch der Bauer aus dem nordlichen Theile von Angermanland etwas ansehnliches dadurch gewinnt. Denn weil die besten Einkünfte des Landes in Käse und Butter bestehen, so werden selbige dadurch geschmälert, indem manche Kuh, die gute Milch giebt, und manche Ziege eingesalzen und geräuchert wird. Der Bauer hält es aber in seiner Einfalt für besser, aus einer Gans, welche goldene Eyer leget, auf einmal alles heraus zu schneiden, als die Eyer nach und nach ein zu sammlen.

In Hernösand waren wir genöthiget, den größten Theil unsers Reisegeräthes zu lassen, und fuhren von dannen zur See erst über einen großen Meerbusen nächst an der Stadt, hernach den Fluß Angermanna hinauf meistens gegen Norden zum Westen neuntehalb Meilen bis in das Kirchspiel Solletta. Anfänglich war der Fluß wohl eine halbe Meile breit, ward aber immer schmähler, bis er oberhalb Hammar nicht breiter, als eine halbe Viertheilmeile, und an einigen Stellen kaum tausend Schritte breit blieb. Bey dem Gasthofe Hammar, fünf Meilen von Hernösand haben die Kaufleute und Gewerksherren ihren Ladeplatz zu Eisen, Brettern und Balken, weil sie wegen des flachen Wassers im Flusse mit tief geladenen Fahrzeugen, welche die zu den hier angelegeten Eisenhämmern und andern Gewerken benöthigten Waaren führen, nicht weiter hinauf kommen können, sondern sich platter Fahrzeuge bedienen müssen. Diese ganze Gegend an dem Flusse ist wohl gelegen, meistens schön und fruchtbar Feld, so wohl zu Wiesen, als Aeckern. In dem Kirchspiele Solletta ist das Feld fast eben so beschaffen: das Erdreich aber besteht meist aus einem sehr fetten und feinen Lehme. Fluß Angermanna nebst den anliegenden Gegenden.

Hier ist der erste Fall auf dem Flusse Angerman, da sich der Strom durch einen hohen Erdhügel geschnitten, wo es leicht wäre, durch eine geringe Schleuse die Fahrzeuge hinauf zu bringen, und den Fluß oben auch für platte Fahrzeuge schiffbar zu machen. Weil aber weiter hin noch mehr Fälle vorkommen, und es die Unkosten nicht

Ehren-niälm. 1741. lohnete, solches bey allen zu thun, oder der Mühe werth wäre, auf dem kurzen Wege zwischen den Fällen die eine Schleuse an zu legen, so kann dieser Fluß nicht ohne großen Aufwand schiffbar gemacht werden.

Eine halbe Meile weiter gegen Norden vereiniget sich der südliche Strom Adalen mit dem nordlichen, welcher erstere oben im Gebirge entspringt und seinen Anfang zwischen der Schwanenklippe in Kirschewari und dem hammardahlischen Gebirge nimmt.

In den Kirchspielen Borea und Soletta wird das Feld so gebauet, daß man jährlich ein Drittheil liegen läßt und zwey Drittheile besäet, mehrentheils halb mit Herbstsaate und halb mit Frühlingssaate, zuweilen aber auch ganz mit Frühlingssaate. Die Aecker sind ziemlich fruchtbar und von Natur fett. Im Winter geben sie ihrem Viehe warmes zu saufen, und warten solches in diesen Kirchspielen besser, als anderwärts.

Bey dem solettischen Wasserfalle ist das merkwürdig, daß auf einerley Acker der südliche Theil, der niedrig an dem Flusse liegt, selten erfriert, da solches dem obersten sehr oft wiederfährt. Nicht weit davon hingegen bey einem andern Dorfe etwas weiter gegen Süden erfriert der oberste Theil nicht, sondern der unterste. Die Gegend an beyden Seiten des Flusses wird Adal genannt und sieht anmuthig aus. Denn so wohl in der Nähe, als Ferne, sind hohe Hügel, die sich gegen den Fluß in natürlichen Absätzen erniedrigen, die meisten von Lehme, als wenn sie von Menschenhänden gemacht wären. Auf diesen Absätzen sind Aecker, Wiesen und Viehweiden. Einiger Orten sind auch hohe, aber schmale Erd- und Sandhügel längst dem Flusse, welche ein Thal zwischen sich und den jetzt gedachten Absätzen haben, welches fast so tief ist, als das Wasser in dem Flusse selbst. In dem Flusse wächst eine Art Seegras, welche das Vieh gern frißt, und wornach es sich weit in das Wasser hinein waget.

Die Hämmer, Schmelzöfen und Sägemühlen, die an dem Flusse angeleget sind, werden nicht von dem Flußwasser getrieben, weil dessen starker Anwachs und schwacher Fall nicht gestatten, daß man solche Gewerke daran baue; sondern sie liegen an solchen Gewässern, die aus den Wäldern herab kommen und mit unglaublich hohen Fällen in diesen Fluß fallen. Sie holen ihr Erzt von Utö und das unverarbeitete Eisen von andern an der See gelegenen Schmelzöfen. Dieses verursachet viele Unkosten; und es wäre daher zu wünschen, daß man eine gute Eisengrube in der Nähe erfinden möchte, wodurch der Preis des Eisens unfehlbar leidlicher werden könnte. Jetzo vermögen die Gewerksherren es nur bloß wegen der Menge der Victualien allhier mit andern aus zu halten, welche so wohl die rohen Materien, als das Brodkorn, näher haben.

An dem ganzen Flusse bis an die Höhe bey Liens sind viele Lachsfischereyen, wovon die Krone ihre Einkünfte in Natur hat. Zuweilen sind die Jahre so, daß die Fischer ihre Unkosten gar wohl bezahlet bekommen, zuweilen auch nicht. Ueber Liens hinauf aber ist keine Lachsfischerey mehr.

Aus dem Kirchspiele Soletta gieng die Reise zu Pferde durch Eed nach dem Kirchspiele Resila und dem Gasthofe Hörwens gegen Nordwesten zum Norden, weiter nach Liens ebenfalls zu Pferde gegen Nordwesten und in selbigem Striche nach Junsila. Der Fluß Angerman fließt diesen Weg durch die Kirchspiele, wiewohl sehr krumm. Es ist merkwürdig, daß fast überall an beyden Seiten desselben hohe Sand-

Hügel sind, hinter welchen gemeiniglich gutes und fruchtbares Erdreich zu finden ist, so daß daraus erhellet, wie die Natur gleichsam Sorge getragen, daß das nützliche und fruchtbare Feld, welches in Adal fast überall zu finden ist, von der heftigen Frühlingsfluth nicht weggerissen werde. Ehrenmalm. 1741.

Von Soletta an ist das Feld sehr steinicht und bergicht, aber doch an verschiedenen Orten gut bis Liens, wo es weit unfruchtbarer, steinicht und voller Moräste wird. Bey Liens ist ein Wasserfall und Lachsfang auf diesem Flusse, welcher Braddoden genannt wird. Der Strom ist sehr schmal und geht heftig. Mitten im Strome ist eine große Klippe oder vielmehr kleine Insel, die den Fluß theilet und den Fall heftiger machet. Die ganze Höhe, welche gleichwohl nicht jähe hinab geht, ist nach dem Augenmaaße ungefähr sechs Faden.

Das Ackerland, welches hier mehrentheils aus Erde und sandichtem Erdreiche besteht, ist nicht durch viele Zäune abgetheilet; wiewohl allezeit ein Drittheil, mehr oder weniger, so viel als das Jahr soll gedünget werden, liegen bleibt. Man sieht keine Abtheilung zwischen dem Brachlande und anderer Weide; weil das Vieh fast den ganzen Sommer über, bis die Wiesen gemähet werden, in den Ställen oder Viehbuden steht. Man säet hier selten etwas anders, als Frühlingssaat.

Das Gehölz wird immer besser, je weiter man in das Land hinein kömmt, insonderheit jenseits Resila. Denn bis dahin haben die vielen Sägemühlen dasselbe ziemlich mitgenommen, nicht nur an dem Flusse, sondern auch so weit die Bauern ihre Rechnung dabey gefunden, das Holz zum Sägen herbey zu bringen; da sich die Flur einer jeden Dorfschaft eine, zwo und mehr Meilen an beyden Seiten des Flusses in das Land erstrecket. Es liegen aber fast alle Dörfer längst dem Flusse und selten eines einwärts im Lande. Die Ursache davon soll die häufige Kälte seyn, welche der Saat am Flusse zwar zuweilen schadet, im Lande aber sie allezeit verderbet. Der rauhe Wind und ein harter Winter thun dem Gehölze großen Schaden; denn die Bäume erfrieren und werfen sich, wie man saget, nach dem Winde, daß die meisten bersten, unhaltbar und voll rother Streifen werfen: doch sollten dem äußerlichen Ansehen nach hier viele Mastbäume an zu treffen seyn.

Bey Resila war ein sehr hoher Hügel, welcher zwar gutes Erdreich hatte, das mit Gesträuche zum Absengen bewachsen, aber wegen der vielen daran befindlichen Quellen, die den Boden ganz sumpficht macheten, doch zu nichts zu gebrauchen war. Fast jeder Bauer in ganz Nordland, insonderheit in diesem Theile von Angermannland, hat kleine Kornmühlen, die mit Seitenfällen und horizontalen Wasserrädern gehen, die man in der Gegend von Stockholm Fußwische (Fotwiskor) nennet. Die Aussprache, der Accent und ganze Wörter dieser Leute haben viel Aehnlichkeit mit dem Westbothnischen, welches vielleicht ihren Ursprung anzeigen kann.

Von Liens bis Junsila ist meistens Moos und steinichtes Erdreich mit Gehölze bewachsen. Man könnte darunter wohl taugliches Holz zum Bauen finden, wenn es nur so gelegen wäre, daß man es aus den Wäldern führen könnte. Ein Kaufmann von Hernösand hat einen Versuch gemacht; und nachdem das Bauholz im Winter gehauen und an den Fluß geführet worden, solches bey der hohen Fluth mitten im Sommer in das Wasser werfen und Stück für Stück mit dem Strome hinab treiben lassen. Viele Stücke sind hinunter gekommen, viele aber in den Krümmen des Flusses sitzen

 geblieben,

Ehrenmalm. 1741.

geblieben, so daß bey diesem Versuche wohl nicht viel Gewinn gewesen, wofern nicht eine folgende Wasserfluth die Stücke aufsuchet und noch hinab führet, welche die erste hat sitzen lassen.

In dieser ganzen Gegend bis an das Kirchspiel Asele, und solches mit gerechnet, wird die Viehzucht ziemlich gut getrieben, so daß selbige das Beste ist, was der Bauer hat, und das zuverläßigste Mittel, ihm seinen Unterhalt und seine Ausgaben zu verschaffen. Denn von dem Kirchspiele Resila an und weiter gegen Norden kann er von dem Ackerbaue unmöglich sein Brod haben, vielweniger seine Schatzung bezahlen, wegen der daselbst zu der Zeit, wenn das Korn reifet, häufig einfallenden Nachtfröste, welche der Saat unglaublichen Schaden thun.

Beschwerliche Reise über Wasser und Land.

Von Junsila bis nach dem Dorfe Hellan in dem Kirchspiele Asele war es die vier Meilen weit auf keine andere Art möglich, über die Moräste, Berge und durch die Wälder zu kommen, als zu Fuße, und zuweilen ein Stück zu Wasser über einige Krümmen des Flusses, wo keine Wasserfälle waren. Dergleichen Oerter, wo stilles Wasser ist, werden auf Nordländisch Sehle genannt. Sträk hingegen sind solche Stellen, wo der Strom zwar etwas stärker geht, aber doch nicht so jähe, daß man es für einen Fall halten, sondern ihn noch hinauf rudern kann. Forß heißen diejenigen Oerter, wo der Fluß einen nicht sonderlich jähen Fall hat, doch so, daß das Wasser heftig hinab schießt und alles mit sich nimmt, was es führen kann. Fall hingegen ist, wo es sehr jäh von einer größern oder kleinern Höhe hinab stürzet.

Solcher kleinen Sehle hatten wir auf diesen vier Meilen über sechs, deren eines nahe bey dem Dorfe Junsila war. Von da giengen wir eine halbe Meile über Land bis Jälsehl, gegen Nordost zum Norden, über Jälsehl eine Viertheilmeile in selbigem Striche, weiter über Land drey Viertheilmeile gegen Nordnordost; hernach über Korringsehl eine Viertheilmeile gegen Ostnordost; ferner eine halbe Meile zu Lande gegen Nordnordwest, drey Viertheilmeile über Gubisehl gen Norden zum Osten. Mitten auf diesem letzten Sehl bey einer kleinen Insel endiget sich Angermannland, indem die Hauptmannschaft Westbothnien und die Lappmark Asele daran stoßen. Weiter zu Lande gegen Nordnordost sieben Achtheilmeile bis Alfwetsiehl, zu Wasser eine Viertheilmeile gegen Nordost zum Norden, abermals zu Lande eine halbe Meile gegen Nordost und endlich zu Wasser über Hellansehl gegen Ostnordost, welche den Namen von dem Dorfe Hellan hat, das gerade gegen über liegt. Wir kamen daselbst des Abends ziemlich müde an, nachdem wir auf diese vier Meilen zwey und zwanzig Stunden unter beständigem Regen ohne andere Ruhe, als unter freyem Himmel, zugebracht hatten. Denn auf diesem ganzen Wege ist kein Haus zu finden, und er selbst ist in Ansehung des Bodens sehr unangenehm, welcher größten Theils aus tiefen Morästen, hohen Bergen, weiten Strichen von Steingrause und theils von Sande besteht.

Lappmark Asele.

Hellan liegt drittehalb Meilen von der Kirche zu Asele, wohin wir den folgenden Tag unsern Weg nahmen, indem wir theils zu Fuße giengen, theils mit Mühe gegen den Strom ruderten. Die Richtung ist ein Stück gegen Norden zum Osten, hernach gerade gegen Norden. Obgleich das Kirchspiel Asele eigentlich zu Lappland gehöret, so wird doch der südliche Theil desselben nicht von Lappen bewohnet, sondern die Einwohner daselbst sind Bauern, die sich allda niedergelassen und in den Wüsteneyen Colonien angeleget haben, welche Nybyggen genannt werden. Aus solchen besteht

ein

ein Theil dieses Kirchspieles, und es sind deren fünf und zwanzig. Die ältesten Colonien sollen Gaffele und Hellan seyn, welche vor etlichen funfzig Jahren angeleget worden; die andern sind neuer. Ehrenmalm. 1741.

Der erste Anfang zur Bewohnung dieser Lappmark wurde unter König Karln XI gemacht, welcher 1673 den 23sten des Herbstmonates einem jeden, der sich darinnen setzen wollte, gewisse Freyheiten und Vorrechte ertheilete, daß er nämlich von aller persönlichen Schatzung, von Einquartirung und Werbung u. d. g. frey seyn sollte. Diese Verordnung wurde hernach auf dem Reichstage 1720 von den Reichsständen ferner bestätiget, und die Leute dieser Gegend genießen solcher Vorrechte auch wirklich. Sie geben der Krone von jeder Colonie, wie die Schatzlappen, nur ein Gewisses, der Bauer mag viel oder wenig Leute halten, viel oder wenig Vieh haben, viel oder wenig Ackerbau treiben. Die größte Schatzung, die einer giebt, ist ein und zwanzig Thaler Kupfermünze; und doch sind deren nur sehr wenig, die so viel bezahlen. Die meisten geben nicht mehr, als drey Thaler Kupfermünze, wofür man eine Strecke von anderthalb bis zwo Meilen, oder auch so viel Land besitzen kann, als man Lust hat ein zu nehmen. Es ist zwar das Wenigste davon brauchbar: aber auch das Wenigste von dem Brauchbaren ist angebauet. Die geringen Abgaben und die Freyheit vor Werbungen sind auch das Einzige, was jemand reizen kann, das Seinige zu Anbauung steinichter und kalter Wüsteneyen zu wagen.

Deren Einwohner und ihre Häuser.

Die Leute in Asele sind wohl gewachsen, fleißig und ämsig in ihren Handthierungen, munter und hülfreich gegen Fremde. Ihre Häuser sind gut gebauet und so wie die in dem bewohnten Nordlande; nur haben sie in dem ganzen Kirchspiele keinen Kalk und eben so wenig tauglichen Lehm; daher sie ihre Ziegel aus feinem Thone machen, der aber selten und nur an zweenen Orten zu finden ist: doch bedienen sie sich dessen auch zum Mauern. Sie sind reinlich im Essen, und halten sich sauber in ihrer Lebensart. Ihre vornehmsten Einkünfte bestehen in der Viehzucht und Fischerey, welche letztere ihnen fast niemals fehlschlägt. Denn der Fluß Angermani, welcher durch diese ganze Gegend geht, und verschiedene daselbst befindliche kleine Seen sind so fischreich, daß sie ihre Haushaltung daraus hinlänglich versehen und noch etwas verkaufen können.

Gute Kühe.

Ein wohlhabender Colonist kann zwölf bis funfzehn Kühe, außer dem jungen Viehe, Ziegen, Schafen und einem Pferde, unterhalten. Das fette Futter allhier machet, daß das Vieh täglich dreymal reichlich Milch giebt, so daß man zwey Liespfund Butter von jeder Kuh rechnet. Die Butter ist besser, als die helsingische, welche man in Schweden für die beste hält, ja, ich kann für gewiß sagen, so gut, als die holländische, wo nicht besser. Das Einzige, woraus sich auch hier Geld machen läßt, ist diese Butter, nebst etwas Käse, gedörreten Fischen, Vögeln und ein wenig Pelzwerk. Dagegen bedarf man fast allezeit Korn, Salz, Taback u. d. g.

Sonst sind die Bauern in dem Kirchspiele Asele keine sonderliche Ackersleute. Ihre jährliche Aussaat ist höchstens drey Tonnen, lauter Sommerkorn. In ganz Nordland von Gestrikeland an gehen Manns- und Weibespersonen mit der Sense ins Feld. Sie ist auf eine besondere Art gemacht und schneidet das Gras ganz nahe an der Erde ab: doch geht es damit ziemlich langsam zu, so daß man das an der Zeit verliert, was man am Grase gewinnt. Wenn die Sense zum Kornmähen gebrauchet wird,

Ehrenmalm. 1741. wird, so machet man einen Bogen daran fest, womit das Korn zusammen geschoben und einiger Maßen eben geleget wird.

Ursachen der Nachtfröste im Sommer in Nordland.

Es verursachen aber in ganz Angermanland und besonders in dem Kirchspiele Asele die Nachtfröste unglaublichen Schaden. Sie eräugen sich den ganzen Sommer über und insonderheit zu der Zeit, wenn das Korn reifet. Ein einziger derselben kann es, wenn es am Besten steht, völlig verderben, so daß ehe der folgende Mittag kömmt, das Gras verwelket, die Aehren niederhangen und der Landmann aller seiner Frucht beraubet wird. Die eigentliche Ursache davon kann ich mit Gewißheit nicht sagen. Insgemein scheint wohl, daß, je weiter ein Ort gegen Norden liegt, desto kälter er sey, und daß er viel leichter von der Kälte angegriffen werde, als derjenige, der weiter gegen Süden liegt. Allein, dieser Grund ist doch nicht hinlänglich. Denn man kann mit Beyspielen darthun, daß die Lage gegen den Nordpol nicht die einzige Ursache der Vermehrung der Kälte sey. Die Alpen hegen Jahr aus Jahr ein Schnee und liegen doch viel weiter gegen Süden, als Sachsen. Die Schweiz ist viel kälter, als Holland und liegt doch weiter gegen Süden. Das Erzgebirge in Sachsen ist viel kälter, als Pommern; ja, hier in Nordland selbst findt man zwey Kirchspiele, Nord- und Südlian, mitten im Gebirge, wo man Roggen und Gersten ohne Frost säet und ärndet. Dieser schädliche Frost kömmt nicht mit einer reinen und anhaltenden Kälte, sondern zu der Zeit, da natürlicher Weise keine Kälte mehr seyn sollte, als am Ende des Heumonates und zu Anfange des Augustes; insonderheit, da nicht nur einige Tage darnach wieder lieblich Wetter einfällt, sondern die Tage auch zu gleicher Zeit mehrentheils warm sind. Man kann zwar des Morgens nach den Nachtfrösten Eis sehen: die Sonne aber schmelzet es gar bald. Es geschieht auch vieler Orten, daß auf einem Stücke Feldes ein Acker allezeit mit Ostwinden friert, die andern aber nicht, die doch mit ihm in gleicher Lage liegen, so wie ein anderer Acker dagegen wieder mit Westwinden, ein dritter mit Südwinden und ein vierter nur allein bey Nordwinden friert, wenn die andern frey bleiben.

Es ist in Wahrheit schwer, zu sagen, worinnen der rechte Grund liege; denn was anderer Orten wahrscheinlich zu seyn scheint, das trifft hier nicht ein. Wenn nahe an den Aeckern Moräste und Sümpfe gelegen sind, so daß der davon aufsteigende Nebel von keinem fließenden Wasser verändert wird, so pflegen selbige Kälte von sich zu geben, die der Saat schadet, wie man hier dafür hält. Dieß kann zwar das Meiste zum Froste beytragen: es ist aber doch allein nicht hinlänglich. Denn wie eben bey Soletta angemerket worden, so friert der eine Acker oft, der andere selten von denen, die doch bey einander und gleich nahe an den Morästen liegen. Ich habe auch in dem Kirchspiele Asele befunden, daß die Saat bey der Colonie Hellan niemals erfriert, da doch viele Moräste da umher sind, bey Gassele hingegen oft und bey Noren noch öfter, da doch beyde, und insonderheit Gassele, eben so weit, als Hellan, von dem Flusse umgeben sind, welcher diesen Nebel an sich zieht, und schwerlich mehr Moräste neben sich haben, die nicht von dem Flusse gewässert werden, als Hellan.

Der von Flüssen und Bächen aufsteigende Nebel pfleget sonst die Saat vor der Kälte zu bewahren; indem kein Frost schadet, wenn die Nacht neblicht ist. Man berichtet aber, daß die Kälte zuweilen eher einem Acker schadete, der nahe an dem Flusse läge, als einem, der ein Stück Weges davon entfernet wäre. Natürlicher Weise sollte

sollte man meynen, der Nordwind könnte eher Kälte bringen, als irgend ein anderer Wind: man findt aber, daß der Südwind und andere zuweilen und an einigen Orten kälter sind, als der Nordwind. Man sollte auch meynen, daß die Aecker, weil sie hier alle Jahre besäet werden, nicht nur das Korn langsamer hervorbringen, sondern demselben auch schwächere Kräfte geben müßten, der Kälte zu widerstehen. Weil aber die starke Viehzucht, die hier getrieben wird, ihnen viel Mist bringet, und das Erdreich aus tiefem Sande besteht, das oft und dünn will gemistet seyn, so werden die Aecker ein Jahr um das andere gedünget, und haben also Kraft und Fettigkeit genug, das Korn zu treiben, welches, wie ich da war, sehr frisch stund und breite Blätter hatte. Ehrenmalm. 1741.

Damit man indessen den rechten Grund einer Sache erforschete, wobey so viele Umstände für und wider vorkommen, so fand weder mein Reisegefährte, der Baron Cederhielm, noch ich, ein anderes Mittel, als daß wir den Inspector der Perlfischerey, Edie, der sich beständig in dasiger Gegend aufhielt, bathen, an verschiedenen Orten zugleich zu untersuchen, wenn der Frost zuerst einfalle, dessen verschiedene Eigenschaften, die unterschiedlichen Wirkungen desselben, die ungleiche Lage der Aecker, das Erdreich, was für Winde alsdann wehen und so weiter zu bemerken.

Wenn man die eigentliche Ursache eines Uebels erfährt, so kann man leichter, als sonst, Mittel finden, demselben vor zu beugen. Indessen aber, bis solches geschehen kann, bin ich der Meynung, dieser Frost entstehe aus den säuerlichen Dünsten, welche aus dem Ackerlande selbst und dessen verborgenen Adern aufsteigen, und keinen Schaden thun, wenn sie sich vertheilen, reinigen und in Nebel verfliegen können; wenn sie aber nicht weiter kommen können, als sie von der Saat geholfen werden, die Aehren angreifen und erfrieren lassen, daß sie des andern Tages verwelket hangen, als wären sie vom Halme abgebrochen. Ich werde in dieser Meynung dadurch bestärket, daß erstlich zu Hellan, wo das Korn fast niemals erfriert, unter dem ganzen Acker Felsen sind, so daß der Sand an einigen Orten kaum sechs Viertheil tief ist, und also nicht mehr Feuchtigkeiten heget, als vor dem Mitsommer ausdünsten können. Dagegen ist anderer Orten das Ackerland nicht nur locker, sondern hat auch tiefen Sand. Zweytens liegen bey Gaßsele, und insonderheit bey Noren, die Moräste höher, als die Aecker, so daß die Feuchtigkeit, die aus denselben sich durch den lockern Sand zieht, unterwegens faulet, ehe sie auf dem gepflügten Acker ausdünstet. Drittens sind die Gegenden an dem Gebirge, worauf das ganze Jahr über ein beständig schmelzender und triefender Schnee liegt, der Kälte mehr unterworfen, als andere. Muthmaßung davon.

In dem ganzen Kirchspiele Asele, dessen Länge sich auf acht bis neun Meilen erstrecket, wird nichts anders gesäet, als Gersten. Ich lasse andere urtheilen, ob es nicht vortheilhafter wäre, Roggen zu säen. Denn außer dem, daß der Roggen theurer, haltbarer und besser zu Brode ist, als Gerste, so kann man auch, wenn man ein Jahr gegen das andere rechnet, allezeit versichert seyn, mehr Roggen, als Gerste, zu bekommen. Es ist zwar die Gerste zuweilen ergiebiger, als der Roggen: sie schlägt aber auch öfter fehl. Meiner Meynung nach ist der Roggen auch sicherer vor der Kälte. Denn er wird im Herbste gesäet, da er gute Wurzel schlägt, ist mit mäßigem Sommerwetter zufrieden, wenn der Frühling gleich nicht so zeitig einfallen sollte,

Ehrensmalm. 1741.

wird zeitiger eingeärndet, und ist also der Gefahr der Nachtfröste nicht so sehr unterworfen, als die Gerste.

Wegen des vielfältigen Miswachses hier zu Lande ist auch das Korn sehr theuer; und eine Tonne Gerste galt acht und dreyßig bis vierzig schwedische Thaler, als ich mich daselbst aufhielt. Wegen solcher Theurung des Kornes können die Leute nicht beständig Gerstenbrod essen, sondern bedienen sich der Rinde von Tannenbäumen, wie schon gedacht worden. Sie sind dieser Speise so gewohnt, daß sie auch in guten Kornjahren dasselbe essen, damit sie in der Gewohnheit bleiben und nicht etwan krank werden, wenn sie aus Noth damit fürlieb nehmen müssen. Es wäre gut, wenn diese Leute so wohl, als die Lappen, lernen und sich gewöhnen könnten, Wurzeln und Kräuter z. B. Erdäpfel oder Rüben, zu gebrauchen, und sich Brod daraus zu backen. Dieß würde wenigstens schmackhafter und besser seyn, als die trockene Baumrinde. Es scheint auch, daß diese Gewächse in dem lockern Sande wohl fortkommen würden, wie denn der Pastor **Forsberg** solches mit Potatoen und Rüben versuchet hat, die gut eingeschlagen sind.

Knort, eine beschwerliche Art Mücken.

Unter andern Beschwerlichkeiten, womit die Einwohner allhier im Sommer geplaget werden, ist eine Art Mücken, die sie **Knort** nennen, ein kleines stinkendes Ungeziefer, von Gestalt gleichsam eine Mittelgattung zwischen Mücken und Fliegen, mit schwarzen und gelben Streifen über den Rücken und über die Beine. Sie sind daselbst so häufig, daß sich die Einwohner, wenn es am Tage helles und stilles Wetter ist, nicht anders vor ihnen bergen können, als daß sie sich das Gesicht mit einer aus Theere und Fette gemachten Salbe schmieren, welche so übel riecht, daß man nicht um sie bleiben kann, wofern man dieses Geruches nicht gewohnt ist. In ihren Häusern vertreiben sie dieß Ungeziefer dadurch, daß sie alle Abend mit Baumschwämmen darinnen räuchern, wovon solches stirbt oder wenigstens wegfliegt und verschwindt; wiewohl dieser Rauch dem Menschen nicht so widrig ist.

Alte Tannenbäume.

Bey der Colonie Süd-Asele eine Viertheilmeile gegen Südwesten von der Kirche macheten wir eine Probe mit einem abgehauenen alten Tannenbaume, und rechneten die Ringel, um den Unterschied des Wachsthumes der Bäume dieser Gegend von dem Wachsthume derselben in den südlichen Ländern zu erfahren. Wir befanden, daß die Dicke dieses Baumes, welcher dreytausend Ringel hatte und also dreyhundert Jahr alt war, ungefähr auf folgende Art angesetzet hatte. Man zählete von der Mitte auf die ersten funfzig Jahre an der Südseite fünfhundert zwey und siebenzig und an der Nordseite fünfhundert und neun, welche eintausend und ein und achtzig macheten; die andern funfzig Jahre an der Südseite dreyhundert und acht und sechzig und an der Nordseite dreyhundert und sieben und zwanzig, zusammen sechshundert fünf und neunzig; das zweyte hundert Jahr an der Südseite sechshundert fünf und achtzig und an der Nordseite sechshundert und neun, zusammen eintausend zweyhundert vier und neunzig; das dritte hundert Jahr an der Südseite fünfhundert und sieben, und an der Nordseite vierhundert und funfzig, zusammen also neunhundert sieben und funfzig. Der ganze Diameter des Stammes eines dreyhundertjährigen Baumes hatte also viertausend sieben und zwanzig Theile nach unserm geometrischen Maaßstabe, welche zwanzig und ein Achthel geometrische Zoll ungefähr macheten. Das Erdreich, worinnen

nen dieser Baum gewachsen war, ist steinichter mit Moose bewachsener Sandgrund, wie es in dem ganzen Kirchspiele Asele am gewöhnlichsten ist. Ehrenmalm. 1741.

Die Kirche zu Asele ist die letzte, die man auf der Reise nach dieser Lappmark sieht. Sie ist von Holze, sehr übel gebauet und sieht einer Scheune ähnlicher, als einer Kirche. Sie soll zur Zeit der Königinn Christina zum Dienste und zur Bekehrung der Lappen erbauet und dazu sechstausend Thaler Kupfermünze verordnet worden seyn. Der Baumeister mag aber gewesen seyn, wer er will, so sieht man, daß er bey Anwendung des dazu bestimmten Geldes keinen Schaden gehabt.

Wegen der Weitläuftigkeit dieses Kirchspieles und des weiten Weges, den die Lappen zur Kirche haben, wird der Gottesdienst nur einen Sonntag um den andern gehalten; da sich die Gemeine des Freytages Abends versammlet und die Lappen bis des Sonntages Abends in ihren bey der Kirche gemachten Hütten, die Bauern aber in denen von ihnen daselbst erbaueten Häusern bleiben. Der Gottesdienst wird so wohl den Sonnabend über das Evangelium des verwichenen Sonntages, als den Sonntag über dessen ordentliches Evangelium gehalten. Diejenigen Lappen, die auf dem Gebirge wohnen, kommen kaum alle hohe Festtage zur Kirche. Um Weihnachten und Neujahr ist Jahrmarkt bey derselben. Alle Lappen versorgen alsdann beyde, Seele und Leib; sie gehen in die Kirche und bedienen sich der Mittel des Heiles, und verhandeln dabey ihre Waaren. Sie bezahlen alsdann auch ihre jährlichen Zinsen. Haben sie Streitigkeiten, so werden solche vor dem Gerichte abgethan, welches zu der Zeit jährlich gehalten wird. Hauptsächlich aber leben sie alsdann in der größten Wollust.

Bey dieser Kirche ist auch eine Schule angeleget, wo ein Schulmeister und sechs Lappenkinder mit Gelde, Behausung, Essen und Kleidung unterhalten werden, bis der Knabe lesen und sein Christenthum verstehen gelernet hat. Der neue Schulmeister sagete, er wollte diese Kinder dahin gewöhnen, daß sie mehr Brod essen und Leinenzeug tragen sollten, in der Hoffnung, diese Gewohnheit würde mit der Zeit viel zum nähern Umgange und zur Verbindung mit den Schweden beytragen, da sonst der Aberglauben der Lappen nimmer aus zu rotten seyn würde; wie solches der Pastor Forsberg, der vormals Schulmeister daselbst gewesen, ebenfalls befunden hätte. Ich für mein Theil finde dieß um so viel mehr gegründet, weil ich nicht glaube, daß die Bekehrung der Lappen von Herzen gehe, sondern lauter Verstellung und Heucheley sey. Der Eigensinn, über die Sitten ihrer Väter zu halten, will ihnen nicht gestatten, ihre Blindheit ab zu legen. Sie urtheilen von allen christlichen Kirchenceremonien nicht anders, als wir von ihrem Aberglauben, und denken, es sey kein anderer Unterschied unter den Gräueln ihrer Vorfahren und den christlichen Lehrsätzen, als daß diese von der hier im Reiche herrschenden Macht unterstützet werden. Man schließt solches theils aus ihrer Lebensart, theils aus ihrem Abscheue vor allem Umgange mit Fremden oder Schweden, insonderheit Priestern, theils aus ihrer Furcht, sich in Gespräche von Religionssachen ein zu lassen, theils aus ihrer Gewohnheit, gewisse Knochen von ihren Rennthieren, die sie schlachten, oder von dem Wilde, das sie fällen, gleichsam als Opfer auf Bäume und Gerüste hin zu legen, theils aus ihrer furchtsamen Gewohnheit, alles blindlings zu bejahen, was derjenige saget, der ihrer Meynung nach, über sie zu gebiethen hat, und theils aus ihrer Verbindung unter einander, da keiner den andern verräth, wenn sie gleich etwas begehen, das den Christen nicht geziemet und zum Bey-

Abneigung der Lappen vor dem Christenthume.

Ehrenmalm. 1741. spiele, ihren Götzen zu ehren singen, wenn sie besoffen sind. Ich befürchte auch, daß die meisten Lappen, ungeachtet aller Mühe, die man sich gegeben hat und noch giebt, ihre Wahrsagertrummel ab zu schaffen, solche dennoch haben und sich deren nach ihrer Art bedienen; wie sie denn in ihren weitläuftigen Ländereyen Gelegenheit genug haben, solche zu verbergen. Ein Beweis davon ist, daß der Pastor Forsberg unlängst eine solche Trummel erhaschet und weggenommen. Allein, sie können sich dergleichen Werkzeug, welches sie für höchstnöthig halten, mit geringen Kosten bald wieder machen. Sie wundern sich dabey, daß die Schweden ihnen solches zu gebrauchen verbiethen, da sie sich doch selbst der Compasse und Taschenuhren bedieneten, welche sie für eine Art derselben ansahen.

Jahrmarkt bey Asele. Auf dem Jahrmarkte, der alle Weihnachten bey der Kirche zu Asele gehalten wird, verkaufen die Lappen Rennthiere, Rennthiershäute, Vögel, die sie geschossen haben, getrocknetes Rennthierfleisch, Rennthierkäse, Körbe, unbebrämte Pelze und anderes Rauchwerk. Sie könnten auch, wenn sie es gewohnt wären, Rennthierzäume von Sehnen, Seile aus Wurzeln, trockene Fische u. d. g. bringen. Dagegen nehmen sie das grobe Tuch Walmar, anderes blaues und rothes Tuch, grobe Filze, Pulver und Bley, feine Tabackspfeifen mit kleinen Köpfen, gepreßten Taback, Nadeln, messingene Ringe, messingene Kessel, Hanf zu Netzen, etwas Salz und Pfeffer, Messer, selten aber Beile, und vor allen Dingen Branntewein, wenn solcher zu haben ist, oder in Ermangelung dessen portugiesischen Wein, vornehmlich wenn der Verkäufer solchen mit Branntewein vermischet hat. Ihre mit Eisen beschlagenen Kisten und den meisten Taback kaufen sie in Norwegen, wohin sie auch ihre Rennthierhäute bringen, die zum Gerben taugen. Die Colonisten verkaufen Butter und Käse, trockene Fische, Vögel und etwas Pelzwerk und kaufen wieder alles, was ein Landmann bedarf, insonderheit Hanf, Flachs, Pulver, Bley, Salz, Korn, Eisenzeug, Kupfer- und Messinggeräth, wie auch Walmar oder grobes Tuch. Die Bürger, die aus den Städten dahin reisen, sind meist aus Umea, als welche sich mehr auf diese Handlung legen, als die Einwohner in Hernösand. Alles, was man für baar Geld kaufet, wird den Lappen mit Silbermünze, den Colonisten aber wohl mit etwas Kupfermünze bezahlet.

Von der Kirche zu Asele bekamen wir Colonisten, die uns den Weg weiter hinauf nach Lappland wiesen. Die Reise gieng den Fluß Angerman hinauf über verschiedene Sträke, Sehle und Forsse. Man mußte an einigen Orten so wohl das Gepäck, als die Boote, wegen der heftigen Wasserfälle über Land tragen und zuweilen eine, zuweilen drey Meilen mehr oder weniger zu Fuße gehen, damit man denjenigen die Arbeit erleichterte, welche die Booote gegen den Strom hinauf ruderten, zogen oder schoben. Die Lappländer rechnen den Weg nach Tagereisen, die Nordländer aber nach Meilen, deren einige ziemlich stark sind. Er gieng bis nach Wolksiö Forssen oder Storforssen verschiedentlich gegen Norden, Nordosten, Nordwesten und andere Zwischenlinien des Compasses, doch so, daß es meistens auf Nordnordwesten ankam.

Als wir des Morgens um sechs Uhr auf dem Wolksiö anlangeten, nachdem nach Mitternacht ein dicker Nebel aufgestiegen war, welcher des Morgens um vier Uhr anfieng, sich zu zertheilen, so daß er gänzlich verschwunden war, als wir uns gegen den Forß hinauf gearbeitet hatten, so schien es auf der See selbst wie ein Regenbogen gegen das im Westen zum Norden liegende Land ungefähr achthundert bis tausend Schritte von uns.

uns. Das Wetter war ganz still, die Sonne schien hell, das Wasser war sehr rein, so daß wir auf der Tiefe von zweenen Faden, die der See an dieser ganzen Seite hatte, Steine, Kies, Kieselsteine, groben und feinen Sand von grauer und brauner Farbe ganz deutlich unterscheiden konnten.

Ehrens-malm. 1741.

Lauf des Flusses Angerman

Ungefähr anderthalb Meilen an der westlichen Seite von Wolksiö war ein von dem übrigen Gebirge unterschiedener Berg, doch von eben der Eigenschaft, Blackfiäll genannt, zu sehen. Wir giengen noch über einige Wasserfälle oder Forssen, Sehlen und Sträken den Fluß Angerman hinauf bis Telt Siöarne. Er hat seinen Ursprung aus den Gebirgen Kultsiöfiäll und Biörkfiäll, bekömmt einen Zuwachs von Marsfiäll, vereiniget sich darauf nach gerade mit verschiedenen kleinen Seen und Bächen, als dem Tettsiöar, Hwoima und andern, fließt durch die Seen Malgomal und Wolksiö, und nimmt dergestalt zu, daß er auf einigen Sehlen ein Viertheil bis halbe Meile breit ist, und doch einen ziemlichen Strom hat. An denen Orten, wo er sich ausbreiten kann, fließt er langsamer: wo er aber schmaler eingeschränket wird, da verändert er auf einmal seinen Lauf, hebt sich mit Heftigkeit über die ihm widerstehenden Hindernisse, und fällt mit solchem Geräusche über die im Wege liegenden Klippen, daß man das Brausen bey stillem Wetter oft über zwo Meilen weit davon hören kann.

Ich sah die Bauern aus dem Kirchspiele Asele, welche gewohnt sind, sich mit ihren kleinen Booten den Strom hinan zu helfen, wenn sie an die Klippen kamen, aus den Booten aussteigen und solche mit so vieler Behendigkeit wider den Wasserfall hinan ziehen, als es ein unerschrockener Muth und eine lange Uebung sie gelehrt hatten. So geschickt sie aber auch seyn mochten, so wurden sie doch in der Fahrt über die Wasserfälle von den Lappen übertroffen.

Boote der Lappen.

Die Boote derselben sind nicht so gebauet, wie unsere. Der Kiel ist aufs höchste sechs, oft aber darunter nur bis drey Ellen lang, breit und platt und an beyden Enden gleich spitzig. Die Krummhölzer sind dünne Stücke Bretter, drey oder vier an jeder Seite, und tief genug. Das Seitengebäude ist von dünnen, behauenen oder behobelten fichtenen Brettern, ein Sechstel Werkzoll dick, ohne Nägel, mit Baste von den Wurzeln der Tannenbäume oder mit Sehnen von Rennthieren zusammen gefüget. Aus diesem Bauwerke kann man leicht schließen, wie stark ein solches Boot seyn müsse. Ein Mensch, der etwas Kräfte hat, kann es allezeit zwischen den Händen zerdrücken, und es darf niemals einer auf der Seite hinein steigen, sondern muß allezeit mitten auf den Kiel, damit es nicht in Stücken gehe. Diese Boote sind ganz leicht und für die Lappen also recht bequem, welche auf ihren weitläuftigen Ländereyen hin und her ziehen und diese Boote mit geringer Mühe von einem See zum andern tragen können. Sie haben darinnen gemeiniglich einen Sitz, etwas über die Mitte nach dem vordersten Ende, worauf der Ruderer sitzt, und einen dergleichen, worauf der Reisende sitzt, ein Geschirr von Birkenrinden, das Wasser aus zu schöpfen, und die Ruder nebst einem Beile.

Bey der Zurückreise, da ich das erste Mal zween Lappen mit einem solchen kleinen Boote einen Wasserfall hinab fahren sah, kam mir, ich gestehe es, ein Grauen an. Denn ich stellete mir alle Augenblicke vor, ich würde das Boot, welches durch den Wasserfall zwischen den im Wege liegenden Steinen und Klippen so schnell hingerissen wurde, daß kaum eine Taube so geschwind fliegt, an einem Steine zerscheitert und die,

 welche

Ehrenmalm. 1741. welche darinnen saßen, von dem Wasser verschlungen sehen. Allein, diese, welche solcher gefährlichen Fahrt schon gewohnt waren, schienen so sorglos und unerschrocken dabey, als wenn sie bey einem Fleischtopfe gesessen hätten. Ihre Gleichgültigkeit reizete so wohl den Baron Cederhielm, als mich, diese Fahrt über die Wasserfälle ebenfalls zu versuchen; und da wir solches mit ihnen über einige gethan hatten, so saßen wir lieber in dem Boote, als daß wir, wie zuvor, zu Lande giengen.

Wenn der Lappe gegen den Strom fährt und der Wasserfall so heftig ist, daß er mit dem Boote nicht hinauf rudern kann, so setzet er sein birkenrindenes Geschirr zum Wasserschöpfen auf den Kopf, stecket die Ruder an beyden Seiten des Stirles durch daran festgemachte Welden, nimmt seinen Eßsack auf den Rücken und hängt sein Boot umgestürzet über sich, welches er auf dem Kopfe über Land trägt, bis er den Wasserfall vorbey ist. Mit dem Beile, das er an dem Ruder des Bootes etwas vorwärts bey seinem Kopfe fest gemacht hat, hält er nicht nur das Boot im Gleichgewichte, sondern drehet und wendet es auch zwischen den Büschen und Bäumen, bis er es wieder auf das Wasser setzen und seine Reise darinnen weiter thun kann. Segel sind auf diesem schwachen Fahrzeuge nicht zu gebrauchen, wenn der Lappe auch gleich wüßte, was Segel wären.

Das Feld in dieser ganzen Gegend am Flusse besteht theils in Morästen und Bergen, theils in sandichtem und ebenem Erdreiche, und ist mehr oder weniger fruchtbar, nachdem es näher an oder weiter von dem Flusse liegt, und von solchem im Frühlinge überschwemmet wird. Hierinnen scheint der Fluß Angerman dem Nil in Aegypten ähnlich zu seyn. Wenn es in Aethiopien und Abyssinien regnet, welches im May anfängt und bis zu Ende des Brachmonates währet, so wächst der Nil davon so hoch an, daß er gemeiniglich zu Ende des Brachmonates, nachdem er den weiten Weg über seine großen Forsse oder Fälle nach Aegypten gekommen, auch anfängt, das Land zu überschwemmen, welches bis zu Ende des Weinmonates anhält. Eben so ergießt sich der Angerman, wenn die Sonne zu Anfange des Mayes und ferner nach und nach auf dem nordischen Gebirge den Schnee schmelzet, einen Monat darnach oder zu Anfange des Brachmonates, weil er keinen so weiten Weg hat, als der Nil; welches oft bis zu Ende des Heumonates fortdauret. Ich nenne die Wasserfälle (Cataractæ) des Nils mit Fleiße Forssen, weil man eben so wie in Lappland darüber fahren kann, welches bey einem hohen und jähen Falle nicht angehen würde. Wenn sich der Nil ein Jahr nicht ergießt, so ist solches in Aegypten ein Zeichen des Miswachses: gleicher Gestalt ist man auch in Asele versichert, daß Miswachs an Heue und Korne seyn werde, wenn der Fluß nicht das Land überschwemmet. Der Grund des Nilstromes soll Sand und das Wasser klar seyn, wie in dem Angerman. Der Nil hat einen Zufluß von vielen kleinern Flüssen, insonderheit aber von zweenen ziemlich großen, Abambas und Rabla; der Fluß Angerman gleichfalls von dem Hwolma und dem südlichen Adal. Die Ergießung dieser beyden Flüsse ist eine besondere Wohlthat Gottes, in Aegypten das Land wider die Sonnenhitze ab zu kühlen, und in Asele die Winterkälte aus dem Boden zu ziehen, die sonst länger darinnen bleiben und verursachen würde, daß Korn und Kräuter erfrören. Der Unterschied besteht in der ungleichen Himmelsgegend und dem ungleich weiten Laufe beyder Flüsse, auch der Größe des Zuwachses, so daß die Ueberschwemmung des Nils in Aegypten von größerer Wirkung seyn kann, als des Angermanns

Vergleichung des Angermans mit dem Nils.

mans in Asele. Es kann auch das weit häufiger überschwemmende Wasser daselbst, zu vielfältigem Nutzen, sowohl durch Hülfe der Natur, als der dazu gegrabenen Canäle weit besser abgeleitet werden, als hier, da es allein durch die Hülfe der Natur, ohne Arbeit und Kunst, geschiehet. Ehrenmalm. 1741.

Man sollte meynen, es wäre hier eben im Lande so viel Gehölz zu finden, daß man wenigstens einige Bäume zu Schiffmasten darunter antreffen könnte. Allein, man darf dergleichen hier nicht suchen; denn fast alle Wälder sind durch Feuersbrünste verheeret worden. Man schreibt solche insgemein dem Donner zu: die meisten aber sind wohl von den Lappen selbst verursachet worden. Denn wenn sie von einem Orte wegziehen, so bekümmern sie sich eben nicht sehr darum, ob sie Feuer in ihren Hütten liegen lassen; welches sich leicht entzünden und ihnen den Nutzen bringen kann, daß sie nicht nöthig haben, die Wälder aus zu rotten. Ja, sie mögen wohl zuweilen selbst mit Fleiße Feuer anlegen, damit nicht die Schweden gereizet würden, dahin zu ziehen, oder Bergleute daselbst Mineralien zu suchen. Man findt zwar einiger Orten Tannen, die so groß als Mastbäume sind: das Holz aber ist nicht fest, sondern voller Ritzen und rothflüssig. Wälder werden abgebrannt.

Unser Weg gieng weiter über den Wolksiö, welcher sich gegen Nordosten zum Norden erstrecket. Ungefähr mitten in diesen See fällt an der östlichen Seite ein großer Fluß hinein, welcher der Hwoimastrom genennet wird, weil er aus Hwoimasee kömmt, der in Nordnordosten ungefähr sechs bis sieben Meilen davon liegt, obgleich der Fluß wegen der vielen Krümmen einen viel weitern Weg geht. Dieser Wolksiö so wohl, als alle andere Sehle oder stille Gewässer, worüber wir gefahren, hat steinichten oder sandichten Grund. Am Ende des Wolksiö fängt das Tannengehölz an, nach und nach ab und das Fichtengehölz zu zu nehmen, so daß an dem Malgomaisee die Tannen sehr selten sind. Dieser See, auf dem wir endlich ankamen, soll ungefähr viertehalb Meilen lang seyn, wiewohl der Weg, den wir darüber hatten, nur zwo Meilen war. An einigen Orten ist er eine vierthel, eine halbe, auch wohl ganze Meile breit. Die Breite erstrecket sich von Nordosten nach Südwesten, wo er sich endiget, seinen Ausfluß aber hat er in den Angerman in Südosten. Der Grund war in diesem See wie in den andern, und die Fischerey gleichfalls. Beschaffenheit der Seen.

So bald wir in diesen See kamen, sahen wir gegen Westen ein Gebirge, welches Akickfiäll hieß, und sechs Meilen von demselben liegen soll. Die Anhöhe bey dessen Ausflusse schien ziemlich fruchtbar zu seyn, wie auch ein Theil des da herum liegenden Gefildes. Das Gehölz schien meistens vom Feuer verzehret zu seyn. Wir machten auch hier einen Versuch mit einer abgehauenen Fichte, der größten, die wir antrafen, und nach den Ringeln hundert und zwey und sechzig Jahre alt befanden. Der halbe Durchschnitt hielt eintausend dreyhundert und ein und dreyßig Theile nach dem geometrischen Maaßstabe, oder ungefähr sechs und drey Vierthel geometrische Zoll. Der Boden, worauf sie gestanden, war steinicht und mit Moose bewachsen; sonst waren die Fichten hier ziemlich hoch und voller Moos.

Wir fuhren mit unsern Booten weiter einen kleinen Bach hinauf nach dem Terrsiöen in Nordwesten eine halbe Meile, wo wir endlich dieselben auf das Land zogen und das Uebrige unserer Reise beständig zu Fuße, meistens gegen hohe Berge hinan, thun mußten. Das erste Gefilde, worüber wir giengen, war abgebrannt, fast überall sandicht. Bäume und Stauden hinter dem Malgomaisee.

Ehrenmalm. 1741. sandichtes Erdreich mit Steinen vermenget. Dornach kamen wir in einen Fichtenwald, der aber nur kleines Gehölz hatte und ungefähr anderthalb Meilen gegen Nordwesten den Berg hinan gieng. Wir thaten an den Fichten keinen Versuch, wie es mit ihrem Wachsthume beschaffen wäre: sie sahen aber frisch genug aus. Die Aeste waren mehrentheils horizontal gewachsen und die Stämme selbst weder so hoch, noch so dick, als um Asele, auch nicht so spitzig gegen den Gipfel, als am Schwanenberge. Tannen wuchsen hier nicht, außer einigen kleinen elenden Sträuchen: der Birken und Espen aber wurden mehr, je weniger Hügel und mehr Moräste da waren; jedoch waren sie allezeit niedrig, voller Aeste und dünn. Die Birken schienen von zweyerley Art zu seyn. Die eine hatte kleine Blätter, wie anderes Birkenlaub an Gestalt; die andere hatte größere, dickere, krausere und gleichsam fettere Blätter, die fast wie eine Mittelgattung zwischen Birken und Stachelbeerenlaube aussahen. Wir fanden auch hier und da einen Hagedornbusch: es hatte aber keiner dieß Jahr Beeren.

Myr-Ris. In den Morästen wuchs ein Gebüsch, welches man Mohrstauden (Myr-Ris) nannte. Es bestund aus geraden Ruthen ohne Zweige. Das Holz daran war fest, die Rinde bey der Wurzel grau, als an einer Weide, gegen die Spitze bräuner, als an jungen Birken, die Blätter dicht am Holze, wie kleine runde Kleeblätter gestaltet, und allemal drey und drey beysammen.

Das Erdreich im Walde war theils felsicht, meist Steingrund mit Moose bewachsen, und wo die Grunderde hervorschien, da war solche mehrentheils ein feiner brauner Sand. Die Erde unter den Morästen im Walde war gleichfalls Sand, worauf sich von dem verfaulten Moose eine schwarze Erde gesammlet hatte, die an einigen Orten nur eine Vierthel Elle tief, an andern zwo Ellen und noch wohl tiefer war; denn wir konnten wegen der unglaublichen Menge obgedachter Mücken nicht allenthalben eine Untersuchung anstellen. Diese Insecten sind auf dem Gebirge häufiger, als in Asele, auch etwas anders beschaffen, indem der Leib und die Füße an ihnen gelber und ihre Bisse giftiger sind. Sie lassen gemeiniglich einen kleinen schwarzen Fleck nach sich, woraus hernach eine Beule wird. Man kann sich fast unmöglich vor ihnen verwahren, und sie dringen auch durch Florkappen.

Am Ende des Fichtenwaldes kam ein frisches grünes Feld auf steinichtem Boden. Wir fanden daselbst vielerley Gräser und Kräuter, die wir nicht kannten, und unter andern eine Menge Blätter, welche wie Lilia convallium aussahen. Die Wachholderbüsche, die wir ebenfalls sahen, waren sehr niedrig, ohne Beeren, und braun, als ob sie verbrannt gewesen.

Gebirge Rödfjäll. Endlich kamen wir an den Fuß des Gebirges Rödfjäll und braucheten eine ganze Stunde, ehe wir den Gipfel erreicheten, den wir an dem Ende des Malgomalsees sahen, wo er sich in den Wolken zu verlieren schien; und dieser Berg war doch der niedrigste unter seinen Geschwistern. Fjäll heißen hier Berge, die aus einer Menge großer und kleiner Steine bestehen. Selten sind es ganze Felsen und alsdenn doch so zerborsten, daß man sie nicht anders, als Steinhaufen ansehen kann. Zuweilen sind sie bloß, meistentheils aber mit etwas Erde oder Moose bedecket. Rödfjäll drehet sich als ein halber Mond gegen Norden um den See Rödsiö herum. Das Land dazwischen ist fett, mit kleinen Birken, Weiden, Mohrstauden und Grase bewachsen. Der Boden an der obersten Seite ist ein feiner weisser Sand, an der unter-

untersten ein weisser lockerer Lehm. Wofern nicht die vielen Quellen, welche hier aus dem Berge entspringen, das Wachsthum des Getraides im Frühlinge hinderten und im Sommer Nachtfröste verursacheten, so würde dieses Land viele Leute ernähren können. Es schien das beste zu seyn, was wir in der ganzen Gegend gesehen hatten; denn es war eine halbe Elle tief reine schwarze Erde, wenig steinicht und das Feld ziemlich abhängig. Ehrenmalm. 1741.

Wir giengen weiter einen runden Berg vorbey, der rund umher mit Steinen und Morästen umgeben war. Ich zweifele nicht, daß diese Moräste, die hier nicht selten sind, genützet werden könnten, wenn sie ausgedeichet und gedünget würden. Was hoch liegt, könnte zu Aeckern, und was niedrig liegt, zu Wiesen angebauet werden; denn die Lappen berichteten, daß auf der norwegischen Seite eben solche Gegenden angebauet und zu ganzen Dorfschaften erwachsen wären. Dieß könnte auch hier geschehen, wenn nur die Lappen anfiengen, sich zum Ackerbaue zu bequemen, oder die Leute auf den Colonien sich so vermehreten, daß sie sich nach und nach bis hieher ausbreiteten. Eine besondere Colonie aber dahin zu setzen, scheint mir wegen des kostbaren Verlages, der dazu erfordert würde, nicht der Mühe werth zu seyn. Die Erbauung der Häuser an einem sechs Meilen von dem Walde entlegenen Orte würde zu hoch kommen, da außerdem der zwey bis drey jährige Vorschuß zum Unterhalte und die mühsame Anschaffung des Viehes, welches man theils zu Wasser, theils zu Lande dahinbringen müßte, zu schwer fallen würde. Bey allem dem könnte sich doch noch künftig Mangel an Brennholze eräugen, wenn sich die Einwohner vermehreten, Häuser gebauet, auch Brenn- und Zaunholz angeschaffet werden sollte. Der langsame Anwachs des Gehölzes würde alsdann denjenigen, der den Vorschuß gethan hätte, seine angewandten Kosten billig bereuen lassen, und ihm alle Hoffnung des Genusses für seine angewandte Mühe benehmen. Wie die Moräste um den Bergen zu nützen.

Wir giengen noch zwo Meilen weiter nach dem Gebirge Kirschewari, wo wir mitten im August mit einem Schritte von dem grünen Gefilde auf den Schnee treten konnten und befanden, daß es daselbst ohne einige Kosten gute Eiskeller gab. Hier schied die Gesellschaft aus einander; einige giengen weiter gegen Norden über das Gebirge, einige südlich über den höchsten Theil eines großen Morastlandes. Dieses Morastland erstreckete sich ungefähr zwo Meilen in der Runde gegen Süden zum Westen, hatte viele große und kleine Hügel, und war mit ganz dünnem Gebüsche und Fichtengehölze bewachsen. Diejenigen von der Gesellschaft, die über das Gebirge giengen, erblicketen in Nordosten zum Osten das westliche Ende des Malgomaisees, ungefähr drey Meilen von Kirschewari, die beyden Seen Lidsiöar in Nordosten zum Norden und einen Theil des Sees Kultsiö in Norden, durch welche noch der Fluß Angermann geht, wie auch weiter gegen Nordnordosten den See Marssiö, der sich gleichfalls in den Malgomaisee ergießt. Bis Lidsiöar rechnet man viertehalb Meilen, bis Kultsiö vier Meilen, und bis Marssiö auch so viel. Von da zeigete sich Lyckselefiäll in Nordosten zwölf Meilen, bis Marsfiäll in Nordnordosten fünf Meilen, bis Fialdfiäll in Norden zwölf Meilen, bis Biörkfiäll in Nordwesten zum Norden neun Meilen, bis Arnäsfiäll in Nordwesten zwölf Meilen, bis zum norwegischen Gebirge in Westen zum Norden zwanzig Meilen, bis Hammardalsfiäll in Westsüdwesten acht Aussicht der Seen und Berge.

Ehrenmalm 1741.

Meilen, bis Jemtelandsfjäll in Südwesten zum Süden zwölf Meilen, bis Blockfjäll in Südosten vier Meilen, bis Arksjö in Südosten vierzehn Meilen. Es waren noch viele Gebirge mehr zu sehen, die alle mit Schnee bedecket, theils aber niedriger, als die jetzt genannten, theils auch ohne Namen waren. Es darf niemanden unglaublich oder unmöglich vorkommen, daß man hier zwölf, zwanzig und mehr Meilen weit und also weiter, als auf der See, sehen kann, wenn man bedenket, wie die krummen Wege über hohe Berge und tiefe Thäler die Meilenzahl größer machen, als sie in gerader Linie ist; wie viel dieser Horizont höher ist, als die See. Man darf nur nachrechnen, wie viel Meilen Kieschewari von Hernösand liegt, wie wir nicht nur den Strom hinauf in den so genannten Sehlen, die doch an dem südlichen Ende um ein merkliches niedriger sind, als an den nordlichen, sondern auch über Stromschüsse und endlich überhohe und jähe Wasserfälle, gegangen sind, so wird man leicht zugestehen, daß der Fuß des Rödfjälls eine Viertheilmeile oder fünfhundert Ellen höher liege, als Hernösand. Setzet man nun hinzu, daß ein starker Fußgänger eine gute Stunde von dem Fuße eines jeden Berges bis zu dessen Gipfel zu gehen hat; wie solches bey dem Kitschewari geschah; und daß von dem Fuße des Rödfjälls drey solche Absätze, und die genannten Berge vieleicht noch höher sind; wie auch, daß man auf der See von einem sechzig Fuß hohen Maste eine bis zwo Meilen weiter, als von dem Schiffe selbst, sehen kann: so wird es einem nicht unglaublich fallen, daß man auf dem Gebirge zwanzig Meilen weit von der Spitze des einen Berges bis zu dem andern sehen könne. Außer diesen Bergen sah man in der Gegend von Kitschewari und dem Marsberge zwischen den Seen Hügel mit dünnem Fichtengehölze, die vermuthlich gleiches Erdreich mit den andern so bewachsenen Hügeln hatten.

Bey Kitschewari kamen wir, auf dem Schwanenberge, der ein Theil dieses Gebirges ist, in eine Lappenhütte, wo wir unser Gezelt aufschlugen. Der nordliche Weg war noch eine Meile weiter, als der südliche, und mit viel mehr Schnee bedecket.

Beschaffenheit der Gebirge.

Diese Berge haben keinen zusammenhängenden Rücken, sondern liegen an einander wie Rasenhügel. Eben das kann man auch von den Bergen in den Morastländern sagen, und ich finde keinen Unterschied unter beyden, als die Höhe nebst den daraus entstehenden Veränderungen. Beyde haben einerley Grund und Boden, eine Menge Quellen und darunter solche, die stark genug fließen, eine Mühle zu treiben; ferner in ihren Thälern kleine Seen oder große Sümpfe und Moräste, woraus ziemlich starke Bäche in die niedrigen Seen fließen. Auf dem Gebirge liegt allzeit Schnee in den Felslöchern, welche die Einwohner in Asele Grübbar nennen. Hieraus folget, daß an allen diesen Bergen und zuweilen bis zum höchsten Gipfel hinan Quelladern zu seyn scheinen. Man sollte daher schließen, daß einige, wo nicht alle, dieser Quellen, ihren Ursprung von dem geschmelzenen Schnee und dem davon zwischen dem Sande und den Steinen in den Bergen aufgehaltenen Wasser haben. Denn man hat an verschiedenen Orten gefunden, wie das Wasser, welches zuvor in Bächen von dem Berge herabgeronnen, an niedrigen Oertern zwischen den Steinen seinen Ursprung aus einem Felsloche genommen, welches jetzt so wohl, als das Felsloch selbst, ausgetrocknet war.

Ich habe an einigen Orten zwischen den Kieselsteinen auf dem großen Gebirge etliche Hände voll schwarzer Erde gefunden, wovon ich aber die Ursache nicht begreifen

kann,

kann, wofern nicht der häufig fallende Schnee solche mit sich bringt, und, indem er sich durch den Sand zieht, hinter sich läßt. Der Sand ist hier weiß und ganz fein, zuweilen als ein Staub, und wird bey nassem Wetter so hart, als ein Lehm. Die Steine auf dem Gebirge sind mehrentheils Sandstein: doch sind diejenigen, welche frey liegen, von Wind und Wetter so hart geworden, daß sie fast wie Kieselsteine sind. Man findet auch welche, dem Ansehen nach wie Kalkstein, aber eben so hart, wie die andern; verschiedene, die wie klarer Alabaster aussehen, aber härter als Kieselsteine, doch ohne Kiesel, sind, eine Art von Blutsteine, schwarzen und grauen Schiefer, nebst vielen andern Arten, wovon einige dem Eisenerze ähnlich sehen, aber nur Kiesel und Quarze sind, welche man haufenweise zwischen dem Sandsteine antrifft.

Ehrenmalm 1741.

Auf dem hohen Gebirge wächst kein Holz, auf den niedrigen Bergen aber und in den Thälern wachsen hin und wieder Fichtenbäume, wovon wir den größten und besten abhauen ließen. Er war nach den Ringeln zweyhundert und sechs und vierzig Jahr alt, uud nur sechzehn Ellen lang. Im Durchschnitte bey der Wurzel hielt er nach dem geometrischen Maaßstabe ein tausend acht hundert und funfzig Theile, oder neun und ein Viertheil geometrische Zoll. Die Aeste waren gleichsam gegen Süden gedrehet, und zur Erde nieder gebeuget, welches vermuthlich von dem starken Schnee verursachet worden, den der Nordwind mit sich geführet hatte. Dieser Baum war gegen den Gipfel spitzig und sein Holz ganz locker; das Erdreich aber, worinnen er gewachsen war, Sand. Außerdem sah man auch niedrige und knotichte Birken, und Espen, welche gemeiniglich verdorren oder von der Kälte verderbet werden, wenn sie über neun Ellen hoch gewachsen sind.

Man bekömmt hier auch einige braune Wacholderbüsche und Weidenstauden zu sehen, an welchen letztern ein merklicher Unterschied des Geschlechtes ist. Das Männchen hat grüne, glatte, glänzende, das Weibchen aber graue und rauhe Blätter. Wenn die Rinde von dem Männchen mit einem Messer abgeschabet wird, so sieht sie wie geschabete Leinwand aus. Die Lappen brauchen solche, anstatt der Windeln, unter ihre Kinder in die Wiegen zu legen, die Schuhe aus zu füllen, wenn sie zu weit sind, u. s. w. Die Rinde des Weibchens aber ist zu hart und spröde dazu. Wo sie beysammen stunden, da sah man auf dem Weibchen Samen: wo sie aber vermischet waren, traf man keinen an. Ob sie gleich sehr niedrig sind, und gleichsam zur Erde niedergedruckt liegen, so wachsen und besamen sie sich doch so gut, daß ich fast glaube, ihr rechtes Vaterland sey auf dem Gebirge. Denn in den südlichen Ländern wird man jetzt selten finden, daß die Weiden reifen Samen haben; und an dem ganzen Flusse Angerman wachsen diese Weiden häufig an denen Orten, wo er das Land überschwemmet, selten aber an andern. Hieraus ist zu schließen, daß das Wasser nach gerade den Samen mit sich führe.

Das Erdreich auf den Hügeln, wo die Fichten wachsen, ist mehrentheils sandig, und zuweilen sieht man ganz dünne schwarze Erde zwischen den Steinen. An den südlichen Seiten findet man auch etwas Gras, doch je weiter hinunter, desto besser, insonderheit vielen wilden Sauerampf und andere Kräuter, welche die Lappen zur Speise gebrauchen, zerhacken, und in ihre Rennthiermilch thun, wenn sie solche kochen.

Ehrenmalm 1731.

Nebel von den Spitzen derselben.

Von den Spitzen der Berge und ihren Quellen stieg bey hellem Wetter ein solcher Nebel auf, daß man die Sonne, wenn sie über den Horizont kam, nicht sehen konnte, und sie auch selbst in den Mittagsstunden nicht ganz durchzudringen vermochte, wiewohl die Luft eines Tages geschwind warm war. Dieser Nebel verwandelte sich hernach sichtbarer Weise in Wolken. Bey dunkelm Wetter und Regen aber zog der Nebel niedriger, als auf die Hälfte des Berges, worunter wir bey zwoen Hütten eines Lappen unser Lager hatten und denselben ziemlich nahe waren. Gleichwohl gieng einer von uns die ganze Nacht in diesem Nebelgewölbe, ohne daß er sich herausfinden oder nur zwo Ellen weit vor sich sehen konnte; ja, er konnte nicht einmal das Feuer sehen, welches wir zum Zeichen für ihn angezündet hatten: er wurde aber doch nicht von den Wolken weggeführet, wie die alte Rede ist. Bey solchem dunkeln Wetter war es hier so kalt, als es in Stockholm zu Anfange des Weinmonates ist, wozu der Nordwind insonderheit viel beytrug.

Muthmaßliche Höhe derselben.

Die nächste Bergspitze schien uns sehr nahe und die darauf gehenden Rennthiere ganz klein zu seyn, so daß wir die ganze Heerde von sechzig Stücken kaum sehen konnten. Weil wir nun keine geometrische Instrumente bey uns hatten, so gieng ich auf den Berg und der Baron Cederhielm blieb unten, um nach dem Klange und durch das Gehör von der Weite zu urtheilen. Die Entfernung mit Schritten ab zu messen, war ganz unmöglich, weil der Berg gar zu höckericht war. Nach dem Gehöre zu urtheilen war sie ungefähr sechs bis sieben hundert Ellen. Hätten wir nach dem Gesichte geurtheilet, wie nahe der Berg bey unserm Gezelte zu liegen geschienen, so wären es fünf hundert gewesen; von dem Gezelte hingegen nach dem Berge zu sehen, etwan zwölf bis vierzehn Ellen. Die Ursache dieses Unterschiedes mögen die Naturforscher untersuchen, desgleichen woher es komme, daß diejenigen, welche dieser Himmelsgegend nicht gewohnt sind, von ungewöhnlichem Durste geplaget werden, da doch das Wasser besonders klar und ohne Geschmack ist, auch durstlöschende Theilchen bey sich haben sollte, da es von geschmolzenem Schnee kömmt.

Diese ganze Gegend von dem See Malgomai an, sollte ein Theil des Gefildes seyn, welches der Baron Cederhielm an zu bauen gedachte. Weil er solches aber von ganz anderer Beschaffenheit befand, als ihm war berichtet worden, und wir auch von der übrigen Art des Landes und der schlechten Wahrscheinlichkeit, daß es zum Ackerbaue könne gebrauchet werden, Nachricht eingezogen hatten: so reiseten wir eben den Weg wieder zurück, nachdem wir drey Tage vergebens auf helles Wetter gewartet hatten. In dieser ganzen Zeit sahen wir, wegen des beständigen Nebels, der von diesen mit Schnee bedeckten Bergen aufstieg und sie umgab, weder einen Stern noch auch die Mittagessonne, vielweniger deren Auf- und Untergang.

Kurze Vorstellung der Sitten und Gebräuche der Lappen.

Nachdem ich also die Beschaffenheit des Landes vorgestellet habe, so will ich auch in der Kürze etwas von der Lebensart seiner Einwohner, der Lappen, gedenken. Dieß sind Leute, deren elendes und schlechtes Leben ein allgemeines Mitleiden erwecken muß. Sie haben gleiche Vorzüge mit andern Menschen an Leibe und Gemüthe, wissen aber solche, vornehmlich die letztern, nicht zu ihrem wahren Besten zu gebrauchen. Eine falsche Einbildung von dem Vergnügen, welches eine faule Freyheit giebt, eine große Unwissenheit und eine schlechte Erziehung verursachen, daß ihre Begriffe von der Nothwendigkeit

digkeit einer vernünftigern bürgerlichen Gesellschaft, als ihre jetzige, nicht stärker werden, und sie daher lieber in ihrem Elende bleiben, als sich selbst heraus helfen wollen. Ehrenmalm. 1741.

Diese Leute sind mehrentheils bräunlich, die Mannspersonen lang, grob von Gliedern und stark. Sie haben dicke und lange Haare, kleine Stirnen und Gesichter, wenig Bart, breite Brust und Schultern, einen schmalen Leib und insgemein krumme Beine. Sie sind geschmeidig und scheinen schwere Arbeiten aushalten zu können. Insonderheit sind sie gute Fußgänger, und achten weder Hunger noch Blöße, weder Kälte noch ungestümes Wetter; dabey sind sie sehr geil, aber doch nicht lasterhaft.

Die Weibespersonen hingegen sind schwach von Gliedmaßen, klein gewachsen, sehr faul, aber der Geilheit eben so sehr ergeben. Sie haben dünne Haare, kleine Gesichter, und schmale Oberleiber. Sie sind vielfältigen Schwachheiten unterworfen, und können über die geringsten Zufälle etliche mal des Tages in Ohnmacht fallen.

Das einzige, worinnen man dieses Volk vor andern glücklich schätzen kann, ist, daß es von den verschiedenen und vielerley Moden in der Kleidung nichts weis. Sie behaupten, daß sie, vornehmlich die Weiber, noch etwas von der Tracht ihrer ältesten Vorfahren beybehalten; und ich muß ihnen glauben, da ihre Sitten und ihre Sage eine Aehnlichkeit haben, als könnten sie ihre Ahnen von den Kindern Israel und vielleicht von den zehn abtrünnigen Stämmen herrechnen.

Der Lappe brauchet nicht zu spinnen, noch einen Pfennig für Leinewand auszugeben, deren er nicht nöthig hat. Auf dem Kopfe trägt er eine Mütze von dem groben Tuche Walmar, woran der gröste Zierrath ist, wenn die Nähte derselben mit anderm Tuche besetzet sind. Dicht auf dem Leibe hat er ein Brusttuch von Walmar, und darüber ein dergleichen Wammes mit langen Aermeln und einem Gebräme von Tuchstreifen, welche blau oder roth sind, wenn es recht vornehm aussehen soll. Es ist weit um den Hals und vor der Brust aufgeschnitten, so daß sie mit beyden, Winter und Sommer, allezeit bloß gehen. Die Reichen haben auch noch ein Feyertageswammes, welches aber eben so gemacht ist. Sie tragen alle einen Gürtel um den Leib, der nach eines jeden Vermögen, entweder ungestickt oder mit Zinne gestickt und mit vielem kleinen Geschmeide besetzet ist. Dieß besteht in silbernen und messingenen Platten, Ringen und was man sonst glänzendes bekommen kann; wie sie denn hauptsächlich dafür sorgen, daß ihre Gürtel zierlich und schön seyn mögen; und es hängen verschiedene Fransen, Ringe, Beutel, Messer u. d. g. daran. Ueber dem Brustlatze tragen sie des Sommers bey garstigem Wetter einen alten abgeschabenen Pelz, der vor der Brust offen, weiter hinunter aber zugenehet ist. Im Winter haben sie einen wärmern Pelz, und wenn es sehr kalt ist, darunter auch noch ihr Wammes. Sie haben alsdann auch eine Pelzmütze, welche Kopf und Hals bedecket. Zu Hosen und Strümpfen, welche in einem Stücke zusammen hängen, bedienen sie sich gegerbter Rennthierfelle. Diejenigen, welche in den Gehölzen wohnen, haben Schuhe von Birkenrinden, die aber nur des Sommers gebrauchet werden; und die auf den Gebirgen haben im Winter Schuhe von Rennthierleder, wie der Nordländer ihre gemacht, wozu doch die Wohlhabenden Sohlleder von den Colonisten oder Kaufleuten kaufen.

Die Kleidung der Weiber ist der Männer ihrer fast gleich, nur daß ihre Wämmser länger sind und bis auf die Knie gehen, da sie bey den Männern hingegen nur die

Ehrenmalm. 1741

halben Lenden bedecken. Röcke tragen sie selten, wenigstens die Weiber auf dem Gebirge. Die Brust ist allezeit bloß, und auf dem Kopfe haben sie eine platte und runde Mütze von zweyen zusammen geneheten Stücken Walmar, deren oberstes ganz, in dem untersten aber ein eingefaßtes Loch vor dem Kopfe ist. Darunter tragen sie eine Art von Stirnbändern, wie ein breites Haarband, von Tuche oder Walmar, woran unten, anstatt der Spitzen, ein breites Band von zusammen geneheten Tuchleisten geheftet und gemeiniglich mit Zinne gesticket ist. Zu Hause bedienen sie sich auch einer Art spitziger Mützen. Uebrigens sind ihre Kleider wie die Mannskleider, außer daß sie am Halse derselben, wie auf den Gürteln, kleine silberne Platten haben, deren einige mit allerhand Figuren ausgearbeitet, andere ganz platt sind.

Die Wohnungen der Lappen sind eben so schlecht, als ihre Kleider, und heißen bey ihnen Kåtor, Kothen, welche auf dreyerley Art gebauet werden. Die erste ist, daß man Stangen in die Runde gegen einander aufrichtet, unten weit und oben schmal, fast in Gestalt eines Zuckerhuthes, dessen oberste Spitze abgeschlagen ist. Man bedecket sie mit Fichtenästen oder Walmar, damit kein Regen hindurch dringen könne. Zum Fußboden werden Birken oder Fichtenzweige gebrauchet. An Statt des Feuerheerdes leget man mitten in der Kothe kleine platte Steine in die Runde hin, worauf das Holz geleget wird. Von einem Rauchfange oder einer Feuermäuer wissen sie nichts, sondern der Rauch ziehe durch ein Loch hinaus, welches sie bey Zusammensetzung der Stangen offen gelassen haben, und das ihnen gleichfalls zum Fenster dienet. Sollte die Kothe dadurch nicht sattsam erleuchtet werden, so sind die Wände schon durchsichtig genug, daß sie eben nicht befürchten dürfen, sie würden darinnen nicht sehen können. Die Thüre ist ein viereckichtes Stück Walmar, unten breiter, als oben, und besteht aus vier zusammen geschlagenen Hölzern mit Walmar bedeckt, welches an vier daran geschlagenen Querhölzern befestiget wird. Sie ist so enge, daß man kaum anders, als auf die Seite, sich durch solche hinein klemmen kann.

Die zweyte Art dieser Kothen ist so wohl der inwendigen Einrichtung, als der übrigen Beschaffenheit nach, der erstern in allen Stücken gleich. Nur ist die Gestalt mehr länglicht, als rund. Sie ruhet auf vier Grundpfählen, die oben etwas krumm sind und mit einem hölzernen Rahmen, als ein länglichtes Viereck, zusammen gefüget werden, worauf denn die Kothe, nach der erstern Art, mit Fichtenästen oder Walmar gedecket wird.

Die dritte Art, diese Kothen zu bauen, ist die beste und bequemste, wird auch von den meisten Lappen gebrauchet, die auf gutem Wege sind, ihre Sitten zu verbessern. Es hat sich auch eine jede Haushaltung dergleichen Kothe bey der Kirche Asele erbauet, worinnen sie, wegen des weiten Weges dahin, die Feyertage über verbleibt. Eine solche Kothe besteht aus vier Lagen Zimmerholz unten an der Erde gebauet, wie andere Häuser in Schweden. Jedes Stück Holz ist fünf Ellen lang, auf welchem hernach eine ordentliche Kothe, jedoch von dauerhaftern Stangen aufgerichtet und mit Birkenrinde und Rasen bedecket wird, so hoch, daß ein Mensch unter der Spitze der Daches aufrechts in der Kothe stehen kann. Die Thüre ist klein und von Brettern, das Gebäude ohne Fenster, die Feuerstätte, wie in den vorigen, und ein kleines Rauchloch in dem Dache.

Die Lappen wissen von keinen andern Betten oder Stühlen, als dem Fußboden, d. i. die Erde mit Fichtenreisiche bedecket. Zum Unterbette brauchen sie Rennthierhäute und zu Decken Walmar; wiewohl sie sich auch mit ihren Kleidern oder Pelzen bedecken. Sie liegen ganz nackend, Männer und Weiber, Verheurathete und Unverheurathete, Große und Kleine, unter einander. Ekrem. Ma m. 1741.

Ihr Hausgeräth besteht mehrentheils aus messingenen und kupfernen, selten eisernen Töpfen, hölzernen Schüsseln und Löffeln, wovon ein jeder seine eigenen hat. Es ist eine große Bequemlichkeit für Leute, die nicht länger, als höchstens drey Wochen, an einem Orte bleiben, weil sie immer frisch Futter für ihre Rennthiere suchen müssen, daß sie nicht viel Geräth mit sich herum zu schleppen haben. Außer den obigen haben sie noch eine eiserne Kette mit Haken, woran sie ihre Töpfe über das Feuer hängen, einige mit Eisen beschlagene Kasten, Schlitten und Geschirr für die Rennthiere, eine Flinte und ein Paar hölzerne Schrittschuhe, Boote, Netze, u. d. g. Ein Theil davon wird bloß im Sommer und der andere im Winter gebrauchet. Weil sie im Sommer ihre Winterzehrung sammlen müssen, so haben sie sich an verschiedenen Orten Verrathskammern gemacht.

Die Lappen sind, in Ansehung ihres Aufenthaltes und ihrer Nahrung, zweyerley, Waldlappen und Berglappen. Die ersten wohnen um Asele, und werden deswegen so genannt, weil sie sich in den Fichtenwäldern aufhalten, wo ihre Rennthiere das an den Fichten befindliche Mooß fressen. Die letztern haben ihren Aufenthalt im Sommer, wegen des Ungeziefers, auf dem Gebirge, wovon sie ihren Namen haben, im Winter aber ziehen sie nach den Wäldern, wo es nicht so rauh und kalt ist. Der Waldlappe hat seine meiste Nahrung von der Fischerey, und das ist die einzige Arbeit, die er thut. Sie wird ihm auch durch die vielen und mancherley Fische in den lappländischen Seen und dem Flusse Angerman reichlich belohnet. Diese Fische sind zwar nicht so groß, als an andern Orten, aber viel besser und fetter. Ich weis nicht, ob ich solches dem reinen Wasser oder den vielen Seen und fischreichen Gewässern, die ein Lappe nicht alle Jahre fischen kann, oder dem langen Winter zuschreiben soll, da die Fische selten in ihrer Laichzeit gestöhret werden.

Die gewöhnlichen Fischergeräthe allhier sind von Netzen, erstlich die Reusen (Rysjör), die sie vor den Auslauf der Bäche legen; zweytens Legnetze von viererley Gattung, die nach den verschiedenen Arten von Fischen genennt werden und große oder kleine Maschen haben; und drittens Stangennetze und Winternetze, von denen ich angemerket, daß ihre Stangen etwas länger aber viel dünner sind, als die man um Stockholm gebrauchet; welches den Mangel an Leuten bey dem Fischen ersetzen soll.

Einige von diesen Fischen werden frisch gekocht, welche sie ohne Brod essen, weil sie davon nichts wissen; andere werden gedörret, wovon sie dem Winter über leben; und was sie alsdann noch übrig behalten, verkaufen sie, ihre Schatzung zu bezahlen. Die Waldlappen schießen auch im Frühlinge eine Menge Vögel, die sie weder kochen noch braten, sondern nur im Schatten dörren, nachdem sie solche gerupfet haben. Ich habe dergleichen gedörretes Vogelfleisch gegessen und kann versichern, daß es sehr gut schmecket.

Diese

Ehrenmalm. 1741.

Diese Lappen schießen auch Bäre, deren Lager sie im Herbste aufsuchen. Sie jagen ihm darauf im Winter auf ihren Schrittschuhen nach; da sie ihm denn erst mit der Flinte einen Schuß geben, und wenn er nicht gleich davon stirbt, ihn hernach mit Spießen umbringen; oder sie lassen selbst erst im Winter von ihren darauf abgerichteten Hunden sein Lager ausstöbern. Es waget sich oft ein einziger Mensch auf diese Art an einen Bären, der selten seinen Händen entgehet. Das Fell verkaufen sie und das Fleisch dienet ihnen zur Speise. Das Geripp wird zusammen gesetzet und entweder auf dazu erbaueten Bühnen, oder auf den Höhen aufgestellet.

Weil der Waldlappe also seine meiste Nahrung von der Fischerey hat, so hält er wenig und nur so viele Rennthiere, daß er seine nothdürftige Milch davon haben kann. Ein Berglappe von mittelmäßigem Vermögen hingegen unterhält wohl funfzig bis zweyhundert Rennthiere, wovon er seine meiste Nahrung hat, welche in Milch, Käse, Fleische, Häuten und dergleichen bestehet. Die Milch der Rennthiere schmecket nicht übel, sondern ist so fett, daß, wenn man ein Nößel von dieser Milch mit drey Nößel Wasser vermischet, sie doch noch so fett, als gute Kuhmilch, ist. Sie hält sich lange, ehe sie sauer wird, und wir hatten welche über dreymal vier und zwanzig Stunden in einer Flasche, die sich noch kochen ließ. Eine Rennkuh giebt, wie alles andere Vieh, im Sommer mehr Milch, als im Winter, jedes mal aber höchstens ein Nößel. Wenn die Rennkühe gemolken werden, so treibt man sie auf die Weide und nimmt den Kälbern den Maulkorb oder einen Riemen mit Stacheln ab, bis zu Mittage. Alsdann werden sie nach Hause in die Hürden und um fünf Uhr ungefähr wieder ausgetrieben, bis es finster wird, da man sie denn neben der Hütte an ihren Ort stellet und den Kälbern den Maulriemen anleget, damit sie nicht die Milch aussaugen, welche der Lappe zu seiner Nahrung haben will. Sie sind gewohnt, auf ihren Lagerplätzen so still zu stehen, daß kaum einiges Gehege um sie nöthig ist; und sie gehen nicht eher von dannen, als bis ihre Hirtenhunde voran gehen, und ein Ochs oder eine Kuh mit einer Schelle am Halse, dergleichen bey einer Heerde viele sind, hinausgeführet wird. Alsdann aber laufen und springen sie desto muthwilliger herum. Ist der Sommer sehr heiß, so werden sie des Nachts geweidet, ausgenommen um Mitternacht; und sie stehen still, wenn der Tag am heißesten ist, da man ein Feuer um sie machet, sie vor den Mücken zu bewahren.

Getrocknete Milch.

Ein Theil der Milch wird gleich aufgekochet; das Uebrige in Rennthierblasen und große Därme gefüllet, die darauf zugenehet und einige Tage in ihren Rauchlöchern aufgehängt, hernach aber im Schatten getrocknet werden, bis die Milch hart wird und in der Vorrathskammer bis auf den Winter verwahret werden kann, da man sie mit Wasser aufkochet und ißt.

Im Sommer machen die Lappen auch Käse von dieser Milch, die sie an der Sonne trocknen und bis auf den Winter verwahren, da sie solche, wenn sie keine Milch haben, in kleine Stücke zerschneiden und mit Wasser aufkochen. Es schmecket solches nicht übel und läßt sich schon essen, wiewohl es eine harte Speise ist, und man deren erst gewohnet werden muß.

Das Fleisch dieser Thiere ißt man theils frisch gekocht, theils wird es an der Luft und im Schatten gedörret.

Sonst

Sonst hat der Berglappe auch seinen Unterhalt von denen Fischen, die er in den auf den Gebirgen gelegenen Seen fängt, und wovon er einen Theil zur Winterkost dörret. So oft er sich die Mühe giebt, mit seinem Fischergeräthe aus zu gehen, so kann er allezeit versichert seyn, daß er nicht nur die obgedachten Arten von Fischen, sondern viele andere mit sich zurück bringen werde. Unter denselben befindt sich der Rothfisch, welcher nicht aller Orten bekannt und von andern dieses Namens unterschieden ist; daher ich ihn hier beschreiben will. Ehrenmalm 1741. Beschreibung des Rothfisches.

Er wurde in unserer Gegenwart aus dem Wasser gezogen, und war anderthalb Viertheil Elle lang, wiewohl es auch einige geben soll, die über eine Elle lang sind. Er ist einer Forelle an Gestalt nicht ungleich. Der Farbe nach ist er an jeder Seite in vier Theile getheilet, und zwar vermittelst zweener kreuzweise gezogener sehr kenntlicher dunkeler Streifen, deren der eine längst auf dem Fische an den Rückgräten, von der Oeffnung am Kopfe bis mitten auf den Schwanz hinunter geht und aus dunkelgrünen dicht an einander gesetzten Pünktchen besteht. Der andere Strief geht queer über, von dem Vordertheile der auf dem Rücken befindlichen Floßfeder bis an den Bauch; und ist die Farbe unter dem Bauche ganz citronengelb. Etwas vorwärts an diesem Streife ist ein anderer queer über, der nicht nur kürzer, sondern auch der Farbe nach schwächer ist. Die Farbe des Fisches auf dem Rücken ist wie an einem kleinen marmorirten Barsche, und der Bauch hat eine blasse Feuerfarbe. Es verändern sich aber diese Farben nach denen vier Theilen, welche die erwähnten beyden Striche machen, dergestalt, daß der Vordertheil des Rückens dunkeler ist, als der Hintertheil. An dem Fische, den wir bekamen, war an der rechten Seite in der zweyten Abtheilung ein dunkeler Fleck, ungefähr über ein Drittheil von selbigem Viertheile; und auf der linken Seite in dem ersten Viertheile ein anderer dergleichen Fleck queer über mit einem krummen Striche. Das dritte Viertheil am Kopfe war der Farbe nach der Farbe des Rückens gleich, aber immer heller bis an die Floßfedern, wo es nach gerade um den Nabel aus einer blassen Feuerfarbe ganz weißgelb ward, und zwar heller gegen den Hals, röther nach dem Hintertheile. Das letzte Viertheil geht von dem zweyten Viertheile nach dem Bauche hinunter am allerhellsten, von dem zweyten Viertheile zu dem Unterbauche über das Zeugungsglied ungefähr feuerfarbicht, aber unter dem Zeugungsglied einer Forelle ganz gleich. Es hat auch dieser Fisch, wie sie, dunkelbraune Flecke auf der Haut, ein und vierzig an der rechten Seite und drey und vierzig an der linken. Sein Kopf ist ihrem ebenfalls an Maule, Lefzen, Schnauze, Stirne, Zähnen und Zunge gleich: die Augen aber sind etwas größer und sitzen höher hinauf. Das Vordertheil der Kiefen ist kürzer und das Hintertheil länger, als an einer Forelle. Dieser ist an Farbe etwas heller, als bey den Barschen, und hat auf jeder Seite eilf Gelenke: jener aber hat deren völlige Farbe. Die Schnauze ist ganz dunkelgrün und die Lefzen sind steif. Der Gaumen hat eine Farbe wie Rinderblut, und ist in vier Stücke getheilt, deren jedes mit zwanzig Zähnen, das erste aber mit zwey und zwanzig versehen ist. Die Floßfedern verändern die Farbe, wie der Fisch selbst, aus dunkeler Barschenfarbe an dem Obertheile in Citronfarbe an dem Untertheile mit vierzehn Gliedern an jeder. Die Rückfeder ist ganz dunkelgrün, der Kamm derselben spitzig, mit zwölf Gliedern, wovon sich das letzte nicht an den Rücken schließt, sondern halb so lang ist, als das erste.

Ehrenmalm 1741. erste. Die Bauchfedern sind vorn hellgelb, in der Mitte dunkelroth von ungewöhnlicher Farbe und hinten feuerfarbicht. Eine jede besteht aus neun Gliedern, die hinterste Floßfeder aber aus zehn, welche sonst der Farbe nach den Bauchfedern fast gleich, nur dunkeler und unreiner ist. Die kleine rundliche Feder am Rücken besteht aus Haut, wie die am Schwanze und gleicht der Rückfeder an Farbe. Der Schwanz ist sonst in der Mitte kürzer, als an den Enden, wie bey einem Hechte.

Dieser Fisch soll von Mücken leben, welche todt ins Wasser fallen. So viel ist gewiß, daß wir bey einem Wasserfalle vier ganz kleine Fische um eine todte Mücke streiten sahen: ob es aber eben solche Rothfische waren, kann ich nicht sagen.

Er ward aufgeschnitten, und die Milch so lang, als der ganze Bauch inwendig befunden. Sie war weiß mit rothen Streifen. Das Herz war klein und rothgelb mit einer grünen röthlichen Wurzel, der Magen leer und verschrumpfet, halb so lang, als der Raum des Bauches mit seinem Mastdarme. Die Blase bestund aus einer einzigen Kammer längst dem ganzen Bauchraume. Die Leber war ganz klein und dreyeckicht. Galle fanden wir nicht: sie war aber vielleicht zerdrücket worden, weil die Milch an dem einen Ende etwas gelblich schien. Der Bauch war nach der Größe des Fisches sehr klein.

Außer der Speise, die der Lappe von Fischen hat, bereitet er sich auch Essen aus grünen Kräutern, als Hasenpappeln u. d. g. Die Weiber richten kein Essen zu, sondern die Männer. Sie haben nichts anders zu thun, als daß sie die Kinder warten und mit den Männern die Rennthiere hüten, welches beydes keine große Mühe und Sorge erfordert. Denn die Rennthiere werden nur auf die Berge getrieben, wo sie von dem daselbst wachsenden Mooße so viel fressen, als sie mögen, ohne weit umher zu laufen.

Man wird hieraus schließen können, daß sich der Berglappe und der Waldlappe fast auf einerley Art nähren, und daß dieser nur seine meiste Kost von Fischen, jener aber von den Rennthieren hat.

Nothwendigkeit des Brannteweines bey den Lappen.

Obgleich der Waldlappe am nächsten bey dem bewohnten Lande ist und also seine Waaren nicht so weit zum Verkaufe führen darf, als der Berglappe, so ist er doch weit ärmer. Ich schreibe solches ihrer schädlichen Liebe zum Brannteweine zu, welchen sie in den letzt verwichenen Jahren sehr theuer haben bezahlen müssen. Man erzählte mir, es hätte ein Lappe diesen Sommer einen Reichsthaler für einen Schluck Branntewein gebothen, wenn er solchen hätte bekommen können. Die Lappen haben selbst ihre übermäßige Neigung zu diesem Getränke unter ihre größten Beschwerlichkeiten gerechnet. Als wir ihnen vorstelleten, der Branntewein wäre gar keine nothwendige Sache, so antworteten sie uns: sie könnten keine Weiber bekommen, wenn sie keinen Branntewein hätten. In der That geschieht der erste Antrag zur Heurath mit einem Glase Brannteweine in der Hand. Man bringt solches nicht nur den Aeltern und Anverwandten, sondern auch der Braut selbst zu, welche sich denn bey der Freude leichter zu dem Begehren des Freyers entschließen können, als bey nüchternem Muthe.

Ihre Heurathen.

Sonst kaufet er sich sein Weib und bezahlet fünf bis neun Reichsthaler für sie, nachdem die Familie reich ist: doch ist er gemeiniglich so schlau, daß er nicht mehr für seine Verlobte bezahlet, als er mit ihr zum Heurathsgute wieder bekommen kann.

Er

Er heurathet aber nie zu nah in die Freundschaft. Man saget, die Lappen sollen keine Neigung zum wilden Ehestande, sondern vielmehr einen Abscheu davor, haben, und diejenigen selbst angeben, die sich darinnen vergehen. Sie sind aber nicht sonderlich fruchtbar; daher denn, wenn eine Frau einen Sohn gebiert, der Vater sich nicht nur darüber ungemein erfreuet, sondern auch alle seine Nachbarn zu Gaste ladet und mit ihnen schmauset. Ehrenmalm 1741.

Sie legen das Kind ganz bloß, in ein Stück Walmar gewickelt, in ein von Holze ausgehauenes oder von Leder zusammen genehetes Futteral, welches an dem einen Ende breit, an dem andern aber schmal und an dem Boden rund ist. Der Rand ist nicht höher, als das Kind, und an beyden Seiten desselben ein Leder angeschlagen, welches so fest zusammen geschnüret wird, daß sich das Kind darinnen nicht rühren kann. Diese Art Wiegen wird in den Hütten unter das Dach gehängt, und daselbst vermittelst zwoer Schnüre, woran man zieht, zuweilen hin und her gewieget. Hier muß nun das Kind den beständig aufsteigenden Rauch, womit die Hütte allezeit angefüllet ist, in sich ziehen; welches denn eine von denen Ursachen zu seyn scheint, warum alle Lappen schwache Augen haben, und oft stockblind werden, wenn sie vierzig bis funfzig Jahr alt sind. Ihre Erziehung der Kinder.

Anstatt der Windeln bedienen sie sich der abgeschabeten gedörreten und auseinander gepflückten Weidenrinde, welche sie unten um den Leib des Kindes herum legen. Damit sie aber nicht so oft unrein und also verderbet werde, so nehmen sie das Kind öfters auf und vermögen es dahin, daß es sich reinige, indem sie die dazu erschaffenen Theile auf allerhand Art so lange mit den Fingern berühren, bis es dem Willen der Mutter ein Genügen gethan hat. Sollte aber diese Art Windel dem ungeachtet unrein oder naß werden, so wird sie wieder aufgetrocknet und noch fünf bis sechsmal gebrauchet, selten aber länger; sondern alsdenn muß eine neue angeschaffet werden. Die übrige Erziehung der Kinder kann man aus der Lebensart der Aeltern leicht schließen. Haben die Kinder einige gute Eigenschaft, so ist ihnen solche entweder angeboren, oder sie haben dieselbe von den Aeltern angenommen. So verhält es sich auch mit den Bösen; und ihre ungeübte Vernunft ist Ursache, daß sie in diesem Falle ihre natürlichen Neigungen nicht zähmen können.

Ehe ich noch selbst Gelegenheit gehabt, die Eigenschaften dieses Volkes zu untersuchen, machete ich mir keine andere Vorstellung, so oft ich Lappland nennen hörete, als daß es solche Einwohner hätte, die nicht einmal denken könnten. Jetzt aber kann ich versichern, daß man bey einem Lappen größere Eigenschaften finden wird, als eine schlechte Erziehung insgemein versprechen kann. Er ist mistrauisch und machet sich beständig die furchtsame Vorstellung, daß alle, ausgenommen seine eigenen Blutsverwandten, seinen Untergang wünschen. Weil er nun ein müßiges Leben für sein höchstes Gut auf der Welt hält, so stellet er sich mit Schrecken vor, daß eine Zeit kommen werde, wo er dieses nicht haben könne. Er zieht die Freyheit, essen zu können, wenn ihn hungert, ob es gleich schlechte Speise ist, den besten Leckerbissen vor, und will lieber auf einem ungemächlichen Lager bis Mittag schlafen, als in einem guten Bette liegen und zu rechter Zeit schlafen gehen und wieder aufstehen. Charakter der Lappen.

Ehrenm. m 1741.

Ihre starke Einbildungskraft.

Die Einbildungskraft muß bey diesem Volke unglaublich stark seyn. Denn ein ungewöhnliches Entsetzen machet leicht, daß ein Lappe ohnmächtig wird. Er machet gern alle Gebärden nach, die man ihm vormachet; und wenn der eine redet, so rühret der andere gleichfalls den Mund. Aus dieser Einbildungskraft entstehen ihre Verzuckungen bey Rührung ihrer Zaubertrummel, ihre Neigung zum Aberglauben, ihr Abscheu vor der Oberherrschaft und andere dergleichen Folgen.

Sie könnten sich besser nähren.

Hieraus kann man schließen, wie unmöglich es sey, mit Schärfe bey diesem Volke etwas auszurichten. Mit Güte und Gelindigkeit aber kann man es zu allem bringen. Ein Lappe höret gern Vorstellungen an, und begreift sie auch leicht, wenn er nur überzeuget ist, daß sie aus guter Meynung geschehen. Wären die Lappen fleißig, so könnten sie sich auf vielerley Art versorgen und ihre Einkünfte vermehren. Sie könnten eine Menge Fleisch und Felle von Rennthieren, Vögel, getreugte Fische und andere Dinge verkaufen, da sie nicht ungeschickt zur Arbeit sind. Sie verfertigen schon viele beliebte Sachen, als Pelze mit Zinne gestickt, hübsche Körbe von Baumwurzeln und dergleichen.

Ihre Abgaben.

Dadurch würden sie ihre Abgaben leichter bezahlen können, die ohne dieß nicht groß sind. Denn ein Hausvater bezahlet für sich und seine ganze Familie und Haushaltung, eines in das andere, jährlich nicht mehr, als von drey bis höchstens achtzehn Thaler Kupfermünze; welches ihnen doch gleichwohl übermäßig vorkömmt. Es bezahlen aber nicht einmal alle Lappen diese Schatzung; und in Asielelappmark finden sich nur drey und funfzig Schatzlappen, woraus man die Einkünfte der Krone Schweden von dieser Lappmark ungefähr schließen kann.

Haben die Lappen große Fehler, so haben sie auch große Vorzüge. Sie sind willig, etwas zu lernen, und lassen sich gern unterweisen, wenn sie nur keinen Argwohn dabey haben. Mein Reisegefährte, welcher gesonnen war, das Feld in diesem Lande an zu bauen, hatte eine halbe Tonne Roggen bey sich, einen Versuch damit zu machen, ob man hoffen könnte, daß daselbst einiges Getraide fortkommen würde. Weil er aber sah, daß es für ihn selbst der Mühe nicht werth war, seinen Vorsatz aus zu führen, so trieb ihn doch die Liebe zur Wohlfahrt dieses Volkes, daß er einige beredete, zu versuchen, wie der Roggen daselbst anschlagen würde. Man ersah einige Stellen dazu aus, wo Rennthiere und Schafe ihre Hürden gehabt hatten und das Erdreich gut zu seyn schien. Er schenkete ihnen die halbe Tonne Roggen zur Aussaat, und ließ sie das Korn in seiner Gegenwart säen und in die Erde bringen. Sie waren nicht nur fertig, das nach zu machen, was ihnen gezeiget wurde, sondern hatten auch eine kleine Freude darüber, daß man sie von einer Sache unterrichtete, welche zu ihrem Besten dienete, wie sie mit Danke erkannten. Man berichtete auch dem Barone Cederhielm gegen Weihnachten, daß das Korn sehr schön auf dem Felde gestanden hätte.

Man höret bey den Lappen nichts von Diebstählen und Lügen. Weil sie immer hin und her ziehen, so können sie nicht stets alles mit sich nehmen, was sie besitzen. Sie haben daher in den Wäldern verschiedene Behältnisse, worinnen sie ihre Eßwaaren mit aller Sicherheit verwahren. Gleichwohl haben diese Speisekammern weder Schloß noch Riegel, sondern bestehen nur aus vier Pfählen mit einem Dache darüber, wie die Taubenhäuser. Geschieht es einmal, daß ein Lappe stiehlt, so treibt ihn gewiß die

Noth

Ehrenmalm 1741.

Noth dazu. Alsdann geht er zu einem solchen Vorrathshause, ißt sich satt, nimmt aber nichts davon mit. Ueber dieß sind die Lappen hülfreich gegen die Nothleidenden, einig zusammen und werden nicht gern einer des andern Fehler und Vergehen offenbaren, sondern sie vielmehr verbergen, damit er nicht dafür gestrafet werde.

Also habe ich nun die Beschreibung derjenigen Reise vollendet, welche ich nach Nordland und Lappland gethan habe. Mein Vorsatz bey Abfassung derselben ist gewesen, theils mich dessen wieder etwas zu erinnern, was ich gesehen habe, theils der königl. Akademie der Wissenschaften eine geringe Probe meiner Hochachtung für sie zu geben. Mangel der Zeit und viele andere Geschäffte haben mich nicht alle Kleinigkeiten anführen lassen, die ich beobachtet habe: die Arbeit würde mir sonst zu weitläuftig und dem Leser zu verdrüßlich geworden seyn. Habe ich hierinnen oder in andern Stücken dieser Reisebeschreibung gefehlet, so wird man es gütigst entschuldigen.

Betrachtung des Verfassers.

Ich bin unter andern Betrachtungen auf meiner Reise auch auf die Gedanken gerathen, wie nützlich es für unser Vaterland wäre, wenn die Jugend sowohl, als andere, mehr als bisher geschehen, sich beflissen, selbiges recht kennen zu lernen. In den jüngern Jahren wartet man beständig mit Verlangen auf die Zeit, eine Reise in fremde Länder antreten zu können, und im Alter verhindern ein entkräfteter Leib und vielerley Geschäffte den Vorsatz, welchen man fassen könnte, sein Vaterland besehen zu wollen. Wir horchen, wenn man den Rhein, die Oder oder die Weichsel nennet. Wenn aber jemand von den Flüssen Angerman, Niurunda oder Indal redet, so bedenken wir uns eine Viertheilstunde, ob wir nur einen Augenblick Acht auf sie haben sollen, gleich als wenn man die Wunder der Natur nicht eben sowohl in Schweden, als an andern Orten sehen könnte.

Da man solcher Gestalt fortfährt, sich so wenig Mühe zu geben, ich will nicht sagen eine genaue, sondern nur eine äußerliche Kenntniß von unserm Reiche zu erlangen, so wünschet doch jedermann, daß bald der Tag erscheine, wo man dessen Aufnahme und Verbesserung der innerlichen Haushaltung sehen könne. Wie soll ich aber etwas bessern können, das ich nicht kenne [3])?

des französischen Herausgebers.

Kaum will man einen Schritt thun, die Oberfläche dieses Königreiches kennen zu lernen, welches an Soldaten, an Feldhauptleuten, an Helden so fruchtbar ist, welche Deutschlande einen immer fortwährenden Frieden, wenigstens eine Stetigkeit desselben, gegeben haben, da sie durch ihre Siege den berühmten westphälischen Frieden vorbereitet. Schweden würde der Türken, Rußlande Gränzen vorgeschrieben haben, wenn der Kriegerischte unter seinen Königen sich selbst solche in dem Laufe seiner Triumphe zu setzen gewußt hätte. Allein, seit der tiefen Wunde, welche die glücklichen Erfolge und die Widerwärtigkeiten dieses Monarchen dem Herzen der Nation beygebracht

 haben,

3) An statt dieser Betrachtung hat der französische Uebersetzer oder Herausgeber dieses Bandes der allgemeinen Historie der Reisen folgende declamatorische zu setzen beliebet, welche man deswegen in das Deutsche gebracht hat, damit man eine Probe sehe, wie er den Verfasser ganz etwas anders habe sagen und denken lassen, als er wirklich gedacht und gesaget hat.

Ehrenmalm. 1741. haben, hat sie weder ihren Ruhm, noch ihre Wohlfahrt wieder erheben können. Die wahre Spannader der nordischen Mächte mangelt ihren Wünschen. Wer ist die? Die Bevölkerung. Sie kann indessen doch nur durch den Ackerbau diese Triebfeder ihrer Tapferkeit, diese Stütze ihres Ruhmes wieder her zu stellen hoffen. Die Asche unserer Väter ruhet auf den Schlachtfeldern, womit Deutschland bedecket ist. Kommet, wir wollen ihnen Nachfolger, wir wollen ihnen in Nordland und Bothnien Kinder suchen, die ihrer würdig sind. Wir wollen diese Felder umwühlen, und es werden Menschen erwachsen. Kriegerisches Volk, freyes Volk, erinnere dich deiner selbst; und wenn es deiner Tugend nicht ansteht, zu erobern und zu unterwerfen, so sey es doch stets ein Werk deiner Größe, die Ketten zu zerbrechen, welche deine Feinde Europa anlegen wollen.

Ende des zwanzigsten Bandes.